# 李骏博士论文选集

LI JUN BOSHI LUNWEN XUANJI

李骏 等 著

人民交通出版社

## 内容提要

本论文选集共收编20世纪80年代以来作者在国内外科技期刊和重要国际学术会议上发表的论文85篇，其内容主要包括汽车发动机技术发展综述、发动机产品设计与开发、发动机燃烧与排放控制、发动机供油系统、发动机工作过程分析、发动机电子控制技术、节能与新能源汽车等。

本书可供从事发动机研究开发的科研人员、工程技术人员及高等院校相关专业师生参考。

**图书在版编目（CIP）数据**

李骏博士论文选集／李骏等著．—北京：人民交通出版社，2010.8

ISBN 978-7-114-08377-8

Ⅰ.①李… Ⅱ.①李… Ⅲ.①汽车－技术－文集 Ⅳ.①U46－53

中国版本图书馆CIP数据核字（2010）第079153号

**书　　名**：**李骏博士论文选集**
**著 作 者**：李　骏　等
**责任编辑**：王金霞
**出版发行**：人民交通出版社
**地　　址**：（100011）北京市朝阳区安定门外外馆斜街3号
**网　　址**：http://www.ccpress.com.cn
**销售电话**：（010）59757969、59757973
**总 经 销**：人民交通出版社发行部
**经　　销**：各地新华书店
**印　　刷**：北京市凯鑫彩色印刷有限公司
**开　　本**：880×1230　1/16
**印　　张**：36.5
**字　　数**：1033千
**版　　次**：2010年8月　第1版
**印　　次**：2010年8月　第1次印刷
**书　　号**：ISBN 978-7-114-08377-8
**印　　数**：0001－1000册
**定　　价**：80.00元

# 编选说明

李骏同志1982年毕业于吉林工业大学（现吉林大学），1989年获内燃机专业博士学位，同年到中国第一汽车集团公司技术中心（原长春汽车研究所）工作至今。

20年光阴荏苒，李骏博士已经从一位青年科技工作者成长为中国汽车行业的科技领军人物，在他本人以诸多优异成果为中国汽车工业发展作出突出贡献的过程中，他还带出了一支掌握汽车核心开发技术且已达到国际水平的研发队伍，初步建立起“现代汽车产品研发与技术自主创新的工程体系”，闯出了一条开放式自主研发的道路，从产品与技术到设计方法与体系能力等多个方面，都缩短了中国汽车工业与世界先进水平的差距。20年间，李骏博士致力于科技报国，刻苦钻研，埋头苦干，勇于创新，带领他的科研团队取得了一系列重大科技成果，同时他还善于总结推广，撰写并发表了大量的学术论文。

国内外公开发行的《汽车技术》杂志，是中国第一汽车集团公司技术中心和中国汽车工程学会共同主办的应用技术类期刊，其宗旨是以汽车及其发动机等零部件的设计、研究、试验、材料、工艺为报道对象，及时地为汽车行业提供具有较高学术价值和实用价值的新技术。

为适应国家与行业自主创新需求，《汽车技术》杂志编辑部以传播自主研发精神和推广自主创新技术为己任，从李骏博士及其团队20年间撰写的学术论文中精选出85篇代表作品，编撰了这本《李骏博士论文选集》，以期本书的出版能够对汽车行业的科技人员有所借鉴，能够对推动我国汽车工业发展有所贡献。

《汽车技术》杂志编辑部

2010年4月

# 李骏博士主要工作成果简介

本论文选集作者李骏博士于1958年出生，1978年3月～1989年5月在吉林工业大学（现吉林大学）学习，先后获得内燃机专业学士、硕士和博士学位。

1989年6月～1998年7月，李骏博士在中国第一汽车集团公司长春汽车研究所工作，担任发动机研究室主任工程师、高级工程师，1992年负责吉林省科委课题"单缸柴油机电控喷油系统的研制"；1997年负责国家科技部"九五"重大技术攻关项目"车用柴油机电控喷油系统的研制与产品应用"，他是国内较早开展柴油机电控喷油系统技术研究的工程技术人员。

1998年7月～2005年2月，李骏博士在中国第一汽车集团公司长春汽车研究所工作，是研究员级高级工程师，任副总工程师、总工程师，主管发动机开发和基础科研工作。曾主持国家科技部"十五"863计划重大技术攻关项目"汽车动力总成嵌入式电控系统的研究"，也是国家科技部"十五"863重大技术攻关项目"解放牌混合动力城市客车的研究开发"的课题负责人，主持完成整车设计、电控柴油机、自动变速器、交流感应电动机、镍氢动力电池、整车控制器（VCU）的样品开发，研制出混合动力的动力总成台架试验系统和一辆混合动力城市客车。

2005年2月～2009年11月，李骏博士担任一汽集团公司技术中心主任、一汽集团公司副总工程师，全面负责一汽集团公司技术中心自主产品的开发工作；主持国家科技部"十五"863重大专项项目"解放牌混合动力城市客车的研究开发"和"一汽混合动力汽车动力系统技术平台的研究开发"项目；负责解放军总装备部"战术MV3柴油机电控共轨喷油系统研发"演示验证重大项目。

李骏博士受聘担任吉林大学博士生导师、一汽博士后流动站博士后导师及北京理工大学、北京航空航天大学、天津大学、湖南大学的特聘教授，并担任中国汽车工程学会与中国内燃机工程学会常务理事、中国汽车标准化委员会副主任，以及国家科技部863计划"节能与新能源汽车"专家组专家。2009年10月，李骏博士荣誉当选为国际汽车工程师学会联合会（FISITA）2012～2014年主席，成为中国及发展中国家任此要职的第1人，此事被誉为是中国汽车工业发展史上里程碑式重要事件。

自1995年以来，李骏博士先后被国家经贸委、劳动部评为"全国青年岗位能手"；被国家机械部评为"青年科技专家"；2002年获国务院政府特殊津贴；2004年获长春市"五一"劳动奖章、吉林省"特等劳动模范"荣誉称号；2006年被评为全国劳动模范。李骏博士致力于科技报国，在汽车发动机基础技术研究和产品开发领域取得一系列重大科技成果，为中国汽车工业的发展作出了突出贡献。李骏博士的主要研究领域为汽车发动机产品设计开发、节能环保技术、动力总成电子控制技术、混合动力汽车设计开发、发动机与汽车产品开发系统工程方法等。李骏博士带领一汽技术中心在中型、重型高端柴油机设计、热力学模拟分析、发动机性能开发、发动机排放技术、发动机电子技术等方面的研究成果均达到世界先进水平，在国内外有重要的影响，共获得授权专利15项，发表论文92篇，指导硕士研究生28人，指导博士研究生18人，指导博士后研究生2人。本论文选集主要反映了李骏博士的研究成果，以及他带领的一汽技术中心团队（包括李骏博士指导的研究生）在以下三方面所进行的具有开拓性的研究工作。

**一、开发自主发动机——解决自主汽车无"心脏"的问题**

2000年，李骏博士作为技术总负责人主持国内第一个四气门、221～272kW（300～370马力）大功率、电控共轨、欧Ⅲ排放的8L CA6DL系列柴油机设计开发。该机的关键结构设计方案、影响油耗和排放的燃烧系统由李骏博士确定，产品经第三方德国TüV公司检测认证，主要性能指标达到或超过了国际知名产品，大大缩短了中国柴油机与国际先进水平的差距，填补了国内自主品牌产品的空白。该机荣获首届中国国际货车节油大赛"最省油车型奖"、吉林省2006年科技进步一等奖和国家科技进步二等奖。该机2004年批量生产新增产值75亿元，新增利润4.2亿元。

2003年，李骏博士主持一汽超级重型货车用CA6DN系列柴油机的自主设计开发，该机是中国第一台自主开发的最大排量(13～15L)车用系列四气门、294～382kW(400～520马力)超大功率、电控共轨、欧Ⅲ排放柴油机。作为技术总负责，李骏博士提出"每缸一盖解决低周疲劳"、"高强度汽缸体结构解决振动噪声"、"低涡流高压喷油解决高效燃烧"等关键技术方案，形成多项专利和专有技术。2006年该机投产下线，并通过集团和江苏省新产品鉴定，被确认为国内领先、国际先进的重型柴油机。

2005年，李骏博士主持11L重型柴油机的设计开发，提出具有世界先进水平和超前理念的"三高三低技术——高爆发压力、高热负荷、高性能、低排放、低油耗、低NVH"，大胆采用顶置凸轮轴(轿车发动机技术)、六缸一盖、双层水套缸盖、鼓面缸体、泄气发动机制动、电控共轨等一系列最新设计技术，该机油耗187g/(kW·h)、欧Ⅳ排放、96dB(A)噪声、B10寿命100万公里等技术指标达到世界先进水平。开发过程中自主创新的W形并行同步开发工程流程，将开发周期缩短到34个月，创重型柴油机开发效率最佳水平，该机于2008年12月批量投产。

匹配上述重型柴油机的解放第6代货车新增产值21.7亿元，新增利润1.06亿元，获2009年中国汽车工业科技进步特等奖。

2005年以来，李骏博士带领轿车发动机团队实施一汽轿车发动机产品换代开发，已经完成一汽天津夏利系列轿车1.1～1.3L 4气门国Ⅳ排放发动机的自主开发，一汽投资14亿元人民币于2009年在天津生产，一期年产量20万辆。

2006年，李骏博士主持一汽红旗高级轿车V12汽油发动机自主开发，填补了国内空白，V12汽油机具有4气门、全铝缸体和缸盖、可变进排气门开启、闭缸控制、双电脑(ECU)、国Ⅳ排放等当今轿车汽油机最先进技术，并自主开发出V12豪华发动机关键生产工艺和质量控制标准，首批V12发动机已用于新中国成立60周年国庆阅兵红旗检阅车。

经过近10年的基础科研工作后，李骏博士自1998年转入新发动机产品设计领域以来，他带领的团队几乎以每三年设计开发一个新发动机产品的速度，创造了我国汽车历史上自主设计新发动机产品最多和最快的奇迹。目前，一汽技术中心发动机团队正在全力以赴地开发一汽的B系列、C系列、V6系列和V8系列轿车发动机。

**二、开发自主柴油机电控喷油系统——解决自主汽车无"大脑"的问题**

在解决自主汽车无"心脏"的同时，李骏博士就认识到自主汽车无"大脑"即无自主知识产权的电子控制技术与产品的问题。"十五"期间他就开始货车动力总成嵌入式电控系统的开发，历经5年多时间，成功研发出具有自主知识产权的柴油机电控喷油(EUP)系统，申报国家发明专利两项，获国家实用新型专利3项，与湖南衡阳亚新科公司产业化结合，投资2.5亿元人民币全新建厂，形成国内第一个现代化大规模EUP产业化基地。该成果通过国家鉴定，并获2009年中国汽车工业科技进步一等奖。2006年7月，该产品成功投放北京市场，与国外同类产品相比，成本降低50%以上，为一汽和全国汽车行业创造了巨大的经济效益，该技术打破国外垄断，有力地推动了国产货车的节能环保和机电一体化，且该系统可达到国Ⅲ和国Ⅳ排放法规，已经为一汽新增产值10.14亿元，新增利润1.33亿元。

**三、主持当代新能源汽车前沿研发——混合动力技术与产品开发**

早在"九五"期间，李骏博士就认识到混合动力汽车技术的重要性，并一直是一汽技术中心新能源汽车技术与产品开发的领军者，先后承担国家科技部"九五"、"十五"、"十一五"863计划重大技术攻关项目，开发出油(柴油)电混合动力客车、气(CNG)电混合动力客车、具有美国专利的双电机强混合动力B级轿车。“奔腾”混合动力轿车具有电动机耦合的AMT、自主1.5L电控汽油机、镍氢动力电池、整车控制器(VCU)等领先技术,节油41.5%,接近日本丰田普锐斯的节油水平。技术中心使一汽集团公司不但在新能源汽车技术与产品的研发方面一直处于领先水平,而且为一汽集团公司制订出新能源汽车的技术方案、技术路线和发展战略,目前已经建立起以汽车电子技术为核心的初步完整的新能源汽车研发体系。

中国第一汽车集团公司技术中心

2009年11月

# 目 录

## 第一部分 发动机技术发展综述



## 第二部分 发动机产品设计与开发



## 第三部分 发动机燃烧与排放控制

## 第四部分　发动机供油系统



## 第五部分　发动机工作过程分析

## 第六部分 发动机电子控制技术



## 第七部分 节能与新能源汽车

## 第八部分 专利产品

# 第一部分

# 发动机技术发展综述

FADONGJI JISHU FAZHAN ZONGSHU

# 迎接90年代排放法规挑战的直喷式柴油机技术

李　骏,徐　波,王璟琳
(长春汽车研究所)

**摘　要:** 针对90年代世界范围内的严格的排放法规,本文论述了在直喷式柴油机上将采取的基本策略和一些具体的技术措施。

**关键词:** 直喷式柴油机;排放;法规;技术措施

近年来,对于高速直喷式柴油机技术的研究,一直集中在低油耗、低排放、低噪声、高比功率和高可靠性等几个方面。这些方面的技术要求及其发展,决定了柴油机技术的发展趋势。目前,由于环保法规不断严格,使得低排污量的要求占据了主导地位;同时,由于石油资源日益减少,燃油经济性问题仍将在柴油机技术发展目标中保持其突出位置。这两方面的要求,构成了20世纪90年代直喷式柴油机技术发展的新趋向,即目标是开发研制高效率、低污染的直喷式柴油机。

## 1　未来排放法规的挑战

目前,一个世界范围内强化柴油机排放法规的趋势已经形成。美国自1970年对柴油机气体排放量作出规定以来,1988年又制定了柴油机微粒排放法规。而1991~1994年载货车用柴油机新排放法规的出现,使其对排放的限制更加严格(见图1)。同时,由于采用了瞬态循环(见图2)检测方法,使得排放检测方法也变得更加苛刻。在该方法中,每个循环时间为20min,其中冷循环占1/7,热循环占6/7,由计算机控制工况变化。

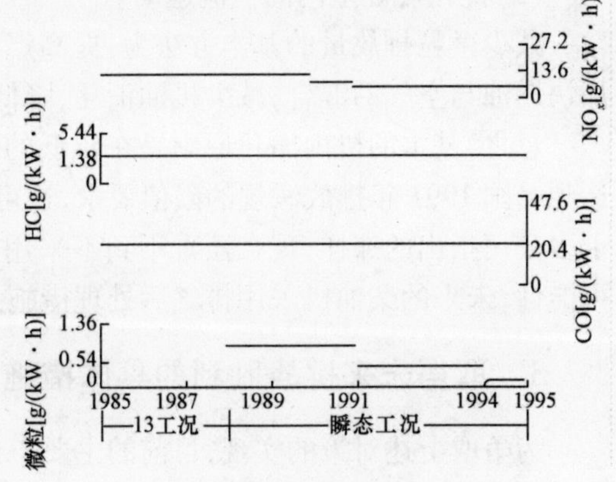


图1　美国柴油机排放法规

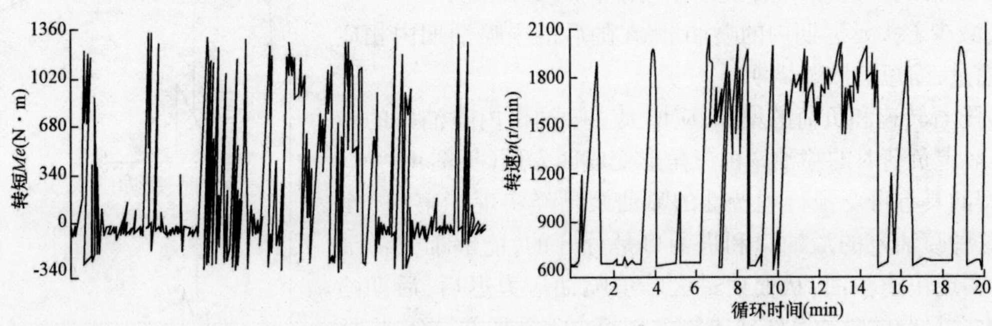


图2　美国柴油机排放瞬态循环工况

刊登信息:《汽车技术》1991年第3期

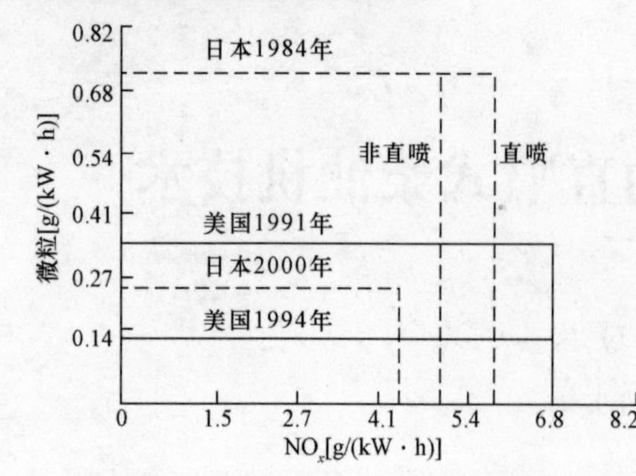


图3 美国、日本排放法规的对比情况

在欧洲,对柴油机排放限制最严的国家是瑞士。其1991年对HC、$NO_x$和微粒排放的具体限值分别为1.23g/(kW·h)、9g/(kW·h)和0.7g/(kW·h)。德国和奥地利已经采用1988年的美国柴油机排放法规,并且有可能随同美国一起采用1991~1994年美国柴油机排放法规。日本的柴油机排放法规也相当严格,且有接近美国排放法规的趋势(见图3)。

## 2 迎接未来挑战的基本策略

由于1991~1994年美国柴油机的排放法规如此严格,使得控制排放成了20世纪90年代柴油机技术发展的核心问题。正如英国里卡多公司指出的:排放法规的强化,已经改变了柴油机技术多年来逐渐进化的过程,传统的设计思想和原则以及组织工作过程的策略与方法,正在发生巨大的变革。要达到高效率、低污染的目标,需要研究发动机燃烧过程和控制排放的新方法。

就减少$NO_x$排放而言,基本对策[1]为:

(1)降低进气温度;

(2)减少预燃期内燃烧的燃油量;

(3)优化燃烧室内的气流运动。

减少微粒排放量的基本方法为:提高燃油雾化质量,在燃烧室内合理分布燃油,增加进气充量,加快燃油与空气的混合,减少机油消耗,降低燃油含硫量。

总之,基本的机内净化原则是在较低的燃烧温度下使燃料完全燃烧。通过改善燃烧过程,可以达到美国1991年排放法规的限值要求,这可能是机内净化所能达到的最大限度。然而,正如英国里卡多公司指出的那样,现在还看不到不采用燃烧系统以外的措施就能达到1994年美国排放法规的可能性,未来的柴油机采用排气后处理措施是不可避免的。

## 3 取得未来挑战胜利的具体措施

为争取上述对策的实现,目前的主要工作正集中在下述控制排放的实用技术上。

### 3.1 喷油系统的改进

#### 3.1.1 改变喷油规律

为控制排放,对喷油规律提出了两个新的要求:

(1)减少着火延迟期内的喷油量,在随后的主喷油期内相应增大喷油量,缩短扩散燃烧期。

(2)随着转速和负荷的增加,应增大主喷油期内喷油率的丰满度,使额定负荷时的喷油率由三角形变成四方形(见图4)[2]。

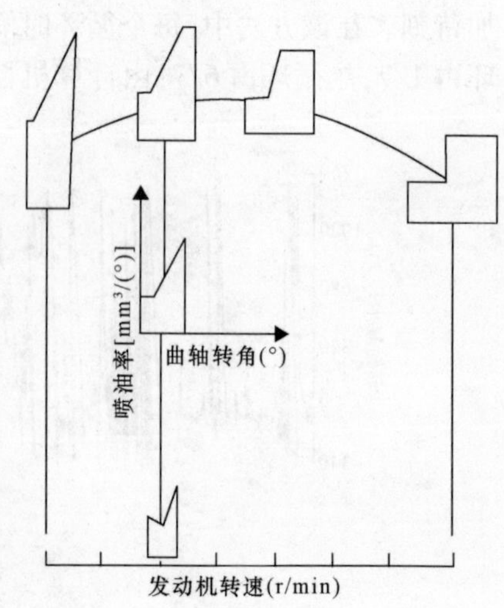


图4 喷油率最佳变化规律

新型的具有可变预行程特性的喷油泵已经实现了第(1)个要求。这种喷油泵的溢油口和进油口是分开的,能够加大溢油口孔径,实现快速溢油,从而使最大峰值喷油压力迟后、后期喷油率增大。目前的喷油系统还不能实现第(2)个要求,$NO_x$排放限值的进一步强化将迫使人们开发具有喷油率分段变形特性的喷油系统,这种喷油系统将不考虑喷油嘴孔的节流效应。

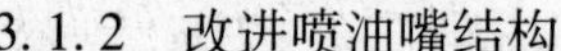

#### 3.1.2 改进喷油嘴结构

喷油嘴头部形式对 HC 排放量和未燃燃油中可溶性微粒排放量的影响很大。对于普通喷油嘴，其压力室内的燃油，常常在喷射结束时，甚至是在燃烧结束后，仍有一部分滴入汽缸内。这部分燃油不再燃烧，而成为 HC 排放出去。因此，要使喷油嘴的压力室容积趋于最小以至没有，这可以用 VCO 喷油嘴（针阀关闭喷油嘴孔式喷油嘴）来实现。VCO 喷油嘴结构及其对排放和比油耗的影响如图 5 所示。

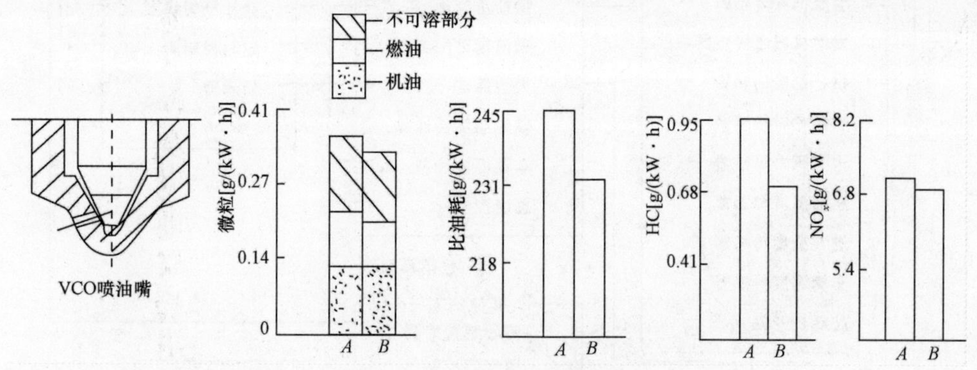


图 5　VCO 喷油嘴结构及其对排放和燃油消耗率的影响

*A*-SAC 喷油嘴；*B*-VCO 喷油嘴

图 6 表明了减小喷油嘴孔径对控制排放的影响。由于等压出油阀成功地取代了传统的等容出油阀，使目前泵—管—嘴喷油系统所允许使用的最小喷油嘴孔总面积已经达到 $0.2mm^2$[3]。另外，为了保证良好的雾化质量，还要求喷油嘴孔长度小于 1mm。

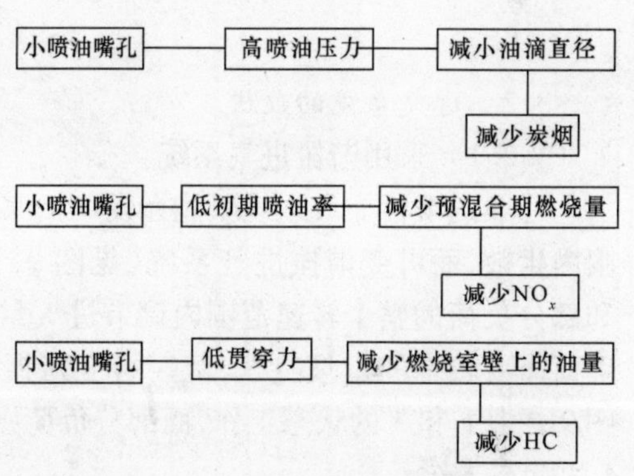


图 6　减小喷油嘴孔径对排放的影响

3.1.3　延迟喷油定时

解决 $NO_x$ 排放问题的一项有效措施，是延迟喷油定时。因此，20 世纪 90 年代柴油机的喷油定时，不再以燃油经济性为准来确定，而是按 $NO_x$ 的排放限值来调整。但是，延迟喷油定时必然会使发动机输出功率降低，微粒排放增加，燃油经济性和起动性能恶化。解决这一矛盾的措施是提高喷油压力和喷油速率。高压喷射的作用是增加油束中的空气量，提高了空气的利用率，使燃烧更迅速、完全。对于单缸排量 1～2L 的柴油机，其喷油压力（嘴端）应大于 100MPa。目前，泵—管—嘴系统的最高喷油压力已达到 120～150MPa。Mak 公司的研究[4]表明，在喷油持续期保持不变时，若喷射的燃油粒度减小 5%，则燃油消耗率下降1g/(kW·h)；在喷油压力保持一定时，若喷油持续期缩短 10%，则燃油消耗率下降1g/(kW·h)。

发动机排放量和燃油经济性对喷油定时的变化极为敏感。因此，未来低排放量柴油机的喷油始点必须严格控制在所限定的范围内，与最佳喷油定时的最大允许偏差为 ±1°曲轴转角[2]。柴油机排放的瞬态检测法规要求其供油系统能按转速、负荷、环境条件、冷却液和机油温度等因素的变化快速而准确地控制喷油量。这些要求是传统的机械式离心喷油定时器和调速器所无法满足的。因此，近年来开展了柴油机电控喷油系统（见图 7）的研究。目前，电控喷油系统已成为控制柴油机排放的一项重要措施，它被称为是柴油机技术水平的第三次飞跃。特别是具有可变柱塞预行程控制功能（见图 8）的新型电控喷油泵，具有在发动机低速时能提高供油压力，增加供油率；在发动机高速时能降低供油率，防止供油压力过高的优点。因此，使得采用可变预行程电控喷油泵的柴油机的 CO、HC 和微粒排放均减少，尤其是微粒排放比采用传统直列泵的柴油机下降了 27%。

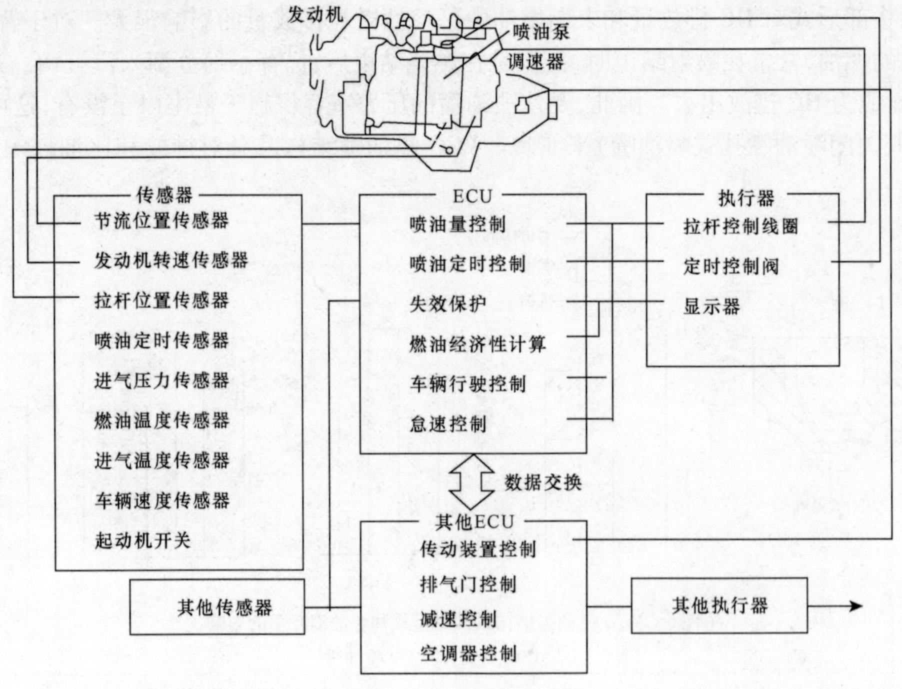


图7　电控喷油系统图

3.2　进气系统的改进

3.2.1　采用谐振进气系统

一般的惯性充气系统只能在发动机某一较窄的工况范围内生效,而可变谐振进气系统(见图9a))[5]可在全负荷和部分负荷的整个转速范围内调节进气量(见图9b))。全负荷需要较多的过量空气,此时可变谐振系统汽车技术按图9b)中1和3的状态工作,而部分负荷则按图9b)中2和4的状态工作。

图10所示表明了可变谐振进气系统对发动机性能的影响。

3.2.2　采用可变涡流进气系统

传统直喷式柴油机的涡流比会使发动机初始燃烧阶段

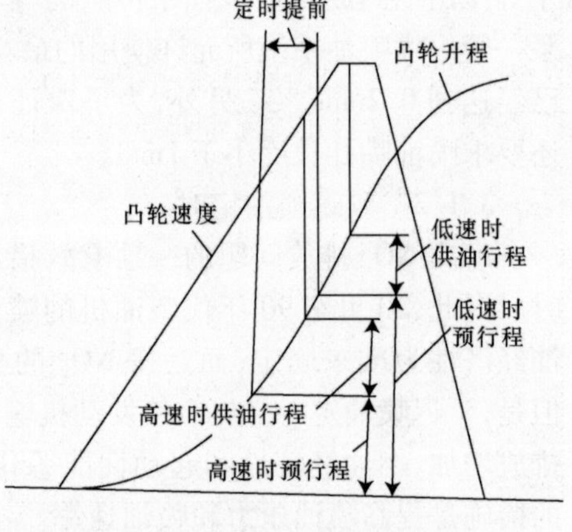


图8　可变预行程控制功能原理图

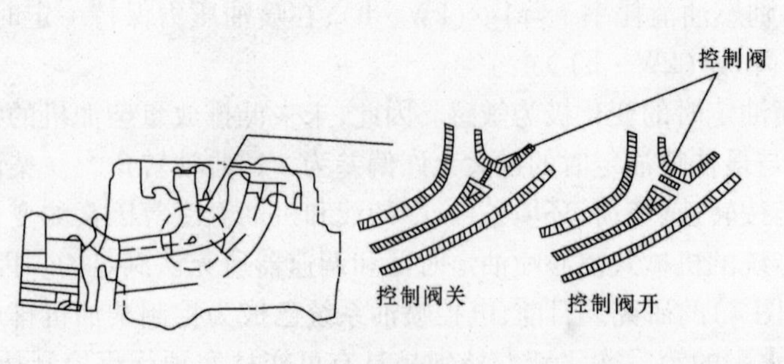


a)进气系统

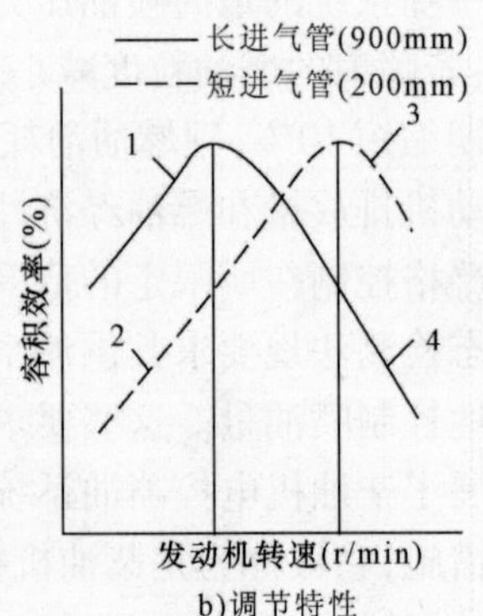


b)调节特性

图9　可调谐振进气系统及其与进气效率的关系

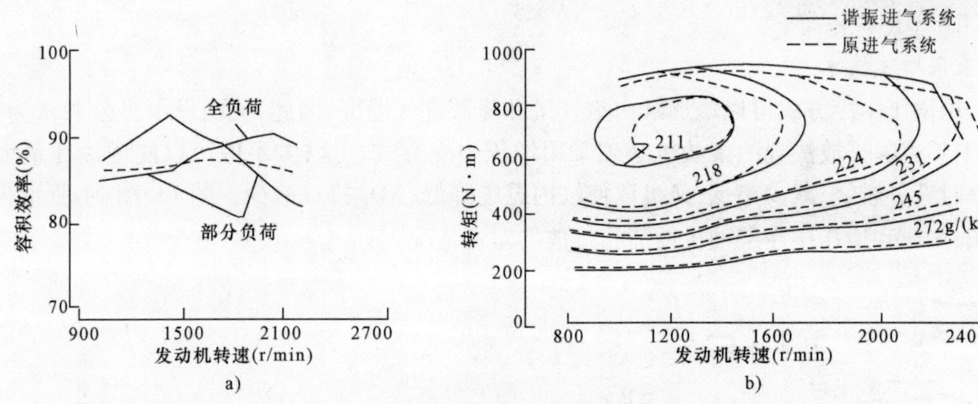


图 10　可变谐振进气系统对发动机性能的影响

的放热量增加，因而使最高燃烧温度增加，促进了 $NO_x$ 的生成。近年来，随着喷油压力的增加和喷油嘴孔径的减小，最佳进气涡流比有降低的趋势。另外，传统柴油机恒定的涡流比特性也无法解决 $NO_x$ 排放和改善比油耗之间的矛盾，因此，出现了可变涡流比进气系统。图 11 所示是带可变涡流进气系统的发动机与普通发动机性能指标的对比情况。

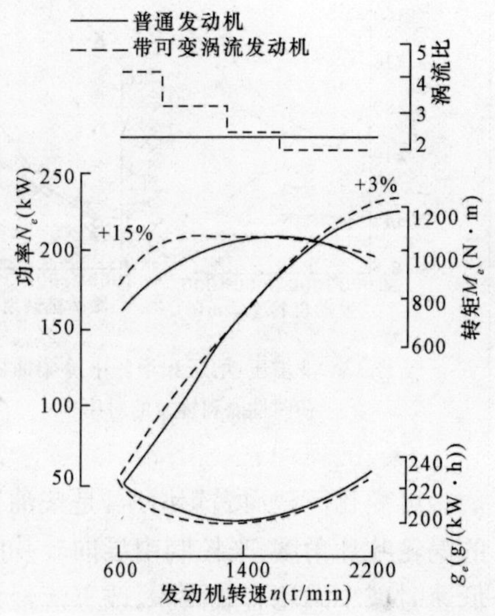


图 11　可变涡流进气系统对发动机性能的影响

3.3　燃烧室的研究改进

燃烧室形状对燃烧过程和排放均有很大的影响，近年来对其研究工作主要集中在以下两方面。

(1)燃烧室几何形状对燃烧室内流场特性的影响；

(2)燃烧室几何形状对燃烧室内燃油分布和混合气形成速率的影响。

为了找出规律，以指导产品设计，采用了流场测量、燃烧摄影和三维流场计算等方法，取得了惊人的进展，研究出了许多新型的燃烧室。比较典型的有五十铃四角形、缩口形燃烧室及图 12 所示的日野 HMMS-Ⅲ型、洋马的 YBPC 型和日本丰

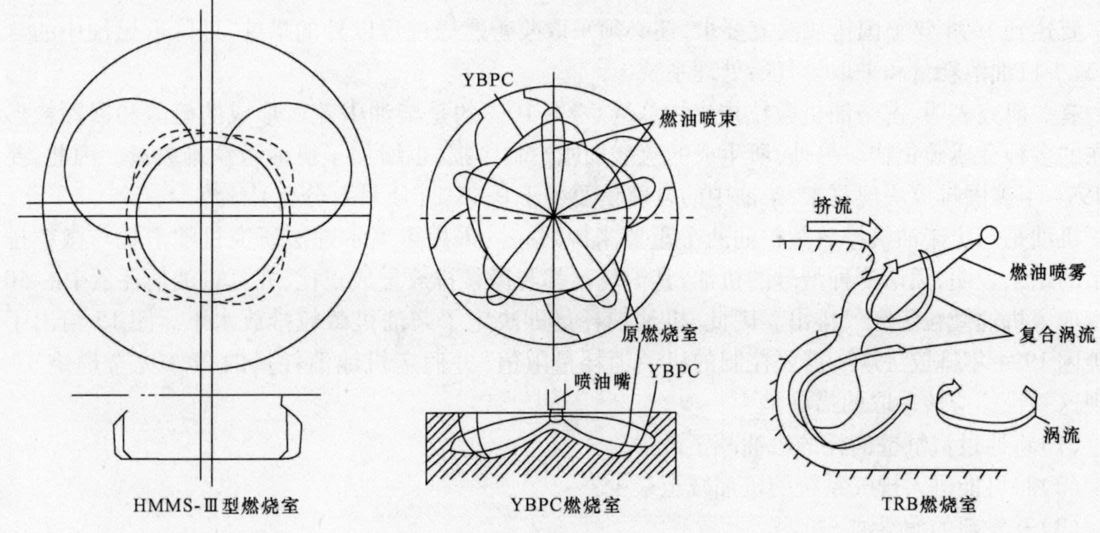


图 12　几种新型燃烧室的结构示意图

田公司的 TRB 型燃烧室等。

3.4　采用增压技术

由于采用增压中冷方式可以增加缸内空气量和降低进气温度，因此，英国里卡多公司认为[6]，所有满足 1991 年美国排放法规的柴油机必须采用增压中冷方式。这样，不但可以使燃油在最大转矩和额定功率时充分燃烧，减少黑烟；又可以使缸内温度降低，$NO_x$ 排放减少。图 13、图 14 所示为同一系列非增压、增压和增压中冷柴油机性能与排放的对比情况[7]。

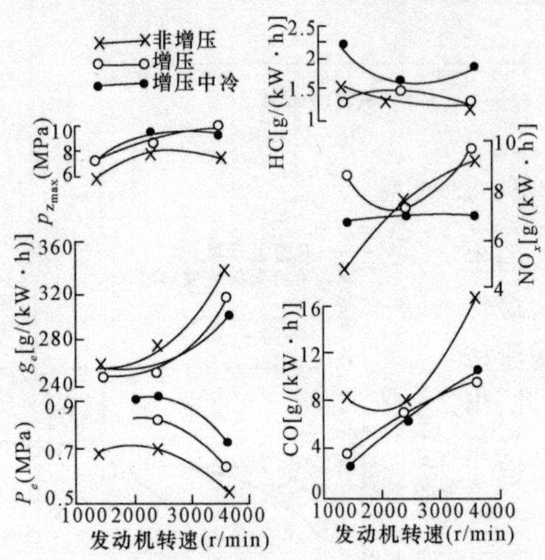


图 13　非增压、增压和增压中冷柴油机在全负荷时性能和排放的对比

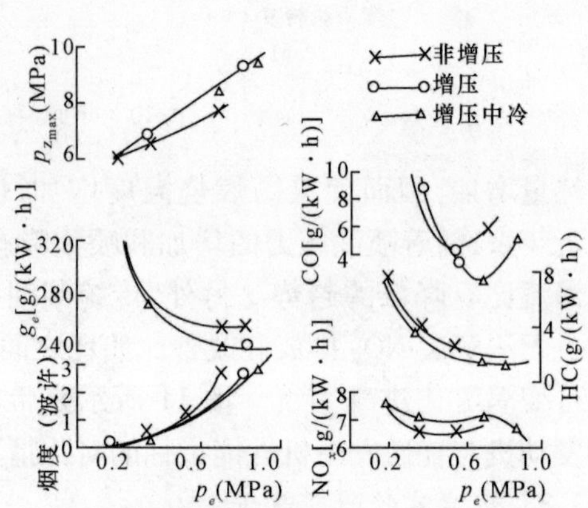


图 14　非增压、增压和增压中冷柴油机在部分负荷时性能和排放的对比

可变几何截面涡轮增压，是柴油机增压技术的最新发展。它通过改变由转速或质量流量而确定的涡轮叶片角度，来控制由导向叶片间通道宽度所决定的涡轮有效面积和转子的燃气进口角度。在低速时减小涡轮有效面积，改善流经涡轮废气能量的利用程度；高速时增加涡轮有效面积，可消除增压器超速和发动机超压的现象，从而控制了涡轮的可用能量。这一新技术能使柴油机在 $NO_x$ 排放量不变的情况下，减少 HC 和微粒的排放量。它被里卡多公司确定为达到 1994 年美国排放法规的重要措施。

3.5　其他措施

要达到 1994 年美国排放法规要求，还必须采取改善燃烧过程以外的措施，即降低燃油中的含硫量，减少机油消耗量和采取排气后处理系统。

有关研究表明，占柴油机微粒排放物总量 5% ~10% 的是柴油中硫所形成的硫酸和以颗粒形式存在的多种金属硫化物。另外，所生成的硫酸加剧汽缸磨损，也增加了机油微粒排放量。因此，要达到 1994 年美国排放法规要求，柴油中的含硫量要少于 0.15%（质量百分比）[2]。

机油是产生柴油机排放微粒的两个重要来源之一。采用重氢示踪法研究机油消耗与微粒排放关系的结果表明，无论哪种型号的机油，其消耗量都与微粒排放量成正比，并且机油消耗量中的 50% 都变成了机油微粒随废气排出。因此，机油消耗量即决定了柴油机微粒排放水平。图 15 给出了达到美国 1994 年排放法规所需要控制的机油消耗量限值（并假定机油消耗量的 20% 完全燃烧）。为实现这一目标应该采取的措施是[3]：

(1)将通过汽缸壁消耗的机油减至最少；

(2)将可能进入排气系统的机油减至最少；

(3)开发新的润滑油。

按目前的技术水平，要达到 1994 年美国排放法规要求，必须采用排气后处理系统。微粒收集器

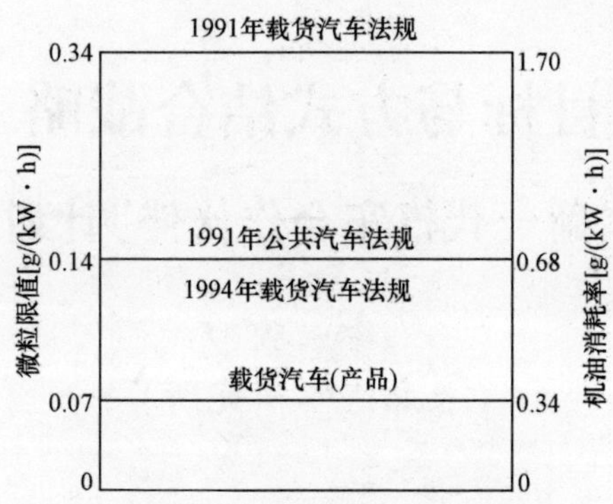


图15 机油消耗量的控制目标

和氧化催化器是最有效、最有希望被实际使用的排气后处理装置。

## 4 结束语

要达到1991年美国柴油机排放法规要求,目前应尽快进行以下三方面的工作:

(1)改进燃烧技术;

(2)减少机油消耗;

(3)减少柴油中的含硫量。

要达到1994年美国柴油机排放法规的要求,采用有效的排气后处理系统将是不可避免的。然而,更为重要的是在新一代直喷式柴油机的设计中引入控制排放的新观念,采用控制排放的新技术,使新产品符合排放法规不断严格的发展趋势的要求。

## 参考文献

[1] Gerhard Stumpp. et al. Fuel Injection Equipment for Heavy Duty Diesel Engines for U. S. 1991/1994 Emission Limits[C]//SAE Paper,890851.

[2] P. Zelenka. et al. Ways Toward the Clean Heavy Duty Diesel[C]//SAE Paper,900602.

[3] Hiroshi shiwata. et al. A New Series of Timing and Injection Rate Control Systems-AD-Tics and P-Tics [C]//SAE Paper,880491.

[4] 陈继厚.中速柴油机的发展状况[J].柴油机,1990,2.

[5] N. Eguchiet al. 重型载货汽车自然吸气柴油机可调惯性充气系统的研制[J].国外内燃机,1987,6.

[6] J. R. Needham. et al. Technology For 1994[C]//SAE Paper,891949.

[7] 遇兴学.车用柴油机的排气净化[J].车用发动机,1983,5.

[8] Robert Munro. Emissions Impossible-The Piston and King Support System[C]//SAE Paper,900590.

# 目标与方式结合战略

## ——简评美国“新一代汽车合作伙伴”计划及其实施情况

李　骏
（长春汽车研究所）

1993年2月22日，在美国总统克林顿名为“美国经济成长需要的技术，增强经济实力的新动向”动议下，美国政府和美国三大汽车公司建立了“新一代汽车合作伙伴”（Partnership for a New Generation of Vehicles，简称PNGV），发表了“新一代汽车合作伙伴意向宣言”（以下简称“意向宣言”）。根据意向宣言提出了“合作研究和开发协议”（简称CRADAS）的一般程序，美国联邦政府与美国国务院汽车研究机构（USCAR）合作拟定了“新一代汽车合作伙伴”研究计划。由此可见，“新一代汽车合作伙伴”正是克林顿提出的发展美国汽车产业的目标与其实现的方式相结合的战略反映。它的提出、制定与实施反映了美国当前及未来一个时期汽车产业、技术及经济发展的态势与动向，非常值得关注，因此有必要予以介评。

### 1　目标

PNGV在其“意向宣言”中宣称其工作目标是：“开发出具有商业用途的汽车技术，从长远角度看，这一技术能够进一步减轻轿车和轻型车对环境产生的冲击，并且在减少对进口汽油依赖的同时还能够保持个人的能动性。这样的汽车满足安全和环保法规，并能提供公众所期望的优质和舒适性，它是价格上承受得起的美国汽车，最终目标是确保美国汽车产业的世界领先地位”。PNGV的时限为10年（至2004年），这可谓是美国汽车产业与技术的一个“整车”发展的中远期战略目标。在这一总的工作目标中，PNGV提出同时实现如下几个战略目标和研究计划：

（1）使人们买得起车；

（2）加强美国汽车业在国内及国际市场上的竞争地位；

（3）在性能、外形和实用性等方面均不逊色于今日的汽车；

（4）符合安全和排放限值法规；

（5）提高安全水平；

（6）将污染物排放量降到TierⅡ排放法规限值水平；

（7）通过降低油耗和减少温室有害气体产物的途径提高车上能量的总体使用效率，即对与车辆行驶有关的所有能量和排放进行总体考虑。

就PNGV的研究内容而言，它包含着三个既相互独立又相互联系的研究方面。第一项研究是探索改进设计、制造和生产汽车的工艺技术，以便在新的生产工艺和产品的结合上有较大的灵活性。第二项研究是开展一系列与传统汽车设计有联系的能提高燃油经济性和降低污染排放的技术。第三项研究是追求一种革命性的开发，即开发一种高效、舒适和具有商业价值的汽车。

“意向宣言”中还对这三个研究方面的具体目标作了规定。对研究方面一，规定以下的工艺技术：在产品和零部件制造之前，利用高速计算机对其进行有效的设计和测试；采用先进的材料和材料制造技术；应用高效灵活的制造设备及通过先进的传感器与控制系统使装配复杂的零部件的管理达

刊登信息：《世界汽车》1999年第4期

到最佳化。对研究方面二，规定研究工作集中在提高整车的效率上，同时减少对发动机和传动系统的能量需求并改进它们的效率，例如开发先进的催化剂从而可使稀混合气发动机理论能实际应用。对研究方面三，规定 PNGV 期望经过 3 ~ 4 年的研究确定最有发展前途的技术，用来解决多方面的计划目标，以便突破能量效率理论上的局限。另外，对燃料电池和新一代电池及超级电容电池等要求超前开发并取得合理的现实的技术成果，以期在 20 世纪 90 年代末开发出一种概念车并在大约 10 年内开发一种生产样车。显然，PNGV 确定这样的目标与美国在汽车产业、技术和经济上所面临的日益激烈的国际国内市场和成本竞争的新挑战，特别是应对欧洲 3L 车战略的挑战及日益苛刻的环保要求是紧密相关的。因此，实现这些目标对美国汽车产业，进而对美国整个经济的发展具有重大意义。因此，找到并确定一种实现这些目标的方式或形式是非常重要的。

## 2　方式

实现上述目标的"最佳"组织方式是按克林顿总统动议中提出的政府与汽车产业携手合作的方式。对这种方式的重大意义，"意向宣言"十分明确地指出："它反映了政府机关和汽车产业界之间的关系在方向上的一个根本变化——由过去两者间的对抗和对手关系转变为以国家利益为目标的合作伙伴和协作关系。这是向一个新发展时代的一种转变。"这一方式之所以具有如此重大的意义，首先，它是与美国新一代汽车技术在方向上的革命性相适应的。因为只有各方面的携手合作，才是开发具有革命性新方法和开创汽车产业发展新纪元的依靠与保证。其次，这是与 PNGV 计划中研究和目标的全面性要求相适应的，因为只有政府与汽车产业界的积极配合，协调各方面的工作，才会促进这一目标涉及的各个领域取得进展。再次，是由这些目标具有挑战性所决定的。因为着眼未来，只有政府与汽车产业界携手并进开展新一代汽车，才能适应面临的国际国内市场日益激烈的竞争和日益严格的环保要求。此外，这也是与这一目标具有的风险性相适应的。因为上述目标的诸特性，即技术方面上的革命性、技术内容上的全面性及技术要求上的挑战性，使 PNGV 计划的实施具有很大的不确定性即风险性。因此，所需资金、资源的筹集与组合，必须由政府与产业界的协调合作才是实际的和最佳的途径。正如"意向宣言"中指出的"这种以合作为特征的新的公众政策允许私有和公共资源投入到以取得重大技术突破为目标的计划中"。

当然，这一方式不但必要，同时还必须可能才会变成现实。这种可能性表现为合作伙伴各方面的积极性。这种积极性有利于美国的经济与财政，能产生一个汽车产业技术发展与经济和财政发展的良性循环。正如"意向宣言"中所言，把研究和开发的积极性集中于这些项目将有助于保持国家汽车产业技术的领先地位和在全球的竞争实力。它将保证并创造美国在这一部门中的就业机会，而这一部门则是高级职业和税收的重要来源。因此产业界和政策部门均表示承担他们各自的义务，并一道工作，去谋划和执行有效的、灵活的研究计划，完成本动议的目标。联邦政府还打算动用联邦车辆采购权，表示支持本动议的目标，鼓励州政府和其他团体采取类似的行动，确保本动议的成功。

"合作伙伴"并非合而不分。为此，"意向宣言"对各方在合作伙伴关系中的地位、作用、义务和权利等作出明确规定，指出双方既独立又协作，产业界起导向作用，政府部门进行协调与管理。值得指出的是，"意向宣言"中还指出这一方式还会调动广大消费者和用户的主动性。合作伙伴特别是政府方面将从政策上促进广大用户对 PNGV 技术目标产生需求，例如，政府将促进市场对汽车燃油经济性的需求保持在高水平上，以解决美国汽油价格一直较低的历史原因造成的美国消费者不太注意燃油经济性，从而在这方面出现的消费者对技术需求的有限性的问题。

## 3　实施

保证 PNGV 研究目标实现的根本是其实施措施，这在"意向宣言"中作了原则规定。几年来，PNGV 在实施措施上做了大量工作，取得了重大进展。例如，PNGV 实施的组织机构为 PNGV 研究计划评审常委会,政府的各分立组织机构,如交通部,国家宇航局、国防部、环保局、能源部以及商业部都参与措施实施的管理,如有关 PNGV 实施的资金、基金与资源的筹集、统管与使用的计划与步骤等。同时,还建立了 PNGV 科研文献总汇信息库。但是,PNGV 实施的关键是对 PNGV 研究计划的评审。PNGV 的评审分为单项评审(如 PNGV 计划中燃油经济性与排放项目的评审)和总体评审,并以后者评审为主。PNGV 总体评审系按年度进行即 PNGV 年度评审。自 1993 年 PNGV 实施以来已进行了三次评审,每次评审均作出报告定期发表。现对 1996、1997 年度即第三次 PNGV 评审所作的报告作一简介。

PNGV 研究计划第三年度评审报告内容包括技术、资金和管理三大主要方面(项目),采用系统分析的评审方法,侧重于进度与程序。以此次评审的技术评审为例作一分析从中看其评审特点。第三次年度评审报告中对技术的评审提出"技术筛选程序"的评审标准。它不是对每项技术及其进程孤立地进行评价而是从 PNGV 总体目标的角度来评价,因而提出在技术筛选中有"当选"技术与"落选"技术;"当选"技术为"胜利者","落选"技术为"失败者"这样一些技术筛选概念,而没有使用先进技术或落后技术等简单的传统的技术筛选概念。同时提出"当选"与"落选"或"胜利者"与"失败者"可以互相转化的概念,转化视其对 PNGV 历史进程的影响而言,由此提出"历史性"筛选概念。这就是说,任何一项技术在 PNGV 项目历程中确定为"当选"或"胜利者"与"落选"或"失败者",其筛选标准包括实现 PNGV 的目前与长远、技术与维修、效益与成本、局部与整体的技术要求的衡量标准,总之它既贯穿综合方法也贯穿着分析方法,是综合与分析的统一。这也就是系统分析方法在 PNGV 技术评审上的具体运用。由此可见,PNGV 的技术评审不是简单地评价技术的好与坏、优与劣的取舍,而是给人以方法上的启迪亦即"PNGV 思路",从而有利于通过技术筛选推动 PNGV。当然,这一方法的运用离不开定性与定量的评价。可以从 PNGV 这次技术评审的"新一代汽车各种可能选择的技术研究进展评价表"中理解 PNGV"技术筛选进程"方法的特点(表略)。同样,PNGV 技术评审与其资金、管理评审又是联系的。如此次的资金评审中提出"PNGV 计划的充分性和平衡性"方法,即把资金的集中(充分性)与分散(平衡性)、筹集使用、管理等围绕着 PNGV 的关键技术(充分性)与一般技术(平衡性)来进行评价。

## 4 成果与问题

PNGV 研究计划第三次年度评审报告中对 PNGV 1996 年取得的最重要技术成果总结如下:

(1)开发出一种用于燃料电池的多燃料处理器样品,其效率为 80%。

(2)开发出一种次生氧化(subscale)、高功率的锂离子电池,可进行 10 万次浅充放循环(shallow-cycle)。

(3)开发出一种工作范围扩大(scale-up)的稀薄 $NO_x$(氮氧化物)催化剂,可使 $NO_x$ 降低 30%。

(4)开发出具有大批量生产潜力的一种工艺,能制造陶瓷的燃气轮机涡轮壳和涡轮叶轮。

(5)开发出一种玻璃纤维增强的复合材料的汽车前端结构,它能经受住以 56 km/h 的速度进行的障碍碰撞试验。

(6)开发和研制出先进技术示范车。这些样车上含有与 PNGV 要求相关的某些特征,如福特的 Synergy 2010 车、克莱斯勒的 ESX 车和通用汽车公司的 EV-1 车(电动汽车)。

由此可见 PNGV 取得了较好的技术成果。但摆在 PNGV 面前的问题和障碍仍不可忽视,正如在此次报告中所指出的,尽管在很多关键领域有了重要进展,但在 PNGV 技术系统的目前状态和子系统开发之间及性能和成本要求之间距离解决主要的 PNGV 历史性计划的要求仍然有很大距离。这里主要应克服的障碍是需要有所发明和非常显著的技术突破。此次年度评审报告还列出影响 PNGV 计划顺利进行的其他主要因素如生产成本问题、资金问题、进度问题及其他需要解决与克服的各种问题,其中特别是在许多关键系统的工作资金上不足且缺乏整体技术方向。

但是按照PNGV研究计划评审委员会的观点,上述问题与障碍正在努力解决,如许多分散的技术研究项目已越来越多地集中起来并通过研究人员和用户的联合,使开发技术目标更加明确,使生产能力更加提高。材料人员队伍和制造人员队伍的联合也已形成并促进了计划目标的实现。总之,PNGV计划正取得明显的令人鼓舞的进展。

综上可见,PNGV及其实施,从美国政府的角度来看,不失为发展美国汽车产业与技术的一种战略优选。尽管前进方向还存在上述问题与障碍,但与已取得的成就比较,它并非美国政府"一相情愿",这显示出美国政府在发展其汽车产业与技术上,已从单纯的提供产业政策到实施一种国家战略,从各自为政到统筹管理,表明了美国政府具有一种宏观调控的潜力。政府部门与汽车厂商间已非从前的对抗关系而是合作伙伴,正是在这个基础上,把汽车产业技术发展目标与其实现的方式最佳地结合起来的这种战略,即PNGV战略确实是面向一个新发展时代的一种战略转变。

# 汽车动力总成节能环保先进技术分析

李　骏，曲卫东，高　巍
（中国第一汽车集团公司技术中心）

**摘　要**：目前，汽车动力总成已由单纯地追求性能发展成为面向节能、环保、安全及发展循环经济的国际竞争。本文分析了中国汽车动力总成节能环保的主要课题，阐述了目前汽车动力总成产品的主要技术，包括汽油直喷技术、汽油增压技术、发动机起停技术、发动机可控配气机构、Downsizing 技术、新一代柴油共轨技术、发动机电子控制技术、柴油机后处理技术、多挡自动变速器技术、油电混合动力技术，并剖析了中国第一汽车集团公司的技术对策及产品战略。

**关键词**：汽车；动力总成；节能；环境保护

**中图分类号**：U464　**文献标识码**：A　**文章编号**：1000－3703(2009)05－0001－07

## 1　节能环保正成为汽车动力总成的主要课题

传统内燃机技术作为汽车动力的主要解决方案，在过去的 20 年里经历了重要的技术变革和创新，主要集中在如何提高动力性和满足排放法规方面。但随着能源安全以及环境问题的日益凸显，汽车产品满足排放法规已经成为面对国际竞争的最低门槛，而降低油耗（减少 $CO_2$ 排放、控制全球温室气体效应）、能源多样化已成为目前汽车产品竞争的主要要素。由于内燃机在短期内仍然会在汽车产品中扮演重要角色，所以动力总成不可避免地要面对应对上述三重挑战的压力。

石油消耗的速度远远超过了新储量的发现以及生产能力的增加速度，从而推动了油价的持续上涨。尽管目前由于受到经济危机的冲击，以及对未来经济及消费能力的不良预期，油价在短期内出现了回调，但石油作为稀缺能源，价格必然会不断上涨，这已成为目前动力总成技术创新的主要驱动力。国际上对 $CO_2$ 温室气体的减排压力，对动力总成技术的发展有着重要意义。汽车产品作为温室气体排放的重要污染源之一，通过技术创新以降低能源消耗，减少温室气体排放已迫在眉睫。随着世界各地越来越多的政府的参与，日益严格的 $CO_2$ 排放法规（见图 1）及标准的制定与实施已成为不可避免的趋势。

虽然以 $CO_2$ 排放为主要竞争战略的动力总成竞争态势已经形成，但严格的排放法规仍然是机动车动力总成参与全球竞争的重要门槛，并始终作为新一代动力总成产品技术创新的驱动源泉。全球乘用车排放法规 PM 和 $NO_x$ 限值见图 2 和表 1。

**表 1　全球乘用车排放法规 PM 和 $NO_x$ 限值**（单位：g/km）

| 标　准 | 年　份 | $NO_x$ | PM |
|---|---|---|---|
| US(EPA)94 | 1994 | 0.62 | 0.05 |
| US(EPA)04 | 2004 | 0.37 | 0.05 |
| US(EPA)07 | 2007 | 0.124 | 0.012 |
| US(EPA)09 | 2009 | 0.044 | 0.006 |
| US(CARB)94 | 1994 | 0.62 | 0.05 |
| US(CARB)04 | 2004 | 0.19 | 0.05 |

刊登信息：《汽车技术》2009 年第 5 期

续上表

| 标　准 | 年　份 | $NO_x$ | PM |
|---|---|---|---|
| US(CARB)07 | 2007 | 0.044 | 0.006 |
| EU Ⅱ | 1996 | 0.9 | 0.1 |
| EU Ⅲ | 2000 | 0.5 | 0.05 |
| EU Ⅳ | 2000 | 0.25 | 0.025 |
| EU Ⅴ | 2009 | 0.2 | 0.005 |
| CN Ⅰ | 2001 | 1.58 | 0.25 |
| CN Ⅱ | 2004 | 0.9 | 0.1 |
| CN Ⅲ | 2007 | 0.5 | 0.05 |
| CN Ⅳ | 2010 | 0.25 | 0.025 |

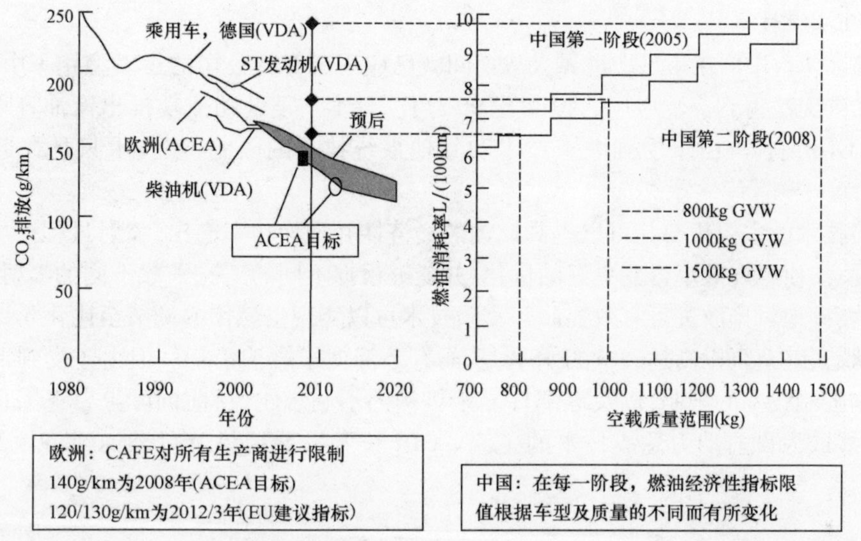


图1　全球 $CO_2$ 排放法规及中国 $CO_2$ 排放法规实施战略

随着石油资源的消耗与探明储量及产能的不均衡发展，石油资源已成为限制汽车工业发展的重要因素之一。我国的石油进口量在2001年已达到了30%，到2005年，进口石油依存度已达到了41%，2008年这一数字已经超过了50%。为摆脱石油资源的桎梏，近年来，国内外各大汽车生产企业纷纷开展新能源汽车的产品开发，即除传统的汽油、柴油燃料以外，氢气、合成油、液化石油气、压缩天然气、甲醇、乙醇、二甲醚、生物柴油等众多节能、环保型燃料（见图3）日益受到重视。世界各国均根据自身的资源情况，制定了相应的燃料多样化利用政策，以充分挖掘传统动力总成技术潜力，应对资源紧缺的局面及节能环保的要求。

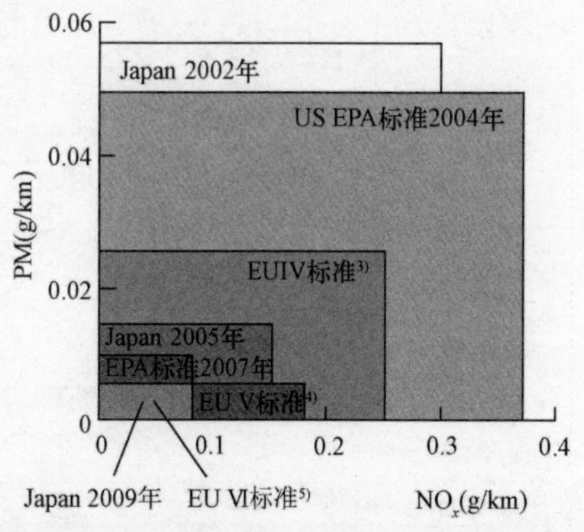


图2　全球乘用车排放法规 PM 和 $NO_x$ 限值

虽然目前汽车的动力总成还依赖于传统的内燃机技术，但能源与环境的压力，迫使人们考虑更加清洁的汽车动力，并致力于减少排放污染物，遏止环境污染以及温室气体效应带来的全球变暖问题。全球各大汽车制造商纷纷制定了未来汽车产品战略，并无一例外地将零排放污染作为其终极目标。美国通用汽车公司公布了其“向零进军”的（“MARCH TO ZERO”）未来动力总成战略，这一全球性瞄准长期的战略目标是开发具有最大能量效益的零排放驱动系统，以传统动力总成的持续改进作为其近期工作，混合动力及电动汽车作为其中期发展目标，而将氢动力燃料电池技术作为其未来产品的终极技术。德国奔驰公司采取了同样的战略，但将近期工作重点放在柴油技术的创新方面，持续开发并应用 BLUETEC 技术，走柴油、柴油混合动力、电动汽车及燃料电池的产品技术路线。日本日产汽车公司在其公布的“日产绿色计划”中，综合了降低 $CO_2$ 排放、降低排气污染物及保护大气、环境、土壤和水的三方面要求，采取类似的产品策略，致力于开发、普及低 $CO_2$ 排放或无 $CO_2$ 排放的电动能源动力系统。

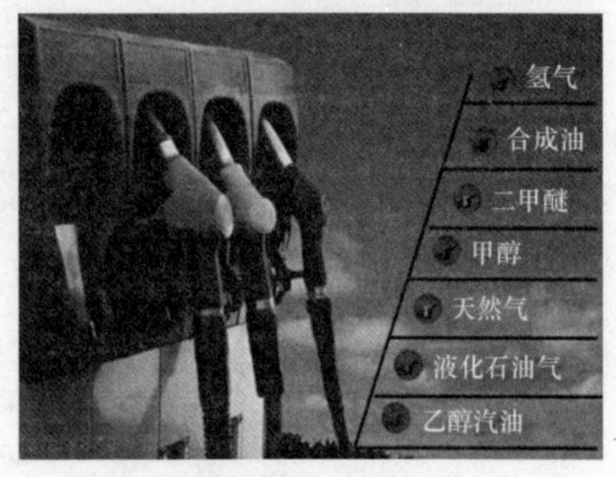


图 3 汽车燃料多样化技术路线

## 2 当前汽车节能环保的重大产品技术

### 2.1 汽油直喷技术

汽油直喷技术（GDI）在第二次世界大战期间就已应用于奔驰公司的运动型跑车中，但当时受到成本的限制始终无法得到广泛应用。20 世纪 90 年代，日本三菱公司成功推出汽油直喷动力总成产品，并注册了 GDI 商标。由于受到电子技术和其他系统技术的限制，该技术只是在近年来才开始应用。

汽油直喷技术的主要优势是可以提高燃油的经济性并增加功率输出，喷射过程产生的冷却效果以及均匀的混合，使燃烧效率得到更好的优化，并能够根据不同的工况采取不同的喷射策略，降低泵气损失，更加精确地对排放进行有效控制。直喷技术可以实现空燃比的调节至比化学计算（14.7∶1）更加稀薄的状态，甚至可以高达65∶1的水平，从而有效降低了燃油消耗。但由于受到稀薄燃烧点燃技术及污染物控制技术的限制，以及零部件复杂机构的不利影响，目前国际上普遍采用均质汽油直喷技术，并发展成为目前动力总成技术的主流。GDI 技术发展趋势及对燃油经济性的贡献如图 4 所示。

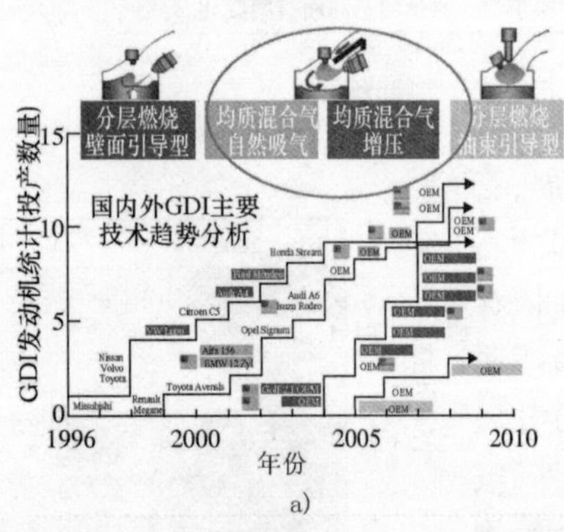


a)

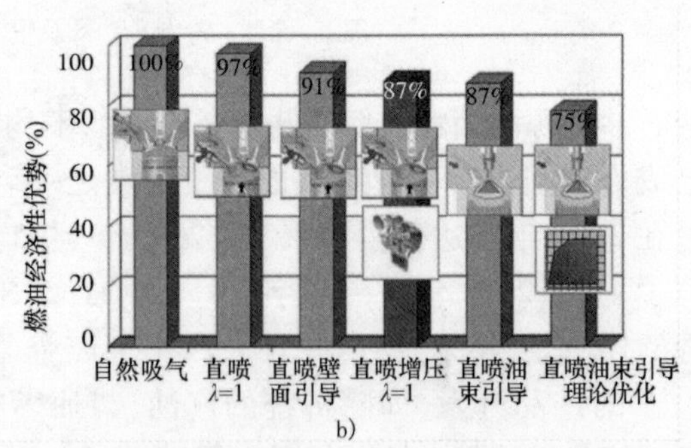


b)

图 4 欧美 GDI 技术发展趋势以及 GDI 技术的燃油经济性优势对比

### 2.2 汽油机增压技术

汽油机增压技术目前已被广泛使用以改善发动机性能，尤其是在降低油耗及控制排放方面作出贡献。增压技术一般分为废气涡轮增压及机械增压两种，就性价比而言，目前废气涡轮增压技术是降低燃油消耗的最为有效的方案。采用增压技术，可以降低燃油消耗 3% ~5%。增压技术通过提高发动机负荷率、降低排量以及调整轮数比的方式改善燃油消耗率。增压技术的关键问题是如何解决发动机的瞬时转矩响应问题（低端转矩），尤其在整车起动阶段。废气涡轮增压与机械增压技术有多种方式，单独使用或进行技术组合（见图 5）可增加功率密度，以实现降低油耗、减少污染的目的。采用增压技术的柴油发动机，可以达到 40 kW/L 的升功率；采用汽油直喷增压技术的发动机（两级增压),可以达到 70 ~75 kW/L 的升功率。增压技术的另外一个优势,是通过提高发动机的功率密度,降低发动机外形尺寸并减少动力总成的质量,即能够实现发动机的精益化设计。

### 2.3 发动机起停技术

发动机起停技术主要通过减少发动机怠速时间,从而降低燃油消耗。对于采用传统内燃机技术的车辆,可以实现节油 5% ~10%,该技术可还与混合动力技术联合应用。发动机起停技术可以采用发电机/起动机集成技术,或采用加强起动机方案来实现。但上述技术方案对电池的要求比较高,而随着电控系统的成熟以及汽油直喷技术的普及,应用于汽油直喷发动机的起停技术应运而生,并成为未来技术发展的主流,汽油直喷起停技术原理如图 6 所示。

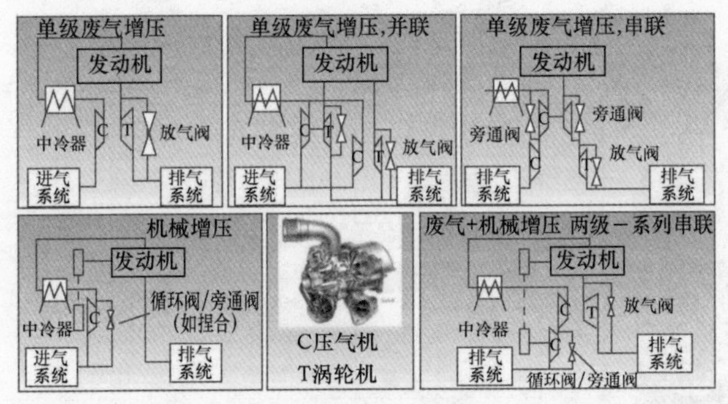


图 5 增压系统的设计方案

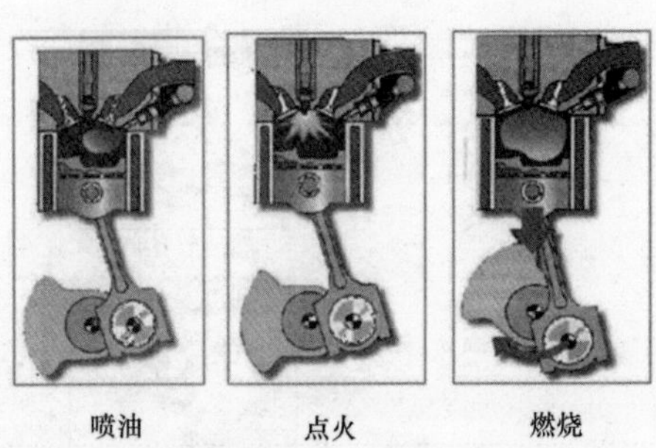


图 6 直喷汽油机起停技术

### 2.4 发动机可控配气机构

发动机配气机构可控技术,是随发动机转速、负荷的变化,能够自动改变配气相位及气门升程,以提高汽缸的充气量并选择合适的气门重叠角,使发动机能在较大的转速范围内获得最大的转矩和最为经济的油耗指标的技术。目前可变气门正时与升程技术已被广泛地应用于汽车发动机产品,可以通过进气相位、排气相位的独立或联合调节,以及气门升程、正时及持续期的改变,实现排放、燃油经济性、转矩、功率以及怠速稳定性的优化。发动机配气机构(见图 7)的可控技术大致可通过柔性控制与凸轮控制两种手段予以实现。

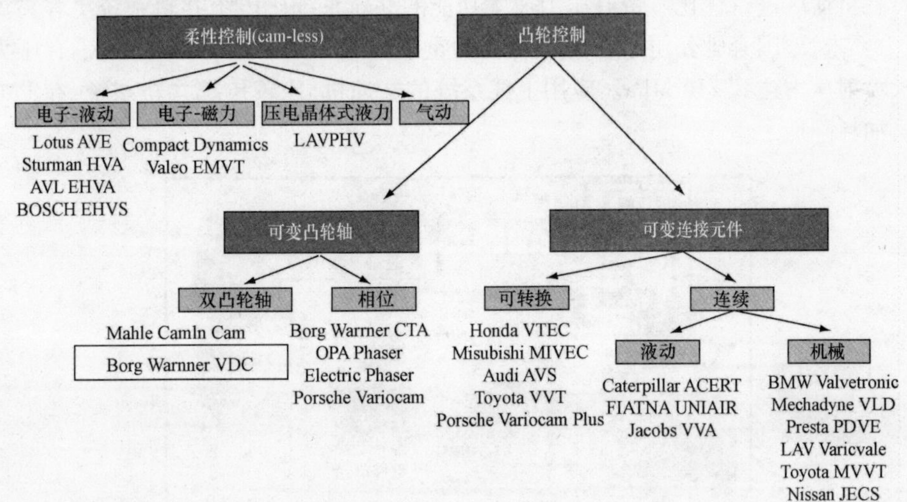


图 7 发动机可控配气机构

### 2.5 Downsizing 技术

Downsizing 技术的主要功能是降低大尺寸自然吸气发动机的泵气损失,以提高发动机的使用效率，并改善主要工况下的负荷转速燃油消耗特性。Downsizing 技术使得机械摩擦损失、燃烧稳定性及降低泵气损失之间实现了平衡。虽然不同种类的发动机有所不同，但是 Downsizing 提供了简洁有效的燃油经济性解决方案，使其对未来的重要度不断增加。目前公认的 Downsizing 主要技术如图 8 所示。前 4 种技术已被广泛应用于动力总成，其中，可变压缩比技术不是目前的主流，而歇缸技术已被四缸以上发动机广泛采用。歇缸技术是针对汽油机的低部分负荷时降耗的有效措施，因为在平均负荷状态下，汽缸中的低充气效率及低温状态对发动机效率不利。歇缸技术对于发动机在低负荷状态下工作是一种节省油耗的有效方案，可以利用一半的汽缸工作并使其处于高负荷的工况以提高发动机效率，但由于歇缸技术会对运动机构产生不利影响，影响发动机的舒适性，所以歇缸技术适用于六缸以上的发动机。

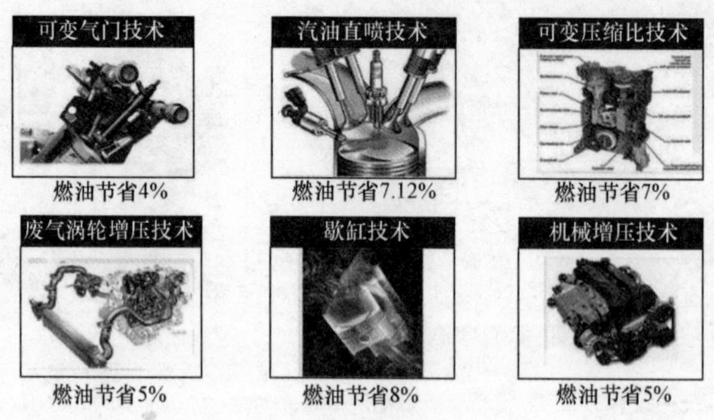


图 8　典型的 Downsizing 技术

2.6　新一代柴油共轨技术

日益严格的排放法规、不断提高的功率系数以及降低油耗的要求，迫使柴油机的喷射压力不断增加，控制方案更加柔性。柴油共轨系统因其上述优势，为全球的发动机制造商提供了有效的解决方案。采用现代共轨系统的欧Ⅳ平台柴油机，喷射压力已达到了 140 ~ 200 MPa，而要进一步满足更加苛刻的法规要求（如欧Ⅵ），喷射压力将会达到 200 MPa 以上。带有压力放大器的共轨产品目前已投放市场（见图 9），其最大特点是具有更好的可变性能，即可以实现喷射压力、喷射正时及喷射率形态的变化，对高负荷区进行优化。带有压力放大功能的共轨系统比传统共轨系统更容易满足不断增加的喷射压力要求，德国奔驰公司最新研发成功的重型商用车用柴油机，匹配了带有压力放大功能的共轨系统，喷射压力达到 210 MPa。应用上述系统的柴油机，比较传统共轨系统，在 PM 及 $NO_x$ 不变的情况下，油耗降低了 3.5%。

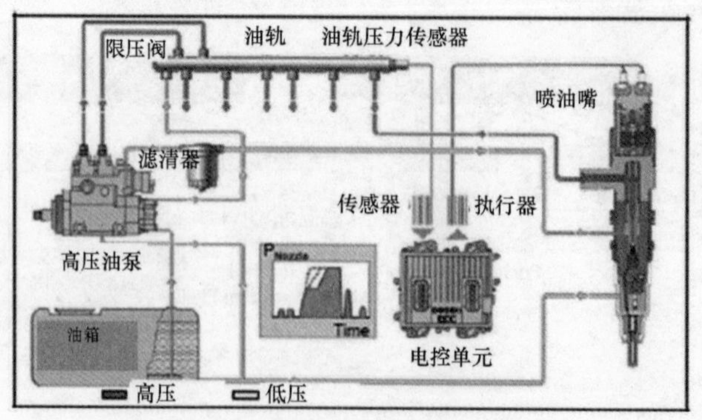


图 9　带有压力放大功能的共轨系统 CRSN4.2

2.7 发动机电子控制技术

发动机电子控制技术的最初驱动因素，是满足日益严格的排放法规要求，同时提高整车的动力性、经济性和舒适性。电子技术的日新月异，使得发动机的控制越来越依赖于电子控制技术，并从最初的实现燃油定量与点火定时(喷油定时)，发展成以控制策略主导的集成控制技术，其主要包括喷油控制、燃烧闭环控制、EGR 及节流阀体控制、增压控制、柴油 $\lambda$ 控制、转矩控制、SCR 控制、LNT/SCR/DPF 模式、原排放模式、汽缸充气模型等 10 个方面的内容。目前国内的发动机电控水平还只是处于初级阶段，首先应重点探索并应用燃烧闭环控制技术。发动机燃烧闭环控制及采用缸内压力传感器，通过多监测缸压、曲轴位置等信号，实现对喷射的修整，从而实现对喷射实施点的有效控制并提高工作效率。2008 年，奥迪公司在全球率先推出了世界首个具有燃烧闭环控制的 3.0L V6TDI 发动机。其次是重点发展发动机电控嵌入式软件系统。汽车开放系统架构简化了软件的开发流程，并使 ECU 软件具有复用性，摆脱了 ECU 软件开发严重依赖硬件及系统配置的状态，该架构更加开放，标准化程度高，利于电子系统软件的交换与更新，宝马公司已在量产车型上采用了基于该架构的电控技术。

2.8 柴油机后处理技术

自 20 世纪 90 年代以来，通过内部及外部的处理方式，柴油机 $NO_x$ 排放已大量降低，其中 EGR 作为内部方式扮演了极为重要的角色。但截至目前，SCR 技术已得到了有效的发展，正成为降低 $NO_x$ 排放的主流技术。$CO_2$ 与 $NO_x$ 排放法规是实施 SCR 的重要驱动力，目前欧洲各大商用车制造商纷纷采用 SCR 作为其主要的排放技术策略以满足欧Ⅴ排放标准。对于低至 1 g/(kW·h)的 $NO_x$ 排放目标，可以采用目前比较成熟的技术集成，如高比例 EGR、两级增压以及更高的喷射压力来联合实现，但 SCR 技术能够提供从生产成本到运营成本更加有利的技术选择(见图 10)，对于小于 1 g/(kW·h)的 $NO_x$ 排放预期，同样可以采用基于以 SCR 为主的技术集成路线。

2.9 多挡自动化变速器技术

根据采埃孚公司预测，到 2010 年，全球自动变速器将占到 55% 的市场份额，随着消费者对舒适性要求的提高，变速器多挡自动化已成为不可逆转的潮流。在众多自动变速器品种中，AMT 是一种由普通齿轮式机械变速器组成的有级式机械自动变速器，它既具有液力自动变速器自动变速的优点，又保留了原手动变速器齿轮传动的效率高、成本低、经济性好、结构简单、易制造的长处。在 AT、AMT、CVT 自动变速器中，AMT 的性价比最高。DCT 是 AMT 的一种，但它通常被看作是一种单独的汽车变速器类型。DCT 拥有两个离合器，保证了在动力传递过程中齿轮之间的转换没有任何停顿，驾驶者几乎感觉不到换挡时所产生的顿挫感，这使得 DCT 在油料消耗方面优于其他变速器(见图 11)。同 AMT 一样，DCT 基于现有的生产工艺，可以使用 AMT 的零部件，并能够在相同的生产线上生产。

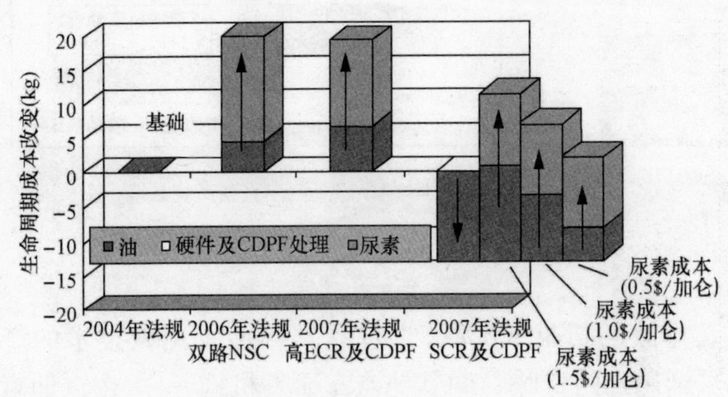


图 10 SCR 匹配及运营成本分析

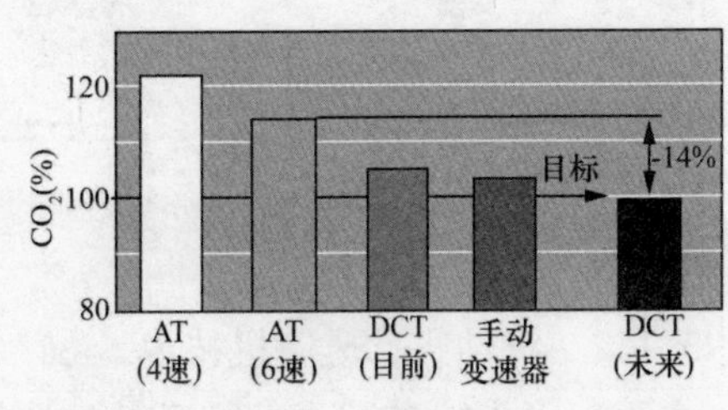


图 11 德国大众的 DCT 变速器 $CO_2$ 排放对比

2.10　油电混合动力技术

自1997年丰田推出了全球第一款量产混合动力汽车以来，混合动力技术显示了比汽油机更加卓越的油耗及排放指标，集成了内燃机、电动机、发电机等技术的混合动力技术，已成为目前世界各大汽车生产企业的首选方案之一。油电混合动力技术大致分为微混、中混及强混3个类型，由于其采用的技术配置不同，对燃油经济性及排放的贡献也有所区别（见图12）。混合动力技术有效地避免了发动机在非经济区运行，同时可以采用起停技术消除怠速油耗。主动发电能够有效提高发动机负载，电动机助力弥补发动机峰值转矩的不足，混合动力技术使再生制动成为可能，回收制动能量。从技术的角度，混合动力无疑是汽车生产商应对环境及能源问题的有效选择，但混合动力技术由于附加成本高，使得其在现有产品中性价比的排序并不突出，为此，其未来的发展具有不确定性，在技术及经济上都存在风险。但几乎所有咨询公司都预测，在未来技术链条中，混合动力将扮演过渡的角色，不能成为真正意义上的技术主流。



## 3　FAW汽车节能环保技术浅析

3.1　FAW新一代乘用车汽油机

3.1.1　直喷汽油机技术

2007年7月15日，国内第一款自主研发的汽油直喷汽油机在中国第一汽车集团公司技术中心成功点火，这标志着中国第一汽车集团公司在汽油直喷技术方面取得了重大突破。尽管国内发动机研发人员始终跟踪汽油直喷技术的发展，但由于受到电子控制技术、燃油喷射技术及复杂零部件机构技术的限制，汽油直喷技术在国内一直难有作为。随着汽油直喷均质燃烧技术、排放后处理技术的逐步成熟，电子及燃油喷射技术的发展，迅速推动了中国第一汽车集团公司在该领域的研究并取得显著的成果。早在2004年，中国第一汽车集团公司技术中心就开始了在汽油直喷领域的探索，并在随后承担了国家863重大专项课题的研究，利用技术中心强大雄厚的基础研究实力，搭建了自主汽油直喷燃烧分析平台（见图13），有效保障了汽油直喷燃烧系统的成功开发，同时，利用在电控系统方面的开发经验，完成了该领域技术平台的建设。目前中国第一汽车集团公司自主开发的汽油机产品平台，基本全部采用了缸内直喷与气道喷射共用缸盖结构技术。

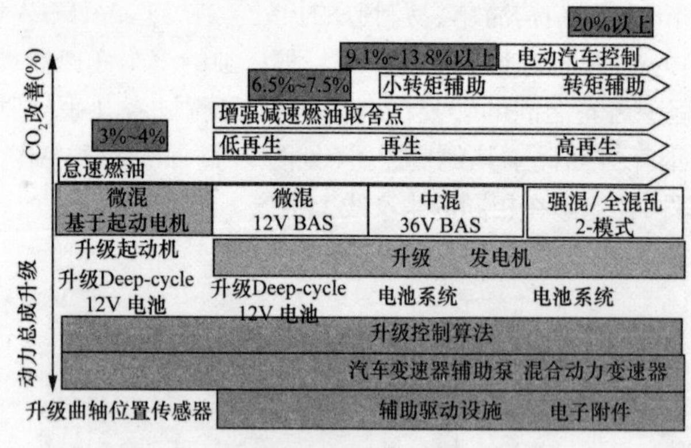


图12　油电混合动力技术分类及油耗贡献

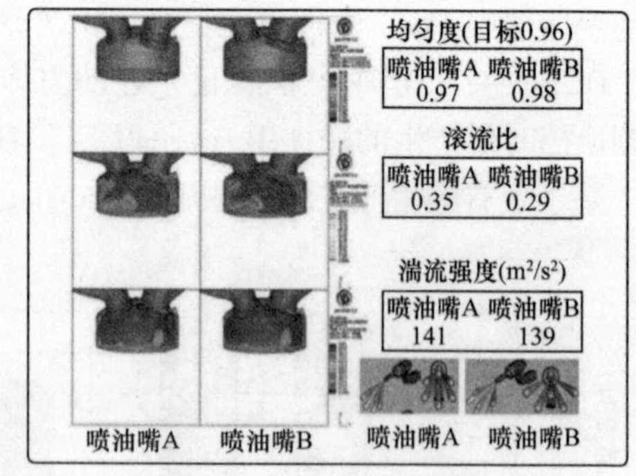


图13　汽油直喷燃烧系统

3.1.2　汽油机怠速停机技术

由于起停技术在机动车怠速时对油耗及排放的贡献（节油5%左右），因而采用该技术的产品（Vitz Toyota 2001年在欧洲销售）也越来越受到用户的青睐。同其他汽车研发机构一样，在汽油直喷技术成熟之前，中国第一汽车集团公司采用BSG及加强起动机技术方案实现起停功能。随着汽油直喷技术平台的搭建，中国第一汽车集团公司正在通过汽油直喷电控系统的控制结合反转压缩技术实现起停功能(见图 14),该技术可以有效降低起停工况下的噪声与振动,同时实现快速起停功能,并能够实现任意情况满足起停的需求。

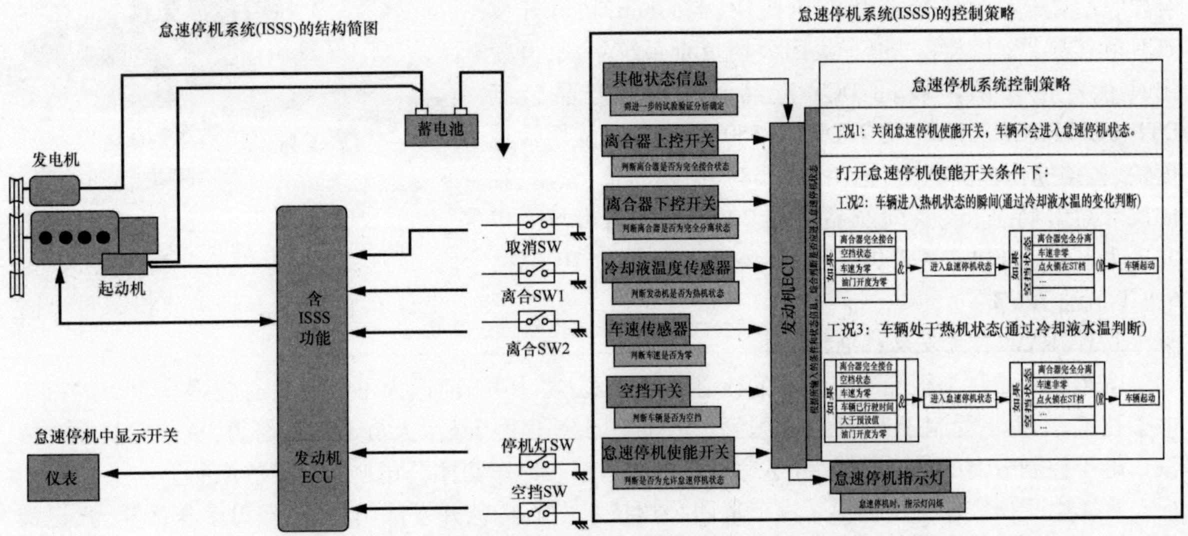


图 14　怠速起停控制策略

### 3.1.3　汽油机 Downsizing

欧洲及亚洲汽车基本上采用四缸发动机(欧洲 75%,亚洲大于 80%)。中国第一汽车集团公司针对目前市场需求,搭建了自主发动机两大平台,排量覆盖 1.1L、1.3L、1.5L、1.8L 及 2.0L,系列机型为 CA4GA 及 CA4GB。上述两个平台采用 Downsizing 技术,采用气道喷射、汽油直喷共用缸盖结构技术,搭建自然吸气与增压机型平台,使上述两种机型的功率覆盖范围更加广泛,功率密度大幅增加,其中 1.3L 排量增压机型的功率水平与 1.8～2.0L 排量自然吸气发动机相当(见图 15 和图 16),实现了通用化、平台化的设计理念,降低了生产投资,减少了能源消耗,降低了燃油消耗并减少排放污染。采用 Downsizing 技术的上述两大机型产品,功率覆盖 67～132kW,可以匹配从 A 级(包括 A00、A0J 及 A 级)到 C 级的全系列车型。

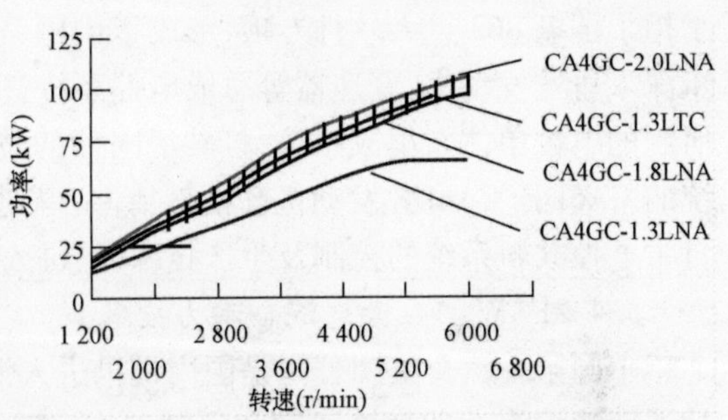


图 15　采用 Downsizing 技术的 TAI 发动机功率曲线

中国第一汽车集团公司目前已形成了以 RCDS－反转压缩直接起停技术、CSTP－汽油直喷与气道喷射共用的燃烧系统技术、DIGT－汽油直喷增压汽油机、CMTP－进气管理技术平台(Ttobocharge/VCT/VVL),Downsizing 为主的汽油机技术平台,随着搭载上述技术的产品不断推向市场,第一汽车集团公司发动机产品将为国家节能环保工作作出持续贡献。

## 3.2　FAW 新一代乘用车变速器

虽然受到目前经济危机的影响,中国乘用车市场增速放缓,但相应产品还在不断攀升。随着不熟练驾驶员的不断增多和道路情况的复杂,自动变速器已经成为用户购车时重点考虑的因素,因此中国自动变速器的装车率将逐年增加,而且由于燃油价格的影响,中国整车 OEM 趋向选择多挡自动变速器。由于受到资源及工业基础的限制,国内多挡自动变速器的发展很不均衡,在一定时期内,自动变速器的来源仍然以进口和国外厂商本地化生产为主。DCT 变速器由于其产品性能优势,适合国内工业基础,必将在国内得到迅速推广。其中,中国第一汽车集团公司、上海汽车集团公司选择 DCT 产品对国内 DCT 技术有着极大的推动作用。

中国第一汽车集团公司采用集成创新的方式，自主开发变速器本体、控制策略软件、标定技术，通过与 BorgWarner 合作，联合开发双离合器和液压模块，与 Conti 联合开发 TCU 和传感器，中国第一汽车集团公司负责系统集成，开发出具有自主知识产权的 DCT 产品。该系列产品包括 DT170C、7FDCT－350F 及 7FDCT－350R，具有挡位切换速度快、各挡速比范围宽（可达 4.8:0.68）、结构简单、紧凑、轴向尺寸短等特征，该系列产品将在 2011 年推向市场。以 6AT 为基础，7FDCT－350R（见图 16）产品节油 10.3%，6DCT 节油 7.6%。

图 16　7FDCT－350R 变速器组成

3.3　FAW 自主发动机电控技术

汽车电子始终是国际汽车行业的核心竞争技术。“十五”前国内不具备具有较强竞争力的汽车电子技术，不得不受制于人，经过中国第一汽车集团公司工程技术人员不断的努力，目前已基本掌握汽车电子控制方面的核心技术，并迅速应用到中国第一汽车集团公司自主研发的产品上。

汽车电子研究作为中国第一汽车集团公司技术中心特色开发部门之一，经过多年的努力，已建立起具有高素质、经验丰富的开发队伍，形成了达到国际先进水平的 V 字形产品开发流程，建立了完整的电控系统开发环境和完整的电控系统 HIL 认证体系。中国第一汽车集团公司技术中心早在 2003 年就开始对汽车嵌入式软件关键技术——应用软件、操作系统、底层驱动函数进行重点研究并承担了国家 863 重大软件专项，形成了中国第一汽车集团公司汽车电子产品软件技术平台，为下一步深入研发发动机、变速器等总成电控系统打下了坚实的基础。由中国第一汽车集团公司自主开发研制的电控单体泵集成系统，打破了国外的技术垄断，降低该系统成本达 30% 以上，匹配 FEUPI 系统的 CA6DE、CA6DF 发动机已批量销售，得到用户的一致好评。目前中国第一汽车集团公司已掌握自主电控共轨系统的控制及生产技术，已进入产业化阶段。

3.4　FAW 自主开发混合动力技术

中国第一汽车集团公司是国内最早进入混合动力汽车领域的汽车企业。早在“九五”期间就进行了新能源汽车的理论研究和研制工作，经过连续 3 个 5 年的积累，已经逐渐形成混合动力客车和轿车整车平台。由中国第一汽车集团公司自主开发的奔腾强混合动力轿车，采用发动机起停技术、纯电子驱动，实现了能量循环利用。其中增压型发动机只作为动力源，采用 1.3L Downsizing 技术，空间利用率提高了 35%。该技术完全由中国第一汽车集团公司自主开发，获得多项发明专利，其中已有一项专利在美国获得授权。2008 年，中国第一汽车集团公司提供了 6 辆奔腾 HEV 乘用车服务于 2008 年北京奥运会并作为示范车，在 7 月 20 日至 9 月 20 日期间，作为出租车及奥运官方记者服务车在京运行，该混合动力轿车理论油耗较 2.0 L 发动机降低 41%，在奥运运行期间实际油耗节省达 26%。

中国第一汽车集团公司集成“环境保护，节约能源，燃料多样化及未来汽车”四位一体的产品开发理念，打造动力总成自主开发核心技术平台，为响应国家节能、环保要求，建设节约型小康社会，落实国家汽车产业振兴规划目标的实现，锐意进取，做出不懈努力。

## 参考文献

[1] Korthals J P. The Impact of Reducing Carbon Emission on the Global Automotive Industry [C]//Fahrzeug-und Motorentechnik, Aachen Kolloquium, 2008.

[2] Rothenpieler J. Challenge: World-Volkswagen in the Compact Car Segment [C]//Fahrzeug-und Mo-

torentechnik, Aachen Kolloquium, 2006.

[3] Lauer S. A New Cylinder Deactivation of FEV and MAHLE [C]//Fahrzeug-und Motorentechnik, Aachen Kolloquium, 2007.

[4] 李骏. FAW Develop Automatic transmission-DCT[J]. ATZ.

[5] 李骏. FAW's Energy and Environment Strategy and Core Technology Route [C]//Fahrzeug-und Motorentechnik, Aachen Kolloquium 2008.



## The Automobile Powertrain Core Technology & FAW's Strategy for Environmental Protection and Energy Conservation

Li Jun, Qu Weidong, Gao Wei

(FAW Group Corporation R&D Center)

**Abstract**: The automobile powertrain has changed from performance development to international competition which aimed at energy conservation, environmental protection, safety and developing cycle economy. In this paper, the main subjects of energy conservation and environmental protection for Chinese automobile powertrain were analyzed, the main technology were discussed including gasoline direct injection (GDI), gasoline turbo, engine start & stop, VTEC, downsizing, new generation diesel common rail, engine electronic control, diesel after treatment, multi-gears AT and fuel-electric hybrid, finally FAW's technology and product strategy were analyzed.

**Key Words**: Automobile; Powertrain; Energy Conservation; Environmental Protection

# 第二部分

# 发动机产品设计与开发

FADONGJI CHANPIN SHEJI YU KAIFA

# 低排放中重型柴油机结构设计技术

李　骏,王鹏程,侯福建,崔晓娟,高　巍,刘江唯
(中国第一汽车集团公司技术中心,长春　130011)

**摘　要:**本文结合我国自主开发的"奥威"发动机在设计工作中的理论分析与实践,就低排放中重型商用车柴油机在开发工作中为满足高性能、低排放的要求,及在高燃烧爆发压力和高热负荷下正常可靠地工作,对发动机的关键零部件,尤其是缸盖与缸体的设计概念进行了分析。文中引用了大量统计资料,表明了中重型柴油机主要性能参数的演变过程,各种结构方案分析比较以及"奥威"发动机设计的选择。

**关键词:**商用车;柴油机;排放控制;发动机设计

## 1　前言

自2000年中国实施商用车柴油机国Ⅰ排放法规以来,政府对于机动车排放治理的步伐日益加快,国Ⅳ标准也于2005年5月30日正式颁布,规定型式认证时间为2010年1月1日,并于两年后升级为国Ⅴ标准。面对紧迫的开发周期,如何选择中国商用车柴油机国Ⅳ之路,是摆在各汽车生产厂乃至政府、石化等相关部门面前的一个难题。目前存在几种技术路线,每种都具有满足国Ⅳ法规的潜力,但同时又具有各自技术、经济上的特点。机动车排放法规颁布以前,商用车的发展主要以油耗、功率、转矩和寿命为目标。柴油机排放法规在美国、日本以及欧洲国家相继实施之后,不断地寻求减少有害物排放的排放控制技术成为商用车柴油机开发的主要目标之一。

微粒PM和氮氧化物$NO_x$排放控制一直是柴油机尾气治理过程中的重点与难点。美国、欧洲和日本3种排放法规体系对重型柴油机PM和$NO_x$的侧重点不同,美国侧重$NO_x$控制,欧洲主要降低PM排放。在2005~2008年的欧Ⅳ时期,尽管存在测试试验循环和数据处理方法不同,但欧Ⅳ对微粒排放的限值依然比美国和日本严格,这也可能是目前欧洲大多数重型货车厂不选择EGR,而采用加微粒后处理器作为欧Ⅳ排放达标的技术措施的原因之一。在欧Ⅴ之后,欧、美、日3大排放标准的限值将趋于一致,都向接近超低排放(零排放)方向发展(见图1)。

中国重型柴油机排放法规借鉴欧洲体系,在执行时间上相应延后。如表1所示,虽然中国重型柴油机排放法规实施较晚(1999年),但从国Ⅰ到国Ⅲ排放阶段由于有当今世界先进柴油机技术及欧洲排放法规成功实施经验可以借鉴,所以国产重型柴油机排放达标的技术方案与欧洲对应时期基本相同,这也就使我国重型柴油机在国Ⅰ到国Ⅲ排放阶段能如表1所示那样快速实施。

**表1　欧洲和中国重型柴油机排放法规实施年限**

| 标准 | 欧Ⅰ | 欧Ⅱ | 欧Ⅲ | 欧Ⅳ | 欧Ⅴ | 欧Ⅵ |
|---|---|---|---|---|---|---|
| 欧洲(年) | 1992 | 1995 | 2000 | 2005 | 2008 | — |
| 中国(年) | 2000 | 2003 | 2007 | 2010 | 2012 | — |

即将实施的国Ⅳ法规中PM和$NO_x$排放限值与国Ⅲ相比分别降低80%和30%,目前欧洲重型

刊登信息:《汽车工程》2006年(第28卷)第7期

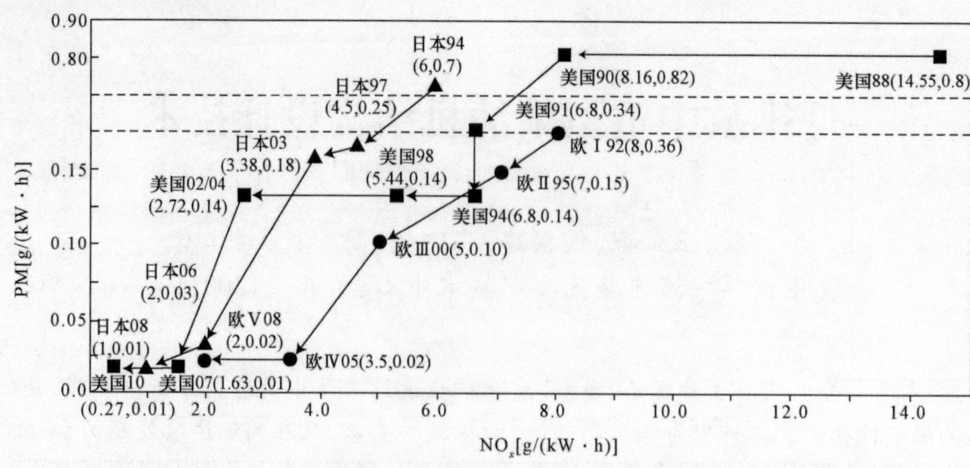


图1 全球重型柴油机排放法规 PM 和 $NO_x$ 限值



柴油机欧Ⅳ排放控制技术出现了不同的技术路线,因此,对于我国重型柴油机设计者来讲,要使所设计柴油机在2010年达到国Ⅳ排放标准是一个极大的挑战。要自主开发国Ⅳ排放控制技术,就必须在充分总结以往排放控制技术规律的基础上,深入地分析目前欧洲重型柴油机欧Ⅳ排放控制技术的关键与利弊,才能正确地确定国Ⅳ排放达标的技术路线。文中将从高效低排放中重型柴油机结构设计技术方面来论述 FAW 在"奥威"发动机研制过程中对中重型柴油机排放控制技术要素的研究。

## 2 高效低排放中重型柴油机结构设计技术要求

高效低排放中重型柴油机结构设计要求是使发动机满足高效低排放、高 PFP(汽缸内的最高燃烧爆发压力)、高 TL(热负荷)。

随着排放标准的日益严格,中重型柴油机普遍采用了 EGR(废气再循环)、DPF(微粒捕集器)和 SCR(选择性催化还原)等技术手段。柴油机升功率的不断提高,进气增压压力提高,使中重型柴油机汽缸内 PFP 值增加(见图2),一般来说,欧Ⅲ阶段需要中重型柴油机所应承受的 PFP 值为 15 ~ 16MPa,欧Ⅳ则要达到 18 ~21MPa。在欧Ⅳ期间,采用 EGR + DPF 的排放控制技术措施和采用 SCR 的排放控制技术措施在达到基本相同的性能排放(P&E)所要求柴油机承受的 PFP 值(见表2)不同。一般来说,采用 EGR + DPF 的排放控制技术措施的柴油机承受的 PFP 值较高,其原因是在相同的 $NO_x$ 限值下,为了尽可能降低油耗就必须增加 EGR 率和增大喷油提前角[1],前者导致进气增压压力提高,后者导致燃烧爆发压力提高,两者作用的结果都使 PFP 值增加。

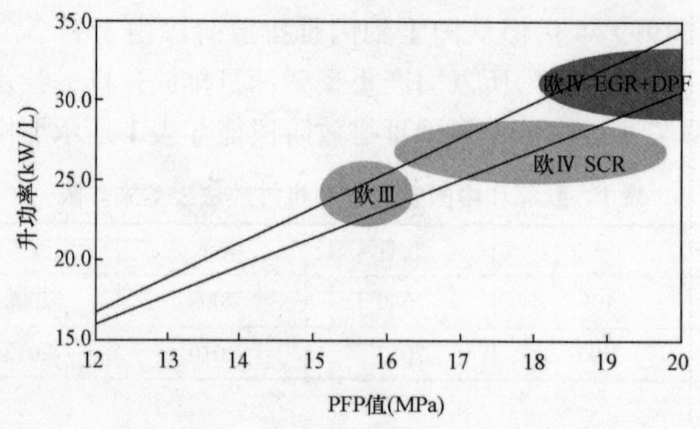


图2 中重型柴油机 PFP 值的演变历程

表 2　采用不同排放控制技术柴油机的 PFP 和 P&E

| 排放水平与机型 | 增压方式 | 升功率(kW/L) | | PFP 值(MPa) | |
|---|---|---|---|---|---|
| | | EGR + DPF | SCR | EGR + DPF | SCR |
| 欧Ⅳ;中型柴油机:排量 1L/缸,额定转速 2 400r/min | 单级增压(VGT)或两级增压(两级间无冷却) | 33 | 35 | 18.5 | 18 |
| | 两级增压(两级间冷却) | 37 | 38 | 20.5 | 20 |
| 欧Ⅳ;重型柴油机:排量 2L/缸,额定转速 1 900r/min | 单级增压(VGT)或两级增压(两级间无冷却) | 29 | 32 | 19 | 19 |
| | 两级增压(两级间冷却) | 33 | 38 | 22 | 21 |



从柴油机工作过程来看,PFP 值随着转速和负荷而增大(见图 3)[1],一般来说,在欧Ⅳ排放的 ESC 试验循环的 A100%、B100%、C100%、最大转矩和额定功率工况 PFP 值最高,其原因依然是 EGR 率、增压压力和燃烧放热量都随着转速和负荷而增大。上述高 PFP 值工况都是柴油机可靠性和耐久性的主要认证试验点,也是整车热平衡的关键考核点。因此,高 PFP 和 P&E 也导致了柴油机的高热负荷。

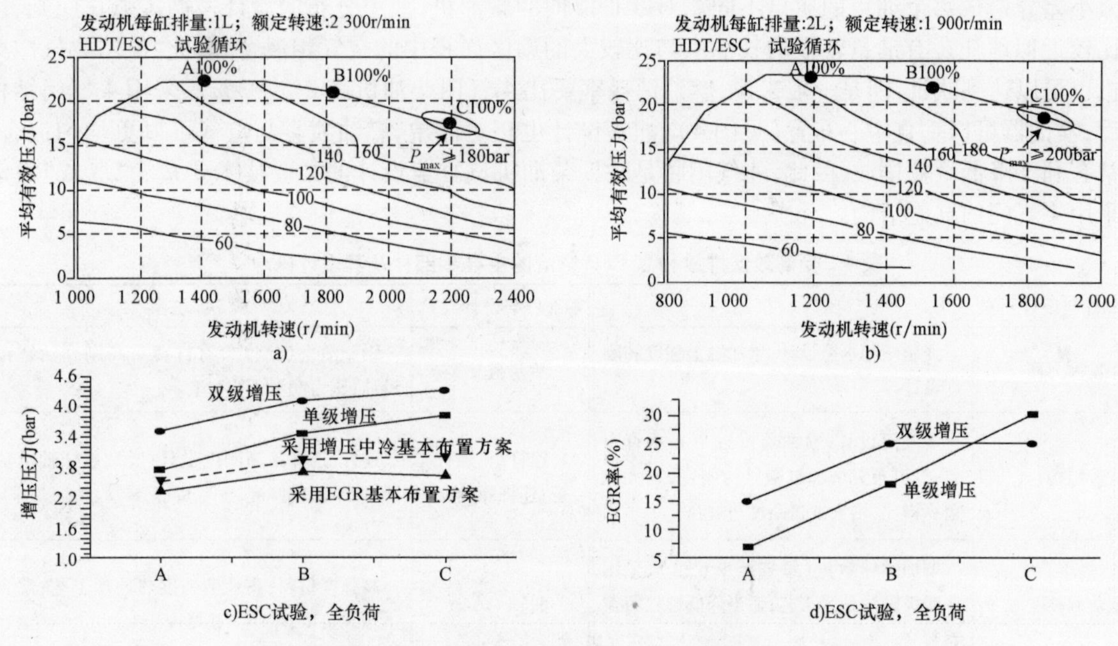


图 3　中重型柴油机 PFP 值、EGR 率和 P&E 的 MAP 关系(1bar = $10^5$Pa)

## 3　高效低排放中重型柴油机结构设计

实现柴油机高效低排放化、高 PFP 化和高 TL 化(三化需求)有许多新的、重要的结构设计概念,特别是 5C(缸盖、缸体、曲轴、连杆和凸轮轴)、5S(喷油系统、配气系统、润滑系统、冷却系统和前后轮系)的结构设计对于“三化”的实现有关键性的影响,表 3 为受高效低排放和高 TL 影响的主要零部件;表 4 为受高效低排放和高 PFP 影响的主要零部件及其设计概念。限于篇幅,此处仅分析与缸盖和缸体结构设计技术相关的“三化”设计的主要概念。

表3　受高效低排放和高TL影响的主要零部件

| 零部件 | 危险区域 | 失效形式 | 极限使用温度(℃) |
|---|---|---|---|
| 缸盖 | 鼻梁区 | 裂纹 | 380～390 |
| 气门座圈 | 座圈 | 磨损或点蚀 | 450 |
| 活塞 | 顶部 | 裂纹 | 360～380(铝)<br>550(钢) |
| | 一环环槽 | 积炭造成卡死 | 240～260(铝)<br>280(钢) |
| 汽缸套 | 表面 | 积炭 | 180 |
| 喷油器 | 顶部 | 阀座磨损并形成积炭 | 270 |

### 3.1　中重型柴油机缸盖的设计概念

#### 3.1.1　实现高效低排放化的缸盖设计概念

(1)每缸气门数量。欧Ⅲ以前的重型柴油机一般都是2气门,由于结构的限制,2气门柴油机的喷油器不能垂直布置在汽缸或燃烧室中心,造成燃油喷束长短不一,喷孔加工角度不等,因流量系数的微小差异造成每个油束的质量不同。对欧Ⅲ以前的柴油机,油束分布的设计遵循等弧长原则,可以比较近似地让含有油量较多的长油束与比较大的扇区面积中的空气相混合,因此,虽然2气门柴油机也可以达到欧Ⅲ,但是一般来说,燃油消耗率要比4气门柴油机高2%～3%。采用4气门结构以后,喷油器可以垂直中心布置(见图4),油嘴设计也相对简单,燃油喷雾与空气可以更均匀混合,非常有利于降低微粒排放,因此,4气门将是欧Ⅳ柴油机汽缸盖设计的必要技术要素。"奥威"发动机采用4气门的缸盖结构。

表4　受高效低排放和高PFP影响的主要零部件及其设计概念

| 零部件与设计要素 | 解决方案 | 零部件与设计要素 | 解决方案 |
|---|---|---|---|
| 缸盖火力面 | 强制冷却水路设计;增加缸盖强度和刚度设计 | 活塞组 | 钢制活塞(销座带有衬套);高刚度活塞销设计;压力润滑小头衬套 |
| 缸盖结构 | 多气门设计;喷油器汽缸中心垂直布置;气道布置增加缸盖结构刚度,增大缸盖纵横比,增大缸盖高度与缸径比 | 连杆组、连杆盖、连杆螺栓 | 连杆、连杆盖高刚度设计;增大连杆轴承负荷,减小油膜厚度 |
| 缸盖螺栓 | 增加螺栓数量(每缸至少6个);采用屈服极限法拧紧工艺;适当降低螺栓覆盖系数 | 曲轴 | 高强度材料;高疲劳强度热处理工艺;增大主轴承负荷,减小油膜厚度 |
| 汽缸垫 | 单层金属缸垫;其他新型缸垫技术;非线性缸垫增加缸盖结构刚度 | 缸体、主轴承盖、主轴承螺栓 | 曲形缸体裙部设计(增加刚度,减轻质量,降低振动噪声);整体框架或梯形框架结构(需要考虑整体框架的维护及加工);高强度材料;高疲劳性能处理工艺;螺纹有效长度优化;受力筋布置优化 |
| 气门座圈 | 新型气门座圈技术 | 减小缸筒变形 | 缸盖螺栓均匀布置;适当减小缸盖螺栓覆盖系数;高缸垫密封技术;缸套冷却水流组织优化,减小热变形 |
| 喷油器安装 | 减小喷油器结构尺寸;喷油器布置增加缸盖结构刚度 | | |

(2)气门直径尺寸。气门直径尺寸可由汽缸直径、气门布置及气门喉口处的气流速度等要素来确定,4气门发动机气门直径与汽缸直径关系见图5。

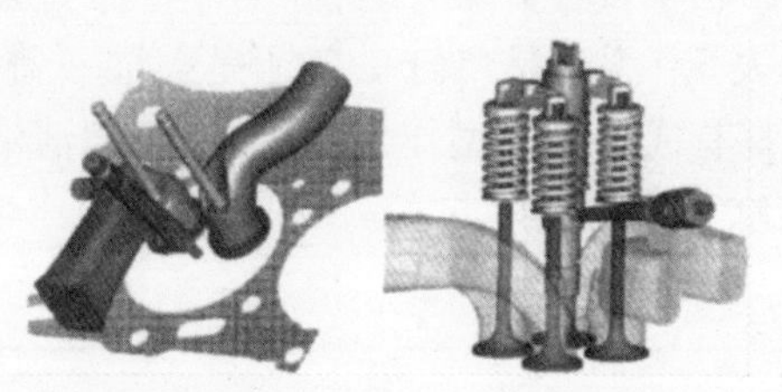

图4 2气门、4气门柴油机喷油器布置

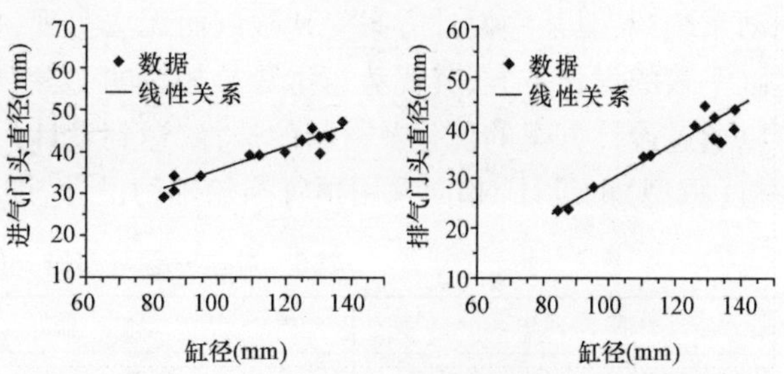


图5 4气门发动机气门直径与汽缸直径关系

(3)气道形状与布置。气道形状与布置可由进气涡流比水平、进气阻力、进气管布置、缸盖螺栓数量与布置、缸盖冷却水流动、缸盖冷却水套关键尺寸、排气阻力、排气管布置、排气道散热量以及汽缸盖的铸造工艺等非常复杂的多种要素来确定,图6为现代中重型柴油机各种典型的4气门气道和缸盖螺栓的布置方案[2]。

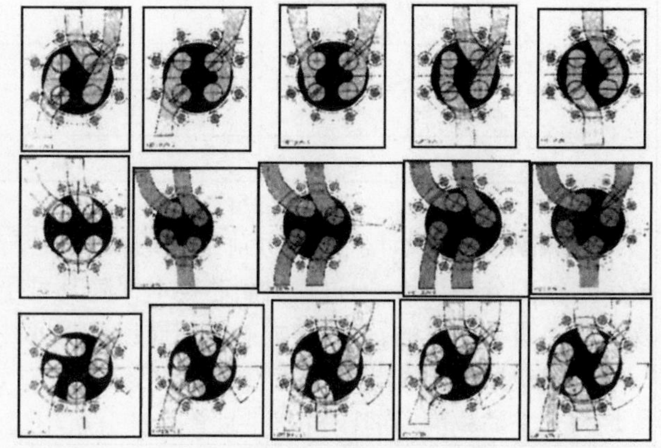

图6 中重型柴油机4气门气道和缸盖螺栓的布置方案

3.1.2 实现高PFP化和高TL化的缸盖设计概念

(1)缸盖高度。高PFP化的中重型柴油机缸盖设计首先要选择对缸盖刚度影响较大的缸盖高度尺寸,图7表示随着PFP值的增加,中重型柴油机缸盖的高度与汽缸直径的比值增加[3],一般来说,缸盖螺栓数减少,则缸盖高度增加。采用4个缸盖螺栓,缸盖的高度与汽缸直径的比值要大于1;6个缸盖螺栓的缸盖高度与汽缸直径基本相同。

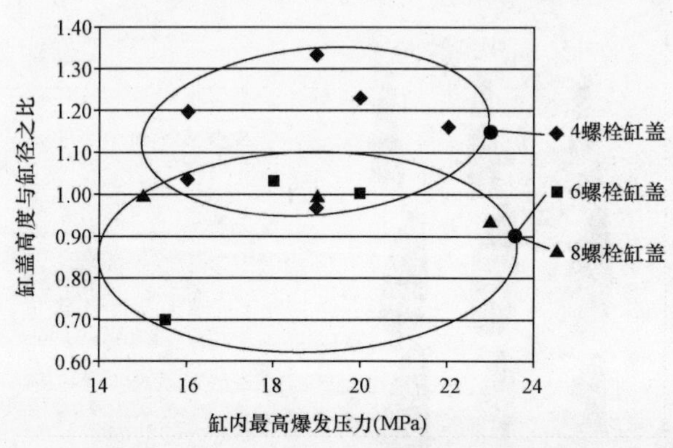


图7 高PFP值下柴油机汽缸盖高度

(2)缸盖结构刚度。缸盖结构刚度可以通过结构设计与材料优化达到高效低排放、高PFP及高TL的要求,在缸盖内部采用新型结构(筋与壁的组合设计),将缸盖底板所承受的高压力及高热负荷传递到缸盖顶面来分担机械负荷及热负荷,提高缸盖刚度,降低变形。采用喷射制芯技术保障的缸盖分层水套设计方案,在缸盖上铸造喷油器套的设计方案,可以有效提高缸盖的刚度。

在底板与顶板之间还可以采用“拱形”设计结构,提高缸盖抗变形能力。

采用高性能的材料可以有效提高缸盖刚度,降低缸盖高度。缸盖高度在某种意义上决定了缸盖的刚度,但是缸盖高度受到整机总布置的限制。

缸盖底板厚度对汽缸盖的可靠性有很大影响,底板同时承受机械负荷和热负荷。承受机械负荷要求底板有足够的厚度,为了减小热应力底板应适当减薄,因此汽缸盖的可靠性就取决于对热负荷和机械负荷二者的协调。

(3)单缸与多缸一盖。单缸一盖设计在成本上具有优势,且由于结构尺寸减小,所以刚度得到提高,冷却的组织也更加容易,铸造、加工难度大大降低,其缺点是增加了其他机构的设计难度,如发动机制动系统;甚至某些设计方案受到限制而无法实现,如顶置凸轮轴设计方案。目前,对于单缸一盖与多缸一盖的设计方案,其优势与劣势是相对的,方案比较见表5。无论是单缸一盖还是多缸一盖,都可以通过设计方案的优化及材料的选择,达到设计目标,并都有成功的机型作为范例,但新型清洁柴油机(重型)的设计,趋向采用顶置凸轮轴的设计,即采用多缸一盖的设计方案。

**表5 单缸一盖与多缸一盖设计方案比较**

| 项 目 | 单缸一盖 | 多缸一盖 |
|---|---|---|
| 配气机构布置形式 | 侧置凸轮轴 | 顶置或侧置凸轮轴 |
| 缸盖刚度 | 好 | 差 |
| 低周疲劳强度 | 高 | 低 |
| 整机刚度 | 差 | 好 |
| 冷却组织 | 易 | 难 |
| 铸造工艺 | 易 | 难 |
| 成本 | 低 | 高 |

(4)缸盖冷却设计。高热负荷缸盖的设计需要热负荷计算分析,并采用相应的结构进行保证。缸盖水流的分层设计,通过喷射制芯技术保障其可生产性,再通过对局部结构的加强或减薄,达到耐受更高热负荷的目的,可提高缸盖的低周疲劳强度。

在"奥威"发动机设计开发过程中,总结出了有效避免缸盖开裂的"切片分析"方法。缸盖水流流场与水套结构的"切片分析"是缸盖设计分析中最为重要的环节之一,尤其是对于采用4气门缸盖的发动机来说,由于缸盖布置结构更加紧凑,使得缸盖冷却不够充分,在排气门鼻梁区形成较大的热应力,安全系数降低,但仅增加鼻梁区的截面积并不能提高其性能,必须进行有效的水流组织,才能保障缸盖的冷却性能。

图8所示为"奥威"发动机缸盖排气门鼻梁区水流通道切片分析,通道的截面积及水流速度是缸盖冷却设计中的关键。

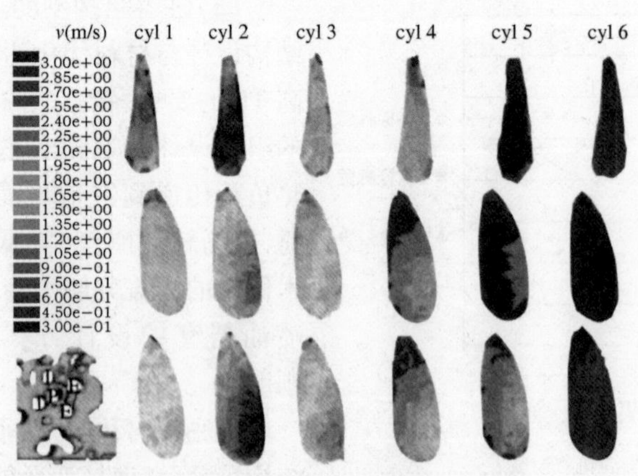


图8 "奥威"发动机缸盖排气门鼻梁区水流通道切片分析

通过对缸盖水套计算流体动力学(CFD)分析,掌握缸盖水流流速的均匀性、关键点流速等设计要素,为设计提供合理的水套结构,有利于满足"三化"设计的要求,可为避免鼻梁区开裂等失效故障提供指导。

图9为局部结构冷却加强设计的典型技术方案,利用导流筋实现水流方向和流速控制。

缸盖的低周疲劳分析,是在缸盖CFD和FEA分析等基础上的验证分析手段,对于缸盖冷却设计及结构设计提供技术支持。当缸盖承受高的热负荷时,缸盖各处温度分布不均匀、局部材料在高温下不能自由膨胀,由此产生较大应力,导致缸盖局部形成塑性变形;当缸盖冷却后,由于机械负荷的作用又会产生相反的应力,从而构成了应力应变的循环过程产生机械疲劳——低周疲劳。图10为缸盖温度场FEA分析结果。通过缸盖高低温负荷有限元循环分析,可以得到缸盖在冷热循环负荷下的塑性应变,从而预测出缸盖低周疲劳寿命。图11为典型的缸盖低周疲劳寿命计算结果。

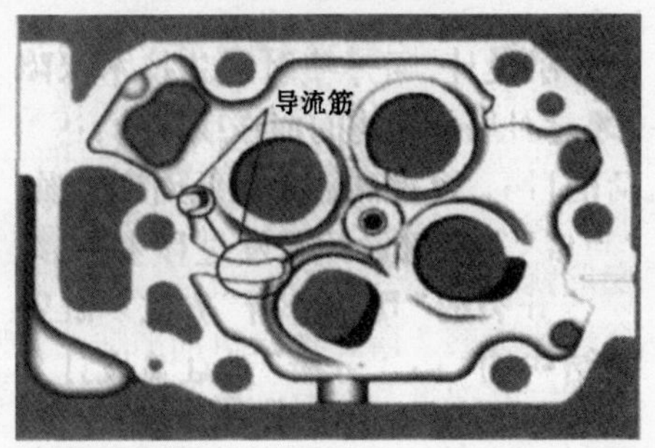

图9 局部结构导流筋设计方案



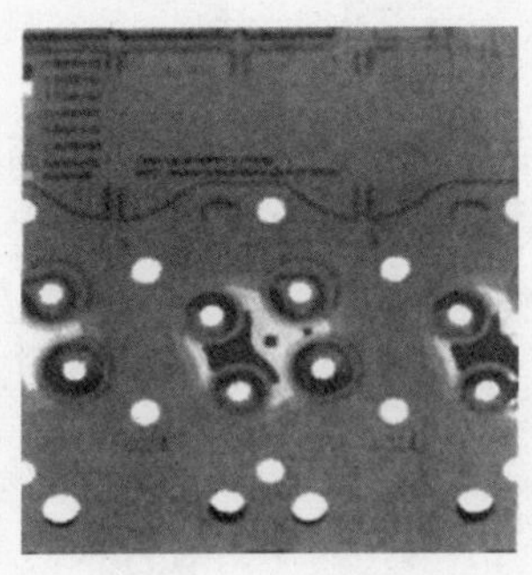
图10 温度场FEA结果

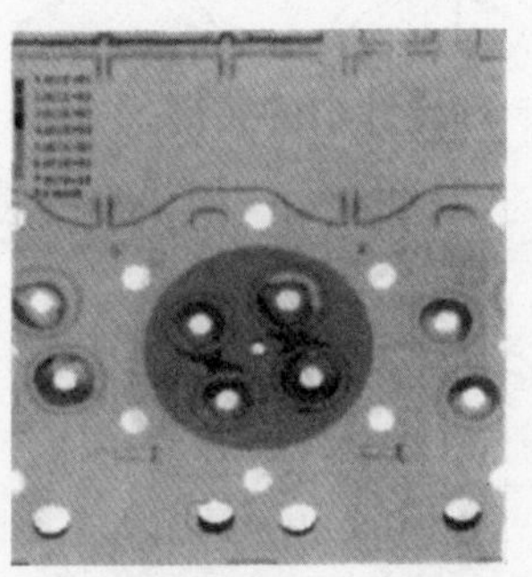
图11 低周疲劳寿命计算结果

(5)缸盖材料。灰铁汽缸盖的工作温度不应超过375~380℃,否则可造成鼻梁区低周疲劳而发生裂纹。目前所采用的灰铁材料能满足的PFP值为15~16MPa,但在PFP值提高到18~22MPa的时候,就必须采用结构上的优化设计来进行保证(工艺复杂性相应提高),如果PFP值提高到25MPa,结构设计已不能满足恶劣的工作环境所提出的要求,必须通过改变材料(如采用蠕铁材料)来实现设计意图。由蠕铁的材料特性可见用蠕铁替代灰铁可以有效地解决高机械负荷及热负荷给缸盖带来的问题(见图12)。虽然改变材料可以满足更高PFP的要求,但生产设备和成本可能无法适应材料的调整。

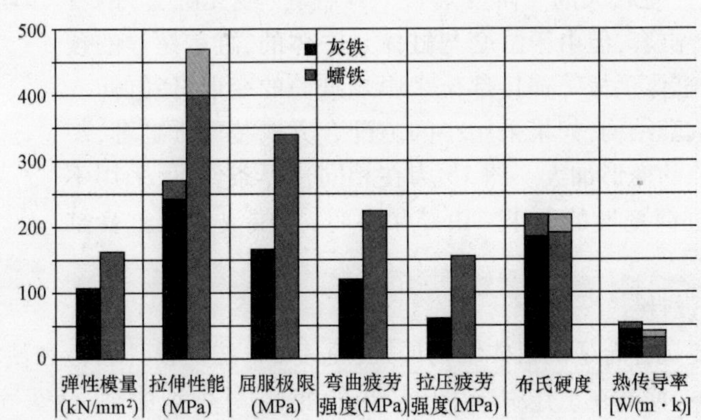

图12 蠕铁450与灰铁250材料特性比较

3.2　中重型柴油机缸体设计

3.2.1　小缸筒变形设计

缸筒变形影响柴油机机油消耗量，使漏气量和微粒排放升高，给柴油机性能开发工作带来困难。

活塞环对不同阶次（见图13）的变形值有一定的要求，如果各阶的变形值均处于要求之内，缸筒的小变形就可以满足活塞环的工作要求，从而保证发动机有较小的机油消耗。一般分析2～6阶的变形就可以达到目的。活塞环对2阶变形（椭圆变形）有很好的适应性，发动机磨合一段时间之后，合理范围的2阶变形对机油消耗的影响基本可以消除。但对于3阶以上的变形，活塞环较难适应。

缸筒变形与缸套的装配结构设计有关，图14所示为不同结构的缸筒变形特性，这些变形特性都不利于活塞和活塞环组的运动与密封，虽然这些结构都在实际的中重型柴油机上使用，但从“三化”设计的要求来说，只有顶端支撑湿缸套最有利于减小缸筒变形，“奥威”发动机在设计之初就确定了顶端支撑的缸套方案，并在整机的运行中获得了较低的机油消耗和较小的缸筒变形。



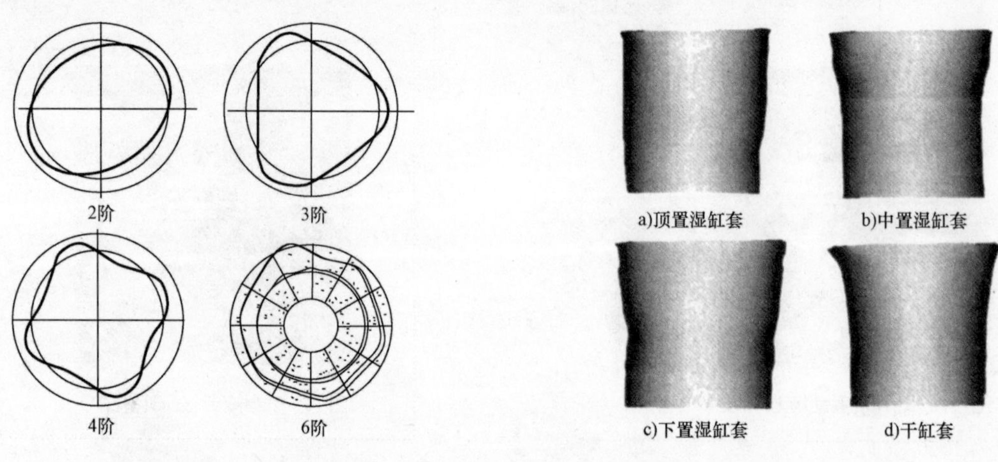


图13　缸筒变形　　　　图14　缸筒变形特性

对于顶端支撑湿缸套结构，由于缸套上部的支撑台肩很短（一般为10mm左右），缸盖螺栓预紧力对缸筒变形影响仅限于缸套的顶部。虽然缸筒顶部变形较大，但第一道活塞环工作行程在缸筒顶部以下的变形很小的缸筒内。然而，对于中、下支撑缸套，由于缸套支撑台肩很长，缸盖螺栓预紧力对缸筒变形的影响范围加大，在活塞环工作行程内缸筒变形很大，尤其在支撑附近会产生较大的4阶变形。干式缸套（或无缸套）的变形形式类似顶端支撑湿缸套，但由于缸套与缸体是一体的，缸盖螺栓的预紧力会通过螺栓搭子、缸体顶板等连接部位来影响缸筒的变形，使缸筒变形恶化。对于薄壁干缸套结构，如果采用小间隙配合方式装配干缸套，装配间隙会进一步使缸筒的变形加大。图15为在相同边界条件下，采用不同缸套结构形式造成缸筒变形的大小。由结果可见，顶端支撑湿缸套缸筒变形最小。

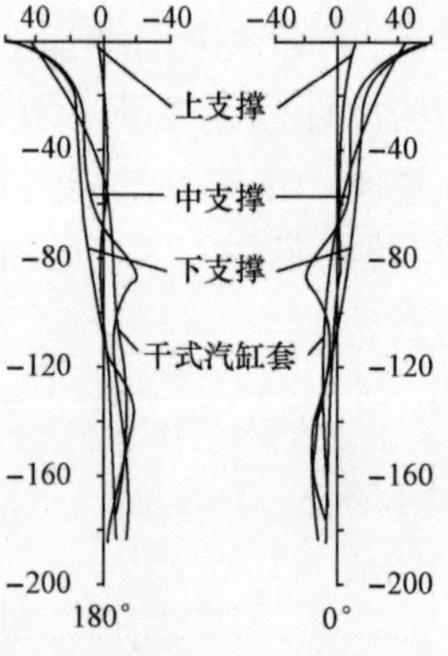


图15　高度方向的缸筒变形量对比

3.2.2　缸体结构设计

缸体的设计首先要选择合适的机体结构形式（见表6），按照设计目标和使用要求确保缸体具有足够的结构强度和刚度，使其在工作中产生比较小的变形，并保证曲轴、活塞等运动零件工作在“稳定环境”，降低振动噪声，同时还要保证其他附件的安装位置空间，保证接近性，以便于零件的拆装与维护。

**表 6　缸体设计形式及方案**

| | | | | | | | |
|---|---|---|---|---|---|---|---|
| 短龙门设计 | 轴承盖 | 独立主轴承盖 | | 整体式轴承盖 | | 整体式框架 | |
| | 形式 | 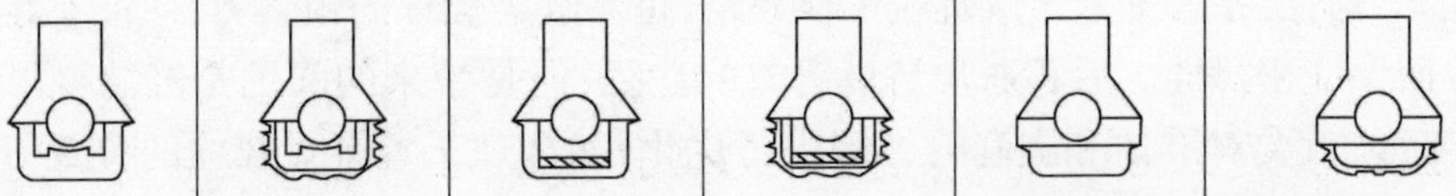 | | | | | |
| | 油底壳 | 冲压 | 铸造 | 冲压 | 铸造 | 冲压 | 铸造 |
| 短龙门设计 | 轴承盖 | 独立主轴承盖 | | 整体式轴承盖 | | 独立主轴承盖＋下框架 | |
| | 形式 | 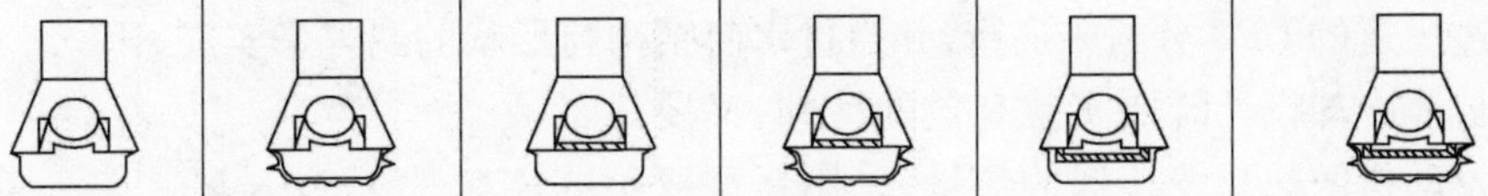 | | | | | |
| | 油底壳 | 冲压 | 铸造 | 冲压 | 铸造 | 冲压 | 铸造 |

低排放重型柴油机缸体的设计力图结构紧凑、简单、质量轻，并在设计中考虑制造工艺的要求，以提高生产效率，降低生产成本。针对最高爆发压力的升高带来的机械负荷与热负荷的增加，需要针对其主轴承座、主轴承螺栓、缸盖螺栓搭子、传力筋等部分进行强化设计，并对冷却进行优化组织，以提高机体的强度、刚度。

对于缸体结构的选择，往往采用龙门式缸体，为了提高结构强度与刚度，避免音叉效应，通常采用整体式主轴承盖、梯形框架或主轴承盖与梯形框架一体化的设计结构。

3.2.3　汽缸套设计

顶部支撑的湿缸套是目前经常被采用的缸套结构，该方案一般应用于深龙门缸体结构，其主要的特征在于两缸筒之间有强度良好的隔板和主轴承壁。中置湿缸套结构的两缸筒间可以没有隔板，但其缸盖螺栓必须加长，以便使得螺栓的受力点向有支撑的主轴承壁传递，与中置湿缸套和干缸套相比，顶置湿缸套的优点在于其缸心距可以缩短（只适用于中、轻型柴油机，重型柴油机缸心距依赖于曲柄机构的尺寸），能使相同缸心距的柴油机具有更大的缸径和排量。目前发动机缸套方案设计多采用顶置湿缸套，表 7 对各缸套形式进行了对比。

**表 7　中重型柴油机缸套设计方案比较**

| 项　目 | 顶置湿缸套缸体 | 中下置湿缸套缸体 | 干式缸套缸体 |
|---|---|---|---|
| 冷却特性 | 冷却特性好，顶部冷却高度受限制，适用于高热负荷设计 | 冷却特性好，顶部冷却高度不受限制，更适用于高热负荷设计 | 冷却特性差，顶部冷却高度受限制，不适用于高热负荷设计 |
| 铸造工艺 | 铸造工艺性好，废品率低 | 铸造工艺性好，废品率低 | 铸造工艺性差，废品率高 |
| 维护保养 | 维护方便，维护成本低 | 维护方便，维护成本低 | 维护复杂，维护成本高 |
| 成本 | 加工成本低 | 加工成本较高 | 总成本低 |
| 缸体刚度 | 刚度稍差 | 刚度较好 | 刚度好 |
| 缸垫密封性 | 缸垫密封带直径较大；缸盖螺栓覆盖系数大 | 缸垫密封带直径较小；缸盖螺栓覆盖系数较小 | 缸垫密封带直径较小；缸盖螺栓覆盖系数适中 |
| 水套密封性 | 缸套水套密封性要求较高 | 缸套水套密封性要求适中 | 水套密封性好 |
| 缸筒变形 | 缸筒顶部变形较大；活塞环工作行程内缸筒变形很小 | 缸筒顶部变形小；活塞环工作行程内缸筒 4 阶变形较大 | 缸盖螺栓预紧力小；缸筒变形较小 |

3.2.4　缸盖螺栓设计

由于PFP值的提高,汽缸垫的密封性是首要解决的问题[3]。通常有两种途径:一是优化汽缸垫自身的结构;二是合理地选取缸盖螺栓规格,提高缸盖螺栓的预紧力,保证有足够的缸盖螺栓覆盖系数,从而保证密封性。后者通常是最有效的途径,但是带来的问题是缸筒变形随之增加。为了降低缸筒变形,就要对缸体和缸套的结构进行优化,如合理布置缸盖螺栓的位置,适当增加缸套的壁厚,增加缸盖螺栓的沉孔深度等。

3.2.5　缸体冷却设计

缸体强度、刚度与其温度场的分布密切相关,通过优化冷却水流可以有效降低缸套温度,优化温度分布的均匀性,减小缸筒变形,避免因活塞环机油结焦引起的磨损或拉缸失效。冷却水流优化需要通过反复的CFD分析来进行,并通过水套结构与形状的调整来实现。

缸体冷却设计既要实现有效的冷却,又要尽量减少向发动机散热系统传递的热量,采用新型双层缸体水套的设计(见图16)能最大程度保障水流的均匀性,提高冷却效率。

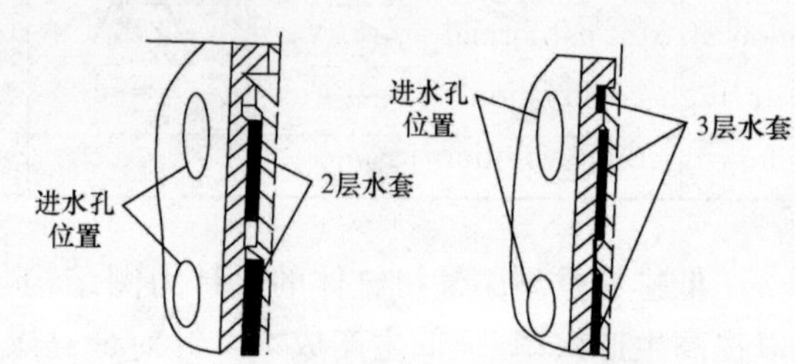

图16　分层缸体水套设计方案

3.2.6　主轴承壁与主轴承盖的设计

“奥威”发动机采用当前主流的顶置湿缸套、深龙门缸体、独立主轴承盖、下部框架的设计方案,可以有效地提高缸体的强度、刚度。下部框架的设计方案可以加强缸体底部的刚度和强度,降低缸体变形,提高缸体的固有频率,达到降低发动机噪声的目的,适应高PFP的要求。

主轴承盖及主轴承壁的分析优化十分重要,主轴承壁和主轴承盖的结构设计应该具有足够的动力学安全性和静力学安全性,主轴承壁可承受发动机的最大爆发压力和最大螺栓预紧力。在主轴承盖与主轴承座相接触的分隔线上应避免有滑移发生,并通过提高螺栓预紧力达到上述目标。

## 4　结束语

高效低排放化、高PFP化和高TL化(三化)是未来高效低排放中重型柴油机结构设计的3个最重要的挑战和课题。本文明确了三化对中重型柴油机的具体要求和结构设计的主要概念,并应用于“奥威”发动机的设计开发过程中。

## 参 考 文 献

[1] Peter Wuensche. Heavy Duty Diesel Engine-Product Strategy and Technology Overview[G]. AVL Technical Introduction in Austria,2006.

[2] Richardo. Engine Performance Development[G]. FAW Train Course of Richardo, 2004.

[3] Michael Neitz. Trend-setting Engine Architecture for HD Truck Engine Driven by Future Development Target[G]. Aachener Kolloquium Fahrzeug-und Motorentechnik, 2005.

# Structural Design Technique for Low-emission Medium and Heavy Duty Diesel Engines

Li Jun, Wang Pengcheng, Hou Fujian, Cui Xiaojuan, Gao Wei, Liu Jiangwei
(FAW R&D Center, Changchun 130011)

**Abstract**: Based on the theoretical analysis and design practice in successful development of AoWei desiel engine in China, the design concepts of key parts and components of engine, in particular the cylinder block and cylinder head, are analyzed for meeting the requirements for high performance and low emission as well as normal and reliable operation of diesel engine for medium and heavy commercial vehicle under high combustion pressure and high thermal load. A great number of statistical materials are provided showing the evolution of major performance parameters, the comparative analysis of various structural schemes and the choice of design for ALLWAY desiel engine.

**Key Words**: Commercial Vehicle; Diesel Engine; Emission Control; Engine Design

# 一汽解放“奥威”重型系列柴油机的自主创新成果

李 骏,崔晓娟,秦克印,张志华,赵 强
(中国第一汽车集团公司技术中心)

**摘 要**:“奥威”重型系列柴油机是为满足国内市场对重型载货汽车需求迅猛增长而自主开发的具有国内领先、国际先进水平且真正适合我国国情的重型车用发动机。本文阐述了“奥威”重型系列柴油机的总体设计目标,从高强化技术、核心部件设计技术、节能环保燃烧技术、电控系统集成技术、电控系统产品生产检测与维护技术、三代机械开发与可靠性增长技术等主要方面,论述了“奥威”重型系列柴油机的自主创新成果。总结了“奥威”重型系列柴油机成功研发对行业技术进步起到的推动作用。

**关键词**:重型柴油机;设计;新技术
**中图分类号**:U464.172 **文献标识码**:A **文章编号**:1000-3703(2007)12-0001-06

## 1 前言

进入21世纪,国内市场对商用车动力性、经济性、舒适性、安全性、可靠性、寿命以及使用方便性的要求越来越高,且随着我国高速公路的快速发展和长途运输量的迅猛增长,商用车重型化已成为必然趋势之一。自1998年以来,我国载货汽车市场以整车功率每年增长20 kW的速率趋于重型化,对220 kW(300马力)以上重型柴油机的需求极为紧迫,一汽集团传统上的中型货车产品优势已经不能满足市场需求,这对以中型货车为核心产品的一汽集团发展构成巨大的市场和新产品开拓挑战,因此,尽快开发出重型柴油机关系到“解放”品牌载货汽车的命运和一汽集团的发展。

FAW“十五”规划提出1233战略,目标是通过对一汽商用车平台进行全面换代,全面提升并打造国际知名品牌的“解放”载货汽车和发动机、变速器、车桥。发动机是整个换代最关键的核心内容之一。由于原有的CA6110型柴油机生产了近20年,已无法满足既达到欧Ⅱ、欧Ⅲ、欧Ⅳ排放要求又同时降低$CO_2$排放和降低燃油消耗的目标,其竞争力逐渐下降。而全新开发具有4气门、增压中冷、电控共轨等现代新技术的柴油机才可能同时满足国家强制性排放标准和低油耗目标。

国际上的载货汽车制造商一直将进入中国市场作为最高发展战略,纷纷向中国出口高性能、高品质的重型商用车,各种不同的合资品牌产品也应运而生。但苛刻的道路环境、严重超载的运行条件、粗糙多变的使用水平、快速变化的政府法规等因素是他们进入中国市场之前尚待克服的挑战。若想开发出真正适合中国国情且具有竞争力的重型载货汽车,只有通过自主开发才能实现。

1999年,一汽集团成立了6DL重型柴油机工程指挥部,2000年成立了解放第五代重型载货汽车J5P项目组,这是一汽集团有史以来最大的开发项目,项目预算近3亿元,更是一汽集团能否不依赖技术引进、自主实现重型货车技术跨越的关键科技攻关项目,因此集团确立了项目目标——建立解放自主重型商用车平台,产品性能达到国内领先、国际先进水平。

刊登信息:《汽车技术》2007年第12期

## 2 解放“奥威”重型柴油机的自主创新成果

### 2.1 解放“奥威”重型柴油机的总体设计目标

解放“奥威”重型柴油机的项目是按照国内领先、国际先进的原则，提出以6L即“大功率、长寿命、低排放、低油耗、低噪声、低成本”为标志的CA6DL系列柴油机开发目标（见图1）。

图1 CA6DL系列柴油机开发目标

(1)大功率（Large power）。目标是该系列发动机功率跨度为74 kW、升功率达到30 kW/L以上、升转矩达到169 N·m/L以上、转矩储备系数大于30%、整车起步最大转矩大于800 N·m（800 r/min）。

(2)长寿命（Long life）。目标是发动机关键结构（缸体、缸盖、曲轴、连杆、飞轮壳等）部件疲劳寿命和关键摩擦件的磨损量达到国外先进机型水平，发动机B10寿命达到80万km。

(3)低排放（Low emissions）。目标是设计该机的排放机内净化水平为ECE R49 EUROⅢ；采用机外净化后水平为ECE R49 EUROⅣ。

(4)低油耗（Low fuel consumption）。目标是传统的柴油机外特性燃油消耗率小于195 g/(kW·h)；ECE R49 EUROⅢ排放试验工况加权比油耗小于218 g/(kW·h)；电控共轨国Ⅲ机整车燃油经济性与直列式机械泵欧Ⅱ机整车燃油经济性相同。

(5)低噪声（Low noise）。目标是发动机噪声小于95.8 dB(A)，达到国际先进水平；发动机与变速器的连接刚度达到国际先进水平；经过优化消声器后，无须发动机噪声遮蔽亦能使整车加速通过性噪声满足国家标准第三阶段84dB(A)标准。

(6)低成本（Low cost）。目标是发动机成本低；国Ⅲ达标不采用EGR和后处理等增加成本的技术；发动机的使用成本低，如机油消耗小于0.1g/(kW·h)、机油更换里程大于15 000 km。

为达到以上“6L”的设计目标，CA6DL系列柴油机设计的基本原则遵循如下10项主要要素：

(1)产品形象要素：树立第一汽车重型柴油机国内领先、国际先进的“奥威”品牌。

(2)市场时机要素：在国内市场需求优质重型柴油机的预期内高质量地实现产品成熟化。

(3)资源利用要素：按采用最优零部件OEM供应链原则选择该机结构设计方案。

(4)目标成本要素：按照项目可研设定的目标成本控制该机结构设计方案。

(5)目标收益要素：按照15～20年的产品生命周期选择该机结构设计方案。

(6)环境保护要素：按照满足产品生命周期内国家强制法规原则选择该机结构设计方案。

(7)竞争对标要素：按照“6L”目标，对标当代国际先进柴油机选择该机结构设计方案。

(8)需求变动要素:在设计和生产工艺最小变动前提下,满足74kW功率覆盖内的整车匹配。

(9)技术创新要素:选择当时国内空白的4气门、框架式缸体、胀断连杆等创新技术。

(10)质量目标要素:按照TS16949-APQP确保整机产品质量目标来选择该机结构设计方案。

CA6DL柴油机正是有了这10项设计原则,使得该机型平台拥有15~20年的产品生命周期,且在其产品生命周期内该机型始终保持市场的竞争力,在当代最新重型柴油机技术的基础上,采用国际先进的生产工艺,依靠国内领先的零部件供应网络和部分关键的国际零部件供应网络,以保证实现CA6DL柴油机的设计目标。

2.2　解放"奥威"重型柴油机的高强化技术创新

目前,国际范围内高效低排放中重型柴油机结构设计的三个最重要挑战和课题是:高P&E(性能和排放)要求下的发动机结构设计技术;高PFP(汽缸内最高燃烧爆发压力)要求下的发动机结构设计技术;高TL(热负荷)要求下的发动机结构设计技术。从柴油机工作过程来看,PFP随着转速和负荷而增大,一般来说,在欧Ⅳ排放的ESC试验循环的A100%、B100%、C100%、最大转矩和额定功率工况PFP最高,其原因依然是EGR率、增压压力和燃烧放热量都随着转速和负荷而增大,而高PFP和高P&E也导致了柴油机的高热负荷。CA6DL重型柴油机的设计,在国内最先提出"三高化"设计新概念与技术解决方案。实现柴油机的"三高化"包含许多重要的结构设计概念,特别是5C(缸盖、缸体、曲轴、连杆和凸轮轴)与5S(喷油系统、配气系统、润滑系统、冷却系统和前后轮系)的结构设计对于"三高化"的实现有关键性的影响。第一汽车集团公司技术中心在设计开发实践中建立了缸盖、缸垫、缸体、螺栓三维装配结构下冷却水流动换热CFD和高非线性、低周疲劳FE分析方法(见图2),并结合所具备的材料、工艺技术,设计出可承受16~18MPa爆发压力的深龙门、梯形框架组合缸体,以及4气门联体进气管整体式缸盖等国内领先结构,从而使整机达到以下几项高强化指标:

(1)高周疲劳:5C件可承受16~18MPa的爆发压力;

(2)低周疲劳:柴油机的热冲击寿命达8 000次;

(3)耐热负荷:缸体、缸盖关键部位水流速度>1 m/s;

(4)模态刚度:动力总成的一阶弯曲模态达到100Hz;

(5)功率覆盖:73.5kW(100马力)。

2.3　解放"奥威"重型柴油机的核心部件设计技术

在"奥威"柴油机结构设计过程中,首次采用国际上先进的TOP-DOWN和INTRALINK发动机3D-CAD设计方法,即采用"3D模型直接2D图纸设计"的先进方法完成了概念设计、总布置设计;配气机构、润滑、冷却、供油等系统设计;缸体、缸盖、曲轴、连杆、凸轮轴等关键零部件设计。另外,首次采用了国际通用规范和方法即签订设计任务书和RFQ(Requirement For Quotation)条件下的供应商二次开发合作完成关键零部件采购的设计。通过"对比、积累、安心"的设计过程,完成了"奥威"柴油机整机结构设计。

"奥威"重型柴油机具有当前国际上先进柴油机的结构特点,其核心零部件的技术创新成果(见图3)如下:

(1)气门机构:采用高强化"桥式"4气门驱动机构,高位侧置凸轮轴;

(2)全钢活塞:国内首次在重型柴油机上采用,比铝活塞压缩高度降低10%;

(3)胀断连杆:国内首次在重型柴油机上采用,制造效率大大提高,成本降低20%;

(4)发动机制动:增加了整车制动的安全性,最大制动功率达165 kW;

(5)前端轮系:采用传动可靠、高精度、免调整的多楔皮带;

(6)缸体框架:有效地提高了整机刚度,显著降低了噪声。

其中"柴油机气门驱动机构"、"内燃机润滑油吸油管路"和"传动皮带张紧装置"三项获得国家专利。

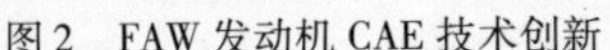

图2 FAW 发动机 CAE 技术创新

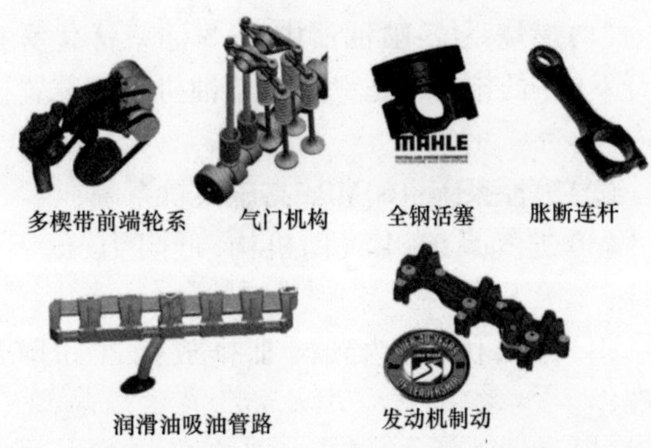


图3 CA6DL 柴油机核心零部件的技术创新成果



2.4 解放“奥威”重型柴油机的节能环保燃烧技术

“奥威”重型柴油机性能和排放(P&E)的开发工程指标是通过与当时国外同类型先进的柴油机产品进行深入全面对标后提出的,其中国Ⅲ系列“奥威”重型柴油机的性能设计原则是完全依据自己的 P&E 技术和经验数据库(见图4)提出的。在不使用 EGR 条件下,开发新型燃烧系统,匹配国际先进的电控共轨高压喷油系统,通过机内净化达到国Ⅲ排放标准,燃油经济性达到欧洲同类欧Ⅲ柴油机先进水平。在开发过程中,采用先进的 CAE 软件,通过发动机换气系统计算、燃烧室 CFD 计算、气道 CFD 计算、供油系统计算、整车动力性和经济性计算等 CAE 分析,确定影响发动机 P&E 特性的燃烧系统各子系统设计方案,并且依据性能设计方案制定发动机 P&E 试验方案。例如 CA6DL 发动机采用4气门结构(见图5),喷油器可以垂直中心布置,喷油嘴设计也相对简单,燃油喷雾与空气可以更均匀混合,非常有利于降低微粒排放。

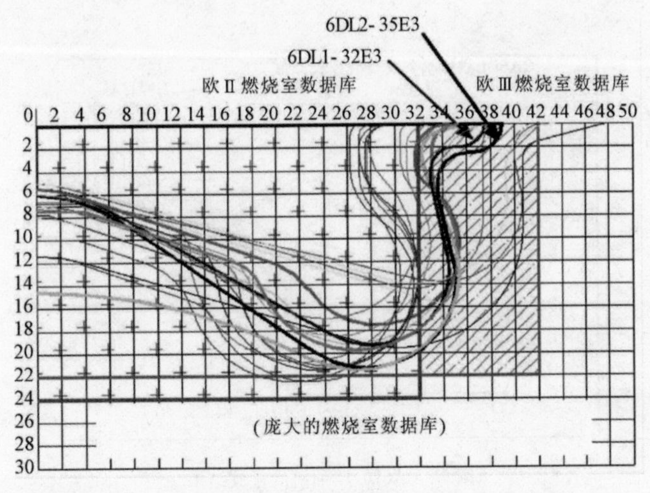


图4 燃烧室数据库

其中,自主研发的三维 CFD 燃烧模型可以精确模拟发动机进气、喷油和燃烧过程(见图6)。根据燃烧方案设计出 CA6DL 柴油机的具有自主知识产权的4气门、缩口型燃烧室、电控高压喷射、增压中冷的燃烧系统。在 CA6DL 国Ⅲ柴油机 P&E 自主开发过程中,性能设计要跟踪试验结果,并用试验结果来验证各个子系统的计算结果,形成一个计算校验和指导试验的闭式良性循环,以控制试验过程轨迹,指导试验开发方向,直到性能开发结果达到预定的目标,最大程度地优化试验结果,使发动机的尾气排放在满足国Ⅲ排放法规工程目标的同时(见图7),其13工况加权比油耗达到218

g/(kW·h)的国际先进水平,同时可以最大程度地减少试验成本。

“奥威”重型柴油机的燃烧技术具有以下特点:

(1)燃烧系统:喷油器中置,8 油束优化雾化混合燃烧,所开发的“低排放燃烧室”和“柴油机喷油装置”获得两项国家专利;

(2)喷油系统:160MPa 高压共轨系统;

(3)进气系统:4 气门机构,低阻力、低涡流的双气道设计;

(4)排放优化:达到国Ⅲ排放标准和国Ⅳ机内净化标准;

(5)燃油消耗:13 工况比油耗低于 218 g/(kW·h),外特性最低比油耗为 193 g/(kW·h)。

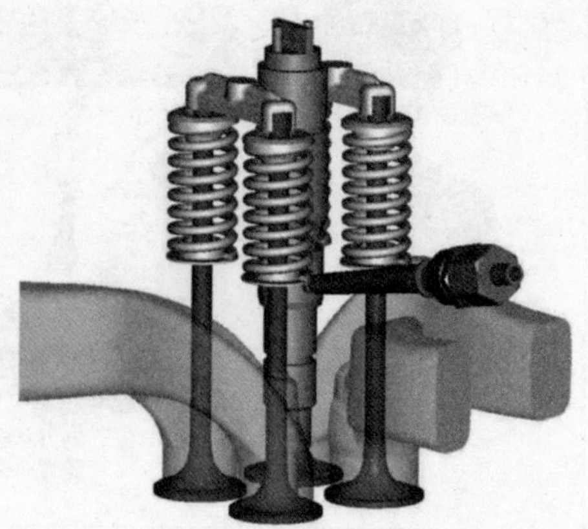

图5　4 气门结构设计

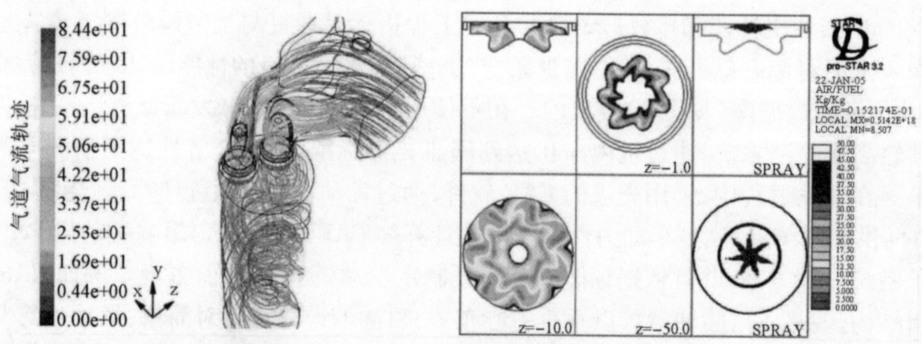


图6　CA6DL 柴油机燃烧系统三维 CFD 分析示意

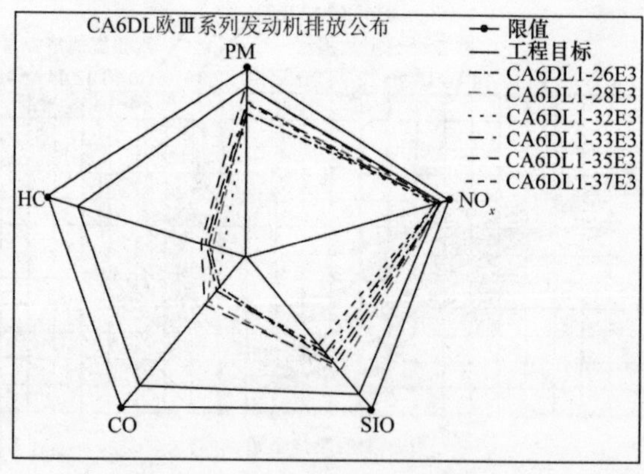


图7　CA6DL 柴油机的排放结果

2.5　解放“奥威”重型柴油机的电控系统集成创新技术

电子控制已成为柴油机国Ⅲ排放达标的重要技术特征。第一汽车集团公司技术中心在国内最先将电控共轨技术应用于重型车用柴油机,早在 2002 年就启动了 CA6DL1 国Ⅲ电控共轨发动机开发项目,开展了共轨系统的功能定义、系统定义、搭载设计、使用性分析以及成本预测等深入的可行性研究;2003 年初开始,CA6DL1 国Ⅲ电控共轨系统 OEM 招标,2003 年 9 月,与电装公司签订了共同开发合同;到 2005 年 7 月完全独立地完成了电控系统产品二次开发认证、发动机台架匹配标定、热带—寒区—高原—标准地区的整车道路标定，创建了基于 DOE 方法的柴油机和商用车电控系统标定流程、标定规范、标定数据 MAP 优化光顺处理、标定数据 MAP 评价认证及其产品配置管理等完整的自主电控系统匹配开发技术平台，从而形成了完整的“奥威”国Ⅲ电控共轨柴油机和商用车产品平台，使一汽集团的商用车真正跨入了电子时代（见图 8），打破了国外在电控标定技术方面的垄断，形成了一汽集团商用车电控标定的知识积累。

图 8　FAW 国Ⅲ柴油机电控标定示意

具体创新成果如下：

（1）应用设计：电控共轨系统的“紧凑式”整机搭载设计，已申请“紧凑式”搭载设计专利；

（2）性能匹配：采用喷油压力与正时全工况优化发动机 P&E；

（3）整机标定：对发动机进行全工况标定，自主编辑企业内部电子控制系统标准《重型柴油机电控喷油系统集成标定手册》；

（4）整车标定：整车全路况和全环境标定。

2.6　解放“奥威”重型柴油机电控系统产品生产检测与维护技术创新

EOL 系统是发动机电控 ECU“毛坯”获取最新版本的控制软件和 MAP 成为最终产品，并具体配置到符合生产计划编排的发动机机型及整车车型产品上，通过下线性能指标检测的必不可少的重要设备，EOL 系统还与汽车产品市场、销售、诊断和售后服务联网，以实现产品全寿命周期管理（见图9）。

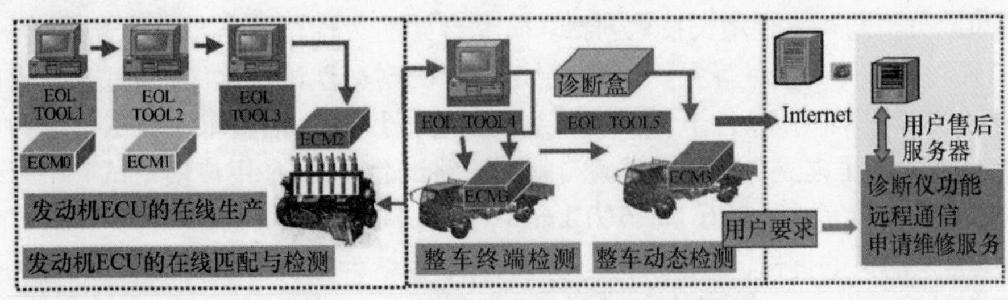


图 9　电控共轨柴油机下线检测（EOL）系统

第一汽车集团公司技术中心与一汽集团公司启明公司合作，自主开发了适合无锡柴油机厂和解放汽车有限公司货车厂生产工艺与生产管理的电控发动机 EOL 系统，主要创新成果如下：

（1）系统生产功能：是满足生产管理的专家系统，即具备生产计划文件生成与远程下载、发动机与 ECU 唯一配置的“父子”文件生成、喷油器品质数字补偿的读取与 ECU 写入、ECU 控制参数调整等功能；

（2）整机检测功能：标定数据与部件公差及热试性能一体化检测；

（3）整车检测功能：整机与整车性能一体化检测；

（4）用户检测系统：是市场管理的专家系统，可实现维修测试与备件管理一体化；

(5)系统性能水平:达到智能化、数字化、网络化的三化目标。

自主创新的EOL检测技术打破了国际垄断,该系统与一汽集团自主开发的与PC机网络联合的手持式故障诊断系统相结合,使一汽集团掌控了电控时代产品核心控制权,可以与国际接轨,实现电控产品质量控制和售后服务资源共享,为不断推出新型电控整车产品奠定了坚实基础。

2.7 解放"奥威"重型柴油机的三代机械开发与可靠性增长技术创新

在发动机产品开发过程中,机械开发是针对发动机机械部件进行的开发,目的在于通过一系列规范化的开发试验验证设计、验证概念,同时通过追踪产品质量,不断发现问题、解决问题,降低产品开发风险,提高发动机产品可靠性和寿命。"奥威"柴油机的机械开发是根据样品开发状态,按照三代开发流程(见图10)进行开发的,即一代开发验证设计,实现功能与性能;二代开发验证生产准备,实现设计冻结;三代开发认证批产产品,实现商品市场投放。



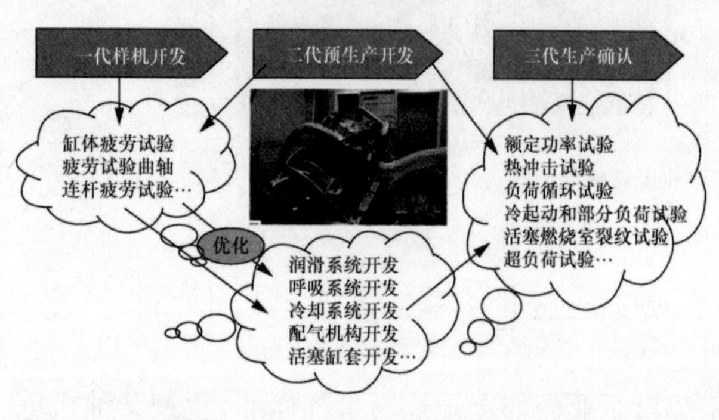


图10 FAW发动机三代机械开发流程

主要创新成果如下:

(1)系统的柴油机机械开发概念和流程。研究国外先进零部件疲劳试验、系统功能试验方法,建立自主的零部件疲劳极限和系统功能开发评价体系。根据发动机产品开发目标、设计变动率、FMEA分析结果等要素制订机械开发方案,按照零部件—系统总成—整机机械开发的过程,对发动机缸体等5C零部件和润滑系等5S总成以及整机进行了全面系统的开发,发动机台架耐久试验累积小时数达到30 000 h以上,发现并解决了缸盖气门桥开裂、缸筒变形带来异常磨损等重大问题。缸体经过400万次疲劳试验,安全系数达1.98;曲轴、连杆经过1000万次弯曲疲劳试验,安全系数分别达到2.1和1.93;根据发动机可靠性试验数据分析预测,发动机平均故障间隔里程达到2.4万km(维修频率RF=0.5),B10寿命达80万km。"奥威"柴油机通过了德国TüV-CA6DL1-30 Exhaust Emission Report《6DL发动机5 000 h全速、全负荷发动机耐久性试验》的认证,结论为:通过了5 000 h全速、全负荷耐久性试验,当量B10寿命80万km。

(2)投产风险分析与可靠性增长技术创新。研究台架耐久性试验与整车道路试验的关系,分析发动机故障模式和零部件磨损量等主要因素,制定合理的耐久性试验程序,通过深强度的发动机台架耐久性试验解决了整车使用条件下发动机可靠性、耐久性问题,把整车道路试验作为发动机机械开发的补充和认证。为了建立台架耐久试验与整车道路试验,特别是用户使用试验中有关寿命和可靠性之间的关系,投产前完成了3万km、6万km、9万km整车道路试验和10万km、12万km、15万km用户使用试验发动机的拆检,运用国际上先进的可靠性统计分析方法,根据台架耐久试验和整车道路试验的可靠性数据,对发动机保修费用和寿命进行预测;创建了发动机产品开发质量保证管理体系,引入Q-plan、零部件投产认可程序、投产批准检查单等方法,以BOM零部件为单位分阶段进行ERZ风险评估,随着开发的深入和不断质量改进实现风险系数降低,根据风险分析和可靠性预测结果指导批产时间,控制投产后维修费用和寿命方面给产品带来的风险。

## 3 解放"奥威"重型柴油机自主创新成果对行业的推动作用

"奥威"柴油机是目前国内最大的重型车用柴油机自主开发项目。该项目的成功研发,填补了国内自主研发4气门国Ⅲ重型柴油机的空白,大大缩短了与国际同类产品的差距。"奥威"柴油机成功投放市场并树立起"第一汽车—'奥威'重型柴油机"品牌,实现了一汽集团发动机"生产一代、研发一代、储备一代、探索一代"的产品研发可持续发展的战略格局。

项目开发过程中产生出的新材料、新工艺和新标准，推动了重型柴油机行业生产技术的进步。例如 CA6DL 柴油机采用的胀断工艺推动了国内连杆胀断设备技术的发展，形成了完整的胀断连杆技术标准，降低了产品成本，同时吉林大学自主研发的连杆胀断机以我公司为示范，积极向全国进行产业化推广，在行业上收到了很好的效果。

"奥威"柴油机是国内最早应用电控共轨系统开发的欧Ⅲ柴油机，它的成功开发推动了电控共轨技术在国内汽车行业的广泛应用，促使 BOSCH、电装等电控共轨系统厂商在国内建立研发和生产基地，对我国清洁环保汽车事业起到了积极的推动作用。自主电控标定的技术突破，打破了国外电控共轨匹配标定的技术垄断，形成了电控重型柴油机台架标定和整车标定规范，第一次自主完成电控共轨柴油机的重型货车整车标定，也培养了一批高素质的电控标定人才。自主开发的 EOL 和售后服务系统在生产线上投产应用，为国内解决电控柴油机生产管理提供了成功的范例，推动了商用车电控技术的进步，使得一汽集团重型车自主开发体系能力显著增强，形成了面向质量—成本—计划的项目管理方法，使一汽集团具备了批量生产电控重型货车的能力，创建了与企业生产结合的商用车产品开发体系，显著推动了汽车专业技术的进步。

"十五"期间，国际国内载货汽车市场激烈的竞争趋势要求一汽集团加速提高自主开发能力。自主开发的根基是体系能力，它是管理机制、开发流程、开发规范、技术标准和人才素质等要素的综合体现。第一汽车集团公司技术中心通过"奥威"柴油机项目的开发，在产品研发方面将国际先进经验与自主研发的最佳实践相结合，形成了科学先进的开发流程和高效合理的管理机制，自主创新了一整套现代化的发动机开发项目管理方法，总结出了发动机产品开发的五大关键阶段，即产品策划、产品定义、产品设计和验证、生产准备、产品支持五个阶段，同时培养出了高水平、高素质的人才。按照与国际水平接轨的要求，这些先进的开发方法在第一汽车集团公司技术中心后续的多个发动机产品开发中得到了广泛的应用，并取得了显著成效。从技术上最艰难、最具有代表性的发动机产品开发上进行突破和引领，且在开发的实际过程中建立自主开发能力，极大地提高了一汽集团自主开发的信心和决心，因此，"6DL 开发项目"是一汽集团自主开发、技术创新的标志。

## Self-Innovation Production of FAW Heavy Duty Diesel Engine JieFang"AoWei"

Li Jun, Cui Xiaojuan, Qin Keyin, Zhang Zhihua, Zhao Qiang
(China FAW Group Corporation R&D Center)

**Abstract**: In order to meet the rapid increase requirement of China domestic heavy duty truck market, heavy duty diesel engine"AoWei"is developed, it is a diesel engine in leading position in China and an advanced international level in the world, which is suitable for China situation. This paper discusses the global design target and self-innovation production of heavy duty diesel engine"AoWei"from the aspects such as high strength, core parts design, energy-saving and environmental protection combustion, electronic control system integration, inspection and maintenance of electronic control products, 3 generation mechanical development and reliability increase technology etc. This paper also summarizes the act of successful development of heavy duty diesel engine"AoWei"on the technology progress of the industry.

**Key Words**: Heavy Duty Diesel Engine; Design; New Technology

第二部分

# 重型货车用 CA6DN1 13L 柴油发动机的开发

李　骏,王鹏程,胡　芳,孟繁臣
(中国第一汽车集团公司技术中心,长春　130011)



**摘　要**:CA6DN1 13L 发动机是在排放法规日益严格的形势下,应重型货车对动力性、经济性的要求而开发的,为达到高性能、低油耗、低排放、长寿命的目标,在设计过程中,应用了先进的 CAE 手段进行结构和冷却优化,通过先进合理的开发方案确保开发目标的实现。本文就 CA6DN1 发动机的开发进行了深入的阐述。

**关键词**:重型货车;柴油发动机;结构;性能;开发
**中图分类号**:TK422　**文献标志码**:A

## 引言

在欧洲,装有功率 251 ~ 350 kW 的发动机的重型货车的年销量占到重型货车总销售量的绝大多数,中国第一汽车集团公司一直缺少真正意义上的重型发动机,CA6DN1 系列重型发动机的开发改变了这种状况,它是目前中国排量最大的重型车用发动机之一,具有法规适应性好、功率覆盖范围宽、经济性好、振动噪声低、可靠耐用等优点,将成为中国第一汽车集团公司重型车的王牌动力。

## 1　项目和产品的策划

在欧洲,从 1985 ~ 2003 年的不到 20 年里,功率从 251kW 到 350kW 的发动机从占市场总份额的不到 30% 逐渐增长为接近 90%,尤其是 1993 年后,这种增长趋势更为迅速。目前中国主要重型车发动机功率普遍低于 250 kW,由于经济的发展和道路条件的改善,对高效率运输的需求日益迫切,重型车发动机的功率也正在逐年提高。由于中国的自然条件与欧洲相近,又等效采用欧洲排放法规,这就决定中国的运输模式以及商用车和发动机技术的发展趋势必然会和欧洲类似,预计“十一五”期间,功率 250kW 以上的发动机的需求会有较大增长。到 2013 年,需求量会超过 100 000 台。作为中国最大的商用车制造商,中国第一汽车集团公司必须开发具有自主知识产权的重型发动机,以确保国内产品竞争力。因此,CA6DN1 发动机在产品寿命周期内必须具备能够与世界先进发动机竞争的能力。CA6DN1 发动机的开发目标是:①适用于总重 49t 及以上的重型车的发动机,最大标定功率为 338kW,具备达到 368kW 以上的潜力,最大转矩 2000N·m 以上;②良好的实际使用燃油经济性;③排放满足国Ⅱ、国Ⅲ法规,具备满足国Ⅳ以上法规的潜力;④高可靠性、耐久性,B10 寿命达到 1 000 000 km;⑤维修保养方便;⑥振动噪声低。

## 2　发动机概要

### 2.1　总体方案

为了满足低排放、低油耗、高功率、低噪声、高可靠性、低成本等苛刻要求,考虑重型发动机技术发展趋势,采用方案评价打分的方法,确定 CA6DN1 发动机的总体方案如下:①单缸 1 盖,4 气门,喷油器

刊登信息:《内燃机学报》第 26 卷(2008)增刊

在汽缸盖上居中垂直安装;②国Ⅱ采用机械式直列泵,国Ⅲ采用电控共轨系统;③废气涡轮增压中冷;④前后双齿轮系,正时齿轮系后置;⑤前端附件采用多楔带传动,自动张紧;⑥采用压缩释放式发动机制动装置;⑦后端提供大转矩功率输出(PTO)。

2.2　技术规格

CA6DN1 系列发动机技术规格见表 1。

**表 1　CA6DN1 系列发动机技术规格**

| 参　　数 | CA6DN1 - 39 | CA6DN1 - 42 | CA6DN1 - 46 |
| --- | --- | --- | --- |
| 标定功率(kW) | 287 | 309 | 338 |
| 标定转速(r/min) | 1 900 | 1 900 | 1 900 |
| 最大转矩(N·m) | 1 800 | 1 900 | 2 100 |
| 转矩储备(%) | 24.4 | 22 | 23.6 |
| 最大转矩转速(r/min) | 1 000 ~ 1 400 | 1 000 ~ 1 400 | 1 000 ~ 1 400 |
| 13 工况加权油耗[g/(kW·h)] | ≤200 | ≤220 | ≤200 |
| 缸径(mm) | 131 | 131 | 131 |
| 行程(mm) | 155 | 155 | 155 |
| 排量(L) | 12.53 | 12.53 | 12.53 |
| 排放标准 | 国Ⅱ/国Ⅲ | 国Ⅱ/国Ⅲ | 国Ⅲ |

2.3　纵横剖面

CA6DN1 发动机的纵、横剖面图分别见图 1、图 2。

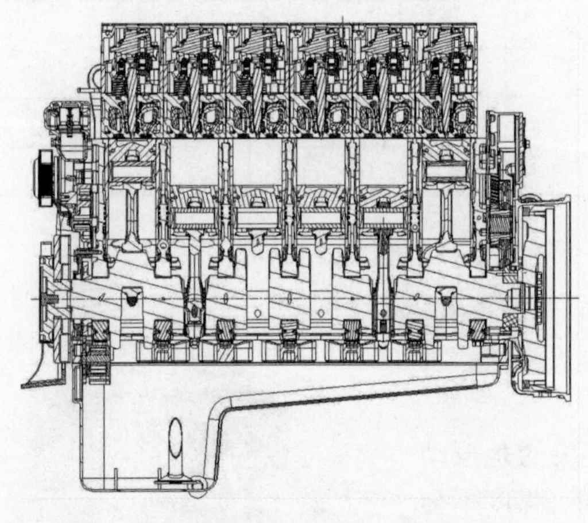

图 1　CA6DN1 发动机纵剖面图

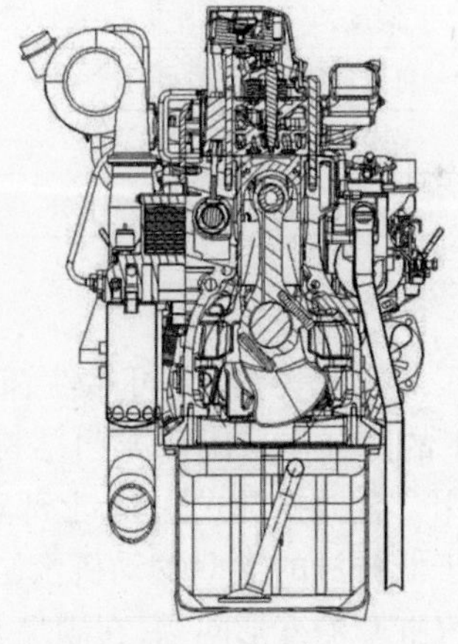

图 2　CA6DN1 发动机横剖面图

## 3　发动机设计

3.1　结构设计

高动力性、低排放、低油耗必然带来发动机的机械负荷、热负荷越来越高,据有关研究表明,为满足欧Ⅳ、欧Ⅴ阶段的排放法规,发动机的最高爆发压力要达到 20MPa 以上。作为新开发的重型发动机,CA6DN1 的整机结构必须能够承受这样的机械负荷并具有良好的冷却。

机油消耗量对发动机有双重的影响,机油消耗量过高,排放受影响;消耗量过低,发动机可靠性又会出现问题,所以必须采取有效的控制机油消耗量的措施。为获得较低的排放,喷油器的居中布置非常必要，这就要求采用多气门结构。

为满足低排放、低油耗、长寿命的要求，设计中大量应用了 FEA、CFD 等手段对零部件进行分析优化，并应用 CAE 手段对轴承、配气机构、润滑系统、冷却系统等进行计算、验证。在方案选择中，采用了评分表评分方式，通过各方案的加权得分来选取合适的方案。表 2 为选择汽缸套形式的评分的一个例子。

**表 2　汽缸套形式评分**

| 参　数 | 重要度 | 顶置湿缸套 | | 中置湿缸套 | | 干缸套 | |
|---|---|---|---|---|---|---|---|
| | | 评分 | 得分 | 评分 | 得分 | 评分 | 得分 |
| 冷却 | 5 | 4 | 20 | 3 | 15 | 1 | 5 |
| 缸套变形 | 4.7 | 5 | 23.5 | 4 | 18.8 | 3 | 14.1 |
| 穴蚀 | 4.5 | 2 | 9 | 3 | 13.5 | 5 | 22.5 |
| 缸体刚度 | 4.3 | 3 | 12.9 | 2 | 8.6 | 5 | 21.5 |
| 维修性 | 4 | 5 | 20 | 5 | 20 | 3 | 12 |
| 对缸体铸造的影响 | 3.7 | 5 | 18.5 | 5 | 18.5 | 2 | 7.4 |
| 对缸体机加工的影响 | 3.5 | 5 | 17.5 | 3 | 10.5 | 2 | 7 |
| 对装配的影响 | 3 | 5 | 15 | 5 | 15 | 2 | 6 |
| 成本 | 3 | 5 | 15 | 4 | 12 | 2 | 6 |
| 对缸盖螺栓分布的影响 | 2.5 | 4 | 10 | 5 | 12.5 | 2 | 5 |
| 对发动机质量的影响 | 2 | 3 | 6 | 4 | 8 | 5 | 10 |
| 对缸盖螺栓预紧力的影响 | 1.5 | 2 | 3 | 3 | 4.5 | 5 | 7.5 |
| 储运 | 1 | 5 | 5 | 5 | 5 | 3 | 3 |
| 发动机设计趋势 | 1 | 4 | 4 | 2 | 2 | 2 | 2 |
| 总分(最高评分 218.5) | | 179.4 | | 163.9 | | 129 | |
| 总分占最高评分的比例(%) | | 82.10 | | 75.00 | | 59.00 | |

3.1.1　汽缸体

为了寻求长寿命、高可靠性、低振动噪声与低成本的折衷，CA6DN1 的汽缸体采用深龙门结构，材料为高强度灰铸铁。汽缸套采用合金铸铁湿式缸套，上部定位，见图 3。

图 3　CA6DN1 汽缸体结构

对于低排放的重型发动机汽缸体，重点需要解决的是振动噪声和汽缸套的变形问题，在满足上述要求的情况下，强度不会有很大问题。对不同的汽缸体结构、汽缸套形式进行反复的有限元分析，结果见图 4、图 5 和图 6，实际测量结果见图 7。结果表明，在相同的汽缸体结构形式下，上部定位的顶置湿式汽缸套具有最小的总变形和最小的高阶变形，可以有效地控制机油消耗量，降低排放。通过有限元计算，对汽缸体应力较小的部位进行了合理的优化，使得在高爆发压力条件下汽缸体具有足够的强度和合理的变形，而且质量最轻。试验结果二阶线性变形小于 0.005mm，充分验证了缸体的设计。

发动机的进水口和出水口均布置在汽缸体上，经 CFD 分析调整水套和汽缸体顶面的进、出水孔的面积来保证汽缸体和汽缸盖的冷却均匀(见图 8)。

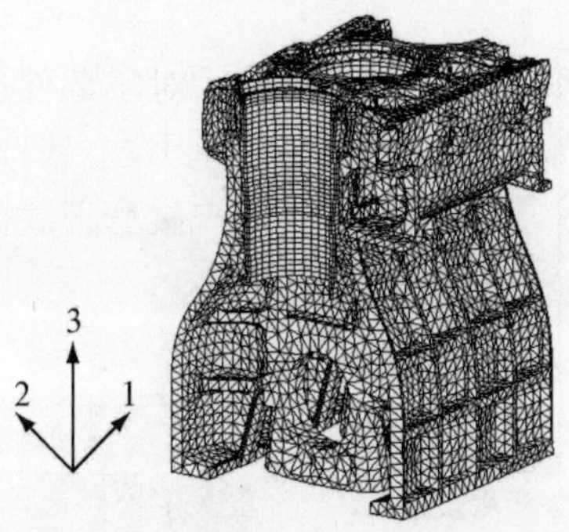

图 4　放大 200 倍的汽缸体变形分析

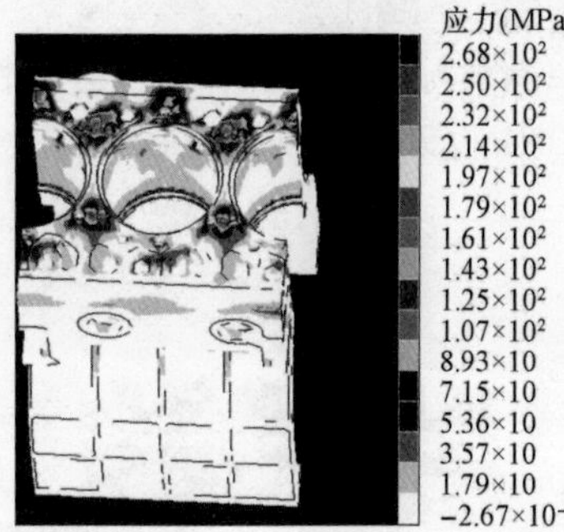


图 5　汽缸体应力分布

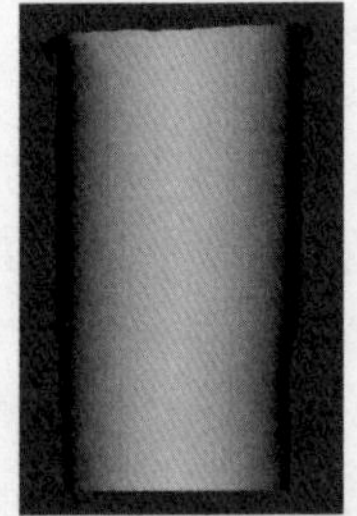

a)顶置湿缸套缸筒变形

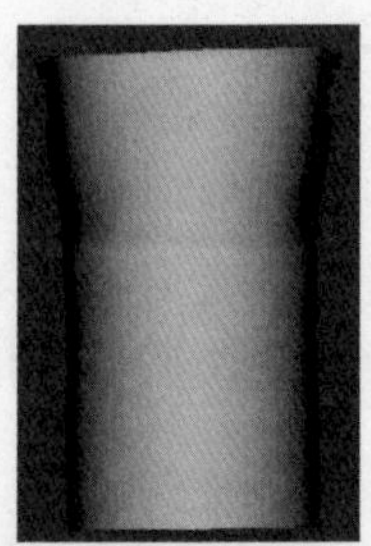

b)中置湿缸套缸筒变形

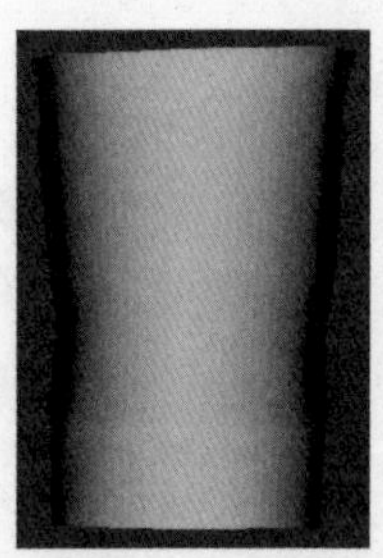

c)下置湿缸套缸筒变形

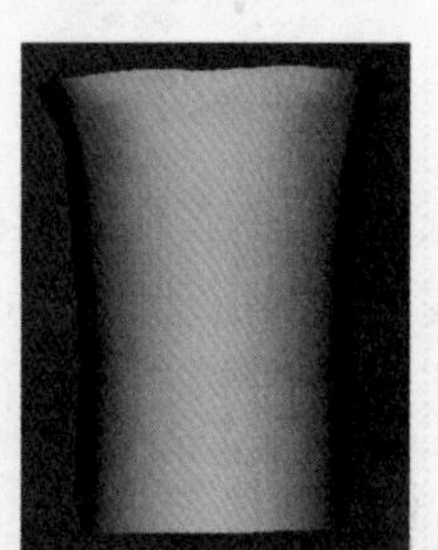

d)无缸套(干缸套)缸筒变形

图 6　不同形式的汽缸套的变形分析

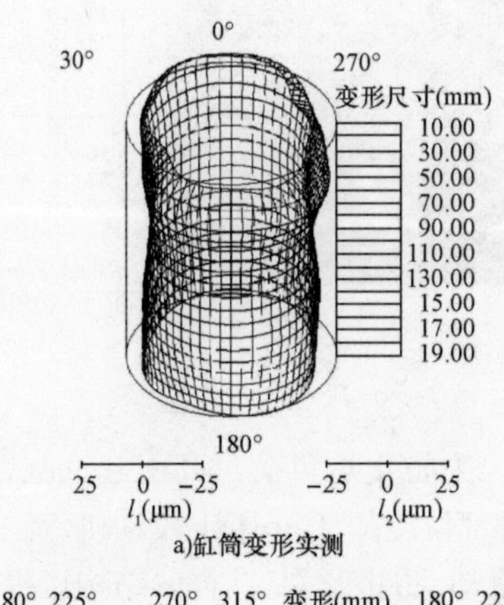


a)缸筒变形实测

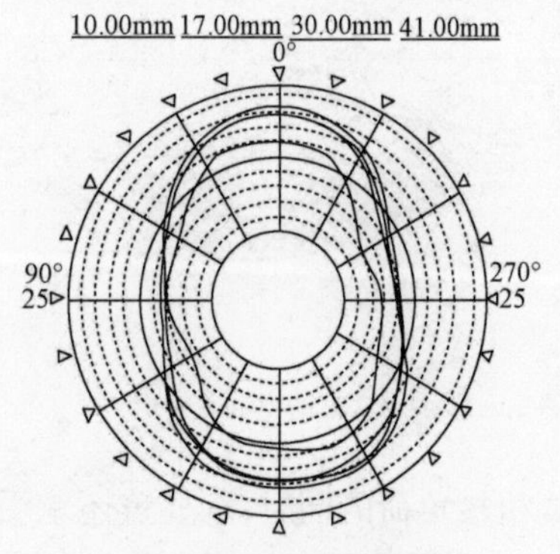


b)不同高度截面变形

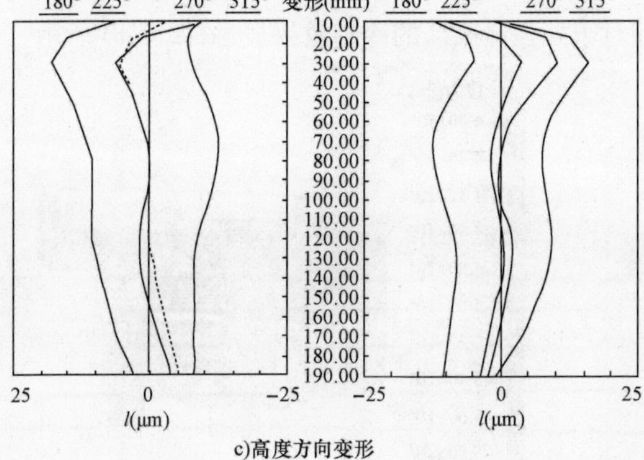


c)高度方向变形

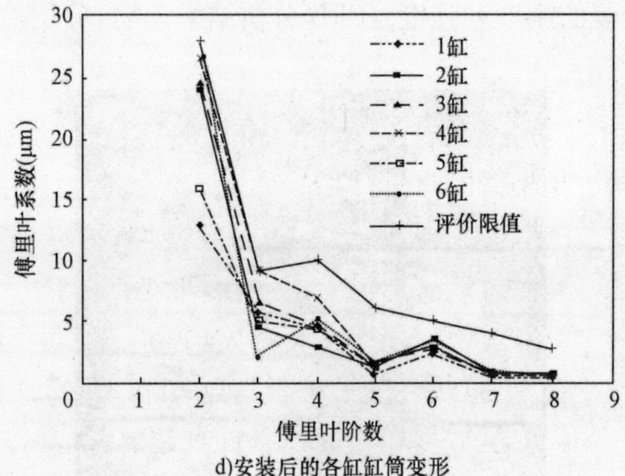


d)安装后的各缸缸筒变形

图 7　顶置缸套的缸筒变形情况实测

3.1.2 汽缸盖

由于具有良好的工艺性和维修方便性并对低周疲劳不敏感，单缸1盖的结构在重型发动机上应用较多，CA6DN1也采用了单缸1盖结构[1]，采用2进、2排的4气门结构，喷油器垂直中置[2]（见图9）。

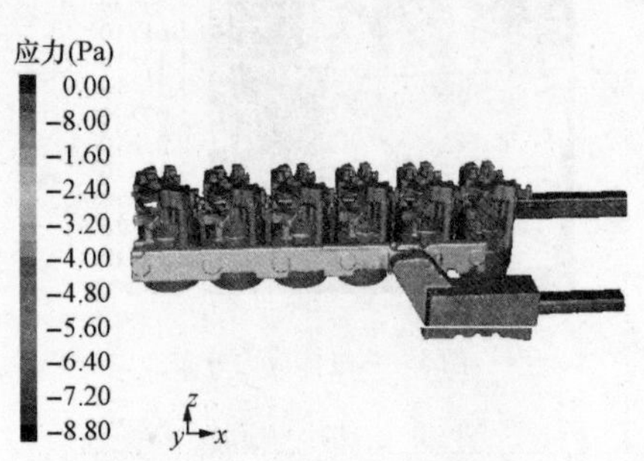

图8 汽缸体水套CFD分析结果

图9 CA6DN1汽缸盖结构



低排放、高强化发动机的汽缸盖必须有足够的强度，以保证在最高20 MPa的爆发压力有足够的疲劳安全系数，燃气密封也是设计需要考虑的关键。对汽缸盖进行了有限元分析和优化（见图10、图11），获得低周疲劳寿命大于8 000次，以及高周疲劳安全系数大于1.0的模拟结果。

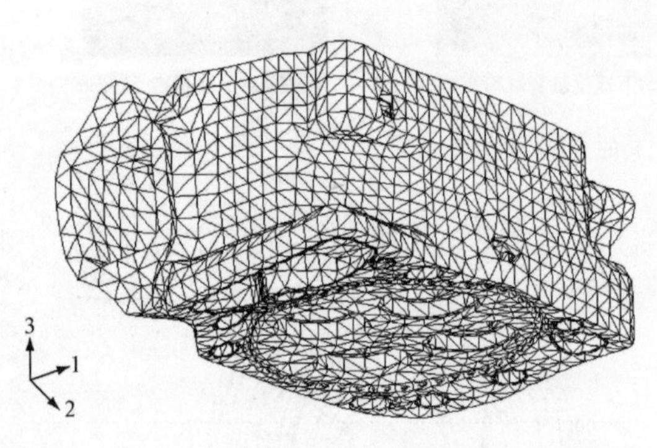

图10 放大100倍的汽缸盖变形

应力(MPa)
$2.68\times10^2$
$2.50\times10^2$
$2.32\times10^2$
$2.14\times10^2$
$2.97\times10^2$
$1.79\times10^2$
$1.61\times10^2$
$1.43\times10^2$
$1.25\times10^2$
$1.07\times10^2$
$8.93\times10$
$7.15\times10$
$5.36\times10$
$3.57\times10$
$1.79\times10$
$-2.67\times10^{-5}$
default_Fringe
$P_{max}=3.62\times10^2$

图11 汽缸盖应力分布

在承受高机械负荷的同时，汽缸盖还承受着很高的热负荷。为防止热负荷过高引起汽缸盖开裂，汽缸盖的冷却，尤其是底层鼻梁区的冷却至关重要。为加强关键部位冷却，CA6DN1发动机汽缸盖采用双层水套结构[3]（如图12所示），以提高鼻梁区水流速度，加强冷却，防止开裂，这样的结构也提高了汽缸盖的刚度和强度。CFD分析结果表明，分层冷却对于加强鼻梁区的冷却效果显著，如图13所示。

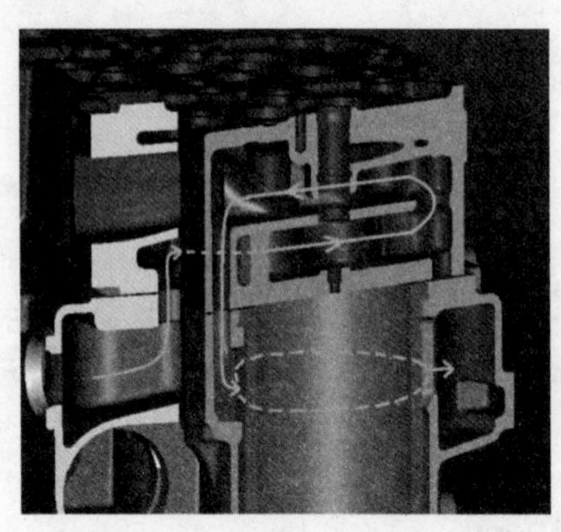
图12 双层水套结构汽缸盖

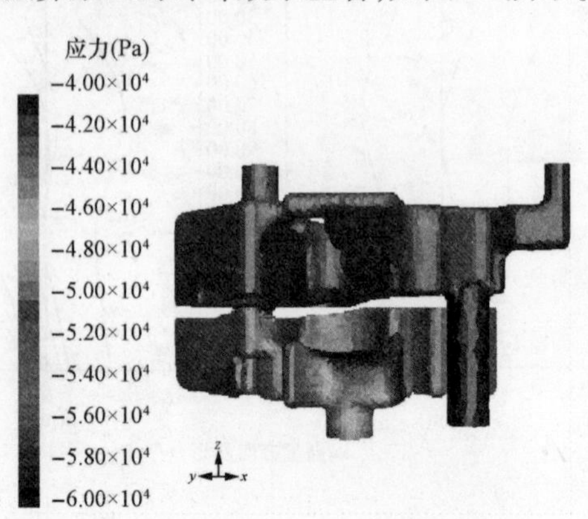

图13 汽缸盖CFD分析结果

3.1.3　活塞、活塞环、连杆和曲轴

CA6DN1 发动机活塞连杆曲轴运动组件设计为满足缸内爆发压力 20 MPa 的目标，进行了多项改进，结构如图 14 所示。

CA6DN1 发动机采用铝活塞，内部有内冷油道，一环槽镶有耐磨圈。为承受较高的爆发压力，采用了大直径的活塞销，与连杆小头可以采用楔形结构相匹配，活塞销座也采用楔形结构。活塞环为 3 环制，第 1 道环为桶面气环，表面经 CKS 处理；第 2 道环为锥面气环，表面镀铬；第 3 道环为组合油环，外表镀铬，内部为螺旋衬环，这样的环组具有较好的控油能力和优异的耐久性。对活塞进行了有限元分析，结果见图 15。

图 14　CA6DN1 活塞连杆曲轴运动件

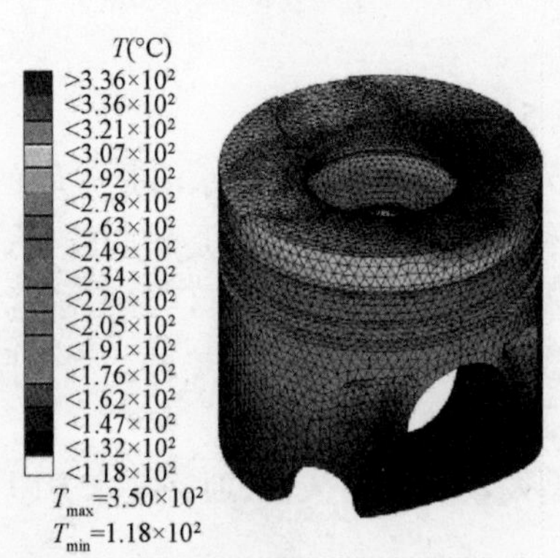


图 15　活塞有限元分析结果

为采用较大的连杆轴径，连杆大头采用斜切口胀断式，连杆材料为非调质钢。胀断连杆具有成本低、定位精确的优点，以前主要用在乘用车发动机上，现在在商用车发动机上的应用也非常广泛，近几年欧洲新开发的重型发动机均采用胀断式连杆。连杆小头采用了楔形结构，这样的结构具有质量轻、刚度好的优点，也与楔形活塞销座相匹配。活塞销采用压力润滑，润滑油通过贯穿连杆大小头的油道供给（见图 16）。

通过有限元计算进行了连杆的分析和优化，图 17 为在受拉工况下的连杆有限元分析结果。

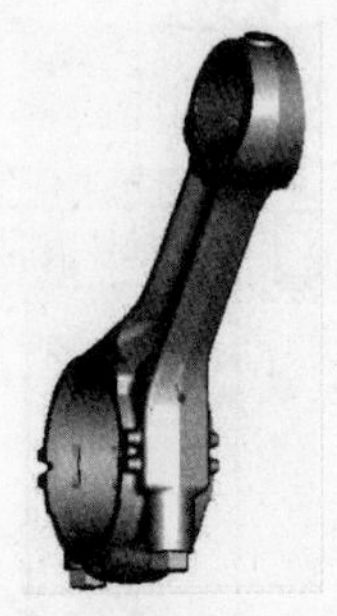

图 16　CA6DN1 连杆结构

图 17　连杆有限元分析结果

曲轴采用合金钢材料，8 个平衡快。为达到高可靠性、长寿命的目标，采用了大轴径、大圆角的设计，表面经高频淬火处理，具有较高的刚度、强度和耐磨性。曲轴的单拐有限元结果见图 18。

3.1.4　配气机构、齿轮系

CA6DN1 采用侧置凸轮轴，滚轮挺柱。通过推杆、摇臂和气门桥来驱动气门。CA6DN1 发动机有前后两套齿轮系，前齿轮系主要用于驱动机油泵，后齿轮系为正时齿轮系，如图 19 所示。

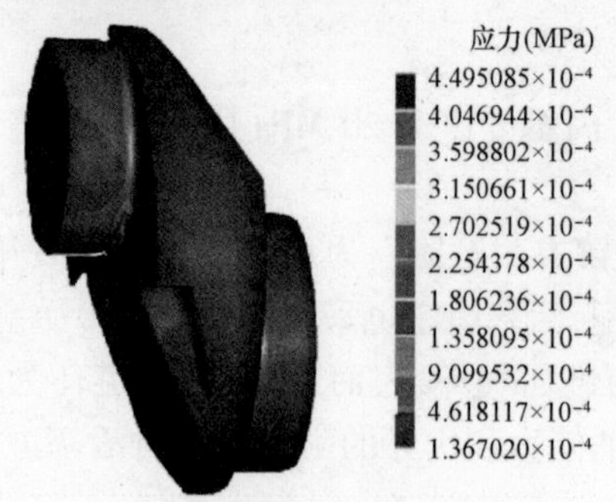


图 18　曲轴单拐有限元分析结果

图 19　CA6DN1 发动机后端轮系

3.1.5　冷却系统

CA6DN1 发动机各缸的水流是并联的，通过调整各缸的进出水孔面积使得各缸冷却均匀。每缸的汽缸体水套和汽缸盖水套是串联的，汽缸盖水套分两层，冷却水先进到汽缸体的布水道，然后进入到汽缸盖下层水套冷却鼻梁区，经汽缸盖上层水套返回汽缸体水套冷却汽缸套，最后通过汽缸体上的回水道经节温器返回到散热器。为了降低水流阻力，采用了两只顶通式节温器[4]。

3.1.6　润滑系统

重型发动机的耐久性，通常要求 B10 寿命达到 1 000 000km 以上，这对润滑系统提出了很高的要求。

CA6DN1 发动机润滑系统示意图见图 20，在设计中采用 FlowMaster 软件对润滑系统进行了模拟计算，根据计算结果确定管路和各个阀的参数。

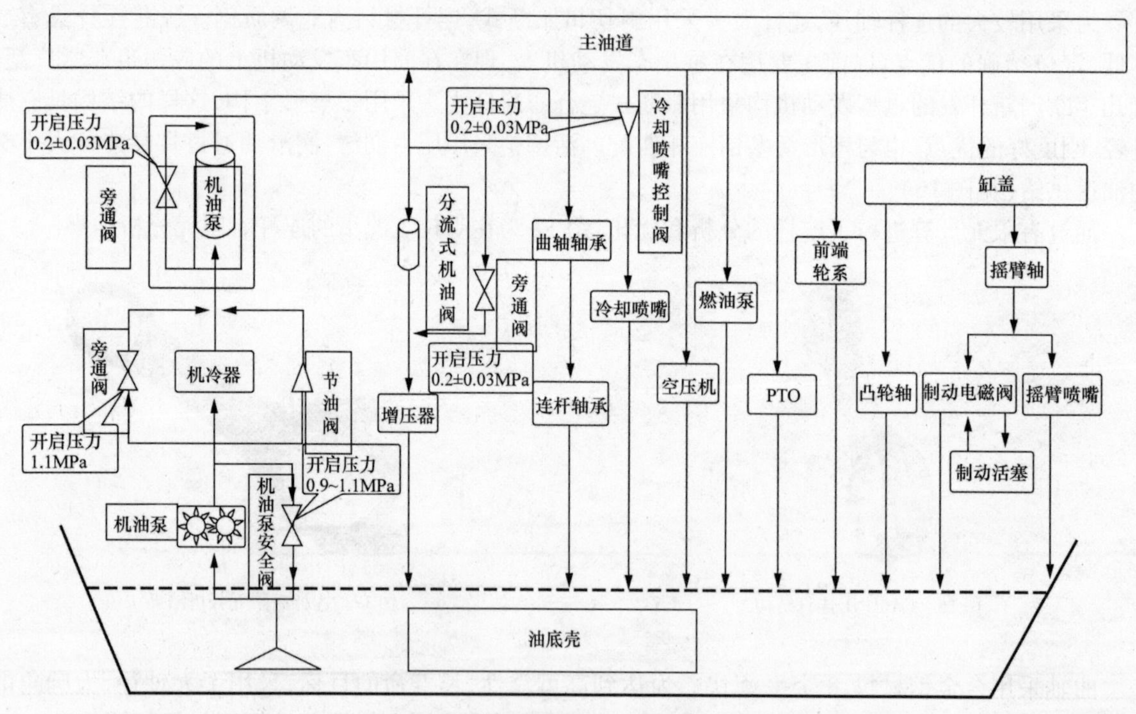


图 20　CA6DN1 发动机润滑系统示意图

汽缸体上有主副两条油道，主油道负责向大部分摩擦副提供润滑油，副油道通过一个限压阀与主油道相连，用于给活塞冷却喷嘴供油，副油道限压阀的开起压力为 0.2 MPa。为给摩擦副提供清洁润滑油，延长换油周期，CA6DN1 采用两只大容量的机油粗滤器和一只细滤器。

3.1.7 供油系统

对于国Ⅱ排放的发动机,供油系统采用机械泵,国Ⅲ发动机则采用博世(BOSCH)公司的共轨系统,达到5次喷射,最大喷油压力达160MPa。为达到国Ⅱ和国Ⅲ发动机的共线生产,最大程度降低技术改进带来的成本增加,高压泵传动采用2:1的速比。供油系统如图21所示。

图21 CA6DN1发动机供油系统

3.1.8 制动系统

在欧美,发动机制动装置是重型货车发动机的标准配置,采用发动机制动装置,大大提高了行车的安全性,其作用在山区尤为明显,如图22所示。图23给出了不同形式的发动机制动系统可以达到的升制动功率。从图中可以看出,压缩释放式制动装置的效果最好,CA6DN1发动机就采用了同美国Jacobs Vehicle System公司共同开发的压缩释放式制动系统。

图22 CA6DN1发动机制动系统

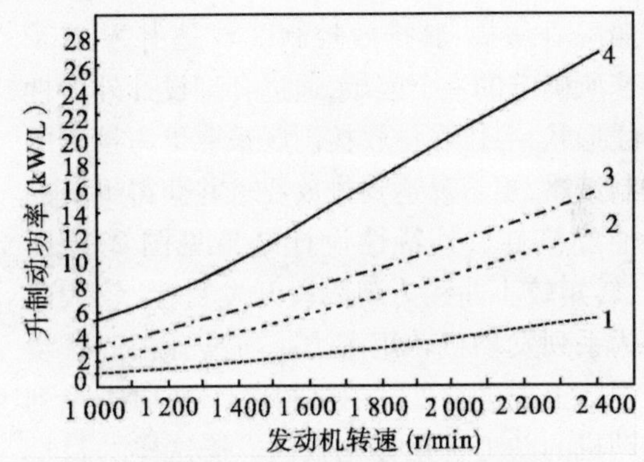


图23 不同制动系统制动效果对比

1-发动机摩擦功;2-排气制动阀制动;3-泄气制动;4-压缩释放式发动机制动

3.1.9 振动噪声措施

CA6DN1的设计上本身已经考虑了降噪设计,如采用后置正时齿轮系等。为了使整机的振动噪声控制达到比较高的水平,还采取了其他一些降噪措施。

由于采用深龙门结构汽缸体,曲轴箱裙部像音叉一样很容易被激励产生振动,因此采用了图24的梯形框架。曲轴箱裙部采用曲面结构见图25,尽量避免平面的噪声辐射作用,整机模态分析见图26。

图24 梯形框架

图25 曲面形曲轴箱

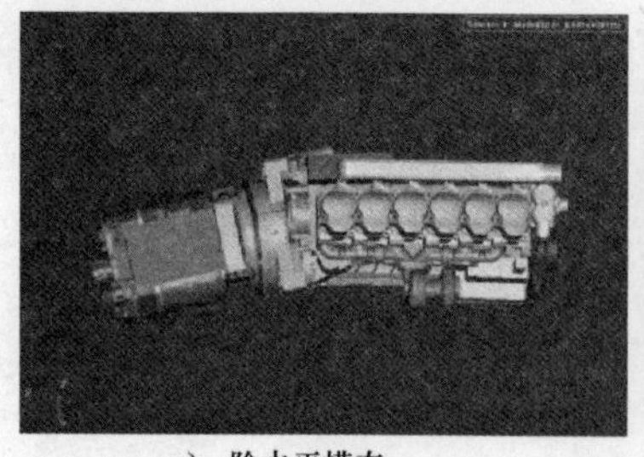
a)一阶水平模态

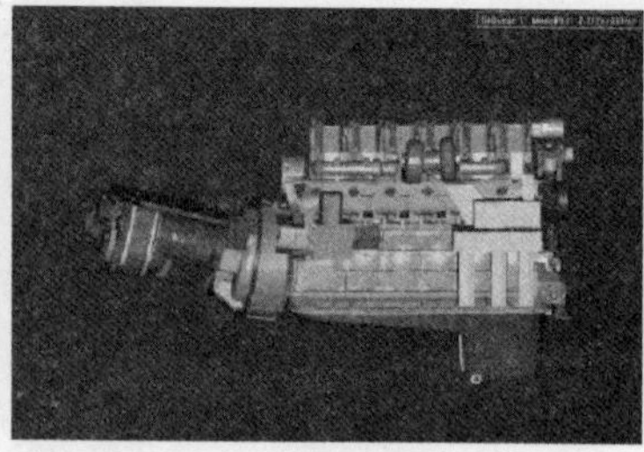
b)一阶垂直模态

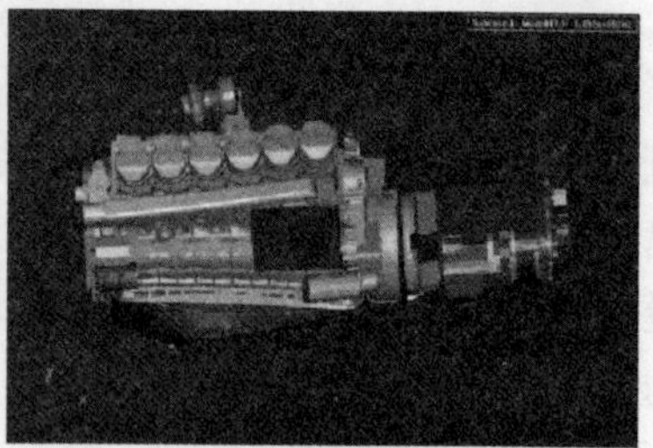
c)一阶扭转模态

图 26　整机模态分析

3.2　性能设计

3.2.1　燃烧系统目标设计

应用 Benchmark 数据库并结合整车使用要求,确定了发动机标定功率和最大转矩[5]。按照国Ⅲ法规,其排放控制区域是由 A、B、C 转速所确定的一个区域,通过合理设计外特性曲线形状,可以在排放控制区采取更为接近的控制策略,更容易达到排放要求并获得更好的燃油经济性。外特性设计结果见图 27。图中,转矩较小曲线为现阶段开发目标,较大曲线为系列发动机转矩潜力。与具有相似排量的国际上先进欧Ⅲ发动机相比,CA6DN1 系列发动机的动力性指标比较高。按这样的目标进行热力学分析,CA6DN1 发动机的比油耗在大部分区域范围内略低于其他发动机,如图 28 星线所示。

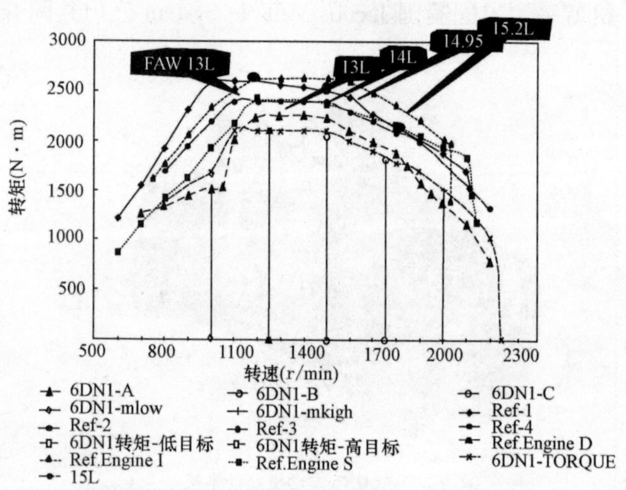


图 27　CA6DN1 动力性指标与先进欧Ⅲ发动机对比

由动力性、经济性指标根据经验设计,确定空燃比目标,如图 29 所示。空气流量参数由以上设计目标推导得出[6]。合适的空燃比目标是一维热力学计算的依据,也是合理选择增压器的关键。

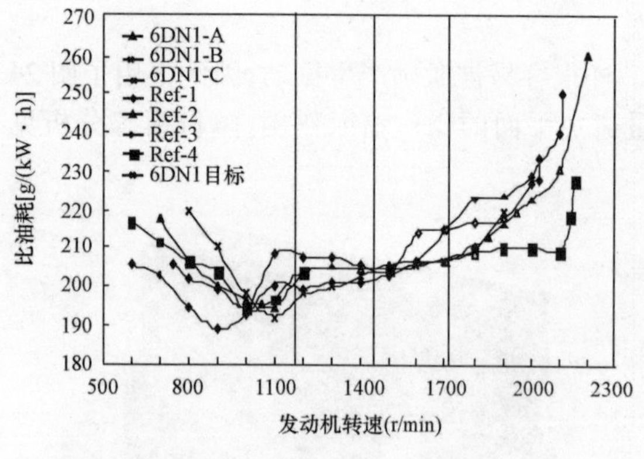


图 28　CA6DN1 经济性指标与先进欧Ⅲ发动机对比

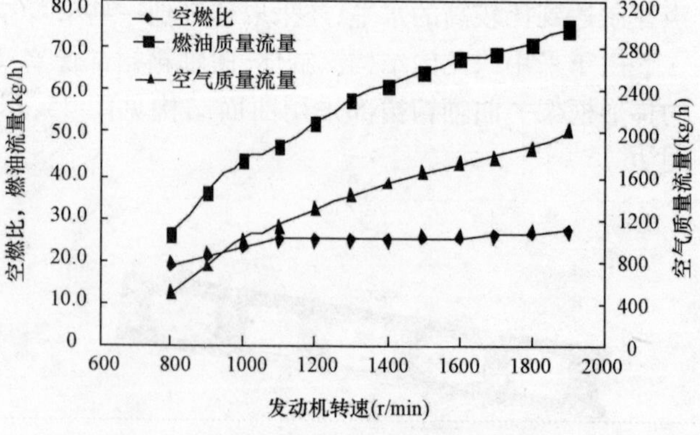


图 29　CA6DN1 空燃比目标

3.2.2　燃烧系统设计

为达到排放目标并获得较好的燃油经济性,燃烧系统的设计至关重要。通过对每一个排放控制点系统各参数进行计算优化,可以获得满足燃烧室内最佳混合燃烧要求的燃烧系统参数。

燃油和空气混合并组织燃烧过程的重要场所是燃烧室,燃烧室形状、进气道涡流比、喷油器安装位置、喷油孔布置共同构成燃烧系统设计的核心内容。在CA6DN1发动机燃烧系统设计中通过CFD进行燃烧分析优化,以图达到最佳的油气混合,使燃烧室内产生的烟度达到最低。CFD结果如图30所示。

通过CFD计算,实现了燃烧室形状、进气道涡流比、喷油嘴孔数、孔径、流量系数等参数的最优化。燃烧室形状如图31所示。

增压器的选择通过一维热力学模拟计算,在已有的增压器中选择并根据CA6DN1发动机特点量身定做了一款增压器,在获得较好的低速空燃比和优良的高原特性以外,得到了最低燃油消耗,见图32。

图30 燃烧系统CFD结果

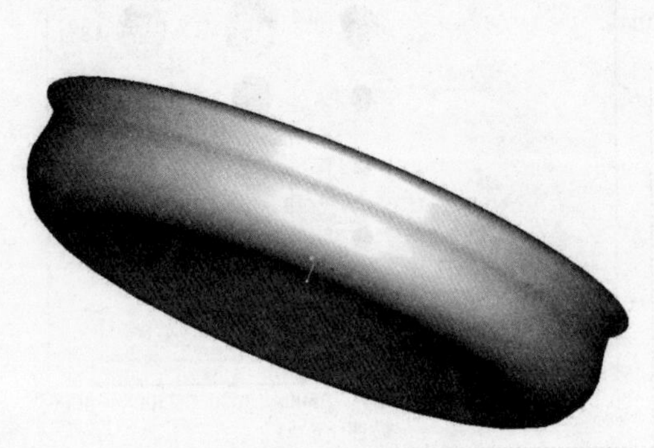

图31 CA6DN1发动机燃烧室

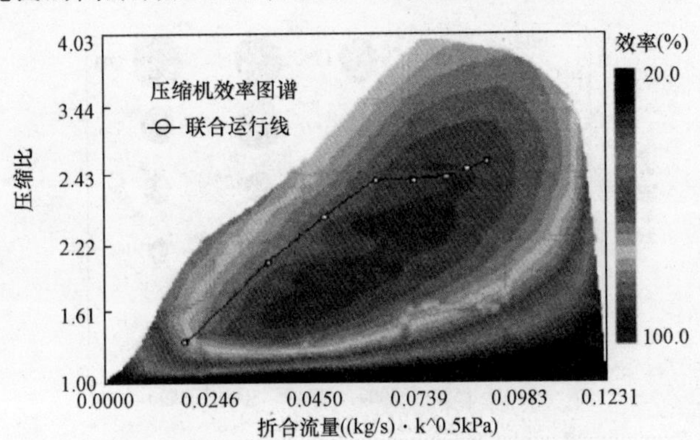


图32 优化的压气机特性模拟结果

根据以上燃烧系统设计结果,进行性能开发试验的设计(见表3)。

**表3 性能开发DOE**

| 方案 | 燃烧室 | 进气涡流 | 喷油嘴流量系数 | 喷孔数 | 喷孔夹角 | 增压器 |
|---|---|---|---|---|---|---|
| 1 | JM1-2b | A | 中间 | 7 | 150 | A |
| 2 | ↑ | ↑ | ↑ | ↑ | ↑ | B |
| 3 | ↑ | ↑ | ↑ | ↑ | 145 | 最好 |
| 4 | ↑ | ↑ | 最小 | ↑ | 最好 | ↑ |
| 5 | ↑ | ↑ | 最大 | ↑ |  | ↑ |
| 6 | ↑ | ↑ | 最好 | ↑ | 155 | ↑ |
| 7 | ↑ | ↑ | ↑ | ↑ | 最好 | ↑ |
| 8 | ↑ | ↑ | ↑ | 8 | 150 | ↑ |
| 9 | ↑ | ↑ | 最好 | 最好 | 最好 | 验证 |
| 10 | 评价 | 评价 | ↑ | ↑ | ↑ | ↑ |

## 4 发动机的性能及排放

### 4.1 开发限制条件

发动机的性能开发就是要在确保发动机可靠性、耐久性的前提下,达到预定的性能、排放目标。

根据设计和机械开发所确定的条件，CA6DN1 发动机性能开发的边界条件为：①最高爆发压力在 18MPa 左右，最高不超过 20MPa；②增压器涡轮前温度低于 700℃；③增压器压气机后温度不大于 200℃。

4.2　开发试验工况的简化

国Ⅲ排放标准等同于欧Ⅲ法规，排放控制区域是由 13 个工况点及相关区域构成。在进行开发试验时，要从 2 种增压器和由 2 种夹角、3 种流量、2 种喷孔孔数组合而成的喷油嘴库中选择合适的配置，而由于采用电控共轨系统，可调节量包括喷油正时、喷油持续期、油轨压力等，如果对 13 工况的每 1 个工况点都进行优化，试验工作量将十分庞大。通过对 1 个高速直喷柴油机在不同工况点的 $NO_x$ 和 PM 试验结果加权排放值(g/h)的分析可以看出，$NO_x$ 和 PM 排放随着负荷和转速的提高，大部分集中在全负荷区，如图 33 所示。因此在性能开发试验中尝试用 6 工况法简化方案选择过程的试验点。试验结果表明，用简化的 6 工况法进行方案选择，其精度满足要求，并大大缩短了开发周期，节约了试验费用。表 4 为 6 工况法与 13 工况法比较的偏差。

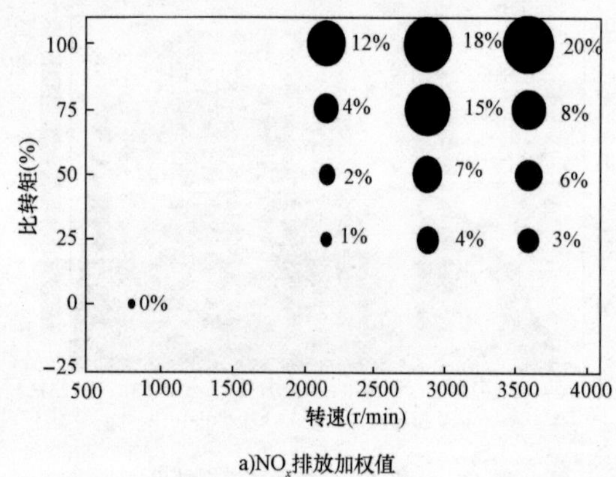

a)$NO_x$排放加权值

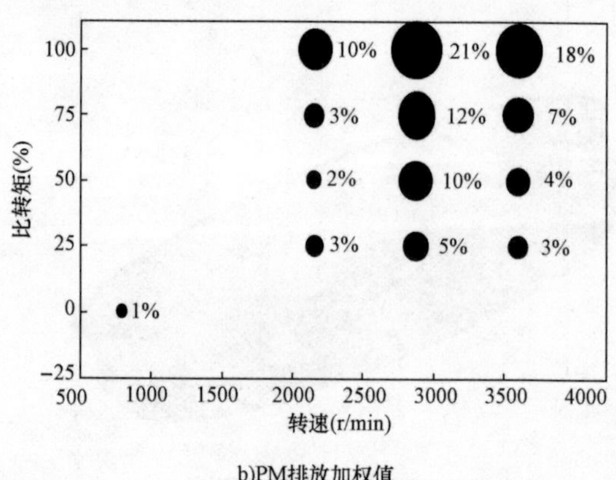

b)PM排放加权值

图 33　$NO_x$ 和 PM 的排放加权值

**表 4　6 工况法的偏差与校正**

| 项　目 | $NO_x$ [g/(kW·h)] | BSFC [g/(kW·h)] | CO [g/(kW·h)] | HC [g/(kW·h)] |
|---|---|---|---|---|
| 13 工况 | 5.26 | 222.6 | 5.04 | 0.46 |
| 6 工况 | 5.14 | 222.01 | 6.02 | 0.52 |
| 偏差(%) | -2.30 | -0.30 | 19.50 | 11.60 |
| 校正系数 | 1.023 | 1.003 | 0.837 | 0.896 |
| 最后偏差(%) | 0.00 | 0.00 | 0.00 | 0.00 |

4.3　开发结果

性能开发过程中，除了方案的动力性和排放性能满足设计要求外，还需要达到良好的经济性，以及在机械开发中具有良好的可靠性和耐久性能。

图 34 所示为性能开发过程中，随着不同方案的筛选和优化，发动机的排放特性和经济性逐渐接近设计目标，排放指标最终达到欧Ⅲ发动机排放设计工程目标。

如图 35 所示，性能开发结果达到设计目标，

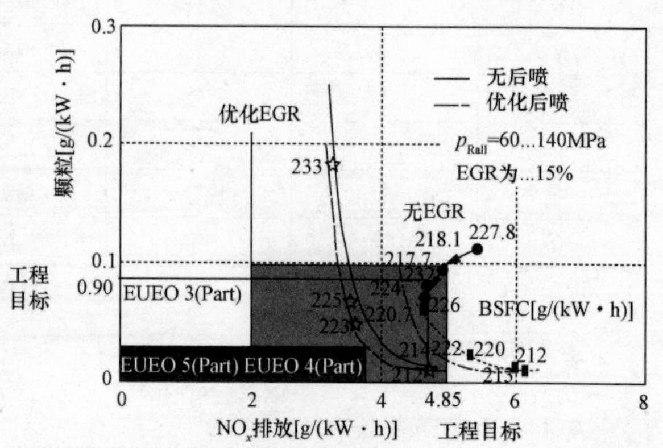

图 34　性能开发图示

经济性优于设计目标。

缸内最大爆发压力如图36所示,在设计许可范围(最大200 MPa)以下。图37为涡前温度和压后温度曲线,在增压器的许可温度范围内。

发动机电控标定的输出图表就不在本文中一一列举。

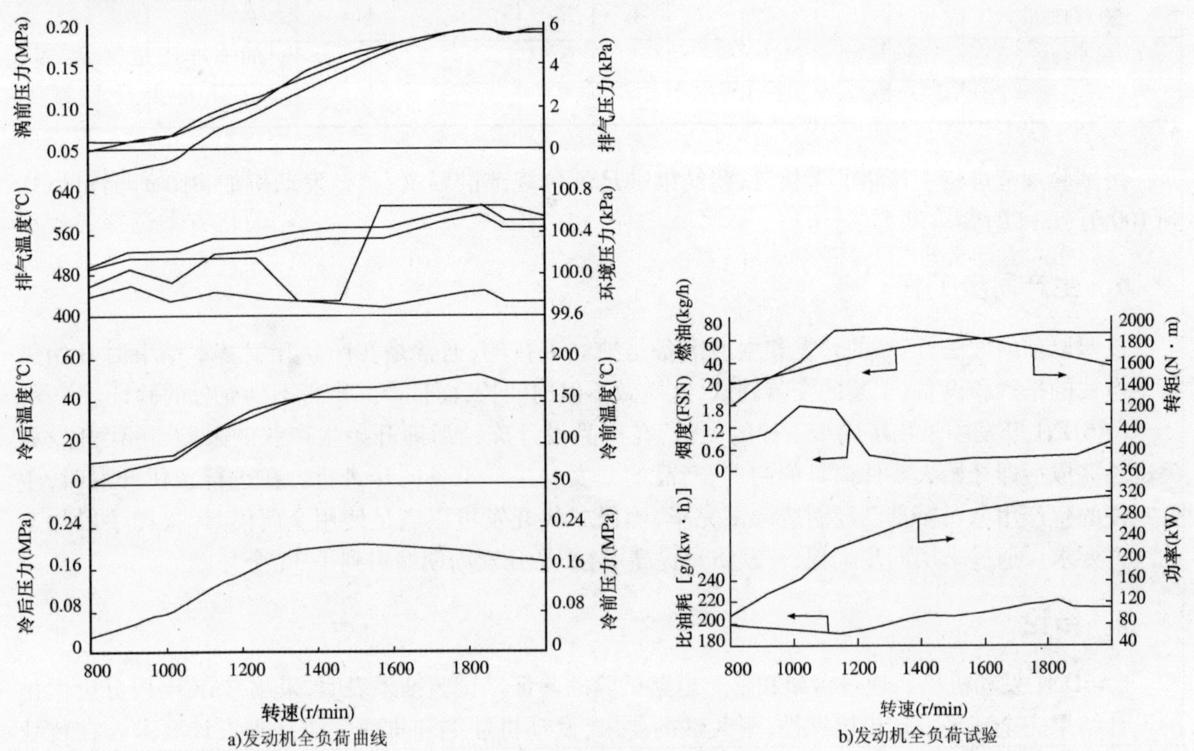


a)发动机全负荷曲线　　b)发动机全负荷试验

图35　CA6DN1 发动机性能开发结果

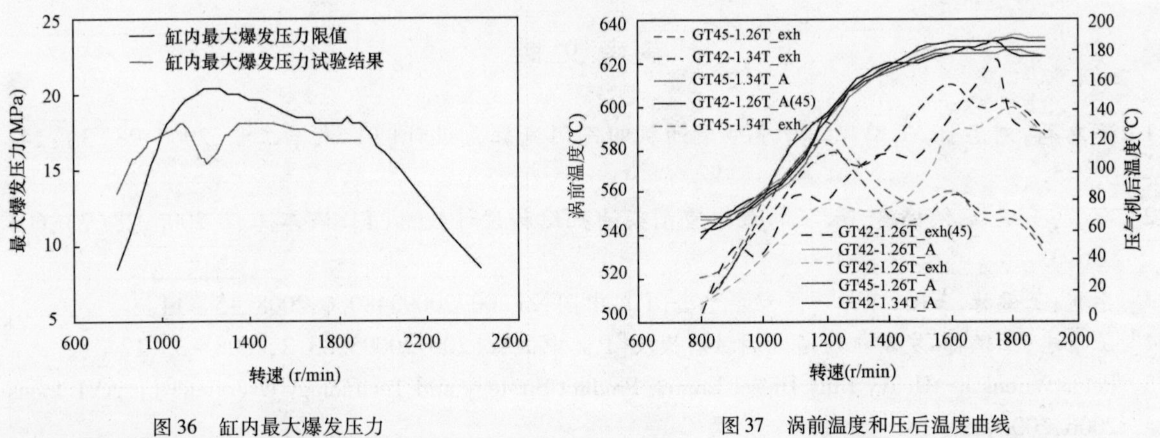


图36　缸内最大爆发压力　　图37　涡前温度和压后温度曲线

## 5　发动机机械开发

发动机是一个复杂的机械,由很多零件、总成装配而成,各零部件、总成分别承受热负荷、机械负荷或二者的综合作用。要使每一个零件、总成和系统都得到充分而又不过分的考核,必须制定科学合理的考核规范。表5是考核矩阵的一个例子,通过考核矩阵确定每个零部件、系统需要通过的试验,根据所需要的试验进行汇总确定最终的试验规范。

表5 机械开发考核

| 考核项目 | 汽缸体 | 汽缸套 | 飞轮壳 | 汽缸盖 | 汽缸垫 | 活塞 | 活塞环 | 连杆 | 曲轴 | 轴承 | 进气门 | …… |
|---|---|---|---|---|---|---|---|---|---|---|---|---|
| 疲劳试验 | √ | | √ | √ | | | | √ | √ | | | |
| 初始可靠性 | √ | √ | √ | √ | √ | √ | √ | √ | √ | √ | √ | |
| 深度热冲击 | | | | √ | √ | √ | | | | | | |
| 耐久试验 | | √ | | | | √ | √ | | √ | √ | √ | |
| …… | | | | | | | | | | | | |

按试验规范进行了严格的考核,试验结果满足评价规范的要求,预计发动机的B10寿命可以达到100万km以上。

## 6 生产同步工程

按照以前的做法,产品的开发和生产准备是独立进行的,通常是在产品开发基本结束时开始进行生产线的采购和设备、工装的安装调试,这样做不但周期长,而且产品也得不到充分的验证。

CA6DN1开发中采用了同步工程的做法,在产品设计冻结后即开始生产线的采购,一代开发相关试验完成后即开始大零件模具的制造,产品的开发和生产准备同步进行。在进行二代开发时,主要零件的生产用金属模具已经制造调试完毕,确保二代开发可以满足使用金属模具、批产手段加工的零件要求。通过采用同步工程,开发质量提高了,产品开发周期缩短到了36个月。

## 7 结论

CA6DN1发动机已经通过台架和整车道路试验的验证。试验结果表明,采用CAE手段分析优化的设计结果完全满足发动机可靠性、耐久性的要求,发动机性能和排放完全达到设计要求。在装载相同的情况下,匹配CA6DN1发动机的车的动力性、经济性明显优于装小排量发动机的同类车。CA6DN1的开发填补了国内大功率发动机的空白。

## 参考文献

[1] 窦惠莉,刘忠长,王鹏程,等.重型柴油机四气门汽缸盖设计[J].汽车工程,2006,28(3):242-245.

[2] 李骏,王鹏程,侯福建,等.低排放中重型柴油机结构设计技术[J].汽车工程,2006,28(7):603-610.

[3] 李骏,王鹏程,王刚.单缸一盖双层水套[P].中国:ZL200720093480.6,2008-5-14.

[4] 王宏志,王鹏程.发动机顶通式调温器模块[P].中国:ZL200720093583.2,2008-3-12.

[5] Peter Wuensche. Heavy Duty Diesel Engine Product Strategy and Technology Overview[J]. AVL focus 2006,2006:12-15.

[6] 蒋德明.内燃机原理[M].北京:机械工业出版社,1988:6-8.

# Development of CA6DN1 13-Litre Diesel Engine for Heavy Duty Truck

Li Jun, Wang Pengcheng, Hu Fang, Meng Fanchen
(First Automotive Works, Research&Development Center, Changchun 130011, China)

**Abstract**: To meet the demand of the increased power output and the decreased fuel cost for the heavy duty vehicle under the strengthening emission legislations, a CA6DN1 13-litre diesel engine is designed as a product of high performance, low fuel consumption, low emission and long durability. The advanced CAE approach is used in the structural optimization and the coolant system optimization. The target is realized by the reasonable development scheme. This paper discusses the engine development in details.

**Key Words**: Heavy Duty Truck; Diesel Engine; Structure; Performance; Development

# CA6DF2 系列柴油机的开发

李文祥[1],葛蕴珊[1],李　骏[2],胡　芳[2],李　鹏[2]
(1. 北京理工大学机械与车辆工程学院,北京　100081;
2. 中国第一汽车集团公司技术中心,长春　130011)

**摘　要**:本文介绍了 CA6DF2 系列柴油机在产品开发过程中,为控制柴油机排放,在机体变形控制、机油消耗量控制、供油系统设计、燃烧系统匹配等方面所采取的主要技术措施。

**关键词**:柴油机;排放;燃烧

## 1　前言

根据重型柴油机排放标准,我国将在 2005 年开始全面实施欧Ⅱ标准。因此,开发满足欧Ⅱ排放法规的柴油机是生产企业的首要任务。

CA6DF2 系列柴油机是在 CA6110 型柴油机的基础上开发的,CA6DF2 系列柴油机需要重点解决以下 3 个问题。

(1)动力性能要求:CA6110 系列发动机的最大功率为 170kW,不能满足市场对发动机功率的要求。并且由于 CA6110 的低速动力性不佳,不能满足重型柴油车的起步、加速要求。

(2)可靠性要求:CA6DF2 系列柴油机的升功率和平均有效压力比 CA6110 系列柴油机有较大幅度的提高,导致发动机可靠性下降。在发动机开发过程中必须针对可靠性采取措施,降低发动机的机械负荷和热负荷。

(3)排放要求:CA6110 的排放没有达到欧Ⅱ排放标准,CA6DF2 需要开发新的燃烧系统和供给系统,以满足排放法规的要求。

文中简要论述了 CA6DF2 系列柴油机在控制汽缸体变形、供油系统、燃烧系统、增压系统匹配等方面进行的研究开发工作。

## 2　柴油机主要零部件的改进

### 2.1　柴油机缸体的改进和机油消耗量控制技术

由于柴油机功率的大幅度提高,CA6DF2 柴油机的最大缸内爆发压力将达到 16MPa 左右,在这样高的爆发压力作用下,必须采取严格措施以控制缸体的变形。CA6110 缸体水套的形状是方形结构,缸盖螺栓分布不均匀,测量结果表明,装配条件下缸体的变形量较大,很难满足发动机对机油消耗量的控制要求。为了有效控制机油消耗量,必须采取措施严格控制汽缸体变形[1,2]。

CA6DF2 柴油机采取的控制缸体变形措施是缸体水套采用圆形结构,而缸体水套顶部的形状仍采用方型结构,将缸盖底部改为圆形;同时根据对缸筒冷却的要求,减小缸体顶平面厚度,采用加大缸盖螺栓沉孔的措施。有限元计算结果表明:改进结构后,由缸体变形引起的缸套变形量明显减小(见图 1)。

除缸筒变形影响机油消耗量以外,缸筒的网纹形状也是影响机油消耗量重要因素。根据珩磨网纹的测量结果,CA6110 缸套的 Ra 为 0.55,磨削质量不理想,磨纹紊乱不清晰。改进设计的 CA6DF2

刊登信息:《汽车工程》2004 年(第 26 卷)第 3 期

系列柴油机采用小平台网纹,改善了磨纹效果。

在装配状态下,对缸套安装后的变形测量是分析缸套的变形的有效措施。采用德国 IBP 公司的 V200 型缸筒变形仪测量的结果表明:CA6110 缸套实际的圆柱度远远超过 10μm 的设计要求。为了达到严格控制机油消耗量的目的,在生产过程中要求 CA6DF2 柴油机汽缸套内表面的形位公差圆度小于 0.01mm、圆柱度小于 0.15mm。

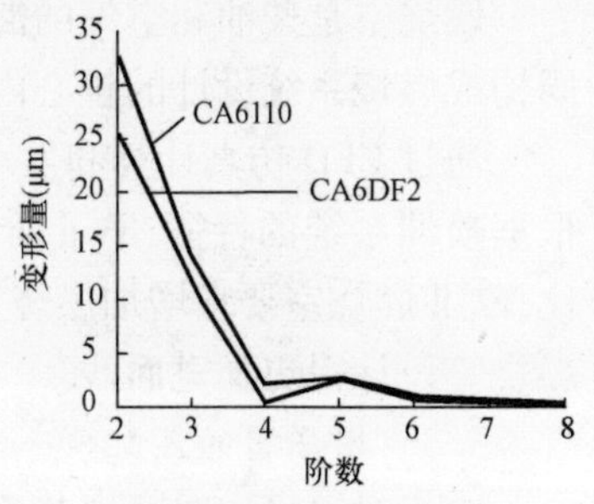


图1 CA6110 及 CA6DF2 柴油机缸筒的各阶变形计算值

为降低由于活塞环泵油消耗的机油量,第 1 道气环采用偏桶面单梯镀铬环;第 2 道气环采用负扭曲锥面环,并对活塞环的安装弹力和表面涂层进行优化设计。活塞油环采用Ⅰ型钢制油环,采用小刮油刃结构形式,环外圆采取氮化工艺,以提高油环的刮油能力、耐磨性能和对缸桶变形的顺应能力。

在综合采取了上述技术措施后,CA6DF2 系列柴油机的机油消耗量与燃油消耗量之比由 CA6110 的 0.3% ~0.4% 降到了 0.13%,这是微粒排放达标的重要前提条件之一。

### 2.2 曲轴扭振减振器

CA6110 柴油机曲轴减振器使用的是压入式橡胶减振器,而 CA6DF2 系列柴油机由于功率大幅度增加,如果仍采用压入式橡胶减振器,皮带轮和惯性块之间的相对振幅加大,橡胶圈上产生的热量增加,使用中减振器内轮可能相对惯性块沿轴向向曲轴前端串动,内轮与惯性块之间打滑,损坏橡胶圈,进而产生重大事故。

鉴于以上情况,CA6DF2 系列柴油机扭振减振器采用硅油减振器,它由壳体、侧盖、堵盖、密封胶组成的密封壳体和惯性块等部分组成,在壳体和惯性块之间留有很小的间隙并充满硅油。惯性块在壳体内可以绕着轴承带自由转动。壳体与曲轴前端部刚性联结,并随曲轴一起产生扭转振动,因为惯性块的惯量大,仍按匀速回转,在扭转振动中它比壳体的运动要滞后一些,使壳体和惯性块之间产生相对运动,间隙中高黏度硅油的阻尼消耗扭振能量,衰减振幅,具有良好的减振效果。

全负荷工况下,CA6DF2 -26 柴油机装硅油减振器曲轴系统的扭振测试结果表明:在发动机转速为 1900r/min 时,发生 6 谐次扭振,扭振幅值为 0.149°;在发动机转速为 2368r/min 时,发生 4.5 谐次扭振,其扭振幅值为 0.148°,均小于 0.3°的设计要求。此时曲轴系统的自振频率为 178 ~190Hz,因此所开发的硅油减振器能够满足 CA6DF2 系列柴油机的使用要求。

## 3 供油系统和燃烧系统的改进设计

### 3.1 供油系统

CA6DF2 系列柴油机的排放要满足欧Ⅱ排放法规,供油系统应具有较高的喷射压力,雾化能力要好[3,4]。为此,CA6DF2 系列柴油机采用了 P7100 泵,泵端最高喷油压力能够达到 120 MPa。

为优化喷油系统,改善雾化质量,在 6 孔喷油器的基础上采取了以下改进措施:

(1)将 S 型喷油器改成 P 型喷油器,使喷油嘴距活塞中心的偏心量从原来的 11.1% 减小到 7.53%;

(2)采用小压力室容积油嘴,降低 HC 排放。

### 3.2 燃烧系统的设计

直喷式燃烧系统设计中,在燃油与空气混合过程中,喷油系统不仅要带来油气混合所需要的能量,而且也决定了喷雾质量。在欧Ⅰ阶段一般要求燃油喷射和流动空气各自分担一半左右的混合能量;而在欧Ⅱ阶段对燃油喷射的要求提高,必须采用更高的燃油喷射压力才能够满足更低的微粒排放要求,因此空气流动对混合气能量的贡献率降低,即不要求组织强烈的进气道涡流和燃烧室内的空气运动,这也有利于减少泵气损失和传热损失。

燃烧室是柴油和空气的混合场所，燃烧室形状、进气道涡流比和喷油器安装位置、喷油孔布置共同构成燃烧系统设计的核心内容。

通过CFD仿真计算和发动机实验最终确定CA6DF2的燃烧室形状为带有中央凸台的挤流口型。根据喷油系统的特征，欧Ⅱ阶段要求的喷油压力增高，燃油携带的能量增加。因此与欧Ⅰ燃烧室相比，欧Ⅱ燃烧室要求增加燃烧室直径和挤流口直径以减少空气流动，降低混合过程的流动损失，实际燃烧室设计得更加宽而浅。

3.3　增压器的匹配

由于对CA6DF2系列柴油机的低速性能提出了较高的要求，使增压器匹配工作难度加大。为了提出增压器的优化匹配方案，减少试验工作量，采用GT－POWER程序对增压器的匹配方案进行了模拟计算，最终确定增压器的型号为WH1E8264，同时对增压空气采用空—空中冷。

图2表示的是CA6DF2－26柴油机在标定工况下的汽缸压力和放热量曲线，由放热量曲线不难看出，为了降低柴油机$NO_x$排放量，发动机的喷油提前角大幅度推迟(静态提前角为7°～8°)，柴油机燃烧过程呈明显的扩散燃烧特征，最大爆发压力接近14MPa。

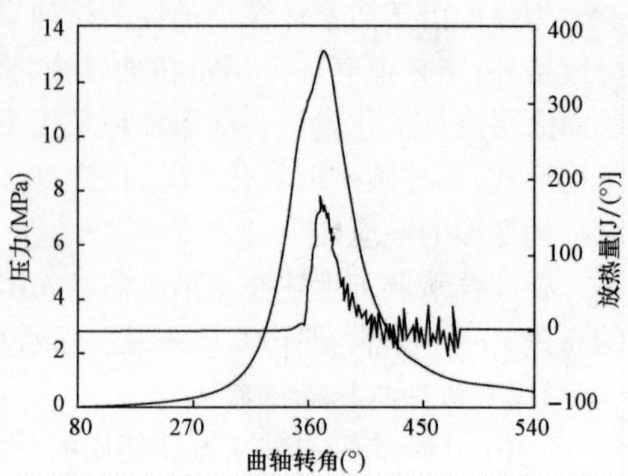


图2　CA6DF2－26柴油机标定工况汽缸压力和放热量

## 4　柴油机整机试验结果

通过对CA6110型柴油机进行的改进设计，CA6DF2系列柴油机主要性能指标试验结果见表1，发动机的主要性能指标达到了设计要求。

图3表示的是CA6DF2－26的万有特性试验结果，发动机的最低比油耗达到200g/(kW·h)，在发动机宽广的使用转速范围内都有良好的燃油经济性。

表1　CA6DF2系列柴油机性能指标试验结果

| 项目＼机型 | | CA6DF2－24 | CA6DF2－26 | CA6DF2－28 |
|---|---|---|---|---|
| 标定功率(kW) | | 177.5 | 192.3 | 207.5 |
| 标定转速(r/min) | | 2 300 | 2 300 | 2 300 |
| 最大转矩(N·m) | | 894 | 933 | 967 |
| 最低油耗[g/(kW·h)] | | 204 | 203 | 203 |
| 排放[g/(kW·h)] | $NO_x$ | 6.74 | 6.67 | 6.70 |
| | PM | 0.13 | 0.12 | 0.12 |
| | HC | 0.79 | 0.74 | 0.72 |
| | CO | 2.31 | 2.28 | 2.05 |
| 全负荷烟度(FSN) | | 1.2 | 1.3 | 1.2 |
| 自由加速烟度(FSN) | | 0.90 | 1.12 | 1.30 |

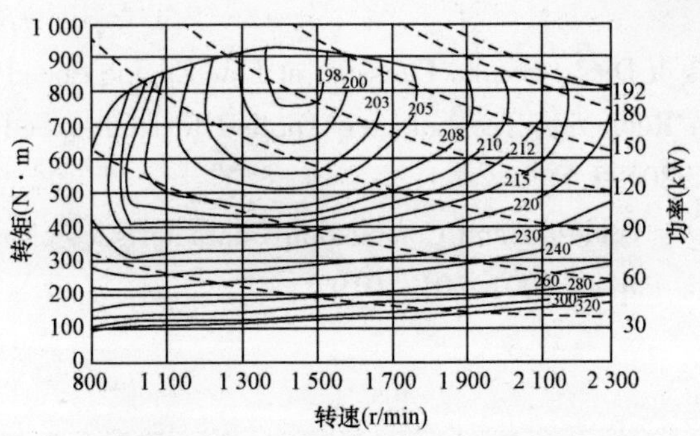


图3　CA6DF2－26 发动机的万有特性



## 5　整车道路试验结果

CA6DF2 系列柴油机主要应用在一汽集团装载质量在 12～20t 的载货车及自卸车上，现以 CA6DF2－26 柴油机的整车试验结果说明 CA6DF2 系列柴油机装车后的整车性能。

根据整车的加速性能测量结果（见图4），由于发动机的低速转矩较大，加速过程中没有出现增压中冷柴油机在加速初期容易出现的加速滞后现象，整车加速能力较好。整车等速油耗测量结果（见图5）表明，CA6DF2－26 柴油机装车后整车的经济性较好。

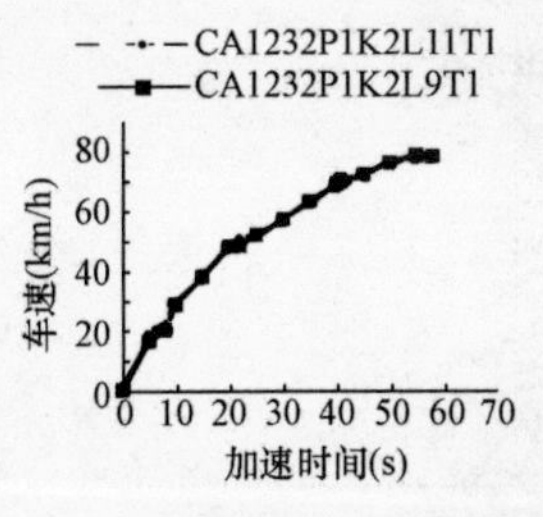


图4　原地起步加速性能

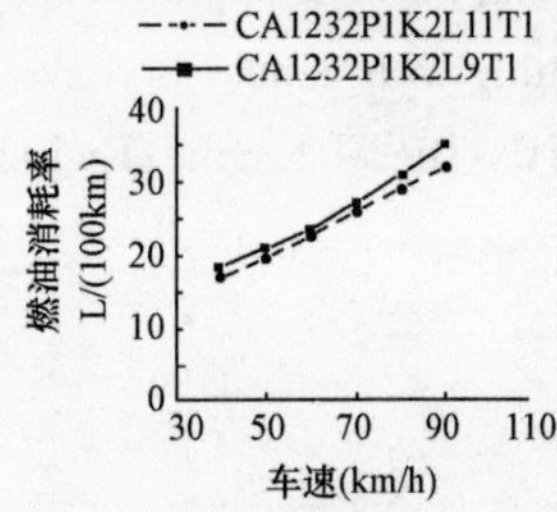


图5　6 挡等速油耗

## 6　结论

通过对 CA6110 柴油机的改进设计，CA6DF2 柴油机的排放指标达到了欧Ⅱ水平，动力性和经济性指标也达到了设计要求，该系列发动机在开发过程采用的关键技术如下：

（1）应用有限元方法，优化缸体水套形状、缸盖螺栓位置，有效减少缸筒变形；

（2）缸套采用小平台网纹，加上优化的活塞环组合，大幅度降低了 CA6DF2 系列柴油机的机油消耗量，使机油消耗与燃油消耗之比从原来的 0.3%～0.4% 低到 0.15% 以下，能有效控制微粒排放；

（3）采用硅油减振器，能有效降低柴油机扭转振动，为提高可靠性提供了有力保障；

（4）优化匹配燃油在燃烧室的空间分布和缸内气流运动，是改善柴油机燃烧和排放水平的重要措施；

（5）CA6DF2 系列柴油机采用 P7100 泵及 P 小压力室喷油器，极大地改进了燃油的雾化质量，为降低柴油机微粒的排放、改善柴油机的低速性能提供了必要的条件。

## 参 考 文 献

[1] Van Dam W. Lubricant Related Factors Controlling Oil Consumption in Diesel Engines[C]// SAE Pa-

per, 952547.
[2] Toshiyuki Yoda. Analysis of Diesel Smoke Emission at Low Engine Speed[C]// SAE Paper, 950084.
[3] Youitsu Kakoi. Emission Reduction Technologies Applied to High-speed, Direct-injection Diesel Engine[C]// SAE Paper, 980173.
[4] Naeim AHenein. Emissions Trade-off and Combustion Characteristics of a High-speed Direct Injection Diesel Engine[C]// SAE Paper, 2001 -01 -0197.

# Development of CA6DF2 Series Diesel Engine

Li Wenxiang[1], Ge Yunshan[1], Li Jun[2], Hu Fang[2], Li Peng[2]
(1. School of Mechanical and Vehicle Engineering, Beijing Institute of Technology, Beijing 100081;
2. China FAW Group Corporation R&D Center, Changchun 130011)

**Abstract**: The measures taken for emission control in the development process of CA6DF2 series diesel engines, including oil consumption control, cylinder block distortions control, fuel supply system design and optimum matching with combustion system, are presented in the paper.

**Key Words**: Diesel Engine; Emission; Combustion

# 第三部分

# 发动机燃烧与排放控制

FADONGJI RANSHAO YU PAIFANG KONGZHI

# 6110 型柴油机燃烧过程的优化试验研究(上)

李　骏[1],钱耀义[1],陆孝宽[2]
(1.吉林工业大学;2.长春汽车研究所)

**摘　要**:在对6110 型直喷式柴油机的进气道与燃烧室形状的改进设计基础上,通过优化试验,分析了涡流比、燃烧室形状及喷油嘴结构参数等因素对该机性能的影响。

**关键词**:柴油发动机;燃烧过程;优化;试验

## 1　引言

近十年来,柴油机的研究和发展,一直是以低燃油消耗量、低排污量和高比输出功率为目标的。未来柴油机发展中,燃油经济性仍占据着突出位置,降低排污,特别是减少微粒排放,仍为今后一段时间内的发展目标。毫无疑问,燃烧过程的不断完善,在实现上述目标中将起着第一位的作用。

影响直喷式柴油机燃烧过程的直接因素有进气系统、燃烧室形状和喷油系统。概括地说,对进气系统,要求其具有适当的涡流比和尽可能高的充气效率;对新的燃烧室形状,要求其能获得理想的空气运动场,以改善燃油和空气的混合;对喷油系统,要求其有合理的燃油喷射率和改善其喷雾质量,并使之与燃烧室有良好的配合。按照这些原则,只有不断完善每个系统,并使它们最佳地匹配,才能达到提高燃烧效率的目的。目前,尚不能通过计算来准确地预测性能及对进气系统、燃烧室形状及喷油系统匹配组合方案的选择,性能试验的方法仍是研究的唯一手段。因此,本文通过性能试验来探索6110 型柴油机进气道、燃烧室形状及其与喷油嘴的最佳匹配对柴油机的经济性、动力性及排烟量的影响。

## 2　试验方法及设备

为了减少试验工作量,并能反映出各因素对试验的影响,本文采用了正交设计方法来安排试验过程。该法主要针对一定的燃烧室形状,选择不同结构参数的喷油嘴,进行正交试验,以便确定各因素的优水平及其对发动机性能影响的主次顺序和最佳组合关系。

发动机的性能需要用多个指标来衡量。在这种多指标试验中,各个因素及其优水平对每次试验的发动机性能的各种指标的影响,往往是不同的。在分析试验结果时,必须统筹兼顾,寻找使各项指标都尽可能好的方案。为此,采用了综合评分法,根据各项指标的重要程度进行加权,将多指标转化成单一的综合指标后,再进行极差分析。综合评分的一般公式为:

$$Y_i^* = \sum C_K \cdot W_K Y_{iK} \qquad \text{式(1)}$$

式中:$Y_i^*$——第 $i$ 号试验的综合指标($i=1,2,3,\cdots$);

$C_K$——第 $K$ 项指标的缩减或放大系数(使各项试验指标具有大致相同的数量级)($K=1,2,3,\cdots$);

$W_K$——第 $K$ 项试验指标的权值;

刊登信息:《汽车技术》1989 年第7 期

$Y_{iK}$——第 $i$ 号试验的第 $K$ 项评价指标。

本文选择评价柴油机性能的指标及其权值为：

$Y_{1K}$——额定功率，$C_1=1$，$W_1=2$；

$Y_{2K}$——最大转矩，$C_2=1$，$W_2=2$；

$Y_{3K}$——总功率曲线最低燃油消耗率，$C_3=0.1$，$W_3=-2$；

$Y_{4K}$——额定功率点燃油消耗率，$C_4=0.1$，$W_4=-1$；

$Y_{5K}$——额定工况排气温度，$C_5=0.1$，$W_5=-1$。

在最初的筛选试验中，不考虑因素间的交互作用，而是在初步选定了最优组合之后再用试验加以验证。

以往的研究表明，对于一种特定的燃烧室结构和燃油喷射系统，存在着一个最佳涡流比。这一最佳涡流比是该燃烧系统自身的特征。

由于目前还不知道6110型柴油机的最佳涡流比值（而原有6110型柴油机进气道的涡流比为2.1，与里卡多推荐的值相比偏低），因此，作者通过对原有6110型柴油机进气道形状的改进，得到了涡流比 $R_s$ 为2.2、2.4与2.6的三种进气道的汽缸盖。试验均在6110型单缸柴油机上进行。

供油系统因素的选择，主要考虑燃油雾化及其与燃烧室形状的配合。油嘴孔数为5，而油嘴孔直径、喷雾夹角及安装油嘴时的垫片厚度，均有各种不同的选择。

试验中采用CB466型燃烧分析仪测取了总功率特性曲线上典型工况的示功图，并在WAX小型计算机上用自编程序计算了相应的放热速率。

## 3 ω型燃烧室优化试验结果及分析

ω型燃烧室是现行6110型柴油机采用的燃烧室。按表1所示正交表 $L_9(3^4)$ 的方案进行试验。总功率特性工况下典型试验点的燃油量控制及试验结果见表2。为了减少试验工作量，本文没有采用方差分析法，而是采取较直观、计算简便的极差分析法来处理正交试验的结果。

试验中虽存在各因素之间的交互作用，但试验结果仍能明显地反映出各因素的独立效应。表1中的极差分析表明，对6110型柴油机性能影响最大的因素是喷雾夹角，它决定了燃油在燃烧室中的几何分布。通常认为，应把燃油喷在燃烧室的凹坑内，否则顶隙区域对火焰的冷却效应会使燃烧恶化。试验中当喷雾夹角和油嘴垫厚度都加大时，会使发动机的性能下降。保证燃油喷入燃烧室凹坑内的145°喷雾夹角的喷油嘴，在所有组合试验中都没有取得良好的结果。这说明除了保证燃油喷入燃烧室凹坑内以外，还应考虑喷雾夹角下方的燃烧室容积 $V_u$ 与压缩容积 $V_t$ 之间的比值。据日本对车用柴油机的统计资料，统计点分布在 $V_u/V_t=50\%$ 的两侧。

表3给出了9次试验中 $V_u/V_t$ 和油线在燃烧室内壁上的几何落点距活塞顶平面的距离 $h$ 的计算值。用145°喷雾夹角的油嘴做试验时，$V_u/V_t$ 值均在50%以下，尽管用不同的涡流比、喷孔直径、油嘴垫片来调节，但试验指标均不理想，这表明 $V_u/V_t$ 值应大于50%。因此，对于一定的燃烧室结构与油嘴安装方式，燃油在燃烧室内的几何分布存在着最佳匹配形式。

图1给出了6110型柴油机的油嘴喷雾夹角 $\theta$ 和油嘴垫厚度 $L$ 改变时，$V_u/V_t$ 值与燃油落点高度 $h$ 的变化情况。由表3中的结果可知，当 $V_u/V_t=50\%\sim60\%$、落点高度 $h=5\sim7$mm时，发动机有较好的性能。这说明燃油在燃烧室内的最佳几何分布，在此范围之内，得到最佳性能的油嘴喷雾夹角在150°~160°之间，而155°喷雾夹角正处在最佳配合区内，因而柴油机获得较好的性能。

表 1　试验方案与试验结果分析表

| 试验号＼因素 | A<br>涡流比 | B<br>喷油嘴孔径(mm) | C<br>喷雾夹角(°) | D<br>喷油嘴垫厚度(mm) | $Y_i$ |
|---|---|---|---|---|---|
| 1 | (1)2.2 | (1)0.29 | (1)160 | (1)0.5 | 36.49 |
| 2 | (1)2.2 | (2)0.30 | (2)155 | (2)1.0 | 39.37 |
| 3 | (1)2.2 | (3)0.28 | (3)145 | (3)1.5 | 36.35 |
| 4 | (2)2.4 | (1)0.29 | (2)155 | (3)1.5 | 46.80 |
| 5 | (2)2.4 | (2)0.30 | (3)145 | (1)0.5 | 39.73 |
| 6 | (2)2.4 | (3)0.28 | (1)160 | (2)1.0 | 40.07 |
| 7 | (3)2.6 | (1)0.29 | (3)145 | (2)1.0 | 38.73 |
| 8 | (3)2.6 | (2)0.30 | (1)160 | (3)1.5 | 32.36 |
| 9 | (3)2.6 | (3)0.28 | (2)155 | (1)0.5 | 41.59 |
| $Y_{j1}$ | 112.20 | 122.01 | 108.93 | 117.81 | |
| $Y_{j2}$ | 126.60 | 111.48 | 127.77 | 118.17 | |
| $Y_{j3}$ | 112.68 | 118.02 | 114.81 | 115.50 | |
| $\overline{Y}_{j1}$ | 37.40 | 40.67 | 36.31 | 39.27 | |
| $\overline{Y}_{j2}$ | 42.20 | 37.16 | 42.59 | 39.39 | |
| $\overline{Y}_{j3}$ | 37.56 | 39.34 | 38.27 | 38.50 | |
| 极差 $R_j$ | 4.80 | 3.52 | 6.28 | 0.89 | |
| 优水平 | $A_2$ | $B_1$ | $C_2$ | $D_2$ | |
| 主次因素 | C,A,B,D | | | | |
| 最优组合 | $A_2$　$B_1$　$C_2$　$D_2$ | | | | |

表 2　试验条件与试验结果

| 试验号 | 供油量与工况 | | |
|---|---|---|---|
| | 额定功率点<br>(kg/h)/(r/min) | 最大转矩点<br>(kg/h)/(r/min) | 最低比油耗点<br>(kg/h)/(r/min) |
| 1 | 5.3/3000 | 3.1/1800 | 2.3/1400 |
| 2 | 5.3/3000 | 3.1/1800 | 2.2/1400 |
| 3 | 5.3/3000 | 3.1/1800 | 2.3/1400 |
| 4 | 5.3/3000 | 3.1/1800 | 2.3/1400 |
| 5 | 5.3/3000 | 3.1/1800 | 1.8/1200 |
| 6 | 5.3/3000 | 3.1/1800 | 2.4/1400 |
| 7 | 5.3/3000 | 3.1/1800 | 1.9/1200 |
| 8 | 5.3/3000 | 3.1/1800 | 2.4/1400 |
| 9 | 5.3/3000 | 3.1/1800 | 2.4/1400 |

续上表

| 试验号 | 有效性能指标 | | | | |
|---|---|---|---|---|---|
| | 额定功率(kW) | 最大转矩(N·m) | 最低比油耗[g/(kW·h)] | 额定点比油耗[g/(kW·h)] | 额定点排气温度(K)与烟度(波许) |
| 1 | 13.28 | 60.49 | 262.6 | 397.6 | 938/4.4 |
| 2 | 13.26 | 61.62 | 260.2 | 397.9 | 928/4.1 |
| 3 | 12.91 | 61.05 | 260.1 | 409.1 | 932/4.3 |
| 4 | 13.97 | 62.78 | 252.6 | 378.1 | 918/3.8 |
| 5 | 12.94 | 62.22 | 255.8 | 409.0 | 927/3.9 |
| 6 | 13.11 | 62.19 | 258.5 | 404.0 | 922/3.7 |
| 7 | 13.00 | 61.47 | 254.8 | 405.7 | 935/4.1 |
| 8 | 12.99 | 60.59 | 269.3 | 406.8 | 930/4.4 |
| 9 | 13.19 | 62.66 | 258.3 | 400.8 | 918/4.0 |



表3 燃油在燃烧室中的几何分布

| 试验号 | 1 | 2 | 3 | 4 | 5 | 6 | 7 | 8 | 9 |
|---|---|---|---|---|---|---|---|---|---|
| 垫厚(mm)/锥角(°) | 0.5/160 | 1.0/155 | 1.5/145 | 1.5/155 | 0.5/145 | 1.0/160 | 1.0/145 | 1.5/160 | 0.5/155 |
| $V_u/V_t$(%) | 55.1 | 53.5 | 48.3 | 55.3 | 44.7 | 56.9 | 46.5 | 58.7 | 51.7 |
| $h$(mm) | 6.1 | 6.9 | 9.0 | 6.4 | 10.0 | 5.6 | 9.5 | 5.1 | 7.4 |
| 综合指标 $Y_i^*$ | 36.49 | 39.37 | 36.35 | 46.80 | 39.73 | 40.07 | 38.73 | 32.36 | 41.59 |

目前尚缺少进一步试验来查明 $V_u/V_t$ 值过小时，发动机性能恶化的原因。但作者认为，可以用热混合理论来解释这一现象。由于涡流的作用，火焰在燃烧室凹坑内强烈地旋转，密度小的燃烧气体向燃烧室中心运动。对有空气涡流运动的燃烧过程进行的高速摄影表明，火焰是呈螺旋形向内运动的，因此封存在喷雾夹角下方的燃烧室中心部分的空气量对扩散燃烧过程中油气的混合过程产生直接影响。较少的封存空气量会使扩散燃烧过程放慢，因而恶化了燃烧品质。

喷油嘴孔径是影响喷雾粒度和喷雾贯穿率的重要因素。喷雾粒度可以用绍特平均直径 S. M. D. 来评价。根据里卡多公司的推荐，对于有进气涡流的、缸径为 90 ~ 250mm 的直喷式柴油机，为得到良好的混合和燃烧，计算 S. M. D. 应为 15 ~ 25μm，而在有涡流条件下获得最佳性能的燃油喷雾贯穿率应为 1.05。

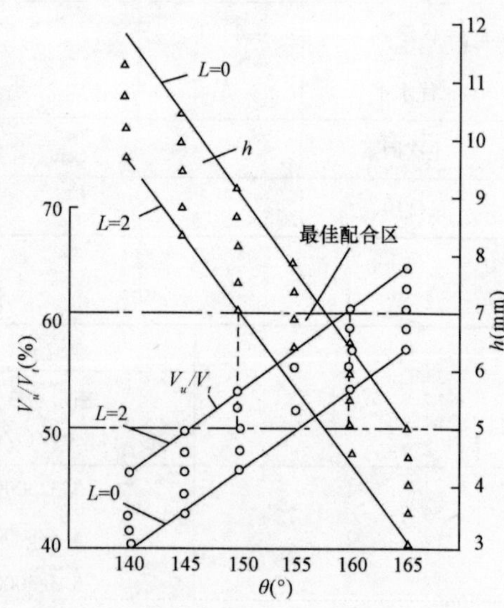


图1 θ 和 L 对燃油几何分布的影响

表4是涡流比为2.4时，计算喷雾贯穿率和 S. M. D. 值随喷油嘴孔径的变化情况。从表4中可看出，喷油嘴孔径为 0.29mm 的喷油嘴，具有比较合适的喷雾贯穿率，而目前试验中采用的所有喷油嘴的 S. M. D. 均偏大。如要使 S. M. D. 满足里卡多公司的推荐值，则应进一步提高现有 6110 型柴油机的喷射压力。

**表4 喷雾混合参数**

| 喷孔直径(mm) | 发动机转速(r/min) | 油嘴平均压降(MPa) | 喷雾贯穿率 | S. M. D.(μm) |
|---|---|---|---|---|
| 0.28 | 3000 | 40.53 | 1.077 | 25.35 |
| | 1800 | 31.48 | 1.149 | 27.19 |
| | 1400 | 25.18 | 1.161 | 27.93 |
| 0.29 | 3000 | 36.18 | 1.061 | 26.67 |
| | 1800 | 27.78 | 1.057 | 27.73 |
| | 1400 | 24.07 | 1.167 | 28.13 |
| 0.30 | 3000 | 32.03 | 1.039 | 27.17 |
| | 1800 | 24.27 | 1.082 | 28.34 |
| | 1400 | 23.06 | 1.036 | 28.82 |

为了弄清涡流强度的作用,采用了5孔、0.29mm×150°油嘴,在涡流比 $R_s$ 分别为2.2、2.4、2.6条件下,测量了各工况的示功图,并由此计算了放热率。表5给出了计算结果。图2、图3为三种涡流比对发动机性能的影响曲线。

从表5和图2、图3中看出,当涡流比低于某一最佳值时,整个发动机性能都恶化了。为了维持相应的着火始点和相同的最高爆发压力的出现相位,低涡流比时就需要提前喷油,因而使着火延迟期增大,并由此造成了压力升高率的增大。低涡流比还使扩散燃烧缓慢,从而使整个燃烧期拖长。

**表5 涡流比对燃烧过程的影响**

| 涡流比 $R_s$ | 转速(r/min) | 平均指示压力(MPa) | 指示比油耗[g/(kW·h)] | 喷油针阀升程 | | 燃烧始点(℃A) | 主要放热期(℃A) | 最大压力/相位(MPa)/(℃A) | 最高温度/相位(K)/(℃A) | 最大压力升高率/相位(MPa)/(℃A) | 排气温度/烟度(K)/(波许) | 预混合放热量/终点相位(%)/(℃A) | 扩散期放热量/终点相位(%)/(℃A) | 后燃量(%) |
|---|---|---|---|---|---|---|---|---|---|---|---|---|---|---|
| | | | | 始点(℃A*) | 持续期(℃A) | | | | | | | | | |
| 2.2 | 3000 | 0.92 | 197.0 | −15 | 25 | −3 | 69 | 7.91/8 | 2396/26 | 0.98/2 | 930/4.3 | 24.19/1.8 | 80.64/26 | 15.35 |
| | 1800 | 1.01 | 174.0 | −13 | 20 | −4 | 46 | 7.64/10 | 2280/26 | 0.81/0 | 790/3.5 | 22.58/1.0 | 87.90/26 | 8.09 |
| | 1400 | 0.96 | 177.5 | −13 | 15 | −2 | 51 | 7.36/8 | 3923/23 | 0.74/2 | 749/3.9 | 25.81/2.0 | 82.26/23 | 13.74 |
| 2.4 | 3000 | 0.95 | 190.0 | −14 | 25 | −3 | 54 | 7.93/8 | 2436/24 | 0.90/1 | 915/3.7 | 24.19/1.2 | 83.84/24 | 12.16 |
| | 1800 | 1.05 | 166.9 | −12 | 18 | −3 | 39 | 8.41/10 | 4439/24 | 0.69/1 | 757/2.1 | 20.96/0.9 | 88.70/24 | 7.29 |
| | 1400 | 0.99 | 173.7 | −12 | 15 | −4 | 41 | 7.40/9 | 2199/21 | 0.64/0 | 741/2.8 | 24.19/0.2 | 85.09/21 | 10.90 |
| 2.6 | 3000 | 0.93 | 191.7 | −15 | 26 | −3 | 61 | 7.80/8 | 2383/24 | 1.01/2 | 916/4.3 | 22.58/1.5 | 82.61/24 | 13.35 |
| | 1800 | 1.04 | 167.8 | −12 | 18 | −3 | 44 | 8.04/10 | 2333/25 | 0.70/1 | 763/1.3 | 20.16/1.3 | 88.20/25 | 7.80 |
| | 1400 | 1.01 | 172.2 | −13 | 19 | −3 | 39 | 8.00/10 | 2233/21 | 0.62/0 | 738/2.1 | 25.00/0.9 | 88.70/21 | 7.29 |

注*:℃A——曲柄转角(°)。

涡流比对喷雾过程参数影响的计算结果见表6。低涡流比时，燃油喷雾束不能有效弯曲，因而空气卷入量减少，降低空间雾化混合速度。此外，此时喷雾着壁时的径向速度较大，燃油反弹后堆集在燃烧室壁面上。同时，由于喷雾顶端的横向气流速度较小，因此这些油粒不能及时扩散，而是沉积在燃烧室壁面上，形成较厚的液态油膜。由于壁面温度较低，油膜表面积较小，油膜较厚，所以使油膜蒸发的速率，比空间雾化油滴的蒸发速率低，因此这种油膜将在最后蒸发完毕。由于上述两方面的原因，使低涡流时混合气形成的速度降低，着火后低旋流又不能推动已燃气体从着火点向下游扩散，后续喷雾进入已燃区时，造成局部空气不足，混合速率进一步下降，造成扩散燃烧延缓，后燃增加，燃烧不完全。此时，燃油蒸气将分解成未燃烃和不完全氧化物及炭烟。

表6　涡流比对喷雾的影响

| 涡流比 $R_s$ | 曲轴转速（r/min） | 着火时喷雾贯穿率 | 着壁时喷雾顶端偏移（mm） | 着壁时喷雾顶端贯穿轨迹长（mm） | 着壁时喷雾顶端径向速度（m/s） | 着壁时喷雾顶端切向速度（m/s） | 着壁时喷雾顶端横向气流速度（m/s） |
|---|---|---|---|---|---|---|---|
| 2.2 | 3000 | 1.072 | 4.46 | 31.27 | 32.71 | 11.02 | 26.21 |
| 2.4 | 3000 | 1.061 | 6.57 | 32.15 | 31.03 | 13.28 | 26.92 |
| 2.6 | 3000 | 1.053 | 7.48 | 33.09 | 29.64 | 16.01 | 27.99 |

由在试验中对低涡流时拍摄的燃烧痕迹照片得知，此时在燃烧室壁面上的各个燃烧痕迹相互分离，并正好处于喷雾的几何落点上。这说明低涡流时燃油喷雾束几乎不偏斜，各燃烧痕迹呈圆形，表明油雾在壁面处有对称反弹与堆集的现象发生，看不出有向旋流下游燃烧的任何痕迹。迹点外灰白，内灰黑，层次分明，说明有较多的燃油着壁，而且燃烧由外向内，有火焰包围雾束的迹象。试验基本上证明了前面对低涡流情况下油气混合及燃烧过程的分析。

高涡流比时，涡流的作用使柴油机在高转速时性能恶化，而在低转速时又提高了柴油机的性能（见图2与图3）。图4与图5分别是涡流比为2.4和2.6时的负荷特性。由图可知，在低速大负荷工况下，高涡流比时柴油机具有更低的燃油消耗率。因此，对于直喷式柴油机来说，最佳涡流比随发动机转速的变化具有不同的数值，在高速时需要低涡流比，而在低速时需要高涡流比。

作者认为，强涡流使高速时发动机性能恶化的主要原因是，强涡流使来自上游的燃油喷雾的油粒或燃烧产物与相邻的下游喷雾相干扰，造成着火前的上游喷雾前缘与下游喷雾的后缘部分重叠，使混合恶化；或者是燃烧过程中上游的燃烧产物包围下游喷雾后缘，使扩散燃烧速度减慢。

从涡流比为2.6时拍摄到的燃烧痕迹的照片中看出，它与低涡流时完全不同，其燃烧痕迹黑白相间，充满整个燃烧室壁面。黑色部分是喷雾的芯部，灰白色部分是燃烧激烈进行的部位。白色痕迹与它上游的相邻黑色痕迹有一段相分离，而与下游的相邻黑色痕迹则靠得很近，而且有渗透的痕迹。因此可推测出这是由于强旋流将上游燃烧的火焰推向下游喷雾后缘造成的。这些来自上游的火焰向下游喷雾内渗入燃烧，但是由于该部位是富油区，空气不足，因而使燃烧不完全，生成炭烟，留下了黑色的燃烧痕迹。

上述优化试验表明，6110型柴油机的最佳涡流比为2.4左右，这与里卡多公司推荐的现代货车柴油机的最佳涡流比为2.5的结论相近。

采用表1中的最优组合方案后，使6110型柴油机的性能得到了很大的提高。图6～图8分别为在6110型柴油单缸机上测得的改进前后的负荷特性曲线及总功率特性。表7给出了改进前后6110型柴油单缸机的主要性能指标。

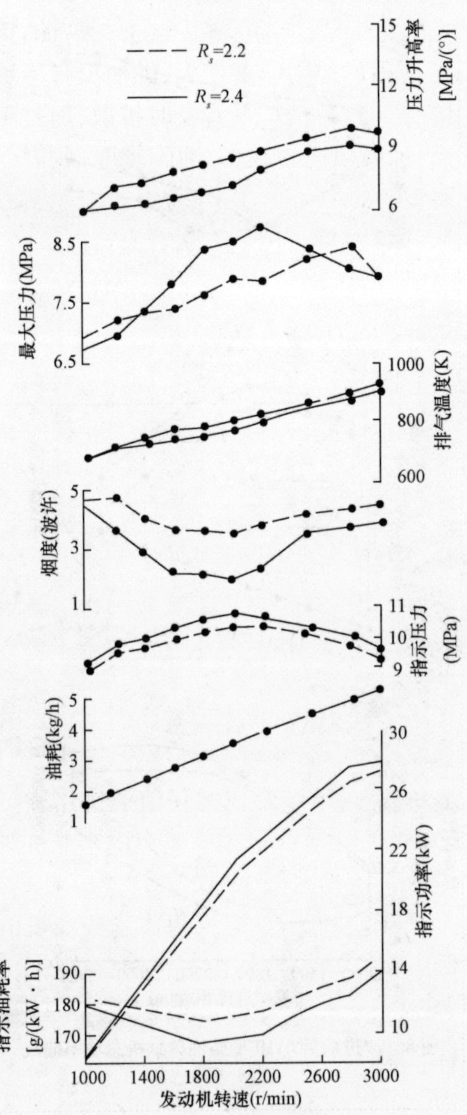


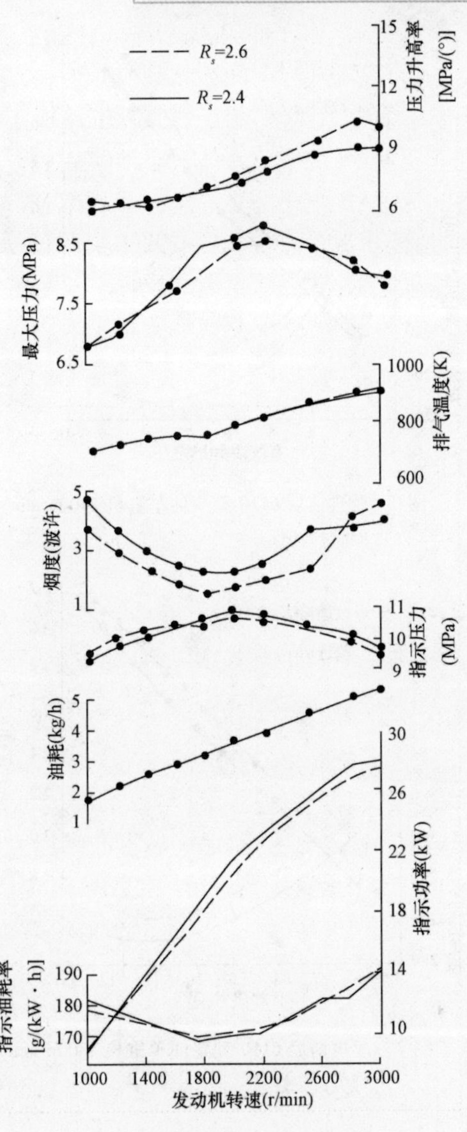


图 2　涡流比对发动机性能的影响(一)

图 3　涡流比对发动机性能的影响(二)

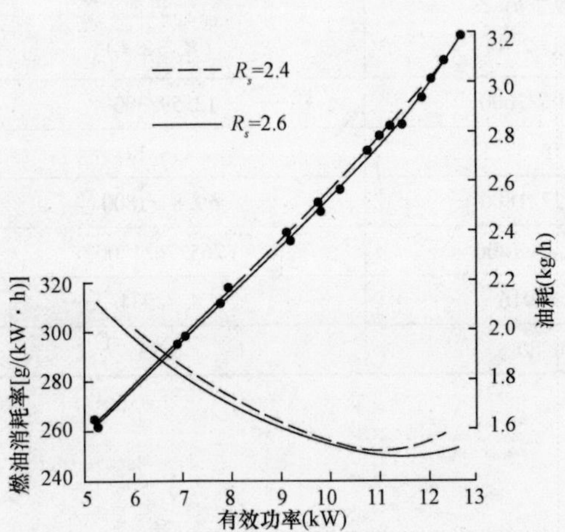


图 4　6110 型柴油单缸机 1800r/min 负荷特性

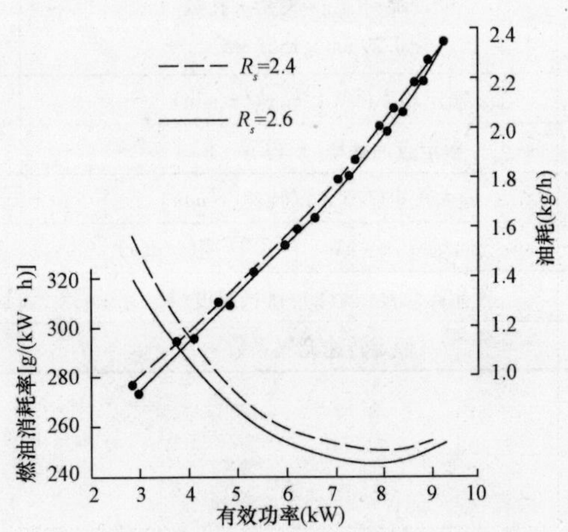


图 5　6110 型柴油单缸机 1400r/min 负荷特性

第三部分

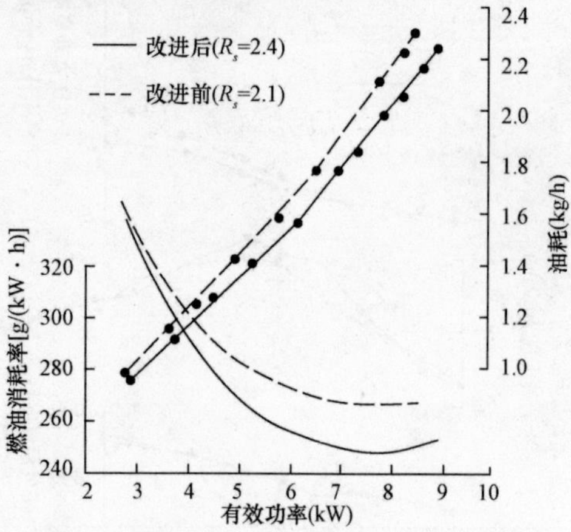


图 6　改进前后 6110 型柴油单缸机 1400r/min 时负荷特性

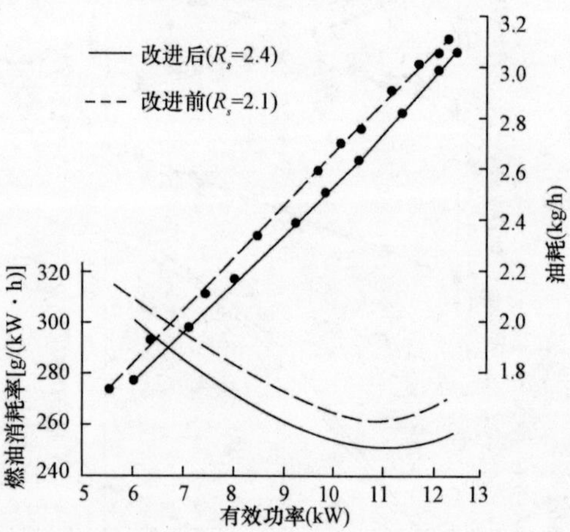


图 7　改进前后 6110 型柴油单缸机 1800r/min 时负荷特性

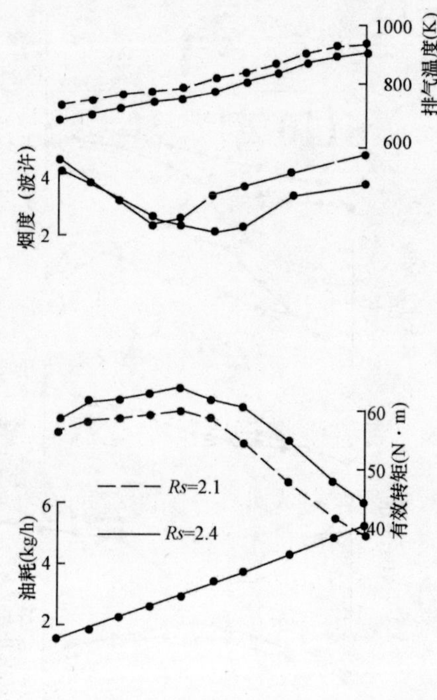


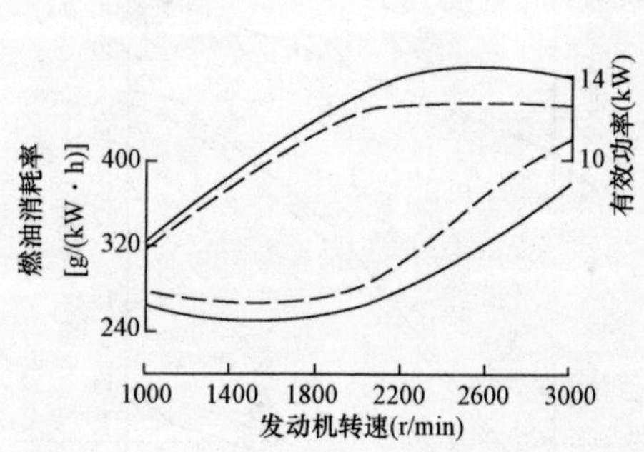


图 8　改进前后 6110 型柴油单缸机总功率曲线

**表 7　改进前后 6110 型柴油单缸机性能**

| 喷油嘴:孔径×夹角×孔数<br>$\phi$0.29mm×155°×5 | 改进后<br>($R_s$=2.4) | 改进前<br>($R_s$=2.1) |
|---|---|---|
| 额定功率(kW)/转速(r/min) | 14.06/3000 | 12.59/3000 |
| 额定点油耗率[g/(kW·h)] | 375.54 | 416.17 |
| 最大转矩(N·m)/转速(r/min) | 63.77/1800 | 59.84/1800 |
| 最低油耗率[g/(kW·h)]/转速(r/min) | 253.80/1400 | 265.76/1200 |
| 额定点烟度(波许)/排气温度(K) | 3.8/916 | 4.7/934 |
| 额定转速充气系数 | 0.80 | 0.73 |

# 6110型柴油机燃烧过程的优化试验研究(下)

李　骏[1],钱耀义[1],陆孝宽[2]
(1.吉林工业大学;2.长春汽车研究所)

## 4　紊流型燃烧室的优化试验结果与分析

近年来人们认识到除了宏观进气涡流外,燃烧室内的紊流对混合和燃烧过程也有很大影响。目前在直喷式柴油机上产生紊流的方法有两种,即进气道产生紊流和燃烧室产生紊流法。后者是利用燃烧室壁面形状的变化,人为地造成局部扰动,使规则流动分解成小尺度涡流。图9是作者设计的紊流型燃烧室示意图。它具有一定的缩口率,内壁上的凹坑起组织宏观涡流和提高燃烧室内紊流强度的作用,它们的个数与燃油喷注个数相匹配,从而为每一喷注开辟近似相同的燃烧空间。这要求每个凹坑的位置要与动态下的喷注落点位置一致,因此需要经过多次试验来确定。

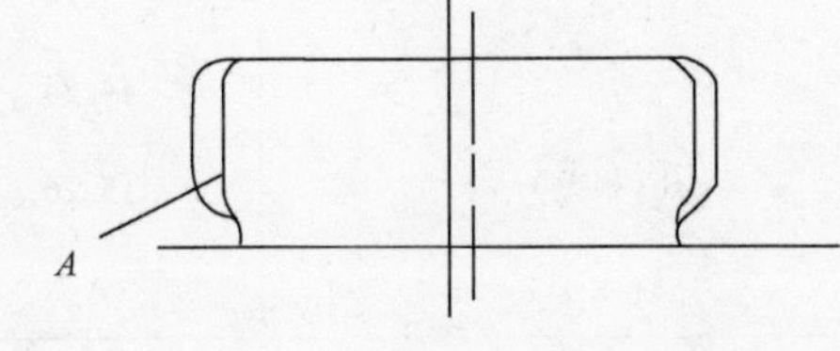


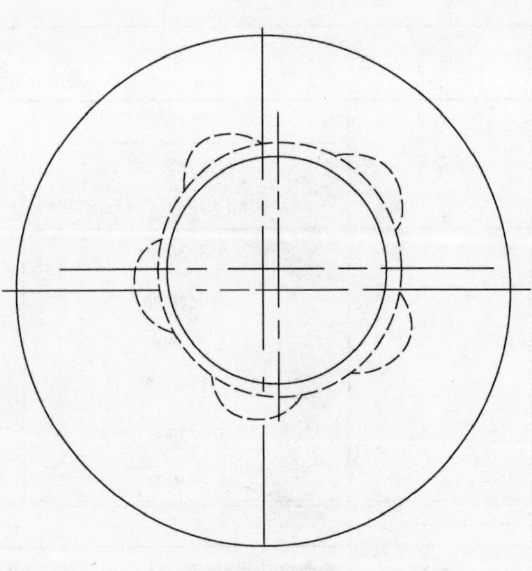

图9　紊流型燃烧室

为了弄清紊流型燃烧室对喷油和进气涡流强度的匹配要求,作者进行了追加正交试验。试验方案及综合结果分析见表8与表9。

表中极差分析表明喷油嘴孔径对发动机性能的影响很小,这表明紊流燃烧室对燃油雾化的要求降低了,而燃烧室内的特殊形式的流动(即涡流、挤流及凹坑内的微涡流)的综合作用,则对混合和燃烧过程起主要作用,使发动机的黑烟排放量大大减小。

喷雾夹角与喷油嘴垫厚度的极差均较大(见表8),说明喷注在燃烧室内的油雾几何分布对紊流型燃烧室的性能有更大的影响。紊流型燃烧室的中央没有突起,因此相对于某一喷雾夹角的油嘴与ω型燃烧室相比,喷雾夹角下方的容积增加了。但是,尽管如此,小的喷雾夹角仍没有取得好的结果,而最佳性能是在较大的喷雾夹角和较大的喷油嘴垫厚度条件下取得的。此时燃油喷注落点位于凹坑中间偏上,即约在图9的$A$处,因为$A$处具有较强的局部气流扰动和较高的壁面温度,所以对混合和着火有利。

刊登信息:《汽车技术》1989年第8期

**表8　紊流燃烧室优化试验方案及结果分析**

| 试验号 \ 因素 | | A<br>喷雾夹角<br>(°) | B<br>喷油嘴孔直径<br>(mm) | C<br>喷油嘴垫厚度<br>(mm) | $y_i^*$ |
|---|---|---|---|---|---|
| 基本次数 | 1 | (1)145 | (1)0.29 | (1)0.5 | 24.97 |
| | 2 | (1)145 | (2)0.30 | (2)1.5 | 34.19 |
| | 3 | (2)155 | (1)0.29 | (2)1.5 | 46.28 |
| | 4 | (2)155 | (2)0.30 | (1)0.5 | 41.99 |
| 追加 | 5 | (3)160 | (1)0.29 | (1)0.5 | 41.73 |
| | 6 | (3)160 | (2)0.30 | (2)1.5 | 47.94 |
| $\overline{y}_{j1}$ | | 29.58 | 39.82 | 37.67 | |
| $\overline{y}_{j2}$ | | 44.13 | 41.53 | 43.67 | |
| $\overline{y}_{j3}$ | | 44.84 | — | — | |
| $R_j$(极差) | | 15.26 | 1.71 | 6 | |
| 优水平 | | $A_3$ | $B_2$ | $C_2$ | |
| 主次因素 | | A,C,B | | | |
| 最优组合 | | $A_3B_2C_2$ | | | |

**表9　试验条件与试验结果**

| 试验号 | 供油量与工况<br>额定功率点<br>(kg/h)/(r/min) | 最大转矩点<br>(kg/h)/(r/min) | 最低油耗<br>(kg/h)/(r/min) |
|---|---|---|---|
| 1 | 5.3/3000 | 3.1/1800 | 1.9/1200 |
| 2 | 5.3/3000 | 3.1/1800 | 1.7/1200 |
| 3 | 5.3/3000 | 3.1/1800 | 2.0/1200 |
| 4 | 5.3/3000 | 3.1/1800 | 2.3/1400 |
| 5 | 5.3/3000 | 3.1/1800 | 1.9/1200 |
| 6 | 5.3/3000 | 3.1/1800 | 1.9/1200 |

| 试验号 | 有效性能指标<br>额定功率/烟度<br>(kW)/(波许) | 最大转矩/烟度<br>(N·m)/(波许) | 最低燃油消耗率/烟度<br>[g/(kW·h)]/(波许) | 额定点燃油消耗率<br>[g/(kW·h)] | 额定点排气温度<br>(K) |
|---|---|---|---|---|---|
| 1 | 11.9/4.5 | 59.4/3.6 | 272.7/4.3 | 445.3 | 928 |
| 2 | 13.2/4.1 | 59.4/2.8 | 260.2/3.5 | 403.5 | 925 |
| 3 | 13.9/3.0 | 63.4/1.4 | 260.0/4.2 | 380.4 | 912 |
| 4 | 13.9/3.4 | 61.7/2.2 | 260.7/2.7 | 383.3 | 937 |
| 5 | 13.7/2.8 | 61.1/1.6 | 254.4/2.6 | 387.1 | 914 |
| 6 | 14.0/2.9 | 63.4/1.4 | 254.8/2.4 | 376.8 | 911 |

为了考察涡流比对紊流型燃烧室的影响，分别在涡流比为2.2、2.4、2.6的条件下测量了发动机总功率特性时各点的示功图。总功率特性曲线如图10、图11所示。由图可知，最佳涡流比为2.4，此时波许烟度值低于3。

表10给出了紊流型燃烧室燃烧过程的特性参数。与表5相比，紊流型燃烧室使燃烧过程的主要放热期缩短了，这是该燃烧室能提高发动机性能、大大减少黑烟排放的主要原因。

由表10中可看出，紊流型燃烧室的瞬时压力升高率较大，这是因为微涡流的作用使着火落后期内的可燃混合气量增加了。为了降低压力升高率，采用了推迟喷油的方法。图12是涡流比 $R_s$ 为2.4时，在额定工况下喷油提前角从上止点前14°（曲轴转角）减小到10°时发动机性能变化情况。此时，压力升高率降低了28%，指示油耗率仅增加1.3%，烟度也略有增加。因此，可以通过推迟喷油来控制压力升高率。

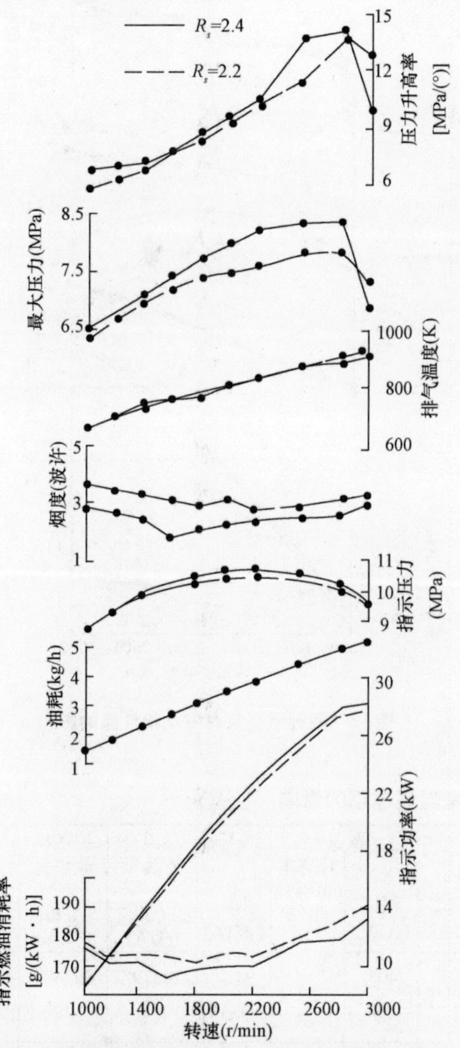


图10 紊流型燃烧室发动机总功率特性曲线（一）

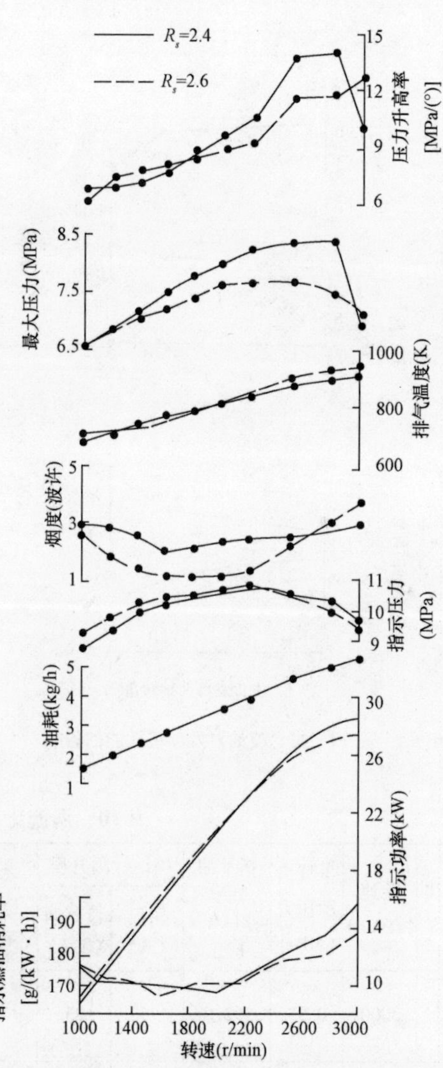


图11 紊流型燃烧室发动机总功率特性曲线（二）

图13给出了涡流比为2.4时紊流型燃烧室与原机ω型燃烧室的发动机性能对比曲线。由图可知，紊流型燃烧室的性能优于ω型燃烧室，特别是大大地降低了黑烟排放量。

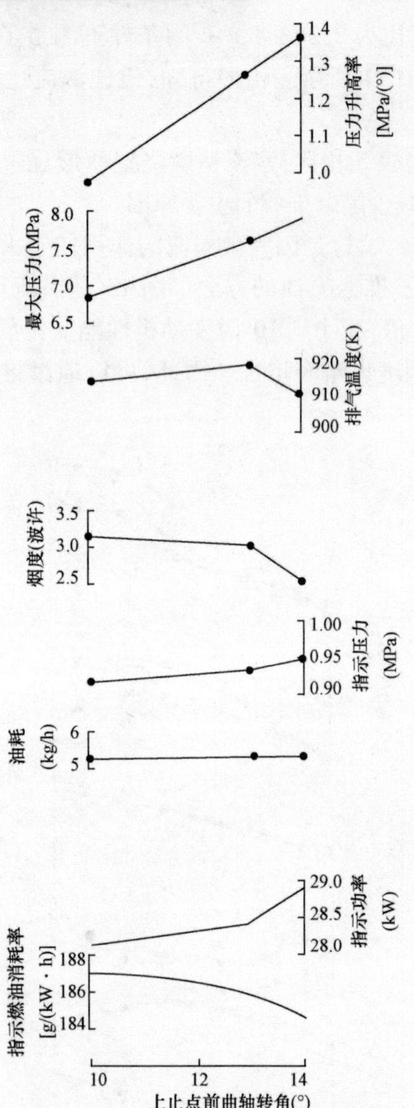


图 12　推迟喷油对发动机性能的影响

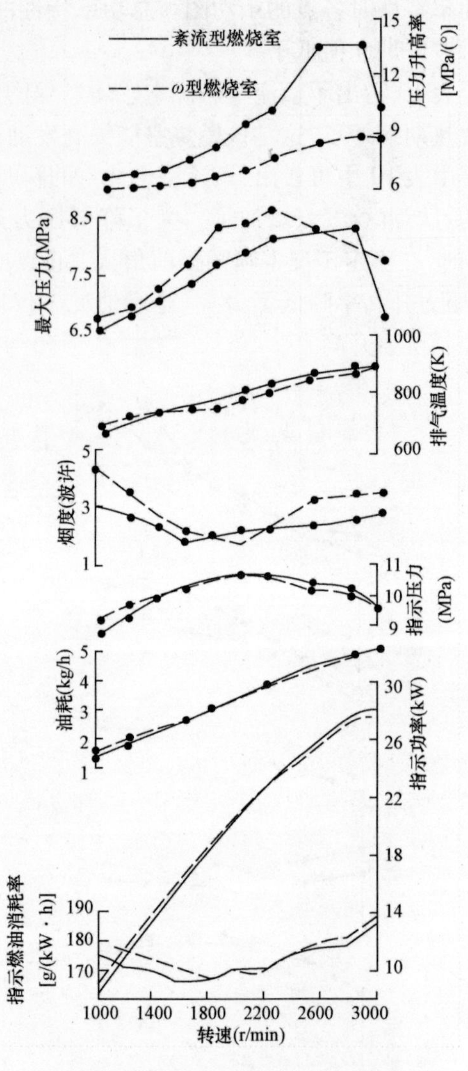


图 13　两种燃烧室对发动机性能的影响

**表 10　涡流比对紊流型燃烧室燃烧过程的影响**

| 涡流比 $R_s$ | 转速 (r/min) | 平均指示压力 (MPa) | 指示油耗率 [g/(kW·h)] | 喷油针阀升程 始点 (℃A*) | 喷油针阀升程 持续期 (℃A) | 燃烧始点 (℃A) | 主要放热期 (℃A) | 最大压力 (MPa)/相位 (℃A) | 最高温度 (K)/相位 (℃A) | 最大压力升高率 (MPa)/相位 (℃A) | 排气温度 (K)/烟度 (波许) | 预混合放热量 (%)/终点相位 (℃A) | 扩散期放热量 (%)/终点相位 (℃A) | 后燃量 (%) |
|---|---|---|---|---|---|---|---|---|---|---|---|---|---|---|
| 2.2 | 3000 | 0.95 | 192.0 | -12 | 23 | 0 | 52 | 7.33/8 | 2404/28 | 1.29/4 | 941/3.3 | 20.79/2.6 | 85.48/28 | 10.52 |
| | 1800 | 1.03 | 171.5 | -12 | 19 | -3 | 44 | 7.45/9 | 2298/27 | 0.85/1 | 771/3.0 | 25.81/1.8 | 88.71/27 | 7.29 |
| | 1400 | 0.99 | 174.1 | -13 | 19 | -4 | 47 | 6.98/8 | 2158/26 | 0.68/-1 | 755/3.3 | 20.97/0 | 88.71/26 | 7.29 |
| 2.4 | 3000 | 0.97 | 186.8 | -13 | 23 | -2 | 46 | 7.69/7 | 2191/25 | 1.27/3 | 915/3.0 | 24.29/1.7 | 87.09/25 | 8.90 |

续上表

| 涡流比 $R_s$ | 转速(r/min) | 平均指示压力(MPa) | 指示油耗率[g/(kW·h)] | 喷油针阀升程 | | 燃烧始点(℃A) | 主要放热期(℃A) | 最大压力(MPa)/相位(℃A) | 最高温度(K)/相位(℃A) | 最大压力升高率(MPa)/相位(℃A) | 排气温度(K)/烟度(波许) | 预混合放热量(%)/终点相位(℃A) | 扩散期放热量(%)/终点相位(℃A) | 后燃量(%) |
|---|---|---|---|---|---|---|---|---|---|---|---|---|---|---|
| | | | | 始点(℃A*) | 持续期(℃A) | | | | | | | | | |
| 2.4 | 1800 | 1.06 | 166.5 | −12 | 18 | −2 | 39 | 7.80/10 | 2387/26 | 0.85/1 | 781/2.1 | 11.29/0.4 | 89.5/26 | 6.48 |
| | 1400 | 0.99 | 170.6 | −11 | 17 | −3 | 40 | 7.88/9 | 2189/26 | 0.72/3 | 733/2.5 | 22.58/2.7 | 88.7/26 | 7.29 |
| 2.6 | 3000 | 0.93 | 196.4 | −14 | 25 | 0 | 59 | 7.13/10 | 2381/28 | 1.26/4 | 947/3.7 | 29.84/2.5 | 83.06/28 | 12.94 |
| | 1800 | 1.05 | 167.9 | −12 | 18 | −2 | 45 | 7.40/10 | 2387/27 | 0.84/2 | 773/1.0 | 19.35/1.8 | 87.90/27 | 8.10 |
| | 1400 | 1.00 | 169.6 | −11 | 19 | −2 | 40 | 7.03/10 | 2253/26 | 0.77/2 | 722/1.4 | 20.97/2.7 | 89.5/26 | 6.84 |

*:℃A——曲柄转角(°)。

## 5 结论

(1)多因素、不同水平下的正交试验结果表明,喷注在燃烧室空间内的燃油几何分布,对直喷式柴油机燃烧过程起关键性作用,而理想的燃油分布需要通过大量的试验来获得。

(2)对于不同的燃烧室形式,存在着不同的最佳涡流比。现行6110型柴油机的最佳涡流比为2.4~2.5。强涡流使低速工况下的发动机性能得到提高,黑烟排放量减少,但在高转速时强涡流又使发动机性能恶化。

(3)进气道对直喷式柴油机的性能有较大影响。改进进气道后,使现行6110型单缸柴油机的最低油耗率降低了4.5%,额定工况下有效功率提高11.7%,油耗率降低9.8%,烟度由4.7降到3.8波许单位;最大转矩增加6.6%。

(4)燃烧室形状对直喷式柴油机性能有很大影响。本文中设计的室壁上带有5个凹坑的紊流型燃烧室,在燃烧室内产生有利于混合和燃烧的气流运动,并为每一喷注的燃油开辟近似相同的燃烧空间和燃烧条件。试验表明,该种燃烧室可提高发动机的性能,并明显地降低黑烟排放量。

# 燃油系统参数对直喷式柴油机性能和排放的影响

宫长明[1],刘巽俊[1],谭满志[1],李　骏[2],王恩宇[2]
(1. 吉林工业大学;2. 长春汽车研究所)

**摘　要:**本文针对自然吸气式车用6110型直喷柴油机,研究了喷油压力、喷油嘴类型、喷油嘴孔径和喷油嘴孔数对直喷柴油机的性能和排放的影响。试验结果表明,提高喷油压力、采用VCO多孔数小孔径喷油嘴更有利于6110型柴油机在动力性、经济性不恶化情况下满足欧洲Ⅰ排放法规。

**关键词:**直喷式柴油机;燃油系统;废气;排放



## 前言

我国的载重车用柴油机由于原设计时只注重动力性、经济性,没有考虑排放性,所以排放控制已成为柴油机发展的最大问题。尤其是2001年7月以后,要达到欧Ⅰ排放限值标准,这对我国载重车用直喷式柴油机将是一巨大挑战。为达到上述目标,应主要从提高喷油压力、改善燃烧室形状入手,以达到燃油系统、进气系统和燃烧室的综合优化匹配,实现机内净化。

柴油机的喷油过程对发动机的各项性能指标有重要影响,因此要控制燃烧过程就必须首先改善和控制喷油过程[1]。提高喷油压力,重新进行燃油系统匹配,是发展的必然趋势。国外在这方面进行了很多细致的研究工作[2-4],国内由于受高压喷油设备的限制只进行了一些初步的工作[5,6]。

本文针对国产6110型自然吸气直喷式柴油机,采用日本ZEXEL公司生产的AD、MD型高压喷油泵研究提高喷油压力及改变喷油嘴类型、喷油嘴孔数和孔径等对柴油机性能和排放影响的基本规律,为进一步控制排放寻找有效途径,也为进行全面的油、气、室综合优化匹配,满足排放法规奠定良好的基础。

## 1　试验设备和测试方法

试验是在6110型柴油机上进行的,其主要参数见表1。

**表1　柴油机主要参数**

| 缸径(mm)×冲程(mm) | 工作容积(L) | 压缩比 | 燃烧室 | 标定功率(kW) | 标定转速(r/min) |
|---|---|---|---|---|---|
| 110×125 | 7.127 | 17:1 | 缩口ω型 | 125 | 2900 |

试验中采用的AD和MD型喷油泵,其主要参数见表2。

**表2　两种喷油泵的主要参数**

| 形　式 | 柱塞直径(mm) | 柱塞升程(mm) | 凸轮型线 | 出油阀类型 | 许用泵端压力(MPa) |
|---|---|---|---|---|---|
| AD | 10.5 | 10 | 切线 | 等容 | 68 |
| MD | 10.5 | 11 | 凹圆弧 | 等压 | 75 |

排放试验按ECE R49 13工况循环进行。有害废气排放用日本HORIBA MEXA8220D型汽车排

刊登信息:《农业机械学报》1999年(第30卷)第5期

气分析仪测量。微粒(PM)排放按$\rho_{PM}$与$\rho_{DS}$和$\rho_{HC}$关系计算得到[7]。其中,$\rho_{PM}$为每一工况的微粒质量排放量;$\rho_{DS}$为每一工况的干炭烟质量排放量,其值由$S_F$换算得到;$\rho_{HC}$为每一工况的碳氢质量排放量。

## 2 试验结果与分析

### 2.1 喷油压力对柴油机性能和排放的影响

图1是喷油压力对柴油机性能、喷油特性和燃烧特性参数的影响。可以看出,提高喷油压力后,燃油消耗率$b$和排气烟度$S_F$均有不同程度的降低,尤其是排气烟度降低较多。这还可从图2的两种喷油泵的汽缸压力、放热量随曲轴转角的变化关系中看出。使用MD泵,其放热率第一峰值降低,这有利于降低燃烧温度,使$NO_x$排放减少;同时其第二峰值又比AD泵高,这有利于缩短扩散燃烧期,促进炭烟的氧化,有利于降低排气烟度和微粒排放。

提高喷油压力的另一个显著特点就是最大压力升高率$\left(\frac{dp}{d\varphi}\right)_{max}$明显降低,这有利于降低柴油机的燃烧噪声。

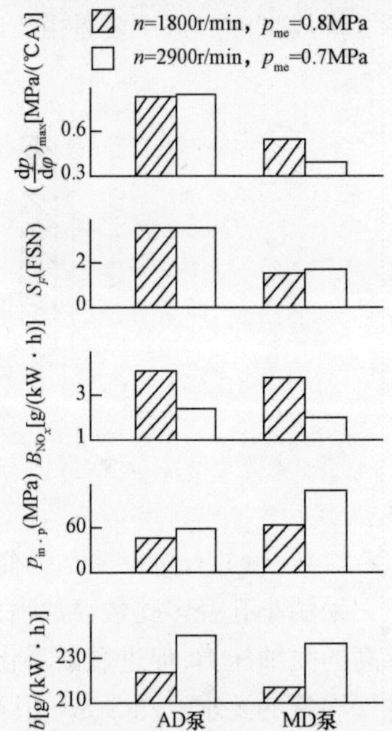


图1 喷油压力对柴油机性能、喷油特性和燃烧特性参数的影响
$p_{in·p}$-峰值喷油压力;$\theta_{fj}$-喷油提前角;AD泵-0.29mm×5×155°标准喷油嘴,$\theta_{fj}$=11°CA;MD泵-0.26mm×5×155° VCO喷油嘴,$\theta_{fj}$=10°CA

### 2.2 喷油嘴类型对柴油机性能和排放的影响

图3给出了喷油嘴类型对柴油机性能和HC排放的影响。从图中可以看出使用针阀座面关闭喷孔的VCO喷油嘴可使其喷油压力有较大的提高,获得较好的经济性指标,同时可使HC排放有一个较大幅度的降低。这主要是因为VCO喷油嘴基本上无压力室容积,所以有利于喷油压力的提高和HC排放的降低。

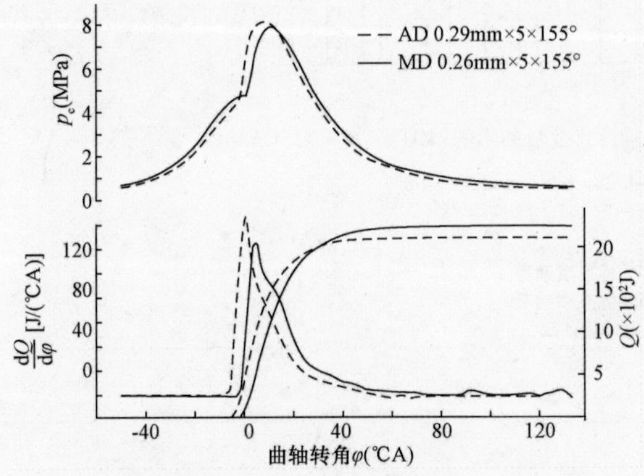


图2 两种喷油泵的汽缸压力和放热量随曲轴转角的变化关系
$n$=1800r/min,$p_{me}$=100%
AD泵:$\theta_{fj}$=11°CA;MD泵:$\theta_{fj}$=10°CA

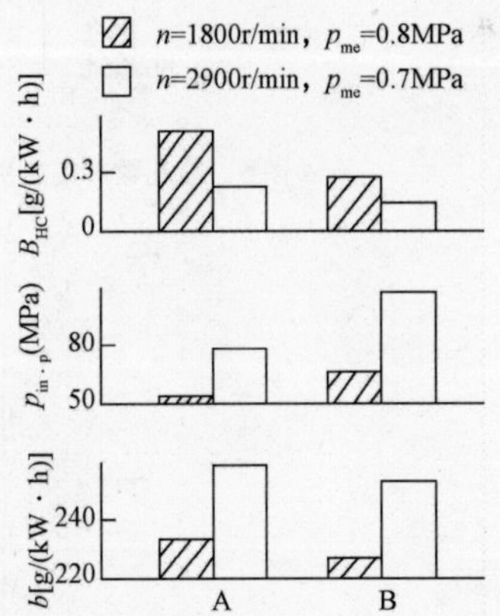


图3 喷油嘴类型对柴油机性能和HC排放的影响 MD泵:$\theta_{fj}$=9°CA
A:0.27mm×5×155° 标准喷油嘴;B:0.27mm×5×155° VCO喷油嘴

### 2.3 喷孔直径对柴油机性能和排放的影响

柴油机采用更高压力的喷油泵只能表明泵的抗压承载能力提高,而要在实际使用中建立起高的喷油压力,必须减少喷孔总面积。而喷孔总面积与喷孔直径和喷孔数有直接关系。图4是喷孔直径对柴油机性能和13工况加权平均比排放量的影响。可以看出,缩小喷孔直径有利于改善CO排放,



第三部分

降低排放烟度。这主要是由于喷孔直径减小,可提高喷油压力,改善油气混合条件,实现完全燃烧。

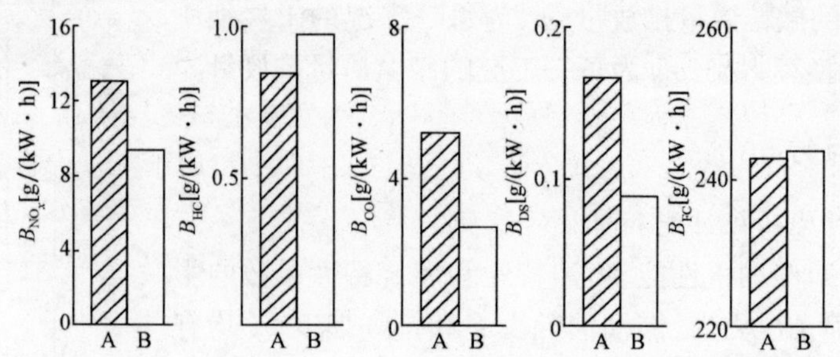


图 4　喷孔直径对柴油机性能和 13 工况加权平均比排放量的影响(MD 泵,$\theta_{fj}=9°CA$)

A-0.25mm×6×155° 标准;B-0.24mm×6×155° 标准

## 2.4　喷孔数对柴油机性能和排放的影响

采用小孔径多孔数喷油嘴是目前直喷式柴油机的一个发展方向,这样一方面可以保证建立起足够高的喷油压力,促进燃油雾化和燃烧,另一方面也可使燃油更均匀地充满整个燃烧室空间,降低对进气涡流的要求。图 5 是喷孔数对柴油机性能和 13 工况加权平均比排放量的影响。可以看出,增加喷孔数可使 CO 排放和 PM 排放有较明显下降,尤其在全负荷工况点,由于其喷油压力提高较大,改善效果更明显,将特别有利于按 ECE R49 13 工况进行排放控制。在使用 AD 泵时增加喷孔数、减小喷孔直径也可获得较满意的效果(见图 6)。

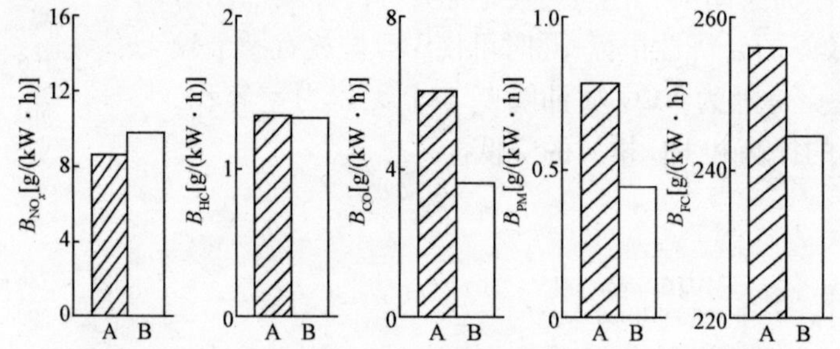


图 5　喷孔数对柴油机性能和 13 工况加权平均比排放量的影响(MD 泵,$\theta_{fj}=11°CA$)

A-0.27mm×5×155° 标准;B-0.24mm×6×155° 标准

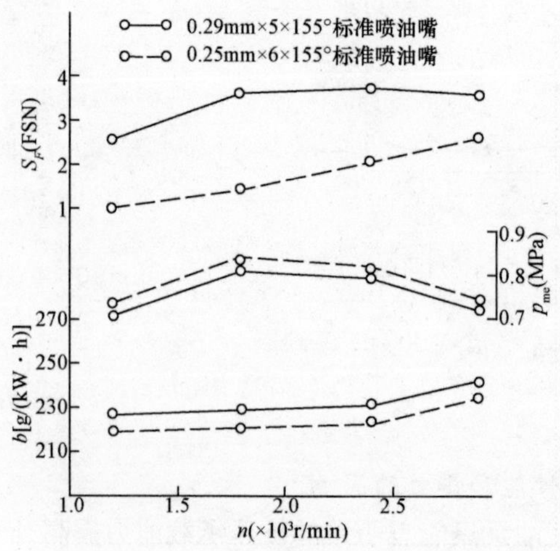


图 6　喷孔数对柴油机性能的影响(AD 泵,$\theta_{fj}=10°CA$)

## 3 结论

(1)提高喷油压力是改善直喷式柴油机动力性、经济性,降低微粒排放的一项有效措施。

(2)提高喷油压力可较明显地降低最大压力升高率,使发动机工作柔和,降低燃烧噪声。

(3)采用 VCO 多孔数小孔径喷油嘴更有利于 6110 型柴油机改善其动力性、经济性,降低有害排放,特别是 CO 排放和 PM 排放。

## 参考文献

[1] 何学良,李疏松.内燃机燃烧学[M].北京:机械工业出版社, 1990.

[2] Gerhard Stumpp. Fuel injection equipment for heavy duty diesel engine for U. S. 1991/1994 emission limits[C]// SAE Paper 890851, 1989.

[3] Pierpont D A, et al. Effects of injection pressure and nozzle geometry on D. I. diesel emissions and performance[C]// SAE Paper 950604, 1995.

[4] Yoshinaka Takada, et al. Diesel combustion improvement and emission reduction using VCO nozzle with high pressure fuel injectioin[C]// SAE Paper 940899, 1994.

[5] 李理光.高压喷射柴油机喷射特性的研究[D].天津:天津大学博士学位论文, 1992.

[6] 宫长明,刘巽俊,等.降低车用直喷式柴油机有害排放污染物的试验研究[J].汽车工程, 1997, 19(6):363-369.

[7] 宫长明,刘巽俊,等.车用直喷柴油机微粒排放与排气烟度和碳氢排放的关系[J].内燃机学报, 1997,15(4): 424-429.

## Effects of Fuel System Parameters on Performance and Exhaust Emission of Direct Injection Diesel Engine

Gong Changming[1], Liu Xunjun[1], Tan Manzhi[1], Li Jun[2], Wang Enyu[2]

(1. Jilin University of Technology; 2. Changchun Automotive Research Institute)

**Abstract**: The effects of injection pressure, injection nozzle type and diameter and number of injection nozzle holes on performance and exhaust emissions of a naturally aspirated, automotive and direct injection diesel engine 6110 were studied. However, the sufficient fuel injection pressure can only be set up by the strong enough pressure source (injection pump) and small enough total area of injection nozzle orifices under the allowable injection duration. The experimental results show that increasing injection pressure and incorporating an injection nozzle with VCO more holes and small hole diameter are helpful for the 6110 diesel engine to meet EURO Ⅰ emission limits without penalty of power performance and fuel economy.

**Key Words**: Direct Injection Diesel Engine; Fuel System; Exhaust; Emission

第三部分

# 低排放的直喷式柴油机燃烧室形状的研究

宫长明[1],刘巽俊[1],谭满志[1],李　骏[2],王恩宇[2]
(1. 吉林工业大学;2. 长春汽车研究所)

**摘　要**:本文针对6110型直喷式柴油机进气系统和喷油系统的特点,设计了几种缩口燃烧室,研究了燃烧室形状对高压喷射直喷式柴油机性能和排放的影响规律。试验结果表明:缩口燃烧室有利于实现柴油机的动力性、经济性和排放指标的折衷,特别是创造了氮氧化物排放和微粒排放同时降低的条件;大的底台体积和较长唇部的缩口燃烧室有利于延迟喷油,可以更加有利于氮氧化物和微粒排放的降低;喷油提前角和喷雾锥角决定着燃油在燃烧室内的落点高度,决定着柴油机各项性能指标的好坏,它们需与燃烧室形状优化匹配。

**关键词**:直接喷射;柴油机;燃烧室;形状;排放



## 引言

直喷式柴油机的动力性、经济性和排放指标的理想折衷是在组织好整个燃烧过程的情况下获得的,这样,扩散燃烧阶段的油气混合就显得更加重要。由于我国直喷式柴油机目前所采用的喷油泵的喷油压力不是很高,所以仅靠进气道形状所产生的涡流是不能保证燃烧效率的,必须合理利用燃烧室的几何形状,充分发挥燃烧室内的紊流作用,进而改善扩散燃烧过程,以获得良好的柴油机动力性、经济性指标,满足日益严格的排放法规要求。

## 1　试验设备

### 1.1　试验发动机

试验是在自然吸气6110型直喷式柴油机上进行的,其主要技术参数如表1所示。

**表1　试验发动机主要技术参数**

| 缸径(mm)×冲程(mm) | 工作容积(L) | 压缩比 | 燃烧室 | 喷油泵 | 涡流比 $R_s$ | 标定功率(kW)<br>标定转速(r/min) |
|---|---|---|---|---|---|---|
| 110×125 | 7.127 | 17:1 | ω型 | MD型 | 2.4 | 125/2900 |

### 1.2　试验方法和仪器设备

排放试验按ECE R49 13工况循环进行。有害废气排放物用日本HORIBA MEXA－8220D型汽车排气分析仪测量,$NO_x$ 用化学发光法(CLD)测定,CO用非分散红外线法(NDIR)测定,HC用加热型氢火焰离子法(HFID)测定。微粒(PM)排放按 $\rho_{PM}$ 与 $S_F$ 和 $\rho_{HC}$ 的关系计算得到。

## 2　燃烧室的设计

针对6110型柴油机的ω型燃烧室(见图1a)),当采用推迟喷油来降低 $NO_x$ 排放时,微粒排放增

刊登信息:《农业机械学报》1999年(第30卷)第1期

加很快，存在着 $NO_x$ 和 PM 排放的矛盾关系。为解决这一矛盾，此处设计了两种缩口燃烧室（见图1b）、图1c））。表2给出了3种燃烧室的结构参数。设计中没有采用太大的缩口率是考虑到缩口率太大会造成活塞和喷油嘴的热负荷加大，同时过分抑制反挤流的缘故。

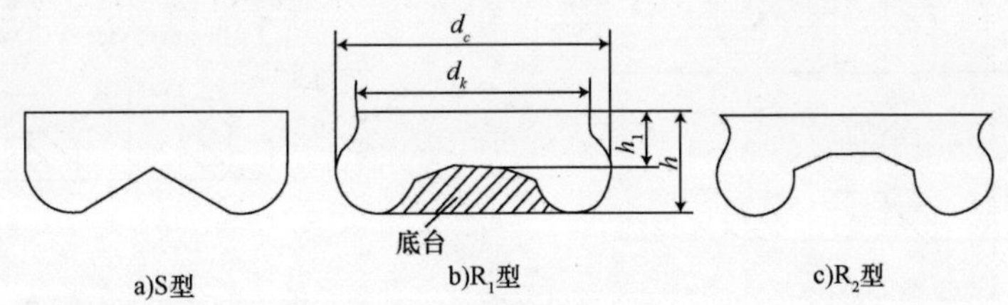


图1　燃烧室形状示意图

可以看出，缩口燃烧室的底台所占的体积（图1b））中阴影部分的回转体体积）与直口燃烧室相比均有不同的加大，这在压缩比保持不变时相当于增加了燃烧室周边的体积，提高了空气利用率。这是因为燃烧室内的涡流运动是周边处线速度最大，中心处线速度最小，所以中心处不仅燃油少，而且涡流与紊流也弱，使油气混合差。因此，增加底台体积可充分利用底台的导流作用，形成所要求的挤流和逆挤流，促进油气混合。

**表2　三种燃烧室主要结构参数**

| 燃烧室类型 | 压缩比 $\varepsilon$ | 容积利用率 $K$ | $d_k/D$ | $d_c/d_k$ | 缩口率 $\delta$(%) | $d_k/h$ | $h_1/h$ |
|---|---|---|---|---|---|---|---|
| S 型 | 17:1 | 0.734 | 0.555 | 1 | 0 | 2.81 | 0.553 |
| $R_1$ 型 | 17:1 | 0.734 | 0.490 | 1.19 | 16 | 2.40 | 0.534 |
| $R_2$ 型 | 17.5:1 | 0.724 | 0.510 | 1.12 | 10 | 2.49 | 0.400 |

## 3　燃烧室形状对柴油机性能的影响

图2表示燃烧室形状对柴油机性能的影响。从图中可以明显地看出，缩口燃烧室不但可保持柴油机的动力性、经济性不变或略有改善，而且由于缩口燃烧室油气混合作用加强，使喷油时刻可以更加推迟，为降低 $NO_x$ 创造了有利的条件。缩口燃烧室的另一优点是排气烟度有明显的降低，这主要是由于缩口燃烧室加强了缸内后期燃烧的气流运动，促进了后期燃烧的进行，有利于所生成的炭烟氧化。因此采用缩口燃烧室较好地统一了 $NO_x$ 和 PM 排放的矛盾关系，特别是 $R_2$ 型缩口燃烧室，其效果更加优于 $R_1$ 型燃烧室，这也说明采用缩口燃烧室并不需要追求太大的缩口率。$R_2$ 型燃烧室同 $R_1$ 型燃烧室相比，一是缩口率减小，缩口唇部加长；二是其底台体积加大。由于这两个因素，使 $R_2$ 型燃烧室在缩口燃烧室唇部以下的气流运动加强，更加有利于油气混合；此外，缩口唇部尺寸的加大，需要晚的喷油才能充分利用缩口燃烧室的特点。

图3给出了燃烧室形状对柴油机性能和13工况加权平均比排放量的影响。由图可以看出采用S型燃烧室，6110型柴油机的 $NO_x$ 和 PM 排放均超过欧洲Ⅰ排放法规[$B_{NO_x} \leqslant 8$ g/(kW·h)，$B_{PM} \leqslant 0.36$ g/(kW·h)]的限值，而采用 $R_2$ 型燃烧室和0.26mm×5×155°的 VCO 喷油嘴可使4种有害排放物均能满足欧Ⅰ排放法规的限值。这一结果有助于我国载重车用柴油机在2001年达到欧Ⅰ排放法规限值标准。

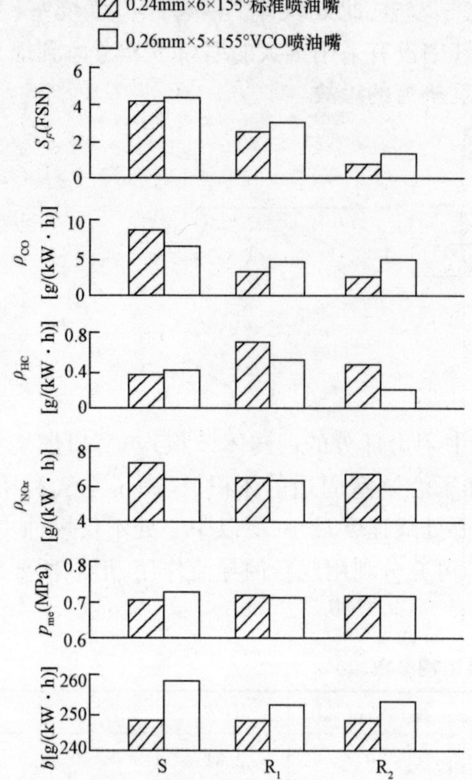


图2　燃烧室形状对柴油机性能的影响(MD泵)

$n = 2900$ r/min

S型:$\theta_{fj} = 12°CA$;$R_1$型:$\theta_{fj} = 9°CA$;$R_2$型:$\theta_{fj} = 7°CA$;$R_s = 2.4$

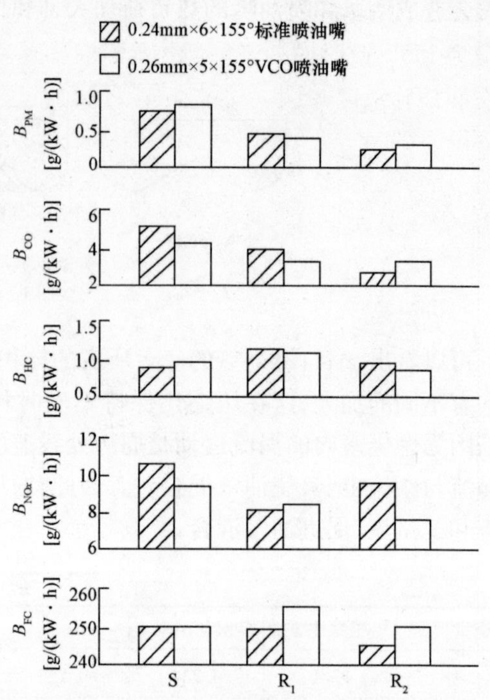


图3　燃烧室形状对柴油机性能和13工况加权平均比排放量的影响(MD泵)

S型:$\theta_{fj} = 12°CA$;$R_1$型:$\theta_{fj} = 9°CA$;$R_2$型:$\theta_{fj} = 7°CA$;$R_s = 2.4$

## 4　燃烧室形状等对柴油机性能的综合影响

高压喷射柴油机采用缩口燃烧室能获得较好的动力性、经济性和排放指标的一个主要原因是充分利用缩口燃烧室唇部以下位置的气流运动,以加强油气混合,改善了燃烧。因此如何控制燃油落点,充分利用此因素就是获得较好结果的关键。在缸内气流运动一定的条件下,喷油提前角和喷油嘴喷雾锥角是决定燃油落点的主要影响因素。

图4给出了燃烧室形状和喷油提前角对柴油机性能和排放的影响。从图中可以看出,采用原机的直口S型燃烧室,推迟喷油,虽可使$NO_x$排放降低,但其PM排放和燃油消耗率均有较大程度的恶化,$NO_x$排放和PM排放、燃油消耗率存在着尖锐的矛盾。在适当的喷油角下,采用缩口燃烧室可出现$NO_x$、PM排放和燃油消耗率三者同时降低的情况,这主要是由于充分利用了缩口燃烧室在缸内形成的紊流运动有利于促进扩散燃烧,加速预混合,使燃烧形成的炭烟在此阶段氧化,形成了$NO_x$和PM排放同时降低的条件。从图中还可以看出,$R_2$型燃烧室比$R_1$型燃烧室的效果更明显一些,这主要是由于$R_2$型燃烧室的唇部尺寸较大,更加有利于推

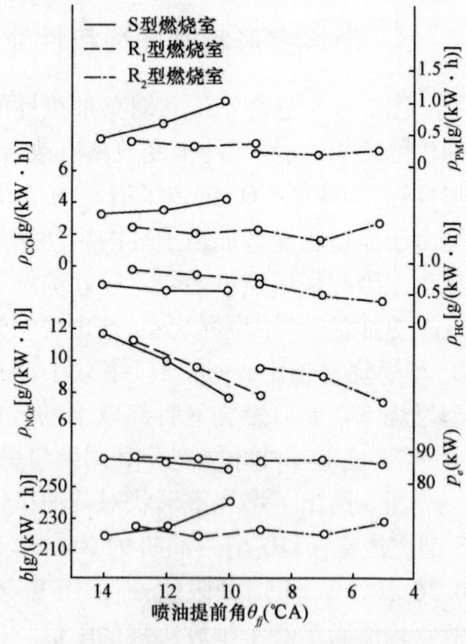


图4　燃烧室形状和喷油提前角对柴油机性能的影响(MD泵,0.24mm×6×155°标准喷油嘴)

$n = 1800$ r/min;$p_{me} = 100\%$

迟喷油，使 $NO_x$ 和 PM 排放同时降低，所以缩口燃烧室比直口燃烧室更适宜采用高压喷射。

图 5 表示了喷雾锥角和喷油提前角对柴油机性能和 13 工况加权平均比排放量的影响。从图中可以看出，燃烧室形状不变，最佳喷雾锥角基本不变。对 $R_2$ 型燃烧室，9°CA BTDC 喷油时，最佳喷雾锥角为 155°，此时燃油有一最佳落点。推迟喷油时，如果单从燃油落点高度看，应该是 160°喷雾锥角时性能指标最佳，但事实不是这样，仍是 155°为最佳。这主要是因为这种燃烧室唇部较长，其缩口室唇部以下理想挤流区面积较大，对喷油定时反应不太敏感所致。对 $R_1$ 型燃烧室，无论是喷油提前角变化，还是喷油泵、喷油嘴改变，其最佳喷雾锥角均为 160°。这主要是由于 $R_1$ 型燃烧室的缩口唇部较短，需要更大的喷雾锥角才能使燃油刚好落在缩口唇部下边缘。

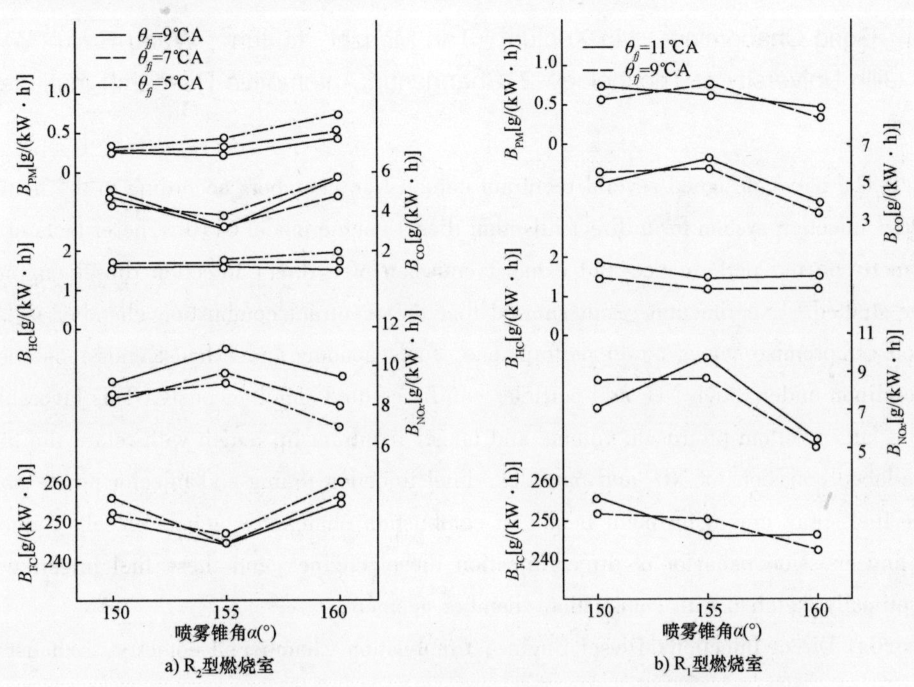


图 5 喷雾锥角和喷油提前角对柴油机性能和 13 工况加权平均比排放量的影响

MD 泵：0.27mm×5×155°标准喷油嘴

## 5 结论

（1）缩口燃烧室有利于实现柴油机动力性、经济性和排放指标的折衷，特别是创造了 $NO_x$ 和 PM 排放同时降低的条件。采用 $R_2$ 型燃烧室和 0.26mm×5×155°VCO 喷油嘴更加有利于 6110 型柴油机 4 种有害排放物满足欧洲 I 排放法规的限值。

（2）缩口燃烧室的底台体积、缩口唇部长度对各项排放指标影响较大。大的底台体积和较长的唇部长度有利于延迟喷油，可以实现更好的 $NO_x$ 和 PM 排放折衷。

（3）喷油提前角和喷雾锥角决定着燃油在燃烧室内的落点高度，进而决定发动机的性能指标。喷油提前角的影响尤为显著。这两者必须同燃烧室形状优化匹配，方能获得良好的效果。

## 参 考 文 献


[1] Tindal M J, et al. An investigation of swirl and turbulence in the cylinders of direct injection diesel engines[C]// Proceedings of the Institution of Mechanical Engineers Conference, 1982.


第三部分

[2] 曹阳,郭勇. 车用直喷式柴油机燃烧系统的发展[J]. 汽车研究与开发, 1997(2):2-6.
[3] 何学良,李疏松. 内燃机燃烧学[M]. 北京:机械工业出版社, 1990.
[4] 宫长明,刘巽俊,等. 车用直喷式柴油机微粒排放与排气烟度、碳氢化合物排放的关系[J]. 内燃机学报,1997, 15(4): 424 - 429.

# Investigation on Combustion Chamber Geometry of Direct Injection Diesel Engine With Low Exhaust Emissions

Gong Changming[1], Liu Xunjun[1], Tan Manzhi[1], Li Jun[2], Wang Enyu[2]
(1. Jilin University of Technology; 2. Changchun Automotive Research Institute)

**Abstract**: The paper designed several reentrant combustion chambers according to the features of inlet system and fuel injection system for a direct injection diesel engine model 6110. The ef fects of combustion chamber geometry on the performance and exhaust emission of a direct injection diesel engine with high pressure were studied. Experimental result showed that the reentrant combustion chamber is favorable for making a good compromise among power performance, fuel economy and exhaust emissions and especially provides a condition under which $NO_x$ and particles can be emitted simultaneously. This favorable condition is caused by a larger bottom protrusion volume and longer reentrant lip length with retard the fuel injection and lead a reduced emissions of $NO_x$ and particles. Fuel injection timing and injector nozzle hole cone angle determine fuel spray impinging point height in combustion chamber which is closely connected to the performance and emission behavior of direct injection diesel engines, and these fuel injection parameters need to be optimally matched with combustion chamber geometry.

**Key Words**: Direct Injection; Diesel Engine; Combustion Chamber; Geometry, Exhaust Emission

# 满足欧洲I排放法规的车用直喷式柴油机燃烧系统的研究

宫长明[1],刘巽俊[1],谭满志[1],李 骏[2],王恩宇[2]
(1.吉林工业大学;2.长春汽车研究所)

**摘 要**:本文针对自然吸气式车用6110型直喷式柴油机,对燃油喷射系统、燃烧室形状、进气涡流比和机械离心喷油提前规律进行优化匹配研究,获得了满足欧洲I排放法规的燃烧系统参数。

**关键词**:直喷式柴油机;燃烧系统;废气排放

## 1 前言

直喷式柴油机因其良好的燃油经济性和冷起动性而加强了它的竞争地位,货车柴油机已全部直喷化。我国自行研制开发的中型货车用柴油机在结构设计,燃油消耗、噪声等方面还比较落后,在排放方面同国外差距更大[1,2]。为了能赶上国际柴油机发展水平,我国全面引入了欧洲排放法规来制订我国的控制标准,这必将大大促进柴油机排放控制工作的开展。

我国柴油发动机的总体排放水平仅能勉强达到欧洲O标准(欧洲1990年实施的货车柴油机排放标准),即$NO_x$、HC、CO的排放量分别不超过14.4g/(kW·h)、2.4g/(kW·h)、11.2g/(kW·h)的法规水平[3],距离2001年7月以后我国货车将实行的欧I标准(欧洲1992年实施的货车柴油机排放标准,即$NO_x$、HC、CO、PM的排放量分别不超过8g/(kW·h)、1.1g/(kW·h)、4.5g/(kW·h)、0.36g/(kW·h))还有相当大的差距。造成我国货车用柴油机排放值高的一个主要原因就是目前柴油机所用燃油喷射系统的喷油压力太低(60 MPa以下),远远满足不了动力性、经济性、排放性等指标综合优化的需要。

本文针对6110型柴油机现有燃烧系统的特点,对其主要燃烧系统参数进行优化,使其在动力性、经济性不恶化的情况下,排放满足欧I法规的限值要求。

## 2 试验设备和测试方法

试验是在自然吸气水冷6110型直喷式柴油机上进行的,其原机主要技术参数见表1。

表1 6110型柴油机主要技术参数

| 缸径(mm)×行程(mm) | 110×125 | 工作容积(L) | 7.127 | 压缩比 | 17:1 |
|---|---|---|---|---|---|
| 燃烧室 | 直口ω型 | 喷油泵 | AD泵 | 喷油嘴 | 0.29mm×5×155° |
| 涡流比 | 2.4 | 标定功率(kW) | 125 | 标定转速(r/min) | 2900 |

排放试验按ECE R49 13工况循环进行。有害废气排放物用日本HORIBA MEXA-8220D型汽车排气分析仪测量。微粒(PM)排放按其与排气烟度($S_F$)和HC的关系计算得到[4]。

刊登信息:《汽车工程》1998年(第20卷)第6期

## 3 试验结果与分析

### 3.1 喷油压力的影响

本研究采用 AD、MD 两种喷油泵进行了提高喷油压力($p_{in}$)后的对比试验。图 1 是喷油压力对柴油机性能和 13 工况加权平均比排放量的影响。从图中可以看出,提高喷油压力后其 13 工况加权平均比燃油耗(*BSFC*)基本保持不变,而四种有害排放物均有较大幅度的降低,尤其对 CO、HC 和 PM 效果更明显一些。这主要是由于提高喷油压力后燃油雾化效果更好,可以使燃烧更加完全。

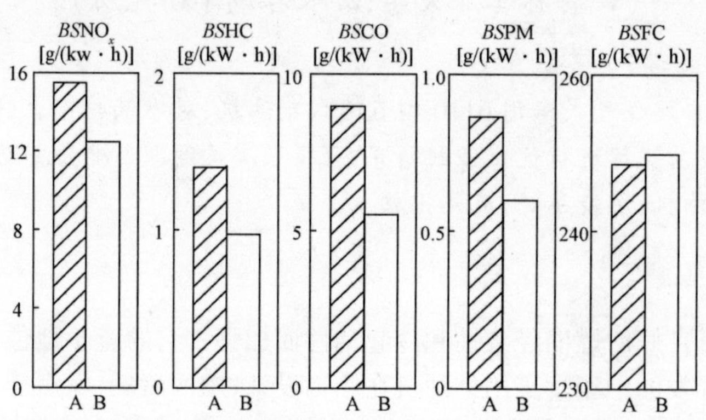


图 1 喷油压力对柴油机性能和 13 工况加权平均比排放量的影响

(S 型燃烧室:$\theta_{fj}$ = 14°CA)

A-AD 泵,0.29mm × 5 × 155°标准喷油嘴,$p_{in \cdot p}$ = 55MPa;B-MD 泵,0.24mm × 6 × 155°标准喷油嘴,$p_{in \cdot p}$ = 90MPa

提高喷油压力虽可有效地降低各种有害排放物的排放量,但其 $NO_x$、CO 和 PM 排放,特别是 $NO_x$ 和 PM 排放与欧洲 I 排放法规的要求仍有相当大的差距。

### 3.2 燃烧室几何形状的影响

为了进一步降低各种有害排放物,本研究设计了两种缩口燃烧室。图 2 是原机的直口 ω 型燃烧室 S 和两种缩口燃烧室 $R_1$、$R_2$ 的形状简图。缩口燃烧室的底台体积比直口燃烧室的大,$R_2$ 型的缩口唇部要比 $R_1$ 的长。$R_1$ 和 $R_2$ 型燃烧室的缩口率分别为 16% 和 10%,这样的缩口率不会对发动机热负荷产生明显影响。

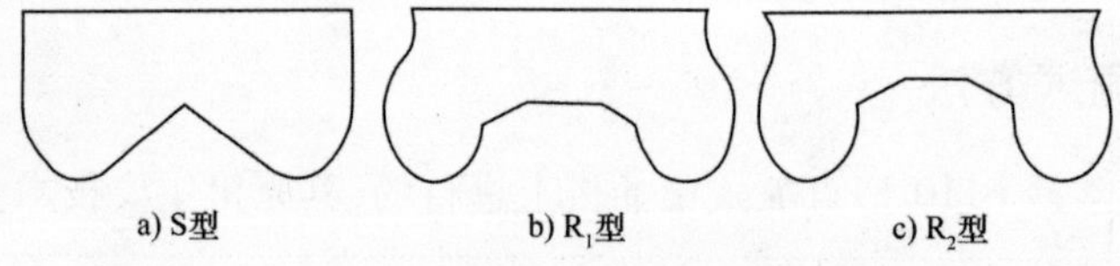


图 2 燃烧室形状示意图

图 3 是燃烧室形状对柴油机性能和 13 工况加权平均比排放量的影响。从这个图中可以很清楚地看出缩口燃烧室对控制排放的作用是非常明显的。高压喷射和缩口燃烧室匹配较好地解决了 $NO_x$ 和 PM 排放的矛盾关系,创造了 $NO_x$ 和 PM 统一的条件。而原机的直口燃烧室在推迟喷油时出现 $NO_x$ 和 PM 排放的矛盾关系,且燃油消耗急剧恶化。采用缩口燃烧室可在柴油机动力性、经济性不恶化的情况下使喷油正时更加延迟,尤其是 $R_2$ 型燃烧室,由于其唇部尺寸较长,形成理想混合气的区域相对要大,这样延迟喷油效果更明显,所以更加有利于有害排放物的控制。

### 3.3 进气涡流比的影响

目前国外中型以上直喷式柴油机燃烧系统的发展趋势是采用高压喷射和低涡流比或无涡流的浅盆型燃烧室[5]。本文并未采用这样的燃烧系统,主要是因为所用的燃油喷射系统喷油压力不是很

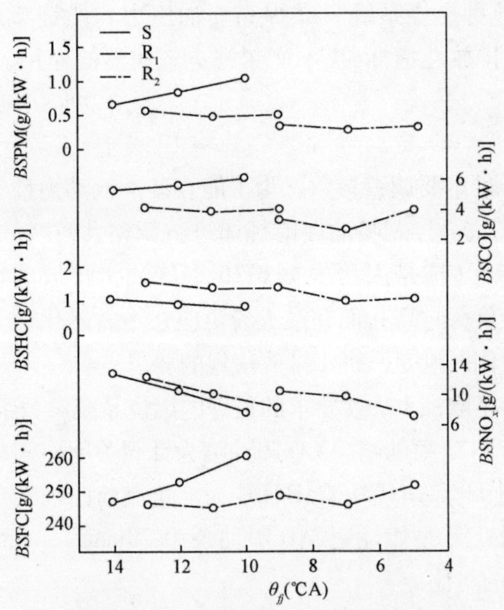


图 3 燃烧室形状对柴油机性能和 13 工况加权平均排放量的影响

（MD 泵，0.24mm×6×155°标准喷油嘴）



高（100 MPa 左右），需一定的涡流支持才能得到满意的性能指标。

图 4、图 5 是不同喷油压力下进气涡流比（$R_s$）对柴油机性能的影响。可以看出，低涡流比时，柴油机的动力性、经济性和排气烟度（$S_F$）均明显恶化，尤其是采用 AD 泵时恶化更明显。这主要是因为喷油压力还不够高，不能使燃油雾化到低涡流比要求的程度。另外，喷孔数还少，不能使燃油充满整个燃烧室空间。

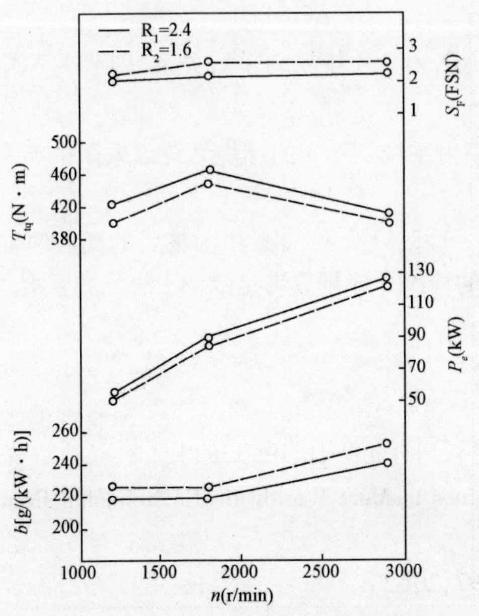


图 4 进气涡流比对柴油机性能的影响

（$R_1$ 型燃烧室，MD 泵，0.27mm×5×160°标准喷油嘴，$\theta_{fj}$=10°CA）

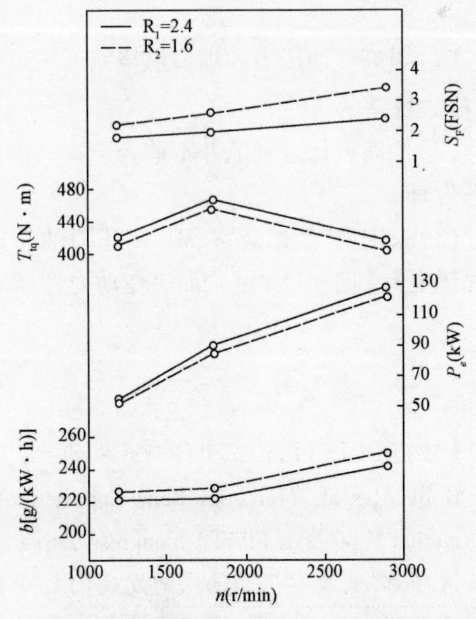


图 5 进气涡流比对柴油机性能的影响

（$R_1$ 型燃烧室，AD 泵，0.28mm×5×160°标准喷油嘴，$\theta_{fj}$=9°CA）

以上试验结果也说明了该种燃烧系统只靠提高喷油压力和燃烧室形状的优化匹配并不能保证获得满意的动力性、经济性和排放性指标，决不能忽视进气涡流的作用，应充分注意油、气、室的综合优化匹配。

3.4 喷油正时的影响

喷油正时是柴油机的一个最重要调整参数。为了能在柴油机动力性、经济性不恶化条件下使排放满足欧洲I法规，必须对原机的离心控制喷油提前规律进行调整，即在标定转速下不要过分推迟喷油，这样可保证发动机的动力性指标（这是因为根据6110型柴油机排放的特点，2900r/min、全负荷时的$NO_x$排放并没有1800r/min、全负荷时高），而在最大转矩应在不太恶化动力性的情况下推迟喷油，只有这样才能保证$NO_x$和PM排放同时满足欧洲I排放法规的要求。

根据以上试验可以得出满足欧洲I法规要求的最好的燃烧系统参数组合应为：$R_2$型燃烧室、MD型高压喷油泵、0.26mm×5×155°VCO喷油嘴（VCO喷油嘴为针阀关闭座面孔径的喷油嘴）、1800r/min时7°CA BTDC喷油、2900r/min时11°CABTCD（CABTDC为上止点前曲轴转角）喷油、涡流比为2.4。表2给出了该种优化后的组合与原机（S型燃烧室、AD喷油泵、0.29mm×5×155°标准喷油嘴、14°CA BTDC喷油、涡流比为2.4）性能指标的对比。



表2 两种燃烧系统参数组合性能指标对比

| 组合 | 标定功率 (kW) | *BSFC* [g/(kW·h)] | *BSCO* [g/(kW·h)] | *BSHC* [g/(kW·h)] | $BSNO_x$ [g/(kW·h)] | *BSPM* [g/(kW·h)] |
|---|---|---|---|---|---|---|
| 原机 | 125 | 248.1 | 8.98 | 1.40 | 15.35 | 0.86 |
| 优化 | 126.1 | 245 | 3.41 | 0.76 | 7.91 | 0.32 |

由表可以看出经过燃油系统、进气系统和燃烧室形状综合优化匹配的6110型柴油机在动力性、经济性略有改善的情况下，其四种有害排放物均有明显的降低，且完全满足欧洲I法规的限值水平。

## 4 结论

（1）提高喷油压力和缩口燃烧室匹配可较好地解决$NO_x$和PM排放的矛盾关系，创造了$NO_x$和PM排放统一的条件。

（2）低涡流比进气道并不适合于本文的中高压燃油喷射系统。本文的燃烧系统以采用中等涡流水平为宜。

（3）采用$R_2$型燃烧室、MD高压喷油泵、0.26mm×5×155°VCO喷油嘴和调整后的离心喷油提前规律更有利于6110型柴油机在动力性、经济性不恶化的情况下使排放满足欧洲I法规的要求。

## 参考文献

[1] （日）Jivos S，et al. 五十铃新开发的PE系列柴油机[J]，国外内燃机，1996，(4).

[2] Robl V，et al. Mercedes-Benz Commercial Vehicle Engines to Meet Worldwide Enviromental Requirments[C]//25th FISITA Congress Paper, 945116.

[3] 许斯都. 新型车用柴油机的发展[J]. 小型内燃机，1997，26(2).

[4] 宫长明，刘巽俊，等. 车用直喷柴油机微粒排放与排气烟度和碳氢排放的关系[J]. 内燃机学报，1997，15(14).

[5] Shigeru Shundoh，et al. The Effect of Injection Parameters and Swirl on Diesel Combustion with High Pressure Fuel Injection[C]//SAE Paper, 910489.

# An Investigation on Automotive Direct Injection Diesel Engine Combustion System for Meeting EURO I Emission Limits

Gong Changming[1], Lin Xunjun[1], Tan Manzhi[1], Li Jun[2], Wang Enyu[2]
(1. Jilin University of Technology; 2. Changchun Automotive Research Institute)

**Abstract**: In this paper, the optimal matching tests were made for fuel injection system, combustion chamber geometry, inlet swirl ratio and injection timing versus speed from a naturally aspirated automotive direct injection diesel engine. As a result, a set of parameters of combustion system for meeting EURO I emission limits was obtained.

**Key Words**: Direct Injection Diesel Engine; Combustion System; Exhaust Emission

# 直喷式柴油机燃烧系统三维可视化设计

王宏桥[1],刘巽俊[1],李　骏[2]
(1. 吉林工业大学;2. 长春汽车研究所)

**摘　要**:本文提出一种能够实现三维可视化的燃烧室内燃油分布和喷雾着壁特性计算的方法。该方法适用于任意形状的燃烧室,能反映出喷油压力、喷油嘴结构及安装位置、进气涡流比等参数与燃烧室形状的匹配关系。对采用梅花型缩口燃烧室的CA6110型柴油机,进行了计算分析及试验研究,对本文的方法进行了验证。

**关键词**:三维可视化;燃烧室;直喷式柴油机;喷油雾束



## 1　引言

目前直喷式燃烧方式已广泛应用于各种缸径的车用柴油机上。对于直喷式柴油机,燃烧室内喷油雾束的分布、喷雾着壁特性以及喷油雾束与燃烧室形状的配合是影响其性能的关键因素。纵观国内外对于这方面的研究,存在以下两个问题:一是燃烧室形状日趋复杂,如梅花型燃烧室使得原有的燃烧室设计准则无法提供令人满意的指导;二是燃烧室、喷油器、油泵、气道的结构参数、性能参数繁多,用性能试验筛选方法实现燃烧系统参数的优化工作量极大[1]。因此本文提出利用计算机三维CAD方法进行燃烧系统的优化设计,以期解决这些问题。

本方法适用于任意形状的燃烧室,能计算其参数,如燃烧室容积、表面积等;并对喷油雾束在燃烧室内的分布进行计算,包括喷雾轴线的空间位置与形状,各油束的贯穿距离 $L$ 及与平均贯穿距离的偏差 $\Delta L$,各落点的高度 $H$ 及与平均落点高度的偏差 $\Delta H$,各油束贯穿率 $R$(滞燃期内油束的贯穿距离与着壁时贯穿距离的比值),落点间的距离 $M$,相邻油束轴线包围的面积 $S$,着壁时油束顶端的速度 $v$,着壁时曲轴转角 $\alpha$,着壁所用时间 $T$ 及着壁时活塞的位置 $A$,相对于无进气涡流时各油束的偏转角度 $\beta$;同时可以给出三维可视化结果。本方法所计算的主要参数如图1所示。

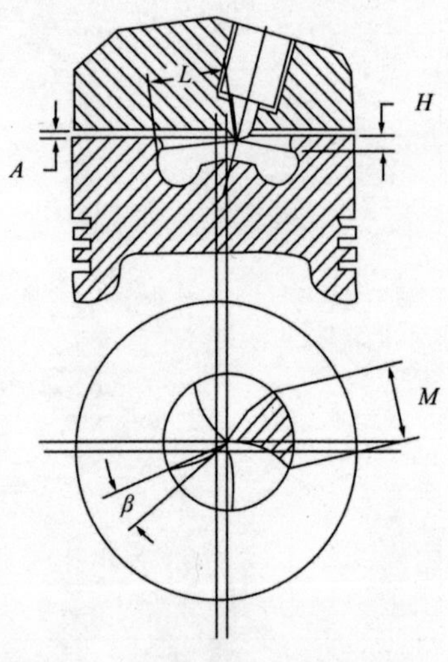


图1　燃烧系统结构示意图

## 2　直喷式柴油机燃烧系统的三维可视化设计

### 2.1　建立坐标系

喷油器相对于燃烧室轴线偏斜,喷油器具有不同的结构,燃烧室几何形状也很复杂,活塞位置随时间变化使喷雾在活塞顶燃烧室内的分布极为复杂,并会受到许多参数的影响,因此建立一个合适的坐标系非常重要。原始坐标系设在汽缸盖底平面上,由于喷油器偏置安装在缸盖上,并且各油束的起点不同,需将原始坐标系平移至各油束起始点处。又由于喷油器有一定的安装角度,各油束锥角基准线相对于汽缸轴线有偏角,需将坐标系旋转。考虑到各油束在空间近似围成一个圆锥形,故

刊登信息:《汽车工程》1999年(第21卷)第4期

计算坐标系用球坐标系。

2.2 油束顶端轨迹的计算模型

油束轴线轨迹由于涡流和挤流的作用成为空间曲线。在计算坐标系中,油束顶端坐标是时间亦即曲轴转角的函数。为了计算油束顶端坐标值,需要建立一个有涡流和挤流条件下的喷雾模型。该模型包括对有气流作用时油束顶端的径向贯穿度的计算,在涡流作用下的油束顶端的切向位移的计算,在挤流作用下的油束顶端轴向位移的计算(详见参考文献[2])。

2.3 着壁特性计算

以往计算着壁特性都是给出燃烧室内壁的曲面方程,然后再根据油束的顶端轨迹进行计算,这对于形状日益复杂的燃烧室已很难适应。本文利用三维图形可视化的方法来进行着壁计算,从而可以方便地对任意复杂形状的燃烧室进行着壁特性计算。

绘制出燃烧室三维曲面图形后,使活塞按步长往复运动,步长一般取1℃A或0.5℃A,同时按步长做出油束顶端轨迹空间曲线,判断两者是否相交,若相交则找到落点。待各油束均着壁后,计算燃烧室内燃油分布及着壁特性参数。

## 3 可视化研究结果



本文提出的三维可视化方法可以对燃烧室凹坑及喷油器进行直观的三维描述,能反映出二者的空间相对位置,可以对燃烧室内的涡流和挤流对油束的影响进行预测,并描述在活塞运动状态下从喷油开始直到着壁时燃烧室内喷注的空间三维分布,即可以对燃烧室内燃油分布及着壁特性进行描述,并进行燃烧室形状、喷油器结构及进气道的优化匹配。

本文软件开发所使用的硬件是SGI工作站以及联网的486微机。工作站是介于微型计算机与小型机之间的一种新型计算机,具有处理速度快、存储容量大,图形及网络功能强,人机窗口界面清晰灵活等优点。本文的工作是在SGI工作站的EUCLID3图形软件及其开发环境,以及UNIX操作系统提供的FORTRAN开发环境中完成的。利用网络中的486微机进行输入与输出工作。软件的开发分为两个部分:一是在FORTRAN开发环境中完成油束顶端轨迹的计算;二是在EUCLID3图形软件及其开发环境中完成着壁特性的计算和可视化的实现。将这两部分合在一起即完成了软件的开发。下面以梅花型燃烧室为例简要说明三维可视化方法在进行特殊形状的新型燃烧室设计中的应用。

首先进行图形的绘制。在缩口燃烧室内壁开有5个凹坑以产生较强的紊流场。利用燃烧室的三维可视化的设计方法对此种燃烧室配以0.29mm×5×160°的喷油嘴进行了计算,结果如表1所示。从表1可见,各油束之间的不均匀性很大,这主要是喷油器的偏置和倾斜安装及涡流和挤流作用的结果。可视化结果如图2、图3所示。图2是主视图、俯视图、左视图和轴测图,从主视图和左视图可看到各落点的高度分布,由于受到喷油器不对称安装和喷孔不对称分布及挤流的影响,各落点高度不一致。从俯视图可看见各落点在周向的分布,由于涡流的作用,各油束轴线发生弯曲。图3是三维立体图,通过调整视点位置,可以直观地看到燃烧室内油束分布情况。通过调整各凹坑的位

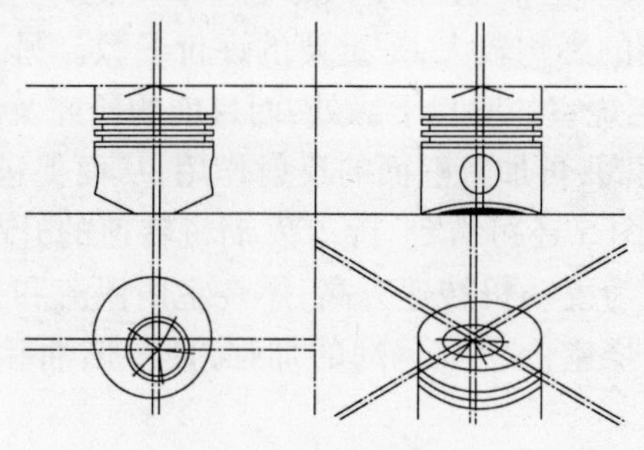

图2 计算结果视图

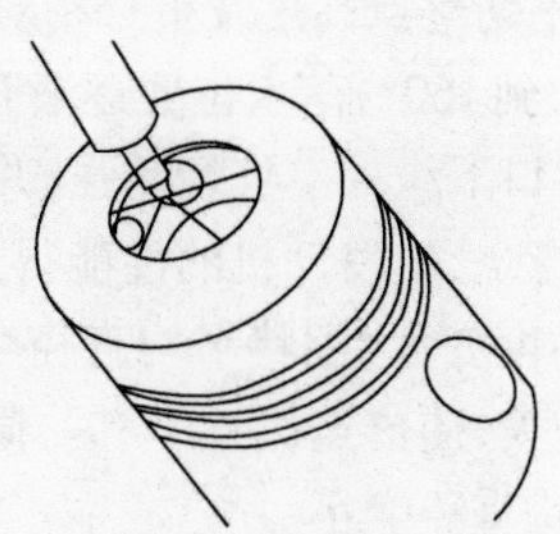

图3 计算可视化结果

置及喷雾锥角等,可以实现各油束均落在各凹坑的上、下游边缘或落在凹坑内以及上、中、下等各种位置,从而提供各种不同的燃烧室设计方案。

**表1 喷油雾束的贯穿及着壁特性**

| 油束号 | 1 | 2 | 3 | 4 | 5 |
|---|---|---|---|---|---|
| 贯穿距离 $L$(mm) | 31.43 | 32.79 | 28.22 | 25.50 | 27.53 |
| 贯穿距离偏差 $\Delta L$(mm) | 2.33 | 3.69 | 0.87 | 3.59 | 1.56 |
| 落点高度 $H$(mm) | 8.18 | 8.38 | 6.49 | 5.48 | 6.39 |
| 落点坐标 $X$(mm) | 19.05 | -19.14 | -16.69 | 10.96 | 30.18 |
| 落点坐标 $Y$(mm) | 16.11 | 9.81 | -26.65 | -33.69 | -14.64 |
| 落点坐标 $Z$(mm) | -9.18 | -9.38 | -7.60 | -6.68 | -7.50 |
| 贯穿率 $R$ | 0.93 | 0.89 | 0.65 | 0.56 | 0.65 |
| 着壁速度 $v$(m/s) | 22.50 | 22.50 | 24.37 | 26.01 | 24.37 |
| 着壁径向速度 $v_r$(m/s) | 20.66 | 20.66 | 23.56 | 25.45 | 23.56 |
| 着壁切向速度 $v_a$(m/s) | 8.91 | 8.91 | 5.88 | 4.80 | 5.88 |
| 着壁轴向速度 $v_s$(m/s) | 0.18 | 0.18 | 2.05 | 2.42 | 2.05 |
| 落点间距离 $M$(mm) | 38.71 | 36.59 | 28.55 | 27.07 | 32.75 |
| 油束间面积 $S$($mm^2$) | 489.27 | 406.0 | 301.68 | 298.07 | 403.66 |
| 涡流产生的偏角 $\beta$(°) | 4.57 | 4.90 | 2.83 | 2.14 | 2.72 |
| 着壁所用时间 $t$(ms) | 0.88 | 0.88 | 0.65 | 0.56 | 0.65 |
| 着壁时曲轴转角 $\alpha$(℃A BTDC) | 0.50 | 0.50 | 3.00 | 4.00 | 8.00 |
| 着壁时活塞位置 $A$(mm) | -1.00 | -1.00 | -1.11 | -1.20 | -1.11 |

## 4 试验验证

试验所用发动机为直列六缸水冷四冲程自然吸气式直喷式柴油机,采用缩口燃烧室。本文在其他参数不变的前提下,研究了不同喷雾锥角对发动机性能的影响。试验采用日本ZEXEL公司的孔径为0.29mm的5孔喷油嘴,喷雾锥角依次为160°、155°、150°。可视化结果如图4所示。三组线分别表示不同喷雾锥角的油束轴线。图5是试验结果,可以看出,随锥角增大,发动机的动力性、经济性及排气烟度都得到了改善,压力升高率也较低。平均贯穿距离及落点高度较小,160°锥角时的平均贯穿距离为31mm左右,而平均落点高度为7.5mm左右,比150°喷雾锥角的落点高度要小4mm左右。平均贯穿率,160°锥角的较为合理,在1.0左右。绍特平均直径,160°锥角的稍大一些,但差别不大,只有2μm左右。可以得出,平均贯穿距离、平均落点高度及贯穿率对发动机性能的影响较大,是重要的评价参数。另一方面,随锥角从150°增大到160°,落点位置逐渐升高到缩口燃烧室的唇口下缘处,而目前的研究及试验表明,缩口燃烧室的唇口下缘处空气运动强,并且壁面温度高,再加上壁面的反射作用,从而促进了混合气的形成,改善了燃烧,使发动机的性能得到改善。从图5还可看到,随着发动机转速的升高,油束贯穿距离和落点高度变大,绍特平均直径变小,这是因为发动机转速升高,燃烧室内涡流和挤流增强,活塞运动速度增大,使落点位置下移。同时,由于燃烧室内空气运动的加强,使得燃油和空气混合充分,使绍特平均直径变小。

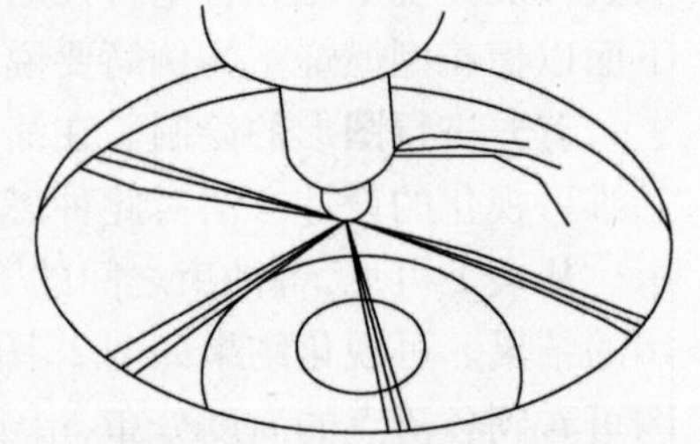

图4 可视化结果图

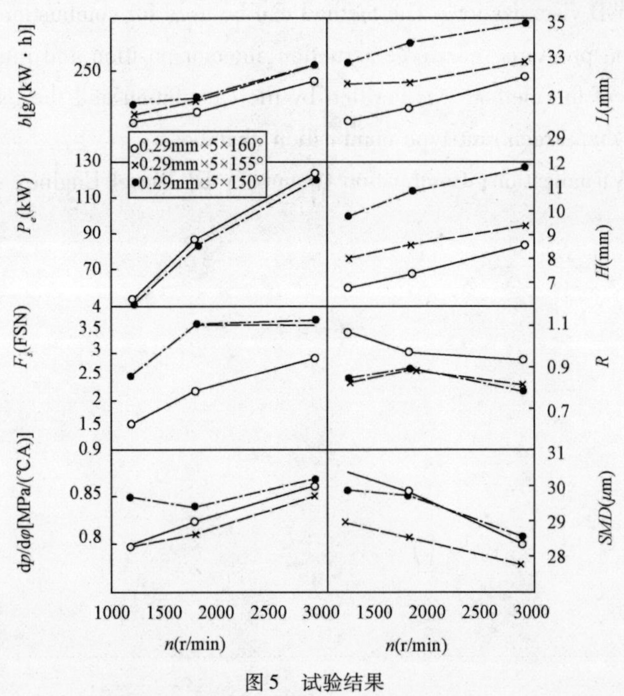


图5　试验结果

## 5　结论

(1)本文提出了一个直喷式柴油机燃烧系统三维可视化的设计方法,通过计算机图形显示和喷油特性计算,可以计算任意形状燃烧室内的燃油分布情况及着壁特性,并能反映出涡流、挤流的作用及喷油器的结构、供油压力、进气涡流比等参数的影响,从而有助于燃烧系统的优化匹配设计。

(2)本方法用于复杂的特殊形状的燃烧室的设计,比如梅花形燃烧室内壁凹坑的布置与设计等特别方便。同时可进行喷油嘴各油孔的纵向夹角、周向夹角以及各油孔的位置、孔径、孔数等的设计,使之产生的油束分布均匀,并与燃烧室形状达到良好的配合。

(3)试验表明,本方法能合理地解释试验结果,因此可以对设计及试验方案的确定提供一定程度的指导。

## 参考文献

[1] 米金泳,李骏,钱耀义. 直喷式柴油机燃烧室计算机辅助设计[J]. 内燃机学报,1991,(1).

[2] Timoney David J. A Simple Technique for Predicting Optimum Fuel-Air Mixing Condition in a Direct Injection Diesel Engine with Swirl[C]//. SAE Paper, 851543.

# Three Dimensional Visualization Design of D. I. Diesel Engine Combustion System

Wang Hongqiao[1], Liu Xunjun[1], Li Jun[2]

(1. Jilin University of Technology; 2. Changchun Automotive Research Institute)

**Abstract**: A simulation method for fuel distribution and impinging in DID engine combustion chamber



第三部分

was proposed to realize 3-D visualization. The method can be used for combustion chambers with any shape to match the fuel injection pressure, nozzle construction, injector position and intake swirl ratio with chamber shape. Applicability of the method was verified by the calculation and the test on CA6110 D. I. D engine with plum-blossom shape reentrant type combustion chamber.

**Key Words**: 3-D Visualization; Combustion Chamber; DI Diesel Engine; Injection Fuel Spray

# 车用直喷式柴油机微粒排放与排气烟度、碳氢化合物排放的关系

宫长明[1],刘巽俊[1],刘忠长[1],李 骏[2],王恩宇[2]
(1.吉林工业大学;2.长春汽车研究所)

**摘 要**:本文针对自然吸气式车用直喷柴油机6110型的微粒排放与排气烟度、碳氢化合物排放的关系进行了试验研究。结果表明,柴油机的微粒排放可按简单的经验关系式根据排气烟度和碳氢化合物排放计算,算出的值和直接通过稀释排气并用滤纸采样法测得的值吻合较好。本算式可用于确定6110型及类似柴油机按ECE R49 13工况的微粒加权比排放量,而不必用复杂的微粒测量系统。

**关键词**:直喷式柴油机;微粒排放;排气烟度;碳氢化合物排放

## 引言

车用柴油机的微粒排放问题正引起全世界的高度重视。但柴油机排气微粒的测量需要复杂的仪器设备,其测量难度较大。因为柴油机排气微粒主要由固态的碳基微粒、液态的碳氢微粒和一些无机物组成。其中无机物主要是硫酸盐等,它主要附聚在碳基微粒表面上。所以世界各国很多学者都在致力于找出微粒排放与排气烟度和碳氢化合物排放之间的数量关系。过去十几年,这方面已有很多研究成果,但它们均针对各自的传统机型,有很大的局限性。现在的车用直喷式柴油机,由于排放法规的逐步加严,其燃烧系统已改进很多,微粒排放已降到很低水平,所以过去的研究成果已很难再应用到现代机型上。为此,本文针对自然吸气直喷式6110型柴油机,通过大量试验找出微粒排放与排气烟度和碳氢化合物排放之间的经验公式,并运用此公式预测6110型直喷式柴油机的13工况微粒加权比排放量,获得了良好的效果。

## 1 试验设备

### 1.1 试验发动机

试验是在6110型直喷式柴油机上进行的,其主要技术参数如表1所示。

**表1 试验发动机主要技术参数**

| 型 号 | A型 | B型 |
|---|---|---|
| 类型 | 四冲程6缸直喷柴油机 | |
| 缸径(mm)×冲程(mm) | 110×120 | 110×125 |
| 工作容积(L) | 6.842 | 7.127 |
| 压缩比 | 17:1 | 17.5:1 |
| 燃烧室类型 | 直口ω型 | 缩口ω型 |
| 喷油泵 | A型 | MD型 |
| 喷油嘴 | 0.29mm×5×155° | 0.24mm×6×155° |
| 标定功率(kW)/标定转速(r/min) | 117/2900 | 125/2900 |
| 涡流比 | 2.4 | |

刊登信息:《内燃机学报》1997年(第15卷)第4期

A 型泵配 0.29 mm×5×155°喷油嘴，其标定供油量时油管嘴端最高压力为 50MPa；MD 型泵配 0.24 mm×6×155°喷油嘴，其标定供油量时油管嘴端最高压力为 90MPa。

### 1.2 试验方法和仪器设备

排放试验按 ECE R49 13 工况循环进行，其试验程度和加权系数如表 2 所示。有害废气排放物用日本 HORIBA MEXA-8220D 型汽车排气分析仪测量，其中 HC 用加热型氢火焰离子化检测器检测。

微粒取样采用自行研制的分流式微型稀释风洞。用上述排气分析仪中的不分光红外线 $CO_2$ 分析仪测量排气稀释前后的 $CO_2$ 浓度，以确定稀释比。用于测量取样滤纸的电子天平的分辨率为 0.01mg。采用真空升华法把排气微粒（PM）分离为可溶有机成分（SOF 即 Souble Organic Fraction）和干炭烟（DS 即 Dry Soot）。

排气烟度（$S_F$）用 FQD-102A 滤纸式排气烟度计测量。

表 2 ECE R49 13 工况试验循环表

| 工况序号 | 转速（r/min） | 负荷（%） | 加权系数 |
|---|---|---|---|
| 1 | 怠速（600） | 0 | 0.083 |
| 2 | 中间转速（1800） | 10 | 0.08 |
| 3 | 中间转速（1800） | 25 | 0.08 |
| 4 | 中间转速（1800） | 50 | 0.08 |
| 5 | 中间转速（1800） | 75 | 0.08 |
| 6 | 中间转速（1800） | 100 | 0.25 |
| 7 | 怠速（600） | 0 | 0.083 |
| 8 | 标定转速（2900） | 100 | 0.1 |
| 9 | 标定转速（2900） | 75 | 0.02 |
| 10 | 标定转速（2900） | 50 | 0.02 |
| 11 | 标定转速（2900） | 25 | 0.02 |
| 12 | 标定转速（2900） | 10 | 0.02 |
| 13 | 怠速（600） | 0 | 0.083 |

## 2 微粒排放与排气烟度和碳氢化合物排放的关系

### 2.1 测量结果

图 1 为实测的微粒排放 PM、DS、SOF 的质量浓度随平均有效压力变化的关系。

从图 1 中的干炭烟随 $p_{me}$ 的变化关系中可以看出，干炭烟随 $p_{me}$ 的变化关系与排气烟度随 $p_{me}$ 的变化关系很相似而烟度值不能反映出此现象，其中小负荷时曲线上翘，主要是由于硫酸盐吸附于干炭烟上，二者的关系比较如图 2 所示。通过大量试验和计算，作者认为使用博世（Bosch）公司的统计结果计算直喷式柴油机干炭烟，其计算结果与测量结果较为接近。为此，本文采用博世公司的对照表（表 3）计算干炭烟。表中 $S_F$ 为滤纸式烟度（FSN），$\rho_{DS}$ 为干炭烟质量浓度（$g/m^3$）。

从图 1 中还可以看出，直喷式柴油机在大负荷时微粒的主要成分是干炭烟，而在小负荷时主要取决于可溶有机成分。这主要是由于小负荷时，缸内温度低，燃烧组织不好，燃料及窜入燃烧室中的机油未完全燃烧，而以未燃烃的形式排出，而此时排气温度低，所以形成液态微粒。

图 3 是碳氢化合物排放和 SOF 二者的浓度随 $p_{me}$ 的变化关系图。从图中可以看出，其二者变化趋势非常相似，为此可以人为地利用碳氢化合物排放来计算 SOF 的浓度值。

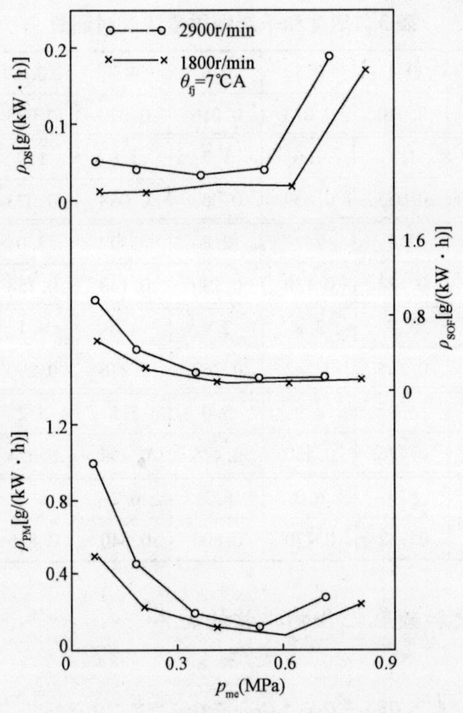


图1 B型发动机微粒排放随 $p_{me}$ 的变化关系

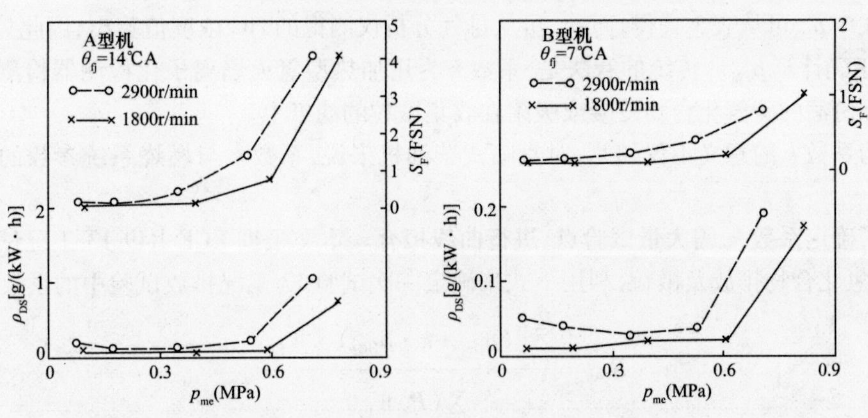


图2 6110型柴油机排气烟度、干炭烟随 $p_{me}$ 的变化关系

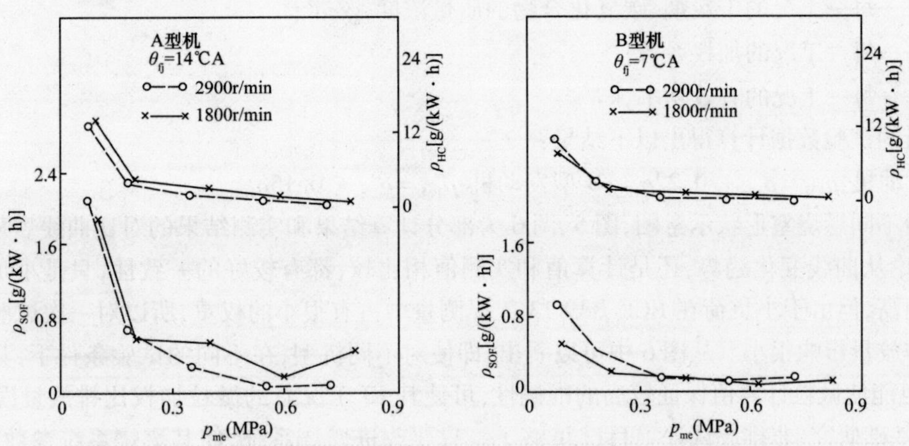


图3 6110型柴油机可溶有机成分、碳氢化合物排放随 $p_{me}$ 的变化关系

表3　烟度和干炭烟质量浓度对照表

| $S_F$ | 0.1 | 0.2 | 0.3 | 0.4 | 0.5 | 0.6 | 0.7 | 0.8 | 0.9 | 1.0 | 1.1 |
|---|---|---|---|---|---|---|---|---|---|---|---|
| $\rho_{DS}$ | 0.002 | 0.005 | 0.008 | 0.010 | 0.013 | 0.016 | 0.020 | 0.023 | 0.027 | 0.030 | 0.034 |
| $S_F$ | 1.2 | 1.3 | 1.4 | 1.5 | 1.6 | 1.7 | 1.8 | 1.9 | 2.0 | 2.1 | 2.2 |
| $\rho_{DS}$ | 0.039 | 0.043 | 0.048 | 0.053 | 0.059 | 0.062 | 0.068 | 0.073 | 0.080 | 0.086 | 0.092 |
| $S_F$ | 2.3 | 2.4 | 2.5 | 2.6 | 2.7 | 2.8 | 2.9 | 3.0 | 3.1 | 3.2 | 3.3 |
| $\rho_{DS}$ | 0.099 | 0.107 | 0.114 | 0.122 | 0.130 | 0.139 | 0.148 | 0.158 | 0.167 | 0.178 | 0.188 |
| $S_F$ | 3.4 | 3.5 | 3.6 | 3.7 | 3.8 | 3.9 | 4.0 | 4.1 | 4.2 | 4.3 | 4.4 |
| $\rho_{DS}$ | 0.199 | 0.210 | 0.222 | 0.235 | 0.248 | 0.262 | 0.276 | 0.290 | 0.307 | 0.324 | 0.342 |
| $S_F$ | 4.5 | 4.6 | 4.7 | 4.8 | 4.9 | 5.0 | 5.1 | 5.2 | 5.3 | 5.4 | 5.5 |
| $\rho_{DS}$ | 0.360 | 0.380 | 0.404 | 0.426 | 0.450 | 0.475 | 0.498 | 0.524 | 0.550 | 0.576 | 0.606 |
| $S_F$ | 5.6 | 5.7 | 5.8 | 5.9 | 6.0 | 6.1 | 6.2 | 6.3 | 6.4 | 6.5 | 6.6 |
| $\rho_{DS}$ | 0.635 | 0.666 | 0.700 | 0.732 | 0.770 | 0.800 | 0.840 | 0.876 | 0.912 | 0.940 | 0.980 |



### 2.2　微粒排放与排气烟度和碳氢化合物排放的关系

根据以上分析,可以得出:

$$\rho_{PM}=\rho_{DS}+\rho_{SOF}=\rho_{DS}+k\cdot\rho_{HC}$$

式中,$\rho_{PM}$、$\rho_{DS}$、$\rho_{HC}$分别为微粒、排气烟度和碳氢化合物的质量浓度 g/m$^3$;k 为小于 1 的常数。

上面公式中$\rho_{DS}$可从表3查得,而$\rho_{HC}$可从排气分析仪测得的 HC 浓度值算出,因此只要合理选择参数 $k$,即能正确计算$\rho_{PM}$。传统的看法是,系数 $k$ 为用加热型氢火焰离子化检测器检测出的总碳氢化合物中有 $k$ 份额的碳氢化合物冷凝或吸附在收集微粒的滤纸上。

作者认为系数 $k$ 的意义不仅如此,对直喷式柴油机来说,系数 $k$ 与燃烧系统参数的匹配也有很大的关系。

以前为了确定系数 $k$,需大量试验点,进行曲线拟合。本文根据 ECE R49 13 工况试验测得各点排气烟度、碳氢化合物排放及微粒,利用下式来确定一次试验 13 工况排放试验中的系数 $k$:

$$B_{PM}=\frac{\sum_{i=1}^{13}[(\rho_{DS_i}+k\cdot\rho_{HC_i})\cdot W_{F_i}]}{\sum_{i=1}^{13}(P_{ei}W_{F_i})}$$

式中:$B_{PM}$——一次排放试验的微粒加权比平均排放量,g/(kW·h);

$\rho_{DS_i}$,$\rho_{HC_i}$——每一工况的干炭烟、碳氢化合物的质量浓度,g/m$^3$;

$W_{F_i}$——每一工况的加权系数;

$P_{ei}$——每一工况的有效功率,kW。

从大量的试验数据计算得出以下结果:

A 型发动机:$\rho_{PM}=\rho_{DS}+0.22\rho_{HC}$;B 型发动机:$\rho_{PM}=\rho_{DS}+0.15\rho_{HC}$。

图 4 为不同燃烧室形状示意图,图 5、图 6 为部分计算结果和实测结果的对比曲线。从图 5 中可以看出,无论从曲线变化趋势,还是计算值和实测值相比较,都有较好的一致性,只是小负荷时微粒的计算值稍高,但由于小负荷在 ECE R49 13 工况测量中占有很小的权重,所以对一次试验中总的微粒加权比排放量影响很小。从图 6 中可以看出,即使对不同机型,在不同的试验条件下,只要合理选择常数 $k$,也能使微粒计算值保证较高的准确性,可使其 13 工况总的微粒加权比排放量误差在 10%以下,这对基础研究、非排放认证项目已足够了。只要改进燃烧系统,使其燃烧系统参数优化匹配,就可以大大降低微粒排放。对 A 型机,推迟喷油,微粒排放量增多;而对 B 型机,推迟喷油,开始时微

粒减少,再推迟才增多,这主要是因为燃烧室形状不同。B 型机采用缩口燃烧室,适当推迟喷油能使燃油刚好落在缩口室唇部下边缘,能够充分利用此处的反挤流运动,可提高空气利用率,降低排气烟度,使微粒排放有所降低。

a)直口ω型燃烧室　　b)缩口ω型燃烧室

图 4　燃烧室形状示意图

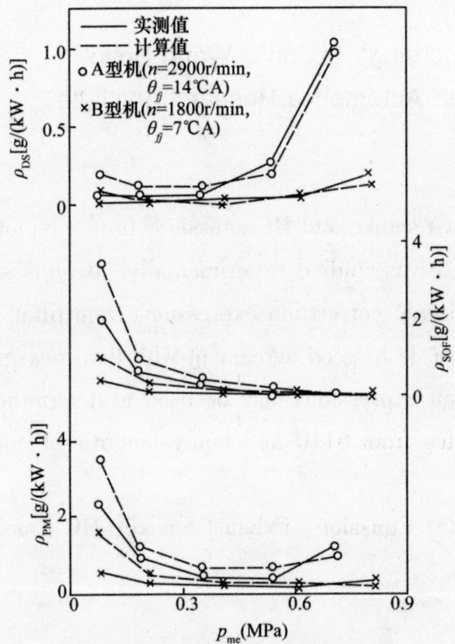


图 5　6110 型柴油机实测和计算微粒排放随平均有效压力的变化关系

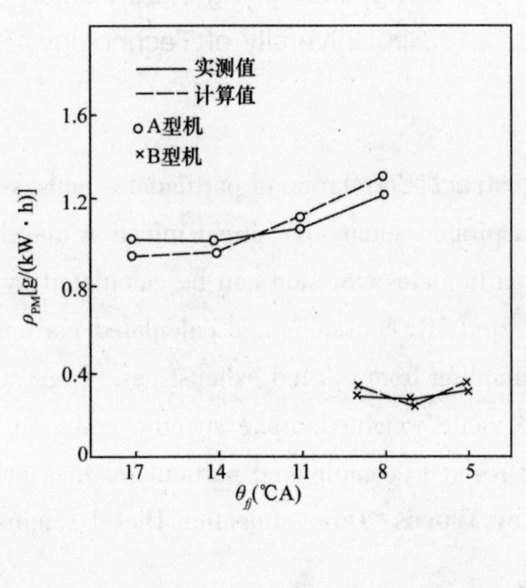


图 6　6110 型柴油机实测和计算的微粒加权比排放量随喷油提前角的变化关系

## 3　结论

(1) 车用直喷柴油机的微粒排放可按一定的关系通过排气烟度和碳氢化合物计算得到,其计算值和实测值吻合较好。

(2) 直喷柴油机的干炭烟可按 Bosch 公司统计结果由排气烟度换算得到。

(3) 直喷柴油机的可溶有机成分可通过碳氢化合物排放计算得到。其系数 $k$ 在 0.1 ~ 0.3 之间,$k$ 主要取决于燃烧系统参数匹配,对 6110 型柴油机,$k$ = 0.15 ~ 0.22。

(4) 本文的计算关系适用于按 ECE R49 13 工况方法测量的一次试验总的微粒加权比排放量。

## 参 考 文 献


[1] Greeves G, Wang C H T. Origins of Diesel Particulate Mass Emission[C]//SAE Paper, 810260.

[2] Alkidas A C. Relationships between Smoke Measurements and Particulate Measurements[C]//SAE

Paper, 840412.

[3] Black F, High L. Methodology for Determining Particulate and Gaseous Diesel Hydrocarbon Emissions [C]//SAE Paper, 790422.

[4] 何学良,李疏松.内燃机燃烧学[M].北京:机械工业出版社.

[5] 彭美春,等.柴油机排气微粒可溶有机成分及苯并(a)芘的研究[J].吉林工业大学学报, 1989,(4).

# Correlation of Particulates Emission with Exhaust Smoke and HC Emissions from Automotive D. I. Diesel Engines

Gong Changming[1], Liu Xunjun[1], Liu Zhongchang[1], Li Jun[2], Wang Enyu[2]
(1. Jilin University of Technology; 2. Changchun Automotive Research Institute)



**Abstract**: Correlation of particulates emission with exhaust smoke and HC emissions from a typical naturally aspirated automotive direct injection diesel engine 6110 was studied experimentally. Results showed diesel particulates emission can be calculated by means of simple correlation expressions from filter smoke number and HC emissions and calculated particulates emission is in good agreement with that measured by filter sampling from diluted exhaust gas. Suggested calculation expressions may be used to determine ECE R49 13 mode weighted brake specific emission of particulates from 6110 and equivalent diesel engines, without resort to complicated particulates measuring system.

**Key Words**: Direct Injection Diesel Engine; Particulates Emission; Exhaust Smoke; HC Emissions

# 降低直喷式柴油机 HC 排放的试验研究

宫长明[1],刘巽俊[1],阎淑芳[1],李　骏[2],王恩宇[2]
(1.吉林工业大学;2.长春汽车研究所)

**摘　要:**针对自然吸气直喷式柴油机,试验研究了喷油嘴压力室容积、喷油压力、喷孔直径、喷孔锥角、喷油提前角和空燃比等对 HC 排放的影响。试验结果表明,减少喷油嘴压力室容积、提高喷油压力减小喷孔直径、适当加大喷孔锥角和小负荷时喷油提前角均可大幅度降低柴油机 HC 的排放。

**关键词:**直喷式柴油机;碳氢化合物;排放

## 1　引言

直喷式柴油机由于其热效率高,耐久性好,因而获得了广泛的应用。近年来,由于环境污染问题的日益严重,人们对柴油机的氮氧化物($NO_x$)排放和微粒排放给予了高度的重视。但对自然吸气直喷式柴油机的碳氢化合物(HC)排放研究得还不够全面,因为柴油机中、小负荷时微粒排放主要是由可溶有机成分组成,而 HC 排放量的多少直接影响到可溶有机成分,所以弄清影响 HC 排放的主要因素,无疑会对全面降低自然吸气直喷式柴油机各种有害排放物,特别是微粒排放,打下一个良好的基础。

本文主要针对 6110 型柴油机,研究喷油嘴压力室容积、喷油压力、喷孔直径、喷孔锥角、喷油提前角和混合气浓度对 HC 排放的影响,为进一步控制 HC 排放得出了一些有益的结论,找出了控制 HC 排放的主要措施。

## 2　试验设备

### 2.1　试验发动机

试验是在 6110 型柴油机上进行的,其主要技术参数表 1 所示。

**表 1　试验发动机主要技术参数**

| 类　型 | 缸径(mm)×冲程(mm) | 工作容积(L) | 压缩比 | 燃烧室 | 喷油泵 | 标定功率(kW)/标定转速(r/min) |
|---|---|---|---|---|---|---|
| 四冲程六缸直喷式柴油机 | 110×125 | 7.127 | 17:1 | 缩口 ω 型 | A 型、AD 型、MD 型 | 125/2900 |

### 2.2　试验方法和仪器设备

排放试验按 ECE R49 13 工况循环进行。试验时油温、水温严格控制在 80℃,以便准确比较试验结果。有害废气排放物用日本 HORIBA MEXA－8220D 型汽车排气分析仪测量,其中 HC 用加热型氢火焰离子法(HFID)测定。

刊登信息:《农业机械学报》1997 年(第 28 卷)第 4 期

第三部分

## 3 各种因素对HC排放的影响

### 3.1 喷油嘴压力室容积的影响

为了研究喷油嘴压力室容积对HC排放的影响，本文采用了3种喷油嘴压力室容积的喷油嘴，即无压力室容积、小压力室容积和标准压力室容积3种喷油嘴（见图1），其排放试验结果如图2所示。从图中可以看出，随着喷油嘴压力室容积的减少，其HC排放明显降低。这主要是由于喷油嘴压力室中燃油一般在喷油结束，甚至在燃烧结束时排出，这部分燃油雾化条件太差，不能很好燃烧，部分以HC形式排出。这部分HC排出量主要取决于尾喷射燃油占循环供油量的多少以及尾喷射中未被燃烧部分的多少。所以尽量减少喷油嘴压力室容积，或使用无压力室容积喷油嘴（针阀座面关闭孔径的VCO喷油嘴）可大幅度降低HC排放。

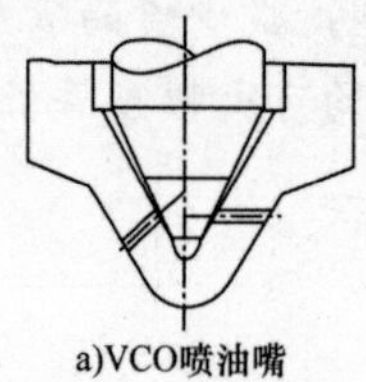
a)VCO喷油嘴

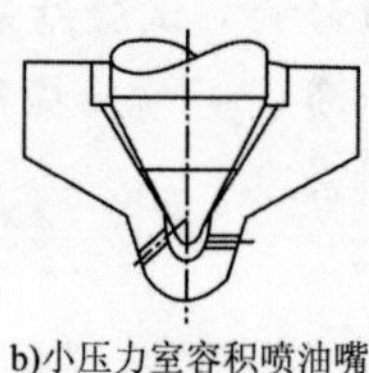
b)小压力室容积喷油嘴

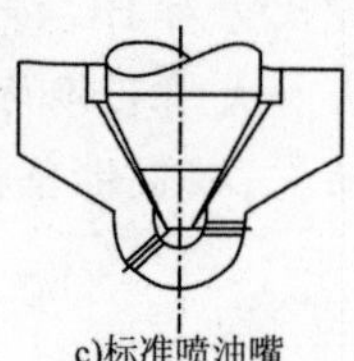
c)标准喷油嘴

图1 喷油嘴结构

### 3.2 喷油压力的影响

燃油喷油压力的大小直接影响到燃油的雾化程度，进而影响燃油的蒸发、扩散、与空气的混合，以及燃烧和有害排放物的形成。我国传统柴油机由于原来设计时没有考虑排放性能，因而其燃油喷油压力很低（一般标定供油量时不超过50 MPa），致使燃烧不好，CO、HC排放很高，因此提高喷油压力势在必行。图3所示是喷油嘴端喷油压力对HC排放的影响，从图中可以明显地看出，随喷油压力大幅度提高，HC排放降低。这主要是因为随喷油压力提高，喷注初速度增大，具有的动能增大，也使燃油雾化条件改善，燃油粒径减小，改善了混合气的形成，燃烧完全。从另一方面来看，提高喷油压力也减少了尾喷射中未被燃烧的量，进一步降低了HC排放。

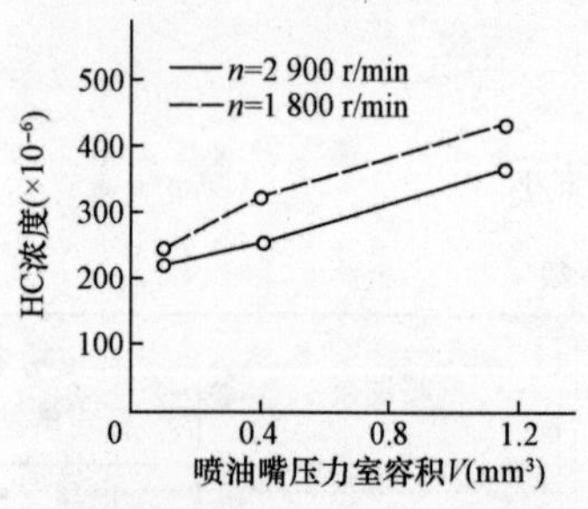

图2 喷油嘴压力室容积对HC排放的影响

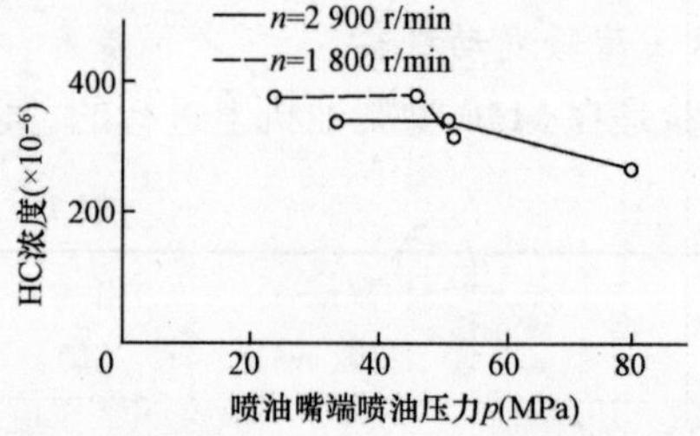

图3 喷油嘴端喷油压力对HC排放的影响

### 3.3 喷孔直径的影响

若想提高喷油压力，一方面必须采用泵油能力更强的高压油泵，另一方面要减小喷孔直径，才能建立起足够高的喷油压力。所以高压喷射必须和小喷孔喷油嘴配合使用。图4是喷孔直径对HC排放的影响，可以看出，减小喷孔直径，一方面可以减小喷雾贯穿距离，减少燃油喷到燃烧室壁面上的油量，从而减少HC排放。因为若喷到燃烧室壁面上的油量太多，影响到燃油的蒸发、混合，从而影响燃烧，致使这部分燃油不能很好地完全燃烧，部分以HC形式排出；另一方面，减小喷孔直径相对来说等于提高喷油压力，也使HC排放减少。综合以上两方面，采用小喷孔直径喷油嘴可使HC排放明显降低。

### 3.4 喷孔锥角的影响

喷孔锥角的大小直接影响到燃油在燃烧室中的落点。本文采用3种喷孔锥角进行试验，试验结果如图5所示，从图中可以看出，采用160°喷孔锥角可使13工况HC加权比平均排放量（BSHC）降低20%以上，这是因为试验用6110型柴油机采用缩口型燃烧室，该种燃烧室在其缩口的唇部下边缘具有较强的气流保持能力，采用160°喷孔锥角，配合最佳喷油提前角，燃油刚好喷到其缩口室的唇部下边缘，能较好地利用该处的气流运动，使空气充分利用，雾化条件改善，促进燃烧，并获得良好的发动机动力性、经济性指标，同时降低HC排放。

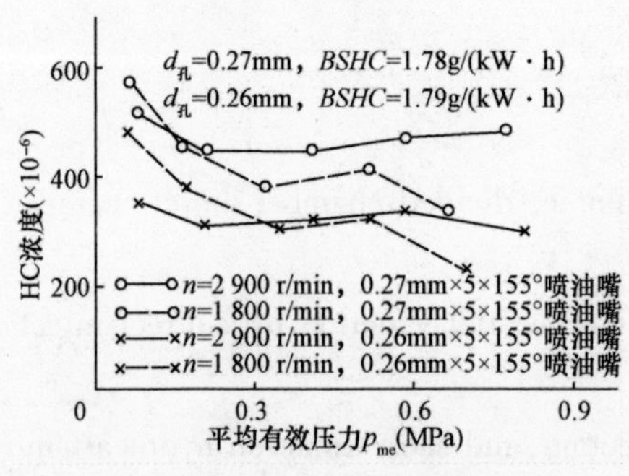


图4 喷孔直径对HC排放的影响

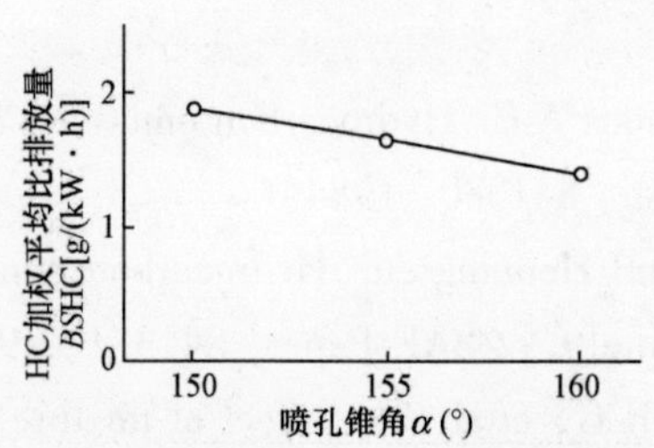


图5 喷孔锥角对HC排放的影响

### 3.5 喷油提前角和空燃比的影响

喷油提前角对HC排放有相当重要的影响。这一方面取决于喷油时缸内的热力状态，如汽缸压力、温度等；另一方面喷油提前角决定燃油在燃烧室内的落点。如喷油提前角过大，使喷油时缸内的压力和温度比较低，燃油雾化质量变差，蒸发、扩散速度缓慢，使着火延迟期长。另外燃油落点也不好，这些均造成HC排放的增加。图6是喷油提前角和空燃比对HC排放的影响。图7给出了不同发动机条件下HC排放和着火延迟期的关系，图中曲线旁的数字为喷油提前角。可以看出，缩短着火延迟期，可大幅度降低HC排放；另外混合气浓度对HC排放也有重要影响，发动机在小负荷运转时，喷油量少，混合气过稀，此时缸内压力和温度较低，使着火延迟期长，增加了HC排放。只有充分利用缸内的气流运动，并和喷油提前角实现最佳匹配，才能真正使HC排放降低。现代柴油机应根据发动机的转速和负荷对喷油提前角进行全面优化控制，较好地进行发动机动力性、经济性和排放性的折衷。6110型柴油机大负荷时适当推迟喷油提前角可获得良好的动力性和HC排放，但在小负荷时就必须使喷油提前角提前量加大，否则就会使HC排放增加很多，相应地微粒可溶有机成分也增加，使一次试验总的微粒排放量增加。

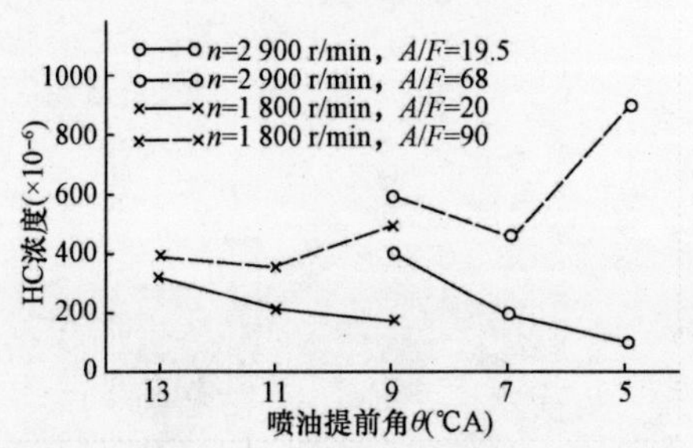


图6 喷油提前角和空燃比对HC排放的影响

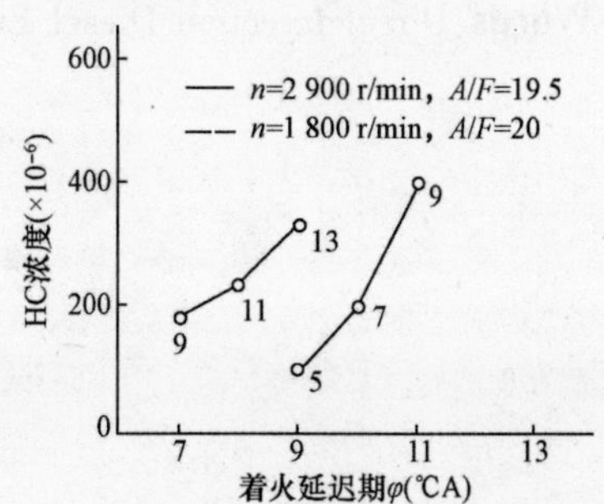


图7 HC排放和着火延迟期的关系

第三部分

## 4 结论

(1)喷油嘴压力室容积对HC排放有重要影响,采用无压力室容积的VCO喷油嘴可使HC排放大幅度降低。

(2)凡是影响着火延迟期的因素,如喷油压力、喷孔直径、喷孔锥角、喷油提前角和空燃比均对HC排放有明显影响。

(3)混合气过稀时,适当加大喷油提前角有利于降低HC排放。

## 参考文献

[1] Alkidas A C. Hydrocarbon emissions from a single-cylinder, divided-chamber diesel engine[C]//SAE Paper, 841380, 1984.

[2] Svend Henningsen. Hydrocarbon emissions from the ignition-delay period in a direct-injection diesel engine[C]//SAE Paper, 841381, 1984.

[3] Yu R G, et al. The effect of mixture rate, end of injection, and sac volume on hydrocarbon emissions from a D. I. diesel engine[C]//. SAE Paper, 831294, 1983.

[4] 何学良,李疏松. 内燃机燃烧学[M]. 北京:机械工业出版社, 1990.



# An Experimental Investigation on Reducing HC Emission from a Direct Injection Diesel Engine

Gong Changming[1], Liu Xunjun[1], Yan Shufang[1], Li Jun[2], Wang Enyu[2]
(1. Jilin University of Technology; 2. Changchun Automotive Research Institute)

**Abstract**: Effects of injector nozzle sac volume, injection pressure, injector hole diameter, nozzle hole cone angle, injection timing and air-fuel ratio on HC emission from a natural aspiration direct injection diesel engine were experimentally studied. Experimental results show that reducing injector nozzle sac volume, raising injection pressure, reducing injector hole diameter, proper increasing nozzle hole cone angle and proper increasing injection timing at low load could significantly reduce HC emission of diesel engine.

**Key Words**: Direct Injection Diesel Engine; Hydrocarbon; Emission

# 降低车用直喷式柴油机有害排放污染物的试验研究

宫长明[1],刘巽俊[1],郭英男[1],李　骏[2],王恩宇[2]
(1.吉林工业大学;2.长春汽车研究所)

**摘　要**:为了满足车用柴油机未来的排放限值,需采取有效措施改善燃烧过程,在保持良好的燃油经济性的同时,大大降低有害排放物。本文对燃烧室几何形状、喷油压力、喷油嘴类型等进行了匹配试验。结果表明,重新匹配的6110型柴油机废气排放可满足欧洲Ⅰ的排放法规要求。

**关键词**:重型汽车;直喷式柴油机;有害排放物

## 1　前言

几十年来车用柴油机一直以强化、节能及耐久为目标,但随着环保意识的加强,车用柴油机的低污染要求越来越突出。近几年美国、日本和欧洲等国颁布了愈来愈严格的排放限值法规(见表1)[1],刺激了全球性的低排放研究。

表1　重型车用柴油机排放标准

| 国　家 | 年　份 | 排放标准 | | 排放量单位及试验程序 |
|---|---|---|---|---|
| 美国 | 1988 | $NO_x$/HC/PM | 10.7/1.3/0.6 | g/(kW·h) |
| | 1990 | $NO_x$/HC/PM | 6/1.3/0.6 | 瞬态 |
| | 1991 | $NO_x$/HC/PM | 5/1.3/0.25 | |
| | 1994 | $NO_x$/HC/PM | 5/1.3/0.1 | |
| | 1998 | $NO_x$/HC/PM | 4/1.3/0.1 | |
| 日本 | 1994 | $NO_x$/PM | 6/0.7 | g/(kW·h) |
| | 2000 | $NO_x$/PM | 4.5/0.25 | 日本13工况循环 |
| 欧洲 | 1990(Euro 0) | $NO_x$/HC/CO/PM | 14.4/2.4/11.2/– | g/(kW·h) |
| | 1992(Euro Ⅰ) | $NO_x$/HC/CO/PM | 8/1.1/4.5/0.36 | ECE R49　13工况循环 |
| | 1995(Euro Ⅱ) | $NO_x$/HC/CO/PM | 7/1.1/4/0.15 | |
| | 2000(Euro Ⅲ) | $NO_x$/HC/CO/PM | 5/0.6/2/0.1 | g/(kW·h)未定试验程序 |

我国的重型车用柴油机由于采用的喷油压力较低,燃烧系统、进气系统和喷油系统匹配不理想,燃烧过程组织得不好,有害废气排放物水平基本上相当于Euro 0法规,与欧美等国目前的排放水平差距很大。

本文通过燃烧室几何形状、喷油压力及喷油嘴类型的匹配试验,研究了这些参数对发动机性能和排放的影响,在动力性、经济性指标基本保持不变的前提下,可大大降低有害污染物的排放。

刊登信息:《汽车工程》1997年(第19卷)第6期

## 2 试验设备

### 2.1 试验发动机

试验是在6110型柴油机上进行的,其主要技术参数如表2所示。

**表2 试验发动机主要技术参数**

| 类 型 | 直列、四冲程、六缸、水冷、自然吸气直喷柴油机 | 类 型 | 直列、四冲程、六缸、水冷、自然吸气直喷柴油机 |
|---|---|---|---|
| 缸径(mm)×行程(mm) | 110×125 | 喷油嘴 | 5mm×0.29×155° |
| 工作容积(L) | 7.127 | 高压油管,外径(mm)×内径(mm)×长度(mm) | 6×2×520 |
| 压缩比 | 17:1 | 针阀开启压力(MPa) | 22.5 |
| 燃烧室 | 直口ω型 | 涡流比 | 2.4 |
| 标定功率(kW)/标定转速(r/min) | 125/2900 | 配气正时:进气门开 | 15°CA BTDC |
| 最大转矩(N·m)/转速(r/min) | 460/1800 | 进气门关 | 45°CA ABDC |
| 最低燃油消耗率[g/(kW·h)] | ≤225 | 排气门开 | 45°CA BBDC |
| 总功率特性上最大排气烟度(FSN) | ≤3.5 | 排气门关 | 15°CA ATDC |
| 喷油泵 | A型泵、AD型泵 | 进气门/排气门 | 1/1 |

### 2.2 喷油系统

使用ZEXEL型A、AD、MD三种喷油泵,标定供油量时油嘴端最高压力分别为$P_{max}$=60、80、110 MPa。使用5mm×0.29×155°、5mm×0.30×155°、5mm×0.28×160°、5mm×0.27×155°四种标准喷油嘴,5mm×0.27×155°、5mm×0.26×155°两种无压力室容积喷油嘴(VCO喷油嘴)。

### 2.3 试验方法和仪器设备

排放试验按ECE R49 13工况循环进行。有害废气排放物用日本HORIBA MEXA-8220D型汽车排气分析仪测量,$NO_x$用化学发光法(CLD)测定,CO和$CO_2$用非分散红外线法(NDIR)测定,HC用加热型氢火焰离子法(HFID)测定,按Bosch公司的炭烟和微粒物的质量浓度关系估算微粒排放量[2]。

## 3 燃烧室形状的影响

6110型柴油机原机采用直口ω型燃烧室(见图1a))。当采用推迟喷油降低$NO_x$时,使排烟上升很多,这是因为这种燃烧室的反挤流比较强烈,可能在活塞过上止点后把未燃烧的燃料或过浓的混合气带出燃烧室,造成顶隙部分的火焰被冷却而产生大量的炭烟。为了控制直口ω型燃烧室因为过强的反挤流而导致炭烟排放高的问题,利用缩口燃烧室特有的挤流来增加燃烧室内的紊流,改善后期燃烧,设计了一种缩口燃烧室(见图1b))。缩口率为15%,如缩口率过大会造成活塞和喷油嘴的热负荷加大。过分抑制反挤流,也不利于燃烧。

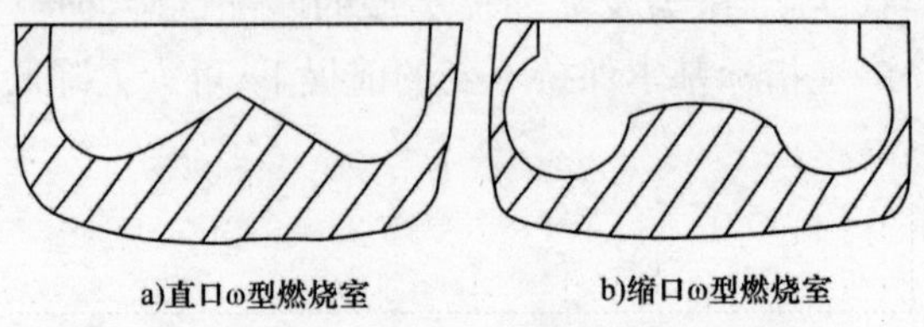

a)直口ω型燃烧室　b)缩口ω型燃烧室

图1 燃烧室形状示意图

图2所示为使用两种燃烧室时发动机的性能。从图2中可以看出,采用缩口ω燃烧室可在发动机动力性、经济性基本保持不变的前提下使排烟明显降低。同时缩口燃烧室配小孔径喷油嘴,可推迟喷油从而改善排放。

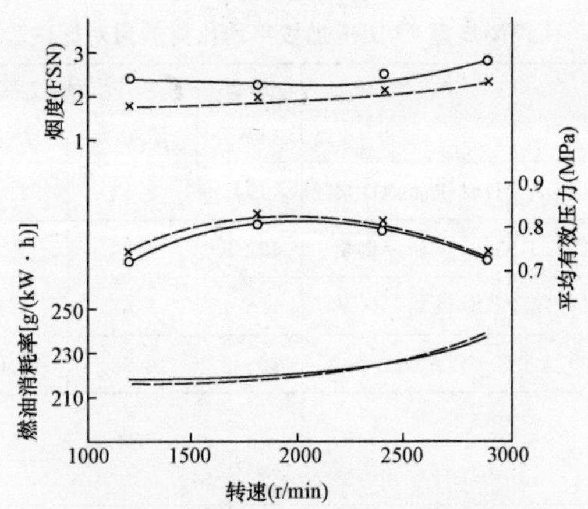


图2 燃烧室形状对发动机性能的影响

○——○-直口ω型,AD泵,5mm×0.30×155°嘴,14℃A BTDC供油;

×－－－×-缩口ω型,AD泵,5mm×0.28×160°嘴,9℃A BTDC供油

图3是两种燃烧室13工况排放分布图。采用缩口燃烧室并推迟喷油可使四种有害排放物同时降低。燃烧室口径缩小,若喷油提前角增大,燃油不能充分喷入燃烧室,混合气形成及燃烧不好,烟

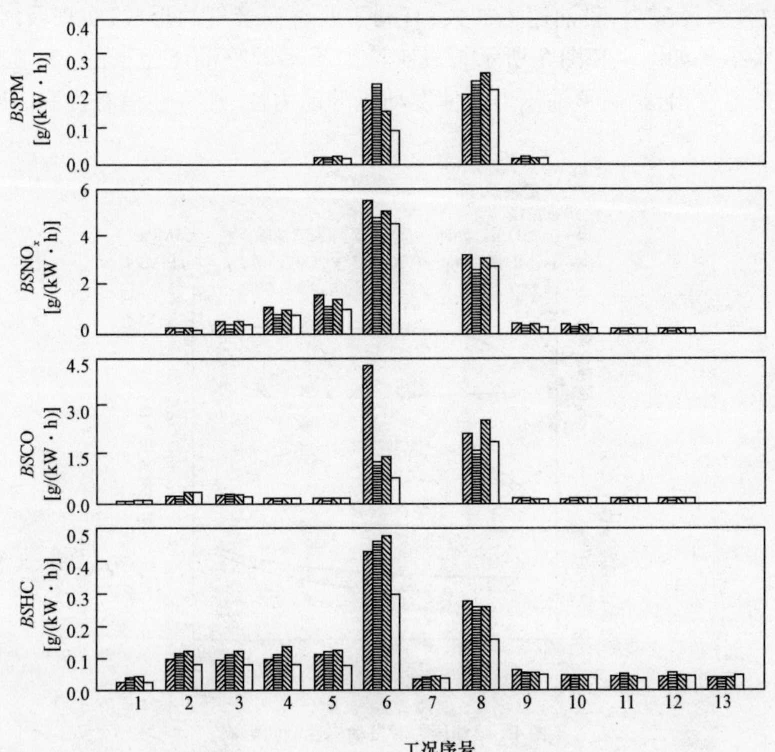


图3 两种燃烧室13工况排放分布图

▨-直口室,5mm×0.30×155°喷油嘴,14℃A BTDC供油;▤-直口室,5mm×0.30×155°喷油嘴,11℃A BTDC供油;

▧-缩口室,5mm×0.28×160°喷油嘴,11℃A BTDC供油;□-缩口室,5mm×0.28×165°喷油嘴,9℃A BTDC供油

度、HC、CO 排放均高。而适当推迟喷油可使燃油刚好喷入燃烧室壁,充分利用气流作用,使空气得以充分利用,燃烧完全,降低有害污染物。表 3 给出了两种燃烧室 13 工况加权平均比排放量对比试验结果。

**表 3　两种燃烧室 13 工况加权平均比排放量对比试验结果**

| 试验条件 | 功率(kW) | 加权平均比排放量[g/(kW·h)] | | | |
|---|---|---|---|---|---|
| | | *BSCO* | *BSHC* | $BSNO_x$ | *BSPM* |
| 直口室 5mm×0.30×155°喷油嘴,14℃A BTDC 供油,AD 泵 | 124 | 8.13 | 1.39 | 14.4 | 0.40 |
| 直口室 5mm×0.30×155°喷油嘴,11℃A BTDC 供油,AD 泵 | 122.9 | 4.74 | 1.50 | 11.89 | 0.49 |
| 缩口室 5mm×0.28×160°喷油嘴,11℃A BTDC 供油,AD 泵 | 125.1 | 5.67 | 1.59 | 13.33 | 0.42 |
| 缩口室 5mm×0.28×160°喷油嘴,9℃A BTDC 供油,AD 泵 | 125.8 | 4.58 | 1.02 | 11.58 | 0.33 |

## 4　喷油压力的影响

直喷式柴油机的燃烧过程可分为预混合燃烧和扩散燃烧[3]两种。为了使直喷式柴油机工作柔和,$NO_x$ 排放减少,要求缩短着火延迟期,减少着火延迟期内形成的可燃混合气量。从而减少预混合燃烧,同时延迟喷油、降低最高燃烧温度,但这必然导致扩散燃烧比例增大。炭烟主要是在扩散燃烧阶段中因燃油与空气不能很好混合而形成。因此只有改善扩散燃烧阶段的油气混合,才能解决好 $NO_x$ 和炭烟排放之间的矛盾。提高喷油压力是一种切实可行的办法。因为提高喷油压力可使初始喷油速度增加,喷雾滴径减小,喷油速率加大,有利于改善混合气的形成,实现及时、完全燃烧,降低有害排放物。试验结果如图 4 和图 5 所示。表 4 给出了不同喷油压力下的 13 工况排放对比结果。从图表中可以清楚地看出,提高喷油压力可使发动机的动力性、经济性稍有提高,四种有害排放物明显降低。

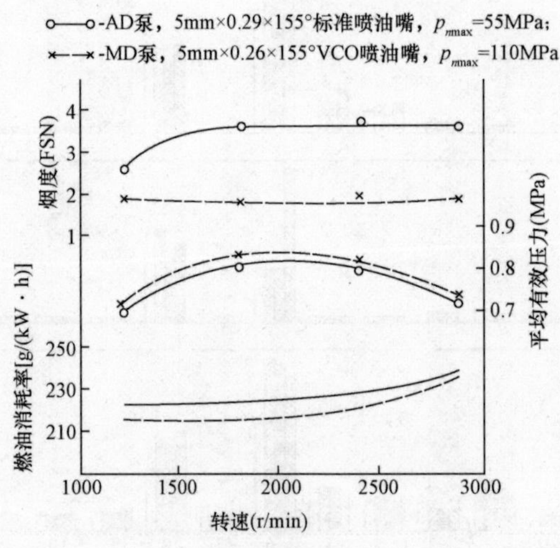


图 4　喷油压力对发动机性能的影响
(缩口室,9℃A BTDC 供油)

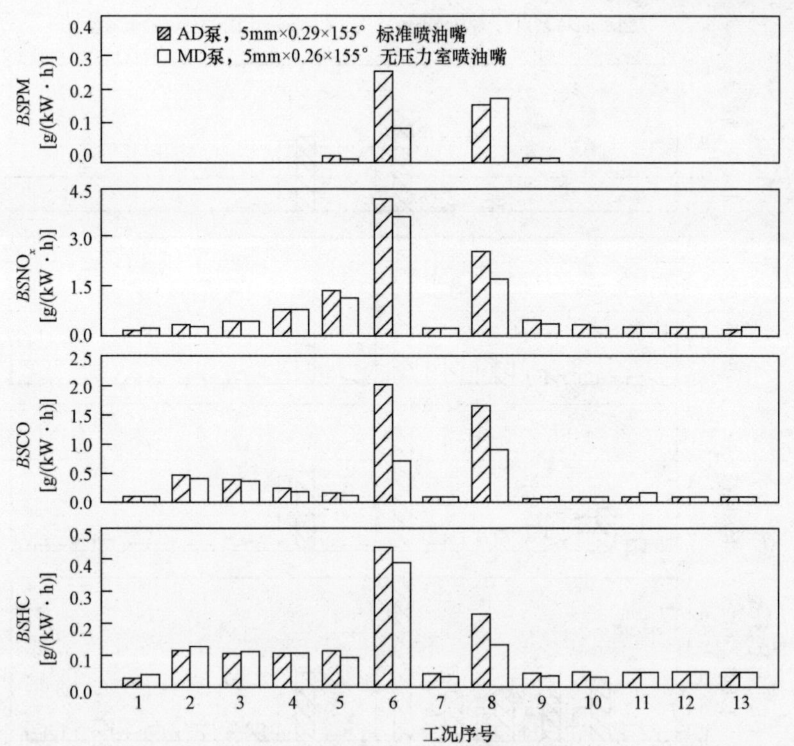


图5 不同喷油压力下的13工况分布图

（缩口室，9℃A BTDC 供油）

**表4 不同喷油压力下的13工况排放对比结果**

| 试验条件 | 13工况加权平均比排放量[g/(kW·h)] | | | |
|---|---|---|---|---|
| | *BS*CO | *BS*HC | *BS*$NO_x$ | *BS*PM |
| 缩口室5mm×0.29×155°喷油嘴，9℃A BTDC供油，$p_{nmax}$ = 55 MPa | 6.37 | 1.35 | 12.18 | 0.46 |
| 缩口室5mm×0.26×155°喷油嘴，9℃A BTDC供油，$p_{nmax}$ = 110 MPa | 3.17 | 1.24 | 8.02 | 0.22 |

## 5 喷油嘴类型的影响

采用缩口燃烧室和高喷油压力可使CO、$NO_x$和PM大幅度降低，但HC排放还不能达到满意的结果。主要是采用标准型喷油嘴，其压力室容积太大，而压力室中燃油一般在喷油结束，甚至在燃烧结束时喷出。这部分燃油由于雾化条件极差，不能很好地燃烧，有一部分以HC形式排出，这是现代柴油机HC排放高的一个重要原因[4]。减少压力室容积或使用无压力室容积喷油嘴是降低HC排放的一项重要措施。图6是标准喷油嘴和无压力室喷油嘴（VCO喷油嘴）的13工况排放试验结果。表5给出了两种喷油嘴13工况加权平均比排放量对比结果。从图表中可以看出，采用VCO喷油嘴可使HC排放明显降低，平均降低约46%。

**表5 两种喷油嘴13工况加权平均比排放量对比结果**

| 试验条件 | 13工况加权平均比排放量[g/(kW·h)] | | | |
|---|---|---|---|---|
| | *BS*CO | *BS*HC | *BS*$NO_x$ | *BS*PM |
| 缩口室，MD泵，9℃A BTDC供油，5mm×0.27×155°标准喷油嘴 | 4.81 | 1.68 | 6.62 | 0.52 |
| 缩口室，MD泵，9℃A BTDC供油，5mm×0.27×155°VCO喷油嘴 | 3.82 | 0.97 | 7.39 | 0.35 |

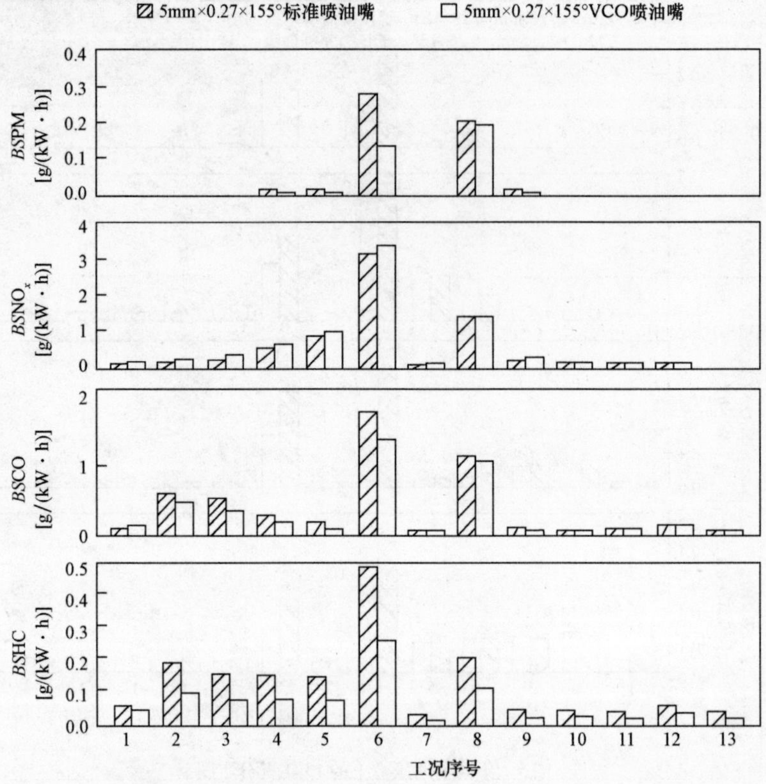


图6　两种喷油嘴的13工况排放试验结果(缩口室,MD泵,9°CA BTDC供油)

## 6　综合优化匹配结果

前面对燃烧室形状、喷油压力和喷油嘴类型的试验结果只是从不同侧面反映出某种因素对柴油机性能和排放的影响。由于每个因素的试验条件不同,所以不能全面地反映出柴油机的动力性、经济性和排放性的最佳折衷结果。图7给出了经过优化匹配的柴油机和原机性能的对比曲线,13工况排放试验结果如表6所示。

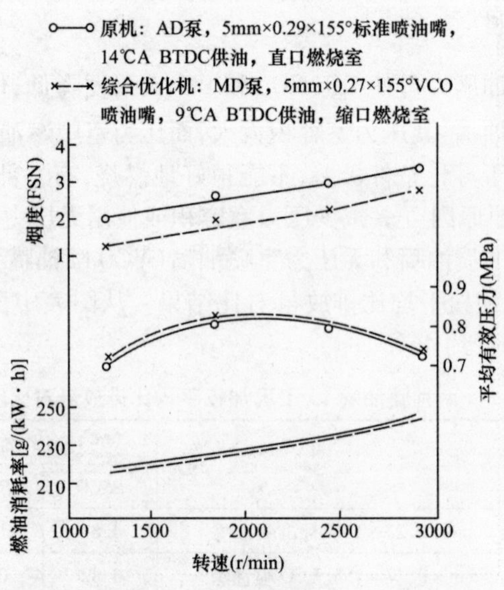


图7　综合优化匹配的柴油机和原机性能对比曲线

表6 综合优化匹配的柴油机和原机 13 工况加权平均比排放量对比结果

| 试验条件 | 13 工况加权平均比排放量[g/(kW·h)] | | | |
|---|---|---|---|---|
| | *BSCO* | *BSHC* | $BSNO_x$ | *BSPM* |
| 原机:AD 泵,5mm×0.29×155°标准喷油嘴,14℃A BTDC 供油,直口燃烧室 | 8.98 | 1.40 | 15.35 | 0.54 |
| 综合优化机:MD 泵,5mm×0.27×155°VCO 喷油嘴,9℃A BTDC 供油,缩口燃烧室 | 3.82 | 0.97 | 7.39 | 0.35 |

综合优化匹配后柴油机采用高压喷射、缩口燃烧室,可在柴油机动力性、经济性不恶化条件下大大推迟供油提前角,这将有利于降低 $NO_x$ 排放。从图 7 和表 6 可以看出,综合优化匹配的柴油机同原机相比,动力性、经济性基本保持不变,但各项排放指标都大幅度下降,可以满足重型车用柴油机 Euro I 排放法规要求。

## 7 结论

(1)采用缩口燃烧室和适当推迟喷油可使 $NO_x$ 和 PM 同时得以降低。

(2)高压喷射可提高空气利用率,促进燃烧,降低排烟。

(3)采用 VCO 喷油嘴可使 HC 排放明显降低。

(4)6110 型柴油机采用缩口燃烧室、VCO 喷油嘴,并提高喷油压力,可在保持动力性、经济性指标不恶化的条件下,使有害废气排放物满足 Euro I 法规的要求。

## 参考文献

[1] Herzog P L, Bürgler L, Winkhofer E, Zelenka P, Cartellier W. $NO_x$ Reduction Strategies for D. I. Diesel Engines[C]//. SAE Paper, 920470.

[2] 王恩宇,宫长明,等.直喷式柴油机 13 工况排放特征分析[J].汽车技术,1996,(4).

[3] 刘颖,张煜盛.论直喷式柴油机燃烧研究的发展[J].内燃机学报,1984,(3).

[4] 何学良,李疏松.内燃机燃烧学[M].北京:机械工业出版社,1990.

## An Experimental Investigation on Reducing Emission Pollutants from an Automotive Direct Injection Diesel Engine

Gong Changming[1], Liu Xunjun[1], Guo Yingnan[1], Li Jun[2], Wang Enyu[2]
(1. Jilin University of Technology; 2. Changchun Automotive Research Institute)

**Abstract**: In order to meet future emission limits of automotive diesel engines, it is necessary to take so effective measures to improve engine combustion process as to reduce significantly emission pollutants without serious penalty of performance. In the paper, matching tests were made for different combustion chamber geometries, injection pressure levels and injection nozzle configurations in a 6110 type diesel engine. Results showed optimally matched 6110 type engine can meet Euro I emission limits.

**Key Words**: Heavy Duty Vehicle; Direct Injection Diesel Engine; Emission Pollutant

第三部分

# 直喷式柴油机燃烧室计算机辅助设计

米金泳[1],李 骏[1],钱耀义[2]
(1. 长春汽车研究所;2. 吉林工业大学)

**摘 要**:从改进和完善直喷式柴油机燃烧室的设计方法的观点出发,本文提出了直喷式柴油机燃烧室计算机辅助设计的设想,并建立了一部分计算模型,由此得到的计算结果对新型直喷式柴油机燃烧室的设计和试验结果的分析均有一定的帮助。

**关键词**:计算机辅助设计;燃烧室;柴油机



### 符号说明

$A,F$——常数,定义见文献[1];
$C_r$——燃烧室内挤流分布系数;
$d_c$——燃烧室直径;
$d_t$——燃烧室缩口直径;
$F_r$——活塞顶(不包括燃烧室喉口部分)在垂直于汽缸轴线的平面上的投影面积;
$n_j$——喷油孔数;
$\Delta p$——平均喷油嘴压力降;
$t$——供油时间;
$V_r$——余隙容积;
$v_{inj}$——平均喷油速度;
$v_t$——油束顶端周向速度;
$\rho_a$——空气密度;
$\rho_f$——高压下燃油的密度;
$C_b$——喷孔流量系数;
$D_c$——汽缸直径;
$d_j$——喷孔直径;
$F_c$——汽缸横截面积;
$f_t$——燃烧室喉口上方圆柱段面积和喉口面积;
$g,h,k$——分别为喷油嘴相对于燃烧室中心的 $x$ 和 $y$ 方向位移及伸出汽缸盖底面的高度;
$g$——每循环容积供油量;
$V_c$——燃烧室容积;
$V_{rr}$——燃烧室喉口倒角部分的附加容积;
$v_{am}$——平均挤流速度;
$\phi,\psi$——发动机曲轴转角函数;
$\rho_d$——燃油密度;
$\theta_j$——喷油持续期。

## 1 前言

纵观国内外对于直喷式柴油机燃烧室的研究,有两个问题值得引起注意:一是新燃烧室的形状趋于复杂,原有的燃烧室设计准则无法提供令人满意的指导;二是采用燃烧室结构多方案的性能试验筛选方法不可能真正得到燃烧室参数的优化,而且工作量很大。因此,本文提出用计算机辅助设计直喷式柴油机燃烧室。

直喷式柴油机燃烧室计算机辅助设计的依据是对于燃油喷射与雾化、汽缸内流场特性、油气混合和燃烧过程所进行的大量试验研究与理论分析,以及在此基础上建立的活塞顶燃烧室数学模型。根据目前的进展,这一 CAD 软件包包括:燃烧室容积的计算和燃烧室形状的计算机绘图;燃烧室内流场的计算与绘图;喷油雾束在燃烧室内的分布;燃烧室壁面的油膜状态与温度场的计算以及喷油

刊登信息:《内燃机学报》1991 年(第 9 卷)第 1 期

规律与燃烧率的匹配计算等。

为了完善燃烧室原有的设计原则，对直喷式柴油机的燃烧室应列出多参数的评价体系。例如燃烧室的流场特性包括：进气涡流比、压缩挤流强度、燃烧室内的微紊流标度以及汽缸内流场的分布结构；燃烧室内的喷雾特性包括：喷雾的空间位置与形状、喷雾着壁时的贯穿长度、沿涡流与挤流方向的偏转角度和喷雾锥角、油束的平均粒度及粒度分布、喷雾的着壁特性、确定着壁位置与时刻、着壁处燃油在壁面上的涂布；着壁时油束的动态特性包括：撞壁时油束顶端速度及其与气流的相对速度、喷雾油束在燃烧室内的分布、各油束的贯穿度及其与平均贯穿度的偏差、油束在燃烧室壁面上的落点高度与平均落点高度的偏差、油束间夹角下方包含的容积与燃烧室总容积的比值等。

作为实现上述目标的第一步，本文建立了一个适用于各种燃烧室与不同形式喷油嘴的高速车用直喷式柴油机燃烧室的数学模型，并据此编制了一个通用计算机程序，以确定在新设计燃烧室时对喷雾特性的一部分评价参数。这是传统油线几何作图法所无法相比的。

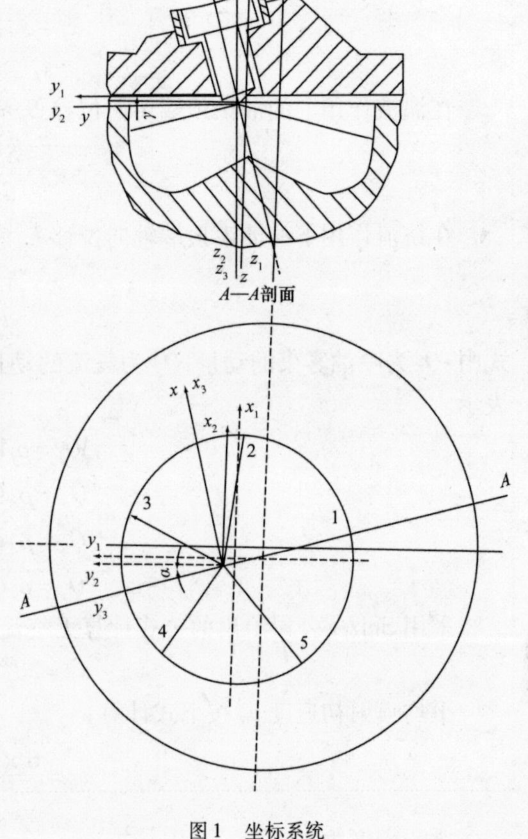


图1　坐标系统

## 2　模型简介

### 2.1　坐标系的建立

喷油嘴的不同结构形式、喷油嘴相对于燃烧室轴线偏斜、燃烧室几何形状及活塞位置随时间变化，使油束在燃烧室空间内的分布极为复杂，因此需要建立适当的坐标系。

原始坐标系设在汽缸盖的底平面上，如图1所示，$z_1$ 轴与燃烧室轴线重合。计算坐标系设在喷油嘴上，$z$ 轴是油束间夹角的平分线，考虑到各油束在空间围成一个圆锥形，故计算坐标系选为球坐标系（见图2）。从原始坐标系向计算坐标系变换过程如下：

（1）原始坐标系（$x_1, y_1, z_1$）。

（2）原始坐标系向喷油嘴头部中心（$x_2, y_2, z_2$）平移：

$$
\begin{aligned}
x_1 &= x_2 + g \\
y_1 &= y_2 + h \\
z_1 &= z_2 + k
\end{aligned}
\qquad \text{式(1)}
$$

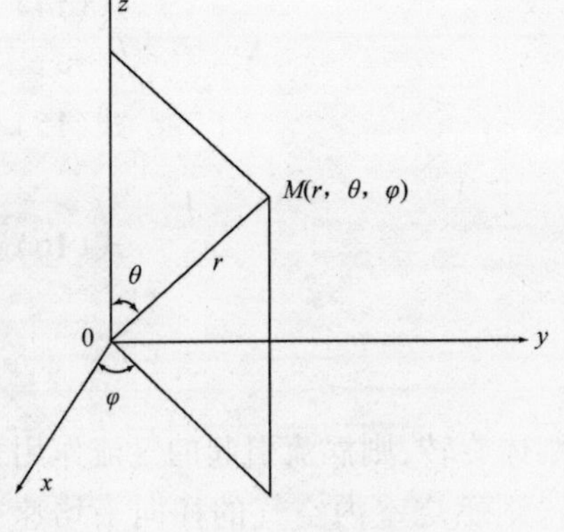


图2　计算坐标系

（3）向来油方向喷油器安装基准线旋转，形成坐标系（$x_3, y_3, z_3$）：

$$
\begin{aligned}
x_2 &= x_3\cos\alpha - y_3\cos\alpha \\
y_2 &= x_3\sin\alpha + y_3\text{eos}\alpha \\
z_2 &= z_3
\end{aligned}
\qquad \text{式(2)}
$$

（4）向油束间夹角平分线旋转得坐标系（$x, y, z$）：

$$
\begin{aligned}
x_3 &= x \\
y_3 &= z\sin\gamma + y\cos\gamma \\
z_3 &= z\cos\gamma - y\sin\gamma
\end{aligned}
\qquad \text{式(3)}
$$

（5）将坐标系（$x, y, z$）换成球坐标系（$r, \theta, \varphi$）：

$$x = r\sin\theta \cdot \cos\varphi$$
$$y = r\sin\theta \cdot \sin\varphi \qquad 式(4)$$
$$z = r\cos\theta$$

2.2 油束顶端轨迹的计算模型

在计算坐标系$(r,\theta,\varphi)$中，油束顶端坐标$r,\theta,\varphi$是时间亦即曲轴转角的函数，其中$r$表征油束的贯穿长度，$\theta$和$\varphi$分别表征由于挤流和涡流作用引起的油束的偏转角度。为了计算$r,\theta,\varphi$值，需要建立一个有涡流和挤流条件下的喷雾子模型。

有气流作用时油束顶端的径向贯穿度$x_{tv}$与无气流作用时油束顶端的径向贯穿度$x_t$之间满足下列无因次方程[1]：

$$\frac{x_t - x_{tv}}{x_t} = 0.35\left[\frac{x_{tv} \cdot Q_a}{d_j \cdot Q_j}\right]^{0.44} \qquad 式(5)$$

在涡流作用下的油束顶端切向位移$S_{tv}$满足下列无因次方程：

$$\frac{S_{tv}}{d_j} = \frac{Q_a}{Q_j}\left[\frac{x_{tv}}{d_j}\right]^{2.217} \qquad 式(6)$$

在挤流作用下的油束顶端轴向位移$h_{tv}$满足下列无因次方程：

$$\frac{h_{tv}}{d_j} = \frac{Q_s}{Q_j}\left[\frac{x_{tv}}{d_j}\right]^{2.217} \qquad 式(7)$$

式中：$Q_j$为喷油雾束的动量，$Q_a$为气流的动量，$Q_v$为涡流的动量，$Q_s$为挤流的动量，分别用下列各式表示。

$$Q_j = \rho_f V_{inf}^2 = 2 \cdot (\Delta p \times 10^5) \qquad 式(8)$$
$$Q_a = \rho_a (x_{tv}^2 w^2 + C_r^2 x_{tv}^2 v_{am}^2) \qquad 式(9)$$
$$Q_v = \rho_a x_{tv}^2 w^2 \qquad 式(10)$$
$$Q_s = \rho_a C_r^2 x_{tv}^2 v_{am}^2 \qquad 式(11)$$

采用Sulzer公司给出的公式计算无气流作用时油束的贯穿度：

$$x_t = 2d_j^{0.46} v_a^{0.53} (\rho_t/\rho_d)^{0.23} t^{0.54} \qquad 式(12)$$

平均喷射初速度$v_0$按下式计算：

$$v_0 = \frac{6 \times 10^{-9} n \cdot g}{\theta_j} \cdot \frac{4}{2d_j^2 n_j C_D} \qquad 式(13)$$

燃油密度为$\rho_f = 2\Delta p \times 10^5 / u_t^2$。

将式(8)～(12)代入式(5)～(7)后，对$t$微分得油束顶端轨迹的微分方程：

$$\frac{\mathrm{d}x_{tv}}{\mathrm{d}t} = \frac{0.54(1 - Ax_{tv}^{1.32}) \cdot Ft^{-0.46}}{1 + 1.32AxFx_{tv}^{1.32} \cdot t^{0.54}} \qquad 式(14)$$

$$\frac{\mathrm{d}s_{tv}}{\mathrm{d}t} = \frac{2.1085\rho_a w^2}{(\Delta p \times 10^5) d_j^{1.217}} x_{tv}^{3.217} \frac{\mathrm{d}x_{tv}}{\mathrm{d}t} \qquad 式(15)$$

$$\frac{\mathrm{d}h_{tv}}{\mathrm{d}t} = \frac{1.1085\rho_a C_r^2 v_{am}^2}{(\Delta p \times 10^5) d_j^{1.217}} \cdot x_{tv}^{1.217} \frac{\mathrm{d}x_{tv}}{\mathrm{d}t} \qquad 式(16)$$

由$x_{tv}$，$S_{tv}$和$h_{tv}$即可算出$t$时刻油束顶端的球坐标值$r,\theta,\varphi$。

2.3 汽缸内流场计算模型

本文采用准维模型模拟缸内气体流动。假定燃烧室内气体按刚体旋转，则涡流引起的气流作用在油束顶端的切向速度为$v_t = x_{tv} \cdot w$，而$w = 2\pi \cdot R\ n/60 \cdot D_c/d_c$，则燃烧室内空气的径向平均速度为：

$$w_{rm}=\frac{2\pi n}{60f_r}\left[\frac{F_r}{F_c}(V_c+V_r)-V_{rr}\right]\cdot\frac{\phi(a)}{\left[\frac{2}{g-1}+\psi(a)\right]}$$ 式(17)

燃烧室内空气的轴向平均速度为：

$$w_{am}=-\frac{2\pi n\cdot V_c}{60f_r}\cdot\frac{\phi(a)}{\left[\frac{2}{\varepsilon-1}+\psi(a)\right]}$$ 式(18)

由挤流引起的作用在油束上的平均轴向速度为：

$$v_{am}=w_{am}\sin\theta_t+w_{rm}\cos\theta_t$$ 式(19)

2.4 喷油雾束着壁模型

在原始坐标系中给出燃烧室的壁面方程：

$$F(x_1,y_1,z_1)=0$$

曲面 $F(x_1,y_1,z_1)=0$ 是分段光滑的，位置 $z_1$ 是曲轴转角的函数，满足燃烧室壁面方程的油束顶端坐标$(x_1',y_1',z_1')$为油束在燃烧室壁面上落点位置，与之对应的 $t_k$ 为油束着壁时刻。

2.5 油束在燃烧室壁面上的涂抹模型

采用油泵－油管－油嘴喷油系统的油膜空间混合直喷式柴油机，燃烧室内壁面油膜状况对混合气的形成与燃烧有很大影响。图3为油束着壁后在燃烧室壁面上涂抹的模型。油膜厚度假定以 $xz$ 平面为对称，并且：

$$H(\psi)=H_\pi e^{\beta(1-\psi/\pi)}$$

式中 $\psi$ 在$[0,\pi]$之间，$H_\pi$ 是 $\psi=\pi$ 时油膜厚度；$\beta$ 可由下式给出[5]：

$$\sin\theta_{imp}=\left[\frac{e^\beta+1}{e^\beta-1}\right]\frac{1}{1+(\pi/\beta)}$$

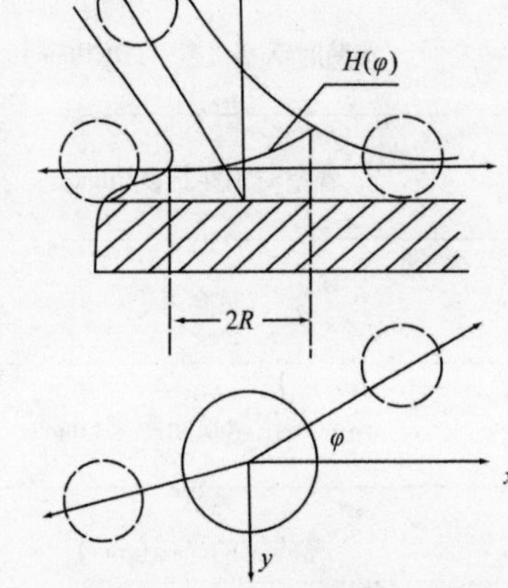

图3 油束着壁模型示意

则沿燃烧室壁面向下和沿涡流方向的涂抹率为：

$$R_{down}=\frac{\int_0^{\alpha_{imp}}\rho_f qRH(\psi)\,\mathrm{d}\psi+\int_0^{180^\circ-\alpha_{imp}}\rho_f qRH(\psi)\,\mathrm{d}\psi}{2\int_0^{\pi}\rho_f qRH(\psi)\,\mathrm{d}\psi}$$ 式(20)

$$R_{sw}=\frac{\int_0^{90^\circ-\alpha_{imp}}\rho_f qRH(\psi)\,\mathrm{d}\psi+\int_0^{90^\circ+\alpha_{imp}}\rho_f qRH(\psi)\,\mathrm{d}\psi}{2\int_0^{\pi}\rho_f qRH(\psi)\,\mathrm{d}\psi}$$ 式(21)

式中，$\theta_{imp}$ 为油束与燃烧室壁面的夹角；$\alpha_{imp}$ 为过油束向燃烧室壁面所做垂直面与 $z$ 方向的夹角，它们可由着壁时刻油束的切线方程和燃烧室壁面的方程确定。

## 3 典型燃烧室的计算分析

据上述模型编制了 FORTRAN 程序并在 PC386 微机上得到辅助设计燃烧室的初步结果。

3.1 6110 型柴油机采用 ω 燃烧室的结果分析

表1是6110型柴油机采用 ω 形燃烧室、五孔 0.29mm×155°喷油嘴在标定工况 $n=3000$r/min 条件下的计算结果，油束着壁时刻为 BTDC 5～8°CA，此时活塞与汽缸盖底面距离为 1.3～1.8mm，涡

流的作用使油束着壁推迟，油束在燃烧室壁上的落点高度为7~10mm，涡流对其影响较小。涡流使油束在燃烧室内有效贯穿长度增加，贯穿率减小。长、短油线着壁时刻的最大偏差为7mm，落点高度差为2mm，这种不均匀性随涡流强度增加而增大。

表2给出了油束着壁瞬间顶端运动状态和燃烧室壁面上燃油涂抹情况。油束着壁时的运动状态影响室壁上的燃油分布。适当的油束径向碰壁速度有利于燃油着壁反弹，但单纯的径向碰壁会使燃油反弹后堆集在落点附近，使壁面油膜表面积减小，厚度增加，蒸发率下降。由表2可见，无涡流时，燃油在落点水平方向上的涂抹率接近50%，具有明显的直角对吹现象，而涡流改变了这种现象，增加燃油在燃烧室壁面上沿涡流方向的涂抹量，提高混合气形成速率。试验照片也定性地证实了上述计算结果。

**表1 ω燃烧室内燃油分布的计算结果**

| 项目 | $R_s$ | 油束代号 1 | 2 | 3 | 4 | 5 |
|---|---|---|---|---|---|---|
| 着壁时刻BTDC(℃A) | 2.4 | 4.68 | 5.48 | 7.54 | 7.92 | 6.22 |
| | 0 | 5.26 | 6.20 | 7.96 | 8.18 | 6.52 |
| 着壁时活塞位置BTDC(mm) | 2.4 | 1.28 | 1.38 | 1.71 | 1.78 | 1.49 |
| | 0 | 1.35 | 1.49 | 1.79 | 1.83 | 1.54 |
| 着壁时贯穿长度(mm) | 2.4 | 35.81 | 34.14 | 29.60 | 28.71 | 32.55 |
| | 0 | 35.13 | 33.19 | 29.19 | 28.66 | 32.50 |
| 贯穿率 | 2.4 | 1.178 | 1.193 | 1.249 | 1.264 | 1.209 |
| | 0 | 1.219 | 1.237 | 1.294 | 1.304 | 1.245 |
| 落点与活塞顶面距离(mm) | 2.4 | 9.74 | 9.31 | 7.86 | 7.50 | 8.67 |
| | 0 | 9.74 | 9.10 | 7.72 | 7.46 | 8.72 |
| 落点$x$的坐标(mm) | 2.4 | 4.61 | 30.11 | 12.26 | -22.36 | -26.79 |
| | 0 | 9.06 | 30.39 | 10.27 | -23.61 | -25.14 |
| 落点$y$的坐标(mm) | 2.4 | -30.08 | -4.36 | 27.84 | 20.01 | -14.42 |
| | 0 | -29.04 | -0.57 | 28.63 | 19.18 | -17.14 |
| 落点$z$的坐标(mm) | 2.4 | 11.02 | 10.69 | 9.57 | 9.28 | 10.16 |
| | 0 | 11.09 | 10.53 | 9.51 | 9.29 | 10.25 |

**表2 ω燃烧室壁面处燃油运动与涂抹的计算结果**

| 项目 | | 着壁时油束顶端的切向速度(m/s) | | 着壁时油束顶端的径向速度(m/s) | | 着壁时油束顶端的轴向速度(m/s) | | 横向涂抹量与油束总量之比(%) | | 纵向涂抹量与油束总量之比(%) | |
|---|---|---|---|---|---|---|---|---|---|---|---|
| $R_s$ | | 2.4 | 0 | 2.4 | 0 | 2.4 | 0 | 2.4 | 0 | 2.4 | 0 |
| 油束代号 | 1 | 19.27 | 0 | 7.43 | 9.29 | 31.23 | 35.05 | 73.4 | 50.7 | 63.3 | 62.3 |
| | 2 | 17.53 | 0 | 7.79 | 9.11 | 32.89 | 37.20 | 76.6 | 56.5 | 64.0 | 63.2 |
| | 3 | 13.14 | 0 | 6.81 | 7.34 | 39.06 | 45.12 | 69.9 | 55.5 | 65.1 | 64.3 |
| | 4 | 12.32 | 0 | 6.43 | 7.04 | 10.58 | 44.07 | 61.3 | 54.0 | 64.6 | 64.2 |
| | 5 | 15.94 | 0 | 7.71 | 8.91 | 34.76 | 38.08 | 63.8 | 57.0 | 63.6 | 63.2 |

3.2　6110 型柴油机采用缩口形燃烧室的计算分析

衡量缩口程度的参数为 $SQ=(d_c-d_t)/d_c$，表 3 与表 4 是 6110 型柴油机在涡流比 $R_s=2.4$ 条件下，对缩口形燃烧室的计算结果。结果表明，缩口率增大，油束着壁时刻推迟，着壁时油束贯穿长度增加，贯穿度趋于合理，这与 ω 燃烧室的计算结果明显不同。与之相比，缩口形燃烧室可缩短滞燃期，延迟喷油正时可获得更好的燃料经济性[2]。从表 3 可见喷油始点相同时与 ω 燃烧室相比油束在缩口形燃烧室壁面上的落点高度增加，即燃油喷向燃烧室凹腔底面，由此可以解释采用缩口形燃烧室需要加大油束间夹角才能使发动机性能提高的原因。随着缩口程度的增大，现有 6110 型柴油机喷油器安装位置使燃油在燃烧室内分布的不均匀性增大，因此应通过计算和试验重新确定喷油器在缸盖上的喷油位置。

**表 3　缩口形燃烧室内燃油分布的计算结果**

| 项　目 | SQ (%) | 油束代号 1 | 2 | 3 | 4 | 5 |
|---|---|---|---|---|---|---|
| 油束着壁的时刻 BTDC(℃A) | 9.7 | 4.40 | 5.28 | 7.54 | 7.94 | 6.10 |
| | 21.0 | 3.58 | 4.62 | 7.46 | 7.92 | 5.72 |
| | 35.5 | 1.22 | 2.18 | 7.30 | 8.02 | 4.06 |
| 着壁时活塞位置 BTDC(mm) | 9.7 | 1.25 | 1.36 | 1.71 | 1.78 | 1.47 |
| | 21.0 | 1.17 | 1.28 | 1.69 | 1.78 | 1.42 |
| | 35.5 | 1.07 | 1.07 | 1.67 | 1.80 | 1.21 |
| 贯穿率 | 9.7 | 1.173 | 1.189 | 1.247 | 1.262 | 1.206 |
| | 21.0 | 1.164 | 1.176 | 1.237 | 1.253 | 1.194 |
| | 35.5 | 1.141 | 1.158 | 1.222 | 1.246 | 1.174 |
| 落点距活塞顶面的高度(mm) | 9.7 | 10.24 | 9.72 | 7.97 | 7.57 | 8.96 |
| | 21.0 | 11.45 | 10.78 | 8.26 | 7.76 | 9.69 |
| | 35.5 | 13.87 | 13.61 | 8.77 | 7.88 | 12.08 |
| 着壁时油束的贯穿长度(mm) | 9.7 | 35.98 | 34.20 | 29.36 | 28.44 | 32.50 |
| | 21.0 | 36.86 | 34.87 | 29.10 | 28.07 | 32.71 |
| | 35.5 | 39.14 | 37.44 | 28.30 | 26.84 | 34.23 |

**表 4　缩口形燃烧室壁面处燃油运动与涂抹的计算结果**

| 项　目 | SQ (%) | 油束代号 1 | 2 | 3 | 4 | 5 |
|---|---|---|---|---|---|---|
| 着壁时油束顶端的切向速度(m/s) | 9.7 | 18.29 | 16.50 | 12.15 | 11.38 | 14.90 |
| | 21.0 | 18.09 | 16.02 | 11.21 | 10.45 | 14.08 |
| | 35.5 | 19.58 | 16.86 | 9.02 | 8.22 | 13.02 |
| 着壁时油束顶端的轴向速度(m/s) | 9.7 | 8.10 | 8.73 | 7.74 | 7.28 | 8.75 |
| | 21.0 | 8.28 | 9.94 | 9.48 | 8.90 | 10.55 |
| | 35.5 | 8.65 | 15.96 | 12.39 | 11.43 | 11.33 |
| 着壁时油束顶端的径向速度(m/s) | 9.7 | 30.13 | 31.76 | 38.28 | 39.88 | 33.69 |
| | 21.0 | 27.96 | 29.25 | 36.46 | 38.28 | 31.34 |
| | 35.5 | 26.05 | 25.47 | 32.30 | 35.07 | 25.70 |
| 纵向涂抹量与油束总量之比(%) | 9.7 | 73.90 | 74.60 | 75.60 | 75.30 | 74.30 |
| | 21.0 | 84.20 | 84.60 | 85.70 | 85.80 | 84.90 |
| | 35.5 | 92.60 | 92.90 | 93.70 | 93.80 | 93.20 |
| 横向涂抹量与油束总量之比(%) | 9.7 | 73.20 | 76.50 | 70.30 | 61.00 | 63.40 |
| | 21.0 | 73.50 | 77.40 | 77.10 | 60.50 | 62.70 |
| | 35.5 | 72.20 | 77.40 | 77.30 | 57.80 | 59.10 |

比较表2和表4,可以看出缩口形燃烧室能在一定程度上改变油束碰壁时的运动状态,随缩口率的增加,着壁时油束顶端的径向速度减小,轴向速度增大。缩口形燃烧室最显著的作用在于它能改变燃油在燃烧室壁面上的分布。由表4可见,随缩口率的增加,落点处沿纵向在燃烧室凹腔内涂抹的油量增加了。在直喷式ω形燃烧室中,由于油束着壁后有较多的燃油向活塞顶面涂抹,因此火焰在早期就从燃烧室凹腔内部冲出,进入活塞顶部间隙,在此间隙内火焰因温度低和缺氧而熄灭,造成黑烟排放,因此火焰喷出活塞顶面的比率是左右燃烧的重要因素。文献[4]通过改变油束碰撞燃烧室壁面的角度,即采用缩口形燃烧室控制油束向活塞顶面的挤出量与燃烧室内剩余量的比例,从而使各个喷孔喷出的油束在活塞顶面上的冲出量与活塞余隙的空气量达到最佳配合,减少了早期的反挤流火焰,有效地防止了黑烟的形成。本文表4中的计算结果也证实了上述试验结果。

## 4 结论

(1)本文用计算机辅助设计高速车用直喷式柴油机燃烧室建立的数学模型是通用的。

(2)计算给出有气流作用时油束在燃烧室壁上落点位置、相对于活塞位置的油束长度以及燃油在燃烧室空间和壁面上分布状况。这些结果与试验照片相比基本可信,可以作为直喷式柴油机燃烧室设计的依据。

(3)对于6110型柴油机用ω燃烧室和缩口形燃烧室的计算对比分析,在一定程度上说明了缩口形燃烧室能改善燃烧过程的原因。



## 参考文献

[1] David J Timoney. A Simple Technique for Predicting Optimum Fuel - Air Mixing Conditions in a Direct Injection Diesel Engine With Swirl[C]//SAE Paper, 851543.

[2] Takeshi Saito, et al. Effects of Combustion Chamber Geometry on Diesel Combustion[C]//SAE Paper, 861186.

[3] 李骏,等.6110型柴油机燃烧过程优化的试验研究[J].汽车技术,1989(8).

[4] 平河内信義等.用高速摄影来研究直喷式高速柴油机的性能改善[J].国外内燃机,1988(6).

[5] Naber J D. Modeling Engine Spray/Wall Impingment[C]//SAE Paper,880107.

## CAD for the Combustion Chamber of Direct Injection Diesel Engines

Mi Jinyong[1], Li Jun[1], Qian Yaoyi[2]

(1. Chang chun Automobile Research Institute; 2. Jilin University of Technology)

**Abstract**: A tentative idea of CAD for the combustion chamber of direct injection diesel engines was presented in order to improve the design method of combustion chamber, and some mathematical models were set up. The calculated results from modeling would be helpful to the design and analysis of test data of a new combustion chamber in direct injection diesel engines.

**Key Words**: Computer Aided Design; Combustion Chamber; Diesel Engine.

# 车用柴油机在不同增压系统下的燃烧过程*

孙万臣[1],刘巽俊[1],刘忠长[1],程　鹏[2],李　骏[3]
(1.吉林工业大学 汽车工程学院,吉林长春　130025;
2.吉林工业大学 测试中心,吉林长春　130025;
3.长春汽车研究所,吉林长春　130011)

**摘　要**:本文在较宽的转速范围内测录了增压柴油机的高压示功图、喷油系统的泵端压力、嘴端压力、针阀升程;利用内燃机燃烧过程的分析诊断软件计算了燃烧放热规律和喷油规律;应用柴油机燃烧及喷油过程特征参数的分析方法,对3种不同增压系统下柴油机的燃烧过程进行了分析。

**关键词**:车用柴油机;涡轮增压;燃烧
**中图分类号**:TK411⁺.2　**文献标识码**:A

柴油机性能的提高与进气系统、喷油系统及燃烧室结构三者的良好匹配有着直接的关系。采用涡轮增压技术是改善柴油机动力性、经济性和排放性的有效途径。通过涡轮增压可以增加柴油机的进气充量,提高燃烧的过量空气系数,改善燃烧状况,降低大负荷工况的排气烟度、微粒和CO、HC排放量。对燃烧放热过程及喷油过程的深入分析是研究和改善发动机性能的有效手段[1]。作者开发了根据实测的汽缸压力、嘴端压力、泵端压力及针阀升程来计算燃烧放热规律及喷油规律的分析诊断软件,提出了分析柴油机燃烧过程的特征参数方法[2]。本文主要对不同增压系统(传统的无排气旁通增压系统、带排气旁通装置的增压系统、谐振涡轮复合增压系统)下柴油机的燃烧过程进行了研究。

## 1　喷油及燃烧过程特征参数的定义

### 1.1　喷油过程特征参数

(1)喷油始点 $SOI$(℃A)为喷油器针阀升程达到最大升程的5%时的曲轴转角。

(2)喷油持续期 $FID$(℃A)

$$FID = EOI - SOI \qquad 式(1)$$

式中,$EOI$ 为喷油终点,定义为针阀升程降到最大升程的5%时的曲轴转角(℃A)。

(3)燃油累积能量 $Q_f(\varphi)$(J)

$$Q_f(\varphi) = \int_0^{\varphi} \mathrm{d}q_f H_u \rho q_{\text{test}} / q_f \qquad 式(2)$$

式中,$\mathrm{d}q_f$ 为根据喷油压力、汽缸压力以及针阀升程计算出的喷油速率[$m^3$/(℃A)];$H_u$ 为燃油低热值(J/kg);$\rho$ 为燃油密度(kg/$m^3$);$q_f$ 为计算的每循环喷油量(kg);$q_{\text{test}}$ 为试验测得的每循环供油量(kg)。

刊登信息:《吉林工业大学自然科学学报》2000年(第30卷)第3期

* 基金项目:国家自然科学基金资助项目(59976011)、教育部博士学科点专项基金资助项目(97018506)、吉林省科技发展计划资助项目(19990505)。

$$q_{test} = B/(30ni)$$

式中,$B$ 为试验测得的燃油消耗量(kg/h);$n$ 为发动机转速(r/min);$i$ 为发动机汽缸数。

1.2 燃烧过程特征参数

(1)滞燃期 $IG$(℃A)

$$IG = SOC - SOI \quad 式(3)$$

式中,$SOC$ 为燃烧始点,定义为燃烧放热量达到总放热量 5% 时的曲轴转角。

(2)预混合燃烧期 $PCD$(℃A)

$$PCD = EPC - SOC \quad 式(4)$$

式中,$EPC$ 为预混合燃烧终点,定义为燃烧放热加速度 $d^2Q/d\varphi^2$ 极小值对应的曲轴转角。

(3)燃烧持续期 $COD$(℃A)

$$COD = EOC - SOC \quad 式(5)$$

式中,$EOC$ 为燃烧终点,定义为燃烧放热量达到总放热量 96% 时的曲轴转角。

(4)预混合燃烧率 $PCF$

$$PCF = Q_{EPC}/Q_{EOC} \quad 式(6)$$

式中,$Q_{EPC}$ 和 $Q_{EOC}$ 分别为根据计算的燃烧放热规律 $Q(\varphi)$ 确定的预混合燃烧终点的累积放热量;$Q_{EOC}$ 总的累积放热量 $PCF$ 表示(预混合)燃烧速率大小。

(5)预混合燃烧指数 $PCI$

$$PCI = Q_{EPC}/Q_{fEPC} \quad 式(7)$$

式中,$Q_{fEPC}$ 为 $\varphi = EPC$ 时的 $Q_f(\varphi)$ 值。

(6)扩散燃烧指数 $DCI$

$$DCI = (EOI - SOC)/(EOC - EPC) \quad 式(8)$$

式中,$DCI$ 表示扩散燃烧速率大小。

(7)燃烧效率 $ECOMB$

$$ECOMB = Q_{EOC}/Q_{fEOC} \quad 式(9)$$

式中,$Q_{fEOC}$ 为 $\varphi = EOC$ 时的 $Q_f(\varphi)$ 值,即总的燃油可用能量。

## 2 试验设备及仪器

### 2.1 试验发动机

试验是在 CA6110 增压柴油机上进行的,其主要技术参数如表 1 所示。增压器采用无锡 Holset 工程有限公司生产的无排气旁通装置的 HIE 涡轮增压器和带排气旁通阀的 WHIE 涡轮增压器。HIE 增压器的涡轮临界截面积为 $18cm^2$,WHIE 增压器的涡轮临界截面积为 $14cm^2$,该增压器采用双进口无叶蜗壳,压气机采用前倾后弯式压气机叶轮,具有压气机效率高、流量范围宽的优点。复合增压机采用谐振箱容积为 2.08 L,谐振管直径为 50 mm、长度为 1.2 m 的谐振系统及 HIE 增压器。

**表1 试验发动机主要技术参数**

| 类 型 | 标定功率(kW)/标定转速(r/min) | 工作容积(L) | 压缩比 | 进气方式 | 缸径(mm)×冲程(mm) |
|---|---|---|---|---|---|
| 四冲程六缸直喷式柴油机 | 130/2600 | 7.124 | 17:1 | 废气涡轮增压 | 110×125 |

### 2.2 试验用主要仪器和设备

用 AVL 内燃机自动化试验台进行发动机的性能试验,试验台自动控制精度为:转速 ±1 r/min,转矩 ±5 N·m,温度 ±2℃。利用 AVL657 内燃机数据分析仪测量高压示功图、喷油系统压力及针阀升程，曲轴转角的分辨率可达0.1℃A，可以进行多参数同时测量，并与微机进行并网通信。

## 3 试验结果及分析

本文对CA6110型柴油机匹配三种不同的增压系统（传统的无排气旁通增压系统、带排气旁通装置的增压系统、谐振涡轮复合增压系统）进行了试验研究，应用作者开发的内燃机喷油及燃烧过程分析诊断软件对其燃烧和喷油过程进行了模拟计算，应用前面提出的特征参数进行了分析。燃烧特性曲线参见图1，主要的燃烧特征参数列于表2。对这些图表进行综合分析比较，可以得到以下结果：

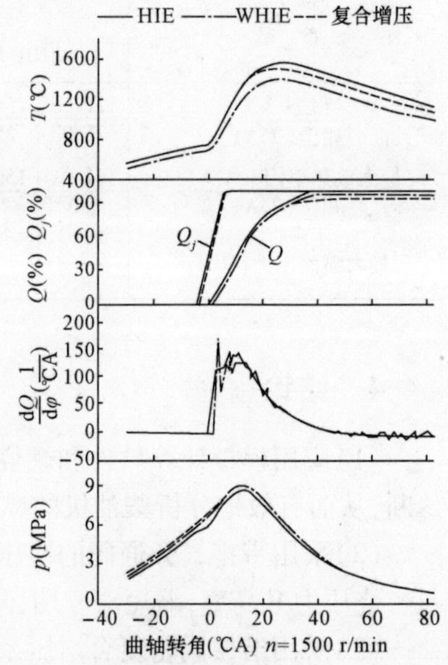


图1 燃烧特性曲线对比

（1）采用带排气旁通阀的增压器，由于减小了涡轮面积，提高了排气能量的利用率，增加了进气充量和空燃比，改善了燃烧过程，使所有工况的最高燃烧压力有所增加，燃烧温度及燃烧压力升高率有所降低，滞燃期缩短，预混合燃烧率降低，有利于提高柴油机的功率、降低燃烧噪声和 $NO_x$ 排放。

（2）采用谐振涡轮复合增压系统后，在最大转矩工况1 500 r/min下，由于空燃比增加，改善了燃烧，使汽缸压力 $p_{max}$ 升高，燃烧温度低，最大放热率 $(dQ/d\varphi)_{max}$ 升高，同时燃烧效率 *ECOMB* 提高，预混合燃烧期 *PCD* 缩短，预混合燃烧率 *PCF* 及预混合燃烧指数 *PCI* 降低，这些均有利于提高发动机性能，降低排气污染物（特别是 $NO_x$）的排放。在标定工况点，由于空燃比低，使 $p_{max}$ 下降，燃烧温度升高，燃烧持续期 *COD* 增加，预混合燃烧指数 *PCI* 增加，扩散燃烧指数 *DCI* 降低。在低速工况1000 r/min时，燃烧压力稍有增加，燃烧温度降低。总之，采用谐振进气系统，在低于谐振转速范围内，可以改善燃烧过程，降低燃烧温度，控制排放污染物的生成，提高发动机的输出转矩，高速工况可控制过高的燃烧压力。

表2 CA6110柴油机燃烧及喷油过程特征参数对比

| 参数 | 原机（HIE增压器） | | | 排气旁通增压系统（WHIE增压器） | | | 谐振复合增压系统（D=50 mm L=1.2 m V=2.08 L） | | |
|---|---|---|---|---|---|---|---|---|---|
| 转速(r/min) | 1000 | 1500 | 2600 | 1000 | 1500 | 2600 | 1000 | 1500 | 2600 |
| *SOI*(℃A) | -6.0 | -7.0 | -9.8 | -5.4 | -5.2 | -9.8 | -6.6 | -6.0 | -9.8 |
| *FID*(℃A) | 13.4 | 15.0 | 21.4 | 12.8 | 13.6 | 21.8 | 13.6 | 14.0 | 22.0 |
| *IG*(℃A) | 4.0 | 5.0 | 8.8 | 3.4 | 4.6 | 8.0 | 3.6 | 4.3 | 8.8 |
| *PCD*(℃A) | 3.0 | 3.0 | 1.0 | 3.0 | 2.0 | 1.0 | 3.0 | 2.0 | 1.0 |
| *COD*(℃A) | 38.0 | 36.0 | 34.0 | 43.0 | 41.0 | 35.0 | 39.0 | 36.0 | 36.0 |
| *PCF* | 0.087 | 0.079 | 0.043 | 0.050 | 0.080 | 0.040 | 0.072 | 0.072 | 0.049 |
| *PCI* | 0.121 | 0.160 | 0.087 | 0.083 | 0.158 | 0.080 | 0.111 | 0.150 | 0.089 |
| *DCI* | 0.269 | 0.303 | 0.382 | 0.235 | 0.231 | 0.406 | 0.278 | 0.285 | 0.377 |
| *ECOMB* | 0.968 | 0.969 | 0.967 | 0.968 | 0.967 | 0.975 | 0.975 | 0.971 | 0.968 |
| $\frac{p_{max}(MPa)}{相位(℃A)}$ | $\frac{8.12}{11.0}$ | $\frac{8.79}{11.0}$ | $\frac{9.72}{11.0}$ | $\frac{8.331}{12.0}$ | $\frac{9.189}{11.0}$ | $\frac{10.415}{10.0}$ | $\frac{8.40}{11.0}$ | $\frac{9.24}{11.0}$ | $\frac{9.12}{9.0}$ |
| $\left[\frac{dp(MPa)}{d\varphi(℃A)}\right]_{max}$ | $\frac{0.56}{1.0}$ | $\frac{0.43}{1.0}$ | $\frac{0.38}{0.0}$ | $\frac{0.437}{2.0}$ | $\frac{0.668}{2.0}$ | $\frac{0.321}{0.0}$ | $\frac{0.43}{1.0}$ | $\frac{0.35}{2.0}$ | $\frac{0.47}{0.0}$ |

续上表

| 参 数 | 原机（HIE 增压器） | | | 排气旁通增压系统（WHIE 增压器） | | | 谐振复合增压系统（$D$=50 mm $L$=1.2 m $V$=2.08 L） | | |
|---|---|---|---|---|---|---|---|---|---|
| $T_{max}$(℃) | 1719.5 | 1560.6 | 1427.6 | 1531.5 | 1399.5 | 1385.4 | 1651.4 | 1508.5 | 1505.5 |
| 相位(℃A) | 21.0 | 25.0 | 25.0 | 23.0 | 26.0 | 23.0 | 21.0 | 26.0 | 24.0 |
| 最大放热率[J/(℃A)] | 164.91 | 150.25 | 119.94 | 159.54 | 174.24 | 158.41 | 169.92 | 159.56 | 134.46 |
| 相位(℃A) | 8.0 | 7.0 | 2.0 | 6.0 | 7.0 | 1.0 | 7.0 | 8.0 | 2.0 |
| 最大喷油压力(MPa) | -3.8 | -4.2 | -5.0 | 0.2 | -3.2 | -3.4 | -4.8 | -0.8 | -5.4 |

## 4 结论

(1)应用模拟计算软件和燃烧特征参数分析方法可以对柴油机的燃烧及喷油过程进行快速分析诊断，从而有效地分析柴油机的燃烧过程，指导柴油机的性能研究。

(2)采用带排气旁通阀的增压器，减小涡轮面积，可增加进气充量，改善燃烧状况，降低燃烧温度及燃烧压力升高率，缩短滞燃期，降低预混合燃烧率，有利于降低燃烧噪声和 $NO_x$ 的排放量。

(3)采用谐振涡轮复合增压系统，在低于谐振转速的转速范围内，由于增加了进气充量，可以改善燃烧过程，降低燃烧温度，控制排放污染物的生成，改善增压柴油机的低速性能。

## 参 考 文 献

[1] 何学良，李疏松．内燃机燃烧学[M]．北京：机械工业出版社，1990.

[2] 孙万臣．车用柴油机脉冲谐振废气涡轮复合增压系统的研究[D]．长春：吉林工业大学汽车工程学院，1998.

[3] Gardner T P. Investigation of the effects of engine design parameters on diesel combustion and emissions using taguchi methods[C]//SAE Paper，1992，116.

## Investigation on Combustion Processes of Automotive Diesel Engine with Different Charging Systems

Sun Wanchen[1]，Liu Xunjun[1]，Liu Zhongchang[1]，Cheng Peng[2]，Li Jun[3]

(1. College of Automobile Engineering，Jilin University of Technology，Chang chun 130025，China；

2. Test Center，Jilin University of Technology，Chang chun 130025，China；

3. Changchun Automobile Research Institute，Chang chun 130011，China)

**Abstract**：Cylinder pressure diagrams，fuel injection pressure histories both on pump side and injector side，injector needle valve lift are measured in practical total speed range for a turbocharging diesel engine. Fuel injection rate profiles and heat release rate profiles are calculated according by software pack for diesel engine fuel injection & combustion analysis and diagnosis. Analysis method of fuel injection and combustion process by means of characteristic parameters is proposed and applied to an automotive direct injection diesel engine with 3 kinds of different charging systems and useful results are obtained.

**Key Words**：Automotive Diesel Engine；Turbocharging；Combustion

# 柴油机燃烧过程的分析诊断方法*

孙万臣[1],刘巽俊[1],刘忠长[1],李　骏[2]
(1.吉林工业大学 内燃机工程系,长春　130025;
2.长春汽车研究所,长春　130011)

**摘　要**:本文提出了一种柴油机燃烧过程分析诊断方法——特征参数分析法,应用燃油有效热能率、滞燃期、预混合燃烧期、预混合燃烧率、预混合燃烧指数、扩散燃烧指数、燃烧效率等特征参数可对柴油机的燃烧过程进行系统的分析。应用该分析方法对复合增压柴油机的燃烧过程进行了分析,找到了一定的规律性。结果表明,应用特征参数分析方法可有效地分析柴油机的燃烧过程,为评价柴油机的工作过程提供了一种有用的分析诊断手段。

**关键词**:柴油机;燃烧;诊断

**中图分类号**:TK411⁺.2　**文献标识码**:A　**文章编号**:1006-8740(2001)01-0057-03



发动机的动力性、经济性及排放特性与其燃烧过程有着密切的关系,燃烧过程的不断完善在改进发动机性能方面占有极其重要的地位,因此对燃烧放热过程的深入分析是研究和改善发动机性能的有效手段[1]。作者开发了根据实测的汽缸压力、嘴端压力、泵端压力及针阀升程来计算燃烧放热规律及喷油规律的分析诊断软件。为了深入分析柴油机燃烧过程,提出了一种简便实用的分析方法——特征参数分析法,应用该方法对脉冲谐振废气涡轮复合增压柴油机的燃烧过程进行了系统的分析,并与普通涡轮增压柴油机进行了对比,找到了一定的规律性[2]。结果表明,采用特征参数分析方法,可有效地分析柴油机的燃烧过程,为进一步改善柴油机工作过程提供了一种有效的分析手段。

## 1　喷油过程特征参数

对喷油过程的分析主要采取以下的特征参数:

①喷油始点 $\Phi_{SOI}$(°CA):喷油器针阀达到最大升程5%时的曲轴转角。

②喷油持续期 $\Phi_{FID}$(°CA):

$$\Phi_{FID} = \Phi_{EOI} - \Phi_{SOI} \qquad 式(1)$$

式中,$\Phi_{EOI}$为喷油终点,定义为针阀降到最大升程的5%时的曲轴转角。

③燃油有效热能率 $dQ_f$[J/°(CA)]

$$dQ_f = d_{qf} \cdot H_u \cdot \rho q_{test}/q_f \qquad 式(2)$$

式中:$d_{qf}$——根据喷油压力、汽缸压力及针阀升程计算的喷油速率,$m^3$/°CA;

$H_u$——燃油低热值,J/kg;

$\rho$——燃油密度,kg/$m^3$;

$q_f$——计算的每循环喷油量,kg;

刊登信息:《燃烧科学与技术》2001年(第7卷)第1期

*　基金项目:国家自然科学基金(59976011)、中国高等教育博士学科点专项基金(97018506)、吉林省科技发展计划(19990505)资助项目。

$q_{text}$——试验测得的每循环供油量，kg。

$$q_{text} = B/(30n \cdot i) \quad \text{式(3)}$$

式中：$B$——试验测得的燃油消耗量，kg/h；

$n$——发动机转速，r/min；

$i$——发动机汽缸数。

④燃油累积能量 $Q_f(\varphi)$(J)：

$$Q_f(\varphi) = \sum dQ_f \quad \text{式(4)}$$

⑤滞燃期内喷油百分率 $F_{IG}$(%)：

$$F_{IG} = q_{fig}/q_f \quad \text{式(5)}$$

式中：$q_{fig}$——滞燃期内的喷油量，$m^3$。

$$q_{fig} = \int_{\Phi_{SOI}}^{\Phi_{SOC}} dq_f \quad \text{式(6)}$$

式中：$\Phi_{SOC}$——燃烧始点，即燃烧放热量达到总放热量的5%时所对应的曲轴转角。



## 2　燃烧过程特征参数

柴油机的燃烧过程可分为滞燃期、预混合燃烧期和扩散燃烧期3个阶段。采用本文提出的特征参数有助于对各个阶段进行分析。

①滞燃期 $\Phi_{IG}$(°CA)：喷油始点 $\Phi_{SOI}$ 和燃烧始点 $\Phi_{SOC}$ 之间的曲轴转角度数。

$$\Phi_{IG} = \Phi_{SOC} - \Phi_{SOI} \quad \text{式(7)}$$

②预混合燃烧期 $\Phi_{PCD}$(°CA)：预混合燃烧终点 $\Phi_{EPC}$ 和燃烧始点 $\Phi_{SOC}$ 之间的曲轴转角度数。

$$\Phi_{PCD} = \Phi_{EPC} - \Phi_{SOC} \quad \text{式(8)}$$

$\Phi_{EPC}$ 定义为燃烧放热加速度 $d^2Q/d\varphi^2$ 极小值对应的曲轴转角。

③燃烧持续期 $\Phi_{COD}$(°CA)：燃烧终点 $\Phi_{EOC}$ 与燃烧始点 $\Phi_{SOC}$ 之间的曲轴转角度数。

$$\Phi_{COD} = \Phi_{EOC} - \Phi_{SOC} \quad \text{式(9)}$$

$\Phi_{EOC}$ 定义为燃烧放热量达到总放热量96%时的曲轴转角。

④预混合燃烧率 $P_{CF}$：预混合燃烧结束时的累积放热量 $Q_{EPC}$ 与总累积放热量 $Q_{EOC}$ 之比。

$$P_{CF} = Q_{EPC}/Q_{EOC} \quad \text{式(10)}$$

式中，$Q_{EPC}$ 和 $Q_{EOC}$ 根据计算的燃烧放热规律 $Q(\varphi)$ 确定；$P_{CF}$ 值表明初始（预混）燃烧速率大小。

⑤预混合燃烧指数 $P_{CI}$：预混合燃烧状态结束时的 $Q_{EPC}$ 与此时的累积燃油热能量 $Q_{fEPC}$ 之比。

$$P_{CI} = Q_{EPC}/Q_{fEPC} \quad \text{式(11)}$$

式中，$Q_{fEPC}$ 为 $\varphi = \Phi_{EPC}$ 时的 $Q_f(\varphi)$ 值。

⑥扩散燃烧指数 $D_{CI}$：除去滞燃期以外的喷油持续期 $D_{fdc}$(°CA)与扩散燃烧持续期 $D_{dc}$(°CA)之比。

$$D_{CI} = D_{fdc}/D_{dc} \quad \text{式(12)}$$

$$D_{fdc} = \Phi_{EOI} - \Phi_{SOC} \quad \text{式(13)}$$

$$D_{dc} = \Phi_{EOC} - \Phi_{EPC} \quad \text{式(14)}$$

式中，$D_{CI}$ 表示扩散燃烧速率大小。

⑦燃烧效率 $E_{COMB}$：燃烧持续期内的累积放热量 $Q_{EOC}$ 与总的燃油可用热能量 $Q_{fEOC}$ 之比。

$$E_{COMB} = Q_{EOC}/Q_{fEOC} \quad \text{式(15)}$$

式中：$Q_{fEOC}$——$\varphi = \Phi_{EOC}$ 时的 $Q_f(\varphi)$ 值。

## 3　复合增压柴油机燃烧及喷油过程分析

本文利用 AVL 内燃机自动化试验台和 AVL657 内燃机数据采集系统对 CA6110 型柴油机匹配两种不同的增压系统(普通涡轮增压系统和谐振涡轮复合增压系统)时的燃烧过程进行了试验研究,测录了喷油系统的泵端压力、嘴端压力、针阀升程、高压示功图及发动机性能参数,应用内燃机燃烧分析诊断软件计算燃烧放热规律和喷油规律,采用前面提出的燃烧特征参数分析法进行了分析。主要的燃烧特征参数及发动机性能参数列于表 11 500r/min 时的燃烧特性曲线参见图 1。其中普通涡轮增压系统采用无锡 HOLSET 公司生产的 H1E 不带放气阀的增压器,复合增压系统采用谐振箱容积为 2.08L、谐振管直径为 50mm、谐振管长度为 1.2m 的谐振进气系统及 H1E 增压器,谐振转速为 1 500～1 600r/min。综合分析这些图表可以看出,采用谐振进气系统后,柴油机的性能指标和燃烧特征参数发生了变化。

(1)在谐振转速附近(1 500r/min),由于空燃比增加,改善了燃烧过程,使燃烧效率 $E_{COMB}$ 提高,汽缸压力 $p_{max}$ 增加,燃烧温度 $T$ 降低,最大放热率 $Q_{max}$ 升高,同时滞燃期 $\Phi_{IG}$ 和预混合燃烧期 $\Phi_{PCD}$ 缩短,预混合燃烧率 $P_{CF}$ 及预混合燃烧指数 $P_{CI}$ 降低,最大燃烧压力升高率降低,这将有利于降低燃烧噪声和 $NO_x$ 排放。从表 1 中的柴油机性能参数来看,与燃烧特征参数相对应,此时柴油机性能指标有了很大的改善,输出转矩增加,燃油消耗率、排气烟度及排气温度有所降低。

第三部分

**表 1　柴油机燃烧及喷油过程特征参数对比**

| 类　型 | 普通涡轮增压系统 | | | 复合增压系统 | | |
|---|---|---|---|---|---|---|
| $n$(r/min) | 1 000 | 1 500 | 2 600 | 1 000 | 1 500 | 2 600 |
| $\Phi_{SOI}$(°CA) | -6.0 | -7.0 | -9.8 | -6.6 | -6.8 | -9.8 |
| $\Phi_{FID}$(°CA) | 13.4 | 15.0 | 21.4 | 13.6 | 15.0 | 22.0 |
| $\Phi_{IG}$(°CA) | 4.0 | 5.0 | 8.8 | 3.6 | 4.5 | 8.8 |
| $\Phi_{COD}$(°CA) | 38.0 | 36.0 | 34.0 | 39.0 | 35.5 | 36.0 |
| $\Phi_{PCD}$(°CA) | 3.0 | 3.0 | 1.0 | 3.0 | 2.0 | 1.0 |
| $P_{CF}$ | 0.087 | 0.079 | 0.043 | 0.072 | 0.072 | 0.049 |
| $P_{CI}$ | 0.121 | 0.16 | 0.087 | 0.111 | 0.15 | 0.089 |
| $D_{CI}$ | 0.269 | 0.303 | 0.382 | 0.278 | 0.313 | 0.377 |
| $E_{COMB}$ | 0.968 | 0.969 | 0.967 | 0.975 | 0.971 | 0.968 |
| $F_{IG}$ | 0.164 | 0.201 | 0.311 | 0.099 | 0.186 | 0.376 |
| $p_{max}$(MPa) | 8.12 | 8.79 | 9.72 | 8.40 | 9.24 | 9.12 |
| $\Phi_{pmax}$(°CA) | 11.0 | 11.0 | 10.0 | 11.0 | 11.0 | 9.0 |
| $(dp/d\Phi)_{max}$(MPa/°CA) | 0.56 | 0.43 | 0.38 | 0.43 | 0.35 | 0.47 |
| $\Phi_{\lambda max}$(°CA) | 1.0 | 1.0 | 0.0 | 1.0 | 2.0 | 0.0 |
| $T_{max}$(℃) | 1 719.5 | 1 560.6 | 1 427.6 | 1 651.4 | 1 508.5 | 1 505.5 |
| $\Phi_{Tmax}$(℃) | 21.0 | 25.0 | 25.0 | 21.0 | 26.0 | 24.0 |
| $dQ_{max}$(J/°CA) | 164.91 | 150.25 | 119.94 | 169.92 | 159.56 | 134.46 |
| $\Phi_{dqmax}$(°CA) | 8.0 | 7.0 | 2.0 | 7.0 | 8.0 | 2.0 |
| $P_e$(kW) | 53.6 | 87.0 | 127.7 | 55.0 | 88.2 | 128.4 |
| $T_{tq}$(N·m) | 512.1 | 554.0 | 469.0 | 525.5 | 561.7 | 471.7 |
| $B$(kg/h) | 13.2 | 18.9 | 29.6 | 13.3 | 18.6 | 30.0 |

续上表

| 类　型 | 普通涡轮增压系统 | | | 复合增压系统 | | |
|---|---|---|---|---|---|---|
| $b$[g/(kW·h)] | 246.2 | 217.2 | 231.9 | 241.7 | 210.9 | 233.6 |
| $\alpha$ | 18.44 | 22.96 | 28.29 | 18.3 | 24.12 | 26.21 |
| $R$(FSN) | 2.2 | 1.3 | 0.7 | 1.9 | 0.7 | 1.0 |
| $t_r$(℃) | 822.2 | 805.2 | 815.2 | 812.2 | 782.2 | 829.2 |

注:$p_{max}$,$(dp/d\Phi)_{max}$,$T_{max}$,$dQ_{max}$分别为最大压力、最大压力升高率、最高温度、最大放热率;$\Phi_{pmax}$,$\Phi_{\lambda max}$,$\Phi_{Tmax}$,$\Phi_{dqmax}$分别为与最大压力、最大压力升高率、最高温度、最大放热率对应的曲轴转角;$n$为转速;$P_e$为有效功率;$T_{tq}$为转矩;$B$为燃油消耗量;$b$为燃油消耗率;$\alpha$为空燃比;$R$为烟度;$t_r$为排气温度。

(2)在标定工况点,由于空燃比降低,使$p_{max}$下降,燃烧温度$T$升高,燃烧持续期$\Phi_{COD}$增加,预混合燃烧指数$P_{CI}$增加,扩散燃烧指数$D_{CI}$降低,结果使柴油机的燃油消耗率、排气烟度及排气温度有所增加。

(3)在低速工况1 000 r/min时,燃烧压力稍有增加,燃烧温度$T$降低,发动机性能亦有所改善。

综上所述,采用谐振进气系统,在低于谐振转速的转速范围内,可以改善燃烧过程,降低燃烧温度,控制排气污染物的生成,提高发动机的输出转矩,降低燃油消耗率。

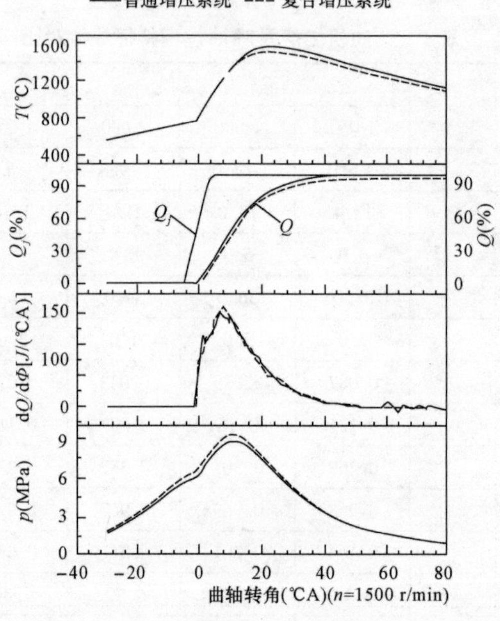


图1　燃烧特性曲线对比

## 4　结论

(1)应用燃烧特征参数分析法可有效地分析柴油机的燃烧过程,指导柴油机性能研究。

(2)采用谐振涡轮复合增压系统,在低于谐振转速的转速范围内,由于增加了进气充量,可以改善燃烧过程,降低预混合燃烧量和燃烧温度,控制排气污染物的生成,提高发动机的输出功率。

(3)改进燃烧过程,对柴油机的排放性能将有显著的影响,有必要进一步研究燃烧特征参数与排放的关系。

## 参考文献

[1] 何学良,李疏松.内燃机燃烧学[M].北京:机械工业出版社,1990.

[2] 孙万臣.车用柴油机脉冲谐振废气涡轮复合增压系统的研究[D].长春:吉林工业大学,1998.

[3] Gardner T P,et al. Investigation of the Effects of Engine Design Parameters on Diesel Combustion and Emissions Using Taguchi Methods[C]//SAE Paper,1992,920116.

# New Method for Combustion Analysis and Diagnostics of Diesel Engine

Sun Wanchen[1], Liu Xunjun[1], Liu Zhongchang[1], Li Jun[2]

(1. Jilin University of Technology, Changchun 130025, China;

2. Changchun Automobile Research Institute, Changchun 130011, China)

**Abstract**: An analysis and diagnostics method—characterized parameters method of diesel engine combustion process has been put forward. The diesel combustion process can be systematically analyzed based on the available fuel energy rate, ignition delay, premix combustion duration, premix combustion fraction, premix combustion index, diffusion combustion index and apparent combustion efficiency. The combustion process of a combined supercharged diesel engine was discussed and positive results were obtained by this method. The results show that the method provide a useful means of analysis and diagnosis for diesel combustion process.

**Key Words**: Diesel Engine; Combustion; Diagnostics

# 直喷式柴油机13工况排放特征分析

王恩宇[1],李 骏[1],宫长明[2],郭英男[2],孙万臣[2],姜立永[2]
(1.长春汽车研究所;2.吉林工业大学)

**摘 要**:本文提出了成分权重的概念,并用它对直喷式柴油机13工况排放试验的排放特性进行了比较详细的分析研究。结果表明,直喷式柴油机排放中各工况的成分权重具有一定的规律性,且两种全负荷工况下各种有害排放物的成分权重最大,是降低排放的主要目标。

**关键词**:柴油机—直喷式燃烧室;排气分析;成分权重



## 1 前言

为了控制柴油车的废气排放和适应其检测方面的需要,世界上各国都根据各自的实际情况分别制定出了柴油车排放物的工况测量方法和限值标准。图1所示为美国稳态13工况试验循环规范;图2、图3分别为欧洲经济委员会和日本制定的13工况试验循环规范。

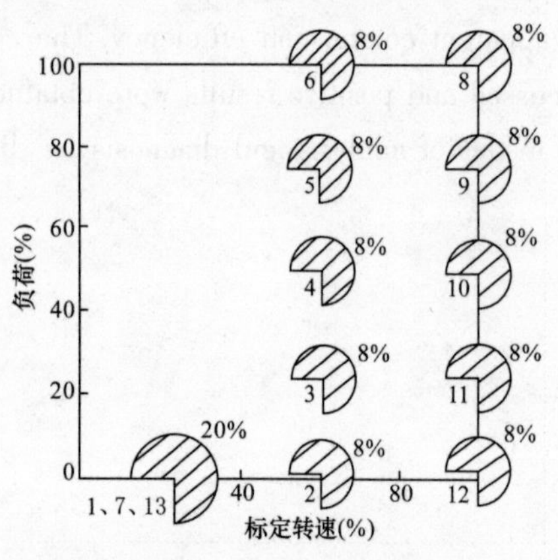


图1 美国13工况试验循环规范

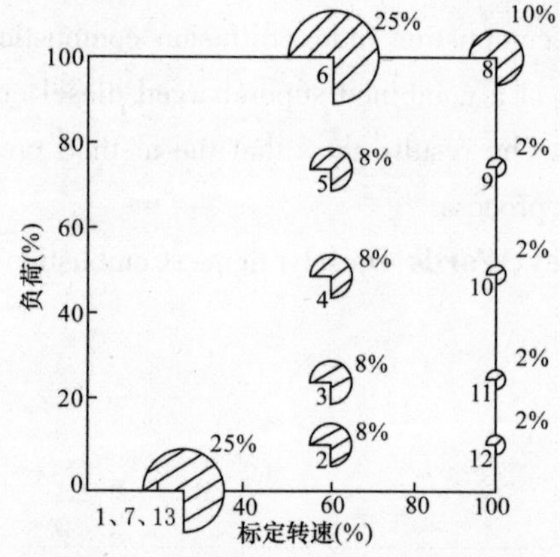


图2 ECE R49 13工况试验循环规范

从上述诸图中可以看出,各国所规定的试验工况及工况加权因子都有很大的不同,美国13工况中各个工况的加权因子比较平均;欧洲经济委员会13工况中中等转速及高速全负荷时的加权因子较大;而日本的13工况注重中等转速中、小负荷工况和怠速工况,其加权因子较大。对于我国,由于道路条件差,致使车辆速度不高,但车辆的承载率却很高,因此发动机在中速大负荷工况工作的时间较长。综合考虑我国的国情和车辆的使用条件,参照欧洲经济委员会的排放标准工况特征,我国也制定出了自己的柴油机排放物测量方法[1],其工况循环同于图2。

虽然美国自1984年以后对重型汽车柴油机排放已采用瞬态循环工况,但通过他们对瞬态和稳态循环工况的对比,认为稳态13工况仍有许多优点,当没有条件采用瞬态工况时,采用稳态13工况仍有现实意义。

刊登信息:《汽车技术》1996年第4期

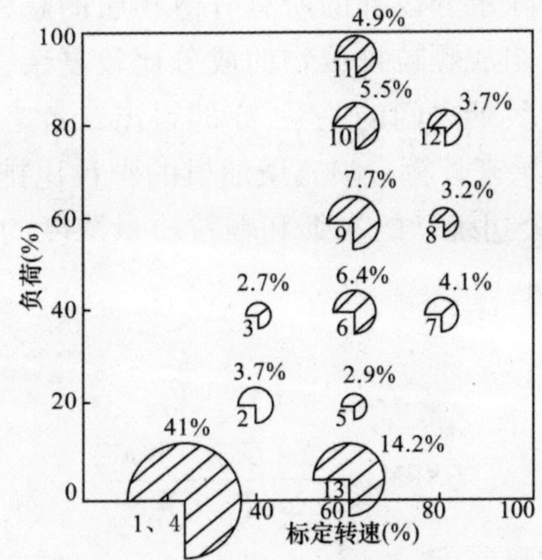


图3　日本13工况试验循环规范

在我国,实行工况法和限值标准工作刚刚起步,因此了解掌握工况法的实质所在,从而采取有效措施降低柴油机的废气排放是非常必要的。本文通过对13工况排放特征进行的分析,找出了影响各种有害排放物排放量的主要工况,为降低直喷式柴油机排放确定了主攻目标。

## 2　试验条件及排放物计算方法

### 2.1　试验条件

试验是在3种不同型号的直喷式柴油机A、B、C上进行的。试验采用德国森克公司制造的W230型电涡流测功机,日本小野公司制造的FX-103型数字式油耗仪。采用日本堀场公司制造的MEXA-8220D型排气分析仪测量气态排放物,其方法为:

CO——非分散红外分析法(NDIR);

HC——加热型氢火焰离子分析法(HFID);

$NO_x$——化学发光分析法(CLD)。

### 2.2　排放物计算

(1)每一工况下CO、HC和$NO_x$的质量排放量(g/h),由以下各式计算:

$$G_{COi}=0.000966W_{COi}\cdot G_E$$

$$G_{HCi}=0.000478W_{HCi},\cdot G_E$$

$$G_{NO_xi}=0.001587W_{NO_xi}\cdot G_E$$

式中:$W_{COi}$、$W_{HCi}$、$W_{NO_xi}$——各种排放物湿基体积浓度,$\times10^{-6}$;

$G_E$——湿基排气质量流量,kg/h。

(2)CO、HC和$NO_x$的加权平均比排放量[g/(kW·h)],由以下各式计算:

$$BSCO=\frac{\Sigma(G_{COi}\cdot WF_i)}{\Sigma(P_{ei}\cdot WF_i)}$$

$$BSHC=\frac{\Sigma(G_{HCi}\cdot WF_i)}{\Sigma(P_{ei}\cdot WF_i)}$$

$$BSNO_x=\frac{\Sigma(G_{NO_xi}\cdot WF_i)}{\Sigma(P_{ei}\cdot WF_i)}$$

式中:$P_{ei}$——每一工况的实测功率,kW;

$WF_i$——每一工况的加权因子。

(3)颗粒比排放量计算

颗粒是在取样状态下排气中除水分以外的所有分散物质的总称，它包括固态的碳基颗粒、液态的碳氢颗粒和无机物等[2]。由于组成颗粒排放物的成分比较复杂，使其测量难度很大，因此世界各国都在致力于找出颗粒排放量和炭烟之间的关系，亦即得出二者之间的经验公式。通过多次实践，我们认为使用 Bosch 公司统计结果来计算直喷式柴油机的颗粒比排放量时，其计算结果与实际全量取样测试结果较为接近。Bosch 公司统计的炭烟和颗粒质量浓度的关系列于表 1，其中 FSN 为滤纸烟度值，PM 为颗粒质量浓度(g/m$^3$)。

计算公式如下：

$$G_{PMi} = PM_i \cdot V_E$$

$$BSPM = \frac{\sum(G_{PMi} \cdot WF_i)}{\sum(P_{ei} \cdot WF_i)}$$

式中：$PM_i$——每一工况的颗粒质量浓度，g/m$^3$；

$V_E$——湿基排气体积流量，m$^3$/h；

$G_{PMi}$——每一工况的颗粒质量排放量，g/h；

$BSPM$——一次排放试验的微粒颗粒加权平均比排放量，g/(kW·h)。

**表 1　烟度和颗粒量浓度对照表**

| FSN | 0.1 | 0.2 | 0.3 | 0.4 | 0.5 | 0.6 | 0.7 | 0.8 | 0.9 | 1.0 | 1.1 | 1.2 | 1.3 | 1.4 |
|---|---|---|---|---|---|---|---|---|---|---|---|---|---|---|
| PM | 0.002 | 0.005 | 0.008 | 0.010 | 0.013 | 0.016 | 0.020 | 0.023 | 0.027 | 0.030 | 0.034 | 0.039 | 0.043 | 0.048 |
| FSN | 1.5 | 1.6 | 1.7 | 1.8 | 1.9 | 2.0 | 2.1 | 2.2 | 2.3 | 2.4 | 2.5 | 2.6 | 2.7 | 2.8 |
| PM | 0.053 | 0.059 | 0.062 | 0.068 | 0.073 | 0.080 | 0.086 | 0.092 | 0.099 | 0.107 | 0.114 | 0.122 | 0.130 | 0.139 |
| FSN | 2.9 | 3.0 | 3.1 | 3.2 | 3.3 | 3.4 | 3.5 | 3.6 | 3.7 | 3.8 | 3.9 | 4.0 | 4.1 | 4.2 |
| PM | 0.148 | 0.158 | 0.167 | 0.178 | 0.188 | 0.199 | 0.210 | 0.222 | 0.235 | 0.248 | 0.262 | 0.276 | 0.290 | 0.307 |
| FSN | 4.3 | 4.4 | 4.5 | 4.6 | 4.7 | 4.8 | 4.9 | 5.0 | 5.1 | 5.2 | 5.3 | 5.4 | 5.5 | 5.6 |
| PM | 0.324 | 0.342 | 0.360 | 0.380 | 0.404 | 0.426 | 0.450 | 0.475 | 0.498 | 0.524 | 0.550 | 0.576 | 0.606 | 0.635 |
| FSN | 5.7 | 5.8 | 5.9 | 6.0 | 6.1 | 6.2 | 6.3 | 6.4 | 6.5 | 6.6 | — | — | — | — |
| PM | 0.666 | 0.700 | 0.732 | 0.770 | 0.800 | 0.840 | 0.876 | 0.912 | 0.940 | 0.980 | — | — | — | — |

## 3　成分权重分析法

从柴油机 13 工况循环图及有害排放物计算公式中可以看出，影响柴油机 13 工况加权平均比排放量的因素有各工况的质量排放量、发动机功率及工况加权因素等，而各工况的质量排放量又取决于各工况的气体排放浓度和燃料消耗量，所以必须对各种因素进行综合分析。

通过对各种影响因素进行的分析，我们认为如果能找出某种排放成分对 13 工况中的某一工况影响最大，就可以着重控制该工况的此种排放成分，从而降低整个 13 工况的加权平均比排放量。经过大量的试验验证，我们总结出了成分权重分析法，即用各特征工况加权比排放量占整个 13 工况加权平均比排放量的百分数来确定该工况的影响程度。

### 3.1　每一工况的加权比排放量

每一工况的加权比排放量[g/(kW·h)]，由以下公式计算：

$$BSCO_i = \frac{G_{COi} \cdot WF_i}{\sum(P_{ei} \cdot WF_i)}$$

$$BSHC_i = \frac{G_{HCi} \cdot WF_i}{\sum(P_{ei} \cdot WF_i)}$$

$$BSNO_{xi}=\frac{G_{NO_x i}\cdot WF_i}{\sum(P_{ei}\cdot WF_i)}$$

$$BSPM_i=\frac{G_{PMi}\cdot WF_i}{\sum(P_{ei}\cdot WF_i)}$$

以直喷式柴油机 B 为例，计算其每一工况有害排放物的加权比排放量如图 4 所示，从图 4 中即可以看出 13 工况中每一工况有害排放成分的分布情况。

3.2　每一工况的成分权重

各种排放成分每一工况的成分权重定义为每一工况的加权比排放量占整个 13 工况加权平均比排放量的百分数，由以下各式给出。

$$G_{COR_i}=\frac{BSCO_i}{BSCO}\times 100\%$$

$$G_{HCR_i}=\frac{BSHC_i}{BSHC}\times 100\%$$

$$G_{NO_xR_i}=\frac{BSNO_{xi}}{BSNO_x}\times 100\%$$

$$G_{PMR_i}=\frac{BSPM_i}{BSPM}\times 100\%$$

计算出每一工况的成分权重后，就可以清楚地看出 13 工况中某种成分在每一工况中所占的比例，如图 5 所示，从而能够分析发动机 13 工况的具体排放特征。

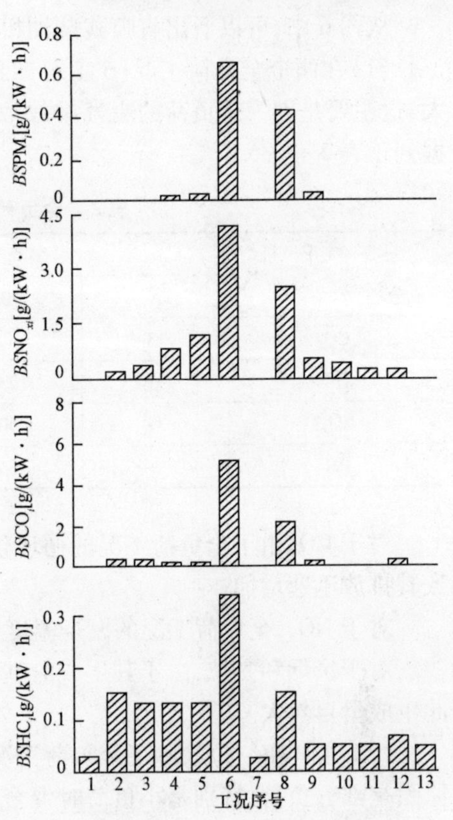

图 4　直喷式柴油机 B 加权比排放量分布图

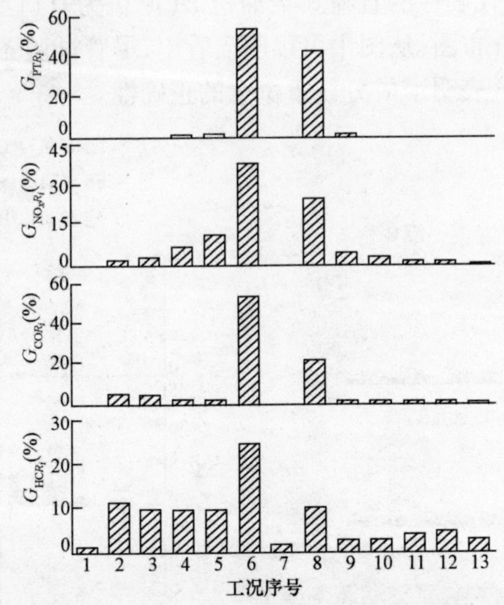

图 5　直喷式柴油机 B 成分权重分布图

## 4　直喷式柴油机 13 工况排放特征

应用成分权重法，对 A、B、C 三种不同型号的直喷式柴油机 13 工况排放试验结果进行了综合分析，结果如图 6 所示。

从图6中,可以看出直喷式柴油机具有以下排放特征:

(1)在两个全负荷工况(6工况和8工况),各种有害排放成分的排放量都比较大,亦即成分权重大,这主要是因为全负荷的废气排放浓度高、加权因子大的缘故。两个全负荷工况成分权重统计数据列于表2。

表2　全负荷工况排放成分权重统计数据(单位:%)

| 工况及机型 / 成分 | 第6工况 | | | 6+8工况 | | |
|---|---|---|---|---|---|---|
| | A | B | C | A | B | C |
| CO | 13 | 50 | 55 | 66 | 75 | 74 |
| HC | 31 | 25 | 36 | 54 | 35 | 46 |
| $NO_x$ | 37 | 40 | 28 | 63 | 65 | 44 |
| PM | — | 55 | — | — | 90 | — |

对于CO,由于全负荷工况的循环供油量大,空燃比小,局部缺氧现象严重,燃烧不完全,因而导致其排放迅速增加。

对于$NO_x$,全负荷工况的燃烧温度和缸内压力都很高,因此促进了$NO_x$的生成。

对于炭烟和微粒,由于其生成的基本条件(高温、高压、缺氧)在全负荷工况时都得到了满足,因此生成量自然大。

(2)对于HC排放,除了全负荷工况外,在中等转速、部分负荷工况也占有相当大的比例。主要原因是部分负荷,特别是小负荷时混合气较稀,不能完全燃烧所致。另外,小负荷时缸内温度低,壁面激冷现象严重,也是导致HC增加的原因。

(3)由大量试验可知,直喷式柴油机13工况中每一工况排放量所占比例,即成分权重分布有一定的规律性。图7所示是具有代表性的直喷式柴油机B(原机为直口型燃烧室)在3种不同工作条件下的13工况排放成分权重分布图,从图中可以明显看出,尽管试验条件变了,但其13工况排放成分权重的规律没变,从而也充分表明了成分权重概念的正确性。

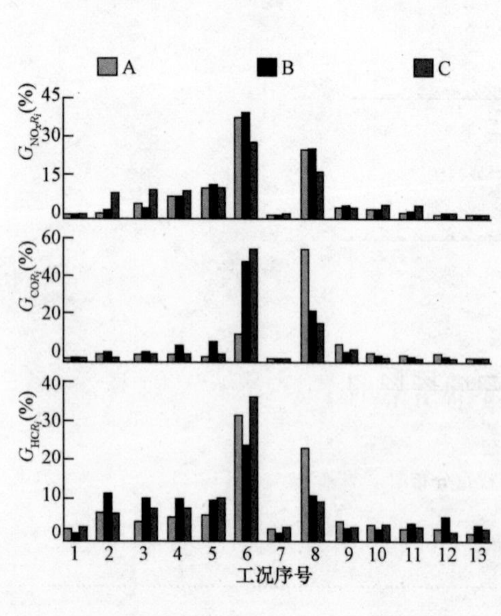


图6　3种柴油机13工况排放测试结果

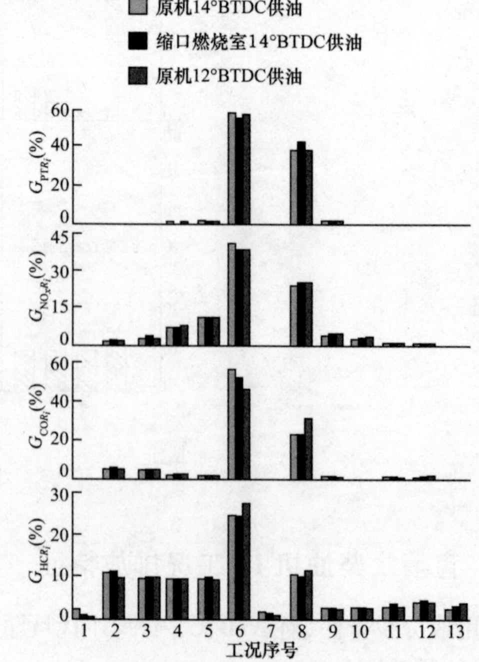


图7　直喷式柴油机B13工况成分权重分布图

## 5 小结

(1)采用每一工况的比排放量和成分权重分析法,可以清楚地表明13工况中各种排放成分的排放特征及所占有的比例。

(2)直喷式柴油机13工况排放成分权重分布具有一定的规律性,可以用来指导实践工作,亦即可以把成分权重最大的第6工况和第8工况作为降低排放的主要目标。

## 参考文献

[1] 国家环境保护局.汽车柴油机排气污染物排放标准和测试方法(讨论稿)[S].
[2] 何学良,等.内燃机燃烧学[M].北京:机械工业出版社.1990.

# EGR Response in a Turbo-charged and After-cooled D. I. Diesel Engine and Its Effects on Smoke Opacity

Yongqiang Han[1], Zhongchang Liu[1], Jiajia Zhao[1], Yun Xu[1], Jun Li[2], Kang Li[2]
(1. Jilin University;2. Research and Design Center of FAW)



**Abstract**: Three thermo-wires with amplifying circuits have been developed to measure the time-resolved concentration of the exhaust gas recirculated into the intake manifold by a rotary valve-based exhaust gas recirculation (EGR) system of a diesel engine. Good agreement was found between the EGR rates measured by the temperature based system and a conventional $CO_2$ tracing system. The developed EGR measuring system was used to investigate the EGR transient response in a turbo-charged and after-cooled diesel engine with a real-time measure and control system. The EGR response under EGR valve step change and engine transient operating conditions are discussed.

At first, the engine was running under a certain steady condition with zero recirculated exhaust gas, then the rotary valve opened to maximum within 0. 1s to demonstrate the EGR step change behavior. EGR rate and air intake stabilized in 0. 5s. The combustion process characterized by the maximal in-cylinder pressure came to stabilization in 1. 9s. Because of the in-cylinder thermal lag and combustion fluctuations the transient smoke opacities were much different from those at constant EGR rate operation and increased gradually to stabilization in approximately 5s. So, when EGR system is adopted to realize HCCI combustion this performance lag must to be taken into consideration.

The engine typical transient operations named constant speed and increasing torque (CSIT) operations, were realized by evenly boosting the accelerator so as to make the engine increase torque from 100 N · m to 500N · m at constant 1600 r/min. Test results showed that the sudden decrease in air intake (resulted by the turbo-lag) brought a dramatic increase of the pressure drop across the EGR valve and resulted in greater EGR rate which deteriorated the smoke opacity under transient operations. The peak smoke opacity under 16CSIT5 operation (constant 1600 rpm from initial 100N · m to final 500N · m within 5s) with the EGR system controlled by the steady-operation strategies was 3 times that of an engine without EGR. In order to obtain better transient performance of the diesel engine equipped with the EGR, its control strategy must be optimized.

**Key Words**: EGR; diesel engine; step change; transient operation; smoke opacity

## Introduction

As a key technology to reduce $NO_x$ emissions from the diesel engine, the exhaust gas recirculation (EGR) system has attracted more and more attention nowadays [1~5]. At the same time, the EGR system coupled with high pressure common rail, variable geometry turbocharger (VGT), diesel particulate filter (DPF), etc can result in better diesel engine performance[6~10]. Recirculated gas changes the combustion

SAE TECHNICAL PAPER SERIES 2008 - 01 - 1677

process and its chemical kinetics. So, EGR system is widely used to realize and control the HCCI combustion process[11~13]. The real-time EGR concentration measurement is necessary to understand the EGR response. Many feasible technologies have been put forward in the last decade. Hall and Zuzek located an optic fiber infrared spectroscopic sensor 10 cm upstream of the intake valve and measured the time-resolved EGR fraction by the $CO_2$ concentration which was proportional to the attenuation of infrared radiation at 4.3 $\mu$m[14]. Mattarelli et al and Müller et al investigated and estimated the dynamic EGR concentrations by experiment and modeling respectively[15,16]. After thoroughly researching the EGR system working mechanism a novel temperature based real-time measuring system is proposed in this paper.

No matter which kind of EGR system is used there exists a certain interval between the moment that the actuator begins to act and the moment that the engine performance stabilizes. Unfortunately, un-optimized EGR rate response and its effects on the combustion during this interval will deteriorate the engine performance seriously. The EGR system is widely used to switch the HCCI combustion to the conventional CI combustion modes and vice versa by providing different EGR rates. The step change of EGR rate (indicated by EGR valve opening changes from zero suddenly to maximum) is representative of the EGR system response under combustion mode switching. Automotive engines often work under transient operations such as cold-start, warm-up, rapid acceleration, rapid deceleration, CSIT operations and CTIS (constant torque and increasing speed) operations. When the engine operates under transient conditions because of the EGR rate response and combustion initial boundaries variations the engine-out emissions deteriorate unless the control strategy is optimized.

The EGR response under EGR rate step change operations and CSIT engine operations have been examined by a rotary valve based EGR system and home-made temperature based real-time EGR rate measuring system on a direct injection (DI), turbocharged and after-cooled (TCA) diesel engine.

## Test System

### Engine

The research is performed on an in-line four-cylinder, DI, TCA diesel engine. The specifications are shown in Table 1.

**Table 1 Test engine specifications**

| | |
|---|---|
| Model | YC4112$Z_L$Q |
| Total Displacement/L | 5.202 |
| Bore/mm × S/mm | 112 × 132 |
| Rated Power/kW | 132 |
| Rated Speed /rpm | 2300 |
| Rated Torque/N · m | 660 |
| Speed of Rated Torque /rpm | 1500 |
| Compression Ratio | 17.5 |

### Experimental Apparatus

The diesel real-time performance measuring system is composed of an eddy current dynamometer, a combustion analyzer, a PCL 818HG A/D converting and gathering card, a fuel flow meter, an AVL 439 smoke opacity meter, a pressure sensor and its amplifying circuit, a $CO_2$ analyzer, an AVL CEB-200 emissions analyzer, a thermo-wires based temperature measuring system and so on (Fig. 1)[17,18].

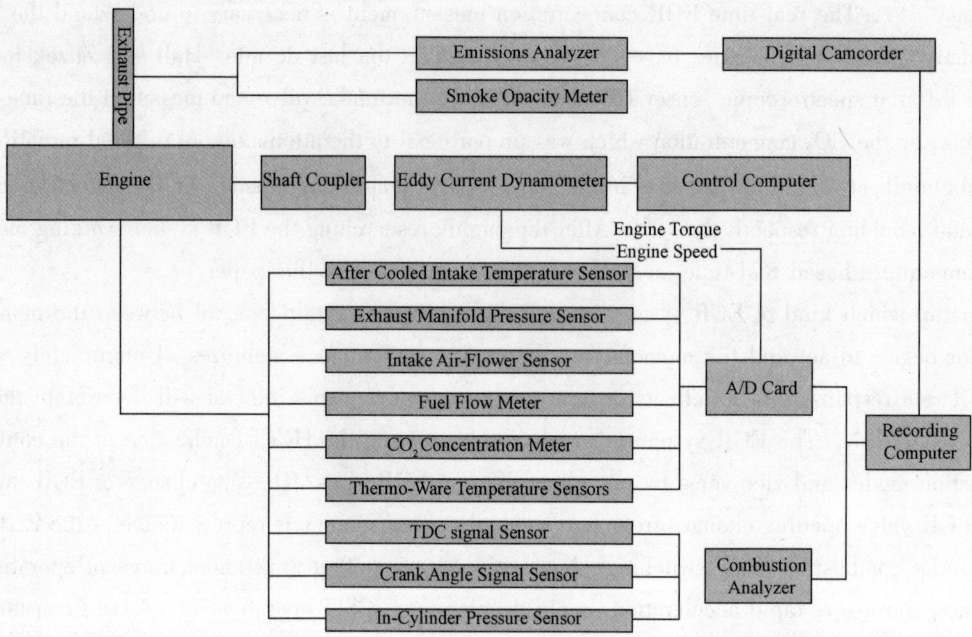

Fig. 1 Test system

## EGR System Considerations

EGR systems can be classified into long route system (LR), short route system 1 (SR1) and short-route system 2 (SR2). In the LR-system the pressure drop crossing the intake air filter and the stagnation in the exhaust gas stream are used to recirculate the exhaust gases. The SR1-system takes advantage of the high velocity and the low static pressure in the compressor diffuser, thereby facilitating an EGR flow from the exhaust manifold to the compressor. In the SR2-system the fresh air stream is passed through a venturi, which is located downstream of the intercooler[1].

In this paper, a rotary valve is located near the 4th branch of the exhaust manifold to change the pressure drop across the intake manifold and exhaust manifold and to manage the recirculated exhaust gas quantity. Fig. 2 shows the structure of the rotary valve-based SR EGR system and Fig. 3 shows the two extreme conditions. When the valve rotates to the position shown in Fig. 3a) and fully closed the entrance to turbine all the exhaust gas from 4th cylinder will recirculate to EGR cooler and provide the maximal EGR rate. On the contrary, when the valve rotates to the position shown as Fig. 3b) and fully closed the entrance to EGR cooler all the exhaust gas from 4th cylinder will go to turbine and provide zero EGR rate. The EGR valve is driven by three series-mounting compressed air cylinders and a crank-link mechanism is adopted to change the cylinder reciprocating motion into rotary motion (Fig. 4). In this system each cylinder has one center rod, which can be protruded or held back by switching the pressed air. The cylinder A is fixed on the guide rail while the other

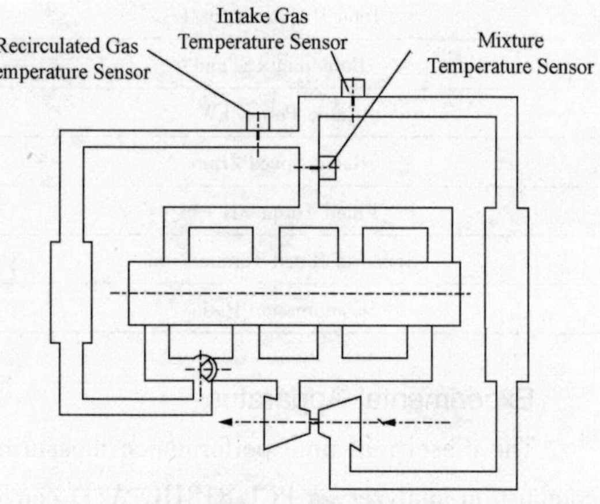

Fig. 2 Rotary valve based EGR system

two can slide one the guide rail. If the entire center rods have been protruded by supplying the pressed air the extension rod comes to the left terminal and drive the rotary valve rotating to the ultra anticlockwise position. On the contrary, the rotary valve will be driven to the clockwise ultra position. 8 positions can be gained by the combination controlling of the cylinders based on the different length of the center rods. The homemade rotary valve based EGR system responses quickly (rotate from one extreme position to the other within 0.1s).

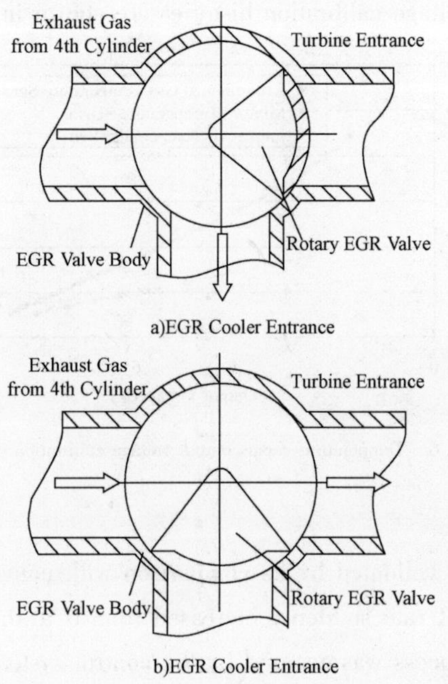


Fig. 3 Rotary EGR valve structure and its two extreme positions

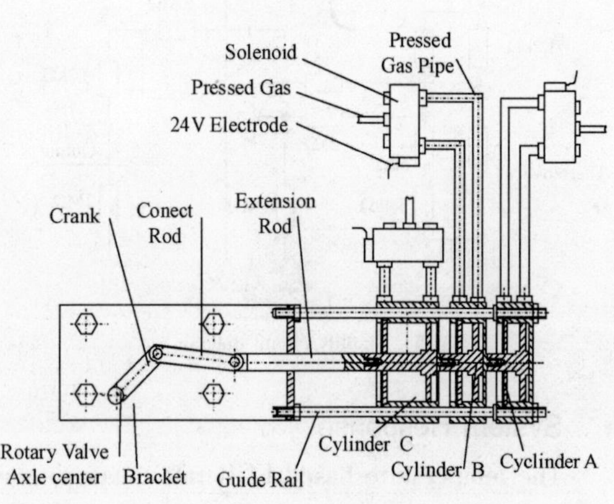


Fig. 4 Pneumatic EGR valve driving system

## Temperature Based EGR Rate Measuring System

### Methodology

The technique is based upon the law of conservation of energy. This means when the heat losses are neglected all the energy lost from the recirculated gas has been transferred to the intake air. Thus, it can be expressed as:

$$C_{EGR} \cdot M_{EGR} \cdot (T_{EGR} - T_{MIX}) = C_{AIR} \cdot M_{AIR} \cdot (T_{MIX} - T_{AIR}) \quad (1)$$

where $C$—the molar specific heat; $M$—the molar flow; $T$—the temperature; subscripts $EGR$, $AIR$ and $MIX$ denote the recirculated gas, the intake air, and the mixture of the intake air and the circulated gas respectively.

Because the air－fuel ratio of TCA diesel is always above 24, $C_{AIR}$ is approximately equal to $C_{EGR}$ (the error is less than 3.5%).

According to the definition, the real time EGR rate can be described as following.

$$R_{EGR} = \frac{M_{EGR}}{M_{EGR} + M_{AIR}} = \frac{T_{MIX} - T_{AIR}}{T_{EGR} - T_{AIR}} \quad (2)$$

## Transient Temperature Measurement

Judging from the expression (2), only the three temperatures of intake air, recirculated gas and their mixture are needed to calculate the real-time EGR rate. The temperature based EGR rate measuring system lay-out is shown in Fig. 1. In this system the homemade temperature sensors are composed of shielded 10μm diameter platinum thermo-wire and corresponding amplifying circuits. The response duration of this thermo wire is less than 5ms. The frangibility or hard installation prevent the using of thermocouples or RTDs in this system. The amplifying circuits were adjusted to output from 0 to 10V DC when the input voltage is 12V DC. The amplifying circuit is shown in Fig. 5, where the 10M resistance may be adjusted to change the amplifier gain. The temperature versus output voltage calibration histories are shown in Fig. 6.

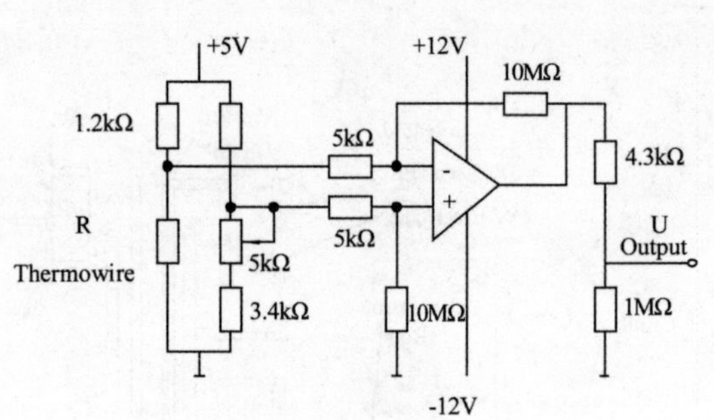


Fig. 5 Amplify circuit diagram

Fig. 6 Temperature versus output voltage calibration curves

### System Response

The temperature based EGR rate measuring system was validated by its comparison with conventional $CO_2$ tracing method under a step change in ERG rate (EGR rate suddenly increased from 0 to 0. 20 and kept constant for 15s) (Fig. 7). The repeatability of the process was ensured by the control system.

Test results showed that the measured steady EGR rates by both systems are almost the same, implying the high precision of the temperature based system. However, if the response time is defined as the duration of EGR rate from 0 to 0. 9 of the stable value, this time for the temperature based system is 0. 55s while for the $CO_2$ tracing system is 3. 35s (almost the response duration of $CO_2$ tracing system). In addition, the response time of the electronically controlled EGR valve is 0. 2 ~ 0. 4s. So, the EGR response characteristic demonstrated by the developed temperature based system can indicate the real history of EGR rate response.

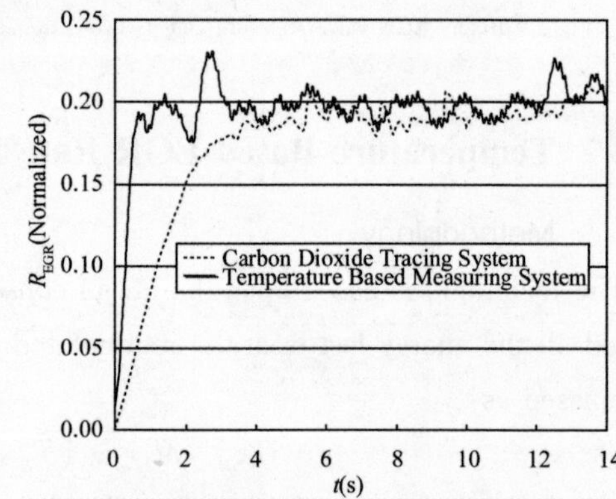


Fig. 7 Measured EGR rates from temperature based system and $CO_2$ Tracing system at EGR step change operation

## EGR Rate Step Change Response

### Test Procedure

At first, the engine was kept 1600r/min and 50% maximum torque 315N · m. Then, the EGR valve rotated from zero EGR rate position to maximal EGR rate position in 0. 1s, thereby recirculating the exhaust gas from the 4th cylinder to the intake manifold. This corresponds to an increase in EGR rate from 0 to 0. 24, and was kept constant thereafter. The EGR rate response histories were recorded by the real time measuring system mentioned above.

## Results and Discussion

Fig. 8 shows the EGR rate, air intake, output torque, in-cylinder maximum pressure and smoke opacity response characteristics under the step change operation. The EGR rate stabilizes at 0. 4s (from 0 to 0. 9 of the stable value, Fig. 8a)), while the air intake stabilizes at 0. 33s (Fig. 8b)). Therefore, they behave with almost the same response duration. The recirculated exhaust gas is from the former cycle. Because the air intake of the former cycle is more than the current cycle, this results in EGR rate overshooting. Thus, the EGR rate will fluctuate for a certain time and stabilize after the air intake stabilizes at 0. 33s.

Fig. 8d) shows the peak in-cylinder pressure under the EGR rate step change operation. The peak pressure drops dramatically at the onset of EGR rate increase and stabilizes at 1. 9s. Because the output torque is directly determined by the combustion process, the output torque also stabilizes after 1. 9s.

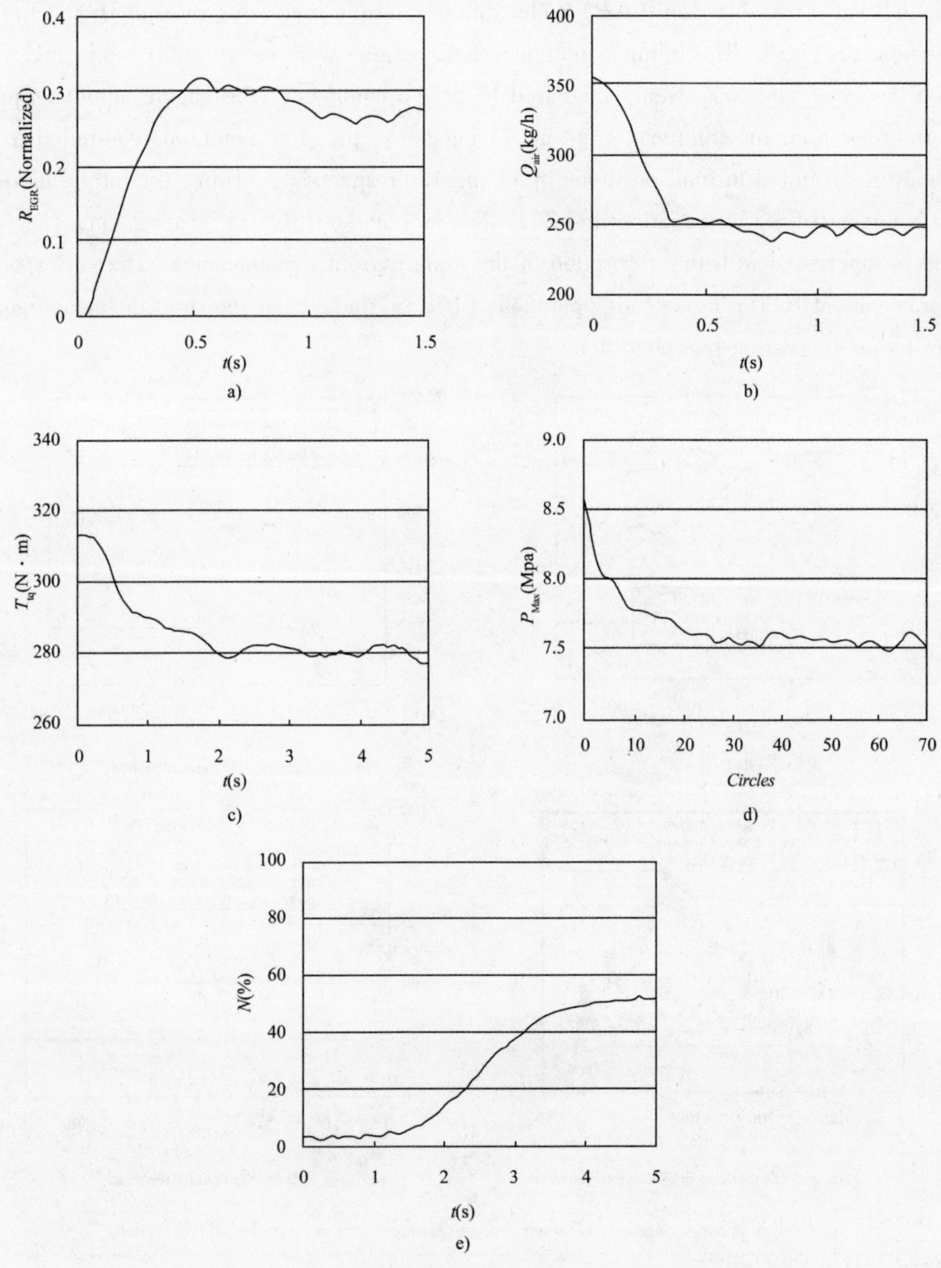


Fig. 8 Key parameter response histories under EGR rate step change operation

## EGR Under Transient Operations

### Test Matrix

Constant speed and constant torque operations have heavy weightings in EPA and ETC transient test cycles[14 and 15]. Moreover, any complicated transient operation can be decomposed into constant speed or constant torque operations, So, respective investigation into constant speed and constant torque operation can reveal the EGR response characteristics under all transient operations, Because the engine performance under increasing fuel operations deteriorates more than that under decreasing fuel operations, the CSIT and CTIS operations were chosen in this paper.

The responses of key parameters such as EGR rate(REGR), smoke opacity (N) air intake quantity (Qair) and EGR valve pressure drop ($\Delta P$) under different torque increasing rates at 1600r/min CSIT operations are shown in Fig. 9. The initial conditions of the engine were set to 1600 r/min and 100 N · m torque, Then the accelerator was evenly increased by a step motor until the engine output torque reached 600N · m. In order to obtain different torque increasing rates, the step motor was controlled to make the accelerator move from initial to final positions in 5s and 15s respectively, Thus, the torque increasing rate is 80 N · m/s under 16CSIT5s operation and 26,7 N · m/s under 16CSIT15s operation, The increase in engine speed is suppressed with the absorption of the eddy current dynamometer, The corresponding performance parameters at 1600 r/min steady operations (16CSS) have been shown in the same figure to indicate the zero torque-increasing-rate condition.

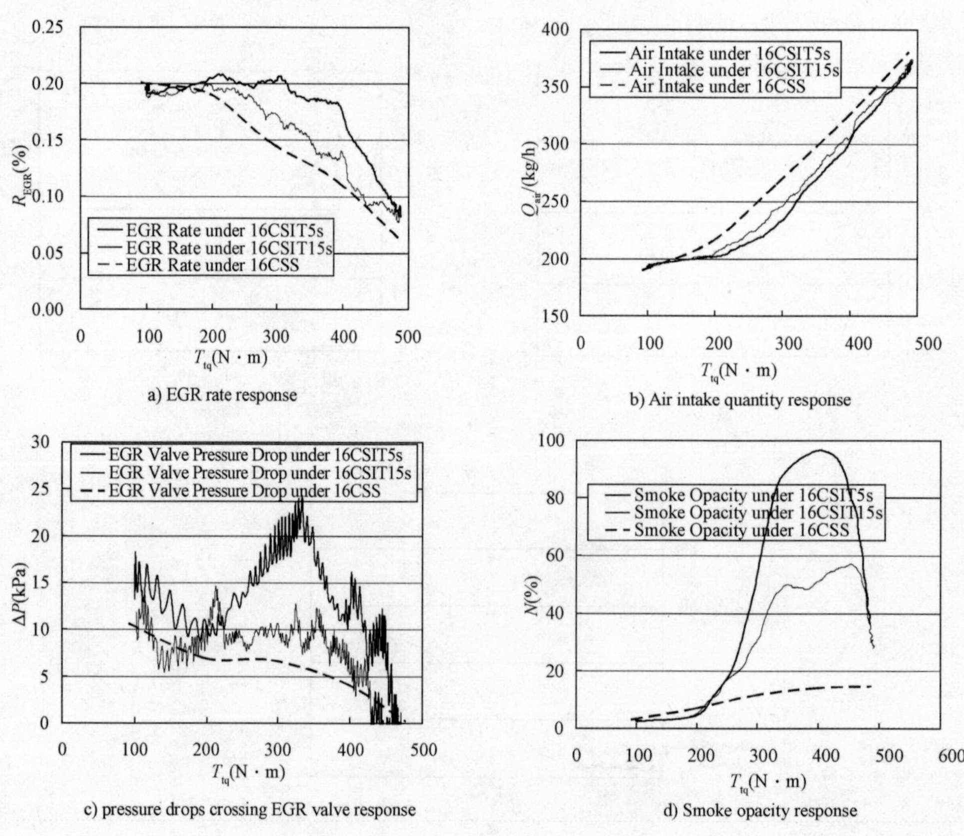


Fig. 9 Key parameters responses under different torque increasing rate 16CSIT operations

## Results and Discussion

The EGR rate response histories under different operation conditions are shown in Fig. 9a). At the beginning of accelerating the EGR rate under different torque increasing rates are almost the same. During the middle of accelerating the EGR rates depart from the steady operations, the more torque increasing rate the more departure extent exists. At the end of accelerating (the torque just reaching 500N · m) the EGR rates are not equal, but the trends are similar. This means the EGR rate responses under transient operation are much different from that of steady operation. So, many problems may arise if the control MAP calibrated under steady operations is adopted to control the EGR system under transient operations.

The EGR rate is directly determined by the pressure drop crossing the EGR valve under fixed recirculating area. The histories of the air intake and the pressure drop are shown in Fig. 9b) and Fig. 9c) to explain the mechanism of the phenomena shown in Fig. 9a).

At the beginning of accelerating (from 100 N · m to 200N · m) the pressure drops crossing the EGR valve and the air intake under all torque increasing rates are approximately the same, which results in analogous EGR rates. During the middle of 16CSIT5s (from 200N · m to 400N · m), the air intake decreased with the higher torque increasing rate because of the severe turbo lag. The intake manifold pressure decreases in proportion to air intake while the back pressure of exhaust manifold remains approximately the same as steady operations. This makes the pressure drop across the EGR valve increase with the torque increasing rate. Thus, the decreased air intake coupled with the increased pressure drops crossing the EGR valve results in dramatic overshoot of EGR rates, which are proportional to the torque increasing rate. At the 1600 r/min and 300N · m operating point the EGR rate under steady operation is only 0. 14, whereas the EGR rate rises to 0. 20 under 80N · m/s torque increasing rate operations. At the end of accelerating (from 400N · m to 500N · m), although the pressure drop across the EGR valve under different torque increasing rates are similar, the EGR rates lag coupled with the decreased air intake under higher torque increasing rates make the EGR rates still different from each other and have similar trends.

The effects of EGR rate transient responses on the engine performance are investigated through smoke opacity in this paper. The response histories of smoke opacity under 16CSIT and 16CSS operations equipped with EGR system are shown in Fig. 9d). The smoke opacity under 16CSIT operations are much more deteriorated than 16CSS and the more torque increasing rate the more smoke opacity exists. At the 1600 r/min and 400N · m operating point the smoke opacity of 16CSS is only 14%, while the smoke opacities are respectively 51% and 96% under 16CSIT15s and 16CSIT5s. The deteriorated smoke opacity result from two factors. First, the turbo lag (which has the same mechanism of common TCA DI diesel engine without an EGR system, [19, 20]). Second, the EGR rate overshoot. In order to partition the contribution fractions from turbo lag and EGR rate overshoot to the smoke opacity deterioration, the response history of diesel engine without EGR system under the same operations is indicated in Fig. 10.

Comparing the smoke opacity response histories with or without EGR system respectively shown in Fig. 9d) and Fig. 10, two conclusions can be made as following. First, the engine equipped with an EGR system has higher smoke opacity than that without an EGR system under all operating conditions (the maximum smoke opacity under 16CSS with EGR is 17%, but without EGR it is only 8%). Second, the smoke opacity will increase more dramatically under transient operations. For example, the peak smoke opacity under 16CSIT5s is 30% without the EGR system, while the peak smoke opacity reaches 96% under the same conditions just because of the adopted EGR system which is controlled by the MAP gained from steady operation calibration. Therefore, the EGR system should be shut down or re-optimized to improve the en-

第三部分

gine performance under transient operations.

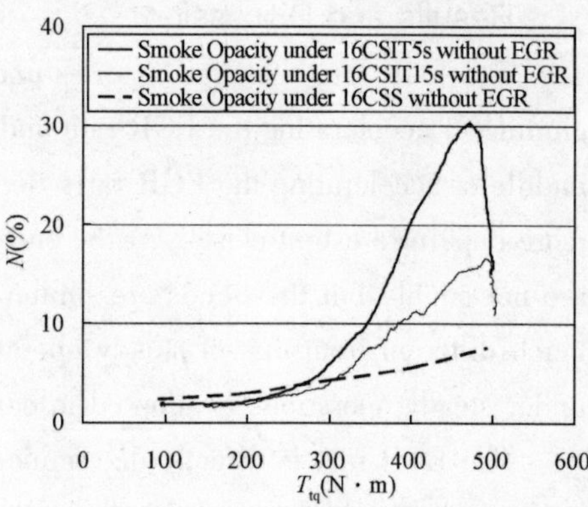


Fig. 10 Smoke opacity response histories under different torque increasing rates without EG R system

## Summary and Outlook

The rotary valve-based EGR system is established on a turbo-charged and after-cooled heavy duty diesel engine. A temperature based real-time EGR rate measuring system has been developed to reveal the EGR rate responses under EGR rate step change and engine transient operations. The following observations can be made:

(1) With a step change in EGR valve position, the EGR rate and air intake stabilize within 0.5s, the combustion process stabilizes in 1.9s, and the smoke opacity increases gradually and stabilizes in approximately 5s.

(2) The sudden decrease in air intake is accompanied by a dramatic increase in pressure drop across the EGR valve and results in greater EG R rate for deteriorated smoke opacity under transient operations.

(3) The peak smoke opacity of the test engine with the EGR system rises to 96%, which was threefold greater than without the EGR system under 16CSIT5s operation.

Considering the phenomena mentioned above, the EGR system control strategy must be well optimized for step changes in EGR rate and engine transient operation so as to fully utilize the potential of the EGR system for diesel engine performance and HCCI combustion. During the subsequent research, the control strategy optimizing methods and EGR rate active control technologies will be discussed in detail.

## Acknowlegements

The authors are grateful for the financial support of National Program on Key Basic Research Project 2007CB210003 and Natural Science Foundation of China projects 50676040 and 50406004.

## References

[1] UIf Lundqvist, Gudmund Smedler, Per Stalhammar. A Comparison between Different EGR Systems for HD Diesel Engines and Their Effect on Performance, Fuel Consumption and Emissions[C]//SAE Paper, (2000)2000-01-0226.

[2] Relf Egnell. The Influence ef EGR en Heat Release Rate and NO Formation in a DI Diesel Engine. SAE Paper,(2000) 2000-01-1807.

[3] R. S. G. Baert. Efficient EGR technology for future HD diesel engine emission targets[C]//SAE Paper, (1999)1999-01-0837.

[4] Susumu Kehketsu, Kazuteshi Meri, Kenji Sakai, Takazeh Hakezaki. EGR Technologies fer a Turbecharged and Intercooled Heavy-Duty Diesel Engine[C]//SAE Paper,(1997) 970340.

[5] Paul Zelenka, Hans Aufinger, Walter Reczek, Wolfgang Cartellieri. Cooled EGR-A Key Technology for Future Efficient HD Diesels[C]//SAE Paper, (1998) 980190.

[6] J. G. Hawley. Reduction of steady-state NOx levels from an automotive diesel engine using optimized VGT/EGR schedules[C]//SAE Paper, (1999)1999-01-0835.

[7] D. A. Kouremenos, D. T. Hountalas and K. B. Binder. The Effect of EGR on the Performance and

Pollutant Emissions of Heavy Duty Diesel Engines using Constant and Variable AFR[C]//SAE Paper, (2001) 2001 - 01 - 0198.

[8] D. A. Pierpont, D. T. Montgomery, R. D. Reitz. Reducing Particulate and $NO_x$ Using Multiple Injections and EGR in a D. I. Diesel[C]//SAE Paper, (1995) 950217.

[9] Börje Grandin and Hans-Erik Angstr6m, Replacing Fuel Enrichment in a Turbo Charged SI Engine: Lean Burn or Cooled EGR[C]//SAE Paper, (1999) 1999 - 01 - 3505.

[10] Christopher A. Larson and Ylannis A. Levendis. On the Effectiveness and Economy of Operation of ART-EGR Systems that Reduce Diesel Emissions[C]//SAE Paper, (1998) 980537.

[11] Magnus Christensen and Bengt Jehanssen. Supercharged Homogeneous Charge Compression Ignition (HCCI) with Exhaust Gas Recirculation and Pilot Fuel[C]//SAE Paper, (2000) 2000 - 01 - 1835.

[12] Joel Martinez-Frias, Salvador M. Aceves, Daniel Flowers and J. Ray Smith. HCCI Engine Control by Thermal Management[C]//SAE Paper, (2000) 2000 - 01 - 2869.

[13] Satoshi S. Morimoto, Yasuharu Kawabata, Teruhiro Sakurai and Toshiji Amano. Operating Characteristics of a Natural Gas-Fired Homogeneous Charge Compression Ignition Engine (Performance Improvement Using EGR) [C]//SAE Paper, (2001) 2001 - 01 - 1034.

[14] Matthew J. Hall and Patrick Zuzek. Fiber Optic Sensor for Time-Resolved Measurements of Exhaust Gas Recirculatien in Engines[C]//SAE Paper, (2000) 2000 - 01 - 2865.

[15] E. Mattarelli, G. M. Bianchi, D. Ivaldi. Experimental and Numerical Investigation on the EGR System of a New Automotive Diesel Engine[C]//SAE Paper, (2000) 2000 - 01 - 0224.

[16] Martin Müller, Peter M. Olin and Bart Schreurs. Dynamic EGR Estimation for Production Engine Control SAE Paper. (2001) 2001 - 01 - 0553.

[17] Ma Jie. Evaluation of turbocharger power assist system using optimal control techniques[C]//SAE Paper, (2000) 2000 - 01 - 0519.

[18] Han Yengqiang, Liu Zhengchang, Liu Xiaeming, etc. Effect of combustion parameters on diesel engine smoke opacity under constant speed and increasing torque transient operating condition[J]. Journal of Combustion Science and Technology, 2004, 10(1): 23 - 27, In Chinese.

[19] Han Yongqiang, Liu Zhongchang, Cheng Peng, etc. Effect of combustion parameters on diesel engine smoke opacity under constant torque and increasing speed transient operating conditions[J]. Chinese Society for Internal Combustion Engines, 2003, 21(5): 293, In Chinese.

[20] Hiroshi Kanesaka. Reduction of hybrid diesel engine emission by EGR (an only possible method to meet U. S. emission standard of the year 2004) [c]// SAE Paper, (1999) 1999 - 01 - 0971.

第三部分

# Impact Theory Based Total Cylinder Sampling System and its Application

Yongqiang Han[1], Zhongchang Liu[1], Jiajia Zhao[1], Yun Xu[1], Jun Li[2], Kang Li[2]
(1. Jilin University; 2. Research and Design Center of FAW)

**Abstract**: A novel non-destroy repeatable-use impact theory based total cylinder sampling system has been established. This system is mainly composed of a knocking body and a sampling valve. The knocking body impacts the sampling valve with certain velocity resulting in huge force to open the sampling valve and most of the in-cylinder gas has been dumped to one sampling bag for after-treatment.

The feasibility and sampling response characteristics of this impact theory based total cylinder sampling system were investigated by engine bench testing. Within 0 to 35°CA ATDC (Crank Angle After Top Dead Center) sample timing 50 percent to 80 percent of in-cylinder mass would be sampled, which was a little less compared with the traditional system. The half decay period of pressure drop was 10 to 20 degrees crank angle within 0 to 60°CA ATDC sample timing, which was about 2 ~ 3 times of the traditional system. The in-cylinder pressure histories were of highly consistency which certificated the application ability in engine chemical kinetics research.

The PM and its DS fraction shaped one-peak history, the peak value appeared at 20°CA ATDC. The PM quantity history reaches its peak value at about 30°CA ATDC. At any crank angle the diameters of formed PM own two centers, one is smaller than 0.01μm and the other is 0.133μm. $NO_x$ formation history shaped like S, and most of the $NO_x$ formed within 20°CA after combustion began. The PM quantity kept almost the same, however the DS fraction increased under transient operations. The effects of EGR on in-cylinder PM and DS behavior investigation showed that the weak oxidation of DS resulted from recirculated gas was the main reason for lower in-cylinder PM and DS peak value and higher PM emission.

## Introduction

Combustion process determines the emission behavior and the performance of diesel engine. Investigating the chemical kinetics of in-cylinder combustion and the in-cylinder behaviors of the pollutants will provide lots of evidences for the emission control and performance improvement of diesel engine.

Many kinds of in-cylinder research technologies have been provided during the last 3 decades. Xiaobin Li, University of Toronto, used optical fiber probes and measured the soot temperature to estimate the soot concentration inside the cylinder of a Direct Injection (DI) diesel engine in 1995[1]. Marco Bakenhus, University of Wisconsin, applied The two-color technique to 2 - D soot luminosity images and area-averaged soot radiation signals to obtain spatially and temporally resolved flame temperature and soot KL factor in 1999[2]. John, Sandia National Laboratories, using simultaneous planar imaging of the OH-radical and soot distributions investigated the effects of injection timing and diluent addition on the late-combustion soot

SAE TECHNICAL PAPER SERIES 2008 - 01 - 1795

burnout in a DI diesel engine in 2000[3]. Dae Choi, Doshisha University, adopted LII and LIEF to investigate the effect of fuel-vapor concentration on the process of initial combustion and soot formation in a DI diesel engine in 2001[4]. Marshall Bare, Brigham Young University, explored the process of implementing an effective feedback loop using rapid prototype methods and a Particle Image Velocimetry (PIV) system to improve a Computational Fluid Dynamic (CFD) model in 2004[5]. Amongst the in-cylinder research technologies total cylinder sampling system is prior to be used for the in-cylinder mass-averaged particulate matter (PM) and nitrogen oxides (NOx) creation and transformation histories because of the low cost and highly reliability.

In the late 1970's the experimental technique of dumping (total cylinder sampling) was applied to an open chamber diesel to produce histories which was then compared to some of the existing phenomenological models[6]. Since then on, this technology had been improved and applied to in-cylinder PM and $NO_x$ histories research. The Wisconsin university of USA, Minnesota university of USA, Hiroshima university of Japan, Tianjin University and Jilin University of China took the advantages of this technology and established some useful viewpoints about the in-cylinder PM and $NO_x$ behaviors[7~12].

Unfortunately, the traditional structures of sampling mechanism were mainly composed of one-off diaphragm and one cutter. After each sampling, the cylinder head must be disassembled so as to replace the diaphragm. Therefore, the experimental duration became longer because of the poor efficiency. In order to improve the experiment efficiency an impact theory based total cylinder sampling system has been developed, which was adopted to study the in-cylinder PM and $NO_x$ histories of a DI diesel engine. The feasibility, sampling response characteristics of newly developed system and the in-cylinder forming histories of typical pollutants under transient operations are discussed in this paper.



## Test System

### Engine

A four stroke, single cylinder, water cooled, 115mm bore, 115mm stroke, 17 compress ratio, 14.7kW rated power at 2100r/min D.I. diesel engine was used in this study.

### Test Bench

The test bench has three components: parameters measuring section, transient operations control section and total cylinder sampling control section (Fig. 1).

Parameters measuring section. A high speed, real time data recording and monitoring system was developed. The data of in-cylinder pressure, speed of engine, et al, could be recording and displaying at the same time by software programming of an A/D converter board.

The repeatable transient operation control section was realized by using SCP (Single Chip Processors) of MCS－51 series as the core control elements and a step motor as the actuator. Two typical transient operating conditions at constant speed or constant torque could be realized by a conventional eddy current dynamometer combined with the developed transient condition control system.

Total cylinder sampling section. The signals of engine cycles and crank angles obtained by sensors were identified by the ECU (Electronic Control Unit) to trigger the action of sampling mechanism. Before each sampling action, released certain volume of nitrogen gas under NTP (Standard Conditions for Temperature and Pressure, NTP) into the flexible sampling bag to quench the chemical reaction of cylinder contents gathered latterly.

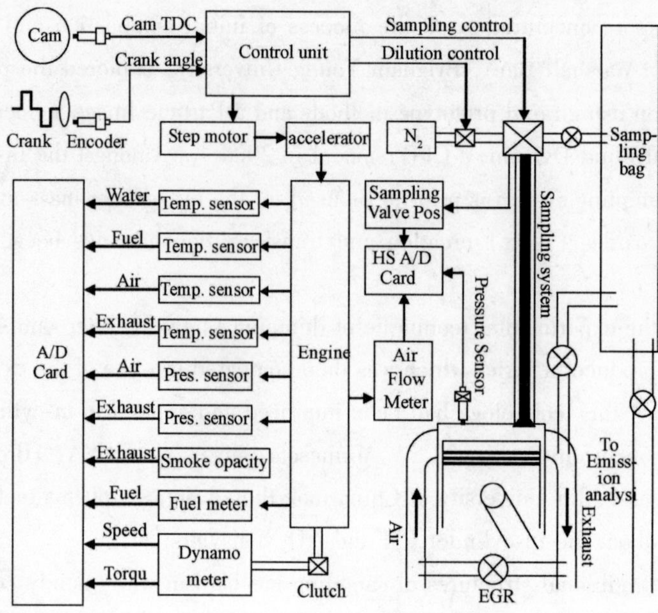


Fig. 1 Testing bench



## Impact Theory Based Total Cylinder Sampling System

An impact-theory based total cylinder sampling mechanism was developed. The kinetic of the developed sampling mechanism were simulated by ADAMS software. Fig. 2 and Fig. 3 show the structure.

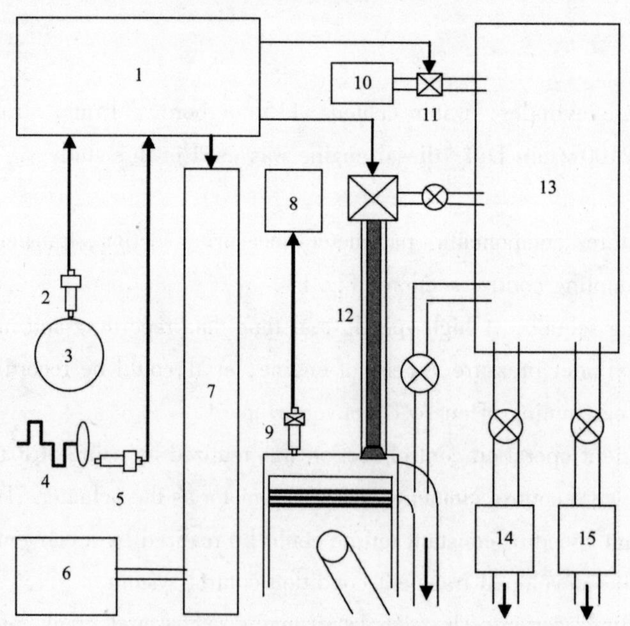


Fig. 2 Sampling system diagram

1-Control unit; 2-TDC signal sensor; 3-Cam; 4-Crank angle signal; 5-Crank angle sensor; 6-dynamometer; 7-Tested engine; 8-In-cylinder pressure signal; 9-In-cylinder pressure sensor; 10-Nitrogen storage cylinder; 11-Electronic controlled valve; 12-Sampling mechanism (Fig. 3)

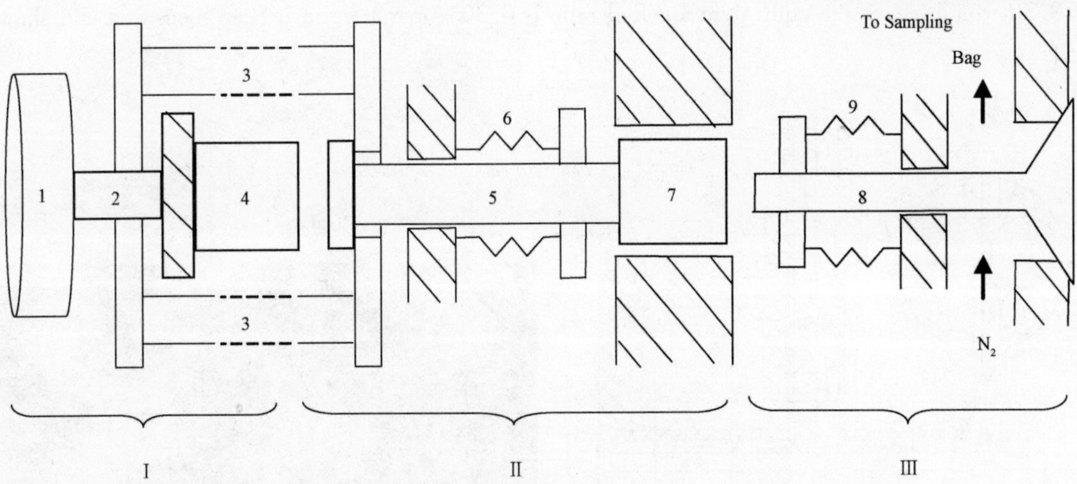


Fig. 3 Sampling mechanism diagram

Ⅰ-Replacement section; Ⅱ-Driving section; Ⅲ-Sampling mechanism; 1-Replace handle; 2-Replace screw; 3-Replace connecting rod; 4-Electronic controlled magnet; 5-Pushing rod; 6-Compression spring; 7-Impacting body; 8-Sampling valve; 9-Seal spring;



The sampling mechanism is composed of electronic magnet, spring, impact block, sampling valve, and so on. This system was simplified by removing the intake and exhaust valve de-actuators and injection system controller which indispensably in conventional sampling system. The sampling tube could be sealed and shut off timely by sampling valve, so the sampling process could be completed without shutting down the engine.

The sampling mechanism works as following. 1st, rotate the replace handle to make the magnet stick the pushing rod and keep the spring compressed. 2nd, when the sampling signal occurred, the magnet is demagnetized to release the spring driving the impact block through push rod to accelerate. 3rd, after certain period the knock block will impact with the sampling valve and make it lift rapidly so as to sample most of the in-cylinder mixture.

The two key factors which affected the intensity of sampling mechanism are the structure of sampling valve and the impact energy.

The smaller valve head's diameter, the shorter valve length, the bigger valve staff's diameter, and the heavier impact block have been chosen, the higher reliability of the sampling mechanism could be obtained satisfy three requests. Sampling more than 80% mass of cylinder contents, the maximal impact force less than the value that sampling valve could endure, and the maximal height during valve rising period more than 3mm.

Given the valve head's diameter is 26mm, the valve staff's diameter is 10mm, the valve length is 158.4mm, the impact block mass is 3kg, the in-cylinder gas pressure is 10MPa, the gas temperature is 2000K, the impact velocity is 2.1 m/s, then the safety factor of sampling mechanism is 2.1 according to the ADAMS simulation results.

## System Validation

After reconstructing the cylinder head piston (Fig. 4) the impact theory based total cylinder sampling system has been realized. In order to analyze the response characteristics and the feasibility for application the in-cylinder pressure, sampling valve lift and pressure drop histories under 1500r/min/(30N · m)

($\phi$ =0. 30 which means the equivalent air/fuel ratio is 0. 30) operation have been measured and shown in Fig. 5.

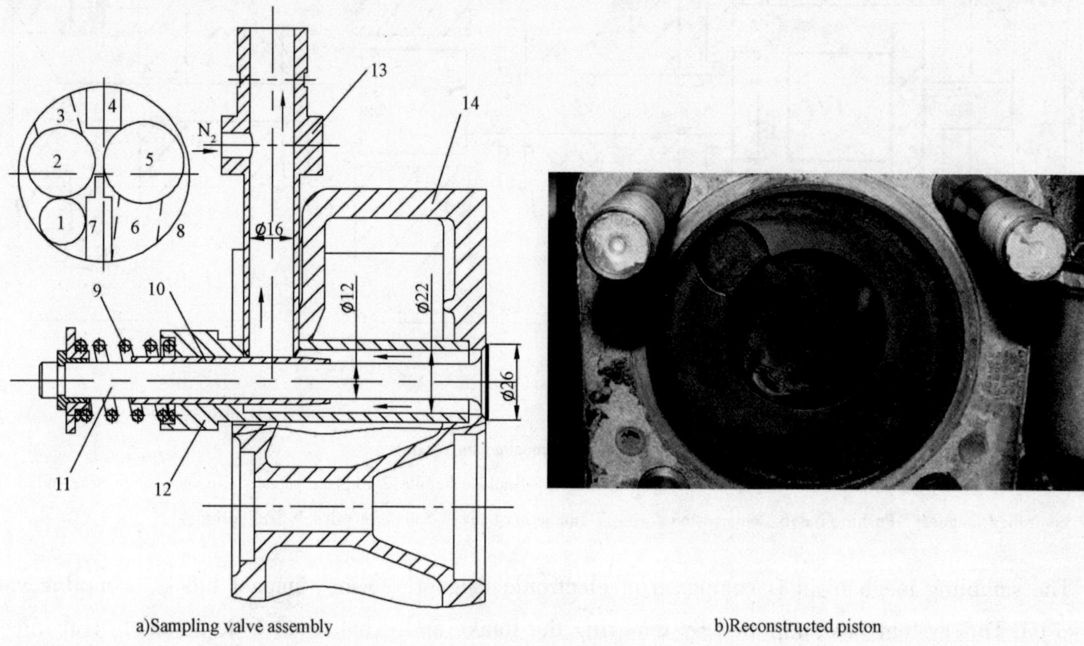


a)Sampling valve assembly

b)Reconstructed piston

Fig. 4 Reconstruction of key components

## Half Decay Period of Pressure Drop Analysis

The half decay period of pressure drop, which means the $P_s$ drops to its half ( $\theta_{hd} = \theta_2 - \theta_1$ ), is an important parameter to indicate the sampling duration. If it was too long and fluctuated in wide range the sampling system can not be taken into application because of the nonfrozen combustion and cycle-to-cycle variation. Fig. 6 shows the curve of $\theta_{hd}$ vs. $\theta_2$.

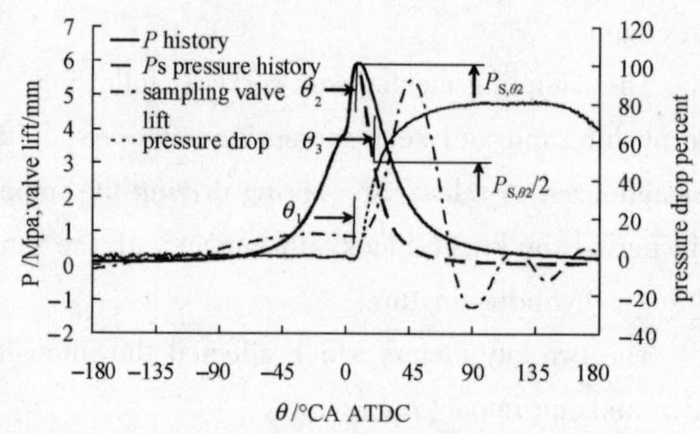


Fig. 5 Typical sampling history

$P$-in-cylinder pressure without sampling; $P_s$-in cylinder pressure during sampling; $\theta_1$-the according crank angle of sampling valve begins to rise; $\theta_2$-the according crank angle of $P_s$ drops 1% of $P\ \theta 1$; $\theta_3$-the according crank angle of $P_s$ drops to $P_{\theta 1}/2$

$\theta_{hd}$ is hook shaped in all operations because of the one-peak shaped temperature and pressure of in-cylinder mixture. Within the main combustion duration (0 ~ 60℃A ATDC) $\theta_{hd}$ fluctuates from 10 to 20 ℃A. At 1500 r/min operations it is according to 1. 11 to 2. 22ms, which is about 2 to 3 times of traditional cutter-seal system[13]. The slower opening velocity is resulted by great mass of the sampling valve. The tested $\theta_{hd}$ values can be well fitted to certain conic curve and all the correlation coefficients are more than 0. 98, which means the newly developed system is of good repetition and can be taken into application.

## Sampled Fraction Analysis

The sampled fraction ($F_s$) of in-cylinder mixture is a very important parameter for later analysis. If $F_s$ is less than 50 percent or varying more than 10 percent at the same $\theta_2$ the sampling system will become inapplicably. Whether the sampling valve is open or not, the exhaust valve begins to open (125°CA ATDC)

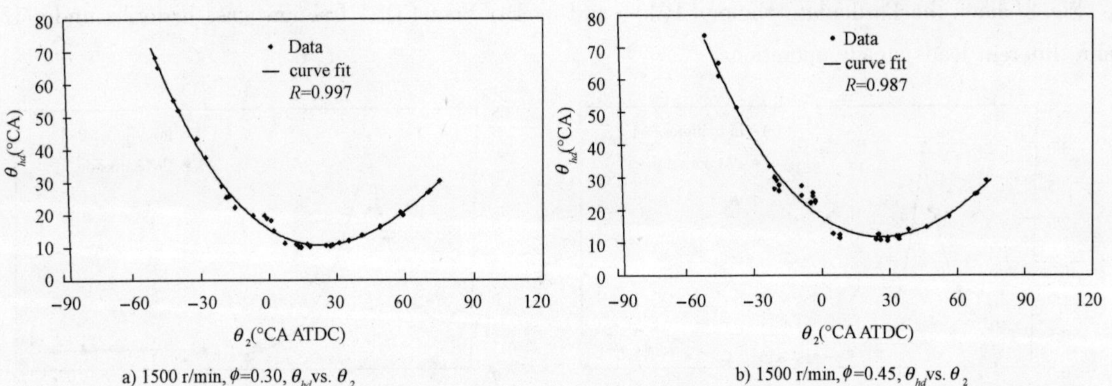


Fig. 6 $\theta_{hd}$ to $\theta_2$ curves under different operations

the temperature and volume of in-cylinder mixture is almost the same. The in-cylinder pressure of sampling cycle at 125°CA ATDC ($P_{S,125}$) can indicate the remained mixture mass, while the normal in-cylinder pressure ($P_{125}$) indicates the total mixture mass. Therefore the sampled fraction can be defined as $F_S = 1 - \frac{P_{S,125}}{P_{125}}$. Fig. 7 shows the $F_s$ histories to $\theta_2$ at 1500r/min and different load operations.

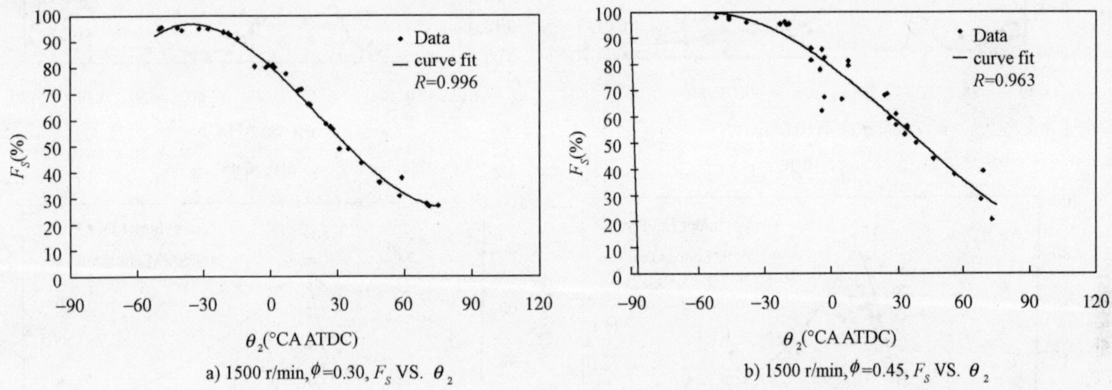


Fig. 7 Sampled fraction histories

The sampled fraction decreases from 80 percent to 50 percent when the dumping angle ($\theta_2$) increases from 0°CA ATDC to 35°CA ATDC, which covers the main combustion durations in all operations. All the relating coefficients between the test data and their fitted curves are more than 0.96, which means the sampled fraction is steady in different sampling cycles given the same dumpling crank angle.

## In-cylinder PM Investigation

The dumping system can only sample 50 percent to 80 percent of in-cylinder mass. This may make the results questionable because of the ununiformity of spacial distribution. Two concepts provide some exculpation to make up this shortage. 1st, at the dumping duration the strong turbulence resulted by immense pressure grads will destroy the spacial qusi-balance in the cylinder and the sampled gas can indicate the spacial averaged mixture. This point will be validated by later CFD simulation. 2nd, even if the sampled mixture can not represent the spacial averaged characteristics of pollutants, the behaviors of pollutants shown by sampled fraction (more than 50 percent) could provide some information for emission control.

Fig. 8 shows the Particulate Matter (PM), and its Dry Soot (DS) fraction mass histories under 1500 r/min different loads steady operations.

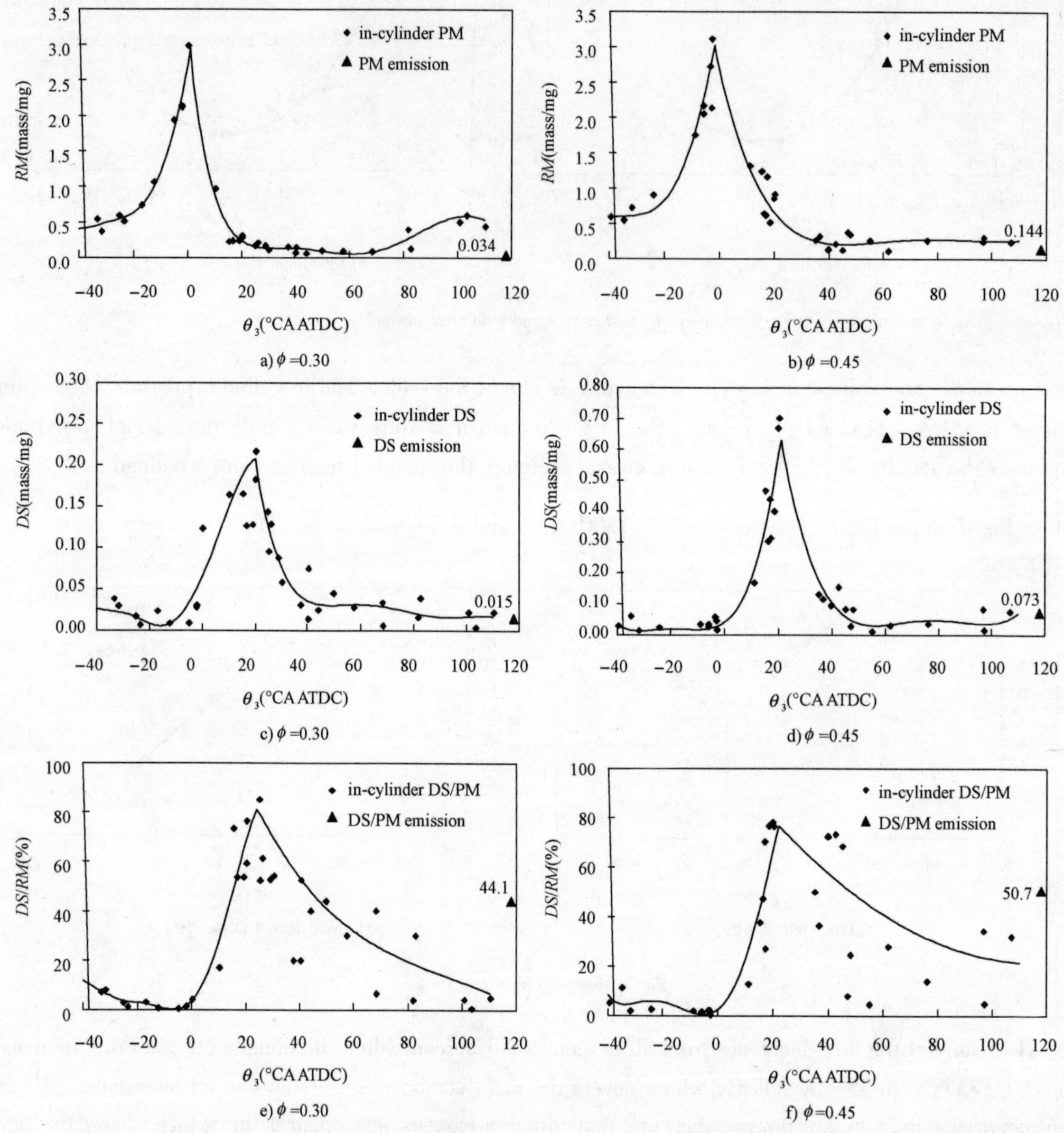


Fig. 8 PM and DS in-cylinder history

The PM and DS histories under different load operations are all single peak shaped. The peak value appears near the 20°CA ATDC. The vanishing of DS by oxidation is along with all the creation duration. At the former stage, the creation rate is much greater than the vanishing, which results in the accumulation of DS and leads to the peak value at about 20°CA ATDC. With the increasing of in-cylinder temperature, the oxidation rate becomes greater than creation and makes the DS begin to decrease. At the combustion end the in-cylinder oxygen going to be used up and the creation and oxidation rate both become to zero. Then, the DS stabilizes at certain crank angle. As to heavy load, because of the lack of oxygen the oxidation rate becomes weak and leads to more DS and longer stability duration. The peak mass of DS at $\phi = 0.30$ and $\phi = 0.45$ are 0.22mg (0.88 percent of cyclic fuel supply) and 0.70mg (1.76 percent of cyclic fuel supply) respectively. Fig. 5 e) and f) show the histories of DS fraction in PM under different load. The DS fraction in PM history is similar to DS itself. During the premixed combustion and the former stage of diffusion combustion most of the PM is DS (eliminated the unburned fuel). In the later combustion stage because of the adsorption of SOF and the oxidation of DS the DS fraction decreases gradually and stabilizes at about 100°CA ATDC.

The typical transient operation control system has been established and the Fixed Speed and Increasing Torque (FSIT) operation was realized[14]. Fig. 9 shows the PM and DS histories comparison of 15FSIT3s (fixed 1500 r/min and increasing the torque from 22.1 to 63.2 within 3s) transient operation and steady operation at the same accelerator position of 69.5 and 87.8 percent of full scale. The PM history under transient operations is consistent to steady operation at the same accelerator position but the peak value is a little lower, which indicates the fuel spray mode is kept steady.

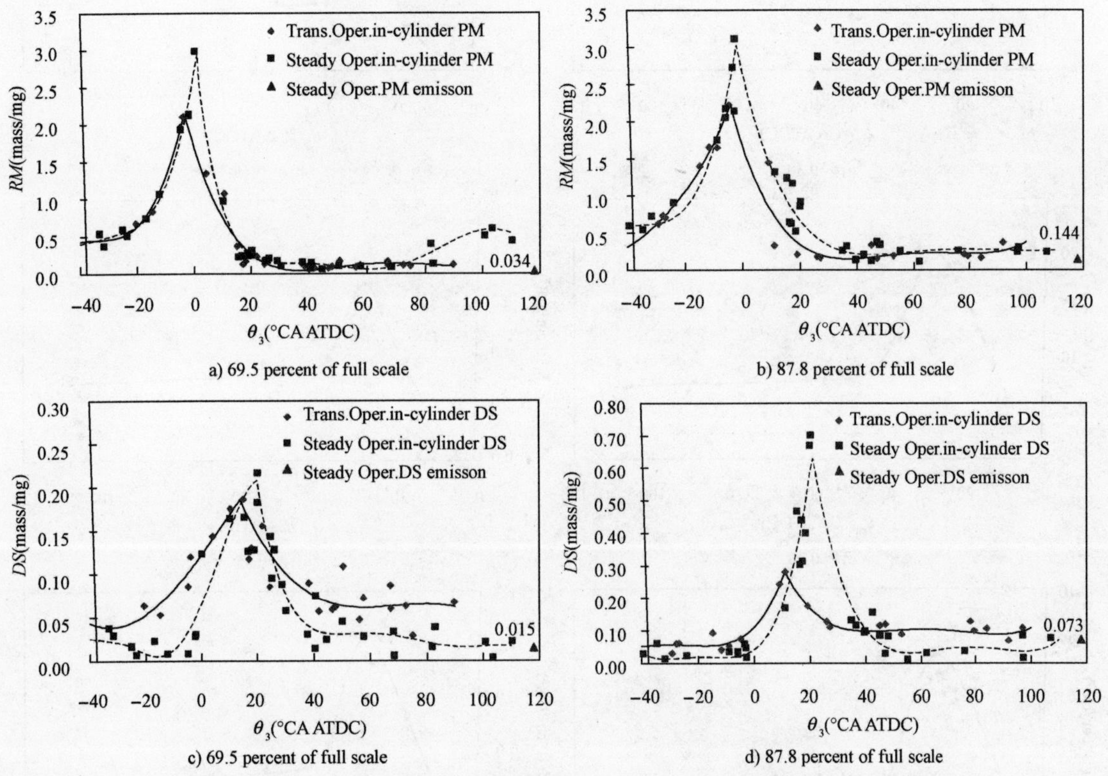


a) 69.5 percent of full scale

b) 87.8 percent of full scale

c) 69.5 percent of full scale

d) 87.8 percent of full scale

Fig. 9 Comparison of PM and DS under 15FSIT3s transient operation and steady operation

The DS differs a lot from steady operations. The peak value has been reduced by 14 and 59.8 percent respectively and the according crank angle has been advanced. The lag of cylinder wall temperature and combustion temperature under increasing load transient operation results in poor mixture quality, which leads to weak oxidation fraction of DS in later combustion stage.

The less oxidation of DS will result in higher smoke opacity and DS/PM fraction in final exhaust gas.

According to the recent and nearly future emission control regulations the PM is restricted by mass concentration. With the development of new technologies even the PM mass has met the regulation, the quantity of PM becomes greater and greater, and the diameter becomes smaller and smaller. Unfortunately, the smaller the PM is, the more harmful it is to human beings[15,16]. Michael and Khatri have investigated the in-cylinder PM diameter behavior by EAA and considered the PM quantity is multi-peak shaped with the PM diameter[12,17]. The in-cylinder PM physical parameters such as particulate quantity, surface area, and volume concentration have been measured by TSI3030. Fig. 10 shows the in-cylinder spacial averaged histories of the mentioned parameters. The in-cylinder PM physical parameters show the one peak histories to the crank angle, the peak appears at about 30°CA ATDC. When torque increases from 30N · m to 50 N · m the total particulate quantity, surface area and volume increases 2. 3, 1. 7, and 1. 7 times respectively.

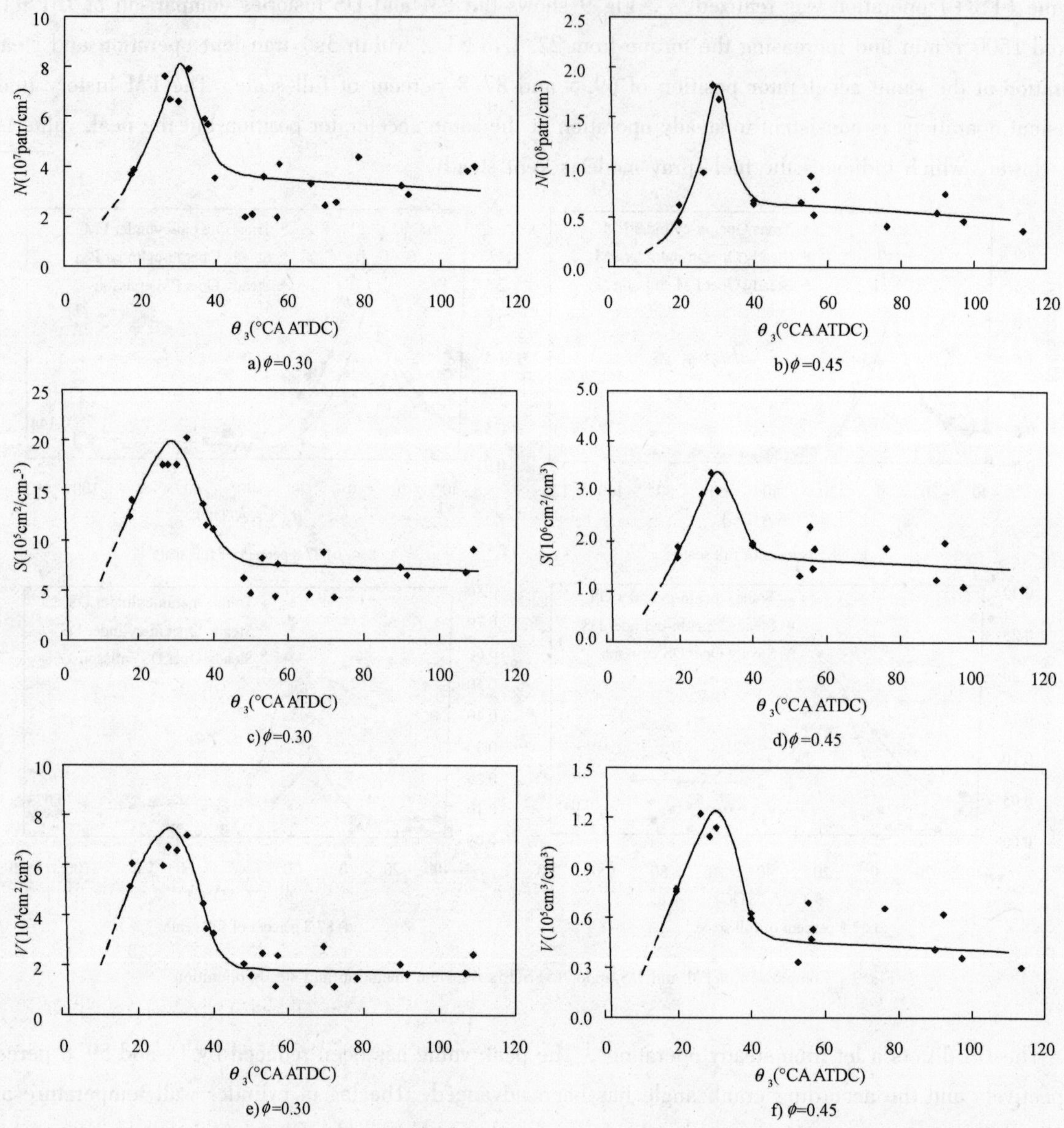


Fig. 10 Spacial averaged PM physical parameters history under different load

Fig. 11 shows the relationship of PM number, surface area and volume to PM diameter under different load. In each sub-figure there are 3 curves indicating different combustion stage. 17. 6. 32. 8 and 91. 4 °CA ATDC represents the beginning, middle and the end of combustion respectively.

There are two peaks of PM quantity in 0 to 1. 0 μm PM diameter range, one may appear in the range of less than 0. 01μm the other pears at 0. 133 μm. The PM surface area and volume are one peak shaped

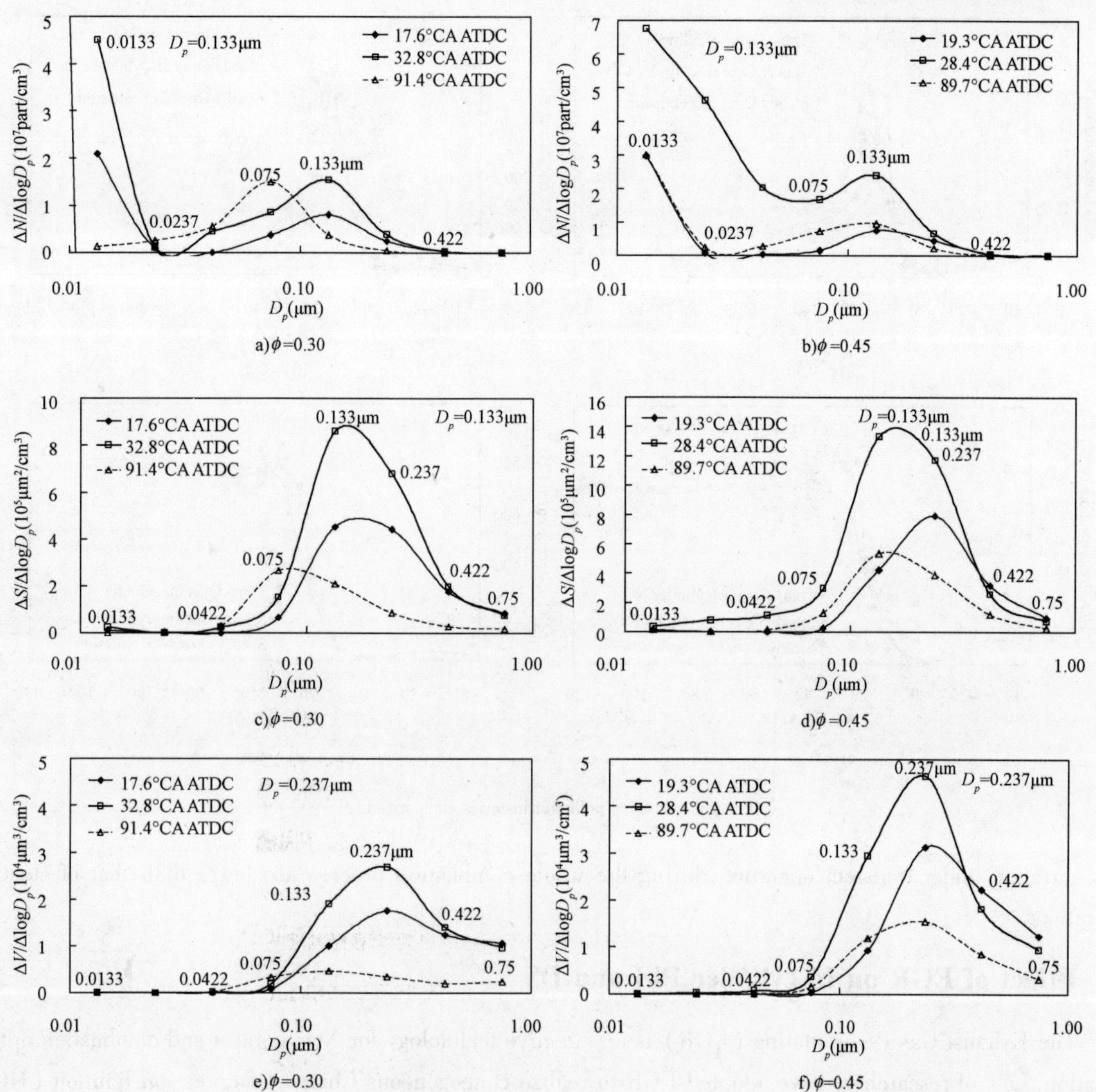


Fig. 11 Relationship of PM quantity, surface area and volume to PM diameter under different loads

curve to PM diameter the peak values appear around 0. 133 to 0. 237um. In the middle stage of combustion the PM quantity, PM surface area and PM volume all reach the peak value, which can prove the former analysis of PM creation and oxidation mechanism. With the increasing of torque the PM quantity, surface area and volume will become higher in the whole PM diameter range.

## In-cylinder Gaseous Pollutants Investigation

Fig. 12 shows the comparison of gaseous pollutant shistory under transient operations to steady operations. The volume concentration of CO (Carbon Monoxide) shapes like the one peak mountain, while NOx (Nitrogen Oxides) is of the "S" curve. Under 30 N · m torque operation the final CO volume concentration is about 9 percent to the peak value, while it rises to 11 percent under 50 N · m operation. The in-cylinder CO volume concentration under transient operation is less than steady operation and reaches its peak value earlier. Most NOx is produced within 20 °CA after the combustion begins and keeps stable during the later combustion. Because of the poor mixture and lower combustions temperature, the tested data of $NO_x$

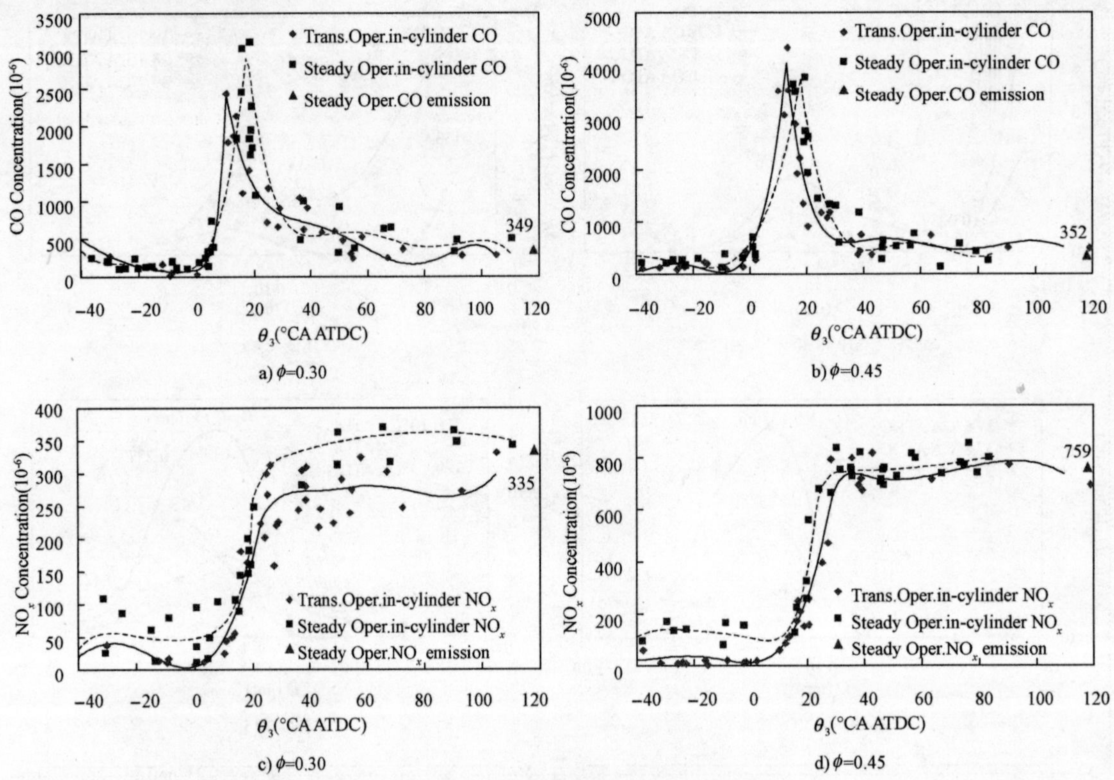


Fig. 12 Gaseous pollutant histories comparison

concentration under transient operation during the whole combustion process are lower than that of steady operations.

## Effect of EGR on In-cylinder PM and DS

The Exhaust Gas Recirculating (EGR) is an effective technology for NOx control and combustion optimization. Lots of researchers have adopted EGR to realize Homogeneous Charge Compression Ignition (HCCI) or LT (Low Temperature) combustion[18~20]. Using total cylinder sampling system to reveal the effects of EGR on in-cylinder history of PM and DS is very useful for understanding the mechanism of EGR on combustion optimization and emission control. Fig. 13 the PM and DS histories at 1500 r/min 50N · m steady operation with 6. 2 and 13. 8 percent EGR rate respectively.

The PM and DS histories are very interesting. If the EGR gas exists during the later combustion the PM become lower but the DS become higher. Most of the recirculated exhaust components are inert gases such as $H_2O$, $CO_2$ and $NO_2$, which leads slower burning and weak oxidation. The former created DS thus remains at higher level and becomes the main fraction of PM. DS is hard to be conjoined and the poor dissociative SOF is reluctant to be absorbed either. As a result, less PM comes into being during the later combustion stage. However, after the exhaust valve opens the huge quantity DS will dramatically absorb the cooled SOF and result in the higher final PM emission. At the beginning of combustion, the low temperature and leakage of combustible mixture resulted from EGR gas leads to lower PM and DS creation and lower peak value. The deteriorated oxidation of DS is the main reason for higher PM emission when EGR technology has been adopted. The final DS emission is 0. 128mg at 6. 2 EGR rate and 0. 161mg at 13. 8 percent EGR rate, which are 3. 25 and 4. 32 times to no-EGR operation.

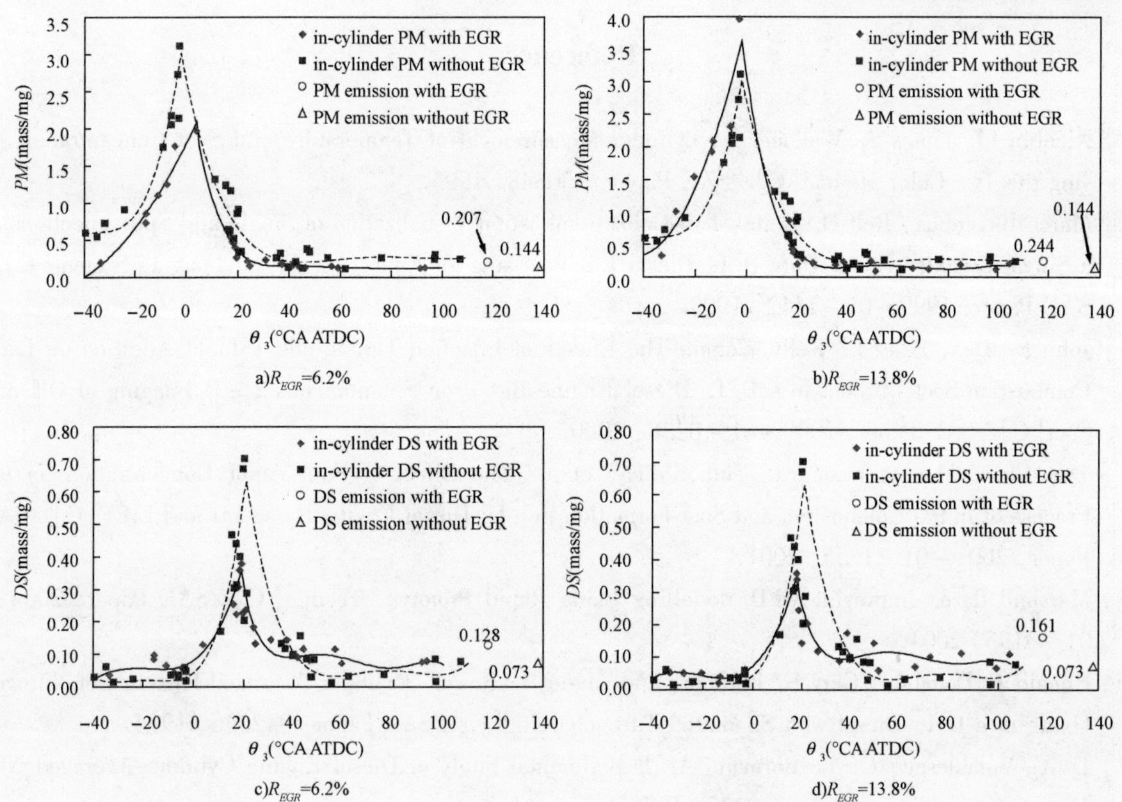


Fig. 13 Effects of EGR on PM and DS histories

## Conclusion

The impact theory based nondestructive has been developed and valuated by half decay period of pressure drop and sampled fraction. The in-cylinder PM, CO, $NO_x$ histories have been provided and compared with the transient operations. The physical parameters of in-cylinder PM have been analyzed. Effects of EGR on PM in-cylinder behaviors and final emission have been discussed. Conclusions can be drawn as follow.

The impact theory based total cylinder sampling system can sample 50 to 80 percent in-cylinder mixture under 10 to 20°CA half decay period of pressure drop.

Because of temperature lag resulted by transient operation the peak value of in-cylinder pollutants becomes lower.

There are two peaks of PM quantity in 0 to 1.0 μm diameter range. The highest PM quantity appears at the middle combustion duration. With the torque increasing all the PM physical parameters becomes higher.

The deteriorated oxidation resulted by EGR gas is the main reason for lower in-cylinder PM mass and higher final emission.

## Acknowlegements

The authors are grateful for the financial support from Natural Science Foundation of China project 50406004.

第三部分

## References

[1] Xiaobin Li, James S. Wallace. In-Cylinder Measurement of Temperature and Soot Concentration Using the Two-Color Method[C]//SAE Paper, 950848, 1995.

[2] Marco Bakenhus, Rolf D. Reitz. Two-Color Combustion Visualization of Single and Split Injections in a Single-Cylinder Heavy-Duty D. I. Diesel Engine Using an Endoscope-Based Imaging System[C]//SAE Paper, 1999 - 01 - 1112, 1999.

[3] John E. Dec, Peter L. Kelly - Zion. The Effects of Injection Timing and Diluent Addition on Late-Combustion Soot Burnout in a D. I. Diesel Engine Based on Simultaneous 2 - D Imaging of OH and Soot[C]//SAE Paper, 2000 - 01 - 0238, 2000.

[4] Dae Choi, Makoto Iwamuro, Yuta Shima, et al. The Effect of Fuel-Vapor Concentration on the Process of Initial Combustion and Soot Formation in a DI Diesel Engine Using LII and LIEF[C]//SAE Paper, 2001 - 01 - 1255, 2001.

[5] Marshall Bare. Improving CFD Modelling Using Rapid Prototype Testing[C]//SAE Paper, 2004 - 01 - 3195, 2004.

[6] Ronald J. Donahue, Gary L. Borman, and Glenn R. Bower. Cylinder-Averaged Histories of Nitrogen Oxide in a D. I. Diesel with Simulated Turbocharging[C]//SAE Paper, 942046, 1994.

[7] I. A. Voiculescu, G. L. Borman. An Experimental Study of Diesel Engine Cylinder-Averaged $NO_x$ Histories[C]//SAE Paper, 780228, 1978.

[8] Tung Tat Chan, Gary L. Borman. An Experimental Study of Swirl and EGR Effects on Diesel Combustion by Use of the Dumping Method[C]//SAE Paper, 820359, 1982.

[9] Heddin G H, Kittelson D B, Scherrer H, Liu X, Dolan D F. Total Cylinder Sampling from a Diesel Engine(Part I)[C]//SAE Paper, 810257, 1981.

[10] Cao-Jian Du, David B. Kittelson, Roy B. Zweidinger. Measurements of Polycyclic Aromatic Compounds in the Cylinder of an Operating Diesel Engine[C]//SAE Paper, 840364, 1984.

[11] Michael J. Pipho, David B. Kittelson, Lang Luo, Darrick D. Zarling. Injection Timing and Bowl Configuration Effects on In-Cylinder Particle Mass[C]//SAE Paper, 921646, 1992.

[12] Hiroyuki Hiroyasu, Keiya Nishida, Mamoru Suzuki, et al. Total In-Cylinder Sampling Experiment on Emission Formation Processes in a D. I. Diesel Engine[C]//SAE Paper, 902062, 1990.

[13] Liu X and Kittelson D B. Total Cylinder Sampling from a Diesel Engine (Part Ⅱ)[C]//SAE Paper, 820360, 1982.

[14] Han Yong-Qiang, Liu Zhong-Chang et al. Effect of combustion parameters on diesel engine smoke opacity under constant speed and increasing torque transient operating condition[J]. Journal of Combustion Science and Technology.

[15] Yujiro Tsukamoto, Yuichi Goto, Matsuo Odaka. Continuous Measurement of Diesel Particulate Emissions by an Electrical Low-Pressure Impactor[C]//SAE Paper, 2000 - 01 - 1138, 2000.

[16] Simon J. Greenwood, John E. Coxon, Trevor Biddulph, John Bennett. An Investigation to Determine the Exhaust Particulate Size Distributions for Diesel, petrol and Compressed Natural Gas Fuelled Vehicles[C]//SAE Paper, 961085, 1996.

[17] Simon J. Greenwood, John E. Coxon, Trevor Biddulph, John Bennett. An Investigation to Determine the Exhaust Particulate Size Distributions for Diesel, petrol and Compressed Natural Gas Fu-

elled Vehicles[C]//SAE Paper, 961085, 1996.

[18] Satoshi S. Morimoto, Yasuharu Kawabata and Teruhiro Sakurai. Operating characteristics of a natural gas-fired homogeneous charge compression ignition engine (performance improvement using EGR)[C]//SAE Paper(2001), 2001 - 01 - 1034.

[19] Shi Lei, Deng Kang-Yao, Cui, Yi. Effects of various EGR methods on diesel-fueled HCCI combustion[J]. Transactions of CSICE, 2005, 23 (5):463 - 468.

[20] Lu Xing-Cai, Chen Wei, Huang Zhen. A fundamental study on the control of the HCCI combustion and emissions by fuel design concept combined with controllable EGR. Part 2: Effect of operating conditions and EGR on HCCI combustion. Fuel, 2005 ,84(9):1084 - 1092.

# EGR和VNT的匹配对增压柴油机排放的影响*

王天灵[1],李 骏[2],吴君华[3],王占峰[1]

(1. 吉林大学 汽车工程学院,长春 130025;

2. 中国第一汽车集团有限公司 技术中心,长春 130011;

3. 上海交通大学 燃烧与环境技术中心,上海 200030)

**摘 要**:本文通过可变喷油嘴增压器(VNT)和废气再循环(EGR)系统的匹配试验,考察了VNT对发动机排气和进气的压差以及EGR率的影响规律,研究了降低四缸增压柴油机的排放问题。试验结果表明,EGR系统能在不改变柴油机动力性、经济性和烟度排放的基础上,使柴油机$NO_x$排放量降低20%~47%。VNT通过调节废气涡轮增压器涡前压气后的压差,可将EGR率提高2%~12%。

**关键词**:动力机械工程;涡轮增压柴油机;可变喷油嘴增压器;废气再循环;排放性能

**中图分类号**:TK421. 5 **文献标识码**:A

## 引言

废气再循环(EGR)系统和可变叶片增压器(VNT)系统是实现柴油机欧Ⅲ、欧Ⅳ排放标准的两项主要技术措施[1,2]。在VNT和EGR联合应用时,通过改变VNT涡轮叶片的角度,可改善EGR系统涡轮前与压气后的压差,提高EGR系统的废气流量,进一步提高EGR率,达到降低$NO_x$排放的目的[3,4]。对于增压柴油机而言,其部分工况的涡轮前压力高于压气后压力,不利于EGR系统废气的充分导入[5]。为满足涡轮增压柴油机降低$NO_x$排放所需的EGR率,在EGR系统上已采用了文丘里管等结构的多种背压调节联合方案[6]。本文通过VNT系统和带文丘里管的EGR系统的匹配,研究了VNT与EGR的匹配对增压柴油机排放的影响规律。

## 1 试验设备及方法

本文的试验研究是在排量为3. 168L的直列四缸增压柴油机上进行的,该柴油机缸径为98mm;行程为105 mm;压缩比为18:1;涡流比为2. 2;最大转矩/转速为265N·m/2000 r/min;最低燃油消耗率为225 g/(kW·h);额定功率为81. 5 kW (3400 r/min)。

本试验通过VNT调节喷油嘴环上的可变叶片位置而改变涡轮的流通截面,从而使它在低速时像一个快速反应的小涡轮,在高速时像一个高效率的大涡轮[7],使发动机不仅能够保持高速时的涡轮效率,而且可以提高低速时的涡轮效率,在所有工况点都可以实现供气的最佳匹配,达到较好的性能。

本试验的EGR系统采用废气从涡前排气管引出,经EGR冷却器、EGR阀和文丘里管与压后进气混合进入汽缸。图1为试验装置示意图。

测试按柴油机ECE R49 13工况排放法规标准进行。主要测试设备有日本小野PECD 9400测功

刊登信息:《吉林大学学报(工学版)》2006年(第36卷)第4期

* 基金项目:"十五"国家科技攻关计划项目(2003BA408B04)

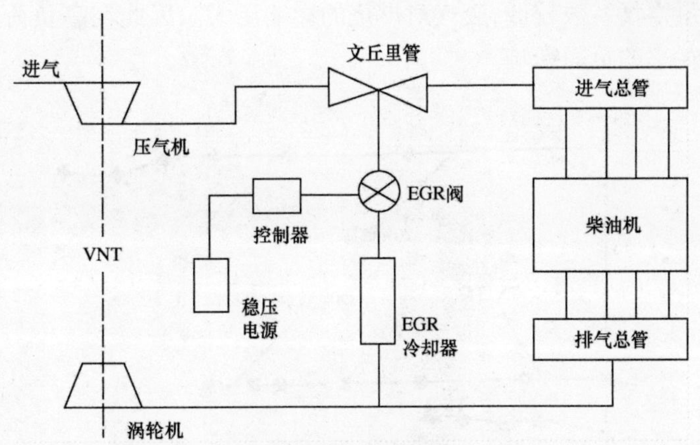


图1　试验装置示意图

机和 FAX－3400 油耗仪；日本堀场 MEXA－7000EGR 分析仪、AVL Dicom 4000 排放仪和 AVL sensycon 空气流量计；中国温州仪器仪表厂生产的 FQD－102A 烟度计。



## 2　试验结果和分析

为了研究 EGR 率对发动机性能和排放的影响，试验选择了 3 个主要工况：2000r/min 的 10%、50%、100% 负荷。试验时油门位置保持不变，通过控制 EGR 阀的开度来调节 EGR 率[8]。

### 2.1　EGR 率对发动机性能和排放的影响

#### 2.1.1　EGR 率对进气量的影响

从图 2 可知，不同负荷下，EGR 阀全开时，最大的 EGR 率相差很大。2000r/min 转速下的最大 EGR 率在 10% 负荷时为 20.5%，50% 负荷时为 15.1%，100% 负荷时为 6.7%。随着 EGR 率的增大，更多废气通过 EGR 阀进入汽缸，使新鲜空气流量减少。10% 负荷时，进气量下降了 26.7%，但低负荷时因进气充分，对发动机的转矩无影响，而全负荷时，进气量下降了 14.5%，从而导致发动机转矩下降。

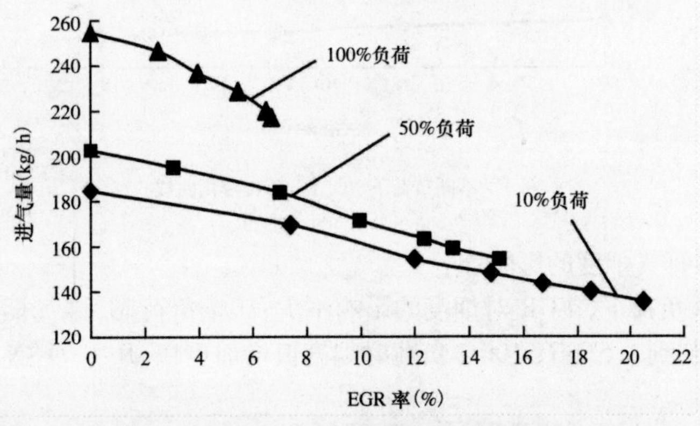


图2　不同负荷下进气量随 EGR 率变化曲线

#### 2.1.2　EGR 率对燃油消耗率的影响

从图 3 可知，10% 负荷时，随 EGR 率的增大，油耗率下降 4.8%。原因是减少了泵气损失。50% 负荷时，油耗由 229.7 g/(kW·h) 略增到 235.2 g/(kW·h)。100% 负荷时，随 EGR 率的增大，油耗率升高很快，由 195.1 g/(kW·h)，增加到 211.8 g/(kW·h)。原因是废气的引入影响了燃烧的充分性。高负荷时的过量空气系数较低,废气对燃烧的影响更大。因此在高负荷确定最佳 EGR 率时,要兼顾到其对燃油消耗率的负面影响。

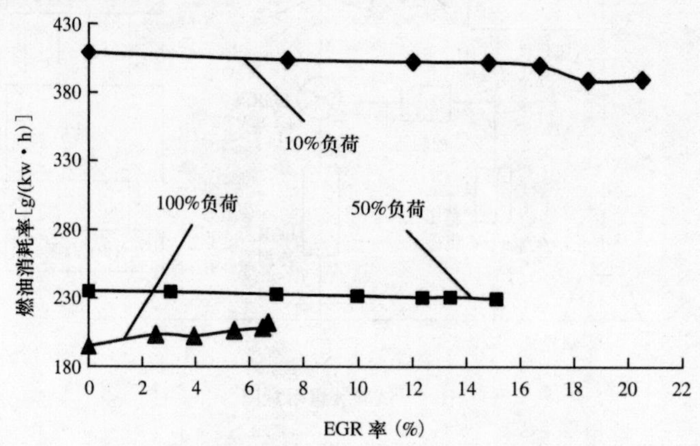


图 3　不同负荷下燃油消耗率随 EGR 变化的曲线



2.1.3　EGR 率对 $NO_x$ 排放的影响

从图 4 可知,随着 EGR 率的增大,发动机 $NO_x$ 的排放量大幅度下降。10% 负荷时,从 EGR 阀关闭到最大开度,$NO_x$ 的排放量下降了 22.6%;50% 负荷时下降了 47.6%;100% 负荷时下降更快,为 41.4%。

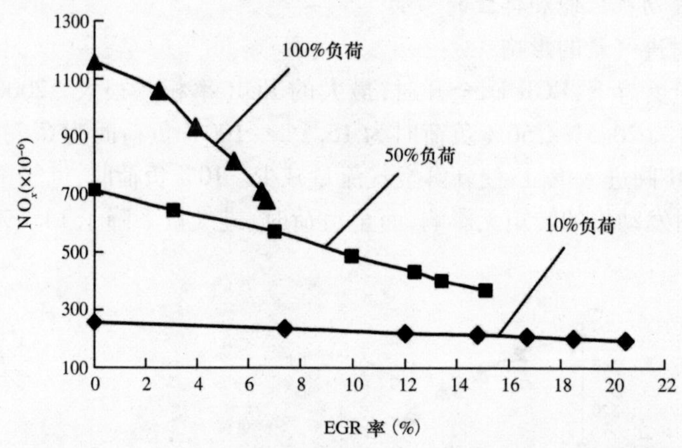


图 4　不同负荷下 $NO_x$ 随 EGR 变化曲线

2.1.4　EGR 率对排气烟度的影响

从图 5 可知, 10% 负荷下, EGR 对烟度的影响不大;50% 负荷时,排气烟度值随 EGR 率的增大而增大,从 0.7FSN 增加到 1.5FSN; 100% 负荷时烟度值增加更快,从 1.7FSN 增加到 EGR 最大时的 3.2 FSN。

2.2　VNT 对 EGR 率的影响

2.2.1　TB28 和 VNT 在外特性下压力变化规律

由图 6 可知,当转速增大时,原机的涡前压力随转速几乎呈线性增加。从 1200r/min 的 166.65kPa 增大为 3400r/min 的 1106.58 kPa。而匹配 VNT 后的涡前压力由于受 VNT 叶片位置的影响,在整个转速区变化较为平缓, 1200r/min 时涡前压力为 674.61kPa; 3400r/min 时涡前压力为 873.26kPa。

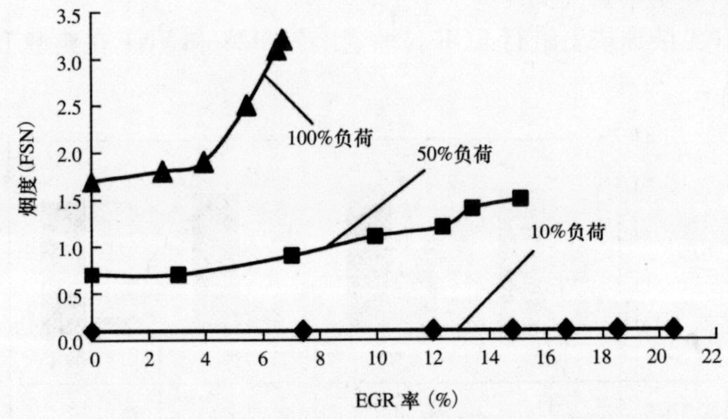


图5　不同负荷下排气烟度随 EGR 变化曲线

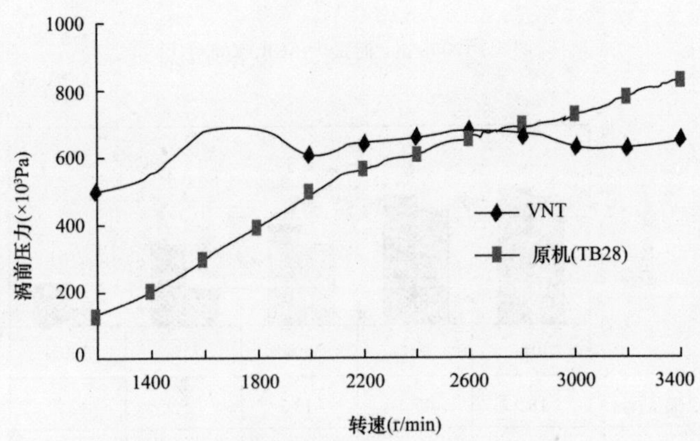


图6　匹配 VNT 和 TB28 发动机外特性涡前压力对比

由图 7 可知,匹配 VNT 的发动机涡前与喉口的压差随转速增大先减后增,在 2000r/min 到 2400r/min 之间压差最小。1200r/min 时该压差为 281.31kPa,此时原机的压差为 66.66kPa。从 1200r/min 到 2400r/min,原机的压差变化不大。而当转速大于 3000r/min 时原机的压差比匹配 VNT 的高。

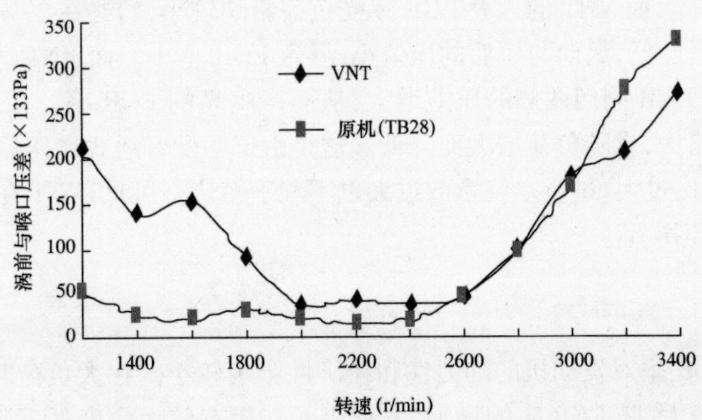


图7　发动机外特性涡前和喉口压差对比

VNT 增压器通过改变叶片位置提高发动机涡前与喉口的压差,这可以增大 EGR 量,为最佳 EGR 率的选取提供更大的范围,使进一步降低发动机 $NO_x$ 的排量成为可能。

2.2.2　VNT 对 EGR 率的影响规律

在匹配 TB28 和 VNT 柴油机上进行 EGR 试验，比较 TB28 和 VNT 在典型工况点的最大 EGR 率，结果见图 8、图 9。

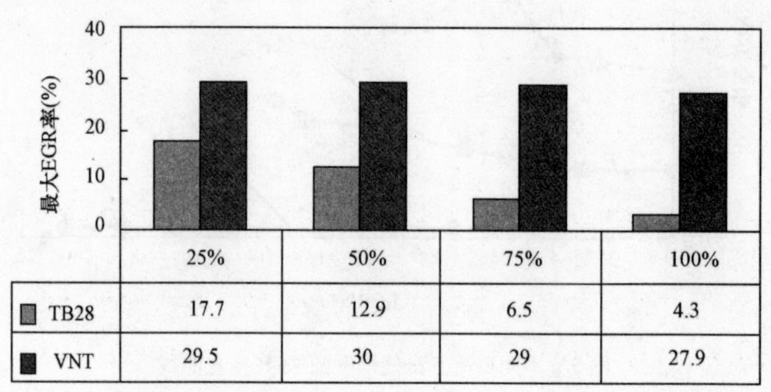


图 8　1200r/min 时最大 EGR 率的对比

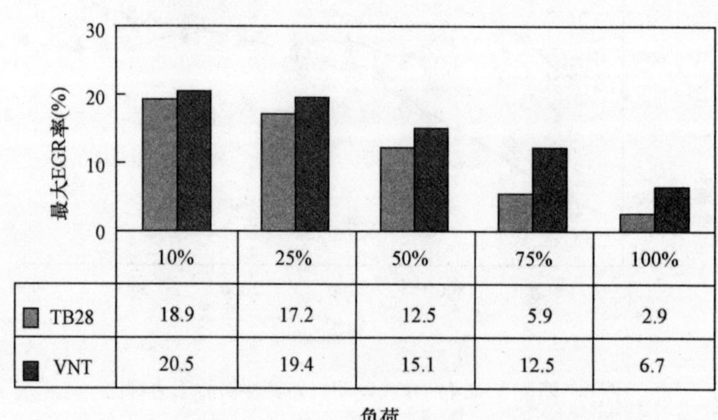


图 9　2000r/min 时最大 EGR 率的对比

由图可见，1200r/min 时，不同负荷时 VNT 的最大 EGR 率比 TB28 的大。TB28 的最大 EGR 率受负荷影响较大，负荷越大，最大 EGR 率越低。25% 负荷时的最大 EGR 率为 17.7%，100% 负荷时的最大 EGR 率为 4.3%。而 VNT 的最大 EGR 率受负荷影响较小，始终在 29% 左右。这主要是低速时旁通式增压器的增压比低，涡前与压后的压差小，导致 EGR 率小。而 VNT 通过调节叶片的位置改变了涡轮流通截面，使 EGR 阀门两侧的压差增大，从而产生高的 EGR 率。在 2000r/min 时，VNT 的最大 EGR 率比 TB28 略大，也随负荷增大而降低。这是由于匹配旁通式增压器的发动机要照顾中低速性能，在高速时增压比过大，过量空气系数过大也不利于燃烧。可见，VNT 在整个发动机转速范围内都能有所需的理想 EGR 率。

## 3　结论

（1）小负荷时，EGR 率对发动机的动力性和经济性影响较小。在大负荷时，EGR 率对发动机的动力性和经济性影响较大，随 EGR 率的增加，发动机的转矩有较大幅度的下降，燃油消耗率上升也很快。此时在选择最佳 EGR 率时，必须综合考虑动力性和经济性的因素。

（2）EGR 率对发动机的 $NO_x$ 排放量影响很大。随着 EGR 率的增加，发动机的 $NO_x$ 的排放量大幅度下降，大负荷时尤为显著。由于更多废气使燃烧最高温度下降，$O_2$ 的含量减少，不利于 $NO_x$ 的生成。

(3)随着EGR率的增加,由于缺氧导致燃烧不完全,容易形成炭烟。发动机的排气烟度会增加,但中小负荷时烟度值比较小,大负荷时,必须对 $NO_x$ 和烟度进行折衷考虑。

(4)VNT增压器能改变发动机的涡前与压后压差,较大幅度地提高发动机各工况点下的最大EGR率,从而能进一步降低发动机的排放。

## 参考文献


[1] Susumu Kohketsu. EGR Technologies for a turbo-charged and intercooled heavy-duty engine[C]// SAE Paper, 970340.

[2] 张小虞.内燃机工业中长期发展基本分析[C]//CSICE Paper, 2004-11-30.

[3] 陈因达.发展我国车用发动机的战略[C]//CSICE Paper, 2004-11-30.

[4] 刘巽俊.内燃机的排放与控制[M].北京:机械工业出版社, 2003.

[5] 邓康耀,朱义伦,张烁,等.涡轮增压柴油机废气再循环系统的发展[J].车用发动机, 2000(5): 12-15.

[6] Mc ManusW S. Consumer demand for clean diesel-powered vehicles[R]. SAE Executive Management Briefing:Diesels and their Future in the US, 2003, Troy, Michigan.

[7] 吴君华.车用增压柴油机VNT和EGR系统匹配实验研究[D].长春:吉林大学汽车工程学院, 2003.

[8] Baert R S G, Beckman D E, Veen A. Efficient EGR technology for future HD diesel engine emission targets[C]//SAE Paper, 1999-01-0837.


# Synergic Effects of EGR and VNT on Exhaust Emissions from Turbocharged Diesel Engine


Wang Tianling[1], Li Jun[2], Wu Junhua[3], Wang Zhanfeng[1]

(1. College of Automotive Engineering, Jilin University, Changchun 130025, China;
2. R&D Center, China FAW Group Corporation, Changchun 130011, China;
3. Research Center for Combustion and Environmental Technology, Shanghai Jiaotong University, Shanghai 200030, China)



**Abstract**: In order to reduce the exhaust emissions from a 4-cylinder turbocharged automotive diesel engine, the synergy of the variable nozzle turbocharger(VNT) and the exhaust gas recirculation(EGR) was studied experimentally to reveal the effects of the VNT on the EGR driving pressure difference and the achievable EGR rate. The test results showed that the developed EGR system reduces the engine $NO_x$ emission by 20%~47% without the penalty on the engine power output, the fuel economy and the exhaust smoke. The EGR rate could be increased by 2%~12% through regulating the difference between the gas pressure before the VNT and the air pressure after the VNT by means of VNT adjustment.



**Key Words**: Power and Machinery Engineering; Turbocharged Diesel Engine; Variable Nozzle Turbocharger (VNT); Exhaust Gas Recirculation(EGR); Exhaust Emission


第三部分

# 废气再循环降低增压柴油机排放的试验研究

王天灵[1],李　骏[2],吴君华[3],王占峰[1]
(1. 吉林大学;2. 第一汽车集团公司技术中心;3. 上海交通大学)

**摘　要**:对废气再循环(EGR)系统降低CA498Z柴油机排放进行了试验研究,介绍了试验设备和试验方法。试验结果表明,EGR系统能显著降低发动机$NO_x$的排放量,在高负荷时尤为明显;但高负荷时应用EGR系统会引起动力性下降、油耗上升、排气烟度增大;在发动机各工况点下选择最佳的EGR率,可在对发动机其他性能影响很小的前提下,显著地降低发动机的$NO_x$排放。

**关键词**:柴油机;EGR;排放;试验
**中图分类号**:463.85+1　**文献标识码**:A　**文章编号**:1000-3703(2005)12-0012-03



废气再循环(EGR)技术是降低发动机$NO_x$排放的一种有效措施[1,2]。从作用机理上看,EGR技术是将一部分废气即不活性气体(主要为$NO_x$)导入燃烧室,增加燃烧室内气体的热容量,降低燃烧气体的最高温度,从而抑制$NO_x$排放。这是因为汽车排放中的$NO_x$主要是高温、富氧和在高温下滞留燃烧时间3个因素的产物。燃烧条件越好,$NO_x$排放量产生越高。另外,其他如汽车加速时瞬态的高温富氧和大负荷时较高的火焰温度,以及较高的缸内平均温度工况都会导致$NO_x$的大量生成。而通过电控EGR技术,可根据发动机的工况,精确控制EGR率的大小,从而使发动机在各个工况点下都有较低的$NO_x$排放。

## 1　试验设备和方法

本试验所用发动机为CA498Z柴油机,其主要性能参数如表1所列。本试验发动机匹配的是电控可变喷油嘴增压器。为了使CA498Z柴油机性能达到最佳,本文新设计了EGR系统,试验装置示意见图1。主要装置包括:用来调节再循环废气量的EGR阀,降低废气温度的EGR冷却器,使增压器压气机后压力降低的文丘里管(图2)。

**表1　试验用柴油机的主要参数**

| 类　型 | 直　喷 |
|---|---|
| 缸数 | 4 |
| 缸径(mm)×行程(mm) | 98×105 |
| 排量(L) | 3.168 |
| 压缩比 | 18:1 |
| 涡流比 | 2.2 |
| 最大转矩(转速)(N·m) | 265(2000) |
| 最低燃油消耗率[g/(kW·h)] | 225 |
| 额定功率(转速)(kW) | 81.5/(3400) |
| 增压器 | VNT |

刊登信息:《汽车技术》2005年第12期

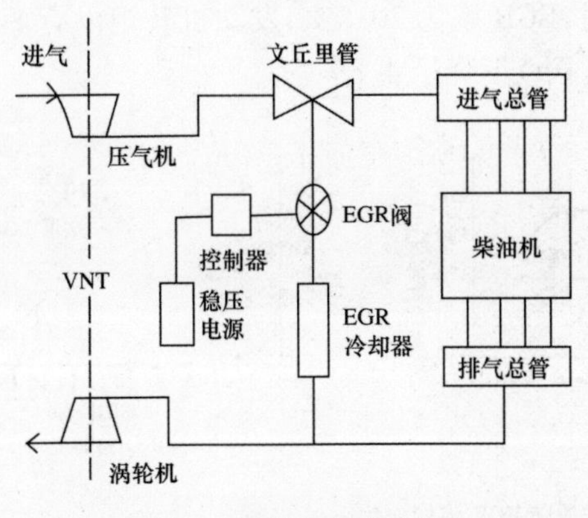


图 1　试验装置组成示意

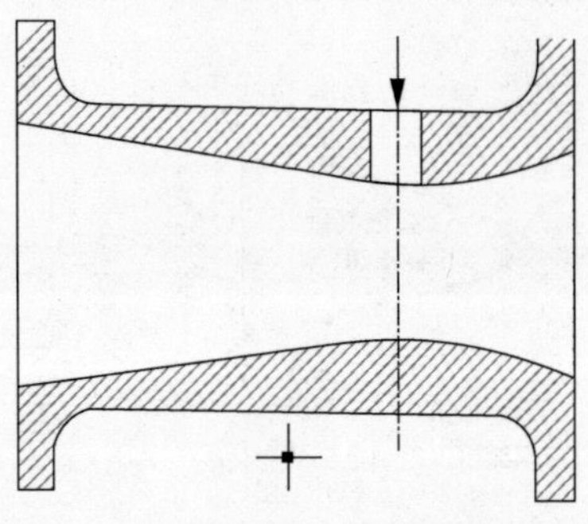

图 2　文丘里管结构形式

可变喷油嘴增压器通过电控 ECU，根据优化的电控脉谱调整改变 VNT 叶片的位置，改变涡轮的流通截面，从而直接影响发动机的涡前及压后压力，使发动机的涡前和喉口产生充分的压差，增大 EGR 的回流量，从而为最佳 EGR 率的选取提供了更大的范围，也使得通过 EGR 进一步降低发动机 $NO_x$ 的排量成为可能。本试验中采用的真空负压控制的弹簧膜片式 EGR 阀主要参数见表 2。ECU 反馈控制开度和时刻及真空度作为阀开启动力，其工作原理为：EGR 阀上部膜片室内的真空管与外界真空源相通，膜片处于正常位置时 EGR 阀是关闭的；当真空源提供足够大的真空度时，作用在膜片室内的真空度克服位于膜片与顶盖间的弹簧的作用力，使膜片向上顶起，从而带动阀杆上移将 EGR 阀开启；当真空源停止提供真空度时，在弹簧回复力的作用下，膜片复位带动阀杆下移将 EGR 阀关闭。EGR 阀控制器根据输入的电压信号量，输出与之对应的真空，控制 EGR 阀阀门的开度，从而控制 EGR 率。

**表 2　EGR 阀主要参数及数值**

| 参数 | 数值 | 参数 | 数值 |
|---|---|---|---|
| 抗震点 | $196 m/s^{-2}$ | 最大流量 | 1200L/min（$\Delta p = 6.7$kPa） |
| 工作点 | -13.3 ~ -26.7kPa | 质量 | 360g |

试验所采用 EGR 系统为高端回路，废气从涡轮前的排气总管引出，经过 EGR 冷却器冷却，通过 EGR 阀，然后进入文丘里管的喉口与进气混合进入汽缸。本文按照柴油机 ECE R49 13 工况测试标准进行测试，EGR 率是由 $CO_2$ 浓度计算获得[3]。

即：

$$\text{EGR 率}(\%) = \frac{CO_{2int} - CO_{2ambient}}{CO_{2ext} - CO_{2ambient}} \times 100\%$$

式中，$CO_{2int}$ 为发动机加入 EGR 后进气中的 $CO_2$ 体积百分比；$CO_{2ambient}$ 为大气环境中 $CO_2$ 的体积百分比；$CO_{2ext}$ 为发动机加入 EGR 后排气中的 $CO_2$ 体积百分比。

## 2　试验结果和分析

在发动机运行的每个工况点下，通过改变控制 EGR 阀的电压值，调节 EGR 阀的开度，从而获得不同的 EGR 率。分析不同 EGR 率对发动机性能和排放的影响规律，确定了该工况下的最佳 EGR 率并制成电控脉谱。本文选取 2 000r/min 下不同负荷工况进行研究[4]。

### 2.1　EGR 率对低负荷时发动机性能和排放的影响

由图 3 可知，当控制电压增大时，EGR 阀的开度加大，更多的废气通过 EGR 阀进入汽缸，EGR 率增大，同时新鲜空气的流量减少。EGR 阀完全打开时，EGR 率为 20.5%，发动机转矩没有变化，燃油消耗率从原机的 409.3g/(kW·h)降为 389.8g/(kW·h)下降了 4.8%。

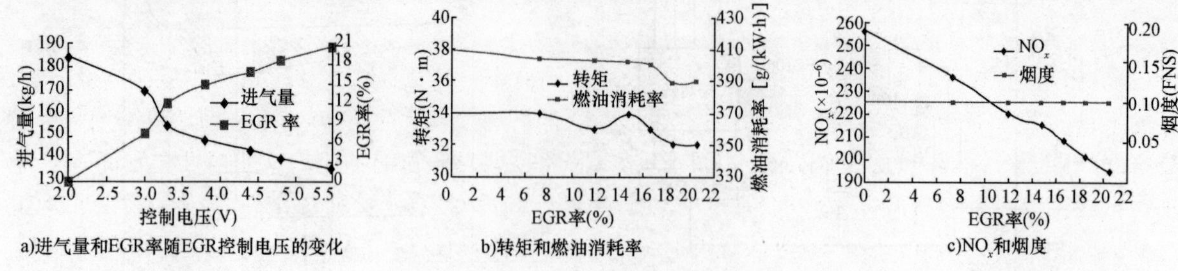

a)进气量和EGR率随EGR控制电压的变化　b)转矩和燃油消耗率　c)$NO_x$和烟度

图 3　10% 负荷下性能和排放随 EGR 率的变化

EGR 率对 $NO_x$ 影响很大，EGR 阀关闭时的 $NO_x$ 为 $256\times10^{-6}$，EGR 阀到最大开度，$NO_x$ 为 $195\times10^{-6}$，比原来下降了 23.8%。在小负荷下，烟度值很小，加入 EGR 后烟度值也没有改变，还是 0.1FSN。此时的最佳 EGR 率为 EGR 阀开度最大时对应的 EGR 率。



2.2　EGR 率对中等负荷时发动机性能和排放的影响

由图 4 可知，随着 EGR 阀控制电压的增大，空气流量减少，EGR 率增加，最大 EGR 率是 15.1%。此时发动机转矩有少许下降，从 130N·m 降到 127N·m，同时燃油消耗率从 229.7g/(kW·h)增加到 235.2g/(kW·h)。EGR 率对 $NO_x$ 影响很大，EGR 阀关闭时的 $NO_x$ 为 $715\times10^{-6}$，EGR 阀开度最大时 $NO_x$ 为 $375\times10^{-6}$，下降了 47.6%。与此同时，烟度值从 0.7FSN 增加到 1.5FSN。

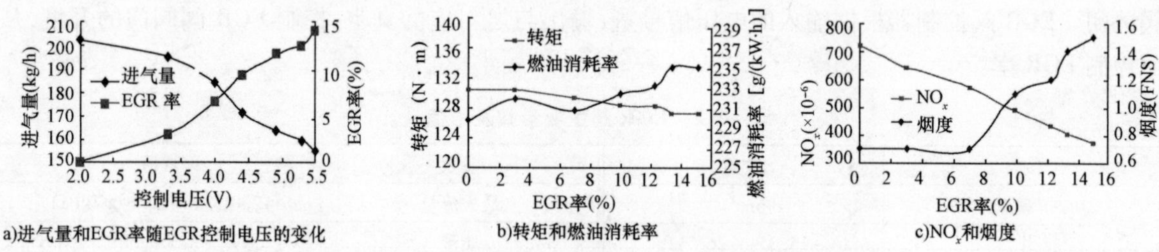

a)进气量和EGR率随EGR控制电压的变化　b)转矩和燃油消耗率　c)$NO_x$和烟度

图 4　50% 负荷下性能和排放随 EGR 率的变化

此时必须在 $NO_x$ 和烟度值之间进行折衷。此工况下的最佳 EGR 率为 10%。

2.3　EGR 率对高负荷时发动机性能和排放的影响

由图 5 可知，随着 EGR 阀控制电压的增大，空气流量减少，EGR 率增加，最大 EGR 率是 6.7%。外特性工况下 EGR 率对转矩的影响较大，当 EGR 阀完全打开时，发动机的转矩变为 248N·m，比原发动机的转矩降了 17N·m。同时，随着 EGR 率增大，燃油消耗率也增加较快。

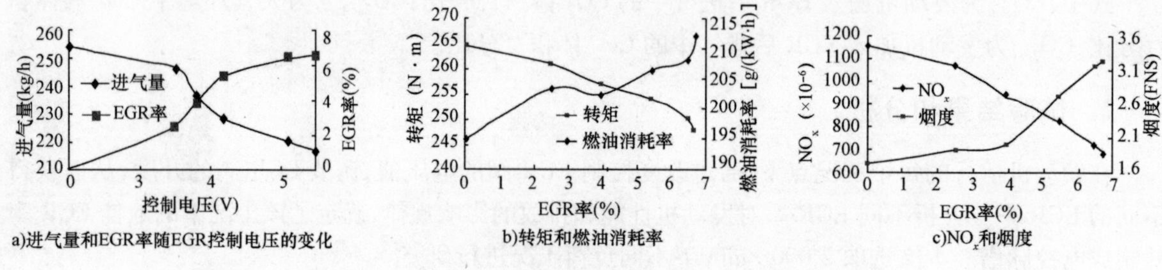

a)进气量和EGR率随EGR控制电压的变化　b)转矩和燃油消耗率　c)$NO_x$和烟度

图 5　100% 负荷下性能和排放随 EGR 率的变化

当 EGR 率增大时，$NO_x$ 下降很快，EGR 阀关闭时的 $NO_x$ 为 $1\ 160\times10^{-6}$，EGR 阀开度最大时 $NO_x$ 为 $680\times10^{-6}$，下降了 41.4%。与此同时，烟度值增大较大，从 1.7FSN 增加到 3.2FSN。

在此工况下，对转矩、$NO_x$ 和烟度进行综合考虑，选取 2.4% 作为此点的最佳 EGR 率。

2.4　EGR 率分析和电控脉谱研究

应在发动机大负荷时以转矩和微粒为指标、在发动机小负荷下以转矩和油耗为指标确定该工况下的最佳 EGR 率。根据第一汽车集团公司技术中心的测试结果，原 CA498Z 柴油机的 $NO_x$ 排放为 7.91g/(kW·h)，微粒排放为 0.226g/(kW·h)，与欧Ⅱ法规限值都有差距。这就要求在大负荷下为了保证转矩以及微粒排放不致过大，都取相对较小的 EGR 率；而在小负荷时，EGR 率对转矩、油耗有好的影响，并且排气烟度小，因此可取较大的 EGR 率。图 6 给出了 CA498Z 柴油机运行工况下的等 EGR 率曲线。由图 6 可知，在 CA498Z 柴油机的低速低负荷的工况下，EGR 率相对较大，最大可达 30%；而在大负荷时，EGR 率较小，最小为 2.4%。

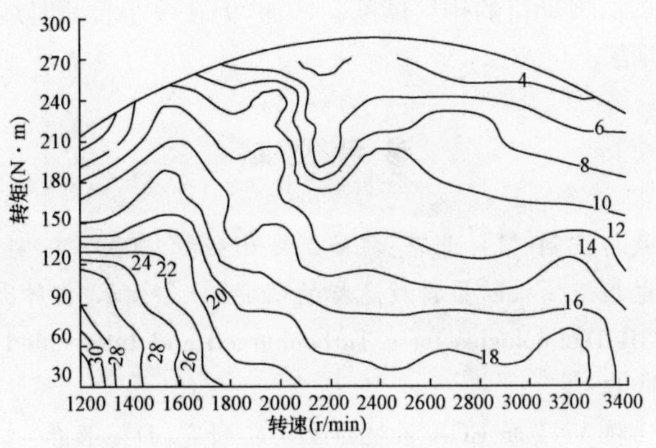


图 6　CA498Z 柴油机最佳等 EGR 率曲线

2.5　最佳 EGR 率下发动机性能与原发动机性能对比

图 7 为 2 000r/min、不同负荷下的性能对比，从图 7 中可以看出：

(1)加入 EGR 后，低于 50% 负荷下的转矩基本没变化；75% 负荷下的转矩降低了 9N·m；外特性下的转矩降低了 3N·m，此点为 CA498Z 的最大转矩点，必须考虑其转矩。

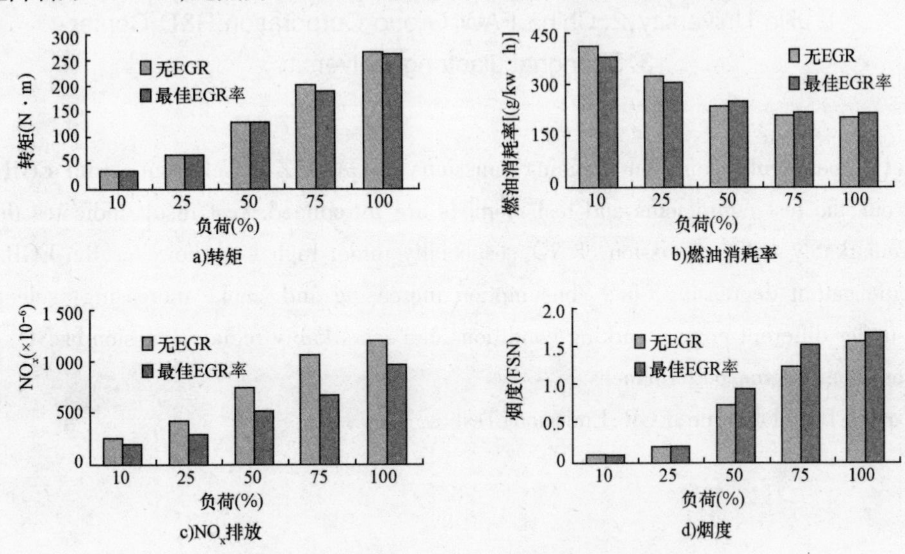


图 7　最佳 EGR 率下与无 EGR 时发动机性能的对比

(2)加入 EGR 后,$NO_x$ 显著下降,在不同负荷下分别降低了 23.8%、33.3%、31.7%、38%、18.1%。

(3)燃油消耗率在小负荷时有些下降,但当负荷高于 50% 时,燃油消耗率有所增大。

(4)小负荷时,排气烟度没有改变,在高负荷时烟度比原机有所增加。

## 3 结束语

通过上面的试验,可以得到下面结论:

(1)在小负荷时 EGR 率对转矩影响较小。在大负荷时 EGR 率对转矩的影响较大,随着 EGR 率的增加,发动机的转矩下降,此时在选择最佳 EGR 率时必须考虑动力性因素。

(2)在小负荷时 EGR 会使发动机的燃油消耗率降低。在中高负荷下,EGR 的加入会使燃油消耗率增大。

(3)EGR 率对发动机 $NO_x$ 排放影响很大,随着 EGR 率的增加,$NO_x$ 排放大幅度下降。

(4)随着 EGR 率的增加,发动机的排气烟度会增加,但在中小负荷时烟度值比较小,而大负荷时必须对 $NO_x$ 和烟度进行折衷。



## 参考文献

[1] 刘巽俊.内燃机的排放与控制[M].北京:机械工业出版社,2003.

[2] 王天灵.CA498 综合电控柴油机欧Ⅲ排放达标的研究[D].长春:吉林大学,2003.

[3] Susumu Kohketsu. EGR Technologies for a Turbocharged and Intercooled Heavy-Duty Engine[C]// SAE Paper,1997,970340.

[4] 吴君华.车用增压柴油机 VNT 和 EGR 系统匹配实验研究[D].长春:吉林大学,2003.

## Experimental Study on Reducing Emissions of a Supercharged Diesel Engine with EGR System

Wang Tianling[1], Li Jun[2], Wu Junhua[3], Wang Zhanfeng[1]

(1. Jilin University; 2. China FAW Group Corporation R&D Center; 3. Shanghai Jiaotong University)

**Abstract**: Experimental study on reducing emissions of CA498Z diesel engine with EGR system has been carried out, the test equipments and test methods are introduced. Test result indicates that the EGR system can remarkably reduce emission of $NO_x$, especially under high load: however, the EGR system will result in engine output decreasing, fuel consumption increasing and smoke increasing: selecting optimal rate of EGR under different engine working conditions can remarkably reduce emission of $NO_x$ without evident effects on other engine performances.

**Key Words**: Diesel Engine; EGR; Emission; Test

# 车用增压柴油机 EGR 下排放特性*

宫长明，闫淑芳，苏　岩，曹东海，李　骏

**摘　要**：本文研究了 CA498 型车用直喷式增压柴油机不同 EGR 率、冷热 EGR、推迟喷油对发动机排放性能的影响。得出了 13 工况法下各工况点的不同 EGR 率、冷热 EGR 及推迟喷油定时对柴油机排放的影响规律。

**关键词**：增压柴油机；EGR；排放

**中图分类号**：TK421⁺.5　**文献标识码**：A

## 引言

直喷式柴油机具有良好的燃油经济性、耐久性和冷起动性，因而获得广泛的应用。但近十年来由于环保意识的加强，对车用柴油机的低污染要求愈来愈突出，世界各国相继制定了愈来愈严格的柴油机排放法规。因此，对 $NO_x$ 和微粒（PM）排放的控制，需采用各种不同的技术措施，才能较好地解决柴油机的经济性和排放相互矛盾的问题。

本文主要针对 CA498 型增压柴油机采用废气再循环（EGR）系统进行某些基础研究，分析 EGR 率对柴油机经济性和排放性影响的基本规律，为进一步降低柴油机 $NO_x$ 排放，并实现 $NO_x$ 排放和 PM 排放的折衷方案提供依据。

## 1　试验设备和测试方法

试验是在 CA498 型增压柴油机上进行的，其主要参数见表 1。

**表 1　柴油机主要参数**

| 缸径×冲程（mm×mm） | 工作容积（L） | 压缩比 | 燃烧室 | 标定功率（kW） | 标定转速（r/min） |
|---|---|---|---|---|---|
| 98×105 | 3.618 | 18:1 | 挤流口型 | 82.5 | 3 400 |

排放试验按 GB 17691—2001 13 工况循环进行，有害废气排放采用 AVL 的 CEB500 排放仪测量，EGR 率采用日本 HORIBA MEXA－1220EGR 分析仪测得。

EGR 率定义为：

$$\eta_{EGR} = \varphi_{in} / \varphi_{out} \times 100\%$$

式中：$\varphi_{in}$——通过再循环废气稀释的进气中 $CO_2$ 的体积分数；

$\varphi_{out}$——废气中 $CO_2$ 的体积分数。

由于从涡轮机后引出的废气压力较低，所以采用涡轮机前取废气，经过扩压管提高压力后进入 EGR 阀，与空气混合进入汽缸。图 1 给出了增压柴油机 EGR 系统布置图。

刊登信息：《农业机械学报》2005 年（第 36 卷）第 4 期

*　吉林省自然科学基金资助项目（项目编号：20000530）

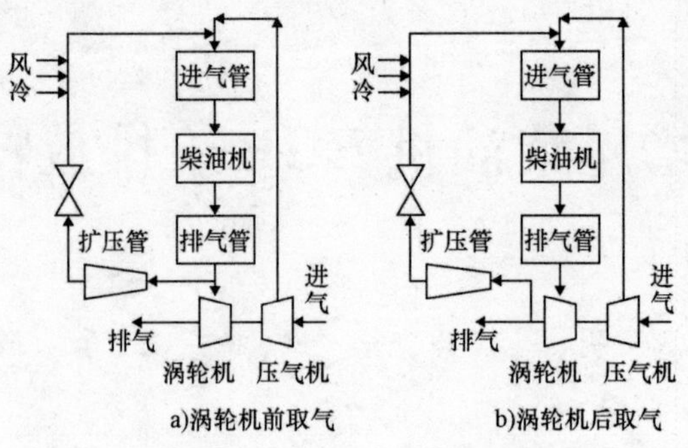


图1 增压柴油机 EGR 系统布置图

## 2 试验结果与分析

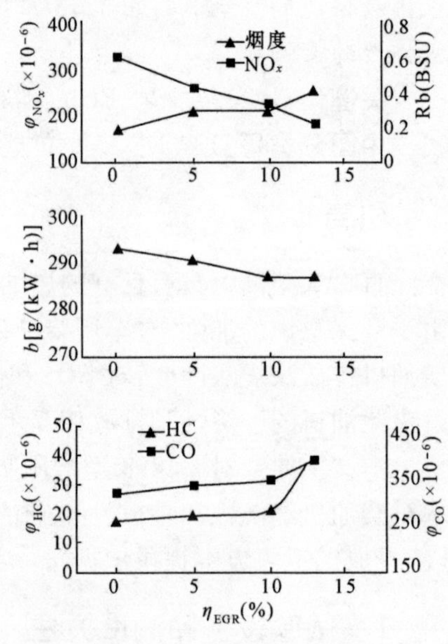


图2 2 000 r/min、25% 负荷下 EGR 率对发动机排放性能的影响曲线

### 2.1 EGR 率对发动机排放的影响

图2 为 CA498 型增压柴油机 2 000 r/min、25% 负荷下(3 工况点)供油提前角 10°CA 时 EGR 率对发动机排放性能的影响。从图中可以明显地看出,加大 EGR 可使 $NO_x$ 排放明显降低,烟度稍有增加,燃油消耗率稍有降低;但 CO 排放在大的 EGR 率时有较大幅度的增长,HC 排放随 EGR 率变化相对平缓。

### 2.2 冷热 EGR 对发动机排放的影响

EGR 可有效地降低 $NO_x$ 排放,但同时会使柴油机的排气烟度增大,这就为全面、有效地控制 $NO_x$ 和 PM 排放带来了困难。但冷 EGR 可以使这一矛盾得以缓解。图3 给出了 2 000 r/min,10%、25%、50%、75% 负荷下冷热 EGR 对发动机经济性和排放性的影响。从图中可以看出,冷 EGR 可以比热 EGR 更有效地降低 $NO_x$ 排放;中等以上负荷冷 EGR 可以降低排气烟度,进而可以减少 PM 排放;在大部分工况点,冷 EGR 的 HC 排放都要低于热的 EGR;冷 EGR 对燃油经济性的影响同热的 EGR 相比没有很大的差别,基本上不变。

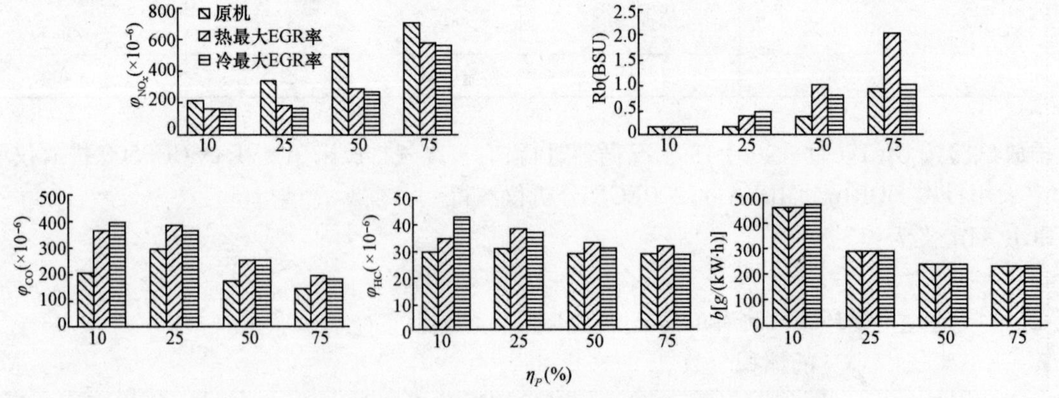


图3 冷热 EGR 对发动机排放的影响

### 2.3 供油提前角对发动机排放的影响

供油提前角和 EGR 都对柴油发动机的 $NO_x$ 排放和 PM 排放有较大的影响。减小供油提前角,

可以使 $NO_x$ 排放降低，但会使 PM 排放和燃油消耗率增加。而增大 EGR 率，也可以使 $NO_x$ 排放降低，使 PM 排放增加。它们虽然都可以有效地降低 $NO_x$ 排放，但采用 EGR 时，燃油消耗率变化不大，所以实际发动机必须对二者进行优化，以获得 $NO_x$ 排放和 PM 排放的最好折衷。图 4 是 EGR 和推迟喷油对 $NO_x$ 排放的影响。图 5 给出了 3 400 r/min 时供油提前角对发动机排放的影响。可以看出在采用降低 $NO_x$ 排放的措施时应首选 EGR 系统。

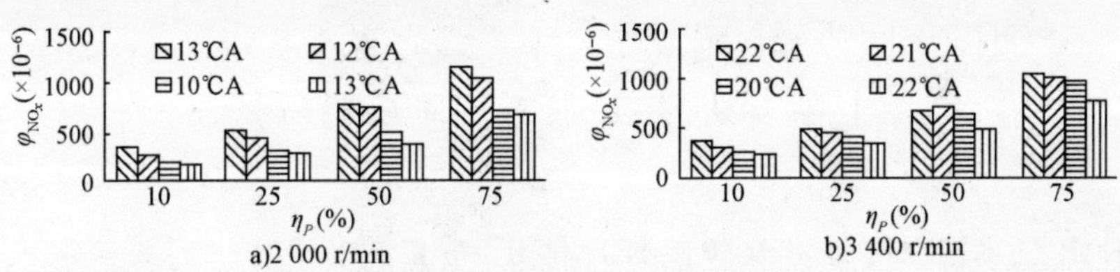


图 4　EGR 与推迟喷油对 $NO_x$ 排放的影响

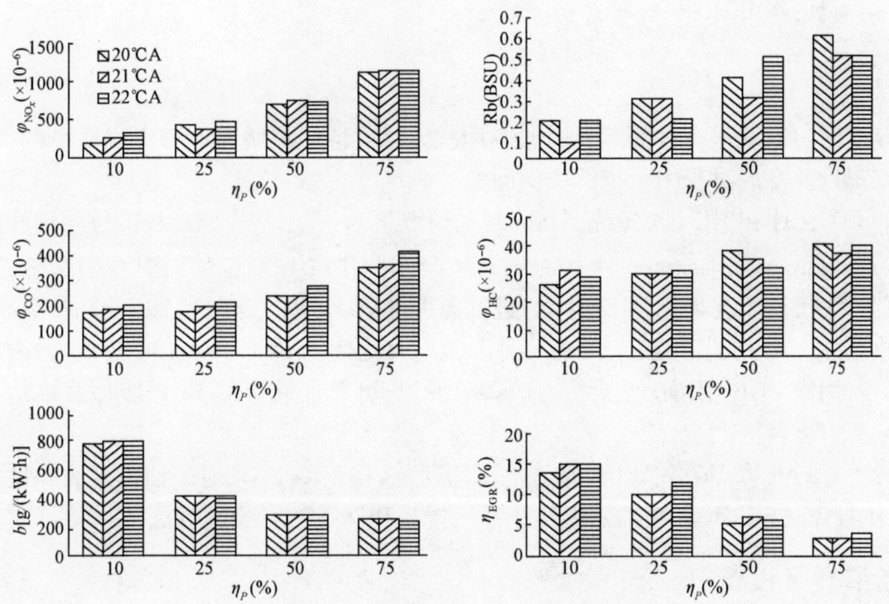


图 5　供油提前角的变化对发动机排放的影响

## 3　结论

(1)增压柴油机采用 EGR 系统和推迟喷油均可降低 $NO_x$ 排放，但采用 EGR 可以更有效地降低 $NO_x$ 排放，而且还可以不恶化发动机的燃油经济性。

(2)增压柴油机采用冷 EGR 可以有利于改善采用热 EGR 时带来的排气烟度急剧增加的弊端。

## 参考文献

[1] Baert R S G, Beckman D E, Verbeek R V. New EGR technology retains HD diesel economy with 21st century emissions[C]//SAE Paper, 1996, 960848.

[2] 曹东海. 车用增压柴油机 EGR 系统试验研究[D]. 长春：吉林大学，2001.

[3] Baert R S G, Beckman D E, Veen A. Efficient EGR technology for future heavy-duty diesel engine emission targets[C]. TNO Paper, VM9901.

# 车用柴油机冷 EGR 系统的试验研究

陈　群[1]，刘巽俊[1]，李　骏[2]，王金武[2]
(1. 吉林大学；2. 长春汽车研究所)

**摘　要**：冷 EGR 技术不仅可以有效降低 $NO_x$ 排放，而且有助于减少因柴油机采用 EGR 引起的微粒排放量的增加。本文进行了车用柴油机冷 EGR 系统的试验，研究了冷 EGR 对柴油机排放和性能的影响。并且，对冷 EGR 和喷油延迟这两种降低柴油机 $NO_x$ 排放措施进行比较。

**关键词**：柴油机；冷 EGR；试验研究



## 1　前言

随着世界范围内汽车保有量的不断增加，对大气污染、特别是城市地区空气质量的关注，使得排污控制成为汽车行业发展过程中亟待解决的问题。

柴油机的 $CO_2$、CO 和 HC 排放(特别在冷起动情况下)较低，然而 $NO_x$ 和微粒的排放较高。废气再循环(EGR)是降低 $NO_x$ 排放的一种有效方式[1]。但采用 EGR 系统的同时会引起微粒的增加，发动机磨损加剧。大负荷工况采用热 EGR 时，进气温度随着 EGR 比例的增加而增加，空燃比减小，从而使微粒排放增加。因此，若用最大转矩工况占相当大比例的 ECE R49 13 工况法检测，热 EGR 不能满足要求。若用冷 EGR 则情况就会大有改善。所以，可靠而简单的 EGR 冷却系统是一个重要的研究课题[2,3]。

本文进行了 CA498 柴油机冷 EGR 系统的试验研究，得出冷 EGR 对柴油机排放和性能的影响规律，并对同一工况下，冷 EGR 和喷油延迟对柴油机排放和性能的影响进行比较。

## 2　试验装置及设备

试验样机是自然吸气直喷式 CA498 柴油机，$D \times S = 98\text{mm} \times 105\text{mm}$，排量 3.168L，压缩比 17.5，在额定转速 $n = 3400\text{r/min}$ 下的额定输出功率为 60.5kW，外特性上最低燃油消耗率为 220 g/(kW·h)。整个试验是在全自动试验台上进行，试验系统的布置见图 1。

柴油机电控 EGR 系统的控制部分是 ECU 单元，它可以实现随发动机转速和负荷变化对 EGR 率进行精确控制。要形成产品化的 EGR 系统，在 ECU 的 ROM 中写入控制程序，需要大量的试验数据作基础。本文设计的是为产品化 EGR 系统作前期工作的 EGR 试验系统，具有简单可靠、灵活易调节，可控制性好的特点。

试验过程中，对 EGR 的控制是由手动调节 EGR 控制器实现的，该控制器是通过调节控制电路的 PWM(占空比)，来改变真空泵所提供的真空度在 EGR 阀上的作用时间比例，即 EGR 阀的开关时间比例。同时，EGR 控制器内的记忆装置同时记录下占空比和相应的 EGR 率值以及发动机的工况，为今后生成 ECR 的 Map 作数据准备。

在试验中采用 EGR 率仪测量 EGR 率的大小。EGR 率仪是以进排气中 $CO_2$ 体积百分比来定义 EGR 率：

刊登信息：《汽车工程》2001 年(第 23 卷)第 6 期

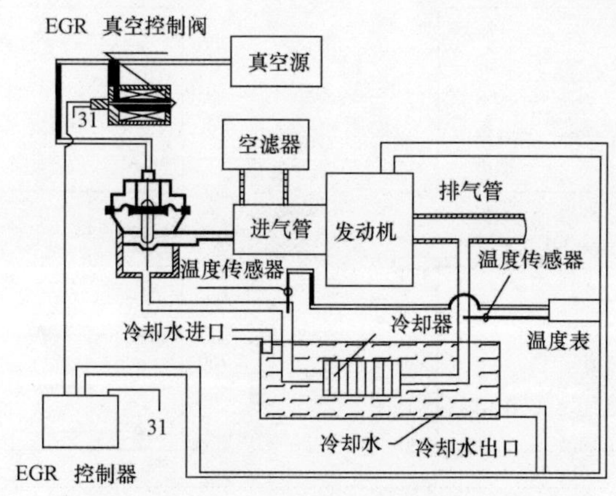


图1 试验系统布置图

$$EGR率 = \frac{CO_2\%_{进气}}{CO_2\%_{排气}} \times 100\%$$

式中,$CO_2\%_{进气}$是经过再循环废气稀释后的进气中 $CO_2$ 的体积百分比。

为了研究 EGR 温度($T_{EGR}$)对柴油机排放和性能的影响,在试验中将 $T_{EGR}$ 的范围选为 40 ~ 100℃。之所以选这个温度范围,是因为冷 EGR 可以有效缓解 EGR 引起的烟度的增加[4],结合国外冷 EGR 研究的结论,将最高 $T_{EGR}$定为 100℃;如果 $T_{EGR}$过低,会使冷 EGR 系统所用的热交换器发生阻塞和腐蚀,$T_{EGR}$要控制在露点温度以上[5],因而将最低 $T_{EGR}$定为 40℃。EGR 温度要降低到 40℃左右,这靠发动机冷却水是难以实现的,在试验中采用冷却器在机外冷却再循环废气来实现所要求的温度。

试验中所用的主要测试仪器如下。AVL CEB500 型排放仪,用于测量 CO、HC、和 $NO_x$ 的浓度;HORIBA EGR 仪,测量 EGR 率;层流式流量计,测量空气流量;油耗仪,测量燃油消耗率;测控仪,测量转速和转矩;FQD－02 型滤纸式烟度计,测量烟度。

因为受试验条件所限,没有测量微粒排放,但微粒中的有机可溶成分(SOF)可以从烟度反映出来,同时 HC 排放量也反映出了微粒的排放。试验过程按照重型车 ECE R49 13 工况进行。

## 3 EGR 温度对排放和性能的影响

图 2 为 EGR 温度($T_{EGR}$)对 CA498 柴油机排放和性能的影响规律。

从图 2 中可以看出,$T_{EGR}$的降低,有利于提高充量系数,使进气中的氧浓度提高,炭烟的氧化作用增强。$T_{EGR}$使缸内燃烧温度下降,减少了 $NO_x$ 排放。$T_{EGR}$的降低也降低了燃烧室壁面温度,导致因猝冷产生的 HC 排放量增加。

## 4 柴油机冷 EGR 与热 EGR 的比较

图 3 为四工况点冷 EGR($T_{EGR}$ = 40℃)与热 EGR($T_{EGR}$ = 100℃)下柴油机排放和性能的比较。从图 3 可见在同一 EGR 率下,与热 EGR 相比,冷 EGR 在使 HC 排放增加很小的情况下使烟度降低很大,在中负荷烟度的降低比例可达 30% ~40%,高负荷在 12%左右,同时冷 EGR 下的燃油消耗率要略低于热 EGR。

通过对冷 EGR 与热 EGR 的比较总结出:在 EGR 率一定的条件下,冷 EGR 与热 EGR 相比更能降低 $NO_x$ 排放[4],说明为了达到相同程度的 $NO_x$ 排放水平,冷 EGR 比热 EGR 可采用更小的 EGR 率;而烟度水平又是由 EGR 率的大小决定的,同时在给定的 EGR 率下,冷 EGR 的烟度又比热 EGR

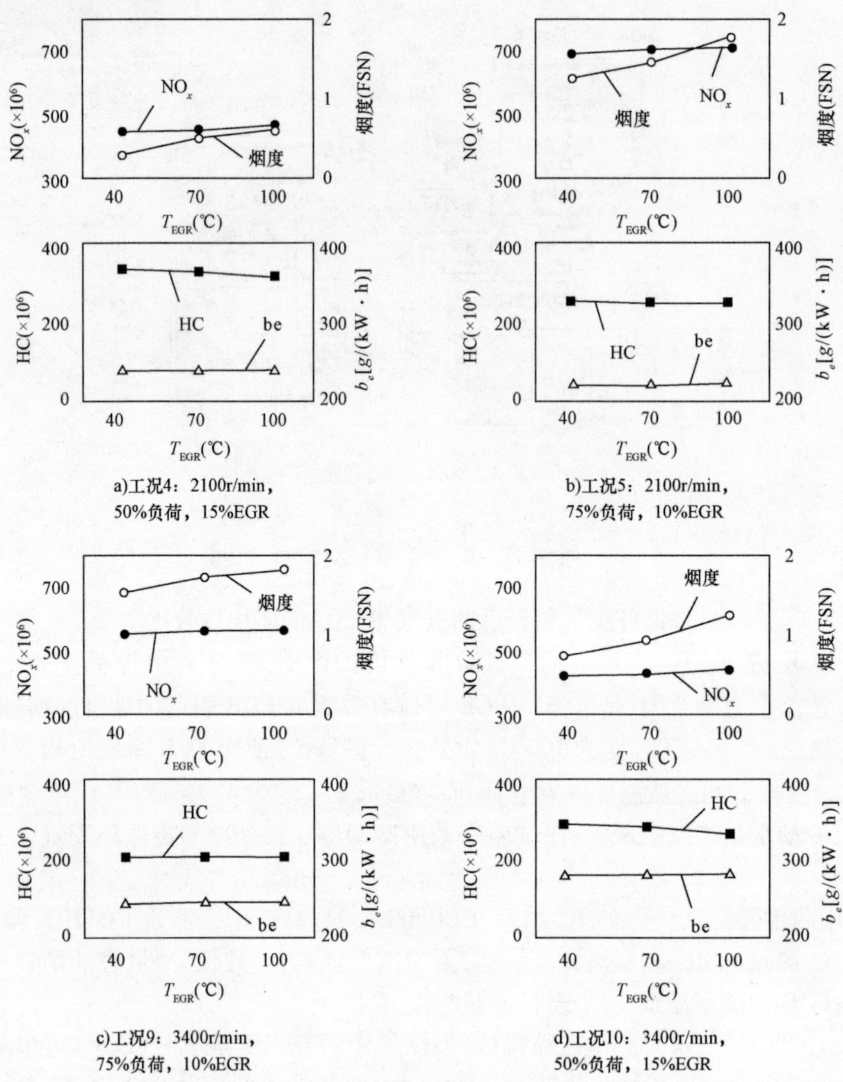


a)工况4：2100r/min，
50%负荷，15%EGR

b)工况5：2100r/min，
75%负荷，10%EGR

c)工况9：3400r/min，
75%负荷，10%EGR

d)工况10：3400r/min，
50%负荷，15%EGR

图2　$T_{EGR}$对排放和性能的影响

■ 无 EGR　□ 冷 EGR　■ 热 EGR

4、10工况：15%EGR；5、9工况：10%EGR

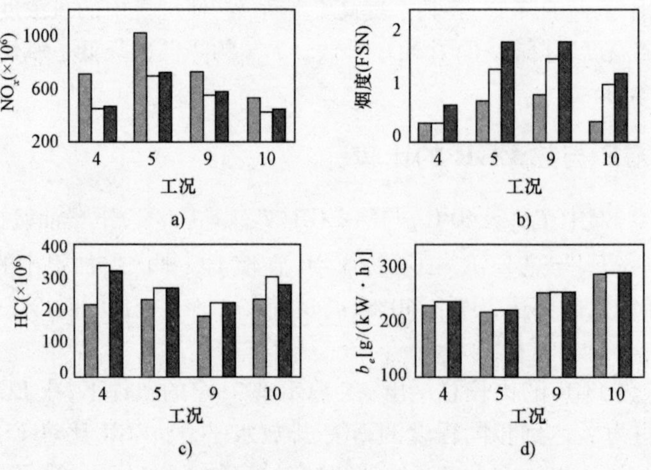


a)　b)　c)　d)

图3　冷 EGR($T_{EGR}$ =40℃)与热 EGR($T_{EGR}$ =100℃)对柴油机排放和性能的影响比较

的烟度小。由此可见再循环废气的冷却有效改善了 $NO_x$ 与烟度之间的折衷关系。

同一 EGR 率下冷 EGR 与热 EGR、EURO I 法规及原机(0% EGR)按照 ECE R49 13 工况排放法计算出的排放值的比较见表1。从表中可见采用冷 EGR 后,CA498 柴油机的 $NO_x$ 排放比原机降低了 9.67%,HC 增加了 13.2%。采用冷 FGR 后 $NO_x$ 排放达到了 EURO I 标准,而且有 5.4% 的裕度。

**表1 13 工况排放值比较**

| 排放物 | EUROI | 原机(无 EGR) | 热 EGR | 冷 EGR |
| --- | --- | --- | --- | --- |
| $NO_x$[g/(kW·h)] | 8.0 | 8.38 | 7.7 | 7.57 |
| CO[g/(kW·h)] | 4.5 | 4.05 | 4.15 | 4.21 |
| HC[g/(kW·h)] | 1.1 | 0.98 | 1.04 | 1.11 |

通过以上对试验结果的分析比较,可知冷却再循环废气可以缓解因热 EGR 引起的烟度的增加,同时也降低了发动机 $NO_x$ 的排放,减小了燃油消耗率的增加。但是,如果再循环废气温度过低,会使冷 EGR 系统所用的热交换器发生阻塞和腐蚀,从减小对 CA498 柴油机烟度排放和降低经济性损失出发,认为将 $T_{EGR}$ 选定为 40℃ 比较有利。

## 5 冷 EGR 与喷油延迟对柴油机排放和性能的比较

喷油延迟和 EGR 技术都可以降低 $NO_x$ 排放,同时也对 CO、HC 及烟度的排放和发动机性能带来不利影响。现将这两种技术措施进行比较,见图4。

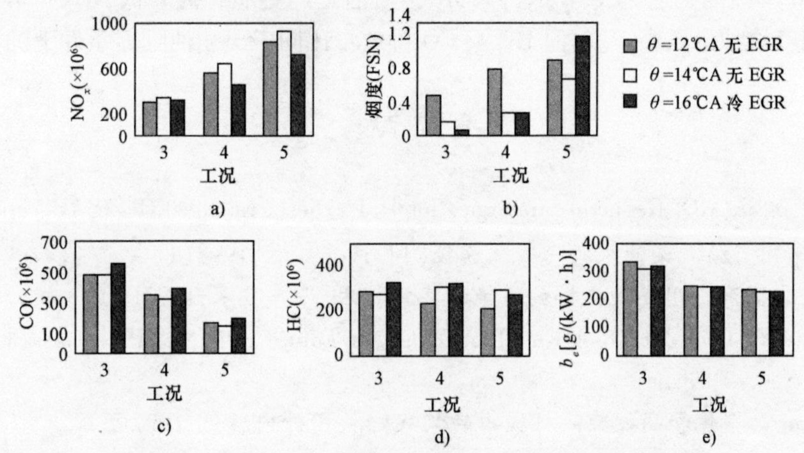


图4 冷 EGR 与喷油延迟对柴油机排放和性能影响的比较

工况 3-2100r/min,25% 负荷;工况 4-2100r/min,50% 负荷;工况 5-2100r/min,75% 负荷

(冷 EGR 的 EGR 率:工况 3,10%;工况 4,15%;工况 5,10%。冷 EGR 温度:$T_{EGR}$ = 40℃)

从图 4a) $NO_x$ 排放变化柱状图中可以看出,冷 EGR($T_{EGR}$ = 40℃,以下相同)比喷油延迟更能降低 $NO_x$ 排放,在中、高负荷更为显著。在 5 工况点(75% 负荷)在冷 EGR(10% EGR 率)下的 $NO_x$ 的排放与在 14℃A、12℃A 供油提前角无 EGR 时比,分别降低 $112\times10^{-6}$(13.8%)、$204\times10^{-6}$(22.6%)。

从图 4b) 中可以看出在小负荷时冷 EGR 下的烟度值比较小,在 25% 负荷下采用 EGR,烟度值只有 0.1FSN;同工况下采用延迟喷油($\theta$ = 14℃A)无 EGR 时,烟度达到 0.2FSN;随着喷油延迟达到 12℃A,烟度急剧上升到 0.5FSN。在高负荷时,冷 EGR 引起的烟度增加比喷油延迟下的大。

图4c) 是两种降 $NO_x$ 措施对 CO 排放的影响情况。从图中可见冷 EGR 引起的 CO 排放显著高于

喷油延迟下的。在3工况点，冷EGR与12℃A供油提前角无EGR相比，其CO排放增加$99\times10^{-6}$(21%)；在4工况点，与14℃A供油提前角无EGR相比，CO排放值增加$76\times10^{-6}$(24%)。

图4d)是两种降$NO_x$措施对HC排放的影响情况。总的来看冷EGR引起的HC排放增加要多。在75%负荷，冷EGR与12℃A供油提前角无EGR相比，其HC排放增加$59\times10^{-6}$(28%)。

图4e)图反映的是对燃油消耗率影响的比较。与14℃A供油提前角无EGR相比，冷EGR下的燃油消耗率要大一些，在25%负荷时增加9g/(kW·h)(2.99%)，在75%负荷时增加39/(kW·h)(1.36%)。当进一步延迟喷油(12℃A)时，燃油消耗率要高于冷EGR下的燃油消耗率。

从图4中还可以看出在12℃A供油提前角下各工况点下烟度、燃油消耗率都比较高，说明过度延迟喷油会使燃烧恶化，发动机的烟度增大，燃油消耗率增加。

通过冷EGR与喷油延迟对CA498柴油机排放和性能的影响比较，可得出冷EGR比喷油延迟更能有效降低$NO_x$排放，在中、小负荷工况冷EGR引起的烟度增加较小，但HC及CO排放量比喷油延迟大很多。

## 6 结论

(1)与热EGR相比，冷EGR更能降低$NO_x$排放，同时可以有效缓解热EGR引起的烟度增加。为了达到相同程度的$NO_x$排放水平，冷EGR比热EGR可采用更小的EGR率，这又有利于降低烟度。

(2)再循环废气温度控制在40℃左右有利于缓解热EGR引起的烟度增加。

(3)通过冷EGR与喷油延迟比较可知，冷EGR比喷油延迟更能有效降低$NO_x$排放，在中、小负荷冷EGR引起的烟度增加量要小一些，但HC及CO排放量比同工况喷油延迟条件下的大。



## 参考文献

[1] Herzog Peter L, et al. $NO_x$ Reductin Stratergies for D. I. Diesel Engines[C]//SAE Paper, 920470.
[2] 刘巽俊，李骏. 车用直喷式柴油机排气净化途径[J]. 汽车工程，1998(1).
[3] 刘巽俊. 谈减轻我国汽车用发动机排放污染的实用技术. 汽车技术，1997(2).
[4] Paul Zelenka, et al. Cooled EGR-A Key Technology for Future Efficient HD Diesels[C]//SAE Paper, 980190.
[5] Nobrou Hikosaka. 向净化和高效柴油机提出的挑战[J]. 国外内燃机，1997(5).

## Experimental Study on Automotive Diesel Engine with Cooled EGR

Chen Qun[1], Liu Xunjun[1], Li Jun[2], Wang Jinwu[2]
(1. Jilin University; 2. Changchun Automotive Research Institute)

**Abstract**: Recently work has shown that cooled EGR is effective not only on reducing $NO_x$ emission but also on reducing particulate. In this paper, an experiment was conducted to study the effect of cooled EGR on the performance and emissions of an automotive diesel engine. Meanwhile, cooled EGR and the fuel injection timing delay are compared in respect of the effect of decreasing $NO_x$ emission from diesel engine.

**Key Words**: Diesel Engine; Cooled EGR; Experimental Study

# CA498 车用柴油机 EGR 的试验研究

陈　群[1],刘巽俊[1],李　骏[2],王金武[2]
(1. 吉林大学 动力机械及工程系,吉林长春　130025;
2. 长春汽车研究所,吉林长春　130011)

**摘　要**:进行了不同工况下 EGR 率对发动机排放和性能影响的试验研究。在试验中按 ECE R49 13 工况法研究了有 EGR 时 $NO_x$ 和微粒的变化规律,并对柴油机性能进行了分析。在综合考虑 EGR 对各工况的排放及性能影响的基础上,确定 13 工况中应进行 EGR 的工况及相应的最佳 EGR 率。

**关键词**:柴油机;废气再循环(EGR);排放;性能

**中图分类号**:TK421.5　**文献标识码**:A



## 引言

废气再循环(EGR)是降低 $NO_x$ 排放的有效措施。早在 20 世纪 70 年代,国外一些汽油机就开始采用 EGR 系统,目前应用已相当普遍,取得了良好的降低 $NO_x$ 排放的效果。近年来,国外的柴油机越来越多地采用 EGR 系统。在轻型柴油车领域中,EGR 技术已相当成熟,它可以是简单的通断控制系统,或是与电控燃油喷射相结合的比较复杂的闭环系统。在重型车领域中,随着世界各国对重型柴油车制定出更加严格的 $NO_x$ 排放标准,采用 EGR 已越来越受到重视[1]。

在国内,对柴油机 EGR 技术的研究与应用处于起步阶段。本文在 CA498 柴油机上研究了 EGR 对其排放和性能的影响,所得出的结论为今后采用 EGR 系统时确定各工况下的最佳 EGR 率提供了依据。

## 1　试验系统布置及设备

试验用发动机采用的是 CA498 直喷式柴油机,主要参数如下:$D \times S = 98\text{mm} \times 105\text{mm}$,排量 3.168 L,压缩比为 17.5,在标定转速 $n = 3\,400$ r/min 下的标定输出功率为 60.5 kW,外特性上的最低燃油消耗率为 220 g/(kW·h)。整个试验在全自动试验台上进行,试验系统的布置如图 1 所示。

柴油机电控 EGR 系统的控制部分是 ECU 单元,它可以实现随发动机转速和负荷变化对 EGR 率进行精确控制。要形成产品化的 EGR 系统,在 ECU 的 ROM 中写入控制程序需要大量的试验数据作基础。本文设计的是为产品化作前期工作的 EGR 试验系统,具有简单可靠、易于调节、可控制性好的特点。

在试验过程中,对 EGR 的控制是由手动调节 EGR 控制器实现的。该控制器是通过调节控制电路的 PWM(占空比),来改变真空泵所提供的真空度在 EGR 阀上的作用时间比例,即 EGR 阀的开关时间比例。同时,EGR 控制器内的记忆装置同时记录下占空比和相应的 EGR 率值以及发动机的工况,为今后生成 EGR 的 MAP 作数据准备。

在试验中采用 EGR 率仪测量 EGR 率的大小。EGR 率仪是以进、排气中 $CO_2$ 的体积百分比来定

刊登信息:《内燃机学报》2001 年(第 19 卷)第 6 期

义 EGR 率 $\eta_{EGR}$：

$$\eta_{EGR}=\frac{\varphi_{CO_2进气}}{\varphi_{CO_2排气}}\times100\%$$

式中，$\varphi_{CO_2进气}$是经过再循环废气稀释后进气中 $CO_2$ 的体积分数。

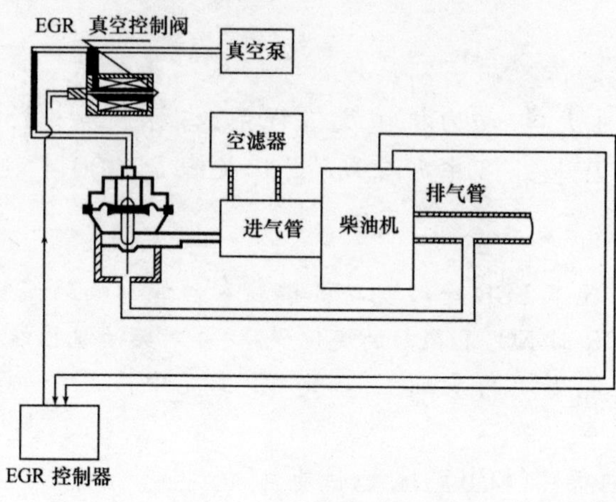


图 1 试验系统布置图



在试验过程中，由于再循环废气量较少，EGR 气体的取气管路较长，EGR 气体的温度在 50 ~ 70℃的范围内。

试验中所用的主要测试仪器如下：AVL 排放分析仪，用于测量 CO、HC 和 $NO_x$ 的浓度；HORIBA EGR 仪，测量 EGR 率；油耗仪，测量燃油消耗；测控仪，测量转速和转矩；滤纸式烟度计，测量烟度。

试验按照 ECE R49 13 工况进行。试验过程中通过调节供油量来保持供给 EGR 后的各工况点的功率和转矩不变，因而试验结果中 EGR 对发动机性能的影响体现在燃油消耗率的变化上，不能直接反映出发动机动力性的变化。因为受试验条件所限，没有测量微粒排放，但微粒中的可溶性有机成分（SOF）可以从烟度中反映出来，同时 HC 排放量也反映出了微粒的排放情况。

## 2 试验结果分析

### 2.1 EGR 率对柴油机排放和性能的影响

CA498 柴油机原机（无 EGR 时）13 工况下的 $NO_x$ 和烟度排放特性见图 2。根据试验结果可知，在低负荷（10% 负荷）时 $NO_x$ 排放量较小，而在中、高负荷及全负荷时 $NO_x$ 排放量很大。所以对 13 工况中的 3、4、5、6、8、9、10 及 11 这 8 个工况进行了 EGR 试验。在每一个工况进行几个不同 EGR 率的试验，试验结果如图 3、图 4 所示。

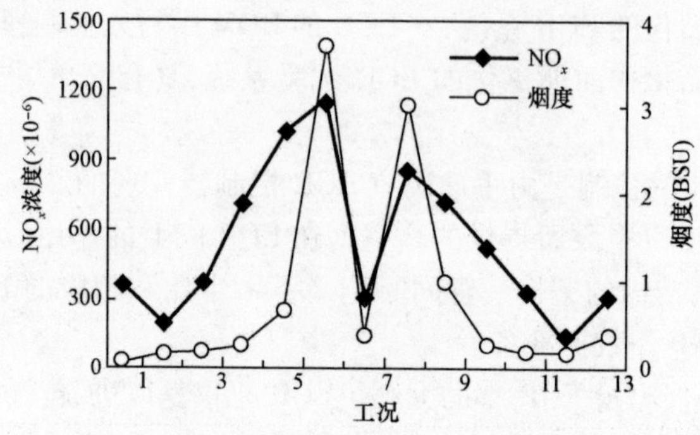


图 2 CA498 柴油机原机排放

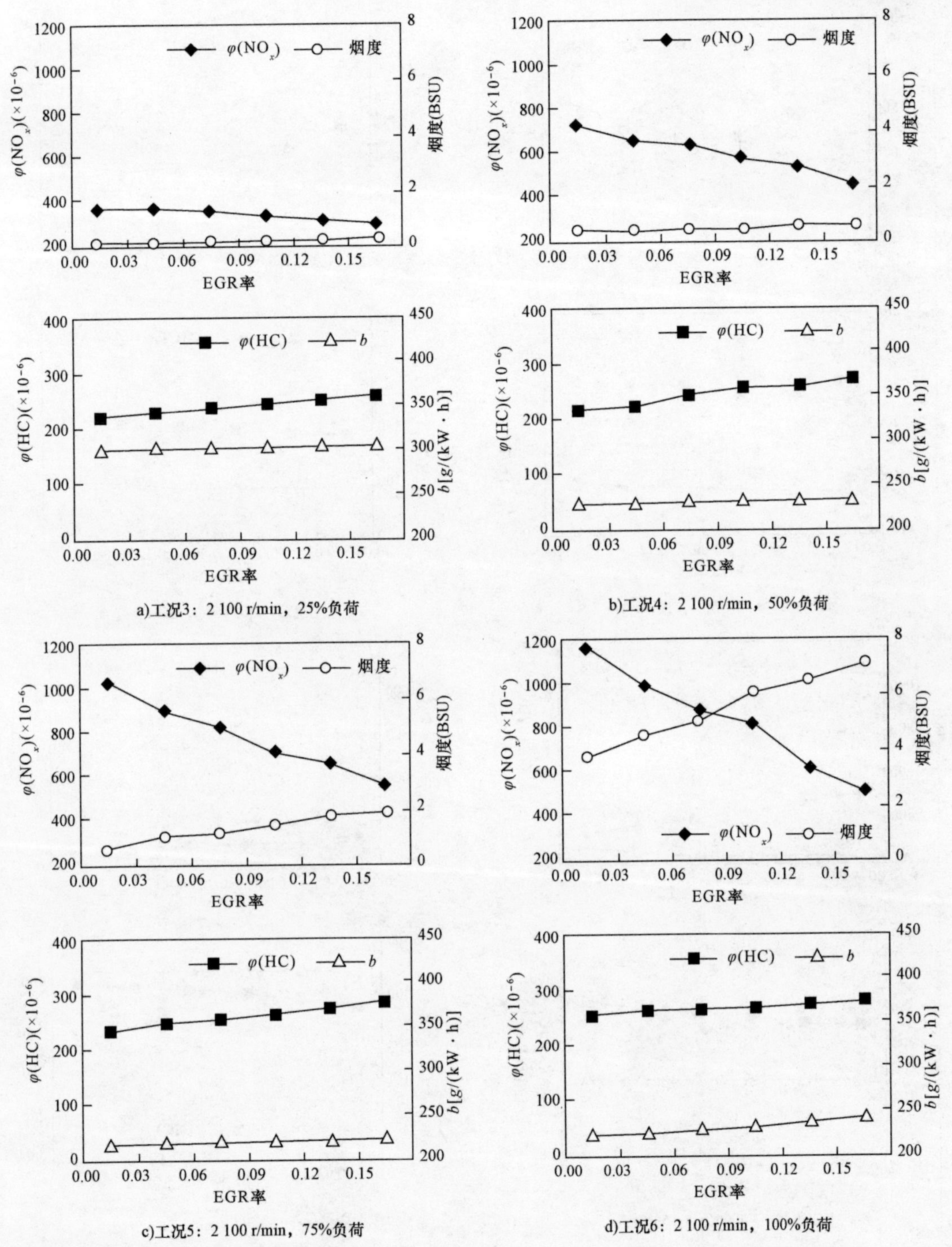


图3　EGR 率对柴油机排放和性能的影响

从各图可以看出，随着 EGR 率的增加，各工况下的 $NO_x$ 排放都下降，特别是在高负荷时这种作用更为显著。$NO_x$ 的减少是由于在 EGR 的作用下，再循环的废气取代了一部分新鲜充量，从而降低了进气中的氧浓度[2]。同时，废气中惰性气体成分阻碍了滞燃期内可燃混合气的形成及燃烧速度，从而抑制了燃烧温度[3]。而且，废气中的比热容较高的气体成分如 $CO_2$ 等，吸收了一部分燃烧产生的热，也降低了燃烧温度。这几方面因素的影响削弱了 $NO_x$ 化学生成反应。与低负荷时相比，在高负荷时采用 EGR 更能显著降低 $NO_x$ 排放，这是因为高负荷时排气中的氧浓度较低，导致在相同 EGR

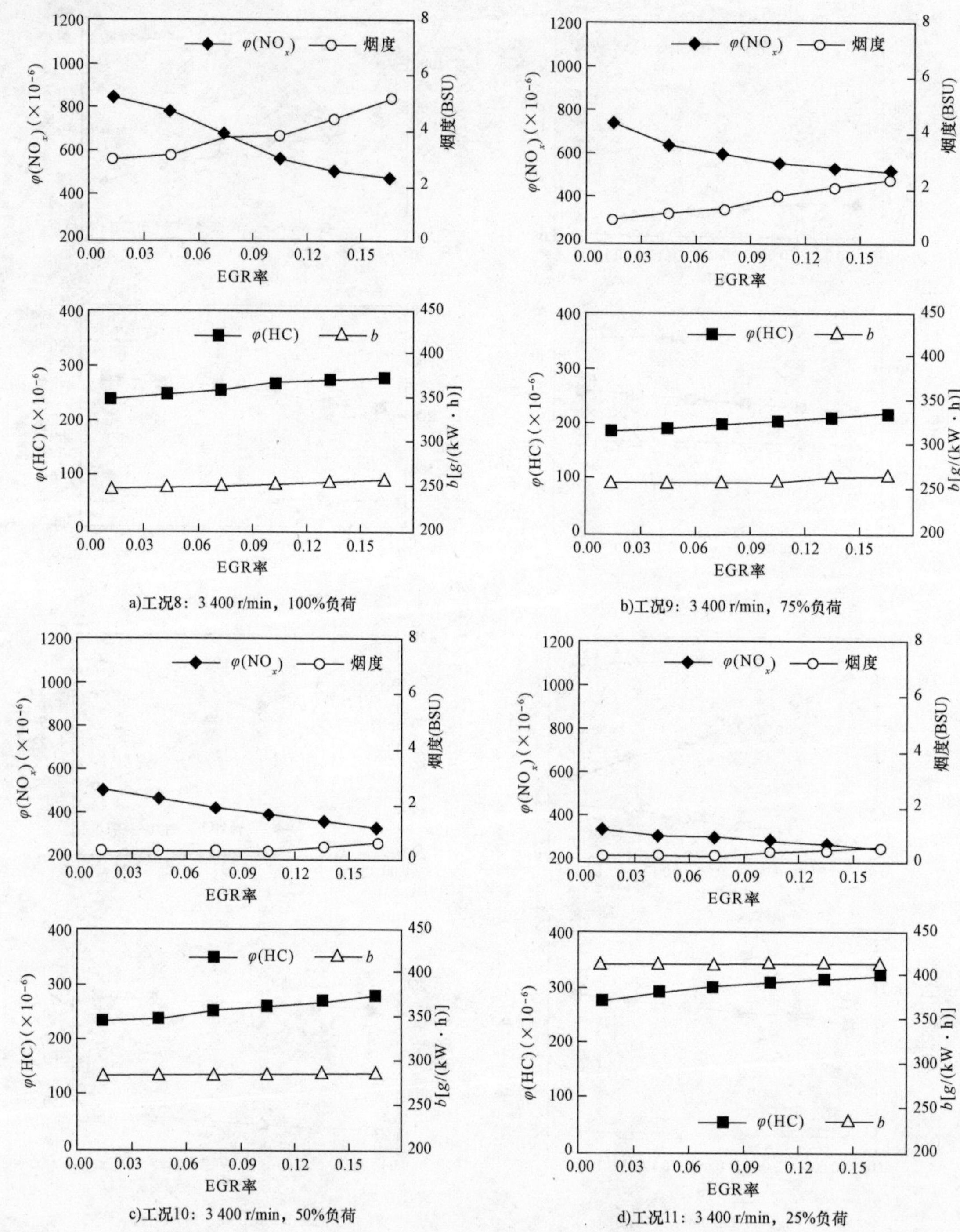

a)工况8：3 400 r/min，100%负荷

b)工况9：3 400 r/min，75%负荷

c)工况10：3 400 r/min，50%负荷

d)工况11：3 400 r/min，25%负荷

图 4 EGR 率对柴油机排放和性能的影响

率下进气中的氧浓度更低一些。从图中可以明显看出，炭烟排放随着 EGR 率的增加而增大。这是由于 EGR 的作用使扩散燃烧持续期变长，同时也使进气中的氧浓度减少，导致炭烟在扩散燃烧期间未被氧化，排放出大量的炭烟。同时，加入 EGR 后，小负荷时烟度增加较小，大负荷时烟度急剧增加。这也证明了高负荷时炭烟的大量增加是缺氧引起的。

加入 EGR 后柴油机的 HC 排放总的效果是增加，这是因为再循环废气不充分燃烧加剧。

燃油消耗率 $b$ 在低负荷和全负荷时，随 EGR 率的增大而上升，特别是在全负荷工况，$b$ 的增加更为急剧。这是因为再循环的废气对燃烧的抑制作用降低了发动机的经济性,使得燃油消耗率增加。在中、小负荷,燃油消耗率随 EGR 率的增加量较小。

根据上面的分析可知,EGR 对于降低 $NO_x$ 排放是有效的,但同时也给发动机带来不利影响:HC 排放及烟度增加,经济性下降。所以在哪些工况供给 EGR,EGR 率为多大,要综合考虑柴油机排放性能来确定。

2.2 最佳 EGR 率的选择

从以上对 8 个工况点的分析可以看出,在全负荷(6、8 工况),虽然 EGR 的作用使 $NO_x$ 降低显著,但引起烟度、燃油消耗率的大量增加。而全负荷工况的排放加权系数大,从减小发动机的烟度及 HC 排放、降低燃油消耗率损失、保证全负荷时发动机的动力性角度考虑,在 6、8 两个全负荷工况点不进行 EGR。

对于小负荷工况(10% 负荷),一方面该工况下 $NO_x$ 排放较少,采用 EGR 降低 $NO_x$ 取得的效果不明显,而且会进一步增加烟度和 HC 的排放,增加发动机的燃油消耗,所以在此也不进行 EGR。

从理论研究和对试验结果的分析可以看出,$NO_x$ 大部分是在中、高负荷产生,而 EGR 在高负荷时对 $NO_x$ 降低作用尤为显著,所以在中、高负荷采用 EGR 比较好,即 ECE R49 13 工况中的 3、4、5、9、10、11 这 6 个工况点可作为进行 EGR 的工况点。

3、11 工况点的烟度在 10% EGR 率左右比原机只增加 0.05BSU、0.1BSU,$NO_x$ 分别降低 $56\times10^{-6}$(14.8%)、$41\times10^{-6}$(12.3%)。3、11 工况燃油消耗率增加比例不大,分别为 2g/(kW·h)(0.66%)及 1g/(kW·h)(0.55%)。而且,这两个工况的 HC 增加较小,为 $21\times10^{-6}$(9.5%)、$19\times10^{-6}$(10.6%)。3 工况点、11 工况点采用 10% EGR 率时,可在降低 $NO_x$ 的同时,减小烟度和 HC 排放的增加。

在 4、10 工况点采用 EGR 降低 $NO_x$ 效果显著。在 15% EGR 率时 $NO_x$ 分别降低 $263\times10^{-6}$(37.1%)、$180\times10^{-6}$(34.2%),同时引起的燃油消耗率增加不大。4 工况点烟度的绝对增加量不大,为 0.2 BSU,但 HC 增大了 $57\times10^{-6}$(26.3%),而 10 工况点的 HC 排放随 EGR 的增加要小一些,为 $49\times10^{-6}$(21.1%)。综合考虑减少整体的烟度、燃油消耗的增加,在这两个工况采用大的 EGR 率(15%)有利。

在 5、9 工况采用 EGR 的排放特点是 $NO_x$ 降低较大,但烟度增加显著。在 10% EGR 率下,$NO_x$ 分别降低了 $310\times10^{-6}$(30.4%)、$182\times10^{-6}$(25.2%),烟度增加量分别为 0.8 BSU(114%),0.9 BSU(100%)。5、9 工况点 HC 排放增加量为 $28\times10^{-6}$(12.1%)、$19\times10^{-6}$(11.7%)。

通过以上分析,按照降低 $NO_x$ 排放显著、烟度及 HC 排放增加比例小、经济性损失低的折衷原则,在考虑各工况的排放加权系数(3、4、5 工况的加权系数均为 0.08;9、10、11 工况加权系数均为 0.02)的基础上,确定各工况下的最佳 EGR 率。6 个工况点各自的最佳 EGR 率如图 5 所示。

将 6 个工况点采用最佳 EGR 率,按照 ECE R49 13 工况计算出的排放值与原机(无 EGR)排放值及 EURO Ⅰ 标准在表 1 中列出。从表 1 中可以看出,供给 EGR 后,与原机相比,6 个工况点最佳 EGR 率下发动机的 $NO_x$ 排放降低 9.4%,HC 增加 5.1%。通过与 EURO Ⅰ 标准比较,$NO_x$ 排放已达标,HC 的排放量虽然比原机增加了,但仍能达到法规标准。

**表 1 6 个工况点最佳 EGR 率与原机、EURO Ⅰ 的 13 工况排放值**

| 排放物 | 排放值[g/(kW·h)] | | 最佳 EGR 率(%) |
|---|---|---|---|
| | EURO Ⅰ | 原机 | |
| $NO_x$ | 8.0 | 8.38 | 7.59 |
| HC | 1.1 | 0.98 | 1.03 |

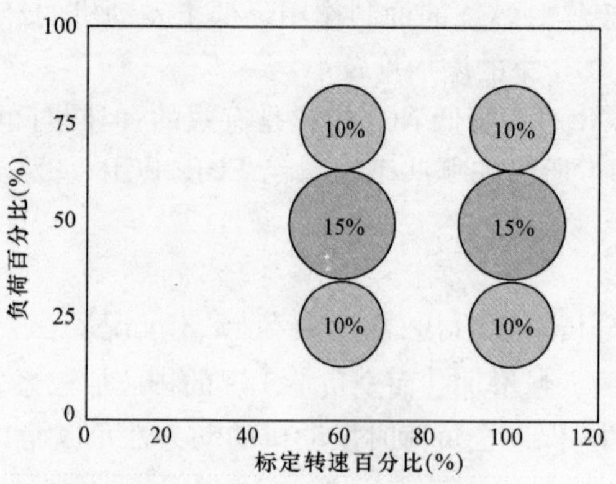


图5 6个工况点各自的最佳EGR率
(图中气泡内显示值为最佳EGR率)

今后,可进行进一步的试验研究,确定满足新的ECE R49 13工况测试要求的各点最佳EGR率。在积累大量试验数据的基础上,生成随发动机转速和负荷变化的EGR率的MAP,实现柴油机电控EGR的目标。国外的一些研究表明,采用冷EGR技术、EGR与高压喷射技术相结合等措施可以有效缓解EGR在低$NO_x$的同时所引起的微粒增加,这也是今后需要深入研究的内容。



## 3 结论

(1)柴油机ECE R49 13工况试验结果表明,采用EGR系统可以有效降低$NO_x$排放,特别是在大负荷时,效果尤为显著。

(2)柴油机采用EGR后,在不同的工况点,烟度有所增加,高负荷时的烟度增加更为明显。

(3) EGR使柴油机的燃油消耗率略有增加。

(4)在综合考虑EGR降低$NO_x$排放、增加烟度、HC排放及降低柴油机经济性的基础上,结合各工况下的排放加权值,最终确定了CA498柴油机在ECE R49 13工况中应进行EGR的工况点和相应的最佳EGR率。

## 参考文献

[1] HERZOG Peter L, WINKLHOFER Ernst, ZELN-ka Paul. $NO_x$ Reduction Stratergies for D. I. Diesel Engines[C]//SAE Paper, 920470.

[2] TADAKAZV Shiozaki. The Analysis of Combustion Flame under EGR Conditions in a D. I. Diesel Engine[C]//SAE Paper, 960323.

[3] 林学东,刘巽俊,王霆.排气再循环对增压直喷柴油机排放特性的影响[J].汽车技术,1997(1):18-22.

# Experimental Study on Automotive Diesel Engine with EGR

Chen Qun[1], Liu Xunjun[1], Li Jun[2], Wang Jinwu[2]
(1. Department of Power Machinery Engineering, Jilin University, Changchun 130025, China;
2. Changchun Automotive Research Institute, Changchun 130011, China)

**Abstract**: Aiming at decreasing the $NO_x$ emission from an automotive direct injection diesel engine without significant penalty of other emissions and fuel economy, an experimental study was conducted to understand the effects of EGR rates on engine performance and emission under a wide range of speed and load. During the experiment $NO_x$ and particulate curves generated from ECE R49 13 speed and load point (SLP) and the performance of the diesel engine with EGR were analyzed. The modes which should be added EGR and the optimal EGR rate was finally selected according to the experimental results under the SLP with EGR.

**Key Words**: Diesel Engine; Exhaust Gas Recirculation; Emission; Performance

# CA6DE1-21K 柴油机瞬态工况下的烟度排放特性*

刘忠长[1],王忠恕[1],李　骏[2],王永红[2]
(1. 吉林大学内燃机系,长春　130025;2. 中国第一汽车集团公司,长春　130000)

**摘　要:**本文利用瞬态控制及测量系统,对增压中冷柴油机在瞬态工况下的烟度排放特性进行了试验研究。结果表明,恒转速变转矩瞬态工况中,在中低转速时,排气的烟度随着转矩变化率的增加而上升,这主要是由于涡轮增压器在低速时增压效果差及瞬时空燃比滞后所致。恒转矩变转速瞬态工况中,在中高负荷时,排气的烟度随着转速变化率的增加而上升,这主要是由于随着转速变化率的增加,空燃比相对于燃油喷射滞后严重所致。

**关键词:**柴油机;瞬态工况;排气烟度
**中图分类号:** TK421.5　**文献标志码:** A　**文章编号:** 1006-8740(2004)06-0484-05

第三部分

随着全球科学技术的进步和经济的发展,人们对汽车的要求越来越挑剔。安全、舒适、节能与环保已经成为评价汽车性能的基本指标。无数事实已经证明环境保护不容忽视,如1946年美国洛杉矶光化学烟雾事件等。为此,世界各国相继推出日益严格的排放法规来控制汽车尾气对大气的污染[1]。

目前,对柴油机稳态工况下的燃烧以及排放规律的研究已经比较充分,而对其在瞬态工况下燃烧与排放规律的研究则刚刚起步[2-7]。柴油机与汽油机相比,因其较高的经济性和热效率而具有较大的发展潜力。但是,烟度排放严重是影响柴油机发展的主要障碍之一。烟度的大小主要决定于过量空气系数及混合气形成质量,所以它和工况密切相关[8]。

笔者针对增压中冷柴油机在瞬态工况下的烟度排放特性进行了试验研究,并找出其影响因素,为今后在柴油机瞬态特性研究方面积累基础数据。

## 1　试验装置及测量系统

### 1.1　柴油机参数

试验所用CA6DE1-21K型柴油机,为6缸、水冷、4冲程、直喷、增压柴油机,其主要技术参数见表1。

**表1　CA6DE1-21K型柴油机主要技术参数**

| 技术参数 | 指标 | 技术参数 | 指标 |
|---|---|---|---|
| 缸径(mm) | 106 | 最大转矩(N·m) | 740 |
| 行程(mm) | 125 | 最大转矩转速(r/min) | 1 400 |
| 总排量(L) | 6.62 | 喷油定时(°CA BTDC) | 8 |
| 压缩比 | 17.0 | 燃烧室 | 缩口ω型 |
| 标定功率(kW) | 154 | 增压器 | TBP4型 |
| 标定转速(r/min) | 2 500 | | |

刊登信息:《燃烧科学与技术》2004年(第10卷)第6期
*　基金项目:国家重点基础研究发展规划资助项目(2001CB209205);国家自然科学基金资助项目(59976011).

1.2 测量系统及工作原理

瞬态控制及测量系统是由计算机进行控制的，图1是本试验的瞬态工况控制及测量系统。在试验开始时，由计算机发出指令使步进电机按着控制程序来控制油门的开度，同时记录下各参数的实时数据，如进气压力、进气温度、燃油消耗、空气流量、转矩、转速等。

试验中，烟度的测量采用奥地利AVL公司生产的AVL439消光式烟度计，该烟度计采集频率为20Hz，能够达到瞬态工况实时测量的要求。

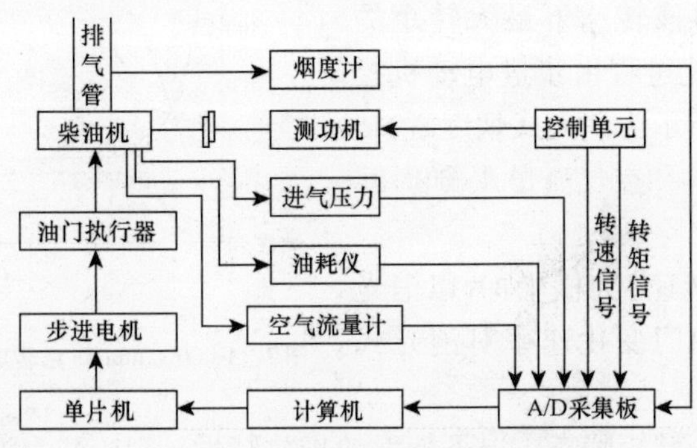


图1 瞬态工况控制及测量系统

## 2 试验方案

所谓瞬态工况包括以下几种工况模式：转矩和转速都随时间变化；定转速变转矩工况；定转矩变转速工况；冷起动工况（发动机处于反拖状态）。本试验中瞬态工况模式有恒转速变转矩工况和恒转矩变转速工况。具体数值见表2。

对于恒转速变转矩工况，选取4种典型转速（1 000 r/min，1 500 r/min，1 900 r/min，2 300 r/min）分别进行研究。每种转速所取的转矩变化范围为相应最大转矩的10%～90%，变化时间分别为5s、10s和15s。例如在1 900 r/min及5s增转矩工况中，该转速下柴油机最大负荷为700 N·m，所以该工况所对应的转矩变化范围为70～630 N·m，分别记录下它们所对应的油门开度$\theta_1$和$\theta_2$，然后通过控制步进电机，使油门在5s内均匀地由开度$\theta_1$增大到开度$\theta_2$。

表2 工况试验点

| 瞬态工况转速 $n$(r/min) | 转矩变化范围(N·m) | 变化时间(s) | 转矩变化率/$\dot{T}_{tq}$(N·m/s) | 瞬态工况转矩 $T_{tq}$(N·m) | 转速变化范围(r/min) | 变化时间(s) | 转速变化率 $\dot{n}$[(r/min)/s] |
|---|---|---|---|---|---|---|---|
| 1 000 | 64～580 | 5<br>10<br>15 | 103<br>52<br>34 | 150 | 1 100～2 300 | 5<br>10<br>15 | 240<br>120<br>80 |
| 1 500 | 75～675 | 5<br>10<br>15 | 120<br>60<br>40 | 300 | 1 100～2 300 | 5<br>10<br>15 | 240<br>120<br>80 |
| 1 900 | 70～630 | 5<br>10<br>15 | 112<br>56<br>37 | 450 | 1 100～2 300 | 5<br>10<br>15 | 240<br>120<br>80 |
| 2 300 | 60～540 | 5<br>10<br>15 | 96<br>48<br>32 | 540 | 1 100～2 300 | 5<br>10<br>15 | 240<br>120<br>80 |

对于恒转矩变转速工况,选取4种典型转矩(150N·m,300 N·m,450 N·m,540 N·m)分别进行研究。每种转矩所取的转速变化范围是1 100~2 300r/min,变化时间分别为5s、10s和15s,即分别在5s、10s和15s的时间内,通过控制油门的开度,将转速由1 100r/min增加到2 300r/min。

## 3 试验结果与分析

图2为恒转速变转矩模式下的一组试验数据。转速为1000 r/min,转矩由该转速下最大转矩的10%在5s内增加到90%,此过程由步进电动机控制油门开度来实现。图2所示为消光式烟度N、转矩$T_{tq}$、空燃比a、燃油流量B和空气流量$A_a$随时间t的变化曲线。

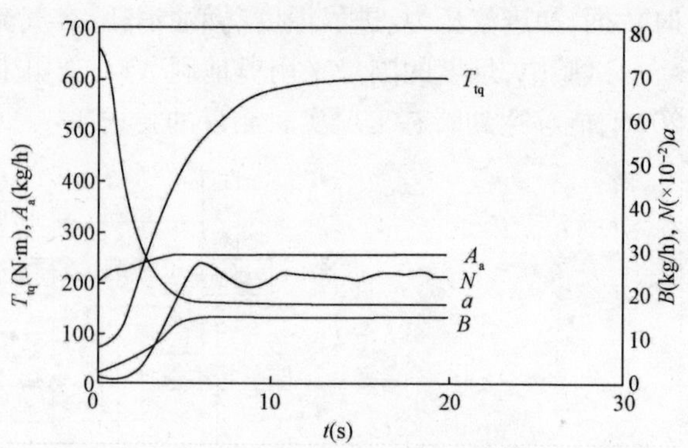


图2 1 000 r/min 5s增转矩工况各参数随时间的变化曲线

在本研究中,以转矩(转速)为横坐标,以消光式烟度为纵坐标,来考察油门变化速率对消光式烟度的影响。

图3为柴油机恒转速变转矩瞬态工况下烟度的排放特性,其中N为消光式烟度。由图可见,相同转速下,随着转矩变化率的升高,排气烟度明显增加,同时随着转速的升高,这种现象逐渐消失。这主要是由于在低速时增压器的增压效果不好,导致空燃比a较低。在瞬态工况中,瞬时空燃比进一步降低,导致烟度排放值急剧增加,如图4所示。

空燃比a的滞后主要是由于在加载开始阶段供油量先增加而供气量还保持在上一循环水平,直到这一循环结束,排气的能量才有所增加。但是由于排气管中气体的可压缩性,需要几个连续工作

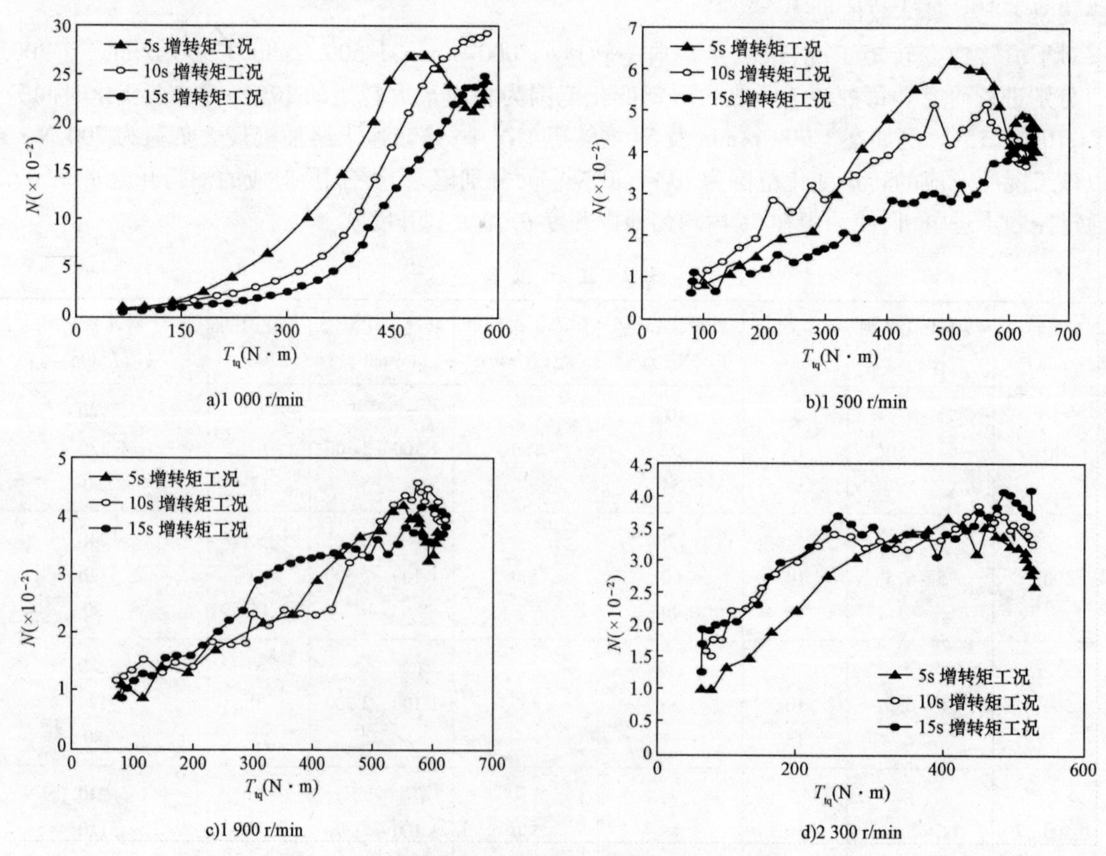


图3 恒转速变转矩瞬态工况下排气烟度的比较

循环,排气管中的气体压力才能逐渐上升,涡轮得到的能量才能不断增加。这时由于涡轮的功率比增压器的功率大而使涡轮增压器的转速增加,但涡轮增压器转子具有一定的转动惯量,要加速转子的旋转速度需消耗一部分能量,这是瞬态响应滞后的另一个重要原因。当增压器的旋转速度不断上升,增压压力就可以不断升高,但由于进气管有一定的容积,使增压压力只能逐步提高。这些因素都将使供气量滞后[9]。由此可见,增加转速可以提高增压器的进气响应,所以随着转速的增加,转矩增加率对排气烟度的影响已经很小。

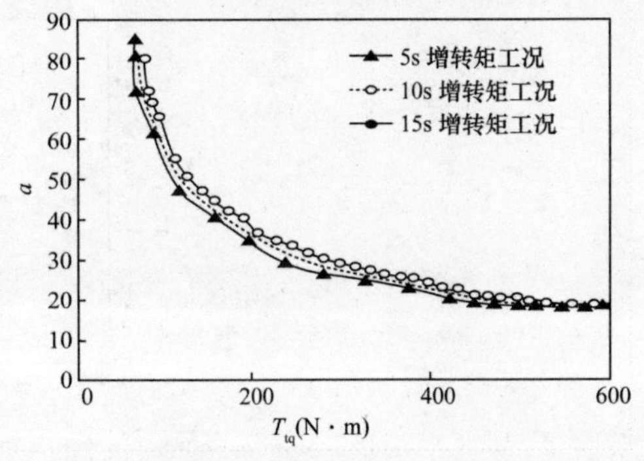


图4　1 000 r/min 不同增转矩工况下空燃比的比较

图5为柴油机恒转矩变转速瞬态工况下烟度的排放特性。由图可见,相同转矩下,随着转速变化率的升高,排气烟度明显增加,且随着转矩的升高,这种现象越来越明显。这主要是由于在恒转矩、增转速过程中,随着油门开度的增加,供油量开始增加,而供气量却保持不变,所以空燃比滞后。且随着排气能量的增加,使得进气量逐渐增加,由于增压器本身也有延迟,导致空燃比滞后更为严重。图6为该柴油机转矩为450 N · m时不同增转速瞬态工况下空燃比 $a$ 的对比图。从图中可以明显看出,随着变化时间的缩短,空燃比滞后明显。瞬时空燃比降低导致了燃烧质量下降,使瞬时排气烟度上升。

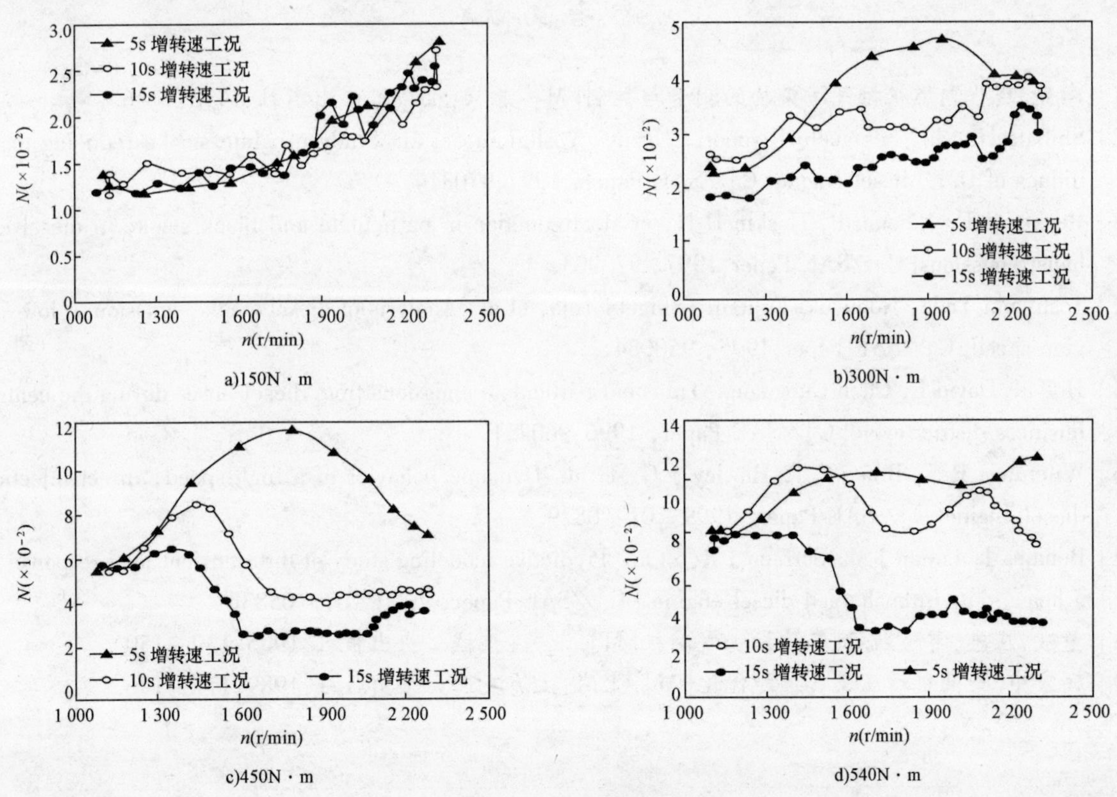


图5　恒转矩变转速瞬态工况下排气烟度的比较

## 4　结论

(1)在瞬态工况下,由于增压器响应滞后,柴油机进气量滞后于供油量,瞬时空燃比要低于稳态时的空燃比,导致烟度排放值增加。

第三部分

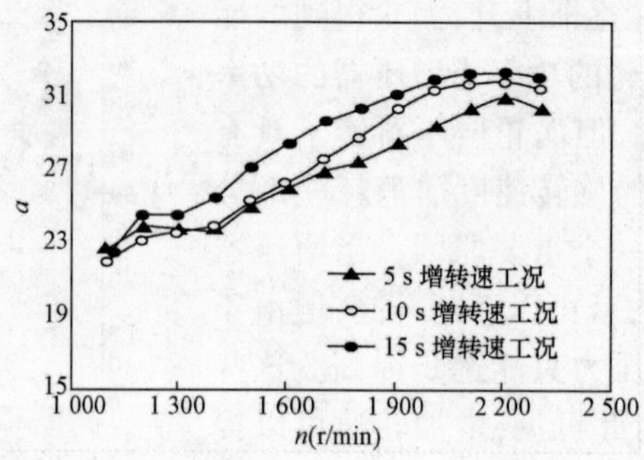


图6 转矩为450 N·m时不同增转速工况下空燃比的对比

(2)在恒转速变转矩瞬态工况中,同一转矩下,随着转矩变化率的升高,烟度排放值明显增加,且随着转速的升高,这种现象逐渐消失。

(3)在恒转矩变转速瞬态工况中,同一转速下,随着转速变化率的升高,烟度排放值明显增加,且随着转矩的升高,这种现象越来越明显。

(4)改善柴油机瞬态工况下的烟度排放水平,应着重提高柴油机低转速时增压器的响应能力,可以匹配合理的增压器,如可变喷油嘴增压器(VNT),安装高压射流补气系统(HPAS)等。



## 参考文献

[1] 李勤.现代内燃机排气污染物的测量与控制[M].北京:机械工业出版社,1998:1-6.

[2] Shibata Hitoshi, Sekiguehi Kiyonori, Kuzuya Yoshifumi, et al. Study of white smoke reducing techniques of D.I. diesel engine[C]//SAE Paper, 1997,970314.

[3] Becker R F, Ndiomu P, Hoskin D H, et al. Reduction in particulate and black smoke in diesel exhaust emissions[C]//SAE Paper,1997, 972903.

[4] Toshiyuki Yoda, Nobuyuki Fujitani, Shigeki Tojo, et al. Analysis of diesel smoke emission at low engine speed[C]//SAE Paper,1995, 950084.

[5] Hofeldt David L, Chen Guoguang. Transient particulate emissions from diesel buses during the central business district cycle[C]//SAE Paper, 1996,960251.

[6] Wijetunge R S, Brace C J, Hawley J G, et al. Dynamic behavior of a high-speed, direct-injection diesel engine[C]//SAE Paper, 1999-01-0829.

[7] Benajes J, Lujian J M, Serrano J R, et al. Predictive modeling study of the transient load response in a heavy-duty turbocharged diesel engine [C]//SAE Paper, 2000-01-0583.

[8] 董敬,庄志,常思勤.汽车拖拉机发动机[M].北京:机械工业出版社,1995:130-150.

[9] 顾宏中.柴油机增压及其性能优化[M].上海:上海交通大学出版社,1989:176-196.

# Smoke Emission Behavior of CA6DE1 – 21K Diesel Engine Under Transient Operating Conditions

Liu Zhongchang[1], Wang Zhongshu[1], Li Jun[2], Wang Yonghong[2]
(1. Department of Internal Combustion Engine Engineering, Jilin University, Changchun 130025, China;
2. China FAW Group Corporation, Changchun 130000, China)

**Abstract:** Smoke emission behaviors of a turbo charged after cooled diesel engine under transient operating conditions were investigated by transient measurement system. Results show that under constant speed increasing torque transient operating conditions, smoke emission increases with the growth of engine torque increasing rate, especially under low speed operating conditions. The main reasons are that under low speed transient operating conditions, the turbocharger's efficiency is low and the increasing of air has a delay-time relative to fuel injection. Under constant torque increasing speed transient operating conditions, smoke emission is on the rise with the increase of engine speed increasing rate, especially under heavy load operating conditions, since the increasing of A/F has a delay-time relative to fuel injection.

**Key Words:** Diesel Engine; Transient Operating Condition; Smoke Emission

# CA6DE1-21K 柴油机瞬态工况 $NO_x$ 的排放特性*

刘忠长[1],王忠恕[1],李　骏[2],李文喜[2]
(1. 吉林大学内燃机系,长春　130025;
2. 中国第一汽车集团公司,长春　130000)

**摘　要**:试验研究了 CA6DE1-21K 柴油机在恒转速变转矩和恒转矩变转速瞬态工况下 $NO_x$ 的排放规律。研究结果表明,在恒转速变转矩瞬态工况中,$NO_x$ 瞬态排放值低于其在稳态工况下的排放值,且与转矩变化率的变化关系不大。在恒转矩变转速瞬态工况中,中低负荷时 $NO_x$ 排放值随着转速变化率的升高而上升,而在中高负荷时,工况的变化率对 $NO_x$ 排放影响不大。

**关键词**:柴油机;瞬态工况; $NO_x$ 排放

**中图分类号**:TK421.5　**文献标志码**:A　**文章编号**:1006-8740(2004)03-0193-04



随着人类社会的进步,大气质量和能源却面临着越来越严重的危机[1]。汽车每年要消耗大量的石油能源,同时汽车所排出的废气又是大气的主要污染源之一,所以环境保护和节能与汽车事业的发展息息相关。

众所周知,汽车发动机大部分时间都是运转在瞬态工况中,即转速和转矩是时间的函数[2,3],对汽车发动机的瞬态排放性能进行深入研究将有很重要的实际意义。过去对柴油机稳态排放性能研究比较深入,而对柴油机在瞬态工况下排放性能的研究则刚刚开始[4~7]。已经有相关文献对车用柴油机瞬态工况下微粒的排放特性进行了论述,笔者针对增压柴油机在恒转速变转矩和恒转矩变转速瞬态工况下 $NO_x$ 的瞬态排放特性进行了研究,其目的是为今后在柴油机瞬态研究方面积累基础数据。

## 1　试验装置及测量系统

### 1.1　柴油机参数

试验中所用的发动机是一汽大连柴油机厂生产的 CA6DE1-21K 型直喷增压中冷柴油机,其主要技术参数见表 1。

**表 1　CA6DE1-21K 型柴油机主要技术参数**

| 技术参数 | 指标 | 技术参数 | 指标 |
|---|---|---|---|
| 缸径(mm)×行程(mm) | 106×125 | 最大转矩(N·m) | 740 |
| 总排量(L) | 6.62 | 最大转矩转速(r/min) | 1 400 |
| 压缩比 | 17.0 | 喷油定时 | BTDC 8°CA |
| 标定功率(kW) | 154 | 增压器 | TBP4 型 |
| 标定转速(r/min) | 2 500 | | |

刊登信息:《燃烧科学与技术》2004 年(第 10 卷)第 3 期

* 基金项目:国家重点基础研究发展规划资助项目(2001CB209205);国家自然科学基金资助项目(59976011).

1.2 测量系统及工作原理

测量系统由计算机控制，图1为本研究的瞬态工况控制及测量系统图。在试验开始时，由计算机发出指令使步进电机按着既定程序控制油门的开度，同时记录下各参数的实时数据，如进气压力、进气温度、燃油消耗、空气流量、转矩、转速等。试验中，$NO_x$ 测量所用的仪器是奥地利 AVL 公司生产的 CEB-200 废气分析仪，该废气分析仪能够记录下柴油机瞬态工况下 $NO_x$ 的瞬态实时排放数据。

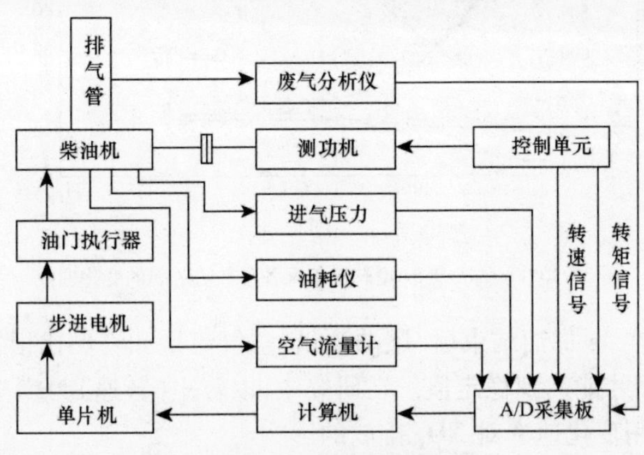


图1 瞬态工况控制及测量系统

## 2 试验方案

所谓瞬态工况包括以下几种工况模式：转矩和转速都随时间变化；定转速变转矩工况；定转矩变转速工况；冷起动工况(发动机处于反拖状态)。本试验中瞬态工况模式有恒转速变转矩工况和恒转矩变转速工况。

对于恒转速变转矩工况，选取4个典型转速1 000r/min、1 500r/min、1 900r/min和2 300r/min分别进行研究。每个转速所取的转矩变化范围是相应最大转矩的10%～90%，变化时间分别为5s、10s和15s。例如在1 900r/min和5s增转矩工况中，该转速下柴油机最大负荷为700N·m，所以该工况所对应的转矩变化范围为70～630N·m，分别记录下它们所对应的油门开度 $\alpha_1$ 和 $\alpha_2$，然后通过控制步进电机，使油门在5s内均匀地由开度 $\alpha_1$ 增大到开度 $\alpha_2$。

对恒转矩变转速工况，选取150N·m、300N·m、450N·m和540N·m 4个典型转矩分别进行研究。每个转矩的转速变化范围是1 100～2 300r/min，变化时间分别为5s、10s和15s，即分别在5s、10s和15s的时间内，通过控制油门的开度，将转速由1 100r/min增加到2 300r/min。具体数值见表2。

表2 工况试验点

| 瞬态工况转速(r/min) | 转矩变化范围(N·m) | 瞬态工况转矩(N·m) | 转速变化范围(r/min) |
|---|---|---|---|
| 1 000 | 64～580 | 150 | 1 100～2 300 |
| 1 500 | 75～675 | 300 | 1 100～2 300 |
| 1 900 | 70～630 | 450 | 1 100～2 300 |
| 2 300 | 60～540 | 540 | 1 100～2 300 |

## 3 试验结果及分析

图2为恒转速变转矩模式下的一组试验数据。转速为1 000 r/min，转矩由该转速下最大转矩的10%在5s内增加到90%，此过程由步进电机控制油门开度来实现。图2所示为 $NO_x$、转矩 $T_{tq}$、空燃

比 $a$、燃油流量 $B$ 和空气流量 $A_a$ 随时间 $t$ 的变化曲线。

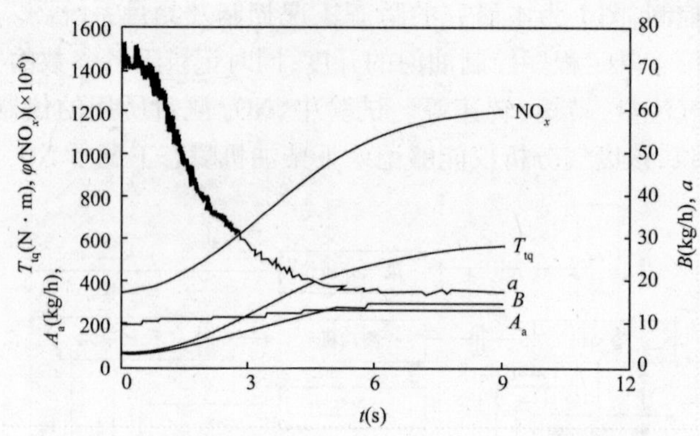


图2　1 000r/min 及 5s 增转矩工况各参数随时间的变化曲线

从图 2 中可以看出，在 5s 加油结束后，燃油流量、空气流量和空燃比很快就能达到稳定值，而转矩和 $NO_x$ 则还需一段时间才能达到稳定值。在研究中，以转矩（转速）为横坐标，以 $NO_x$ 排放的体积分数为纵坐标，来考察油门变化速率对 $NO_x$ 排放的影响。

图 3 为该柴油机恒转速变转矩瞬态工况下 $NO_x$ 的排放特性。图 4 为该柴油机恒转矩变转速瞬态工况下 $NO_x$ 的排放特性。从图 3 中可以看出，在各转速工况下，瞬态工况中 $NO_x$ 的排放量普遍低于稳态工况下 $NO_x$ 的排放量。这主要是由于恒转速变转矩瞬态工况中，在中低负荷时，由于燃烧室内的温度相对于燃油喷射滞后，导致相同转矩下，瞬态工况时 $NO_x$ 的排放量低于稳态工况时的排放量，而在高负荷时，由于增压器响应滞后，瞬时空燃比降低，氧的浓度下降，导致相同转矩下，瞬态工况 $NO_x$ 的排放量低于稳态工况时的排放量。

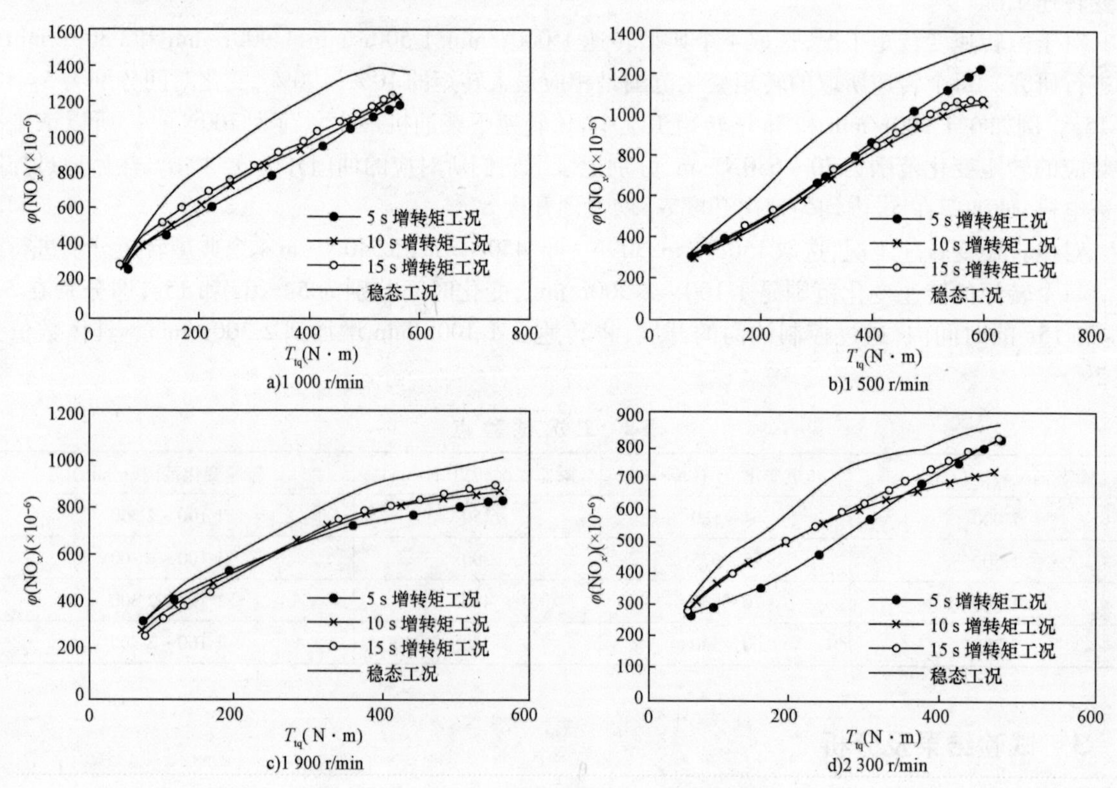


图3　恒转速变转矩瞬态工况下 $NO_x$ 的比较曲线

从图 4 中可以看出，在中低负荷时，相同转速下随着油门变化速率的增加，$NO_x$ 的排放量上升。这主要是由于在中低负荷加速过程中，增压补偿器起作用，瞬时空燃比出现波动所致，如图 5 中 150 N·m 空燃比曲线所示。

从图 4 中还可以看出，在中高负荷时，瞬态工况和稳态工况下 $NO_x$ 的排放曲线十分接近，这主要是由于在这些工况下，空燃比在 20～40 内波动，此时最有利于 $NO_x$ 的生成，同时从图 5 中可以看出，此时增压补偿器对瞬时空燃比的影响不大。

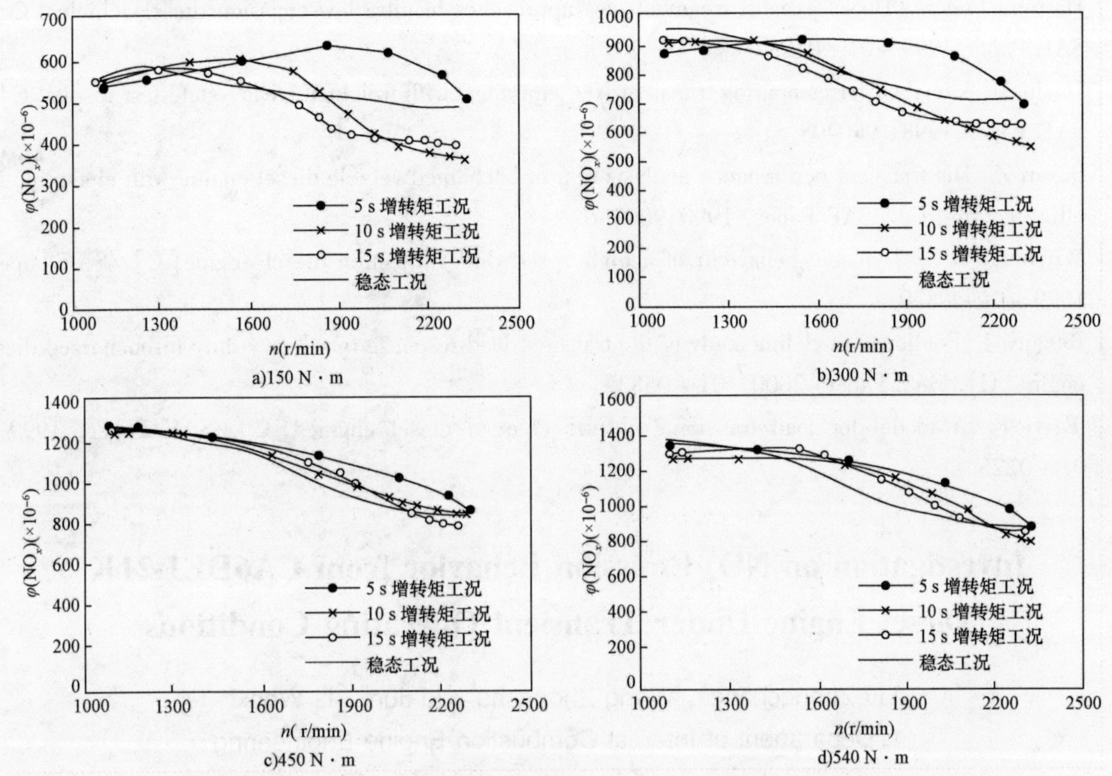


图 4　恒转矩变转速瞬态工况下 $NO_x$ 的比较曲线

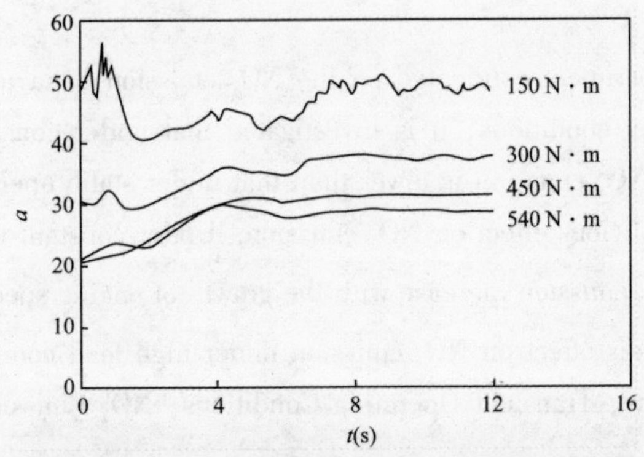


图 5　不同负荷 5s 增转速瞬态工况下空燃比的比较曲线

## 4　结论

（1）在恒转速变转矩瞬态工况中，$NO_x$ 的瞬态排放值低于其所对应的稳态排放值，且 $NO_x$ 的排放值与转矩变化率的变化关系不大。

(2)在恒转矩变转速瞬态工况中,中低负荷时 $NO_x$ 的排放值随着转速变化率的升高而上升,而在中高负荷时,工况的选择对 $NO_x$ 排放的影响不大。

## 参考文献

[1] 李勤.现代内燃机排气污染物的测量与控制[M].北京:机械工业出版社,1998.

[2] Hartmnt Luders. Diesel exhaust treament-new approaches to ultra low emission diesel vehicles[C]//SAE Paper,1999-01-0108.

[3] David M. A method for comparing transient $NO_x$ emissions with weighted steady-state test results[C]//SAE Paper,1998, 980408.

[4] Bazari Z. The transient performance analysis of a turbocharged vehicle diesel engine with electronic fuelling control[C]//SAE Paper, 1990,900236.

[5] Wijetunge R S. Dynamic behaviour of a high speed direct injection diesel engine[C]//SAE Paper, 1999-01-0829.

[6] Benajes J. Predictive modeling study of the transient load response in a heavy-duty turbocharged diesel engine[C]//SAE Paper, 2000-01-0583.

[7] Payri F. A model for load transients of turbocharged diesel engines[C]//SAE Paper, 1999-01-0225.

第三部分

# Investigation on $NO_x$ Emission Behavior from CA6DE1-21K Diesel Engine Under Transient Operating Conditions

Liu Zhongchang[1], Wang Zhongshu[1], Li Jun[2], Li Wenxi[2]

(1. Department of Internal Combustion Engine Engineering, Jilin University, Changchun 130025, China;
2. China FAW Group Corporation, Changchun 130000, China)

**Abstract**: Through an experiment conducted on the $NO_x$ emission behavior from CA6DE1-21K diesel engine under transient operating conditions, it is investigated that under constant speed increasing torque transient operating conditions, $NO_x$ emission is lower than that under static operating conditions, and torque increasing rate does not have obvious effect on $NO_x$ emission. Under constant torque increasing speed transient operating conditions, $NO_x$ emission increase with the growth of engine speed increasing rate($\dot{n}$) for low loads, and $\dot{n}$ do not have obvious effect on $NO_x$ emission under high load conditions.

**Key Words**: Diesel Engine; Transient Operating Conditions; $NO_x$ Emission

# 用喷气式可变涡流进气系统改善柴油机的排放性能*

张兆合[1],刘忠长[1],闫淑方[1],刘巽俊[1],李　骏[2]
(1.吉林工业大学内燃机工程系,长春　130025;2.长春汽车研究所)

**摘　要**:自行研制了一种向螺旋进气道内喷射空气的可变涡流进气系统——喷气式可变涡流进气系统,试验研究了该系统对柴油机排放特性的影响。结果表明,该系统在不影响进气充量系数的情况下,可以明显改变柴油机微粒和氮化物的排放量。其原因在于系统对汽缸内涡流强度的改变,直接影响了燃烧与空气的混合、燃烧。对于涡流强度与燃料的燃烧不相匹配的发动机工况,喷气式可变涡流进气系统可以有效改善发动机的排放性能,缓解氮氧化物与微粒排放的矛盾。

**关键词**:可变涡流进气系统;柴油机;充量系数;氮氧化物;微粒

**中图分类号**:TK421.5　**文献标识码**:A

## 引言

柴油机螺旋进气道的作用在于使进入汽缸的空气具有一定的旋转动量,以加速燃料和空气的混合,优化燃料的燃烧。由于发动机运行工况具有多变性和复杂性,螺旋进气道设计的进气涡流并不能满足所有工况的要求,只能使某些常用工况尽量达到最佳进气涡流,这就使发动机许多运行工况进气涡流过强或者不足,直接影响了汽缸内燃料与空气的混合、燃烧,致使发动机不能发挥其最佳性能[1,2]。针对柴油机存在的这一问题,人们采取各种措施弥补螺旋进气道的不足。可变涡流进气系统就是其中之一。

为了能在不影响或尽量小地影响发动机进气充量系数的前提下,根据发动机运行工况对汽缸内涡流强度的要求,适当增大或降低涡流比,以弥补螺旋进气道形成的涡流强度的不足,设计了一种在柴油机螺旋进气道内喷射空气的可变涡流进气系统(简称为喷气式可变涡流进气系统)。

## 1　喷气式可变涡流进气系统

喷气式可变涡流进气系统主要由空气压缩机、空气喷射压力调节器和喷油嘴、导管及其支架机构等组成。由空气压缩机形成的压缩空气,在压力调节器的控制下,通过喷油嘴在进气道入口处特定的位置上,以特定压力按特定方向喷入进气道,改变汽缸内的涡流强度。

在稳流气道试验台上的测量证明,当喷油嘴向进气道内自由喷气(真空泵不工作)时,只要喷油嘴的安装位置合适,喷入螺旋进气道的空气流,在汽缸内可以形成正向(发动机汽缸内正向涡流方向)和反向(发动机汽缸内反向涡流方向)的旋转涡流。为便于叙述,这两个方向的空气喷射,分别称之为正向喷气和反向喷气。

用0.1MPa的表压力,在气门最大开度(12 mm)状态,向气道内自由喷射空气,确定了最大程度改变涡流强度的最佳喷油嘴安装位置及空气喷射方向。

图1为模拟发动机转速为1 000 r/min、1 500 r/min和2 400 r/min时,采用4mm的喷油嘴喷气

刊登信息:《内燃机学报》1999年(第17卷)第4期

* 基金项目:国家自然科学基金(59676028)、中国高等教育博士学科点专项基金(97018506)资助项目。

第三部分

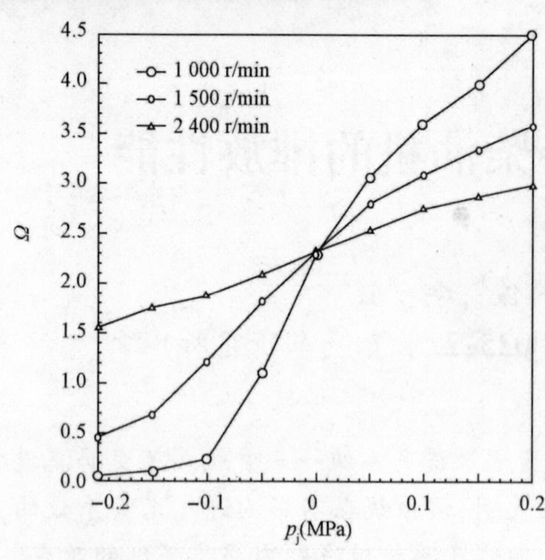


图 1　涡流比 $\Omega$ 与喷射压力的关系

测得的涡流比与空气喷射表压力的关系。图中 $\Omega$ 为涡流比，$p_j$ 为空气喷射表压力。$p_j$ = 0MPa 的涡流比为无空气喷射时原气道的涡流比，其值为 2.28、2.30 和 2.32。正压力值为正向喷射压力，负压力值为反向喷射压力。从图中可以看出，采用喷气式可变涡流进气系统可以非常有效地改变汽缸内的涡流强度，并且正向喷气增强涡流，反向喷气降低涡流。

本文为验证喷气式可变涡流进气系统对发动机性能的影响，对该系统做了发动机排放试验。

## 2　试验条件及试验设备

本试验所用发动机是缸径为 110mm 的单缸柴油机，发动机的主要参数如表 1 所示。

用日本 HORIBA 公司的 MEXA-8220D 汽车排气分析仪，测量发动机排气中 $NO_x$ 含量；用分流式稀释风道采样系统[3]测取微粒排放量。

在 1 000 r/min、1 500 r/min 和 2 400 r/min 的发动机转速下，各选定几个负荷点。在各个运行工况下，调整可变涡流进气系统的喷油嘴喷气压力调整机构，使喷油嘴分别按正、反两个方向，以 0.0 MPa、0.05 MPa、0.1 MPa、0.15 MPa 及 0.2 MPa 的表压力，向进气道内喷入空气，测量各状态发动机的燃油消耗量 $B$、空燃比 $\alpha$ 和 $NO_x$、PM 的排放量。

**表 1　发动机主要参数**

| 发动机形式 | 缸径(mm)×行程(mm) | 压缩比 | 额定转速(r/min) | 排量(L) | 燃烧室形式 |
|---|---|---|---|---|---|
| 自然吸气、直列、水冷 | 110×120 | 16.5∶1 | 2 900 | 1.14 | ω |

## 3　试验结果及分析

### 3.1　可变涡流进气系统对充量系数的影响

图 2 为 1 000 r/min、1 500 r/min 及 2 400 r/min，不同负荷下，喷油嘴沿正、反方向，以不同的表压力喷气时，测得的 $\alpha$ 与涡流比 $\Omega$ 的关系。图中所标示的空燃比和燃油消耗量为原机的测量值。对于相同的转速，由于进气量不变，可用空燃比间接代表发动机的负荷。

汇总各图可以看出，在各个发动机运行工况下，空气射束的加入对 $\alpha$ 均没有产生明显的影响。由此可知，当用喷气式可变涡流进气系统改变发动机汽缸内的涡流强度时，汽缸内的进气充量系数不会发生明显的变化，即喷气式可变涡流进气系统仅影响涡流强度，对汽缸内空气充量没有影响。

### 3.2　可变涡流进气系统对排放性能的影响

图 3a) 为 1 000 r/min、不同负荷下，喷油嘴分别沿正、反两个方向，以不同的表压力喷气时，测得的发动机 $NO_x$、PM 排放量与涡流比的变化关系。1 000 r/min 时，原发动机缸内涡流比为 2.28。从图中可以看出，随着涡流比的增大，PM 排放量逐渐降低，$NO_x$ 的排放量逐渐增大。这是因为汽缸内涡流强度的加强，加速了燃料与空气的混合、燃烧，缩短了预燃期和燃烧持续期，降低了燃料裂解量，使 PM 的排放量随涡流比的增大而降低。同时，燃料燃烧速度的加快，使燃烧室温度较高，加速了 $NO_x$ 的形成，使 $NO_x$ 的排放量随涡流比的增大而升高。从图中还可以看出，对于空燃比为 65.8 和 41.4 的较小负荷工况，用可变涡流进气系统对涡流强度的适度降低，虽然使 PM 的排放量略有升高，但 $NO_x$ 排放量的降低非常明显。由此可知，在发动机的这两个运行工况，用可变涡流进气系统降低涡

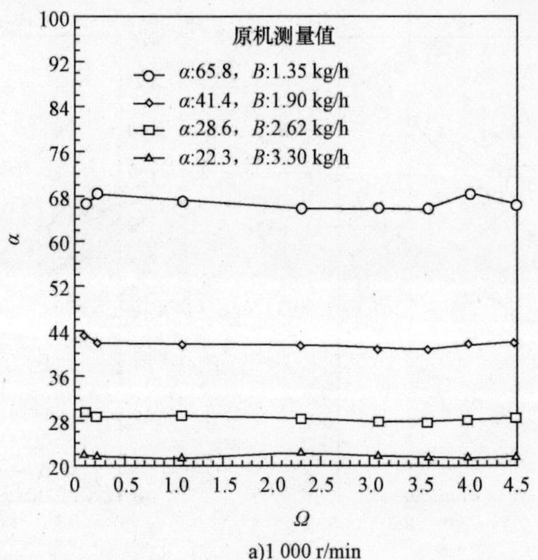

a)1 000 r/min

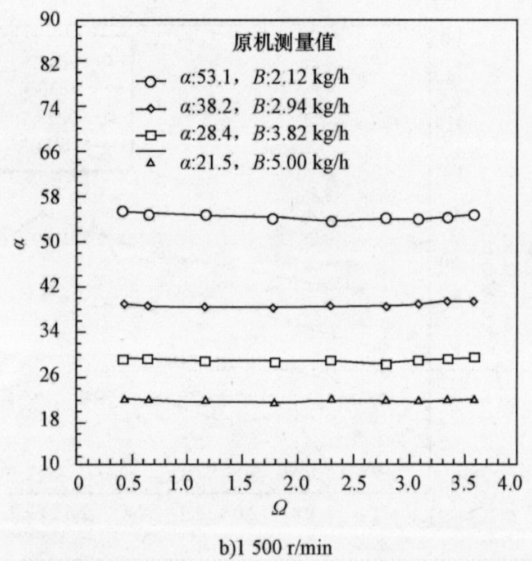

b)1 500 r/min

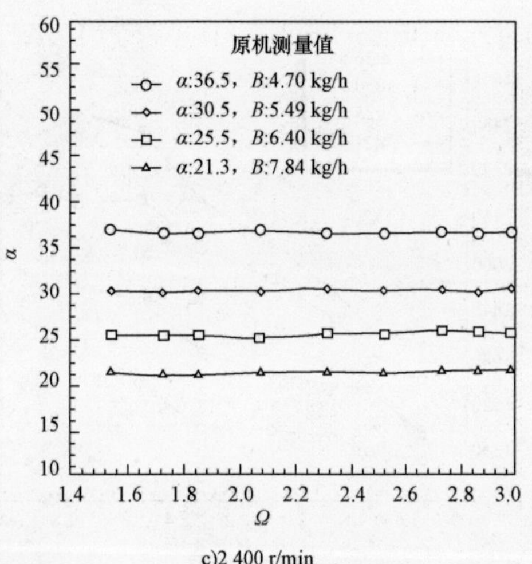

c)2 400 r/min

图 2 α 与 Ω 的关系

流比，可以有效地缓解 PM 和 $NO_x$ 排放的矛盾。

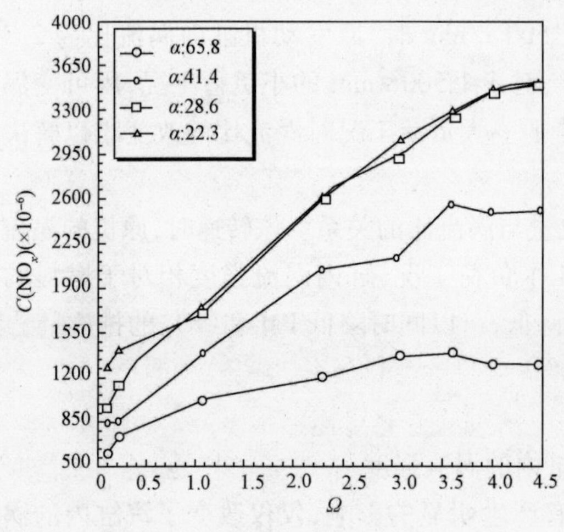


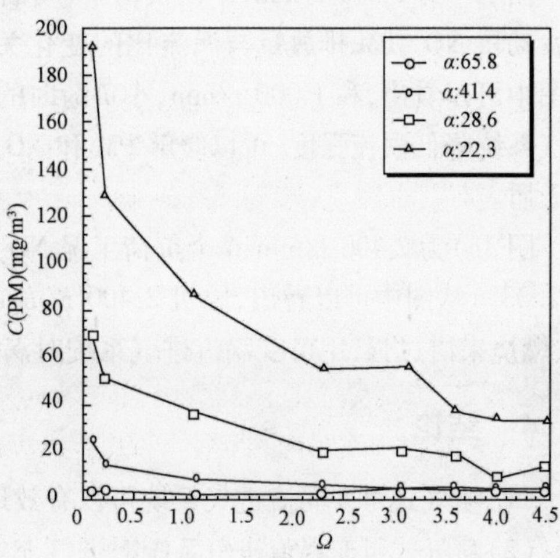

a)1000 r/min

图 3

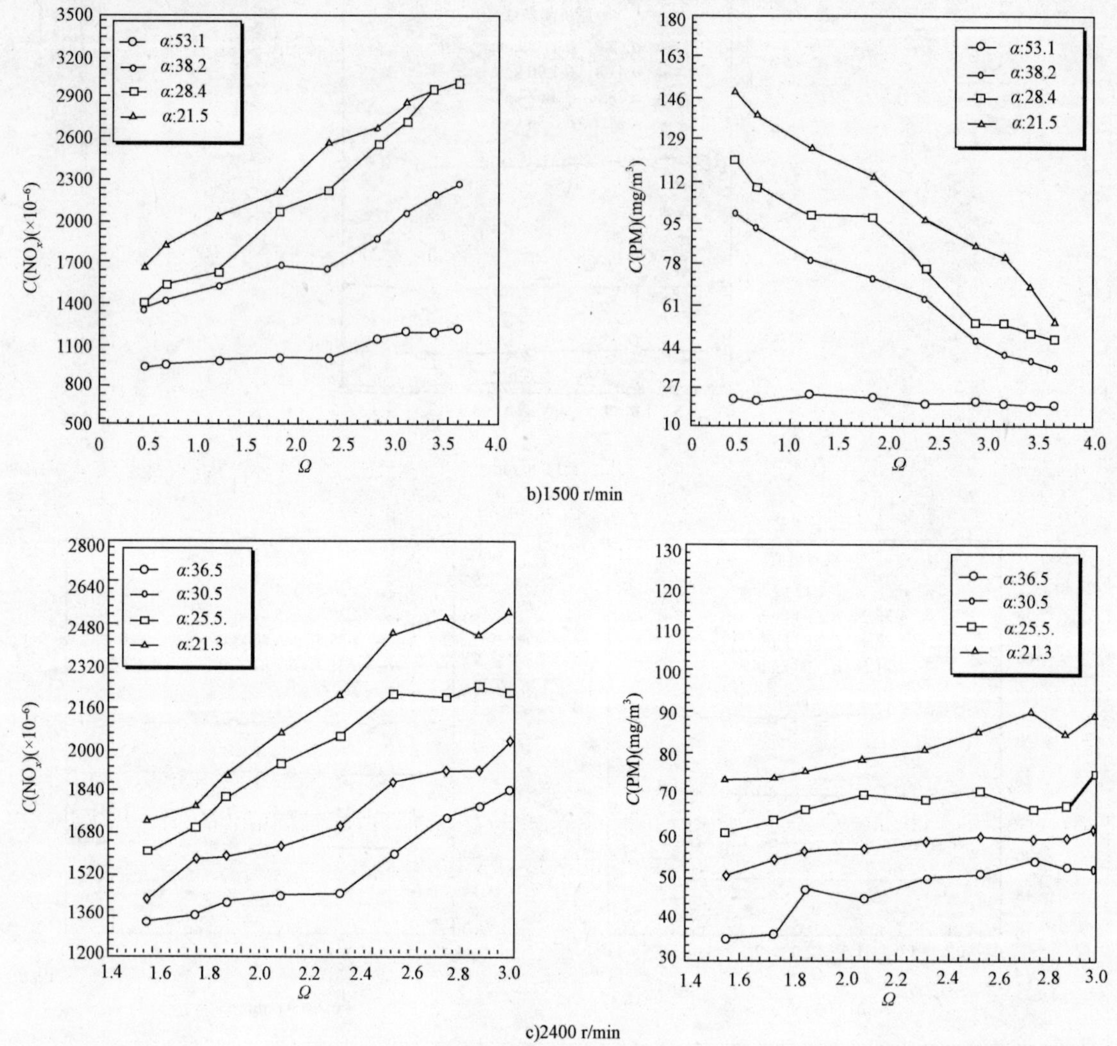


b)1500 r/min

c)2400 r/min

图3　$C(NO_x)$、C(PM)与涡流比 Ω 的关系

图3b)为1 500 r/min、不同负荷下，喷油嘴分别沿正、反两个方向，以不同的表压力喷气时，测得的发动机 $NO_x$、PM 排放量与涡流比的变化关系。在1 500 r/min 时，原发动机缸内涡流比为2.31。从图中可以看出，和1 000 r/min、小负荷时的规律一样，对于1 500r/min 的小负荷工况，用可变涡流进气系统降低涡流强度，可以缓解 PM 和 $NO_x$ 排放的矛盾。大负荷工况对涡流比的改变难以解决这种矛盾。

图3c)为2 400 r/min、4个负荷工况 $NO_x$、PM 排放量与涡流比的关系。该转速时，原机的涡流比为2.33。从图中可以看出，原机2 400 r/min 下的这4个负荷工况，缸内涡流强度相对于燃料的混合、燃烧来讲过强，用可变涡流进气系统对涡流强度的降低，可以同时降低 PM 和 $NO_x$ 的排放量。

## 4　结论

(1)喷气式可变涡流进气系统可以有效地改变汽缸内的涡流强度。

(2)喷气式可变涡流进气系统对进气充量系数没有产生明显的影响，仅仅改变了汽缸内的涡流强度。

(3)1 000 r/min 和1 500 r/min 的较小负荷工况，喷气式可变涡流进气系统对涡流强度的适度降低,可以有效地改善 PM 与 $NO_x$ 排放的矛盾,改善发动机的排放性能。

(4)2 400 r/min 的 4 个试验负荷工况,用喷气式可变涡流进气系统降低涡流强度,可以同时降低 PM 和 $NO_x$ 的排放量,解决了 PM 与 $NO_x$ 排放的矛盾。

## 参考文献

[1] 刘忠长,刘巽俊,等. 车用直喷柴油机排气微粒的排放规律[J]. 内燃机学报,1997,15(4):45-51.

[2] 陈丽娟,许斯都,段家修. 6102BQ 柴油机排放特性的研究[J]. 内燃机学报,1993,11(1):45-50.

[3] 刘忠长,刘巽俊,许允,等. 车用柴油机排气微粒分流式稀释取样测量系统的研制[J]. 汽车工程,1997(1):45-51.

[4] BASSHU YSEN Rvan,KROMER G,BAUDER R. 涡流强度和空气流量对小型高速直喷式柴油机平均有效压力和废气排放的影响. 轿车及轻型车辆用柴油机[M]. 上海:上海科学技术文献出版社,1995.

第三部分

## Change the Exhaust Performance of a Diesel Engine by Means of Air Injection Variable Swirl System

Zhang Zhaohe[1], Liu Zhongchang[1], Yan Shufang[1], Liu Xunjun[1], Li Jun[2]

(1. ICE Engineering Department of Jilin University of Technology, Changchun 130025;
2. Automotive Institute of Changchun)

**Abstract**: A variable swirl system by means of air injection in the helical inlet passage was developed, and the influence of this system to the exhaust performance of diesel engine was studied. The test results showed that, without obvious increase of volumetric efficiency, this system is able to make obviously change to the particulate and $NO_x$ emission. The reason is the change of swirl strength in the cylinder. For some modes, of which the swirl is unsuitable to the fuel combustion, the air injection variable swirl system is a very effective method to improve the trade-off between $NO_x$ and particulate emissions.

**Key Words**: Variable Swirl System; Diesel Engine; Volumetric Efficiency; $NO_x$; Particulate

# 低排放柴油机的机油消耗量控制技术研究

李文祥[1],葛蕴珊[1],李　骏[2],李　鹏[2],胡　芳[2],王金武[2]
(1. 北京理工大学 机械与车辆工程学院,北京　100081;
2. 中国第一汽车集团公司技术中心)

**摘　要**:为了控制机油消耗量,进而达到控制柴油机颗粒物排放,本文对CA6DF系列柴油机作了以下改进:汽缸体采用圆形水套;加大缸盖螺栓的沉头;采用PT网纹;采用先进的活塞环结构与材料;增大缸套上部的冷却强度等。试验结果表明,采用上述措施后,可以有效地减少机油消耗量,使机油与燃油消耗量之比由0.3%~0.4%降到0.15%以下,PM下降了79.5%,并增强了发动机的可靠性。

**关键词**:内燃机;排放;微粒;机油消耗控制
**中图分类号**:TK423;424.2　**文献标识码**:A



## 1　概述

柴油机的微粒排放由三部分组成:干炭烟(DS),可溶性有机成分(SOF)和硫酸盐。根据来源不同,SOF分为燃料成分和机油成分,两者所占比例随柴油机的运行工况而异。

增压柴油机工作时,机油主要通过以下三个渠道窜入燃烧室燃烧产生机油成分SOF:(1)活塞组-汽缸套组件;(2)气门导管;(3)增压器。由于现代柴油机都装有气门导管密封圈,增压器上也装有机油油封。因此正常工作状态下,机油窜入柴油机燃烧室的主要路径是活塞组-汽缸套组件。

机油产生的SOF占SOF总质量的15%~80%,燃油燃烧产生的微粒排放物中有80%为DS,20%为SOF。国外自20世纪80年代初就开始注意到机油对微粒排放的贡献,并进行了大量的相关研究。William J M等人最早用同位素跟踪技术研究了机油对微粒排放的贡献度[1]。

为满足欧Ⅱ排放法规,一汽集团在CA6110型柴油机的基础上开发了CA6DF系列柴油机,本文重点介绍CA6DF系列柴油机为降低微粒排放,所采取的机油消耗量控制措施。

## 2　活塞环泵油控制措施

### 2.1　汽缸体变形的控制

理想状况下,发动机正常工作时汽缸套和活塞环都应保持圆柱形状,特别是汽缸套应为精确的圆柱形。但发动机实际工作时,由于机械加工、汽缸盖螺栓预紧力、高温燃气压力、热负荷等方面的原因,汽缸套在工作状态下不能保持为精确的圆柱形,这将导致机油消耗量的增加。因此为降低汽缸套-活塞组件影响产生的机油消耗量,必须提高汽缸体的刚度,以控制汽缸套的变形量。

图1是使用德国IBP公司的V200型汽缸套变形量分析仪测得的CA6110型柴油机汽缸套在冷态装配状态下的变形量。测量结果表明,CA6110型汽缸套本身的圆柱度高达25μm,远远超过不大于10μm的设计要求,使CA6110型柴油机的机油消耗量过高(机油与燃油消耗比达0.4%)。这与汽缸体总体刚度、汽缸套的加工质量等有重要关系。

刊登信息:《内燃机工程》2004年(第25卷)第6期

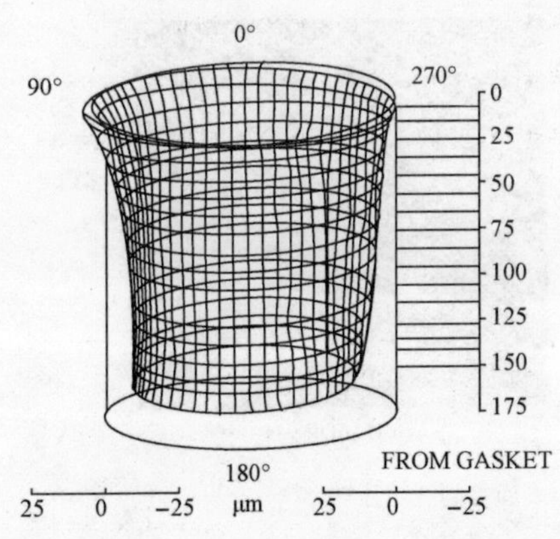


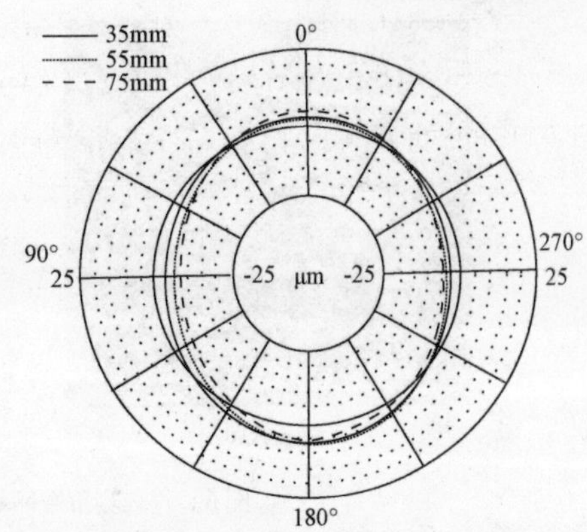


图1　CA6110 型柴油机汽缸套变形测量结果

结构分析结果表明：CA6110 型柴油机汽缸体水套为方形结构，汽缸盖螺栓分布不均匀，参见图 2。由于汽缸体左侧机油冷却器腔体切断了左侧汽缸盖螺栓力的传递路线，使汽缸体产生附加变形，结果导致 CA6110 型柴油机汽缸体变形量较大。

解决上述问题的技术措施是在不影响汽缸盖进水的前提下，汽缸体尽量采用圆形水套结构。在进行汽缸体水套形状及顶板厚度的改进设计时，将汽缸体水套顶部的形状改为圆形（见图 3），同时减少汽缸体顶平面的厚度。还采用了加大汽缸盖螺栓沉孔的措施（见图 4）。改进结构前后汽缸体、汽缸盖组件的有限元计算结果表明上述措施能有效控制汽缸套变形（见图 5）。

图2　CA6110 汽缸体

图3　CA6DF 汽缸体

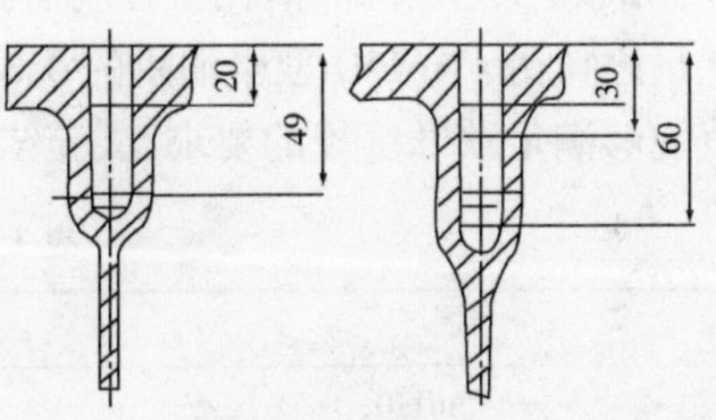


图4　加大汽缸盖螺栓沉孔(mm)

2.2　汽缸套网纹的改进设计

除汽缸套变形以外，汽缸套内表面网纹的形状和质量也是影响机油消耗量的重要因素。根据珩磨网纹复制膜照片：CA6110 汽缸套的 Ra 为 0.55，磨纹紊乱、不清晰。改进结构的 CA6DF 柴油机采用了 PT 网纹，图 6 是结构改进前、后汽缸套内表面复制膜照片。和原珩磨质量相比，PT 网纹珩磨质量有大幅度改进，有利于机油消耗量的控制。

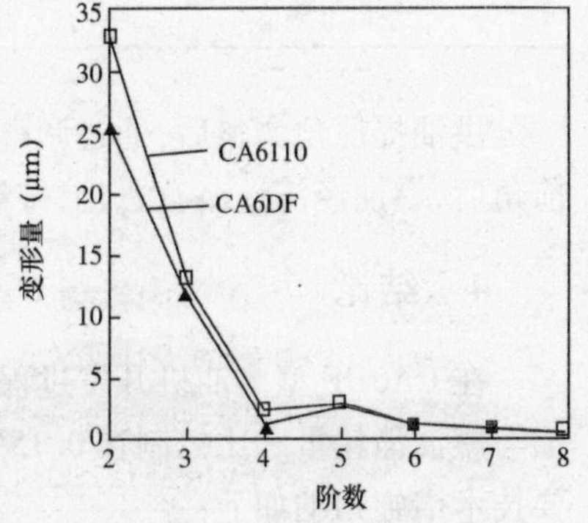


图5　柴油机汽缸套变形计算结果

2.3　活塞环组合

采用合理的活塞环组合控制机油消耗量，第一道气环采用偏桶面单梯镀铬环；第二道气环采用负扭曲锥面环提高刮油质量，为在降低机油消耗的同时提高活塞环的耐磨性能，对活塞环的弹力及表面涂层进行了优化设计，并调整了气环弹力；第三道环采用钢制油环，刮油刃由 0.4mm 减为 0.23mm，外圆采取氮化工艺，提高油环的刮油能力、耐磨性能及对缸桶变形的顺应能力。

a)CA6110

b)CA6DF

图6　汽缸套珩磨网纹内表面复制膜照片

### 2.4　汽缸套的冷却

为提高柴油机的可靠性,减小汽缸套变形,必须解决汽缸套、活塞环冷却的可靠问题。CA6110型柴油机的水套长度为139mm,长度偏大,汽缸套底部进水,导致底部温度较低,汽缸套上下温差较高,汽缸套冷却、变形不均匀,有必要更改水套进水口的位置。CA6110型汽缸体水套底部进水孔直径为26mm,CFD的计算结果表明:这种设计导致水套底部的冷却液流速过高,顶部流速过低,小于0.5m/s的设计要求;结构改进后将主进水孔从汽缸套的底部移至水套的顶部;直径为18mm,并在水套底部增设直径为8mm的辅助进水孔。CFD计算结果表明:水套顶部冷却液的流速明显提高,能够满足0.5m/s的设计要求。



## 3　CA6DF柴油机排放试验结果

采取了上述机油消耗量控制措施后的试验结果表明:CA6DF系列柴油机的机油消耗量与燃油消耗量之比由CA6110型柴油机的0.3%~0.4%降到0.15%以下,通过合理调整喷油提前角,使排放值能够满足欧Ⅱ法规的要求,试验结果如表1所示。

**表1　柴油机改进前后的排放试验结果**　(单位:g/(kW·h))

| | PM | CO | HC | $NO_x$ |
|---|---|---|---|---|
| CA6110 | 0.550 | 1.590 | 0.580 | 7.12 |
| CA6DF2-28($\theta_{fj}=8°$) | 0.113 | 0.509 | 0.343 | 7.471 |
| CA6DF2-28($\theta_{fj}=7°$) | 0.126 | 0.525 | 0.317 | 6.764 |
| 欧Ⅱ限值 | 0.15 | 4.0 | 1.1 | 7.0 |

供油提前角调整后,通过调整油泵的供油量,保持发动机的外特性输出转矩不变。推迟喷油提前角后,燃油经济性略有恶化,排气温度(涡轮前)也略有提高,但都在设计允许的范围内。

## 4　结论

在CA6DF型柴油机开发过程中,辅助利用现代设计手段,成功地控制了汽缸体的变形量,将机油与燃油消耗量之比控制在0.15%以下,大大降低了柴油机的微粒排放,满足了欧Ⅱ法规的要求,主要技术措施归纳如下:

(1)应用有限元优化汽缸体水套形状,能有效提高结构刚度,减少发动机汽缸套的变形;

(2)汽缸套采用PT网纹可有效降低柴油机的机油消耗量;

(3)采用钢制窄刮油刃油环,能够提高对机油的控制能力;

(4)采用CFD技术优化冷却水套结构,可有效改善汽缸体的冷却状况,控制机体变形量,降低机油消耗量，提高可靠性。

## 参 考 文 献

[1] William J M, et al. The Contribution of Engine Oil to Diesel Exhaust Particulate Emission[C]//SAE Paper, 800256.

[2] Gunder E, et al. Diesel Engine Emissions Reduction——The Benefits of Low Oil Consumption Design [C]//SAE Paper, 900591.

[3] John H J, et al. A Review of Diesel Particulate Control Technology and Emission Effects[C]//SAE Paper, 940233.

[4] Laurence R B, et al. Effects of Lubrication System Parameters on Diesel Particulate Emission Characteristics:[C]//SAE Paper, 960318.

# Lubrication Oil Consumption Control of Low Emission Diesel Engine 4

Li Wenxiang[1], Ge Yunshan[1], Li Jun[2], Li Peng[2], Hu Fang[2], Wang Jinwu[2]

(1. School of Mechanical Vehicle Engineering, Beijing Institute of Technology, Beijing 100081, China;
2. China FAW Group Corporation R&D Center)

**Abstract**: The purpose of this study is to control lubricating oil consumption and PM emission through improving the adoption of round cooling jackets, larger countersunk head of cylinder cover, PT horning of liner, new design and materials of piston rings and stronger cooling to upper cylinder in CA6DF series engines. The test results show that lubricating oil consumption can be decreased greatly, the ratio of lubricating oil consumption to fuel consumption decreased from 0.3% ~0.4% to less than 0.15%, and PM decreased by 79.5%. The study also indicates that reliability of engines increased.

**Key Words**: I. C. Engine; Emission; Particle; Lubrication Oil Consumption Control

第三部分

# Influence of Injection Direction on Temperature Distribution in Combustion Chamber of Direct Injection Diesel Engines

Jun Li[1], Kang Li[1], Hong Shu[2], Yunqing Li[3]
(1. Research and Develop Centre, FAW Chuangye Street, Changchun 130022, China;
2. AVL China Advanced Simulation Technology 327 Rongqiao Road, Shanghai, China;
3. Department of Automotive Engineering Beihang University, 37 Xue Yuan Road. Haidian District, Beijing 100083, China)



**Abstract**: The fuel injection process of direct injection diesel engine has strong influence on combustion process, and therefore affects the engine performance and pollutant formation. In order to study in detail the influence of injection angle on temperature distribution in combustion chamber, a numerical simulation of diesel engine combustion process was performed applying AVL 3D-CFD software FIRE. The simulation results show that injection angle influences fuel distribution in combustion chamber and therefore has significant impact on the temperature distribution.

## 1 Introduction

Diesel engine has been widely used in the automotive industry due to its relatively high fuel economy, and how to effectively improve diesel engine's power, fuel economy and emission is of great interest. The in-cylinder temperature distribution has strong influence on engine performance, fuel economy and emission, and it also affects the thermal working condition of fuel injector. Fuel injector is one of the three important components in fuel injection system, and its working condition has direct impact on engine performance and fuel economy. With excessive high engine temperature, the injector might constantly work in high temperature environment, and the needle could be seriously deformed due to enormous heating. In the worst case, the needle could be completely locked. If the injector is locked at opening or half-opening position, the injected fuel will have problem with evaporation and complete burning. If the injector is locked at closing position, no fuel is injected and engine can't be started. In the worst case, high pressure fuel pipe could be broken. Therefore, it's important to study the flow and temperature distribution of combustion chamber during engine design phase, and make sure the injector nozzles are not constantly exposed to high temperature gas.

A combined performance based on the design of the intake system, fuel supply system and combustion chamber shape is a key factor for diesel engine performance. And injection parameters play an important role on engine performance, emission and NVH. So a detailed numerical study about the influence of injec-

6th Asia - Pacific Conference on Combustion 20 - 23May 2007

tion direction on combustion chamber temperature distribution was performed using CFD approach.

## 2 Calculation Model

The modelled engine is a turbo-charged direct injection diesel engine with inter-cooler, which is widely used in a truck. The engine bore is 110 mm, stroke is 135 mm and compression ratio is 17. There are four valves per cylinder and injector nozzle is located in the central of cylinder. Fig. 1 is the model mesh generated using the pre-processor FAME of FIRE. The total calculation domain consists of four components, including intake pipe, intake port, valves and chamber which are assembled by means of arbitrary connection. Consequently, the calculation grid can have high quality while the number of mesh can be maintain to less than 350,000 elements to guarantee the simulated results with enough precision.

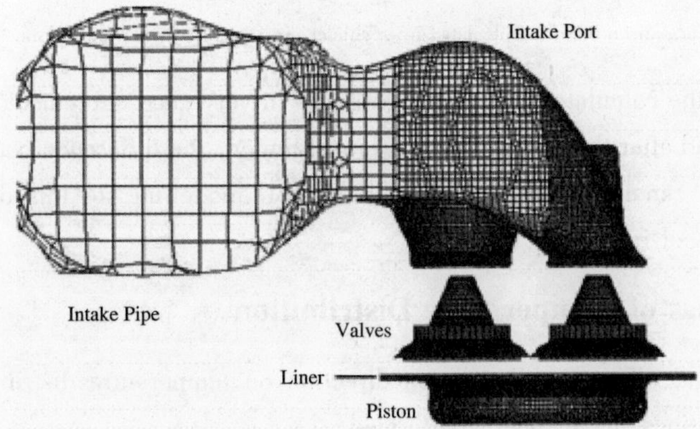


Fig. 1 Calculation model of diesel engine with the moving meshes at TDC

## 3 Calculation Conditions

The engine speed is 2300 r/min. The boundary conditions are specified on the following several parts: inlet surface of intake port, wall of intake port, piston bowl, intake valve, cylinder liner and cylinder head. The inlet pressure is 2. 52 bar, and inlet temperature is 341K; piston bowl is defined as a moving surface with temperature of 553K; intake valve is also defined as a moving surface with temperature of 400K; cylinder liner is a fixed wall with temperature of 450K; cylinder head is a fixed wall with temperature of 500K; and intake port wall is also a fixed wall with temperature of 420 K. The initial pressure at 360° CA in the whole computational domain is set to be 2. 52 bar and initial temperature is 434K.

Ignition mode is auto-ignition[1], and Eddy Break up model[2,3] is used for combustion modelling; Extended Zeldovick model and Hiroyasu-Magnussen model are utilized for $NO_x$, soot modelling respectively[4-7]; Spray breakup is modelled with Wave model [8-10]

## 4 Model Calibration

In order to verify the computational model, the comparison between simulation and experiment result was performed. For this work, the calculation was started at intake valve closing, and the initial pressure and temperature were the same as that of the testing condition. The initial flow field was defined by pre-defined swirl motion based on the previous calculated results from the numerical process of intake stroke. The compression and combustion processes were calculated, and the computed cylinder pressure was compared against the measured result as shown in the Fig. 2.

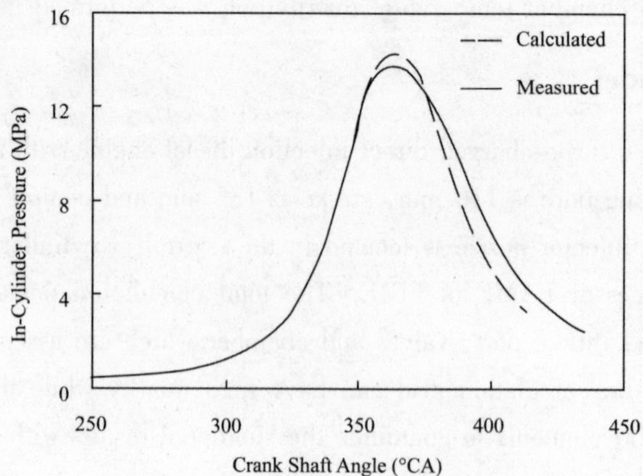


Fig. 2 Comparison between calculated in – cylinder pressure and measured indicator diagraph

It can be seen that the calculated cylinder pressure is in very good agreement with measurement result before 10 deg BTDC. And after the fuel is injected into cylinder, the difference between them is on average about 2%. Therefore, it can be obtained that the 3-D CFD modelling for this diesel engine combustion matches well with the tested results.



## 5 Characteristics of Temperature Distribution

To study in detail the influence of injection direction on temperature distribution in the combustion chamber, many calculations have been performed. Fig. 3 shows the temperature distribution in the combustion chamber in the central cross section at 9 different conditions in which three different start of injection timing (BTDC12, 10, 8 deg) and three different injection duration (20, 25 and 30 deg) are combined while the injection angle is constant as 144 degrees. It can be seen from Fig. 3 that the injector located in the central position of combustion chamber is exposed to very high temperature in all investigated conditions when the injection angle is 144 degrees, and the temperature is always above 2000K. Hence, it is of great importance to optimize the fuel injection parameters to alleviate the thermal load of injector so as to make it work normally.

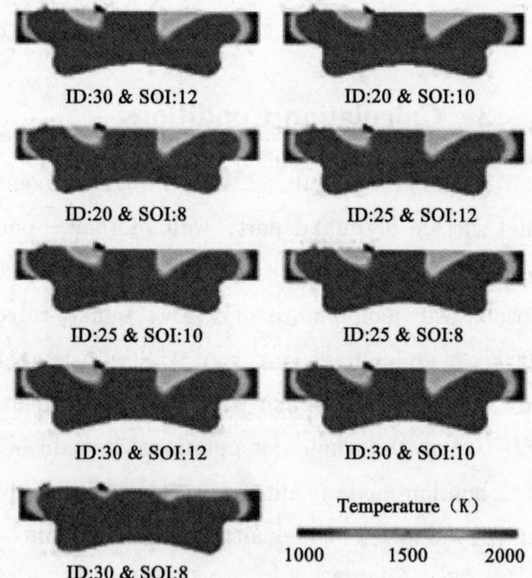


Fig. 3 Temperature distribution on central cross section at nine different conditions when injection angle is 144 degrees

Because of the increased momentum of flow field in the chamber induced by the fuel injection with high pressure, the injection with different parameter will result in the different flow structures in the chamber. After changing the injection angle, it can be seen that the flow field and temperature field have been changed as shown in Fig. 4 and Fig. 5. The temperature at central location for injection angle of 155 degrees is much lower than that for injection angle of 144 degrees. The velocity vectors in Fig. 5 shows that, in the case of injection angle of 144 degrees, a pair of large vortices has been formed near the axis of combustion cham-

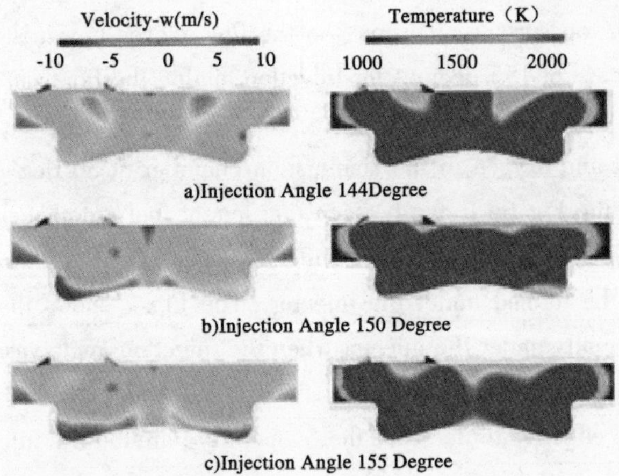


a)Injection Angle 144Degree

b)Injection Angle 150 Degree

c)Injection Angle 155 Degree

Fig. 4 Velocity and temperature distributions in the chamber at 30 deg ATDC

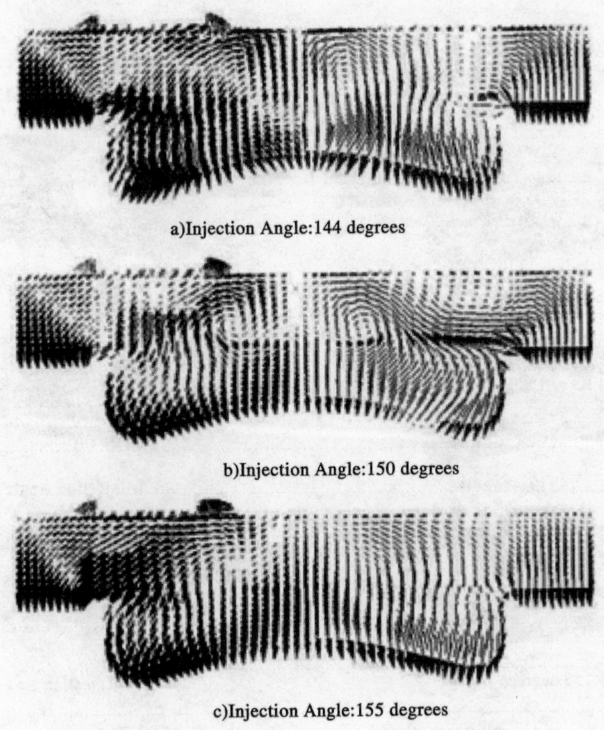

a)Injection Angle:144 degrees

b)Injection Angle:150 degrees

c)Injection Angle:155 degrees

Fig. 5 The velocity vector in the chamber at 30 deg ATDC

ber, while the vortices in case of injection angle of 150 degrees is smaller, and there's almost no vortices generated in case of injection angle of 155 degrees. Under the combined influence of injection and combustion, the flow and flame impinge with piston bowl when they are moving downwards. Hence, there are different charge motions along the moving of piston when the injection angle varies. In case of 144 degrees for injection angle, most of fuel vapour reaches the piston bowl, and part of the gas mixture moves up to piston top surface, which generates considerable momentum and pushes the mixture to the cylinder axis. Because a large number of mixtures move directly to the cylinder axis, they are forced by each other to continue to move upwards. Consequently, lots of combustible mixtures are formed under the injector. At the same time, combustion takes place, which result in the high temperature environment around the injector. However, in case of injection angle of 150 degrees, some of the spray itself moves upwards, which decreases the flow momentum to reach top surface of piston, so the flow moves upwards without really reaching the cylinder axis. Similarly in case of 155 degrees for injection angle, the flow can't even form an obvious upward motion.

The distribution of fuel and oxygen in the combustion chamber at 30 deg ATDC are shown clearly in the Fig. 6 and Fig. 7. From the Fig. 6, it can be seen that lots of fuel are concentrated near the entrance to the clearance and also the piston bowl. When the injection angle increases from 144 degrees to 155 degrees, less fuel vapour will be formed under the injector. The Fig. 7 shows that more oxygen will remain near the cylinder axis, especially under the injector when the injection angle varies from 144 degrees to 155 degrees. In other words, less combustion products will be found under injector with the injection angle of 155 degrees. Therefore, it's effective to decrease the temperature around the injector when the injection angle of 155 degrees is applied on the investigated engine. Based on the above numerical results, it can be found that it is necessary and applicable to reduce the thermal load of injector by means of optimizing the fuel injection parameters.



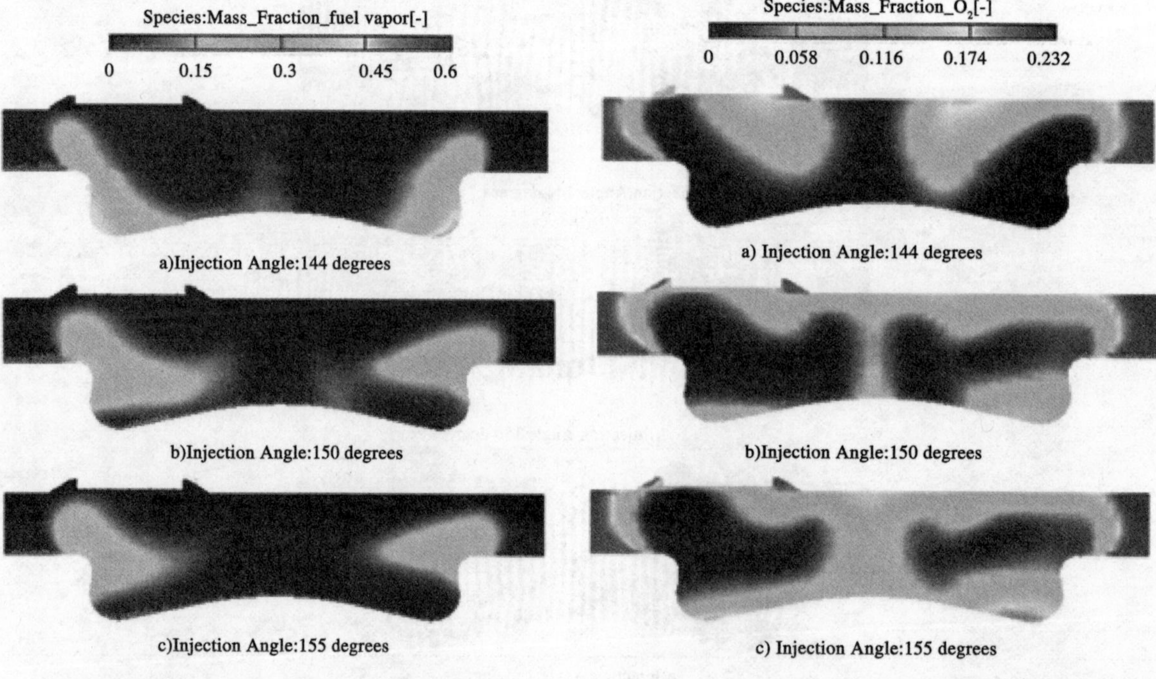


Fig. 6 Distribution of Fuel Vapour in Combustion Chamber

Fig. 7 Distribution of oxygen in combustion chamber

## 6 Conclusions

A lot of useful information can be obtained through CFD simulation of the combustion process, which helps to analyse the combustion physics and provide theoretical support for engine design. Based on the above simulations results, it can be obtained that the injection angle can have significant impact on the temperature distribution of the combustion chamber. It's effective to decrease the temperature around the injector when the injection angle of 155 degrees is applied on the investigated engine. Therefore, it's meaningful to optimize the fuel injection parameter so as to guarantee that the injector works normally.

## 7 Acknowledgments

This study is supported by Nature Science Foundation of China (NSFC) 50376003.

## References

[1] AVL FIRE Version 8 combustion, 2002.

[2] Abraham J. What is Adequate Resolution in the Numerical Computation of Transient Jets? [C]//SAE Paper, 1997, 970051.

[3] Alajbegovic A. Drew D. A., Lahey R. T. An Analysis of Phase Distribution and Turbulence in Dispersed Particle/Liquid Flows. Chem. Eng. Comm, 1999, 174: 85-133.

[4] Zeldovich Y. B., Sadovnikov, P. Y. and Frank-Kamenetskii, D. A. Oxidation of Nitrogen in Combustion. Translation by M. Shelef, *Academy of Sciences of USSR*, Institute of Chemical Physics, Moscow-Leningrad, 1947.

[5] Magnussen B. F., Hjertager B. H., On Mathematical Modeling of Turbulent Combustion with Special Emphasis on Soot Formation and Combustion. Proc. of 16th Symposium (International) on Combustion [C]// The Combustion Institute, Pittsburgh, 1971:649-657.

[6] Kong S. C., Han Z., Reitz R. D., The Development and Application of a Diesel Ignition and Combustion Model for Multidimensional Engine Simulation[C]//SAE Paper, 1995, 950278.

[7] Pitsch H., Barths H., Peters N., Three-Dimensional Modeling of $NO_x$ and Soot Formation in DI Diesel Engines Using Detailed Chemistry Based on the Interactive Flamelet Approach[C]//SAE Paper, 962057, 1996.

[8] Mather D. K., Reitz R. D., Modeling the Influence of Fuel Injection Parameters on Diesel Engine Emissions[C]//SAE Paper, 1998, 980789.

[9] v. Künsberg Sarre, Ch., Tatschl, R., Spray Modelling/Atomisation - Current Status of Break-Up Models, Proc. of ImechE Seminar on Turbulent Combustion of Gaseous and Liquids[C]. Lincoln, United Kingdom, 1998.

[10] AVL FIRE Version 8 spray, 2002.

# Combustion and Hydrocarbon (HC) Emissions from a Spark-Ignition Engine Fueled with Gasoline and Methanol during Cold Start

Jun Li[1,2], Changming Gong[1], Bo Liu[1], Yan Su[1], Huili Dou[2], XunJun Liu[1]
(1. State Key Laboratory of Automobile Dynamic Simulation, Jilin University, Changchun 130025, China;
2. Research and Development Center, China First Automobile Works Group Corporation, Changchun 130011, China)



**Abstract**: The effects of the ambient temperature and the amount of fuel injected per cycle on the cold-start firing behavior as well as the combustion and the hydrocarbon (HC) emissions of an electronically controlled inlet port injection spark-ignition (SI) engine fueled with gasoline and methanol, respectively, during the cold start were studied experimentally by means of a single-cycle fuel injection strategy. The results showed that the amount of fuel injected per cycle significantly affects the gasoline-fueled engine cold-start reliability. A proper amount of fuel injected per cycle ensures a reliable start of the gasoline-fueled engine. The ambient temperature affects most significantly the cold-start ability of the methanol-fueled engine, and the amount of methanol injected per cycle takes second place. With the ambient temperature below 16°C, the methanol-fueled engine cannot be started reliably without auxiliary start aid even with a large amount of methanol injection under low injection pressure. Using a glow plug to heat the engine inlet manifold results in a reliable firing of the methanol-fueled engine and may realize an ideal firing in the next cycle combustion after fuel injection. The ambient temperature is closely related to the fuel vaporization and fuel-air mixture preparation, especially at cold start. With a rise in the ambient temperature, the methanol and gasoline injection amounts per cycle sufficient for the reliable firing during cold start of the engine reduce obviously and the HC emissions decrease significantly. At the same injection timing, the gasoline-fueled engine may realize an ideal firing in the next cycle combustion after fuel injection and the firing of the methanol-fueled engine occurs one cycle later than that of the gasoline-fueled engine.

## 1. Introduction

With the stringency of the hydrocarbon (HC) emissions standard, a proportionally larger fraction of the total emissions from the Federal Test Procedure (FTP) is emitted during the cold-start portion of the first cycle. At the ultra-low emissions vehicle (ULEV) standard, 80% ~ 90% of the tailpipe HC emissions are emitted during the first test cycle of the FTP. [1] The proportion of HC emissions emitted during the cold start is expected to increase further at the super ultra-low emissions vehicle (SULEV) standard. Tailpipe HC emissions during the cold start are high because the catalyst is not at its operating temperature to oxidize effi-

Energy Fuels 2009, 23, 4937 – 4942 DOI: 10.1021/ef900502e

ciently the HCs.[2] The driving cycles of Euro III, Euro IV, and the FTP – 75 all take the first 40 s of idle operation into the start-up phase. Especially, Euro III and Euro IV emission standards have included a sub-ambient cold-start test at a temperature of –7℃. Therefore, the control of combustion and emissions during the cold start has become the hotspots in the field of vehicle engine developments in recent years.[3~7]

Jason et al.[8] studied the effect of ambient temperature on cold-start emissions for a spark – ignition (SI) engine. Their test results showed that exhaust emissions at cold ambient conditions may be drastically increased relative to 25℃. For instance, they found that the HC emissions increase by 650% at –20℃ and carbon monoxide (CO) emissions increase by 800%. Cheng et al.[9] investigated the mixture preparation and HC emissions behavior in the first cycle of SI engine cranking. They found that the amount of fuel required by cold start is significantly higher than that needed for warmed-up operation. At cold conditions, only approximately 20% of the fuel is vaporized during the first few engine cycles. This over fueling results in a large amount of liquid fuel entering the cylinder, being a major source of engine-out HC emissions. Thus, the engine must be over fueled by 5 times to provide the sufficient fuel vapor to attain ignition and initial starting. Overfueling by 10 times or more may be required to ensure rapid start and stable idle operation for low-volatility gasoline. However, because there is no volatility sensor in the fueling system, the low-volatility calibration is used for all gasoline, independent of their volatility. Typically, 8 ~ 15 times the stoichiometric amount of gasoline is injected during the first several cycles of the cold-start and warm-up transient.[10] Zughyer et al.[11] observed the liquid fuel distribution and flame propagation inside a PFI gasoline engine using various injectors and engine conditions. It was found that most fuel under open valve injection (OVI) conditions entered the cylinder as droplet mist. Images taken just before spark timing showed that a significant fraction of the fuel was still in the liquid phase. The combustion video showed that the fuel transport process under both close valve injection (CVI) and OVI strategies may be divided into three phases. The first phase is at early cycles when most of the injected fuel ended up as liquid film on the chamber walls, with insufficiently vaporized fuel in a mixture too lean to sustain combustion and little effect on cylinder pressure. The second phase starts when visible weak flame fronts appear because of improvement in the liquid evaporation process. Diffusion-controlled pool-fire processes become obvious at this phase, and the in-cylinder pressure rises significantly. The third phase starts when the heat of combustion evaporate most of the liquid fuel and produces an overall-rich mixture that burns rapidly and produces a high in-cylinder pressure. From the flame propagation visualization and in-cylinder pressure measurements, it was found that injectors with better dispersion and injection under open valve conditions could provide better fuel distribution and evaporation, constituting an improved engine starting strategy. However, the unburned hydrocarbon (UBHC) emissions may deteriorate. The effect of liquid fuel on HC emissions is the easiest approach to understand the HC emissions mechanisms. Liquid fuel enters the combustion chamber and impacts its cold surface, where it does not vaporize, and it can exit to the exhaust system as a source of HC emissions. The in-cylinder fuel films are very thin (on the order of 50 ~ 300μm); therefore, the fuel is at the temperature of the surface.[12] Because the higher boiling-point components in gasoline vaporize over a range of temperatures from 100 to 200℃, much of the fuel remains unburned within the cylinder for a long time following a cold start.[13] One of the difficulties to identify the effects of either fuel preparation or fuel volatility on cold-start performance is that significant differences in the amount of vaporized fuel may result from changes in either fuel injection or fuel volatility. This results in the change of the air/fuel (A/F) vapor ratio that must be taken into consideration to separate the effect of liquid fuel from the large effect of the A/F ratio on HC emissions. Kaiser et al.[14] investigated the effects of mixture preparation on the cold-start engine performance and emissions. They performed simulated cold-start tests using a prevaporized, central fuel injection (CFI) system and a conventional port fuel injection (PFI) system. There were significant differences in HC levels early during the test. The HC emissions from the PFI system were nearly 80% higher than those from the CFI fueling system. After 40s, the differences in HC emissions were reduced to roughly 15%. These experimental results suggested that a large in-cylinder fuel film is produced by the PFI fuel system. The liquid fuel layer was also the cause of the lean shift in the exhaust A/F ratio early during the test. The reduction of HC emissions after the first 40s was a result of the liquid fuel layer slowly vaporizing as the engine warms up. Yang et al.[15] studied the effects of port-injection timing and fuel droplet size on total and speciated exhaust HC emissions. They found that the HC emissions are almost independent of injection timing for CVI unless the start of injection is ~80° CA (crank angle) or later before IVO. With OVI and especially with cold cool-ant, a portion of the liquid fuel enters the combustion chamber and impacts the in-cylinder surfaces. It also appears that if the CVI starts at ~80° CA or later before IVO, some liquid enters the combustion chamber. Stache et al.[16] compared the results for three fuels. They found that iso-octane has a boiling point near $T_{40}$ (temperature of 40% volume distilled point of the certification gasoline indolene), while iso-pentane has a boiling point near the initial boiling point of the indolene. Iso-pentane produced the lowest HC emissions, while iso-octane produced the highest for all but a small range of OVI timings with the cold coolant. The reason that iso-pentane produced the lowest HC emissions was that it vaporized more before impacting the in-cylinder wall surface. Rottenkolber et al.[17] found cold-start HC emissions 25% ~ 80% higher for OVI versus CVI, depending upon injector targeting. Castaing et al.[18] measured both the in-cylinder $\lambda$ (relative air/fuel ratio) using a fast-response flame ionization detector (FFID) and the HC emissions for the first fired cycle during cranking in one cylinder of a four-valve, four-cylinder engine. They varied the injector pulse width during startup and found that, when the in-cylinder $\lambda$ was near stoichiometric, engine-out HC emissions were only slightly higher for OVI versus CVI. OVI led to homogeneous charge, which, in combustion with the direct wall wetting, increased cold-start HC emissions.

All of the above investigations in the literature paid attention to SI gasoline and liquefied petroleum gas (LPG)-fueled engines.[19] However, a few papers were reported on the methanol-fueled cold-start performance.[20,21] They investigated the combustion and firing behavior of the SI methanol engine. Methanol is characterized by a high octane number, indicating good antiknock performance, high latent heat of vaporization allowing for a denser fuel-air charge, and excellent lean burn properties.[22] However, the low vapor pressure and high latent heat of vaporization of methanol may cause cold-start difficulties for the methanol-fueled engine at low ambient temperature.[23]

The objective of this study is to compare the combustion behavior and HC emissions of an electronically controlled inlet port injection SI engine fueled with gasoline and methanol, respectively, during cold start by means of a single-cycle fuel injection strategy. The effects of the ambient temperature and the amount of fuel injected per cycle were studied experimentally. These results are helpful to understand the cold-start behavior of the gasoline-and methanol-fueled engines.

## 2 Test Engine and Experimental Setup

The experiment was conducted on a single-cylinder four-stroke electronically controlled SI engine fueled with gasoline and methanol, respectively, with inlet PFI. The engine specifications are listed in Table 1.

**Table 1 Engine Specifications**

| | | | |
|---|---|---|---|
| bore (mm) | 52.4 | cooling system | air cooled |
| stroke (mm) | 57.8 | intake valve opening(IVO)(°CA BTDC) | 15 |
| displacement ($cm^3$) | 125 | intake valve closing(IVC)(°CA ABDC) | 35 |
| compression ratio | 10.55:1 | exhaust valve opening(EVO)(°CA BBDC) | 35 |
| maximum power(kW)/speed(r/min) | 6.5/7500 | exhaust valve closing(EVC)(°CA ATDC) | 15 |
| maximum torque(N · m)/speed(r/min) | 9/6000 | | |

The schematic of the experimental system is shown in Fig. 1. The instantaneous angular velocity of the crankshaft was determined by an optical shaft encoder with 0.5° resolution. The in-cylinder pressure was measured using a Kistler 6125B quartz crystal pressure sensor matched with a WDF-3 charge amplifier. A multichannel data acquisition card PLC-8018HG was used to record the in-cylinder pressure and HC emissions. The HC emissions were analyzed with a FGA4015 exhaust gas analyzer. The amount of methanol and gasoline evaporation was measured with a Sartorius 2450 electronic balance. Its detection limit is $1 \times 10^{-6}$ g.

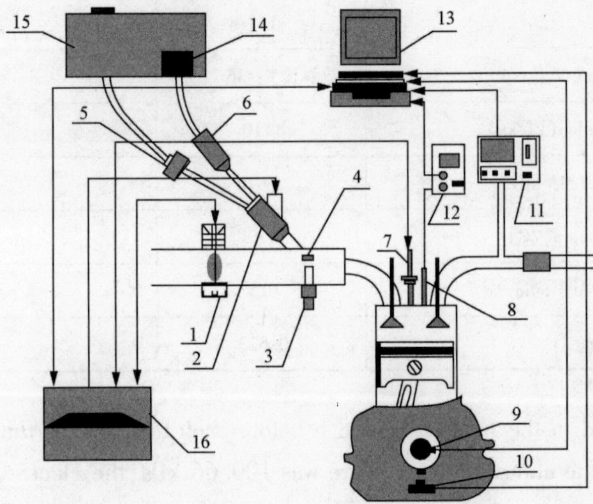


Fig. 1 Schematic of the experimental system

1-throttle sensor; 2-fuel injection nozzle; 3-glow plug; 4-K-type thermocouple; 5-fuel pressure regulator; 6-fuel filter; 7-spark plug; 8-in-cylinder pressure transducer; 9-encoder; 10-TDC marker; 11-exhaust gas analyzer; 12-charge amplifier; 13-computer; 14-fuel pump; 15-fuel tank; 16-ECU

Test fuels for this study were gasoline and methanol, and their physical and chemical properties are listed in Table 2. The purity of the methanol is 99.9%, and commercial 93 gasoline (blends fuel of 90% gasoline and 10% ethanol in volume) is used.

A glow plug was used as an auxiliary start aid to heat the engine inlet manifold. To prevent the injected methanol from combustion on the glow plug, the surface of the glow plug is covered with a copper sleeve. After the glow plug was switched on for 3 min, the temperature of the inlet manifold surface reached 42°C. The injection nozzle of gasoline (or methanol) is mounted on the intake manifold. The injection pressure of gasoline (or methanol) is 0.3 MPa. The amount of the gasoline and methanol injected per cycle, ignition timing, and injection timing were controlled by an electronic control unit (ECU). During the cold-start test, through ECU control, an electric motor cranked the engine. The cycle in which the engine starts rotating is defined as the first cycle. The gasoline and methanol were injected in the second cycle by means of a single-cycle fuel injection strategy.

**Table 2 Properties of Methanol and Gasoline**

| property | methanol | gasoline |
|---|---|---|
| formula | $CH_3OH$ | $C_5-C_{12}$ |
| relative molecular mass | 32 | 90 – 120 |
| composition(%m) | | |
| C | 37.5 | 85 |
| H | 12.5 | 15 |
| O | 50.0 | 0 |
| density (kg/m$^3$) | 790 | 720 – 780 |
| boiling point(°C) | 65 | 40 – 190 |
| RON | 111 | 90 – 98 |
| flammability limit(%v) | 6.7 – 36 | 1.4 – 7.6 |
| latent heat of vaporization(kJ/kg) | 1110 | 310 |
| lower heating value(MJ/kg) | 19.6 | 44.0 |
| autoignition temperature(°C) | 470 | 500 |
| stoichiometric air/fuel ratio | 6.5 | 14.6 – 14.8 |
| flame speed(m/s) | 0.523 | 0.38 |

The engine was soaked in the room at least 8 h before each test. During the cold-start test, the throttle valve was locked at 10%, the atmospheric pressure was 100.66 kPa, the electric battery voltage was 12.05 V, the electric motor cranking speed was 770 r/min, and the ignition timing of all of the tests was fixed at 20°CA before top dead center(BTDC). A 0°CA of injection timing of methanol and gasoline corresponds to the piston position at compression stroke top dead center(TDC) of the second cycle.

## 3 Results and Discussion

3.1 Effect of the Ambient Temperature on the Minimum Amount of Fuel Injected per Cycle for Engine Cold-Start Firing. Fig. 2 shows the relationship between the minimum amount of fuel injected per cycle ($Q_{min}$) to ensure the reliable firing and ambient temperature($t$) during the cold start at $\theta_g = 35$°CA BTDC and $\theta_m = 35$°CA BTDC. The $Q_{min}$ for the reliable firing of the engine during the cold start increases significantly with the drop of the ambient temperature. Relative to 28°C, the $Q_{min,g}$ is increased by 325% at −7°C and the $Q_{min,m}$ is increased by 110% at 16°C. With the drop of ambient temperature, increasing the amount of gasoline injected per cycle can ensure a reliable start of the gasoline-fueled engine. When the ambient temperature is below 16°C, the methanol-fueled engine cannot be started reliably with out the auxiliary start aid even at a very high amount of methanol injected per cycle.[20] Therefore, a glow-plug preheating was used to heat the methanol-fueled engine inlet port when $t$ is below 16°C. With the drop of the ambient temperature, the $Q_{min,m}$ is increased more rapidly than the $Q_{min,g}$. This is due to the effect of the ambient temperature on the methanol vaporization being more significant than that of the gasoline.

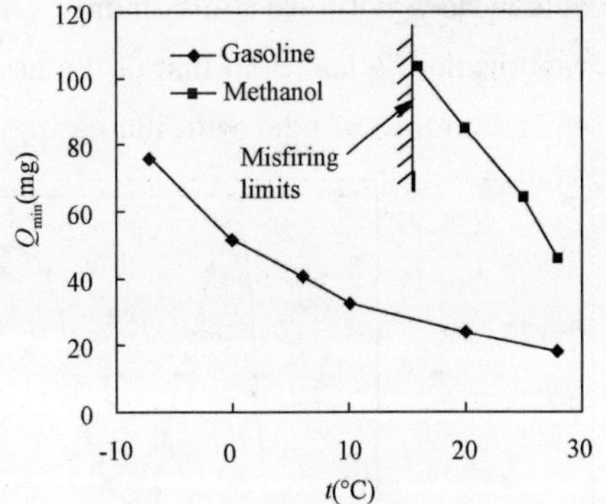


Fig. 2 Relationship between minimum $Q$ and $t$ for firing at cold start.
$\theta_g = 35°$CA BTDC; $\theta_m = 35°$CA BTDC

Fig. 3 gives the methanol evaporation performance for 1000 g of methanol at different temperatures. Fig. 4 shows the methanol and gasoline evaporation performance for 1000 g of methanol and 1000 g of gasoline at 20°C ambient temperature. It can be seen that, at 20°C, the amount of the methanol evaporation is a quarter of the gasoline evaporation. The effect of the ambient temperature on the amount of the methanol evaporation is very obvious. The amount of methanol evaporation at 20°C is 5 times at 7°C. The methanol vaporization at the inlet port injection deteriorates because of poor volatility of methanol at low ambient temperatures.

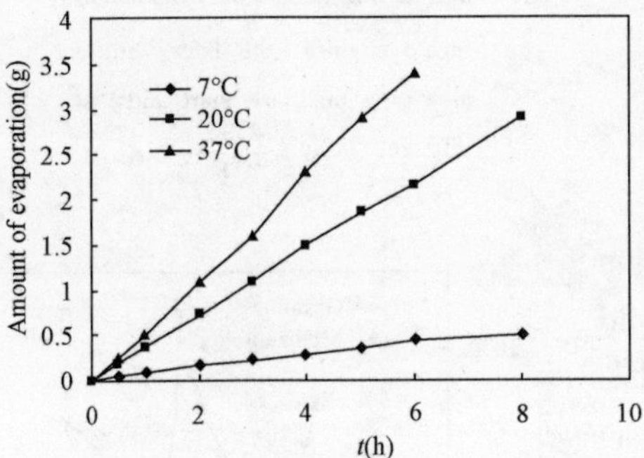


Fig. 3 Methanol evaporation performance at three ambient temperatures

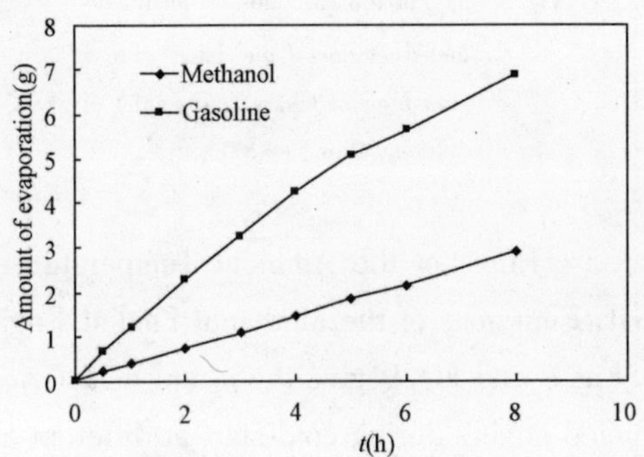


Fig. 4 Methanol and gasoline evaporation performance at 20°C ambient temperature

3.2 Effect of the Amount of Fuel Injected per Cycle on Engine Cold-Start Firing. Fig. 5 gives the maximum combustion pressure in the cylinder ($p_{max}$) of the gasoline-and methanol-fueled engines at different amounts of fuel injected per cycle ($Q$) during the cold start at $t = 8°$C. Fig. 6 and Fig. 7 show the maximum instantaneous cranking speed ($n_{max}$) and HC emissions from the gasoline and methanol-fueled engines at different $Q$ during the cold start at $t = 8°$C. The gasoline-fueled engine is characterized by smaller $Q_g$ for the reliable firing. The maximum combustion pressure in the cylinder reaches the highest $p_{max}$ to 4.52 MPa at $Q_g = 35.1$mg. When $Q_g$ is smaller or greater than 35.1 mg, $p_{max}$ falls rapidly. At this $Q_g$, the fuel vapor content of the fuel-air mixture may realize the ideal firing and obtain the highest $p_{max}$. When $Q_g$ is increased further, the mixture is too rich, firing performance deteriorates rapidly, until the fuel vapor content of the mixture surpasses the rich firing limit of gasoline at $Q_g = 44.5$mg, and the gasoline-fueled engine cannot fire. At $Q_g = 33$mg, the mixture is lean, which corresponds to the lean firing limit. At both the rich and lean firing limits, the gasoline-fueled engine cannot fire, $n_{max}$ is low, and HC emissions are high. When $Q_g$ is between these two limits, the gasoline-fueled engine can fire reliably, resulting in high $n_{max}$ and low HC emissions. For the methanol-fueled engine, there exists a $Q_{min,m}$ for reliable firing. When $Q_m$ is increased further, the methanol-fueled engine can still fire, the $p_{max}$ and $n_{max}$ increase, and HC emissions decrease. At $Q_m = 48.5$mg, HC emissions reach the lowest at 942 ppm. Further increasing $Q_m$ leads to a increase of the HC emissions. This is because the methanol cannot fully enter into the cylinder in one cycle. The methanol-fueled engine does not have a maximum $Q_m$ for misfiring during cold start. This is because the amount of methanol vaporization is less than that of the gasoline at low ambient temperature. Unevaporized methanol cannot fully enter into the cylinder with increasing $Q_m$, and part of the methanol goes out of the engine as HC emissions.

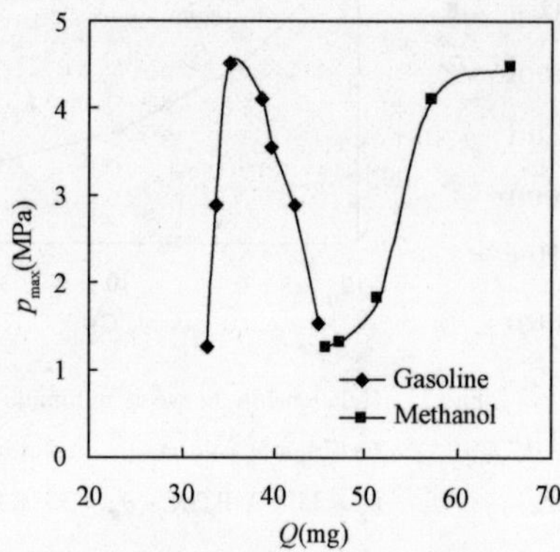


Fig. 5 $p_{max}$ of the gasoline-and methanol-fueled engines ( the later with a glow-plug auxiliary start aid ) at different $Q$ and $t = 8°C$

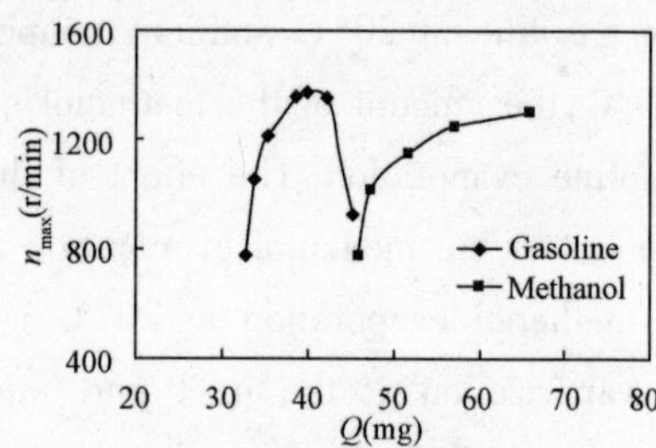


Fig. 6 $n_{max}$ of the gasoline-and methanol-fueled engines ( the later with a glow-plug auxiliary start aid ) at different $Q$ and $t = 8°C$



3.3 Effect of the Ambient Temperature on Combustion and HC Emissions of the Methanol-Fueled Engine during Cold Start. Fig. 8 and Fig. 9 give the $p$ and $n$ histories of them ethanol-fueled engine during cold-start at different ambient temperatures with $Q_m = 45.8$mg. When $t = 12°C$, the methanol-fueled engine cannot fire without an auxiliary start aid. When the ambient temperature is increased to 28°C, the methanol-fueled engine can fire reliably without any auxiliary start aid and then the $p_{max}$ reaches as high as 2.7 MPa and $n$ reaches 1438 rpm. When $t = 12°C$, the methanol-fueled engine can fire weakly with a glow-plug auxiliary start aid and then the $p_{max}$ reaches 1.4 MPa and $n$ reaches 1048 r/min. Because the $Q_m$ is small, the firing is weak.

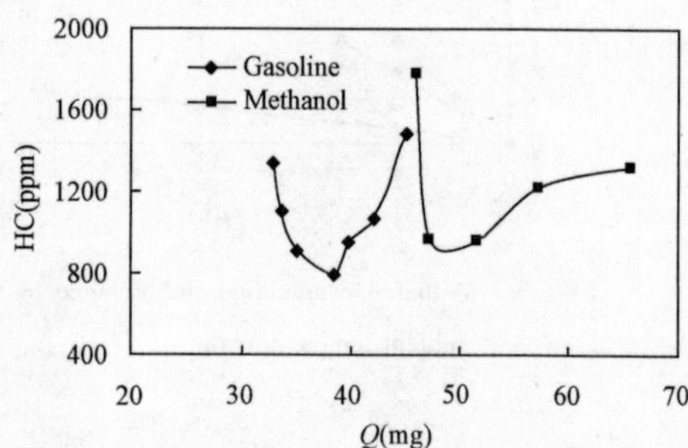


Fig. 7 HC emissions of the gasoline-and methanol-fueled engines ( the later with a glow-plug auxiliary start aid) at different $Q$ and $t = 8°C$

Fig. 10 shows the HC emissions of the methanol-fueled engine during the cold start at different ambient temperatures and at $Q_m = 45.8$mg. It can be observed that the HC emissions from the no-firing event without an auxiliary start aid are 87% higher than those from the weak-firing event with a glow-plug auxiliary start aid at $t = 12°C$ and HC emissions from the reliable-fire event without any auxiliary start aid at $t = 28°C$ are 35% lower than those from the no-firing event without an auxiliary start aid at $t = 12°C$. The HC emissions from the reliable-fire event with a glow-plug auxiliary start aid at $t = 12°C$ are 18% lower than those from the reliable-fire event without any auxiliary start aid at $t = 28°C$. This is because the amount of methanol vaporization with a glow-plug auxiliary start aid at $t = 12°C$ is larger than without any auxiliary start aid at $t = 28°C$.

3.4 Combustion during Cold Start. Fig. 11 shows the $p$ history of the gasoline-fueled engine during cold start at $Q_g = 35.1$ mg, $t = 8°C$, and $\theta_g = 35°$CA BTDC. The fuel vapor content of the gasoline-air mixture reaches the lean firing limit of gasoline in the third cycle; therefore, the gasoline-fueled engine fires in

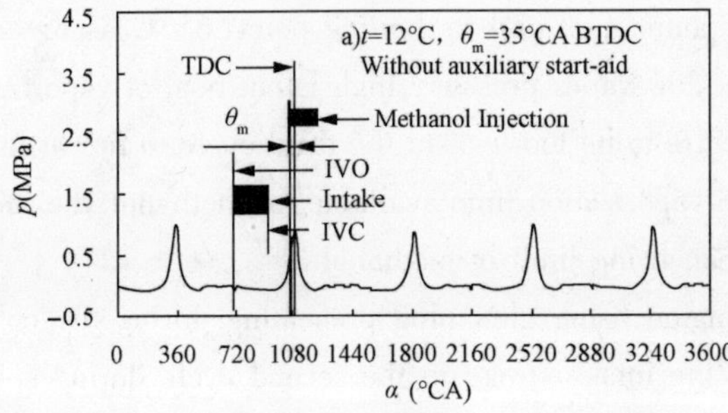


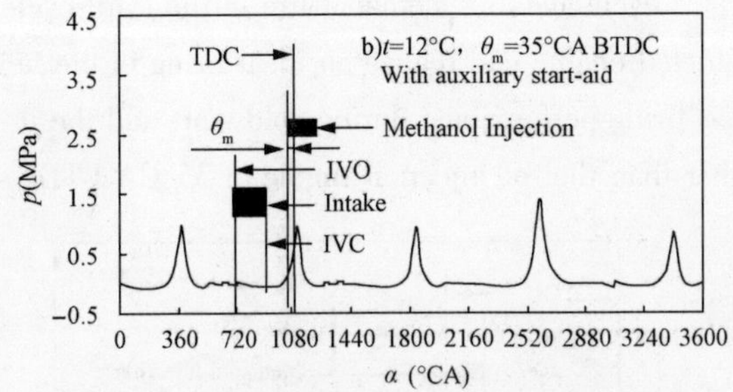


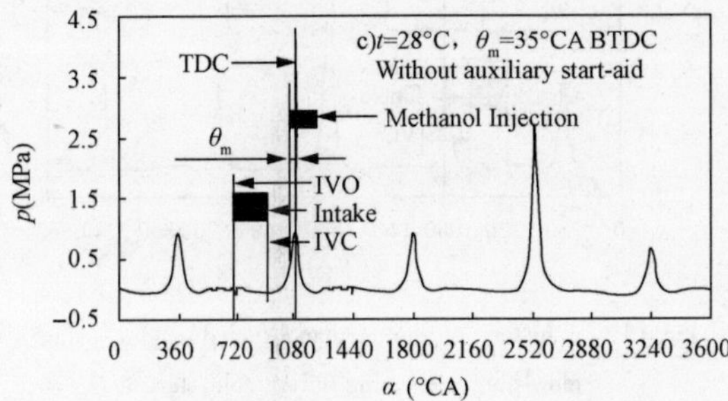


Fig. 8 $p$ histories of the methanol-fueled engine during cold start at two different ambient temperatures

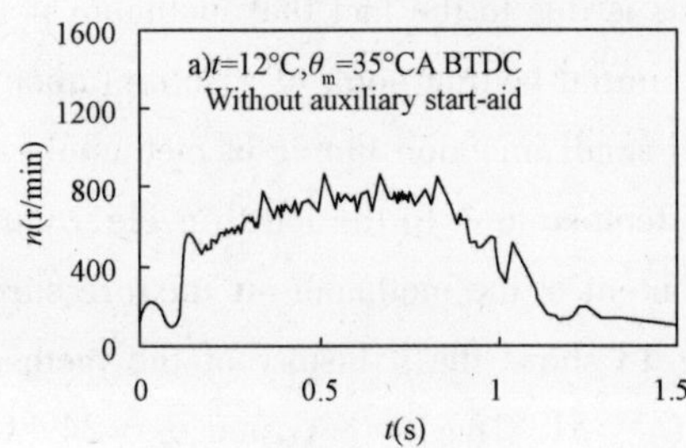


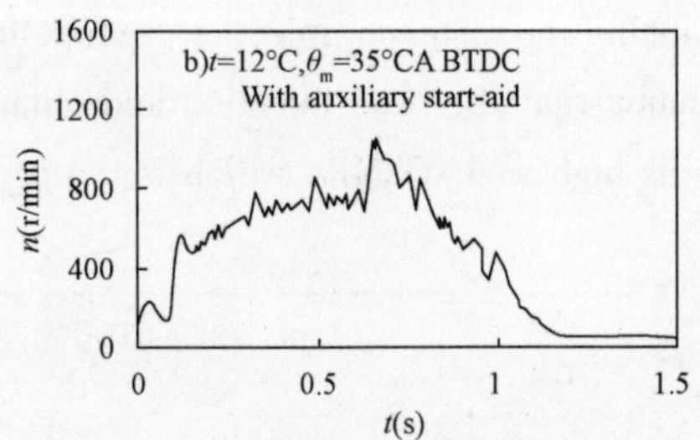


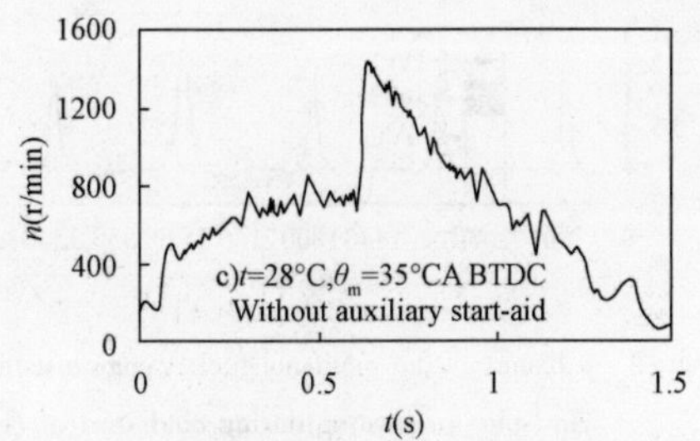


Fig. 9 $n$ histories of the methanol-fueled engine during cold start at two ambient temperatures

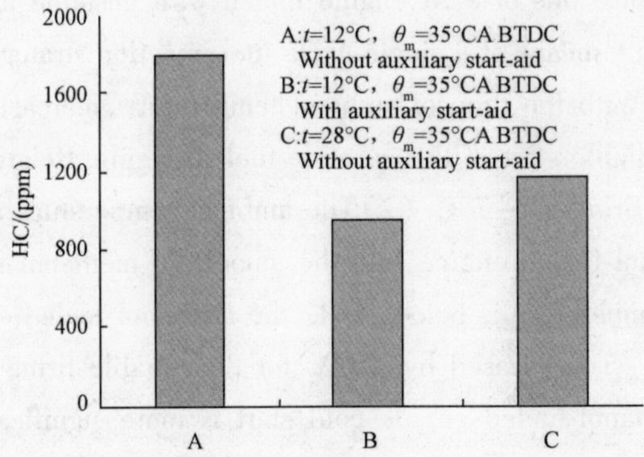


Fig. 10 HC emissions from the methanol-fueled engine during cold start at different conditions

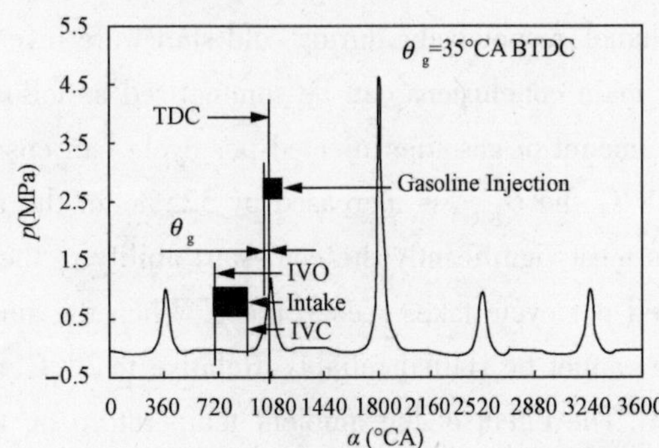


Fig. 11 $p$ history of the gasoline-fueled engine during cold start at $Q_g$ = 35. 1mg, $t$ = 8°C, and $\theta_g$ = 35°CA BTDC

the third cycle at $\theta_g$ = 35°CA BTDC of the compression stroke in the second cycle. Fig. 12 gives the $p$ history of the methanol-fueled engine using glow-plug preheating during cold start at $Q_m$ = 51. 51mg, $t$ = 8°C, and $\theta_m$ = 35°CA BTDC. The first firing cycle of the methanol-fueled engine is the fourth cycle at $\theta_m$ = 35°CA BTDC of the compression stroke in the second cycle. It is one cycle later than that of the gasoline-fueled engine. This is due to the fact that methanol is a single compound fuel and its boiling point(65°C) is higher than the initial boiling point of gasoline(about 40°C). The low vapor pressure, high latent heat of vaporization, and small injection timing of methanol cause the mixture to be too lean in the third cycle to fire at low ambient temperature. In the fourth cycle, by increasing the vaporization time available for methanol, the fuel vapor content of the methanol-air mixture surpasses the lean firing limit of methanol.

Fig. 13 shows the $p$ history of the methanol-fueled engine using glow-plug preheating during the cold start at $Q_m = 51.51\text{mg}$, $t = 8°C$, and $\theta_m = 249°CA$ BTDC of the intake stroke in the second cycle during cold start. Then, methanol fully enters into the cylinder in the third cycle, making methanol fire in the third cycle. By advancing the methanol injection timing, the methanol-fueled engine can realize an ideal firing in the next cycle combustion after fuel injection and obtain a very good firing performance during cold start and the $p_{max}$ reaches as high as 4.63 MPa, which is the $p_{max}$ 140% higher than that of injection timing at 35°CA BTDC.

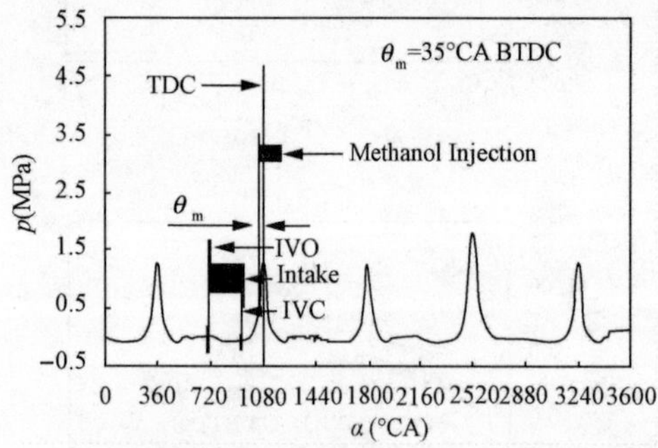


Fig. 12 $p$ history of the methanol-fueled engine using glow-plug preheating during cold start at $Q_m = 51.51\text{mg}$, $t = 8°C$, and $\theta_m = 35°CA$ BTDC

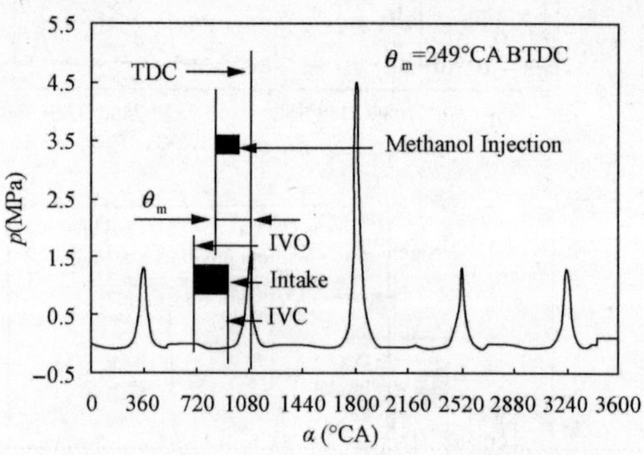


Fig. 13 $p$ history of the methanol-fueled engine using glow-plug preheating during cold start at $Q_m = 51.51\text{mg}$, $t = 8°C$, and $\theta_m = 249°CA$ BTDC

## 4 Conclusions

The transient firing behavior, combustion, and HC emissions of a SI engine fueled with gasoline and methanol, respectively, during cold start were investigated by means of a single-cycle fuel injection strategy. The main conclusions can be summarized as follows: (1) With the drop of ambient temperature, increasing the amount of gasoline injected per cycle can ensure a reliable start of the gasoline-fueled engine. Relative to 28°C, the $Q_{min,g}$ is increased by 325% for the reliable firing at −7°C. (2) The ambient temperature affects most significantly the cold-start ability of the methanol-fueled engine, and the amount of methanol injected per cycle takes second place. When the ambient temperature is below 16°C, the methanol-fueled engine cannot be started reliably. Relative to 28°C, the $Q_{min,m}$ is increased by 110% for the reliable firing at 16°C. The effect of the ambient temperature on the methanol-fueled engine cold start is more significant than that of the gasoline-fueled engine. (3) With a rise in the ambient temperature, the methanol and gasoline injection amounts per cycle sufficient for the reliable firing during the cold start of the engine reduce obviously and the HC emissions decrease significantly. (4) At the same injection timing, the gasoline-fueled engine may realize an ideal firing in the next cycle combustion after fuel injection and the firing of the methanol-fueled engine occurs one cycle later than that of the gasoline-fueled engine. By advancing the methanol injection timing, the methanol-fueled engine can realize an ideal firing in the next cycle combustion after fuel injection and obtain a very good firing performance during cold start and the $p_{max}$ reaches as high as 4.63 MPa, which is the $p_{max}$ 140% higher than that of injection timing at 35°CA BTDC.

Acknowledgment. This work was supported by the National Natural Science Foundation of China (Grant 50576031) and China First Automobile Works Corporation.

## Nomenclature

HC = hydrocarbon
SI = spark ignition
FTP = Federal Test Procedure
ULEV = ultra-low emissions vehicle
SULEV = super ultra-low emissions vehicle
CO = carbon monoxide
OVI = open valve injection
CVI = close valve injection
UBHC = unburned hydrocarbon
A/F = air/fuel
CFI = central fuel injection
PFI = port fuel injection
CA = crank angle
$\lambda$ = relative air/fuel ratio
FFID = fast-response flame ionization detector
LPG = liquefied petroleum gas
ECU = electronic control unit
BTDC = before top dead center
TDC = top dead center
$t$ = ambient temperature (°C)
$t$ = time (h)
$Q_{min}$ = minimum amount of fuel injected per cycle
$Q$ = amount of fuel injected per cycle
$p_{max}$ = maximum combustion pressure in the cylinder
$p$ = in-cylinder pressure
$n_{max}$ = maximum instantaneous cranking speed
$n$ = instantaneous cranking speed
$\alpha$ = crank angle
$\theta_g$ = gasoline injection timing
$\theta_m$ = methanol injection timing
*Subscripts*
g = gasoline
m = methanol

## References

[1] Takeda K., Yaegashi T., Tai H. SAE Tech. Pap. 950074, 1995.
[2] Gulati S. T. SAE Tech[C]. Pap. 1999-01-0269, 1999.

[3] Bielaczyc P., Merkisz J. SAE Tech[C]. Pap. 980401, 1998.
[4] Li G., Li L. G., Liu Z M., Li Z. L., Qiu D. P. *Energy Convers. Manage.* 2007, 48: 2508 – 2516.
[5] Hu T. G., Wei Y. J., Liu S. H., Zhou L. B. *Energy Fuels* 2007, 21: 171 – 175.
[6] Bielaczyc P., Merkisz J. SAE Tech[C]. Pap. 1999 – 01 – 1073, 1999.
[7] Lang K. R., Cheng W. K. SAE Tech[C]. Pap. 2006 – 01 – 3400, 2006.
[8] Jason D. H., Checkel M. D. SAE Tech[C]. Pap. 2003 – 01 – 0301, 2003.
[9] Cheng W. K., Santoso, H. SAE Tech. Pap. 2002 – 01 – 2805, 2002.
[10] Heywood J. B. Air Pollution from Internal Combustion Engines; Academic Press: New York, 1998.
[11] Zughyer J., Zhao F. Q., Lai M. C., Lee K. SAE Tech. Pap[M]. 2000 – 01 – 0242, 2000.
[12] Shin Y., Cheng W. K., Heywood J. B. SAE Tech[C]. Pap. 941872, 1994.
[13] Shayler P. J., Belton C., Scarisbrick A. SAE Tech[C]. Pap. 199901 – 0220, 1999.
[14] Kaiser E. W., Siegl W. O., Lawson G. P., Connolly F. T., Cramer C. F., Dobbins K. L., Roth P. W., Smokovitz M. SAE Tech[C]. Pap. 961957, 1996.
[15] Yang J., Kaiser E. W., Siegl W. O., Anderson R. W. SAE Tech[C]. Pap. 930711, 1993.
[16] Stache I., Alkidas A. C. SAE Tech[C]. Pap. 972981, 1997.
[17] Rottenkolber G., Dullenkopf K., Wittig S., Kolmel A., Feng B., Spicher U. SAE Tech[C]. Pap. 1999 – 01 – 3644, 1999.
[18] Castaing B. M., Cowart J. S., Cheng W. K. SAE Tech. Pap. 2000 – 01 – 2836, 2000.
[19] Hochul K., Cha L. M., Simsoo P. *Fuel* 2007, 86: 1475 – 1482.
[20] Gong C. M., Deng B. Q., Wang S., Su Y., Gao Q., Liu X. J. *Energy Fuels* 2008, 22: 2981 – 2985.
[21] Gong C. M., Deng B. Q., Wang S., Su Y., Gao Q., Liu X. J. *Energy Fuels* 2008, 22: 3779 – 3784.
[22] Frank B. SAE Tech[C]. Pap. 912413, 1991.
[23] Bassem H. R., Fakhri J. H., Charles L. G., Karl H. H., Harold J. S. SAE Tech[C]. Pap. 2002 – 01 – 2702, 2002.

# 第四部分

# 发动机供油系统

FADONGJI GONGYOU XITONG

# 应用电子调速器改善柴油机怠速质量的研究

张辑洲,张立中,李　骏,徐　波
(哈尔滨工业大学 汽车工程学院)

**摘　要**:本文在分析了影响车用柴油机怠速质量诸因素的基础上,应用自研制的数字式电子调速器,采用 PID 控制算法,设计了一个软件怠速 PID 控制器。台架试验结果表明:与机械调速器相比,电子调速器的控制质量明显改善。

**关键词**:柴油机;怠速质量;电子调速器;PID 算法

**中图分类号**:TK427

## 前言

车用柴油机的怠速质量,是衡量柴油机性能好坏的一个重要指标。怠速转速过高,会增加油耗;转速波动率过大,一方面有损于柴油机寿命,另一方面也使排放和噪声指标恶化。因此,降低怠速稳定转速,提高怠速稳定性,一直是内燃机工作者追求的目标之一。尤其是对于经常工作于怠速工况的城市公共汽车,这一工作更有突出意义[1]。但是,由于直喷式柴油机供油系统和机械调速器本身的一些特点,使这一工作难度变大。本文应用自研制的数字式电子调速器,利用其控制对策的灵活性及控制模型的随意性,设计了一个软件怠速控制器。不仅改善了怠速质量,而且增加了高怠速暖车功能。

## 1　影响柴油机怠速稳定性的因素分析

柴油机转速控制系统如图 1 所示。配有机械调速器的柴油机,当工作于低转速小负荷区域时,经常发生怠速游车等影响怠速质量的问题。究其原因,主要来自如下三个方面。

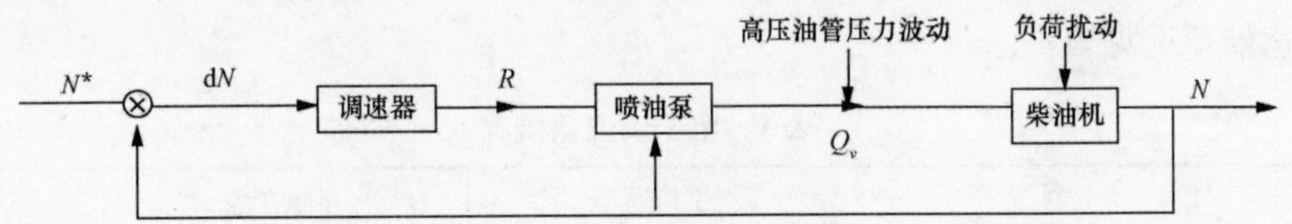


图 1　柴油机转速控制系统

### 1.1　喷油泵的 N-Q 特性

图 2 给出了齿杆位置 $R$ 固定,循环供油量 $Q$ 随喷油泵转速 $N$ 变化的特性曲线。由图看出:在低转速范围内,存在一个 $Q$ 不稳定变化区域(线条变粗部分)和一个供油量随转速急剧变化而对齿条位置变化反应迟钝的区域。前者为不规则喷射区,后者为密集区。在不规则喷射区内,高压油管内压力循环变化,导致了二次喷射和间断喷射等一系列不规则喷射现象,这是造成怠速游车的一个重要原因,而密集区的存在,则使机械调速器静特性的设计变得困难。

刊登信息:《哈尔滨工业大学学报》1993 年(第 25 卷)第 6 期

第四部分

1.2 调速器静特性的影响

为保证调速器对转速的有效控制,应满足:

$$\frac{\mathrm{d}Q}{\mathrm{d}N}<0^{[3]} \quad \text{式(1)}$$

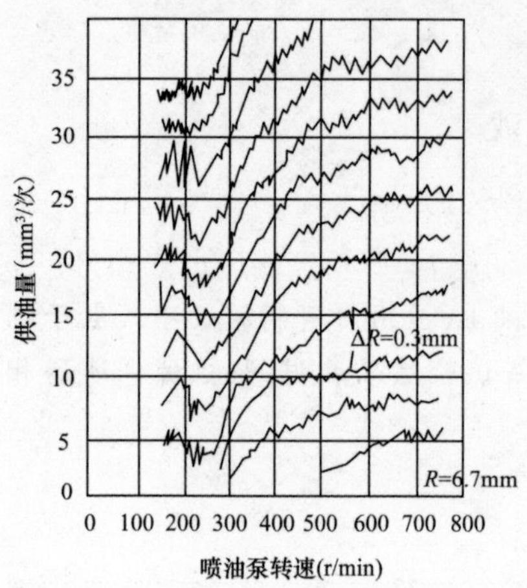


图2 齿杆位置固定时的 N-Q 特性(标准型出油阀)[2]

即循环供油量 $Q$ 随转速 $N$ 上升而下降。

由图2知,$Q$ 不仅是齿条位移 $R$ 的函数,还是喷油泵转速 $N$ 的函数,即:

$$Q=Q(R,N) \quad \text{式(2)}$$

该式对 $N$ 求导:

$$\frac{\mathrm{d}Q}{\mathrm{d}N}=\frac{\partial Q}{\partial R}\frac{\mathrm{d}R}{\mathrm{d}N}+\frac{\partial Q}{\partial N} \quad \text{式(3)}$$

为满足式(1),有:

$$\left|\frac{\mathrm{d}R}{\mathrm{d}N}\right|>\frac{\partial Q}{\partial N}\Big/\frac{\partial Q}{\partial R} \quad \text{式(4)}$$

在密集区内,$\frac{\partial Q}{\partial N}|_R$ 较大,这就要求 $\mathrm{d}R/\mathrm{d}N$ 取值大些,否则便会导致转速飞升现象。但过陡的控制斜率,使系统反馈系数过大,不仅使系统不稳定,而且动特性变坏容易发生游车现象。

1.3 调速器动特性的影响

调速器在工作时,从感知转速变化到调节齿杆位移、改变循环供油量,要产生一定的时间延迟;另外,在机械调速器系统中,因运动阻滞的存在,限制了调速器的敏感性,更加大了时间延迟。由于时间延迟的存在,不能及时对转速变化进行调整,从而影响了怠速质量。

综上所述,影响柴油机怠速质量的因素是多方面的,既有来自喷油系统本身的,也有控制系统引起的。而且,由于机械调速器本身的一些固有特性,使得配有机械调速器的柴油机无法获得更好的怠速质量。为改善柴油机怠速质量,设计了一个怠速 PID 控制器,应用自研制的电子调速器,对车用柴油机怠速工况进行了试验研究。

## 2 自研制的电子调速器

电子调速器概况见表1。

表1 电子调速器概况

| | | | | |
|---|---|---|---|---|
| 主控单元 | 主芯片 | 工作频率 | 存储容量 | A/D 采集器 |
| | 8098 | 12MHz | 16K | 10bit |
| 被测参量与传感器 | 齿条位移 | 转速 | 冷却水温 | 油门开度 |
| | 差动变压器式位移传感器 | 磁电触发器 | 温敏电阻 | 电位计 |
| 调节参数与执行器 | 齿条位移 | | | |
| | 步进电机 | | | |

## 3 PID 怠速控制器的设计

采用 PID 算法,设计了软件怠速控制器,基本表达式如下:

$$\Delta R=K!(N-N^{*})+K2\,\frac{N-N_{-1}}{T} \quad \text{式(5)}$$

式中：$\Delta R$——齿条调节量；

$N^*$——目标转速；

$N$——实际转速；

$N_{-1}$——上一转转速；

$T$——采样周期；

$K1$、$K2$——加权系数。

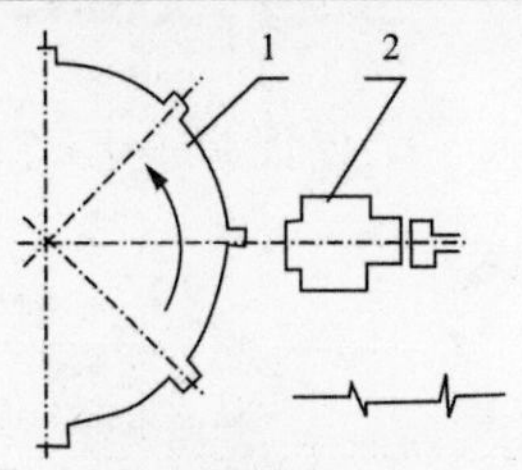


图3　转速测量原理图

1-触发器；2-传感器

3.1　转速信号的测量与滤波

本系统采用脉冲触发方式测量转速，原理如图3所示。触发盘安装在喷油泵凸轮轴上，当凸轮轴旋转时，触发销钉在传感器中便产生交变的触发信号，经输入电路整形，得到方波信号，由8098的高速输入口输入单片机。

转速的计算可由下式表示：

$$N = C\frac{\theta}{T} \qquad 式(6)$$

式中：$C$——常系数；

$\theta$——两个触发销钉间相位角；

$T$——两个触发信号间时间差。

为排除干扰，提高测量精度，对 $T$ 采取了算术滤波手段：

$$\overline{T} = \frac{1}{I-2}\left(\sum_{i=1}^{I} T_i - T_{max} - T_{min}\right) \qquad 式(7)$$

式中：$I$——采样次数；

$T_i$——第 $i$ 次测量值；

$T_{max}$——$I$ 次测量中的最大值；

$T_{min}$——$I$ 次测量中的最小值；

$\overline{T}$——处理后所得的时间差。

3.2　目标转速的确定

为加快冷起动后暖车速度，本控制器设计了高怠速暖车功能，即目标转速 $N^*$ 设计成冷却液温度 $T_W$ 的函数：

$$N^* = N^*(T_W) \qquad 式(8)$$

3.3　参数整定

3.3.1　采样周期确定

根据香农（Shannon）采样定理，采样周期 $T$ 应满足：

$$T \leqslant \frac{\pi}{\omega_{max}} \qquad 式(9)$$

式中：$\omega_{max}$——被测信号的上限角频率。

在此前提下，为选取使控制效果达到最优的采样周期，进行了试验分析。以 $Te$ 代表柴油机的工作周期。图4中分别给出了其他参数相同，采样周期分别为 $Te$ 和 $2Te$ 时的转速波动曲线。看出，采用较小的采样周期，控制效果更好。

3.3.2　$K1$ 与 $K2$ 的确定

由PID控制规律知，控制算法中各项对控制效果的影响是不同的，合理确定各项的加权系数，是取得最优控制效果的关键。为此，进行了 $K1$、$K2$ 的试验整定。如图5所示：以目标转速为470r/min为例，首先取 $K2$ 为0，通过调整 $K1$，取得最佳控制曲线，即纯比例控制的最佳控制曲线b)，图中曲线a)为日本Diesel Kiki公司AD型喷油泵总成的怠速控制曲线，从图中看出：二者控制效果相当，转速

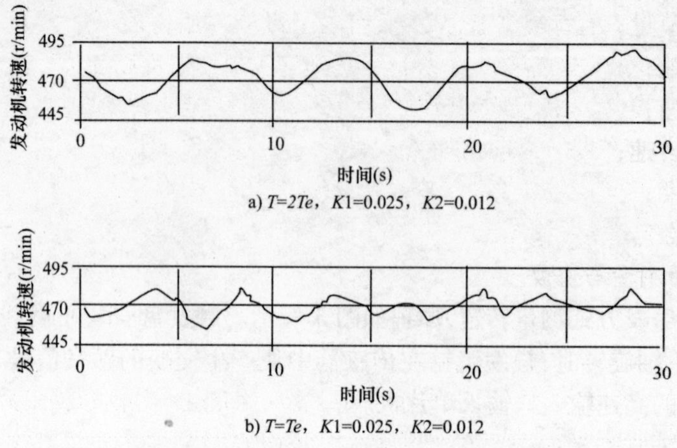


图4 采样周期对怠速控制效果的影响

波动范围都在64r/min左右，且形成有规律振荡。通过大量试验探索，认为造成转速波动的主要原因，是由于系统中纯延迟环节的存在，造成系统对油量的调整不能及时在转速上得以反应，以至油量调节过度，引起系统振荡。

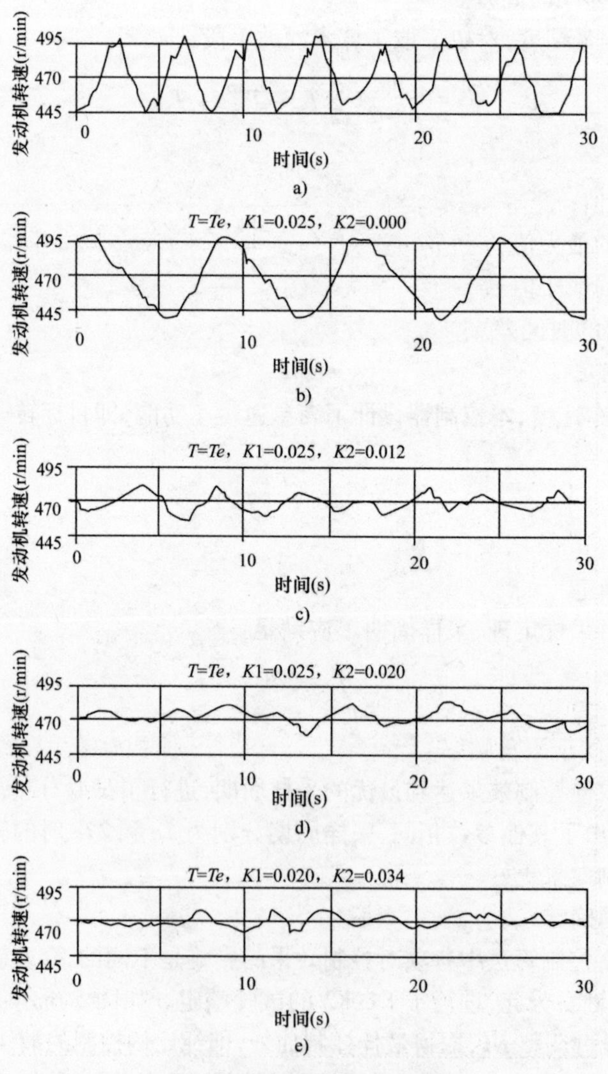


图5 怠速控制器参数整定过程

为克服这种现象，及时预测转速变化趋势，引入了微分作用。逐渐加大 $K2$ 值，发现转速波动范围逐渐变小，如图中曲线 c）、d）所示。继续加大 $K2$ 值，控制效果反而变坏。然后保持 $K2$ 不变，逐步调整 $K1$，经过这样多次反复凑试，最终得到图中曲线 e）所示转速波动曲线，即 $N^*$ 为 470r/min 时的最优控制曲线。在其他目标转速下，整定过程相同。

## 4 试验结果与结论

图 6 给出了机械调速器与电子调速器的怠速控制效果的对比。曲线 a）为机械调速器的控制效果，其转速波动达 64r/min，发动机发出刺耳的间断噪声，工作严重不稳；曲线 b）为电子调速器在 470r/min 时的怠速情况，其转速波动控制在 20r/min 以内，发动机声音平缓柔和。

为降低油耗，进行了发动机怠速稳定转速下限试验。曲线 c）为目标转速为 400r/min 时，在电子调速器控制下的怠速曲线。转速波动基本控制在 20r/min 以内，但出现了有规律的振荡现象。通过 60 秒油耗测试，a）为 5.1ml，b）为 4.0ml，c）为 3.9ml。可见，尽管在相同平均转速下，由于 b）工作平稳，油耗比 a）下降了 21.6%，而 c）与 b）相比，尽管平均转速下降了 70r/min，但由于稳定性变坏，油耗只下降了 2.5%，效果并不明显。

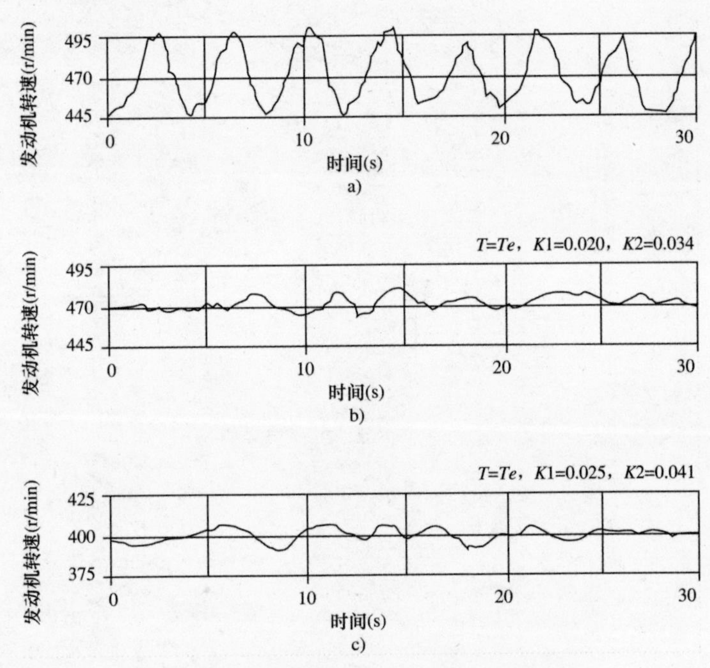


图 6 电子调速器与机械调速器控制效果的对比

最终，选择了 470r/min 作为怠速目标转速。

由以上分析和试验表明：本文研制的软件 PID 怠速控制器是成功的，它使怠速质量获得大大改善。与机械调速器相比，不仅减小了转速波功率，而且怠速油耗和噪声都得以降低，同时，实现了高怠速暖车功能。

## 参考文献

[1] 镰田石，等. 装有机械调速器柴油机的怠速游车[J]. 国外内燃机，1987(2):52－59.

[2] 杉原勉，等. 直喷式柴油机转速控制分析[J]. 国外内燃机，1988(2):43－54.

[3] 怠速攻关组. 降低怠速稳定转速的试验[J]. 内燃机，1970(17):1－29.

# Study on Improving the Quality of Idling Process for Diesel Engine by Electronic Governor

Zhang Jizhou, Zhang Lizhong, Li Jun, Xu Bo
(Harbin Institute of Technology College of Automobile Engineering)

**Abstract**: Having analysed the facts which effect the idling speed quality of automobile diesel, this paper presents the design method of a soft idling PID controller based on a digit electronic governor developed by ourself and PID control algorithm. The result of engine-base test shows: comparing with the mechanical governor, the eletronic governor can get a better quality of idling process.

**Key Words**: Diesel Engine; Idling Quality; Electronic Governor; PID Algorithm

# 柴油机喷油微机控制系统

米金泳[1],钱耀义[1],李　骏[2],戈　非[2],徐　波[2]
(1.吉林工业大学;2.长春汽车研究所)

**摘　要:**介绍一种用于动态调整柴油机喷油量和喷油正时的控制系统。该系统的喷油泵是基于可控预行程原理设计的,以步进电机为执行器,以8098单片机为控制单元的核心,对系统的采集精度及执行器的静态特性进行了试验分析。模拟两极式和全程式调整器对A型泵进行了控制试验,并获得了控制曲线。

**关键词:**柴油发动机;喷油规律;微型计算机;控制系统

我们在综合柴油机电子控制技术[1-3]的基础上,研制了一种用于动态调整柴油机喷油量和喷油提前角的控制系统。该系统中的喷油泵的柱塞副,是基于可控预行程原理设计的,其结构如图1所示。在柴油机运行过程中,可以通过拨叉的转动使滑套上下滑动。滑套上移,预行程增加,喷油迟后;滑套下移,预行程减小,喷油提前。该系统既适用于车用柴油机的变工况运行,又可用于变预行程、变喷油量的柴油机性能试验的在线控制。

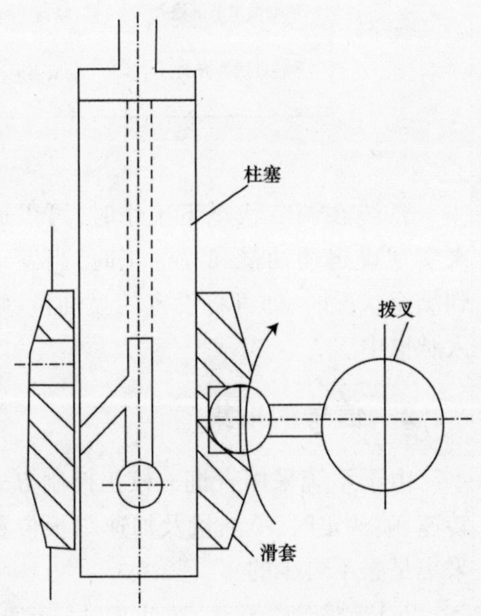


图1　可变预行程柱塞结构示意图

## 1　系统的组成和功能

该控制系统主要由传感器、控制单元和执行器三大部分组成(见图2)。

在系统中,使用转速传感器、喷油始点传感器、加速踏板位置传感器、齿条位移传感器和冷却水温度传感器检测相应的信号;控制单元由8098单片机扩展系统及传感器信号处理电路等组成;在所设计的可控预行程喷油泵中,去掉了机械调速器和离心式供油提前调节器,改用步进电机作为执行器驱动齿条和控制滑套来实现喷油量和喷油正时的控制,步进电机的前进步数和频率由8098单片机的高速输出口控制,其前进方向由$P_2$口控制。

系统的控制框图如图3所示。系统兼有控制和调节两个功能,既能实现柴油机喷油量和喷油正时的实时控制,又能在柴油机运行过程中随意对喷油量和喷油正时进行调节。控制或调节的选择可通过一个硬件开关来实现。

当系统工作在控制状态时,由传感器检测发动机的运行工况以及当时的齿条位置和喷油正时,并反馈给控制单元。控制单元按所查脉谱图中预定的量值来控制步进电机,调整喷油正时和喷油量达到目标值。

刊登信息:《汽车技术》1992年第7期

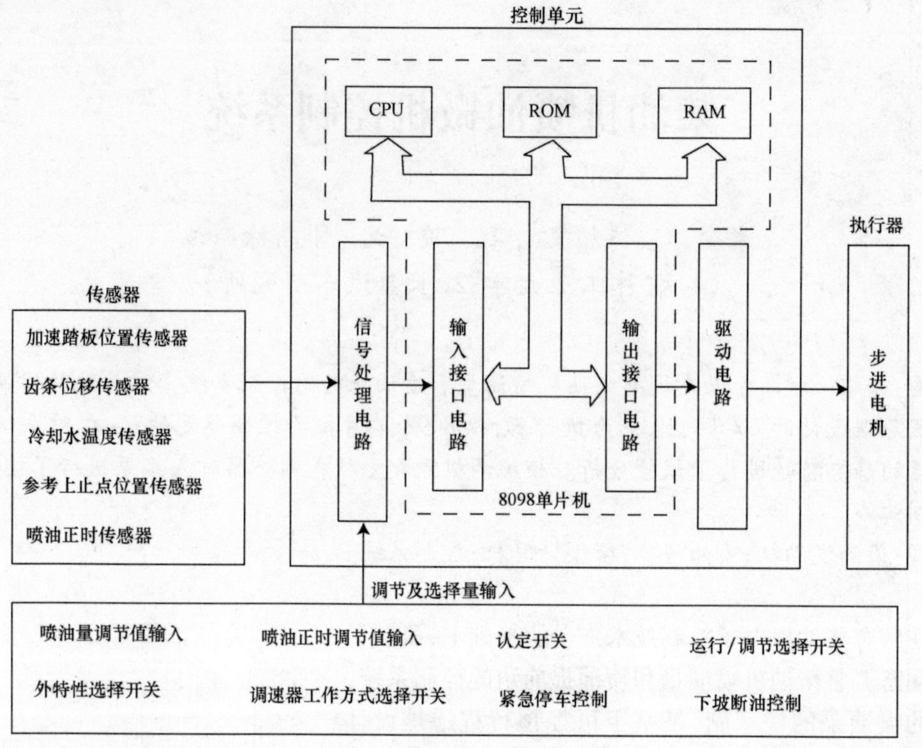


图2 控制系统的组成



系统在调节状态下工作时，可以通过精密电位器来实现设定喷油量和喷油正时，当发动机性能指标达到满意状况时，即可将设定的喷油量、喷油正时数据存入脉谱中。

## 2 信号的采集

由于系统采用查询—校正控制方式，因此，喷油泵转速、喷油正时、喷油量及加速踏板位置等信号的检测采集是必不可少的。

### 2.1 喷油泵转速、喷油正时的检测

喷油泵转速传感器是磁电式传感器。该传感器由装在喷油泵凸轮轴端圆盘上的两个销钉来触发，每经过45°凸轮转角触发一次，即输出一个交变信号。该信号经整形放大后，进入控制单元中8098单片机的高速输入接口。有信号输入时便记录一次输入时间，并以此时间计算喷油泵转速和喷油正时。

喷油始点是控制喷油正时的反馈信号。系统中使用陶瓷压电式晶体传感器检测靠近喷油嘴端的油管压力，经整形放大变成较规则的脉冲信号，该信号前沿的触发时刻，即认为是喷油始点。图4是喷油正时信号和喷油泵转速信号的时序，应用图4中的符号，可由以下两式计算出喷油泵转速和喷油正时：

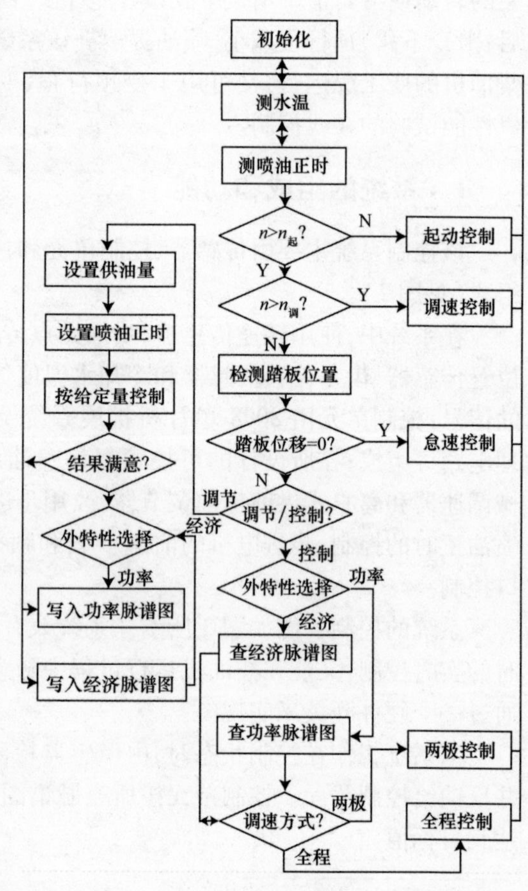


图3 系统控制框图

$$N_P = C_2/T_2 \quad 式(1)$$

$$\varphi_e = T_1C_1/T_2 \quad 式(2)$$

式中：$N_P$—— 喷油泵转速；

$C_2$—— 常数；

$\varphi_e$—— 喷油始点相对于参考上止点的相位角；

$C_1$—— 信号 $A$ 与参考上止点间的几何角度。

2.2　喷油量和加速踏板位置信号的采集

加速踏板位置传感器是一个把转角信号转换为电压信号的电位器装置，该装置把加速踏板的位移放大为0～5V的电压信号供单片机的A/D转换器采集。

喷油量传感器是一个检测齿条位置的差动变压器，它能够将直线移动的机械量变换为电压输出，经放大电路放大后，也输入到单片机的A/D转换器中。

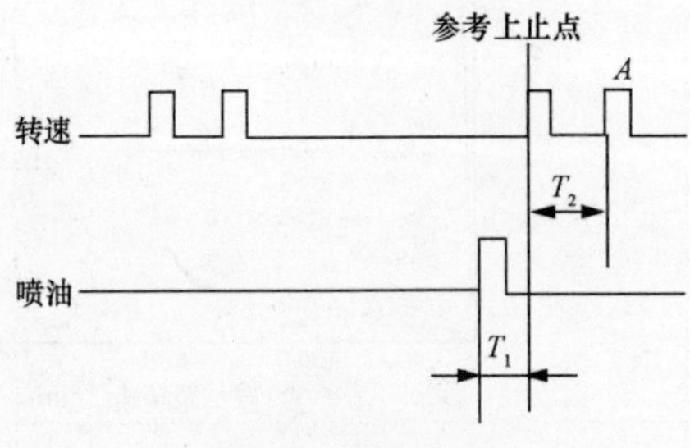


图4　信号时序示意图

## 3　系统性能的试验分析

为了对系统的性能有一个正确的评价，我们对喷油正时、转速采集系统的精确性及执行器的静态特性等进行了试验分析，并制取了以A型泵（与6110型柴油机匹配）的齿条—转速特性为脉谱图的控制特性。

3.1　喷油正时与转速采集系统的精确性

喷油正时和转速是喷油微机控制系统中重要的输入信号。为了分析喷油正时和转速采集系统的精确性，在喷油泵预行程为2.7mm和4.3mm、转速为700r/min和1 100r/min的情况下，分别对喷油正时和转速进行了采集。采样结果比较集中，在80个采样样本中，转速的最大标准均方差为1.79 r/min，喷油正时的最大标准均方差为0.37°凸轮转角。由此可知，喷油正时和转速采集系统能够满足控制系统的要求。

3.2　执行器的静态特性

图5是执行器的静态特性。从图5中可以看出，步进电机前进一步所对应的齿条位移为0.19mm，且具有很好的线性。由于回程误差很小，故图中未画出回程齿条位移与步数的关系。

图6表明了步进电机（执行器）前进步数与预行程的关系，由于试验时限于使用百分表，所以难于准确测量微小预行程的变化，故采用步进电机前进或后退5步测量一次。经分析可知，步进电机每一步对应的预行程为0.9mm左右。

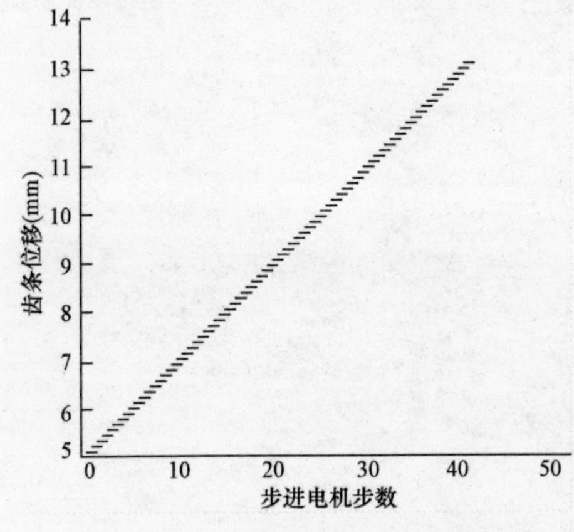


图5　执行器静态特性

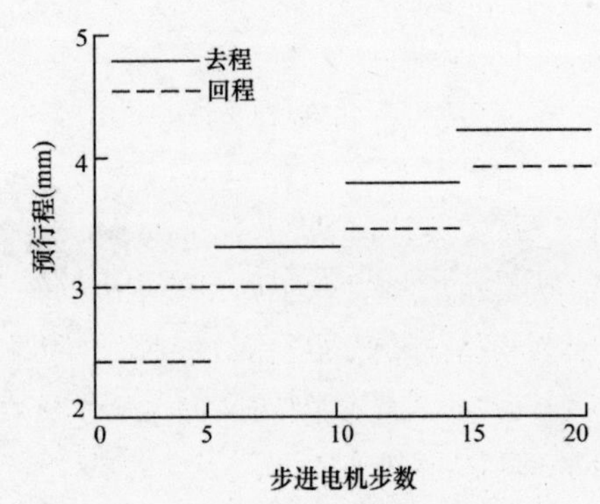


图6　步进电机前进步数与预行程的关系

3.3　A型泵的控制特性

图7、图8是以A型泵的齿条—转速特性为脉谱图，模拟两极式调速器和全程式调速器所得到的控制结果。从两图中可以看出，除在齿条位移发生突变的过渡点引起振荡外，在整个转速范围内，该控制系统均能很好地模拟原机械调速器的工作。因此，在通过柴油机试验制取最佳的脉谱图后，该控制系统能比机械调速器获取更优的控制特性。

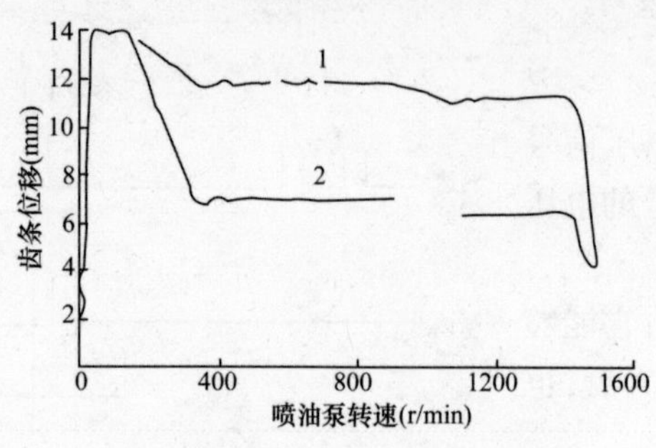


图7　模拟两极式调速器的控制结果
1-全负荷;2-部分负荷

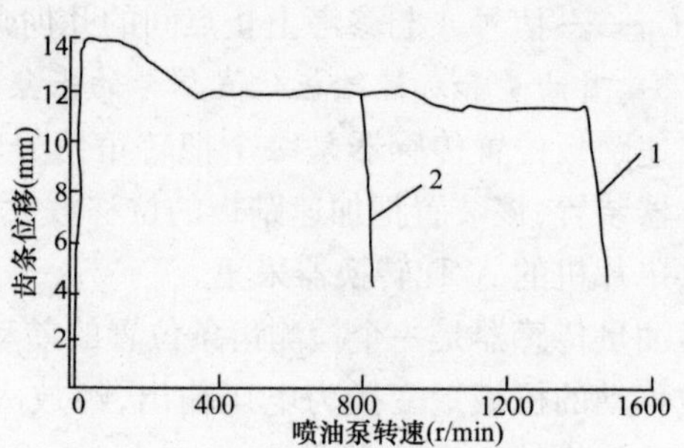


图8　模拟全程式调速器的控制结果
1-全负荷;2-部分负荷

## 4　小结

该系统既可对柴油机进行实时控制，又可对柴油机的喷油量和喷油正时进行在线调节，还可按需要使柴油机采用全程调速或两极调速的工作方式。由于系统是以步进电机为执行元件的，其工作性能不受发动机转速的影响，从而具有较高的调节质量和较好的灵活性。



## 参考文献

[1] 宓浩祥.国外电子调速器和电子控制燃油喷射的发展[J].国外油泵油嘴,1983,4.

[2] Jidoshaetc. New Injection pump and It's adjustment[S]. GB 2167814A.

[3] K. Nishizawa. A New Concept of Diesel Fuel Injection-Timing and Injection Rate Control System[C]//SAE Paper,870434.

# 高压共轨系统限压阀试验研究

宋国民[1],李 骏[2],胡林峰[1]
(1.无锡油泵油嘴研究所,江苏 无锡 214063;
2.中国第一汽车集团技术中心,吉林 长春 130011)

**摘 要**:本文在电控高压共轨系统研究的基础上,对共轨管部件限压阀进行了试验研究,并对试验结果进行了分析,最后对自主开发的限压阀特性进行试验,并提出压力控制故障模式下的程序运行流程,从而为共轨系统故障诊断奠定了基础。

**关键词**:柴油机;高压共轨;限压阀

**中图分类号**:TK423.8 **文献标识码**:A

## 引言

随着排放法规的日益苛刻,国际上各大公司相继推出新一代电控柴油机燃油喷射系统,如电控单体泵、共轨和电控泵喷油嘴系统等,其中高压共轨系统由于能实现柴油高压喷射,并具有灵活的多段喷射和无需改动发动机基本结构等优势,成为电控柴油机发展热点之一[1,2]。

限压阀作为共轨管的重要部件之一,在共轨系统压力故障状态下起到安全保护作用,本文通过对限压阀的试验研究,得出了限压阀的基本工作特性,从而为共轨系统开发奠定基础。

## 1 限压阀的作用

在共轨系统的所有部件中,共轨管将供油泵提供的高压燃油分配到各个喷油器,共轨管起蓄压器的作用,它的容积应能削减高压喷油泵供油压力波动及每个喷油器由于喷油引起的压力振荡,从而确保高压油轨中的压力波动控制在一定范围以内,但共轨管容积又不能太大,以保证共轨管有足够的压力响应速度以快速跟踪柴油机工况的变化,某型共轨管的结构外形如图1所示。

图1 共轨管总成结构

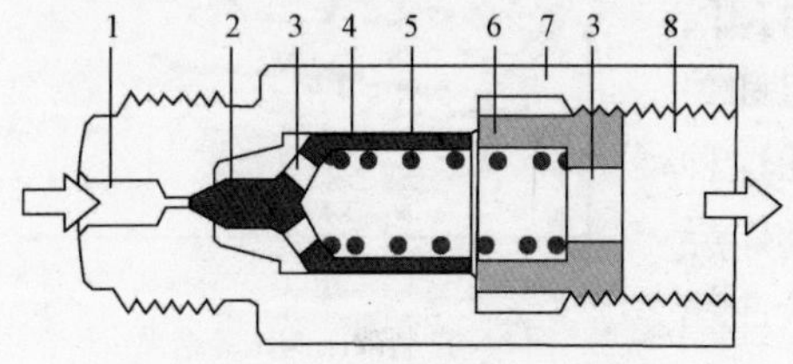


图2 共轨限压阀结构示意图

1-高压接头;2-阀;3-燃油流通口;4-柱塞;5-弹簧;6-挡块;7-阀体;8-燃油回流通道

限压阀的作用是当共轨管压力异常时,限压阀打开以释放压力,防止共轨系统出现爆裂。若共轨管内压力异常高,限压阀打开(工作),当压力低到一定的水平之后恢复(关闭),由限压阀释放的燃油返回油箱。限压阀的工作压力取决于车型,限压阀的开启压力 $P_L$ 通常在140~230MPa,关闭压力通常要低得多,共轨系统限压阀的结构如图2所示[3,4]。

## 2 限压阀试验研究

### 2.1 限压阀基本要求

限压阀作为共轨系统的安全保障部件,正常情况处于不工作状态,因此又称压力安全阀。限

刊登信息:《现代车用动力》2007年第1期

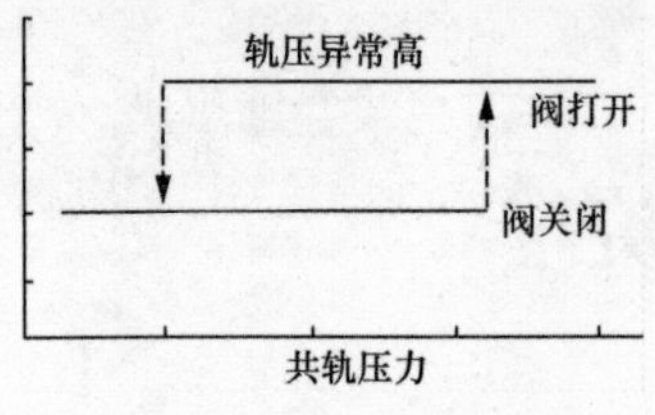


图3　限压阀工作原理示意

压阀的基本要求为：①在确定压力下可靠打开；②在确定压力下可靠关闭。其基本工作原理如图3所示。

2.2　限压阀试验

当共轨系统压力控制出现异常导致压力超高时限压阀能及时泄压，从而起到安全保护作用。由于共轨限压阀本质上是一种阻尼阀，因此，当共轨管内压力异常并高于 $P_L$ 时，限压阀打开，当共轨系统压力降低并低于 $P_L$ 时，由于限压阀存在阻尼作用，因此不会立刻关闭，而是继续保持开启状态，且共轨管内的压力维持恒定，此时，若高压供油泵继续大量供油，则通过限压阀回流到燃油箱的流量大，而高压供油泵供油量减少时，则通过限压阀回流到燃油箱的流量小。只有当共轨管压力下降到一定程度后限压阀才会关闭，图4给出了某国外样品限压阀的工作特性。

从图4可见，限压阀在 $P_L$ 左右打开，打开后共轨系统压力急剧下降，并维持在一定的压力下，记该压力为 $P_S$，在这种情况下，若轨内压力一直高于 $P_S$，则限压阀处于开启状态，当轨道压力略微低于 $P_S$ 时，则经过很长时间限压阀一直处于略微开启状态，只有当轨道压力低于 $P_S$ 约5MPa以上，限压阀才会迅速关闭，且压力越低，关闭速度越快，限压阀的这种特性主要有以下几方面的作用：

(1)限压阀打开时，共轨管内维持恒定的压力，从而确保共轨系统能正常工作；

(2)只有当压力下降到某个值(低于 $P_S$)后，限压阀才会关闭，从而确保限压阀能可靠关闭；

(3)若共轨压力低于 $P_L$ 时限压阀就关闭，则可能导致限压阀反复工作，造成系统工作不稳定。

从以上试验结果可见，虽然限压阀从原理上是一种安全溢流阀，但对共轨系统的正常运行起着非常重要的作用。若设计不合理，在高压溢流时很容易造成系统工作不稳定，从而导致限压阀反复开启和关闭，形成共轨管内压力的剧烈振荡，图5给出了某故障限压阀的工作特性。

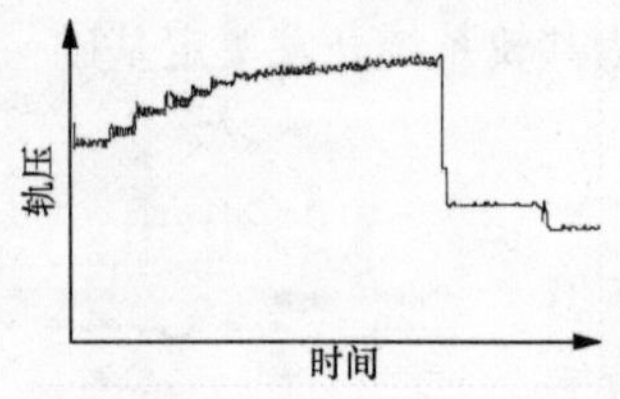


图4　国外样品限压阀试验结果

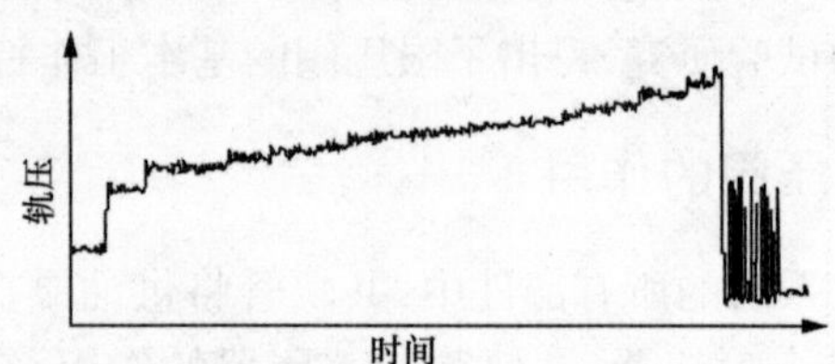


图5　限压阀工作异常波形

从以上试验数据可见，虽然该限压阀能在规定的压力下打开，但限压阀打开后出现共轨压力的剧烈波动，即限压阀反复开启和关闭，由于共轨喷油器的喷射油量直接和共轨压力相关，因此，在这种情况下直接导致喷射油量控制的不均匀性，从而共轨系统工作异常。经过设计改进，最终得到如图6所示的试验结果，从试验曲线可见，该限压阀的性能基本与国外样品接近。

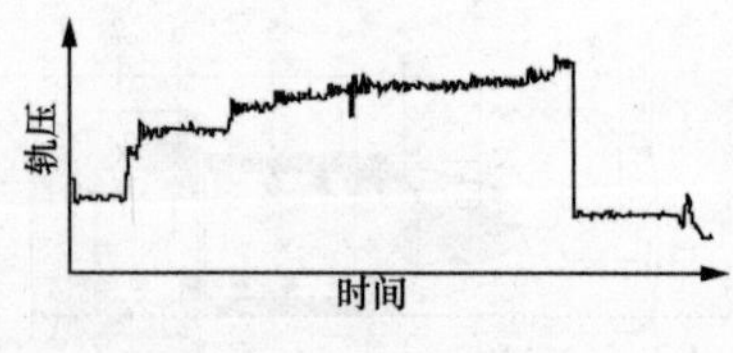


图6　自制限压阀试验结果

2.3　限压阀打开模式程序设计

在实际应用中，当压力控制出现异常，即限压阀开启时由于大量燃油经由限压阀回流到燃油箱，因此，高压供油泵需要的供油量大大增加，因而，可以根据高压供油泵供油量的大小来判断限压阀是否发生开启。而且，从以上试验结果可见，当限压阀发生动作时，若要限压阀关闭，则需把目标压力降低到低于 $P_S$，而且为提高限压阀关闭速度，通常在限压阀开启模式下可设定目标压力比 $P_S$ 低约5MPa左右，这样既保证了限压阀能可靠关闭，又保证了共轨系统正常工作，因此，限压阀开启后的稳定工作压力 $P_S$ 是限压阀设计中的一个非常重要特征参数[5]。

对于直列式高压供油泵，由于喷油泵电磁铁通电时刻决定了喷油泵供油始点，也就是决定了供油角度的大小，在正常情况下，共轨系统供油泵不会出现持续最大供油角度。当限压阀打开后，由于大量燃油通过限压阀回流到燃油箱，因此，为维持正常的共轨压力使得供油泵供油能力大大提高，并逐渐维持在最大供油能力位置，从而可从供油泵的供油角度来判断限压阀是否开启。在限压阀打开后，只要把目标压力降低到低于 $P_S$ 就能保证限压阀关闭，从而使得共轨系统重新正常工作，限压阀开启状态下的控制程序如图 7 所示。

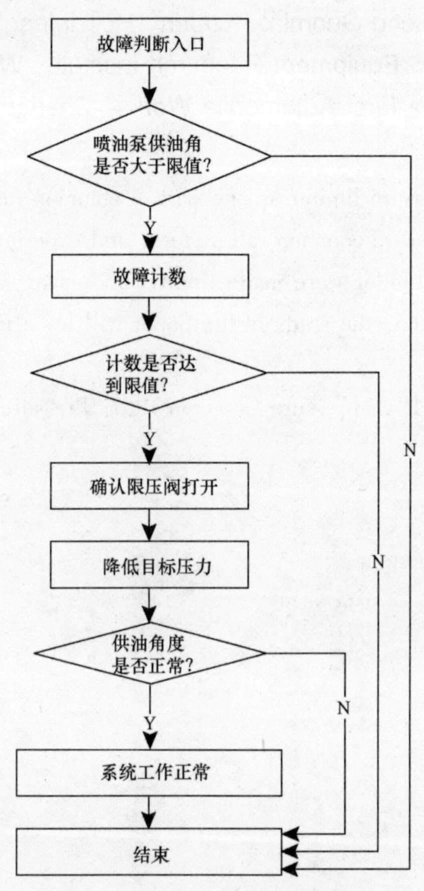


图 7　限压阀打开模式下程序控制流程

## 3　结论

本文主要针对高压共轨系统限压阀进行试验研究，分析了限压阀在共轨系统中的作用，并对限压阀的性能进行了试验研究，在此基础上对自制限压阀进行了试验分析，并对限压阀开启模式下的控制程序流程进行分析，本文的研究结果具有非常重要的工程应用价值。

## 参 考 文 献

[1] 徐家龙，藤泽英也. 日本电装的电控高压共轨喷油系统——ECU-U2[J]. 国外内燃机，2000(2)：22－27.

[2] 王钧效，房克信，陆家祥，等. 柴油机共轨式喷油系统的结构及发展动态[J]. 汽车技术，2001(9)：11－19.

[3] 钱人一. 日本电装公司的 ECD-U2 柴油机共轨喷油系统[J]. 汽车与配件，2003(21)：29－31.

[4] 钱大. 博世(BOSCH)公司的共轨燃油喷射系统(二)[J]. 汽车与配件，2003(39)：32－35.

[5] 宋国民，李骏. 高压共轨系统压力采样及其故障模式研究[J]. 现代车用动力，2005(5)：24－27.

# Experiment Study on Pressure Limiter of High-pressure Common Rail System

Song Guomin[1], Li Jun[2], Hu Linfeng[1]
(1. Wuxi Fuel Injection Equipment Research Institute, Wuxi 214063, China;
2. R&D Center of China First Automobile Works, Changchun 130011, China)

**Abstract**: Experiments of pressure limiter as one part of common rail pipe were carried out in the paper based on the study of high-pressure common rail system, and experiment results were analyzed too. Experiments of home-made pressure limiter were made finally, moreover soft ware flow during fault mode of pressure control was put forwards too, the study of the paper will lay a foundation for development of common rail system.

**Key Words**: Diesel Engine; High-pressure Common Rail; Pressure Limiter

# 基于电流型 PWM 控制的共轨喷油器高速电磁阀驱动开发

宋国民[1],李　骏[2],胡林峰[1]
(1. 无锡油泵油嘴研究所;2. 中国第一汽车集团公司技术中心)

**摘　要**:本文在电控高压共轨系统研究的基础上,针对喷油器高速电磁阀驱动研究开发了一种基于 PWM 控制芯片的升压电路,并设计了喷油器驱动模块。该升压电路具有成本低、外围电路简单等特点,并能灵活实现多次喷射,最后进行了试验验证。

**关键词**:高压共轨;喷油器;驱动;PWM

## 1　概述

电控高压共轨系统是为满足日益严格的排放法规而研制的一种新型燃油喷射系统,由于电控共轨系统能灵活控制喷油压力和喷油规律,因此受到内燃机界的普遍认同。高压共轨是一种典型的压力、时间控制系统,柴油机喷射油量由喷射压力及喷射持续时间共同决定,由于共轨系统喷油规律近似为矩形,与先缓后急的理想喷油规律差距较大。因此,为改善共轨系统喷油规律,常用的方法是进行多次喷射,从而大大改善喷油规律特性,满足越来越苛刻的排放法规要求[1,2]。

共轨系统的优势在于灵活可控的喷油规律,为实现多次喷射需提高喷油器响应速度,喷油器响应速度主要由高速电磁阀及机械结构所决定,如常规线圈电磁铁响应时间约为 400 ~ 1000μs,而压电晶体型执行器,响应时间通常低于 100μs。喷油器快速响应特性是实现多次喷射的前提,为实现喷油器快速响应,喷油器电磁阀以高压方式驱动,而驱动模块核心是升压电路,升压电路的设计质量直接影响共轨系统性能。本文在共轨系统基本控制策略研究的基础上,设计开发了电流型 PWM 控制的升压驱动模块,系统可灵活实现可变峰值电压,在高速执行器配合下实现多次(≥3)喷射[3,4]。

## 2　高压共轨喷油器高速电磁阀驱动要求

在电控高压共轨系统中,电控喷油器是共轨系统的关键部件之一,也是共轨系统开发和设计中的难点之一,直接影响共轨系统性能及可靠性。喷油量主要受喷射压力和喷油脉宽影响,电控喷油器应满足以下主要性能指标[4]:

(1)响应迅速,保证多次喷射;

(2)单个喷油器工作的稳定性;

(3)多个喷油器之间的一致性。

为达到以上这些目的,一方面需电控喷油器具有合理的设计,另一方面喷油器驱动电路的设计至关重要,图 1 给出了共轨喷油器驱动电流波形的基本要求,这里需要指出为达到较好的喷油器驱动工作效果,不同类型的喷油器驱动电流波形通常存在较大差异,实际应用中不能互换。

在图 1 中,喷油器驱动电流波形各段都具有严格的要求及限制,例如电流的幅值大小、上升、下降时间及控制精度等,图 1 中各段电流波形的含义如下:

a:驱动开始。该阶段电流上升较快,且峰值电流较大,例如 Bosch 共轨系统要求电流峰值达到

刊登信息:《汽车电子技术分会第七届年会论文集》

20A 以上,该电流通过 Boost 电压放电实现,Boost 电压在喷油器驱动前存贮在电容中,同时为提高喷油器响应速度,实现多次喷射,Boost 电压幅值通常超过 100V。

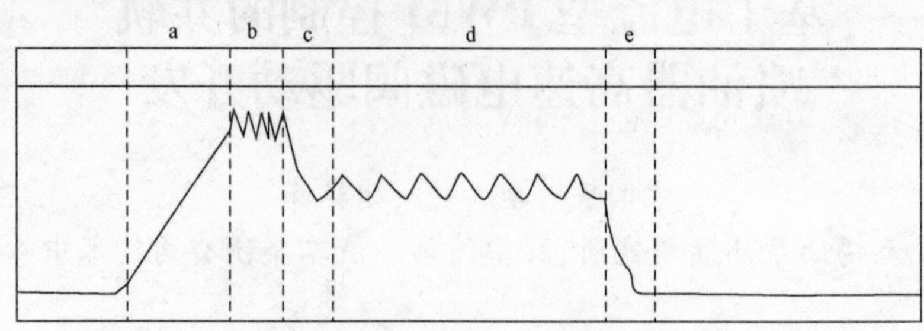


图 1　共轨喷油器驱动电流波形

b:提取。该阶段主要利用电池电压进行驱动,以协助喷油器电磁阀迅速开启,电流峰值通常控制在 20A 以下,电流提取阶段时间很短,通常只有几十微秒。

c:电流转换。该阶段主要完成从峰值驱动到保持电流的转换,以确保喷油器出于稳定开启状态,有些应用过程中为提高电流转换响应速度,在喷油器驱动时施以反向电压。

d:保持电流。该阶段的主要目的是保持喷油器处于开启状态,以维持需要的喷射脉宽,该阶段电流相对比较低,所需要能量也较小,仅需电池电压驱动即可。

e:关断。该阶段的目的是关闭电磁阀,从而停止喷油器喷射,驱动电路对关断的要求是关断迅速、可靠。喷油器关断时产生的反向电压可进行回收,从而提高系统工作效率。

对于如图 1 所示的共轨系统喷油器驱动电流波形,理想情况下参数 a ~ e 都能通过软件灵活调整,但如果这些参数都要实现调整,则电路设计非常复杂,因此,通常是电流波形 a ~ c 段可以调整,也就是说峰值电流可调,且具有多次喷射能力,而喷油器驱动电路的核心就是升压电路(Boost)设计。

## 3　升压方案设计

从先前的文献可知,对于 Boost 电路通常的方法是通过变压器实现,这种方法虽然系统工作可靠,但由于变压器存在较大质量,且工作效率受限,因此实际应用中存在一定的不足。基于以上情况,本文设计开发的升压电路利用专用 PWM 控制芯片,该类芯片专为固定频率电流模式控制器离线和直流至直流变换器应用而设计,提供只需最少的外部元件就能获得成本效益较高的解决方案。集成电路具有微调振荡器,能进行精确占空比控制、温度补偿参考、高增益误差放大等功能。电流取样比较器和大电流图腾柱式输出等功能是驱动 MOSFET 的理想器件,输出脚直接驱动 MOSFET 栅极,在 1nF 负载情况下,能提供高达 ±2.0A 的峰值驱动电流和典型值为 50ns 的上升、下降时间,还附加了一个内部电路,使得任何时候只要欠压锁定有效,输出就进入驱动有效模式,从而可提供稳定的电压,内部参考电压在 25℃时的精度通常可达到 1.0%,该比较电压的主要目的是给振荡定时电容提供充电电流,参考电压具有短路保护功能,并能向附加控制电路提供超过 20mA 的驱动能力。

Boost 电路利用 PWM 控制芯片直接驱动 MOSFET,利用 MOSFET 的开关功能实现充电,PWM 驱动频率由专用 $R_T$、$C_T$ 电路产生,电容 $C_T$ 由内部 +5.0V 参考电压通过电阻 $R_T$ 充电,该参考电压在系统正常复位后由内部电路产生,当电容 $C_T$ 充至一定电压时(2.8 V),再由一个内部电路放电(1.2V),电流控制型脉宽调制器产生频率固定而脉冲宽度可调的驱动信号,控制大功率晶体管的通断状态来调节输出电压,达到稳压目的。锯齿波发生器提供恒定的时钟频率信号,利用误差放大器和电流测定比较器形成电压闭环,利用电流测定、电流测定比较器构成电流闭环,在脉宽比较器的输入端直接用流过输出电感电流的信号与误差放大器输出信号进行比较,从而调节驱动信号占空比使输出的电感峰值电流跟随误差电压变化而变化，若某种原因使输出电压升高时，脉宽调制器就会改变驱动信号的脉冲宽度，亦即占空比，使斩波后的平均电压下降，达到稳压目的，反之亦然。

控制芯片上电后，系统内部自动产生 +5.0V 比较电压（上电复位需专门的启动电路处理），通过 MOSFET 的开关作用和感性元件进行能量转换，电容作为高压存储源，系统仅使用一只电容（试验表明可使用两只电容并联），驱动电路的基本结构如图 2 示。

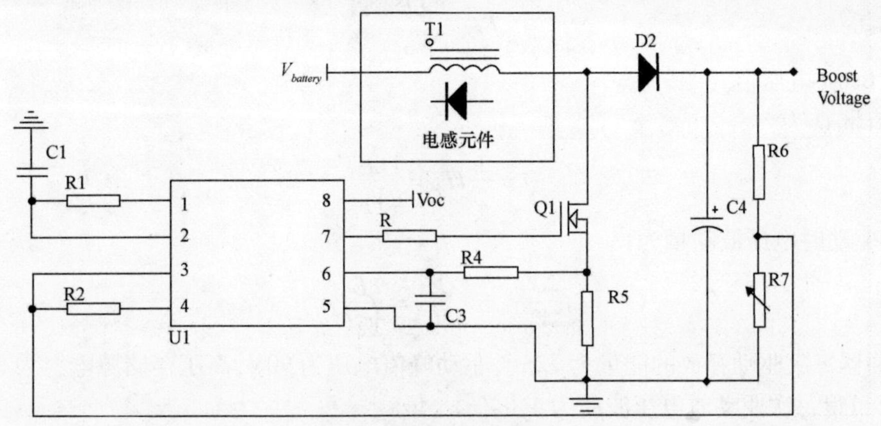


图 2　boost 电路结构原理

在图 2 中，PWM 频率通过 R1、C1 进行调整，频率在 10～1000K 之间连续调整，电容 C4 电压通过 R6、R7 分压后输入 PWM 电流控制器的反馈输入端实现电压峰值控制，电流检测用于当电流超限时产生系统保护。



系统主要的能量转换通过电感 T1 实现，电感参数的选择对高压及电路效率都有很大影响，因此必须先进行电感参数估算，由于电感以磁场的形式存储能量，理想电感器存储的能量满足以下公式：

$$W = \frac{1}{2}LI^2 \qquad \text{式(1)}$$

式中：$W$——电感存储的能量，焦耳，J；

$L$——电感量，单位亨利，H；

$I$——电流，单位安培，A。

当线圈电流变化时，线圈本身产生感应电动势，Boost 升压电路就是依据这种原理而实现，感应电动势的大小与电感、电流变化的快慢有关，即磁通的变化速率相关，感应电动势公式如下：

$$e = -N\frac{\mathrm{d}\Phi}{\mathrm{d}t} \qquad \text{式(2)}$$

由于电感 $L$ 满足以下公式，即：

$$L = \frac{N\Phi}{I} = \frac{e}{\Delta I/\Delta t} \qquad \text{式(3)}$$

式中：$N$——线圈匝数；

$\Phi$——磁通量，Wb。

因此，实际电流变化时的感应电动势为：

$$e = -L\frac{\Delta I}{\Delta t} \qquad \text{式(4)}$$

在图 3 中，主要利用 MOSFET Q1 的开关实现电流变化，由于专用芯片的典型值为 50ns 上升、下降，当 MOSFET 导通时，其导通电阻通常低于 1Ω，例如国际整流公司（International Rectifier）提供的 7 脚 IRF2907ZS－7PPbF 型 MOSFET 管其导通电阻只有 3.8m Ω ，而在关闭状态时栅—源极之间的电

阻可达 $10^7 \sim 10^{10}\ \Omega$。假设系统电源电压 $V_{battery}$ 为 +24V，$R_5$ 阻值为 10Ω，MOSFET 导通电流 $I_D$ 为 5mA，PWM 开关时间为 50ns，则若要达到 200V 的感应电动势峰值，则需要的电感量 $L$ 为：

$$L = \frac{200}{\Delta I / \Delta t} = 2000\text{uH} \qquad \text{式(5)}$$

峰值时间 $T_P$ 可以表示为[6]：

$$T_P = \frac{LI}{V_O} \qquad \text{式(6)}$$

式中：$V_O$——Boost 电压值。

电容电荷量 $Q$ 为：

$$Q = \frac{1}{2} I T_P = \frac{1}{2}\frac{LI^2}{V_O} \qquad \text{式(7)}$$

因此，喷油器驱动时电压波动量为：

$$\frac{\Delta V_O}{V_O} = \frac{Q}{V_O C} = \frac{E}{V_O^2 C} \qquad \text{式(8)}$$

假设喷油器每次驱动释放的能量为 72mJ，驱动峰值电压为 90V，高压存储源电容为 220μF，则根据式(8)计算可得每次驱动时电压波动为 4.04%。

## 4 喷油器驱动电路设计

为满足图 1 要求的喷油器驱动电流波形，喷油器驱动峰值电流通过高压开发的时间进行调整，BV 由高压开放控制信号控制，当喷油器驱动信号有效，即喷油器回路存在电流，通过回路采样电阻确定回路电流大小，该值反馈到保持电流控制电路，通过维持电流控制加载 +24V（电池电压）的 PWM 信号，从而实现要求的电流波形，喷油器驱动逻辑如图 3 所示[5]。

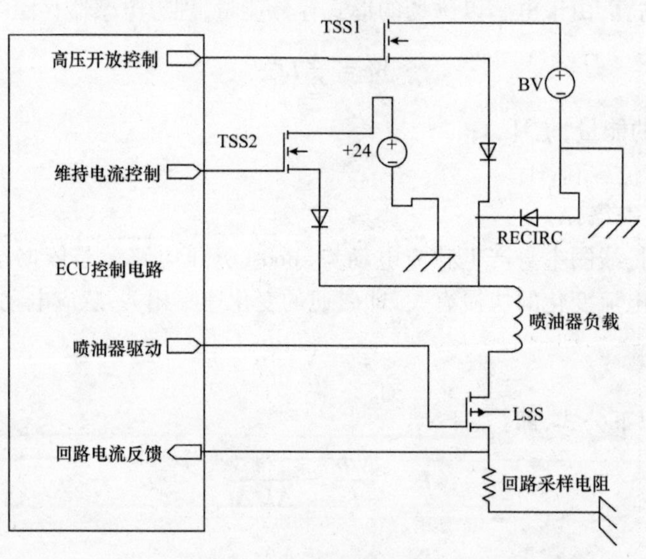


图 3 喷油器驱动电路原理

图 3 是喷油器驱动的逻辑框图，喷油器高速电磁阀驱动的主要模块由高压产生电路 BV、保持电流模块和驱动模块组成，高速电磁阀驱动模块主要功能如下。

(1) 高端开关（Top Side Switch）：高端开关主要的用途是允许电流进入喷油器回路，开关管的特性影响喷油器平均驱动电流，通常大功率开关管使用 MOSFET，具有驱动能力强、工作稳定等特点。

(2) 流通通道（Recirculation Path）：该通道的主要功能是当 TSS 关断时形成电流回路，从而吸收开关关闭时的反向电流。

(3)低端开关(Low Side Switch):该开关的主要用途是允许喷油器回路的电流流入到公共地,LSS 实际控制喷油器驱动持续时间。

## 5 试验及结论

为验证本设计系统功能,利用该电路对喷油器进行驱动,驱动时模拟的发动机转速为 1800r/min,常温下喷油器线圈执行器的参数为 0.7mH/0.55Ω,系统驱动峰值电压约为 90V,该电压可根据实际应用系统要求进行调整,提高了系统的灵活性。图 4 和图 5 分别给出了喷油器 1 次和 5 次喷射(间隔为 150μs)时的电流和电容高压波形,电容经过 2ms 后高压就重新恢复到设定的正常状态。

系统驱动电压为 85V(若需提高响应,则可通过提高 BV 来实现),喷油器电流从零到峰值的时间为 200μs,同时系统在进行多次喷射时,由于喷油器驱动过程始终充电,因此系统高压虽然有所下降(大约 10V),但仍能进行喷油器驱动。图 6 给出了 10 次喷射时的驱动电流和电压波形,图 7 给出了上电时电容高压的建立过程,从试验结果可见实际电压从最小值(电池电压 +24V)到高压充满的时间为 16ms,能满足系统应用要求。

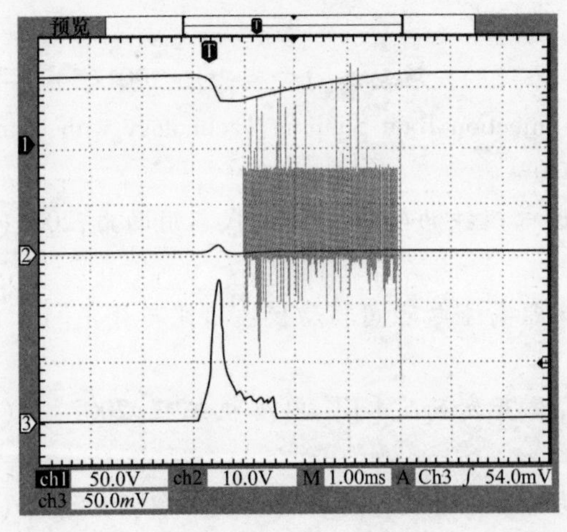


图 4 1 次喷射时的电流波形

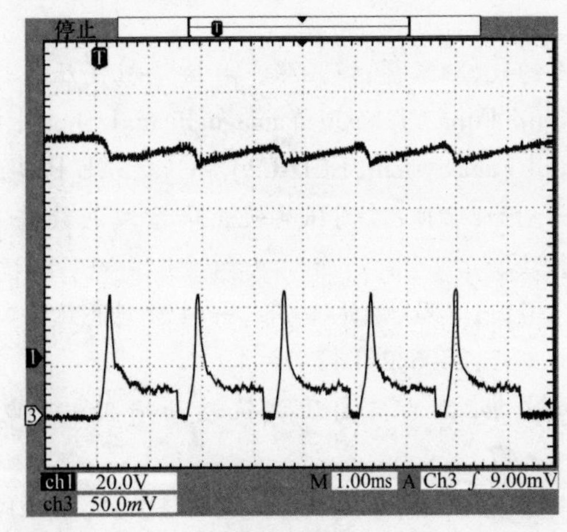


图 5 5 次喷射时的电流波形

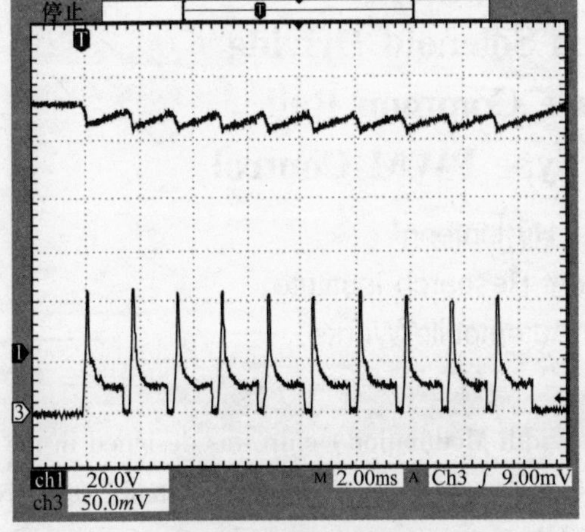


图 6 10 次喷射时的电流波形

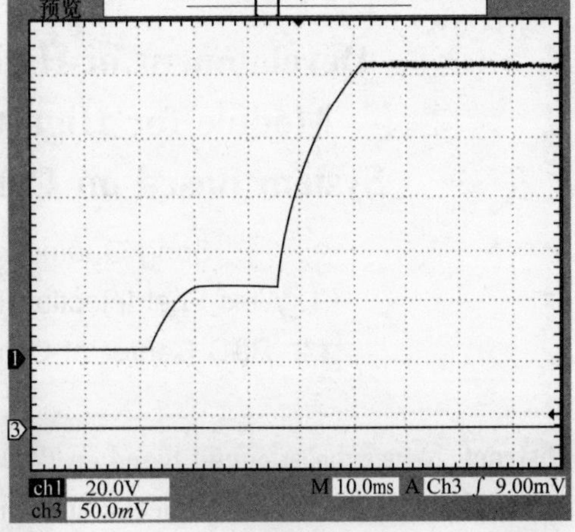


图 7 上电过程的高压建立

从以上试验结果可见,当喷油器驱动高压为 60V,喷油器驱动电流波形也能基本满足共轨系统应用要求,因此可实现低压驱动,这也是高压共轨系统 BV 电路设计的发展趋势,但前提是必须对喷油器结构和参数进行重新设计，即使用低阻执行器，表 1 给出了在不同高压时喷油器驱动的响应情况。

表 1 不同 Boost 电压情况试验

| Boost 电压(V) | 峰值电流(A) | 电流峰值上升时间(μs) | 释放能量(mJ) |
|---|---|---|---|
| 118 | 13.5 | 113.2 | 68.39 |
| 90 | 13.5 | 151.2 | 65.83 |
| 68 | 13.5 | 207.0 | 64.53 |

## 6 结论

本文所述喷油器高速电磁阀驱动模块是共轨 ECU 开发中的核心技术，本文通过研究开发了一种能实现灵活可变峰值电压的升压电路，利用 PWM 控制模式实现 Boost 电路的原理，该电路能灵活实现多次喷射，并具有较大的集成度，大大提高了系统稳定性和可靠性。

## 参考文献

[1] 王钧效，陆家祥，谭丕强，等. 柴油机高压共轨喷油系统的发展动态[J]. 柴油机，2001(5):1－11.

[2] Kenji Funai, Takashi Yamaguchi and Shohei Itoh. Injection Rate Shaping Technology with Common Rail Fuel System(ECD-U2) [C]//SAE Paper, 960107.

[3] 王九如，徐林昌. 高压共轨燃油系统涡旋叠片高速电磁铁的研制[J]. 现代车用动力，2004(8):7－12.

[4] 宋国民，李骏，胡林峰，等. 一种新型高压共轨喷油器高速电磁阀驱动模块研究与开发[J]. 内燃机工程，2006，26(6):1－4.

[5] 周文华. 柴油机高压共轨燃油喷射——电控系统开发研究[J]. 内燃机工程，2001，22(3):44－47.

[6] 张奇，张科勋，李建秋，等. 电控柴油机电磁阀驱动电路优化设计[J]. 内燃机工程，2005，26(2):1－4.

# Development of High-speed Solenoid Driving Module for High-pressure Common Rail System Based on Current Type PWM Control

Song Guomin[1], Li Jun[2], Hu Linfeng[1]
(1. Wuxi Fuel Injection Equipment Research Institute;
2. R&D Center of China First Automobile Works)

**Abstract**: A new boost circuit based on PWM(Pulse Width Modulation) chip was designed in the paper to drive high-speed solenoid of injector after the study of high-pressure common rail system, and driving module of injector was developed too. This boost circuit with less ambient chips was low-cost, and multiple injections of common rail system can be realized very conveniently, and some experiments with the new-designed driving module if injector were carried out finally.

**Key Words**: High-pressure Common Rail; Injector; Driving; PWM

# 一种新型高压共轨喷油器高速电磁阀驱动模块研究与开发*

宋国民[1,3]，李　骏[2]，胡林峰[3]，周文华[4]，欧阳明高[1]
(1. 清华大学汽车系；2. 中国一汽集团技术中心；
3. 无锡油泵油嘴研究所；4. 浙江大学)

**摘　要**：开发设计了一种新型喷油器高速电磁阀驱动模块，并给出了软件控制策略。驱动模块具有两路完全独立的高压源，且电压峰值可调，交替工作实现多次喷射，可适应不同喷油器系统要求，驱动模块具有自诊断及故障保护功能。以驱动模块为核心的电控单元通过了电磁兼容性试验，最后给出了驱动模块充电时间及油泵台架试验结果。

**关键词**：内燃机；共轨；喷油器；电磁阀；诊断；故障

**中图分类号**：TK423　**文献标识码**：A

## 1　概述

柴油机喷射油量由电控高压共轨系统的喷射压力及喷射持续时间共同决定，由于共轨系统喷油规律近似为矩形，与先缓后急的理想喷油规律差距较大。因此，为改善共轨系统喷油规律，常用方法是进行多次喷射，从而大大改善喷油规律特性，满足排放法规要求[1,2]。

共轨系统优势在于其灵活可控的喷油规律，喷油器快速响应特性是实现多次喷射的前提，喷油器响应速度主要由高速电磁阀决定，如常规线圈电磁铁响应时间约为0.5～1.0ms，压电晶体型执行器的响应时间约为0.1ms。为实现喷油器快速响应，喷油器电磁阀以高压方式驱动，驱动模块核心是升压电路。本文在共轨系统基本控制策略研究的基础上，设计开发了一种新型升压电路驱动模块，系统可实现灵活可变的峰值电压，在高速执行器配合下实现多次喷射，最后进行了系统试验验证[3,4]。

## 2　升压电路设计

喷油器驱动电路是高压共轨ECU设计的重点和难点。喷油器驱动的核心是升压电路，即通过电路产生高压源，喷油器驱动时释放高压，从而大幅提高喷油器动态响应，缩短喷油器打开延迟。驱动模块利用一定占空比及频率的控制信号加载升压电路，通过变压器高压给电容充电。当电容电压低于设定电压时，高压检测电路比较器输出信号无效，充电脉冲信号有效，升压变压器继续给电容充电；当电容电压达到设定电压时，高压检测电路比较器输出信号有效，切断充电脉冲，停止对电容充电。考虑到高压共轨系统需实现多次喷射，当喷油器执行喷射时，电容放电驱动模式使高压在驱动后很短时间内降至零，而再次建立高压需充电一段时间，难以满足多次喷射快速响应要求。故系统设计了两路独立的高压源(电容1、2)，通过两路高压交替切换工作，实现准确可靠的多次喷射，其原理如图1所示。

充电脉冲由充电控制回路控制，利用线圈产生自感电动势，经升压变压器产生高压，输出高压分别给电容1、2充电，高压检测电路1、2实时检测电容电压，当电压达到设定值时，比较器输出信号有效，通过充电控制回路切断充电脉冲，停止充电。电流检测电路控制回路最大电流，若电路异常导致回路电

刊登信息：《内燃机工程》2005年(第26卷)第6期

*　基金项目：中国一汽集团科研攻关项目(K03007)

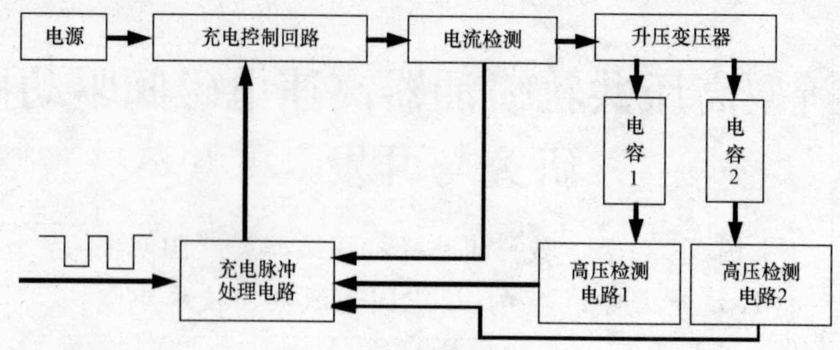


图1　喷油器驱动升压电器原理

流过大,检测回路输出电平有效,同样可切断充电脉冲,从而实现柴油机故障诊断及安全保护[5]。

高压检测电路1、2的比较器输入参考电压由D/A输出脚控制,调整比较器输入基准电压能改变充电电容设定电压,从而在软件上实现峰值电压可调,以适应不同系统要求。

## 3　驱动模块控制软件设计

升压电路是电控共轨系统的核心部分,本文设计的升压模块具有两路独立高压源,可交替工作实现多次喷射,提高控制响应速度,利用单片机高速输出端口实现喷油器驱动控制。驱动模块需3路高速输出控制高压及驱动脉宽,3路I/O实现选缸控制。喷油脉宽控制信号A和高压开放允许信号B产生的与信号控制电容1高压,喷油脉宽控制信号C和高压开放允许信号B产生的与信号控制电容2高压,D、E、F 3路I/O通过74HC138控制电路产生8路选缸信号,实现各缸喷油器驱动控制,其基本原理如图2所示。

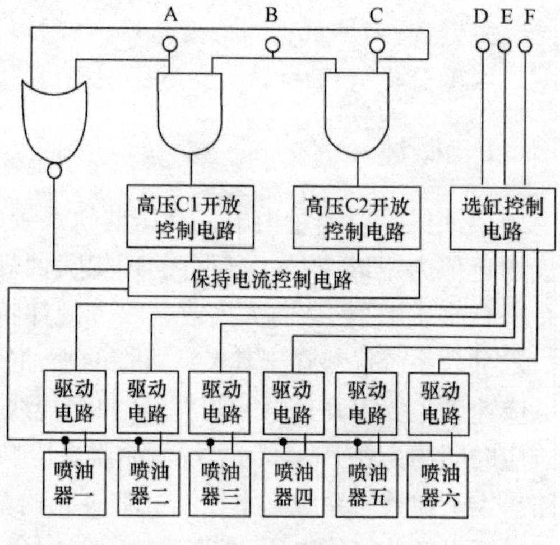

图2　高压驱动控制原理

高速电磁阀驱动模块采用电容放电形式驱动喷油器,驱动开始后高压约在0.2ms左右释放至零,驱动过程中若喷油器回路电流低于限值,则保持电路开始工作,反之则保持电路停止工作,回路维持恒定的电流保持喷油器打开状态。图3为喷油器回路保持电流反馈控制原理。

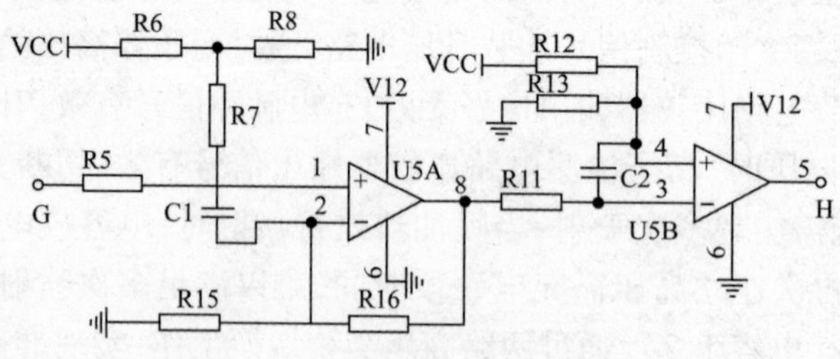


图3　保持电流反馈控制电路

喷油器回路电流通过采样电阻转换成电压输入到G处,并通过放大器、比较器后输出。由图4可见:当喷油器回路电流低于限值时,H点输出高电平,然后通过与A、C电平的组合状态控制大功率MOS管是否接通加载电源电压,保持一定的喷油器回路维持电流,保持电流控制逻辑如图4所示。

由于高压在0.2ms后已降至零,设计中高压控制信号B加载脉宽设置为0.4ms,喷油器驱动时间由A或C通过保持电路实现喷油脉宽控制。因此,若B脚高速输出信号结束后产生中断,则在正常情况中断发生时刻，电容电压应为零，在中断处理程序中判断高压检测电路输出电平，可判别系统高压回路及驱动是否正常，从而实现电路的自诊断功能，满足电控系统故障诊断要求。图5为三次喷射时各引脚控制信号的相位关系。

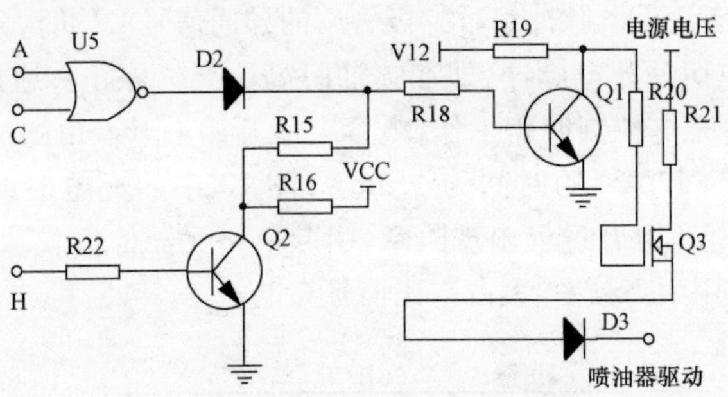


图4　维持电流控制逻辑电路

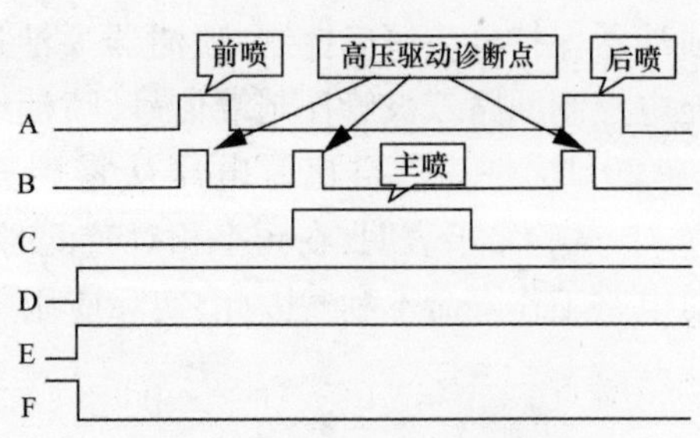


图5　三次喷射时驱动控制相位

图5中，选缸控制信号D、E、F在喷油器驱动前首先输出，然后根据喷油提前角计算各喷油脉冲对应输出的延迟角度。延迟角度处理通常有两种方法：(1)直接根据瞬时转速把延迟角度换算成时间，然后利用单片机高速输出功能实现；(2)把延迟角度转换成飞轮齿间隔角度的整数部分及小数部分，整数部分通过数齿处理，不满一个齿部分根据瞬时转速转换为时间，利用高速输出模块执行。本文按第二种方式处理，实际应用中大幅提高了正时精度。以前喷为例，若延迟按照飞轮齿间隔角度转换后，其整数部分为$N$，小数部分转换后的时间为$T$，则前喷控制脉冲输出流程如图6所示。

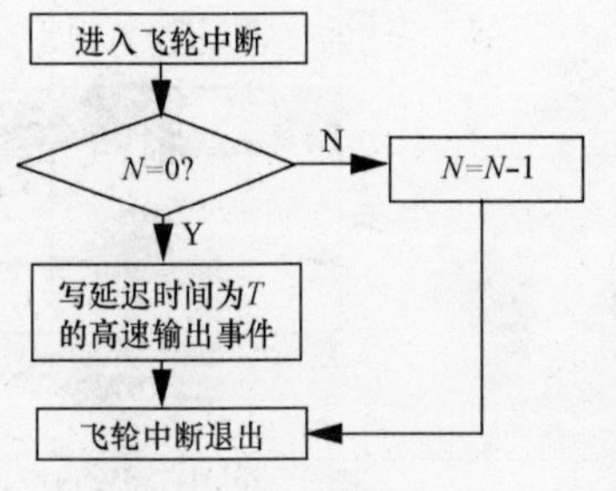


图6　喷射脉冲输出控制

实际系统为满足故障模式时的“跛足回家”功能，在只有上止点(油泵)信号时，把喷射延迟角度直接换算成相对应的延迟时间，然后通过高速输出模块处理，由于油泵信号相对于飞轮信号脉冲精度较低，因此正时精度也相对较差。

## 4　试验

### 4.1　高压充电时间分析

为实现多次喷射，一方面需要有执行器具有较快的响应速度，另一方面驱动模块应有较快的充电速度。充电速度除受电路参数影响外，充电脉冲参数对充电速度有明显影响。因此，为匹配最合适的充电脉冲参数，对不同充电脉冲时的充电时间进行了试验。图7为20kHz(周期为50μs)频率时占空比与充电时间的关系。图8为50%占空比情况下频率与充电时间的关系。

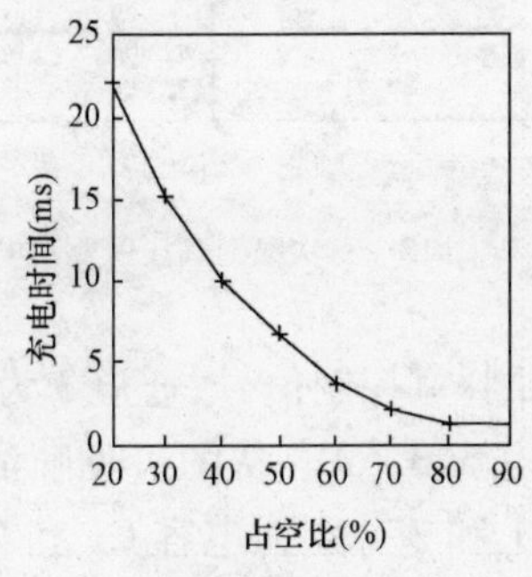


图7　20kHz时占空比与充电时间的关系

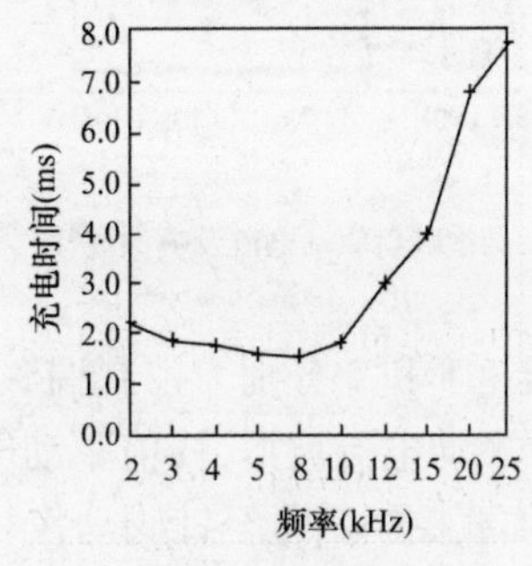


图8　50%占空比时频率与充电时间的关系

第四部分

从试验结果可得：在相同频率下随着占空比提高，充电时间越来越短，但其变化趋势是随着占空比的提高而减缓；而在相同占空比情况下，随着频率提高充电时间逐渐缩短，达到充电时间最低点后，随着频率提高充电时间开始增长。图 9、图 10 分别给出了两典型参数时的充、放电过程波形。

在图 9 和图 10 中，通道 1 为电容高压，通道 2 为充电脉冲经过三极管后的导通信号。同时，为确保喷油器保持电流精确控制，喷油器喷油过程中切断充电脉冲，即在喷油时高压充电停止。通道 4 为充电控制回路三极管控制端信号，喷油结束后充电控制回路工作，电容电压开始上升。由图 9 可知：在 20kHz、80% 占空比时电压从零到充满（约 120V）的时间为 1.3ms。图 10 中的充电时间为 1.8ms。试验结果表明：在频率相对较低时电容电压上升过程出现阶跃，引起电路元器件负载脉冲，这对电路工作寿命不利。因此，实际应用中宜选用中高频率、大占空比信号充电。

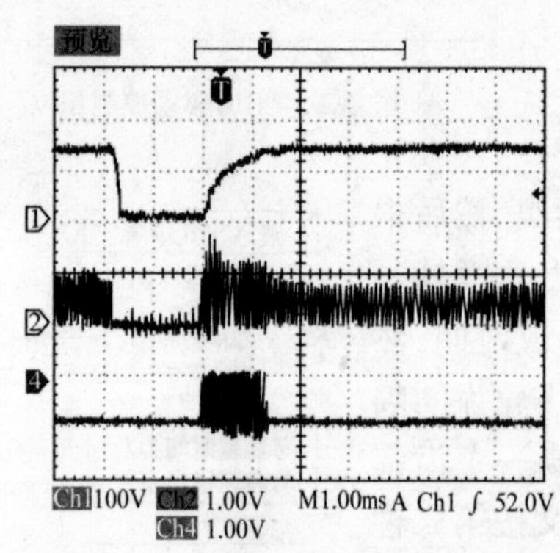


图 9　20kHz、80% 占空比时电容充放电

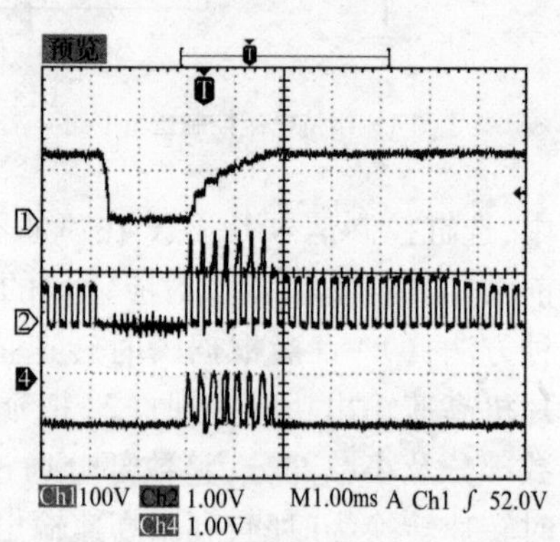


图 10　4kHz、50% 占空比时电容充放电

## 4.2　喷油器驱动试验

为验证本设计模块的喷油器驱动效果，本文进行了油泵台架试验，喷油规律利用法国 EFS 单次喷射仪测量，同时为模拟发动机实际工作环境，喷油器喷嘴端加载有背压。图 11 和图 12 分别给出了某工况下两次喷射和三次喷射时的喷油器驱动波形。

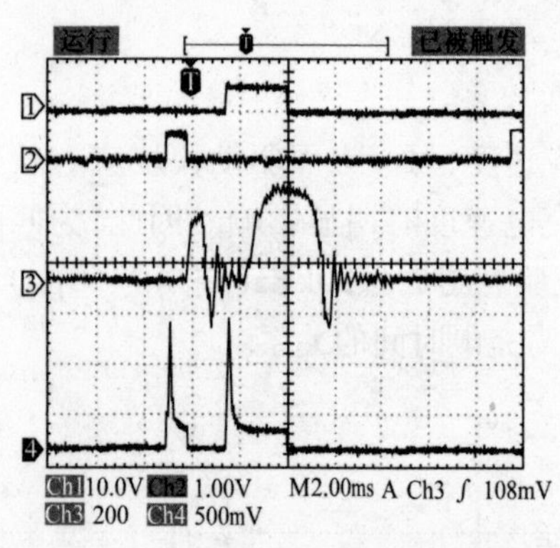


图 11　两次喷射驱动电流及喷油规律

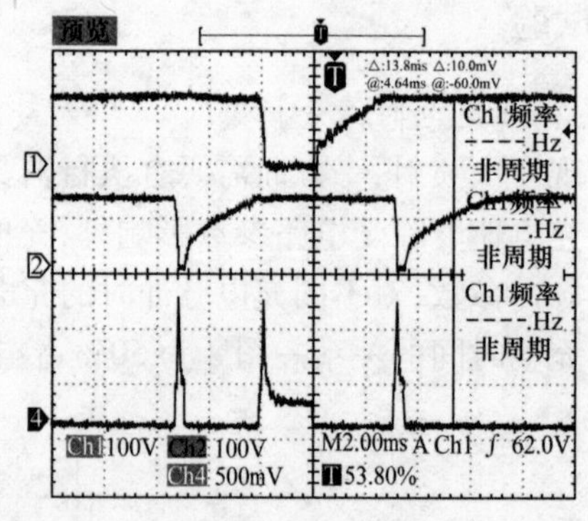


图 12　三次喷射高压及驱动电流

图 11 中，通道 1 和 2 分别为控制端 A 和 C 信号，即喷油脉宽控制信号；通道 3 为喷油规律曲线；通道 4 为喷油器驱动电流波形，峰值驱动电流为 14A，保持电流 3.5A。从图可见喷油器驱动延迟时间约为 0.8ms（加载控制信号至针阀动作）。图 12 中，通道 1 和 2 分别为电容 C1 和 C2 充放电过程；通道 4 为喷油器驱动电流波形。试验结果表明：本设计驱动模块的一致性及可靠性良好，能满足共轨系统使用要求。

## 5 结论

(1)喷油器高速电磁阀驱动模块是共轨 ECU 开发的核心技术,研究开发了一种能实现灵活可变峰值电压的升压电路,两路完全独立的高压源交替工作实现了多次喷射,系统同时具有故障自诊断功能,能满足产品实际使用要求,油泵台试验结果表明系统运行可靠。

(2)以喷油器高速电磁阀驱动模块为核心设计的共轨 ECU 系统,在国内某电子研究所进行 EMC 测试,通过了电压骚扰(Ⅱ级)、辐射骚扰(Ⅱ级)、传导瞬变抗扰度等试验。

## 参考文献

[1] 王钧效,陆家祥,谭丕强,等.柴油机高压共轨喷油系统的发展动态[J].柴油机,2001(5):1-11.

[2] Funai K, Yamaguchi T and Itoh S. Injection rate shaping technology with common rail fuel system (ECD-U2) [C]//SAE Paper,960107.

[3] 周文华.柴油机高压共轨燃油喷射——电控系统开发研究[J].内燃机工程,2001,22 (3):44-47.

[4] 王九如,徐林昌.高压共轨燃油系统涡旋叠片高速电磁铁的研制[J].现代车用动力,2004(8):7-12.

[5] 刘润华,蒋新华.柴油机综合智能故障诊断系统[J].柴油机,2002(1):9-11.

第四部分

# Research and Development on a Novel Driving Module for Injector High-Speed Solenoid Valve of High-Pressure Common Rail System

Song Guomin[1,3], Li Jun[2], Hu Linfeng[3], Zhou Wenhua[4], Ouyang Minggao[1]

(1. Department of Automobile Engineering, Tsinghua University;
2. R&D Center, China First Automobile Works;
3. Wuxi Fuel Injection Equipment Research Institute;4. Zhejiang University)

**Abstract**: A novel driving module for injector high-speed solenoid valve was developed and control strategy was presented in the paper. The driving module has two independent voltage sources, and peak voltage can be adjusted. Capability of multiple injections can be realized through alternate action of two independent voltage sources, so the module can satisfy system with different injector's parameters. The system has functions of self-diagnosis and fault protection. Electromagnetic compatibility (EMC) experiments had passed for electronic control unit (ECU) with this module. Finally experiments for fuel bench and charging time were made and the results were presented.

**Key Words**: I. C. Engine; Common Rail; Injector; Solenoid Valve; Diagnosis; Fault

# 高压共轨系统压力采样及其故障模式研究

宋国民[1,3],李　骏[2],胡林峰[3],欧阳明高[1]
(1.清华大学 汽车安全与节能国家重点实验室,北京　100084;
2.中国一汽集团技术中心,吉林 长春　130011;
3.第一汽车集团　无锡油泵油嘴研究所,江苏 无锡　214063)

**摘　要**:对高压共轨系统压力调节原理进行了阐述,在此基础上对轨压采样技术进行研究,分析了定时及定相位采样技术的优缺点,并研究定时及定相位采样对压力控制的影响。研究压力控制的各种故障模式,分析故障源及判断方法,并从工程应用角度出发提出各种故障模式应急处理技术,从而为高压共轨系统的市场化奠定基础,最后进行了试验。

**关键词**:共轨;压力控制;传感器;故障
**中图分类号**:TK423.8　**文献标识码**:A

## 引言



高压共轨系统中,共轨压力不仅决定了喷油压力的高低,而且是喷油计量的重要参数,其稳定性和过渡响应直接影响发动机的起动、怠速、加速等动力性能,因此压力控制算法是共轨系统最核心的算法之一[1]。

国内在高压共轨压力控制方面研究较多[2-4],但大部分研究针对控制算法展开,即如何提高控制效果,但对其中的一些关键技术,如轨压采样时刻、轨压滤波、轨压传感器故障模式及处理等研究不多,这些技术对共轨系统应用至关重要。基于以上情况,本文作者在高压共轨系统研究的基础上,对轨压采样、滤波技术、故障模式判断及"跛足回家"等关键问题进行了研究,并从工程应用角度出发提出具体解决方案。

## 1　共轨压力调节原理

共轨压力由油泵压力控制阀(PCV)调节,PCV为外开型结构,提高了控制安全性。PCV由ECU控制信号驱动,在油泵柱塞吸油行程中,低压燃油经过PCV进入压油腔,在柱塞压油行程中,若PCV没有驱动,则燃油重新经过PCV流出压油腔;若在柱塞压油行程中PCV被驱动,则低压回路关闭,压油腔内燃油因压缩而增压,并经出油阀进入共轨腔,其原理如图1所示。

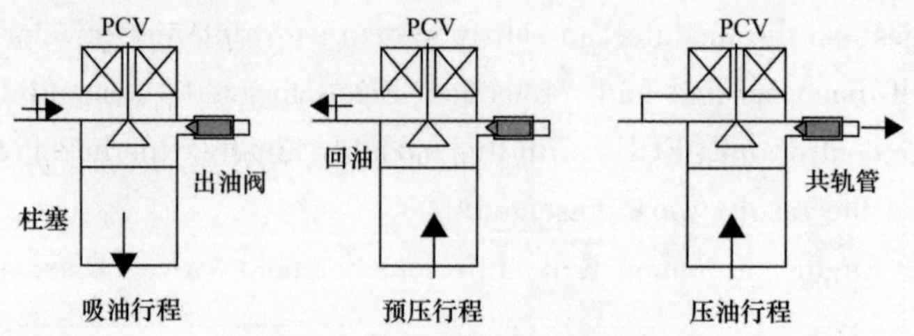


图1　高压油泵PCV调压原理

刊登信息:《现代车用动力》2005年第2期

由于 PCV 为外开型结构，因此在压油行程中若 PCV 被驱动，则在高压燃油作用下一直保持关闭，PCV 关闭后的有效行程决定了供油量，即 PCV 供油持续时间 $T_{on}$，$T_{on}$ 直接控制了高压油泵输出到共轨腔的供油量，因此，控制 $T_{on}$（实际为控制供油始点）就能控制共轨压力，其原理如图 2 所示。

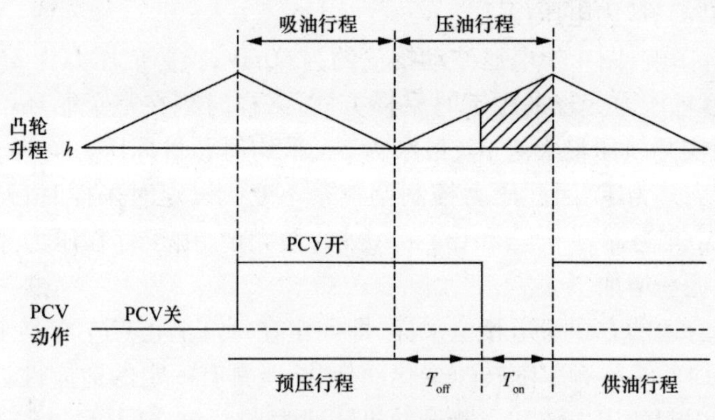


图 2　PCV 压力控制原理

## 2　压力控制关键问题分析

### 2.1　轨压采样技术

高压压力传感器输出为电压信号，为确保输入信号准确，同时消除电压波动，压力传感器输出经接口处理电路输入到单片机 A/D 采样，接口处理电路如图 3 所示。

实际共轨系统，由于需要采样的环境变量较多，例如水温、油温、大气温度、增压压力、轨压等，程序实现时为减少 CPU 资源占用，通常按定时采样处理，即利用 CPU 定时器定时启动 A/D 采样，并按照不同的时间段对各通道轮巡采样，程序判断 CPU 的 A/D 转换标志，A/D 转换完毕进行采样值处理，否则程序等待。CPU 定时采样简单易行，且可针对不同输入量性质确定不同的采样周期，如温度信号由于变化缓慢，其采样频率可远低于压力采样。因此，在系统功能不降低的情况下可减少运算，定时采样在实际中应用广泛。

从以上分析可见，轨压定时采样由于实现简单，因此在一定范围内使用广泛，但发动机工作时转速变化较大，如转速在 800 ~ 3 000 r/min 之间变化的 6 缸机，汽缸工作间隔（120°曲轴角度）在 25.00 ~ 6.67ms 之间变化，而在起动过程中由于转速更低，汽缸间隔时间将更长，因此，定时轨压采样显然有以下不足：

（1）轨压采样定时间隔难确定，为保证每缸之间压力至少采样 1 次，低速时两缸之间间隔较长，轨压将多次采样，影响程序执行效率。

（2）共轨系统由于喷油计量和压力建立实现了分离，因此，在喷油器喷油及油泵供油时微观压力有波动，且这种波动在大油量、高轨压时尤其明显，图 4 给出了某工况下喷油时的压力波动情况。

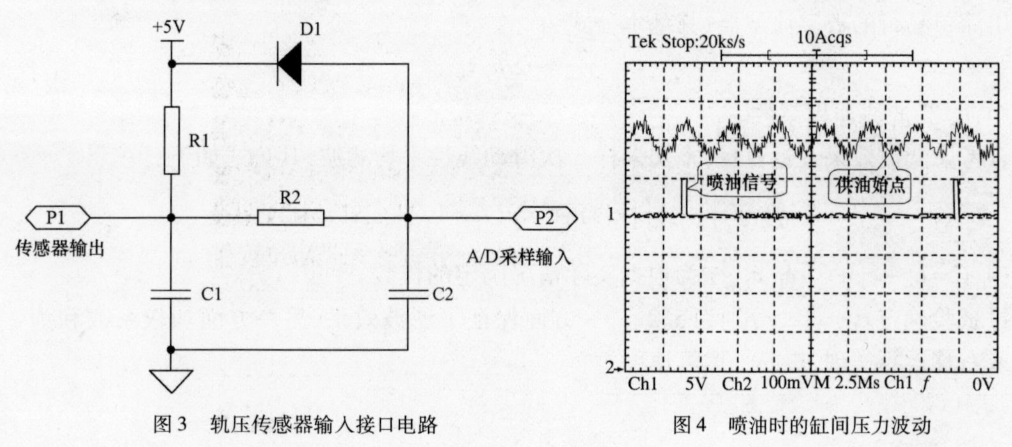


图 3　轨压传感器输入接口电路　　　　图 4　喷油时的缸间压力波动

第四部分

图4中,通道1为某缸喷油控制信号,喷油后轨压出现下降,油泵供油后压力开始上升,对于电控 ECD-U2 系统,共轨压力传感器标定方程为:

$$p = 50 \times (U - 1.0)$$

式中,$p$ 为轨压(MPa);$U$ 为电压(V)。

若忽略传感器电源影响,图4中电压波动幅值约为60mV,换算成压力为3MPa,整个循环压力平均值即为需要控制的目标压力。若采用定时采样方式,采样时刻在整个循环不固定,可能为最大或最小中的任何值,假设实际轨压最大为 $p_T$,最小为 $p_B$,平均值和目标压力均为 $p_{Ave}$,若采样时每次能采样得到平均值,则压力差为零,因此压力控制调整量不变。设定时采样时目标压力和实际压力差最大值为 $\Delta p_{max}$,显然 $\Delta p_{max}$ 为 $|p_T - p_{Ave}|$ 和 $|p_B - p_{Ave}|$ 的最大值,由于存在压力差,压力控制调整量不等于零,从而引起压力振荡增加。

因此,对于压力更合适的方式为定相位采样,即固定在每缸上止点左右某个位置采样,这种处理技术要明显优于定时采样,采样频率随转速变化而变化,既具有一定的适应性,又能保证每次采样值相对平稳,消除因采样引起的压力波动。若发动机转速为 $n$,每缸之间仅采样一次的频率为 $f$,则两者满足下式:

$$f = n/20$$

式中,$n$ 为转速(r/min);$f$ 为频率(Hz)。

若飞轮采用48缺3齿结构,对应缸压缩上止点在油泵信号后约飞轮11齿位置(据初使安装相位而变化),本文确定在飞轮13齿位置进行轨压采样,此时喷油已经结束,从而可消除由于采样时刻不同而引起的压力波动,相位关系如图5所示。

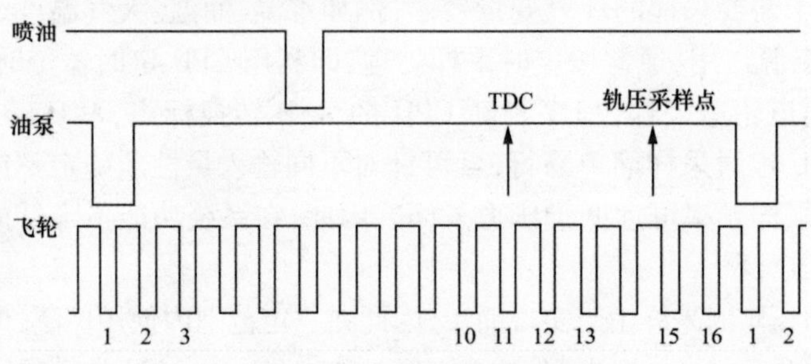


图5 喷油及轨压采样相位关系

2.2 轨压处理

传感器输出通常满足线性关系,为提高 A/D 采样处理精度,采样值需进行滤波处理,滤波方式的选择直接影响处理效果,由于发动机电控系统利用资源有限的单片机实现控制功能,因此,非常复杂的滤波方式显然难以实现,例如 Kalman 滤波、随机 ARMA 模型及格网滤波器等,为此本文从应用角度提出简单易行的数字滤波器,其基本公式为[5]:

$$y_k = \sum_n h_n x_{k-n}$$

式中,$h_n$ 为滤波加权系数。

综合考虑滤波效果及运算量,本文采样3次滑动线性平均滤波,其公式如下:

$$y(t) = \frac{1}{C}[c_1 y(t) + c_2 y(t-1) + c_3 y(t-2)]$$

式中,$C = c_1 + c_2 + c_3$;$c_1$、$c_2$、$c_3$ 为根据实际情况确定的权数。

通过试验确定 $c_1$、$c_2$、$c_3$ 分别为5、2、1,一方面保证了滤波效果,另一方面加权系数和为 $2^3$,可通过左移或右移运算实现,提高了运算速度。

第四部分

## 3 压力控制故障模式

共轨压力传感器对共轨系统正常工作至关重要,因此,本文在共轨系统研究的同时,对共轨压力控制中可能出现的故障进行研究,并总结出了故障模式及相应处理,从而保证了系统在故障情况下实现"跛足回家",因此实际意义重大。

### 3.1 压力传感器故障

压力传感器正常工作时输出电压应在限定范围内,因此,若传感器输出持续一段时间超出正常范围,则可判断压力传感器故障,压力传感器故障判断过程如图6所示。

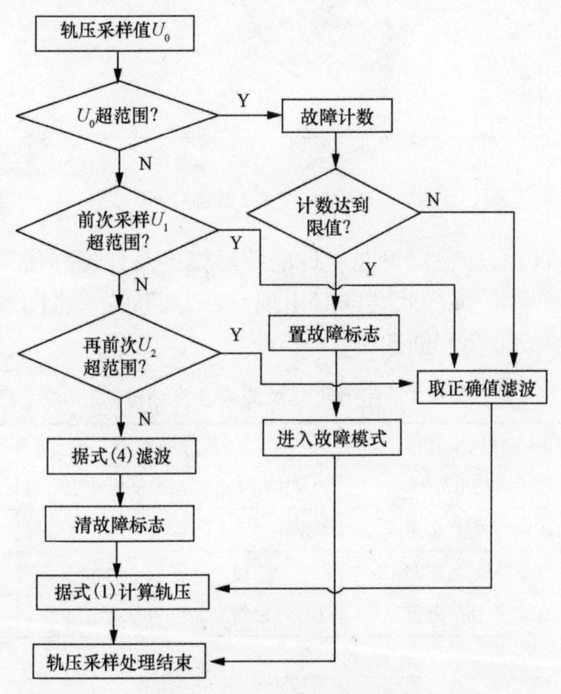


图6 压力传感器故障判断框图

假设传感器正常采样值范围为[$U_{min}$,$U_{max}$],压力采样值为$U_0$,若$U_0 \in [U_{min}, U_{max}]$,则表明轨压传感器正常,同时清除轨压故障计数;若$U_0$超出范围则计数,$T_0$时间内若计数达到限值,则置故障标志,轨压传感器故障确认后,油泵固定$T_{on}$工作,同时进行发动机输出转速限值,控制在稍高怠速工况工作。

### 3.2 压力传感器输出固定

若压力传感器输出$U_0 \in [U_{min}, U_{max}]$,但在$T_1$时间内采样值变化量始终小于$U_{limit}$($U_{limit}$为根据实际情况确定的限值,通常$U_{limit}$对应的压力不高于0.5MPa),若CPU A/D系统正常,则这种情况下可判断轨压传感器输出固定故障,即传感器输出信号出现了短路或断路,该故障模式处理同上。

### 3.3 压力异常模式1

若以上2种故障都没有出现,但在$T_2$时间内实际压力始终远低于目标压力(通常在5MPa以上),则说明轨压建立出现问题,即压力异常模式1,可能的故障源为油泵供油异常,在这种故障模式下停止喷油器喷油。

### 3.4 压力异常模式2

通常压力控制中实际压力以目标压力为平衡点振荡,如图7所示。压力异常模式2表示实际压力出现大幅度振荡。当实际压力超过目标压力时记录其最大值$p_{max}$,当实际压力低于目标压力时记

录其最小值 $p_{min}$，令 $\Delta p = p_{max} - p_{min}$，若在 $T_3$ 时间内 $\Delta p$ 始终高于限值，则说明轨压出现异常模式 2，这种模式下由于压力出现大幅振荡，直接影响喷油计量，该故障模式下限制发动机功率输出。

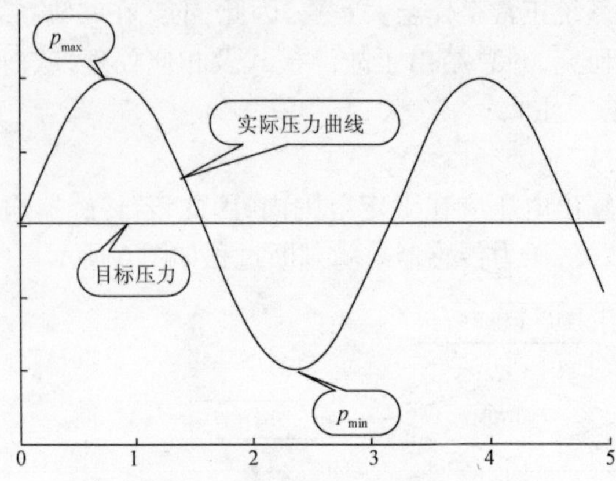


图 7　压力故障模式 2 判断示意图

以上所分析的即为共轨压力传感器可能出现的故障模式及处理办法。据笔者经验，故障判断是一个非常复杂的过程，有时几种故障模式会同时出现，故障判断技术也随着电控技术的发展而发展，表 1 给出了压力控制可能的故障及判断原则。

**表 1　压力控制故障模式及处理**

| 故障模式 | 判断方法 | 故障处理 | 故障源 |
|---|---|---|---|
| 压力传感器故障 | $T_0$ 时间采样持续超出范围 | 油泵固定 $T_{on}$ 工作，发动机转速限制 | 高压传感器 |
| 传感器输出固定 | $T_1$ 时间内采样值变化量始终小于 $U_{limit}$ | 油泵固定 $T_{on}$ 工作，发动机转速限制 | 传感器短路或断路 |
| 异常模式 1 | $T_2$ 时间内实际压力始终远低于目标压力 | 喷油器停止喷油 | 油泵，高压回路 |
| 异常模式 2 | $T_3$ 时间内 $\Delta P$ 始终高于限值 | 限制发动机功率输出 | 一缸或多缸喷油器工作异常 |

## 4　试验及结论

压力控制是共轨系统的核心控制算法之一，本文利用参数可调整 PID 控制算法对共轨压力进行控制[6]，图 8 给出了定时轨压采样和定相位轨压采样时的压力控制曲线，从试验结果可见，在稳态情况下，定相位采样的控制效果明显优于定时采样控制。

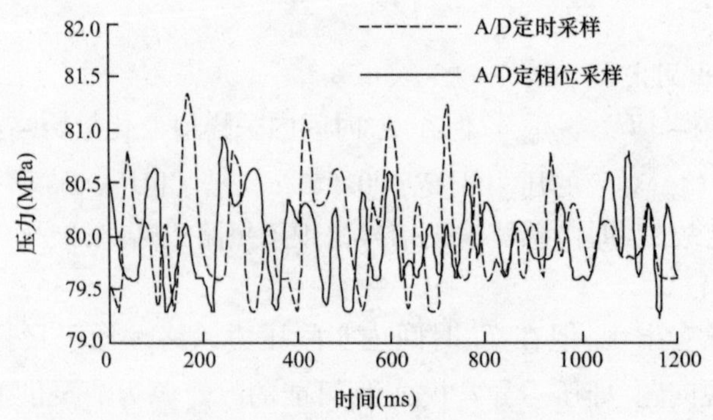


图 8　定时及定相位轨压采样控制对比

采用人为注入故障的方法进行压力控制故障模式测试，例如压力传感器输出信号开路、对电源或地短路等，并通过专用诊断仪进行故障码读取及数据流分析，结果表明故障输出和注入一致，且维持了共轨系统正常工作,表明本文所研究的压力控制故障判断技术切实可行[7]。

## 5 结束语

压力控制是共轨系统最核心的控制算法之一,本文研究了定时及定相位采样对压力控制的影响,并在压力控制研究的基础上对各种故障模式进行分析,提出故障模式判断原则及处理办法,最后进行试验分析,本文的研究结论将对共轨系统的应用奠定基础。

## 参 考 文 献

[1] 杨林,冒晓建,郭海涛,等.喷油压力的智能开关型模糊PID复合控制[J].车用发动机,2002(8):12-14.

[2] 谢辉,孙方,汪洋,等. PAIRCUI电控燃油系统共轨压力控制特性[J].天津大学学报,2001,34(2),167-170.

[3] 赵志强,范伯元.模糊PID数字调速器的设计[J].内燃机工程,1999(2):21-28.

[4] 宋国民,刘学瑜.基于参数自调整PID控制的高压共轨数字调压系统[J].柴油机,2002(5):25-27.

[5] 古德温G C,孙贵生.自适应滤波、预测与控制[M].北京:科学出版社,1992.

[6] 宋国民.基于CAN总线的高压共轨测控系统开发[J].测控技术,2003(3):43-45.

[7] 宋国民,季晓华.基于K线的电控系统诊断平台开发[J].现代车用动力,2004(5):1-3.

# Research on Pressure Sampling and Fault Mode of High-Pressure Common Rail System

Song Guomin[1,3], Li Jun[2], Hu Linfeng[3], Ouyang Minggao[1]

(1. State Key Lab for Auto motive Safety and Energy, Tsinghua University, Beijing 100084;
2. R&D Center of China First Automobile Works, Changchun 130011;
3. Wuxi Fuel Injection Equipment Research Institute of First Automobile Works, Wuxi 214063)

**Abstract**: The principle of pressure regulating was introduced in the paper and technology of pressure sampling was studied. The advantages and disadvantages of pressure sampling technology based on time and phase were analyzed, effects on pressure control of two technologies were studied. Different fault modes of pressure control were studied and fault sources and judging methods were analyzed, therefore critical processing techniques of fault modes were put forward from point of engineering application, which would lay a solid foundation for marketing of common rail system. Finally some experiments were carried out.

**Key Words**: Common Rail; Pressure Control; Sensor; Fault

第四部分

# 柴油机冷起动过程喷油系统的控制模式

王宏桥[1],李　骏[2]
(1. 吉林工业大学;2. 长春汽车研究所)

**摘　要**:冷起动性能是柴油机重要的使用特性之一。与机械式喷油泵相比,电控喷油系统可使柴油机冷起动过程自动化和冷起动混合气状态最佳化。从柴油机冷起动过程及其影响因素、冷起动燃烧过程和喷油系统的最佳控制模式等方面,论述了最佳冷起动过程的电控喷油模式。设计了冷起动控制器,使柴油机能自动地与变化的起动条件相适应。

**关键词**:柴油机;冷起动;电子控制装置

## 1　柴油机的冷起动过程及影响因素

柴油机的冷起动性能是整机性能的主要方面。柴油机起动过程分为 3 个主要阶段:第一阶段为起动准备阶段;第二阶段为实际起动阶段,从曲轴开始转动到发动机转速超过起动机的转速为止;第三阶段为加速阶段,发动机脱离起动机后,在超过起动转速和达到一定转速之间的阶段,此时发动机不需要起动措施而能自行运转。

由于柴油机为压缩着火,因此,柴油机能否着火并保持若干着火循环达到起动,主要取决于压缩冲程终了时缸内的温度。该温度受发动机外部和发动机内部条件的影响。发动机外部条件主要是外界环境。气温低时,可燃混合气的组成和品质恶化,导致着火困难;机油黏度增大,导致曲轴转动的阻力矩急剧增大;蓄电池容量和电压变小,导致起动机带动的曲轴转速降低。其影响结果是使柴油机压缩终了的缸内温度降低。发动机内部条件是:发动机结构,如汽缸数、压缩比、燃烧室形状、供油系统品质、配气相位、预热装置及起动机特性等;发动机调整参数,如起动喷油量、喷油提前角及空燃比等;发动机所使用的燃油、机油的理化特性等。这些条件决定了柴油机起动时的热状态、混合状态和曲轴转动阻力矩。

柴油机电控喷油系统能使柴油机冷起动过程自动化和冷起动混合气状态最佳化,但要实现该目标,必须研究柴油机冷起动过程的油气混合和燃烧机理。

## 2　柴油机冷起动时的燃烧过程

图 1 为柴油机冷起动燃烧过程试验研究结果[1]。由图 1 可见,第 1 次燃烧发生在发动机倒拖时。在第 1 次燃烧和完全燃烧之间有一段间歇燃烧期,在间歇燃烧期内,着火与失火交替存在,这种现象使冷起动性变差。当间歇燃烧期增长,或失火循环过多时,柴油机则不能起动。因此,从燃烧方面,冷起动最佳化是减少间歇燃烧循环的次数。

研究表明,在没有燃油喷射的情况下,即使在 -20℃的低温下,缸内的温度也能达到燃油的着火温度。低温下着火困难和发生失火是由于滞燃期延长造成的。但间歇燃烧期中发生的着火循环的滞燃期却很短且燃烧迅速。图 2 对在较高环境温度(0℃以上)燃烧的正常着火和较低环境温度(0℃以下)燃烧的特殊着火循环的示功图进行了对比。由图 2 可见,与正常着火相比,特殊着火燃烧迅

刊登信息:《汽车技术》1999 年第 6 期

第四部分

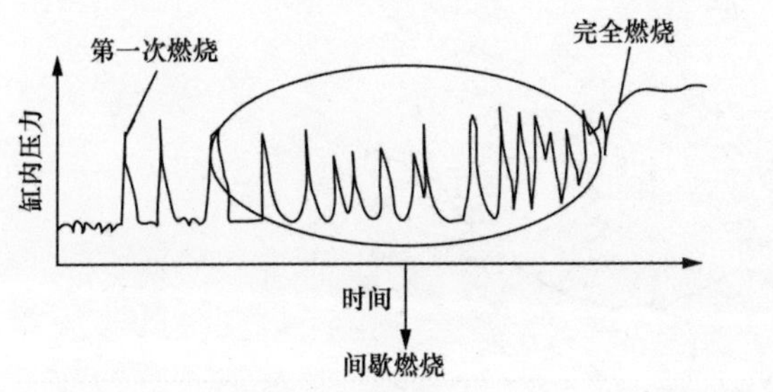


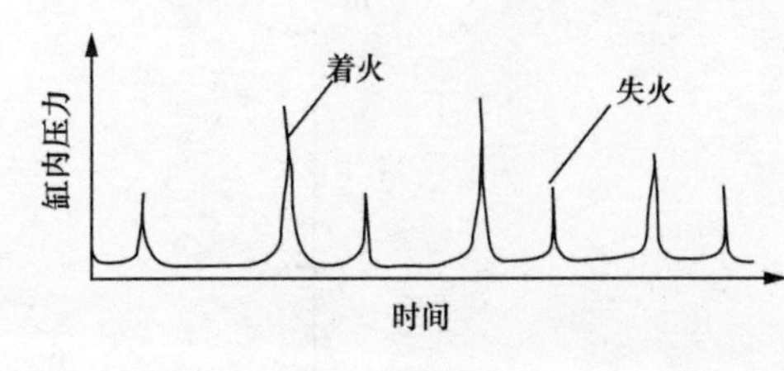


图 1　冷起动燃烧过程试验研究结果

速,压力峰值高,滞燃期短,并且特殊着火发生在间歇燃烧期。图 3 是间歇燃烧期内失火循环与着火循环实测缸内压力值的对比。由图 3 可见,在燃油喷射前,着火循环的缸内压力高于失火循环的缸内压力。缸内压力较高的原因是,在着火循环前面的失火循环留下来的燃油在压缩过程被蒸发,发生了冷焰反应,在燃烧室内形成了有利于着火的气氛。当燃油被喷入时,冷焰反应促进了着火,明显地缩短了滞燃期。

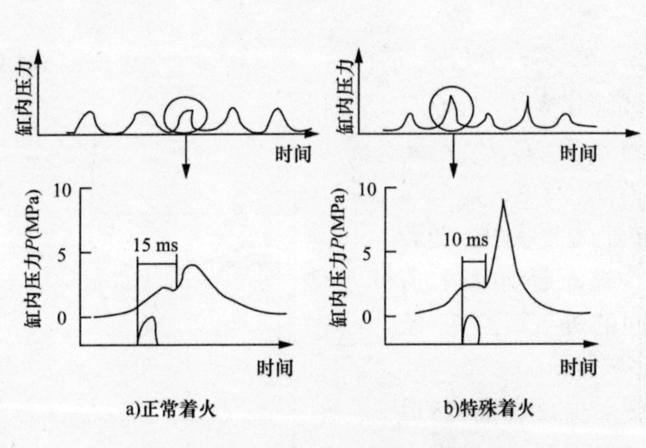


图 2　正常着火和特殊着火的示功图对比

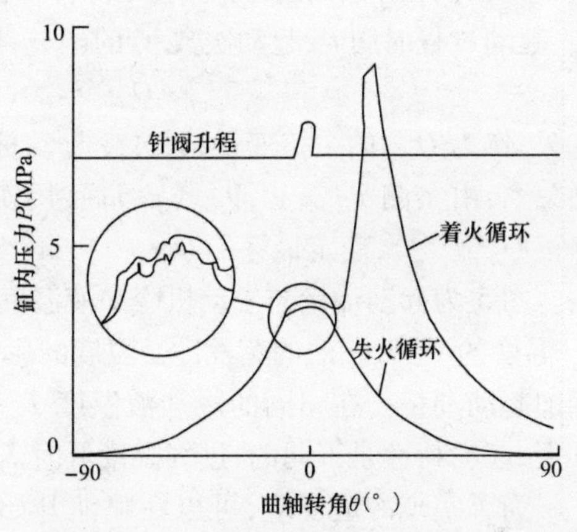


图 3　失火循环和着火循环缸内压力值对比

从上述试验结果可知,冷起动工况间歇燃烧期内发生的失火,是较低缸内温度下滞燃期变长的结果;在着火循环过程中,前面失火循环的燃油被压缩而发生冷焰反应,从而形成有利于着火的气氛,促进了着火。由此可见,若每个循环都能形成冷焰反应,即使在较低温度下,也能实现连续着火,从而可改善柴油机的冷起动性能。采用引导喷射或预喷射,实现冷焰反应,可以缩短起动时间,改善冷起动性能。

减少白烟排放是改善柴油机性能的一个重要部分。柴油机的白烟主要产生于冷起动和暖机工况。在这些工况下,由于发动机燃烧室壁温度低,燃烧不完全,未燃燃油凝结成白烟被排出。减少白烟排放的最有效的方法是最佳控制柴油机冷起动和暖机过程的喷油量和喷油正时。

## 3　柴油机冷起动过程喷油系统的最佳控制模式

### 3.1　起动油量的控制模式

在低温条件下起动柴油机时,为降低冷起动排放,改善冷起动性能,必须在燃烧室内形成一定浓度的、易于着火的油气混合物,但这对控制喷油泵的起动油量提出了严格的要求。随着温度下降,燃油的蒸发性受温度的影响,此时需要增加起动油量,如图 4 所示。在温度较高的情况下,起动时间对起动油量波动的敏感程度有所减弱,而温度降低时,起动时间对起动油量波动的敏感程度增强。因此,环境温度对最佳起动时间和最佳起动油量的确定非常重要。

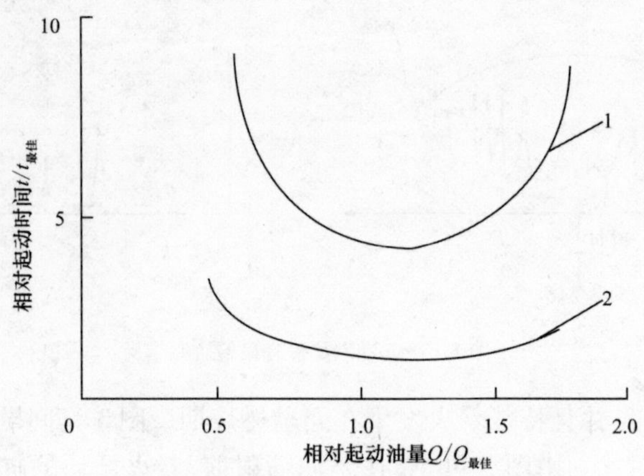


图4　相对起动时间与相对起动油量的关系

1-环境温度为 -25℃;2-环境温度为 -15℃

在本模型中,设定起动油量是冷却液温度 $T_\omega$、进气温度 $T_a$、发动机转速 $n$、燃油温度 $T_f$、进气压力 $P_a$、起动过程时间 $t_s$、起动次数 $n_s$ 的函数,即

$$Q_{start} = f(T_\omega, n, T_a, T_f, P_a, t_s, n_s) \qquad \text{式(1)}$$

选 $T_\omega$ 作为 $Q_{start}$ 的主控变量,通过冷起动标定试验建立 $T_\omega$ 与 $Q_{start}$ 的关系,由实测 $T_\omega$ 查得 $Q_{start}(T_\omega)$ 后,用实测的 $n$、$T_a$、$T_f$、$P_a$、$t_s$、$n_s$ 修正 $Q_{start}(T_\omega)$,确定最终的 $Q_{start}(T_\omega, n, T_a, T_f, P_a, t_s, n_s)$。

图5为起动油量与发动机冷却液温度及转速的关系图。随着 $T_\omega$ 温度的下降,燃油的蒸发性受温度的影响,为缩短起动时间,需增加起动油量。在相同的冷却液温度 $T_\omega$、不同的进气温度 $T_a$ 条件下,起动特性是不同的,进气温度低时需要多喷油。

为了实现冷焰反应,可以在喷油开始时喷入少量燃油,然后逐渐增大油量,这样开始喷入燃烧室的燃油与空气混合,发生冷焰反应,为进一步喷入燃烧室的燃油提供一个良好的着火条件。起动次数对应起动油量进行校正,若起动不成功,则追加少量燃油进行第2次起动;若第2次起动仍不成功,则追加一定量燃油进行第3次起动,此次追加的燃油量稍多一些,以保证起动成功。此外,起动油量与起动机的转速也有关系,起动机转速低,则应加大油量。

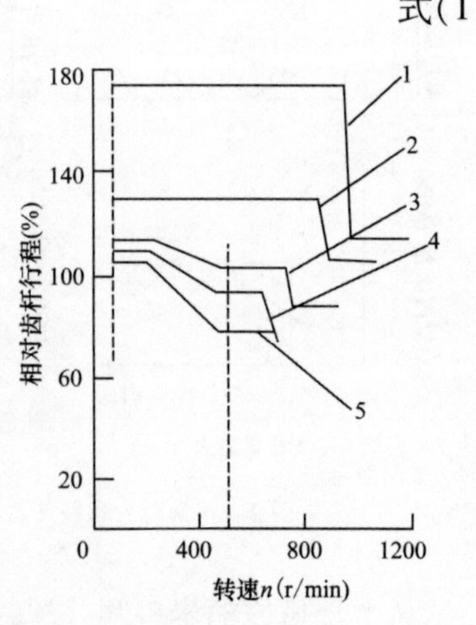


图5　起动油量与发动机冷却液温度及转速的关系图

1--10℃;2-0℃;3-10℃;4-20℃;5-30℃

### 3.2　起动喷油正时控制模式

起动喷油正时直接影响了起动时间和白烟的排放。图6表示起动时间与起动时喷油正时之间的基本关系。在温度较低时,起动时间对喷油正时的敏感程度有所增加。图7表示喷油正时对起动时间和白烟排放的影响(环境温度为 -5℃)。可见,在冷起动时,控制喷油正时是非常重要的。

在本模型中,设定起动喷油正时是冷却液温度 $T_\omega$、进气温度 $T_a$、发动机转速 $n$ 的函数,即

$$\theta_{start} = f(T_\omega, T_a, n) \qquad \text{式(2)}$$

选 $T_\omega$ 作为 $\theta_{start}$ 的主控变量,通过冷起动标定试验建立 $T_\omega$ 与 $\theta_{start}$ 的关系,由实测 $T_\omega$ 查得 $\theta_{start}(T_\omega)$ 后,用实测的 $T_a$ 修正 $\theta_{start}(T_\omega)$。当发动机转速大于稳定转速后,$\theta_{start}$ 迅速减小到怠速喷油量提前角。$\theta_{start}(T_\omega)$ 随 $T_a$ 的变化关系见图8a),$\theta_{start}(T_\omega, T_a)$ 随 $n$ 的变化见图8b)。

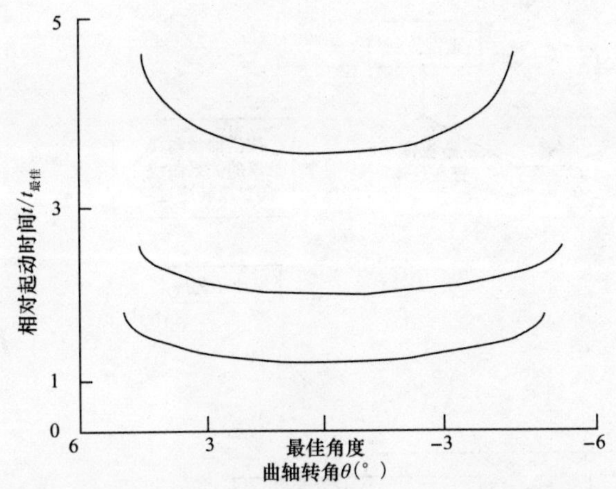

图6 起动时间与起动时喷油正时的关系

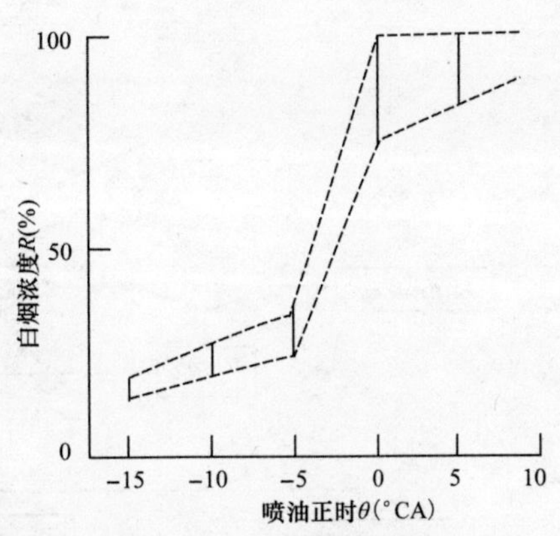

图7 喷油定时对起动时间和白烟排放的影响

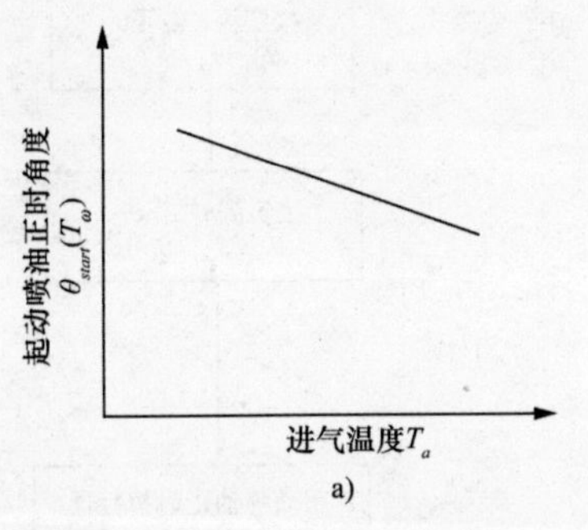


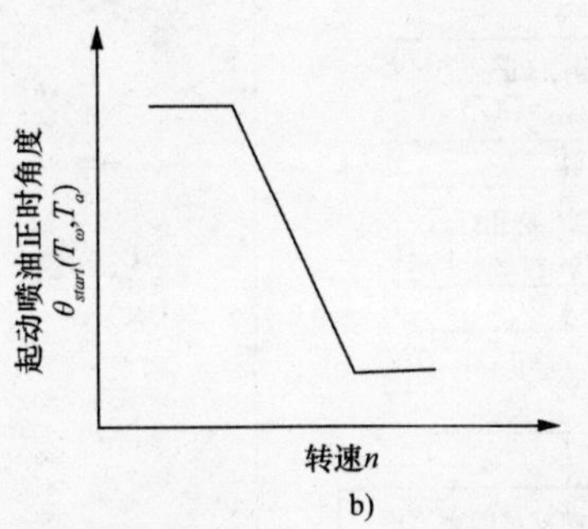

图8 起动喷油正时与 $T_a$ 和 $n$ 的关系

## 4 冷起动控制器设计

### 4.1 起动开始状态的判定

检测起动开关信号为开时,即可确定此时发动机进入起动状态。

### 4.2 起动成功——起动结束状态判定

发动机起动成功的判定依据:一是发动机转速是否大于起动机转速;二是发动机是否处于加速运转状态。故在起动过程中应不断检测发动机转速,以判定发动机是否起动成功。

### 4.3 退出起动状态的处理

判断起动成功后,若加速踏板位置在怠速位置,则油量随转速递减向怠速过渡,进入怠速子程序。冷起动后怠速工况过渡过程的调速特性见图5。否则进入正常控制。

### 4.4 起动控制器逻辑框图

判定发动机进入起动状态后,根据起动喷油量的控制模式(1)和起动喷油正时的控制模式(2),最佳的起动过程按图9所示的框图借助于电控系统而得到。与机械控制系统相比,电控起动系统的优点是综合多种影响因素,并使之自动地与变化的起动条件相适应。

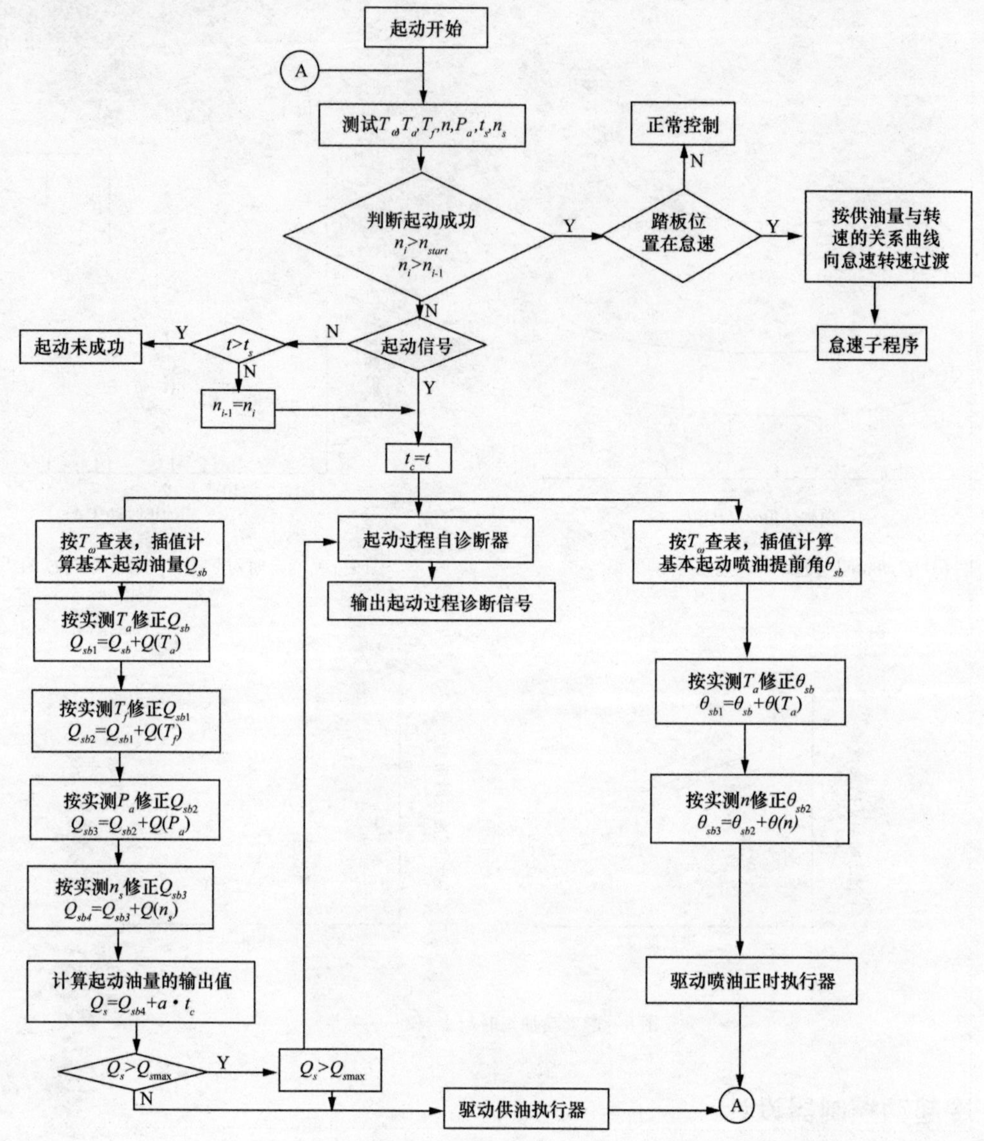


图 9　起动过程控制框图

$t$-起动时间限制；$n_{start}$-起动机转速；$t_c$-计算时间；$a$-计算系数

## 参考文献

[1] Benefits of new fuel injection system technology on cold start ability of diesel engines——improvement of cold start ability and white smoke reduction by means of multi injection with common rail fuel system[C]//SAE Paper,940586.

# 直喷式柴油机高压喷射特性的研究*

李理光[1],史绍熙[2],许斯都[2],李　骏[3],徐　波[3]
(1.吉林工业大学;2.天津大学;3.长春汽车研究所)

**摘　要**:本文结合国产6110型柴油机高压喷射技术的实用性开发,研究了供油系统中喷油泵、高压油管和喷油嘴对喷油压力的影响,并以激光纹影高速摄影和激光粒子尺寸分析仪,测量了喷油压力在40~100MPa之间变化时的喷雾特性。结果表明:实现高压喷射的有效措施是采用多孔数、小孔径喷油嘴;小孔径喷油嘴在高喷射压力下,喷注的贯穿度和喷雾的破碎期减少,雾化改善。喷注中绍特平均直径随喷油压力升高或孔径减小而明显下降。

**关键词**:高压;喷射;特性;直接喷射柴油机

**主要符号说明**

$p_N$——嘴端压力,MPa;

$p_a$——环境压力,MPa;

$S$——喷注贯穿度,mm;

$S_o$——喷孔总流通面积,mm$^2$;

$L$——测量点中心至喷孔的距离,mm;

$R$——测量点中心至喷注轴线的垂直距离,mm。

$d_o$——喷孔直径,mm;

$T_a$——环境温度,K;

$t$——采样时刻,ms;

$n_p$——喷油泵转速,r/min;

SMD——绍特平均直径,μm;

## 1　概述

直喷式柴油机由于其优良的经济性、动力性和可靠性,作为车用发动机几乎统占了大中型载重汽车,并部分应用于轻型车和轿车上。然而由于世界性环境保护法规的日趋严格,降低柴油机排放中有害物质,特别是微粒,已成为柴油机发展所面临的重要课题。通过改善燃烧过程中燃油与空气的雾化混合,达到降低柴油机微粒排放,其有效手段之一是采用高压喷射燃烧系统。高压喷射特性的研究已成为国内外研究的热点[1-6],并已取得了可实用化的成果[7,8]。但有关喷油泵—高压油管—喷油嘴供油系统的喷射压力、供油系统参数对喷雾特性的影响报告较少,而该供油系统在柴油机中,尤其是在国内柴油机上占有绝对统治地位。因此,作者针对国产6110型系列柴油机喷油泵—高压油管—喷油嘴供油系统如何实现燃油喷射高压化以及高压喷射后的喷雾特性进行了系统研究[9],以下是该项研究的部分结果。

## 2　试验装置及方法

试验分为两大部分:一是供油系统参数对燃油喷射压力的影响,主要研究喷油泵、高压油管和喷油嘴的结构参数变化对嘴端峰值压力的影响以及是否有非正常喷射(二次喷射及穴蚀)的产生[10];二是在实现燃油高压喷射的基础上,着重研究喷射压力、喷孔直径等参数对燃油雾化质量的影响,尤

刊登信息:《内燃机工程》1997年(第18卷)第1期

*　本文是国家自然科学基金资助项目部分研究成果

其是喷射压力对喷雾粒径分布的影响关系[11]。

图1为试验系统的示意框图。该试验系统按功能可分为5大部分,即供油系统、数据采集、处理系统、参数测量系统、单次喷射及其同步控制系统和定容装置。喷雾特性的测量以激光纹影高速摄影和英国MALVERN公司基于激光衍射原理制造2604C型粒子尺寸分析仪分别作为喷雾形态发展特性及喷雾粒度分布特性的测量手段。试验用的喷油泵、高压油管及喷油嘴均为产品样品,喷孔数为4~5,孔径为0.26~0.325mm,油管长为590~1000mm,油管的内、外径规格分别为ϕ2mm×ϕ6mm及ϕ1.6mm×ϕ6mm,油泵为A型泵及MW泵,其中MW泵的泵端许用压力为75MPa,比A型泵高15MPa。测量喷雾特性时,其余孔喷注被遮挡,仅一束喷油进入测试光场。

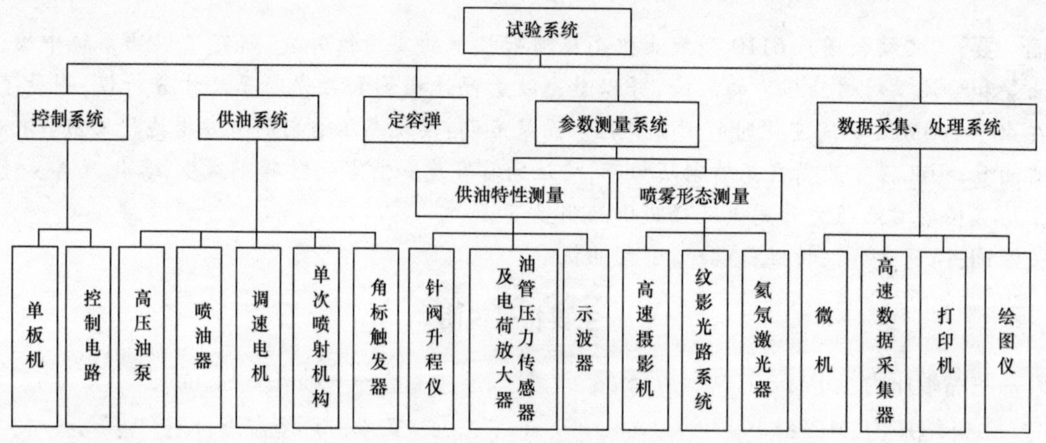


图1 试验系统构成示意图



## 3 试验结果与分析

### 3.1 供油系统参数对喷射压力的影响

燃油喷射系统由喷油泵、喷油嘴及高压油管组成,为了详细掌握这3个组成部分对提高喷油压力的影响及其供油特性,分别以2种喷油泵,5种不同内径及长度规格的高压油管,6种喷油嘴为对象进行了嘴端和泵端的压力测试对比试验。试验在大气环境下专门设计的喷油泵试验台上进行,工况均为外特性工况点。

#### 3.1.1 喷油泵、高压油管和喷油嘴

试验结果表明,油管内的峰值压力与喷孔直径及油泵转速密切相关,而喷油泵(A型、MW型两种)和高压油管对其影响较弱。MW型泵的嘴端峰值压力$p_{N_{max}}$仅比A型泵的最大值高3~5MPa,而高压油管结构变化引起的喷油压力变化最大为4MPa。但减少高压油管内的燃油容积,有助于消除二次喷射。尽管两种油泵峰值压力近似相同,压力波却有显著差异,从而造成燃油喷射在是否产生二次喷射及穴蚀这些非正常喷射方面的显著差异。图2给出了A型泵与MW型泵在不同喷油泵转速及喷孔直径下的嘴端峰值压力测试结果。图中标注点表明所测工况有二次喷射现象发生。该图表明,非强化设计的A型泵在小孔径及高喷射压力下易产生强烈的二次喷射,不具备强化的潜力。

#### 3.1.2 喷孔直径与总流通面积

试验中发现,喷油嘴结构参数中孔径变化引起的喷油压力变化幅值最显著,为探清孔径和喷油嘴总流通面积对喷油压力的影响,进行了变总流通面积的对比试验。结果如图3所示。由图中2×0.32mm喷油嘴与5×0.26mm喷油嘴的总流通截面积及嘴端峰值压力对比可见,虽然前者总流通截面积远小于后者,但峰值压力略低于后者,况且,从喷油的压力波和针阀升程测量结果看,前者存在强烈的二次喷射现象。这结果表明,喷孔直径对喷油压力的影响更大;减少总流通面积虽可提高喷

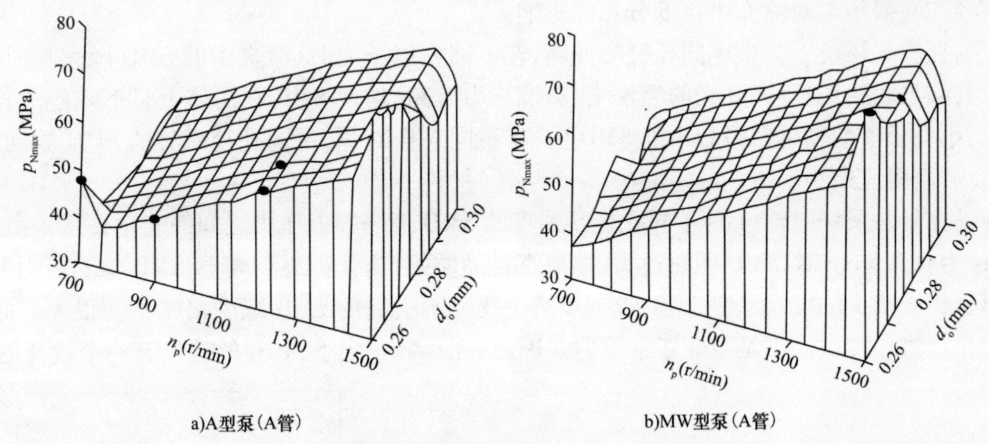


图 2 A 型泵与 MW 型泵外特性上嘴端油管压力对比

$p_{Nmax}$-嘴端峰值压力;●-实测点发生二次喷射

射压力,但易产生二次喷射。

3.2 高压喷射下喷注的形态发展特性

柴油机汽缸内燃烧过程的组织与喷注的形态发展规律密切相关,反映其特征的主要代表参数有喷注的锥角、贯穿度、头部贯穿速度及喷注的破碎期等。为研究高压喷射下喷注发展规律,采用激光纹影高速摄影技术,在常温可变密度条件下,进行喷油压力为 60 ~ 100MPa 的对比试验。

图 4 是在 3 种不同孔径和喷射压力下,将激光纹影高速摄影所拍摄的 6000 ~ 7000 幅/s 图片进行标定分析得到的结果。喷注贯穿度随时间变化的关系可认为由二条近似直线所组成的折线,而折线的交点对应于喷注的破碎期[3]。由图 4 所得结果不难发现,$d_o = 0.26$mm 所对应的喷注贯穿度和破碎时间最短,表明雾化最好。

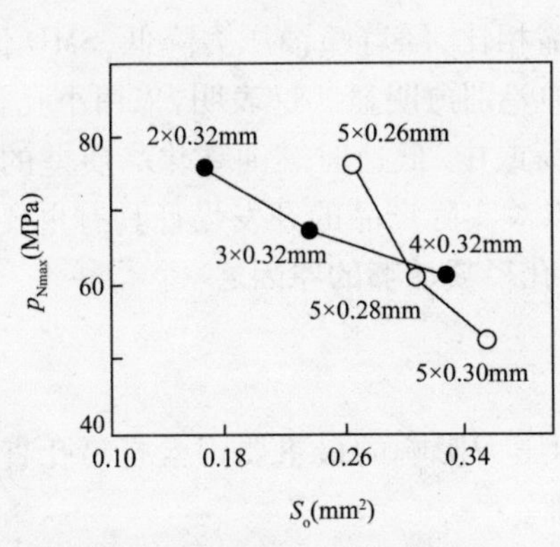


图 3 孔径与总流通截面积 $S_o$ 对喷油压力的影响

(MW 型泵,$n_p = 1450$r/min,D 管)

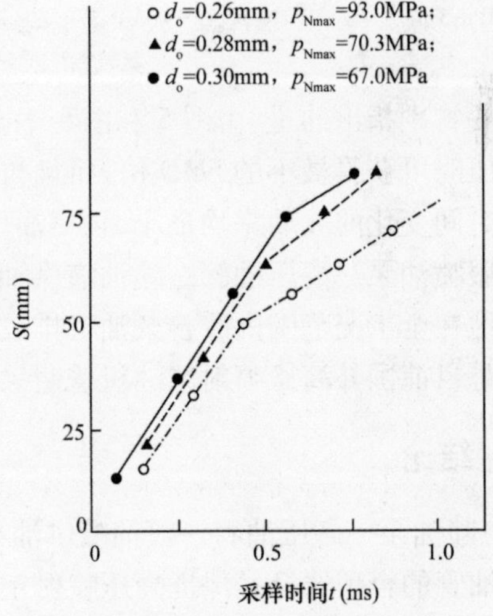


图 4 喷注头部贯穿度 $S$ 随喷孔直径 $d_o$ 成喷射压力 $p_{Nmax}$ 的关系($p_a$ = 1.4MPa;$T_a$ = 287K)

3.3 高压喷射下喷雾的粒度分布特性

喷雾的粒度分布特性是反映雾化品质最直观评价参数。本研究以由激光粒径测量仪直接数据处理得到的绍特平均直径值为评价参数,进行不同喷孔直径和喷射压力的测量对比。研究结果反映了喷孔直径与喷射压力对喷雾中粒度分布的影响。

图5为在大气环境下3种不同孔径喷油嘴，在不同喷射压力时，喷雾中的SMD随采样时刻的变化关系。其结果表明：对不同孔径的喷油嘴，喷油压力升高，均使SMD在总体上呈下降趋势；相同喷射压力时，小孔径喷油嘴可获得较小的SMD值；从不同采样时刻，不同孔径喷雾的SMD波动幅度来看，小孔径波动幅值最小。

图6是在同一采样时刻，4种不同孔径喷油嘴的SMD值与喷射压力之间的变化关系。由图6可见，当孔径为0.325mm时，SMD明显过大，造成雾化品质差；从孔径逐渐减小，SMD值随压力升高，其下降幅值也相应减少的发展趋势来看，进一步减少孔径所引起的SMD减少幅度不会很大。此外，由于过小的孔径将导致供油不足及非正常喷射。因此，在孔数一定下，孔径的选择有一个较佳的范围。

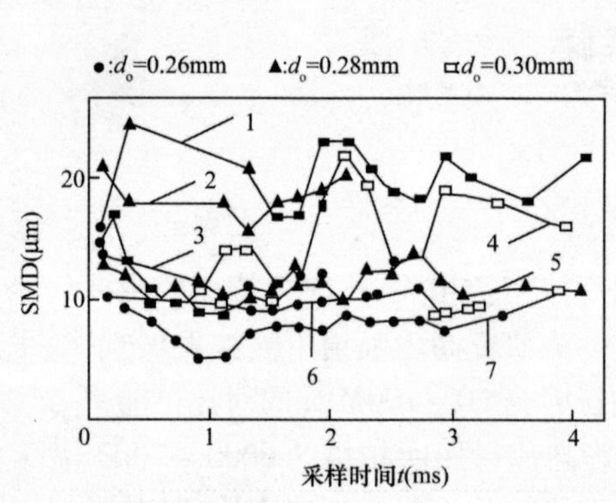


图5 喷孔直径 $d_o$ 及喷射压力 $p_{Nmax}$ 对SMD的影响（$p_a$ = 0.1MPa，$T_a$ = 287K，$L$ = 85mm，$R$ = 17mm）

1-$p_{Nmax}$ = 40MPa；2-$p_{Nmax}$ = 40MPa；3-$p_{Nmax}$ = 40MPa；4-$p_{Nmax}$ = 60MPa；5-$p_{Nmax}$ = 70MPa；6-$p_{Nmax}$ = 60MPa；7-$p_{Nmax}$ = 80MPa

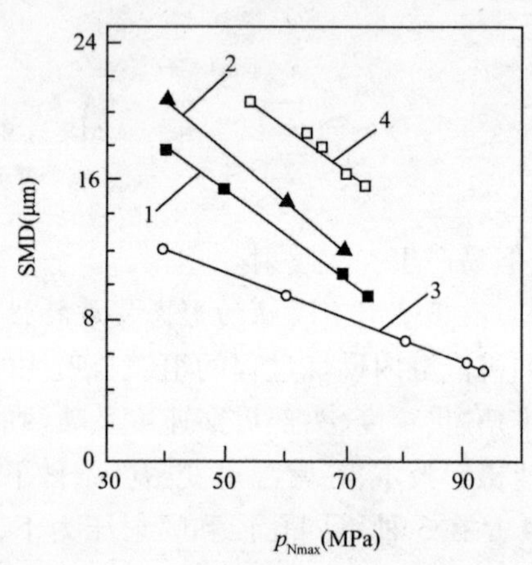


图6 喷孔直径及喷射压力对SMD的影响（$p_a$ = 0.1MPa，$T_a$ = 287K）

1-$d_o$ = 0.28mm；2-$d_o$ = 0.30mm；3-$d_o$ = 0.26mm；4-$d_o$ = 0.325mm

需要特别指出的是，由图5和图6中孔径为0.26mm时的SMD变化规律来看，小孔径喷油嘴不仅在高压时可获得最小的SMD值，而且与大孔径喷油嘴相比，随着喷油压力降低，SMD值上升的幅值及随时间变化的波动率均最小，且喷油压力愈低，这种差别愈明显。这表明，采用小孔径喷油嘴有希望克服喷油泵—高压油管—喷油嘴供油系统在小负荷或中、低速时燃油雾化品质差的缺点，从而更有效地在全工况范围内改善柴油机排放品质。这一点对实际产品的开发设计具有重要参考价值。这或许是目前国外高压喷射柴油机普遍采用多孔数、小孔径喷油嘴的原因之一。

## 4 结论

（1）喷油泵—高压油管—喷油嘴供油系统中对喷油压力影响的最重要因素是喷孔直径，喷油泵和高压油管的合理选择是保证高压喷射正常进行的基础。

（2）小孔喷油嘴在高压喷射条件下，可明显降低喷注的贯穿度和破碎时间，有利于油、气的空间雾化混合。

（3）喷雾中的SMD值随喷油压力升高或孔径减小而明显下降；采用小孔径喷嘴既有利于提高喷油压力，又有利于确保全工况范围的燃油雾化品质。

## 参考文献

[1] Shi Shaoxi et al. Experimental Investigation of Effects of Fuel Injection Parameters and Chamber Wall Confinement of Spray Characteristic in Constant Volume Bomb. Proc. 10th CIMAC,1991[C],Italy.

[2] MAYER K P. Recent Progress in light Duty Diesel Engines. The third Symposium of Indian Automotive Technology[C]. Dune . India. 1989. 1.

[3] Rcitz R D et al. Structure of High-Pressure Fuel Sprays[C]//SAE Paper,870598.

[4] Kato T et al. Spray Characteristics and Combustion Improvement of D 1 Diesel Engine with High Pressure Fuel Injection[C]//SAE Paper,890256.

[5] Stump G et al. Fuel Injection Equipment for Heavy Duty Diesel Engine for U. S. 1991/1994 Emissions Limits[C]//SAE Paper,890851.

[6] 龚允怡,尤林华.激光衍射法研究柴油机高压喷雾——常温常压下的粒度分布特性研究[J].内燃机学报,1989,7(4).

[7] Gaol S L et al. The PT – ECON,a New Injection Concept for the DI Diesel to Improve Smoke and Fuel Consumption at low Emission Levels. 11th CIMAC[C],Vol. 2.

[8] Arthur Mischke,等.新的梅赛德斯-奔驰 OM422A 和 OM422LA 载重汽车燃烧过程的发展[J].车用发动机,1987(5).

[9] 李理光.高压喷射柴油机喷射特性的研究[D].天津大学博士学位论文,1992.8.

[10] 李理光,许斯都.燃油高压喷射中的二次喷射及穴蚀的新判据[J].内燃机学报,1994,12(3).

[11] 史绍熙,李理光,龚允怡,等.直喷式柴油机高压喷雾特性的研究[J].内燃机学报,1995,13(4).

第四部分

## A Study of High Pressure Fuel Injection Characteristics in D. I. Diesel Engine

Li Liguang[1],Shi Shaoxi[2],Xu Sidu[2],Li Jun[3],Xu Bo[3]

(1. Jilin University of Technology;2. Tianjin University;

3. Changchun Automobile Research Institute)

**Abstract**:This paper presents a study of the effects of injection pump,nozzle,pipe of fuel system on injection pressure and spray characteristics by means of high speed schlieren photograph and malvern laser diffraction particle sizer,under the injection pressure between 40 ~ 100MPa,based on model 6110 D. I. Diesel engine. The results show that the effective measure to realize high pressure fuel injection is to select nozzles with multi-orifice and smaller orifice diameter. The spray penetration and the time for fuel droplet breakup are shortened and the atomization of spray is improved under high pressure fuel injection with smaller orifice nozzle. The Sauter mean diameter of spray is dropped apparently with increment of injection pressure and/or decrement of nozzle orifice diameter.

**Key Words**:High Pressure; Fuel Injection; Characteristic; D. I. Diesel Engine

# 高压喷射及其对直喷式柴油机性能的影响

徐　波,李　骏
(吉林 长春汽车研究所)

为了加快我国高压、高喷射率燃油系统的开发,本文就国外高压高喷射率燃油系统的研制和发展概况作综合性介绍。

## 1　高压、高喷射率对燃烧过程的影响

### 1.1　高压、高喷射率对燃油消耗率和排放的影响

严格的排放法规促使喷射压力较1982年的水平提高了5~10MPa(见图1)[6],目前喷油压力已超过90MPa。为了满足1991~1994年美国的排放要求,预计燃油系统的喷射压力还将进一步提高,同时喷油速率也将相应增加(见图2)[6],将来中型重载柴油机所要求的实际喷油速率可能达15mm³/°CA。

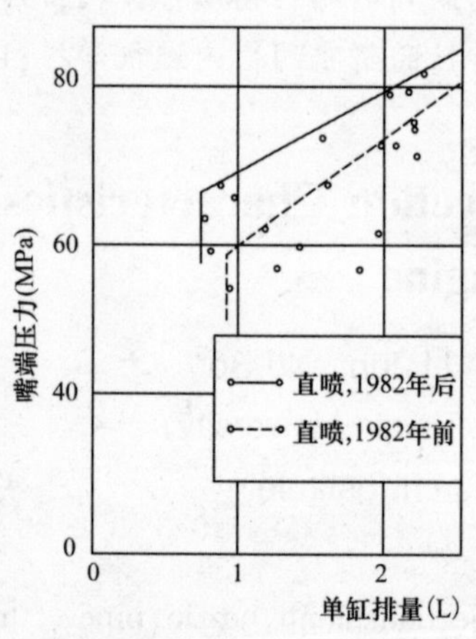


图1　喷油器嘴端压力与发动机排量的关系

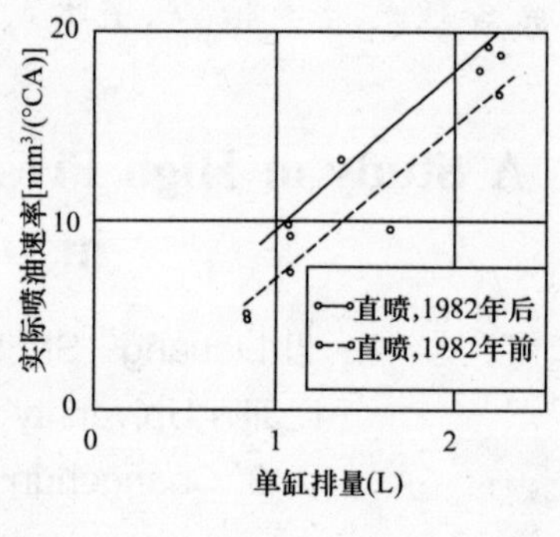


图2　实际喷油速率与发动机排量的关系

提高喷射压力和喷油速率对降低燃油消耗率和污染物排放有利。图3[6]为日本电装公司(Nippondenso)的试验结果,图4[2]为Lucas CAV公司G. Greeves的试验结果。结果表明,当喷射压力和喷油速率提高时,燃油消耗率、烟度及CO排放明显下降。同时从试验结果也可以看出,任何一台发动机均有一个最大有效喷射压力和喷油速率,超过这一数值时,燃油消耗率、烟度及CO排放不再下降。电装公司的试验表明,当喷射压力超过120MPa时,燃油经济性就不再有进一步改善。因此,燃油系统的高压化并非无止境,主要是实现其最佳值的匹配。

刊登信息:《柴油机》1992年第2期

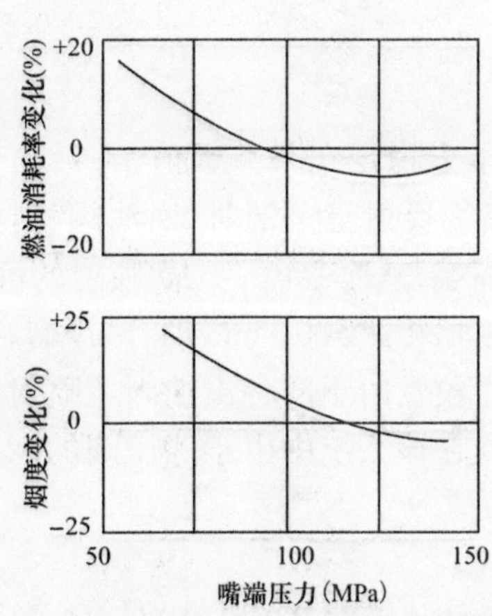


图3　喷射压力与燃油消耗率、烟度的关系
（试验机单缸排量2L，转速2200r/min）

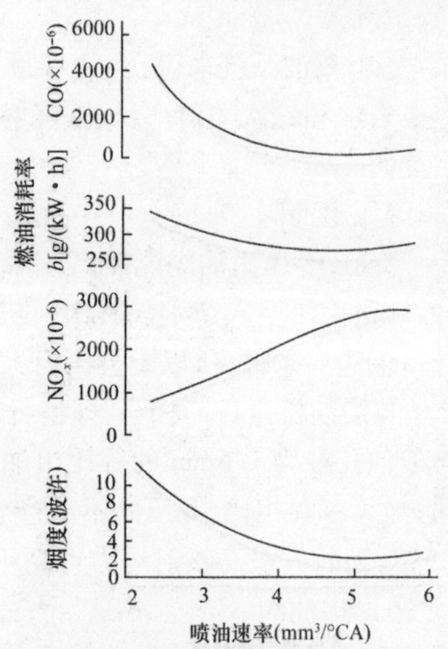


图4　喷油速率与柴油机排放的关系

### 1.2　影响燃烧过程的机理

喷射压力和喷油速率是影响柴油机油气混合过程的主要参数，采用高喷射压力、高喷油速率对改善燃油雾化和整个转速范围内燃烧室内油气混合、缩短燃烧持续期和改善排放有利。因为在柴油机工作过程中，混合气形成对柴油机性能有直接的影响，采用高喷射压力和高喷油速率时，燃油流出的初速度增大，从而使雾化的细度和均匀度提高，雾化质量变好。另外，由于将能量提供给了燃油，油束穿透力较强，所以不需很强的空气涡流，就能形成良好的油气混合。有空气涡流意味着有一定能量损失，所以采用低涡流、高喷射压力和高喷油速率油气混合过程能确保燃油与空气良好混合，从而进一步提高燃烧效率和改善排放。

## 2　途径、问题与对策

### 2.1　实现高喷射压力和高喷油速率的措施

增大柱塞直径和提高柱塞运动速率（增大凸轮升程）是发展高喷射压力和高喷油速率燃油系统时所采用的两种方法。但是在喷油泵各柱塞间距一定的限制下，柱塞直径增大会使柱塞套强度降低，并导致驱动系统负荷增加。因此，在各柱塞间距不变情况下，采用提高柱塞运动速率的方法更为有利。

### 2.2　产生的问题

随着燃油喷射高压化，二次喷射和穴蚀问题变得更为突出。众所周知，二次喷射的燃油是在较低喷射压力下喷入汽缸的，所以这部分燃油雾化不好，燃烧不完全，再加上二次喷射和主喷射是分离的或是它的延续，使喷射期延长，因而造成严重的后燃，使排气温度升高和排烟加浓，燃油消耗率增加，喷油嘴积炭，可靠性下降。所以应力求消除二次喷射。

评价燃油系统可靠性的重要指标之一是看燃油系统内是否产生穴蚀。穴蚀在高压油管、喷油嘴、喷油器处均有可能发生。穴蚀时，局部产生超高压，破坏其金属组织，据资料[2]介绍气泡破裂时的速度达到100m/s，压力达到$10^4$MPa。在高压油管中，最高压力越高，溢流后的压力降就越急剧，残余压力的维持就越困难，反射波也越强烈，所以高压油管更易产生穴蚀。高压油管内一旦产生穴蚀，几百小时内高压油管就会破损。

2.3 技术对策

对于泵-嘴-管喷油系统来说，当油管最高压力超过100MPa时，使用过去常用的等容出油阀，已无法避免产生穴蚀和二次喷射。目前，能够同时有效地解决这两个问题的有效措施是采用等压出油阀或阻尼出油阀。

2.3.1 等压出油阀

如图5[7]所示，等压出油阀能使高压系统残余压力基本上稳定在某一数值，不会出现零压或负压，所以有效地避免了空穴产生。其次，当燃油压力波从嘴端反射至泵端时，回油阀就打开，相当于在泵端为开口端边界条件，所以不会再有大的反射波返回嘴端，从而避免了二次喷射的可能性。

图6[7]是与柴油机全负荷相当，即齿杆位置24mm，凸轮轴转速500r/min时，减压容积为396mm$^3$的等容阀与节油孔径为1.6mm的等压出油阀喷射特性的比较。由于两种出油阀主喷射终了后的调压作用不同，与等容阀相比，等压阀不易产生二次喷射，而且在该系统中由于等压阀的高压容积比等容阀约小25%，因此其最高喷射压力也高于等容阀。

2.3.2 阻尼出油阀

阻尼阀，即在出油阀紧帽内除有一个标准的等容减压阀外，再在其上方安装一个带小孔的节流阀，如图7[8]所示。在供油方向上节流阀能很快开启，对供油过程不起阻尼作用。也就是说，供油时阻尼阀升起，燃油就可不受阻碍地流入高压油管。喷油结束时，泵腔压力迅速下降，阻尼阀在出油阀落座前关闭。在残余压力作用下，高压油管内的燃油只能通过阻尼阀上的小孔回流，削弱了反射波强度，避免了二次压力峰值的增加，从而不致产生二次喷射。此外，安装阻尼出油阀后，高压油管内的压力产生零压或负压的机会大为减少，甚至完全消除。高次谐波受到阻尼，因而穴蚀得以消除。图8[2]是阻尼出油阀的使用效果。



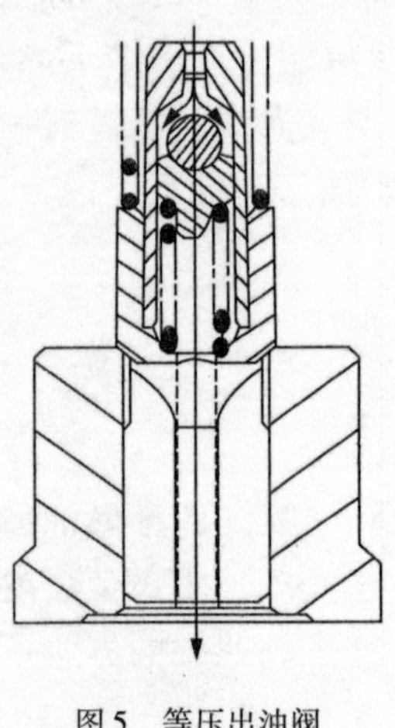

图5 等压出油阀

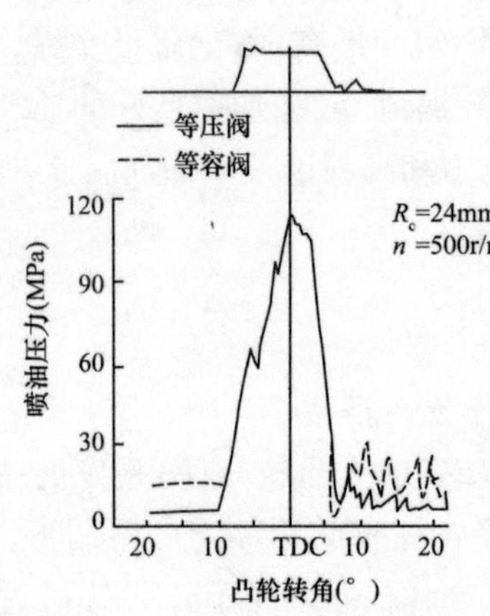


图6 等容阀与等压阀的比较

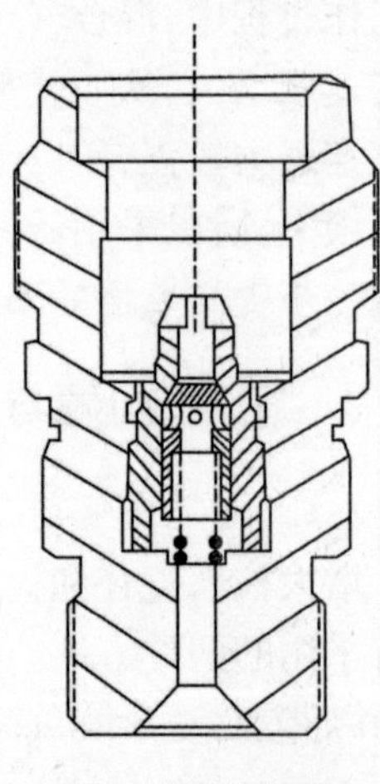

图7 阻尼出油阀

## 3 对燃油器具的要求

### 3.1 喷油器

为了满足高喷射压力的需要，必须适当提高喷油器的开启压力。近几年来，直喷式燃烧发展较快并被广泛采用。为力求降低排气中HC含量以及提高油嘴寿命，出现了新一代喷油器——低惯量喷油器。许多试验结果表明，在采用高压喷油泵的同时，适当提高喷油器的开启压力，并采用低惯量喷油器是提高柴油机性能的重要措施。

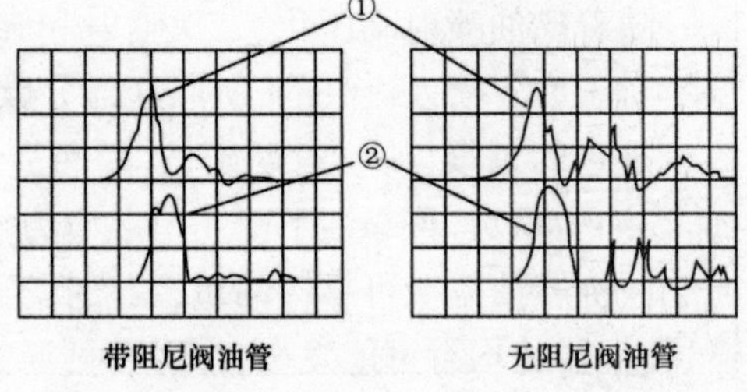


图8 阻尼阀的作用($n$=1500r/min，AD泵)
①-泵端油管内压力；②-嘴端油管内压力

### 3.2 油嘴

油嘴应保证在喷射间隔期间没有剩余的燃油滴漏至燃烧室。另外，试验也证明油嘴头部小压力室的容积大小对性能和排放有影响[2]（见图9），喷射后期此容积里的燃料因能量不足，雾化不好而造成燃烧不良，从而直接影响到燃油消耗率和排放等各项指标。为此研制出了VCO喷油嘴[5]（见图10）。

喷孔截面积决定了喷油压力，喷孔位置决定了燃油油束在燃烧室凹腔壁面上落点的高度，喷孔长度决定了燃油油束的形状。

随着燃油系统的高压化，适当减小喷孔截面积，可以进一步改善雾化效果，提高雾滴细度和均匀度，从而进一步降低燃油消耗率和排放。喷孔的长度对燃油消耗率和烟度有很大的影响（图11[2]）。试验结果表明，在相同的喷孔流量系数下，短喷孔对降低燃油消耗率和烟度始终是有利的。另外，喷孔长度的选择还必须考虑到喷油嘴球头的机械强度，因此，在保证足够使用寿命前提下，喷孔长度越短越好，据文献[2]介绍，0.8mm喷孔长度就能满足所提出的全部要求。

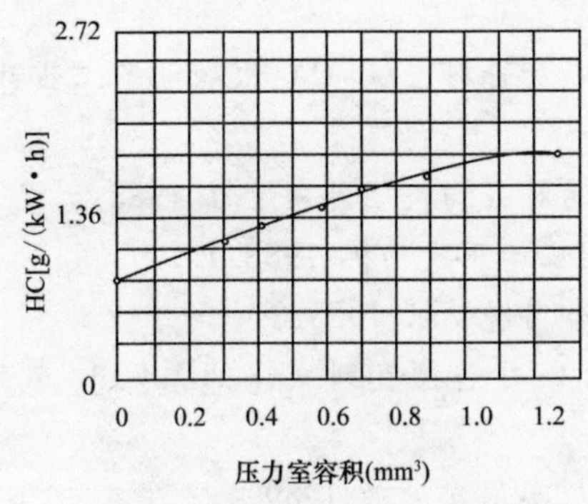


图9　油嘴压力室容积与HC排放的关系

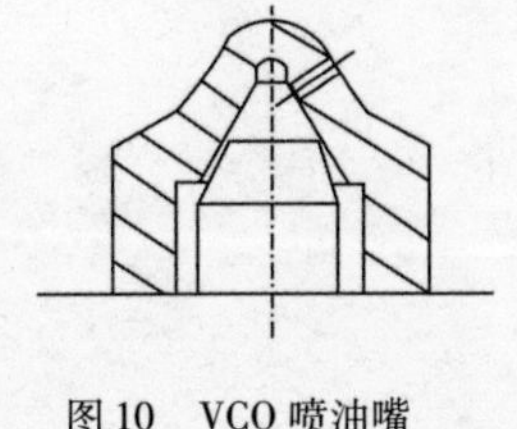

图10　VCO喷油嘴

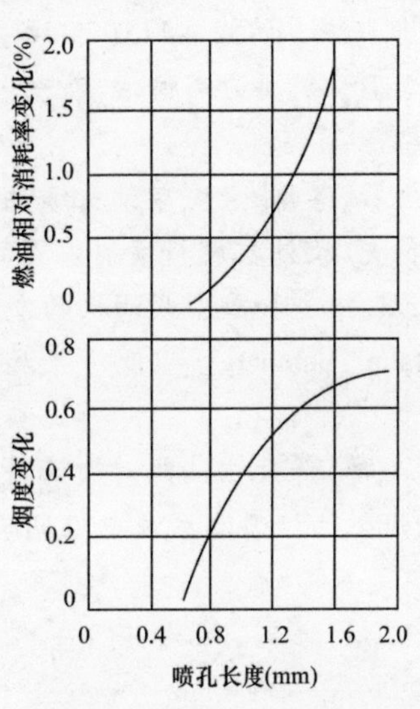


图11　喷孔长度对烟度和燃油消耗率的影响

（满负荷，$n=1000$r/min）

### 3.3 高压油管

喷油器通过高压油管同喷油泵相连接，所以高压油管也是保证柴油机良好性能的重要部件，高压油管承受着很大的燃油脉动压力，内径尺寸对喷油过程有很大的影响，因此，这是一个很重要的参数，需通过大量试验才能确定。从图12[2]给出的小功率柴油机高压油管内径对性能的影响可以看出，高压油管内径从1.5mm增加到1.6mm，增量仅为0.1mm，燃油消耗率$b$、烟度$R$和排气温度$t_r$随之明显增加；随着内径的缩小，$b$、$R$、$t_r$下降。若内径过小，油路流动阻力则会过分增加，造成喷油压力下降，延缓喷油过程对供油过程的响应。因此，必须选择最佳高压油管内径。另外，为了适应高压化，高压油管的内壁光洁度及油管的机械强度还必须进一步提高。

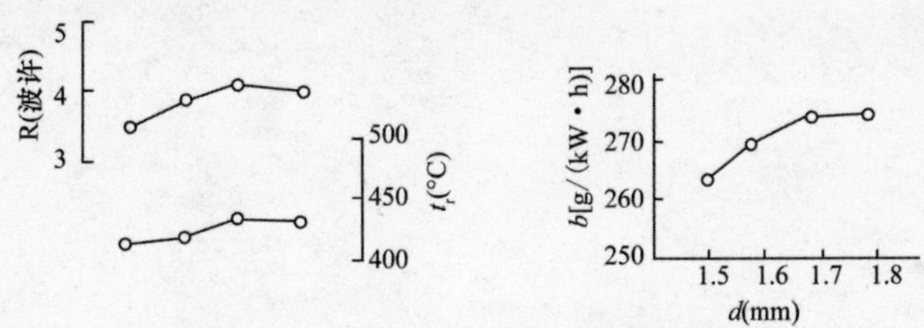


图12　高压油管内径对性能的影响



第四部分

## 4 结束语

综上所述,提高喷油压力和喷油速率以实现燃油系统高压化,可以明显地改善柴油机的燃油经济性和减少排放。增加柱塞直径和提高柱塞运动速率是实现供油系统高压化的主要措施。采用等压出油阀或阻尼出油阀可以消除二次喷射和穴蚀。总之,实现燃油系统高压化是我国柴油机行业的当务之急,需要作大量的试验研究工作。

## 参考文献

[1] 〔日〕燃料喷射の燃烧速度ロ对する影响——高過給四サイウル中速ヲイーセル機关ロする实验结果[M],機論(B)52-475(昭16-3),P1158.

[2] 路嘉运,等.高喷射压力高喷油率——柴油机喷油装置资料汇编[G],机械电子工业部第七〇研究所情报室.

[3] 〔日〕田中规程,等.中大型柴油机喷油系统高压化的对策[J],国外内燃机,1988.5.

[4] 〔日〕获野英夫.柴油机燃料喷射装置的技术动向[J],车用发动机,1988.4.

[5] K. P. MAYER.中型和重型柴油机的发展趋势[J].车用发动机,1988.2.

[6] 〔日〕Masataka Nishmara 等.低污染柴油机用电装公司电控直列式喷油泵[J].车用发动机,1988.2.

[7] 〔日〕藤厚弘,等.等压出油阀对喷油特性的改善[J].车用发动机,1989.4.

[8] 王柯等.车用柴油机喷油系统中阻尼阀的试验分析与计算研究[J].车用发动机,1987.2.

# 车用磁电式执行器的自适应模糊控制研究*

李元春[1],高　巍[1],于在河[1],李　骏[2]
(1.吉林工业大学 信息科学与工程学院,长春　130025;2.长春汽车研究所)

**摘　要**:本文针对柴油机电控喷油系统磁电式执行器的控制问题进行了研究。通过理论研究与试验研究发现,磁电式执行器具有严重的非线性和时变性,且其工作特性受温度影响很大。针对此类对象,提出了 Bang-bang 控制加自适应模糊复合控制方案,即系统偏差较大时,采用 Bang-bang 控制,系统偏差较小时采用自适应模糊控制。试验结果表明,此方法可以取得令人满意的控制效果。

**关键词**:柴油机;磁电式执行器;Bang-bang 控制;自适应模糊控制
**中图分类号**:TK423.94;TP181　**文献标识码**:A

## 引言

为了适应更严格的排放法规,提高柴油机的转速和比功率,降低其排放、噪声和燃油消耗率已成为当前各国研究的重要课题。随着电子技术的发展,电子控制技术在柴油机上的应用愈来愈受到重视。柴油机燃油喷射系统的电子控制是柴油机电控的重要内容,它主要包括两方面,即喷油正时控制和燃油喷射量控制,采用电控喷油系统可更好地控制烟度和碳粒的排放。

电控喷油系统的总体设计方案建立在基本控制对策的基础上。从目前的情况看,由于柴油机的混合气形成和燃烧过程极为复杂,因此采用建立工作过程数学模型并借助燃烧传感器、负荷传感器、烟度传感器等进行喷油过程闭环控制的方法在目前的条件下是不可行的。因此,本文采用的柴油机喷油系统电子控制方案为将发动机转速和加速踏板位置作为实际工况(即转速和负荷)点的基本标志信号,参照由发动机(或整车)试验得出的 Map 图选择控制喷油量和喷油正时的基准值之后,以进气温度和进气压力等信号对该基准值进行修正,最后依据齿杆位置和喷油提前角等反馈信号决定喷油量和喷油时刻的目标控制值,从而形成对整个喷油系统的闭环控制。

从整体上看,系统的主要控制功能(喷油量控制和喷油正时控制等)都要通过最终对齿条位移执行器和滑套位移执行器的控制来实现。因此,对执行器的控制性能直接关系到整个控制系统的性能。

本文采用 2 个磁电式执行器来进行喷油正时和燃油喷射量控制。理论分析和试验结果表明,磁电式执行器具有严重的非线性和时变性,针对此类执行器,已有的控制方案有模拟 PID 控制和双向分段 PID 控制[1]。由模拟 PID 控制可以得到较好的局部控制效果,但由于参数的不可调节性而无法克服执行器的非线性。双向分段 PID 较好地克服了参数的非线性,但在跨阶段的大范围控制过程中响应时间较长。由此,本文提出了 Bang-bang 控制加自适应模糊复合控制方案,设计了以 80C196KC 单片机为核心的微机控制系统,并进行了大量的试验研究。

## 1　控制系统硬件结构

磁电式执行器控制系统硬件结构如图 1 所示。

刊登信息:《内燃机学报》2000 年(第 18 卷)第 2 期
*　基金项目:国家科技部“九五”攻关(971603041)及吉林省科委(980507)资助项目。

第四部分

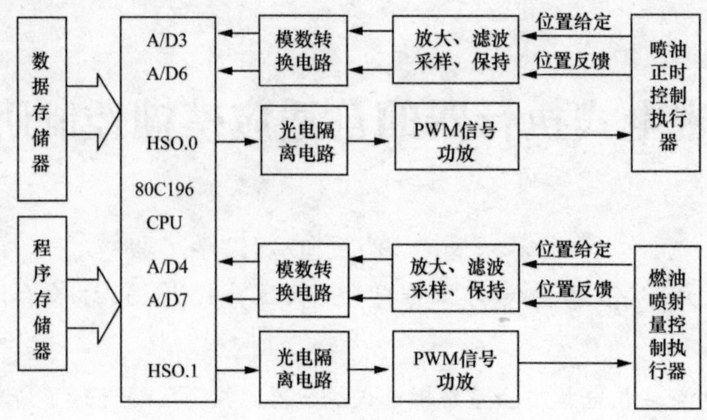


图1　执行器控制系统硬件框图

系统以80C196KC单片机为核心,同时控制2个执行器,即齿条位移执行器和滑套位移执行器,以同时对喷油正时和燃油喷射量进行控制。CPU定时检测位置给定信号和位置反馈信号,并根据误差进行控制运算,最终形成高电平为24 V、低电平为0 V且占空比与控制运算所得控制量相对应的PWM信号输出给执行器,以达到位置控制的目的。系统的采样、模数转换及运算采用软件定时器中断方式,周期为10 ms;2路PWM控制波形由单片机高速输出口利用中断方式产生,频率为150 Hz。

## 2　自适应模糊控制



### 2.1　控制结构

本系统采用的是磁电式执行器,其结构如图2所示。

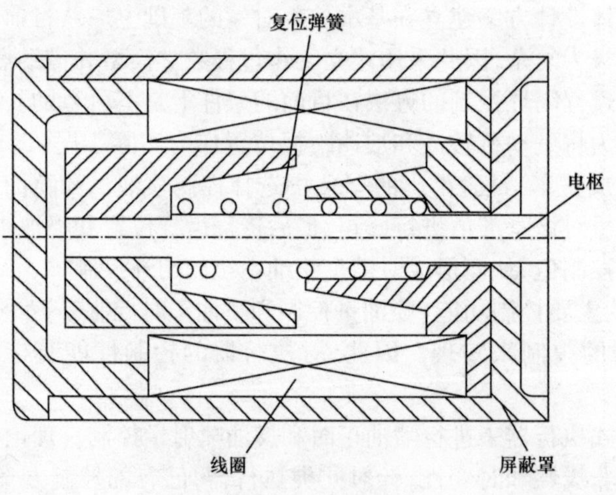


图2　磁电式执行器结构原理

磁电式执行器移动部件的运动是通过线圈中电流所产生的电磁力与弹簧力的相互作用来实现的。当电磁力与弹簧力相平衡并最终稳定时,执行器的位移就处于平衡稳态位置;同时,执行器内部的电位器式位置传感器输出电压信号,指示执行器推杆的当前位置[2]。根据力学原理,可推导出执行器的运动方程如下:

$$mx + kx + f_m \sin(x) = f_c \qquad 式(1)$$

$$f_c = cV \qquad 式(2)$$

式中,$k$为弹簧的弹性系数;$x$为执行器推杆位移;$m$为执行器运动部件质量;$f_c$为执行器的电磁力;$c$为电磁力(电压)系数;$V$为执行器输入电压;$f_m$为摩擦力。

在控制系统开环的条件下,本文对齿条位移执行器进行了试验研究。图 3a)、b)分别为系统低温和高温时,在相同给定下两次阶跃响应曲线对比图。由试验曲线可知,执行器具有严重的非线性和时变性,且其工作特性受温度影响很大。

由于被控对象的复杂特性,采用简单 PID 控制无法取得令人满意的控制效果,因此本文提出了 Bang-bang 控制加自适应模糊复合控制,以取得较理想的控制效果,其控制结构如图 4 所示。

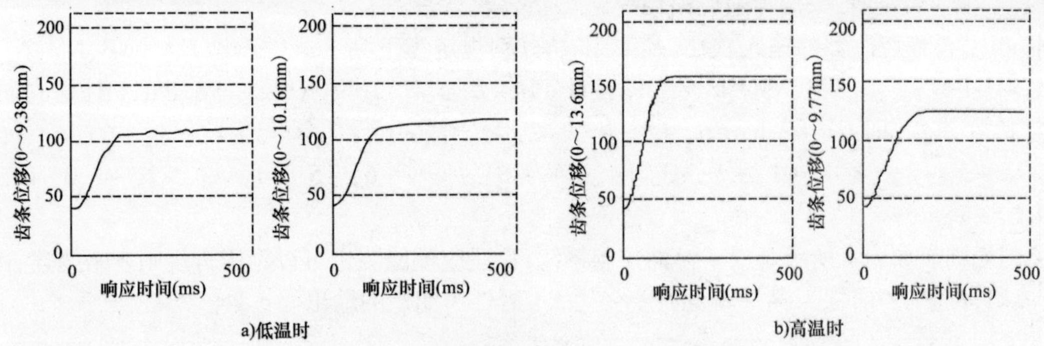


图 3　相同给定下两次阶跃响应对比图(开环特性曲线)

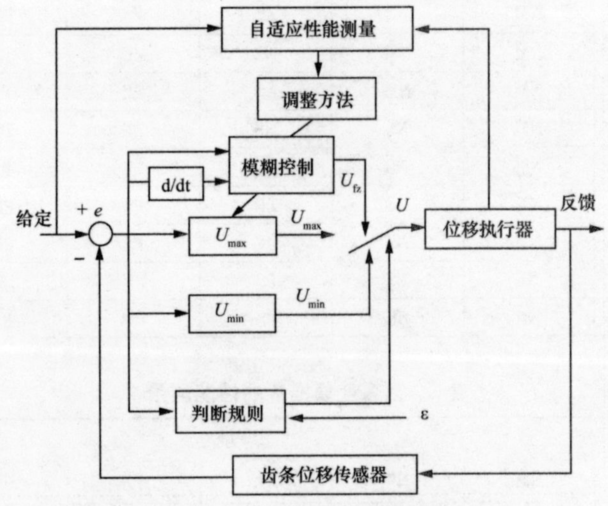


图 4　Bang-bang 加自适应模糊复合控制原理图

在控制中引入了以下的判断规则:

$$\begin{aligned} &\text{IF } |e| \leqslant \varepsilon \quad \text{THEN } u = U_{fz} \\ &\text{IF } |e| > \varepsilon \text{ AND } e > 0 \quad \text{THEN } u = U_{max} \\ &\text{IF } |e| > \varepsilon \text{ AND } e < 0 \quad \text{THEN } u = U_{min} \end{aligned} \qquad \text{式(3)}$$

### 2.2　自适应模糊控制

模糊控制是一种新型的智能控制方法。模糊控制理论的基础是模糊集合论,它是把人的控制经验用模糊条件语句表示成控制规则集,用模糊集合论对语言变量定量化,采用隶属度函数的方法,把输入量模糊化为不同的语言变量值,并应用模糊推理对系统的实时输入状态进行处理,产生相应的控制决策,经过反模糊化求得精确的控制量。模糊控制不要求被控对象的数学模型是一种非线性控制系统,并且控制系统的鲁棒性好,对系统参数的变化不敏感,因此很适合柴油机电控系统。但是模糊控制非常依赖于控制专家或操作人员的经验和知识,若缺乏这样的控制经验,很难期望它能获得满意的控制效果,为此本文提出了自适应模糊控制方法来解决这样的问题。

对于常规的控制系统，其性能通常用过渡过程时间、超调量及积分指标等性能指标来描述。常规的自适应控制就是找到这些指标与控制作用之间的联系。在本系统里，控制器的性能与控制对象输出之间的联系可以通过输出误差及其变化量等输出状态来加以测量，并由此确定控制作用所需的修正量。另外，由于本系统中执行器位移跨度较大，为提高自适应模糊控制的稳态精度，并获得跨阶段和大范围的有效控制，本文采用 Bang-bang 控制加自适应模糊复合控制，即偏差较大时，采用 Bang-bang 控制，偏差较小时，采用自适应模糊控制。

本文中，模糊控制器的输入、输出 $E$、$E^{\circ}$ 和 $U$ 分别规定为下列 Fuzzy 子集：$E$ = {NB，NM，NS，NZ，PZ，PS，PM，PB}，$E^{\circ}$ = {NB，NM，NS，ZE，PS，PM，PB}，$U$ = {NB，NM，NS，ZE，PS，PM，PB}。它们的论域都为 13 个等级，即 $E=(-6,-5,-4,-3,-2,-1,0,+1,+2,+3,+4,+5,+6)$，$E^{\circ}=(-6,-5,-4,-3,-2,-1,0,+1,+2,+3,+4,+5,+6)$，$U=(-6,-5,-4,-3,-2,-1,0,+1,+2,+3,+4,+5,+6)$。

控制规则表如表 1 所示。对于模糊控制系统，自适应性能测量可以用语言规则表来描述，由表 2 给出，该语言规则的前件为误差 $E$ 及误差变化 $E^{\circ}$，后件为期望的输出修正量。

**表1　控制规则表**

| $U$ | | $E^{\circ}$ | | | | | | |
|---|---|---|---|---|---|---|---|---|
| | | NB | NM | NS | ZE | PS | PM | PB |
| $E$ | NB | NB | NM | NM | NS | ZE | PS | PS |
| | NM | NB | NM | NM | NS | ZE | PS | PM |
| | NS | NB | NM | NS | NS | ZE | PS | PM |
| | NZ | NB | NM | NS | ZE | PS | PS | PM |
| | PZ | NB | NM | NS | ZE | PS | PM | PM |
| | PS | NM | NM | NS | ZE | PS | PM | PB |
| | PM | NM | NS | NS | PS | PM | PM | PB |
| | PB | NM | NS | ZE | PS | PM | PB | PB |

**表2　语言变量描述的性能测量**

| Δ | | $E^{\circ}$ | | | | | | |
|---|---|---|---|---|---|---|---|---|
| | | NB | NM | NS | ZE | PS | PM | PB |
| $E$ | NB | NB | NB | NB | NB | NM | NS | ZE |
| | NM | NB | NB | NM | NM | NS | ZE | PS |
| | NS | NB | NM | NM | NS | ZE | PS | PM |
| | NZ | NB | NM | NS | ZE | PS | PM | PB |
| | PZ | NB | NM | NS | ZE | PS | PM | PB |
| | PS | NM | NS | ZE | PS | PM | PM | PB |
| | PM | NS | ZE | PS | PM | PM | PB | PB |
| | PB | ZE | PS | PM | PB | PB | PB | PB |

### 2.3　控制算法的实现

在进行控制运算时，首先由执行器当前偏差确定采用何种控制。采用自适应模糊控制时，先将查得量乘以相应因子后作为控制量增量应用于运算中，然后将计算所得的控制量转化为 PWM 波高电平持续时间。在本系统中，PWM 输出信号的高电平持续时间 $T_{PWMh}$ 与低电平持续时间 $T_{PWMl}$ 均由单片机的定时器 T1 通过高速输出口 HSO 中断来实现定时控制。下面讨论如何由控制运算的结果 $u_k$

计算高电平定时常数 $T_h$ 和低电平定时常数 $T_l$。

设 PWM 的周期为 $T_{PWM}$，则在任意 PWM 输出周期中，执行器上获得的平均电压值为：

$$U=\frac{T_{PWMh}}{T_{PWM}}u_k \tag{式(4)}$$

$$T_{PWM}=T_{PWMh}+T_{PWMl}$$
$$T_{PWMh},T_{PWMl}\in[0,T_{PWM}] \tag{式(5)}$$

由式(4)、式(5)可见，在本试验系统中，$u_k$ 相对于高电平输出时间 $T_{PWMh}$ 的控制为正作用，为简化程序运算，可令 $u_k$ 等于高电平的计数次数。设 $T^*$ 为 PWM 定时器 T1 的时钟周期，则有：

$$0\leqslant T_h=u_k^*\leqslant\frac{T_{PWM}}{T^*} \tag{式(6)}$$

式(6)限定了 $u_k$ 的取值范围为 $\left[0,\frac{T_{PWM}}{T^*}\right]$。在控制计算过程中，若 $u_k<0$，则表明运算负溢出，应置 $u_k=0$；若算得 $u_k>\frac{T_{PWM}}{T^*}$，则是正溢出，应置 $u_k=\frac{T_{PWM}}{T^*}$。

## 3 试验研究

为了验证上述控制算法的有效性，分别采用常规 PI 算法和 Bang-bang 控制加自适应模糊控制算法对磁电式执行器进行了控制试验。首先，采用常规 PI 算法进行控制，利用工程方法整定控制参数，使得执行器在某一阶段的阶跃响应具有较好的特性，然后用同一组 PI 参数测试执行器在其他阶跃条件下的动态响应，图 5a)为几组实测阶跃响应波形。然后采用 Bang-bang 控制加自适应模糊复合控制，得出一组各阶段阶跃响应波形如图 5b)所示。对比图 5 中两部分曲线可以看出：采用普通 PI 算法控制时，由于对象参数非线性的影响，使得为某特定阶跃过程整定合适的 PI 参数，用于其他

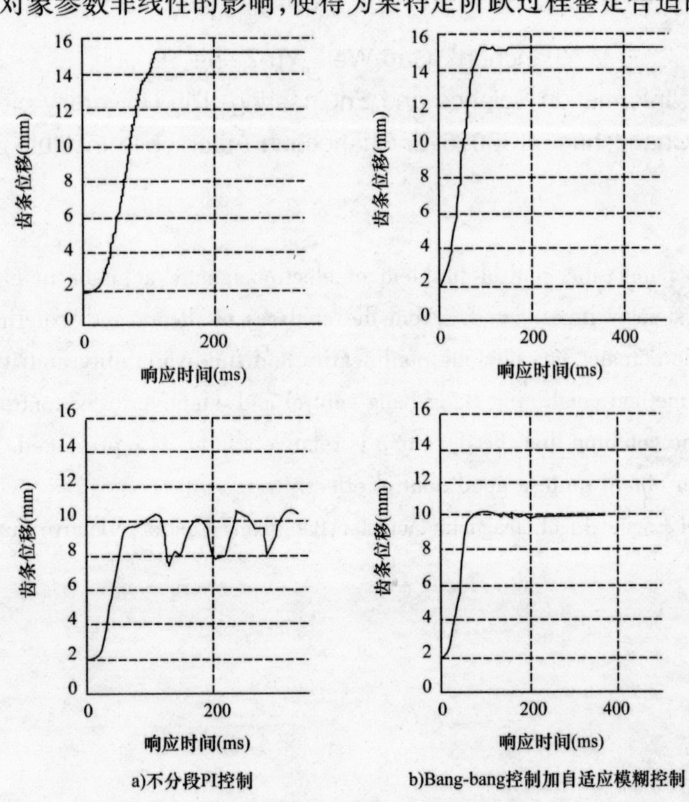


图 5　不分段 PI 控制与 Bang-bang 控制加自适应模糊控制阶跃响应曲线对比图

阶跃输入条件的控制时，其响应特性变化很大，甚至可能发生振荡；采用 Bang-bang 控制加自适应模糊复合控制后，由于充分考虑了执行器具有较强非线性的特点，使得控制效果在整体上得到较大改善。

## 4 结论

本文研究了柴油机燃油喷射系统的电子控制问题，设计了一套以 80C196KC 单片机为核心的磁电式执行器微机控制系统。

本文提出的 Bang-bang 控制加自适应模糊复合控制方案可以使磁电式执行器的动态响应得到较大改善。目前，此套柴油机燃油喷射电子控制系统已成功地应用于柴油机台架试验中。

## 参考文献

[1] 于在河，刘富，李元春. 柴油机燃油喷射系统磁电式执行器的控制研究[J]. 吉林工业大学学报，1998(3).

[2] RACKMIL Charles I, BLUMBERG Paul N. Dynamic Simulation of a Turbocharged/Intercooled Diesel Engine with Rack-Actuated Electronic Fuel Control System[C]. SAE Paper, 890394.

[3] 刘春华. 齿条位移控制系统研究及巡航学习控制研究[D]. 长春：吉林工业大学，1998.



## Adaptive Fuzzy Control Research on Automotive Electromagnetic Actuator

Li Yuanchun[1], Gao Wei[1], Yu Zaihe[1], Li Jun[2]

(1. School of Information Science and Engineering, Jilin University of Technology, Changchun 130025; 2. Changchun Automobile Institute)

**Abstract**: In this paper, the control problem of electromagnetic actuator in electronically controlled diesel fuel injection system is investigated. From the analyses of theory and experiments, it can be seen that the electromagnetic actuator has obvious nonlinearity and time-variability and it is greatly affected by the temperature. So, a method combining Bang-bang control and adaptive fuzzy control, in which Bang-bang control is adopted at the conditon that the deviation is relatively large, is represented. Experiments show that this control method can obtain quite a good control effect.

**Key Words**: Diesel Engine; Electromagnetic Actuator; Bang-bang Control; Adaptive Fuzzy Control

# 磁电式高压共轨转速传感器研制

宋国民[1,3],李　骏[2],胡林峰[3],蒋兆颐[3]
(1. 清华大学汽车工程系　北京　100084;
2. 第一汽车集团公司技术中心　长春　130011;
3. 第一汽车集团公司无锡油泵油嘴研究所　无锡　214063)

**摘　要**:本文对磁电式转速传感器结构及工作原理进行了阐述,并在此基础上针对高压共轨柴油机开发了磁电式转速传感器,同时与国外样品进行了性能对比试验,最后应用到自主开发的电控共轨系统试验。试验结果表明,研制的磁电式转速传感器性能良好,可替代进口样品安装在电控柴油机上,且可应用于工业控制的其他领域。

**关键词**:磁电;转速传感器;共轨;柴油机

**中图分类号**:TP212.13　**文献标识码**:B　**国家标准学科分类代码**:460.40

## 1　引言

随着世界范围内排放法规的日益严格,国际上各大公司相继推出新一代电控柴油机燃油喷射系统,如电控单体泵、高压共轨和电控泵喷油嘴系统等。其中,高压共轨由于能实现高压喷射,并具有灵活的多段喷射和无需改变发动机基本结构等特点,成为电控柴油机发展的主要热点之一。高压共轨系统结构原理如图1所示,即高压泵在电控单元(Electronic Control Unit,ECU)控制下保持共轨腔一定燃油压力(40~160MPa),ECU根据转速传感器信号确定发动机当前工作位置,从而确定喷油正时和喷射油量[1]。

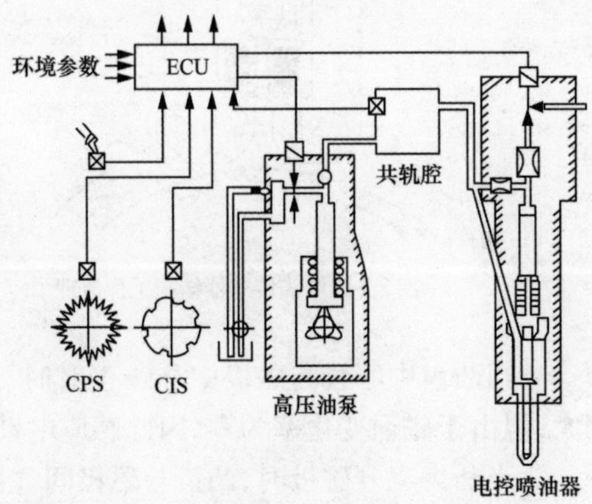


图1　共轨系统结构原理

高压共轨系统有两个转速传感器,一个为曲轴位置传感器(Crankshaft Position Sensor, CPS),采集曲轴转动角度和发动机转速信号,输入到ECU,用以确定喷油时刻;另一个为判缸传感器(Cylinder Identification Sensor,CIS),CIS采集油泵位置,输入到ECU,ECU据此识别发动机缸号,从而实现顺序喷油控制。由于这两个传感器确定发动机工作时序,是所有控制的时间基准,因此,信号对发动机正常工作至关重要[2]。

国内在电控系统开发初期转速传感器主要依赖进口,例如HONEYWELL、GE、SIEMEMS等,一方面价格昂贵,另一方面供货周期较长,难以满足产品要求,而直接针对电控系统开发的转速传感器并不多见[3,4]。基于以上情况,作者在电控共轨系统研究的基础上,研制开发了磁电式转速传感器,并进行了传感器性能及电控柴油机试验,结果表明本文研制的磁电式转速传感器性能满足使用要求。

刊登信息:《仪器仪表学报》2006年(第27卷)第3期

## 2 磁电式传感器工作原理

发动机通常使用的转速传感器有光电式、霍尔式和磁电式等。光电式需要在被测体上贴一可识别光标，在汽车和内燃机行业很少使用；霍尔式具有高可靠性、低功耗、对环境要求低等特点；磁电式传感器为无源传感器，其突出优点是无需外接电源，传感器永磁铁将机械能转换为电能，磁电式传感器在车辆行业广泛应用，例如日本 DENSO 公司 ECD-U2 高压共轨产品就选用磁电式转速传感器。磁电式传感器的缺点是安装要求高，通常要求安装间隙在 0.5 ~ 1.5mm 范围内，且低速不敏感。

文中研制开发的转速传感器线圈与磁铁静止，被测运动部件由导磁材料制成，当被测物体相对传感器运动时，磁路气隙发生周期性变化，磁路磁阻和穿过信号线圈磁头的磁通量随之发生周期性变化，根据法拉第电磁感应定律线圈产生感应电动势，磁电式转速传感器结构及工作原理如图 2 所示。

当齿圈凸齿靠近磁极时，凸齿与磁极间气隙减少，磁路磁阻减小，磁通量 $\Phi$ 增多，因此磁通变化率 $\mathrm{d}\Phi/\mathrm{d}t>0$，感应电动势 $e>0$，如图 3 曲线 $abc$ 所示。当凸齿接近磁极边缘时，回路磁通量急剧增多，磁通变化率达到最大，因而感应电动势也达到最大值，如图 3 中 $b$ 点所示，当转过 $b$ 点位置后，虽然磁通量仍在增加，但磁通量变化率减缓，因此感应电动势降低。

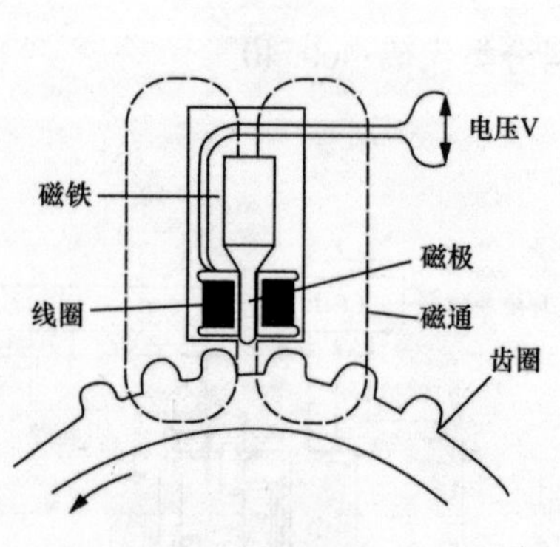

图 2 磁电式传感器结构工作原理

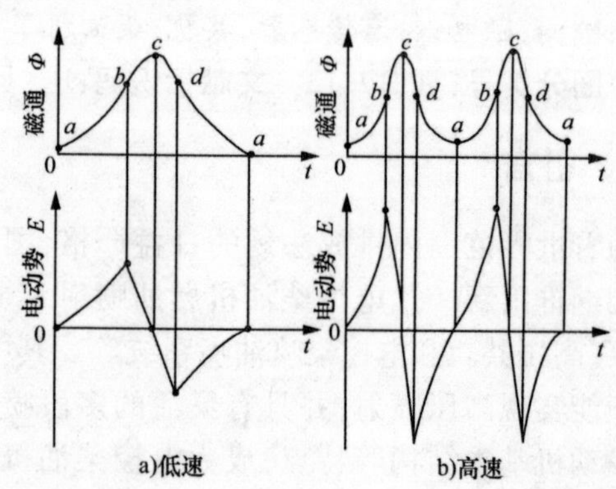

图 3 传感器线圈磁通量和电动势关系

当凸齿中心线与磁极中心线正对时，此时凸齿与磁极间气隙最小，磁路磁阻也最小，磁通量最大，但由于磁通变化率为零，因此感应电动势为零，如图 3 中 $c$ 点所示。

当凸齿离开磁极时，凸齿与磁极间气隙增大，磁路磁阻增加，磁通量减少，磁通变化率 $\mathrm{d}\Phi/\mathrm{d}t<0$，因此感应出的电动势为负值，如图 3 曲线 $cda$ 所示。当凸齿转到即将离开磁极边缘时，磁通量 $\Phi$ 急剧减少，因此磁通变化率达到负的最大值，感应电动势也达到负的最大值，如图 3 中 $d$ 点所示。

从以上分析可见，每转过一个凸齿，传感器线圈就产生一个周期性交变电动势，即电动势出现一次最大值和一次最小值，传感器线圈也就相应地输出一个交变的电压信号。

## 3 磁电式传感器设计

### 3.1 感应电动势计算

磁电式传感器以法拉第电磁感应定律为基础，即当线圈在磁场中运动时，线圈两端的感应电动势正比于穿过线圈磁通的变化率，其方向与磁通变化相反[5]，即：

$$e=-N\frac{\mathrm{d}\Phi}{\mathrm{d}t} \qquad \text{式(1)}$$

式中，$N$ 为线圈匝数；$\Phi$ 为穿过每匝线圈的磁通量。

假设切割磁力线齿圈的有效长度为 $l$，其齿圈半径为 $R$，其相对切割线速度为 $\mathrm{d}x/\mathrm{d}t$，切割方向与



第四部分

磁力线的夹角为 $\alpha$，切割处的磁感应强度为 $B$，则根据式(1)可得感应电动势为：

$$e = -NBl\frac{\mathrm{d}x}{\mathrm{d}t}\sin\alpha \qquad 式(2)$$

若齿圈相对角速度为 $w$，则(2)式可转化为：

$$e = -NBlRw\sin(wt) \qquad 式(3)$$

从上推导可得，当齿圈尺寸一定时线圈感应电动势正比于齿圈旋转角速度，其频率和齿圈旋转频率一致，因此，测量得到的感应电动势频率就可以得到齿圈的旋转速度，磁电式转速传感器正是依据这个原理工作的，频率 $f$(Hz)取决于齿数 $N_1$ 和转速 $n$(r/min)的乘积，即：

$$f = \frac{nN_1}{60} \qquad 式(4)$$

传感器线圈结构对传感器输出性能影响较大，当采用多层圆柱线圈结构时，线圈常数表达式为：

$$NS = \frac{\pi}{12}N(d^2 + dD + D^2) \qquad 式(5)$$

式中，$D$、$d$ 分别为线圈的外径和内径；$S$ 为线圈截面系数。

当感应线圈的几何尺寸和匝数设计确定后，线圈常数也就随之确定，实际设计尺寸时综合考虑了 $L/D$ 对 $NS$ 的影响，经多轮优化设计及试验，最后确定感应线圈尺寸 $D = 6$mm，$d = 3$mm，长度 $L = 10$mm。

3.2　线圈匝数计算

磁电式传感器相当于一电势源，它内阻为线圈的直流电阻 $R_1$（忽略线圈电抗），输出电压信号时，外围电路相当于负载，若负载电阻为 $R_L$，则其等效电路如图4所示。

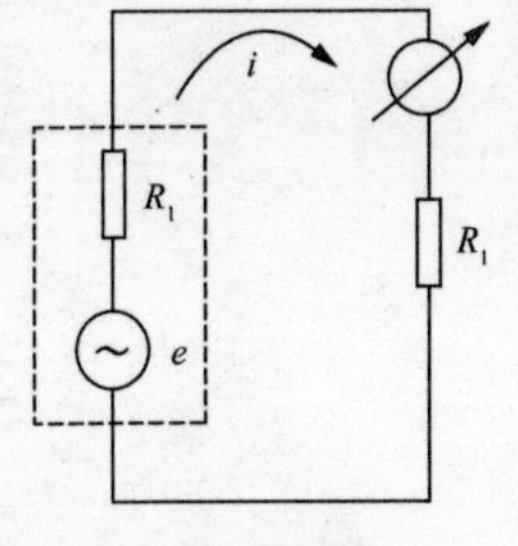

图4　磁电式传感器等效电路

从电工原理可得，为从传感器获得最大功率必须满足 $R_1 = R_L$，线圈电阻可表示为：

$$R_1 = N\frac{\rho l_a}{S} \qquad 式(6)$$

式中，$\rho$ 为导线电阻率；$l_a$ 为线圈长度；$S$ 为导线截面积。

由于 $R_1 = R_L$，因此：

$$R_L = N\frac{\rho l_a}{S} \qquad 式(7)$$

从而可得较优化的线圈匝数 $N$ 为：

$$N = \frac{R_L S}{\rho l_a} \qquad 式(8)$$

3.3　传感器接口电路

从式(3)可见，磁电式转速传感器输出电压呈正弦变化趋势，因此必须设计变换电路，即把转速传感器输出信号处理成单片机能接收的数字信号，其电路原理如图5所示。传感器感应电压经过D1滤波除去负半周信号，送到BG1进行放大，再经过BG2组成射极跟随器，然后进入由BG3和BG4组成的射极耦合触发器进行整形，最后在 $U_{out}$ 处输出方波信号。

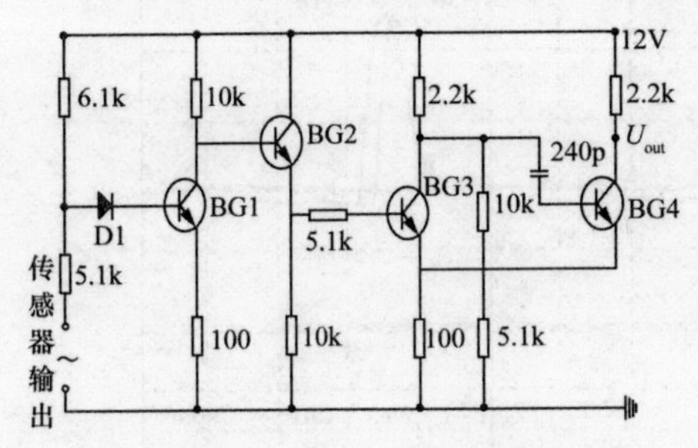

图5　转速传感器处理电路

3.4　传感器输出特性

线性度是传感器非常重要的输出特性之一，从式(3)可见，理论上磁电式转速传感器输出电压幅值和转速呈线性关



第四部分

系，但实际传感器由于磁路损失影响，因此很难保证传感器在整个转速范围内都呈线性关系，不同传感器具有不同的特性，图6给出了文中所设计转速传感器在不同间隙下输出电压幅值随转速的变化趋势。

通过试验，得到如下主要结论：

（1）随传感器安装间隙增加，传感器输出灵敏度迅速降低。

（2）随转速升高，传感器输出电压幅值增加。不同间隙下传感器常用工作区（低于1000r/min）都有较高线性度。在高速情况下，传感器输出电压随转速变化减缓，这是因为高速时传感器磁路损失严重。

（3）在大间隙情况下，传感器输出电压干扰较大，因此，对于磁电式转速传感器，在确保正常使用的前提下，安装间隙应尽可能小。

图7为自行研制开发的磁电式转速传感器实物照片，该传感器的主要技术指标如表1所示。

表1 技术指标

| 物理量名称 | | 数值范围 |
|---|---|---|
| 安装间隙（mm） | | 1.0±0.2 |
| 直流电阻（kΩ） | | 1.788 |
| 使用温度范围（℃） | | -40～+125 |
| 相对湿度（%） | | ≤95 |
| 抗震 | 25～60Hz | 0.78mm |
| | 60～200Hz | $110m/s^2$ |

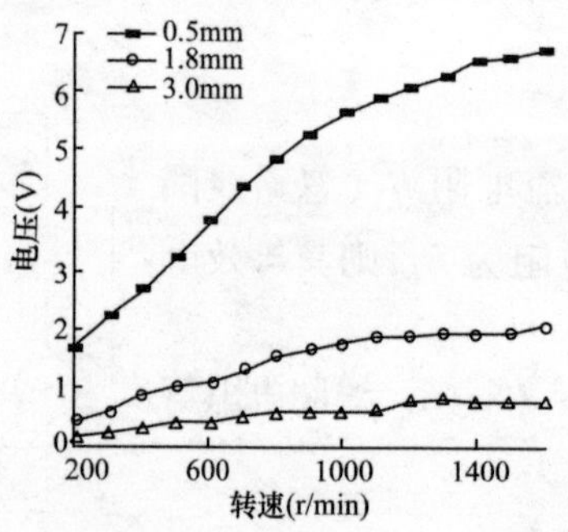


图6 不同间隙时传感器输出试验曲线

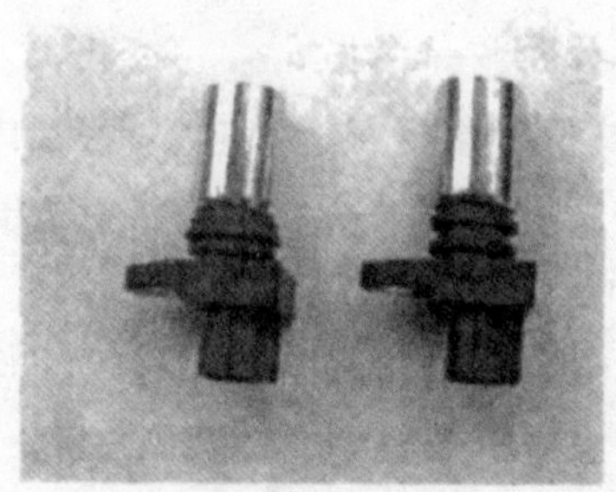

图7 磁电式转速传感器外形

## 4 试验及分析

文中研制的磁电式转速传感器是专门针对共轨柴油机而开发的，为验证本设计的性能，首先进行了与国外同类产品的对比试验，图8、图9分别给出了在低速及中速条件下自制转速传感器和样品的对比试验（负半周信号被滤波处理），该样品传感器用于日本DENSO公司ECU-U2共轨燃油系统，

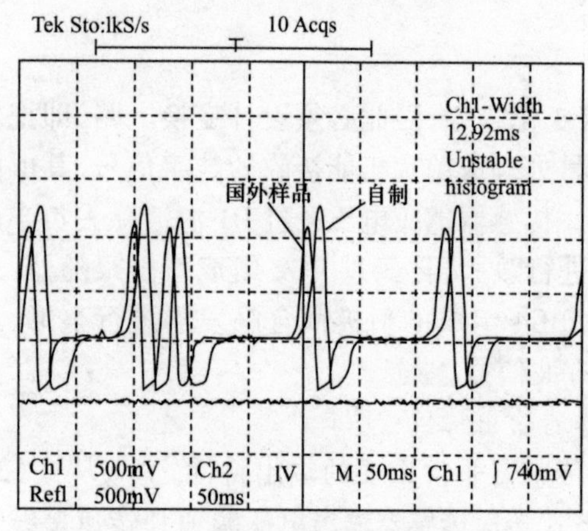


图8 油泵80r/min磁电式传感器对比

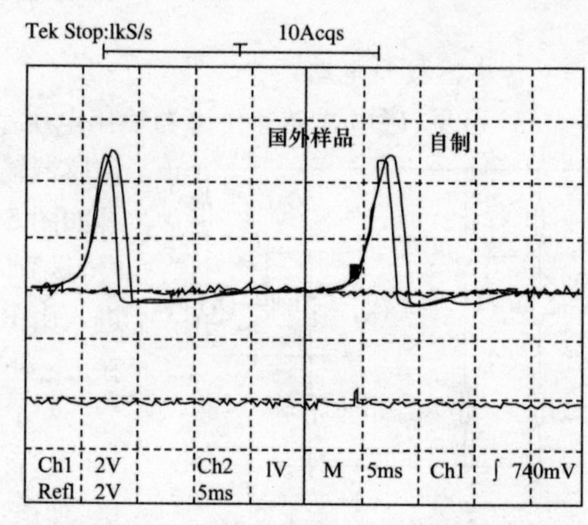


图9 油泵400r/min磁电式传感器对比

型号为 82580 - 8250,该燃油系统主要在五十铃柴油车上使用。试验结果显示,在低速情况下自制传感器显示了比样品更高的灵敏度,而在中速情况下,自制传感器性能和样品基本一致,因此,可满足实际使用要求。

图 10 为油泵 150r/min(曲轴 300r/min)时自制 CIS 和 CPS 电压输出信号,从实际试验结果可见,传感器输出电压呈周期性正弦变化趋势。图 11 为传感器接口电路处理后的数字波形,图中脉冲信号不均匀处为齿盘信号识别标志,用于判断发动机位置。在图 10、图 11 中通道 1 为 CIS 信号,通道 2 为 CPS 信号。

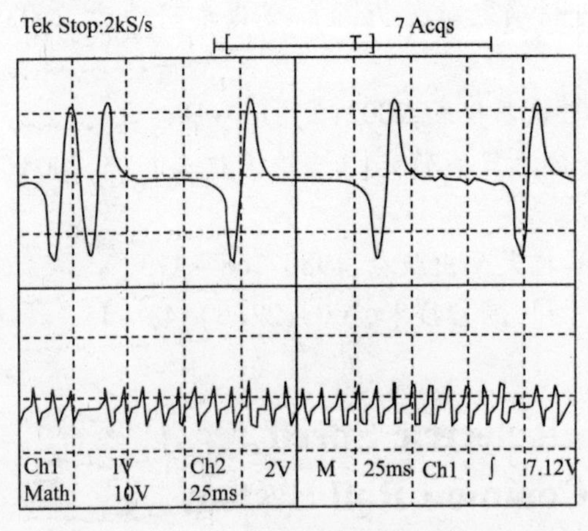


图 10　转速传感器输出信号

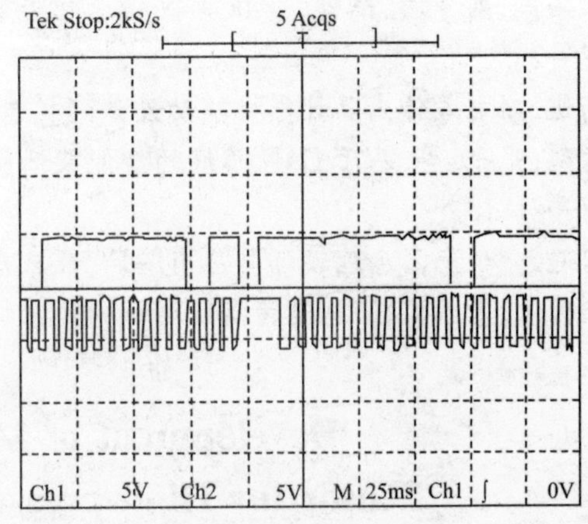


图 11　转速信号处理结果

图 12 为用自制磁电式转速传感器替代进口样品后发动机试验情况,试验中没有发生多齿和丢齿情况,实际上发动机在各种工况下运行状态稳定,证明了文中所设计传感器的正确性[6]。

同时为验证发动机起动过程,进行了最低稳定转速试验,试验结果显示,此传感器最低正常工作转速为油泵 60r/min 左右,实际发动机起动时起动电动机驱动转速大致为油泵 80 ~ 120r/min(随蓄电池电压高低有所波动),因此,此设计传感器能满足发动机最低起动转速要求。

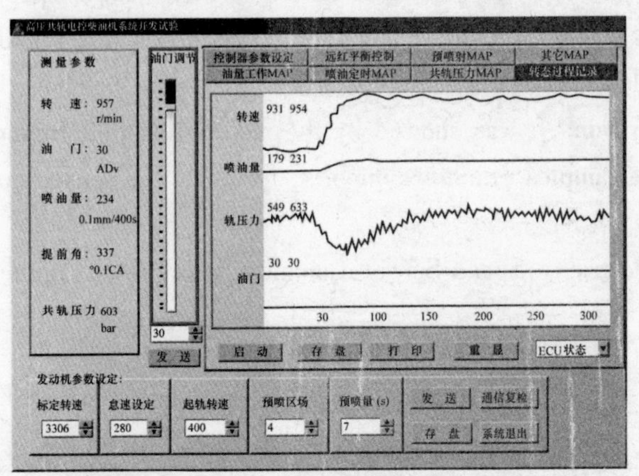


图 12　电控共轨发动机监控界面

## 5　结论

磁电式转速传感器是电控共轨系统中非常关键的传感器之一,此研究针对发动机开发了磁电式转速传感器,并与国外同类产品作了对比试验,其性能满足使用要求,最后在台架上完成了柴油机试验。通过文中的研究,实现了磁电式转速传感器国产化,大大降低了成本,增强了产品市场竞争能力,同时,虽然此研究基于柴油机系统而开发,但该磁电式传感器完全可应用在工业控制过程的其他领域,因此工程应用前景广泛。

## 参 考 文 献

[1] 邓飞,高世伦,蒋方毅,等.柴油机高压共轨式燃油喷射系统的模拟系统和ECU的开发研究[J].现代车用动力,2002(2):7-9.

[2] 宋国民,刘学瑜,陆健.高压共轨转速信号测量与精确定时分析[J].现代车用动力,2003(5):22-25.

[3] 扬帆.磁电式传感器计算机辅助设计[J].自动化与仪器仪表,2002(2):15-18.

[4] 黄鹤,张平,等.基于CAN总线的智能柴油机转速传感器的研究[J].铁道机车车辆,2003(11):179-181.

[5] 刘迎总.传感器原理设计与应用[M].北京:国防科技大学出版社,1980:168-173.

[6] 宋国民.基于CAN总线的高压共轨测控系统开发[J].测控技术,2003,22(3):43-45.

# Development of Magnetoelectric Speed Sensor for High-pressure Common Rail System

Song Guomin[1,3], Li Jun[2], Hu Linfeng[3], Jiang Zhaoyi[3]
(1. Department of Automotive Engineering, Tsinghua University, Beijing 100084, China;
2. R&D Center, First Automobile Works, Changchun 130011, China;
3. Wuxi Fuel Injection Equipment Research Institute, First Automobile Works, Wuxi 214063, China)

**Abstract**: The working principle and configuration of magnetoelectric speed sensor was analyzed and magnetoelectric speed sensor for high-pressure common rail system was developed. Performance contrast experiments with abroad samples were made, finally the sensor was applied to a home-made electronic-controlled common rail diesel system. It was showed by the results that performance of the sensor developed was fine, so it can substitute samples which are imports, moreover the sensor can be used in other industry fields.

**Key Words**: Magnetoelectricity; Speed Sensor; Common Rail; Diesel Engine

# 非接触式加速踏板传感器的设计*

王　珂[1],刘春生[1],李　骏[2],李　丹[3]
(1. 吉林工业大学信息科学与工程学院;2. 长春汽车研究所;
3. 内蒙古工业大学内燃机系)

**摘　要**:提出一种新型的非接触式加速踏板传感器的设计方案。此传感器是通过改变螺线管铁芯的位置引起电感变化,并将线位移信号(或角度信号)转换为电压信号来确定加速踏板的位置的。具有非接触、结构简单、工作可靠的特点。

**关键词**:加速踏板传感器;非接触式;电感式
**中图分类号**:TM554

## 1　非接触式加速踏板传感器工作原理

加速踏板传感器是电控柴油机的关键部件之一。电子控制单元(ECU)根据柴油机的实际转速和加速踏板所处的位置计算出喷入柴油机各缸内的基本油量,并进行柴油机喷油正时(喷油提前角)的控制,因此,加速踏板传感器的精度和可靠性在电控柴油机中起着至关重要的作用,直接影响着电控系统的精确性和可靠性。但是,目前的加速踏板传感器多数都是接触式的,磨损严重,虽然采用高耐磨材料,但价格昂贵。现有的非接触式加速踏板传感器大多采用差动自感原理,结构复杂。本文介绍的非接触式加速踏板传感器结构(见图1)简单、实用可靠、价格便宜。

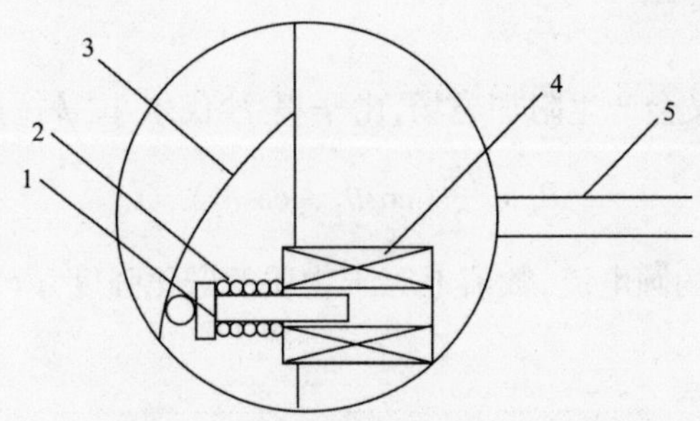


图1　非接触加速踏板传感器结构
1-滑块;2-弹簧;3-滑块运动曲线;4-线圈;5-引出线

加速踏板的位置改变可使滑块1转过一定的角度,推动铁芯滑动。滑块的曲线可根据对驾驶的不同要求进行设计。汽车对传感器有以下三种要求(如图2所示):①角度与电压成正比;②加速性能好;③加速柔和性好。此传感器可根据不同要求改变曲线形状,本文以第一种情况为例来说明。滑块运动的曲线为阿基米德螺线$\rho=\alpha\theta$,角位移与铁芯位移成正比。

非接触式加速踏板传感器电路原理如图3所示。在线圈1、2端输入一定频率的电压,在1、4端就有一定的电压信号输出,随着铁芯的移动,输出信号也随之变化,构成了位移与输出电压的关系。由理论计算和试验结果可知,输入的角度与输出电压呈线性关系。

---

刊登信息:《吉林工业大学自然科学学报》1999年(第29卷)第1期
*　国家"九五"重点科技攻关项目(96A1601010)

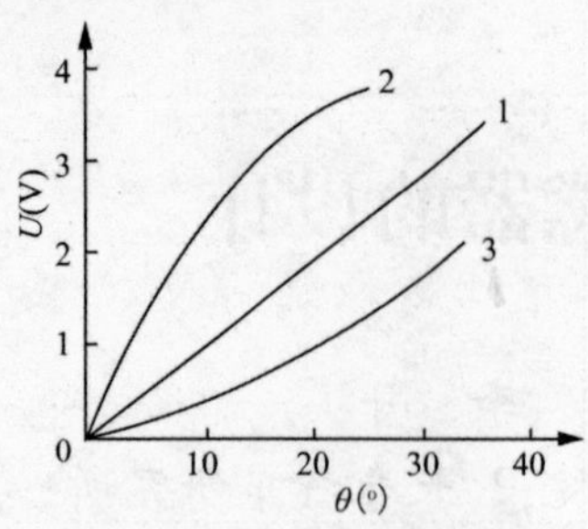


图 2 传感器输出特性曲线

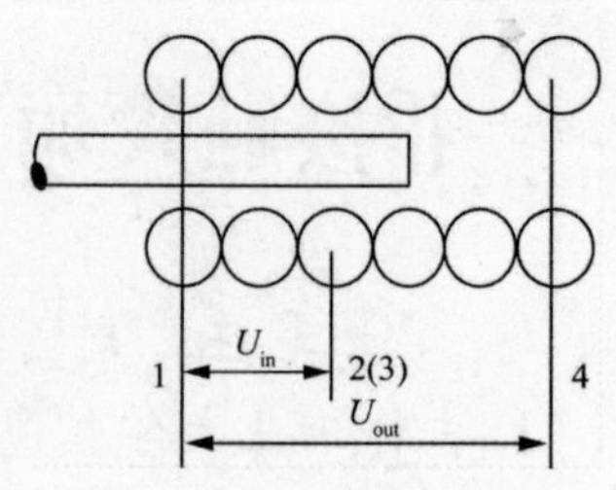


图 3 非接触式加速踏板传感器原理

## 2 螺线管自感的理论计算

螺线管中的磁场由激励磁场 $B_l$ 和铁芯插入后的附加磁场 $B_a$ 两部分组成。

根据毕奥-沙伐尔-拉普拉斯定律,激励磁场 $B_t$ 为:

$$B_l = \frac{I\mu_0 n}{2}(\cos\theta_1 - \cos\theta_2) \qquad \text{式(1)}$$

由图 4 得:

$$B_l = \mu_0 \frac{IN}{2l}\left[\frac{l-x}{\sqrt{(l-x)^2+r^2}} + \frac{x}{\sqrt{x^2+r^2}}\right] - c \qquad \text{式(2)}$$

式中:$N$——线圈匝数;

$l$——螺线管线圈长度;

$n$——线圈单位长度匝数,$n = N/l$;

$r$——螺线管线圈平均半径;

$\mu_0$——螺线管磁化率。

当插入铁芯时,在铁芯上又会产生附加磁场,由毕奥-沙伐尔-拉普拉斯定律得:

$$B_a = \frac{j\mu_0}{2}(\cos\theta_1 - \cos\theta_2) \qquad \text{式(3)}$$

式中:$j$——衔铁表面单位长度的圆电流,数值上等于物质的磁化强度,$j = \mu_e H$;

$\mu_e$——衔铁材料的磁化率。

根据图 5 和式(3)得:

$$B_a = A\frac{\mu_0\mu_e H}{2}\left[\frac{l_a - x}{\sqrt{(l_a - x)^2 + r^2}} + \frac{x}{\sqrt{x^2 + r_a{}^2}}\right] \qquad \text{式(4)}$$

式中,$l_a$ 为插入螺线管的铁芯长度;$r_a$ 为铁芯半径。因此,总的磁场强度 $B$ 为:

$$B = B_a + B_l$$

磁通量为:

$$\Phi = \Phi_1 + \Phi_2 = B_l A_l + B_a A_a$$

式中,$A_l$ 为螺线管截面面积,$A_l = \pi r^2$;$A_a$ 为铁芯截面面积,$A_a = \pi r_a{}^2$。

根据电感定义 $L = \Psi/I$,需求出 $\Psi$。

$$\Psi = \Psi_L + \Psi_a = \Phi_L N + \Phi_a N = \int_0^l \Phi_L n dx + \int_0^{la} \Phi_a n \mathrm{d}x$$
$$= A_l n\int_0^l B_l \mathrm{d}x + A_a n\int_0^{la} B_a \mathrm{d}x \qquad \text{式(5)}$$

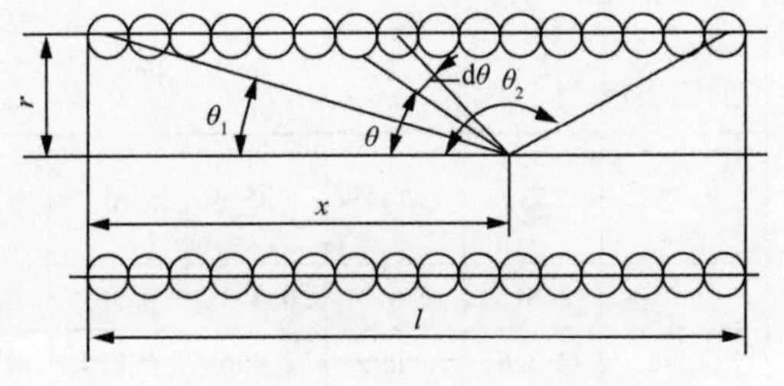

图4　传感器磁场分布计算用图

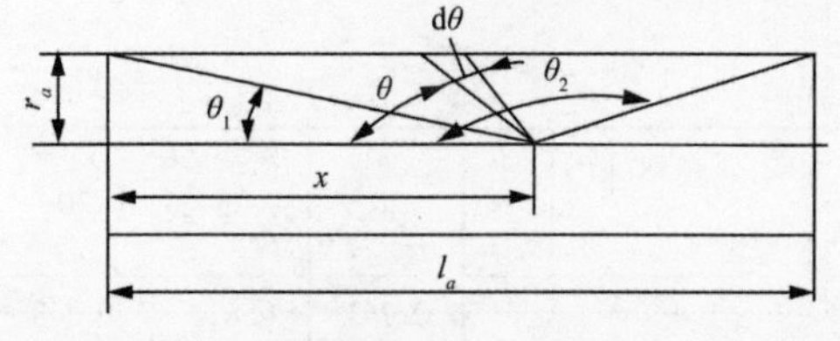

图5　附加磁场计算用图

把式(2)、式(4)代入式(5)得：

$$\Phi = A_l n\int_0^l \frac{I\mu_0 n}{2}\left[\frac{l-x}{\sqrt{(l-x)^2+r^2}}+\frac{x}{\sqrt{x^2+r^2}}\right]\mathrm{d}x + A_a n\int_0^{l_a}\frac{\mu_0\mu_e H}{2}\left[\frac{l_a-x}{\sqrt{(l_a-x)^2+r^2}}+\frac{x}{\sqrt{x^2+r^2}}\right]\mathrm{d}x$$

化简得：

$$\Phi = A_l I\mu_0 n^2[(l^2+r^2)^{1/2}-r]+A_a\mu_0\mu_e Hn[(l_a^2+r_a^2)^{1/2}-r_a]$$

当 $l \gg r$ 时

$$\Phi_L = A_l I\mu_0 n^2 l = A_l\frac{IN^2}{l}\mu_0 \qquad 式(6)$$

则

$$B_l = \Phi_L/NA_l = IN\mu_0/l$$
$$H = B_l/\mu_0 = IN/l$$

当 $l_a \gg r_a$ 时

$$\Phi_a = A_a\mu_0\mu_e Hnl_a = A_a\frac{N^2 I}{l^2}\mu_0\mu_e l_a \qquad 式(7)$$

所以

$$L = \frac{\Phi}{I} = \frac{(\Phi_L+\Phi_a)}{I} = A_l\frac{N^2\mu_0}{l}+\frac{A_a N^2\mu_0\mu_e}{l^2}l_a = a+bl_a$$

其中 $a = A_l\dfrac{N^2\mu_0}{l}$ 为一常数，$b=\dfrac{A_a N^2\mu_0\mu_e}{l^2}$ 也为一常数。

$$\dot{U}_{\mathrm{out}} = -j\frac{\omega LU_{\mathrm{in}}}{R+j\omega L_1} \qquad |U_{\mathrm{out}}| = \omega(a+bl_a)\frac{U_{\mathrm{in}}}{\sqrt{R^2+\omega L_1^2}}$$

如图3所示，1、2端始终有铁芯，电感不变，则

$$|U_{\mathrm{out}}| = a'+b'l_a = a'+b'\alpha\theta = a'+c\theta$$

则

$$a' = \omega_a\cdot\frac{U_{\mathrm{in}}}{\sqrt{R^2+\omega^2L_1^2}},\ b'=\omega_b'\cdot\frac{U_{\mathrm{in}}}{\sqrt{R^2+\omega^2L_1^2}},\ c=b'a$$

输出电压 $U_{\mathrm{out}}$ 与转角 $\theta$ 成正比关系。

## 3　最佳频率特性的测定与特性曲线的绘制及结果分析

输入信号的频率对传感器的输出电压有很大的影响。频率增加，输出的线圈磁通量变化率增加，使输出电压增加；但频率增加又使输入线圈的电抗增加，使输出电压有减小的趋势。因此，要使输出信号最大，必须选择最佳频率。为此输入不同频率的正弦波，改变其幅值，试验数据如表1所示，频率特性曲线如图6所示。试验表明最佳频率为32 kHz。

在最佳频率32 kHz下，输入不同幅值的信号，测出其输出电压值（表2），绘制出特征曲线如图7

所示。

**表1　不同频率下的输出值**

| 输入幅值(V) \ 频率(kHz) | 20 | 25 | 30 | 31 | 32 | 33 | 34 | 35 | 40 | 50 |
|---|---|---|---|---|---|---|---|---|---|---|
| 1.4 | 0.753 | 0.824 | 1.048 | 1.078 | 1.010 | 0.815 | 0.613 | 0.471 | 0.365 | 0.431 |
| 2.6 | 1.596 | 1.759 | 2.416 | 2.327 | 2.412 | 2.328 | 2.099 | 2.496 | 0.814 | 0.980 |
| 3.0 | 1.862 | 2.502 | 2.504 | 2.662 | 2.750 | 2.794 | 2.557 | 2.609 | 0.909 | 1.115 |

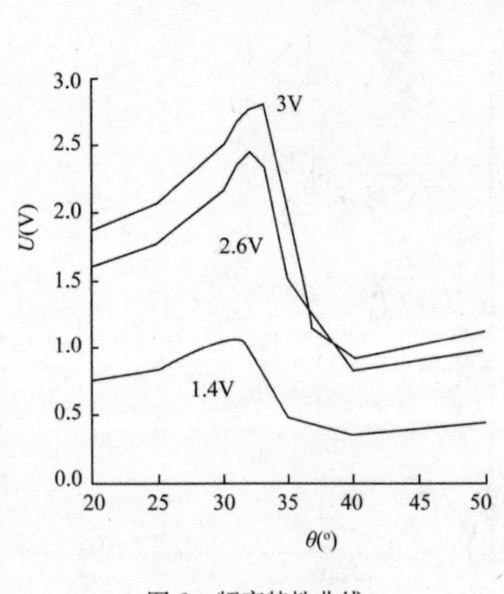

图6　频率特性曲线

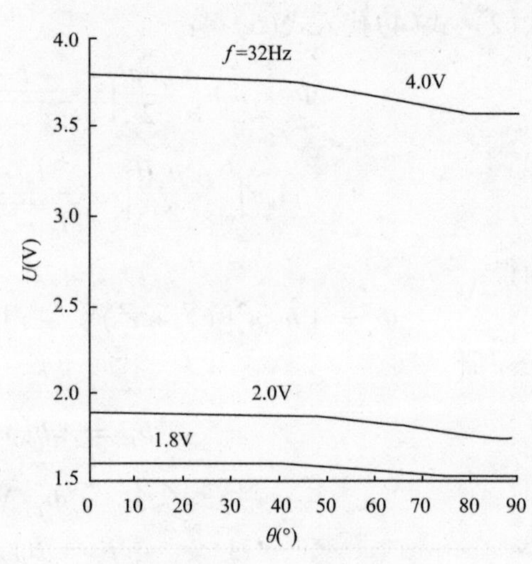

图7　特性曲线

**表2　各个角度下的输出电压值(V)**

| 输入幅值(V) \ 角度(°) | 0 | 10 | 20 | 30 | 40 | 50 | 60 | 70 | 80 | 90 |
|---|---|---|---|---|---|---|---|---|---|---|
| 4.0 | 3.784 | 3.783 | 3.781 | 3.779 | 3.768 | 3.725 | 3.679 | 3.636 | 3.575 | 3.510 |
| 1.8 | 1.616 | 1.616 | 1.616 | 1.611 | 1.602 | 1.590 | 1.570 | 1.557 | 1.545 | 1.528 |
| 2.0 | 1.887 | 1.886 | 1.885 | 1.885 | 1.886 | 1.876 | 1.843 | 1.786 | 1.763 | 1.760 |

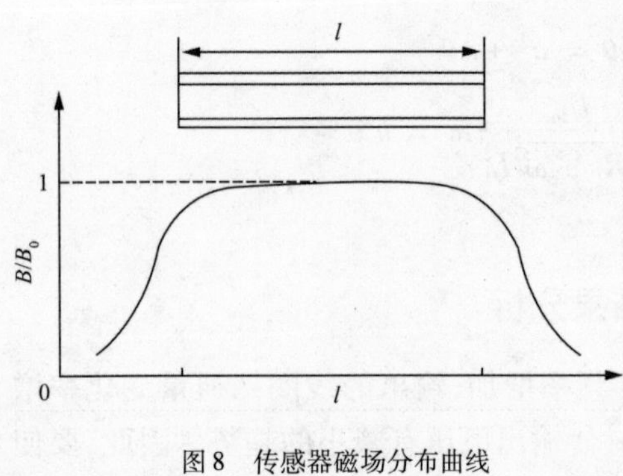

图8　传感器磁场分布曲线

从特性曲线来看,在40°~80°之间线性度较好,在0°~40°及80°~90°之间线性度差。这主要是因为螺线管的磁场在内部基本上是均匀的,而在两端则不均匀(见图8)。从原理上分析:输入-输出的线性关系是建立在$l \gg r$和$l_a \gg r_a$条件下的。也就是说,螺线管的长度直接影响精度,因此,为了保证测量的精度,必须保证螺线管的长度。如设计的滑块使铁芯的运动在螺线管之内,而且离端口远些;另外,可在放大电路中进行校正,例如加入阻容元件等。

总之,这种传感器具有非接触、线性度好、测量范围宽、结构简单、可靠性好等优点,是一种较好的车用加速踏板传感器。

## 参考文献

[1] 张育华,徐士鸣.汽车电子控制技术与故障诊断[M].大连:大连理工大学出版社,1996.
[2] 周大森,潘义刚,李京翔.汽车电控原理与维修[M].北京:国防工业出版社,1996.
[3] 严钟豪,谭相根.非电量电测技术[M].北京:机械工业出版社,1988.
[4] 石来德,袁礼平.机械参数电测技术[M].上海:上海科学技术出版社,1994.
[5] 常健生.检测与转换技术[M].北京:机械工业出版社,1990.
[6] 霍宏煜,沈长姝,李樱.车用柴油机电控喷油系统齿条位移反馈控制研究[J].吉林工业大学学报,1998,28(1).

# Design on Non-contact Pedal Sensor

Wang Ke[1], Liu Chunsheng[1], Li Jun[2], Li Dan[3]
(1. College of Information Sciences and Engineering, Jilin University of Technology;
2. Changchun Automobile Research Institute; 3. Inner Mongolia University of Technology)

**Abstract**: The paper presents design on a new non-contact pedal sensor which determines the position of pedal by altering the position of solenoid core to change the inductance and converting the liner displacement (or signal of angular displacement) signal into the voltage signal. It has the features of non-contact, simple structure and high reliability.

**Key Words**: Pedal sensor; Non-contact; Inductor

# Improvements on the Start Performance of Diesel Engine by Fuel Control Strategy Optimization and Heating Measures

Yan Su[1], Zhongchang Liu[1], Yongqiang Han[1], Liang Guo[1], Jun Li[2]
(1. Jilin University; 2. China FAW Research and Development Center)

**Abstract**: The incomplete combustion and misfire of diesel engine during starting result in unwanted white smoke. The histories of combustion and emission in different phases under different start conditions were studied in this paper. The optimization of the fuel injection control strategy under start conditions was performed. When the diesel engine is started under low temperature, the control strategy adapted to start the engine with a certain constant fuel mass injected per cycle, there may be misfire cycles in the initial period or in the transitional process, which is mainly caused by the mismatch between the fuel mass injected per cycle and the instantaneous engine speed. Therefore, an optimized control strategy was put forward, namely, the engine starts with high fuel mass injection in the first several cycles and then decreases step by step during the transitional period until it operates at idle condition. This strategy was validated to decrease significantly the misfire cycles. When the start conditions are improved by preheating intake air or coolant, the misfire and incomplete combustion which easily occur during the transitional period may be eliminated.

## Introduction

Wide attention has been paid on the diesel engine emissions as the amount of diesel engine raises, corresponding emission control regulations have been enacted to control the emissions and the standards become more and more stringent. Emissions under the cold start conditions are significant for overall emissions. The deterioration of the start conditions and the continuous variation of combustion boundary conditions during cold start are combined, which result in the instable combustion and harmful emissions increase. The incomplete combustion and misfire cycles result in the blue or white smoke which indicates high HC emissions[1-3]. The factors influencing the ignition, and combustion, the improvement of combustion instability and the optimization of control strategy of diesel engine cold start have been widely investigated[4-6].

The variations of the combustion boundary condition during start are sequential and cycle based which would easily result in the combustion instability under poor start conditions. More and more studies focusing on the optimization and control of the diesel engine start have been carried out recently. Zhiping Han et al found that the mismatch between the injection parameters and the instantaneous engine speed will lead to a misfire. The mismatch included the injection timing and the shift from main injection to pilotmain injection[7]. The simulation results of Hengqing Liu et al show that the misfire after firing is caused by an imbal-

SAE TECHNICAL PAPER SERIES 2008 - 01 - 1646

ance between engine dynamic and combustion. The high rate of acceleration after firing cycle shortens the time available for the physical and chemical processed completed near TDC[8].

In this paper, the effects of different fuel control strategies on combustion were compared utilizing a cycle-by-cycle control and measure system. The combustion per cycle in diverse phases was analyzed to find out the misfire reason. The improvement of combustion was investigated through optimized fuel control strategy.

When the diesel is started under low temperature, only a certain extent improvement can be achieved by the optimization of fuel injection control strategy. The intake air and coolant temperature are important factors to affect the combustion instability during start. The thermal boundary condition can be improved through the coolant or intake air heating. The experiments under heating conditions were conducted to study the effects on the diesel start performance.

## Experimental Apparatus and Methods

A single-cylinder direct injection diesel engine was used in this investigation. The engine specifications are shown in Table 1.

The start motor is controlled by a time-lapse relay which can be set the delaying time to ensure the same duration of the motor cranking.

The whole measure and control system consists of in-cylinder pressure measurement system, exhaust sampling system and electronic fuel injection system. The main instruments are listed in Table 2.

**Table 1 Engine specifications**

| | |
|---|---|
| Bore | 100 mm |
| Stroke | 115 mm |
| Displacement | 0. 903L |
| Compression Ratio | 17. 5∶1 |
| Brake Power | 11. 32 kW |

**Table 2 Main instruments**

| Instrument | Type |
|---|---|
| Quartz crystal pressure transducer | Kistler 6125BU20 |
| Charge amplifier | WDF – 3 |
| Coder | LF – 72BM – C05E |
| High-speed DAS cards | Advantech PCL – 1800 PCL – 818HG |
| Wiring terminal board | Advantech PCLD – 8115 |
| Exhaust analyzer | AVL DICOM4000 |

The in-cylinder pressure measurement system mainly includes the coder, quartz crystal pressure transducer, charge amplifier, high-speed data acquisition card, computer and other components. The resolution of the coder which produces the trigger signal is 0. 5°crank angle.

The exhaust sampling system is shown in Fig. 1. An AVL DICOM4000 Analyzer was used to measure the gas emissions. The probe is located before bag sampling port. The gas exhaust analyzer can realize a continuous on-line measure and the sample frequency is 1HZ. The sampling bag was used after the gas probe to collect the exhaust within the first 40s during start. There is a rotation valve to open the sampling port and close the port to exhaust pipe. The rotation valve is driven by compression air. There is a sensor to detect the crank position and send trigger signals to ECU. The particulate emissions in sampling bag were

第四部分

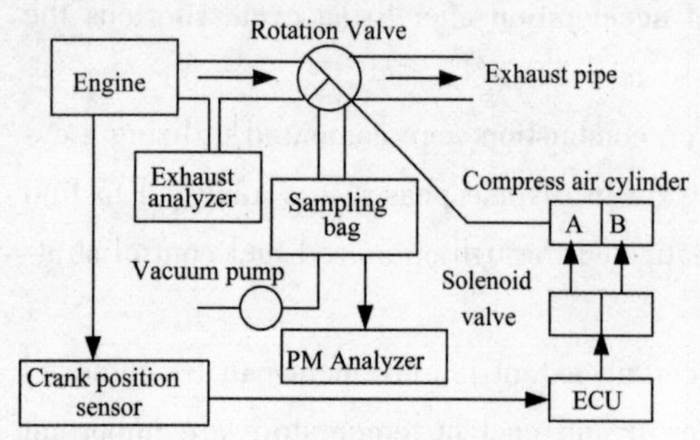


Fig. 1 Exhaust sampling system sketch

measured using vacuum sublimation method. Because the exhaust flow of AVL DICOM4000 Analyzer sampling is a certain value, the total PM emissions of 40s during start can be calculated considered the partial exhaust consumed by the gas emissions measure.

An electronic fuel injection system was established to replace the original mechanical pump installed in the engine. The fuel injection pump is a distributor-type pump with solenoid control for 4 cylinders engine. The chip of the fuel injection control system is intel80c196kc. The spill ring was driven by a solenoid with PWM. An angle sensor which detects the spill ring position sends feedback signal to control the quantity of fuel injection. The PID control strategy was used to ensure the spill ring position at target value. The fuzzy PID was adopted in idle stability control.

For each test, the crankshaft was cranked to the bottom dead center of exhaust stroke before start engine. The fuel injected 12° crank angle before TDC in the compression stroke since the second cycle. The environment was 10°C. The coolant temperature was 10°C when preheating is not adopted.

## Results and Discussion

The results showed that there are four typical forms in-cylinder pressure traces corresponding to different combustion states during diesel engine start, shown in Fig. 2. The detailed definition was given in reference[9]. The child-mother peak trace represents complete combustion. The twin peak trace and child-pregnancy peak trace represent incomplete combustion. The singleton peak trace represents misfiring. In this paper, the typical form in-cylinder pressure traces were used to compare the combustion state under different cold start conditions.

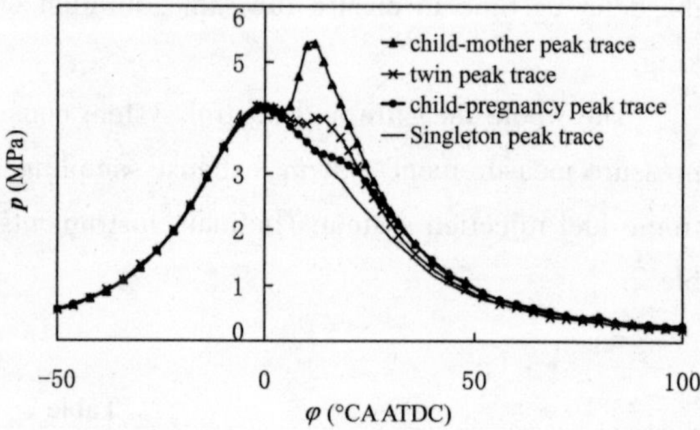


Fig. 2 Typical in-cylinder pressure traces of diesel engine during start

## Combustion Analysis With A Certain Constant Fuel Mass Injected Per Cycle to Start Engine

The engine was started with a certain constant fuel mass injected per cycle (24, 30, 36, 42, 48, 54, 60mg/cycle). When engine speed reaches 800r/min, the PID idle speed control was taken effect to stabilize the engine in 800r/min. The target idle speed was 800r/min. As shown in Fig. 3, the more the fuel mass injected into the cylinder, the higher the peak engine speed, the more the cycle number reaching the idle speed and the steeper the engine speed variation.

The history of fuel mass injection variation per cycle is shown in Fig. 4 when the initial fuel mass injected is 36mg/cycle. The fuel mass injected per cycle to maintain idle speed is 15 ~ 22mg/cycle.

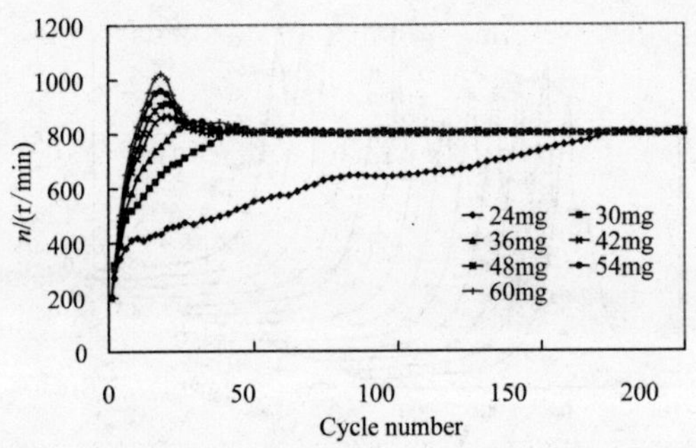


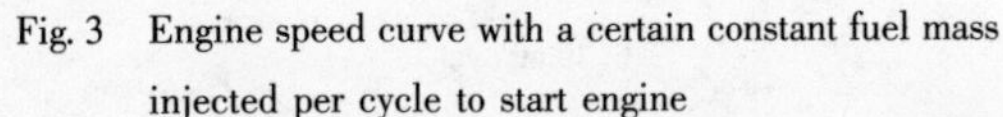
Fig. 3 Engine speed curve with a certain constant fuel mass injected per cycle to start engine

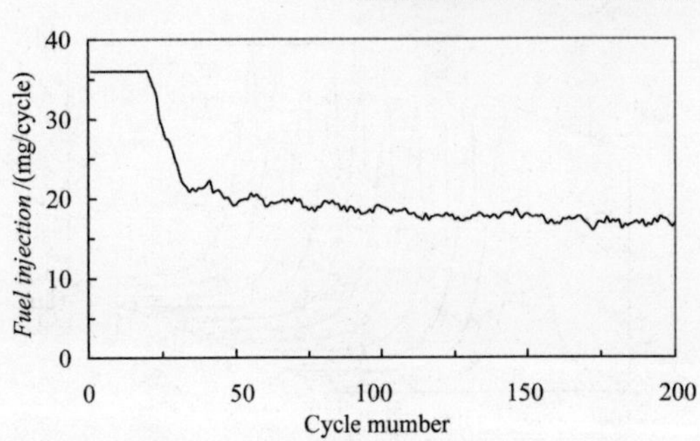


Fig. 4 Fuel mass injected per cycle curve with 36mg/cycle to start engine

In the experiments it was found that the misfire and incomplete combustion easily occur in two speed regions. One region is the first several cycles at initial start phase; the other is transitional phase that the speed transforms to the target idle speed. So it is only required to analysis the combustion in these two phases. In brief, the representative in-cylinder pressure traces are given in Fig. 5 and Fig. 6.

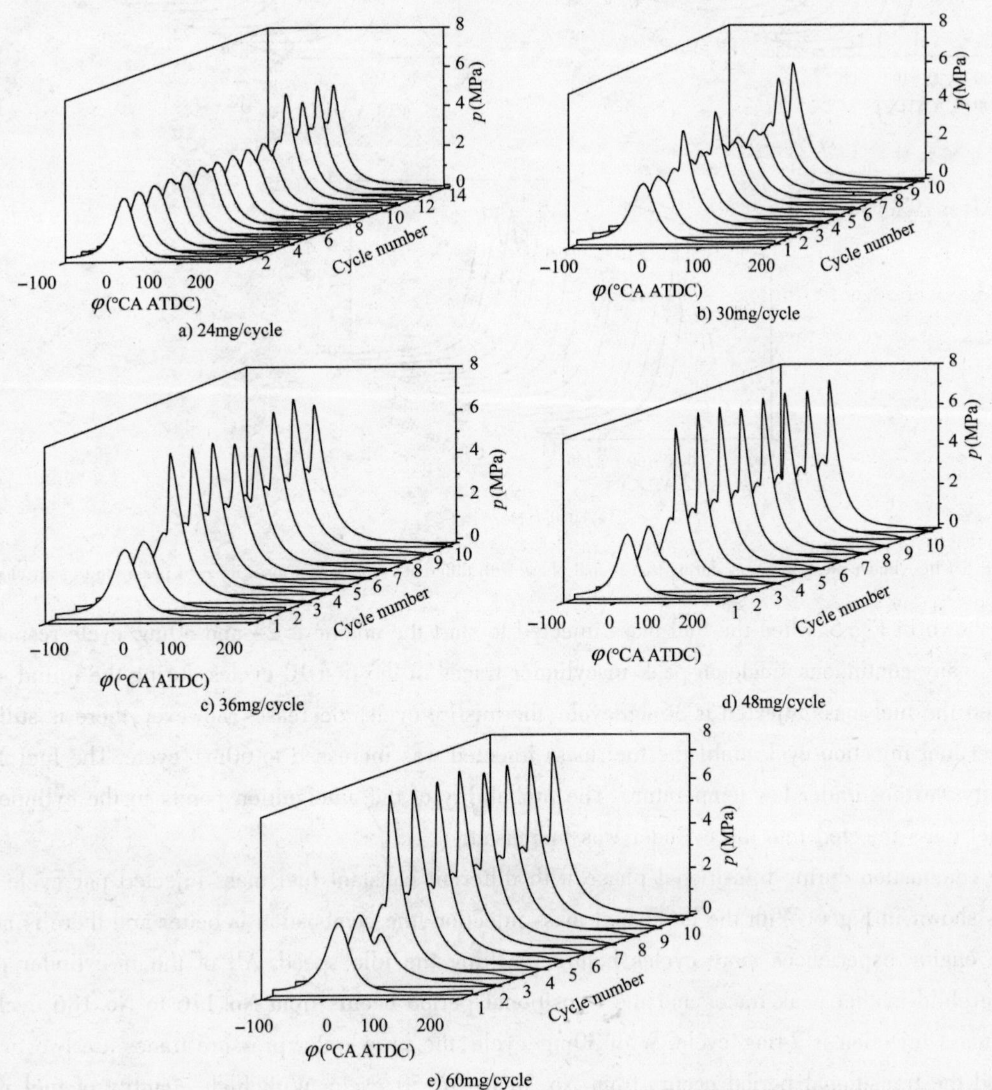


Fig. 5 In-cylinder pressure traces during initial phase with different constant fuel mass injected per cycle to start engine

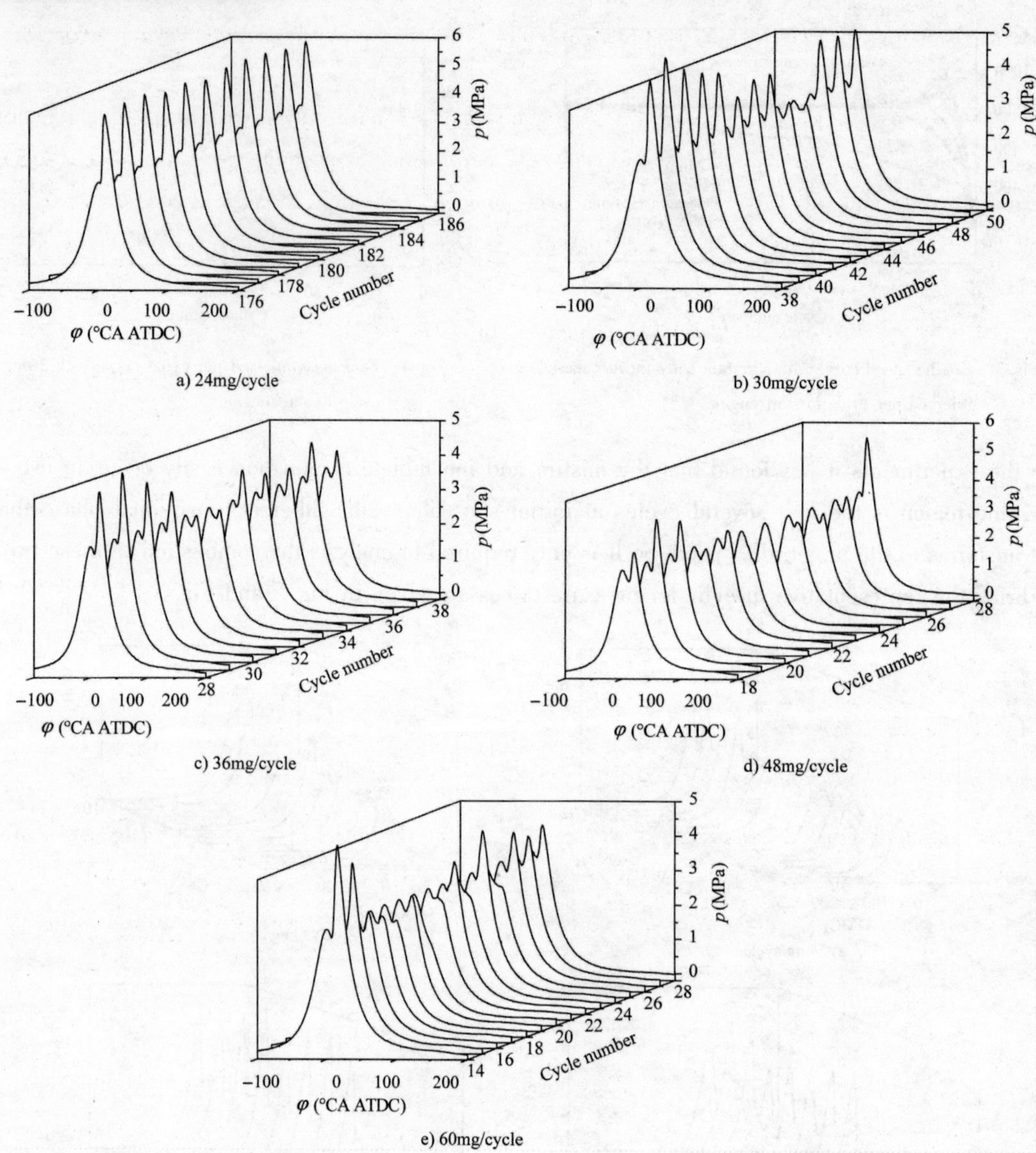


Fig. 6　In-cylinder pressure traces during transitional phase with different constant fuel mass injected per cycle to start engine

As shown in Fig. 5, when the fuel mass injected to start the engine is 24 and 30mg/cycle respectively, there are many continuous singleton peak in-cylinder traces in the first 10 cycles during the initial start period. When the fuel mass injected is 36mg/cycle, the misfire cycles decreases; however, there is still no fire in the first fuel injection cycle until the fuel mass injected was increased to 60mg/cycle. The fuel atomization quality worsens under low temperature. The probability of the autoignition points in the cylinder raises as the fuel mass injected into the cylinder was increased.

The combustion during transitional phase with different constant fuel mass injected per cycle to start engine is shown in Fig. 6. With the lower fuel mass injection, the combustion is better and there is no misfiring. The engine experiences more cycles before reaching the idle speed. All of the in-cylinder pressure traces are child-mother peak traces and the transitional period occurs from No. 176 to No. 186 cycle when the fuel mass injection is 24mg/cycle. With 30mg/cycle, the in-cylinder pressure traces are two twin-peak traces and the transitional period occurs from No. 38 to No. 50 cycle. With high quantity of fuel injection (60mg/cycle), this stage experiences less cycles and occurs from No. 14 to No. 28 cycle, but the combustion deteriorates. The twin peak traces increase, and the child-pregnancy peak traces and singleton peak traces occur.

The characteristics in the transitional phase with certain fuel mass injected per cycle can be summarized as: with the high fuel mass injected per cycle, the peak speed is so higher that the speed decreases sharply from maximum to idle target and the fuel mass injected per cycle changes drastically when engine enters idle PID control. But with a small quantity of fuel injection, the peak speed is relatively low. The changes of speed and fuel mass injected per cycle are gentle.

During the transitional phase, when the adopted fuel mass injected per cycle to start the engine is high, the time reaching to target idle speed shortens and the cycle number reduces, but the wall temperature of the combustion chamber is still low, hence, the ignition preparation duration increases. However, the speed is very high, which results in that the ignition preparation duration indicated by crank angle very long. The dramatic decrease of fuel mass injected per cycle easily results to misfire if injection timing without change. While with a medium or small quantity fuel injection, the result is opposite.

When the diesel engine is started under low temperature, the control strategy to start the engine is to inject constant fuel per cycle into the cylinder, and there may be misfire cycle in the initial period or transitional period. If the control strategy that different fuel mass injected per cycle in different speed stage is adopted, it is possible to reduce or eliminate misfire cycles.



## Fuel Control Strategy Optimization During Transitional Phase

A high fuel mass injected is adopted in the first cycles during initial phase to eliminate or reduce the misfire cycles. As far as the control strategy is concerned, the fuel control in transitional period is very important, much work has been carried out concerning it and two control strategies were introduced to improve the transitional process. The results are given below.

### Strategy of decreasing fuel mass injection per cycle

This control strategy is: the fuel mass injection to start engine is 60mg/cycle, when the engine speed exceeds 400r/min, the fuel is decreased per cycle to the first set value; then the fuel is decreased smoothly to the second set value, the engine is in the state of stable idle finally. The set values of the strategy are shown in Table 3.

**Table 3 Set values of the control strategy to decrease fuel mass injected per cycle smoothly**

| First set value at 400r/min (mg/cycle) | 45 | 42 | 45 | 45 | 45 |
|---|---|---|---|---|---|
| Decreasing quantity per cycle (mg/cycle) | 0.6 | 0.6 | 0.45 | 0.45 | 0.3 |
| Fuel mass injected per cycle Entering idle Control (mg/cycle) | 36 | 33 | 33 | 33 | 33 |
| Idle speed (r/min) | 700 | 800 | 900 | 1000 | 1100 |

The engine speed curves with decreasing fuel mass injected per cycle smoothly are shown in Fig. 7. The curves during the transitional phase change smoothly. Through analyzing the combustion, the incomplete combustion cycles decrease compared with the high constant fuel mass injected per cycle. But there are still misfire cycles. The in-cylinder pressure traces of the idle speed 800 and 900r/min during transitional phase are given in Fig. 8.

The results show that the that the idle speed at 900r/min is better and the fuel mass injected per cycle should be decreased more rapidly before engine enter idle control in order to increase the cycles experienced during the transitional phase and decrease the engine speed rising ratio.

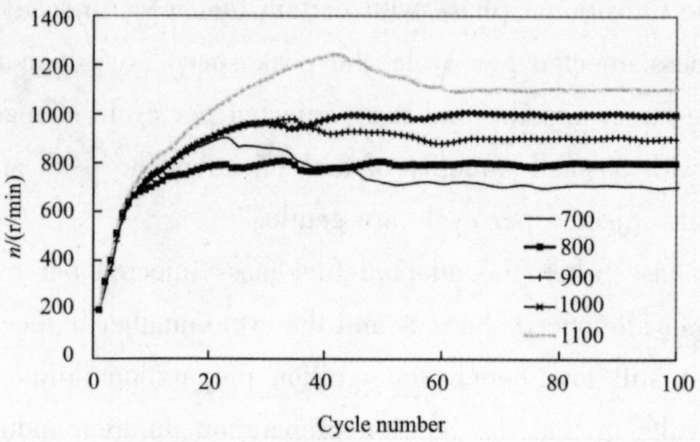


Fig. 7 Engine speed curves comparison to decrease fuel mass injected per cycle smoothly

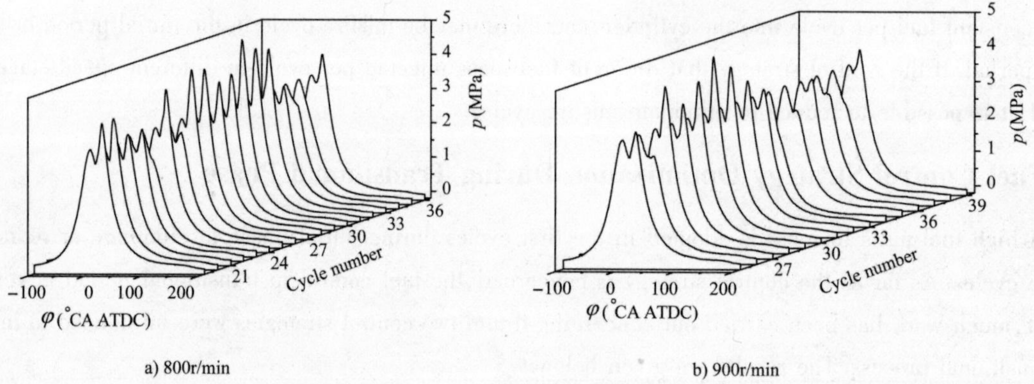


Fig. 8 In-cylinder pressure traces during transitional phase with smoothly decreasing fuel mass injected per cycle

### Strategy of decreasing fuel mass injection step by step

The fuel injection control strategy is as follows: the engine is started with 60mg/cycle, when the engine speed reach 300r/min, the fuel mass injected per cycle decrease to the 48mg/cycle, and then decrease to 36mg/cycle after 3 cycles, when the engine speed reach 900r/min, the engine enters idle control to the set target speed 900r/min. The changes of the fuel mass injected per cycle and engine speed vs. cycle are shown in Fig. 9.

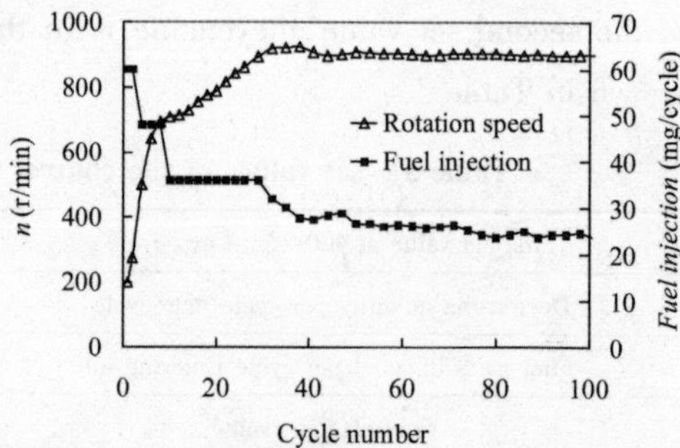


Fig. 9 Engine speed and fuel injection curves with decrease fuel mass injected per cycle step by step strategy

The in-cylinder pressure traces of the regions in which the combustion is easily worsen are shown in Fig. 10. There is no singleton peak trace during two phases. The incomplete combustion cycles mainly are twin peak traces and decrease during transitional phase(30 ~45cycles).

Compared with the former strategies, the combustion is improved when the second strategy was adopted. The main cause may be as follows: the high fuel mass injected per cycle ensures the initial phase cycles firing. The fuel mass injected per cycle was decreased rapidly before entering the idle speed which reduces

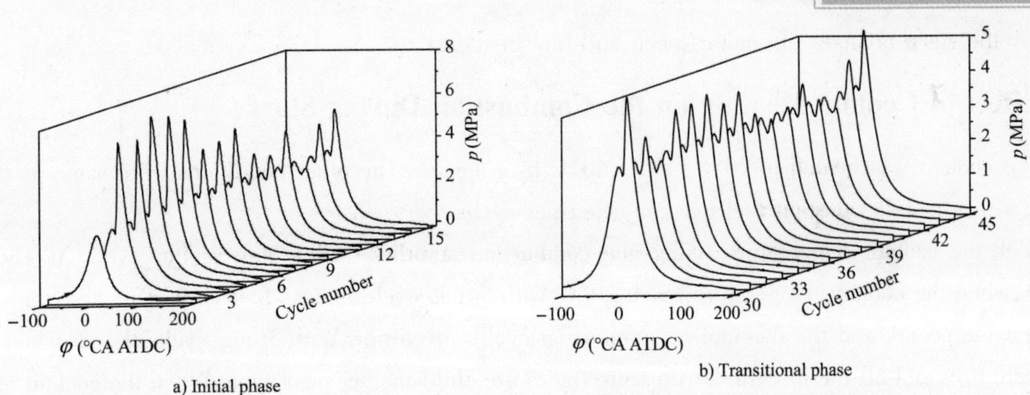


Fig. 10 In-cylinder pressure traces with decrease fuel mass injected per cycle step by step strategy to start engine

the speed rising ratio. That the target idle speed increases to 900r/min leads to the cycles added during transitional phase. At same time, because the fuel mass injected per cycle to maintain idle speed is more than the fuel in 800r/min, the change of fuel mass injected per cycle entering idle control is not so steep.

## Effect of Intake Air Heating on the Combustion During Start

The intake air was heated to 50°C by a preheater. The other conditions were same as starting engine with a certain constant fuel mass injected per cycle.

The engine speed curves are shown in Fig. 11. Compared with the conditions without heating, the engine speed drops slowly after the peak. The engine experiences more cycles before it reaches stable idle speed.

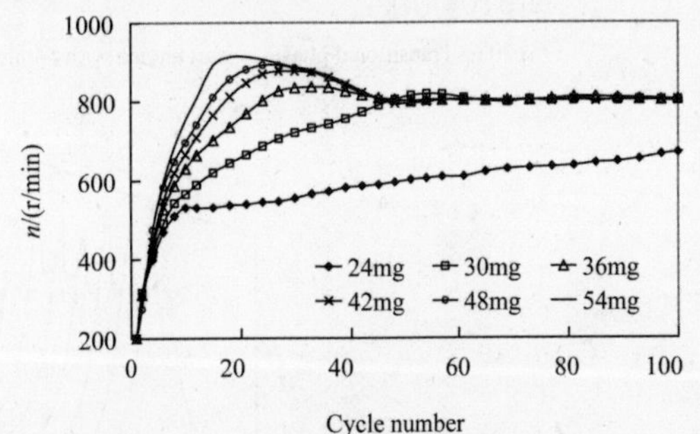


Fig. 11 Engine speed curves with intake air heating

Utilizing the intake air heating, with high or small quantity of constant fuel mass injected per cycle to start the engine, there is no misfire cycle during the initial and transitional phases. The in-cylinder pressure traces of the regions, in which misfire cycle easily occurs under low temperature, were given in Fig. 12. With the small quantity of fuel injection (24mg/cycle), the first fuel injection cycle fires and the ignition delay shortens. With the high quantity of fuel injection (54mg/cycle), the combustion during transitional phase is stable and complete. There is little alteration of the peak in-cylinder pressure and the ignition angle. The start performance hasn't be deterio-

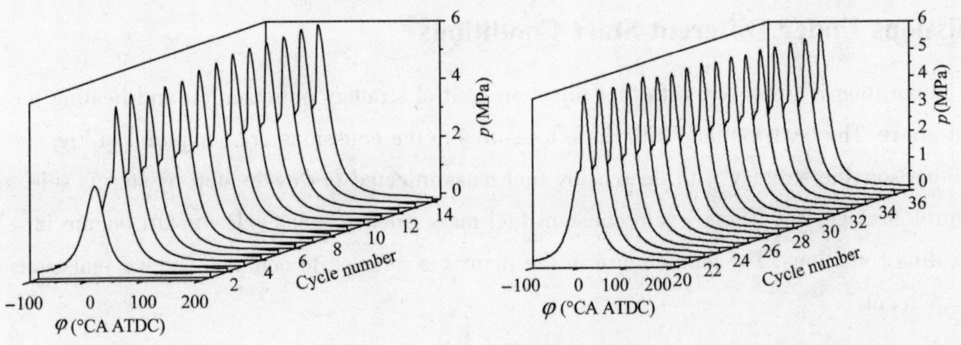


Fig. 12 In-cylinder pressure traces with intake air heating

rated by the steep changes of engine speed and fuel injection.

## Effect of Coolant Heating on the Combustion During Start

The coolant was heated to 20°C, 30°C, 40°C by a heater. The other conditions were same as starting engine with a certain constant fuel mass injected per cycle.

With the coolant temperature rising, the combustion stability during start is improved. As shown in Fig. 13, when the coolant temperature reach 20°C, with 54mg/cycle or less fuel to start engine, there is no misfire cycle occurs and the incomplete combustion cycles are fewer. With 36mg/cycle, the first fuel injection cycle fires and all the in-cylinder pressure traces are child-mother peak type. When the coolant temperature exceeds 30°C, there is no misfire and incomplete combustion cycles during the transitional phase.

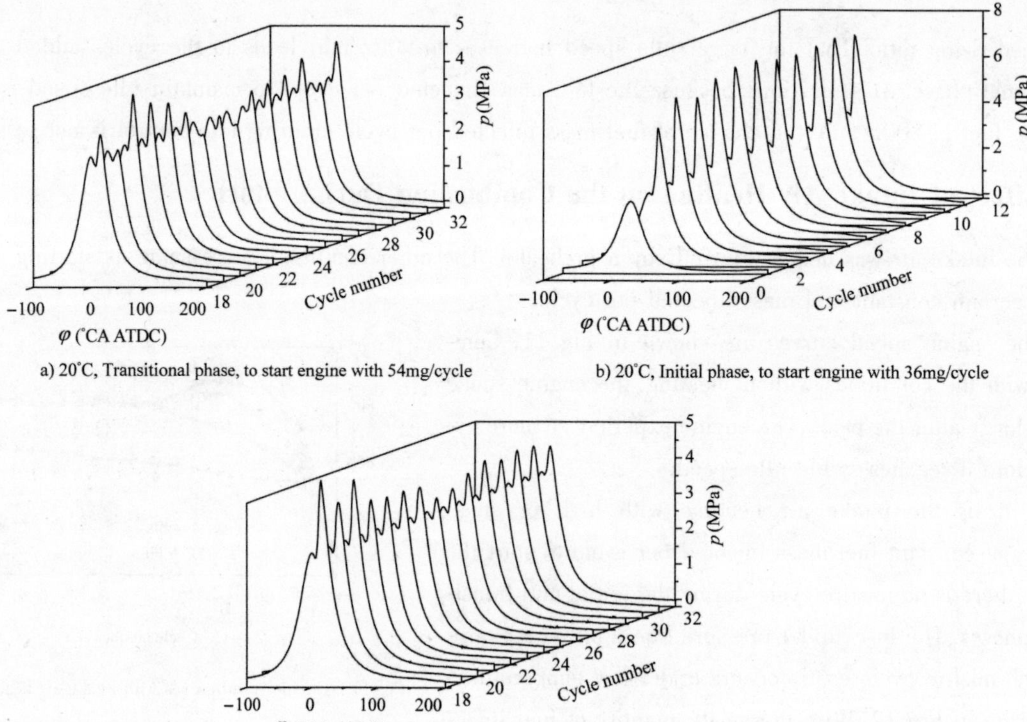


a) 20°C, Transitional phase, to start engine with 54mg/cycle

b) 20°C, Initial phase, to start engine with 36mg/cycle

c) 20 °C, Transitional phase, to start engine with 36mg/cycle

Fig. 13 In-cylinder pressure traces with coolant heating

## Emissions Under Different Start Conditions

The combustion is improved with fuel injection control strategy optimization and heating measures that mentioned above. The contributions with these measures to the emissions are compared in Fig. 14 ~ Fig. 17. In the comparison, the strategy with decreasing fuel mass injected per cycle step by step is selected as optimized control strategy. The 36mg/cycle constant fuel mass injected per cycle to start engine is selected under the heating conditions. The temperature in the figures is referred to coolant. The gas emissions are shown in volume percent.

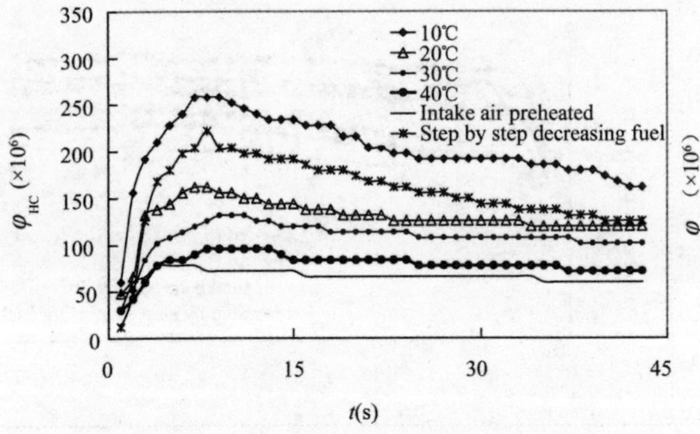


Fig. 14 HC emissions under different start conditions

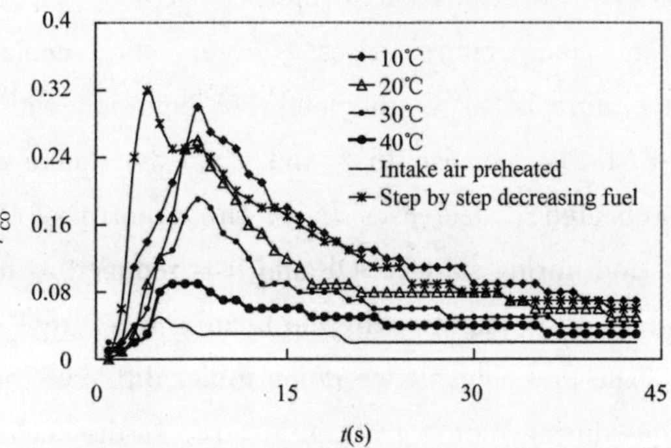


Fig. 15 CO emission under different start conditions

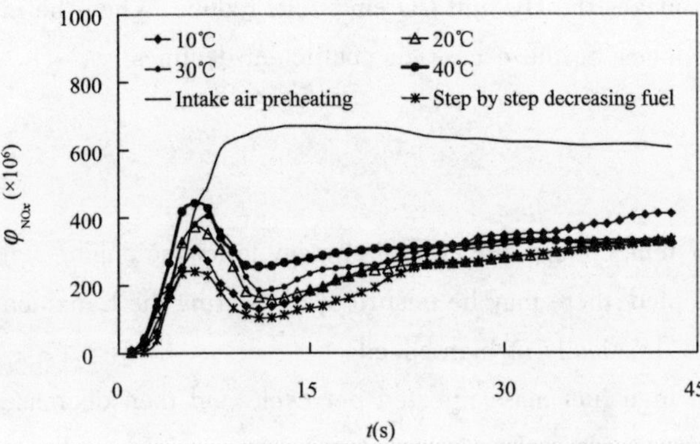


Fig. 16 $NO_x$ emissions under different start conditions

There is an obvious peak of the HC and CO emissions in the engine start under different conditions, and then it slowly declines vs. time. With the coolant temperature rising, the HC emissions decrease 50% at 20°C, because there is no misfire and incomplete cycles as mentioned above. The HC and CO emissions are lowest under the conditions of intake air preheating and the peak of HC emissions scaled by volume fraction is less than $80 \times 10^{-6}$. At first 20s CO emissions decrease 70% at 40°C and 85% with intake air heating compared with coolant at 10℃.

As shown in Fig. 16, a peak of the $NO_x$ emission appears at different coolant temperatures, but it declines sharply then presents an upward trend. The peak $NO_x$ rises with the increase of the coolant temperature and the $NO_x$ drop amplitude after the peak decreases with the increase of the coolant temperature. Applying intake air heating, the peak $NO_x$ emission may reach 1.5 times of the peak $NO_x$ emission when the coolant temperature at 40°C. And it does not drop immediately, but remains roughly unchanged.

For the difference in the improvement of thermal boundary conditions, there is distinction in $NO_x$ emission histories between the coolant and the intake air heating. The intake air preheating increases the mixture temperature near the compression TDC, the higher engine speed, the lower cooling loss removed by the low temperature wall. All of these are beneficial for the combustion. The coolant heating makes wall temperature rise and the cooling loss decrease. The leak loss reduces also for the rising of lubricating oil temperature. The low temperature intake air may be warmed by the engine body slowly, which would help the compression temperature increase indirectly.

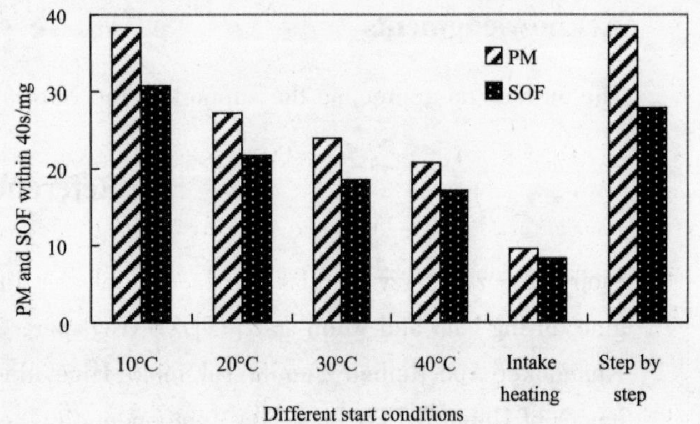


Fig. 17 PM emission under different start conditions

第四部分

The PM emission decreases greatly as the coolant temperature rises. When the coolant temperature is 40° C, the total PM emission within the first 40s decrease 45% and when the intake air is preheated, it decreases 75%. The majority of PM emission during start is SOF and it is reduced as the combustion is improved by the heating measures.

The fuel equivalence ration under different conditions during start is given in Fig. 18. As the coolant temperature rising, the friction reduces which result the fuel to maintain the idle speed decreases and the fuel equivalence ration rising. It may be a factor that makes the HC and CO emissions reduce. When the intake air is preheated, the density of the intake air reduces. So the excess-air coefficient declines.

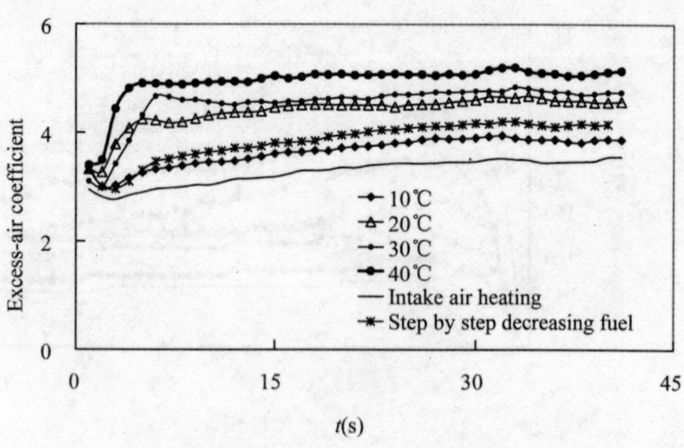


Fig. 18 Excess-air coefficient under different start conditions

## Conclusions

The major conclusions are the followings:

(1) When the diesel engine is started under low temperature, the control strategy to let the engine start with high constant fuel mass injected per cycle is adopted, there may be misfire cycles during the transitional phase for the fuel mass injected per cycle changes drastically at high speed.

(2) The strategy, that the engine is started with high fuel mass injected per cycle and then decreases step by step the fuel mass injected per cycle during the transitional period until it operates at idle condition. This strategy was validated to decrease significantly the misfire cycles.

(3) The improvement of the thermal boundary conditions can eliminate the misfire and incomplete combustion cycles which easily occur when the fuel mass injected per cycle changes drastically during start. When the coolant temperature is higher than 20°C, there is a clearly falling trend of HC, CO and particulate emissions. The combustion stability is significantly improved. Therefore, when the coolant temperature is below 20°C, the auxiliary measures such as coolant and intake air heating should be considered to optimize the combustion and reduce the emissions during start of the diesel engine.

## Acknowledgments

The authors do appreciate the support of the Natural Science Foundation of China (No. 50676040).

## References

[1] Piotr Bielaczyc, Jerzy Merkisz and Jacek Pielecha. Investigation of exhaust emissions from DI diesel engine during cold and warm start[C]//SAE Paper, 2001-01-1260.

[2] Khandoker Abu Raihan, Fumito Takimoto, Hideyuki Ogawa and Noboru Miyamoto, Time-Resolved Behavior of Unburned Hydrocarbon Components in Diesel Exhaust under Transient Operations[C]//SAE Paper, 2001-01-1259.

[3] Ogawa, H., Raihan, K. A., Iizuka, K., and Miyamoto, N., Cycle-to-cycle Transient Characteristics of Diesel Emissions during Starting[C]//SAE Paper, 1999-01-3495.

[4] Isao Osuka, Masataka Nishimura, Yasushi Tanaka, Masahiko Miyaki. Benefits of new fuel injection sys-

tem technology on cold startability of diesel engines[C]//SAE Paper, 940586.

[5] XIAO Wenyong, MAO Xiaojian, WANG Hao2zhan, et al. Starting Control of GD-21 High Pressure Common Rail Diesel Engine. Transactions of CSICE[C]. 2003,21(2):97 - 100.

[6] Zhiping Han, Naeim Henein and Bogdan Nitu. Diesel Engine Cold Start Combustion Instability and Control Strategy[C]//SAE Paper, 2001 - 01 - 1237.

[7] Zhiping Han, Naeim A. Henein, Walter Bryzik, A New Ignition Delay Formulation Applied to Predict Misfiring During Cold Starting of Diesel Engines[C]//SAE Paper, 2000 - 01 - 1184.

[8] Hengqing Liu, N. A. Henein, Walter Bryzik. Simulation of Diesel Engines Cold-Start[C]//SAE Paper, 2003 - 01 - 0080.

[9] Su Yan, Liu Zhongchang, Zhu Changji. Analysis of Direct Injection Diesel Engine Combustion during Start[J]. Combustion Science and Technology, 2006, 12(2):126 - 130.

# 第五部分

# 发动机工作过程分析

FADONGJI GONGZUO GUOCHENG FENXI

# 6110A 型柴油机绝热性能的预测

李　骏[1],钱耀义[1],陆孝宽[2]
(1. 吉林工业大学;2. 长春汽车研究所)

**摘　要**:本文建立了计算直喷式柴油机汽缸内热力过程,汽缸周壁传热和汽缸盖排气道传热的数学模型,并编制了计算机程序。采用解析法处理汽缸周壁传热,特别是应用二维解析法建立活塞顶传热,将汽缸周壁传热计算与柴油机汽缸内热力过程计算相结合,互为边界条件,因此能模拟计算绝热机工作过程。在几种汽缸周壁绝热层布置形式下,以 6110A 型柴油机为例进行了非增压、增压和增压带动力涡轮在标定工况下的模拟计算,并分析了绝热对发动机性能、燃烧过程以及热平衡的影响,为研制绝热发动机提供了预测数据。

**关键词**:绝热性能;柴油机

## 符 号 说 明

$D$——汽缸直径,mm;

$D_e$——排气道当量内径,mm;

$F_{ad}$——绝热度;

$F_h$——(汽缸盖冷却介质侧导热面积)/(燃气侧导热面积);

$G_{out}$——排气流量,kg;

$H_{ha}$——汽缸盖绝热层厚度,mm;

$H_{hm}$——汽缸盖金属层厚度,mm;

$H_{La}$——汽缸套绝热层厚度,mm;

$H_{Lm}$——汽缸套金属层厚度,mm;

$H_{Pa}$——活塞顶绝热层厚度,mm;

$L$——稳态传热时汽缸套的计算当量长度,mm;

$L_e$——排气道长度,m;

$m$——(经活塞传给汽缸套冷却剂的热量)/(传给活塞顶的总热量);

$n$——发动机转速,r/min;

$N_{uDe}$——排气道内气体的努谢尔特数;

$Q_{cad}$——绝热后传给冷却介质的热量(4.186 J);

$R_c$——活塞顶的热阻(K/4186W);

$R_{eDe}$——排气道内气体的雷诺数;

$R_s$——活塞环、活塞环岸和活塞裙的总热阻(K/4186W);

$R_{wL}$——汽缸壁热阻(K/4186W);

$T_g$——汽缸内工质的瞬时温度,K;

$T$——活塞顶任意点的温度,K;

$\overline{T}_{hc}$——汽缸盖冷却介质的平均温度,K;

$\overline{T}_{hwc}$,$\overline{T}_{hwg}$——汽缸盖冷却介质侧和燃气侧的循环平均壁温,K;

$\overline{T}_{Lc}$——汽缸套冷却介质的循环平均温度,K;

$\overline{T}_{Lwg}$——汽缸套燃气侧的循环平均壁温,K;

$T_{oz}$——汽缸盖上排气道出口处气体的瞬时温度,K;

$\overline{T}_{pwg}$——活塞顶燃气侧的循环平均壁温,K;

$\overline{T}_{we}$——排气道壁面的循环平均气温,K;

$\alpha_e$——排气道内气体的对流换热系数,[4186W/($m^2$·K)];

$\overline{\alpha}_{hc}$,$\overline{\alpha}_{Lc}$——汽缸盖和汽缸套冷却介质的循环平均换热系数,[4186W/($m^2$·K)];

刊登信息:《内燃机工程》1988 年(第 9 卷)第 3 期

$Q_{cua}$——非绝热时传给冷却介质的热流量(4.186 W);

$Q_{gp}$, $Q_{gh}$, $Q_{gL}$——汽缸内工质传给活塞顶、汽缸盖和汽缸壁的热流量(4.186W);

$Q_o$, $Q_s$——经活塞顶传给曲轴箱内油气和汽缸套冷却介质的热流量(4.186W);

$q$——微元气体的传热流量(4.186 W);

$\lambda_a$, $\lambda_m$——绝热材料和金属材料的导热系数[4186W/($m^2$·K)];

$\mu_e$——废气的动力黏度,Pa·s;

$\varphi$——发动机曲轴转角,°CA。

$Q_{we}$——废气传给排气道壁的热量(4.186 J);

## 1 计算模型

模拟绝热机的热力循环,需要计算在不同绝热层厚度时,汽缸周壁的散热量和壁温,为此需将传热过程计算与发动机汽缸内热力过程计算相结合,这样才能计算汽缸周壁的绝热程度对汽缸内热力过程的影响。采用有限差分和有限元等数值方法能较准确地计算传热壁的温度场,但这些方法很复杂,如与发动机汽缸内气体的热力过程计算相结合,模拟绝热机的工作过程就更困难。本文采用求汽缸周壁传热过程解析解的方法,给出壁温和散热量的解析式,并与汽缸内气体热力过程的计算相结合,互为边界条件,在热平衡条件下求得各未知参数。

整个散热壁的传热计算是建立在稳态传热和图1所示传热模式的基础上。

对活塞的传热,假定绝热活塞顶由两块厚度均匀的不同材料(氧化锆绝热材料和铝合金基底)的圆盘组成,活塞顶受到均匀的热负荷,汽缸内工质传给活塞顶的热量,一部分传给曲轴箱内的油气,另一部分经过活塞、活塞环再经汽缸壁传给汽缸套冷却水。活塞顶的温度场由下列微分方程确定:

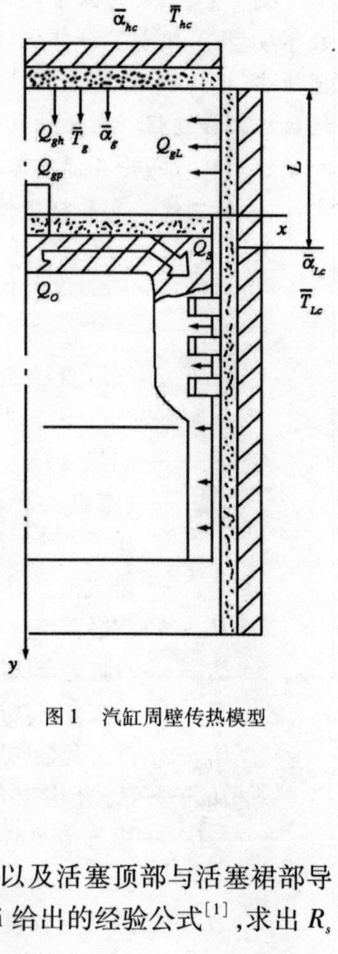

图1 汽缸周壁传热模型

$$\frac{\partial^2 T}{\partial y^2}+\frac{1}{y}\frac{\partial T}{\partial y}+\frac{\partial^2 T}{\partial x^2}=0,$$

以工质与活塞顶表面、活塞顶的底面与曲轴箱内油气均按对流传热以及活塞顶部与活塞裙部导热为边界条件,就能求出活塞顶的温度场和活塞顶的热阻 $R_c$,再据 Sitkei 给出的经验公式[1],求出 $R_s$ 和 $R_{wL}$,这样就能确定活塞顶表面平均温度的计算公式为:

$$\bar{T}_{pwg}=\bar{T}_{Lc}+Q_{gp}[R_c+m(R_s+R_{wL})] \quad 式(1)$$

具体求解过程参见文献[2]。

假定汽缸盖沿汽缸轴向一维传热,并将汽缸盖看成由绝热材料和金属材料组成的两层圆盘,则在一个发动机工作循环内经汽缸盖传给冷却介质的热量为:

$$Q_{gh}=\frac{F_h-1}{\ln F_h}\cdot\frac{\pi D^2}{4}\cdot\frac{\bar{T}_{hwg}-\bar{T}_{hwc}}{H_{ha}/\lambda_a+H_{hm}/\lambda_m} \quad 式(2)$$

其中 $\bar{T}_{hwc}$ 可由汽缸盖冷却介质侧的壁面与冷却介质的对流换热求出[2],绝热机也可根据金属基底材料所能承受的热负荷设定。

假定汽缸壁传热是沿汽缸径向一维稳态传热,并将汽缸壁看成由绝热材料和金属材料组成的两层圆筒壁，则在一个发动机工作循环内工质传给汽缸壁的热量为：

$$Q_{gL}=\frac{\pi L(\overline{T}_{Lwg}-\overline{T}_{Lc})}{\frac{1}{2\lambda_a}\ln\frac{D+2H_{La}}{D}+\frac{1}{2\lambda_m}\ln\frac{D+2(H_{La}+H_{Lm})}{D+2H_{La}}+\frac{1}{\overline{\alpha}_{Lc}[D+2(H_{La}+H_{Lm})]}} \qquad 式(3)$$

值得注意的是，由于活塞的运动使汽缸壁传热面积不断变化，故在一个工作循环内的稳态计算中，缸壁传热面积需要折算成一个当量的汽缸壁传热面积。折算方法为使工质与汽缸壁的瞬态计算传热率之平均值与汽缸壁稳态计算的传热率相等，这时在汽缸壁稳态传热计算中采用的散热面积 $\pi DL$ 即为汽缸壁的当量传热面积。

缸盖上排气道内气体与管壁的换热过程很复杂。为简化计算，将排气道等效地简化成一个等截面直圆管；管壁面温度 $T_{we}$。在各处是均匀的；在微元时间 $\Delta t$ 内，排气道内气体流动是准稳态的；忽略超临界排气阶段的传热量。计算的物理模型如图2所示。由能量守恒定律：

$$q_1=q_2+q_3$$

图2　排气道传热模型

和排气道内气体对流传热的准则关系[3]：

$$N_{uDe}=0.0483R_{eDe}^{0.783}$$

得出下列排气道出口处气体的温度 $T_{oz}$ 和废气与排气道壁的传热率 $dQ_{we}/d\varphi$：

$$T_{oz}=\overline{T}_{we}+(T_g-\overline{T}_{we})e^{-\frac{0.1932L_e}{D_e}\left(\frac{2n}{5\pi D_e\mu_e}\cdot\frac{dG_{out}}{d\varphi}\right)^{-0.217}} \qquad 式(4)$$

$$\frac{dQ_{we}}{d\varphi}=\frac{10\alpha_e\pi D_eL_e}{n}\left(\frac{T_g+T_{oz}}{2}-\overline{T}_{we}\right) \qquad 式(5)$$

作者采用 Whitehouse—Way 模型计算燃烧放热率，分别采用 Sitkei 和 Pflaum 经验公式计算非增压和增压机工质与汽缸周壁的换热系数。计算汽缸内工质热力过程的微分方程见文献[2]。

将上述计算汽缸周壁传热过程公式与计算汽缸内工质热力循环的微分方程组[2]相结合，就可求出发动机一定工况下的性能参数和散热损失。计算时先预估活塞顶，汽缸壁和汽缸盖燃气侧的表面平均温度，计算汽缸内工质热力过程，由此求出一个工作循环中工质的平均温度和传热系数，以此作为边界条件，并根据工质传给汽缸周壁的热量和汽缸周壁传给冷却介质的热量相等的原则，用汽缸周壁传热计算式就可计算出活塞顶，汽缸壁和汽缸盖燃气侧平均壁温，比较预估值与计算值之差是否满足给定误差限，若不满足则重复上述计算，显然这种迭代计算收敛的依据为发动机热平衡关系。作者用标准 FORTRAN 语言编制了计算程序，并实测了 6110A 型柴油机标定工况下的示功图，测量了进气门流量系数，整机热平衡和活塞温度场。据此对程序进行调试，调试计算结果与实测值基本吻合。6110A 型柴油机的主要参数见表1，各性能指标的计算值与实测值见表2，计算与实测示功图见图3。

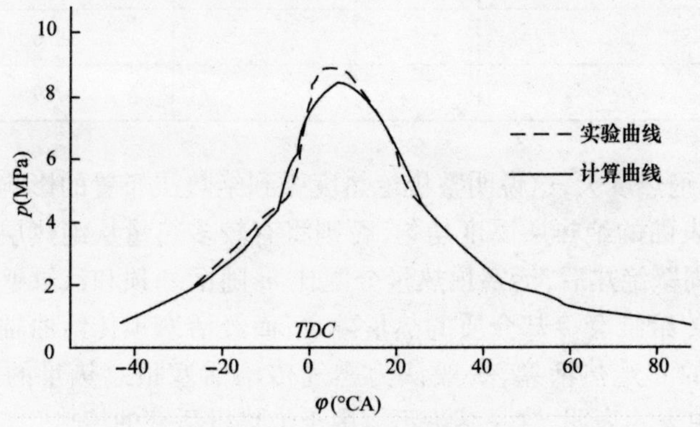


图3　计算与实测的示功图

**表1　6110A 型柴油机主要参数**

| 机型 | 非增压 | 增压 |
|---|---|---|
| 燃烧室 | ω | ω |
| 缸径(mm) | 110 | 110 |
| 行程(mm) | 120 | 120 |
| 压缩比 | 17 | 16 |
| 标定转速(r/min) | 3000 | 2800 |
| 增压压力(MPa) | — | 0.191 |

第五部分

表 2 计算值与实测值对照

| 名称 | 实测值 | 计算值 | 误差(%) |
|---|---|---|---|
| 有效功率(kW) | 99.4 | 102.3 | 3 |
| 有效油耗率(g/kW·h) | 279.2 | 271.1 | 3 |
| 最高燃烧压力(MPa) | 7.863 | 8.329 | 5.6 |
| 冷却水散热量(kJ) | 0.5012 | 0.4914 | 1.9 |
| 活塞顶温度(℃) | 357.8 | 357.6 | <0.1 |

## 2 绝热机计算结果与分析

程序经以上调试后，将6110A型柴油机的散热壁加上不同厚度的绝热层，取消水冷系统，设想为强制空气冷却绝热发动机，取冷却空气温度为343K，冷却空气的换热系数为2.683[kW/($m^2$·K)][1]，作如下的计算与分析。

### 2.1 绝热层布置对非增压6110A型柴油机性能的影响

通过多方案计算发现增加汽缸壁绝热层厚度对发动机汽缸内工作过程不利。计算表明：保持活塞顶和汽缸盖的绝热层厚度为5mm，汽缸壁绝热层厚度从1mm增加到5mm，此时发动机的充气效率$\eta_V$降低了3.4%，有效功率$P_e$下降0.96kW，有效燃油消耗率$g_e$增加2.45g/kW·h；相反，当保持汽缸壁绝热层厚度为1mm，活塞顶和汽缸盖绝热层厚度从1mm增加到5mm，此时$P_e$增加1.69kW，$g_e$降低4.35g/kW·h，$\eta_V$仅降低2.2%。上述结果说明，增加汽缸壁绝热层厚度对充气效率的损害较大。应当指出的是，在上述第一种情况下，废气的焓增加了0.072kJ/(cyc·cyl)；如果这一增量的16%以上部分能转变成发动机的有效功，则增加汽缸壁绝热层厚度还是合理的。

### 2.2 绝热层厚度及其布置对散热损失的影响

为了说明此问题，可按表3所示计算。绝热度定义为：

$$F_{ad} = \frac{Q_{cua} - Q_{cad}}{Q_{cua}} \times 100\%$$

表3 绝热计算方案

| 计算方案 | 汽缸盖绝热层厚度(mm) | 汽缸壁绝热层厚度(mm) | 活塞顶绝热层厚度(mm) | $F_{ad}$(%) |
|---|---|---|---|---|
| 1 | 1 | 1 | 1 | 19.1 |
| 2 | 5 | 1 | 5 | 34.0 |
| 3 | 7 | 1 | 7 | 38.6 |
| 4 | 5 | 5 | 5 | 47.9 |

计算方案4的绝热度比计算方案3的绝热度大，这说明整机绝热度受到绝热层布置的影响。就减少散热损失而言，希望汽缸周壁各散热表面的绝热层厚度均匀，否则将有较多热量从绝热层较薄的部位散出。表4的计算结果表明：汽缸周壁绝热后，活塞顶热量分配比$m$随活塞顶和汽缸壁绝热层厚度的增加而减小，即绝热后经活塞顶传给缸套冷却介质的热量减少，而经活塞顶传给曲轴箱内油气的热量趋于增加。对于无冷却油腔的非绝热活塞，一般认为燃气传给活塞顶总热量的70%($m$=0.7)左右由汽缸套冷却水带走。但由表4表明，这一结论不适用于绝热机活塞的传热。

表4　汽缸周壁散热量计算

| 计算方案 | $H_{Pa}$(mm) | $H_{La}$(mm) | $m$ | $Q_s$(J) | $Q_o$(J) | $Q_{gp}$(J) |
|---|---|---|---|---|---|---|
| 1 | 0 | 0 | 0.72 | 2.4948 | 0.9702 | 3.4650 |
| 2 | 1 | 1 | 0.35 | 0.9198 | 1.7136 | 2.6334 |
| 3 | 5 | 1 | 0.23 | 0.4872 | 1.6296 | 2.1168 |
| 4 | 7 | 1 | 0.18 | 0.4452 | 1.4952 | 1.9404 |
| 5 | 5 | 5 | 0.17 | 0.4494 | 2.2008 | 2.6502 |

### 2.3　绝热对柴油机燃烧过程的影响

随着绝热度的提高压缩终了的压力和温度增大，滞燃期缩短。这使得滞燃期内准备好的可燃混合气量减少。从图4中的燃烧放热率与绝热度的关系曲线可见，预混合燃烧期的放热率随绝热度的提高而降低，放热率曲线变得平稳，但上止点附近的放热率增加，后燃减少，热效率增加。此外，预混合燃烧期的放热率下降，使平均压力升高率降低，发动机工作平稳。因此，一定程度的绝热对改善柴油机燃烧过程是有利的。各绝热度下6110A型柴油机的各项性能指标见表5。数据表明：随着绝热度的增加，开始时发动机的性能提高较大，但随着绝热度的继续增加，充气效率大为下降，发动机性能的提高幅度降低。表5最后一行所对应的计算方案，是汽缸周壁的绝热层均为5mm，这时滞燃期缩短很多，燃烧放热率曲线的第一峰消失，出现了类似于增压柴油机的放热率，这充分说明高绝热度对燃烧过程影响很大。着火过早，压缩负功增加；充气效率下降，缸内氧的分压力降低，后燃增加，发动机性能未随绝热度的提高而提高，反而降低。这些情况如图5、图6和图7所示。因此进一步增加绝热度后，原发动机的喷油系统，进气系统甚至燃烧室都应做相应的改变，以适应高绝热度下的特殊情况。

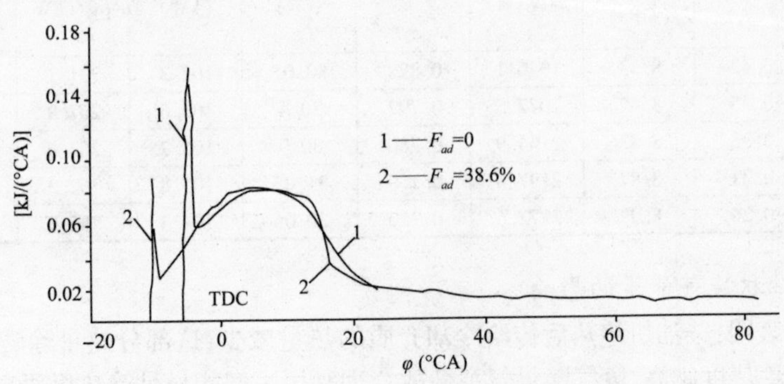


图4　绝热对放热率的影响

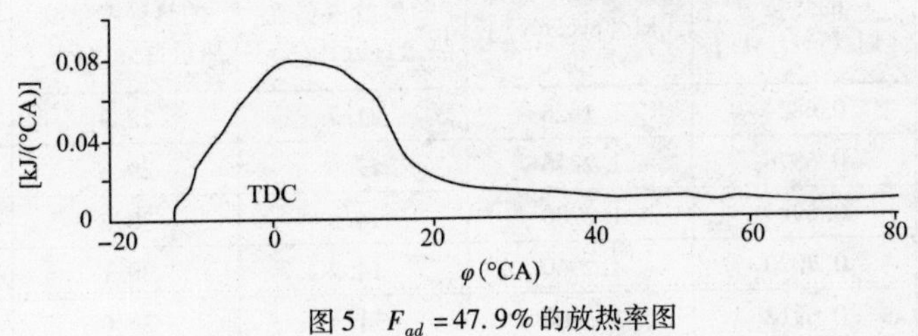


图5　$F_{ad}$ = 47.9%的放热率图

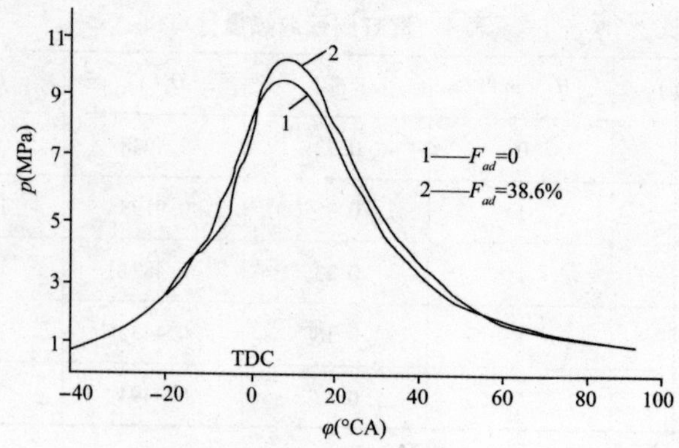


图 6　两种绝热度的示功图之一

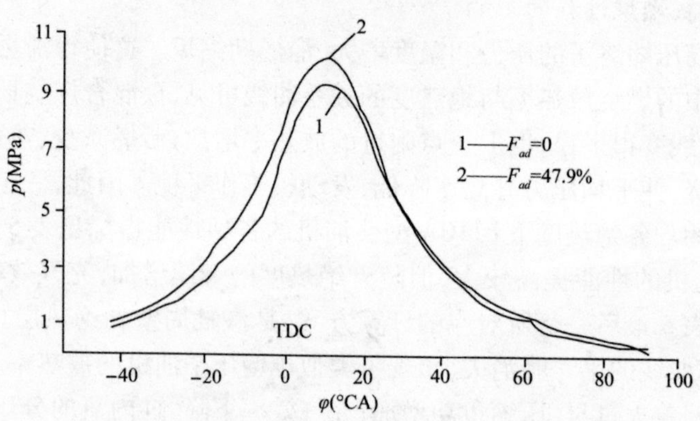


图 7　两种绝热度的示功图之二

**表 5　各绝热度下 6110A 型柴油机的性能指标**

| $F_{od}$（%） | 着火延迟期 BTDC（°CA） | 平均压升率（MPa/°CA） | 最高燃烧压力（MPa） | 最高燃气温度（K） | 充气系数 | 有效效率（%） | 有效功率（kW） | 有效燃油消耗率[g/(kW·h)] | 绝热后有效功率增加率（%） | 绝热后有效燃油消耗率降低率（%） |
|---|---|---|---|---|---|---|---|---|---|---|
| 0 | 10 | 0.42 | 8.33 | 1946.1 | 0.822 | 30.05 | 102.3 | 271.1 | 0 | 0 |
| 19.1 | 7.5 | 0.35 | 8.62 | 2072.5 | 0.797 | 30.4 | 103.6 | 267.9 | 1.27 | 1.18 |
| 34.0 | 6.4 | 0.33 | 8.82 | 2164.9 | 0.780 | 30.9 | 105.2 | 263.6 | 2.83 | 2.77 |
| 38.6 | 6 | 0.31 | 8.87 | 2197.5 | 0.770 | 31.05 | 105.8 | 262.3 | 3.42 | 3.25 |
| 47.9 | 4.9 | 0.26 | 8.99 | 2272.6 | 0.750 | 30.06 | 104.3 | 266.0 | 1.96 | 1.88 |

### 2.4　绝热对柴油机废气能量的影响

表 6 的计算结果表明：柴油机绝热后传给冷却介质的热量减少，这部分热量除转变成有效功外，大部分变成废气的焓。绝热度越高，废气能量越高。故合理利用废气能量是绝热机研究的一个重要课题。

**表 6　6110A 型柴油机绝热后的热量分配**

| $F_{ad}$（%） | 传给冷却介质的总热量[kJ/(cyc.cyl)] | 转变成有效功的热量[kJ/(cyc.cyl)] | 废气带走的热量[kJ/(cyc.cly)] | 传给冷却介质的热量占总放热量百分比（%） | 转变成有效功的热量占总放热量百分比（%） | 废气带走的热量占总放热量百分比（%） |
|---|---|---|---|---|---|---|
| 0 | 0.5112 | 0.6804 | 1.1628 | 21.7 | 28.9 | 49.4 |
| 19.1 | 0.4104 | 0.6876 | 1.2276 | 17.6 | 29.6 | 52.8 |
| 34.0 | 0.3348 | 0.6984 | 1.2780 | 14.5 | 30.2 | 55.3 |
| 38.6 | 0.3312 | 0.7020 | 1.2960 | 14.2 | 30.1 | 55.7 |
| 47.9 | 0.2664 | 0.6912 | 1.3500 | 11.5 | 30.0 | 58.5 |

### 2.5 复合增压式绝热柴油机的性能计算

对表7所列各绝热方案进行了6110A型增压柴油机性能计算，其结果见表8和表9。在此基础上针对表7的绝热计算方案2进行了参数调节和带动力涡轮情况的计算。供油提前角$\theta$从原上止点前23°CA变成21°CA；增压比$\pi_k$从原1.91增到2.2和2.5；压缩比$\varepsilon$从16减至14.3。此复合柴油机装有动力涡轮和驱动压气机涡轮，动力涡轮前的压力$p_T$（即发动机排气背压）分别假定为0.196MPa和0.245MPa，计算结果见表10。由表10可见：提高增压比能增加充气量，从而改善了由于绝热造成$\eta_V$降低对燃烧过程不利的影响，提高了绝热机性能。但通过提高$\pi_k$改善绝热机工作过程会受到最高燃烧压力的限制。表11列出了6110A型增压绝热柴油机在各种条件下废气能量的分配和利用状况。柴油机带动力涡轮后，发动机的排气背压$p_T$增大，有效功率减少。但排气背压增加使往复机功率减少的程度远不如动力涡轮回收功率增加的程度大。表12表明，在一定程度上提高排气背压，能使绝热复合机的总有效功率和有效效率增加，即带动力涡轮后，虽然发动机排气背压增高，但由于动力涡轮回收废气能量变成有效功（在此未考虑机械损失），故提高了绝热机效率。6110A型增压柴油机和非增压柴油机，在非绝热、绝热、绝热带动力涡轮情况下，经济性和动力性对比情况见表13。应该指出，绝热后如果不带动力涡轮，则废气能量回收率要降低2.6%；如果带动力涡轮则废气能量回收率要提高6.1%。正由于废气能量利用程度的提高，使带动力涡轮的绝热复合柴油机的效率能显著提高。

**表7 绝热计算方案**

| 计算方案 | 汽缸壁绝热层厚度（mm） | 活塞顶绝热层厚度（mm） | 汽缸盖绝热层厚度（mm） | $F_{ad}$（%） |
|---|---|---|---|---|
| 1 | 1 | 5 | 5 | 32.8 |
| 2 | 1 | 7 | 7 | 37.1 |
| 3 | 5 | 7 | 7 | 44.2 |

**表8 6110A型增压柴油机绝热后的性能计算**

| $F_{ad}$（%） | 着火提前角BTDC（°CA） | 最大压力升高率（MPa/°CA） | 最高燃烧压力（MPa） | 最高燃气温度（K） | 充气系数$\eta_V$ | 过量空气系数$\alpha$ | 有效效率$\eta_e$ | 有效燃油消耗率[g/(kW·h)] | 有效功率（kW） |
|---|---|---|---|---|---|---|---|---|---|
| 0 | 9.4 | 0.41 | 11.95 | 2047 | 0.847 | 1.83 | 0.330 | 246.6 | 138.8 |
| 32.8 | 9.1 | 0.39 | 12.75 | 2311 | 0.796 | 1.74 | 0.340 | 239.8 | 142.8 |
| 37.1 | 9.0 | 0.34 | 12.88 | 2346.6 | 0.788 | 1.72 | 0.340 | 239.3 | 143.1 |
| 44.2 | 7.2 | 0.34 | 12.91 | 2422.5 | 0.767 | 1.68 | 0.334 | 244.2 | 140.2 |

**表9 6110A型增压柴油机绝热后的热量分配**

| $F_{ad}$（%） | 传给冷却介质的热量[kJ/(cyc·cyl)] | 转变成有效功的热量[kJ/(cyc·cyl)] | 废气带走的热量[kJ/(cyc·cyl)] | 传给冷却介质的热量占总放热量的百分比（%） | 转换成有效功的热量占总放热量的百分比（%） | 废气带走的热量占总放热量的百分比（%） | 排气的热量平均温度（K） |
|---|---|---|---|---|---|---|---|
| 0 | 1.0116 | 0.9875 | 1.2478 | 31.2 | 30.4 | 38.4 | 732.2 |
| 32.8 | 0.6793 | 1.0156 | 1.4879 | 21.3 | 31.9 | 46.8 | 886.2 |
| 37.1 | 0.6361 | 1.0181 | 1.5109 | 20.1 | 32.2 | 47.7 | 907.4 |
| 44.2 | 0.5656 | 0.9976 | 1.5786 | 18.0 | 31.8 | 50.2 | 967.1 |

**表10　6110A 型复合增压柴油机绝热后的性能计算结果**

| 计算条件 | 燃烧开始 BTDC (°CA) | 燃烧结束 ATDC (°CA) | 最大压升率(MPa/°CA) | 最高燃烧压力 (MPa) | 最高燃气温度(K) | 充气效率 $\eta_V$ | 过量空气系数 $\alpha$ | 有效燃油消耗率 [g/(kW·h)] | 有效功率 (kW) |
|---|---|---|---|---|---|---|---|---|---|
| $p_T=0.173$MPa, $\varepsilon=16$<br>$p=23°$CA, $\pi_k=1.91$ | 9.1 | 47.1 | 0.34 | 12.83 | 2346.6 | 0.788 | 1.73 | 239.3 | 143.1 |
| $p_T=0.245$MPa, $\varepsilon=14.3$<br>$\theta=21°$CA, $\pi_k=2.5$ | 6.9 | 47.9 | 0.56 | 12.85 | 2260.2 | 0.78 | 2.21 | 233.7 | 146.5 |
| $p_T=0.245$MPa, $\varepsilon=14.3$<br>$\theta=21°$CA, $\pi_k=2.2$ | 6.8 | 54.5 | 0.51 | 11.57 | 2132.4 | 0.77 | 1.92 | 240.5 | 142.4 |
| $p_T=0.196$MPa, $\varepsilon=14.3$<br>$\theta=21°$CA, $\pi_k=2.2$ | 6.8 | 54.1 | 0.54 | 11.61 | 2128.6 | 0.783 | 1.95 | 239.5 | 143.0 |

**表11　各种条件下 6110A 型增压绝热柴油机热能分配**

| 计算条件 | 排气温度(热量平均)(K) | 排气焓 [kJ/(cyc·cyl)] | 泵气功 (kJ/cyl) | 压气机消耗的功率 (kW) | 动力涡轮发出功率 (kW) | 废气的最大可用能 (kW) | 废气剩余能量 [kJ/(cyc·cyl)] | 排给大气的废气温度(K) |
|---|---|---|---|---|---|---|---|---|
| $p_T=0.173$MPa, $\varepsilon=16$<br>$\theta=23°$CA, $\pi_k=1.91$ | 907.4 | 1.5109 | — | 19.35 | — | 40.86 | 1.3730 | 792.7 |
| $p_T=0.245$MPa, $\varepsilon=14.3$<br>$\theta=21°$CA, $\pi_k=2.5$ | 875.9 | 1.8281 | -0.0871 | 35.25 | 10.91 | 61.85 | 1.5001 | 703.0 |
| $p_T=0.245$MPa, $\varepsilon=14.3$<br>$\theta=21°$CA, $\pi_k=2.2$ | 923.7 | 1.7017 | -0.1008 | 25.92 | 16.71 | 54.57 | 1.3986 | 738.2 |
| $p_T=0.196$MPa, $\varepsilon=14.3$<br>$\theta=21°$CA, $\pi_k=2.2$ | 911.2 | 1.700 | -0.0623 | 26.30 | 6.37 | 55.21 | 1.4670 | 770.6 |

**表12　排气背压对复合式绝热机性能的影响**

| 计算条件 | 复合机总有效功率(kW) | 复合机有效油耗率[g/(kW·h)] | 复合机有效效率 |
|---|---|---|---|
| $p_T=0.245$MPa, $\varepsilon=14.3$<br>$\theta=21°$CA, $\pi_k=2.2$ | 159.1 | 212.4 | 0.384 |
| $p_T=0.196$MPa, $\varepsilon=14.3$<br>$\theta=21°$CA, $\pi_k=2.2$ | 149.3 | 226.3 | 0.36 |

**表13　绝热与非绝热机性能对比**

| 机　型 | 有效效率 $\eta_e$ | 有效油耗率 [g/(kW·h)] | 有效功率 (kW) | 绝热后有效效率增长百分比(%) | 绝热后有效燃油消耗率降低百分比(%) | 绝热后有效功率提高百分比(%) | 废气能量回收百分比(%) | 最高燃烧压力 (MPa) |
|---|---|---|---|---|---|---|---|---|
| 非增压、非绝热 | 0.301 | 271.1 | 102.3 | 0 | 0 | 0 | 0 | 8.33 |
| 非增压、绝热 | 0.311 | 262.3 | 105.8 | 3.33 | 3.25 | 3.42 | 0 | 8.87 |
| 增压、非绝热 | 0.330 | 246.6 | 138.8 | 0 | 0 | 0 | 11.7 | 11.95 |
| 增压、绝热 | 0.340 | 239.3 | 143.1 | 3 | 3.0 | 3.1 | 9.1 | 12.83 |
| 增压、绝热复合机 | 0.384 | 212.4 | 159.1 | 16.4 | 13.8 | 14.6 | 17.8 | 11.57 |

## 3 结论

(1)绝热层厚度和布置对绝热机性能影响很大。增加主要散热表面绝热层厚度会使发动机充气效率恶化,但从减少散热量和增加废气焓而言,希望各散热表面的绝热层尽可能厚度均匀。

(2)合理地布置绝热层,可使非增压柴油机的性能提高。6110A 型柴油机绝热后有效燃油消耗率可降低 3.25%;有效功率可增加 3.42%。

(3)绝热有利于燃烧过程的改善,能使压力升高率降低。与非绝热相比,高绝热度非增压柴油机燃烧放热率发生了明显变化,出现了类似增压柴油机的单峰放热率。

(4)增压技术能在一定程度上解决发动机绝热后充气效率下降的问题,但增压比的提高受到发动机结构强度的限制,这对绝热机更显突出。

(5)利用废气能量是提高绝热机性能的最有效方法。当回收废气能量 17.8%时,绝热机的有效燃油消耗率能降低 13.8%,有效效率可提高 16.4%。

## 参考文献

[1] GYöRGY SITKEI. 内燃机的传热和热负荷[M]. 中国农业机械出版社,1981.6.

[2] 李骏. 6110A 绝热柴油机工作过程的计算机模拟研究[D]. 吉林工业大学硕士学位论文,1984.12.

[3] Gl. Malchow. et al. Heat Transfer in the Straight section of An Exhaust port of A Spark Ignition Engine [C]//SAE Paper,790309.

## The Forecast of the Thermal Insulated Property for 6110A Diesel Engine

Li Jun[1], Qian Yaoyi[1], Lu Xiaokuan[2]

(1. Jilin University of Technology; 2. Chang chun Automotive Research Institute)

**Abstract**: In this paper, a mathematic model and a computer program are compiled, that can be used to calculate the thermodynamic process, heat transfer of cylinder periphery and exhaust duct of cylinder head for direct injection diesel engines. Using analytical method to calculate the heat transfer of cylinder periphery, especially using two dimensional model to calculate the heat transfer of piston crown, the model is solved by combining with the calculation of thermodynamic process. By means of each using the other for its boundary conditions, the thermodynamic process of adiabatic diesel engine can be simulated. Under condition of several different arrangement of adiabatic profiles for instance, model 6110A diesel engine is cited and simulation for the naturally aspirated diesel, turbocharging diesel and turbocompound engine at rated routine are carried out. The adiabatic effect on the engine performance, combustion process and heat balance is analysed. The data of forecast are presented for the development of the adiabatic diesel engines.

**Key Words**: Thermal Insulated Property; Diesel Engine

第五部分

# 螺旋进气道气门口处流速分布的研究

李　骏[1]，钱耀义[1]，陆孝宽[2]
（1. 吉林工业大学；2. 长春汽车研究所）

**摘　要**：本文应用热线风速仪测定了螺旋进气道气门出口处的气流速度，从几种不同形式气道的试验与分析中得知，气门出口处切向气流速度产生的绕汽缸轴线的动量矩流率约占汽缸内总动量矩流率的60%以上，这说明汽缸内的涡流主要是由气门口切向速度产生的。螺旋进气道气门口周边上存在着正动量矩流率区与负动量矩流率区，负动量矩流率主要由气门出口处气流的径向速度产生，它对进气涡流起削弱作用。进气门口周边存在主要出气区，气道的阻力由流通速度和流通系数共同决定。根据这些认识，作者对6110A型柴油机的螺旋进气道进行改进设计，取得了较好的结果。

**关键词**：流速分布；气门座；螺旋气道；柴油机

## 1　试验装置与方法

进气道模型试验是在稳流气道试验台上进行的，以定流量计压差法模拟柴油机的进气过程，来测量模型汽缸内的涡流和气道阻力。采用 DISA55m01 等温热线风速仪按图 1 所示的测点布置和图 2 所示的探针放置方式测量气门口周边上的三维气流速度。侧点 O 处气流的切向速度 $v_t$，径向速度 $v_r$ 及轴向速度 $v_z$ 按下式计算[1]：

$$v_t = \left[K_1/2 + \left({k_1}^2/4 + {K_2}^2\right)^{\frac{1}{2}}\right]^{\frac{1}{2}}$$

$$v_r = \left[K_3 - (1 + k^2){v_t}^2\right]^{\frac{1}{2}}$$

$$v_z = \left({v_t}^2 - K_1\right)^{\frac{1}{2}}$$

其中：

$$K_1 = \frac{1}{1-k^2}\left[v_{\mathrm{eff}}^2(0) - v_{\mathrm{eff}}^2\left(\frac{\pi}{2}\right)\right]$$

$$K_2 = \frac{1}{2(1-k^2)}\left[2v_{\mathrm{eff}}^2(\pi/4) - v_{\mathrm{eff}}^2(0) - v_{\mathrm{eff}}^2(\pi/2)\right]$$

$$K_3 = \frac{1}{1-k^2}\left[v_{\mathrm{eff}}^2(0) - k^2 \cdot v_{\mathrm{eff}}^2(\pi/2)\right]$$

$v_{\mathrm{eff}}(0)$、$v_{\mathrm{eff}}(\pi/4)$和$v_{\mathrm{eff}}(\pi/2)$分别是热线探针转角$\theta$为0、$\pi/4$和$\pi/2$时测得的有效冷却速度，在稳流试验中，偏角因子$k \doteq 0.18 \sim 0.20$[2]。

气门口出流气体的切向速度、轴向速度及径向速度的方向由带屏套的热线探针及关系式$K_2 = -v_z \cdot v_t$来确定。

紊流速度$\bar{v} = \sqrt{\frac{1}{4}\left(\bar{v}_{e,0}^2 + \bar{v}_{e,\pi/2}^2\right)}$，$v_{e,0}$和$v_{e,\pi/2}$分别为探针转角$\theta$为0和$\frac{\pi}{2}$时的有效冷却速度的脉动分量。符号“ – ”代表时均值[1]。

刊登信息：《内燃机工程》1990年(第11卷)第4期

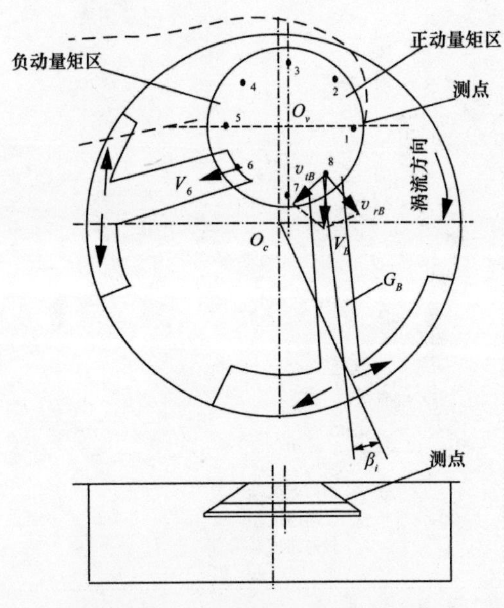


图1　测点分布及动量矩流率计算示意图

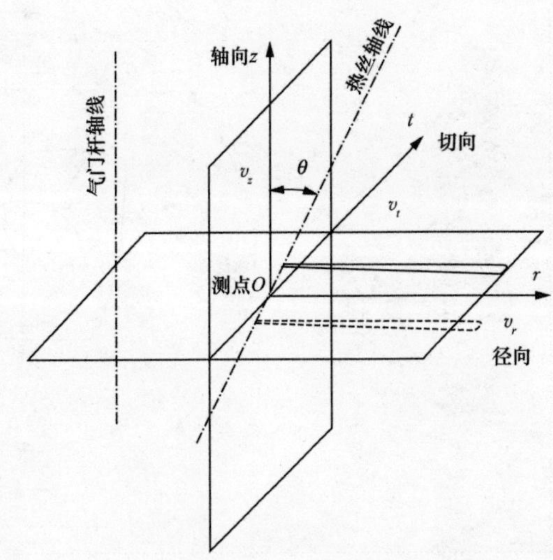


图2　热线探针的放置方式

## 2　理想螺旋进气道应具有的特征

目前常用的气道模型试验方法带有一定的经验性与尝试性。因此,不断地探索不同形式的螺旋气道中气体流动特性的差异,对于指导螺旋进气道设计与改进具有很大意义。本文对螺旋进气道研究中经常遇到的三种类型,即:高阻力、低涡流(气道1),低阻力、中等强度涡流(气道2),阻力和涡流强度都较为理想的进气道(气道3),在稳流气道试验台上用热线风速仪测量了它们气门口处的三维气流速度(见图3)。测量中保持气道阻力压差为3.333kPa,气门升程为12mm,图1给出了测点位置的分布。

为了分析气门出口周边上的气流速度对汽缸内涡流强度的影响,应用动量矩流率概念,按下述公式计算气门口处气流对汽缸轴线的动量矩流率:

$$M_i = \pm G_i \cdot V_i \cdot \frac{D}{2} \cdot \sin\beta_i \quad (\text{N} \cdot \text{m})$$

其中,$M_i$ 为进气道气门口出流气体以质量流量 $G_i$ 流经测点 $i$ 的领域时对汽缸轴线的总动量矩流率;$D$ 为汽缸直径;$\beta_i$ 角的定义见图1;$V_i$ 为气门口周边上测点 $i$ 处的气流速度在垂直于汽缸轴线的水平面内的分量。为了进一步分析,有:

气门口周边任一点出流气流的切向速度对汽缸轴线产生的动量矩流率,$M_{ti} = \pm G_i \cdot v_{ti} \cdot L_{ti}$

气门口周边任一点出流气流的径向速度对汽缸轴线产生的动量矩流率,$M_{ri} = \pm G_i \cdot v_{ri} \cdot L_{ri}$

其中 $L_{ti}$ 和 $L_{ri}$ 分别为汽缸中心 $O_c$ 到 $\bar{v}_{ti}$ 和 $\bar{v}_{ri}$ 的距离,当动量矩的方向与汽缸内涡流的方向一致时,$M_i$,$M_{ti}$ 和 $M_{ri}$ 取正值,否则取负值。

从表1可见,$\sum M_{ti}$ 占进气道气门口出流空汽对气缸轴线总动量矩流率的60%以上,这说明绕汽缸轴线旋转的涡流主要是由气门口处气流的切向速度分量产生的,这也是螺旋进气道本身的特点。气门口出流气流的切向速度对汽缸轴线产生的负动量矩流率区小,动量矩流率损失就小。因此在螺旋进气道的设计和改进时,要注意提高 $\sum M_{ti}$ 的值,充分发挥螺旋气道的特点。进气门口周边存在正动量矩流率和负动量矩流率区,对于汽缸轴线的负动量矩流率主要由气门口出流气流的径向速度产生(见表1和表2)。由于负动量矩流率对进气涡流起削弱作用,因此如果能减小负动量矩流率,则可提高进气涡流强度。气道3涡流强度增加较大的原因之一是其气门口出流气流的径向速度对汽

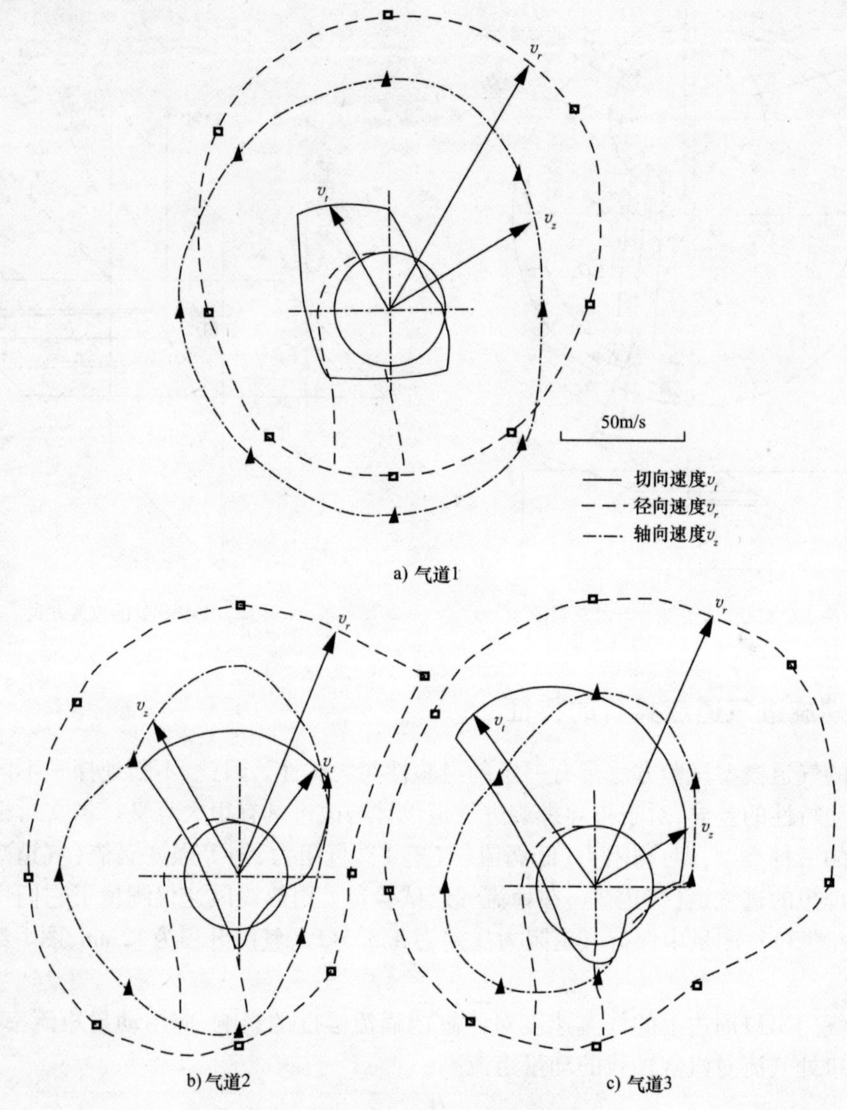


图3 气道气门口处速度分布的测量结果

缸轴线产生的正动量矩流率较大，特别是在关键的1、7、8测点上的$M_{ri}$，的增加较大，抵消了负动量矩流率损失。因此，提高气门口关键部位的$M_{ri}$，对于提高进气涡流也有带助。表3给出了进气门口周边各点总动量矩流率的分布状况，沿气门周边各点$M_i$的分布很不均匀，总动量矩流率绝大部分是在8—1—2测点区域内产生的，气道2、3涡流强度的提高正是在此关键区域内的$M_i$增加所致。

**表1 切向速度产生的动量矩流率 $M_t$（$\times10^{-2}$N·m）**

| 测点号 / 气道号 | 1 | 2 | 3 | 4 | 5 | 6 | 7 | 8 | $\Sigma M_{ti}$ | $\frac{M_i}{总动量矩流率}\times100\%$ |
|---|---|---|---|---|---|---|---|---|---|---|
| 1 | 1.38 | 2.44 | 1.42 | 1.03 | 0.27 | −0.06 | −0.03 | 0.22 | 6.67 | 69.6 |
| 2 | 2.65 | 3.04 | 0.67 | 0.45 | 0.46 | −0.01 | −0.02 | 0.64 | 7.88 | 80.3 |
| 3 | 3.76 | 4.21 | 0.33 | 0.74 | 0.30 | −0.06 | −0.03 | 0.76 | 10.01 | 68.5 |

表2　径向速度产生的动量矩流率 $M_r$（$\times 10^{-2}$N·m）

| 气道号＼测点号 | 1 | 2 | 3 | 4 | 5 | 6 | 7 | 8 | $\Sigma M_{ri}$ | $\frac{M_r}{\text{总动量矩流率}}\times 100\%$ |
|---|---|---|---|---|---|---|---|---|---|---|
| 1 | 3.00 | 1.05 | −0.64 | −1.47 | −1.37 | −0.63 | 0.55 | 2.42 | 2.91 | 30.4 |
| 2 | 3.58 | 1.08 | −1.04 | −0.02 | −1.69 | −0.35 | 0.26 | 2.24 | 1.93 | 19.7 |
| 3 | 4.04 | 0.95 | −1.04 | −1.88 | −1.09 | −0.22 | 0.74 | 3.11 | 4.61 | 31.5 |

表3　进气门口周边各点总动量矩流率 $M_i$（$\times 10^{-2}$N·m）

| 气道号＼测点号 | 1 | 2 | 3 | 4 | 5 | 6 | 7 | 8 | 总和 |
|---|---|---|---|---|---|---|---|---|---|
| 1 | 4.38 | 3.49 | 0.78 | −0.44 | −1.10 | −0.69 | 0.52 | 2.64 | 9.58 |
| 2 | 6.23 | 4.11 | −0.37 | −1.70 | −1.23 | −0.36 | 0.24 | 2.88 | 9.81 |
| 3 | 7.80 | 5.17 | −0.71 | −1.14 | −0.79 | −0.28 | 0.71 | 3.87 | 14.62 |

气道设计时，除了注意形成涡流之外，还应尽可能增大充气能力。通过进气门开启截面上的质量流量为：

$$G = C_F\int_{A_v}\rho\cdot V_n\cdot dA_v\quad(\text{kg/s})$$

其中 $C_F$ 和 $v_n$ 分别是气门开启截面 $A_v$ 上的流通系数和流通速度。表4给出3个气道进气门口处周边8个测点上的实测流通速度 $v_n$，质量流量 $G$ 和流通系数 $C_F$。其中气道1在各测点上的 $v_n$ 虽较大，但流通系数较小，充气流量也较小；气道3在各测点上的 $v_n$ 较小，但其流通系数比气道1大，故实际流量还是比气道1大，气道2各测点处的 $v_n$ 和流通系数均较适中，故有较大的流量。由此可见，进气道的流通性能取决于流通速度与流通系数，这两者共同决定进气道的阻力。由于阻力损失的大小与气流速度的平方成正比，因此为了获得一定的流量而依赖于较大的流出速度必然会产生较大的流动阻力，气道1便是这种状况。从气门处气流速度分布（见图4）来分析：

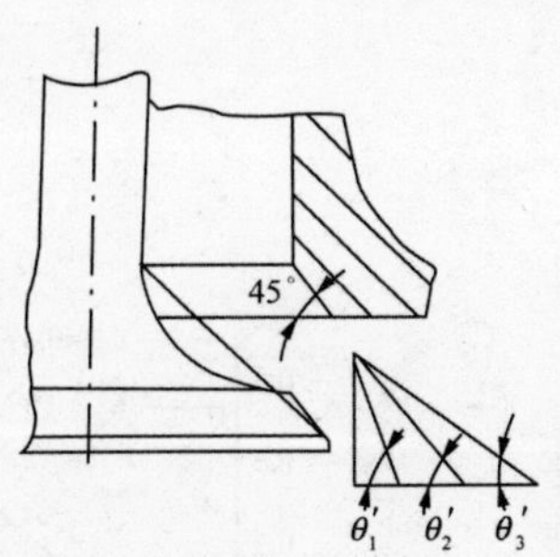

图4　气门示意图

第五部分

表4　进气门口周边各点 $v_n$（m/s）

| 气道号＼测点号 | 1 | 2 | 3 | 4 | 5 | 6 | 7 | 8 | 实测流量（kg/s） | 流通系数 |
|---|---|---|---|---|---|---|---|---|---|---|
| 1 | 125.47 | 117.22 | 108.49 | 101.33 | 99.02 | 99.37 | 82.93 | 110.36 | $6.92\times 10^{-2}$ | 0.543 |
| 2 | 103.66 | 83.59 | 91.80 | 80.42 | 76.16 | 46.62 | 43.97 | 76.61 | $7.66\times 10^{-2}$ | 0.628 |
| 3 | 99.21 | 70.50 | 82.17 | 69.60 | 49.83 | 31.71 | 61.74 | 81.59 | $7.59\times 10^{-2}$ | 0.582 |

（1）当 $v_z/v_r=1$ 时，气体的流出角 $\theta'$ 为45°，气流能平滑地从气门开启截面流出，此为理想情况；

（2）当 $v_z/v_r>1$ 时，$\theta'>45°$，气阀的屏蔽作用增大，此时气道阻力也大，如气道1；

（3）当 $v_z/v_r<1$ 时，$\theta'<45°$，气阀的屏蔽作用减小，此时气道阻力相对较小，如气道2和气道3；

（4）在整个气门口周边上，如 $v_z/v_r\approx$ 常数 $C$，且 $C\leqslant 1$，则气道的阻力较小，气道2近似这种状况。

表5给出了实测的进气门口周边各测点的紊流速度。阻力大的气道，气门口处的紊流速度也大，这说明阻力大的气道内气体不能从其气门口平滑地流出。详细分析表4和表5可知，进气道气

门口处的主要出气区在4—3—2—1—8测点之间，而气道1正是在这个部位有较大的紊流速度，从而使其阻力增大。

表5　进气门口周边各点的紊流速度（$\times 10^{-2}$m/s）

| 气道号 \ 测点号 | 1 | 2 | 3 | 4 | 5 | 6 | 7 | 8 | 流量系数 |
|---|---|---|---|---|---|---|---|---|---|
| 1 | 1.75 | 1.65 | 22.88 | 23.36 | 56.35 | 56.85 | 41.34 | 15.91 | 0.543 |
| 2 | 1.31 | 1.64 | 2.41 | 19.03 | 43.91 | 49.75 | 39.13 | 1.16 | 0.628 |
| 3 | 1.09 | 1.58 | 5.53 | 24.20 | 58.74 | 59.17 | 25.10 | 5.06 | 0.582 |

## 3　6110A型柴油机螺旋进气道性能改进

螺旋进气道可分成直管道、涡流室入口部位、涡流室头部、涡流室出口及气门口等4个部分。只有合理地确定各部分的形状，并使它们良好地衔接和过渡，才能获得性能良好的进气道。

图5是将原螺旋进气道直管道顶边改成俯冲形状后，气道性能得到改进的状况。通常，螺旋气道能在中、小气门升程时产生较高的涡流，而直气道能在大气门升程时产生较高的涡流。从图5中的曲线可见，气道直管道顶边改成俯冲形状后，涡流强度主要在大气门升程时得到加强。这表明此种改进将直气道特性引入了螺旋气道，符合目前高涡流比进气道常将切向气道与螺旋气道的特性相结合的发展趋势。

图6是将涡流室入口部位改成倾斜凸起的形状，使气流在进入涡流室之前逐渐偏转，以适应气

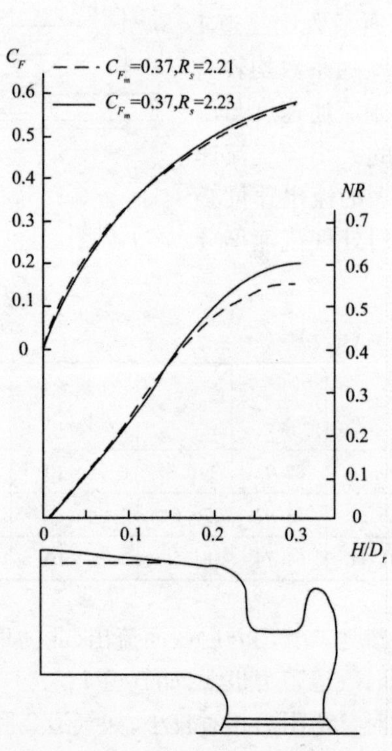


图5　气道形状改进前（虚线）、后（实线）的气道特性曲线
$C_F$-流通系数（下标带 $m$ 者为平均值）；$R_s$-里卡多涡流比；$NR$-无因次涡流；$H/D_v$-气门升程与气门直径之比

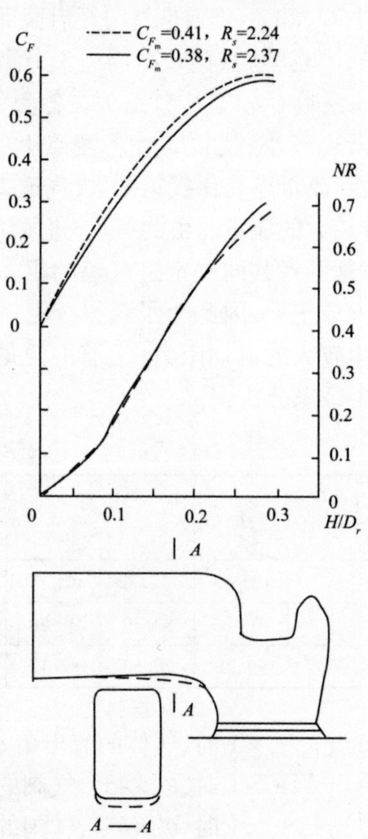


图6　改进前（虚线）、后（实线）的气道形状和特性曲线（图内参量含意同图5）

道头部的螺旋形状。这可使涡流强度提高。从表6和表7可见,使气流在直管内预先偏转后进入涡流室能使测点1—8(见图1)区域上出流气流的切向速度和径向速度产生的绕汽缸轴线的动量矩流率增加,致使气道的涡流强度增大。由于这种做法事实上减小了气道的最小截面积,因此气道阻力有所增加。

**表6　切向速度产生的动量矩流率 $M_i$( $\times10^{-2}$N·m)**

| 气道号 \ 测点号 | 1 | 2 | 3 | 4 | 5 | 6 | 7 | 8 | 总和 |
|---|---|---|---|---|---|---|---|---|---|
| 1 | 2.96 | 2.73 | 1.14 | 0.13 | 0.45 | -0.01 | -0.03 | 0.99 | 8.36 |
| 2 | 2.65 | 3.04 | 0.67 | 0.45 | 0.46 | -0.01 | -0.02 | 0.64 | 7.88 |

**表7　径向速度产生的动量矩流率 $M_r$( $\times10^{-2}$N·m)**

| 气道号 \ 测点号 | 1 | 2 | 3 | 4 | 5 | 6 | 7 | 8 | 总和 |
|---|---|---|---|---|---|---|---|---|---|
| 1 | 4.38 | 0.69 | -0.40 | -1.10 | -1.15 | -0.79 | 0.53 | 3.20 | 5.36 |
| 2 | 3.58 | 1.08 | -1.04 | -0.02 | -1.69 | -0.35 | 0.26 | 2.24 | 1.93 |

螺旋气道的涡流室是其性能的敏感区。第三种改进方式是不再将气道头部作成完整的圆形,而是使涡流室内的转弯处具有一定程度的圆角。表1~表3中的气道3是这种气道的测量结果,其特点是在主要的动量矩流率产生区2—1—8—7(见图1)内有较大的动量矩流率。

由前面的分析得知,在进气门口周边存在着负动量矩流率区。因此,如能设法使负动量矩流率区气体的流出量减少,正动量矩流率区气体的流出量增加,则可使涡流强度提高。图7的气门座结构就实现了上述设想。这种结构主要是在小气门升程时有较为显著的作用(见图8),因为这时气门座上 $B$ 处(见图7)的屏蔽作用增大。当然这种结构有时会使气道阻力增大。$\alpha$ 角的大小及 $B$ 处屏蔽作用的强弱对涡流强度和阻力有较大的影响。

通过上述改进措施,最后获得了如图9所示的4种特性不同的进气道,为探求6110A型柴油机燃烧系统的最佳匹配创造了条件。



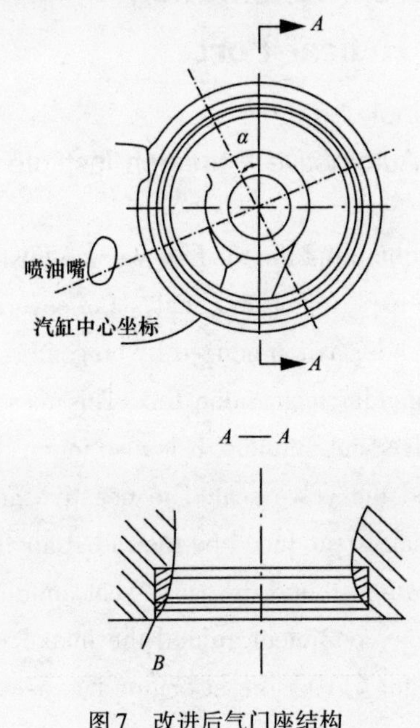


图7　改进后气门座结构

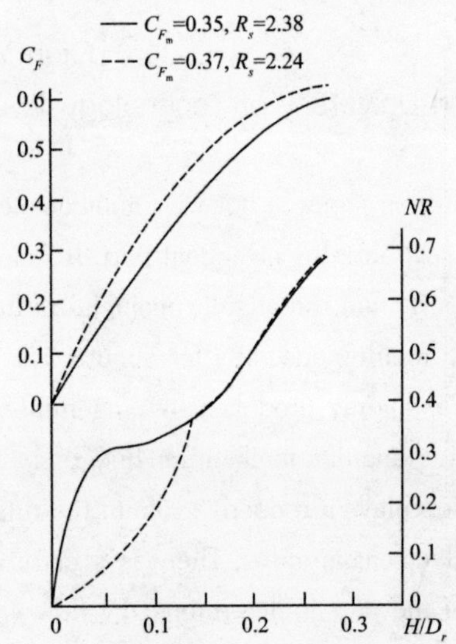


图8　进气门座改进前(虚线)与改进后(实线)的气道特性曲线(图内参量含意同图5)

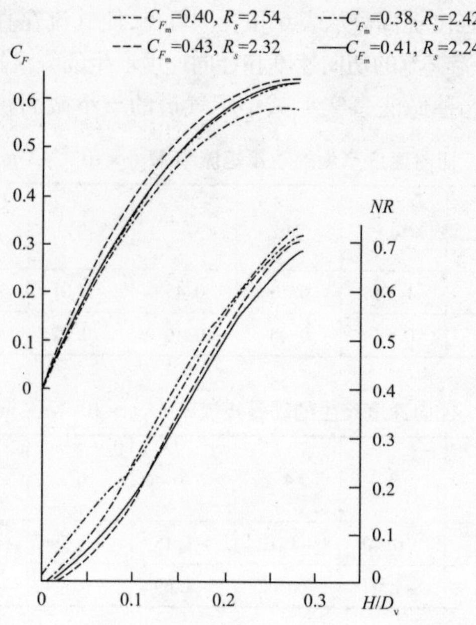


图9　改进后的气道特性曲线(图内参量含意同图5)

## 参考文献

[1] Jorgensen. F. E. Directional sensitivity of wire and Firber Film probes, An Experimental study[J]. DISA Information, No. 11. 31 May. 1971.

[2] A. E. catania. 3 – D Swirling Flows In An Open-Chamber Automotive Diesel Engine With Different Induction System, Flows in Internal Combustion Engine[C]//The Winter Annual Meeting of Asme November, 1982, 14 – 19.



# A Study on Steady Flow Velocity Distribution Around the Valve Seat of Helical Port

Li Jun[1], Qian Yaoyi[1], Lu Xiaokuan[2]
(1. Jilin University of Technology; 2. Changchun Automotive Research Institute)

**Abstract**: In this paper, a hot-wire anemometer is used for obtaining the air flow velocity distribution around the value seat annulus of helical port. It is found from the experiment and analysis of several different types of helical ports that the angular momentum flux around cylinder axis produced by tangential velocity at intake valve seat annulus accounts for about 60% of the total angular momentum flux. This means that the swirl in cylinder is mainly produced by tangential velocity at valve seat annulus. It is also found that a positive and a negative angular momentum flux regions exist around the valve seat. The negative angular momentum flux which plays a reductive role to the intake swirl is mainly produced by the radial air flow velocity around the valve seat annulus. There is a main air outflow region around the valve seat annulus. The air flow resistance of the port is determined by flow velocity and flow coefficient around the intake valve.

According to above recognitions, the design of helical port for 6110A diesel engine has been improved and good results have been obtained.

**Key Words**: Flow Velocity Distribution; Valve Seat; Helical Port; Diesel Engine

# 柴油机进气过程汽缸内流场的模拟研究

李　骏[1]，钱耀义[1]，陆孝宽[2]
(1. 吉林工业大学；2. 长春汽车研究所)

**摘　要：**借助热线风速仪在稳流气道试验台上研究了不同涡流比进气道在汽缸内产生的流场特性。通过绘制切向速度和轴向速度以及紊流强度的分布曲线，给出了进气过程汽缸内稳态流场的描述，并且揭示了逆涡流区的存在及其变化情况。

## 1　前言

由于对直喷式柴油机经济性和排放要求的不断提高，研制者应更清楚地了解汽缸内气体流动的状况，以便使进气系统与燃烧室形状及燃油喷雾取得最佳配合。因此，近年来，发动机进气和压缩过程中汽缸内流场结构越来越受到重视。作者认为，首先，应当详细地弄清进气过程中汽缸内气体运动的特性，因为进气终了时，汽缸内的流场无疑是压缩过程中汽缸内流场的初始条件，由于稳态模拟研究较为简便，是目前可行的选择。为此，本文针对 6110 柴油机采用这种模拟研究方法，探索不同结构进气道产生的汽缸内流场的结构特征。

## 2　试验方法与装置

模拟研究要尽可能与实际过程接近，最好是能与实际过程相似。但严格地说，气体在稳流气道试验台的模拟汽缸内和在实际发动机汽缸内的流动不存在相似关系。因此，模拟试验的关键是要反映实际进气过程的本质。对于自然吸气式柴油机，进气马赫数是进气过程的特征数。事实上，对于一般的气体动力学试验，模型与实物的绝热指数和马赫数对应相等是主要的要求，因为只要模型比较大，空气的密度不太低，雷诺数总是处在高值范围之内。因此，在本文的试验中采用下述方法实现模拟过程与实际过程的进气马赫数相等。

首先将发动机实际动态进气过程看成是由若干曲轴间隔角 $\Delta\alpha$ 内的稳态进气流动过程组成的，再假定空气从大气状态流入到汽缸内的过程为绝热过程，且忽略汽缸漏气，则连续方程为：

$$\bar{v}_V \cdot \overline{\rho_V} \cdot \overline{\mu_V} \cdot F_V = \bar{\rho} \cdot F \cdot \overline{C} \qquad \text{式(1)}$$

式中，$\bar{v}_V$、$\overline{\rho_V}$、$\overline{\mu_V}$和 $F_V$ 分别为 $\Delta\alpha$ 内进气门处气流的平均速度、平均密度、平均流通系数和流通面积，$\bar{\rho}$、$\overline{C}$ 和 $F$ 分别为 $\Delta\alpha$ 内汽缸内气体的平均密度、平均活塞速度和活塞顶投影面积。由于 $F \gg \overline{\mu_V} F_V$ 及$\overline{v_V} \gg \overline{C}$，因此气流在汽缸内发生的滞止过程近似于等压过程。气体在气门处和汽缸内两种状态下的能量方程和等压过程方程为：

$$C_p \cdot T_V + \bar{v}_V^2/2 = C_p \cdot T + \overline{C^2}/2 \qquad \text{式(2)}$$

$$\overline{\rho_V}/\bar{\rho} = T/T_V \qquad \text{式(3)}$$

忽略$\overline{C^2}/2$ 项由式(2)和式(3)得：

$$\overline{\rho_V}/\bar{\rho} = 1 + \frac{k-1}{2} \cdot \overline{M}_V^{\,2} \qquad \text{式(4)}$$

刊登信息：《内燃机学报》1990 年(第 8 卷)第 3 期

式中，$C_p$ 和 $k$ 分别为空气的等压比热和绝热指数；$T_V$ 和 $T$ 分别为气门处和汽缸内空气的温度；$\overline{M}_V$ 为气门处气流马赫数。由式(1)和式(4)得进气过程中某一 $\Delta\alpha$ 内气门处的马赫数为：

$$\overline{M}_V = \sqrt[3]{\frac{F \cdot \overline{C}/a_V}{(k-1)\overline{\mu_V}F_V} + \sqrt{\left[\frac{F\overline{C}/a_V}{(k-1)\overline{\mu_V}F_V}\right]^2 + \left[\frac{2}{3(k-1)}\right]^3}} + \sqrt[3]{\frac{F \cdot \overline{C}/a_V}{(k-1)\overline{\mu_V}F_V} - \sqrt{\left[\frac{F\overline{C}/a_V}{(k-1)\overline{\mu_V}F_V}\right]^2 + \left[\frac{2}{3(k-1)}\right]^3}} \quad \text{式(5)}$$

式中，$\alpha_V$ 为气门处的当地音速。

气道稳态模拟时某一气门升程 $h_i$ 和气道阻力压差 $\Delta p$ 下气门处的马赫数为：

$$\overline{M}'_V = \frac{v'_V}{a_V^t} = \frac{1}{a_V^t}\sqrt{\frac{2kRT_0}{k-1}\left[1-\left(\frac{p_0-\Delta p}{p_0}\right)^{\frac{h-1}{h}}\right]} \quad \text{式(6)}$$

由模拟过程和实际过程绝热指数及马赫数对应相等的要求，并忽略进气温度的差异，则有

$$\overline{M}_V = \overline{M}_V^t, a_V = a_V^t \quad \text{式(7)}$$

由式(5)、式(6)和式(7)得到模拟试验时气道压差随发动机转速和气门升程的关系式：

$$\Delta p = p_0(1-A) \quad \text{式(8)}$$

其中，

$$A = \left[1-(\overline{M}_V a_V)^2\frac{k-1}{2kRT_0}\right]^{k/(k-1)}$$

式中，$p_0$ 和 $T_0$ 分别为试验环境状态下的大气压力和温度。

采用上述方法，在稳流气道试验台上，对两种不同阻力和涡流强度的进气道（气道 1 的$\overline{\mu_V}$ = 0.35，里卡多涡流比 $R_s$ = 1.82，气道 2 的$\overline{\mu_V}$ = 0.38，$R_s$ = 2.43）用 DISA55m01 等温热线风速仪进行了进气过程汽缸内流场的三维测量，汽缸内测点位置如图 1 所示。模拟条件为气门升程 $h$ = 12mm，发动机转速 $n$ = 1160r/min。由式(8)算得的气道 1 和气道 2 的模拟压差分别为 2.93kPa 和 2.55kPa。应用如同有限元的方法，将测点作为单元节点来插算流场内任一点的场变量的数值，从而描绘出汽缸内流场的全貌，具体计算过程见文献[1]。

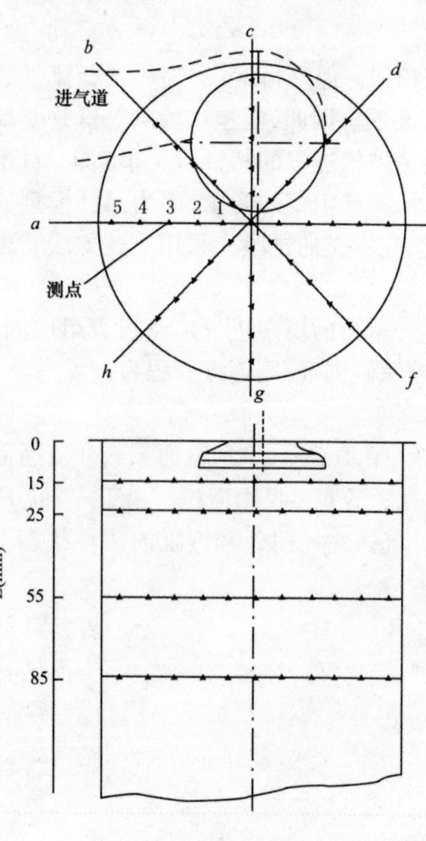

图 1　测点的分布

## 3　测量结果及分析

图 2 给出了垂直于汽缸轴线的截面内切向速度沿汽缸半径方向上的分布曲线。从该图中可以看出，除了整体上绕汽缸轴线的旋转气流外，还存在着局部的逆旋涡区。这种局部的逆旋涡区首先在靠近汽缸盖底面的横截面内产生，逆旋涡区靠近气门口的负动量矩区，它是由于气门偏置和螺旋气道产生的。逆旋涡区的大小与气流速度的分布与进气道的形状有关，由于低涡流气道有比较大的负动量矩成分，因此它在接近汽缸盖的横截面内具有比高涡流气道更大的逆旋涡区。随着气流沿汽缸轴线旋转向下运动，逆旋涡区破碎成两块，气流继续向下，靠近缸壁的逆涡旋区消失，而靠近汽缸中心的逆涡旋区缩小，并有向汽缸中心移动的趋势，即使是在距汽缸盖底面 85mm 的横截面内逆涡旋区仍然没有完全消失。从图 2 中还可以看出切向速度在距缸盖底面 25mm 处的截面内明显地减小。这种切向气流速

度的缩小，可能是由于切向气流运动消耗于逆涡旋区的破碎和减小的结果。气流沿汽缸轴线继续旋转向下流动时，切向流速又会增加，可能是由于气流撞击汽缸壁而产生涡流所造成的。这也说明文献[2]提出的汽缸内存在着三种成分的涡流，即绕气门轴线的涡流，绕汽缸轴线的涡流以及气流碰撞缸壁后产生的涡流的说法具有一定道理。

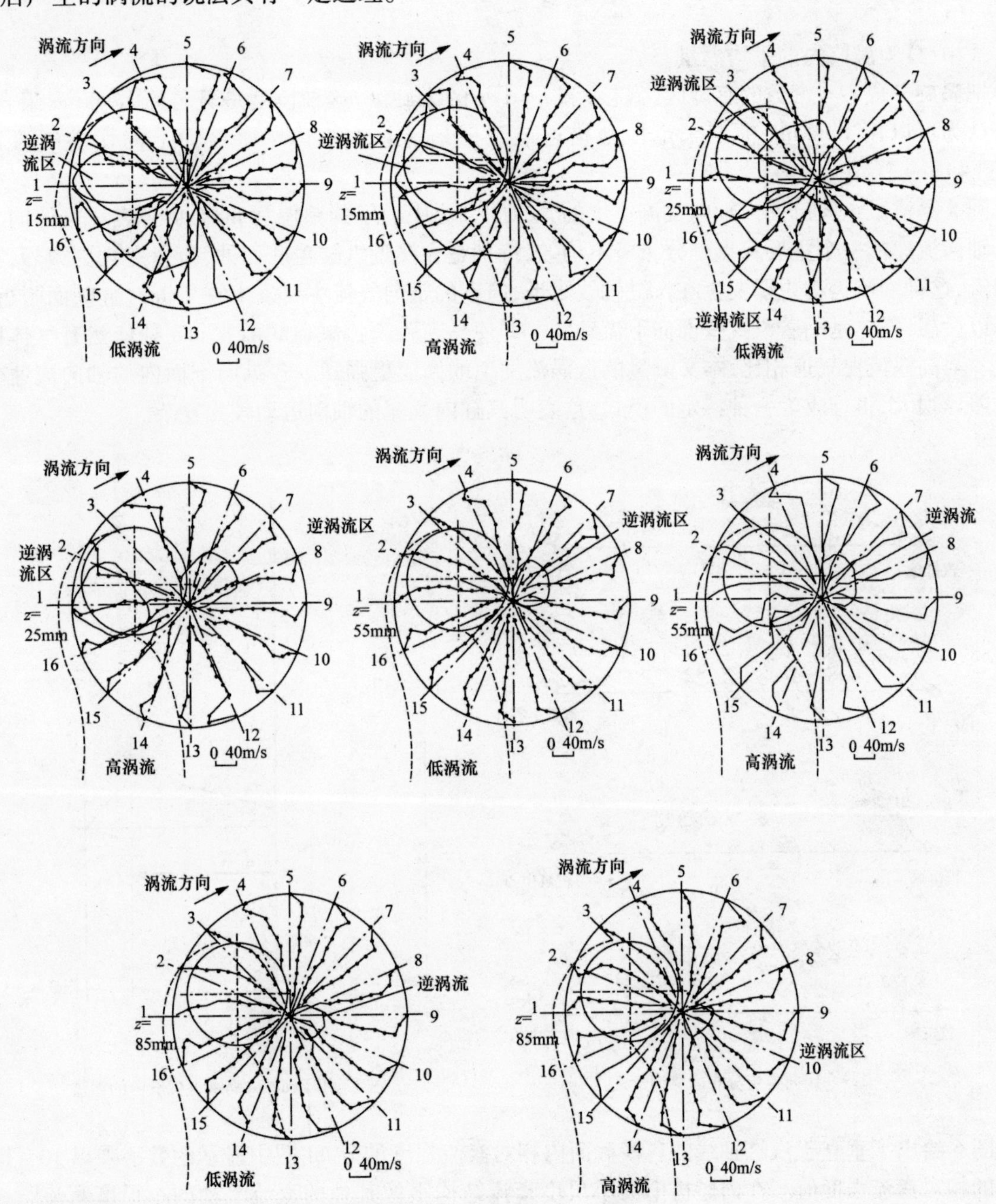


图2　汽缸横截面内切向速度分布

由于气道形状和气门口偏置的影响，在接近汽缸盖处切向气流速度的分布比较复杂，沿汽缸轴线向下切向速度的分布逐渐趋于规则。图3给出了在离汽缸盖底面一定距离的截面内切向速度的几种典型的分布。从图中可以看出，由汽缸中心沿径向向外的某一段区域中，某点的切向速度近似地与该点到汽缸中心的距离成正比，这一区域可称为涡核区，在涡核区内，气体象刚体一样转动；在涡核区外，气体的涡旋矢量很小，气体的运动可看作是无旋运动，其速度近似与所考察点到汽缸中心的距离成反比。设涡核的半径为 $r_0$，则切向速度 $v$ 沿汽缸半径方向的分布为：

$$r \leqslant \frac{r_0}{v} = \frac{\overline{\Omega}}{2}r$$

$$r \geqslant \frac{r_0}{v} = \frac{\overline{\Omega} r_0^2}{2r}$$

式中，$\overline{\Omega}$ 为涡核内的平均涡量。

把涡旋分成 $\overline{\Omega}$ = 常数的有旋区（涡核）和 $v \propto 1/r$ 的无旋区，这种模型是著名的 Renkine 组合涡。本文认为可以用 Renkine 模型来定性地描述或近似地计算汽缸内水平截面上的切向气流速度（见图 4）。

图 5 是汽缸纵向剖面内轴向气流速度的分布图。图中数字的单位为 m/s，负号表示气体向上运动。轴向流速的一个主要特点是分布极不均匀，特别是在接近汽缸盖底面处，流速变化更激烈，存在着回流，这种回流运动主要发生在汽缸轴线附近，向下的轴向气流主要发生在靠近汽缸壁面附近，因此可以设想，气体是贴着汽缸壁面向下流动的。即使是在距离汽缸盖底面 85mm 处依然有气体回流发生。与高涡流比气道相比，本文测量的低涡流气道的回流更强烈。各纵向剖面内的轴向流速分布形式差异很大，很难成为一种特定的模式，这表明汽缸内气流的轴向运动较为复杂。

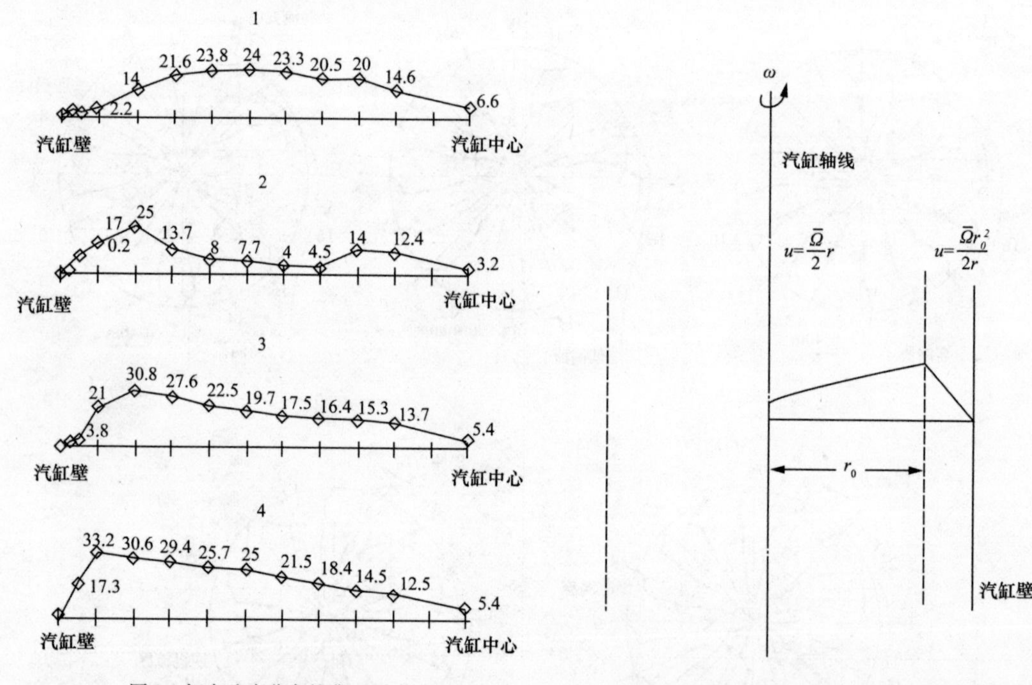


图 3　切向速度分布的典型形式

图 4　用 Renkine 涡来近似缸内的涡流

图 6 给出了垂直于汽缸轴线的各横截面内相对紊流强度的分布，图中显示的数字乘以 $10^{-2}$ 即为实际的相对紊流强度值。在内燃机中的小尺度紊流结构很像其他的紊流流动的小尺度紊流[3]。一般来说，对于一个平均流速小于 100m/s 的紊流场，实测到的紊流脉动速度不大于 10% 的平均流速。图 6 中测得的紊流强度为 1% 左右，紊流强度较低是因为模拟的发动机转速较低。在接近缸盖底面的横截面内紊流强度较高，并且分布不均。沿汽缸轴线向下，紊流强度减弱较快，在距离汽缸盖底面 85mm 处紊流强度已减少了 50%，并且分布趋于均匀。与高涡流比气道相比，低涡流比气道产生的进气紊流强度衰减的较快，这是因为进气过程中迭加在总体环流上的尺度越来越小的涡是由较大尺度的三维涡流破碎来补充的，因此宏观涡流强度对紊流脉动动能的耗散过程有直接影响。总的来说，在汽缸中心附近紊流强度较高，这可能是因为该处有比较强烈的回流造成的。在图 6 中线段 7—

$O_C$—14 围成的扇形区域内紊流强度较大，这一区域正好是正向涡流与逆向涡流的交界区，该区域内的切向流速也较大。

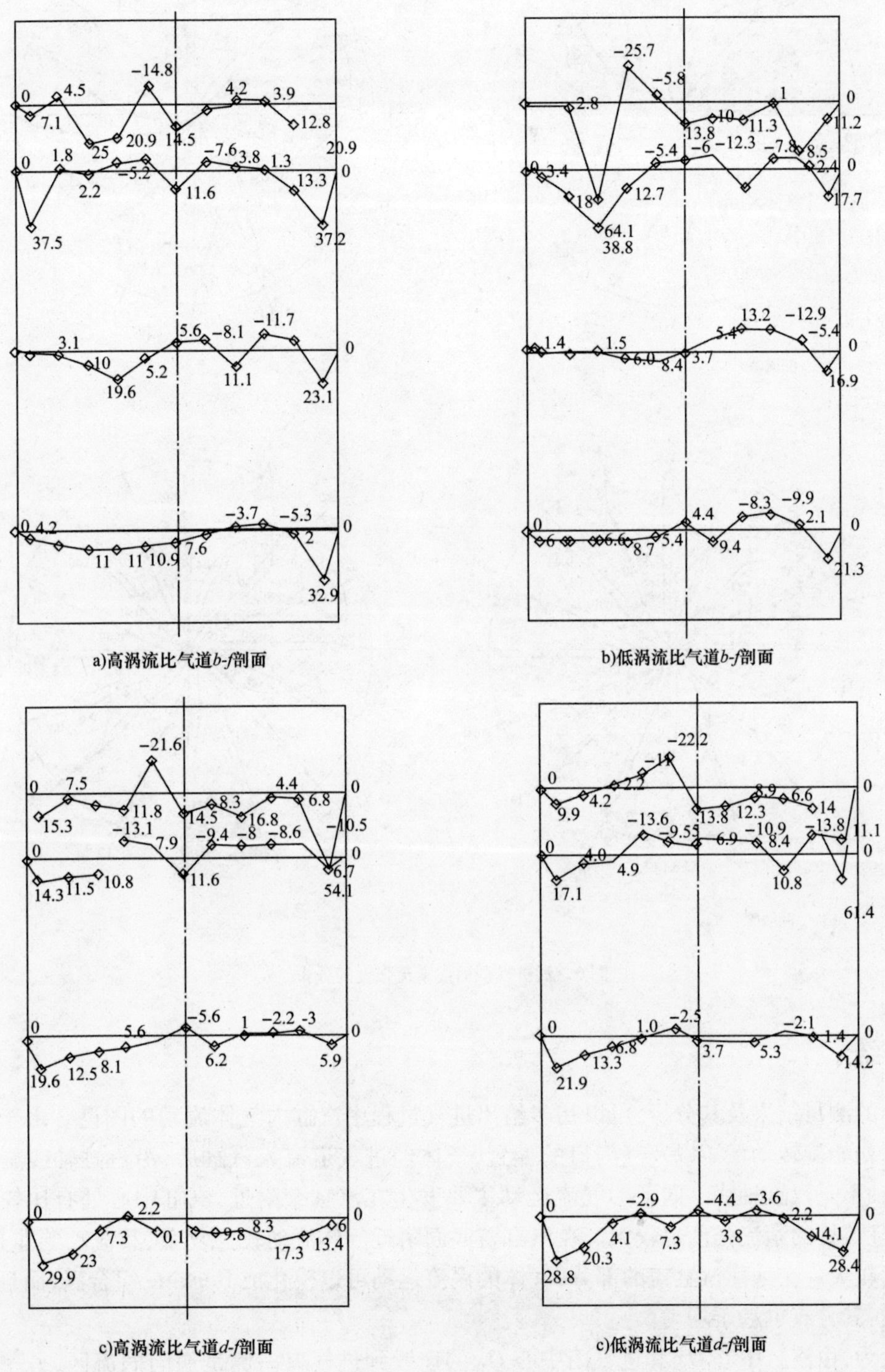


图 5　轴向流速的分布

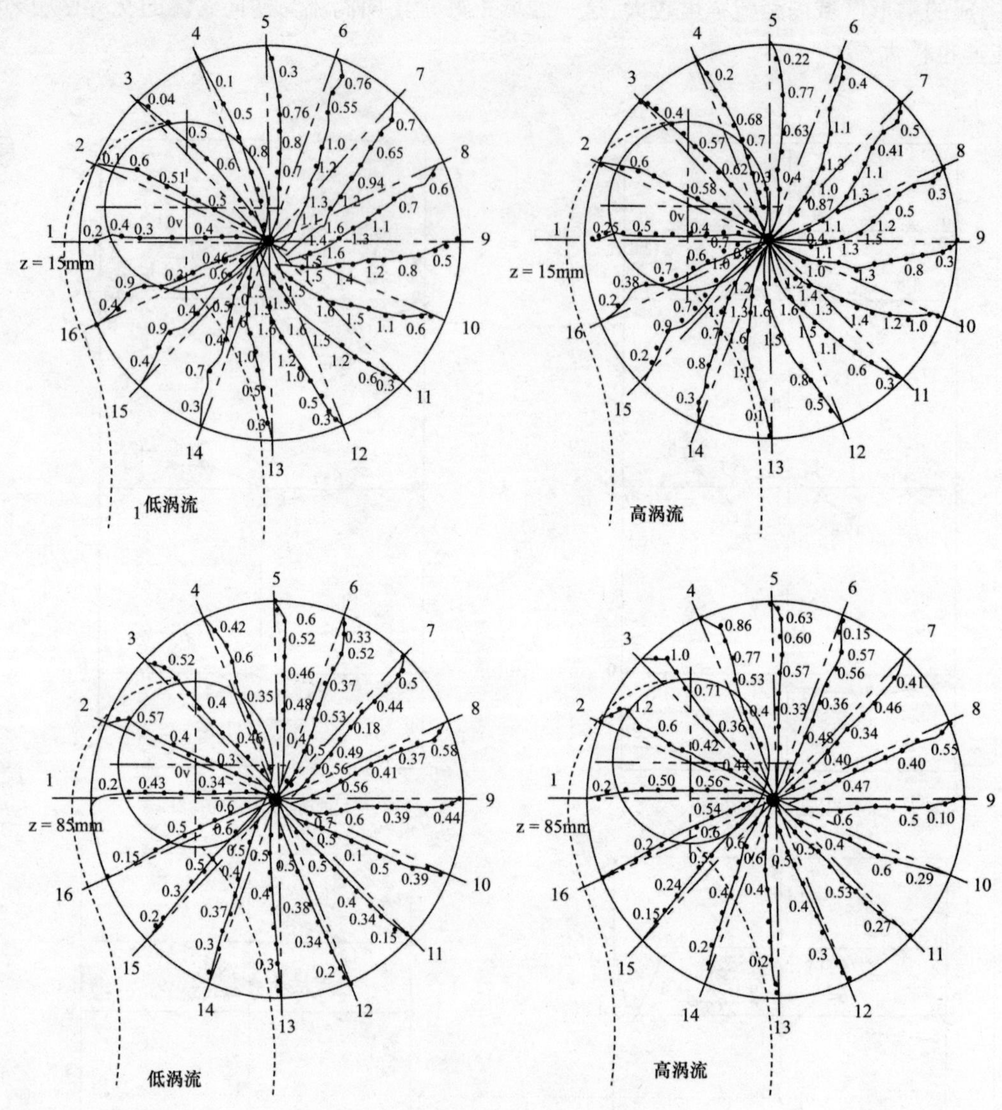


图6 汽缸横截面内紊流强度的分布

## 4 小结

由以上的测量结果及其分析，可以初步给出进气过程中汽缸内气体流动的图谱。由于气门口出流气体具有初始旋转动量矩以及气门口的偏置，气体经进气道流入汽缸后，沿汽缸轴线旋转向下流动，但旋转轴不是汽缸轴线。向下的气流运动主要发生在汽缸壁附近，汽缸中心处有比较强烈的回流流动，并且该处的紊流强度也较大。在汽缸盖底面附近气体流动较为复杂，其流动绝非是涡流，并且紊流强度较大。在远离汽缸盖的部分，气体的涡流运动可以模化成 Renkine 组合涡，而且紊流强度已衰减较大，其分布也趋于均匀。

一般认为，由汽缸中心 $O_C$ 和进气门中心 $O_V$ 的连线到进气口一侧是逆向涡流区，另一侧是正向涡流区（见图7）。实际测量结果表明确实存在逆涡流，尤其在靠近汽缸盖底面处，但逆涡流并没有充满整个逆涡流区，而只存在于某些局部地方。随着气流向下运动，逆涡流区破碎，并逐渐减小。在逆涡流区与正向涡流区的交界处，气体脉动强烈，因而该处的紊流强度较高。逆涡流区的大小与进气道的结构有关，高涡流比进气道产生的逆涡流区比低涡流比气道产生的逆涡流区小。

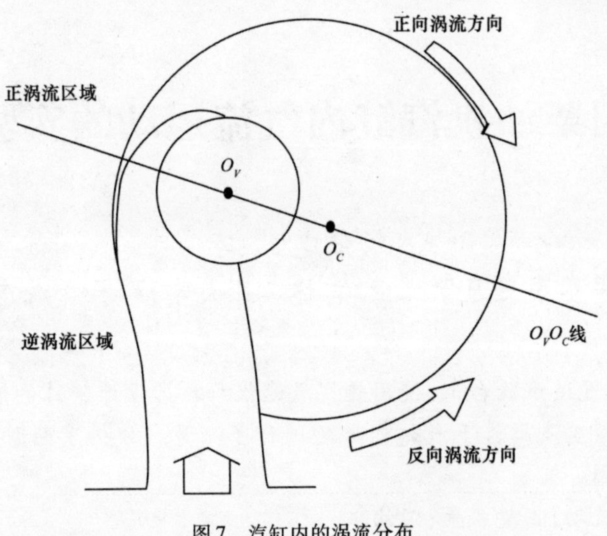


图7　汽缸内的涡流分布

## 参考文献

[1] K. Kajiyama, et al. An Analysis of Swirling Flow in Cylinder for prediction D. I. Diesel Engine Performance[C]//SAE Paper, 840518.

[2] J. N. 马塔维, C. A. 阿曼. 内燃机燃烧模拟[M]. 刘巽俊译. 183.

## Steady Flow of the Intake Air Flow Pattern in a Diesel Engine Cylinder

Li Jun[1], Qian Yaoyi[1], Lu Xiaokuan[2]

(1. Jilin University of Technology; 2. Changchun Automobile Research Institute)

**Abstract**: Air flow Patterns generated by swirl intake ports in the cylinder of a steady flow test rig were studied with the hotwire anemometry. The distributions of tangential and axial velocity as well as turbulent intensity were measured and the steady air flow patterns in cylinder during intake process were described. Counter swirl regions were found and their evolutions were revealed.

第五部分

# 四气门柴油机汽缸内气流运动的实验研究

邵玉平[1],张建华[2],李　骏[3]
(1.解放军军事交通学院;2.吉林工业大学;3.长春汽车研究所)

**摘　要**:本文在稳流气道试验台上,使用热线风速仪和自行设计制作的汽缸内流场测试系统,对二气门和四气门柴油机模型汽缸盖下汽缸内流场进行了测量。分析了两种柴油机汽缸内流场的形成状况和不同的形成原因。

**关键词**:气门;缸内流动;测量装置;柴油机

## 1　概述

面对将来不可避免的局部和全球的环保问题及可能出现的能源短缺,汽车及其动力装置必须设计成能适合这些社会要求的。鉴于这种情况,许多国家正从事开发低油耗、低排放的车辆和发动机。其中著名的两项为:欧洲的3L(3L/100km)轿车和美国的80mile/gal的PNGV项目。两者均旨在大大降低轿车的燃油消耗量。在这方面,直喷式燃烧系统的柴油机具有明显的优势。近几年来,奥地利AVL公司设计的100多种柴油机均采用直喷式,FEV发动机技术公司的资料表明,在轿车上使用直喷式柴油机也能取得低排放、高舒适性和特别省油的效果。与常见的分隔式柴油机相比,在排放相当的条件下,直喷式柴油机能节省15%的燃油。而在保持直喷式柴油机高经济性的同时,满足今后更低排放指标的有效途径是用四气门代替二气门。



## 2　四气门柴油机的特点

与传统的二气门直喷式柴油机相比,四气门柴油机具有以下特点:

(1)换气损失小;

(2)中心垂直布置的喷油嘴有利于优化混合气的形成;

(3)比较容易根据转速和负荷改变进气涡流;

(4)中心布置的燃烧室使得活塞的热负荷比较均匀;

(5)有极为优越的转矩特性(如图1所示)。

(6)降低了排放(如图2所示)。

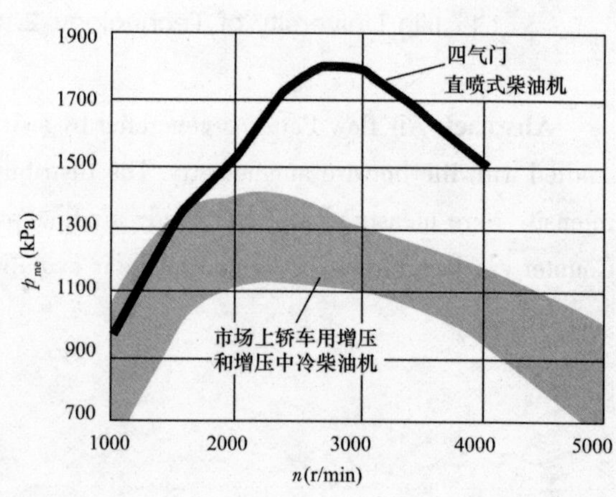


图1　四气门柴油机的转矩特性

刊登信息:《内燃机工程》2000年第4期

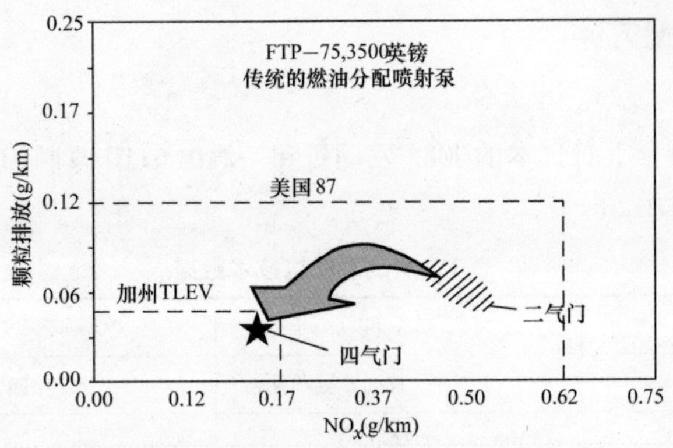


图 2　在美国城市标准测试循环中的排放

## 3　热线测速原理及试验装置

3.1　热线风速仪的测速原理

利用金属电阻的物理特性,可以测量金属表面的流体流速,传感器的瞬时热损失就是流体瞬时速度的量度[3]。试验中采用丹麦丹迪公司设计制造的 DISA55 系统,属于恒温式热线风速仪。

3.2　试验设备

试验设备主要有稳流气道试验台、DISA55 热线风速仪、热线探针(如图 3 所示)、55M05 主机电源、55M05 主机、55M10CTA 标准电桥及 55D31 数字电压表。

3.3　汽缸内流场测试系统的开发

热线探针必须接触流体才能测出其速度,为了研究四气门和二气门柴油机汽缸内流场在进气过程中的变化状况,设计了一套汽缸内流场的测试装置(如图 4 所示)。

图 4 中的核心部分是 2、3、4 组件,这三个组件之间用钢珠配合,在组件 2、4 固定的情况下,组件 3 可围绕汽缸中心转动。组件 3 中开一个热线探针插孔,探针通过一特制的连接件与孔配合,并可在孔内伸缩,以到达汽缸内不同的位置。组件 2 的上表面画有刻度,来表明热线探针到达汽缸内的圆周角度。组件 7、8、9 为可拆卸的分体模拟汽缸,增减他们,在热线探针不动的情况下,可测量与汽缸盖底平面不同距离处断面的流场。利用上述装置,可以在整个汽缸内流场的测试过程中不拆卸热线探针,减少了探针的损坏因素和测试过程的工作量。

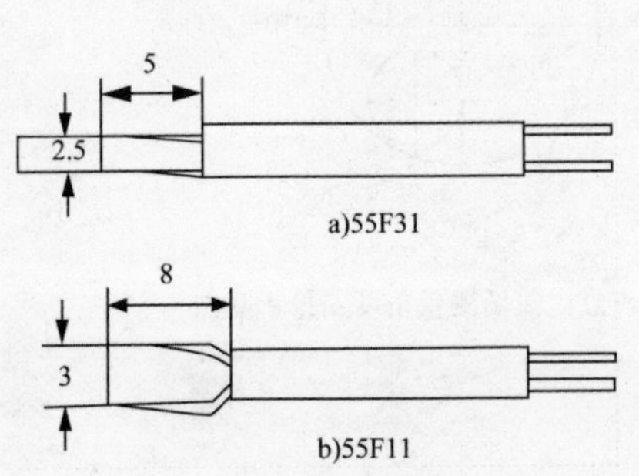


图 3　热线探针的结构(mm)

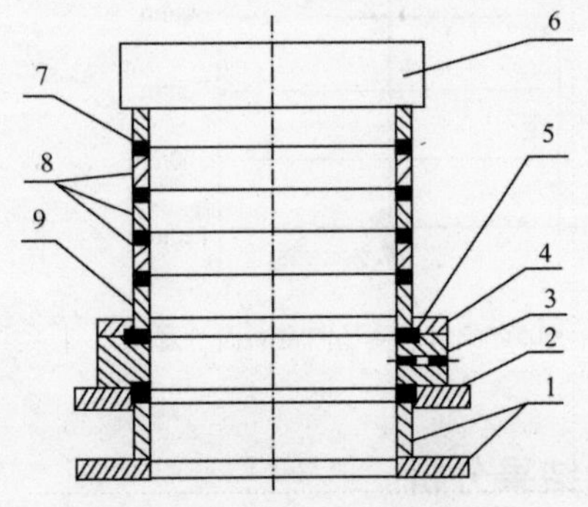


图 4　汽缸内流场测量装置

1-底座;2-测量系统下部;3-测量系统中部;4-测量系统上部;5-钢珠;6-汽缸盖;7-模拟汽缸上部;8-模拟汽缸中部;9-模拟汽缸下部

## 4 测试对象及测量方案

### 4.1 测试对象

作者在稳流气道试验台上对日本的 J08c 发动机和一汽由 6110 改制的 6113 发动机进行了测量。两机的有关参数如表 1 所示。

表 1 测试发动机技术数据

| 项 目 | J08c 机 | 二气门 6113 机 |
| --- | --- | --- |
| 发动机种类 | 水冷、四冲程、直列 6 缸柴油机 | 水冷、四冲程、直列 6 缸柴油机 |
| 燃烧方式 | 直喷式 | 直喷式 |
| 汽缸数 | 6 | 6 |
| 缸径(mm)×行程(mm) | 114×130 | 113×125 |
| 排量(L) | 7.691 | 7.521 |
| 压缩比 | 19.2 | 17 |
| 进气道布置 | H、D 组合分开式 | H 气道 |
| 每缸气门数 | 2 进 2 排 | 1 进 1 排 |
| 进气门直径(mm) | φ39 | φ50 |

注:H 为螺旋进气道;D 为切向进气道。

### 4.2 测量方案

在稳流气道试验台上,采用定气道压差法进行汽缸内流场的测量。汽缸内流场测量断面及测量角度安排示意图参见图 5 和图 6。

在每个测量断面,测量从缸心处向外 $R=5$mm、10mm、20mm、30mm、40mm、45mm、50mm 7 个不同半径处的速度,每个半径圆周上测 12 点,均匀布置。



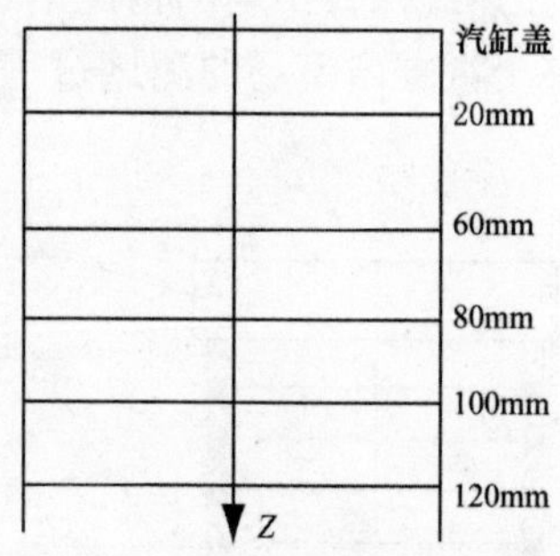


图 5 汽缸内流场测量断面示意图

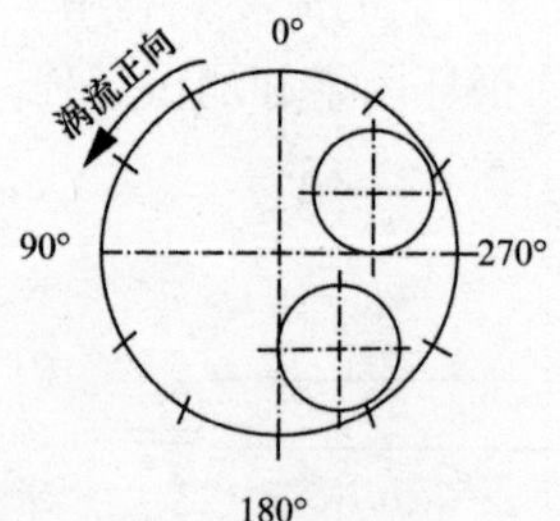


图 6 汽缸内流场测量角度安排示意图

## 5 试验结果分析

图 7 为二气门和四气门柴油机中离汽缸盖底平面不同距离 $Z$ 处汽缸内横断面上二维速度矢量分布图。

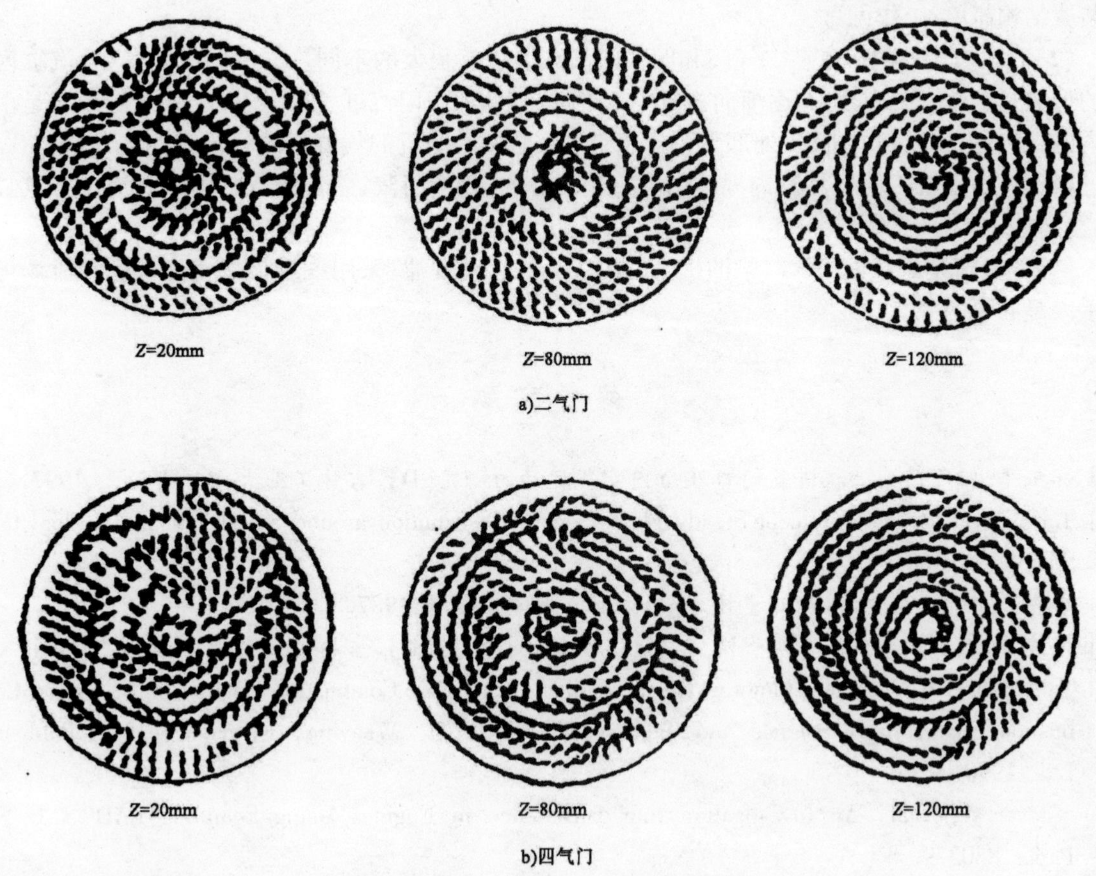


图7　二气门和四气门柴油机汽缸内横断面速度的分布

从图7a)可以看出，在二气门汽缸盖下，距汽缸盖底平面 $Z=20$mm 时，汽缸内的气流运动比较混乱，还没有明显的涡流形成；到 $Z=80$mm 时，汽缸中心附近已形成一个涡，由速度矢量的指向可知，这部分气流由汽缸中心流向缸壁方向；到 $Z=120$mm 时，整个缸内形成一个大的涡流。因此，二气门汽缸盖中，汽缸内流场的形成是由汽缸中心开始，逐渐向外部扩展，汽缸中心的气流运动带动汽缸壁面附近的气流，逐步形成一个整体的缸内漩涡。

另外，由图7a)还可看出，二气门汽缸盖中离汽缸盖底平面不同距离的缸内断面，其涡流的分布都是偏心的，它偏向于螺旋进气道出口的方向。

图7b)为四气门汽缸盖下距汽缸盖底平面不同距离 $Z$ 处汽缸内各断面的二维速度矢量图。由图可知，$Z=20$mm 时，汽缸内气流的运动也比较混乱，汽缸内还没有明显的涡流存在，但可以明显地看出，在切向进气道出口附近，有一股来自缸壁的气流吹向汽缸中心方向。随着气流的向下运动，到 $Z=80$mm 时，汽缸壁面附近已形成一个漩涡，此漩涡由缸壁附近开始向内扩展，汽缸中心附近的气流还没有与之一起运动；到 $Z=120$mm 时，整个汽缸内已形成一个大的涡流，此涡流的起源是由缸壁附近开始。因此在四气门汽缸盖中，汽缸内涡流的形成是由外向内的，即外部气流先形成一个漩涡，随着气流的向下运动，逐步带动内部气流一同旋转。这主要是由于四气门汽缸盖中，来自切向进气道的气流吹向缸壁，反弹后在缸壁附近形成绕缸心的大的动量矩所致。

由图7b)还可看出，四气门汽缸盖中汽缸内的涡流位于汽缸的中心。

## 6　结论

(1)以热线风速仪为工具研究四气门柴油机汽缸内的流场是可行的。作者设计的汽缸内流场测试装置结构简单,工作可靠。

(2)汽缸内流场的形成在二气门和四气门汽缸盖中有很大的不同。二气门汽缸盖中,汽缸内流场的形成是从汽缸中心开始,逐渐向汽缸中心外部扩展;四气门汽缸盖中,汽缸内涡流的形成是由外向内的,随着进气过程的进行,外部气流逐步带动汽缸中心附近的气流一同旋转。

(3)二气门汽缸盖下,汽缸内涡流的分布是偏心的;四气门汽缸盖下,汽缸内的涡流位于汽缸的中心。

(4)为更清楚的认识四气门柴油机汽缸内气流的运动规律,采用三维流场模拟计算和流场可视化手段是必要的。

## 参考文献

[1] 邵玉平.四气门柴油机进气门口及缸内空气运动的研究[D].吉林工业大学硕士论文,1997.

[2] Tahry E, et al. Measurement Steady Flow Velocity Distribution around a Valve Seat Annulus[C]//SAE Paper,860462.

[3] 盛森之,沈熊,舒伟.流速测量技术[M].北京大学出版社,1987.

[4] 张建华.直喷式柴油机各类燃烧室湍流流动的特性研究[D].吉林工业大学博士论文,1994.

[5] Tabaczynski R. Turbulent Flows in Reciprocating[J]. Internal Combustion Engines[J]. Internal Combustion Engineering: Science and Technology. Ed. J. H. Weaving, Elsevier Science Publishing Ltd, 1990.

[6] Glover A, et al. An Investigation into Turbulence in Engines Using Scanning LAD[C]//SAE Paper,880379.

# Investigation on In-Cylinder Air Motion for 4-Valve Diesel Engine

Shao Yuping[1], Zhang Jianhua[2], Li Jun[3]

(1. Military Traffic Institute, PLA; 2. Jilin University of Technology; 3. Changchun Automobile Institute)

**Abstract**: On the steady flow test rig, the in-cylinder flow field underneath the bottom surface of 2-valves and 4-valves cylinder head models has been measured respectively by using the Hot Wire Anemometer and the in-cylinder air flow measurement system designed by ourselves. The formation process and different formation causes of the in-cylinder flow field from two diesel models have been analyzed in this paper.

**Key Words**: Valve; In-Cylinder Flow; Measurement System; Diesel Engine

第五部分

# 复合增压系统结构参数对车用柴油机进气过程的影响*

孙万臣[1],刘巽俊[1],刘忠长[1],李　骏[2]
(1. 吉林大学;2. 长春汽车研究所)

**摘　要**:本文开发了适合于车用柴油机的脉冲谐振废气涡轮复合增压系统,对不同的复合增压系统结构参数进行了试验研究,测录了进气压力波和充量系数,找到了一定的规律性,为谐振涡轮复合增压系统的深入研究奠定了基础。

**关键词**:车用柴油机;涡轮增压;谐振进气

## 1　前言

由于柴油机排放法规的日益严格以及对燃油经济性的要求,柴油机的涡轮增压和增压中冷技术得到了迅猛的发展。但普通涡轮增压柴油机的主要缺点是低速性能及加速响应性恶化,谐振涡轮复合增压系统是改善车用增压柴油机低速性能及加速性的有效途径[1],对我国的车用柴油机特别是增压中冷柴油机具有很好的应用推广价值。为合理利用进气系统的动力效应,使之在确定的转速范围内产生最佳的谐振效果,谐振系统参数(谐振管长度、谐振管直径和谐振箱容积)存在一个最佳的组合[2,3]。要求谐振系统能够尽量提高谐振强度,降低进气阻力,增加谐振转速范围。因此,如何选择这些参数是设计者所面临的首要问题。本文利用模拟计算及实验研究的手段对不同的谐振管长度、谐振管直径和谐振箱容积进行了试验研究,找到了一定的规律性,为合理确定谐振系统参数提供了有用的依据。

## 2　试验方案及试验设备

### 2.1　试验方案

为了考察复合增压进气系统在发动机的实际工作运行中对进气压力波、充量系数及发动机性能的影响,参照模拟计算研究结果[4],将谐振转速点定在最大转矩点附近,设计了两种谐振箱容积、两种谐振管直径、不同长度的谐振管,组成了参数不同的谐振系统,在此将这种谐振系统称为低速谐振系统,表1列出了所有的试验方案。

**表1　低速谐振系统试验研究方案**

| 谐振箱容积 $V$(L) | 谐振管直径 $D$(mm) | 谐振管长度 $L$(m) |
|---|---|---|
| 2.08 | 45 | 0.95、1.05、1.15、1.25 |
| | 50 | 1.0、1.1、1.2、1.3 |
| 2.5 | 45 | 0.95、1.05 |
| | 50 | 1.0、1.1 |

刊登信息:《汽车工程》2002年(第24卷)第3期
*　吉林省科技发展计划资助项目(1990505)。

2.2 试验发动机及仪器、设备

2.2.1 试验发动机

试验是在6110型增压柴油机上进行的，其主要技术参数如表2所示。考虑到试验研究主要是改善柴油机的低速性能，应选用高速性能好的增压器，适当增大涡轮面积，兼顾高速性能，因此采用H1E8253涡轮增压器。该增压器采用双进口无叶蜗壳，无排气旁通装置，压气机采用前倾后弯式叶轮，具有效率高、流量范围宽广的优点。

**表2 试验发动机主要技术参数**

| 类型 | 标定功率(kW)/标定转速(r/min) | 工作容积(L) | 压缩比 | 进气方式 | 缸径(mm)×行程(mm) |
|---|---|---|---|---|---|
| 四冲程六缸直喷式柴油机 | 130/2600 | 7.124 | 17:1 | 废气涡轮增压 | 110×125 |

2.2.2 试验主要仪器和设备

利用AVL内燃机自动化试验台进行发动机的性能试验，试验台自动控制精度：转速±1r/min，转矩为±5N·m，温度为±2℃。利用AVL657内燃机数据分析仪测量进、排气管内的压力波动，测试系统中曲轴转角的最高分辨率可达0.1°CA，在低压测量过程中，实时进行低压传感器的自动标定，提高了测量精度。

## 3 低速谐振进气系统试验结果及其分析

3.1 低速谐振系统进气压力波动

图1为低速谐振系统不同转速下进气压力波动曲线。分析不同转速下进气压力波动峰值相位与配气相位之间的关系，以及压力波动幅值随转速的变化关系即可确定该谐振系统所对应的谐振转速[4]。在谐振转速点，进气压力波动峰值相位与进气门启闭相位相重合，在低于谐振转速点，进气压力波动峰值相位出现在进气门关闭之前。表3列出了试验测得的不同谐振系统的谐振强度$D_p$、谐振转速及获得最大充量系数的转速。图2~图4列出了谐振管直径$D=50$mm和$D=45$mm时，谐振管长度不同时谐振系统进气压力波动特性试验结果及对应的充量系数。综合分析这些图表可以得出谐振系统参数对谐振效果及充量系数的影响规律。

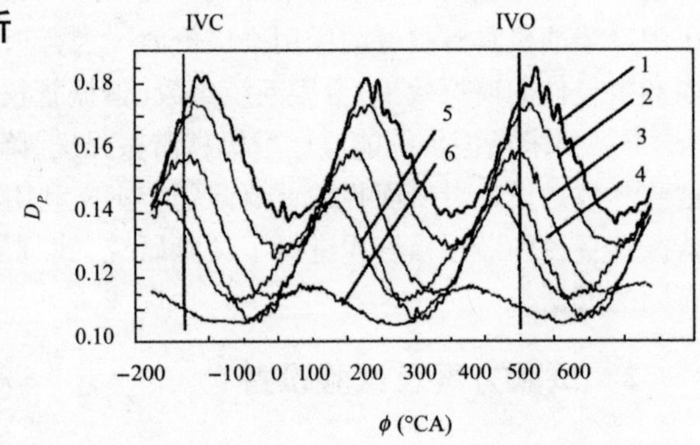


图1 低速谐振进气压力波动($V=2.08$L, $D=50$mm, $L=1.1$m)

1-2600r/min；2-2200r/min；3-1800r/min；4-1600r/min；5-1400r/min；6-1000r/min

**表3 不同方案的试验结果**

| 谐振箱容积$V$(L) | 谐振管直径$D$(mm) | 谐振管长度$L$(m) | 谐振转速$n_{rea}$(r/min) | $(D_p)_{max}$ | $\phi_{cmax}$ | $n_{\phi cmax}$(r/min) | $\frac{\Delta\phi_c}{\phi_{c1}}$(%) |
|---|---|---|---|---|---|---|---|
| 2.08 | 45 | 0.95 | 1800 | 0.35 | 1.04 | 1600 | 4 |
| | | 1.05 | 1600~1800 | 0.35 | 1.03 | 1500 | 3 |
| | | 1.15 | 1500 | 0.36 | 1.05 | 1400 | 5 |
| | | 1.25 | 1400 | 0.38 | 1.06 | 1200 | 6 |
| | 50 | 1.0 | 1800~2000 | 0.35 | 1.04 | 1500 | 4 |
| | | 1.1 | 1600~1800 | 0.36 | 1.05 | 1500 | 5 |
| | | 1.2 | 1600 | 0.37 | 1.05 | 1400 | 5 |
| | | 1.3 | 1400 | 0.4 | 1.06 | 1200 | 6 |

续上表

| 谐振箱容积 $V$(L) | 谐振管直径 $D$(mm) | 谐振管长度 $L$(m) | 谐振转速 $n_{rea}$(r/min) | $(D_p)_{max}$ | $\phi_{cmax}$ | $n_{\phi cmax}$(r/min) | $\frac{\Delta\phi_c}{\phi_{c1}}$(%) |
|---|---|---|---|---|---|---|---|
| 2.5 | 45 | 0.95 | 1600～1800 | 0.32 | 1.03 | 1400 | 3 |
| | | 1.05 | 1500～1600 | 0.32 | 1.03 | 1400 | 3 |
| | 50 | 1.0 | 1800 | 0.31 | 1.03 | 1600 | 3 |
| | | 1.1 | 1500 | 0.32 | 1.04 | 1400 | 4 |

注：$n_{\phi cmax}$为最大充量系数所对应的转速(r/min)；$\Delta\phi_c/\phi_{c1}$为最大充量系数比原机提高的幅度(%)；$\phi_{cmax}$为最大充量系数值；$(D_p)_{max}$为进气压力波最大波动强度($D_p=(p_{峰}-p_{谷})/\bar{p}$)。

### 3.2 谐振管长度的影响

对于相同的谐振箱容积及谐振管直径，随谐振管长度的增加，谐振转速降低，最大谐振强度点及最大充量系数点向低速移动，压力波动峰值相位向前移动(图2b)所示)，并且最大谐振强度及最大充量系数增加。在低速区，采用较长的谐振管则谐振强度及充量系数增加；在高速区，采用较短的谐振管，能获得较大的谐振强度及充量系数。

### 3.3 谐振管直径的影响

比较图2a)和图4中谐振转速相同的不同谐振系统参数组合试验结果可见，在谐振转速附近，采用较大的谐振管直径，则谐振强度及最大充量系数增加。在偏离谐振转速的低转速区，采用直径为45mm的谐振管则压力波动幅值略大于直径$D=50$mm的谐振管，其主要原因是谐振能量同时受到谐振系统内气体的流速及摩擦阻力的影响。减小谐振管直径，可以增加管内的流速，提高气体的激发能量，增加谐振效应。但同时若管径过小，摩擦阻力增加，反而削弱了谐振效果。对于一定的谐振系统，综合考虑气体流速及摩擦阻力的影响存在一个最佳的谐振管直径。对车用增压柴油机，为增加谐振转速范围，使之在低于谐振转速时仍有较好的充气性能，以此来弥补低速时压气机压力不足的问题，则不宜采用过粗的谐振管。若管径过大则需增加谐振管长度，这需要根据具体的安装空间来确定，谐振管直径的下限受摩擦阻力的制约。

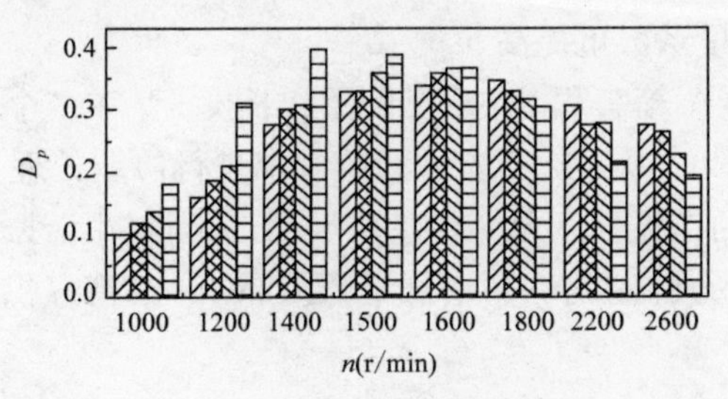

a)进气压力波动强度对比

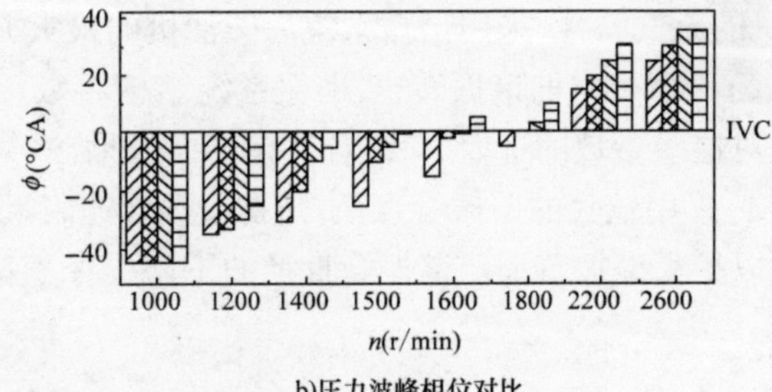

b)压力波峰相位对比

图2 进气压力波动特性对比($V=2.08$L，$D=50$mm)

▨ $L=1.0$m；▨ $L=1.1$m；▨ $L=1.2$m；▤ $L=1.3$m

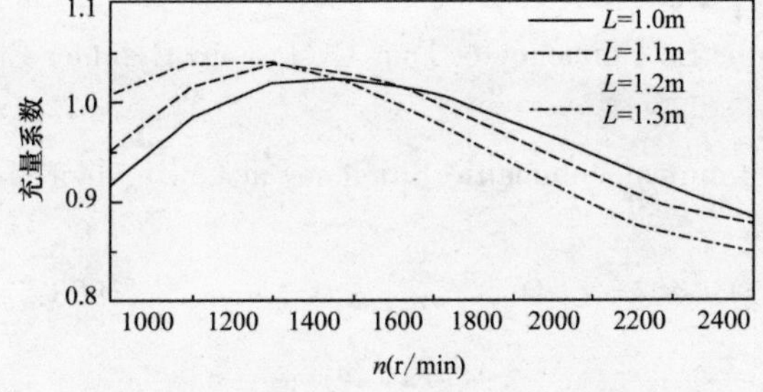

图3 充量系数对比($V=2.08$L，$D=50$mm)

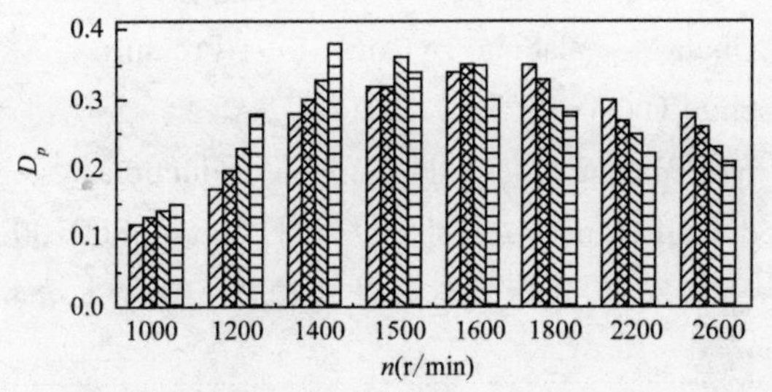

图4 进气压力波动强度对比($V=2.08$L，$D=50$mm)

▨ $L=1.0$m；▨ $L=1.1$m；▨ $L=1.2$m；▤ $L=1.3$m

第五部分

3.4 谐振箱容积的影响

图5表示谐振箱容积 $V=2.5$L时进气压力波动强度,图6为不同谐振箱容积下充量系数对比。比较图2、图3和图5可以看出,对相同的谐振管直径及相同的谐振管长度,随谐振箱容积的减小,谐振转速升高,谐振强度及充量系数增加。因此,为增加谐振效果,应采用较小的谐振箱容积。此时为保持谐振转速不变,需增加谐振管长度或减小谐振管直径,增加谐振管长度将受到实际布置空间的制约,而减少谐振管直径,则受到摩擦阻力的制约。综上所述,对谐振系统参数的选取必须综合考虑谐振效果及整机布置的要求折衷处理。

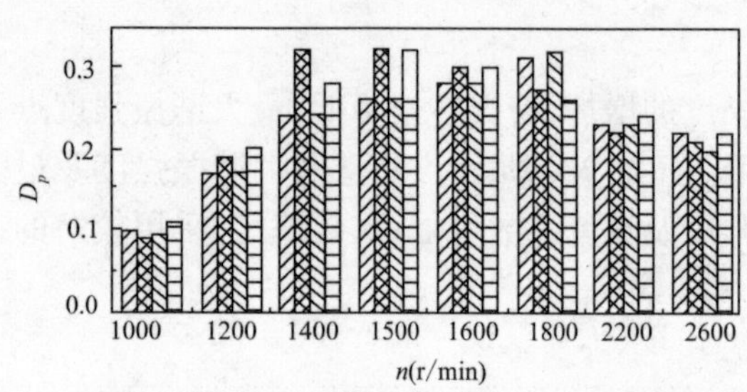


图5 谐振系统压力波动强度($V=2.52$L)
$D=50$mm,$L=1.0$m; $D=45$mm,$L=0.95$m;
$D=50$mm,$L=1.1$m; $D=45$mm,$L=1.05$m

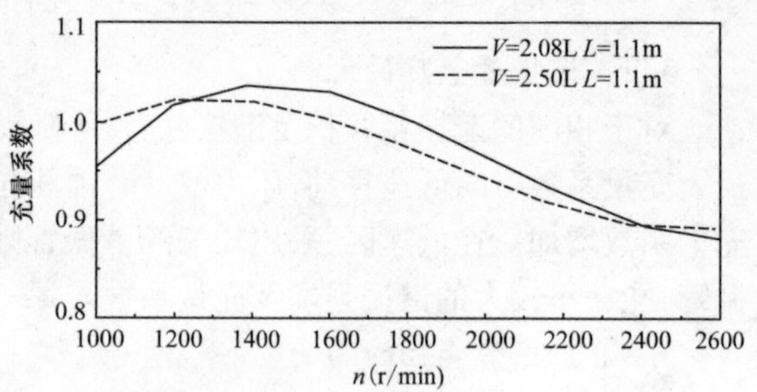


图6 充量系数对比

## 4 结论

通过对不同的谐振系统结构参数下进气压力波动和充量系数的试验研究,可以得出如下的结论:

(1)优化谐振进气系统参数,充分、合理地利用进气系统内气体流动的动力效应,可以改善增压柴油机的充气特性,采用谐振系统后柴油机的最大充量系数可提高5%~6%。

(2)对于一定的谐振转速,谐振系统结构参数(谐振箱容积、谐振管直径和长度)存在一个最佳组合,对这些参数的选取,应综合考虑谐振效果、进气阻力及实际布置空间的要求进行协调处理。

(3)采用较大的谐振管直径,则在谐振转速附近的谐振强度及充量系数增加,适当减小谐振管直径,可以扩大谐振范围。谐振管直径的下限受摩擦阻力的制约。为增加谐振效果,谐振箱容积不宜过大。

## 参考文献

[1] 孙万臣,刘巽俊等.车用柴油机谐振涡轮复合增压系统的研究[J].汽车工程,2000(3).

[2] Obata A, Ylshida. Dynamic Inlet Pressure and Volumetric Efficiency of Four Cycle Four Cylinder Engine[C]//SAE Paper,820407.

[3] Isao Matsumoto,et al. Variable Induction System to Improve Volumetric Efficiency at Low and/or Medium Engine Speeds[C]//SAE Paper, 860100.

[4] 孙万臣.车用柴油机脉冲谐振废气涡轮复合增压系统的研究[D].长春:吉林工业大学,1998.

# The Influence of the Structure Parameter of the Combined Charging System on Intake Process of Automotive Diesel Engine

Sun Wanchen[1], Liu Xunjun[1], Liu Zhongchang[1], Li Jun[2]
(1. Jilin University; 2. Changchun Automobile Research Institute)

**Abstract**: A combined resonator-turbocharger charging system was developed for an automotive diesel engine and experimental study was done on different structure parameters of the combined charging system. Intake pressure waves, volumetric efficiency were measured and some positive results were obtained, laying a foundation for the further study on the combined resonator-turbocharger charging system.

**Key Words**: Automotive Diesel Engine; Turbocharging; Resonant Intake System

# 车用柴油机谐振涡轮复合增压系统的研究*

孙万臣[1],程　鹏[1],尹程秋[1],刘巽俊[1],李　骏[2]
(1. 吉林工业大学;2. 长春汽车研究所)

**摘　要:**本文介绍了开发的适合于车用柴油机的脉冲谐振废气涡轮复合增压系统。对复合增压柴油机进行了试验研究,并与普通涡轮增压柴油机进行了对比,在较宽广的转速范围内测录了进、排气管系中压力波动、充量系数及发动机性能参数。研究结果表明,采用该系统对改善增压柴油机低速性能和烟度有很大的潜力。

**关键词:**车用柴油机;涡轮增压;谐振进气

## 1　前言

为改善增压柴油机的低速性能及加速性,可以采用许多措施,它们的成本、结构复杂性和技术成熟程度各不相同。VGT 技术是车用发动机涡轮增压系统中较理想的一种方案,但对材料及生产工艺水平的要求很高,成本较高。谐振进气系统利用系统中的不稳定流动,通过合适的谐振管长度、谐振箱容积产生谐振作用,提高进气门关闭前的进气管压力及充量系数[1,2],改善燃烧过程,加快增压器响应,降低燃油消耗率并减少污染,可有效地改善增压柴油机的低速性能指标。若将该系统设计在发动机低速、涡轮增压压力不足时起作用,可显著提高低速时的进气充量,改善低速性能,而高速时可降低最大爆发压力,降低泵气损失,提高压气机效率,使发动机获得良好的燃油经济性。另外,谐振涡轮复合增压系统有较大的进气系统、足够的空气储备,在加速时,进气动力效应又无惰性,因而可缩短响应时间,这对提高车用发动机的加速性是有利的。

与国外相比,我国在这方面的研究起步较晚,至今未有产品出现。由于谐振进气系统很适合于车用发动机,特别是 3 缸和 6 缸发动机,并且其结构简单,只要稍加改造即可应用到实际的产品上,因此该系统在我国的车用发动机,特别是增压中冷发动机上一定会得到发展。本文对 6110 型柴油机进行了谐振涡轮复合增压进气系统的理论及试验研究工作。

## 2　复合增压系统及试验设备简介

### 2.1　试验发动机及复合增压系统

#### 2.1.1　试验发动机

试验是在 6110 型增压柴油机上进行的,发动机的主要技术参数如表 1 所示。

**表 1　试验发动机主要技术参数**

| 类　型 | 标定功率(kW)/标定转速[kW/(r/min)] | 工作容积(L) | 压缩比 | 进气方式 | 缸径(mm)×冲程(mm) |
|---|---|---|---|---|---|
| 四冲程六缸直喷式柴油机 | 130/2600 | 7.124 | 17:1 | 废气涡轮增压 | 110×125 |

刊登信息:《汽车工程》2000 年(第 22 卷)第 3 期
*　吉林省科技发展计划资助项目。

2.1.2　谐振涡轮复合增压系统总体方案

试验采用无锡 HOLSET 工程有限公司引进英国生产技术生产的 H1E8253 涡轮增压器。该增压器采用双进口无叶蜗壳,无排气旁通装置,压气机采用前倾后弯式压气机叶轮,具有压气机效率高、流量范围宽广的优点。

以往的谐振复合增压系统都设计成带稳压箱的系统,稳压箱内部的压力振动较平缓,使谐振系统中的压力波动不致影响压气机工作,近似于大气开口端。当取消稳压箱后,对于汽缸数目不是 3 和 6 的倍数的发动机,由于配气相位的影响,使得谐振进气系统两侧的压力波不能形成反相位而相互抵消,势必在压气机出口端引起压力波动,影响压气机的正常工作,降低压气机效率。但稳压箱的存在将给谐振进气系统在发动机上的布置带来困难。

对于发火次序为 1－5－3－6－2－4 的 6 缸机来说,若把进气相位互不重叠的汽缸(1、2、3 为一组,4、5、6 为一组)与一个谐振系统相连,则两个谐振系统之间由于汽缸的吸气行程有 120°的相位差,因此两列压力波正好成逆相位。在发动机的一个工作循环(720°CA)中,每个谐振箱内各自产生 3 个波峰和 3 个波谷的压力波动。让两个谐振管长度相等,则当两列波传到谐振管的进口端结合处时,正好相互抵消,使此处的波动平缓,与有稳压箱的谐振系统基本相同。因此可以得出结论,对于配气相位为 1－5－3－6－2－4 及 1－4－2－6－3－5 的 6 缸柴油机,采用谐振增压进气系统时,可以取消稳压箱。

根据以上的分析,为了减小谐振进气系统所占的空间,以满足将来整车布置的要求,本次设计采用不带稳压箱的谐振进气系统。其次,为了减少整机进气系统的改动,将原来的箱式进气管经过改造作为谐振箱,将连接压气机与进气箱的连接管设计为谐振管。同时,为了试验研究的方便,将谐振管设计成可分解式的,从而可以方便地改变谐振管长度。图 1 为本次设计的复合增压系统装置图。

2.1.3　谐振进气系统参数的初步选择

谐振系统的固有频率由谐振管长度、直径、谐振箱容积及增压空气的音速决定,并且不同的组合方案其谐振范围大小也不一致。因此设计者面临的首要问题就是合理选择这些参数组合,以获得最佳的谐振效果,同时根据发动机的工作要求,合理确定谐振转速范围。

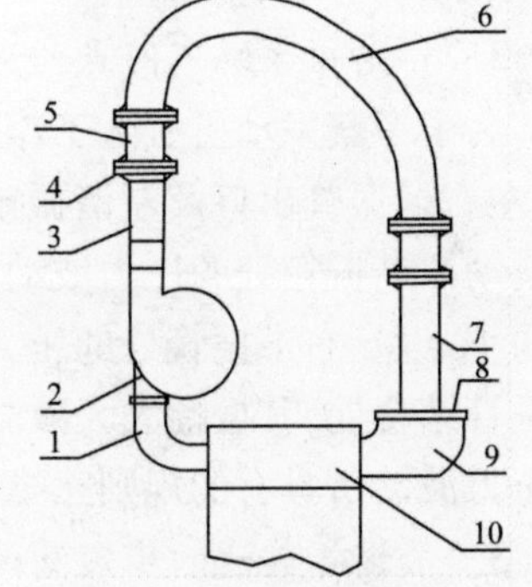


图 1　复合增压进气系统装置简图

1-排气管;2-增压器总成;3-进气连接三通;4-谐振管连接法兰;5-谐振管组件 1;6-谐振管组件 2;7-谐振管组件 3;8-谐振箱连接法兰;9-谐振箱;10-汽缸盖

(1)谐振转速的确定。普通涡轮增压柴油机,往往由于低速时增压压力不足,使性能恶化。因此本次设计试图采用谐振系统来改善发动机的低速性能,因此将谐振转速确定在最大转矩转速附近。另外研究发现,最大充量系数对应的转速比谐振转速要低 200r/min 左右,且在低于谐振转速的大部分转速范围内,充量系数都有所提高。6110 型增压柴油机的最大转矩转速为 1400～1600r/min,为提高低速工况的充量系数,初步确定谐振系统的谐振转速为 1600r/min。

(2)谐振系统参数的确定步骤。谐振系统参数中,谐振箱容积决定压力波振幅,谐振管直径决定着管内的流速,应优先选定这两个值。本次设计主要通过采用声学法估算与一维波动模拟计算相结合的方法来确定谐振系统结构参数。首先通过试验手段获得模拟计算所要求输入的原始参数,以提高计算的精度;第二步运用声学理论估算谐振系统参数,以减少计算的盲目性;然后根据估算的结果对进排气系统进行网格划分,运用模拟程序进行优化;最后对最优方案进行试验研究研究[3]。

2.2　试验主要仪器和设备

利用 AVL 内燃机自动化试验台进行发动机的性能试验,试验台自动控制精度为转速 ±1r/min,

转矩 ±5N · m,温度 ±2℃。利用 AVL657 内燃机数据分析仪测量进、排气管内的压力波动,测试系统中曲轴转角的最高分辨率可达 0.1°CA,可以进行传感器的自动标定,在低压测量过程中,实时进行低压传感器的自动标定,提高了测量的精度。

## 3 试验结果及分析

### 3.1 谐振进气系统进气压力波动及其与原机对比

图 2 为两种转速下谐振箱内进气压力波动(谐振系统参数为 $D=50\text{mm}, L=1.2\text{m}, V=2.08\text{L}$)与原机的对比。图中实线代表谐振进气压力波动,虚线代表原机进气压力波动。从中可以看出,与谐振进气压力波动相比,原机的进气压力波动很小,并且很不规则。在高速工况,由于谐振进气系统的进气阻力增加,使得进气压力均值比原机略小。因此,合理设计谐振系统结构,尽量降低进气阻力,对提高平均进气压力及谐振强度至关重要。

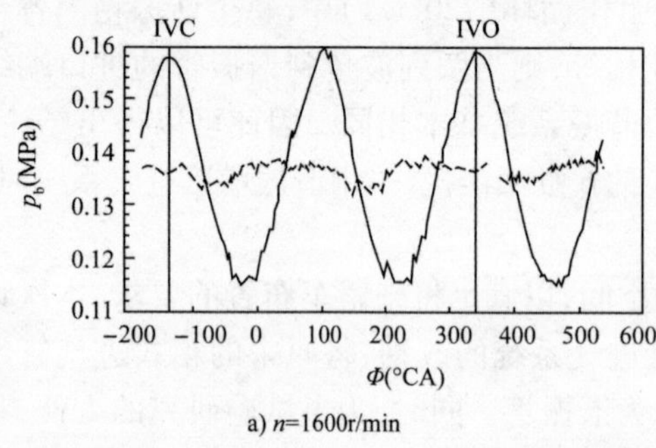

a) $n$=1600r/min

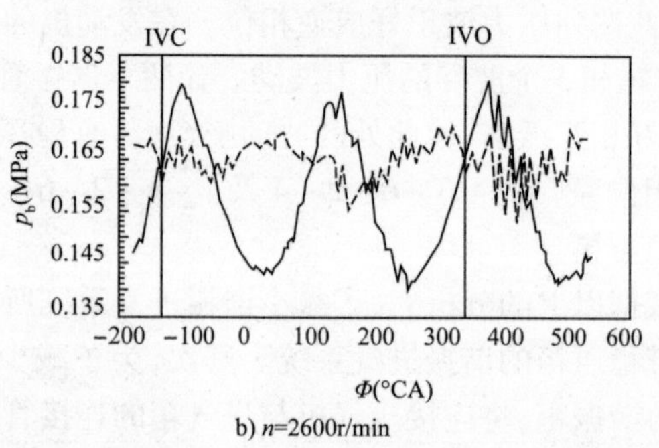

b) $n$=2600r/min

图 2 谐振箱内进气压力波动与原机对比

### 3.2 谐振系统不同点处进气压力波动的比较

为了考察发动机实际工作时谐振系统不同点处压力波动的差异,在试验中同时测录了压气机出口、左右谐振管出口及左谐振箱内的进气压力波动,如图 3 所示。从中可以看出,谐振管出口处的压力波动比谐振箱处的压力波动相位稍有迟后,波峰及波谷压力均大于谐振箱,但振动幅度比谐振箱处的小。左、右谐振管处的压力波动,其幅值基本相同,相位正好相反,两列反相的压力波动传到两谐振管结合处,其振幅大大减弱。因此,压气机出口处所测得的压力波动幅值很小,并且不再呈现谐振压力波动所具有的规则三峰结构,而是具有 6 个峰值点,这为取消稳压箱提供了依据。

### 3.3 谐振转速的确定及试验结果分析

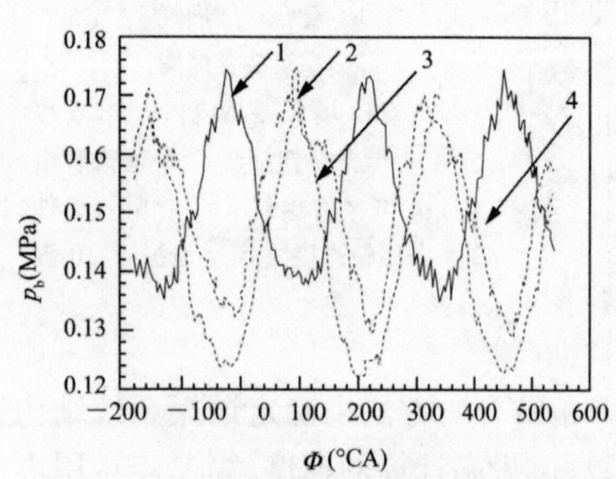


图 3 不同点处压力波动的测试结果
($n=1800$r/min)

1-右谐振管出口;2-左谐振管出口;3-谐振箱;4-压气机出口

分析不同转速下进气压力波动峰值相位与配气相位之间的关系,以及压力波动幅值随转速的变化关系,即可确定该谐振系统所对应的谐振转速。图 4 表示了第二缸进气道入口处在不同转速下的进气压力波动的对比。当转速为 1600r/min 时,进气压力波动峰值正好与进气门启、闭相位相对应,并且幅值达到最大,可见,此时进气系统达到了最佳的谐振效果。当转速降低时,压力波动出现峰值的相位向前移动,并且幅值下降;当转速升高时,压力波动峰值相位向后移动,同样幅值下降。但高速工况时,由于进气压力增加,增加了对谐振系统内气体的激发能量,结果使压力波动振幅下降幅度远比低速工况要小。这说明谐振涡轮复合增压柴油机的谐振效果同时受增压器特性及谐振系统频率特性的双重影响,这一点与自然吸气柴油机明显不同,高速工况的谐振效果要优于非增压柴油机。图 5 表示出了不同转速下的充量系数，从中可见转速为 1400r/min 时充量系数达到最大值，比谐振转速低 200r/min。用同样方法对其他方案的试验结果进行分析，可以得到同样的规律，在低于谐振转速的大部分范围内，进气充量系数明显提高。

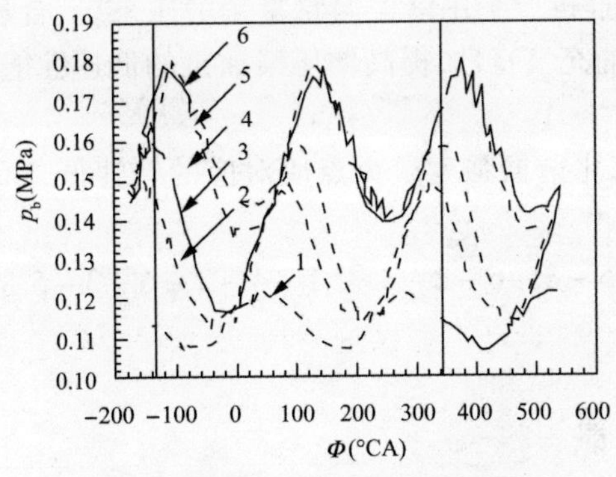


图 4　不同转速下进气压力波动对比

($V=2.08$L, $D=50$mm, $L=1.2$m)

1-1000r/min；2-1400r/min；3-1600r/min；4-1800r/min；5-2200r/min；6-2600r/min

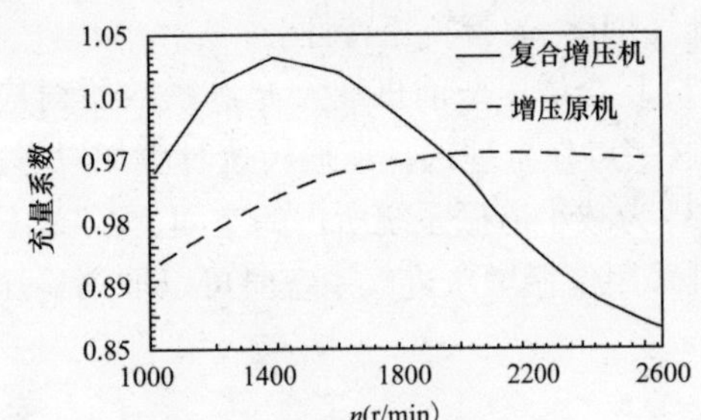


图 5　不同转速下充量系数对比

($V=2.08$L, $D=50$mm, $L=1.2$m)

## 4　复合增压柴油机性能的试验研究

图 6 为复合增压柴油机与普通涡轮增压柴油机的性能对比，谐振系统参数为 $V=2.08$L, $D=50$mm, $L=1.0$m 和 1.2m。从图中可见，采用谐振进气系统后，在 1600r/min 以下的低转速范围内，由于充分利用了进气系统内的动力效应，结果使进气充量增加，管长 $L=1.0$m 时最大充量系数提高了 4%，$L=1.2$m 时最大充量系数提高了 5%。由于进气充量的增加，使空燃比增加，改善了燃烧过程，结果使低速转矩增加，同时燃油消耗率、排气烟度及涡轮前排气温度都有所降低。另外，空燃比的增加，为进一步改善增压柴油机的低速转矩特性、降低排放污染物提供了有利条件。若增加循环供油量，则会使低速转矩进一步提高。在高于谐振转速点的高速区，由于进气压力波动出现峰值的相位迟后，后期进气充量降低，结果使总的进气量及充量系数有所降低，对于复合增压柴油机来说，由于此时涡轮增压器的增压压力较高，空燃比较大，允许适当增加循环供油量，使转矩、功率基本保持不变，但结果使排气温度、烟度稍有增加，需要根据发动机的实际工作要求折中处理。

对比两种不同长度谐振管下柴油机性能指标，可见，增加谐振管长度，使最大充量系数点向低速移动，低速区的充量系数进一步得到提高，空燃比增加，燃油消耗率进一步降低。在实际应用中，可以根据发动机在不同转速区的性能要求及空间布置要求来选配谐振管长度。另外在高速时，采用谐振进气系统后，使压气机后的进气温度有所降低。主要原因是在高速时，进气流量降低使压气机工作区向高效率区移动，提高了压气机

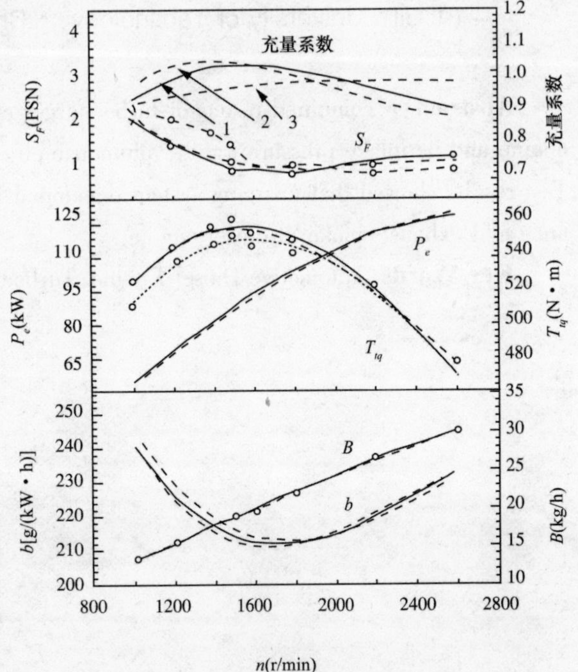


图 6　复合增压柴油机与原机外特性对比

1-$D=50$mm, $L=1.0$m；2-$D=50$mm, $L=1.2$m；3-增压原机

效率。

## 5 结论

(1)谐振进气系统很适合于车用发动机特别是6缸机。采用谐振涡轮复合增压系统,合理利用进气系统内气体流动的动力效应,可改善增压柴油机的充气特性,提高增压柴油机的低速性能指标,降低排气烟度,改善转矩特性。

(2)复合增压柴油机最大充量系数所对应的转速比谐振强度最大点所对应的转速低200r/min左右,这一点在合理选择谐振转速时应加以考虑。

(3)为减小谐振系统所占的空间,配气相位为1-5-3-6-2-4及1-4-2-6-3-5的6缸柴油机采用谐振增压进气系统时可以取消稳压箱。

## 参考文献

[1] Ylshida A Ohata. Dynamic Inlet Pressure and Volumetric Efficiency of Four Cycle Four Cylinder Engine[C]//SAE Paper,820407.

[2] Matsumoto Isao et al. Variable Induction System to Improve Volumetric Efficiency at Low and/or Medium Engine Speeds[C]//ASE Paper,860100.

[3] 孙万臣.车用柴油机脉冲谐振废气涡轮复合增压系统的研究[D].长春:吉林工业大学,1998.

## A Study on Resonator-turbocharger Charging System for Automotive Diesel Engine

Sun Wanchen[1],Cheng Peng[1],Yin Chengqiu[1], Liu Xunjun[1],Li Jun[2]
(1. Jilin University of Technology;2. Changchun Automobile Research Institute)

**Abstract**: A combined resonator-turbocharger charging system was developed for an automotive diesel engine and its intake pressure waves, volumetric efficiency, performance and exhaust smoke were measured. Test results showed that charging system developed provides great potential to improve low speed performance and exhaust smoke of diesel engine.

**Key Words**: Automotive Diesel Engine; Turbocharging; Resonant Intake System

# 车用柴油机复合增压系统的模拟计算及验证*

孙万臣[1],刘巽俊[1],刘忠长[1],李 骏[2]
(1. 吉林工业大学;2. 长春汽车研究所)

**摘 要:**本文应用一维波动模型对一台车用6缸直喷式柴油机采用脉冲谐振废气涡轮复合增压系统进行了模拟计算,模型预测的进气压力波与实测压力波十分吻合。本文还分析了谐振系统结构参数对进气压力波及充量系数的影响,发现对于一定的发动机转速,充量系数达到最大时所对应的谐振管长度比压力波幅值达到最大时对应的长度小0.15~0.25 m。参数优化的谐振进气系统的最大充量系数比不用谐振时提高6%左右。

**关键词:**柴油机;涡轮增压;模拟
**中图分类号:**U464.135⁺2 **文献标识码:**A

## 引言

采用脉冲谐振废气涡轮复合增压系统,合理利用进气流动的动力效应,能使发动机在谐振转速附近达到最佳的充气性能,提高燃烧效率,可有效地改善增压柴油机的低速性能。谐振系统的固有频率取决于谐振系统的结构参数(谐振管长度、直径、谐振箱容积)及管内气体流动的速度[1],并且不同的组合方案其谐振强度及谐振转速范围也不一致。因此,如何选择这些参数的组合,以获得最佳的谐振效果,同时根据发动机的工作要求,确定合理的谐振转速范围,这些都是设计者所面临的首要问题。本文采用模拟计算的方法,对国产CA6110型柴油机采用谐振涡轮复合增压系统进行了研究,找到了一定的规律性。

## 1 模型简介

在内燃机进排气流动计算模型中,准稳定模型将进气系统中的流动视为定常流,它不能用于研究进排气管系对进气过程的影响;容积法模型不考虑进气管的长度,无法预测进气系统中动力效应的作用;一维波动模型将进气流动视为非等熵、非定常流动并考虑管分支、气门、汽缸、进气入口端等边界条件[2],这种模型考虑的参数较多,可以详细地研究进排气管系的形状、尺寸对进排气过程的影响,但由于计算工作量很大,输入参数较多,以前在实际的产品设计中应用较少。随着计算机技术的飞速发展,采用波动模型对进排气流动进行精确计算,指导产品的设计开发已成为可能。内燃机进排气管系内气体为非定常流动,由于进排气管的轴向尺寸远远大于径向尺寸,管内的轴向效应远比径向效应明显,因此径向流动可忽略不计,而视为一维流动。本文即是采用波动模型,应用特征线法求解一维非定常可压缩流动偏微分方程组来进行模拟计算,指导产品设计的[3]。

## 2 进排气系统计算网格的划分

图1为CA6110型柴油机采用脉冲谐振废气涡轮复合增压系统的进排气管系网格图。图中管端

刊登信息:《农业机械学报》2000年(第31卷)第3期
* 吉林省科技发展计划资助项目(项目编号:19990505)

第五部分

节点标号 1~12 为排气道;13~24 为排气支管;25~32 为排气总管;33~44 为进气道;45~56 为进气总管;57~60 为进气总管与谐振管的过渡连接管;61~64 为谐振管;65~66 为谐振管与压气机的过渡连接管;T 为涡轮;C 为压气机。

## 3 模拟计算结果的试验验证

应用 AVL657 内燃机数据分析仪及 AVL 内燃机自动化试验台对复合增压柴油机的进排气压力及充量系数进行了试验测定,并与模拟计算结果进行了对比(见图 2 和图 3)。理论计算的压力及充量系数的变化规律与试验结果相吻合,压力波相位基本一致。因此采用模拟计算的方法,对谐振进气系统进行分析,指导产品的设计开发是完全可行的。结果表明,应用谐振系统后,在低于谐振转速的大部分范围内充量系数明显提高,最大充量系数约提高 6%。

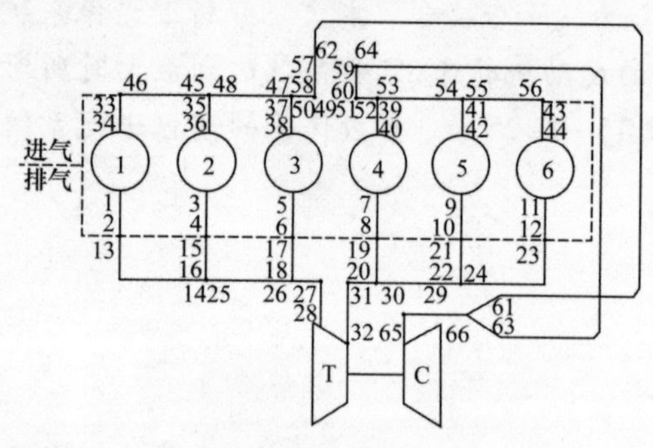


图1 复合增压柴油机进排气管系网格图

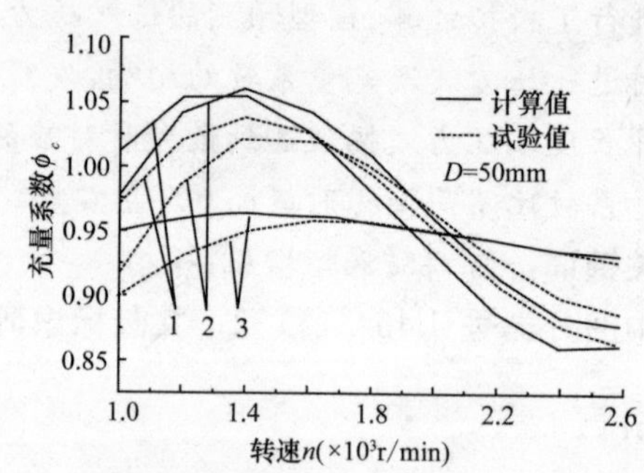


图2 计算与实测充量系数对比

1-$l$=1.2 m;2-$l$=1.0 m;3-原机

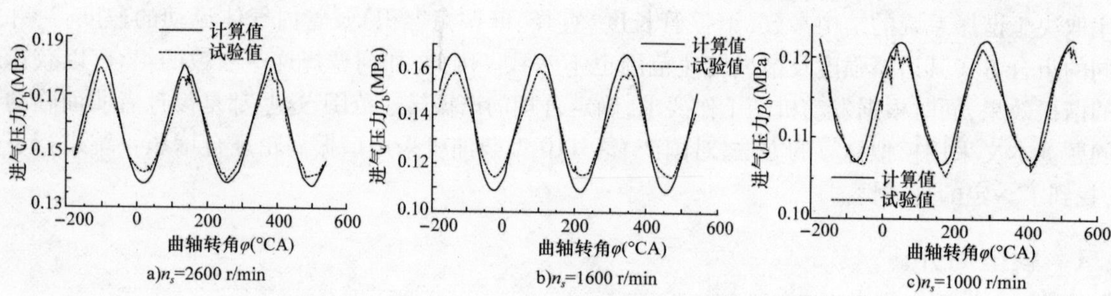


图3 计算与实测进气压力波对比

## 4 谐振进气系统的模拟计算结果及分析

### 4.1 谐振进气系统主要评价参数

为深入分析不同谐振系统参数对进气压力波及进气充量的影响,采用如下的参数作为评价指标:

(1)进气压力波动强度 $p$:

$$p = \Delta p/\overline{p} \quad \text{式(1)}$$

式中:$\Delta p$——进气压力波动幅值($\Delta p = p_{峰} - p_{谷}$),MPa;

$\overline{p}$——进气压力平均值,MPa。

(2)充量系数 $\phi_c$:

$$\phi_c = \frac{2\dot{V}_a p_0 T_K}{n_s V_{st} p_K T_0} \quad \text{式(2)}$$

式中:$V_a$——实测进气流量,L;

$V_{st}$——发动机总排量,L;

$n_s$——发动机转速,r/min;

$p_0$——流量计入口处空气压力,MPa;

$T_0$——流量计入口处空气温度,K;

$p_K$——进气箱入口处进气压力均值,MPa;

$T_K$——进气箱入口处进气温度,K。

(3)压力波动峰值相位与进气门关闭相位之差 $\Delta\varphi$:

$$\Delta\varphi = \varphi_1 - \varphi_{IVC} \quad \text{式(3)}$$

式中:$\varphi_1$——进气压力波波峰所在相位,°CA;

$\varphi_{IVC}$——进气门关闭相位,°CA。

4.2 模拟计算结果及谐振系统参数的确定

为了快速确定每一组谐振系统的参数,以谐振转速1600 r/min为计算工况,计算前采用声学公式对谐振管长度进行估算,在估算的结果附近选取不同管长加以计算,通过分析进气压力波动幅值、相位及充量系数即可确定最佳的谐振管长度。

图4表示发动机转速 $n = 1600$ r/min,谐振管长度 $l$ 不同时进气压力波的计算结果及与原机的对比。可见当 $l = 1.2$ m时,压力波动峰值相位与进气门启、闭相位正好一致,波动幅值最大,此时谐振系统产生了最佳的谐振效应。当 $l$ 减小时,压力波动峰值相位前移;$l$ 增加时,波峰相位向后移动。可见,在一定的转速下,对固定的谐振箱容积及谐振管直径,存在一最佳的谐振管长度,使此时的进气压力波动幅值最大,但充量系数并非最大,计算结果表明,最大充量系数对应的谐振管长度要比压力波幅值达到最大时对应的长度小0.15~0.25 m。不同转速下的进气压力波计算结果见图5。可见,在谐振转速点压力波动幅值达到最大,转速降低时,压力波动幅值下降,相位向前移动,波峰位于进气门关闭之前;转速升高时,压力波动幅值亦降低,相位后移,波峰位于进气门关闭之后。经计算发现最大充量系数点比谐振转速点(1 600 r/min)低200 r/min左右,采用谐振系统后最大充量系数约提高6%,表1列出了谐振转速为1 600 r/min时不同谐振系统参数组合的部分模拟计算结果,表中同时列出了用声学法估算的谐振管长度,其与模拟计算确定的压力波动幅值最大时对应的谐振管长度基本相同。

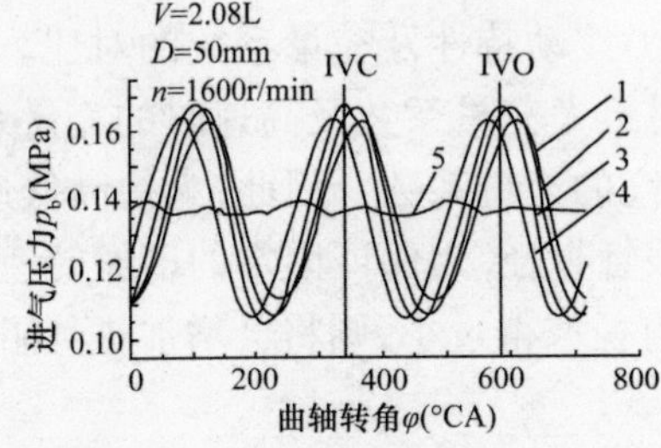


图4 不同谐振管长度进气压力波对比

1-$l$=1.6 m;2-$l$=1.4 m;3-$l$=1.2 m;4-$l$=1.0 m;5-原机

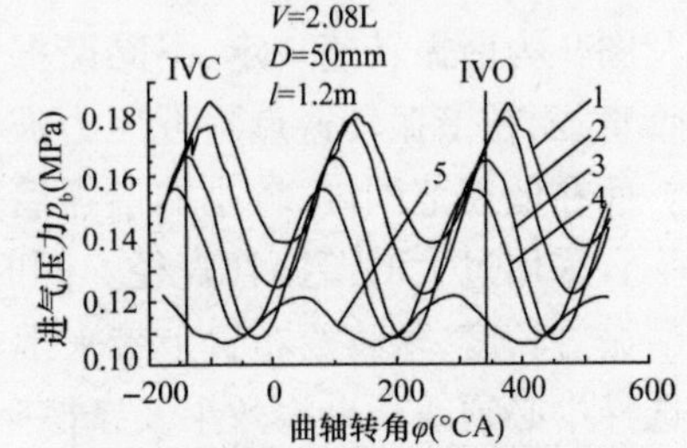


图5 不同转速下进气压力波对比

1-$n$=2 600 r/min;2-$n$=2 000 r/min;3-$n$=1 600 r/min;4-$n$=1 400 r/min;5-$n$=1 000 r/min

表1 谐振进气系统多参数模拟计算结果

| 谐振箱容积 V(L) | 谐振管直径 D(mm) | 谐振管长度 $l_1$(m) | 谐振强度 $p$ | 充量系数 $\phi_{c1}$ | 充量系数 $\phi_{c2}$ | 谐振管长度 $l_2$(m) | 谐振管长度 $l_3$(m) |
|---|---|---|---|---|---|---|---|
| 2.08 | 50 | 1.2 | 0.46 | 1.03 | 1.10 | 1.0 | 1.19 |
| | 55 | 1.4 | 0.48 | 1.04 | 1.12 | 1.2 | 1.34 |
| | 60 | 1.5 | 0.50 | 1.10 | 1.14 | 1.3 | 1.47 |

续上表

| 谐振箱容积 $V$(L) | 谐振管直径 $D$(mm) | 谐振管长度 $l_1$(m) | 谐振强度 $p$ | 充量系数 $\phi_{c1}$ | 充量系数 $\phi_{c2}$ | 谐振管长度 $l_2$(m) | 谐振管长度 $l_3$(m) |
|---|---|---|---|---|---|---|---|
| 2.92 | 50 | 1.05 | 0.39 | 1.01 | 1.09 | 0.8 | 1.01 |
| | 55 | 1.20 | 0.42 | 1.02 | 1.12 | 0.9 | 1.16 |
| | 60 | 1.30 | 0.43 | 1.04 | 1.14 | 1.0 | 1.29 |
| 原机 | | | 0.36 | 0.96 | 0.97 | | |

注:$l_1$ 为压力波动幅值最大时的谐振管长度(m);$\phi_{c1}$ 为谐振点的充量系数;$\phi_{c2}$ 为最大充量系数;$l_2$ 为充量系数达到最大时对应的谐振管长度(m);$l_3$ 为用声学法估算的谐振管长度(m)。

### 4.3 谐振进气系统结构参数对谐振效果的影响

#### 4.3.1 谐振箱容积对谐振效果的影响

谐振转速一定,不同谐振箱容积下进气压力波动特性及充量系数如图6和图7所示。可见随着谐振箱容积的减小,压力波动幅值和充量系数在整个转速范围内均增加。因此,为了增加谐振效果,不宜采用过大的谐振箱容积。但若减小谐振箱容积,为保证谐振转速不变,需要适当增加谐振管长度或增加谐振管直径。

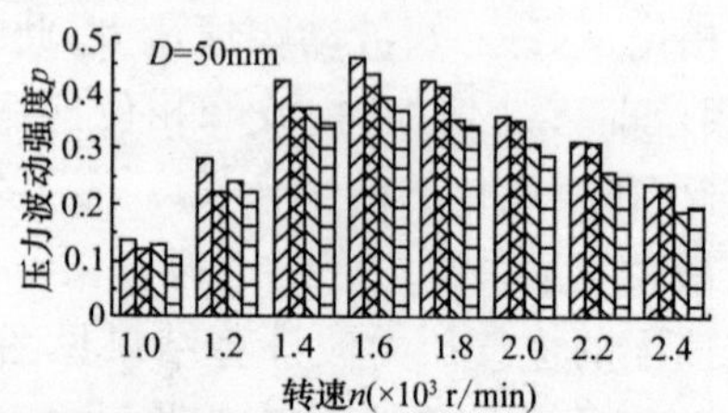


图6 不同谐振箱容积下的进气压力波动强度变化

$V=2.08$L,$l=1.3$m;$V=2.50$L,$l=1.2$m;$V=2.92$L,$l=1.1$m;$V=3.34$L,$l=1.0$m

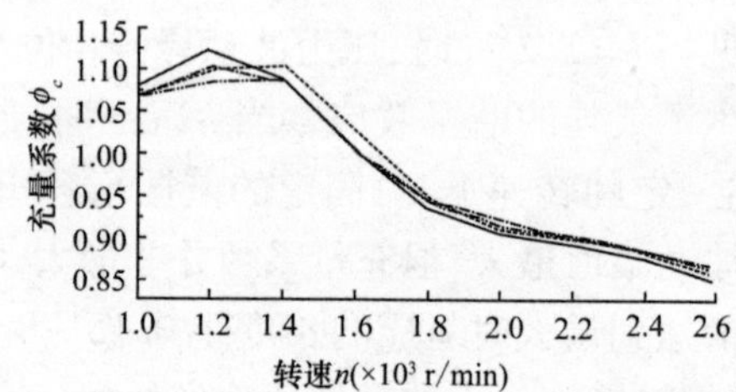


图7 不同谐振箱容积下的充量系数对比($D=50$mm)

$V=2.08$L,$l=1.3$m;$V=2.50$L,$l=1.2$m;$V=2.92$L,$l=1.1$m;$V=3.34$L,$l=1.0$m



#### 4.3.2 谐振管直径对谐振效果的影响

图8及图9为谐振转速一定、不同谐振管直径下进气压力波动特性及充量系数的对比。可见,增加谐振管直径,在谐振转速点附近压力波动幅值增加,同时最大充量系数及高速时的充量系数都有所增加。而在低速范围内,较小的谐振管直径能够获得较高的充量系数。因此,为提高低速时的充量系数不宜采用过大的谐振管直径。同时若采用大的谐振管直径,为保证固定的谐振转速,需要适当增加谐振管长度,这将给布置上带来困难。但若谐振管直径取得过小,则将会增加进气阻力,所以在方案选择中必须兼顾谐振效果及摩擦阻力双重作用。

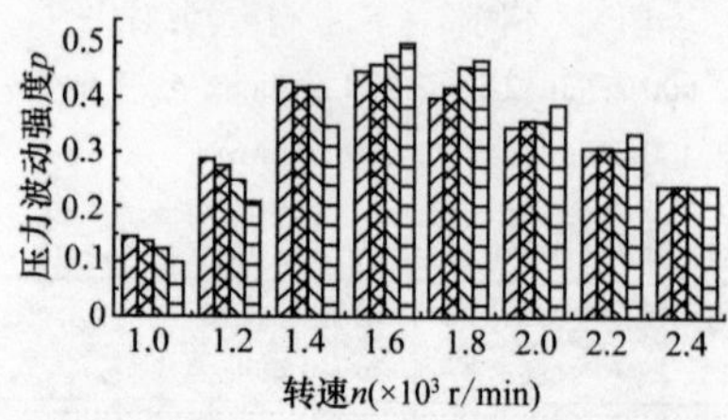


图8 不同谐振管直径进气压力波动强度变化($V=2.08$L)

$D=45$mm,$l=1.15$m;$D=50$mm,$l=1.2$m;$D=55$mm,$l=1.3$m;$D=60$mm,$l=1.4$m

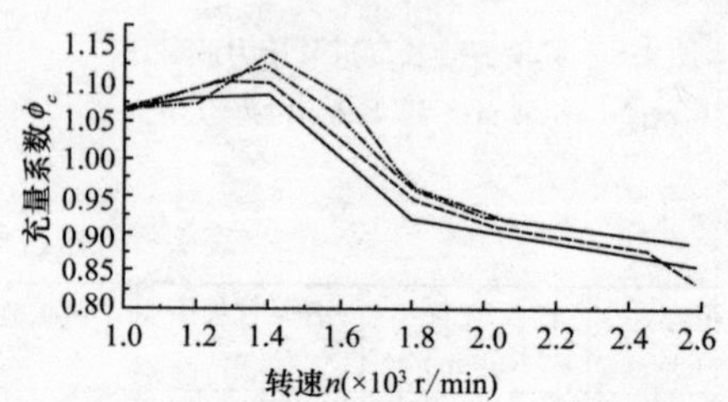


图9 不同谐振管直径充量系数对比($V=2.08$L)

$D=45$mm,$l=1.15$m;$D=50$mm,$l=1.2$m;$D=55$mm,$l=1.3$m;$D=60$mm,$l=1.4$m

## 5 结论

(1)采用谐振进气系统,充分利用进气系统内气体流动的动力效应,可以在低于谐振转速的大部分转速范围内提高充量系数,最大充量系数可提高6%左右。

(2)模拟计算的进气压力及充量系数的变化规律与试验结果相吻合,压力波相位基本一致。

(3)对于一定的发动机转速,充量系数达到最大时所对应的谐振管长度比压力波振幅达到最大时所对应的谐振管长度小0.15~0.25 m。

## 参考文献

[1] Ohata A, Ishida Y. Dynamic inlet pressure and volumetric efficiency of four cycle four cylinder engine [C]//SAE Paper,820407, 1982.

[2] [英]本森 R S. 内燃机的热力学和空气动力学(卷2)[M]. 程宏等译. 北京:机械工业出版社, 1992.

[3] 孙万臣. 车用柴油机脉冲谐振废气涡轮复合增压系统的研究[D]. 长春:吉林工业大学, 1998.

# Simulation and Experiments of the Combined Charging System for Automotive Diesel Engine

Sun Wanchen[1], Liu Xunjun[1], Liu Zhongchang[1], Li Jun[2]

(1. Jilin University of Technology; 2. Changchun Automobile Research Institute)

**Abstract**: A charging intake system of resonator-turbocharger for an automotive diesel engine of 6-cylinder direct injection with bore 110 mm and stroke 125 mm was simulated by the one-dimensional flow model. The predictions of intake pressure wave by the model were in good agreement with the measured ones. Effects of system parameters such as resonant box volume, resonant pipe diameter and length on intake pressure wave and engine volumetric efficiency were calculated and verified experimentally. It was found that at a definite engine speed the resonant pipe length corresponding to the maximum volumetric efficiency is smaller by 0.15 ~ 0.25 m than that corresponding to the maximum pressure wave amplitude. The resonantly charging system with the optimum parameters increases the maximum volumetric efficiency by 6% in comparison with the engine without resonator.

**Key Words**: Diesel Engine; Turbocharging; Simulating

# 曲轴动态应力模拟及多轴疲劳计算

汤乐超,李　骏,卢炳武,李　康
(中国第一汽车集团公司技术中心)

摘　要:本文建立了某4缸柴油机曲轴轴系和主轴承座的有限元模型,采用EXCITE软件对曲轴轴系和连杆活塞组进行了多柔体的动态仿真,模拟了不同转速工况下曲轴随曲柄转角变化的动态应力。对曲轴动态应力结果进行了多轴疲劳计算,校核了不同运转工况下曲轴的疲劳安全系数,解决了弯扭耦合与多子系统交叉耦合时整体曲轴疲劳可靠性计算的难题。

关键词:曲轴;动态应力;多轴疲劳;有限元

中图分类号:U464.133⁺.3　文献标识码:A　文章编号:1000-3703(2007)08-0006-03

## 1　前言

曲轴是发动机中最重要的零件之一,在很大程度上影响着发动机的可靠性与寿命[1]。随着发动机的不断强化,曲轴的工作条件日益苛刻,因此针对发动机曲轴的疲劳可靠性进行研究,并在设计阶段预测可能的破坏形式,对于加速产品开发进程、节约产品开发成本具有现实意义。

在早期的柴油机开发中,曲轴的强度分析采用简化的单拐静定模型,每一拐单独进行计算,圆角处的应力可以通过转矩与曲拐的弯曲应力集中系数来确定;油孔处的应力可以通过转矩与曲拐的扭转应力集中系数来确定。该计算方法简单,计算分析经验积累较多,至今仍应用较多。但由于该方法不能考虑曲拐间的相互影响,20世纪90年代开始广泛采用弹性液动轴承模型或弹性热动轴承模型,对曲轴的模拟计算开始拓展到多物理场、多弹性体的非线性耦合,该方法可以精确考虑曲轴轴系与发动机内部不同组件间的相互影响,且其计算模型与计算方法已经成熟,可用于曲轴轴系的详细分析与设计指导,但对计算机资源要求较高[2]。

结合实际项目,本文对曲轴进行了多体动力学仿真研究,建立了曲轴轴系和主轴承座的详细有限元模型;利用EXCITE软件对曲轴轴系和连杆活塞组进行了多柔体的动态仿真,对曲轴进行了动态应力恢复;利用FEMFAT软件对计算得到的曲轴动应力结果进行了多轴疲劳计算的后处理。

## 2　曲轴动应力计算

### 2.1　有限元建模

有限元模型分两部分建立,一部分为弹性曲轴轴系,另一部分为弹性主轴承座。考虑到曲轴与主轴承座的非线性油膜特征和EXCITE软件对模型输入数据的特殊要求,这两个模型的建立需要较严格的对应关系。考虑到计算模型大小和建模精度间的平衡,曲轴轴系采用四面体、五面体和六面体建模,共50987个节点,137126个单元。曲轴轴系包括整体曲轴、橡胶阻尼减振器、飞轮、皮带轮和正时齿轮。由于大部分曲轴失效从过渡圆角开始,因而对于过渡圆角处进行了六面体单元的局部细化;曲柄销和主轴颈是重要的连接与支承部位,采用五面体和六面体混合建模;平衡重一般不破坏,但形状复杂,为减小建模工作量,采用四面体单元建模;对于其他部分以减小单元数量和保持部件形

刊登信息:《汽车技术》2007年第8期

状为原则,进行四面体、五面体和六面体的混合建模。所建立的曲轴轴系有限元模型如图 1 和图 2 所示。主轴承座采用了简化模型,与曲轴主轴颈的连接部分网格剖分为六面体,不考虑轴瓦几何与材料的不同所带来的影响,曲轴的 7 个主轴承座采用相同的有限元模型,主轴承座的详细模型及约束情况如图 3 所示。

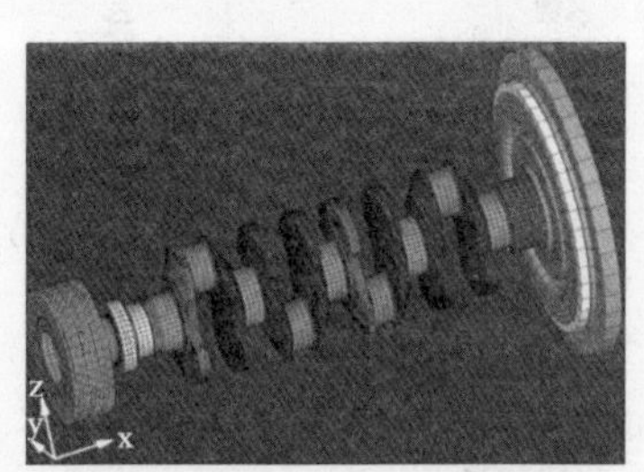

图 1　曲轴轴系整体有限元模型

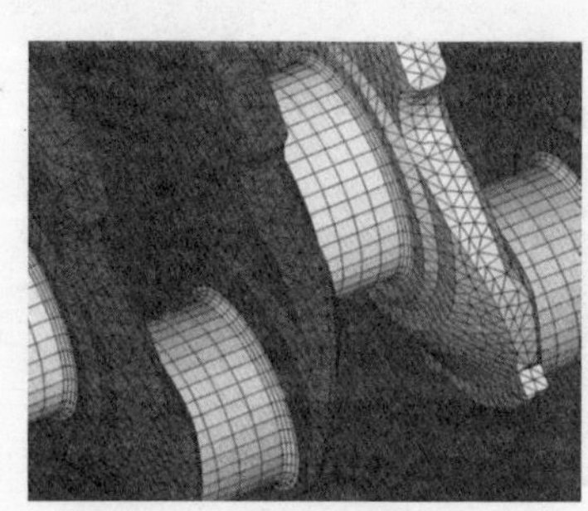

图 2　曲轴轴系模型细节

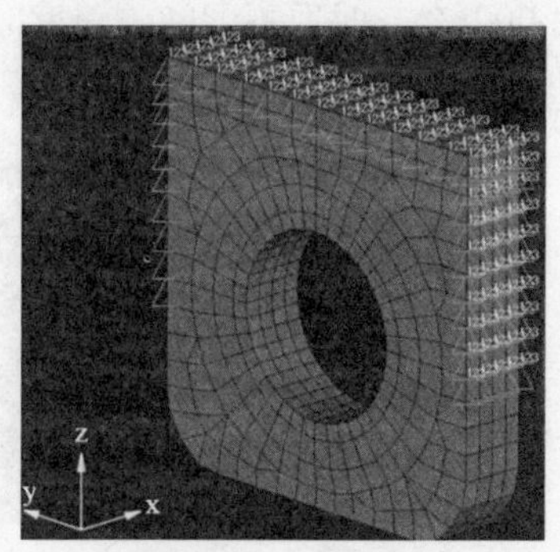

图 3　简化的主轴承座模型

2.2　有限元模型的动态压缩

对于具有相同自由度数目的结构系统,即使是求解频率和振型的特征值问题,计算时间也将比静力分析高出一个量级。如果求解系统的动力学响应问题并考虑多柔体非线性连接特征,其动力学计算规模将更大。为了减小计算规模,便于曲轴轴系的多体计算,本文采用 NASTRAN 软件对曲轴轴系和主轴承座进行了动态压缩,动态压缩频段为 0 ~3000 Hz。

2.3　曲轴多柔体模型建立

采用 EXCITE 软件建立的多柔体模型,如图 4 所示;内部主自由度节点的连接,如图 5 所示。曲轴与主轴承座的连接,采用了弹性液动轴承(EHD)进行连接,以考虑油膜支撑的非线性效应,通过对 EHD 的计算,可以得到随曲柄转角变化的油膜压力和油膜厚度。由于连杆活塞组不是主要研究对象,文中对连杆活塞组未建立详细的有限元模型,在 EXCITE 软件中也不采用单独的模块来模拟,仅对连杆活塞组的质量、惯性矩、尺寸做了一些符合实际的规定。最后,将周期性的燃烧爆发压力、往复惯性力、旋转惯性力施加在 4 个曲柄销上,以模拟实际的发动机工作循环。整个动态模拟时间为 3 个连续的发动机工作循环,结果的后处理截取第 3 个工作循环,以消除初始工作循环不稳定性对结果的影响,保证结果具有较好的可重复性。

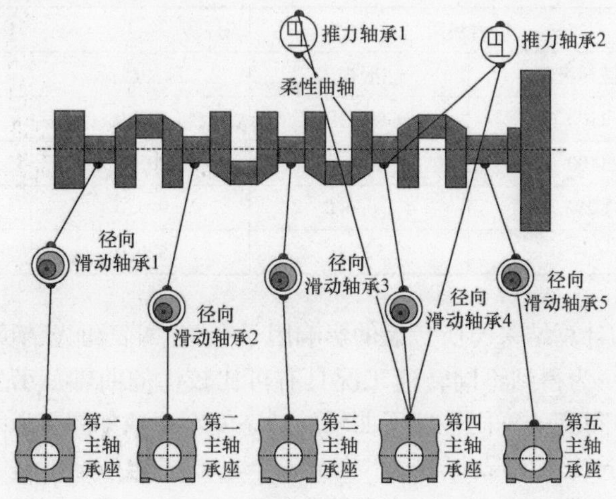


图 4　用于曲轴计算的多柔体模型

2.4　曲轴动态应力数据的恢复

由 EXCITE 软件计算的结果为第 3 循环各主自由度节点随曲柄转角变化的位移，可以在 NASTRAN 软件中对这些位移结果进行数据恢复，最后得到随曲柄转角变化的曲轴动态应力。

多大角度间隔取一个应力结果对计算疲劳安全系数与耗费时长有着较大的影响。图 6 为 2 000r/min时取不同间隔角度时应力恢复的时间变化曲线和最小疲劳安全系数变化曲线。

图5　曲轴内部主自由度节点的连接

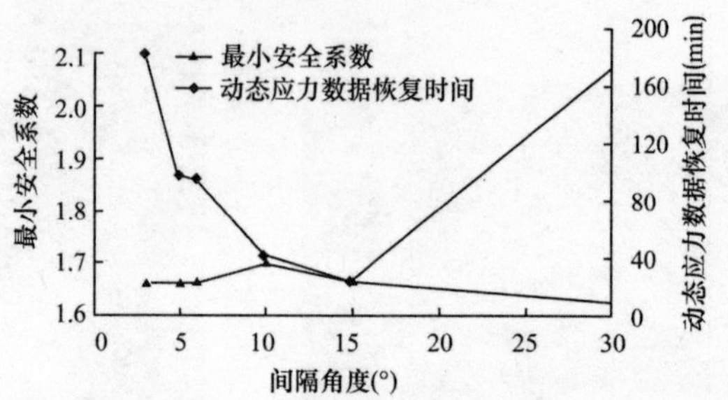


图6　动态应力提取间隔角对计算的最小安全系数和数据恢复时间的影响

由图 6 可知，随着曲轴动态应力结果提取间隔角的减小，数据恢复所用的计算时长呈抛物线规律增长；在提取间隔角为 5°左右时，曲轴的最小安全系数几乎没有变化；但在小于 5°间隔角时，再继续减小提取间隔角会使计算时长呈数量级递增。

由以上分析可以确定，对于曲轴的疲劳计算，采用每 5°取一个应力结果可以在得到足够精确结果的前提下最大限度地减小计算时间。

## 3　曲轴多轴疲劳计算

对于受力复杂、主应力方向始终在变化的受力部件曲轴来说，单纯的单轴疲劳计算不能反映真实的受力情况，需要采用多轴疲劳计算理论才能得到可信的结果。在能够计算曲轴瞬态动应力的前提下，采用多轴疲劳理论来计算曲轴的疲劳安全系数是可能的，也符合曲轴疲劳计算的实际，并且对于结果评价的简化有着重要作用。本文采用 FEMFAT 软件进行了曲轴的多轴疲劳计算，多轴疲劳计算的材料参数如表 1 所示。



**表 1　曲轴材料参数**(42CrMo4)(单位：$N/mm^2$)

| 参数 | 应力极限 | | 疲劳极限 | |
|---|---|---|---|---|
| | 破坏极限 | 屈服极限 | 脉冲载荷 | 交变载荷 |
| 拉应力 | 1100.0 | 900.0 | 770.0 | 495.0 |
| 压应力 | 1100.0 | 900.0 | 0.0 | 495.0 |
| 弯曲应力 | 1 293.0 | 1 066.0 | 905.0 | 525.0 |
| 剪切应力 | 635.0 | 520.0 | 529.0 | 285.0 |

曲轴疲劳安全系数的计算结果与所考虑的影响因子有关，如表面光洁度、表面处理工艺、疲劳损伤的存活率、尺寸效应等。为得到不同转速工况具有可比较性的曲轴疲劳安全系数，文中采用了相同的影响因子。通过计算得到的不同转速下曲轴的动态安全系数如图 7 所示。

从图 7 可以看出，不同转速工况曲轴最小疲劳安全系数的计算结果是不同的，曲轴的最小安全系数既不是出现在最大功率点转速处，也不是出现在最大转矩点转速处或最高转速处，而是出现在最大转矩点转速与最大功率点转速之间的某个转速处。这时轴系惯性力与爆发压力相互综合而出现了一个极值,使得该工况成为曲轴安全系数计算的最危险工况。

最小疲劳安全系数出现的节点是有可能随着发动机运转工况的不同而发生变化的,即最小疲劳安全系数出现的位置会随着发动机工况的不同而发生一些变化,尽管这种变化不是很明显,但有一点可以肯定,无论发动机工况怎么改变,曲轴的最小安全系数大部分还是出现在曲轴的过渡圆角处。由图 7 可知,发动机转速为 2 000 r/min 和 2 200 r/min 时,曲轴的安全疲劳系数最小,为 1. 66。

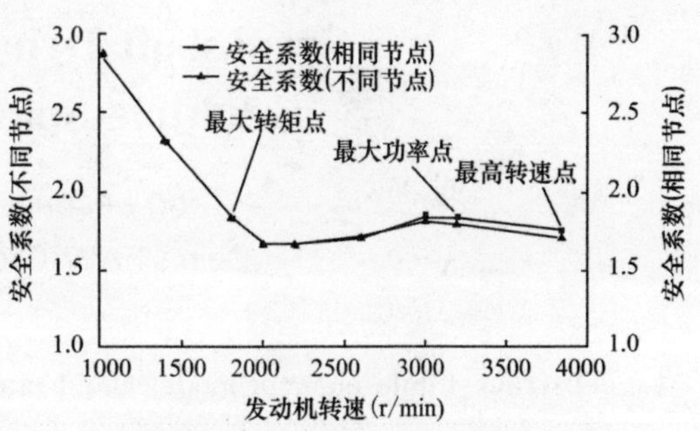


图 7　不同转速工况曲轴的疲劳安全系数计算结果

图 8 为在 2 000 r/min 时整体曲轴疲劳安全系数的分布情况,可以看出,较小的安全系数大部分还是分布在曲轴的过渡圆角处的。

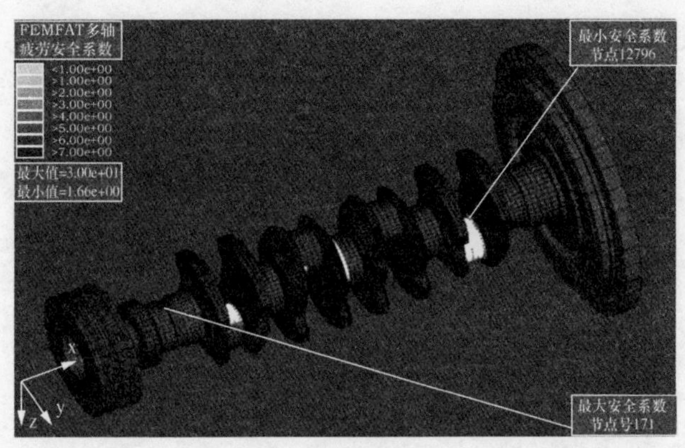


图 8　2 000 r/min 时整体曲轴疲劳安全系数分布

## 4　结语

(1)用于疲劳计算的应力提取间隔角为 5°,即可在得到足够精确结果的前提下最大限度地减小计算时间。

(2)曲轴的疲劳计算工况应为曲轴的整个转速工况,不应该局限于最大功率点、最大转矩点和最高转速工况。

(3)不同运转工况下,曲轴的最小疲劳安全系数出现的位置有可能会发生变化,但一般还是会出现在曲轴的过渡圆角处。

## 参考文献


[1] 杨连生. 内燃机设计[M]. 北京:中国农业机械出版社,1980.

[2] Piraner I, P flueger C, Bouthier O. Cummins Crankshaft and Bearing Analysis Process[C]. North American MDI User Conference, 2002.

# Crankshaft Dynamic Stress Simulation and Multiple-Spindle Fatigue Calculation

Tang Lechao, Li Jun, Lu Bingwu, Li Kang
(China FAW Group Corporation R&D Center)

**Abstract**: Finite element model about crankshaft and chief bearing seat of an inline-4 diesel engine is established, and a multi-flexible dynamic simulation on crankshaft and connecting rod-piston pair is conducted by using EXCITE software, the dynamic stresses of crankshaft striking angles are calculated in all speed cases. Multiple-spindle fatigue analyses on crankshaft dynamic stress are post-processed, check the fatigue assurance coefficient of crankshaft in different work conditions, and solve the whole crankshaft fatigue reliability calculation puzzle when the bending and torsion coupling and multiple subsystem cross coupling are occurred.

**Key Words**: Crank Shaft; Dynamic Stress; Multiple-spindle Fatigue; Finite Element

# 第六部分

# 发动机电子控制技术

FADONGJI DIANZI KONGZHI JISHU

# 车用直喷式柴油机可变预行程泵电控系统研究

王宏桥[1],李　骏[2],刘巽俊[3]
(1. 清华大学,汽车安全与节能国家重点实验室;
2. 长春汽车研究所;3. 吉林工业大学)

**摘　要:**为了达到中国大气污染防治法对车用柴油机排放的要求,本文结合中国目前的柴油机发展状况,开发了可变预行程泵的电控系统,进行了可变预行程泵的电控系统的总体设计和电子控制单元(ECU)软件的开发,针对CA6110型柴油机对电控可变预行程泵进行了匹配和标定试验。试验结果表明了可变预行程泵电控系统的良好的综合性能,它的应用为直喷式柴油机性能的改进提供了很大的潜力。

**关键词:**柴油机;喷油泵;电控系统;软件

## 1　引言

随着我国对车用柴油机排放要求的严格,新的发动机技术的采用成为必然,而电控技术是最为有效的手段之一。本文所研究的电控系统是一种位置控制式电控系统,该系统控制机构简单,对原系统改动小、成本低、实用性强,适合目前我国柴油机的发展现状。

可变预行程泵的特点是通过改变预行程控制喷油定时同时改变喷油速率,从而达到改善柴油机性能的目的。可变预行程泵电控系统的目的是实现对齿条位置、预行程大小进行实时控制,根据发动机实时工况要求给出最佳的齿条位置和喷油定时。可变预行程泵电控系统软件采用实时模块化编程,具有编程灵活、移植性好、扩展性好的特点。所开发的软件能实现信号采集、发动机各工况控制及输出控制,满足了发动机正常运行、反馈控制周期及信号采集的实时性要求。

## 2　可变预行程泵电控系统的开发

### 2.1　电控系统的总体设计

可变预行程泵电控系统包括:传感器、输入电路、电子控制单元、输出电路、执行机构、可变预行程泵。电控系统的总体结构见图1。各个传感器把采集到的信号经输入电路传给单片机,单片机经过处理后得到控制目标量,经输出电路传到执行器,实现对预行程控制推杆和喷油量齿条的控制。

对预行程泵的原有结构进行改造,利用开在预行程控制推杆上且水平倾角很小的滑槽和装在预行程控制滑套上的定位销之间的配合,将推杆的水平运动转化为滑套相对柱塞的上下滑动,来实现预行程的变化。而油量依然通过齿条拉动柱塞旋转来控制。这样可以采用相同的两个直线推动式执行器来控制喷油量和喷油提前角,简化了喷油定时的调控机构。选用两个电磁执行器作为驱动元件,分别用来驱动预行程控制推杆和齿条。



刊登信息:《汽车工程》2000年(第22卷)第5期

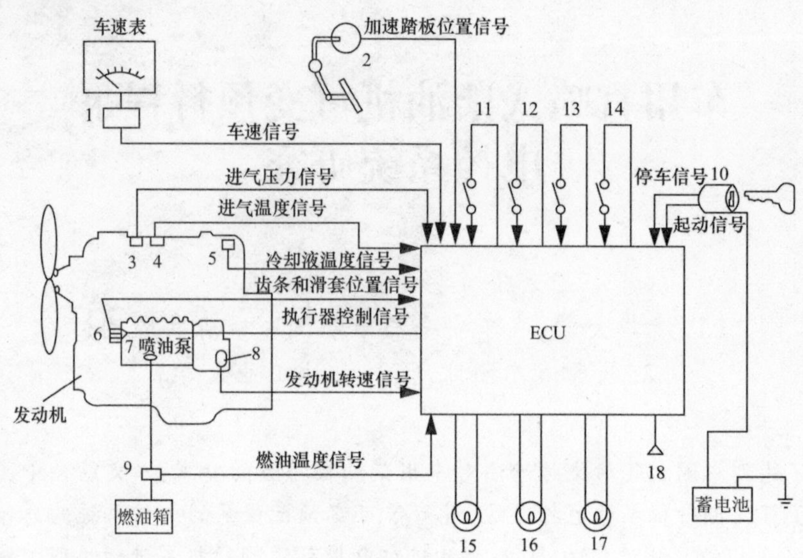


图1 电控系统总体结构

1-车速传感器;2-油门踏板位置传感器;3-进气压力传感器;4-进气温度传感器;5-冷却液温度传感器;6-齿条和滑套位置传感器;7-齿条和滑套执行器;8-发动机转速传感器;9-燃油温度传感器;10-起动开关;11-外特性选择开关;12-巡驶控制开关;13-系统诊断开关;14-诊断记忆清除开关;15-巡驶指示灯;16-外特性指示灯;17-故障指示灯;18-故障报警

### 2.2 电控系统软件的设计

柴油机电控系统具有实时性、多任务性的特点,电控系统软件首先应基于这些特点进行设计。这就要求电控系统软件能够在一定的时间内完成一个控制循环,并消除一些偶然因素的影响,满足柴油机反应灵敏性的要求并保证柴油机运转平稳。电控系统软件满足实时性要求主要靠以下三点来保证:(1)输入信号的实时采集;(2)执行器的控制采用软件定时器中断的方式进行,以满足柴油机运转的实时性要求;(3)软件采用模块化编程,且主循环为开中断方式,大大缩短了主循环的周期,为软件实现实时性奠定了基础。

柴油机的电控喷油系统具有多任务性。在电控系统软件的设计当中,通过对各个任务的综合考虑,对它们进行了排序,以使软件满足多任务性的要求。

电控系统软件主要包括以下模块。

#### 2.2.1 起动过程控制

与机械式喷油系统相比,电控喷油系统能改进柴油机的冷却动性能,即保证起动可靠性,缩短起动时间,减少起动白烟,使起动过程最佳化[1]。检测起动开关信号为开时,即可判定为柴油机进入起动状态。柴油机起动成功的判定依据有两条:一是柴油机转速是否大于起动机转速;二是柴油机是否处于加速运转状态。故应在起动过程中不断地检测柴油机转速,以判定柴油机是否起动成功。

在本模型中设定起动油量是冷却液温度、进气温度、柴油机转速、燃油温度、进气压力、起动过程时间、起动次数的函数。在冷起动时,控制喷油定时对控制柴油机的白烟排放是非常重要的。喷油提前角是冷却液温度、进气温度、柴油机转速的函数。

#### 2.2.2 怠速控制

怠速控制的控制目标是降低怠速转速、降低怠速排放、降低怠速转速波动及怠速振动。软件主循环检测到加速踏板在怠速位置后,进入怠速控制模块,根据冷却液温度判断进入暖机怠速控制还是进行正常怠速控制。

#### 2.2.3 工作油量控制

供油量主要由加速踏板行程和柴油机转速来确定,此外,还要根据环境条件和柴油机工作条件校正油量。当加速踏板位置为全开时进入全负荷控制。全负荷油量的控制是根据柴油机转速对全负荷油量脉谱进行查表插值的过程,以获得全负荷油量的目标值。柴油机重要工况点(最大转矩点、最低油耗点、常用转速点、标定功率点、标定转速点、排放工况点)对应的油量值均在全负荷油量脉谱上。

在部分负荷工况应对柴油机进行调速控制。设其油量对应的齿条位置 $R$ 与转速 $n$ 有线性关系,即 $R=kn+b$,如图2所示。在软件数据区存有 $k$ 和 $b$ 的脉谱。当加速踏板在部分负荷位置时,进入部分负荷控制。根据柴油机转速和负荷进行查表插值可得 $b$,根据柴油机转速取得 $k$,计算得到齿条位置。在部分负荷的油量控制中,对特殊工况点优先进行查询,如排放测量点等。把转速分成几段,使 $k$、$b$ 不同,以满足不同的需要。从图2可见,在小负荷和低速区齿条位置间隔大,线分布较稀;在大负荷和高速区齿条位置间隔小,线分布较密。这样就使得在小负荷和低速区,加速踏板在小开度范围内变化时,相应的供油量变化很大,因此只要稍微改变踏板行程,柴油机的输出功率就有显著变化,给人以加速很快的感觉。而在大负荷和高速区,齿条位移和柴油机转速对加速踏板开度的变化不灵敏,改变踏板行程相应的供油量变化小,给人的感觉是高速时车速稳定。

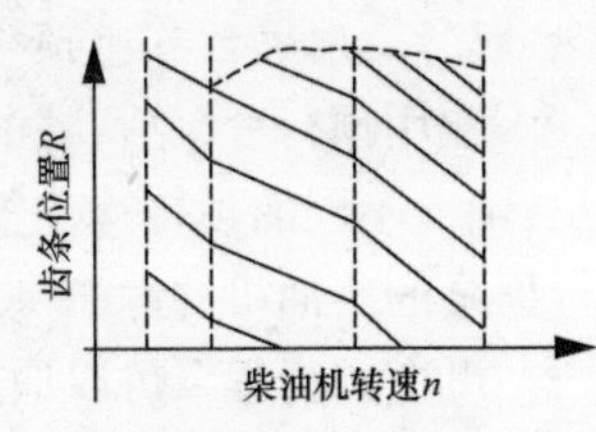

图2　部分负荷油量控制示意图

2.2.4　喷油定时控制

当加速踏板位置为全开时,进入全负荷控制。全负荷喷油定时的控制是一个根据柴油机转速对全负荷喷油定时脉谱进行查表插值的过程,从而获得全负荷喷油定时的目标值。

部分负荷喷油定时脉谱是一张三维脉谱,其坐标分别为喷油定时、加速踏板位置和转速,且加速踏板位置和转速均为等步长划分。当加速踏板在部分负荷位置时,进入部分负荷喷油定时控制。部分负荷喷油定时控制是根据柴油机转速和负荷对部分负荷喷油定时脉谱进行二次插值的过程。另外,对特殊工况点(如排放测量点)有优先进行查询的功能。

2.2.5　限速控制

柴油机转速大于标定转速时,进行限速控制,防止飞车。防止飞车是保证柴油机安全工作的重要方面。因此,在每一个控制循环都要判断是否要进行限速控制。柴油机转速达到极限转速时,进行断油控制,避免飞车。

2.2.6　信号采集模块

柴油机转速用高速输入器采集。对冷却液温度、进气温度、燃油温度、机油温度、进气压力、齿条位置、加速踏板位置和滑套位置进行 A/D 转换。

2.2.7　执行器控制模块

试验发现执行器反馈电压与执行器的位移量之间呈线性关系。但在控制系统开环的条件下进行的执行器特性试验表明,执行器具有严重的非线性。另外柴油机的燃油喷射是高压喷射,且喷射时刻要求精确,喷射时间短,实时性要求高。据此,确定采用数字控制器驱动控制喷油量和喷油定时的执行器,采用分段 PID 方法和 Bang-bang 控制方法进行复合控制。

输出量经高速输出器处理后,发出 PWM 信号,再经过输出电路处理后,最终控制执行器动作。试验结果表明所开发的 Bang-bang 控制加分段 PID 复合控制器的控制效果明显优于常规 PID 控制器,实现了高精度控制。

## 3　配电控可变预行程泵的6110型柴油机的匹配与标定

3.1　试验用柴油机

本文采用一汽集团公司的6110型柴油机进行试验研究,该柴油机主要参数如下:

形式:直列、六缸、水冷、四冲程;

进气方式:涡轮增压式;汽缸套形式:湿式

缸径(mm)×行程(mm):110×125;

排量(L):7.124;压缩比:17:1

标定功率(kW):125　标定转速(r/min):2500

3.2　配电控可变预行程喷油泵的6110型柴油机供油参数的匹配

配用预行程泵后,喷油定时由静态供油角和预行程位置两方面共同决定。对不同的静态供油角,调节不同的预行程位置进行排放性能试验。通过试验结果的对比,确定了上止点前8°CA为配预行程泵的柴油机的静态供油角。

可变预行程泵可以通过调整预行程改变喷油定时和喷油速率,并能够通过与适当喷孔直径的喷油嘴的配合提高喷油压力。为了研究喷孔直径及喷孔数等油嘴参数的影响,并为电控喷油系统选出合适的喷油嘴,采用了不同孔径和孔数的喷油嘴进行了排放性能试验。根据试验结果,采用孔数为5、喷孔锥角为155°、喷孔直径为0.25mm的喷油嘴。

3.3　配电控可变预行程喷油泵的6110型柴油机的标定

电控柴油机标定的任务是寻找不同工况下,最佳的供油量和供油提前角。选用上述匹配的供油参数,进行标定。

3.3.1　全负荷特性标定

目标是寻求满足柴油机设计指标的转矩特性和较好的燃油经济性。标定过程是一个局部优化的过程,但根据所标定柴油机的设计要求,在1000r/min、1600r/min、2500r/min三个转速下,柴油机转矩要求取480N·m、550N·m、478N·m。因此,在所要求的三个转速下,在满足其转矩要求的同时,调整预行程使燃油消耗率和烟度尽量低,从而取得这三个转速下的齿条位置及预行程位置的标定值。对于外特性转矩特性曲线应尽量使其饱满,依据得到的三点进行拟合,得出两条以1600r/min标定转矩点为顶点的二次曲线(如图3所示),从而得到外特性转矩特性曲线。据此曲线可得到外特性上其他转速对应的转矩目标值。转矩目标值确定后,柴油机转速每隔200r/min取一点,调整齿条和预行程位置,在满足转矩要求的前提下,使柴油机的燃油经济性最佳、烟度最低,此时的齿条和预行程位置即为该转速下的外特性供油量和供油提前角标定值。对所有转速标定完成后,即可得到外特性供油量和供油提前角脉谱,标定结果如图4所示。对全负荷特性的标定结果进行插值处理后即可以得到软件中要求的脉谱。

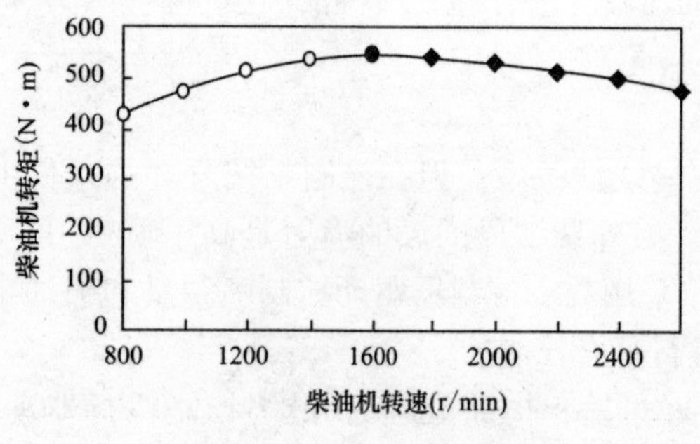


图3　外特性转矩特性曲线的拟合

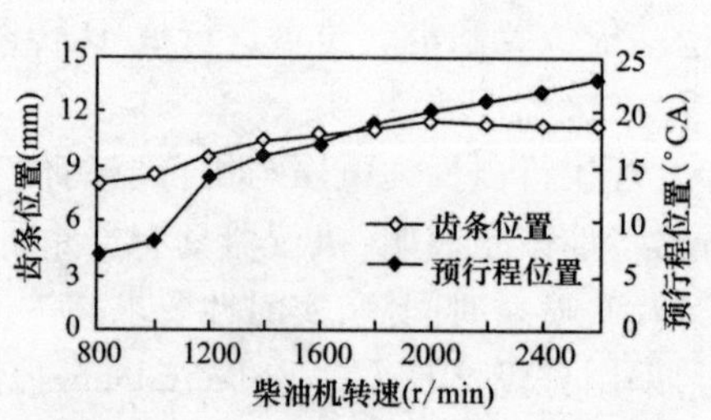


图4　外特性供油量和供油提前角标定结果

3.3.2　部分负荷特性标定

设齿条位置$R$与柴油机转速$n$的关系为$R=b-kn$,油量标定指的是标定斜率$k$和$b$。斜率可取1、1/2、1/3等,斜率较大时,柴油机转速稳定。$b$值的大小决定了柴油机加速性的好坏,可根据预先的设计要求得出。柴油机外特性齿条位移确定以后,设计满足一定要求的调速特性,由调速特性确定部分负荷供油量。调速特性斜率分别取1.5、1、1/2、1/3、1/4时进行了试验。斜率取1/2时,转速最为稳定,波动在 ±1r/min。斜率取其他值时,转速波动在 ±5r/min 左右。对此调速特性的发动机台架试验表明,柴油机负载变化时,柴油机转速能够自行稳定,且具有良好的加速性。调速特性需要由道路试验进行反复调整。

标定预行程时,转速每 200r/min 取一点,在转速一定时,调整不同的齿条位置,在每一个齿条位置,调整预行程使油耗最低,兼顾烟度排放。这样可得到各个转速、各齿条位置对应的预行程。图 5 为经济性优化供油提前角脉谱。

3.3.3 满足排放法规

排放标定试验目标是对 13 个排放工况点通过调整预行程位置,找出排放最佳折衷值,从而取得预行程位置和齿条位置标定值。测量项目有 NOx、HC、CO 浓度和烟度。按照全局优化的标定方法,应当对各个工况的不同排放物及燃油消耗率进行全局优化。但在试验过程中发现,所标定的柴油机 NOx 浓度对比 HC、CO 浓度和烟度明显偏大,而当将 NOx 浓度降下后烟度又明显增大。另外,由于条件所限,无法进一步提高喷油速率和喷油压力来进行优化试验,因此只能取使得 NOx 浓度满足排放法规的点作为标定值,而此时的微粒也刚好满足排放法规的要求。据此,最后对各工况点取 NOx 浓度较低对应的预行程位置作为标定值。据此标定值得到的排放结果如表 1 所示,达到了欧 I 标准。这样,在经济性优化的脉谱的基础上,得到排放达标的喷油定时的脉谱如图 6 所示。

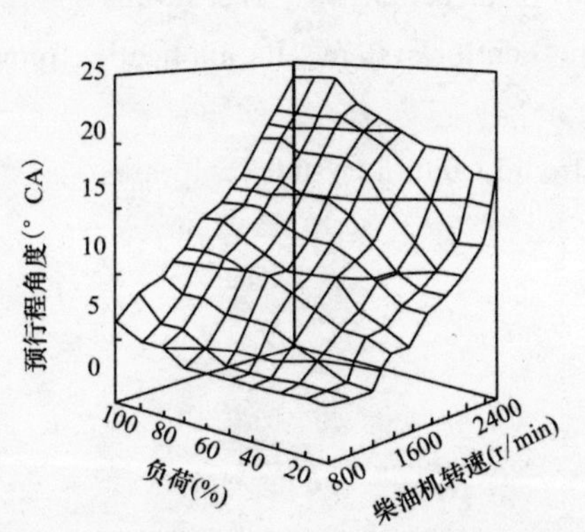


图 5 经济性优化供油提前角脉谱

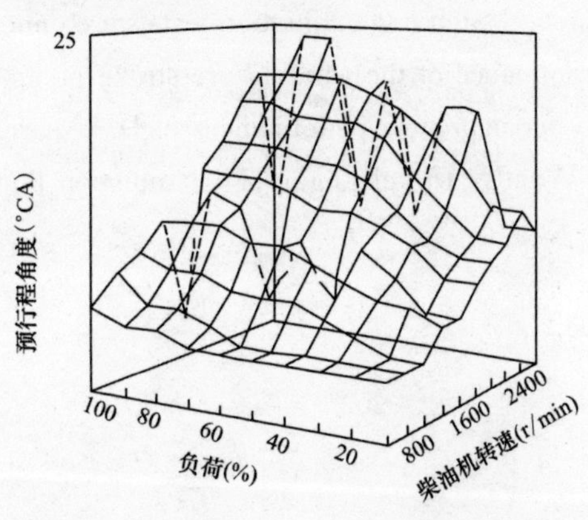


图 6 排放达标供油提前角脉谱

**表 1 13 工况试验结果** [单位:g/(kW·h)]

| *BS*NOx | *BS*CO | *BS*HC | *BS*PM |
|---|---|---|---|
| 7.8 | 1.74 | 0.75 | 0.31 |

## 4 结论

本文开发了柴油机可变预行程泵电控系统,着重开发了 ECU 软件,并针对 6110 型柴油机对可变预行程泵电控系统进行了标定。试验证明,该系统软硬件设计合理、工作可靠、软件控制精度高、实时性好。通过采用电控可变预行程泵和对喷油系统的匹配,使柴油机的性能得到改进,达到了欧 I 排放法规要求。所开发电控预行程泵十分适合于我国直列泵应用广泛的国情,具有结构简单、控制功能全面、对柴油机无特殊要求等优点。

## 参 考 文 献

[1] Osuka I, et al. Benefits of New Fuel Injection System Technology on Cold Startability of Diesel En-

gines[C]//SAE Paper,940586.

# A Study on Electronic Control System for Variable Pre-stroke Fuel Injection Pump of Automotive Direct Injection Diesel Engine

Wang Hongqiao[1], Li Jun[2], Liu Xunjun[3]
(1. Tsinghua University, State Key Laboratory of Automobile Safety and Energy Conservation; 2. Changchun Automobile Research Institute; 3. Jilin University of Technology)

**Abstract**: In order to meet the demands of China Air Act on automotive diesel engine exhaust emissions, an electronic control system for variable pre-stroke fuel injection pump (VPSFIP) of automotive direct injection diesel engine was developed in accordance with the technical level of China diesel industry. Layout of electronic control system for VPSFIP, developments of software for electronic control unit (ECU) are presented. Match and calibration tests were done for CA 6110 diesel engine. Test results showed a good overall performance of the variable pre-stroke pump electronic control system. Its application provides the potentiality for improving performances of D. I. diesel.

**Key Words**: Diesel Engine; Fuel Injection Pump; Electronic Control System; Software

# 柴油机可变预行程泵电控系统的匹配标定*

王宏桥[1],李　骏[2]

(1.清华大学汽车工程系,汽车安全与节能国家重点实验室,北京100084;
2.长春汽车研究所,长春130011)

**摘　要**:柴油机电控系统的匹配、标定研究对电控系统的应用具有重要意义。本文介绍了进行柴油机电控系统标定的方法,获取了供油量和供油提前角脉谱,使6110型柴油机的性能总体上得到了改善。可变预行程泵电控系统具有结构简单、对原机改动小、实用性强的特点,研究表明可变预行程泵电控系统有较好的综合性能,应用它可为直喷式柴油机性能的改善提供潜力。

**关键词**:柴油机;电控;可变预行程泵;标定

**中图分类号**:TK 421.4　**文献标识码**:A　**文章编号**:1000-0054(2000)01-0090-03

由于环境问题、能源问题越来越受到人们的重视,为了满足排放法规、燃油经济性的苛刻要求,满足人们越来越高的行驶安全性、舒适性的要求,在车用发动机上应用电子控制技术已是一个不可逆转的发展趋势[1]。

电控系统控制功能是通过运用灵活的控制策略,根据相应的控制数据实现的。控制策略确定后,控制数据对发动机应用电控系统后的性能起决定作用,因此为获取控制数据而进行的匹配标定工作具有非常重要的意义。

## 1　可变预行程泵电控系统

所开发的可变预行程泵电控系统属于第一代位置控制式柴油机全电控系统,即可以控制喷油量和喷油定时,同时可以改变喷油速率,从而达到改善柴油机性能的目的。可通过对齿条位置、预行程位置进行实时控制,根据发动机实时工况要求给出最佳的齿条位置和喷油定时。

系统包括以下几个部分:传感器、输入电路、电子控制单元、输出电路、执行机构、可变预行程泵。各个传感器把采集到的信号经输入电路传给单片机,单片机处理后得到控制目标量,经输出电路传到执行器,实现对预行程控制推杆和喷油泵齿条的控制。

## 2　供油系统匹配

### 2.1　试验用柴油机

采用6110型柴油机进行匹配、标定研究,该柴油机主要参数如下:

形式:直列、六缸、水冷、四冲程;

缸径×行程:110 mm×125 mm;

排量:7.124 L;

标定功率:125 kW;

进气方式:涡轮增压式;

刊登信息:《清华大学学报(自然科学版)》2000年(第40卷)第8期

* 基金项目:国家“九五”科技攻关项目(96-A16-01-03)

汽缸套形式:湿式;

压缩比: 17:1,

标定转速: 2 500 r/min。

2.2 静态供油角的选取

配用电控可变预行程泵后,喷油定时由静态供油角和预行程位置两方面共同决定[2,3]。对不同的静态供油角,调节不同的预行程位置进行了柴油机的排放性能实验,根据不同静态供油角时的柴油机排放试验结果,确定电控可变预行程泵的静态供油角,试验结果如图1所示。图1分别为在静态供油角为上止点前1°, 5°, 8°曲轴转角时,对应的排放法规中的6, 8工况。调节预行程位置使柴油机在该工况点的排放性能最佳,从而得到的体积分数 $\varphi_{NO_x}$, $\varphi_{HC}$, $\varphi_{CO}$ 和烟度(波许烟度,其值为1~10的数) $S_F$ 试验结果。图1表明,各排放物随静态供油角的变化趋势相互矛盾,其中 $\varphi_{NO_x}$ 随着静态供油角增大呈下降趋势, $\varphi_{CO}$ 和烟度 $S_F$ 在6工况却有上升趋势。因此要折衷选取静态供油角,考虑到 $NO_x$ 已接近排放法规限值,而其他排放物还有一定余量,因此从总体看在静态供油角为上止点前8°曲轴转角时柴油机的排放性能较好,而此时的预行程位置基本已经达到最大,因此静态供油角不必再向前调整。据此,取上止点前8°曲轴转角作为配用电控预行程泵柴油机的静态供油角。

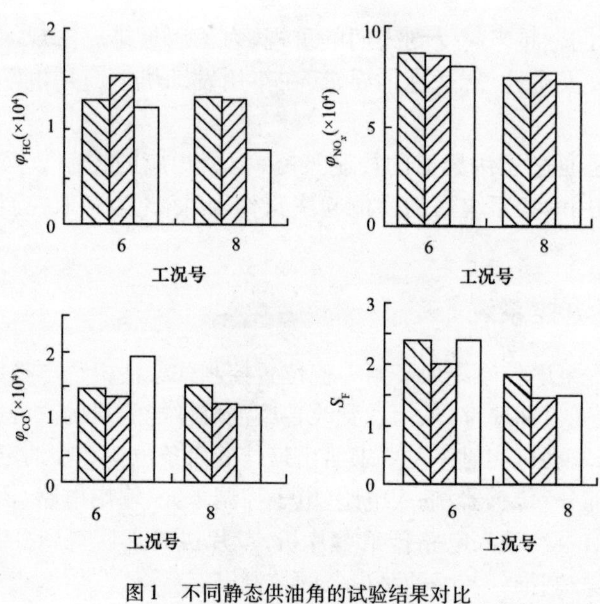


图1 不同静态供油角的试验结果对比

静态供油角 ▧1°;▨5°;□8°

2.3 喷油器的匹配

可变预行程泵通过调整预行程改变喷油定时和喷油速率,并能够通过与适当喷孔直径的喷油器配合实现高压喷射。据此采用不同孔径和孔数的喷油嘴进行了排放性能试验。所用的油嘴喷孔锥角均为155°,孔数和孔径分别为5×0.25 mm, 5×0.24 mm, 6×0.22 mm和6×0.23 mm。各组油嘴的试验结果对比如图2所示,其中氮氧化物相对于其他排放物浓度偏高,考虑到排放法规的要求,选取孔数为5、喷孔锥角为155°、喷孔直径为0.25 mm的油嘴。

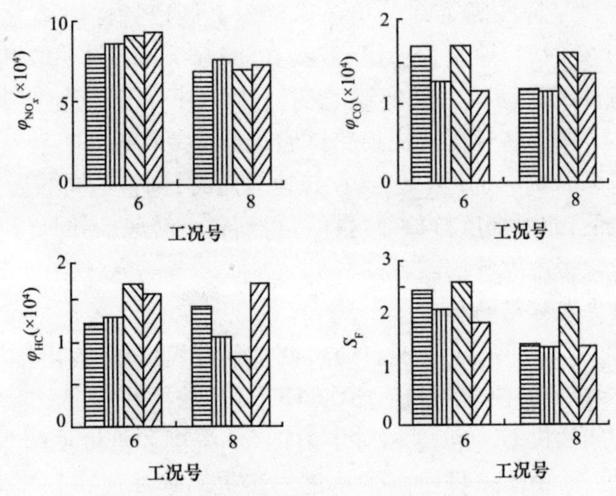


图2 不同喷油器的对比

▤-0.25mm(孔径)×5(孔数);▥-0.24mm×5;▧-0.22mm×6;▨-0.23mm×6

## 3 系统的标定

电控柴油机标定的任务是寻找不同工况下,最佳的供油量和供油提前角。选用上述匹配的供油参数进行标定。标定系统的总体结构如图3所示[4]。

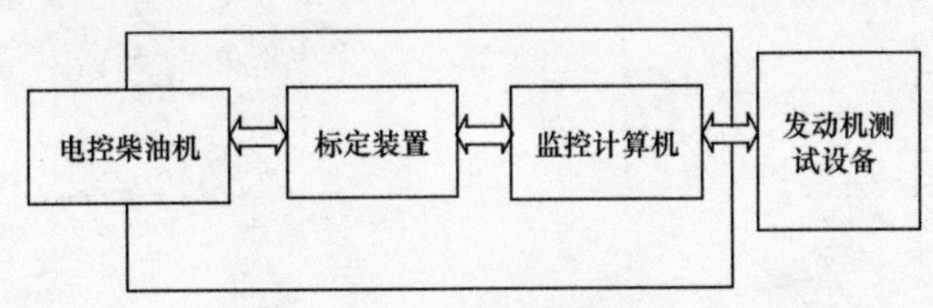


图3 标定系统总体结构

### 3.1 全负荷特性标定

目标是寻求满足柴油机设计指标的圆滑丰满的转矩特性和较好的燃油经济性。根据所标定柴油机的设计要求,在1 000r/min, 1 600r/min, 2 500 r/min 3个转速下,柴油机转矩要求取480N·m, 550N·m, 478 N·m,即对应3个转速一转矩点。依据得到的3点进行拟合,得出2条以1 600 r/min标定转矩点为顶点的二次曲线,从而得到外特性转矩特性曲线,据此曲线可得到外特性上各转速对应的转矩目标值。转矩目标值确定后,每隔200 r/min柴油机转速取一点,调整齿条和预行程位置使在满足转矩要求的前提下,柴油机的燃油经济性最佳、烟度最低,此时的齿条位置 $R$ 和预行程位置 $P_r$ 即为该转速 $n$ 对应的外特性供油量和供油提前角标定值。对所有转速标定完成后,即可得到外特性供油量和供油提前角脉谱,标定结果如图4所示。对全负荷特性的标定结果进行插值处理后即可以得到软件中要求的脉谱。

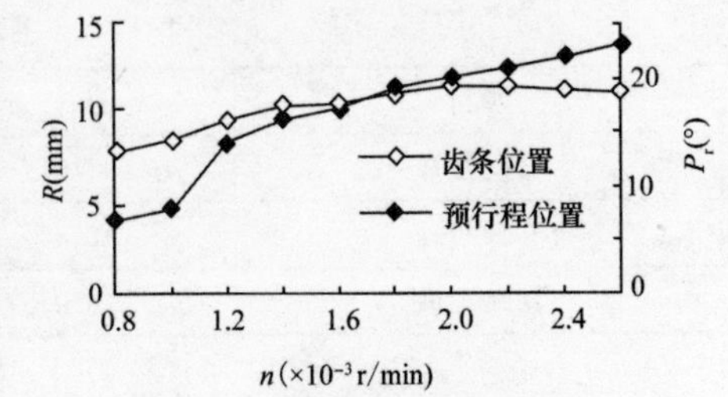


图4 外特性供油量和供油提前角标定结果

### 3.2 部分负荷特性标定

在柴油机部分负荷工作区,设计齿条位置 $R$ 与柴油机转速 $n$ 为线性关系,即 $R=b-kn$。油量标定指的是标定斜率 $k$ 和 $b$。斜率可取1, 1/2, 1/3等,斜率较大时,柴油机转速稳定。$b$ 值的大小决定了柴油机加速性的好坏,可根据预先的设计要求得出。柴油机外特性齿条位移确定以后,设计满足一定要求的调速特性，由调速特性确定部分负荷供油量。调速特性斜率分别取 1.5，1，1/2，1/3，1/4并进行试验，斜率取 1/2 时，转速最为稳定，波动在 ±1 r/min。斜率取其他值时，转速波动在 ±5 r/min 左右。对此调速特性的发动机台架实验表明，在柴油机负载变化时，柴油机转速能够自行稳定，且具有良好的加速性。调速特性需要由道路试验进行反复调整。

标定预行程时，转速每 200 r/min 取一点，在转速一定时，调整不同的齿条位置，在每一个齿条位置，调整预行程使油耗最低，兼顾烟度排放。这样可得到各个转速、不同负荷率 $\psi$ 对应的预行程角度 $\theta$。图 5 为经济性优化预行程角度脉谱。

### 3.3 满足排放法规要求脉谱的标定

排放标定实验目标是对 13 个排放工况点通过调整预行程位置，找出排放最佳折衷值，从而取得预行程位置和齿条位置标定值。测量项目有 $NO_x$、HC、CO 浓度和烟度。

试验表明，所标定的柴油机 $NO_x$ 浓度相对于 HC、CO 浓度和烟度明显偏大，而当将 $NO_x$ 浓度降下后烟度又明显增大。另外，由于条件所限无法进一步提高喷油速率和喷油压力来进行优化试验，因此对各工况点取 $NO_x$ 浓度较低对应的预行程位置作为标定值，以满足排放法规的要求。根据标定值进行 13 个工况排放实验得到各排放物加权比排放量 $Q_{NO_x}$，$Q_{CO}$，$Q_{HC}$，$Q_{PT}$，结果如表 1 所示。在表 1 中还对电控机和原机进行了对比。这样，在经济性优化脉谱的基础上，得到排放达标的喷油定时的脉谱，如图 6 所示。

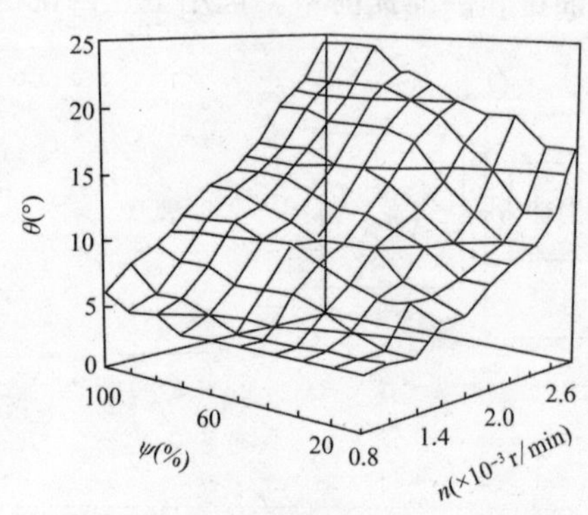


图 5 经济性优化预行程角度脉谱

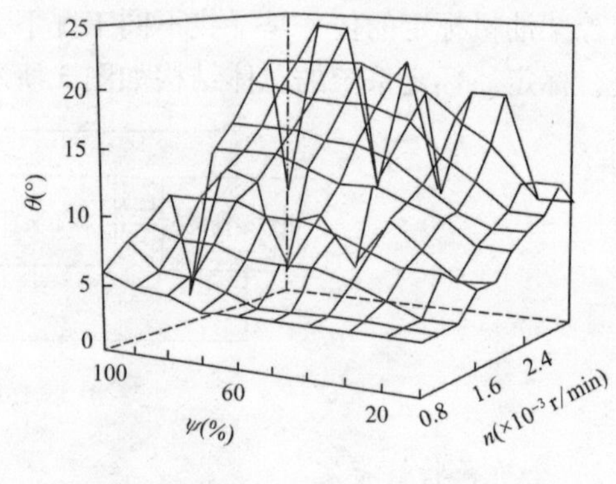


图 6 排放达标供油提前角脉谱

表 1 13 工况实验结果对比[单位：g/(kW·h)]

| 项目 | $Q_{NO_x}$ | $Q_{CO}$ | $Q_{HC}$ | $Q_{PM}$ |
|---|---|---|---|---|
| 电控机 | 7.8 | 1.74 | 0.75 | 0.31 |
| 原机 | 18.44 | 2.865 | 1.077 | 0.352 |
| 法规限值 | 8.0 | 4.5 | 1.1 | 0.36 |

## 4 结论

(1)可变预行程泵电控系统是一种位置控制式全电控系统，该系统控制机构简单，对原系统改动小、成本低、实用性强，适合目前我国柴油机发展的现状。

(2)研究表明，喷油系统的匹配情况直接影响柴油机应用电控可变预行程泵后的性能。喷油系统中与可变预行程泵电控系统最为相关的是静态供油角和喷油器，本文进行了较为全面的静态供油角和喷油器的匹配研究，为所研究的 6110 型柴油机选取上止点前 8°作为其配电控可变预行程泵后的静态供油角，并为其选取了孔数为 5、喷孔锥角为 155°、喷孔直径为 0.25 mm 的油嘴。

(3)对柴油机电控系统的标定需要全面进行,要覆盖柴油机的各个工况,同时要优先考虑排放法规的要求,以使柴油机的整体性能得到改善。本文对所研究的电控系统进行了全负荷特性、部分负荷特性及满足排放法规要求的脉谱的标定,使采用电控可变预行程泵的柴油机达到了排放法规的要求。

## 参 考 文 献

[1] 王宏桥,李骏.柴油机冷起动过程喷油系统的控制模式[J].汽车技术, 1999(6): 15-18.
[2] 王宏桥.车用直喷式柴油机可变预行程泵电控系统的研究[D].长春:吉林工业大学, 1999.

# 车用柴油机电子调速器的模糊控制研究*

王　珂[1],李　丹[2],李　骏[3],刘巽俊[4]
(1. 吉林工业大学信息科学与工程学院,长春　130025;
2. 内蒙古工业大学;3. 长春汽车研究所;4. 吉林工业大学)

**摘　要:** 应用模糊控制方法对车用柴油机电子调速器的加速执行器位置伺服控制进行研究。模糊控制方法的显著特点是不需要对控制目标建立精确的数学模型,在常规的模糊控制器上提出一种在线修正因子和量化因子的自调整模糊控制器。这种修正算法是基于仿人工智能控制的思想,分析和识别系统的输出状态,动态地、独立地对量化因子和比例因子进行在线修正,以调整整个控制过程不同阶段的控制特性。发动机的台架试验结果证明加速执行机构获得了良好的动态响应特性。

**关键词:** 柴油机;调速器;模糊控制

**中图分类号:** TK422　**文献标识码:** A

## 引言

电子调速器通过采集发动机的转速和驾驶员加速踏板位置信号,对执行机构供油量进行控制,从而控制发动机转速。加速执行机构是整个电子调速器的关键,其性能好坏直接影响到整个发动机的品质。在对速度的控制过程中,控制加速踏板的加速过程,使齿条运动平稳,则转速变化亦平稳;反之,齿条呈现较大幅度的振动时,转速也随着波动。只有当齿轮位置稳定后,柴油机转速才能稳定。在急加速过程中易出现大的超调,如果该值超过了稳态下全功率的位移值,将恶化柴油机加速过程的排放,甚至冒黑烟,因此改善加速执行机构的动态响应品质是改善电子调速器性能的关键。

为避免与发动机共振,就必须加大执行器弹簧的刚性,而这样将导致执行机构开环控制的增益,使相位滞后特性特别差。因此,电子调速器均采用双闭环控制方式,如图 1 所示。其中一个是对转速的闭环控制;另一个是对执行器的伺服控制。对执行器的传统控制方法是采用 PID 控制,对于单一参数的 PID 控制算法,虽说能在整个位移范围内具有较好的稳定性,但其局部品质不总是令人满意的,为获得大位移的品质,就不得不牺牲小位移的品质。此外,为获得稳态精度,引入了积分作用,会引起较大的超调。虽然多数 PID 分段控制是一个好办法,但由于执行机构的对象是一个非线性较严重,而且具有时变特征的复杂系统,在分段的判据理由不够充分,因此在切换过程中易导致极限环振荡,对于发动机运转来说,这是非常危险的。

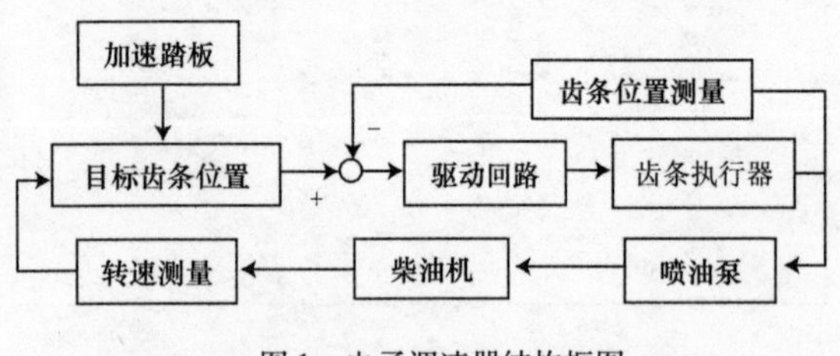

图 1　电子调速器结构框图

第一个模糊逻辑控制器诞生 20 多年来,大量的试验及工业应用都表明了模糊控制的有效性,模糊控制器的设计不依赖于被控对象的精确数学模型,是一种较为理想的非线性控制,具有良好的动态品质和较好的适应性。本文针对加速执行机构的伺服控制,设计出一种新的在线修正模糊控制器。这种修正算法是基于仿人工智能控制的思想分析和识别系统的输出状态,动态地、独立地对量

刊登信息:《内燃机学报》1999 年(第 17 卷)第 3 期

*　基金项目:科技部“九五”攻关项目。

化因子和比例因子进行在线修正，以调整整个控制过程不同阶段的控制特性，试验结果证明了这种方法的有效性。

## 1 试验装置

图2为试验装置总图。试验发动机为CA6100四冲程直喷式6缸柴油机，排量为7.124 L；调速器执行器为Synchro-start Inc的0250P－24A3LS1比例电磁铁，其位置是靠弹簧力与电磁力的平衡来确定的；位置传感器是电位计式位移传感器，与执行器合为一体。

用于控制的ECU单元是以MC68HC11E9微处理器为核心的单片机应用系统，由于MC68HC11E9有丰富的硬件资源和强有力的指令系统，无需扩展任何外部存储器或I/O口就能满足系统的全部控制要求。为了方便记录和监控程序的执行，采用M68HCEVM（evaluation module）来仿真运行。

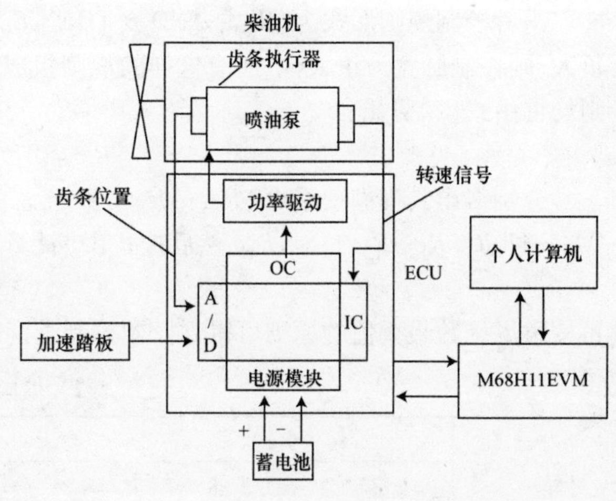


图2 试验系统

程序代码大部分是用C语言编写出的，少部分实时性要求高的程序仍用汇编语言编写。使用C语言编写代码的优点：一是增强了程序的坚固性、可维护性以及可移植性；二是可提高软件的开发速度和品质。

比例电磁铁的驱动采用脉宽调制（PWM）电路。一般的PWM信号可在执行器中产生机械高频振颤，有利于克服摩擦和减小磁滞，提高响应的线性度。在试验中，采用的PWM频率为400 Hz，伺服控制的采样周期为10 ms。

## 2 模糊控制器的设计

### 2.1 常规模糊控制器的设计

常规模糊控制器结构框图如图3所示。

控制器的输入为"误差"（$e(k)$）和"误差变化"（$\Delta e(k)$），输出为$u(k)$。其中$e(k)$是给定目标量$r(k)$与执行器位移输出量$y(k)$之差，即$e(k)=r(k)-y(k)$，误差的变化为$\Delta e(k)=e(k)-e(k-1)$。控制器的输出$u(k)$由式(1)表示：

$$u(k)=u(k-1)+K_u\cdot F[K_e\cdot e(k),K_{ec}\cdot\Delta e(k)] \quad \text{式(1)}$$

式中，$K_u$为比例因子；$K_e$、$K_{ec}$分别为$e(k)$、$\Delta e(k)$的量化因子；$F[K_e\cdot e(k),K_{ec}\cdot\Delta e(k)]$则是由模糊推理得到的一个非线性控制表，列表规则如下。

控制器的输入（$e(k)$，$\Delta e(k)$）和输出$u(k)$的语言集分别为：

$A=${负大，负中，负小，零，正小，正中，正大}

$B=${负大，负中，负小，零，正小，正中，正大}

$C=${负大，负中，负小，零，正小，正中，正大}

它们的论域均划分为13个等级，即：

$$X=\{-6,-5,-4,-3,-2,-1,0,+1,+2,+3,+4,+5,+6\}$$

$$Y=\{-6,-5,-4,-4,-2,-1,0,+1,+2,+3,+4,+5,+6\}$$

$$Z=\{-6,-5,-4,-4,-2,-1,0,+1,+2,+3,+4,+5,+6\}$$

$e(k)$、$\Delta e(k)$、$u(k)$语言集内各语言值的隶属度函数如图4所示。

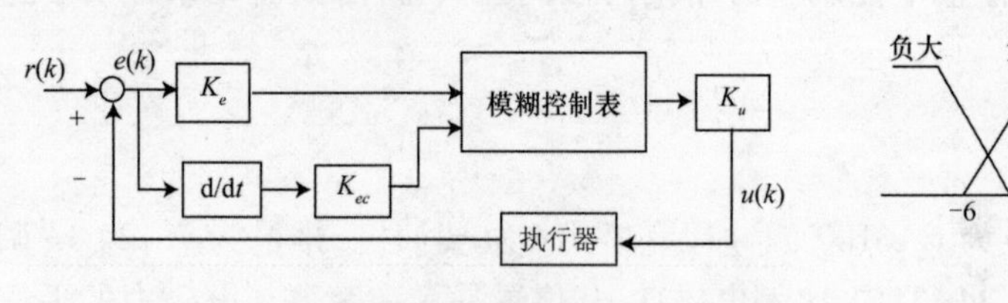


图3 常规模糊控制结构框图

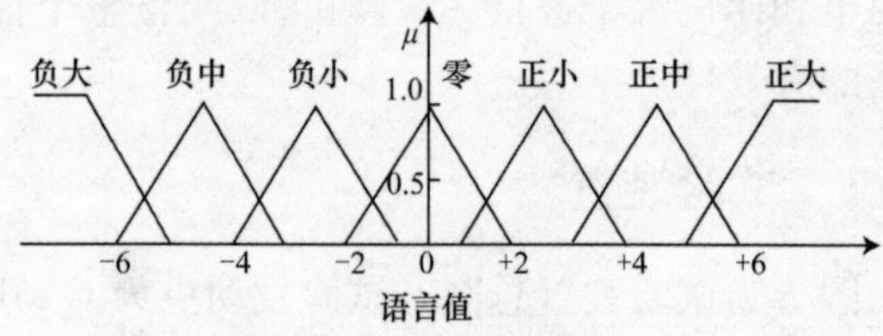


图4 隶属度函数

语言控制规则形式为“IF $A_p$ AND $B_p$ THEN $C_p$”型，如“IF 执行器位置误差为负大，且误差变化为负大，则控制脉宽为正大”。所有这样的规则组成了规则集，共49条单独的推理语句，对每条控制规则均可由式(2)算出：

$$R_p = A_p \times B_p \times C_p \qquad \text{式(2)}$$

分别得出其模糊关系 $R_1, R_2, \cdots R_{49}$。系统总的控制规则所对应的模糊关系为各个模糊关系取“并”，即 $R = R_1 \cup R_2 \cup \cdots \cup R_{49}$，然后按式(3)计算出相应的控制量的模糊子集。

$$C = (A \times B) \cdot R \qquad \text{式(3)}$$

再按隶属函数最大值的原则可得到模糊控制查询表(见表1)。

表1 模糊控制查询表

| $\Delta e(k)$ \ $e(k)$ | | $\Delta e(k)$ | | | | | | | | | | | | |
|---|---|---|---|---|---|---|---|---|---|---|---|---|---|---|
| | | −6 | −5 | −4 | −3 | −2 | −1 | 0 | +1 | +2 | +3 | +4 | +5 | +6 |
| $e(k)$ | −6 | +6 | +6 | +6 | +6 | +6 | +6 | +6 | +4 | +4 | +3 | +1 | +1 | 0 |
| | −5 | +6 | +6 | +6 | +6 | +6 | +6 | +5 | +4 | +4 | +3 | +2 | +1 | 0 |
| | −4 | +6 | +6 | +6 | +6 | +6 | +6 | +4 | +4 | +4 | +3 | +1 | +1 | 0 |
| | −3 | +5 | +5 | +5 | +4 | +2 | +2 | +1 | 0 | 0 | 0 | −1 | −1 | −3 |
| | −2 | +4 | +4 | +4 | +3 | +1 | +1 | +1 | 0 | 0 | −1 | −1 | −3 | −4 |
| | −1 | +4 | +3 | +3 | +3 | +2 | +1 | +1 | 0 | 0 | −1 | −2 | −3 | −4 |
| | 0 | +4 | +3 | +1 | +1 | 0 | 0 | −1 | −3 | −4 | −5 | −6 | −6 | −6 |
| | +1 | +1 | +1 | 0 | −1 | −1 | −2 | −4 | −6 | −6 | −6 | −6 | −6 | −6 |
| | +2 | +1 | +1 | 0 | −1 | −1 | −2 | −4 | −6 | −6 | −6 | −6 | −6 | −6 |
| | +3 | +1 | 0 | −1 | −1 | −2 | −2 | −4 | −6 | −6 | −6 | −6 | −6 | −6 |
| | +4 | 0 | −1 | −1 | −2 | −1 | −2 | −4 | −6 | −6 | −6 | −6 | −6 | −6 |
| | +5 | −1 | −2 | −3 | −3 | −3 | −3 | −5 | −6 | −6 | −6 | −6 | −6 | −6 |
| | +6 | −1 | −3 | −4 | −4 | −4 | −4 | −7 | −6 | −6 | −6 | −6 | −6 | −6 |

### 2.2 改进的模糊控制算法

由式(1)及表1可知，如果说 $K_e$、$K_{ec}$ 发生变化的话，“误差”或“误差的变化”所对应的论域上的语言也将发生变化。就系统的动态性能来说，量化因子 $K_e$ 增大，相当于缩小了误差的基本论域，增大了误差变量的控制作用，导致上升时间缩短。但容易出现超调，使得系统过渡过程变长。$K_{ec}$ 选择较大时，超调量减小，但系统响应时间变长。就系统的静态性能来说，增大量化因子 $K_e$、$K_{ec}$，可减小系统的稳态误差，但不可能消除稳态误差。比例因子 $K_u$ 的改变相当于修改查询表，过小会使系统的动态响应过程变长，过大则会导致系统振荡。

综上所述，在系统运行过程中，常规模糊控制采用一组固定的量化因子和比例因子难以收到预期的控制效果，因此有必要在控制过程中采用在线调整量化因子和比例因子的方法，以获得满意控制效果。

对于一个控制系统而言,当输入发生变化时,系统的输出响应可由图5来描述,为便于分析动态过程,将响应曲线划分为9个不同阶段。

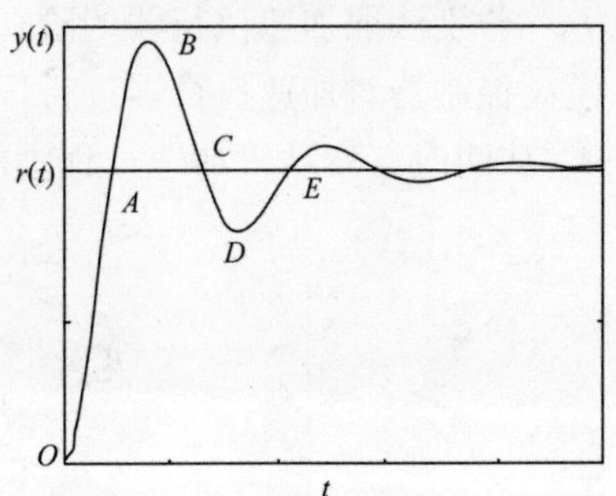


图5 系统响应曲线

*OA* 段:系统输出趋向稳态值,速度应越快越好,即应尽快消除偏差,增大量化因子 $K_e$ 和比例因子 $K_u$。当输出接近稳态值($e(k)<\varepsilon$)时,应加大量化因子 $K_{ec}$,同时减小 $K_e$ 和 $K_u$,使系统输出不至于超调过大,并借助惯性继续上升。

*AB* 段落:此段尽量压低超调,增大 $K_{ec}$,加强控制作用,即增大 $K_u$ 且减小 $K_e$,从而增大误差的基本论域,使系统输出尽快回到稳态值。

*BC* 段:误差开始减小,系统在控制作用下,已显现向稳态变化的趋势,此时 $K_e$、$K_{ec}$、$K_u$ 都应适当减小,以避免系统出现回调。

*CD* 段:系统出现下超调,此时适当拉大 $K_e$,减小 $K_u$,使输出尽快稳定在给定值附近。

根据以上分析及对控制经验的总结,得出一组用来修正量化因子和比例因子的条件语句:

IF $|e(k)|>\varepsilon$ AND $\text{sign}(e(k))\cdot\text{sign}(\Delta e(k))<0$ THEN $\alpha=\Delta K_e,\beta=0,\gamma=\Delta K_u$

IF $|e(k)|>\varepsilon$ AND $\text{sign}(e(k))\cdot\text{sign}(\Delta e(k))>0$ THEN $\alpha=\Delta K_e,\beta=\Delta K_{ec},\gamma=-\Delta K_u$

IF $|e(k)|<\varepsilon$ AND $\text{sign}(e(k))\cdot\text{sign}(\Delta e(k))>0$ THEN $\alpha=-\Delta K_e,\beta=\Delta K_{ec},\gamma=\Delta K_u$

IF $|e(k)|<\varepsilon$ AND $\text{sign}(e(k))\cdot\text{sign}(\Delta e(k))<0$ THEN $\alpha=-\Delta K_e,\beta=-\Delta K_{ec},\gamma=-\Delta K_u$

式中:$\alpha$、$\beta$、$\gamma$ 分别为量化因子 $K_e$、$K_{ec}$ 和比例因子 $K_u$ 的动态修正因子;$\Delta K_e$、$\Delta K_{ec}$、$\Delta K_u$ 分别为 $K_e$、$K_{ec}$ 和 $K_u$ 的增量。设 $K_e(k)$、$K_e(k-1)$、$K_{ec}(k)$、$K_{ec}(k)$、$K_{ec}(k-1)$、$K_u(k)$、$K_u(k-1)$ 分别为当前时刻和上一时刻的量化因子和比例因子,则参数的在线修正算法如下:

$$K_e(k)=K_e(k-1)+\alpha \qquad \text{式(4)}$$

$$K_{ec}(k)=K_{ec}(k-1)+\beta \qquad \text{式(5)}$$

$$K_u(k)=K_u(k-1)+\gamma \qquad \text{式(6)}$$

该修正算法体现了在不同控制阶段采用不同的量化因子和比例因子,以调整不同阶段的输出特性,其自调整模糊控制器的结构框图如图6所示。

## 3 试验结果

在发动机未运转时,分别测取加速执行器的阶跃响应曲线如图7所示。在发动机运转时,采用如图8所示的外特性曲线。目标齿条位置 $R_b$ 由式(5)计算出:

$$R_b=(\theta/\theta_{max})\times 100\%\times f(n) \qquad \text{式(7)}$$

式中,$\theta$ 为加速踏板位置;$\theta_{max}$ 为加速踏板全位移量。

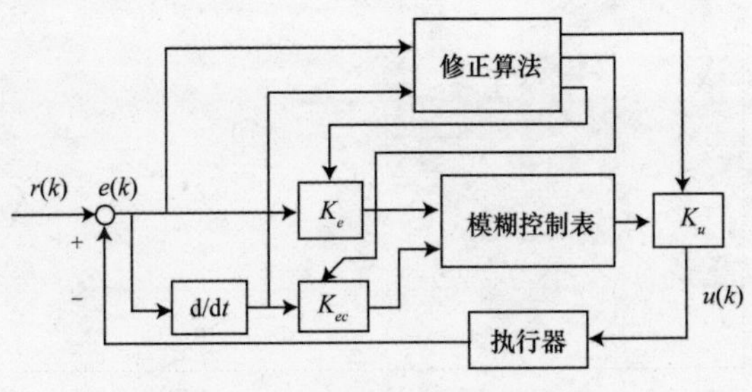


图6 自调整模糊控制器结构

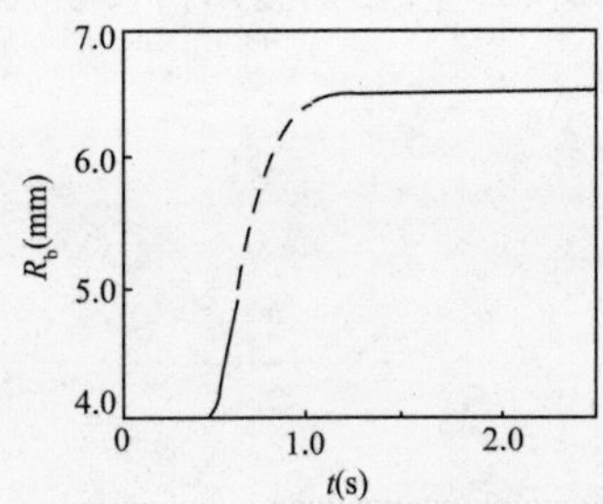


图7 加速执行机构阶跃响应曲线

分别测取加速执行器的阶跃响应曲线,同时记录转速如图 9 所示。试验曲线表明,采用自调整模糊控制器对加速执行器进行伺服控制获得了良好的动态响应特性,有利于提高加速过程的响应品质,从而改善发动机加速过程中的有害成分排放量。

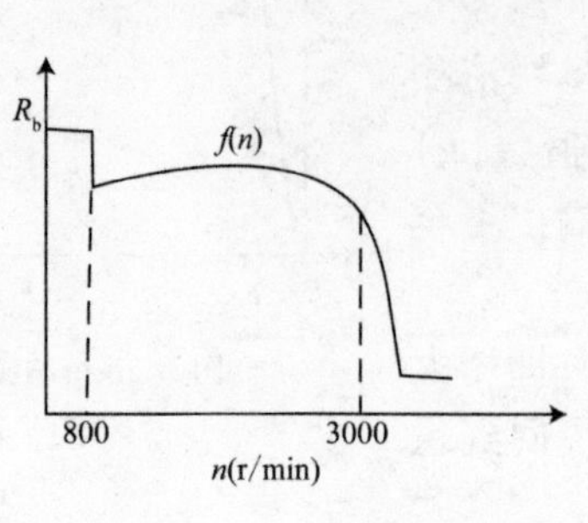


图 8　发动机外特性曲线

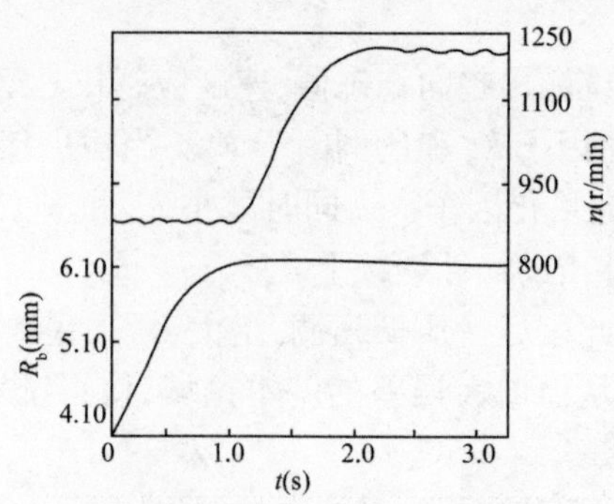


图 9　喷油泵加速响应曲线

## 4　结论

具有参数在线修正结构的模糊控制器具有良好的控制性能,能获得良好的动态品质。下一步将考虑应用在对速度的控制上。本文提出的在线算法是利用计算机模拟人的控制行为,最大限度地识别和利用控制系统所提供的控制信息,不断地调整控制规则,使控制器本身的控制规律适应于系统的需要。虽然模糊控制查询表的大小没有改变,但通过对量化因子和比例因子的在线修改相当于增加了查询表的级数,体现了在不同控制阶段使用不同的量化等级,也就是间接地修正控制规则,这要优于常规的模糊控制器。

致谢:感谢 Motorola Inc. 对本次试验研究的资助。

## 参 考 文 献

[1] MIKIO Maede, et al. A Self-Turning Fuzzy Controller[J]. Fuzzy Set and Systems, 1992, 51:29 - 40.

[2] LEE C C. Fuzzy Logic in Control Systems: Fuzzy Logic Controller Part Ⅰ Part Ⅱ[J]. IEEE Trans, on Sys, Man, and Cyber, 1990, 20(2):404 - 435.

[3] He Shizhong, Tan Shaohua, Cu Fenglan. Fuzzy Self-Turning of PID Controllers[J]. Fuzzy Sets and Systems, 1993, 56:37 - 46.

[4] M68HCII E Series Technical Data[M]. Motorola Inc, USA, 1995.

[5] M68HCII E Series Programming Reference Guide[M]. Motorola Inc, USA, 1998.

[6] 鲍新福,等. 自调整比例因子模糊控制器[J]. 自动化学报, 1987, 13(2):129 - 133.

# Fuzzy Control of Electronic Speed Governor for an Automotive Diesel Engine

Wang Ke[1], Li Dan[2], Li Jun[3], Liu Xunjun[4]

(1. School of Information Science & Engineering, Jilin University of Technology, Changchun 130025;
2. Department of Internal Combustion Engine, Inner-Mongolia University of Technology;
3. Changchun Automobile Institute; 4. Department of Internal Combustion Engine,
Jilin University of Technology)

**Abstract**: Servo-control of accelerator position for an electronic speed governor of automotive diesel engines was studied based on fuzzy control theory, which is characterized by being unnecessary of accurate model for control object. A self-adjusting fuzzy controller with on-line adjustment of proportional factor and quantifying factor was proposed. The design of fuzzy controller do not depend on the accurate mathematics model of controlled object. It is a good non-linear controller, and has a ideal dynamic performance and adaptability. Test on an electronic injection pump proved the effectiveness of the system with good dynamic response.

**Key Words**: Diesel Engine; Speed Governor; Fuzzy Control

# 汽车电控系统开发流程研究

宋国民[1],李　骏[2],胡林峰[1],张爱云[1]
(1.无锡油泵油嘴研究所,江苏　无锡　214063;
2.中国第一汽车集团技术中心,吉林　长春　130011)

**摘　要**:在汽车电子技术研究的基础上,针对传统电控系统开发手段的不足,引入模型成熟度能力集成(CMMI)流程思想,分析了电控系统开发的框架结构,并对CMMI流程框架下的国际流行开发模式进行了阐述,最后列举了开发过程中使用的工具。

**关键词**:汽车电子;CMMI;流程
**中图分类号**:U461　**文献标识码**:A

## 引言

随着电子技术的飞速发展,汽车电控系统越来越多,其功能也越来越复杂。车辆电控单元(ECU)作为一种典型的嵌入式应用系统,一方面具有一般嵌入式系统的特点,另一方面又需满足各种车辆规范标准,因此开发难度很大。长期以来由于客观原因,中国汽车电子核心技术主要依赖进口,这大大制约了我国汽车工业的发展。因而,为提高我国汽车电子的自主研发能力,加强核心竞争能力,本文作者结合多年开发柴油发动机ECU的经验,提出汽车电子技术开发的一般规律及流程,以实现汽车电控系统开发工程化[1]。

## 1　汽车电子技术的发展

随着中国加入WTO及世界范围内环保法规的日益严格,汽车行业竞争越来越激烈,而市场的竞争关键是技术,汽车电子化、智能化是现代汽车发展的重要标志,据权威部门预测,轿车中电子设备平均含量将从目前的22%增加到2010年的35%。1980年全球汽车电子市场的销售额只有40亿美元,1990年为200亿美元,而到2000年则为600亿美元,国外每辆汽车采用的汽车电子产品平均费用1990年为672美元,而在2000年平均费用达到2000美元,图1显示了美国1993~2002年间平均每辆车电子控制系统成本的发展趋势。

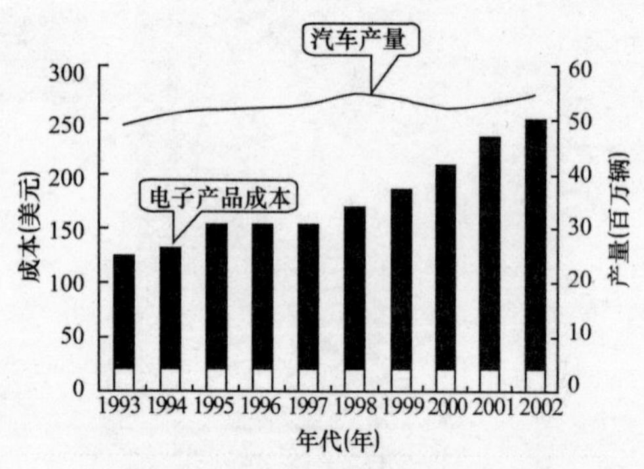


图1　美国平均每车电子产品成本发展趋势

可见在过去10多年里,汽车电控技术得到了飞速发展,软件作为电控系统的核心内容,充分体现了电控系统的“个性特征”。随着技术发展,电控系统在车辆上的应用领域越来越广泛,功能越来越多,算法越来越复杂,因此代码量也越来越庞大。据英国汽车工业软件可靠性协会(Motor Industry Software Reliability Association)统计,目前典型车辆电控管理系统的代码量如表1所示。

随着汽车电子技术及人们生活水平的不断提升,汽车在人类生活中的地位越显重要,汽车不再是单纯的代步工具,汽车已成为集交通、娱乐和信息为一体的复杂计

刊登信息:《现代车用动力》2007年第3期



第六部分

算机系统，因此，电子控制在车辆上的成本也越来越高，各种先进电子控制技术在车辆上逐步使用，如安全系统、电子导航系统、娱乐控制系统，这些电子系统的使用使得车辆网络技术得以迅速发展，例如控制器局域网络（CAN）、本地连接网络（LIN）、面向多媒体系统传输（MOST）、K线等，图2为典型的汽车电子控制网络结构。

**表1　典型车辆电控系统代码量**

| 电控系统 | 可执行代码量(k) | 电控系统 | 可执行代码量(k) |
|---|---|---|---|
| 主动悬架 | 8 | 多点安全气囊 | 20 |
| 仪表和里程记录仪 | 44 | 导航和多媒体 | 10 |
| 加热、通风和空调控制 | 20 | 车身电子控制和安全性 | 50 |
| 变速器控制 | 16 | 车窗控制 | 4 |
| 防抱死和侧滑控制 | 32 | 合计 | 254 |
| 发动机管理系统 | 50 | | |

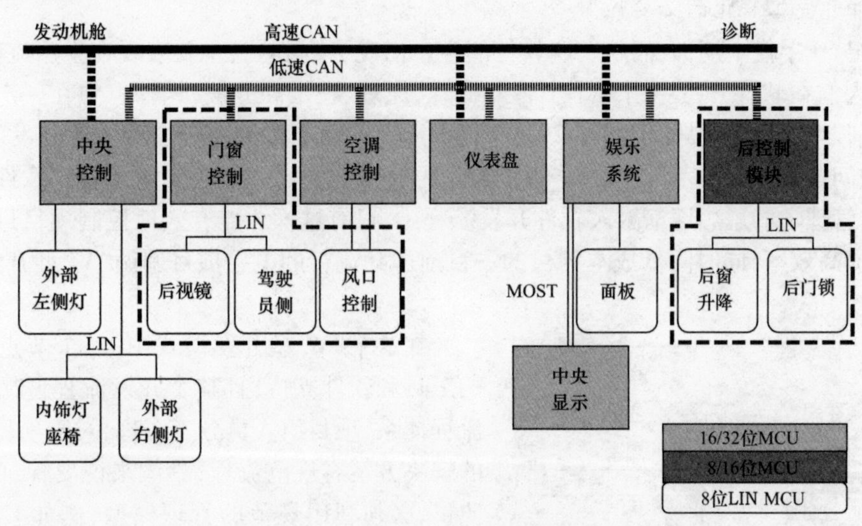


图2　典型汽车车身电子控制网络

从以上分析可见，汽车电子系统的产业巨大，面对激烈的市场竞争，中国汽车企业如何在汽车电子产品开发中占据一席之地，这对国民经济和国防事业的发展至关重要。中国汽车电控系统开发缺乏的不是尖端技术人才，而是缺乏完善的系统开发集成及体系结构，即缺乏合理的电控软件及系统开发工艺。因此，本文结合作者多年在汽车电控系统方面的开发经验，就如何提高国内汽车电控技术自主研发能力提出自己的观点。

## 2　传统汽车电子开发手段

中国对汽车电子核心控制系统的研发能力还不强，例如发动机管理系统、自动防抱死系统、安全气囊等，大量的汽车电子控制模块都依赖进口，每年为此损失的利润非常惊人。例如前些年国外厂商向国内每一辆微型客车（小面包）供应一套发动机控制系统，利润为1 000～3 000元，如果国内生产1万辆微型客车，国外厂商就能赚取1 000～3 000万利润，因此，提升国内汽车电子控制系统的必要性和重要性不言而喻[2]。

随着汽车电子技术的发展，汽车电控系统的复杂度大大增加，同时电控系统的项目也越来越大，人们开始逐渐意识到传统开发思路的不足，主要体现在如下几个方面：

(1)开发没有流程,即使有流程(方法)也是由使用者和管理者即兴创造;

(2)项目的成功主要依赖部分核心人员,因此,核心人员流动的风险很大;

(3)即使已经有了明确的流程,在实际使用中也没有得到严格的执行;

(4)由于未根据数据做出估算,因此,项目通常会出现超出预算或延期交货;

(5)当产品进度受到影响时,通常会为赶进度而牺牲产品的功能或质量;

(6)很难预测或描述产品的质量;

(7)客户的需求和期望通常没有得到很好的理解。

可见,传统意义上的汽车电控项目开发存在很多不足,很难胜任汽车电子大批量、高质量的要求,因此,在传统的模式下很难形成自主开发能力和产业链。因此,汽车电子技术开发必须走工程化道路,其关键是开发过程的工艺改进,开发工艺的改进是汽车电子行业的突破,即不论是硬件,还是软件开发都应建立规范体系。

## 3 汽车电子工程化开发思路

### 3.1 软件开发工程化的必要性

在20世纪60年代中期,人们就发现软件的生产出现了"问题",主要表现在生产流程不规范,缺乏管理,此后人们在软件开发中引入了工程的概念、原理、技术和方法,这种思想在一定程度上解决了软件生产流程中遇到的问题,但直至20世纪80年代还没有提出一套管理软件开发的通用原则,软件开发中的问题依旧在大范围内存在。随着软件开发的深入,人们越来越意识到软件流程管理的重要性,因此,管理学的思想逐渐融入软件开发流程中,只有这样才能有效地控制项目进度和软件质量,从而起到提高效率,同时降低成本的目的。目前国际流行的电控项目遵循"V"型开发模式,如图3所示[1]。

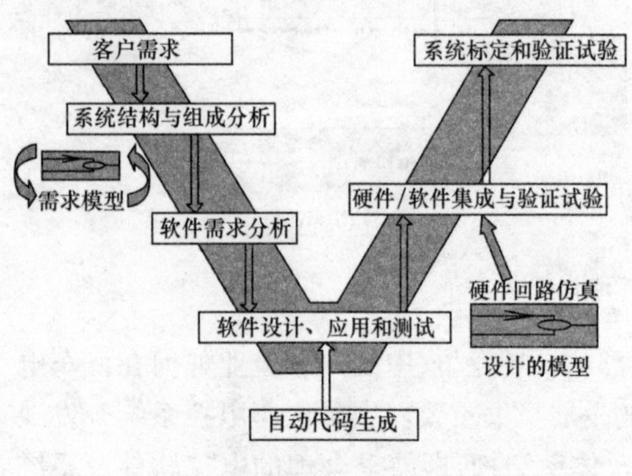


图3 国际流行"V"型开发模式

在这个"V"型开发模式中,每个节点都需要不同的工具和软件支持,且整个开发流程遵循科学合理的流程体系,项目组人员分工合理,对于项目中出现问题的解决方案有规范流程,具体来说要保证软件开发的质量,必须利用规范的管理模型,例如CMMI,六西格玛,TS16949, ISO9000或者统一开发流程(RUP)等,利用规范化的管理模型进行全过程的质量管理。目前在软件行业普遍使用的流程为CMMI,例如UAES公司、BOSCH公司、Motorola公司等在软件开发方面都通过了这方面的体系认证[3]。

### 3.2 软件规范开发体系建设

在软件开发体系中,目前比较流行的是CMMI模型,CMMI模型最早由美国卡内基·梅隆大学所提出,在1990年后软件工程协会(SEI)在根据大量工程项目经验的基础上对模型进行了扩展和修改,从而形成目前使用的成熟模型[4-6],模型共分5个级别,即初始(Initial)、可重复(Repeatable)、可定义(Defined)、可定量管理(Managed)、可优化(Optimizing),CMMI对各级别主要特征进行了总结,软件组织机构处于能力成熟度各等级的主要特征如下:

(1)初始:组织一般不能提供稳定的开发环境,缺乏健全的管理实践,软件过程定义随意性较大,甚至有些过程比较混乱,项目工作主要依靠个人完成。

(2)可重复:建立了基本的项目管理过程,可以进行成本、进程和功能跟踪,软件项目的有效管理过程已制度化,能重复在以前类似项目上的成功实践。

(3)可定义:软件过程管理和工程文档化、标准化,并集成到组织的标准开发流程中形成有机整体,组织中有专门负责软件过程的活动组。

(4)可定量管理:组织对软件产品和过程都设置定量的质量目标;对所有项目都测量其生产率和质量,收集和分析从项目定义软件过程中得到的数据,软件流程和产品质量可以定量分析和控制。

(5)可优化:通过从流程和事前的概念设计的定量反馈,能实现可持续的流程改进及提高,能利用有关软件过程的有效数据,识别出最佳技术创新,并应用到整个软件组织中。

根据SEI定义,除初始级外,软件CMMI每级别又分为若干关键实践域和关键过程域(KPA),并列举了软件组织为改进软件流程必须完成的关键行为,从而确保能实现各级目标,对于不同的项目和组织,KPA的实现方式可以不一致,但它们的目标一致。表2给出了CMMI各级KPA定义。

表2 CMMI各级别KPA定义

| 级别 | 名称 | 关键实践域 |
|---|---|---|
| 5 | 可优化 | 错误预防,技术更新管理,过程更新管理 |
| 4 | 可定量管理 | 定量过程管理,软件质量管理 |
| 3 | 可定义 | 团队过程关注,团队过程定义,培训计划,软件集成管理,软件产品工程组间合作,成员回顾及讨论 |
| 2 | 可重复 | 需求管理,软件项目计划,软件项目跟踪和错误排查,软件子项目管理,软件质量保证,软件配置管理 |

3.3 系统集成与测试

软件生命周期将软件开发分为若干阶段,主要有需求、分析、设计、编码和测试几个主要的阶段。在软件开发的整个生命周期中,不仅测试人员必须承担软件质量责任,每一个环节都必须严守开发纪律,遵守管理流程。不能保证质量的软件产品将会导致客户的满意度下降,这对企业的发展将带来严重影响。软件测试主要应完成以下功能:

(1)进行安全性编码规则检查(主要针对C语言);

(2)进行数据流与信息流分析,协助测试人员进行代码走查,查找软件中错误;

(3)定义软件度量模型,并依据度量模型对被测软件进行度量分析;

(4)协助测试人员自动生成测试驱动与桩模块,并进行代码覆盖率分析;

(5)实时监控器进行代码覆盖率分析,配合系统测试平台进行动态测试。

软件测试工具主要有Metro Werks公司的Code Test和LDRA公司的Testbed,且在测试人员和编程人员的配备方面最好能做到1:1配备。

## 4 结束语

随着我国汽车电子技术的发展,与之相关的控制软件将越来越复杂,因此,软件开发工程化迫在眉睫,其核心就是电控系统开发过程的工艺改进,即对软件开发和维护进行过程监控和研究,以使其更加科学化、标准化。

本文从国内汽车电子行业的特点出发,提出电控系统开发工艺改革的路线,并就汽车电子系统开发中的共性问题进行了分析与探讨,对系统开发各个环节的标准流程进行了介绍,相信随着规范化流程的推进,中国汽车电子的自主开发能力将逐步得到提高。

## 参考文献

[1] 向阳霞,王韬,米东. CMMI模型及对软件过程的改进[J]. 计算机工程与设计, 2003

(12):126-128.

[2] 汽车电子控制系统大有可为[EB/OL]. http://auto. sina. com. cn/news/2004-12-14/163690629. shtml

[3] Paulk M C, Curtis B, ChrissisM B, et al. Capability Maturity Model for Software[C]. Software Engineering Institute, CMU/SEI-91-TR-24, ADA240603, August 1991.

[4] Paulk M C, Weber C V, Garcia S, et al. Key Practices of the Capability Maturity Model, Version 1.1[C]. Software Engineering Institute, MU/SEI-93-TR-25, February 1993.

[5] Paulk M C, Curtis B, Chrissis M B, et al. Capability Maturity Model for Software, Version 1.1[C]. Software Engineering Institute, CMU/SEI-93-TR-24, February 1993.

[6] Kitson D H , Masters S. An Analysis of SEI Software Process Assessment Results: 1987-1991[C]. Software Engineering Institute, CMU/SEI-92-TR-24, July 1992.

# Developing Process Study of Automobile Electronically-controlled System

Song Guomin[1]; Li Jun[2]; Hu Linfeng[1]; Zhang Aiyun[1]

(1. Wuxi Fuel Injection Equipment Research Institute, Wuxi 214063, China;
2. R&D Center of China First Automobile Works, Changchun 130011, China)

**Abstract**: Capability model maturity integration (CMMI) developing flow was introduced in the paper in allusion to defects of traditional developing method of electronically-controlled system based on the study of automobile electronics technology development. Frame structure of electronically-controlled system was analyzed in the paper and international development process model was analyzed on the basis of CMMI frame and some development tools during developing flow were enumerated finally.

**Key Words**: Automobile Electronics; CMMI; Flow

# 车用柴油机电控系统电子控制单元的开发

王宏桥[1],李　骏[2],刘巽俊[3]
(1.清华大学 汽车安全与节能国家重点实验室;2.长春汽车研究所;3.吉林大学)

**摘　要:**开发电子控制单元是车用柴油机电控系统开发的关键。针对车用柴油机可变预行程泵电控系统,进行了电子控制单元软硬件的开发。将所开发电控单元与信号采集部分、执行机构及可变预行程泵集成后,在油泵试验台上进行了系统试验,验证了电控单元的控制性能。

**关键词:**电控单元;软件;硬件;柴油机
**中图分类号:**TK40;U464.13　**文献标识码:**A

车用柴油机面临着日趋严格的排放法规和降低燃油消耗率等要求,采用电子控制技术使柴油机同时满足各种要求的有效手段。而电控单元是整个控制系统的核心,其中的硬件和控制软件设计是否合理将对整个控制系统产生决定性的影响。

## 1　柴油机可变预行程泵电控系统

车用柴油机可变预行程泵电控系统是一种位置控制式电控系统,其特点是通过改变预行程控制喷油定时的同时改变喷油速率,从而达到改善柴油机性能的目的。该系统实现了对齿条位置、预行程大小的实时控制,可以根据发动机实时工况要求给出最佳齿条位置和喷油定时。

该系统包括以下几个部分:传感器、电子控制单元、执行机构、可变预行程泵。各个传感器把采集到的信号经输入电路传给单片机,单片机经过处理后得到控制目标量,经输出电路到执行器,实现对预行程控制推杆和喷油量齿条的控制。该系统控制机构简单,对原系统改动小,成本低,实用性强,比较适合目前的需要[1]。

## 2　电子控制单元开发

### 2.1　硬件设计

(1)单片机的选型。选择单片机,主要考虑以下几个方面:①控制对象和目标;②工作条件;③控制精度;④环境温度;⑤价格;⑥兼容性和可靠性。

柴油机工作条件和工作环境比较复杂,它要求单片机具有较高的可靠性、较强的抗干扰能力和较高的控制精度。根据单片机的性能特点和控制系统的要求,我们选择了 INTEL 公司的 80C196KC 单片机。该单片机适用于所开发的柴油机电控系统,其主要特点如下:①CPU 中的算术逻辑单元采用寄存器,CPU 的操作直接面对 256 字节的寄存器,提高了操作速度和数据吞吐能力。②有外设事务服务器,专门用于处理外设中断事务,大大减少了 CPU 的软件运算时间。③集成了丰富的外设装置,主要有振荡器和时钟发生器、定时器/计数器、标准输入/输出口、全双工异步和同步串行输入/输出口、监视定时器、模拟/数字转换器、高速输入/输出器或事件处理器阵列、脉宽调制输出、波形发生器、辅助口、频率发生器、片选输出单元等。④有 8 种中断源,每一种中断源可对应多种激活方式,从

刊登信息:《中国机械工程》2001 年(第 12 卷)增刊

这个意义上讲,80C196 有多至 20 种中断源。可以设置中断的优先级别,有较强的实时处理功能。

(2)传感器选型与执行机构设计。温度传感器有冷却液温度传感器、进气温度传感器、燃油温度传感器和机油温度传感器,都采用具有负温度系数的热敏电阻传感器。用霍尔元件的发动机转速传感器安装在喷油泵上,齿条位置传感器和滑套位置传感器为滑动电位器式,分别与齿条执行器和滑套执行器作为一体,装在喷油泵上。加速踏板位置传感器使用滑动电位器式位置传感器。进气压力传感器采用压电式压力传感器。

对预行程泵的原有结构进行了改造,利用开在预行程控制推杆上,且水平倾角很小的滑槽和装在预行程控制滑套上的定位销之间的配合,将推杆的水平运动转化为滑套相对柱塞的上下滑动,来实现预行程的变化。供油量依然通过齿条拉动柱塞旋转来控制。这样可以采用相同的两个直线推动式执行器来控制喷油量和喷油提前角,简化了喷油定时的调控机构。选用 2 个型号相同的磁电式平动执行器作为驱动元件,分别驱动预行程控制推杆和齿条。

(3)电子控制单元电路板整体设计。整个电路包括电源电路、信号采集电路、输出电路、复位电路、通信接口电路等。设计过程中,充分考虑了抗干扰、安全保障、安装、调试及标定研究等方面的要求。

### 2.2 电子控制单元软件开发

电控单元软件采用实时模块化编程,具有编程灵活、移植性好、扩展性好的特点。所开发的软件能实现信号采集、发动机各工况控制及输出控制,满足了发动机正常运行、反馈控制周期及信号采集的实时性要求。

柴油机电控系统具有实时性、多任务性的特点,电控系统软件首先应基于这些特点进行设计。这就要求电控系统软件能够在一定的时间内完成一个控制循环,并消除一些偶然因素的影响,满足柴油机反应灵敏性的要求,并保证柴油机运转平稳。电控系统软件满足实时性要求主要靠以下 3 点来保证:①输入信号的实时采集。采用中断方式进行转速信号、齿条位置和预行程位置信号的采集,其他输入信号均在每一个控制循环采集 1 次,包括加速踏板位置和温度传感器等,满足了实时性要求。②执行器的控制采用软件定时器中断的方式进行,以满足柴油机运转的实时性要求。③软件采用模块化编程,且主循环为中断方式,大大缩短了主循环的周期,为软件实现实时性奠定了基础。

柴油机的电控喷油系统具有多任务性。在电控系统软件的设计中,通过综合分析,对它们进行了排序,以使软件满足多任务性的要求。

电控系统软件主要包括以下模块。

#### 2.2.1 信号采集

柴油机转速信号通过中断方式用高速输入器采集。对冷却液温度、进气温度、燃油温度、机油温度、进气压力、齿条位置、加速踏板位置和滑套位置信号通过连续多通道 A/D 转换进行采集。开关信号直接通过 I/O 口采集。

#### 2.2.2 发动机管理

(1)起动过程控制。检测起动开关信号为开时,即可判定为柴油机进入起动状态。柴油机起动成功的判定依据有 2 条:①柴油机转速是否大于起动机转速;②柴油机是否处于加速运转状态[2]。因此,应在起动过程中不断检测柴油机转速,以判定柴油机是否起动成功。起动成功后,若加速踏板位置在怠速,则供油量随转速递减向怠速过渡,进入怠速子程序。否则进入正常控制。

设定起动供油量是冷却液温度、进气温度、柴油机转速、燃油温度、进气压力、起动过程时间、起动次数的函数,选定冷却液温度作为喷油定时的主控变量,通过冷起动标定试验建立冷却液温度与起动供油量的关系脉谱图,由实测冷却液温度查得起动供油量后,用实测进气温度、柴油机转速、燃油温度、进气压力、起动过程时间、起动次数修正,确定最终起动供油量。在冷起动时,控制喷油定时对控制柴油机的白烟排放是非常重要的。喷油提前角是冷却液温度、进气温度、柴油机转速的函数。

选定冷却液温度作为喷油定时的主控变量，通过冷起动标定试验建立冷却液温度与喷油定时的关系，由实测冷却液温度查得喷油定时后，用实测的进气温度、柴油机转速修正。当柴油机转速大于稳定起动转速后，迅速减小到怠速喷油提前角。

(2)怠速控制。主循环检测到加速踏板在怠速位置后，进入怠速控制模块。首先根据冷却液温度判断进入暖机怠速控制还是进行正常怠速控制。本软件中怠速控制采取查询方式进行，为满足柴油机的实时控制要求，根据柴油机怠速时的工作循环周期和程序的执行时间，进行了延时处理。

(3)工作供油量控制。供油量主要由加速踏板行程和柴油机转速来确定。此外，还要根据环境条件和柴油机工作条件对供油量进行校正。当判断加速踏板位置为全开时，进入全负荷控制，根据柴油机转速对全负荷供油量脉谱进行查表插值，以获得全负荷供油量的目标值。全负荷供油量的脉谱是按柴油机转速等步长分布的，柴油机重要工况点包括最大转矩点、最低油耗点、常用转速点、标定功率点、标定转速点、排放工况点对应的供油量值均在全负荷供油量脉谱上。

在部分负荷工况时，应对柴油机进行调速控制。认为其供油量对应的齿条位置与转速有线性关系，即 $R = kn + b$。在软件数据区存有 $k$ 和 $b$ 的脉谱。当加速踏板在部分负荷位置时，进入部分负荷控制。根据柴油机转速和负荷进行查表插值可得 $b$，根据柴油机转速取得 $k$，计算得到齿条位置。在部分负荷的供油量控制中，对特殊工况点优先进行查询，如排放测量点等。

(4)喷油定时控制。全负荷喷油定时控制是根据柴油机转速对全负荷喷油定时脉谱进行查表插值，从而获得全负荷喷油定时的目标值。

部分负荷喷油定时脉谱是一张 3 维脉谱，其坐标分别为喷油定时、加速踏板位置和转速，且加速踏板位置和转速均为等步长划分。当加速踏板在部分负荷位置时，进入部分负荷喷油定时控制。部分负荷喷油定时控制是根据柴油机转速和负荷对部分负荷喷油定时脉谱进行二次插值。另外，对特殊工况点如排放测量点等有优先进行查询的功能。

(5)限速控制。当柴油机转速大于标定转速时，进行限速控制，防止飞车。防止飞车是保证柴油机工作安全的重要方面，每一个控制循环都要判断是否要进行限速控制。柴油机转速达到极限转速时，进行断油控制。

2.2.3　执行器控制

试验发现执行器反馈电压与执行器的位移量之间呈线性关系，但在控制系统开环的条件下进行的执行器特性试验表明，执行器具有严重的非线性。另外柴油机的燃油喷射是高压喷射，且喷射时刻要求精确，喷射时间短，实时性要求高。据此，采用数字控制器驱动控制喷油量和喷油定时的执行器。采用了分段 PID 方法和 Bang - bang 控制方法进行复合控制。

输出量经高速输出器处理后，发出 PWM 信号，再经过输出电路处理后，最终控制执行器动作。试验结果表明，Bang - bang 控制加分段 PID 复合控制器的控制效果明显优于常规 PID 控制器，实现了高精度控制。



## 3　试验测试

为了验证电子控制单元软硬件设计的可行性及其控制功能，在电控单元的软硬件设计完成以后，对电控可变预行程泵的喷油规律和供油特性进行了研究。

对电控可变预行程泵在油泵试验台上进行了试验。首先在预行程一定时，研究了执行器控制的齿条位置与供油量之间的对应关系。在 600r/min、900r/min、1450r/min 3 种油泵转速下，设定其对应的外特性供油量为 100%，则齿条位置与供油量的对应关系结果见图 1。从图 1 中可见，齿条的工作范围大致在 8 ~ 11 mm 之间，而转速对齿条位置与供油量的关系几乎没有影响。

执行器控制的预行程位置控制喷油定时和喷油速率，研究了在 600r/min、900r/min、1450 r/min 3 种油泵转速下，预行程位置与针阀开启角(相对的凸轮转角)之间的关系，结果见图 2。从图 2 中可见，预行程位置与针阀开启角之间基本呈线性关系，且与转速没有多大关系。喷油定时范围有12°凸轮转角。

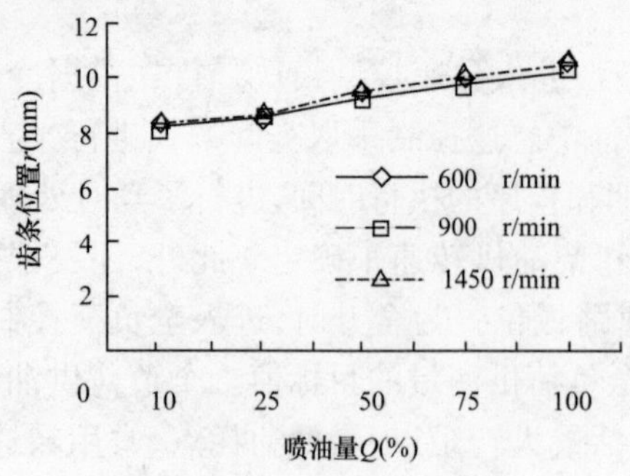


图1 齿条位置与供油量的对应关系

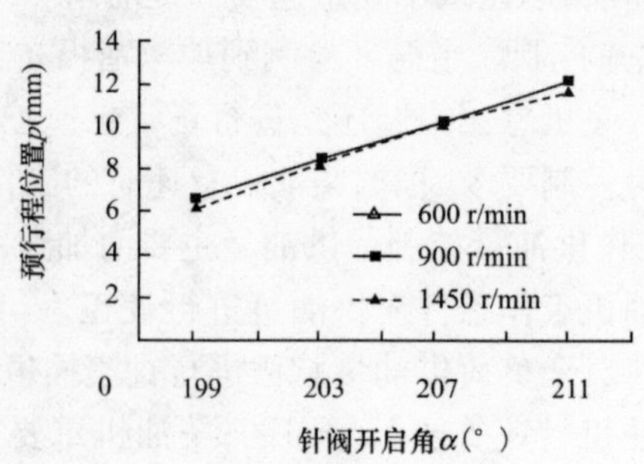


图2 预行程位置与针阀开启角之间的关系

在预行程不同时，齿条位置与喷油量之间的关系见图3。图3中预行程位置1～5对应的预行程位置依次增大，可见当预行程增大时，对于相同的供油量需要较小的齿条位置即可得到。这是由于预行程增大时，喷油速率随之提高的结果。

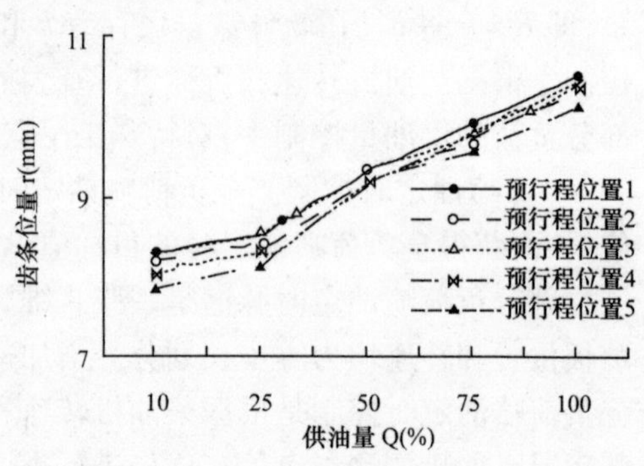


图3 对应不同预行程的齿条位置与供油量的关系

## 4 结论

本文进行的电子控制单元的开发表明，柴油机可变预行程泵电控系统在控制方面，要比机械系统更加精确，控制更灵活，功能更强。试验表明，研制的电子控制单元软硬件设计合理，工作可靠，软件控制精度高，实时性好。实现了预期的功能，为改善柴油机的性能打下了坚实的基础。

## 参考文献

[1] 王宏桥.车用直喷式柴油机可变预行程泵电控系统的研究[D].长春:吉林工业大学,1999.
[2] 王宏桥,李骏.柴油机冷起动过程喷油系统的控制模式[J].汽车技术,1999(6):15－18.

# 柴油机电控喷油系统标定

霍宏煜[1],刘巽俊[1],李　骏[2],胡　平[2]
(1.吉林工业大学;2.长春汽车研究所)

**摘　要:**本文介绍了基于计算机控制的柴油机电控系统的标定系统。通过优化过程获得最优标定结果的优化标定方法和基于模型的在线优化标定策略。使用该标定系统标定柴油机电控喷油系统,匹配6110型柴油机和MD-TICS喷油泵。在满足排放法规的前提下,获得了最佳经济性。

**关键词:**标定系统;优化标定;基于模型的在线优化

## 1　引言

采用柴油机电控系统主要是为了满足日益严格的排放法规和提高柴油机的经济性。电控系统性能的发挥主要依赖于各种Map、数据表和常数的质量,获得这些ECU内部参数的标定工作在柴油机电控系统开发中具有重要意义。标定工作需要反复进行发动机台架实验和道路实验,反复修改ECU中的数据,工作量很大。而且,发动机的许多指标是相互矛盾的,寻求一种良好的全局折中,最终确定ECU的各种内部参数,是一项复杂的工作。电控发动机实现的功能越多,这种折中就会变得越复杂。

传统的手动标定,由标定者确定控制参量(例如喷油泵齿条位移或控制滑套位置)取值,手动调节标定装置改变控制参量,并评价实验结果,最终确定Map。这种标定方式工作效率低,费时、费力,而且标定结果受人为因素的影响和制约。

## 2　标定系统

本文开发的柴油机电控喷油系统(FMSD)是以可变预行程泵为核心,以6110柴油机为控制对象的柴油机电控喷油系统(见图1)。FMSD是位置控制系统,由执行器控制齿条位移和滑套位置,调节供油量和供油提前角。为完成该系统的标定,开发了基于计算机控制的自动实验系统(见图2)。

柴油机电控喷油系统标定系统的核心是监控计算机(见图3)。监控计算机通过执行器控制器直接控制齿条位移和预行程执行器,使实验系统可以脱离ECU进行电控系统标定。执行器控制器以单片机为核心,完成齿条位移和控制滑套位置传感器信号采集和数字反馈控制,执行器控制器还包括执行器驱动电路。执行器控制器通过RS485接收监控计算机发出的齿条位移和滑套位置取值。

监控计算机通过ECU专用标定装置修改ECU的Map和各种内部参数,并通过ECU控制执行器动作完成电控系统标定。ECU专用标定装置主要由单片机开发装置构成,通过仿真头与ECU连接。ECU专用标定装置还包括ECU与监控计算机数据交换装置(见图4)。

为了保证标定实验在标准状态下进行,设计了发动机冷却液温度和机油温度控制系统。位置控制系统和燃油温度影响供油量,标定实验必须控制燃油温度。冷却液、机油、燃油温度控制系统的控制温度可以由监控计算机或直接由温度控制器设定。

EIM0301D测控仪是双回路多参数数字调节器,能实现转速、转矩自动测量和测功机的恒转矩和

刊登信息:《汽车工程》1999年(第21卷)第2期

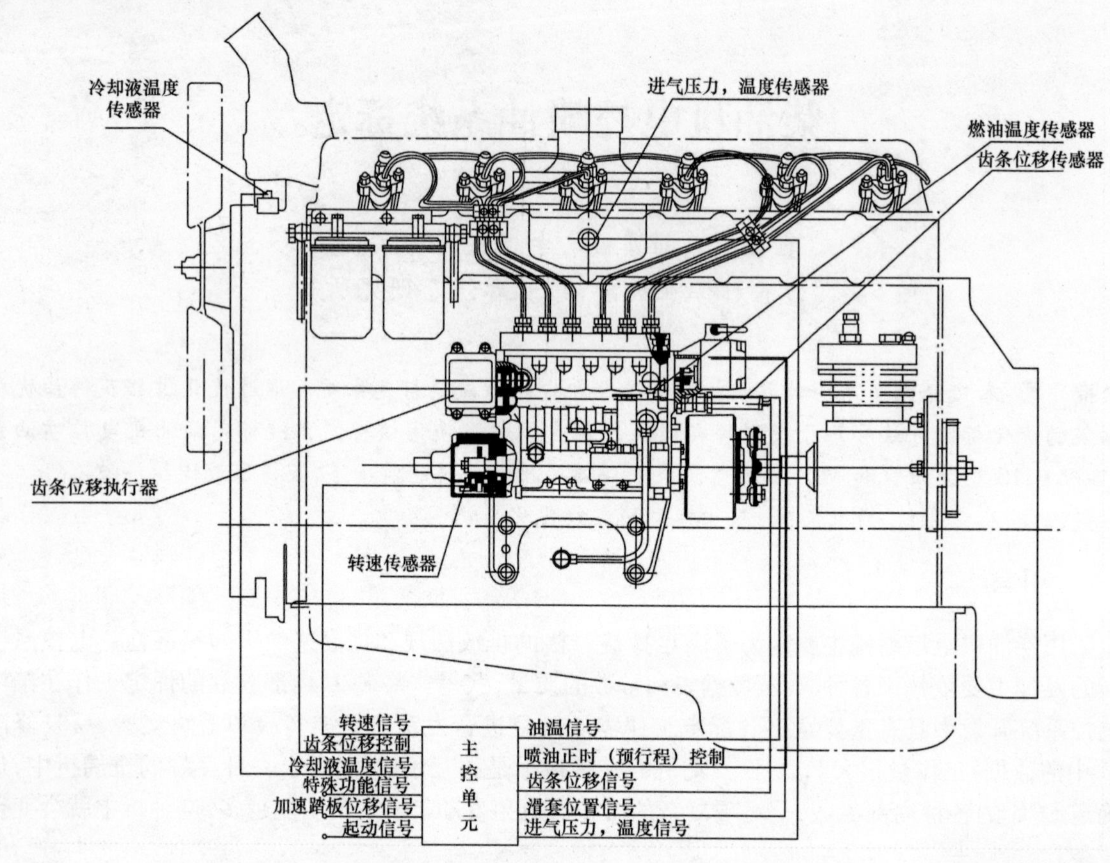

图1 柴油机电控喷油系统

恒转速控制，测控仪还能够自动测量油耗、干湿球温度和大气压力。

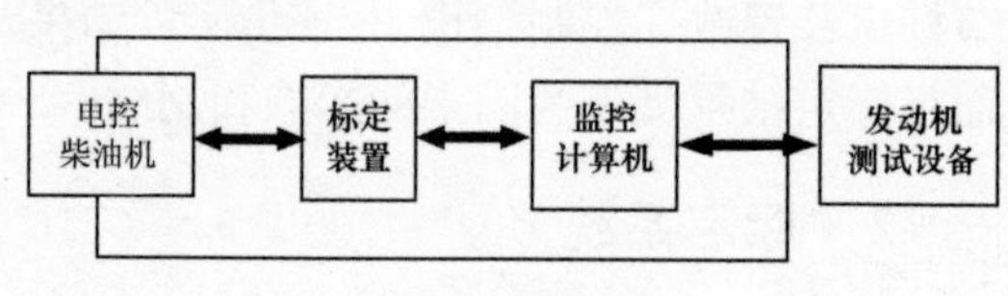

图2 标定系统总体结构

发动机实验室电磁环境恶劣，为了保证标定试验系统的可靠运行，监控计算机采用工业控制计算机。模拟信号采集均采用 ADAM 模块，ADAM 模块内置单片机，并具有工业级封装。监控计算机与发动机现场数据串行通信采用 RS485 接口，RS485 采用平衡方式传输的标准，采用双端发送和双端接收，大大增

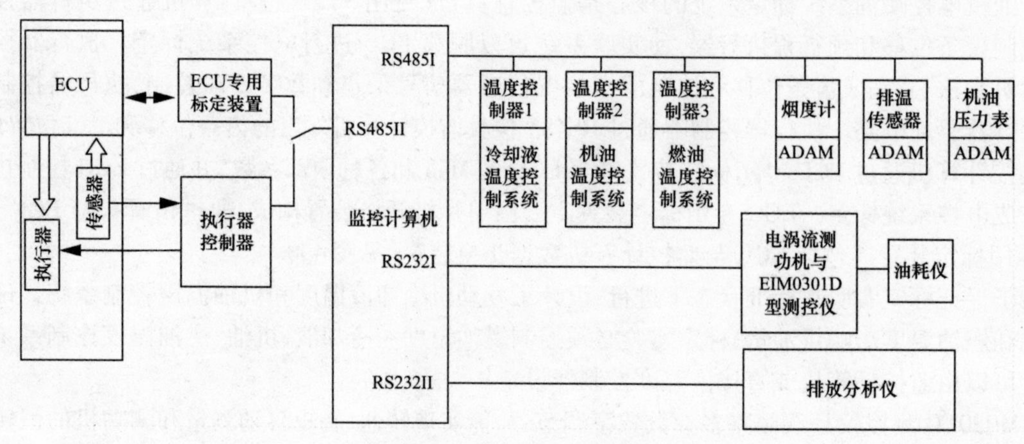

图3 监控计算机与外围设备

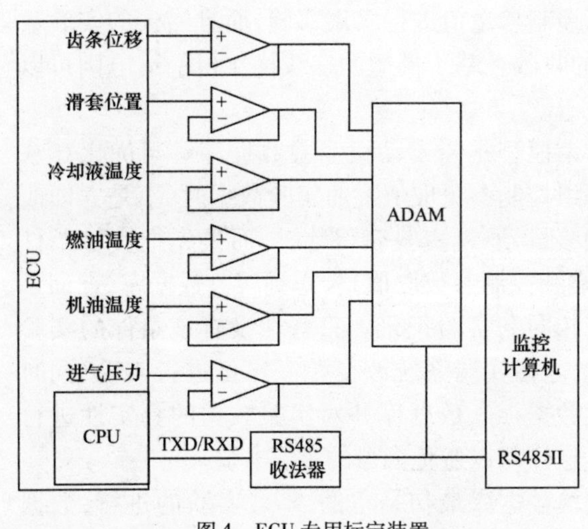


图4 ECU专用标定装置

加了抗干扰能力。

## 3 优化标定

人们试图采用严格的数学方法,通过优化过程获得最合理的标定结果,提高标定质量。柴油机电控喷油系统的标定要解决在满足一定约束的前提下,达到最佳动力性或经济性目标的各种优化问题。要解决的优化问题可以分成局部优化和整体优化两大类。局部优化只在特定的发动机运行状态下进行,与其他运行状态无关。此时目标函数与约束的变化只与控制参量的变化有关。例如:寻找某一特定转速下发动机可能产生的最大转矩。整体优化不是在某一运行状态下,而是在一系列发动机运行状态下进行。最典型的是在一个排放测试循环内进行优化,通过优化达到在满足排放法规的前提下,追求特定性能的目标。例如,重型车用柴油机为了满足排放法规而进行的整体优化,要解决如下优化问题(问题1):

(1)目标:$FC=\sum b_i \times WF_i \rightarrow \min$

(2)约束:$\dfrac{\sum NO_{x_{mass,i}} \times WF_i}{\sum P_{e,i} \times WF_i} \leqslant NO_{x_{lim}}$ (g/kW·h)

以上两式中 $b_i$ 为第 $i$ 工况下的油耗;$WF_i$ 为第 $i$ 工况下的加权系数;$NO_{x_{mass,i}}$ 为第 $i$ 工况的 $NO_x$ 排放量;$P_{e,i}$ 为第 $i$ 工况的有效功率;$NO_{x_{lim}}$ 为 $NO_x$ 排放量的法规限值;$i=1\sim13$。同理有CO、HC和微粒约束。

问题1的发动机运行状态由ECER49实验决定,选择供油提前角作为控制参量。

通过优化过程(见图5)来求解上述优化问题的具体方法。在最初始的优化实验循环,控制参量取少量数据点粗略地覆盖整个可变范围,通过少量实验产生控制参量的整个变化范围内目标与约束的拟合曲线。初始循环建立了目标和约束的模型以后进行优化处理,运用优化算法求出一个最优解;然后,确定一组靠近这个最优解的控制参量值,把这些值作为下一个优化循环控制参量的取值。新的优化循环拟合出新的模型,求出更精确的最优解,并产生新的一组控制参量取值。如此反复,直到最优解的变化小于误差范围。

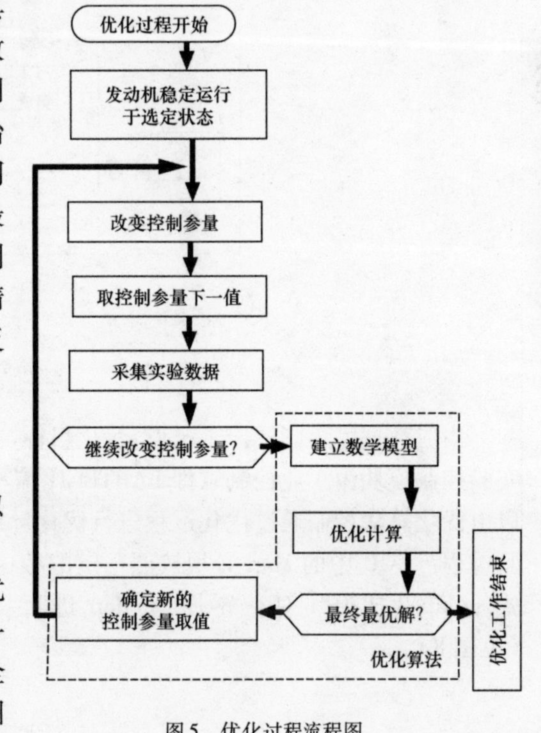


图5 优化过程流程图

## 4 基于模型的在线优化

充分利用计算机的功能采用先进的标定策略,可以进一步减少工作量。

所谓在线优化(图6b)),就是一边实验一边进行优化处理,优化算法根据现场获得的实验数据计算出下一组控制参量取值。与实验前确定控制参量取值,完成全部实验后对实验结果进行优化处理的离线优化(图6a))相比,在线优化标定可以避免在与优化运算无关的控制参量值进行实验。但优化过程可能导致在同一组控制参量值进行多次实验,而且错误的实验数据不但导致错误的优化结果,而且直接影响优化过程的收敛。基于模型的在线优化(图6c))则可以克服在线优化策略的上述缺点。

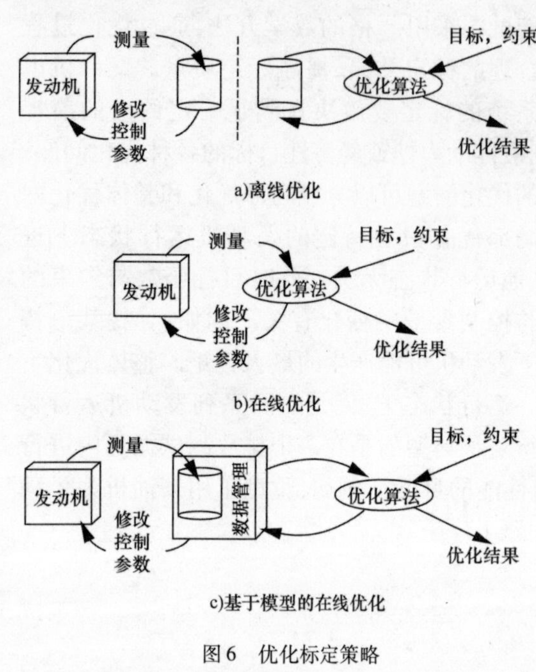


图6 优化标定策略

所谓模型是指发动机实验数据库。当优化算法需要一组控制参量取值下的实验数据时,不是立即改变控制参量,通过实验获得数据,而是先把实验条件(工况点和控制参数取值)传送到实验数据库,查询是否已有相同的实验记录。只有在没有该条件的实验记录时,才由实验系统改变控制参量进行实验,同时把实验数据存入数据库并对实验数据的真实性进行检验。这样可以避免大量的重复实验。

实验数据库最初是空的,随着实验的进行,数据库不断完善,完备的实验数据库能够为发动机及电控系统的开发和研究提供很大的方便。

## 5 监控计算机软件

监控计算机软件是实现自动试验系统功能和基于模型的在线优化标定的重要组成部分。软件结构如图7所示。

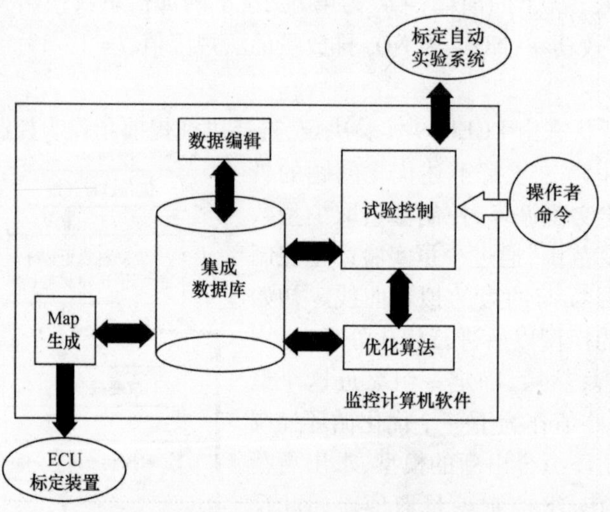


图7 监控计算机软件结构

集成数据库存储标定工况点、优化目标与约束、发动机模型(实验数据)、原始 Map 和 ECU Map。实验控制模块由工业控制软件 LABTECH 编写,完成标定实验的输出控制和输入信号采集。实验可以由优化算法控制通过优化过程进行优化标定,也可以由操作者通过键盘和鼠标设定输出值控制实验过程。ECU 中的 Map 必须按照一定的数据格式存储,而实际标定获得的 Map 并不具有这样的格式。Map 生成模块对获得原始 Map 进行样条插值产生满足 ECU 数据格式要求的 ECU Map(见图8)。

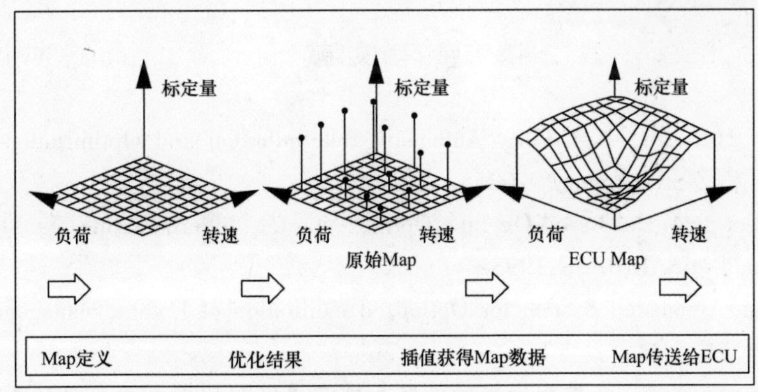


图 8　Map 生成过程

## 6　FMSD 优化标定

FMSD 标定的目的是获得供油量和供油提前角 Map。

为了获得供油提前角 Map，确定若干个转速，每一个转速下确定若干个齿条位移。在每一个转速的每一个齿条位移下，寻求经济性最佳的供油提前角作为标定值，图 9 为优化后获得的供油提前角 Map。开发柴油机电控喷油系统的首要目的是满足排放法规，并在此前提下寻求最佳经济性，即求解优化问题 1。求解这样一个多变量非线性规划的最优解，是一组使发动机满足 ECU 欧洲 I 法规的供油提前角。根据优化结果修改图 9，获得同时考虑排放和经济性的供油提前角 Map（图 10）。

供油量 Map 可根据规定的调速特性获得。获得的供油量和供油提前角 Map 需要通过发动机台架试验进行反复调整。

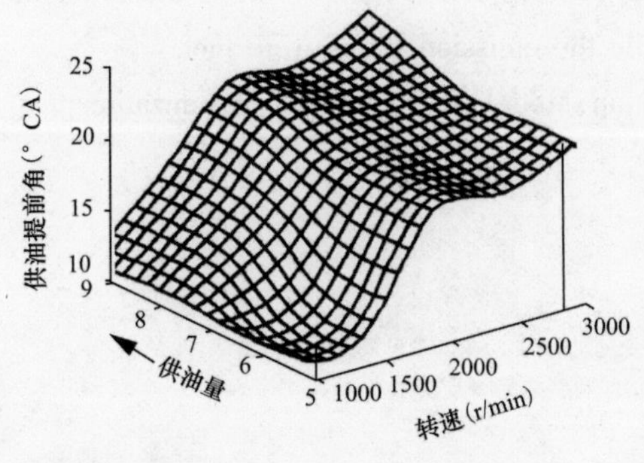


图 9　经济性优化后获得的供油提前角 Map

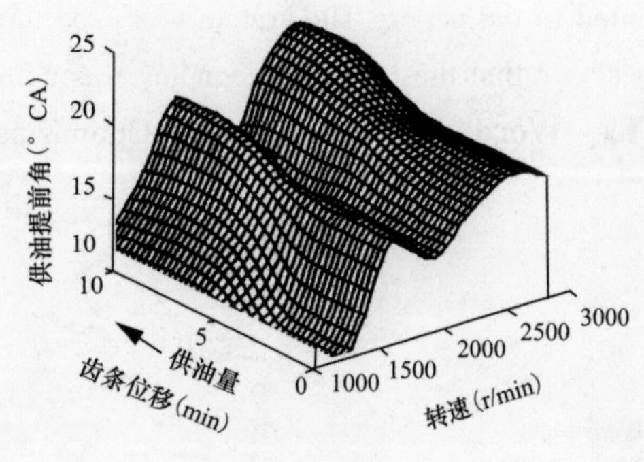


图 10　排放达标的供油提前角 Map

## 7　结语

基于计算机控制的柴油机电控系统标的定系统，使控制参数的改变和各种测量参数的采集由计算机自动完成，大大提高了标定工作效率和标定工作的灵活性。优化标定方法引入局部优化和整体优化概念，把各种标定工作抽象成由发动机运行状态、控制参量、目标和约束定义的优化问题，通过优化过程获得最合理的标定结果，提高标定质量。充分利用计算机的功能采用先进的基于模型的在线优化标定策略，可以进一步减少工作量。使用开发的标定自动实验系统标定 FMSD，匹配 6110 柴油机和 MD-TICS 喷油泵。在满足排放法规的前提下，获得了最佳经济性。

## 参考文献

[1] Hochschwartzer Helmuth, et al. Fully Automatic Determination and Optimization of Engine Control Characteristics[C]//SAE Paper, 920255.

[2] Voigt Kai Uwe, et al. Model Based On-Line Optimization for Modern Engine Management Systems[C]//Paper presented at SAE-Brasil, 1993.

[3] Schmitz G, et al. Automated System for Optimized calibration of Engine Management Systems[C]//SAE Paper, 940151.

[4] 霍宏煜,刘巽俊,李骏,等.电控柴油机的标定和性能优化[J].内燃机学报,1998(1).

[5] Bartz R, et al. Parameter Optimization for Electronic Engine Control System[C]//Veroffentlichung KFO 26th FISATA, 1993, Aachen.

## Calibration of Electronically Controlled Fuel Injection System in Diesel Engine

Huo Hongyu[1], Liu Xunjun[1], Li Jun[2], Hu Ping[2]
(1. Jilin University of Technology; 2. Changchun Automobile Research Institute)

**Abstract**: A computer based calibrating system of diesel engine electronically controlled fuel injection system, the method of optimizing calibration, and the strategy of model based on-line optimization were presented in the paper. The system was used to match MD-TICS injection pump to 6110 diesel engine. The result shows that the best fuel economy was achieved while the emission limits were met.

**Key Words**: Calibrating System; Optimizing Calibration; Model Based on-line Optimization

# 电控柴油机的标定和性能优化

霍宏煜[1],刘巽俊[1],李　骏[2],徐　波[2]
(1.吉林工业大学;2.长春汽车研究所)

**摘　要**:本文介绍了6110型电控柴油机标定系统设计,提出了优化标定方法。使用设计的标定系统,运用优化标定方法匹配MD-TICS泵和6110柴油机,在满足排放法规和发动机设计指标的前提下,实现圆滑丰满的转矩特性和最佳经济性。

**关键词**:电控柴油机;标定;性能优化

## 引言

车用柴油机电控系统的开发一般可分为研制开发和应用开发两个阶段。研制开发工作主要包括传感器、执行器和电控单元硬件及软件的研制;系统的应用开发主要解决电控系统与发动机的匹配问题,需要反复进行发动机台架实验和道路实验,多次修改ECU中的数据,工作量很大。而且,发动机的许多指标是相互矛盾的,寻求一种良好的全局折中,最终确定ECU的各种内部参数,是一项复杂的工作。电控发动机实现的功能越多,这种折中就会变得越复杂。应用开发工作的质量,直接影响电控系统能力的发挥,影响电控柴油机的性能。

## 1　标定系统设计

在6110电控柴油机应用开发阶段开发了图1所示的标定系统。监控PC机通过键盘和鼠标接受操作者的命令,ECU按照接收到的PC机命令控制执行器动作,采集发送数据。ECU把传感器采集的信号作为发动机运行状态参数传给PC机,操作者通过显示屏幕监视ECU的运行状态。发动机测试设备测试各项性能指标,测量值通过键盘输入PC机,由PC机记录并存储。

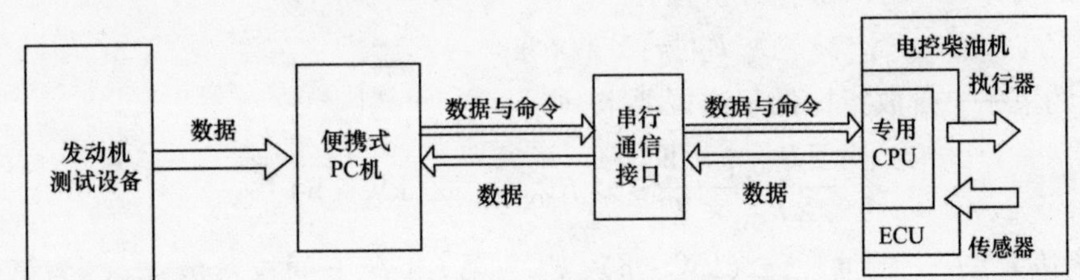


图1　标定系统结构

专用CPU选用M68HC805B6单片机。串行通信接口电路完成PC机RS-232串行通信接口和单片机串行通信接口SCI间的电平转换。监控PC机软件的质量决定标定系统的性能,Windows环境下开发的PC机软件包,以Visual Basic作为编程语言,集成了Access、Excel、Matlab等应用软件,大大提高了标定工作的灵活性。

电控柴油机标定系统实现以下功能:

刊登信息:《内燃机学报》1998年(第16卷)第1期

(1)控制 ECU 的工作。标定系统向 ECU 发出命令,由 ECU 来控制喷油量和喷油定时。

(2)完成数据采集。标定系统接收 ECU 传感器采集的信息,监视 ECU 和发动机的工作情况;接收发动机测试设备测量的信息,评价发动机的工作,作为标定的依据。

(3)存储实验数据。标定工作获得的实验数据由数据库存储。

(4)实验数据处理。完成简单的指标计算,以及实验数据的查询分析。

(5)数据显示。实验现场采集的数据,数据查询、处理的结果,以及标定结果都可以以表格和图形方式显示。

(6)优化标定方法。引入局部优化和整体优化概念,通过优化实验完成各种优化任务。

(7)生成 Map。根据标定结果,生成符合 ECU 数据结构的 Map。

## 2 优化标定方法

### 2.1 局部优化与整体优化

柴油机电控喷油系统的标定要解决在满足一定约束的前提下,达到最佳动力性或经济性目标的各种优化问题。电控柴油机标定工作要解决的优化问题可以分成局部优化和整体优化两大类。

#### 2.1.1 局部优化

局部优化只在特定的发动机运行状态下进行,与其他运行状态无关。这是一种比较简单的情况,此时目标函数与约束的变化只与控制参量的变化有关。例如:寻找某一特定转速下发动机可能产生的最大转矩。优化问题的目标函数为

$$\text{转矩}: T_{tq} \to T_{max}$$

选择供油量作为控制参量,其他控制量如供油提前角不变。为保证发动机的正常运转需要设置一些约束条件如烟度限制、排温限制、最大缸内压力限制等。这些约束被称为状态约束,它们只作用于这一特定的运行状态,其他运行状态可以有不同的定义。

#### 2.1.2 整体优化

整体优化不是在某一运行状态下,而是在一系列发动机运行状态下进行。最典型的是在一个排放实验循环内进行优化,通过优化达到在满足排放法规的前提下,追求特定性能的目标。

例如,重型车用柴油机为了满足排放法规而进行的整体优化,要解决如下优化问题(问题1):

优化问题的目标——寻求最佳经济性:

$$F_C = \Sigma_{bi} \times W_{F_i} \to F_{Cmin}$$

优化问题约束——排放指标低于法规要求,如:

$$\frac{\Sigma B_{NO_x,i} \times W_{F_i}}{\Sigma P_{e,i} \times W_{F_i}} \leqslant B_{NO_x,lim}[g/(kW \cdot h)]$$

式中,$b_i$ 为第 $i$ 工况下的油耗,g/(kW·h);$W_{F_i}$为第 $i$ 工况下的权系数;$B_{NO_x,i}$为第 $i$ 工况的 $NO_x$ 排放量,g/h;$P_{e,i}$为第 $i$ 工况的有效功率,kW;$B_{NO_x,lim}$为 $NO_x$ 排放量的法规限值;$i = 1 \sim 13$。同理有 CO、HC 和微粒排放量的约束。

问题1的发动机运行状态由 ECE R49 实验决定,选择供油提前角作为控制参量。整体优化的结果依赖于实验循环内不同工况下控制参量的变化。相应的排放量约束称为整体约束。

以上分析可以看出,标定工作优化问题可由发动机运行状态、控制参数、目标和约束4个方面定义。

### 2.2 优化方法

图2所示的优化实验过程提供了求解上述优化问题的具体方法。在最初始的优化实验循环,控制参数取少量数据点粗略地覆盖整个可变范围,通过少量实验产生控制参数的整个变化范围内目标

与约束的拟合曲线。例如,某一特定转速下齿条位移不变,油耗和 $NO_x$ 排放随供油提前角的变化如图 3 所示,把测得的油耗和 $NO_x$ 排放数据拟合成 2 条二次曲线,图上标出了无排放约束时油耗的最优解和有排放约束时油耗的最优解。选择二次曲线作为曲线拟合函数是因为实践证明二次曲线与发动机性能指标的变化趋势基本相符,而且标定实验对模型的精度要求不高,二次曲线可以大大减少运算量。使用 Matlab 应用程序库中的函数 POLYFIT 可以用最小二乘法获得实验数据模型。

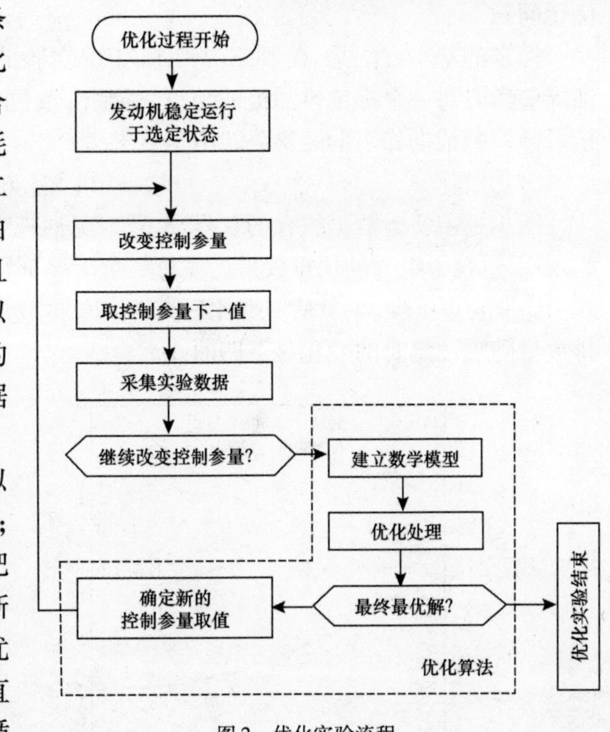


图 2　优化实验流程

初始循环建立了油耗和 $NO_x$ 排放的模型以后进行优化处理,运用优化算法求出一个最优解;然后,确定一组靠近这个最优解的控制参数值,把这些值作为下一个优化循环控制参量的取值。新的优化循环拟合出新的模型,求出更精确的最优解,并产生新的一组控制参数取值。如此反复,直到最优解的变化小于误差范围。实验证明初始循环之后,两三个循环内就能最终得到最优解。上述实验过程是基于这样的思想:一旦初始循环建立了模型,只在最优解附近进行下一个循环,可以避免在整个控制参数变化范围内密集的实验。

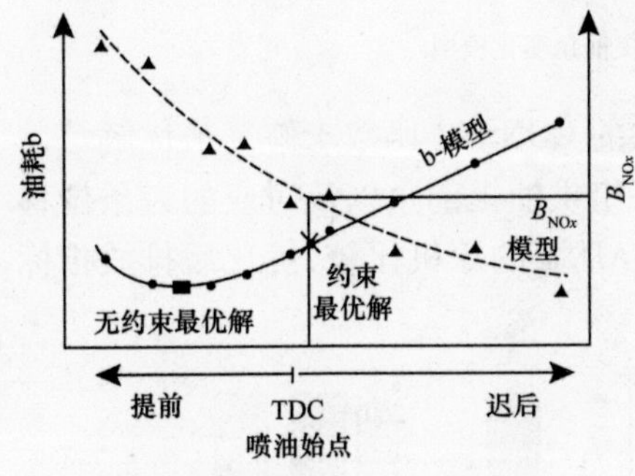


图 3　有约束和无约束最优解

## 3　6110 电控柴油机的优化标定

6110 电控柴油机标定的目的是对 MD－TICS 泵和 6110 型柴油机进行优化匹配,寻找不同工况下满足要求的供油量和供油提前角,以改善柴油机的性能。

所选柴油机的基本性能指标见表 1。MD－TICS 泵的结构参数见表 2,选择初始供油提前角为 12°CA。由于 TICS 泵具有较高的喷射压力,选用 0.24 mm×5×155°喷油嘴,与原机 AD 泵相比喷射压力提高了 1 倍,油耗和烟度都有明显改善。

**表 1　CA6110/6120 车用柴油机性能指标**

| 指标 | 额定功率 | 最大转矩 | 最低油耗 | 低速转矩 |
|---|---|---|---|---|
| 标定值 | 120 kW | 441 N·m | 210 g/(kW·h) | ≥372 N·m |
| 转速(r/min) | 2800 | 1800 | 1200 | 1000 |

**表 2　MD-TICS 泵结构参数**

| 柱塞升程 | 柱塞直径 | 供油率 | 最高喷射压力 | 供油提前角变化量 |
|---|---|---|---|---|
| 12 mm | 11 mm | (18～35) $mm^3$/(°CA) | 110 MPa | 24°CA |

### 3.1　满足排放法规

开发柴油机电控喷油系统的首要目的是满足排放法规,并在此前提下寻求最佳经济性,即求解优化问题 1。

标定的基本方法是:在 ECE R49 13 工况实验的每一个工况点选定若干供油提前角作为标定供油提前角。每一个标定供油提前角下,调整齿条位移以满足负荷要求,用废气分析仪测量废气排放量。微粒则依据如下的经验公式由烟度求得:

$$C_{PT} = 28 \times 1.63^{S_F} (mg/m^3)$$

图 4 是由实验数据拟合的 6 号、8 号工况油耗和比排放量随供油提前角变化的二次曲线模型,$B_{PT}$表示微粒干组分的比排放量。在每一个工况都得到如图 4 的一组二次曲线模型。延迟喷油,$NO_x$ 和 HC 排放量减少,小负荷空燃比过高时,HC 排放量随喷油延迟而增加。自然吸气式柴油机的微粒排放量随喷油定时的变化是下凹曲线。

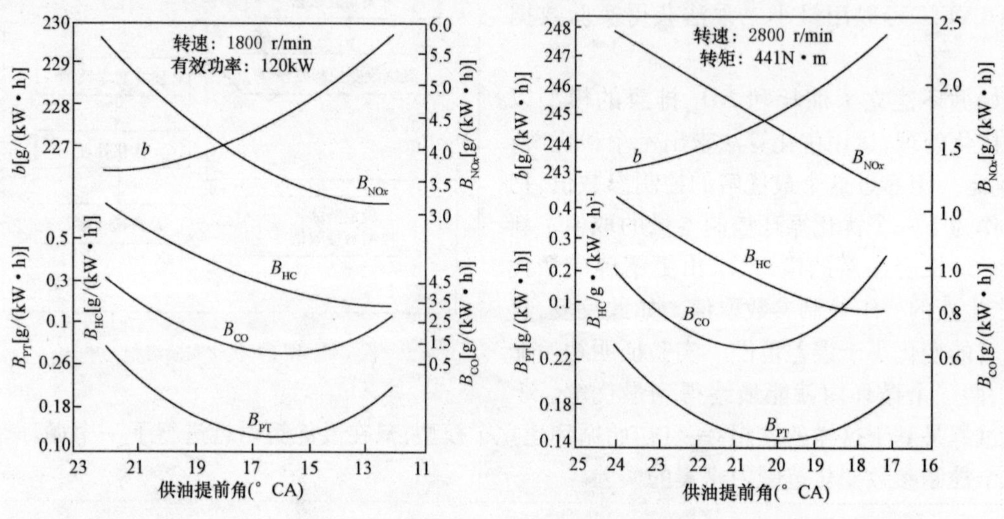


图 4 ECE R49 实验 6 号、8 号工况比排放量随供油提前角变化模型

问题 1 是多变量非线性规划问题,可以用 Matlab 语言提供的 CONSTR 函数求解。最优解是一组使发动机满足 ECE 欧洲 I 法规的供油提前角。将获得的这一组供油提前角以及对应的齿条位移写入相应工况的供油提前角和齿条位移 Map 中,与采用非电控 AD 泵的原机比较,优化后排放指标明显改善,油耗基本不变(见图 5)。

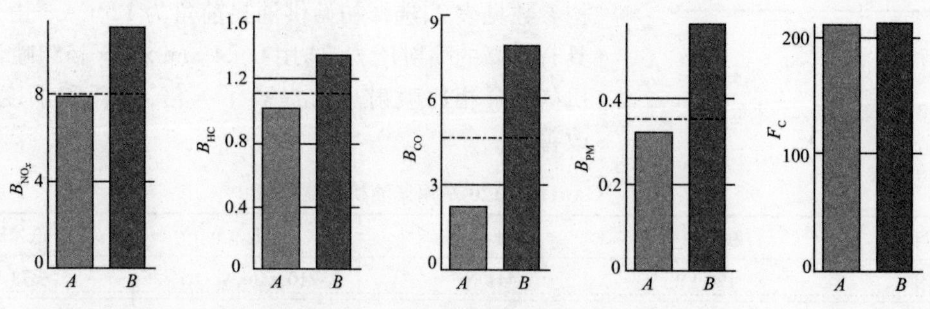


图 5 优化结果与原机排放比较

*A*-优化结果;*B*-原机结果;—·—-法规限值

3.2 全负荷特性优化

优化的目标是寻求满足柴油机性能指标的圆滑丰满的转矩特性和较好的经济性。

首先确定最低油耗点的全负荷转矩。在最低油耗转速下选定若干供油提前角,做负荷特性,如图 6 所示。在一组负荷特性中寻求满足油耗指标前提下能获得的最大转矩,对应的供油提前角和齿条位移作为该工况的标定值。

额定功率点、额定转矩点和最低油耗点的转矩确定后，过这3点确定一条光滑的曲线作为转矩特性（见图7）。最终的转矩特性需要经过实验进行反复调整，以得到能够满足烟度要求的最丰满的转矩特性。

为提高全负荷的经济性，在满足转矩特性的前提下，调整供油提前角追求最佳经济性。

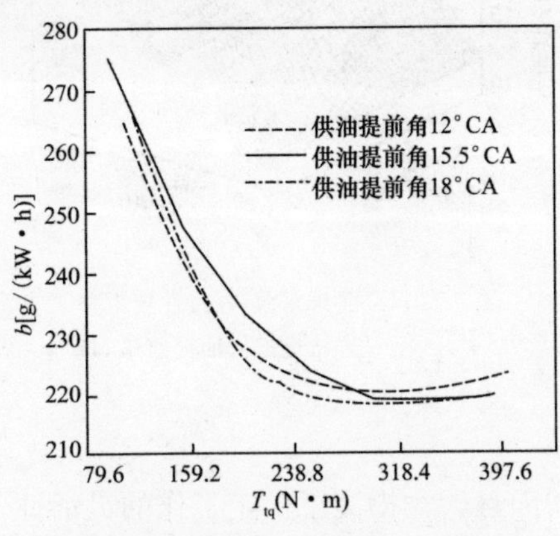


图6　最低油耗转速（1200 r/min）负荷特性

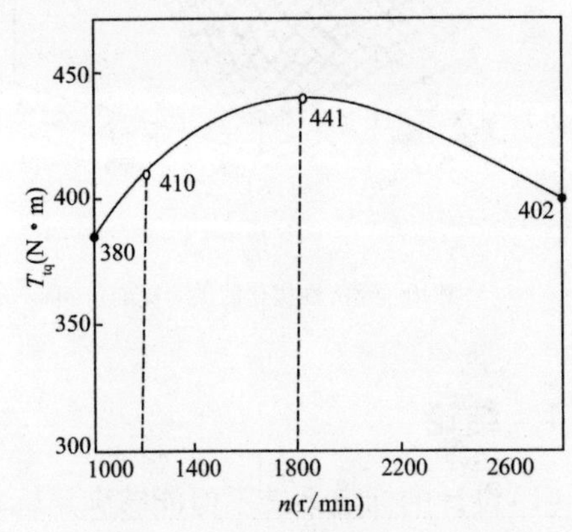


图7　转矩特性

3.3　全工况特性的优化

3.3.1　供油量Map的确定。柴油机外特性齿条位移确定以后，设计满足一定要求的调速特性，由调速特性确定部分负荷供油量。

图8所示的调速特性，在相同负荷下供油量随转速下降而增加，与调速特性平缓的原机相比，在加速踏板位移不变的情况下，由于阻力稍许波动引起的车速变化小得多。而且，加速踏板在小位移范围内变化时，相应的供油量变化大，只要稍许改变加速踏板位移，发动机的输出功率就有显著变化。调速特性需要由道路试验进行反复调整。依图8的调速特性获得的供油量Map如图9所示。

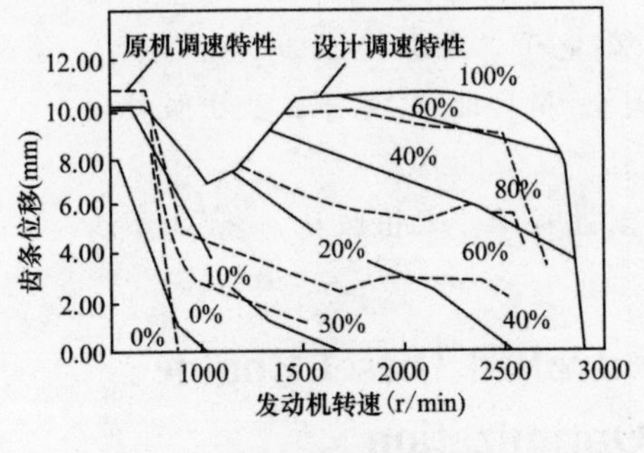


图8　调速特性

图中百分数为加速踏板行程

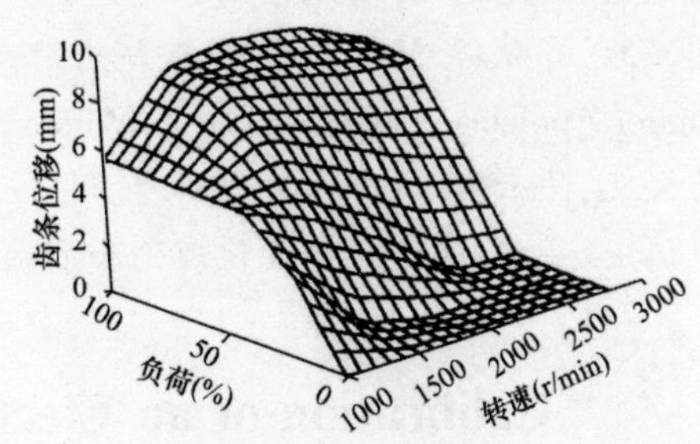


图9　供油量Map

3.3.2　供油提前角Map的确定。部分负荷供油提前角Map标定过程如下：确定若干个转速，每一个转速下确定若干个齿条位移。在每一个转速的每一个齿条位移下，寻求经济性最佳的供油提前角作为标定值。图10为优化后获得的供油提前角Map。满足最佳经济性的供油提前角随转速和负荷的增加而增大，但不满足线性关系。图11则是考虑排放和外特性后获得的供油提前角Map。供油提前角Map需要通过发动机台架试验进行反复调整。

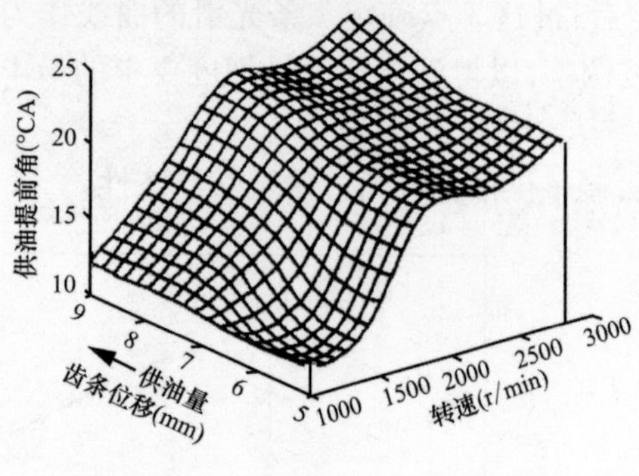


图10　经济性优化的供油提前角 Map

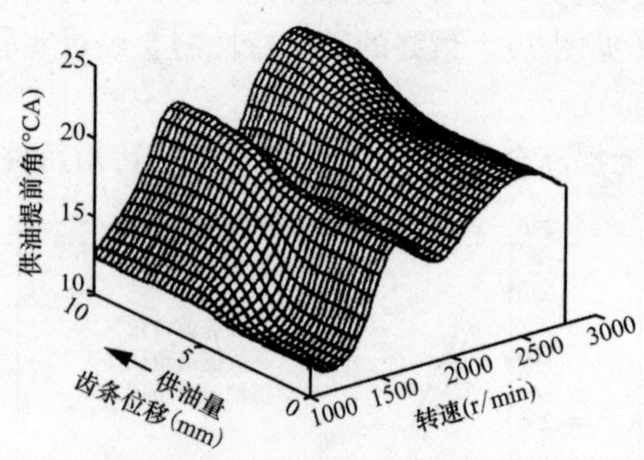


图11　考虑排放、外特性转矩和经济性的供油提前角 Map

## 4　结论

(1)设计的标定系统不但能够满足标定工作的需要,而且大大提高了标定工作的灵活性。

(2)优化标定方法引入局部优化和整体优化概念,把各种标定工作抽象成由发动机运行状态、控制参量、目标和约束定义的优化问题。优化试验过程则提供了求解标定优化问题的实验方法。

(3)使用设计的标定系统,运用优化标定方法匹配了6110型柴油机和MD-TICS喷油泵。在满足排放法规和发动机设计指标的前提下,获得了圆滑丰满的转矩特性和最佳经济性。整体优化的求解为使发动机满足排放法规提供了新的途径。

## 参考文献

[1] Helmuth Hochschwartzer. Fully Automatic Determination and Optimization of Engine Control Characteristics[C]//SAE Paper,920255.

[2] 何克忠,郝忠恕.计算机控制系统分析与设计[M].北京:清华大学出版社.

[3] 刚寒冰,齐秋群. M68HC05原理与应用大全[M].北京:电子工业出版社.

[4] Daniel Appleman. Visual Basic与Windows API接口大全[M].北京:电子工业出版社.

[5] 易大义,沈云宝.计算方法[M].杭州:浙江大学出版社.

[6] 赵瑞安,吴方.非线性最优化理论和方法[M].杭州:浙江科学技术出版社.



## Calibration of an Electronic Controlled Diesel Engine and Its Performance Optimization

Huo Hongyu[1], Liu Xunjun[1], Li jun[2], Xu Bo[2]

(1. Jilin University of Technology;2. Changchun Automobile Research Institute)

**Abstract**: A calibration system was designed for 6110 electronic controlled diesel engine. A method of optimizing calibration was suggested. On condition that the emission standards and engine design requirements were met, smooth and plump full load torque and the best possible fuel economy were realized.

**Key Words**: Electronic Controlled Diesel; Calibration; Performance Optimization

# 车用柴油机电控喷油系统齿条位移反馈控制研究*

霍宏煜[1],王　珂[1],刘巽俊[1],李　骏[2]
(1. 吉林工业大学;2. 长春汽车研究所)

**摘　要:**本文介绍了齿条位移反馈控制器的设计,包括开环系统性能分析、系统建模和控制参数整定。设计的直接数字式PI控制器使得闭环控制系统的静、动态特性满足柴油机喷油电控的要求。

**关键词:**车用柴油机;电控喷油系统;齿条位移;反馈控制

执行器安全、准确工作是保证电控柴油机安全稳定运行的最基本前提。柴油机电控喷油系统的喷油量由齿条位移决定,但作为齿条位移执行器的电磁阀具有明显的非线性,无法满足电控要求,必须设计控制器,对齿条位移控制系统实施闭环反馈控制。

## 1　齿条位移反馈自动控制的作用及特点

齿条位移执行器是一个电磁阀(见图1)。图2为齿条位移传感器,图3为齿条位移反馈控制系统框图。齿条位移控制系统是随动控制系统,其任务是保持齿条位移(被控制量)等于ECU输出的目标齿条位移(变化着的不能预知的量)。

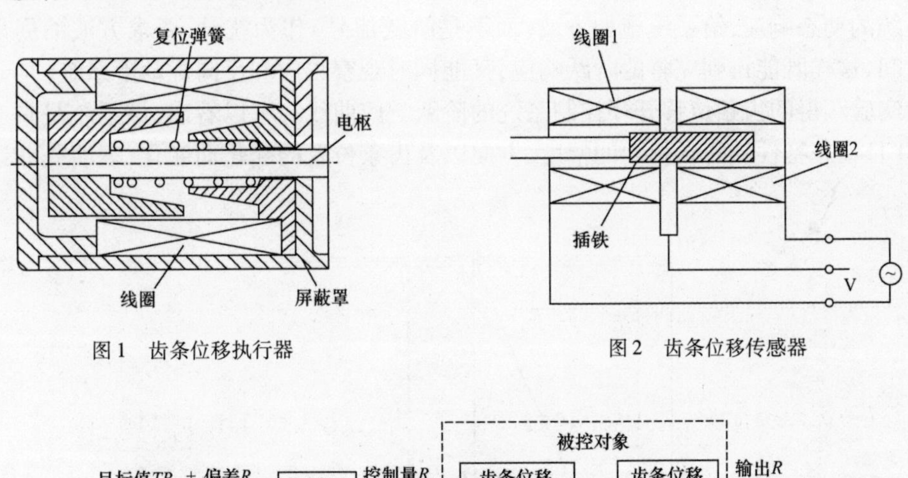


图1　齿条位移执行器　　图2　齿条位移传感器

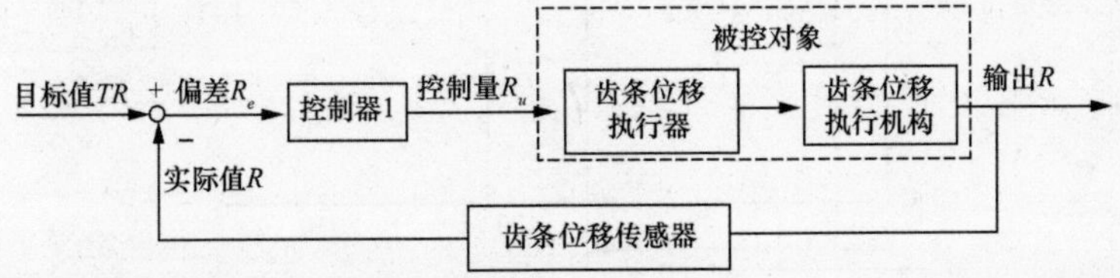


图3　齿条位移反馈控制系统

作为随动系统,一般要求执行器反馈控制系统具有较高的精度。但实验获得的柴油机控制参数Map本身含有误差,为获得目标值而进行查表插值等计算也引入误差。鉴于目标值本身存在误

刊登信息:《吉林工业大学学报》1998年(第28卷)第1期

*　国家"九五"重点科技攻关项目(971603041)

差，对执行器控制系统精度的要求不必过严。但发动机运行过程中，要求齿条位移和滑套位置频繁改变；车辆运行过程中会遇到各种机械和电磁干扰；磁电式执行器具有显著的非线性，这些都要求执行器控制系统具有高的稳定性和鲁棒性。

执行器反馈控制系统品质在能够达到控制品质要求的前提下，应选择最简单的控制方法，以节约系统资源，提高系统可靠性。

## 2 齿条位移开环控制系统分析

设计齿条位移反馈控制器之前，首先要了解被控对象，即开环系统的静、动态特性。

### 2.1 开环控制系统静态特性分析

图 4 中的曲线 1 是 ECU 单片机的脉宽调制输出 PLMA 在 $ 00 ~ $ FF 之间以 $ 02 的步长递增时获得的齿条进程曲线。曲线 2 是 PLMA 以 $ 02 递减时的回程曲线。可以看出，除了具有死区和饱和区外，进程、回程曲线都具有非线性，而且进程、回程曲线不重合。曲线 3 和曲线 4 则是 PLMA 以 $ 04 为步长变化时获得的升程和回程曲线。比较曲线 1、3 和 2、4 可以看出，齿条位移不仅与驱动信号的大小，而且与驱动信号的变化有关。由以上分析看出，齿条位移开环控制系统不能满足控制需要。

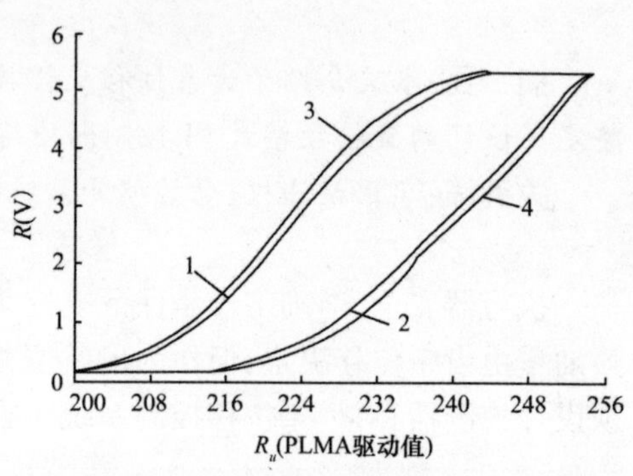

图 4 齿条位移开环控制系统静态特性

### 2.2 动态特性分析

要了解系统的动态特性，最典型的方法就是观察系统的阶跃响应。考虑被控对象的非线性，为了全面掌握系统的动态特性，需要在不同齿条位移下，给系统施加不同幅度的正、反向扰动。为了很好地观察系统的动态响应，给系统施加方波（而不是阶跃信号）作为扰动，要求方波的周期远大于系统的调节时间，这样既能得到完整的阶跃响应，又能同时观察正向和反向扰动下系统的响应。

图 5 为实验获得的齿条位移开环控制系统的阶跃响应曲线。可以看出，该系统是具有纯迟延的一阶系统，并且动态特性随阶跃扰动的幅度、方向以及齿条位置的变化而变化，表明受非线性因素的影响较大。

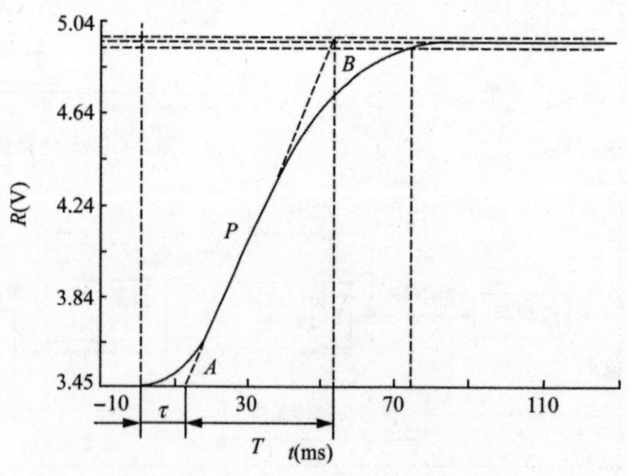

图 5 开环控制系统阶跃响应

## 3 齿条位移反馈控制器设计

### 3.1 直接数字(DDC)PI 控制原理

直接数字控制(DDC)就是用计算机取代模拟调节器，直接控制执行器。与模拟控制器相比，

DDC 系统具有降低成本、调整灵活和能够实现复杂控制等优点。齿条位移反馈控制器首先考虑选择PI 控制。因为 D 控制的抗干扰能力差,而且对于纯迟延过程无效。另外,数字 PID 控制器还存在不完全微分问题,需要引入一个新的参数——微分增益,这样,数字 PID 控制器比 PI 控制器多两个需要整定的参数。在单片机上实现时,PID 控制器的运算量是 PI 控制器的 3~4 倍。式(1)为 DDC PI 控制增量型算式的一种形式

$$u(k) = u(k-1) + \Delta u(k) = u(k-1) + q^{0e}(k) - q^{1e}(k-1) \quad \text{式(1)}$$

式中:$q^0 = K_C(1 + T_0/T_i)$; $q^1 = K_C$($K_C$ 为比例系数;$T_i$ 为积分时间;$T_0$ 为采样周期)。

3.2　用阶跃响应法建立开环控制系统的数学模型

建立开环控制系统的动态数学模型是反馈控制器设计的基本前提。阶跃响应法是一种简单有效的经典测试辨识方法。通过比较简单的测试获得被控对象的阶跃响应,进一步把它拟合成系统的传递函数。

图 5 所示的阶跃响应可以用式(2)拟合

$$G(s) = \frac{K e^{-\tau s}}{T_s + 1} \quad \text{式(2)}$$

式(2)中的增益 $K$ 可由输入输出的稳态值直接算出。在阶跃响应曲线的拐点 $P$ 作切线,确定 $\tau$ 和 $T$ 的值(见图 5)。用这种作图法获得的模型参数可以成功地应用于 PID 控制器的参数整定。

3.3　单片机 DDC PI 控制器的实现及参数整定

单片机实现 DDC PI 控制的基本方法是每隔一个控制周期(选为 15ms)进行一次 PI 运算,运算结果作为控制量输出。

用单片机的输出比较(COMP1)作定时器,每 15ms 产生一次中断,完成一次 PI 控制运算。PI 控制算法中的目标齿条位移由系统控制软件给出,实际齿条位移则由单片机的 A/D 转换接口采集齿条位移传感器信号获得。

由于长期存在偏差或偏差较大,计算出的控制量有可能溢出或小于零,而执行机构已无相应动作,称为积分饱和,这势必使超调量增加,控制品质变坏,必须予以防止。PLMA 是单字节的,控制量 $u(k)$ 只可能是单字节的正数,对 $u(k)$ 做如下处理:当 $u(k) < 0$ 时,取 $u(k) = 0$;当 $u(k) >$ $ FF 时,取 $u(k) =$ $ FF。控制量的增量 $\Delta u(k)$ 也只能是单字节数(可正,可负),对 $\Delta u(k)$ 可这样处理:当 $|\Delta u| >$ $ FF 时,取 $|\Delta u| =$ $ FF。

PID 控制器设计的好坏,由控制器参数的选择决定。在工程实际中流行的工程整定法通过并不复杂的实验便能迅速获得控制器的最佳整定参数。该方法中的动态特性法根据开环系统的纯延迟时间 $\tau$、时间常数 $T_C$ 和放大系数 $K$,由经验公式计算控制器参数[3]。

由于模型误差和系统的非线性,用任何方法得到的参数都不可能是最佳参数,实际的参数整定工作是一个工程调整过程。

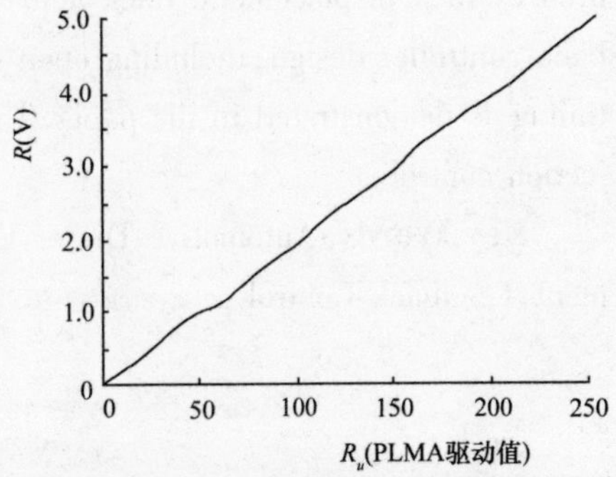


图 6　齿条位移反馈控制系统静态特性

目标齿条位移在 $ 00 ~ $ FF 之间以 $ 10 为步长递增,在施加阶跃激励后 1s,采集齿条位移传感器输出认为是 $y(\infty)$,如图 6 所示。由图 6 可知,系统的静态误差小于 ±0.12 mm。

齿条位移控制系统对调节时间的要求相对较宽松,但为了保证柴油机稳定、安全的运行,要求尽量抑制超调。图 7 为在不同齿条位置、目标齿条发生不同的阶跃变化时系统的阶跃响应曲线。可以看出,系统的调节时间≤100ms,超调小于 40%,可以满足对齿条位移控制系统的要求。

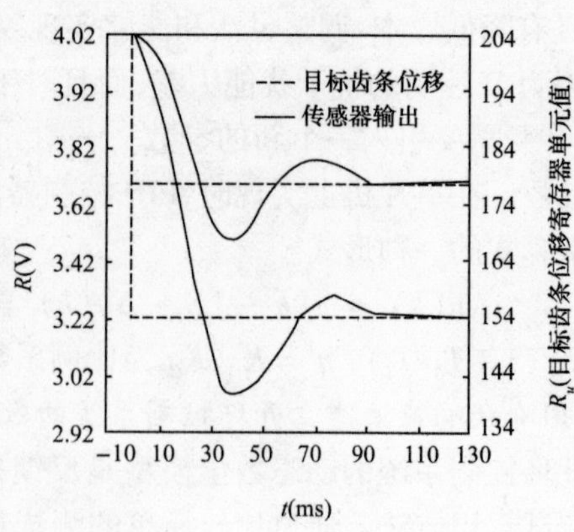


图7　反馈控制系统阶跃响应

## 参考文献

[1] Charles I. Rackmil, et al. Dynamic simulation of a turbocharged intercooled diesel engine with rack actuated electronic fuel control system[C]//SAE Paper, 890394.

[2] 金以慧,等. 过程控制[M]. 北京:清华大学出版社,1993.

[3] 王锦标,等. 过程计算机控制[M]. 北京:清华大学出版社,1992.

# Rack Displacement Feedback Control of Automotive Diesel Engine Fuel Injection Electronic Control System

Huo Hongyu[1], Wang Ke[1], Liu Xunjun[1], Li Jun[2]

(1. Jilin University of Technology; 2. Changchun Automobile Research Institute)

**Abstract**: Fuel injection of automotive diesel engine fuel injection electronic control system is measured by rack displacement. Rack actuator is severely nonlinear. The procedure of rack displacement feedback controller design, including open - loop behavior analyzing, system modeling, and control parameters tuning, is demonstrated in the paper. The designed DDC PI controller can meet the requirement of fuel injection control.

**Key Words**: Automotive Diesel Engine; Diesel Injection Electronic Control System; Rack Displacement; Feedback Control

第六部分

# 国外车用柴油机电控技术的现状与发展

霍宏煜[1],刘巽俊[1],李　骏[2]
(1.吉林工业大学;2.长春汽车研究所)

**摘　要**:简述了车用柴油机采用电控燃油喷射系统的必要性。从位置控制系统和时间控制系统两方面,介绍了国外电控柴油喷射机构的典型结构;从实现多种控制功能、电控系统故障诊断和提高自动控制水平方面,分析了国外柴油机电控燃油喷射系统的发展趋势。

**关键词**:汽车;柴油机;电控燃油喷射系统;发展

## 1　前言

为降低柴油机的油耗和减少其有害气体排放,国外的研究结果表明柴油机应采取的新技术如表1所列[1]。从表1中可以看出,有些技术,如喷油延迟,对于性能和排放是矛盾的,亦即要同时满足经济性和排放法规的要求,需要采用能在不同工况和各种环境下实现最佳组合的电子控制技术。同样,排气再循环、可变涡流、废气催化技术等也只有采用电子控制技术才能与柴油机的运行工况很好的配合,发挥其作用。在控制喷油速率方面,降低初始喷油率可以减少 $NO_x$;实现快速溢流可降低微粒和 HC;实现预喷射能够降低 $NO_x$ 和噪声。电控预行程喷油泵可以控制喷油速率。

**表1　柴油机新技术对性能的影响**

| 技术 / 性能 | 喷油延迟 | 提高喷油压力 | 涡轮增压和中冷 | 排气再循环 | 控制喷油速率 | 可变涡流 | 废气催化 |
|---|---|---|---|---|---|---|---|
| 微粒 | — | ↑ | — | ↓ | — | ↑ | ↑ |
| 油耗 | ↓ | ↑ | — | — | — | ↑ | — |
| $NO_x$ | ↑ | — | ↑ | ↑↑↑ | — | ↑ | — |
| 噪声 | ↑ | — | ↑ | — | ↑↑ | — | — |
| 功率 | — | — | ↑↑ | — | — | — | — |

注:↑表示改善;↓表示恶化。

柴油机电控系统还能对发动机工作过程和车辆运行过程进行控制。

综上所述,在柴油机上采用电控技术是今后的发展方向。

## 2　柴油机电控喷油系统的基本组成

柴油机电控喷油系统由传感器、电控单元和执行器组成。

柴油机混合气的形成和燃烧过程极为复杂,采用建立过程数学模型并借助于燃烧传感器、负荷传感器和烟度传感器等进行喷油过程闭环控制的方法在目前的条件下是不可行的。目前,世界上各种柴油机电控喷油系统采用的基本对策都是:把发动机转速和加速踏板位置信号作为反映发动机实际工况(转速和负荷)点的基本信号,参照由发动机和整车试验得出的 MAP 来选择喷油量和喷油正

刊登信息:《汽车技术》1998 年第1期

时等控制量的目标值,并对执行器进行闭环反馈控制。柴油机电控喷油系统基本控制方案如图1所示。

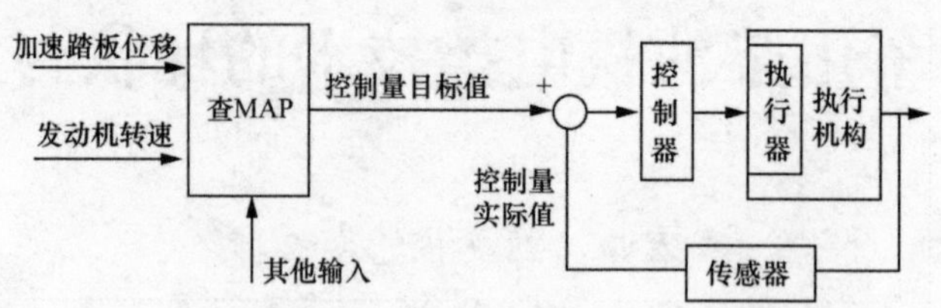


图1　柴油机电控喷油系统基本控制方案

2.1　执行器

柴油机电控喷油系统的执行器一直是柴油机电控技术的重点。常用的柴油机电控喷油执行器按工作原理可大致分为磁电式、液压式;从操作力的产生来分,有只产生单向操作力(螺线管)和产生双向操作力(动圈式线性螺线管和步进电机)的执行器;从操作力的方向分有产生直线力和旋转力矩的执行器;从运动状态分有开关执行器和连续动作执行器。

2.2　传感器

从功能上可将柴油机电控喷油系统传感器大致分为如下几种:

(1)执行器信号反馈传感器。这类传感器负责把执行器的运行情况反馈给ECU,实现对执行器的闭环控制。具体划分,有位置传感器、喷油始点(针阀升程)传感器和阀关闭持续期传感器等。

(2)发动机运行工况传感器。这类传感器感知发动机转速、加速踏板位移等发动机工况信号,输入ECU。

(3)修正参数传感器。如水温、燃油温度、进气温度和压力传感器等,所采集的信号作为供油量或供油提前角的修正参数。

(4)其他传感器。如车速传感器等。

目前传感器发展的主要趋势是集成化和功能化,即传感器除具有信号转换功能外,还要具有温度补偿、信号处理等功能。

2.3　电子控制单元(ECU)

2.3.1　ECU硬件

ECU由传感器与单片机的接口电路、中央微处理单元和执行器驱动电路3部分组成。

传感器接口电路将传感器输出的信号转换成单片机可以接受的标准TTL电压信号。目前,随着传感器技术的发展,其接口电路已越来越趋于简单。

中央微处理单元由单片机及其外围电路组成。目前工业单片机的集成度非常高,已经把ROM、RAM、各种接口(包括A/D转换器、D/A转换器和定时器)等,都集成在一块芯片上,从而大大地提高了单片机运行的可靠性。随着电控系统逐渐复杂化,对单片机资源的要求也越来越高,一方面使用高级的单片机(16位,甚至32位),另一方面采用多机分布系统由多个CPU协同完成各种控制功能,目前双CPU系统是常见的结构。

执行器驱动电路完成执行器驱动信号的功率放大。

2.3.2　ECU软件

目前各种文献中对ECU软件进行详细介绍的很少。随着柴油机电控喷油系统控制功能的增多,使用的控制算法也日趋复杂,使得ECU软件设计越来越受到重视,人们开始用软件工程学理论系统地进行ECU软件开发。

## 3　国外柴油机电控喷油系统

对于柴油机电控喷油系统,从控制部件来分类有电控喷油泵和电控喷油器两种;从控制方式来分有位置控制和时间控制两大类。从发展顺序上讲,首先发展的是位置控制系统,因此有时称它为第一代电控喷油系统,而把时间控制系统称为第二代电控喷油系统。

3.1 位置控制系统

位置控制系统的特点是不仅保留了传统的泵—管—嘴系统,而且还保留了原泵中齿条、柱塞套、柱塞上的斜槽等控制供油量的机械构件和要素,另外增加了少量的构件如滑套等。

3.1.1 分配泵位置控制系统

转子式分配泵的供油量控制主要有以下两种方式。

(1)控制滑套位置。采用这种控制方式的有日本电装(Nippondenso)公司的 ECD - V1 系统[2],其组成如图2所示。该系统采用线性电磁铁,通过杠杆来控制滑套位置,从而实现供油量控制。系统中装置有传感器来反馈滑套位置。该系统用在丰田公司 ZL - TE 型四缸非直喷式柴油机上,已商品化多年。

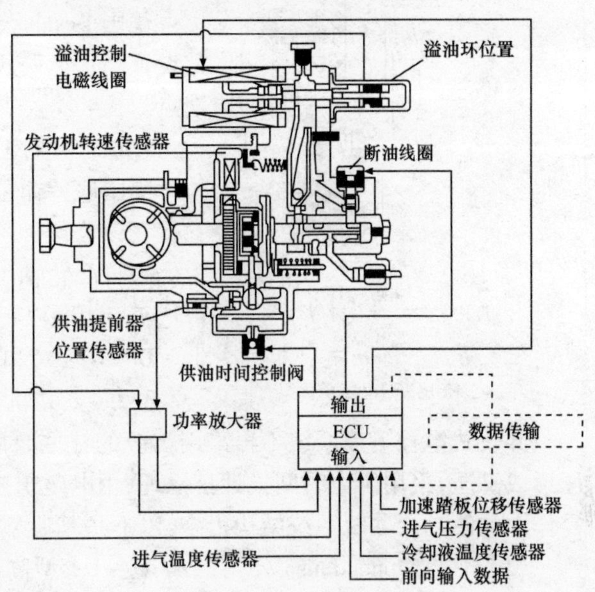

图2 日本电装公司 ECD - V1 电控喷油系统组成

(2)控制柱塞径向行程[3]。英国 Lucas 公司的 EPIC 系统采用这种控制方式,它是在 DPA 转子型分配泵基础上开发的,其供油量取决于柱塞的径向行程。在分配转子尾部装有传感器来反馈其位移信号。分配泵的正时控制都是采用电磁阀控制其提前器高压室和低压室的压差,使活塞运动,从而改变凸轮相位来实现的。

3.1.2 直列泵位置控制系统

直列泵的供油量是通过控制其齿条位移来实现的,其正时控制有以下两种方式。

(1)通过改变凸轮相位实现。如日本 Zexel 公司的 COPEC 系统[4],该系统采用电磁阀控制带有活塞的液压提前器来改变凸轮相位。这种系统结构复杂。

(2)在泵油柱塞上增加控制滑套。日本 Zexel 公司的 TICS 系统即采用这种方式[5]。工作时,带有油孔的滑套上下运动,改变供油预行程,从而使供油凸轮工作区段改变。这样,控制滑套位置不但可以改变喷油正时,还可以改变供油率。德国 Bosch 公司也有可变预行程的电控喷油泵。

位置控制系统在现有柴油机上实施方便,作为执行器的电磁阀和旋转电磁铁等技术容易过关,是目前国外商品化程度最高的产品。

3.2 时间控制系统

所谓时间控制就是用高速电磁阀直接控制高压燃油的导通。一般情况下,电磁阀关闭时开始喷油,电磁阀打开时喷油结束。喷油始点取决于电磁阀关闭时刻,喷油量取决于电磁阀关闭的持续时间。传统喷油泵中的齿条、滑套、柱塞上的斜槽及提前器等机构可以全部取消。时间控制系统的自由度更大。

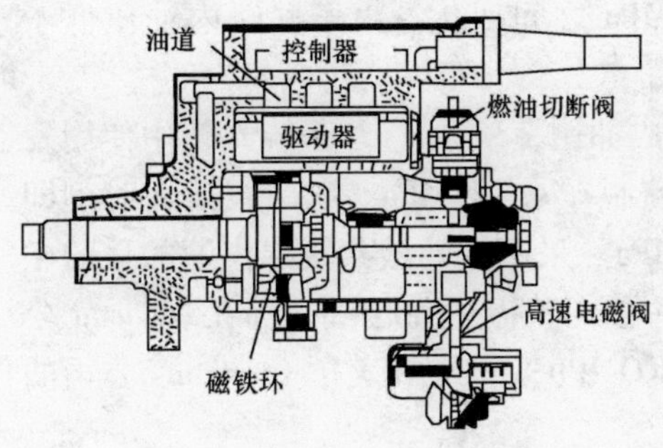

图3 Model - 1 型喷油泵

3.2.1 分配泵时间控制系统

(1)日本 Zexel 公司的 Model-1 型系统是在泄油通路上装置一个高速电磁阀[6]。如图3所示。它采用 DVC 传感器测定电磁阀关闭的始点和终点作为反馈信号。日本电装公司也开发了类似的 ECO-V3 系统。

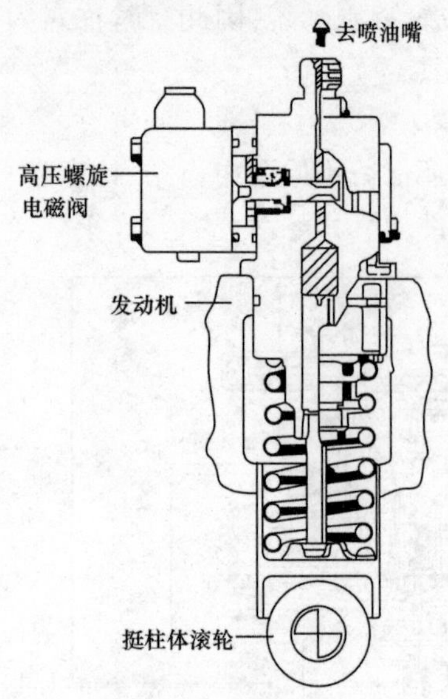

图4　EUP13 型电控单体泵

（2）美国 Stanadyne 公司的 DS 系统是在转子分配泵转子尾部的进油通路上设置了电磁阀[7]。该喷油泵最高转速达 2250r/min，最大喷射压力达 110MPa。美国 GM 公司 1994 年的 6.5L 柴油机上即采用了这种 DS 系统。德国 Bosch 公司也开发了类似的 VP44 系统。

3.2.2　单体泵时间控制系统

德国 Bosch 公司开发的 EUP13 型电控单体泵[8]，是在其出油口处设置高速电磁阀的，如图 4 所示。这种泵消除了不易装提前器的缺点。

3.2.3　电控泵喷油嘴系统

美国底特律公司的 DDEC 系统即为这种电控泵喷油嘴系统[9]，它是在该公司传统的机械泵喷油嘴油道中设置了电磁阀，其泵油动力仍来自凸轮轴。由于泵喷油嘴系统无高压油管，因此其喷油压力可达 100MPa 以上。DDEC 系统已大批量生产，用于 15t 载货汽车上。Bosch 公司和 Lucas 公司也有类似系统。

3.2.4　共轨式电控喷油系统

共轨式电控喷油系统不再采用传统的柱塞泵脉动供油原理，而是通过高压共轨、蓄压或液力增压形成高压，采用压力时间式计量原理，用电磁阀控制喷射过程。柴油机采用共轨系统时，结构上不需作大的改动。共轨系统结构很多，以下是其典型结构。

（1）日本 Nippondenso 公司的 ECD－U2 型高压共轨系统如图 5 所示[10]。高压油泵是采用电磁阀控制的、凸轮近似为三角形的 2 缸直列泵。共轨系统上燃油压力传感器的信号送入 ECU，由 ECU 控制输油泵上的电磁阀，确保共轨系统中的压力稳定，喷射压力超过 100MPa。为了形成所需要的喷油率，在液压活塞上方专门设计了单向阀和小孔通道，使油压逐渐下降。喷油正时和喷油量均由电磁三通阀控制，能够实现快速断油。这种共轨系统还可以实现预喷射或形成靴形喷射率，其高压输油泵的凸轮有 3 处凸起，能保证发动机快速起动。该系统可实现任何工况下的高压喷射，对低速低负荷工况有利。

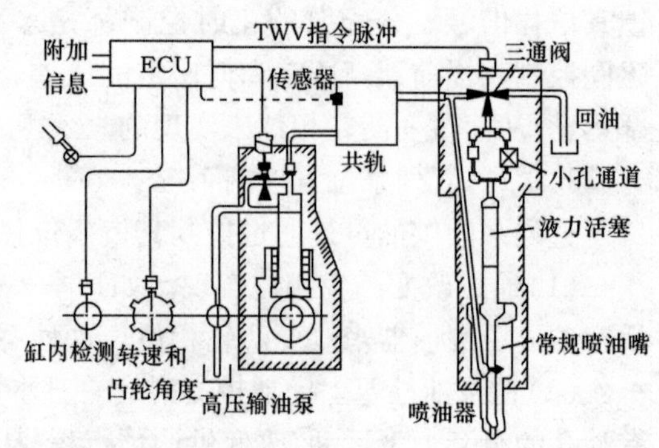

图5　ECD－U2 系统组成

（2）美国 BKM 公司的 Servoiet 共轨蓄压式电控喷射系统[11]，其输油泵是具有 7 个柱塞的斜盘式泵，输出压力为 1～10MPa。该系统的喷油器是由电磁阀控制的蓄压式喷油器，其结构如图 6 所示。电磁阀关闭时，蓄压室喷油嘴盛油槽和针阀上部的压力达 100～150MPa。喷油量取决于共轨中的油压，共轨中有电磁调压阀，根据运行工况调节压力在 2～10MPa 之间变化。由于共轨内油压低于 10MPa，因此使得电磁阀的制造难度降低。

（3）美国 Caterpillar 公司的 HEUI 共轨液压式喷射系统组成如图 7 所示[12]。系统共轨中使用发动机机油，高压泵也为斜盘式柱塞泵。共轨中油压由电磁阀控制在 4～23MPa。电磁阀接通时刻即为喷油始点，电磁阀接通时间决定喷油量，喷射压力可达 150MPa。采用机油做共轨工作油的目的主要是为了解决柴油在热工况下黏度降低、造成热起动困难的问题。HEUI 系统已经应用在 Navistar 公司的 T444F 型 7.3L 直喷增压式柴油机上。日本小松公司的 KOMPICS 系统和美国 Cummins 公司的 HPI 系统都属于这种共轨液压喷射系统。

时间控制系统由于控制自由度大，可实现各缸喷油量和正时的单独控制，且又取消了喷油泵上的齿条、滑套及柱塞上的斜槽等机构，使传统的喷油泵更加简化，因此是今后的发展方向。但对时间控制系统所用的高速电磁阀，不仅要求其响应速度快，而且要密封高压柴油，同时还要有足够的可靠性和寿命，另外，由于电磁阀是安装在喷油泵或喷油器上，因此体积又不能太大，所以其制造有相当的难度。

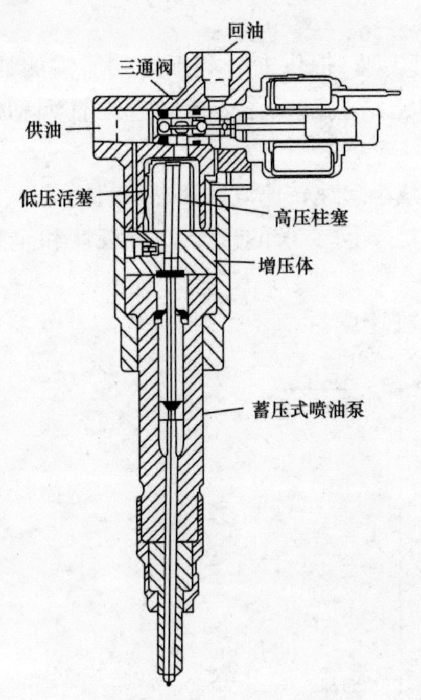


图6　共轨蓄压式喷油器结构

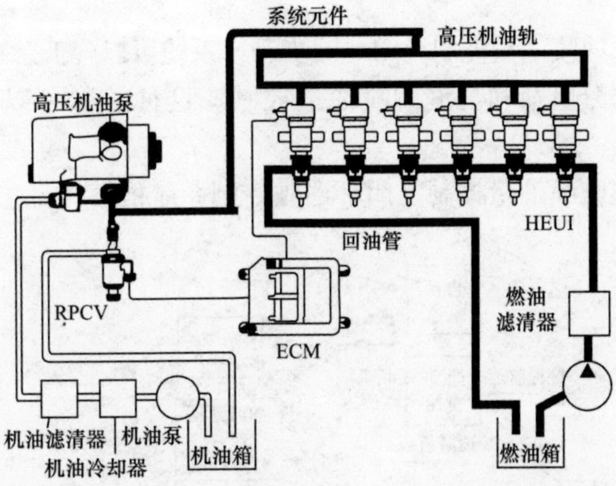

系统元件
高压机油轨
高压机油泵
HEUI
回油管
RPCV
ECM
燃油
滤清器
机油滤清器
机油泵
机油冷却器
机油箱
燃油箱

图7　HEUI 系统组成

Bosch 公司列举的各种电控喷射系统今后发展的趋向如图8 所示。从图8 上可以看出，时间控制系统能实现高压喷射压力，今后将会有大的发展；位置控制的 VE 泵 + EDC 系统、控制滑套的泵（可变预行程的 TICS 泵），今后也会继续发展。

## 4　国外柴油机电控喷油系统发展的特点

日本电装公司对柴油机电控喷油系统的研究是按以下三个步骤进行的[13]。

第一步，开发出具有基本控制功能（喷油量和喷油正时）的电控系统。主要任务是引入电控执行机构，确定电子控制是否能满足柴油机性能和可靠性的要求。

第二步，开发有效的控制软件，扩展电控系统控制功能和提高控制精度。这一阶段要充分发挥软件作用，开发电控喷油系统的全部潜能。

第三步，集成柴油机电控喷油系统与车辆其他电控系统。

目前，世界各大柴油机电控喷油系统生产公司基本都处在第二个发展阶段。这一阶段的发展特点主要表现

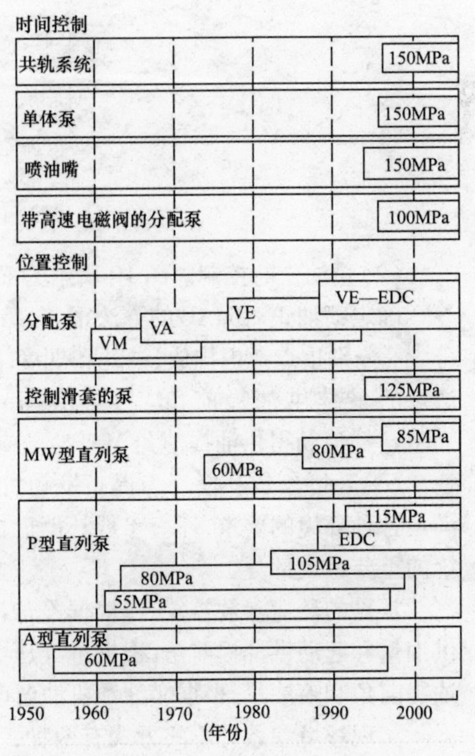


图8　柴油机燃油喷射系统的发展方向

第六部分

在以下几方面。

4.1　实现多种控制功能

4.1.1　基本控制功能

（1）喷油量控制。图9为Zexel公司COPEC系统喷油量控制逻辑示意图[4]。

喷油量控制包括以下子功能：

起动喷油量控制。起动阶段考虑冷却介质温度和发动机转速，提供安全和不冒烟所需的油量，起动喷油量与加速踏板位移无关，对其进行控制可以防止加速踏板误操作造成的起动冒烟和加速滞后。

怠速喷油量控制。闭环同步调速系统可以降低怠速转速，减小怠速转速波动和燃油消耗量。

部分负荷和全负荷喷油量控制。这种控制可以得到满足不同要求的部分负荷特性和全负荷特性。

巡驶喷油量控制。闭环巡驶控制系统能够保证稳定的巡驶速度。

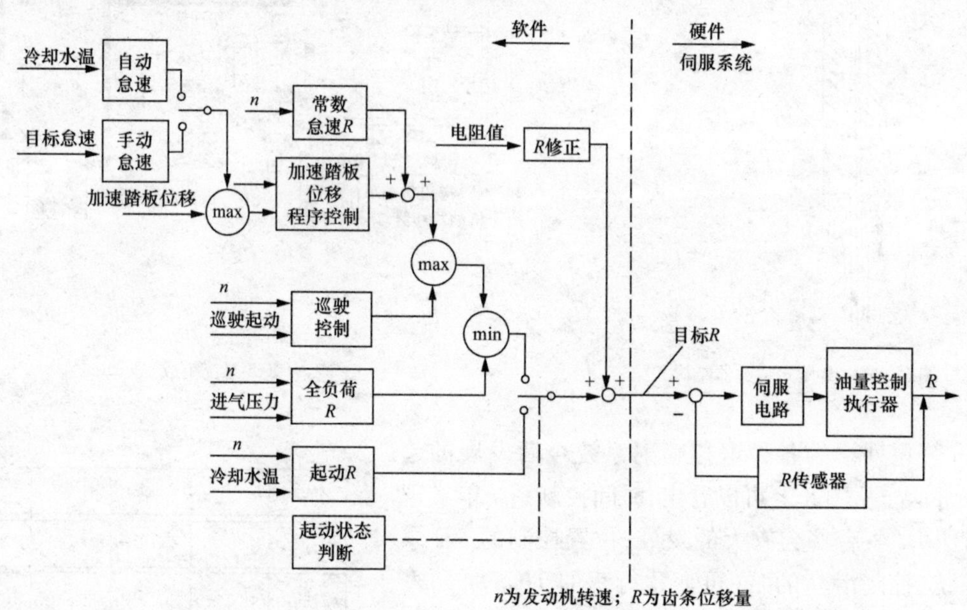


图9　COPEC系统喷油量控制逻辑示意图

（2）喷油正时控制。图10所示为COPEC系统的喷油正时控制逻辑示意图[4]。

确定喷油正时MAP的方法很多，Nippondenso公司把发动机运行范围按负荷和转速划分成几部分[14]，分别重点考虑排放、油耗和烟度来确定之；AVL公司则是在特殊工况获得使发动机满足排放法规的最佳供油提前角[15]，再由MAP制作器（Map Maker）插值获得供油提前角MAP。

（3）环境参数补偿。为提高发动机性能，使发动机满足各种环境的要求，环境参数补偿已成为电控喷油系统的重要组成部分。

常见的环境参数补偿有：根据冷却液温度补偿起动供油量和起动供油提前角；根据进气压力和温度补偿供油提前角和喷油量；根据燃油和机油温度补偿喷油量。

实现环境参数补偿的方式有两种，一种是拟合低次补偿曲线，对查MAP获得的最佳值按补偿曲线方程计

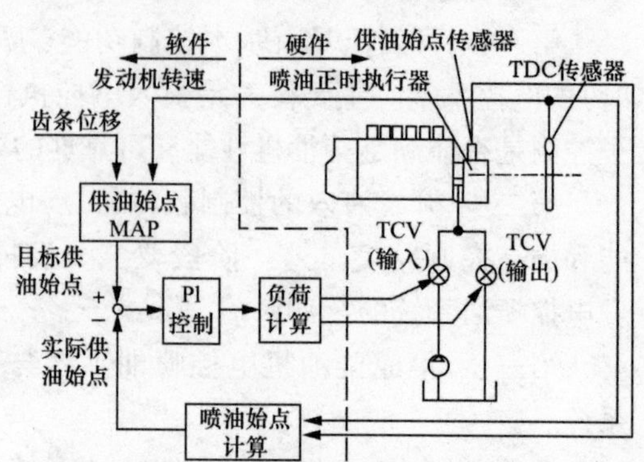


图10　COPEC系统喷油正时控制逻辑

第六部分

算输出值;另一种方式是在不同环境下制作多个MAP,以供ECU根据不同的环境参数查找。

(4)喷油率和喷油压力控制。时间控制系统可以灵活控制喷油率和喷油压力。

4.1.2　发动机工作过程控制功能

发挥软件设计的灵活性,柴油机电控喷油系统可以实现发动机起动暖机、怠速、调速和限速控制。

(1)怠速及暖机程控化。例如,采用PCF泵的Stanadyna柴油机具有暖机程控化功能,发动机冷车工作时电控系统提高怠速转速,待冷却液温度上升后逐步降低怠速转速。

(2)电子调速。柴油机电控喷油系统可以实现带有怠速控制和限速功能的两极式调速和同步调速。

两极式调速。ECU通过不同加速踏板位移下的供油量—发动机转速图来控制供油量。图11为五十铃公司的全电子控制I-TEC型柴油机电控喷油泵(图11a))和传统喷油泵(图11b))的调速特性曲线[11]。

同步调速。同步调速闭环控制系统可以达到零调速。图12为典型的同步调速闭环控制系统框图。

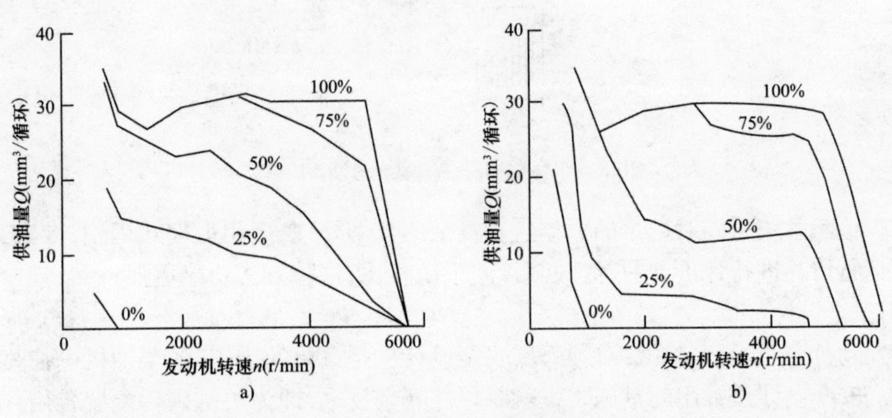


图11　I-TEC柴油机的调速特性

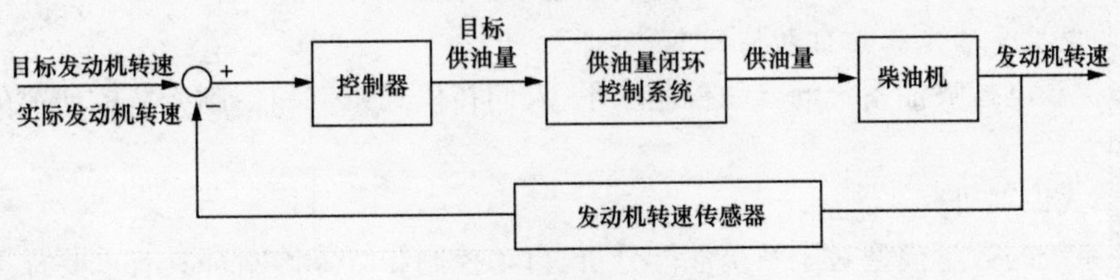


图12　同步调速控制框图

(3)起动控制。John Deer公司的电控喷油系统可以根据冷却液温度和起动次数调整起动供油量。第一次起动失败后,ECU自动增加起动供油量,以保证起动成功。

4.1.3　车辆运行过程控制功能

(1)行驶模式设定控制。驾驶员可以通过仪表板开关选择发动机工作在不同的全负荷模式或调速模式。

(2)自动巡驶功能。对车速进行闭环反馈控制,以减轻驾驶员的劳动强度。

(3)各缸喷油量均匀性控制。各缸喷油量均匀性控制可以使发动机在低速时平稳运行。时间控制系统为各缸喷油量均匀性控制提供了更大的可能性。Nippondenso公司利用自学习控制对ECD-P2系统各缸喷油量均匀性进行控制[13],Bosch公司的EDC系统也具有同样功能。

4.2 电控喷油系统故障诊断、支撑及安全性设计

4.2.1 故障诊断与支撑

电控系统的引入，对故障诊断能力提出了更高的要求。同时，电控系统，主要是传感器和单片机的引入，也为故障诊断提供了更大的可能性。

(1)在线故障诊断与支撑。目前各种柴油机电控喷油系统均具有在线故障诊断系统。在线故障诊断通常由单片机软件完成，一般在仪表板上设故障指示灯，并可以输出故障代码。电控喷油系统一般在故障诊断的同时提供支撑(Limping Home)功能。Benz公司采用的EDC系统依严重程度将故障分为4级并分别采取不同的支撑措施。

(2)离线故障诊断。离线故障诊断是在ECU中增加记忆装置，在发动机运行过程中记录各传感器信号。当发现故障时，将记忆装置中存储的大量信息读入PC机，由PC机进行数据显示、分析，完成故障诊断。图13为日本东芝公司离线故障诊断系统的组成[16]。

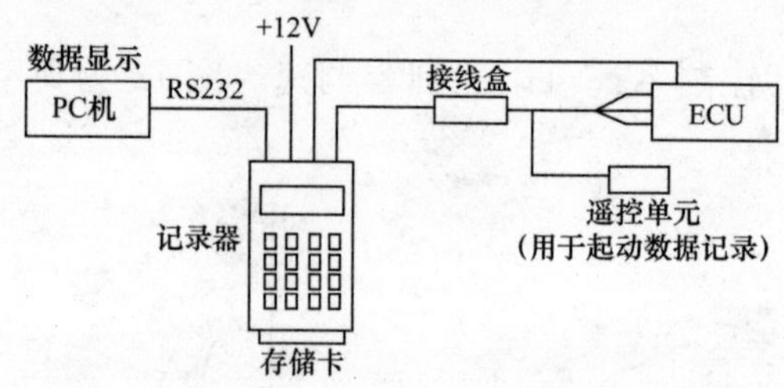


图13 日本东芝公司离线故障诊断系统组成

离线故障诊断系统可以对记录的数据进行复杂的数学处理，运用如模式识别、专家系统等方法，对发动机的运行情况进行评价，同在线故障诊断系统相比，这种方法功能更强。

4.2.2 安全设计

为保证发动机安全运行，除故障诊断外，安全设计也是重要的措施，各柴油机电控喷油系统都具有安全设计。安全设计最常用的措施之一就是硬件冗余技术，即为关键硬件配置备用件。一般电控喷油系统的安全设计是有备用驱动电路，由比较简单的电子电路构成，当单片机失灵时，备用驱动电路能够保证发动机的安全运行。另一种常见的安全设计是自动停车功能。

4.3 提高电控喷油系统的自动控制水平

为进一步提高电控喷油系统的自动控制水平，人们在模式识别和控制方法的研究方面做了大量工作。

4.3.1 模式识别研究

建立被控系统的数学模型对于系统性能分析、自动控制和故障诊断都具有重要意义。

机理法是在对系统进行结构分析的基础上，通过建立系统各环节的子模型，综合后获得系统的输入输出模型的一种方法。这种方法对于分析和掌握系统性能有重要意义，但缺陷是由这种方法建立的模型或者过于复杂而很难抓住主要矛盾实施有效控制，或者过于简单而不能正确反映系统的动态特性。

另一种方法是尝试直接建立系统的输入输出模型。最典型的是利用时间序列分析的方法，给系统施加具有白噪声性能的伪随机序列(M序列)信号。采集系统的输出响应，通过分析系统的响应，建立自回归滑动平均(ARMA)模型。ARMA模型能够较全面地反映系统的动态特性，但对辨识试验的精度要求高，运算量大。

4.3.2 控制方法研究

在自动控制理论的发展过程中，比例—积分—微分(PID)控制是历史最悠久、生命力最强的基本控制方式。PID控制具有原理简单明确、便于实施、适应性和鲁棒性强等优点，在柴油电控喷油系统

中得到广泛应用,是目前商品化程度最高的控制方式。

模拟PID控制器线路简单,不占用软件资源,但其可靠性受电路可靠性制约,而且缺乏足够的灵活性。随着计算机技术的发展,数字PID控制则把PID控制规律数字化,由软件实现,使控制参数易于调整,而且可以进一步与计算机的逻辑判断功能结合起来,使PID控制更加灵活多样。

模糊控制是一种非线性智能控制方法,其非线性控制功能和良好的鲁棒性对柴油机电控喷油系统也很有吸引力。日本电装公司即采用模糊自学习控制器控制各缸均匀性。

4.4 提高电控喷油系统开发能力

随着功能的不断加强,电控喷油系统变得更加复杂,这种趋势加剧了开发电控喷油系统的难度和延长了开发周期。为提高开发工作效率,许多电控喷油系统开发环境被设计出来。

图14给出了传统开发过程(图14a))和改进后开发过程(图14b))的对比[17],从中可以看出,后者可以大大缩短开发周期,减少开发费用。

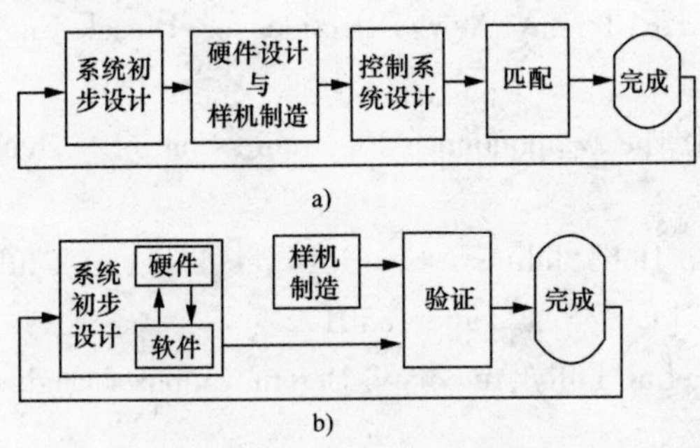


图14 电控喷油系统开发过程

在车用柴油机电控喷油系统应用开发阶段,要解决电控喷油系统与发动机相互匹配的问题,需要反复进行发动机台架试验和道路试验,反复修改ECU中的数据,工作量极大。国外生产车用电控喷油系统的厂家一般有适合这一阶段工作的专用开发系统。AVL公司的CAMEO系统[15]提出了局部优化和整体优化的概念,使用专用的META语言设计试验,由优化试验程序控制试验台架,从而实现MAP的全自动标定。

随着ECU软件的复杂化和人们对其逐步重视,出现了一些发动机电控软件开发环境。如丹麦大学研制的APC发动机控制开发系统[18],用PC机和简单的外围硬件进行软件开发,用高级语言编制单片机程序,缩短了软件开发周期;Delco电子公司则开发了主要用于软件与系统匹配的软件测试系统[19]。



## 参考文献

[1] 宓浩祥.国外柴油机电控技术发展动态及我国今后发展的方向[J].内燃机燃油喷射和控制,1996(1).

[2] M. Nishimura, et al. The Nippondenso Inline Injection Pumps with Electronic Control for the clean Diesel engine[C]//SAE Paper, 870436.

[3] Behnke H, Peters A, Thomas F. 默谢台斯—本茨公司新型4气门柴油机的电子控制和电控喷油[J].国外内燃机,1995(1).

[4] K. Nishinawa, et al. Electronic Control of Diesel In-Line Injection Pump-Analysis and Design[C]//SAE Paper, 860144.

[5] K. Nishinawa, et al. A New Concept of Diesel Fuel Injection-Timing and Injection Rate Control System

[C]//SAE Paper,870434.

[6] K. Yamada,et al. The Second Generation of Electronic Diesel Fuel Injection Systems Investigation with a Rotary Pump[C]//SAE Paper,860145.

[7] K. H. Klopfer. 美国 Stanadyne 公司的 DS 型柴油喷射系统[J]. 内燃机燃油喷射和控制,1996(1).

[8] Pierre Lawvin,et al. Electronic Conrtolled High Pressure Unit Injecter System for Diesel Engines[C]//SAE Paper,911819.

[9] R. J. Hames,et al. DDEC-Detroit Diesel Electronic Control[C]//SAE Paper, 850542.

[10] Masahiko Miyaki,et al. Development of New Electronically Controlled Fuel Injection System ECD-U2 for Diesel Engines[C]//SAE Paper, 910252.

[11] N. John Beek. 高压喷射——改进柴油机效率、排放和经济性的合理途径. 柴油机电控技术资料汇编(上册)[G],机械电子工业部七〇研究所,1990.

[12] A. R. Stockner, et al. HEUI - A New Direction for Diesel Engine Fuel Systems [C]//SAE Paper, 930270.

[13] Fumiaki Murayama,et al. The Nippondenso Electronic Control System for the Diesel Engine[C]//SAE Paper, 880498.

[14] Makoto shiozaki,Nobuhito Hobo,Ichiro Akanori. Development of a fully Capable Electronic. Control System for Diesel Engines[C]//SAE Paper,850172.

[15] Helmuth Hochschwarzer. et al. Fully Automatic Determization of Engine Control Characteristics[C]//SAE Paper, 920255.

[16] Satoshi Negishi,et al. Data Recorder for Automotive Diagnosis[C]//SAE Paper,910040.

[17] Hiroyukitoyama,et al. Application of a Control System CAD Program to a Study of an Electronic Engine Control System[C]//SAE Paper,940658.

[18] Jan Lillelumd,et al. A PC Engine Control Development System[C]//SAE Paper,910259.

[19] Kenneth R. Butler,et al. A Strategy to Demonstrate the Compliance of Automotive Cotroller Software to Systems Requirements Using Simulation Technology[C]//SAE Paper,940492.

# 电控柴油机ECU编程设备研究与开发*

孙立宁[1],穆春阳[1],杜志江[1],陈燕春[2],李　骏[2]
(1.哈尔滨工业大学机器人研究所,哈尔滨　150001;
2.第一汽车集团公司技术中心)

**摘　要**:为了给电控柴油机下线检测(EOL)阶段提供可靠的ECU数据下载工具,提出了一种基于CAN总线,采用扩展CAN标定协议(CCP)实现ECU应用程序下载和升级的方法。根据这种方法开发了ECU编程设备BootLoader,它具有下载和升级ECU应用程序代码和数据的功能,可以实现标定数据的再编程;此外,它使用Seed& Key算法验证操作工程师的身份,通过特殊格式文件生成器实现了对标准目标机文件格式变换并生成安全性高的生产文件,利用分级CRC CHECKSUM机制校验下载和编程的结果。通过对BootLoader工作时的CAN总线状态的监测,对BootLoader下载/编程性能和可靠性进行了试验分析,结果表明该设备能够满足开发和生产的需要。

**关键词**:内燃机;柴油机;电子控制单元;下线检测;CAN标定协议;ECU编程设备
**中图分类号**:TK427　**文献标识码**:A

## 概述

在ECU软件开发阶段、车辆的制造阶段以及售后服务阶段,汽车制造商需要使用EOL设备完成ECU应用程序的编程(下载/升级代码和数据),柴油机喷油器补偿参数和整车参数的写入等工作。EOL设备通常具有诊断测试功能和ECU软件编程功能。将这两个功能合并到一个设备中会带来以下缺点:增加设备设计的复杂度、降低可靠性;不利于发挥设备的效率(在同一时间只能使用其中一种功能);诊断测试设备数量有限(只在生产线和授权的维修站有)不便于软件升级;增加了诊断测试设备的培训费用[1]。

近几年,由于ECU设计中FLASH芯片技术的引入,使产品ECU可以用于ECU软件开发。一般用于开发阶段后期的产品,ECU不再具有调试接口(如BDM、JTAG等),因而必须使用外部设备完成ECU应用程序的加载,以满足软件工程师、测试工程师和标定工程师存在的频繁更改ECU应用程序代码和数据的需要。文献[2]提出了一种基于CAN总线,使用4类报文实现下载功能的方法,该方法没有考虑程序下载操作的安全性,实用性不强。文献[3]提出了使用国际标准协议SAE J1850、ISO 14230(K-Line)和ISO15765(on CAN)等诊断数据通信协议实现ECU应用程序下载/升级功能,也有利用SAE J1939协议实现的ECU编程工具,但上述这些协议的数据接口定义相对复杂。本文提出了一种基于扩展CCP协议实现ECU软件下载/升级的方法,根据该方法开发了专门用于ECU编程的设备——BootLoader,它具有ECU软件下载和升级的功能,可以实现调整参数的写入和标定数据的再编程;此外,还实现了基于Seed&Key的身份验证、分级循环冗余码校验(CRC)以及目标机文件格式变换机制,增强了系统的安全性,可以保证生产文件的完整性和可靠性。

## 1　BootLoader的基本原理

从实际研发和生产需要出发,要求BootLoader能够实现以下功能:ECU软件下载和升级;标定数

刊登信息:《内燃机工程》2008年(第29卷)第1期
*　基金项目:"863"国家高科技资助项目(2003AA1Z2141)

据的再编程;重要参数整定后的写入;操作者的身份验证;生产文件的格式变换和生成;生产文件的完整性和安全性的保障机制;界面友好,操作方便,工作速度能够符合生产节拍要求等。

对于没有调试接口的ECU而言,要实现ECU软件下载和升级最常用的方法是通过串行通信接口。传统的方法是使用微控制器的UART外设实现数据传输,这种方法通信速度低,并且没有针对UART的标准协议可用[2],因而基于UART实现的ECU下载方法不容易得到统一,给设备的重用性带来很大不便,造成不必要的浪费。

控制器局域网(CAN)是汽车上常用的一种总线,它具有高传输速度、高可靠性等优点。CAN标定协议(CCP)是ASAM组织提出的一种用于测量和标定的国际标准协议[4],具有命令少,实现简单等优点。本文采用CAN总线,以CCP协议为基础实现上述功能。

BootLoader由硬件和软件两部分组成。图1是BootLoader的工作原理图,BootLoader设备端主要由主机(安装有BootLoader软件)、CAN控制器、特殊格式文件生成器以及独立于BootLoader软件的身份验证算法组成;从机端为ECU,主要由BootLoader Partner软件和含有CAN收发器的外设模块组成。

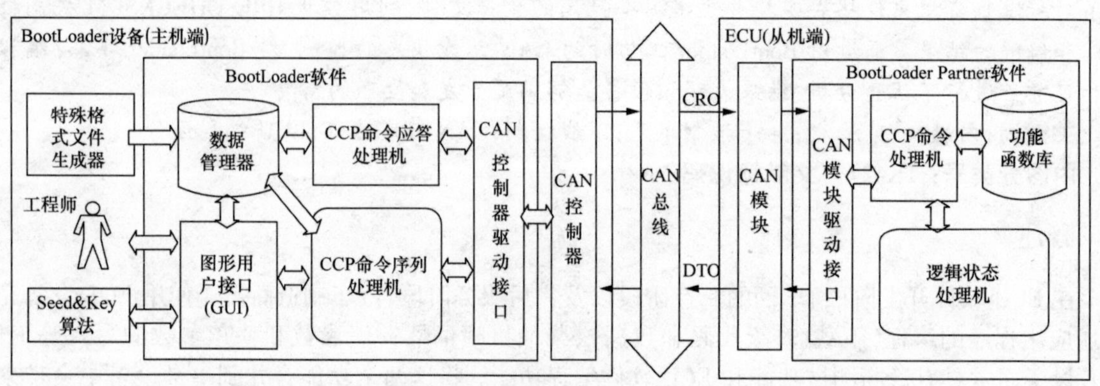


图1 BootLoader的基本原理

整个工作过程如下:工程师通过图形用户接口将操作数据和CCP命令输入给BootLoader软件,CCP命令序列处理机将所接收的命令发送到CAN缓存区,经过CAN控制器接口传递到CAN总线上;ECU的CAN模块从CAN总线上拣取指定ID的CAN报文并保存到CAN接收缓存中,BootLoader Partner的CCP命令处理机从CAN接收缓存中取出CCP命令,根据该命令调用功能函数库中的对应函数进行处理,处理的结果通过应答报文按照前述的数据链路返回给主机BootLoader软件,并由其CCP命令应答处理机进行处理。BootLoader使用数据管理器管理来自工程师、命令应答处理机和命令序列处理机的数据。特殊格式文件生成器用来变换目标文件格式,生成并创建生产文件。Seed&Key算法是用来验证操作工程师身份的一种机制。ECU端的BootLoader Partner软件的逻辑状态处理机是用来判断ECU当前所处的操作模式。

## 2 系统硬件组成

图2是系统硬件组成,使用带有USB接口的PC机作为主机,内部安装BootLoader软件。从机为柴油机电控系统ECU,其微处理器为MPC555,具有448kbytes片上FLASH存储器;ECU还外扩了1Mbytes的FLASH存储器,用于存储ECU的应用程序和数据等。BootLoader Partner软件被编程到MPC555片上FLASH存储器的指定地址区间内。由于主机没有CAN控制器,所以通过USB-to-CAN接口建立PC机与ECU之间的连接,USB-to-CAN的USB端与主机连接,CAN接口端通过ECU的线束与MPC555的Tou CAN控制器模块连接。

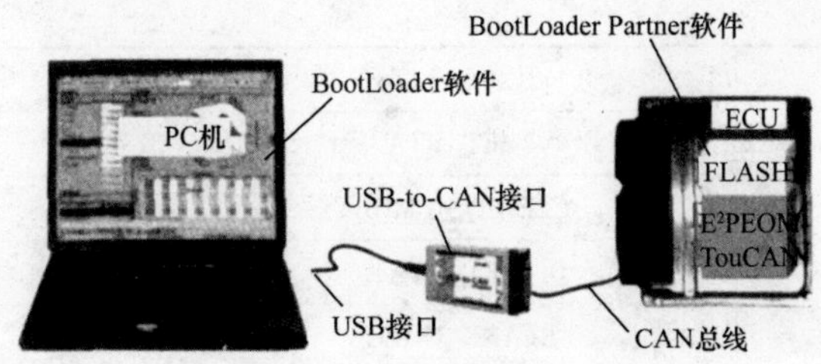


图2　BootLoader 设备的硬件组成

## 3　系统软件设计

系统软件部分是 BootLoader 设备最重要的组成部分。主机软件由 3 个部分组成，即主机 BootLoader 软件、特殊格式文件生成器和 Seed& Key 算法；从机上的软件为 BootLoader Partner。

### 3.1　主机 BootLoader 软件设计

主机 BootLoader 软件被分成 5 个模块：图形用户接口（GUI）、CCP 命令序列处理机、CCP 命令应答处理机、数据管理器和 CAN 控制器驱动接口（见图 1）。

GUI 是工程师表达操作意图的主要途径，也是了解设备执行情况的窗口。图 3 是采用 Visual C++语言设计的主机 BootLoader 软件的操作界面，它具有如下功能：从工程师的输入中获得数据信息，例如 FLASH 扇区地址、缓存地址、缓存大小等；与数据管理器进行信息交换，例如将来自其他模块的信息和数据显示在信息显示区，供工程师分析和进一步操作；将工程师的操作命令传递给 CCP 命令序列处理机；与 Seed&Key 算法一同完成身份验证功能。

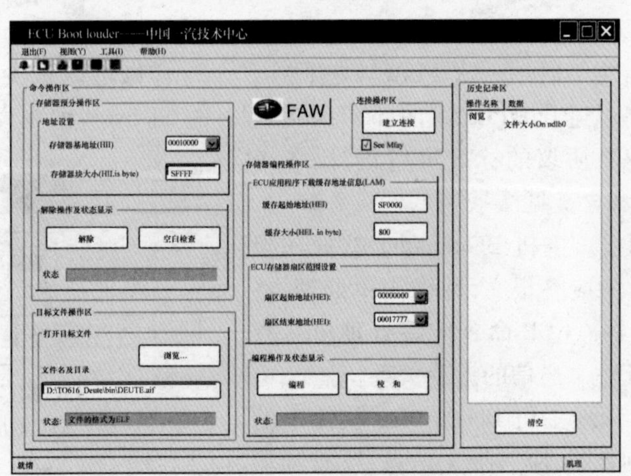

图3　主机 BootLoader 软件操作界面

CCP 命令序列处理机用于处理来自工程师的操作命令，从数据管理器获取命令操作时所需的数据，并将这些信息存入发送缓存。表 1 给出了 CCP 命令序列处理机用到的部分命令序列。

表1　CCP 及扩展命令序列

| 功能说明 | CCP 命令序列 | 备注 |
|---|---|---|
| 连接 | CONNECT | 标准 |
| | EXCHANGE_ID | 标准 |
| | GET_SEED | 标准 |
| | UNLOCK | 标准 |

第六部分

续上表

| 功能说明 | CCP 命令序列 | 备注 |
|---|---|---|
| FLASH 擦除 | SET_MTA | 标准 |
| | CLEAR_MEMORY | 标准 |
| FLASH 空白检查 | SET_MTA | 标准 |
| | BLANK_CHECK | 扩展 |
| 数据下载和 FLASH 编程 | SET_MTA | 标准 |
| | PROGRAM6 | 标准 |
| | START_PROGRAM | 扩展 |
| 检查和 | BUILD_CHECKSUM | 标准 |
| 断开连接 | DISCONNECT | 标准 |
| 测试 | TEST | 标准 |

BLANK_CHECK 命令的报文格式如图 4 所示。图 4a)中的 CRO(command receive object)是主机发出的 CCP 命令格式,byte[0] =0x30,表示命令码(CMD),byte[1]表示命令计数器(CTR),byte[2,3,4,5]表示空白检查的存储区大小,其余字节不关心;图 4a)中的 DTO(data transmission object)是 ECU 返回给主机的应答报文的格式,byte[0] =0xFF 表示该返回命令是命令返回报文 CRM(command return message),byte[1]为命令返回码 CRC(command return code), byte[2]为命令计数器(CTR),byte[3]为空白检查结果的标志,其余不关心。在擦除操作之后,使用 BLANK_CHECK 命令检查指定 FLASH 扇区上的数据是否为 0xFF(空)。

图 4b)是 START_PROGRAM 命令的报文格式及含义,其目的是当 PC 机下载到 ECU 内的数据缓存达到工程师给定值时,用于启动一次 FLASH 编程操作。这样做可以减少 FLASH 编程的次数,提高代码下载速度,同时可以避开 MPC555 内部 Flash 编程时的 64 bytes 限制[5]。

其他命令均采用 CCP 协议的标准进行设计,各个命令及应答报文的格式和含义见文献[4]。

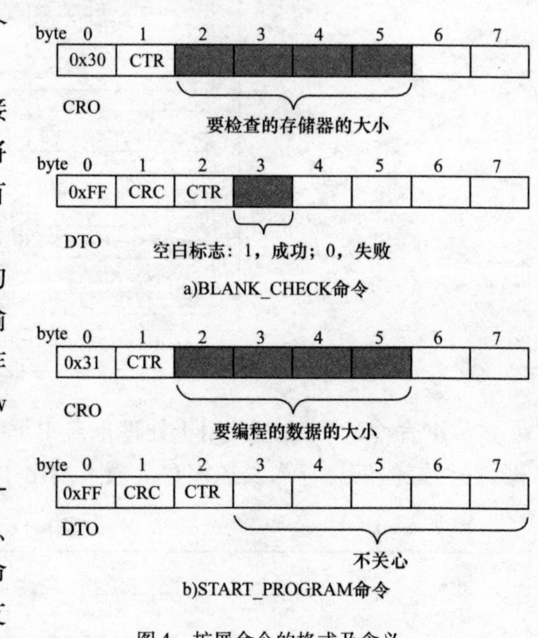


图 4　扩展命令的格式及含义

CCP 命令应答处理机。主机 BootLoader 软件从接收缓存中获得来自 ECU 的应答报文,并做简单处理,将有关信息交给数据管理器。CCP 命令应答处理机具有超时处理机制,可以保证整个通信的握手关系。

数据管理器。负责管理主机 BootLoader 软件中的全部数据,包括命令序列数据、应答报文信息、工程师输入信息等。此外数据管理器还负责对外部文件的操作和管理,它可以自动识别和处理扩展符分别为. elf, . faw 和. hex 格式的目标机文件。

CAN 控制器驱动接口:负责加载和卸载 USB-to-CAN 硬件,包括 CAN 控制器的初始化、CAN 端口选择、收发队列初始化等,为 CCP 命令序列处理机和 CCP 命令应答处理机提供收发报文的能力。BootLoader 软件支持 2 个端口,可以来回切换,并具有 USB-to-CAN 接口异常的诊断功能。

### 3.2 Faw 格式文件生成器

Faw 格式文件生成器将编译器所生成的含有应用程序目标代码和数据的目标机文件的格式转换为扩展符为.faw 的生产文件。在电控柴油机 ECU 开发过程中，使用编译器得到的文件具有标准格式，例如 Motorola 的.mot 格式，二进制.bin 格式和 Tool Interface Standards 委员会制定的.elf 格式。

目标文件需要能够参与程序连接和程序执行，为此，ELF(executable and linking format)提供了2种文件内容视图，即连接视图和执行视图，以便反映这些活动的不同需要[6]。Faw 格式文件生成器关心的是它的执行视图，通过解析执行视图中的 ELF 头部(见图5)，确定该 ELF 文件的程序头部表(program header table)的表项数量、文件偏移、大小等信息，根据各个程序头部表提供的段信息，从每个段中提取所需的 ECU 应用程序代码和数据，并按照 faw 文件所规定的格式生成生产文件。

图6是 Faw 格式文件生成器的操作界面，其输入是编译器生成的 ELF 格式文件，输出为 faw 格式文件。在 ELF 格式文件里包含了大量的调试信息，这些信息不是生成时需要的，在生成 faw 格式文件时滤掉了这部分内容。

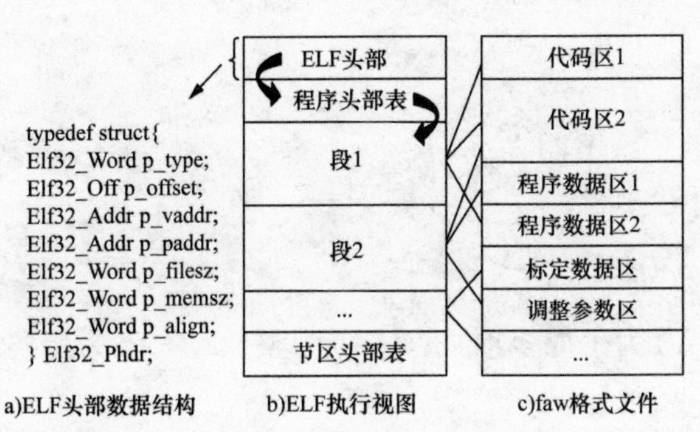


图5 解析和生成.faw 格式文件的原理

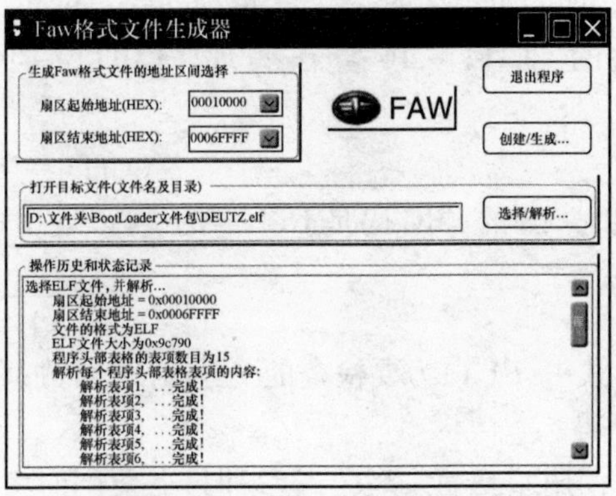

图6 Faw 格式文件生成器操作界面

在 faw 格式文件中，使用了分级 CRC 校验的方法：按照文件内容，将 ECU 的应用程序和数据划分为不同的区，例如代码区、程序数据区、标定数据区、调整参数区，根据约定的访问等级，分别对各个区进行校验，并对不改变的代码区和程序数据区做整体 CRC 校验。

### 3.3 Seed&Key 算法

Seed&Key 机制是用来验证操作工程师身份的，它的加密算法保存在独立于 BootLoader 软件的 bl_SeedKey.dll 文件中。其加密原理是这样的：首先，主机 BootLoader 软件向实现了 Seed& Key 机制的 ECU 发送 GET_SEED 命令，ECU 返回包含 Seed 值的应答报文；之后，主机 BootLoader 将 Seed 值传递给位于 bl_SeedKey.dll 文件中的加密算法函数，经过加密计算得到 Key 值；最后，主机 BootLoader 使用 UNLOCK 命令，将该 Key 值发送给 ECU 进行比较，如果相等则解锁对应功能。

Seed& Key 算法保存在动态连接库中，是不可见的。在 ECU 内的 BootLoader Partner 软件中，采用了动态随机生成 Seed 值的方法，增强了系统的安全性。

### 3.4 BootLoader Partner 软件设计

BootLoader Partner 软件是与主机 BootLoader 成对使用的。BootLoader Partner 主要由4部分组成：CCP 命令处理机、逻辑状态处理机、功能函数库和 CAN 模块驱动接口(如图1所示)。图7是 BootLoader Partner 程序流程图，ECU 上电后进入 Boot 阶段，在此阶段完成对 CPU 最基本的配置工作，包括初始化必要的寄存器、设置堆、栈指针以及初始化 CAN 控制器等。

从 Boot 阶段退出后即进入 Loader 阶段，此阶段共有4个状态：延时、加载、更新和正常，通过逻辑状态处理机进行判断。在延时状态下如果在设定时间里没有接收到来自主机的 CCP 命令，并且

ECU 内部存在正确版本的软件,则转入正常状态。如果 ECU 内没有应用程序和数据,则进入加载状态,CCP 命令处理机根据报文缓存中主机 BootLoader 发送来的 CCP 命令,调用功能函数库中的指定函数完成该命令动作,例如,如果 CCP 命令处理机收到的命令为 START_PROGRAM,则将调用功能函数库中的启动编程函数完成对 FLASH 的编程操作。如果需要重新下载 ECU 应用程序和数据,则进入更新状态,此状态也主要由 CCP 命令处理机完成。在离开 Loader 阶段时,将做一些准备工作,例如,重置中断向量入口等;最后,跳转到 ECU 应用程序。

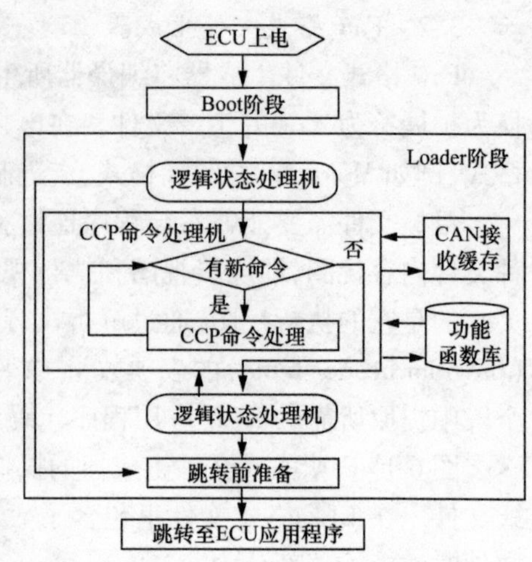


图 7　BootLoader Partner 程序流程图

BootLoader Partner 提供了 CHECKSUM 机制以保证 ECU 应用程序下载和编程的正确性。在 CHECKSUM 命令 CCITT (international telephone and telegraph consultative committee) 定义的 CCITT - 16 算法实现。CCITT - 16 的生成多项式为[7]:

$$\mathrm{CCITT}-16 = X^{16} + X^{12} + X^{5} + 1 \qquad 式(1)$$

CCITT - 16 的 CRC 码是 16 bits 的,可以通过式(2)求得:

$$\frac{B(X)\cdot 2^{16}}{G(X)} = Q(X) + \frac{R(X)}{G(X)} \qquad 式(2)$$

式中,$B(X)$为要检查的 2 进制序列数;$G(X)$为生成多项式;$Q(X)$为整数;$R(X)$为所要求的 CRC 码。

使用 C 语言实现公式(2)时,需要同时考虑计算速度和所需存储器空间。BootLoader Partner 以 1byte(8 - bit)为单位计算序列数 B(X)的 CRC 码。此时,ECU 虽然需要提供 512bytes 的存储空间保存 CRC 的余式表,但是计算速度要比以位(1 - bit)或半字节(4 - bit)为单位要快。

## 4　BootLoader 性能分析和可靠性试验研究

以一汽技术中心自主研制的 Deutz 6 缸柴油机电控系统 ECU 的生产文件为测试对象,对 Boot Loader 设备的性能和可靠性进行了研究。该生产文件有 2 个下载段,大小分别为 0x165e4 和 0x2a64bytes。为 BootLoader 设备选择 CAN_1 端口,总线波特率设置为 500 kbit/s; CRO 的报文 ID = 0x100,DTO 的报文 ID = 0x101,均为 29 - bit 扩展帧。

按照下载时 BootLoader 在 ECU 内部 RAM 中开辟的下载缓存大小(用 $B_{size}$ 表示,单位 byte)将测试分成 3 种情形。在 BootLoader 运行时对其命令码 CMD(10 进制)和 CAN 总线负载 Busload (%)进行监测,结果如图 8 ~ 图 10 所示。

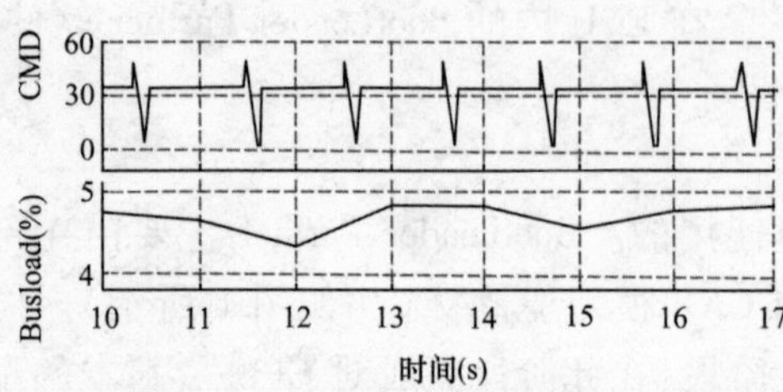


图 8　$B_{size}$ = 0x200 时,CMD 和 CAN 总线负载情况

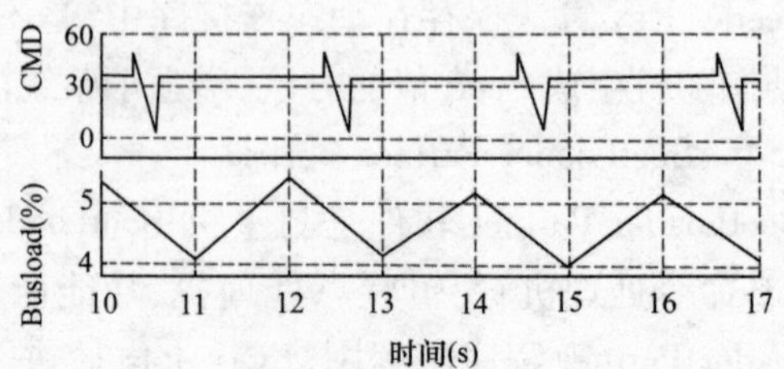


图 9　$B_{size}$ = 0x400 时,CMD 和 CAN 总线负载情况

以 $B_{size}$ = 0x200 时为例,给出下载和编程过程的局部放大图(图 11)。根据测量得到的 CMD、

CAN 总线负载与时间的关系曲线，得到表 2～表 4 数据。

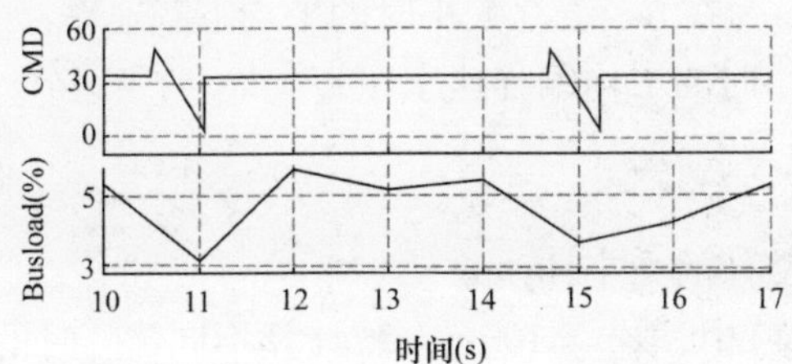

图 10 $B_{size}$ = 0x800 时，CMD 和 CAN 总线负载情况

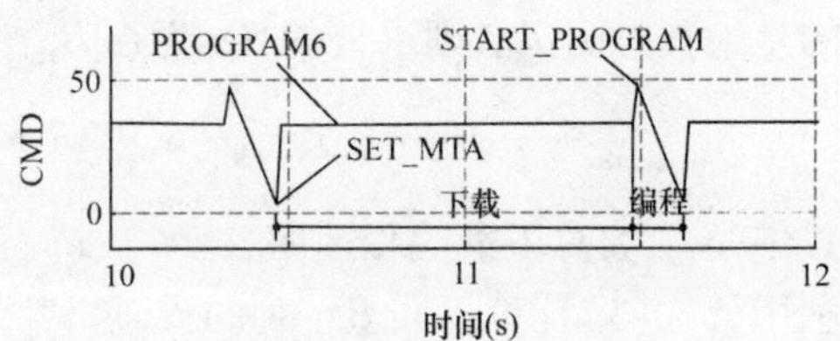


图 11 单位缓存数据下载和编程过程放大图

**表 2 $B_{size}$ = 0x200 时的测试结果**

| 测试序号 i(次) | 1 | 2 | 3 | 均值 |
| --- | --- | --- | --- | --- |
| 下载时间 $T_{dl}$(s) | 0.8716 | 0.8883 | 0.8728 | 0.8776 |
| 编程时间 $T_{pg}$(s) | 0.1435 | 0.1435 | 0.1438 | 0.1436 |
| 总时间 $T_{Total}$(s) | 205.08 | 208.54 | 204.70 | 206.11 |
| CAN 总线峰值负载 | 5.59 | 5.50 | 5.59 | 5.56 |

**表 3 $B_{size}$ = 0x400 时的测试结果**

| 测试序号 i(次) | 1 | 2 | 3 | 均值 |
| --- | --- | --- | --- | --- |
| 下载时间 $T_{dl}$(s) | 1.7413 | 1.7296 | 1.7413 | 1.7374 |
| 编程时间 $T_{pg}$(s) | 0.2654 | 0.2645 | 0.2650 | 0.2650 |
| 总时间 $T_{Total}$(s) | 200.41 | 200.79 | 200.64 | 200.61 |
| CAN 总线峰值负载 | 5.75 | 5.90 | 5.75 | 5.80 |

**表 4 $B_{size}$ = 0x800 时的测试结果**

| 测试序号 i(次) | 1 | 2 | 3 | 均值 |
| --- | --- | --- | --- | --- |
| 下载时间 $T_{dl}$(s) | 3.5004 | 3.5045 | 3.4709 | 3.4913 |
| 编程时间 $T_{pg}$(s) | 0.5030 | 0.5036 | 0.5023 | 0.5030 |
| 总时间 $T_{Total}$(s) | 200.16 | 200.71 | 198.61 | 199.83 |
| CAN 总线峰值负载 | 5.90 | 5.69 | 5.73 | 5.77 |

表 2～表 4 中下载时间 $T_{dl}$(s)是指单位缓存大小的数据，从 BootLoader 传输到 ECU 内 RAM 缓存的这个过程所需要的时间，表中的值是该次测试取 10 个下载时间段的平均值。编程时间 $T_{pg}$(s)是指 ECU 内的 BootLoader Partner 将单位缓存大小的数据固化到 ECU 的 FLASH 存储区的这个过程所需要的时间，表中的值是该次测试取 10 次编程时间段的平均值。总时间 $T_{Total}$ 是指整个生产文件从下载到编程完成所需要的时间。

定义 $P_{dl}$ 为对 ECU 编程 $B_{size}$ 大小的数据时，下载占总时间(包括图 11 中下载和编程两个时间段)的比率(%)，则：

$$P_{dl} = [T_{dl}/(T_{dl} + T_{pg})] \times 100\% \qquad 式(3)$$

平均速率为：

$$S_{vag} = \frac{1}{m}\sum_{i=1}^{m}\left| B_{size}/\left(\frac{1}{n}\sum_{j=1}^{n}T_{ij}\right)\right| \qquad 式(4)$$

式中，$m$ 为对 ECU 进行编程测试的总次数；$n$ 为单次测试时选取“过程时间”的样本数，此处“过程”是指下载或编程(图11);$T_{ij}$为第$i$次测试时,第$j$个过程所需的时间;$S_{avg}$为平均速率(byte/s),如果代入式(4)的$T_{ij}$表示的是下载时间$T_{dl}$,则求得的$S_{avg}$为在$B_{size}$缓存大小时的平均下载速率;如果$T_{ij}$表示的是编程时间$T_{pg}$,则求得的$S_{avg}$为在$B_{size}$缓存大小时的平均编程速率。

$$S_{Total} = F_{size} / \left| \frac{1}{n}\sum_{j=1}^{n} T_{Total} \right| \quad 式(5)$$

式中,$S_{Total}$为总下载编程速率,byte/s;$F_{size}$为生产文件的大小,byte。

利用公式(3)计算不同$B_{size}$时的$P_{dl}$。代入公式(4)中,取$n=10$,$m=3$,计算不同$B_{size}$时的平均下载速率和平均编程速率。利用公式(5)计算不同$B_{size}$时的总下载编程速率$S_{Total}$。计算结果见表5。

**表5 BootLoader性能参数比较**

| $B_{size}$(byte) | 0x200 | 0x400 | 0x800 |
|---|---|---|---|
| $P_{dl}$(%) | 85.94 | 86.77 | 87.41 |
| 平均下载速率$S_{avg}$(byte/s) | 583.4 | 589.4 | 586.6 |
| 平均编程速率$S_{avg}$(byte/s) | 3565.5 | 3864.2 | 4071.6 |
| $S_{Total}$(byte/s) | 497.2 | 510.8 | 512.8 |

分析表5中的计算结果,可以得出如下试验结论:

(1)随着$B_{size}$的不断增大,$P_{dl}$的值也不断增大,且$P_{dl} \geq 85.94\%$,这说明在对ECU编程的过程中,数据传输所消耗的时间远大于ECU内部BootLoader Partner将RAM区的数据固化到FLASH的时间,因而,如果将CAN总线的波特率提高至1Mbit/s,则针对相同生成文件对ECU的整个编程时间$T_{Total}$将至少减少43%。

(2)不同$B_{size}$对下载速率的影响不大,可以认为是相同的,这是由CAN总线的传输速率决定的。

(3)不同$B_{size}$对平均编程速率的影响比较显著,适当增大下载缓存在一定程度上可以提高ECU编程效率。试验使用的生产文件大小为100kbytes,而完整的生产文件数据量一般都在1 Mbytes,甚至更多,此时如采用$B_{size}=0\times400$会比$B_{size}=0\times200$时节省1min左右(波特率仍为500 kbit/s),这对生产节拍紧凑的装配线还是很可观的。

(4)CAN总线平均峰值负载比较接近。从图9~图11还可以看出,随着$B_{size}$不断增大,总线负载的波动范围也增大,但这个波动范围不会影响通信的可靠性。BootLoader设备的通信是基于扩展CCP协议的,通信数据链路层实质上使用的是“发送等待”协议实现的,BootLoader的CCP数据发送速率可以通过BootLoader Partner的命令执行情况得到调节,只要保持对ECU的供电稳定、外部环境稳定(例如对CAN总线无剧烈的电磁干扰等),并且CAN通信的数据链路畅通(连接正确),试验证明BootLoader每次都可以将ECU的应用程序正确地下载并固化到ECU内指定的FLASH存储区里。



## 5 结论

(1)所开发的BootLoader设备能够满足开发和生产的需要。其硬件组成简单实用,成本低,数据传输速度高。

(2)BootLoader支持对ECU在全地址映射区间的编程,可以实现ECU应用程序的下载、升级、标定数据的再编程等功能。

(3)BootLoader对目标机文件采用了分级CRC校验,并实现了Seed&Key身份验证机制,通过特殊文件生成器对标准目标文件进行变换生成特殊格式的生产文件,这些措施有力地提高了系统的安全性。

(4)BootLoader设备的主机软件使用Visual C++设计,具有良好的交互界面和丰富的交互信息,操作简便。

(5)除了 BLANK_CHECK 和 START_PROGRAM 2 条命令之外,主机 BootLoader 软件与从机 BootLoader Partner 软件之间的通信均采用 CCP 国际标准,因而 BootLoader 软件具有一定的通用性。

(6)有了 BootLoader 设备的支持,可以采用产品 ECU 进行研发后期的测试、标定、匹配和试验工作,有助于提早发现 ECU 开发过程中的缺陷,缩短研发周期、降低开发成本。

## 参 考 文 献


[1] Heinisch C, Simons M. Loading flashware from external interfaces such as CD-ROM or W-LAN and programming ECUs by an on-board SW-component[C]//SAE Paper,2004 - 01 - 0678.

[2] Emaus B. Tiny CAN monitor[C]//SAE Paper,2000 - 01 - 0388.

[3] Dallmayr C, Schl ter O. ECU software development with diagnostics and flash down-loading according to international stand-ards[C]//SAE Paper,2004 - 01 - 0273.

[4] CAN Calibration Protocol, Version 2.1[P]. ASAP Standard 18 - feb - 1999.

[5] MPC555 / MPC556 user's manual, CDR MoneT FLASH EEPROM, Rev. 15.[P]. MOTOROLA, 2000.

[6] Tool interface standards(TIS), executable and linking format (ELF) specification, Version 1.2[P]. TIS Committee, 1995.

[7] 谢希仁. 计算机网络(第 4 版)[M]. 北京:电子工业出版社,2004:73 - 74.


# Research and Development of ECU Programming Device for Electronic-Controlled Diesel Engine


Sun Lining[1], Mu Chunyang[1], Du Zhijiang[1], Chen Yanchun[2], Li Jun[2]

(1. Robot Research Institute, Harbin Institute of Technology, Harbin 150001, China;

2. R&D Center, China FAW Group Corporation)



**Abstract**: In order to provide a reliable ECU data-downloading device during EOL phase of electronic controlled diesel engine, a method based on CAN bus and extended CCP for ECU application program downloading and updating was proposed. Using this method an ECU programming device called BootLoader was developed. BootLoader had abilities of downloading and updating application program of ECU and can realize reprogram of calibration data. Seed&Key algorithm was implemented to validate identity of operator. Special Format File Generator was used for converting target file with standard format into special format file for guaranteeing integrity and correctness of production files. Multilevel CRC mechanism was used to verify results of downloading and programming. The downloading/programming performance and reliability of BootLoader were analyzed by monitoring CAN bus status during BootLoader working. The results prove that BootLoader can meet requirements during development and manufacturing processes.



**Key Words**: IC Engine; Diesel Engine; Electronic Controller unit; EOL; CAN Calibration Protocol; ECU Programming Device


第六部分

[illegible]

参考文献

[illegible]

# Research and Development of ECU Programming Device for Electronic Controlled Diesel Engine

[illegible]

(1. [illegible] Research [illegible] Harbin Institute of Technology, Harbin 150001, China; 2. R&D Center, China FAW Group Corporation)

Abstract [illegible]

Key Words: [illegible] Diesel Engine [illegible]

# 第七部分

# 节能与新能源汽车

JIENENG YU XINNENGYUAN QICHE

# 混合动力汽车节油机理研究*

刘明辉,赵子亮,李 骏
(第一汽车集团公司技术中心)

**摘 要**:论述了混合动力汽车的节油机理,通过实例揭示了混合动力汽车节油途径。通过选用较小功率发动机、取消发动机怠速、控制发动机工作在高效区、控制发动机断油、适当增加蓄电池SOC窗口以及回收再生制动能量共6项措施来降低整车油耗,可实现节油30% ~50%的目标。

**关键词**:混合动力汽车;节油;机理

**中图分类号**:U469.72 **文献标识码**:A **文章编号**:1000 -3703(2005)05 -0011 -03

## 1 前言

随着汽车保有量的增加,石油资源匮乏和环保压力已成为汽车工业可持续发展的瓶颈。为了获得社会、经济与资源、环境相互促进下的可持续发展,许多国家都在积极地进行代用燃料汽车、纯电动汽车、燃料电池汽车以及混合动力汽车等新型汽车的开发。其中混合动力汽车被认为是近期降低汽车排放和油耗的最可行方案[1,2]。影响混合动力汽车油耗的主要因素有三个:动力总成参数匹配、循环工况和控制策略。其中前两者已在文献[2]、[3]中分别进行了相关论述。本文主要是通过研究并联混合动力汽车的控制策略来论述混合动力汽车的节油机理,并通过实例分析揭示混合动力汽车节油途径。

## 2 混合动力汽车节油机理

混合动力汽车可通过下列途径达到节油目的:选择较小功率发动机;取消发动机怠速;控制发动机工作在高效区;发动机断油;适当增大蓄电池SOC(State of Charge)窗口;回收再生制动能量。

### 2.1 选择较小功率发动机

并联混合动力汽车的基本控制策略为:通过限制发动机的工作区间,将发动机控制在高效率区运行,提供所要求的转矩;将电动机作为载荷调节装置,当需要大转矩输出时参与驱动,当需要小转矩输出时吸收发动机多余能量进行发电,并将蓄电池组的电量状态维持在高效率区间内。发动机的选择只需满足整车要求的平均功率即可,因此降低了发动机需求功率。发动机功率降低带来如下优点:减小功率损失,提高了发动机的效率;所消耗的燃油减少,相应降低了油耗。原来传统汽车需求的6缸机降为4缸机,即可满足混合动力汽车的整车要求。研究表明,发动机由大功率降为中等功率,可节油5% ~15%[4]。

### 2.2 取消发动机怠速

大型柴油机怠速1 h消耗燃油约3.785L。按照统计的城市公交客车循环工况[5],发动机怠速时间约占整个循环时间的30% ~40%。如果一辆公交汽车每天运行8 h,则怠速燃油消耗将达到9 ~12 L,可见取消发动机怠速有利于节约燃油。混合动力汽车通过控制策略,可以实现发动机的起动

刊登信息:《汽车技术》2005年第5期

* 国家“863”计划电动汽车重大专项2003AA501500。

与停止。当车速为零、加速踏板松开时,程序控制自动关闭发动机;当加速踏板踩下时,程序控制电动机在0.5 s内起动发动机,实现发动机无怠速控制。图1为北京循环工况下取消发动机怠速时,发动机燃油消耗随时间的变化关系。从图1中可以看出,车速为零时,发动机关闭,取消了发动机怠速,相应发动机怠速燃油率为零,达到了节油的目的。研究表明,取消发动机怠速可节油5%~10%。

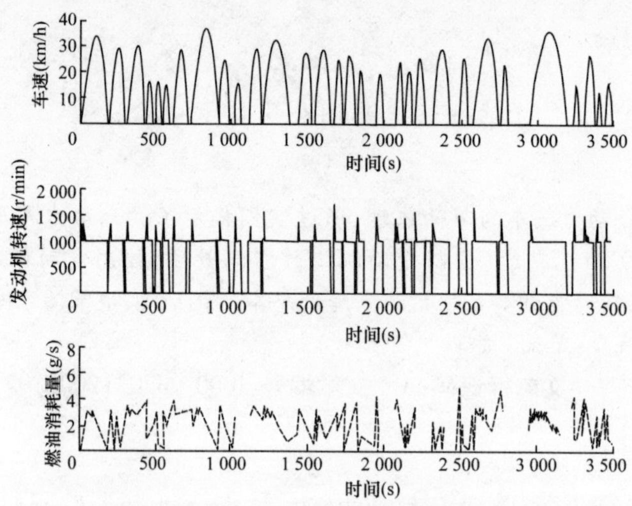


图1　取消发动机怠速时发动机燃油消耗量随时间变化关系

### 2.3　控制发动机工作在高效区

传统汽车其动力来源只有发动机。为满足汽车的各种动力性能要求,发动机必然要选择的很大,使得汽车在绝大多数情况下的低负荷运行时,造成发动机在较小负载区域内工作,因此使发动机经济性和排放性变差。

发动机在较高的负荷率及中高转速下工作时,发动机的平均效率明显提高。混合动力汽车通过控制策略并选用了较小功率的发动机,可使绝大多数的工作点落在发动机的高效区间。在低速低负荷时,如果电动机能够满足需求功率,则电动机单独驱动,实现纯电动模式;如果电动机不能够满足需求功率,则控制发动机工作在高效区,剩余的功率为蓄电池充电,以提高燃料利用率。而在汽车急加速和爬坡、发动机满足不了整车动力需求时,电动机参与工作,实现电动机助力联合驱动模式。控制发动机工作在高效区,可以实现节油。图2为北京循环工况下传统汽车发动机(某型170kW发动机)工作点分布,从图2中可以看出,传统汽车发动机的实际工作点大部分落在了其低效区,经济性和排放效果很差。采用混合动力汽车,通过控制策略可控制发动机工作在高效区,图3所示发动机的工作点基本上落在了发动机外特性线上,对DEUTZ发动机,其外特性线上的效率很高,这样有利于节油。研究表明,控制发动机工作在高效区,可以节油5%~10%。

### 2.4　发动机断油控制

当松开加速踏板使汽车减速时,如图1所示,可以控制发动机高速反拖断油,直到怠速恢复供油为止,实现节油目的。研究表明,控制发动机断油,可节油5%。

### 2.5　适当增大蓄电池SOC窗口

对于能量平衡型的混合动力汽车(所谓能量平衡型是指汽车经过某一循环工况后,蓄电池的荷电状态SOC的变化 $\Delta SOC=0$ 或 $|\Delta SOC|<1\%$ [6]),蓄电池的荷电状态SOC窗口适当增大有利于节油。因为适当增大蓄电池的荷电状态SOC窗口,蓄电池所能提供的能量越多,电动机参与的工作越多,而电动机和蓄电池的效率要高于发动机,因此可以实现节油。另一方面,适当增大蓄电池的荷电状态SOC窗口,蓄电池的充放电频率减少,这样能量间的转化损失减少,因此越节油。图4为蓄电池

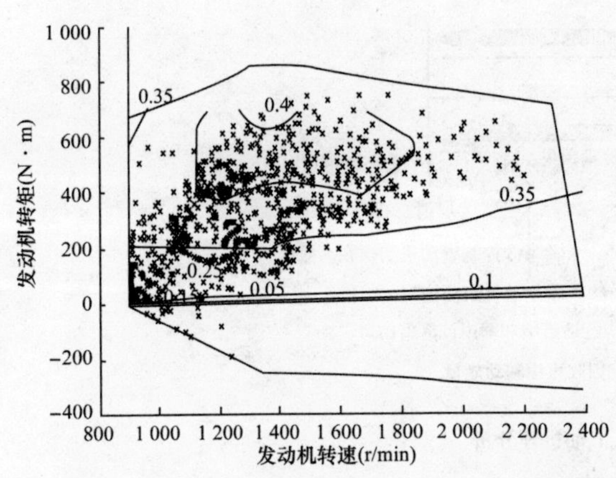


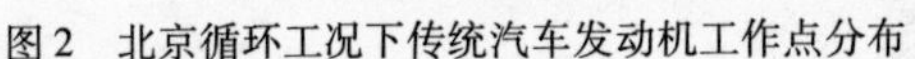
图2 北京循环工况下传统汽车发动机工作点分布

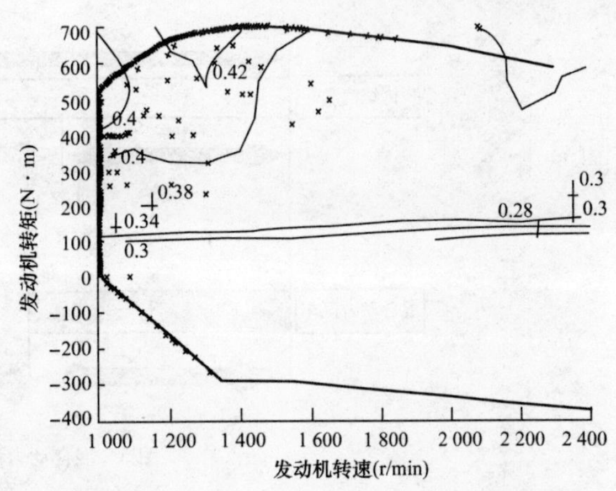

图3 北京循环工况下混合动力汽车发动机工作点分布

SOC 窗口对燃油消耗的影响。蓄电池 SOC 窗口从 65% ~80% 到 60% ~80% 再到 40% ~80%，燃油经济性分别提高 0.01% 和 3%。因此，根据每种蓄电池的性能，以及所允许的蓄电池 SOC 工作窗口不同，在兼顾蓄电池效率(要求效率最高)和内阻(内阻最小)的情况下，可适当增大蓄电池 SOC 窗口，达到节油的目的。

### 2.6 回收再生制动能量

当车辆滑行或制动时，传统汽车通过机械制动系统将车辆的动能转化为热能，消耗在转动鼓(盘)上而浪费掉。混合动力汽车由于加装了电动机系统，在车辆滑行或制动时，可利用电动机吸收能量，回馈到蓄电池组中储存起来。为了最大限度地回收再生制动能量，控制策略应是优先由电动机再生制动，当电动机满足不了整车制动强度或蓄电池的 SOC 达到最大限值时，机械制动参与工作以实现制动的可靠性。图 5 为电动机再生制动能量与机械制动能量分配关系图。在制动过程中，整车控制策略分配制动力矩，实现电动机最大限度地回收再生制动能量。研究表明，由于电动机再生制动能量的回收可节油 5% ~12%。

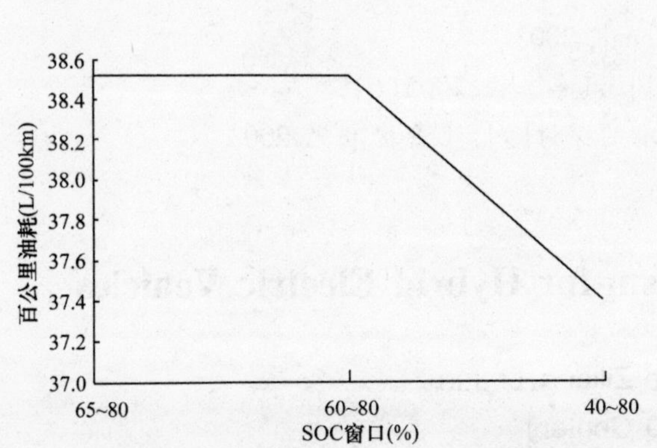

图4 蓄电池的 SOC 窗口对燃油经济性的影响

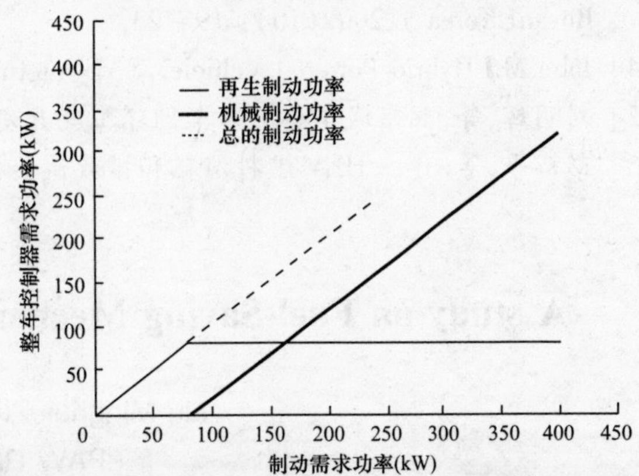

图5 电动机再生制动能量与机械制动能量分配关系

综合采取上述措施，可大大降低整车油耗，达到节油 30% ~50% 的目标，如图 6 所示。

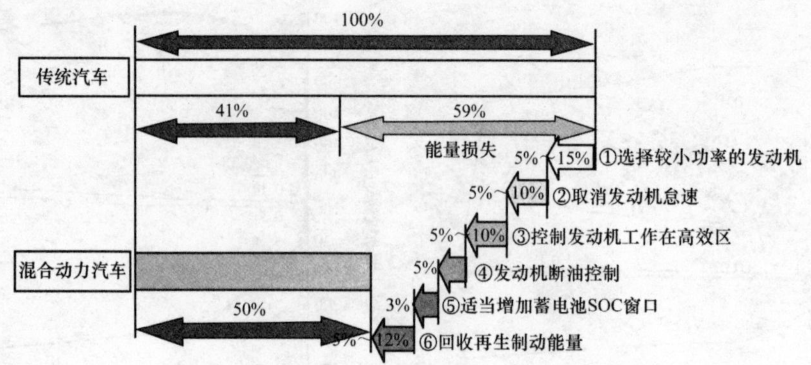


图6　混合动力汽车节油机理分析

## 3　结束语

混合动力汽车通过采取上述措施改善了其排放和燃油经济性,达到了节油目的:选择较小功率发动机可使整车的经济性提高5%~15%;取消发动机怠速可使经济性提高5%~10%;控制发动机工作在高效区可使经济性提高5%~10%;发动机断油使经济性提高5%;适当增大蓄电池SOC窗口可使经济性提高3%;回收再生制动能量可使经济性提高5%~12%。这样整个系统可以提高燃油经济性30%~50%。研究结果为混合动力汽车控制器开发提供了设计依据,第一汽车集团公司混合动力客车整车控制器的控制策略和算法正基于此机理进行开发。

## 参考文献

[1] 陈清泉,等.混合动力车辆基础[M].北京:北京理工大学出版社,2001.

[2] 初亮.混合动力总成的控制算法和参数匹配研究[D].吉林大学博士学位论文,2002(6).

[3] Zhao Z L et al. The Influence of the Driving Cycle on Fuel Economy for Hybrid Public Bus. EVS19, Busan(Korea),2002(10):19-23.

[4] John M. Hybrid Powered Vehicle. SAE international, 2003.

[5] 刘明辉,等.北京城市公交客车循环工况开发[J].汽车工程,2005(6).

[6] 彭裕平,等.建立HEV燃料消耗和排放试验标准的探讨[J].上海标准化,2003.

## A study on Fuel-Saving Mechanism for Hybrid Electric Vehicles

Liu Minghui,Zhao Ziliang,Li Jun
(FAW R&D Center)

**Abstract**:The fuel-saving mechanism for hybrid electric vehicles is discussed. Fuel-saving approaches for hybrid electric vehicles are revealed with instances. By selecting low power engines, canceling engine idle, making the engine work in the high efficiency area, control engine fuel stop, properly increasing battery SOC windows and recovering brake energy to reduce complete vehicle fuel consumption, the target to save fuel by 30%~50% can be realized.

**Key Words**: Hybrid Electric Vehicle; Fuel Saving; Mechanism

# 混合动力汽车多途径节能定量研究*

曾小华[1],王庆年[2],李　骏[3],王伟华[2]
(1. 吉林大学汽车动态模拟国家重点实验室,长春　130025;
2. 吉林大学汽车工程学院,长春　130025;3. 一汽技术中心,长春　130012)

**摘　要:**文中分析了动力总成的能量消耗特点及功率流关系,提出了混合动力汽车的4条节能途径,并计算城市客车在典型城市工况下的燃油及能量消耗。分别对各节能途径进行了节能贡献的分析,最后总结了各城市工况下最大的总节能潜力。

**关键词:**混合动力汽车;节能;定量分析

## 前言

混合动力汽车多途径节能的定量研究国内外公开报道的文献较少,而混合动力汽车节能定量研究对混合动力汽车的结构选型、方案设计、参数选择以及整车控制与评价具有重要的指导意义。作者以并联式混合动力城市客车为研究对象,对其进行比较全面和深入的能量消耗定量研究,分析混合动力各节能途径对整车经济性(或节能)的贡献率,并综合分析其总节能潜力,从而为我国自主掌握混合动力汽车关键技术提供基础性理论依据。

## 1　混合动力汽车的节能途径

混合动力汽车是在传统汽车基础上发展起来的一种技术。由于传统汽车的所有动力均来自发动机,使得由最高车速、爬坡及加速等动力性要求设计的发动机功率,与整车平常行驶工况的功率需求之间存在较大差别,势必导致发动机大部分时间是以轻载低负荷工作,即出现"大马拉小车"的现象。由于发动机在低负荷工作时的效率与排放极差,从而造成整车燃油经济性与排放恶化,而混合动力汽车可从以下4方面达到节能目的:①选择功率较小的发动机(downsize),从而提高发动机负荷率;②改善控制策略使发动机工作在高效区,以改善整车的燃油消耗;③取消发动机怠速以节省燃油消耗;④对制动能量进行回收。

## 2　混合动力客车的节能定量研究

### 2.1　能量消耗分析及与功率流的关系

混合动力汽车的能量消耗分析是通过对各动力总成的功率进行积分计算得到,且建立在传动系之间功率流的基础之上。因此须建立并联式混合动力客车的功率流关系,如图1所示。

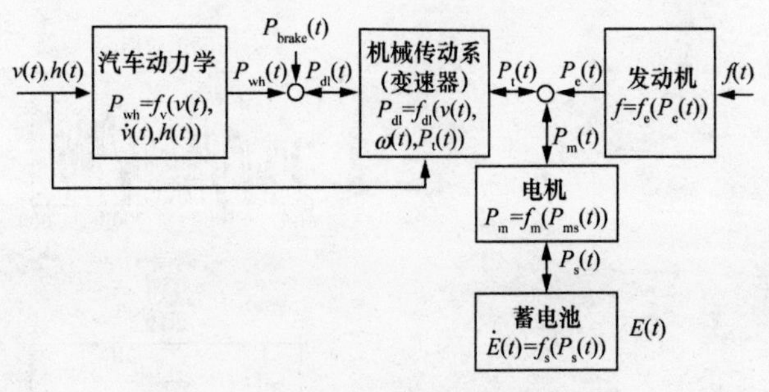


图1　并联式混合动力客车功率流关系图

图中,$v(t)$、$h(t)$为工况要求的车速和坡度,即车速、坡度对时间的历程;$\dot{v}(t)$、$\omega(t)$为由工况车速计算的加速度及传动系转速;$P_{wh}(t)$为基于汽车动力学方程,由车速、坡度计算的车轮功率要

刊登信息:《汽车工程》2007年(第29卷)第9期
*　国家"863"计划项目(2005AA501511)和吉林大学"985工程"项目资助。



第七部分

求；$f_v()$为汽车动力学方程；$P_{brake}(t)$为车轮制动功率；$P_{dl}(t)$为机械驱动系统功率要求；$f_{dl}()$为机械驱动系功率损失函数；$P_t(t)$为合成器功率需求；$P_e(t)$、$P_m(t)$、$P_s(t)$分别为发动机、电机和蓄电池功率需求；$f_e()$、$f_m()$、$f_s()$分别为发动机燃油消耗函数、电机效率（损失）函数和蓄电池效率函数；$E(t)$为蓄电池能量函数。

2.2　整车参数与循环工况

表1为传统公交客车和基于该传统型设计的双轴并联式混合动力城市客车参数对比。可见，基于传统城市公交客车，混合动力客车发动机由原来6缸变为4缸，功率从原来157kW变为117kW，减小了25%。同时从该城市客车的加速性仿真对比可见，由于混合动力客车与传统客车总功率大小基本一样，所以动力性基本相同，0～60km/h加速时间都在25s左右。因此，该混合动力客车与传统客车具有同等功率等级，从而在进行该混合动力客车与传统客车节能分析过程中，其二者具有可比性。

表1　混合型与传统型城市客车参数对比

| 项目＼整车 | 传统城市客车 | 混合动力城市客车 |
|---|---|---|
| 整车质量(kg) | 15 000 | 15 000 |
| 变速器 | 6挡手动 | 6挡AMT |
| 滚动阻力系数 | 0.008 | 0.008 |
| 发动机缸数 | 6 | 4 |
| 排量(L) | 7.11 | 4.98 |
| 最大热效率(%) | 40.89 | 40.94 |
| 最大功率(kW)(转速 r/min) | 157(2 500) | 117(2 300) |
| 最大转矩(N·m)(转速 r/min) | 680(1 400～1 500) | 578(1 400) |
| 电机最大功率(kW) | — | 30 |
| 总功率(kW) | 157 | 147 |
| 0～60km/h 加速时间(s) | 25.6 | 25.9 |

整车燃油经济性须针对与该车相适应的循环工况来进行研究。文中选择6个典型城市循环工况，分别是伦敦、北京、马德拉斯、曼哈顿、纽约和西维吉尼亚[1-2]，分别用C1～C6来代表，图2为其车速—时间历程曲线。

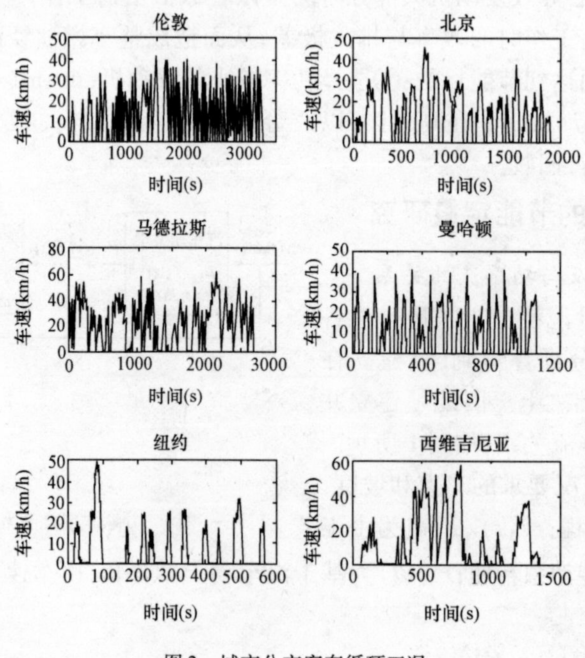


图2　城市公交客车循环工况

计算该传统客车的燃油消耗，结果如表2所示。可见，不同循环工况的燃油经济性的差别很大。

表2　传统客车的燃油消耗

| 循环工况 | C1 | C2 | C3 | C4 | C5 | C6 |
|---|---|---|---|---|---|---|
| 油耗(L/100km) | 56.4 | 40.2 | 39.7 | 69.5 | 120.4 | 49.5 |

从图2中的车速曲线可统计加速度 $a$，根据加速度及驱动系功率要求 $P_{wh}$ 可判断整车行驶工况状态(加速、匀速、滑行减速、制动减速和停车)。

2.3　混合动力客车的节能研究

2.3.1　整车制动工况下节能分析

传统客车在每个城市工况下都包括有制动工况，当功率要求为负时，说明整车正在进行制动。对所有负功率进行积分求和即为该工况制动过程的总能量消耗 $E_{brake}$，可表示为：

$$E_{brake} = \frac{1}{3\,600}\int_0^{T_{cyc}} P_{wh}\mathrm{d}t \quad (P_{wh} < 0) \qquad 式(1)$$

式中，$T_{cyc}$ 为循环工况时间；$P_{wh}$ 为驱动系功率要求。而制动减速过程时间 $T_{brake}$ 可表示为：

$$T_{brake} = \Sigma t \quad (\mathrm{d}v/\mathrm{d}t < 0, P_{wh} < 0) \qquad 式(2)$$

则制动时间比例为：$\beta_{T\_brake} = \frac{T_{brake}}{T_{cyc}} \times 100\%$　式(3)

对所有发动机输出功率求和，代表该工况下总的驱动能量要求 $E_{cyc}$ 为：

$$E_{cyc} = \frac{1}{3\,600}\int_0^{T_{cyc}} P_e\mathrm{d}t(P_e > 0) \qquad 式(4)$$

式中，$P_e$ 为发动机输出功率。

总制动能量消耗 $E_{brake}$ 与总驱动能量 $E_{cyc}$ 的比值代表车轮最大制动能量百分比 $\beta_{E\_brake}$，计算式为：

$$\beta_{E\_brake} = \frac{E_{brake}}{E_{cyc}} \times 100\% \qquad 式(5)$$

对传统城市客车在典型城市工况下的动力源(发动机)输出能量和车轮制动能量分别进行计算，并求其制动能量百分比，结果如表3所示。

表3　制动情况的能量消耗统计

| 循环工况 | C1 | C2 | C3 | C4 | C5 | C6 |
|---|---|---|---|---|---|---|
| 制动时间比 $\beta_{T\_brake}$(%) | 29.55 | 31.83 | 15.58 | 37.80 | 66.22 | 35.77 |
| 驱动能量 $E_{cyc}$(kW·h) | 17.45 | 5.45 | 19.40 | 5.19 | 1.87 | 5.73 |
| 制动能量 $E_{brake}$(kW·h) | -3.43 | -0.89 | -3.18 | -0.95 | -0.36 | -0.85 |
| 制动能量比 $\beta_{E\_brake}$(%) | 19.64 | 16.35 | 16.41 | 18.40 | 19.14 | 14.82 |

从表3可知，针对每个典型城市循环工况，制动工况所消耗的能量占总消耗能量百分比都在14%以上。其中，伦敦和纽约城市工况的最大制动能量占总能量约20%，北京城市工况下最大制动能量为总消耗能量的16%。

混合动力客车电机功率为30kW，当制动功率大于30kW时，超出的那部分能量无法回收；若制动功率太小，考虑到再生制动系统功率损失并防止其频繁波动，能量不宜回收(这里假定小于5kW可不回收)。因此，制动功率在5~30kW的那部分能量可通过电机进行回收，则有效制动能量 $E_{Effect\_brake}$ 及其占总制动能量比率 $\beta_{Effect\_brake}$ 为：

$$E_{Effect\_brake} = \frac{1}{3\,600}\int_0^{T_{cyc}} P_{brake}\mathrm{d}t \quad (-30 \leqslant P_{brake} \leqslant -5) \qquad 式(6)$$

$$\beta_{Effect\_brake} = \frac{E_{Effect\_brake}}{E_{brake}} \times 100\% \qquad 式(7)$$

简化起见，文中将按前后制动能量与轴荷大小成比例进行分配，并尽量多回收再生制动能量[3-4]。根据该车实际轴荷分配情况，后轮制动总能量占总制动能量约70%（前轮摩擦制动能量为30%不能回收）。设能量从后驱动轮到后桥、变速器、电机及蓄电池整个过程的平均效率为80%[5]，则可回收的制动能量占总能量消耗的比率$\beta_{regen}$为：

$$\beta_{regen} = \beta_{E\_brake} \times \beta_{Effect\_brake} \times 80\% \times 70\% \qquad 式(8)$$

整个工况燃油消耗为$L_{cyc}$，所产生的驱动总能量为$E_{cyc}$，通过再生制动回收分析，回收的制动能量释放传递给车轮，并设定电能量从蓄电池到电机、变速器、后桥、车轮的平均转换效率为80%[5]，则相当于发动机可少输出$0.8 \times E_{Effect_brake} \times 70\% \times 80\%$能量，其可对应节省的燃油消耗$L_{brake}$为：

$$L_{brake} = \frac{0.8 \times E_{Effect\_brake} \times 70\% \times 80\%}{E_{cyc}} \times L_{cyc} \qquad 式(9)$$

即节省的燃油消耗百分比$\beta_{L_brake}$为：

$$\beta_{L\_brake} = \frac{L_{brake}}{L_{cyc}} = 0.8 \times \beta_{regen} \qquad 式(10)$$

对于该混合动力汽车，计算其在典型城市循环工况下制动时可回收制动能量及其利用比率，结果如表4、表5所示。

**表4　再生制动有效制动能量利用比率**

| 循环工况 | C1 | C2 | C3 | C4 | C5 | C6 |
|---|---|---|---|---|---|---|
| 有效制动能量 $E_{effect\_brake}$（kW·h） | 2.623 | 0.731 | 2.264 | 0.727 | 0.272 | 0.576 |
| 制动能量 $E_{brake}$（kW·h） | 3.429 | 0.892 | 3.185 | 0.955 | 0.359 | 0.850 |
| 有效制动能比 $\beta_{Effect\_brake}$（%） | 76.51 | 81.91 | 71.08 | 76.14 | 75.61 | 67.71 |

**表5　可回收的制动能量及节省的燃油比率**

| 循环工况 | C1 | C2 | C3 | C4 | C5 | C6 |
|---|---|---|---|---|---|---|
| 制动能量比 $\beta_{E\_brake}$（%） | 19.64 | 16.35 | 16.41 | 18.40 | 19.14 | 14.82 |
| 回收制动能量比 $\beta_{regen}$（%） | 8.41 | 7.50 | 6.53 | 7.85 | 8.10 | 5.62 |
| 回收燃油比 $\beta_{L\_brake}$（%） | 6.73 | 6.00 | 5.23 | 6.28 | 6.48 | 4.49 |

表4为所计算的制动能量利用比率$\beta_{Effect_brake}$，可见，所有循环工况下的有效制动能量比率都比较高，为67%～82%。

表5为所计算的制动能量百分比$\beta_{E_brake}$、可回收制动能量比率$\beta_{regen}$及回收燃油百分比$\beta_{L_brake}$，可以看出，在所有循环工况下，该混合动力客车可回收的制动能量占驱动消耗总能量的5.6%～8.5%，由此而节省的燃油消耗达4.5%～6.7%。

第七部分

2.3.2　取消发动机怠速的节能分析

首先确定发动机怠速时间为：

$$T_{idle} = \Sigma t \quad (v = 0 \text{ 或 } dv/dt < 0, P_{wh} < 0) \qquad 式(11)$$

式中，$T_{idle}$为发动机的怠速时间；$dv/dt$为加速度。

怠速时间内燃油消耗量与总燃油消耗量分别为

$$L_{idle} = \int_0^{T_{idle}} \frac{R_{fuel}}{\rho_{fuel}} dt \qquad 式(12)$$

$$L_{cyc} = \int_0^{T_{cyc}} \frac{R_{fuel}}{\rho_{fuel}} dt \tag*{式(13)}$$

式中，$R_{fuel}$为燃油消耗率；$\rho_{fuel}$为燃油密度；$L_{idle}$为传统汽车发动机怠速燃油消耗量；$L_{cyc}$为总燃油消耗量。

因此，怠速时间比率$\beta_{T_idle}$和怠速燃油消耗比率$\beta_{L_idle}$分别为：

$$\beta_{T\_idle} = \frac{T_{idle}}{T_{cyc}} \times 100\% \tag*{式(14)}$$

$$\beta_{L\_idle} = \frac{L_{idle}}{L_{cyc}} \times 100\% \tag*{式(15)}$$

按上述公式，计算传统城市客车在典型城市循环工况下的发动机怠速时间比率及怠速燃油消耗比率，结果如表6所示。

**表6　发动机怠速时间及燃油消耗统计**

| 循环工况 | C1 | C2 | C3 | C4 | C5 | C6 |
|---|---|---|---|---|---|---|
| 怠速时间 $T_{idle}$(s) | 1791 | 929 | 1114 | 590 | 481 | 645 |
| 怠速油耗 $L_{idle}$(L) | 1.88 | 0.97 | 1.20 | 0.62 | 0.50 | 0.67 |
| 总油耗 $L_{cyc}$(L) | 6.85 | 2.91 | 6.92 | 2.29 | 1.15 | 2.63 |
| 怠速时间比 $\beta_{T\_idle}$(%) | 54.45 | 48.24 | 41.41 | 54.13 | 80.03 | 45.78 |
| 怠速油耗比 $\beta_{L\_idle}$(%) | 27.40 | 33.56 | 17.38 | 27.06 | 44.04 | 25.62 |

通过表6可以看出，怠速时间占总循环工况时间均在40%以上。更为甚者，纽约城市工况的怠速时间居然高达80%，说明该城市的交通状况非常拥挤。由于传统客车在制动减速和停车过程中发动机一直处于怠速状态，因此，怠速过程所消耗的燃油占总燃油消耗的17%～44%。

针对上述城市公交客车循环工况，分别分析停车怠速段和制动减速段燃油消耗，从而进一步分析混合动力客车取消发动机怠速的节能贡献。

城市公交客车停车段时间比例$\beta_{T_stop}$和制动减速段时间比例$\beta_{T_brake}$计算如下。

$$\beta_{T\_stop} = \frac{T_{stop}}{T_{cyc}} \times 100\% \tag*{式(16)}$$

$$\beta_{T\_brake} = \frac{T_{brake}}{T_{cyc}} \times 100\% \tag*{式(17)}$$

其中，$T_{stop} = \Sigma t\ (v = 0)$

则怠速段时间比例$\beta_{T_idle}$为：$\beta_{T_idle} = \beta_{T_stop} + \beta_{T_brake}$。

停车段怠速燃油消耗百分比$\beta_{L_stop}$为：

$$\beta_{L\_stop} = \frac{L_{stop}}{L_{cyc}} \times 100\% = \frac{1}{L_{cyc}} \int_0^{T_{stop}} \frac{R_{fuel}}{\rho_{fuel}} dt \times 100\% \tag*{式(18)}$$

制动减速段发动机怠速燃油消耗百分比为：

$$\beta_{L\_brake} = \frac{L_{brake}}{L_{cyc}} \times 100\% = \frac{1}{L_{cyc}} \int_0^{T_{brake}} \frac{R_{fuel}}{\rho_{fuel}} dt \times 100\% \tag*{式(19)}$$

按上述公式分别计算典型城市公交客车循环工况下制动怠速与停车怠速段内的发动机燃油消耗，结果如表7所示。

表7　怠速时间与燃油消耗比率

| 循环工况 | C1 | C2 | C3 | C4 | C5 | C6 |
|---|---|---|---|---|---|---|
| 制动时间比 $\beta_{T\_brake}$(%) | 24.90 | 16.41 | 25.83 | 16.33 | 13.81 | 10.01 |
| 停车时间比 $\beta_{T\_stop}$(%) | 29.55 | 31.83 | 15.58 | 37.80 | 66.22 | 35.77 |
| 怠速时间比 $\beta_{T\_idle}$(%) | 54.45 | 48.24 | 41.41 | 54.13 | 80.03 | 45.78 |
| 怠速油耗比 $\beta_{L\_idle}$(%) | 27.40 | 33.56 | 17.38 | 27.06 | 44.04 | 25.62 |
| 制动油耗比 $\beta_{L\_brake}$(%) | 13.55 | 13.04 | 11.61 | 9.40 | 8.99 | 6.79 |
| 停车油耗比 $\beta_{L\_stop}$(%) | 13.85 | 20.52 | 5.77 | 17.66 | 35.05 | 18.83 |

可见，相对传统客车，混合动力客车由于取消发动机怠速可节省17%~44%的燃油。其中，北京城市循环工况能够节省33.6%的燃油，而纽约城市循环工况节省最多达44%。另外，从所计算的停车段怠速消耗燃油 $\beta_{L\_stop}$ 来看，即使不通过发动机的高速断油控制，仅由混合动力技术实现停车怠速控制的话，那么怠速节省的燃油约占总消耗燃油的6%~35%，如表7的最后一行所示。其中，由于马德拉斯工况停车时间较短，其节省的燃油较少外（只有5.7%），而对于纽约工况，由于其停车怠速时间最长，因此节省燃油也最多，为35%，对于北京工况，通过停车怠速控制能节省燃油消耗20%。可见，对于混合动力城市客车，取消发动机怠速的节能效果是相当可观的。

2.3.3　发动机downsize的节能分析

相比传统汽车，混合动力汽车为保证相近动力性，总功率基本保持不变，且由于由两动力源——发动机与电机组成，因此混合动力汽车的发动机功率要相应减小（downsize）。由于发动机downsize，使整车的系统工作效率得到改善。

整车传动系工作效率与发动机的峰值效率 $\eta_{fc\_pk}$、发动机部分负荷效率因数 $F_{fc\_part}$ 和机械传动系效率 $\eta_t$[6] 有关，整车传动系总体效率 $\eta_{veh}$ 为三者之积，即：

$$\eta_{veh} = \eta_t \times F_{fc\_part} \times \eta_{fc\_pk} \qquad 式(20)$$

传统客车在典型城市工况下的效率统计结果如表8所示，可以看出，整车的总体效率在4%~17%之间。虽然该传统客车选用的发动机为效率较高的柴油发动机，其峰值效率 $\eta_{fc\_pk}$ 达到40.89%，但从表8中的部分效率因数 $F_{fc\_part}$ 反映来看，平均效率离发动机峰值效率偏差较大，这说明绝大部分时间发动机并不在其峰值效率附近工作。因此，尽管整车机械传动系效率 $\eta_t$ 较高，但整车总体工作效率 $\eta_{veh}$ 并不高，最大的也只有17%左右，也就是说发动机本身的高效特点并没有充分发挥出来。混合动力客车在发动机downsize后的效率与燃油消耗如表9所示。从表9中可以看出，和传统客车情况一样，循环工况对该混合动力客车的传动系效率及燃油经济性的影响也很大。由于混合动力客车的发动机downsize，各循环工况下的发动机部分负荷效率因数均得到了改善。改善最明显的是纽约城市循环工况，发动机部分负荷效率从11%被提高到15%左右，即它的部分负荷效率因数提高了37%。整车总传动系效率从原来的4.2%提高到5.8%，改善幅度为36%。对于其他城市工况，发动机downsize使发动机的负荷率都得到了提高，从而整车效率提高了2%~14%，燃油经济性改善了13%~19%，北京城市工况的燃油经济性改善了18.6%。



表8　传统客车传动系统工作效率统计

| 循环工况 | C1 | C2 | C3 | C4 | C5 | C6 |
|---|---|---|---|---|---|---|
| 峰值效率 $\eta_{fc\_pk}$(%) | 40.89 | | | | | |
| 效率因数 $F_{fc\_part}$(%) | 40.33 | 31.14 | 44.64 | 30.82 | 11.43 | 30.71 |
| 机械效率 $\eta_t$(%) | 93.30 | 92.60 | 92.82 | 92.75 | 91.09 | 92.99 |
| 总效率 $\eta_{veh}$(%) | 15.39 | 11.79 | 16.94 | 11.69 | 4.26 | 11.68 |

表 9　混合动力客车效率及燃油经济性(仅 downsize)

| 循环工况 | C1 | C2 | C3 | C4 | C5 | C6 |
|---|---|---|---|---|---|---|
| $\eta_{fc\_pk}$(%) | 40.94 | 40.94 | 40.94 | 40.94 | 40.94 | 40.94 |
| $F_{fc\_part}$(%) | 41.02 | 35.64 | 49.60 | 34.33 | 15.67 | 33.54 |
| $\eta_t$(%) | 92.85 | 91.95 | 92.40 | 92.43 | 90.70 | 92.65 |
| $\eta_{veh}$(%) | 15.59 | 13.42 | 18.76 | 12.99 | 5.82 | 12.72 |
| $\eta_t$ 改善(%) | 1.71 | 14.45 | 11.12 | 11.39 | 37.08 | 9.22 |
| $\eta_{veh}$ 改善(%) | 1.31 | 13.81 | 10.72 | 11.13 | 36.68 | 8.92 |
| 油耗(L/100km) | 48.63 | 32.74 | 34.07 | 60.13 | 97.12 | 41.55 |
| 油耗减少(%) | 13.88 | 18.61 | 14.32 | 13.58 | 19.38 | 16.11 |

图 3 为仅通过发动机 downsize 的情况下混合动力客车与传统型客车的燃油经济性对比图。由此可见,发动机 downsize 的节能效果是非常明显的。

2.3.4　发动机区域控制的节能分析

由于发动机 downsize 是由混合动力汽车本身设计所决定,所以其他节能途径对燃油经济性的贡献都包含了发动机 downsize 的节能贡献。因此,对该混合动力客车进行发动机工作区域控制节能分析及仿真计算时,首先假定混合动力客车无怠速消除及无再生制动回收,并在此基础上进行燃油经济性计算,然后减去上述发动机 downsize 的燃油经济性改善值,就是混合动力客车单独发动机区域控制所带来的节能贡献。

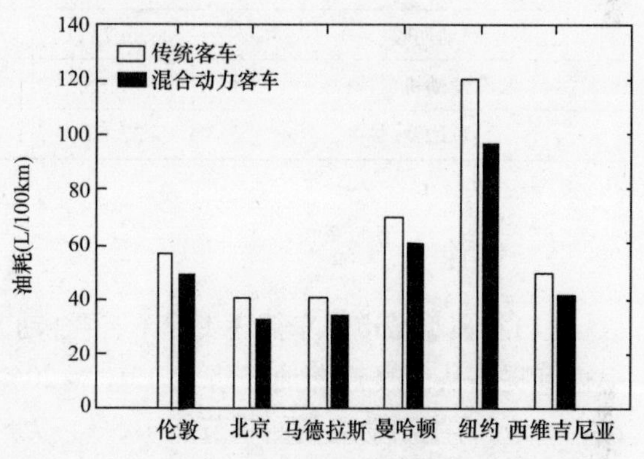


图 3　燃油经济性对比(仅 downsize)

通过修改相应控制策略参数可控制发动机在设定的高效区域内工作,并进行燃油经济性仿真计算,通过相减便得到发动机区域控制对整车节能的贡献。表 10 显示了在发动机区域控制(无发动机怠速及无再生制动)的情况下,各城市循环工况下的燃油经济性对比。

表 10　混合动力客车在区域控制时的燃油经济性

| 循环工况 | C1 | C2 | C3 | C4 | C5 | C6 |
|---|---|---|---|---|---|---|
| 油耗(L/100km) | 47.19 | 31.66 | 32.98 | 58.44 | 95.51 | 40.56 |
| 油耗减少(%) | 16.43 | 21.29 | 17.05 | 16.01 | 20.72 | 18.11 |
| 分离后油耗减少(%) | 2.55 | 2.68 | 2.73 | 2.43 | 1.33 | 2.00 |

从表 10 的燃油经济性计算可见,与传统客车的燃油经济性相比,混合动力客车燃油消耗降低了 16% ~21%。单独考查发动机区域控制时的节能贡献如表 10 中的分离后油耗减少值,即油耗减少 1% ~3%。对于北京工况,其燃油消耗改善为 2.68%。可见,发动机高效区控制的节能效果并不显著,主要由于发动机高效工作会对蓄电池充电,整个系统的功率损失也增大,使整车总体效率改善并不明显。

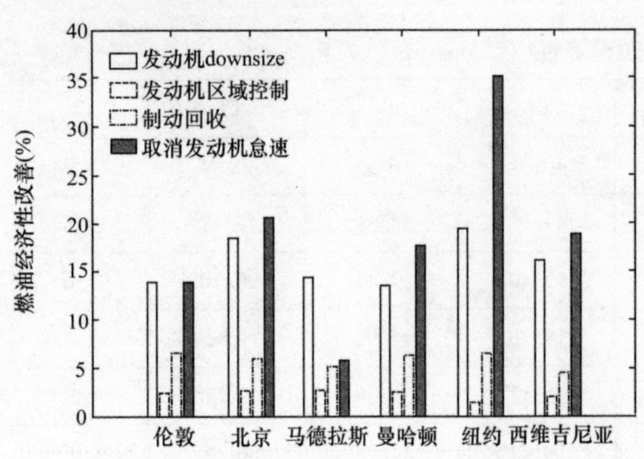


图4 混合动力城市公交客车节能途径贡献率

### 2.4 混合动力客车总节能潜力分析

表11为该混合动力客车在典型城市循环工况下全部节能途径的节能贡献情况分析。对于纽约城市循环工况,最大节能潜力达到62%;而对于我国北京城市循环工况,该混合动力客车最大节能潜力为48%。可见,混合动力客车总节能效果是非常显著的。通过表11可知,该混合动力城市公交客车各节能途径对燃油经济性的改善程度各不相同,如图4所示。

**表11 混合动力客车总节能潜力分析结果**

| 循环工况 | C1 | C2 | C3 | C4 | C5 | C6 |
|---|---|---|---|---|---|---|
| 发动机downsize(%) | 13.88 | 18.61 | 14.32 | 13.58 | 19.38 | 16.11 |
| 发动机区域控制(%) | 2.55 | 2.68 | 2.73 | 2.43 | 1.33 | 2.00 |
| 制动回收(%) | 6.73 | 6.00 | 5.23 | 6.28 | 6.48 | 4.49 |
| 取消发动机怠速(%) | 13.85 | 20.52 | 5.77 | 17.66 | 35.05 | 18.83 |
| 总增益(%) | 37.01 | 47.81 | 28.05 | 39.95 | 62.24 | 41.43 |

## 3 结论

(1)在典型城市客车循环工况下,混合动力客车通过发动机downsize提高了其负荷率,使整车效率得到提高从而改善燃油经济性13% ~20%;发动机工作区域控制对燃油经济性改善的贡献在1% ~3%;再生制动能量回收节能4.5% ~7%;而消除停车怠速可节省燃油6% ~35%。综合仿真分析表明其总节能潜力为30% ~60%。对于北京城市工况,该混合动力客车较传统型在燃油消耗方面节能潜力超过40%。

(2)通过上述混合动力客车节能机理定量研究表明,发动机downsize与取消发动机怠速对整车的节能效果最为明显。发动机downsize是混合动力汽车的设计技术,而取消发动机怠速是其控制技术,混合动力汽车节能机理研究揭示了无论设计、还是控制,对整车的节能都具有重要的影响。

## 参考文献

[1] National Renewable Energy Laboratory. ADV ISOR2002 Help Document[EB/OL]. 2002. http://www.ctts.nrel.gov/analysis.

[2] Lynch Thom as A, Eliason Lehr. Energy and Environmental Performance of Existing and Emerging Public Transportation Techno logics[R]. Technical Report, USDOT Grant No. DTRS93 - G - 0019 - NUT14 - FSU4, 1999.

[3] 王鹏宇.混合动力汽车复式制动系统的设计与性能仿真[D].长春:吉林大学, 2005.

[4] Eiji Nakamura, Masayuki Soga, Akira Sakai, et al Development of Electronically Controlled Brake System for Hybrid Vehicle[C]//SAE Paper, 2002 - 01 - 0300.

[5] Brigham D. The Ford Hybrid Vehicle Program Development Status, Presented at the SAE Topical

Technology Workshop on Hybrid Electric Vehicles: Here and Now[R]. SAE International Warrendale, Pa, 2000.

[6] Long WuQiang, KenjiMorita, Nobuo I wai. Analysis of HEV Components Efficiency on Fuel Economy [C]//SAE Paper,2000 - 01 - 1542.

## A Quantitative Research on Multi-approach Energy Saving of HEV

Zeng Xiaohua[1], Wang Qingnian[2], Li Jun[3], Wang Weihua[2]

(1. Jilin University, State Key Laboratory of Automobile Dynamical Simulation, Changchun 130025;
2. College of Automobile Engineering, Jilin University, Changchun 130025;
3. R&D Center of FAW, Changchun 130012)

**Abstract**: The features of energy consumption and power flow relation of HEV power-train are analyzed. Four approaches to energy saving for HEV are put forward and the fuel and energy consum ptions of a city bus under different typical city cycles are calculated. The contributions of each approach to energy saving are analyzed respectively, and the maximum potentials of overall energy saving for different city cycles are summarized.

**Key Words**: Hybrid Electric Vehicle; Energy Saving; Quantitative Analysis

第七部分

# CA6100 SH8 并联混合动力客车制动能量再生系统开发*

李　骏,赵子亮,刘明辉,魏文若,张尚明
(中国第一汽车集团公司技术中心,长春　130011)

**摘　要**:提出一种新的制动能量再生系统。通过在 CA6100 SH8 混合动力客车原装 ABS 系统的基础上增加压力传感器、双向单通阀和补气阀,配上控制模块,实现了驾驶员的制动意图,并达到最佳的制动能量回收效果;同时还确保了电机失效时的可靠制动。实车试验验证了该系统的制动能量再生功能。

**关键词**:并联混合动力客车;制动能量再生系统;开发

## 前言

制动能量再生是混合动力汽车节油最有效的途径之一,仿真结果表明,制动能量再生可节油 5% ~8% 甚至更高[1-2]。作者以中国第一汽车集团公司技术中心自主开发的 CA6100 SH8 混合动力客车为研究对象,提出了一种基于 ABS 与整车控制器(HCU)联合控制的制动能量再生系统,在车辆原有 ABS 系统基础上增加相关传感器或部件,同时考虑电机失效时制动系统的可靠性,通过控制策略和算法来实现驾驶员的制动意图,并且达到最佳的制动能量回收。最后通过实车试验验证了该系统具备制动能量再生功能。

## 1　制动能量再生系统的结构方案与控制原理

### 1.1　结构方案

CA6100 SH8 混合动力客车的动力总成构型为双轴并联结构[3]。图 1 为混合动力客车制动能量再生系统的结构方案,是在原装配 ABS 制动系统的基础上进行了改进,加装了 2 个压力传感器、1 个双向单通阀和 1 个补气阀,这样可在不改变车辆制动性能的前提下,尽可能多地回收车辆制动能量,达到节油的目的,并能补偿电机失效引起的制动力减小,确保制动安全性。此外,对原有 ABS 控制器进行了修改,增加了混合动力控制模块,在其控制板中增加了 3 路电磁阀驱动(两路驱动后轮 ABS 电磁阀,1 路驱动补气阀);增加了 1 个信号灯检测以及 CAN 通信接口。

### 1.2　控制原理

制动能量再生系统回收驱动轮的制动能量,在不改变驱动轮总制动力的情况下,首先由电机提供最大制动力,实现制动能量的再生,如果满足不了制动的需求,其余的由机械制动力提供。制动开始后,一个压力传感器采集驾驶员的制动需求,另一个压力传感器采集驱动轮的制动压力,通过 ABS 控制单元控制 ABS 阀的开关从而达到控制驱动轮压力的目的。制动未开始时,若电机对车辆施加了制动力并且该制动力突然消失或减小,ABS 系统通过对驾驶员的需求分析和实际制动气室压力分析,利用压力补偿阀将压缩空气直接送入制动气室,弥补电机的回收制动力矩损失;若压力补偿阀失效,则自动恢复常规制动方式,从而达到制动的稳定性。只要 ABS 系统起作用,电机不再进行制动能

刊登信息:《汽车工程》2008 年(第 30 卷)第 10 期
*　国家“863”电动汽车重大专项(2006AA11A108)资助。

量回收。其控制原理如图 2 所示。

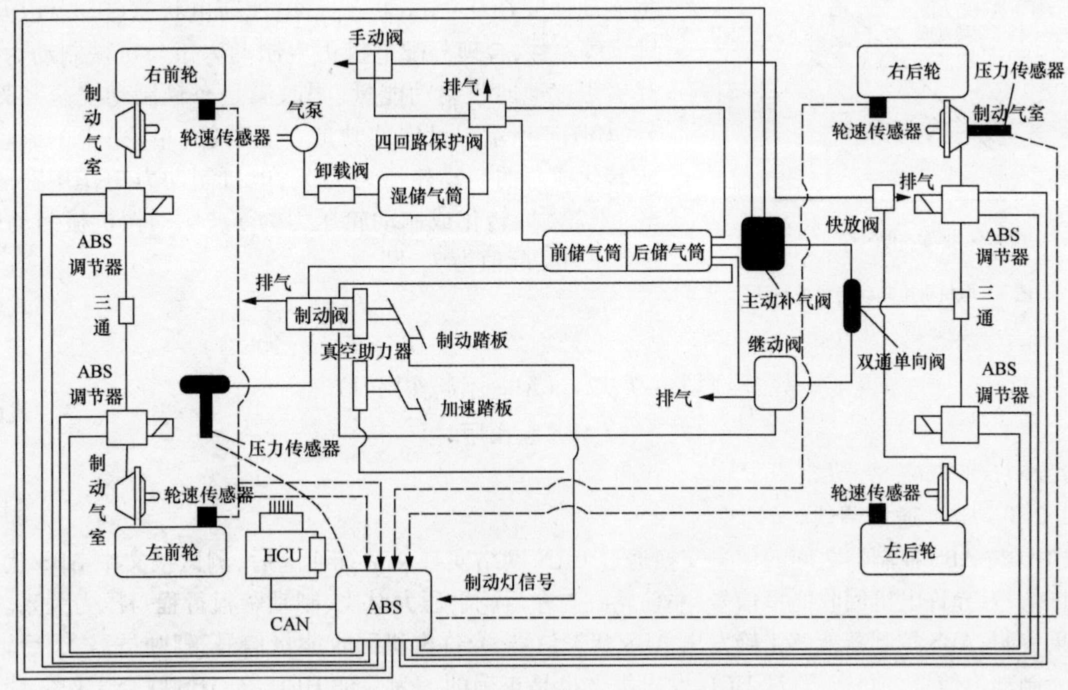


图 1　混合动力客车制动能量再生系统结构图

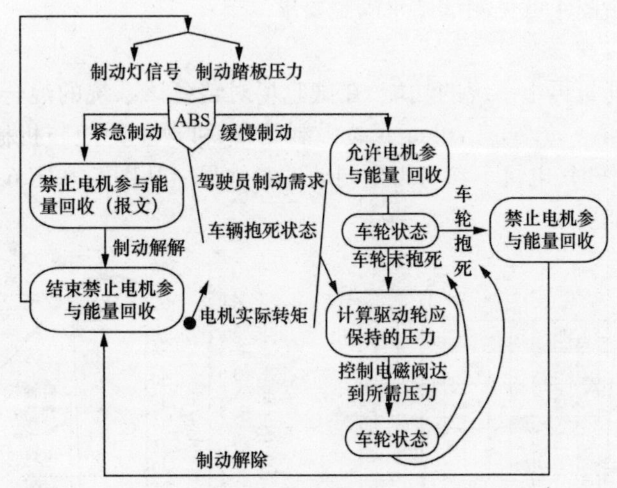


图 2　ABS 参与的制动能量再生控制原理图

## 2　制动能量再生系统的控制方法与试验研究

### 2.1　控制方法

在蓄电池允许充电的情况下，(1)当驾驶员松开加速踏板，并且未踩下制动踏板时，电机提供额定的制动力矩，即滑行制动，如 −50N · m 的再生制动力矩(此值通过 HCU 发送力矩命令给 MCU，根据驾驶情况可调整)；(2)制动踏板踩下后直至车轮趋于抱死过程中，按照驾驶员意图，实现电机再生制动与机械制动的合理分配；(3)当车轮趋于抱死时，ABS 控制单元请求电机停止工作，并控制气压系统单独完成制动工作。在蓄电池不允许充电的情况下，制动过程相当于常规车辆装有 ABS 的制动过程。

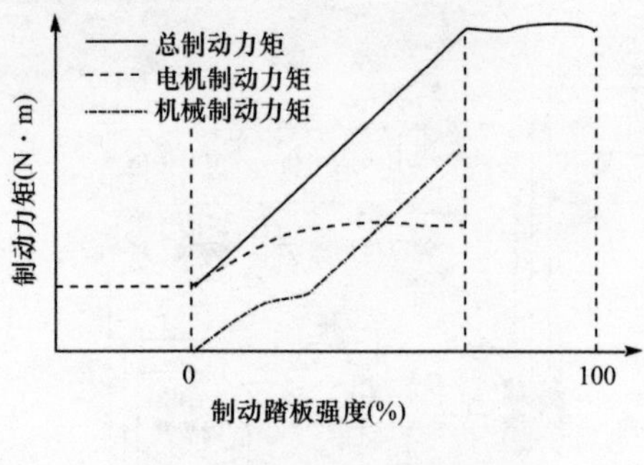


图3　电机再生制动与机械制动之间功率分配

在制动过程中，发动机转矩输出为零，电机制动力矩根据制动强度$\beta$(0～100%)、蓄电池荷电状态(SOC)以及车速$v$等参数，合理分配电机再生制动力矩与机械制动力矩，最大限度地回收制动能量，同时满足车辆制动安全和驾驶性，如图3所示。设定驾驶员在驱动轮(单轮)上的制动需求转化成总的制动轮压力为$T_t$；电机制动力矩作用在驱动轮(双轮)处转化成制动轮压力为$T_m$；驱动轮机械制动(单轮)压力实际值为$T_s$，则

$$T_t = T_t(\beta) \qquad 式(1)$$

$$T_m = T_m(\beta, SOC, v) \qquad 式(2)$$

$$T_s = \begin{cases} T_t - T_m/2 & (\text{ABS不起作用时}) \\ T_t & (\text{ABS起作用时}) \end{cases} \qquad 式(3)$$

2.2　试验研究

2.2.1　CAN通信调试

HCU与ABS控制器之间的信息交换通过CAN网络实现。系统通电后，测试报文中ABS状态、制动灯信号、允许电机回收能量信号、左前轮缸与左后轮缸压力对比、制动踏板行程与压力关系。测试结果表明，ABS控制器能够正确发出ABS状态信号、允许电机回收能量信号、驾驶员需求、后轴当前最大制动力信号。同样，测试HCU发出报文也是正确的。为验证HCU与ABS联合工作的情况，让HCU发出制动力矩命令，测试ABS混合动力模块能否正确控制后轮制动压力到计算的目标压力。测试结果如图4所示。由图4可见测试结果满足要求。

2.2.2　试验验证

为进一步验证制动能量再生系统的功能，在试验场对装备该系统的混合动力客车进行了测试。图5为电机再生力矩138N·m，车速70km/h缓慢制动，电机再生力矩与机械制动力矩分配试验结果。图6为ABS参与工作时，电机不参与再生制动试验结果。从图5和图6的曲线可以看出，该系统实现了再生制动的功能要求。

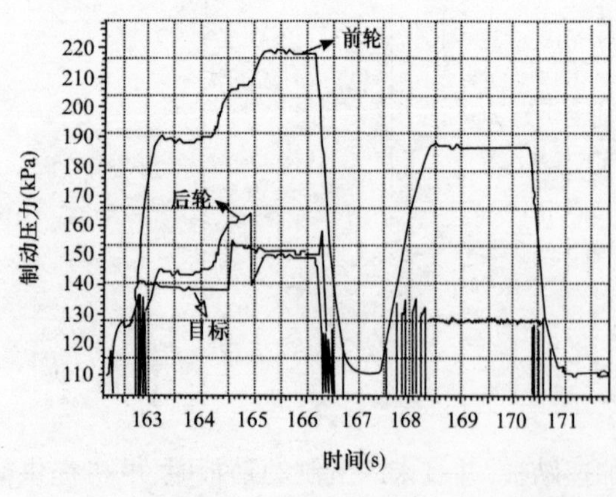


图4　ABS混合动力模块响应制动力矩命令曲线

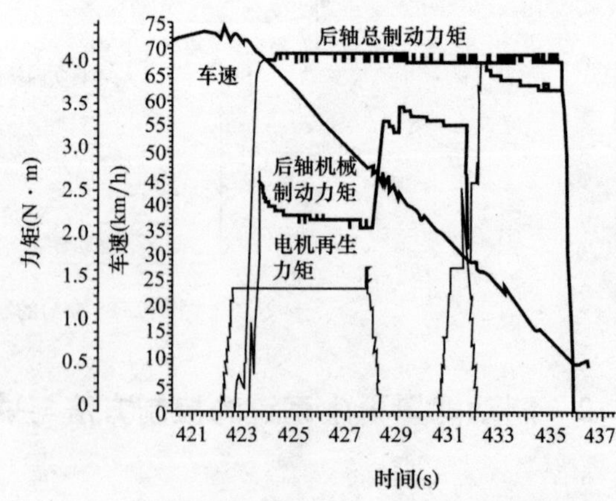


图5　电机再生力矩与机械制动力矩分配试验结果

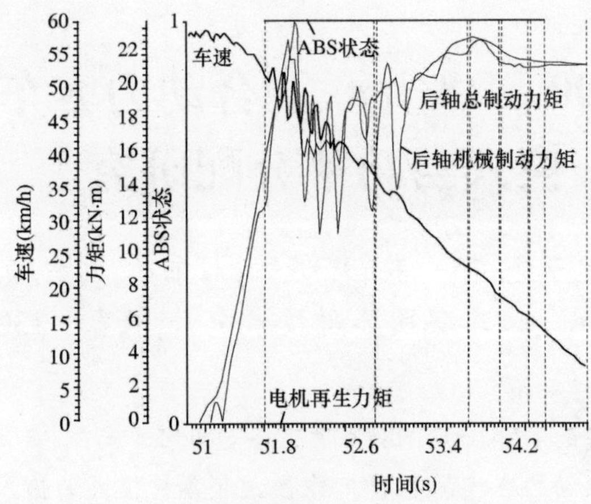


图6 ABS工作,电机不参与制动试验结果

## 3 结论

通过试验验证了HCU与ABS之间的通信正确,并且验证了ABS参与的综合制动系统的功能,实现了电机再生制动和机械制动之间的力矩分配,以及ABS工作时,电机不参与再生制动的功能。

该系统仅实现了制动能量再生系统的功能,其可靠性和再生制动能量回收的效果尚须进行大量的试验和控制策略的优化。

## 参考文献

[1] 曾小华.混合动力客车节能机理与参数设计方法研究[D].长春:吉林大学,2006.

[2] 胡安平.基于AMESin-Sinulink联合仿真的再生制动系统研究[D].长春:吉林大学,2008.

[3] 赵子亮,李骏,刘明辉,等. CA6100SH8并联混合动力客车工作模式与功率分配研究[J].汽车工程,2007,29(8).

# Development on Braking Energy Regenerative System for CA6100 SH8 Parallel Hybrid Electric Bus

Li Jun, Zhao Ziliang, Liu Minghui, Wei Wenruo, Zhang Shangming
(China FAW Group Corporation R&D Center, Changchun 130011)

**Abstract**: A new braking energy regeneration system is proposed in this paper. By adding pressure sensors, two-way check valve and air compensating valve with a control module on the original ABS system of hybrid electric bus CA6100 SH8, the braking intent of driver is realized and the best effect of braking energy regeneration is achieved in addition, reliable braking is ensured in case of electric motor failure. Vehicle tests verify the braking energy regeneration function of the system.

**Key Words**: Parallel Hybrid Electric Bus; Braking Energy Regeneration System; Development

第七部分

# CA6100 SH8 并联混合动力客车工作模式与功率分配研究*

赵子亮，李　骏，刘明辉，刘东秦，刘吉顺
（中国第一汽车集团公司技术中心，长春　130011）

**摘　要**：以一汽自主开发的CA6100 SH8并联混合动力客车为例，简要介绍其总成构型方案和控制系统原理；详细论述了混合动力客车的各种工作模式和各种模式的输入条件、输出结果，以及各种模式中发动机、电机之间的功率分配算法。最后基于离线仿真和整车试验验证了上述工作模式和功率分配算法的正确性。

**关键词**：并联混合动力客车；工作模式；功率分配

## 前言

混合动力汽车以其节能和环保的优势，越来越得到各国政府的大力支持，如美国的"Freedom Car"计划、我国的"863"电动汽车重大专项、欧洲清洁城市运输计划等。世界各大汽车公司都投入巨资开发混合动力汽车，有的已经产业化，如日本丰田的"Prius"混合动力汽车截至目前已经销售50万辆。实践表明：混合动力汽车的开发被认为是近期降低汽车排放和油耗的最可行方案[1,2]。

混合动力汽车之所以能够实现节能与环保，其主要原因是该系统有一整套严密的控制策略，整车控制系统可根据实际的道路负荷情况，实现各种工作模式，如停机模式、发动机起动模式、换挡模式、驱动和制动模式、跛行回家模式等。在上述各种模式下能够控制发动机、储能装置和电机尽可能高效率工作，实现功率的合理分配，而且在汽车制动工况下，通过电动机实现部分制动能量的回收。

文中以一汽自主开发的CA6100 SH8并联混合动力客车为例，详细论述混合动力客车的各种工作模式，以及各种工作模式下的功率分配。并基于整车试验验证上述工作模式和功率分配算法的正确性，为整车控制器的开发提供依据。

## 1　CA6100 SH8 动力总成构型与控制系统原理图

图1为CA6100 SH8双轴并联混合动力客车动力总成构型。由发动机、离合器、动力合成箱、变速器、驱动电机、动力蓄电池、驱动桥和车轮等组成。发动机为电控欧Ⅲ柴油发动机，离合器为普通干式离合器，变速器与动力电机通过动力合成箱集成在一起，变速器为机械式自动变速器（AMT，automatic manual transmission）。电机为交流感应电机或永磁同步电机，蓄电池为镍氢动力蓄电池。此种构型具有结构简单、布置灵活，与传统车共用平台等优点。整车控制系统主要由整车控制器（HCU，hybrid control unit）、发动机控制器（ECU，engine control unit）、电机控制器（MCU，motor control unit）、变速器控制器（含离合器控制TCU，transmission control unit）以及动力蓄电池管理系统（BMS，battery management system）等组成。整车控制器通过控制器局域网（CAN，controller area network）实现与各总成控制器之间的信息交换和控制要求，并且实现整车的各种工作模式、模式间切换以及不同模式下的功率分配，以保证充分发挥系统的最佳性能，达到整车动力性、经济性和驾驶性最

刊登信息：《汽车工程》2007年（第29卷）第8期
*　国家"863"电动汽车重大专项项目（2005AA501500）资助。

优。整车控制系统原理如图2所示。

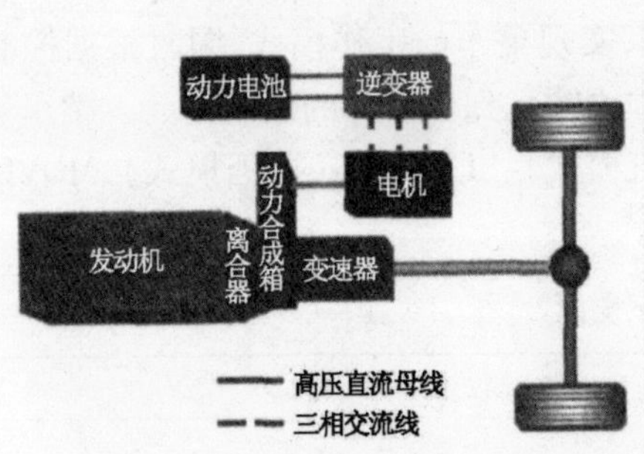


图1 CA6100 SH8 双轴并联混合动力客车动力总成构型

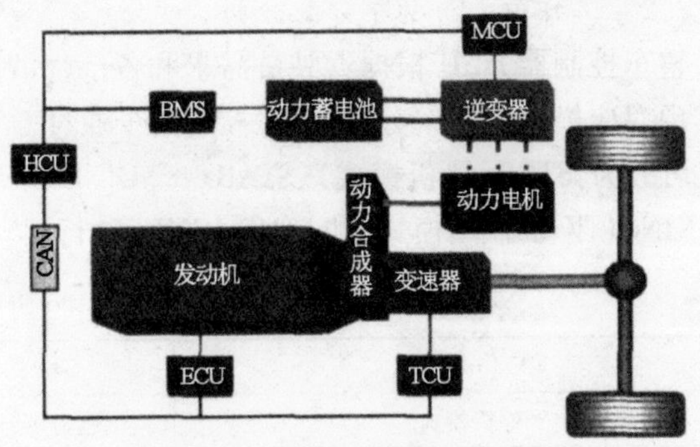


图2 CA6100 SH8 双轴并联整车控制系统原理图

## 2 混合动力客车工作模式与功率分配

### 2.1 整车控制策略

混合动力汽车的控制策略最常用的有逻辑门限值控制、动态自适应控制、逻辑模糊控制和神经网络控制4种[3]。最简单、最实用的控制策略是逻辑门限值控制，而且国外的样车和产品车型大都采用这种控制方法。采用其他3种复杂的控制方法需要采集和运算的数据量非常大，且效果改善不是很大[2]。因此，CA6100 SH8 混合动力客车的控制策略采用逻辑门限值控制。

这种逻辑门限值控制策略是以整车油耗和排放最佳为控制目标，提出同时限制蓄电池和发动机工作区间的控制策略，通过设定门限值，将发动机控制在高效率区运行，提供要求的转矩；电机作为载荷调节装置，当需要大转矩输出时电机参加驱动，当需要小转矩输出时电机吸收发动机转矩进行发电，并将蓄电池的荷电状态 SOC 维持在合理的范围内，见图3。

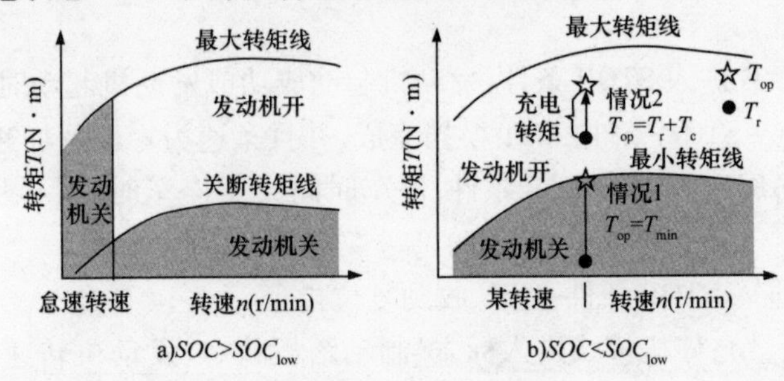


图3 不同蓄电池 SOC 下发动机控制工作区域

(1)低速时(低于某一最小车速)电机提供驱动转矩，即纯电动驱动。

(2)需求转矩 $T_r$ 大于发动机工作速度内所能提供的最大转矩时，电机提供额外转矩。

(3)再生制动时，电机给蓄电池充电。

(4)给定速度下，需求转矩使发动机运行在低效率区时，发动机将关闭，电机提供需求的转矩。情况1：如果电池的 $SOC$ 较低时，发动机工作转矩 $T_{op}$ 落在最小转矩 $T_{min}$ 线上，发动机剩余的转矩给蓄电池充电，即 $T_{op}=T_{min}$。情况2：发动机工作在高效区，但蓄电池的 SOC 较低，$T_{op}$ 除满足需求的驱动转矩 $T_r$ 外，还提供充电转矩 $T_c$，即 $T_{op}=T_r+T_c$。

(5)蓄电池 $SOC<SOC_{low}$，发动机将提供额外转矩给蓄电池充电。

考虑到现有的资源(主要是电动附件)以及成本等因素，经过系统分析，提出 CA6100 SH8 混合动力城市客车的控制策略如表1所示。

2.2　工作模式与功率分配分析

整车控制器HCU根据驾驶员需求和各部件的反馈状态，实现整车的工作模式，同时根据控制算法实现对应模式的功率分配，并将控制指令通过CAN通信方式输入到各部件的控制单元。整车工作模式可分为：STOP（停机模式）、START-ENGINE（起动发动机模式）、SHIFTING（换挡模式）、MOVING-BRAKING（驱动/制动模式）和LIMPHOME（跛行回家模式）5大类。

**表1　CA6100 SH8整车控制策略**

| 工作模式 | | 控制策略 |
|---|---|---|
| 停机模式 | | 车速为零，发动机关闭 |
| 起动发动机模式 | | 电机起动发动机（高速起动机） |
| 换挡模式 | | 按照换挡规律，电机主动同步 |
| 驱动模式 | 高负荷 | 电机提供最大转矩，其余由发动机提供 |
| | 优化区 | 发动机单独驱动或联合驱动 |
| | 低负荷（电机能满足道路阻力矩需求） | 发动机怠速，满足附件功率需求；其余由电机提供 |
| | 低负荷（电机不能满足道路阻力矩需求） | 发动机单独驱动；或发动机工作在高效区，同时给蓄电池充电 |
| 制动模式 | 滑行制动再生 | 松开加速踏板（即加速踏板行程为零，否则大于零且小于等于1），即再生制动 |
| | 制动再生 | 根据制动踏板强度（松开制动踏板即制动踏板强度为零，否则大于零且小于等于1），合理分配电机再生制动转矩与机械制动转矩 |
| 跛行回家模式 | | 系统出现故障，能保证跛行回家 |

2.2.1　STOP停机模式

该模式根据当前车速、发动机转速、挡位等条件实现发动机停机及停车充电功能。整车满足以下任一条件即进入该模式。

（1）由START-ENGINE进入STOP条件：发动机起动成功或发动机起动时间大于10s（可调）。

（2）由SHIFTING进入STOP条件：AMT换挡完成，并且车速为零以及加速踏板行程为零。

（3）由MOVING-BRAKING进入STOP条件：停车时间大于停车时间门限值（当前为5s）并且加速踏板行程为零。

（4）由LIMPHOME进入STOP条件：HCU收到复位指令。

模型总输入（参考变量）：停机模式进入标志、制动踏板状态、发动机转速、当前车速、挡位、加速踏板状态、制动持续作用时间等参数。

模型总输出：控制发动机停机或不停机，以及停车充电时发动机转矩输出。

STOP停机模式功率分配：停机时发动机及电机输出转矩为零。需要停车充电时，根据发动机转速及加速踏板的要求控制发动机输出正转矩，电机输出负转矩为蓄电池充电。

2.2.2　START-ENGINE起动发动机模式

该模式的功能是在空挡条件下实现发动机的起动功能，既能用电机起动也能用传统起动机起动。

下列条件必须同时满足，方可进入该模式：制动踏板行程为零；变速器处于空挡；加速踏板行程大于零；蓄电池不馈电；发动机未起动成功。

模型总输入（参考变量）：起机模式进入标志、发动机转速、电机状态、加速踏板行程状态、电机起动是否成功、钥匙门位置等参数。

模型总输出:起动方式(起动机起动或电机起动)、电机起动转矩输出控制、起动机开关命令、发动机转矩控制。

START-ENGINE 模式功率分配:根据当前蓄电池 *SOC* 状态,确定是电机起动还是起动机起动。如果蓄电池不馈电,则电机起动。再根据发动机当前状态(发动机温度及转速),确定电机输出转矩大小。起动成功后取消电机转矩命令。如果当前蓄电池馈电,则起动机起动。

2.2.3 MOVING-BRAKING 驱动和制动模式

该模式根据当前发动机、电机、蓄电池及整车功率需求等条件将转矩要求合理地分配给发动机及电机,实现整车的最佳性能。

模型总输入(参考变量):发动机摩擦转矩、发动机外特性转矩、发动机高效区上限、发动机高效区下限(上述发动机参数应根据当前发动机转速与温度确定)、电机驱动转矩限值、电机发电转矩限值、滑行再生转矩限值、制动再生转矩限值(上述电机转矩限值根据动力蓄电池能够提供的充放电功率确定)、合成箱速比、整车力矩需求等参数。

模型总输出:发动机转矩命令和电机转矩命令。

MOVING-BRAKING 模式功率分配如下。

(1)驱动工况。根据驾驶员需求,将发动机和电机的合成转矩工作区域分成 3 部分,如图 4 所示。

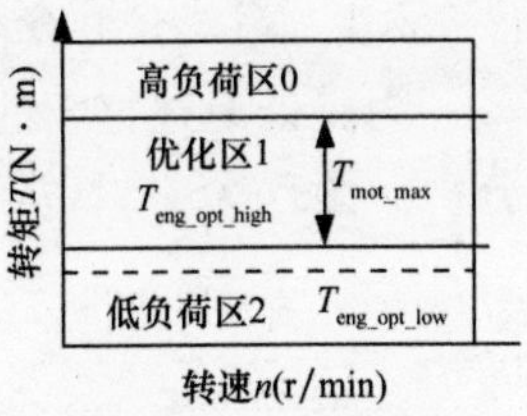

在图 4 高负荷区 0 中:

$$T_{drv} > T_{eng\_opt\_high} + T_{mot\_max} \quad \text{式(1)}$$

$$\text{则}\left| \begin{aligned} T_{mtr} &= T_{mot\_max} \\ T_{eng} &= T_{drv} - T_{mtr} \end{aligned} \right. \quad \text{式(2)}$$

在图 4 优化区 1 中:

$$\left| \begin{aligned} T_{drv} &\geqslant T_{eng\_opt\_low} \\ T_{drv} &\leqslant T_{eng\_opt\_high} + T_{mot\_max} \end{aligned} \right. \quad \text{式(3)}$$

$$\text{则}\left| \begin{aligned} T_{mtr} &= \min\{T_{drv} - \min(T_{eng\_opt\_low}, T_{drv}), T_{mot\_max}\} \\ T_{eng} &= T_{drv} - T_{mtr} \end{aligned} \right. \quad \text{式(4)}$$



图 4 发动机和电机的合成转矩工作区域

在图 4 低负荷区 2 中:

$$T_{drv} < T_{eng\_opt\_low} \quad \text{式(5)}$$

如果电机能够满足道路阻力矩需求,发动机怠速(输出有效转矩为零),满足附件功率需求。即

$$\left| \begin{aligned} T_{eng} &= 0 \\ T_{mtr} &= T_{drv} \end{aligned} \right. \quad \text{式(6)}$$

反之,电机不满足道路阻力矩需求,发动机驱动并且为蓄电池充电。

$$\left| \begin{aligned} T_{eng} &= \min\{T_{gen\_max} + T_{drv}, T_{eng\_opt\_low}\} \\ T_{mtr} &= T_{drv} - T_{eng} \end{aligned} \right. \quad \text{式(7)}$$

式中,$T_{drv}$ 为道路需求阻力矩;$T_{eng}$ 为发动机转矩;$T_{mtr}$ 为电机转矩;$T_{eng\_opt\_high}$ 为发动机优化区上限;$T_{eng\_opt\_low}$ 为发动机优化区下限;$T_{mot\_max}$ 为电机输出最大转矩;$T_{gen\_max}$ 为电机发电最大转矩。

(2)制动工况。滑行工况(加速踏板行程为零,同时制动踏板行程也为零)时,发动机输出转矩为零,电机输出转矩则根据车速、蓄电池 *SOC* 以及变速器速比,查表输出负转矩为蓄电池充电。

制动工况(制动踏板强度大于零)时,发动机输出转矩为零,电机制动转矩根据制动强度 $\beta$(0 ~ 1)、蓄电池 *SOC* 以及车速 $v$ 等参数,合理分配电机再生制动转矩与机械制动转矩,最大限度地回收制动能量,同时满足车辆制动安全性和驾驶性能,如图 5 所示。设定驾驶员在驱动轮(单轮)上的制动需求转化成总的制动轮压力为 $T_t$;电机制动转矩作用在驱动轮(双轮)处转化成制动轮压力为 $T_m$;驱

动轮机械制动(单轮)压力实际值为 $T_s$,则:

$$T_t = T_t(\beta) \quad 式(8)$$

$$T_m = T_m(\beta, SOC, v) \quad 式(9)$$

$$T_s = \begin{cases} T_t - T_m/2 & (当 ABS 不起作用时) \\ T_t & (当 ABS 起作用时) \end{cases} \quad 式(10)$$

总制动力
电机制动力
机械制动力
制动力矩(N·m)
0
1
制动踏板强度

图5　电机再生制动与机械制动之间功率分配

2.2.4　SHIFTING 换挡模式

该模式根据换挡规律,整车控制器协调 AMT 控制器实现换挡模式。在此过程中,HCU 协调电机实现主动同步换挡。

SHIFTING 模式功率分配:AMT 控制单元根据换挡的需求控制发动机转矩输出,同时为改善整车的驾驶性,在换挡过程中控制电机的输出转矩,达到减少换挡引起的动力中断。

2.2.5　LIMPHOME 跛行回家模式

无论整车当前处于何种模式,只要 HCU 接收到错误信号即进入该模式,通过采取相应的措施,实现跛行回家的功能。

## 3　离线仿真和试验验证

### 3.1　离线仿真分析

为验证上述整车的各种工作模式和功率分配,对 CA6100 SH8 混合动力客车[4]进行了离线仿真分析。图 6 为 Matlab/Simulink/Stateflow 下整车工作模式离线仿真结果。

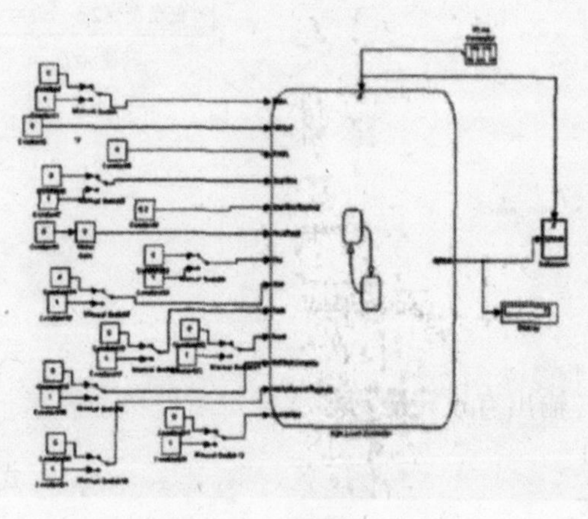

a)输入条件

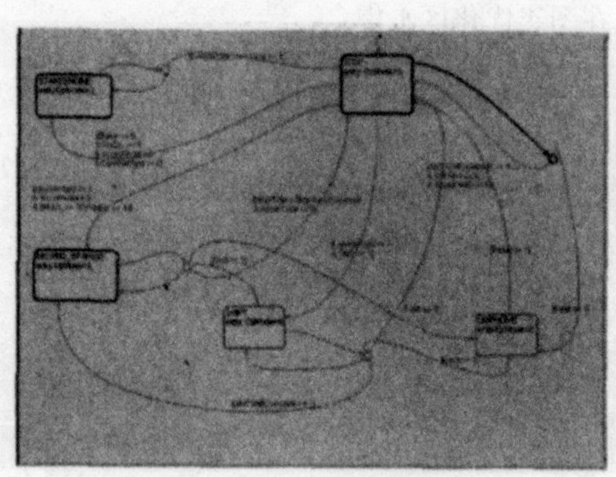

b)工作模式离线仿真

图6　Matlab/Smiulink/Stateflow 下整车工作模式离线仿真

按照上述各种模式的输入条件,可实现既定的各种工作模式。图 7 为我国典型城市公交循环工况[5]下的离线仿真结果(取部分工况)。从图 7 中可以看出,①当车速为零时,发动机关闭;②电机启动发动机;③发动机和电机联合驱动;④滑行或制动时电机再生制动。实现了既定的功率分配。

### 3.2　试验验证

为进一步验证整车的工作模式与功率分配,在实车上进行了试验验证。图 8 为在长春市实际道路工况(部分工况)下的试验结果。

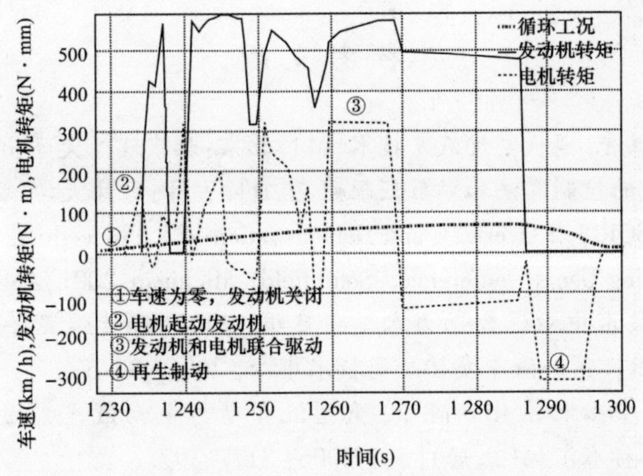


图7　我国典型城市公交循环工况下的离线仿真结果

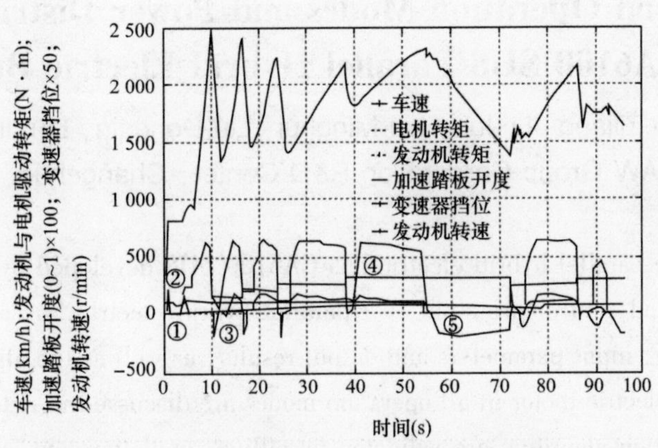


图8　长春市实际道路工况下的试验结果

①-车速为零，发动机关闭；②-电机起动发动机；③-换挡模式，电机主动同步；④-发动机和电机联合驱动；⑤-滑行和制动能量回收

从图8中可以看出：车速为零时，发动机关闭；当加速踏板强度大于80%（加速踏板强度为0～1，为能在一张图上表达清楚，加速踏板的开度放大100倍，下同）时，电机以80%的最大转矩（192 N·m）起动发动机；随着加速踏板强度的增加，电机助力，发动机与电机联合工作；在换挡模式中，电机参与变速器主动同步换挡；在滑行和制动模式下，电机回收制动能量（电机负转矩）。道路试验验证了既定的各种工作模式和功率分配算法的正确性。

## 4　结论

（1）基于逻辑门限值的控制策略，提出了一汽自主开发的CA6100 SH8混合动力客车控制策略。

（2）详细论述了该控制策略下的整车工作模式，可分为停机模式、电机起动发动机模式、换挡模式、驱动和制动模式以及跛行回家模式5类。给出了各种工作模式下的输入条件、输出结果，以及发动机与电机之间的功率分配算法。

（3）通过离线仿真分析和实车试验验证了上述各种工作模式和功率分配的正确性，为混合动力客车产品控制器开发提供了依据。

## 参考文献

[1] 陈清泉,孙逢春,祝嘉光.现代电动汽车技术[M].北京:北京理工大学出版社,2002:4-15.
[2] 初亮.混合动力总成的控制算法和参数匹配研究[D].吉林:吉林大学,2002.
[3] Tony Markel. ADVISOR 3.2 Overview and Demonstration[C]. Proceedings of 2001 Joint ADVISOR / PSAT Vehicle Modeling Users Conference. Southfield, Michigan, 2001, August28-29.
[4] 第一汽车集团公司技术中心混合动力客车项目组.2005《解放牌混合动力城市客车的研究开发》课题验收报告[R].第一汽车集团公司技术中心,2005:3-5.
[5] 中国汽车技术研究中心标准化研究所.重型混合动力电动汽车能量消耗量试验方法(GB/T19754—2005)汽车标准汇编(上册)[S].2006:317-397.

# A Study on Operation Modes and Power Distribution of CA6100 SH8 Parallel Hybrid Electric Bus

Zhao Ziliang, Li Jun, Liu Minghui, Liu Dongqin, Liu Jishun
(China FAW Group Corporation R&D Center, Changchun 130011)

**Abstract**: Taking the parallel hybrid electric bus CA6100 SH8 developed by FAW as an example, the powertrain configuration and control principle of a parallel hybrid electric bus are briefly presented first. Then, its operation modes, input parameters and output results, as well as the algorithm for power distribution between engine and electric motor in all operation modes are discussed in detail. Finally, the operation modes and power distribution algorithm are validated by offline simulation and vehicle testing.

**Key Words**: Parallel Hybrid Electric Bus; Operation Modes; Power Distribution

# 并联混合动力汽车控制策略与仿真分析研究*

赵子亮[1],刘东秦[1],刘明辉[1],李　骏[1],王庆年[2]
(1. 一汽集团技术中心基础研究部,长春　130011;
2. 吉林大学汽车学院,长春　130025)

**摘　要:**应用逻辑门限值控制方法,提出同时限制发动机和蓄电池工作区间的控制策略,通过设定门限值,控制发动机工作在高效率区间,提供要求的转矩,电动机作为载荷调节装置。当需要大转矩输出时电动机参与驱动;当需要小转矩输出时,视蓄电池的荷电状态(State of charge,SOC),由电动机单独驱动,或电动机作为发电机工作吸收发动机剩余转矩对蓄电池进行充电,并将蓄电池的SOC维持在合理范围内。基于实际工况特点,详细地论述了控制策略的开发过程,给出了发动机、电动机、蓄电池控制条件和执行策略。最后,通过修改ADVISOR软件中相应部件的模型,来达到实现控制策略和开发目标的目的。仿真分析结果表明,所开发的控制策略和参数匹配能够满足开发目标,并且对于不同的循环工况,只需对控制策略中控制参数做相应调整。控制策略开发为下一步控制器的设计和优化提供了参考依据。

**关键词:**混合动力汽车;控制策略;模型;仿真
**中图分类号:**U463.23

## 前言

混合动力汽车的控制策略决定整车的参数匹配和控制器设计,同时,控制策略对汽车的燃油经济性影响很大。研究表明同一循环工况和参数配置相同的情况下。控制策略不同所得到的燃油经济性亦不同[1]。因此,制定切实可行的控制策略,对于整车方案设计和控制器开发具有十分重要的意义。

混合动力汽车可采用的控制方法有逻辑门限值控制、动态自适应控制、逻辑模糊控制和神经网络控制四种[2]。由于逻辑门限值控制方法快速简单、实用性较强,因此国外的样车和产品车型大部分都采用这种控制方法。采用其他三种复杂的控制方法需要采集和运算的数据量非常大,且效果改善不是很大[3]。因此,采用逻辑门限值控制方法对现阶段混合动力汽车的开发是适合的。

这种逻辑门限值控制方法是以整车油耗和排放最佳为控制目标,提出同时限制蓄电池和发动机工作区间的控制策略,通过设定门限值,将发动机控制在高效率区运行,提供要求的转矩;电动机作为载荷调节装置,当需要大转矩输出时电动机参加驱动,当需要小转矩输出时电动机吸收发动机转矩进行发电,并将蓄电池的荷电状态(state of charge,SOC)维持在合理的范围内。如图1所示,其基本情况如后所述。

(1)在低速时(低于某一最小车速)电动机提供驱动转矩。

(2)在需求的转矩大于发动机工作速度内所能提供的最大转矩时,电动机提供额外转矩。

(3)当再生制动时,电动机给蓄电池充电。

(4)当给定速度下,需求的发动机转矩使发动机运行在低效率区时,发动机将关闭,电动机提供



刊登信息:《机械工程学报》2005年(第41卷)第12期

* 国家863计划资助项目(2003AA501500)

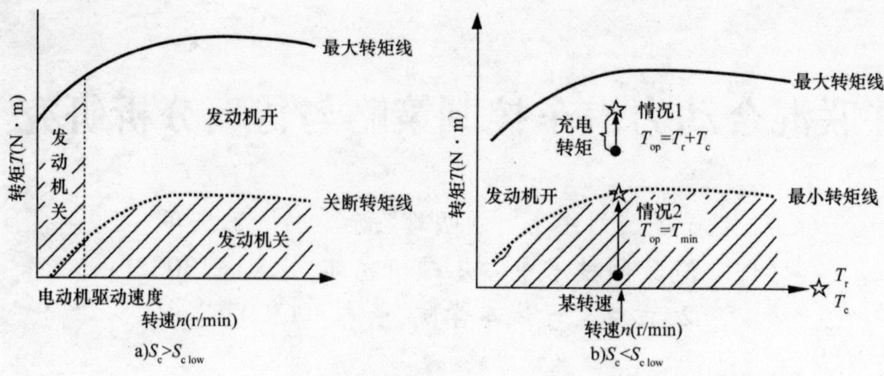


图 1　不同蓄电池 SOC 下发动机控制工作区域

需求的转矩。

(5)当蓄电池的 SOC 值($S_c$)较低时,发动机将提供额外的转矩给蓄电池充电。

## 1　并联混合动力汽车动力总成构型

图 2 为双轴并联混合动力汽车动力总成构型。发动机输出转矩和电动机输出转矩通过动力合成箱输入到变速器输入轴上。整车控制器通过 CAN 通信与发动机电控单元(Electric control unit, ECU)、电动机控制器、蓄电池管理系统以及机械式自动变速器 AMT(Automatic manual transmission)控制器进行通信。根据整车总需求转矩,按照整车控制策略和算法,动态分配发动机转矩和电动机转矩。

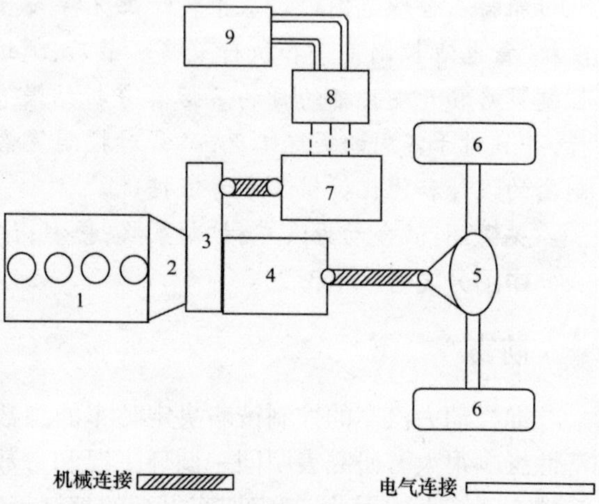

机械连接　　电气连接

图 2　并联混合动力汽车动力总成构型

1-发动机;2-离合器;3-动力合成箱;4-变速器;5-后桥;6-车轮;7-电动机;8-逆变器;9-蓄电池

## 2　并联混合动力汽车控制策略开发

对于任一循环工况,均是由许多平均车速和运行时间不同的循环段组成的,每一循环段可分为起动或制动、低速行驶、正常行驶、全负荷行驶以及减速滑行等基本工况,如图 3 所示。下面将按照基本工况论述控制策略开发过程。

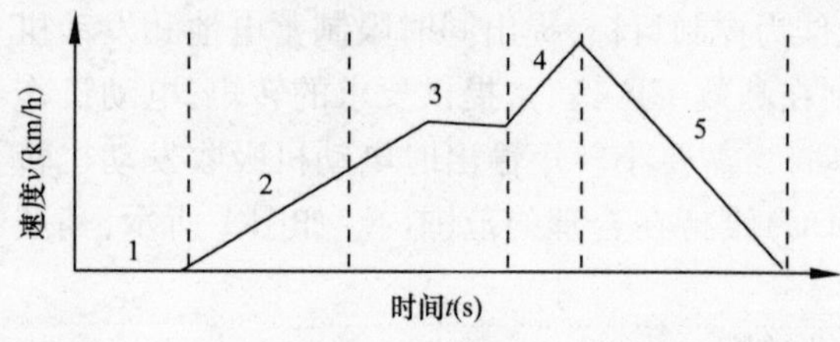


图 3　循环工况的基本循环段组成

1-起动或制动;2-低速行驶;3-正常行驶;4-全负荷行驶;5-减速滑行

### 2.1　起动工况

起动工况可分为整车起动(简称起车)和发动机起动(简称起机)两种情况。并联混合动力汽车动力总成构型特点,决定了起车可由发动机起车和电动机起车两种情况。对于发动机的起动有三种情况:起动机起机、电动机起机和反拖起机。

#### 2.1.1　起车控制策略

当下列条件之一满足时,由发动机起车,其他情况电动机起车。

(1)整车冷起动。

(2)蓄电池荷电状态 $S_c<S_{c\ low}$($S_{c\ low}$为蓄电池荷电状态下限)。

2.1.2 起机控制策略

当下列条件同时满足时,采用反拖起机方式。

(1)整车控制策略要求发动机起动,即 eng_on = 1。

(2)离合器从动部分转速大于发动机可靠起动的转速。

否则,当下列条件同时满足时,采用电动机起机方式。

(1)整车控制策略要求发动机起动,即 eng_on = 1。

(2)蓄电池系统工作正常,即 ess_on = 1。

(3)蓄电池 $S_c > S_{c\ low}$。

否则由起动机起机。

2.2 驱动行驶工况

起车后,即进入驱动行驶工况。考虑到发动机在低速或低转矩区域工作、蓄电池在低 SOC 或高 SOC 工作时,其效率较低。因此,提出同时限制蓄电池和发动机工作区间的控制策略。

2.2.1 低速或低负荷行驶工况

条件如下:①低速:$v < 10$km/h(不同工况,此值可调整)或②低负荷条件:$L < 20\% L_{max}$($L$ 为负荷)。

结论如下。如果 $S_c < S_{c\ low}$,①整车控制策略要求发动机起动,即 eng_on = 1,且② $T_{e\_op} = T_{e\_min} = T_d + T_c$。

如果 $S_c > S_{c\ low}$,①整车控制策略要求发动机关闭,即 eng_on = 0,且② $n_e < n_{e\_lau}$ 或 $n_{e\_lau} < n_e < n_{e\_max}$,则 $T_m = T_d$。

式中:$T_d$——驾驶员要求的驱动转矩(N·m);

$T_c$——给蓄电池充电转矩(N·m);

$T_{e\_min}$——发动机最小工作转矩(N·m);

$T_{e\_op}$——发动机实际工作转矩(N·m);

$n_e$——发动机工作转速(r·min$^{-1}$);

$n_{e\_lau}$——发动机最低工作转速(r·min$^{-1}$);

$n_{e\_max}$——发动机最高工作转速(r·min$^{-1}$);

$T_m$——电动机工作转矩(N·m);

$L_{max}$——发动机与电动机总转矩(N·m)。

上述解释为:若蓄电池 SOC 值低于设定下限值,发动机起动,并恒定工作在设定的最小转矩线上,驱动汽车行驶的同时,驱动电动机给蓄电池组充电,直到蓄电池 SOC 值达到设定的上限值,如图 4a)所示。若不低于设定下限值,发动机处于关闭状态,电动机单独工作驱动汽车行驶,如图 4b)所示。

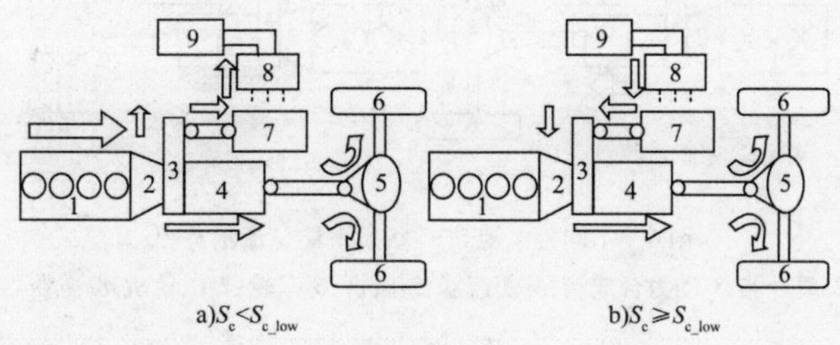


图 4 不同蓄电池 SOC 下能量流示意图

1-发动机;2-离合器;3-动力合成箱;4-变速器;5-后桥;6-车轮;7-电动机;8-逆变器;9-蓄电池

2.2.2　中速中负荷行驶工况

条件如下：①速度：$10\text{km/h} < v < 30\text{km/h}$。②负荷：$20\% L_{max} < L < 80\% L_{max}$。

结论如下：如果 $S_c < S_{c\_fow}$，下列条件同时满足时，发动机驱动并给蓄电池充电。①整车控制策略要求发动机起动，即 eng_on = 1。②$T_{e_min} < T_{e_op} = T_d + T_c < T_{e_max}$。③$n_{e_lau} < n_e < n_{e_max}$。

如果 $S_c \geqslant S_{c\_low}$，下列条件同时满足时，发动机单独驱动。①整车控制策略要求发动机起动，即 eng_on = 1。②$n_{e_lau} < n_e < n_{e_max}$。③$T_{e_min} < T_d < T_{e_max}$。

中速中负荷行驶工况是混合动力汽车行驶的主要工况。若蓄电池 SOC 低于设定下限值，发动机在驱动汽车行驶的同时，驱动电机给蓄电池组充电，直到蓄电池 SOC 达到设定的上限值，能量流如图 5a）所示；若 SOC 不低于设定的下限值，电动机处于关闭状态，发动机单独工作驱动汽车行驶，能量流如图 5b）所示。

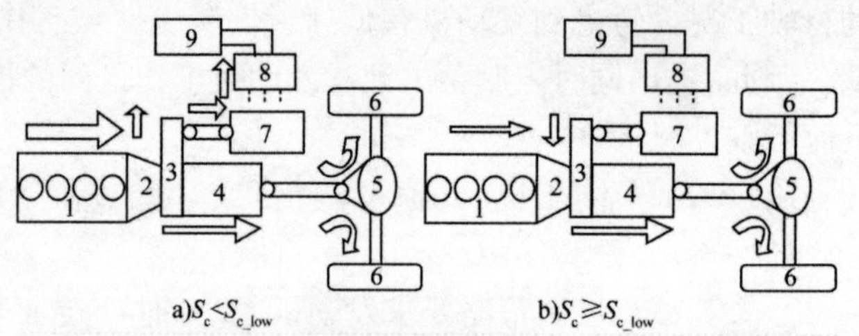


图 5　不同蓄电池 SOC 状态下能量流示意图

1-发动机；2-离合器；3-动力合成箱；4-变速器；5-后桥；6-车轮；7-电动机；8-逆变器；9-蓄电池

2.2.3　急加速、爬大坡和高速高负荷行驶工况

条件如下。①速度：$v > 30\text{km/h}$。②加速度：$dv/dt > 0.5\text{m/s}^2$。③负荷：$80\% L_{max} < L < 100\% L_{max}$。

结论如下。如果 $S_c < S_{cLim\_min}$，下列条件同时满足时，发动机单独驱动，电动机关闭。①整车控制策略要求发动机起动，即 eng_on = 1。②$T_d > T_{e_max}$，则 $T_d = T_{e\_max}$。③$n_{e_lau} < n_e < n_{e_max}$。

如果 $S_c \geqslant S_{cLim\_min}$（$S_{cLim_min}$是蓄电池荷电状态最小极限值），下列条件同时满足时，发动机和电动机联合驱动。①整车控制策略要求发动机起动，即 eng_on = 1。②蓄电池状态，ess_on = 1。③$n_{e_lau} < n_e < n_{e_max}$。④$T_d > T_{e_max}$，则 $T_d = T_{e\_max} + T_m$。

在急加速、爬大坡和高速高负荷行驶工况，发动机或电动机单独驱动已经不能使汽车获得良好的动力性能，所以，电动机和发动机必须联合工作。若蓄电池的 $S_c$ 小于下限值 $S_{c\_low}$，但大于最小极限值 $S_{cLim\_min}$，发动机的转矩全部用于汽车的行驶，电动机提供额外的转矩，能量流如图 6a）；若蓄电池 $S_c$ 值小于最小极限 $S_{cLim\_min}$，只有发动机提供全部的转矩，驱动汽车行驶，能量流如图 6b）。

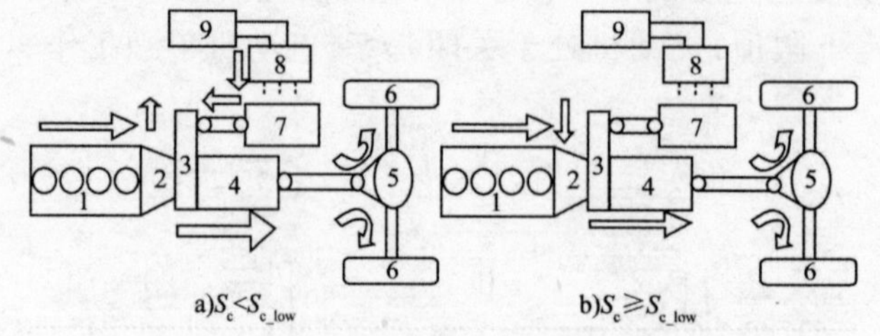


图 6　不同蓄电池 SOC 状态下能量流示意图

1-发动机；2-离合器；3-动力合成箱；4-变速器；5-后桥；6-车轮；7-电动机；8-逆变器；9-蓄电池

2.2.4　减速制动工况

2.2.4.1　减速滑行工况

条件如下。①速度：$v_t < v_{t-1}$，同时 $v > 10\text{km/h}$。②负荷：$T_b < T_c$。③制动踏板开度：B_ped = 0，同

时 Accel_ped = 0。

结论如下。如果 $S_c < S_{c\,max}$，电动机再生制动。①蓄电池状态：ess_on = 1。② $T_c = T_b$。

如果 $S_c > S_{cmax}$，机械摩擦制动和发动机摩擦制动，电动机关闭。

2.2.4.2 减速制动工况

条件如下。①速度：$v_t < v_{t-1}$。②负荷：$T_b > T_c$。③制动踏板开度：B_ped > 0。

结论如下。如果 $S_c < S_{c\,max}$，机械制动和电动机再生制动联合工作。①蓄电池状态：ess_on = 1。② $T_b = T_c + T_f + T_{eb}$。

如果 $S_c \geqslant S_{c\,max}$，只有机械制动和发动机制动。$T_b = T_f + T_{eb}$。

式中：$v_t$——当前时刻的车速（km·h$^{-1}$）；

$v_{t-1}$——前一时刻的车速（km·h$^{-1}$）；

$T_b$——机械制动转矩（N·m）；

$T_f$——机械制动转矩（N·m）；

$T_{eb}$——发动机制动转矩（N·m）；

$S_{c\,max}$——蓄电池荷电状态最大极限值；

B_ped——制动踏板开度；

Accel_ped——加速踏板开度。

在减速和制动工况，根据车速、蓄电池 SOC 和制动踏板的强度，整车控制策略决定电动机再生制动和机械制动单独工作或者联合工作。

当要求的制动强度小时，即制动踏板强度为零，加速踏板开度为零；若蓄电池的 $S_c < S_{c\,max}$，只有电动机再生制动，向蓄电池充电，此种工况为滑行再生制动，整车制动能量流如图 7 所示。否则，机械制动参与工作。

当要求的制动强度大时，电动机再生制动和机械制动共同作用，满足制动需求。此时，如果蓄电池的 $S_c < S_{c\,max}$，电动机再生制动，向蓄电池充电，整车制动能量流如图 8a)。如果蓄电池的 $S_c \geqslant S_{c\,max}$，只有机械制动起作用（包括摩擦制动和发动机制动），整车制动能量流如图 8b）所示。

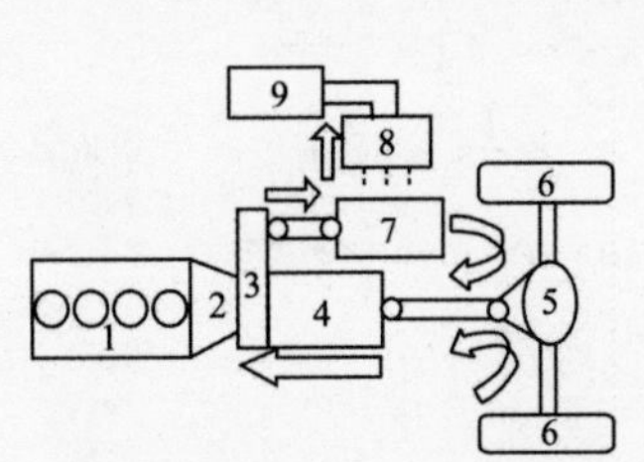


图 7 制动强度小，同时 $S_c < S_{c\,max}$ 能量流

1-发动机；2-离合器；3-动力合成箱；4-变速器；5-后桥；6-车轮；7-电动机；8-逆变器；9-蓄电池

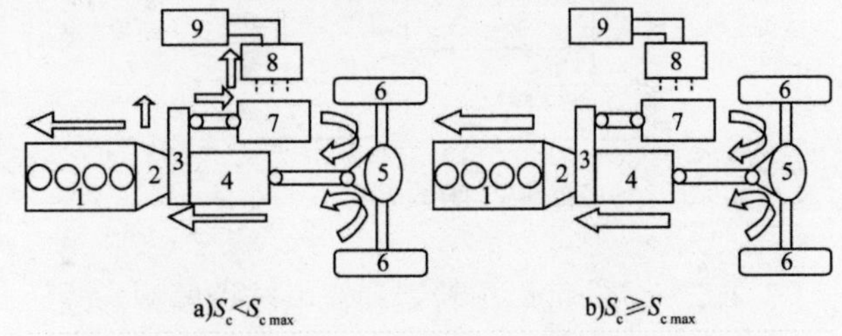


图 8 制动强度大且不同蓄电池 SOC 下能量流示意图

1-发动机；2-离合器；3-动力合成箱；4-变速器；5-后桥；6-车轮；7-电动机；8-逆变器；9-蓄电池

## 3 并联混合动力汽车仿真分析

基于上述开发的控制策略和开发目标[4]，参见表 1 所示，应用 ADVISOR 仿真软件，并对部分部件的模型进行了适当修改，进行了混合动力汽车参数匹配和仿真分析研究。

表1　混合动力汽车开发目标

| 参　数 | 参 数 值 |
|---|---|
| 最高速度 $v$(km·h$^{-1}$) | ≥80 |
| 0~60km/h 加速时间 $t$(s) | <30 |
| 最大爬坡能力 | 25% |
| 燃油经济性 | 比传统车降低30% |

3.1　模型修改

3.1.1　蓄电池SOC控制模型修改

由于ADVISOR软件固有的模型和算法没有考虑到蓄电池的SOC应用范围，在某些循环工况下，结果导致蓄电池的SOC很低，以至于为零，这在实际情况是不允许的。因为，蓄电池SOC很低或很高时，蓄电池的效率很低，内阻很大，直接影响了蓄电池的寿命。因此，当需求电动机转矩为正(电动)，而蓄电池 $S_c \leqslant 0.4$ 或需求电动机转矩为负(发电)，而蓄电池 $S_c \geqslant 0.9$ 时，蓄电池既不能放电，也不能充电，因此，电动机的输出转矩为零，其控制算法如图9所示。

并联混合动力汽车通过转矩耦合器实现发动机和电动机的转矩合成与分配。因此，通过修改此模块达到限制SOC的目的。控制模型如图10所示。

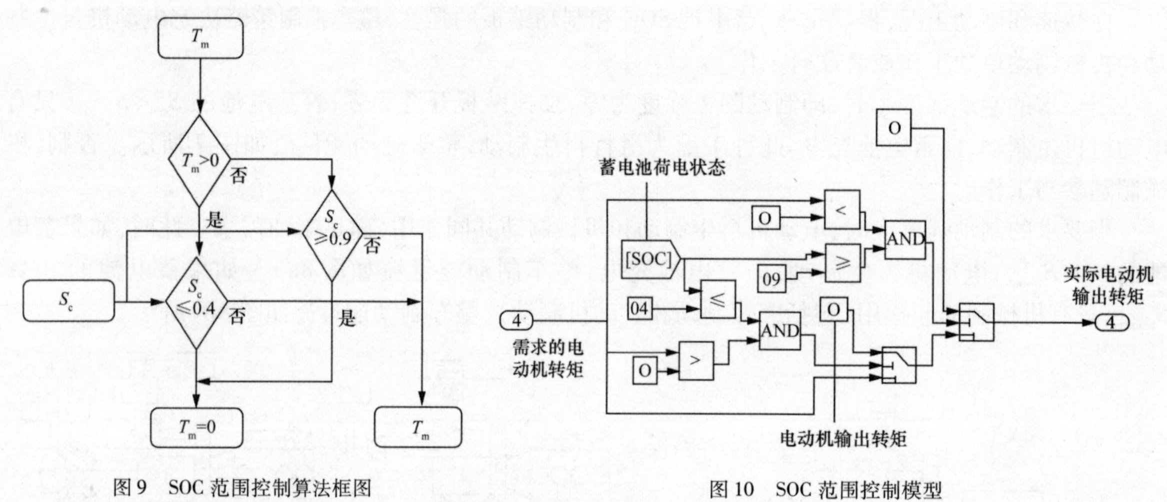


图9　SOC范围控制算法框图　　　　图10　SOC范围控制模型

3.1.2　发动机最小转矩和充电转矩模型修改

在 $S_c < S_{c\,low}$ 且需求转矩较小时，为提高发动机的工作效率，达到降低油耗和排放的目的，限制发动机工作的最小转矩，以此确定充电转矩，保证发动机工作在最小转矩线上。其最小转矩线控制模型如图11所示，充电转矩模型如图12所示。

3.1.3　发动机on/off控制模型修改

仿真结果表明，发动机on/off控制对于燃油经济性的改善影响很大。发动机on/off的条件，应

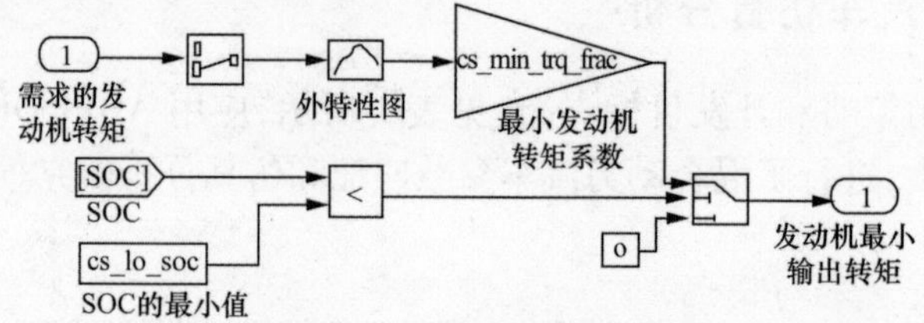


图11　最小转矩曲线控制模型

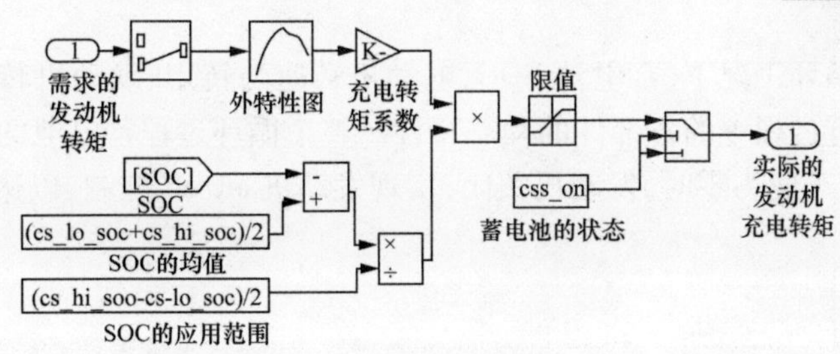


图 12　充电转矩控制模型

考虑需求转矩、蓄电池 SOC、车速等诸多因素，其控制框图如图 13 所示。最简单控制方式是车速为零，发动机关闭。

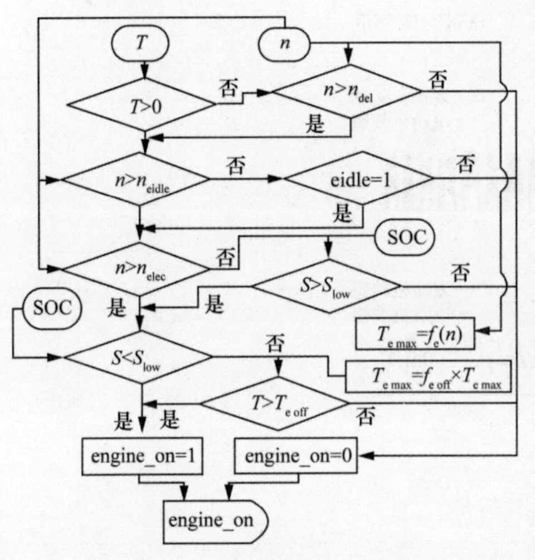


图 13　发动机 on/off 控制框图

此外，再生制动是节能的一项重要措施，实际再生制动时，需要考虑制动强度、车速、蓄电池的 SOC 等诸多因素，来动态分配再生制动转矩和机械制动转矩。同样，对再生制动模型也进行了相应修改，即优先进行电动机再生制动，并且以最大再生制动能力来达到节能目的。

### 3.2　仿真分析

按照上述控制策略（在仿真过程中，发动机所带附件如转向、制动和空调所需功率，均由发动机提供，只是在车速为零时，发动机关闭）和修改后的控制模型，进行了混合动力汽车的参数匹配和仿真分析研究。其动力总成匹配参数如表 2 所示。基于自行开发的北京城市循环工况，进行了仿真分析，其结果如表 3 所示。结果表明：混合动力汽车的动力性和经济性优于传统车，满足了开发目标。

**表 2　动力总成参数匹配**

| 部件 | 参　数 | 参　数　值 |
|---|---|---|
| 发动机 | 最大转矩 $T$(N·m) | 577 当转速介于 1300～1400r·min$^{-1}$ |
| | 最大功率 $P$(kW) | 117 当转速为 2500r·min$^{-1}$ |
| 电动机 | 最大转矩 $T$(N·m) | 380 当转速介于 0～1500r·min$^{-1}$ |
| | 最大功率 $P$(kW) | 60 当转速介于 1500～5000r·min$^{-1}$ |
| 电池 | 模块电压 $U$(V) | 12 |
| | 模块容量 $C$(A·h) | 80 |
| | 模块数目 | 25 |

**表 3　混合动力城市客车的仿真分析**

| 项目 | 参数 | 混合动力客车 | 传统客车 |
|---|---|---|---|
| 动力性 | 0～10km/h 加速时间 $t$(s) | 0.9 | 0.9 |
| | 0～30km/h 加速时间 $t$(s) | 4.8 | 5.7 |
| | 0～60km/h 加速时间 $t$(s) | 17.4 | 23.3 |
| | 最高车速 $v$(km·h$^{-1}$) | 88.8 | 88.8 |
| | 最大爬坡度 $a$(%) | 25.4 | 25.4 |
| 经济性百公里油耗 $Q_L$(L/100km) | CYC_Beijing | 39.5（提高 37%） | 63.4 |

第七部分

图 14 为北京城市循环工况下,蓄电池 SOC、电动机转速与转矩、发动机转速与转矩的时间历程曲线。图 14 反应了运行过程中的各部件的动态特性。整个循环过程蓄电池的 SOC 保持在一定的范围内(0.71 ~0.72)。当车速为零时,发动机关闭,实现发动机 on/off 控制,以达到节油和降低排放的目的。

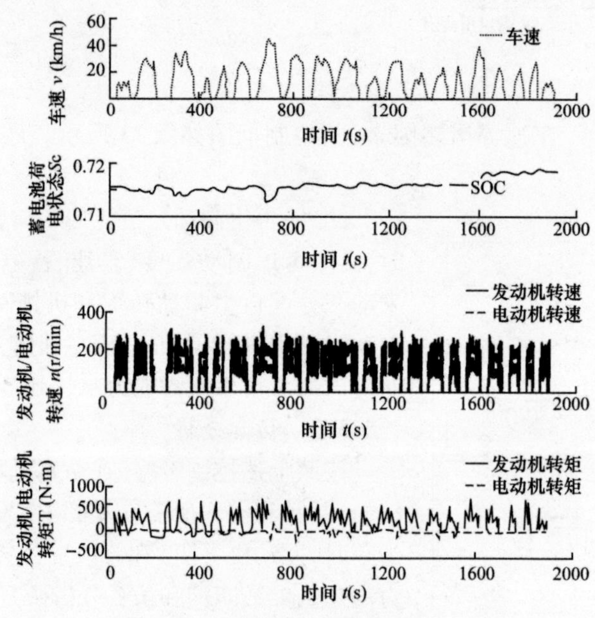


图 14　北京城市循环工况下部件工作状态

## 4　结论

(1)并联混合动力汽车的控制策略可适用于不同的城市循环工况,对于不同的循环工况,只需调整控制策略中相应的参数设定和边界条件,即可满足开发要求。

(2)针对控制策略的需求,对 ADVISOR 软件相应的部件模型进行了修改,满足了项目开发要求,使仿真结果能够真实地反映实际运行情况,具有应用价值。

(3)结合实例,验证了所开发的控制策略,满足了项目开发目标。为下一步开发混合动力汽车整车控制器提供了设计依据。

## 参 考 文 献

[1] Zhao Z L, Li J, Liu M H. The influence of the driving cycle on fuel economy for hybrid public bus. EVS19, Busan (Korea), 2002, 10:19 - 23.

[2] ADVISOR Documentation, 2002.4.

[3] 初亮. 混合动力总成的控制算法和参数匹配研究[D]. 长春:吉林大学,2002.

[4] 科学技术部."十五"863 计划能源技术领域——电动汽车专项课题申请指南,2001:11 - 12.

# STUDY ON CONTROL STRATEGY AND SIMULATION FOR PARALLEL HYBRID ELECTRIC VEHICLE

Zhao Ziliang[1], Liu Dongqin[1], Liu Minghui[1], Li Jun[1], Wang Qingnian[2]
(1. Basic Research Department, FAW R&D Center, Changchun 130011;
2. College of Automobile Engineering, Jilin University, Changchun 130025)

**Abstract**: The logic-threshold control method is applied, namely, the high efficiency operation regions for engine and battery are controlled through setting threshold value respectively. The driver requiring torque is supplied by engine at normal condition, the motor as a load adjusted component. When the driver require great torque, the engine is assisted by motor, otherwise, the motor operates only or acts as generator to charge the battery if the battery is depleted according to battery SOC (State of charge), which keeps battery SOC in reasonable range. Simultaneity, the developing process for control strategy is detailedly explained based on real operation driving cycle, the control containments are also put forwarded for engine, motor and battery respectively. The corresponding models for components are modified to realize control strategy and development target in ADVISOR software. The simulation results showed the target be gained by developed control strategy and parameters matching, furthermore, the control containments can be only adjusted to use the control strategy under various driving cycle. The development of control strategy supplies the design conditions for HCU (Hybrid control unit) development and optimization in next step.

**Key Words**: Hybrid Electric Vehicle (HEV); Control Strategy; Model; Simulation

# 北京城市公交客车循环工况开发*

刘明辉[1],赵子亮[1],李　骏[1],王云成[2],王建华[2]
(1. 一汽集团技术中心,长春　130011;2. 吉林大学汽车学院,长春　130025)

摘　要:本文详细地论述了城市客车循环工况开发的程序和测试方法,并通过自行设计的测试仪器和数据采集系统,完成了北京城市客车循环工况的测量。详细分析了北京公交客车的实际运行特点,得出了北京城市客车的平均车速、运行时间、停车时间、加减速度以及客流量服从正态分布。同时,分析了变速器挡位分布。基于城市工况的特征,提出了一种多条线路循环工况的合成方法。结果表明,所开发的北京城市循环工况能够反映北京城市公交客车的实际运行状况,具有实用价值。

关键词:城市公交客车;循环工况;开发

## 1　前言

城市循环工况对混合动力城市客车的排放和燃油经济性影响很大[1],混合动力汽车动力总成结构形式、参数匹配和控制策略开发等必须以汽车的循环工况为设计依据。同时,整车开发完毕,也必须以循环工况为基础进行试验验证。现有的城市客车四工况法(GB/T12545—90)[2],反映不出实际城市客车的运行特点和动态特性。国外很早就开展了城市循环工况的实验研究工作,开发出了适合不同城市客车运行特点的循环工况,如美国纽约城市循环工况(New York Bus Cycle)和曼哈顿商业区循环工况(Manhattan),日本的10·15和欧洲的ETC循环等[1,3]。

为满足混合动力城市公交客车的开发需要,对城市公交客车的循环工况进行了深入研究。文中详细地论述了循环工况的开发过程和数据处理方法,应用统计学概率分布理论,合成得到了北京城市公交客车循环工况,为研制适合北京市公交特点的混合动力城市客车的开发提供了设计依据。

## 2　试验所测参数与仪器

### 2.1　试验所测量的参数

试验所测的主要参数有:发动机转速、车速、加速踏板开度。对这些参数进行数据处理和分析,获得公交车动态运行工况和动态运行参数(车速、加减速度、发动机转速及挡位等)。

### 2.2　试验仪器

为了精确地获得城市公交客车的动态运行工况,试验是在正常营运的公交客车上进行的。同时,为了保证试验仪器在安装过程中不改动公交车上的任何部件(包括打孔、焊接等),以及不影响乘客乘坐等要求下,自行设计了测量仪器和数据采集系统。所用仪器主要有:①霍尔开关车速传感器;②光电式轴角编码器;③笔记本电脑;④数据采集系统;⑤电源及其他附件。

图1为整个系统安装示意图。在测试过程,实时记录车上乘客数量的变化,以此估计公交车在正常营运工况时的载荷变化情况。



刊登信息:《汽车工程》2005年(第27卷)第6期
*　国家863电动汽车重大专项资助项目(2003AA501500)资助。

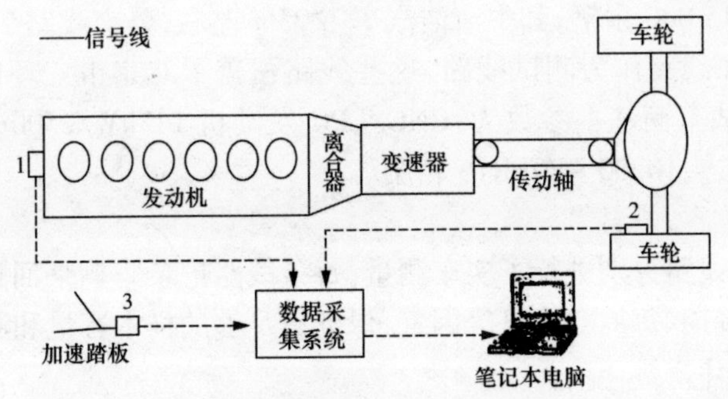


图1　整个系统安装示意图

1-霍尔转速传感器;2-霍尔车速传感器;3-光电式轴角编码器

## 3　试验方法与步骤

对城市循环工况的开发,大致经过如下5个步骤:调研、试验准备、数据测量、数据分析和工况合成,其流程如图2所示。

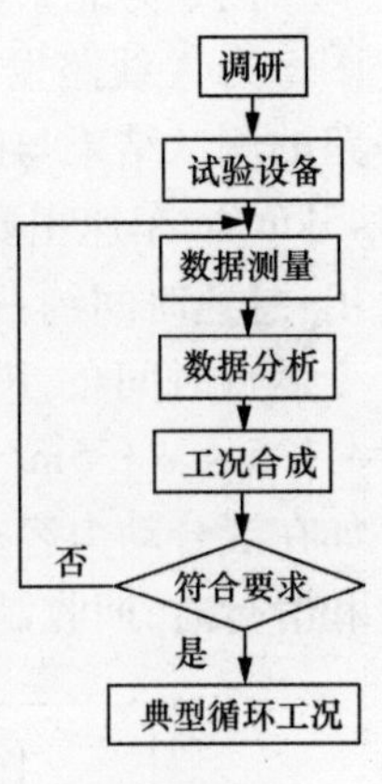


图2　城市循环工况开发流程

3.1　调研

调研的目的是确定研究城市的地域分布、线路选择和车辆选择。其中正在使用和规划使用清洁汽车的线路作为重点试验对象。同时,制定出试验方案。

3.2　试验准备

确定好测试线路和试验车辆后,即进入试验准备阶段,主要是把试验仪器安装在被测试验车辆上,如图1所示。

(1)在制动鼓处贴磁块,并与之相对装一个霍尔车速传感器,用于测量车轮转速。

(2)在发动机曲轴皮带轮端面处贴磁块,与之相对装一个霍尔转速传感器来测量发动机转速信号。

(3)在加速踏板操纵机构合适处用细尼龙绳(或细钢丝绳)联动安装一个光电式轴角编码器,用于测量汽车加速踏板信号。

(4)连接数据采集系统和笔记本电脑,将各传感器连接到数据采集系统的接口上,数据采集系统连接笔记本电脑,借以储存测量数据。

3.3　数据测量

实车运行时,通过数据采集系统将各传感器测量的信号进行处理,实时转换成相应的各个参数数值,包括车速、加速度、发动机转速和加速踏板开度,并将这些数据值上传到笔记本电脑中进行储存,等待进一步处理和分析。同时,记录乘客上下车情况。

3.4　数据分析

对测试数据进行分析和整理,得出每条线路公交车辆实际运行的参数值。包括乘载量分布,发动机转速、加速踏板开度、车速等时间历程曲线。此外,通过分析可得出变速器挡位使用频次分布。

3.5　工况合成

根据所测得的每条线路的分析结果,利用统计学概率分布理论进行工况合成,得到公交客车的动态运行循环工况。

## 4　北京城市公交客车循环工况开发

按照上述的试验程序和方法,对北京城市公交客车的实际运行工况进行了测量。统计表明:北京市城市公交客车现有15 000余辆，其中清洁汽车占25%左右，公交线路712条。在充分调研的基础上，选择了典型的40条线路作为测试线路，这些线路覆盖了北京市三环以内的交通干道，运行8种车型的城市客车。测试车辆基本参数为：CNG/LPG发动机145kW/2500r·$min^{-1}$，整车总质量约15t，5挡或6挡手动变速器，10.00－20PR16轮胎。

4.1　试验安排

对上述典型的40条线路分别进行了实车测量，每条线路记录车辆来回运行数据，试验时间上充分考虑了每天上下班高峰期、每周双休日等因素，保证有足够的样本容量和测试数据的可靠性。

4.2　数据处理与统计分析

由于数据采集中存在跳动，因此对速度突变点和毛刺进行光顺处理，以此得到车速—时间历程曲线，对车速时间历程进行求导即得到加速度时间历程曲线。

图3为北京市某线路(命名为A)速度时间历程曲线。图4为A线路的加减速度时间历程曲线。图5为A线路发动机转速时间历程曲线，发动机转速大部分集中在800～1500r/min之间。其他线路的测试结果与此类似。通过对所测线路的数据综合分析可知：北京市公交客车最高车速不超过45km/h，车速主要集中在15～25km/h范围内。各工况时间比例分布如图6所示。从图6中可以看出：怠速时间约占运行总时间的27.4%(不含车辆滑行时发动机怠速时间)。加速和减速时间占整个运行时间的70.2%，而匀速时间只占整个运行时间的2.4%。各线路最大加减速度分布在$-1.5\sim+1.5m/s^2$之间。上述结论为开发混合动力客车的控制策略和控制算法提供了参考依据。如在混合动力客车开发中可考虑如下几个方面：①取消发动机怠速；②低速时纯电动机驱动；③减速和滑行时，回收制动能量；④控制发动机工作在高效区。

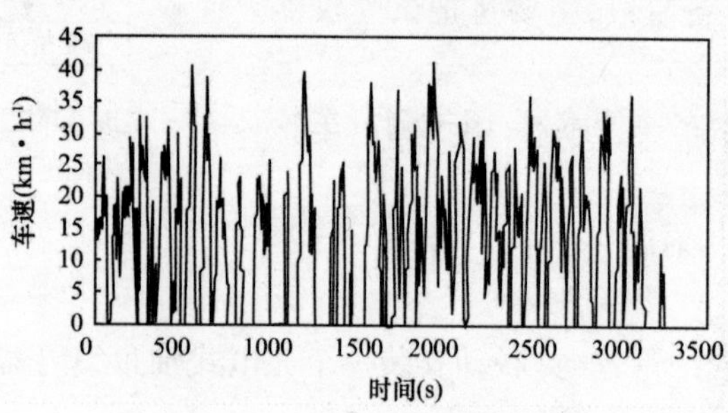


图3　北京市A线路速度时间历程曲线

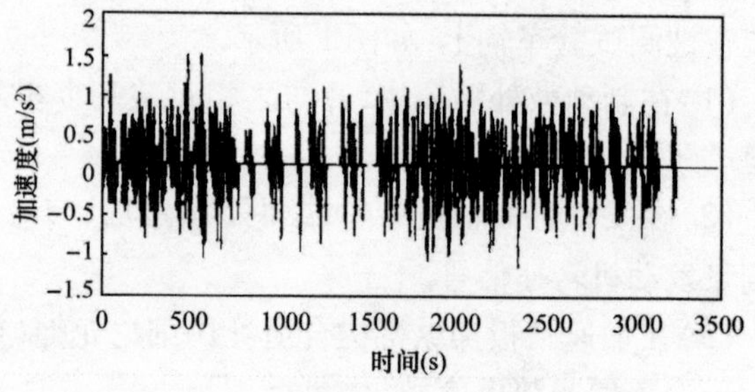


图4　北京市A线路加减速度时间历程曲线

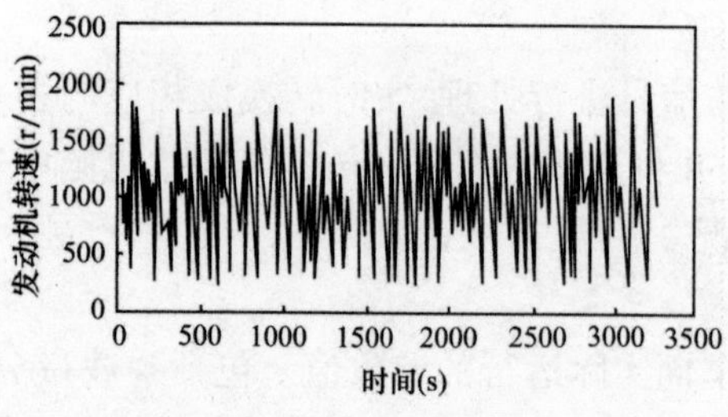


图5　北京市A线路发动机转速时间历程曲线

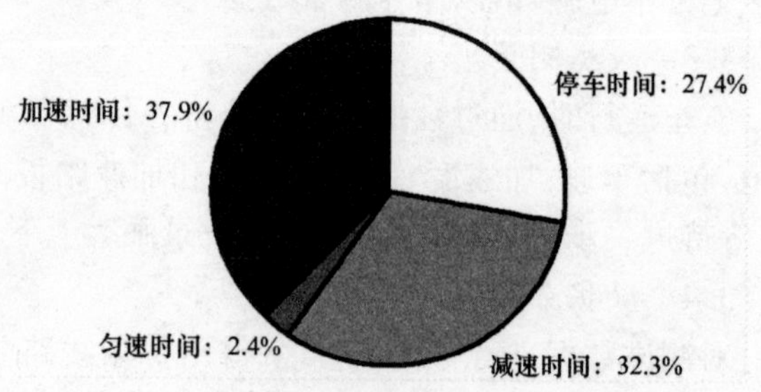


图6　北京市公交客车各工况运行时间比例统计

为了进一步分析北京公交客车的运行特点，对其特征值，包括平均车速、运行时间、停车时间、加减速度、挡位和客流量等参数进行了统计分析。图7为北京公交客车平均车速概率密度分布。经过分布检验可知，平均车速概率密度服从正态分布，平均车速的均值为13.5km/h，方差为5.9。按同样的方法对运行时间、停车时间、加速度等进行统计分析，结果表明运行时间和停车时间都服从正态分布，加减速度和客流量服从对数正态分布，其中客流量均值为32.7，方差为1.6，这表明城市公交客车载荷经常处于半载状态(满载按60人计算)。

同时,对变速器挡位也进行了统计分析,如图8所示,从图8中可以看出:北京市公交车中空挡使用最为频繁,约占37.4%,这与驾驶员的驾驶习惯有关,客车驾驶员经常使用空挡滑行。其次是4挡、5挡和3挡,1挡、2挡和6挡使用较少,通常驾驶员用2挡起步。

4.3 工况合成

通过对大量测试数据的分析,得出北京城市公交客车实际运行特点:(1)每路车的速度时间历程都是由多个起步、加速、滑行和停车循环段(由运行段和停车段组成)排列组成;(2)每个循环段的速度曲线形状基本相同;(3)每个循环段的平均车速不同;(4)每个循环段的运行时间不同;(5)每个循环段加速时的平均加速度及减速时的平均减速度变化不大。

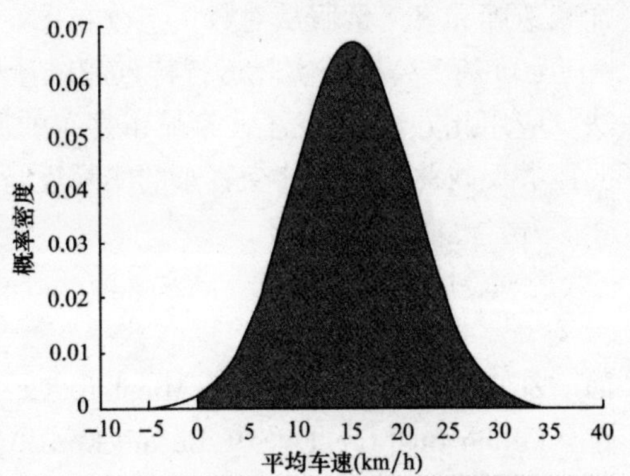


图7 北京公交客车平均车速概率密度分布

基于公交车实际运行特点和统计学概率分布理论,提出了如下工况合成方法:(1)根据各条线路的停车、加速、匀速、减速时间比例,确定整个城市车速动态曲线的加速、匀速时间的变化范围;(2)根据加速、匀速时间的变化范围,确定加速时间和匀速时间;(3)根据加速度的均值和方差,确定每个运行段加速度;(4)根据运行时间和上述的加速、匀速时间,可确定减速时间;(5)通过加速、匀速和减速时间,以及匀速段车速值,可作出一个呈梯形的折线,并进行4阶曲线拟合,这样便获得了该运行段的车速动态曲线;(6)使用同样方法,获得所有运行段的车速动态曲线;(7)将所有运行段与停车段交替排列,构成该城市的车速动态曲线。

图9为开发的北京城市客车循环工况。从图9中分析可知,北京城市客车循环工况总运行时间为3 492s,行驶距离为13.49km,最高速度为37.01km/h,平均速度为13.9km/h,最大加速度为1.45m/s$^2$,最大减速度为-1.5m/s$^2$,怠速时间为881s,占运行总时间的25.2%,停站次数为30。通过与大量实测线路车速时间历程以及线路的特征值(时间分布、平均车速等)比较得知,所开发的北京城市循环工况与实际记录数据和统计分析结果一致。

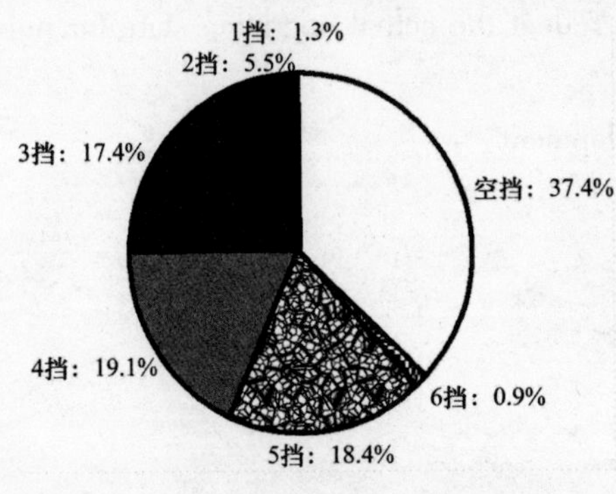


图8 北京市公交客车各挡位使用比例统计

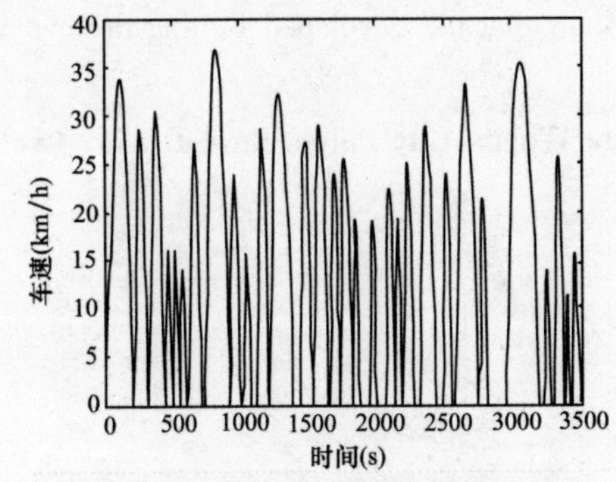


图9 北京城市客车循环工况

## 5 结论

(1)自行开发的简便测试仪器和数据采集系统满足了测试要求。具有结构简单、性能可靠、容易安装等优点。

(2)给出了城市公交客车循环工况开发程序与方法。并进行了北京城市公交客车的循环工况开发。详细分析了北京公交客车的实际运行特点。平均车速、运行时间和停车时间等服从正态分布;

加减速度和客流量服从对数正态分布。

(3)基于公交车实际运行特点和统计学概率分布理论,提出了一种多条线路循环工况的合成方法。应用此方法,开发了北京城市客车的循环工况,并通过与实测线路的特征值比较得知,该循环工况能够反映北京城市公交客车的实际运行状况,具有实用价值。

## 参考文献

[1] Zhao Ziliang, Li Jun, Liu Minghui. The Influence of the Driving Cycle on Fuel Economy for Hybrid Public Bus[C]. EVS19, Busan(Korea), 2002.

[2]《汽车工程手册》编辑委员会. 汽车工程手册(试验篇)[M]. 北京:人民交通出版社,2000.

[3] 初亮. 混合动力总成的控制算法和参数匹配研究[D]. 长春:吉林大学,2002.

# A Study on the Development of Driving Cycle for Public Buses in Beijing

Liu Minghui[1], Zhao Ziliang[1], Li Jun[1], Wang Yuncheng[2], Wang Jianhua[2]

(1. FAW R&D Center, Basic Research Dept, Changchun 130011;
2. Automobile Engineering College, Jilin University, Changchun 130025)

**Abstract**: The development procedure and testing method of driving cycle for public buses are discussed in detail and the measurement of driving cycle for public buses in Beijing city is conducted by using self-designed instruments and data collection system. The operation characteristics of Beijing public buses are thoroughly analyzed based on statistics probability distribution theory, which show that the average speed, operation time, stopping time, acceleration and deceleration, as well as passenger flow all present the pattern of normal distribution. In addition, the distribution of different gears used is also analyzed. The results show that the developed Beijing driving cycle can reflect the actual operation state for public buses in Beijing.

**Key Words**: City Public Bus; Driving Cycle; Development

# 城市混合动力客车功能样车的典型模式调试及动态过程分析

曾小华[1],王庆年[2],李　骏[3],王伟华[2],赵子亮[3]
(1.汽车动态模拟国家重点实验室,长春　130025;
2.吉林大学汽车工程学院,长春　130025;3.一汽技术中心,长春　130012)

**摘　要**:结合一汽技术中心的第一轮混合动力客车提出的调试目标要求,多能源控制单元(HCU)提出了实车联调的控制算法,并对其中常用的驱动工况——联合驱动起步加速下自动变速器(AMT)换挡过程和电动机之间的协调性控制进行了探讨和分析,结果表明HCU可以控制和协调好各控制单元的工作及AMT换挡,完成了当前调试目标。

**关键词**:混合动力汽车;典型模式;控制算法;分析

## 1　前言

混合动力汽车是未来几十年的发展方向及研究热点[1]。混合动力汽车已在国外研究多年,混合动力技术在不断地发展和完善[2]。国内各研究单位和汽车生产厂家也开始了混合动力汽车的研究高潮。文中结合目前进行的首轮功能样车实车调试,对其控制算法进行研究和分析,并得到了一些试验结果和经验。

## 2　调试目标

混合动力汽车的结构一般分为串联式和并联式2种。由于在效率上,并联式结构更优越,因此,经过充分论证,选择并联式方案,而并联式结构也有多种形式,主要有单轴式和双轴式2种[3~5]。在首轮混合动力客车中,选择双轴并联式结构。其中,发动机的功率为117kW,电动机额定功率为30kW,这样总功率和原来传统客车的功率155kW基本一致,同时变速器为自动变速器(AMT)。首轮功能样车要实现的主要目标是:混合动力汽车的典型驱动模式在实车运行过程中能够进行自动切换,并对其中的主要驱动工况——联合驱动工况进行动态分析,以考察各部分动力总成是否能正确、合理地切入,并在动力中断/接合过程中是否存在冲击现象等。而这些典型驱动模式包括:发动机单独驱动,联合驱动,发动机驱动并充电,滑行制动等。

## 3　控制算法

混合动力汽车包含很多控制单元(XCU),这些控制单元分别控制其控制对象,而混合动力整车控制单元(HCU)处于顶层位置,它把各控制单元的信息集中进行管理,包括信息的收集、转换、传递和显示等。它们的逻辑关系如图1所示。

根据混合动力功能客车的调试目标要求,多能源控制单元(HCU)在单独和各动力总成调试成功的基础上,形成如下控制思想。由于当前功能车装备的变速器为自动式机械变速器(AMT),而AMT的控制单元(ACU)在行车过程中要经常对发动机进行控制(如图1中虚线连接部分),即当进

刊登信息:《汽车工程》2005年(第27卷)第5期

入换挡时,ACU 就向发动机的控制单元(ECU)提供计算的转矩或油量值以调节发动机运行,它模拟驾驶员对传统变速器进行操作从而达到平顺换挡。而 HCU 是整车的神经中枢,主要任务是确定在各种变化的工况下对两动力源的能量(转矩)进行分配。这样 ACU 与 HCU 可能存在对 ECU 控制的干扰,使控制失效。因此提出按集中方式进行管理,即各总成的控制单元(XCU)都集中通过 HCU 进行控制。这样 ACU 的换挡命令通过 HCU 进行转发到 ECU,HCU 可根据多种状态信息来判断何时对两动力源进行动力分配,并在换挡时切断动力。调试过程中发现,当 AMT 处于低挡时,若电动机参与工作,助力或发电效果不好,还影响 AMT 的换挡。因此提出在低速 1、2 挡下,电动机关闭,不参与工作。在 2 挡以上,HCU 要根据驾驶员加速踏板强度($L_a$),当前车速($v$),蓄电池 SOC 值及相应 AMT 上传的换挡标识、当前挡位(if_shifting、GearNum)等信息来对发动机及电动机的转矩及开启/关闭命令进行控制。图 2 所示为 HCU 在 2 挡以上对电动机及发动机的动力分配控制思想,图 3 为 HCU 在控制多能源分配并考虑 AMT 换挡情况时对电动机的开关命令控制思想。根据此控制思想在 MATLAB/SIMULINK 及 DSPACE/CONTROLDESK 平台下编制如图 4 的实现模块。

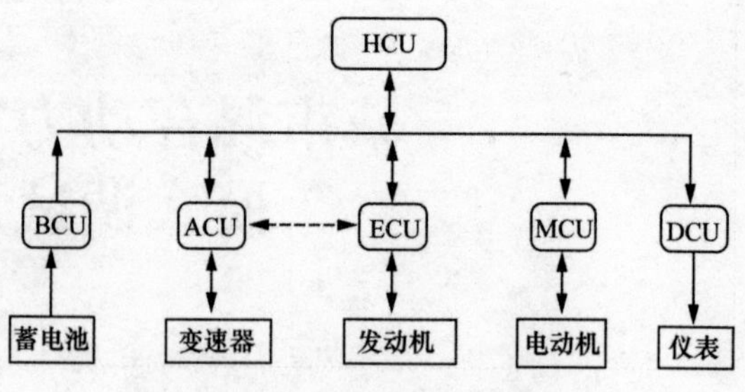

图 1 各控制单元 XCU 逻辑示意图

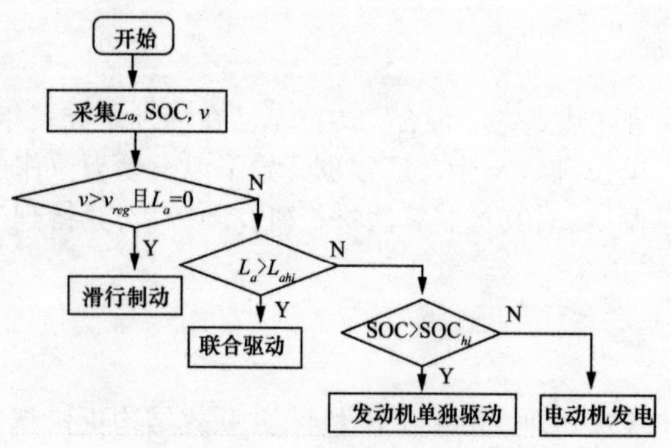

图 2 HCU 各模式的控制思想

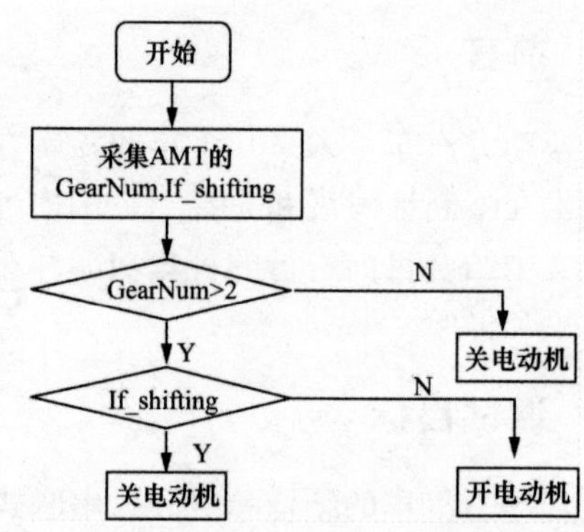

图 3 HCU 控制电动机开关策略

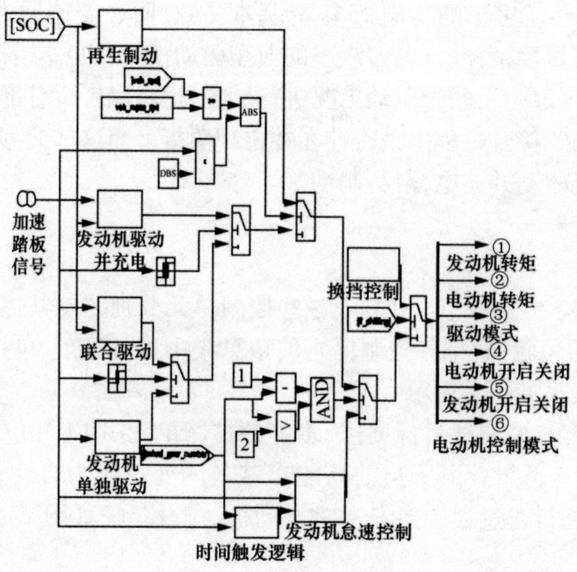

图 4 HCU 控制策略实现

## 4 调试结果及分析

首先进行各混合动力汽车典型驱动模式之间的自动切换调试,以考察各种工况是否按照程序设定的要求,根据不同路况、汽车当前状态及驾驶员输入来自动切换各种驱动模式。然后对最大加速踏板开度及其动力加速性进行考察,以分析在这种比较典型的工况下,各动力总成及 AMT 的工作情况。

### 4.1 混合动力典型驱动模式调试及分析

调试中通过 Dspace 提供的数据显示平台 Control Desk,对想要了解的变量进行记录和显示,并同时以 MATLAB 数据存储格式(.MAT 格式)进行存储。图 5 为实车运行的记录结果。

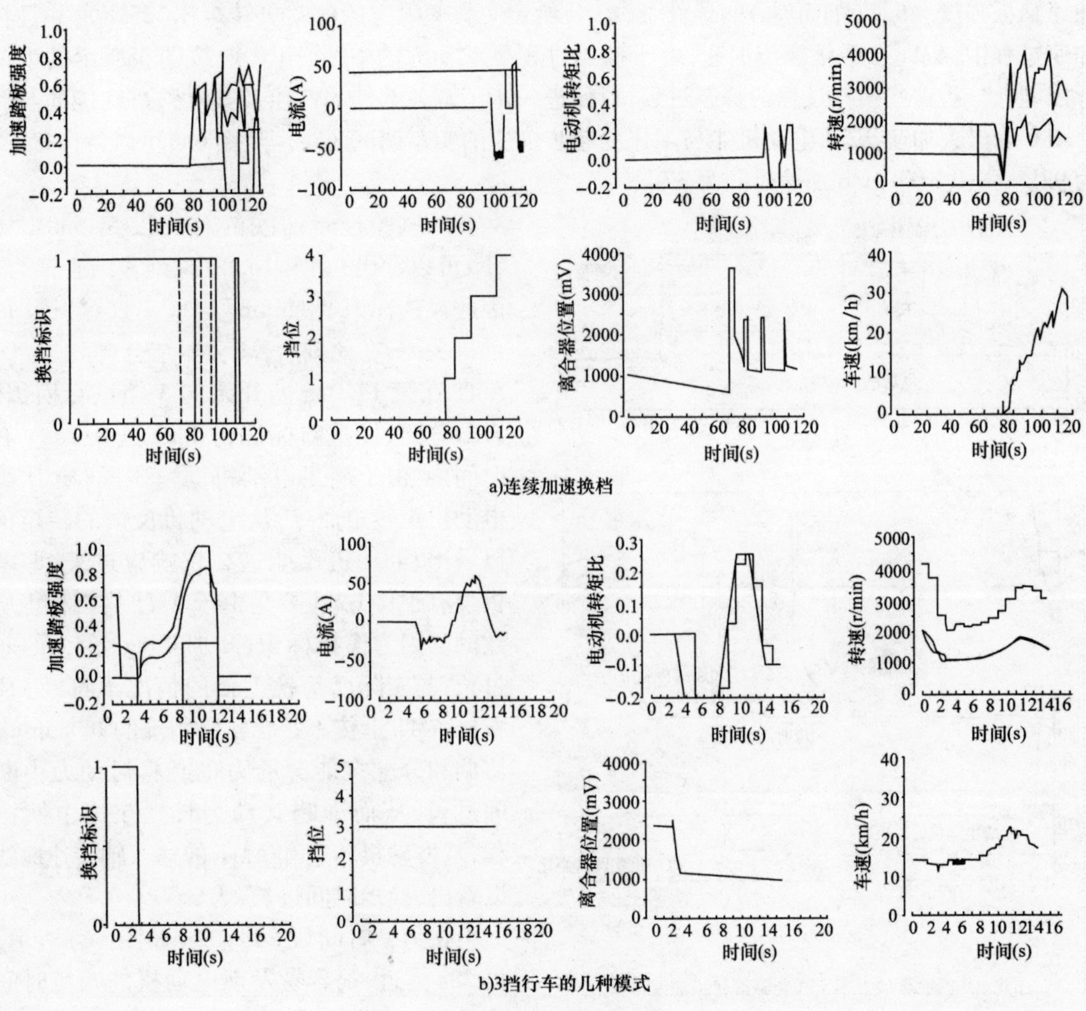


图 5 实车运行各典型模式切换调试结果

从图 5a)可看出,在第 60s 后,驾驶员开始起动发动机,各动力总成控制单元(XCU)向 HCU 上传状态信息。第 70s 后,驾驶员开始踩加速踏板连续换挡加速运行。从第 73s 到第 93s,汽车处于 2 挡以下,电动机按控制要求被控制在关闭状态;在第 93s 后,由于挡位大于 2,电动机参与工作,并根据当前加速踏板强度及当前 SOC 值来确定电动机处于电动动助力或发电;在 3 挡向 4 挡换挡时,即在第 110s 附近,按控制要求应根据换挡状态标识(If_shifting)来关闭电动机,以便 AMT 正常换挡。虽然此时加速踏板强度很大,不会出现电动机助力情况,否则,会与 AMT 的换挡发生干涉。换挡结束后,电动机切换到电动机助力工况来。图 5b)是客车在 3 挡运行的一段记录。在 0 ~2s 时,AMT 处于向3挡升挡过程，发动机速度下降，这时电动机处于关闭状态。第2～12s期间，处于3挡，电动机处于驱动或蓄电池充电状态，即前一半由于踏板强度小于设定值($L_{a-hi}$)，并且SOC也较低(低于$SOC_{hi}$)，HCU命令发动机工作并对蓄电池进行充电，电动机反馈负转矩，蓄电池电流为负。在后一半，由于驾驶员加速意图大，加速踏板强度超过设定值时，不管SOC值多大(只要不超过其设定极限高值)，必须满足动力性要求，HCU命令电动机参与助力，电动机反馈转矩为正，电流为正。在第12s后，由于驾驶员松开加速踏板，并且当前车速高于设定滑行再生发电车速值($v_{reg}$)，汽车处于滑行再生制动状态。

### 4.2 联合驱动起步加速动态过程分析

起步加速过程是电动机参与工作的常用工况，根据图3所示程序设定要求，即在2挡以上开始，当加速踏板强度>$L_{a\_hi}$(如50%)的条件下，HCU给定一斜率限定的电动机转矩比(25%)，并且在整个加速过程中，AMT会连续换挡加速，由于换挡过程要求动力的中断，HCU应按图3所示的策略来进行控制。分析这些换挡过程的瞬态过程，以便进一步了解各部件的性能及其对整车性能的制约情况。图6为最大加速状态，电动机参与工作的起步加速的实车调试曲线。从图6a)可以看出：最高车速为92km/h；0～60km/h加速时间为37s。

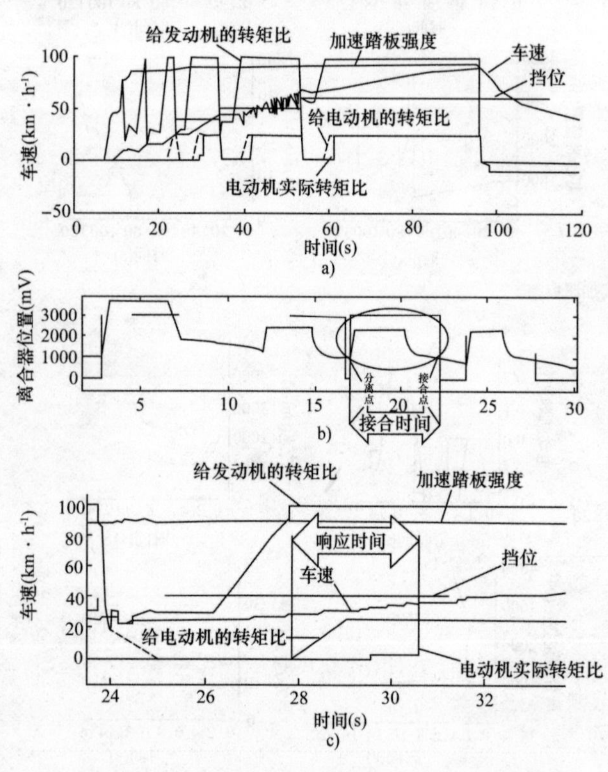


图6 并联混合动力客车联合驱动起步加速试验

从试验记录曲线的时间段5～30s，如图6b)可以看出，在第16.8s时刻才结合离合器，因此换挡标识If_shifting以前一直标识为1，电动机关闭，在此刻后，离合器结合，标识为0，但AMT在第17.02s处开始向3挡进行换挡，离合器分离，又重新标识为1，在这0.2s左右的时间内，由于满足电动机助力工况，HCU给定电动机正转矩命令，从电动机反馈的转矩比可以看出，电动机没能这么快响应过来，即电动机没有工作，这主要是由于AMT换挡标识所导致的。因为换挡标识(If_shifting)为1的时间过长，与实际已经换上挡的情况不符，而HCU根据AMT上传不符合实际情况的If_shifting来协调和分配多能源动力也必将对动力中断时间过长，从而影响其动力性。在这个换挡过程，从发动机转速和AMT的输入轴转速曲线可以看出，换挡时间过长，为3.7s。

在另一时间段24～32s如图6c)所示，在第28s附近，很容易发现电动机的响应时间也是较长的。因为在这个过程，换挡没有进行，所以只考察电动机的响应情况，从中可以看出，其响应时间为2s。

## 5 结论及建议

通过对首轮混合动力功能客车的调试，整车多能源控制单元HCU可以和电动机、发动机、AMT及蓄电池一起工作，并协调了各总成控制单元。同时对实车运行进行了混合动力汽车多种典型驱动模式的联调，提出了比较切合实际的控制思想，并编制软件下载到快速开发系统(Dspace/Autobox)当中。调试结果表明：HCU可以控制和协调好各XCU的工作，使电动机能按HCU的要求进行工作，并很好地协调AMT换挡对动力中断的影响，完成了当前调试的目标。但同时还有以下两点值得注意：

(1)HCU 必须根据 AMT 上传的换挡标识来协调电动机在换挡过程中的工作，因此当 AMT 部件出现问题时，就会影响 HCU 的控制，从而影响整车的性能；

(2)电动机的响应过慢，将影响整车的动力性能。

另外，从试验结果可以看出，目前功能样车的动力加速性能和指标要求还有一定的差距，建议从以下方面进行改进。

(1)对 AMT 的换挡执行机构进行改进，以减少其换挡时间。

(2)进一步改善 AMT 的换挡规律，尤其要注意对换挡标识进行非常严格的考核，确保其完全符合实际情况。

(3)进一步缩短电动机的响应时间，要保证尽量短(如 100ms)。随着课题的深入，控制软件还需在调试过程中逐渐完善；同时，各动力总成及其控制器需进一步减少成本，使混合动力技术能向既定的产业化目标前进。

## 参考文献


[1] 陈清泉，孙逢春. 混合动力车辆基础[M]. 北京：北京理工大学出版社，2001.

[2] Raymond A Sutula, Kenneth L Heitner, Susan A Rogers, Tien Q Duong, et al. Advanced Automotive Technologies Energy Storage R&D Programs at the U.S. Department of Energy Recent Achievements and Current Status[S]. SAE Paper, 2000-01-1604.

[3] 曾小华. 军用混合动力轻型越野汽车动力总成匹配控制策略研究[D]. 长春：吉林大学汽车工程学院，2002.

[4] 王庆年，何洪文，等. 并联混合动力汽车传动系参数匹配[J]. 吉林工业大学学报，2000(1).

[5] 王庆年，曾小华等. 混合动力技术在军用汽车上的应用[J]. 吉林大学学报(工学版)，2003(1).


## Typical Modes Tuning and Dynamic Process Analysis for a Sample HEV Bus


Zeng Xiaohua[1], Wang Qingnian[2], Li Jun[3], Wang Weihua[2], Zhao Ziliang[3]

(1. State Key Laboratory of Automobile Dynamical Simulation, Changchun 130025;
2. College of Automobile Engineering, Jilin University, Changchun 130025;
3. R&D Center of FAW, Changchun 130012)



**Abstract**: According the test goal requested by FAW Technical Center on the first sample hybrid electric vehicle (HEV), a new control algorithm for vehicle control unit is designed. The coordinating control between the shifting state of automatic mechanical transmission (AMT) under a common drive mode, i. e. the combined drive for boost accelerating from start, is investigated. The results show that the vehicle control unit can well control and coordinate the works of all individual control units for each assembly and the shifting of AMT.



**Key Words**: Hybrid Electric Vehicle; Typical Mode; Control Algorithm; Analysis


第七部分

# 基于 ADVISOR2002 混合动力汽车控制策略模块开发

曾小华[1],王庆年[2],李　骏[3],王伟华[2],初　亮[2],
(1.吉林大学汽车动态模拟国家重点实验室　130025;
2.吉林大学汽车工程学院,长春　130025;3.第一汽车研究中心,长春　130011)

**摘　要**:介绍了混合动力汽车仿真软件 ADVISOR 中的并联控制策略,结合课题的实际情况,对 ADVISOR2002 的并联控制策略进行了二次开发,并针对某一车型进行了仿真对比,结果表明所提出的控制策略不仅能够鲁棒地在 ADVISOR2002 界面中运行,而且合理、可靠,满足实际需要。

**关键词**:ADVISOR;混合动力汽车;控制策略;仿真

## 1　前言

ADVISOR 的第二版自 1998 年在网上公布以来,国内的研究单位和院校对它进行了不同程度的应用与开发。2002 年 4 月公布的最新版本 ADVISOR2002 除了继承原版本的风格外,还增加了几项新功能[1]。其中很重要的一点是用户可更方便地对它进行开发和配置新模块。

ADVISOR 本身含有混合动力汽车(HEV)的控制策略,而且所提出的控制策略及方法都通过 MATLAB/SIMULINK 模块反映出来,这种开放式的编程方式对国内进行 HEV 的研究是值得借鉴的。作者在充分理解原 ADVISOR2002 软件的并联控制策略的基础上,针对课题组正在开发的并联 HEV 的实际需要,提出了一种新的控制策略。编制了它的实现模块(MATLAB/SIMULINK),并嵌入到原控制策略库中,作为以后调用的模块。同时提出了修改 ADVISOR2002 的步骤,使所提出的控制策略能够参与 ADVISOR2002 的仿真。

## 2　并联控制策略研究

对于 HEV,控制策略的主要任务是发动机与电动机之间的功率(或转矩)如何有效地分配。更高级的控制策略应当以两系统最优为目标,按最优控制规律来进行合理分配。但最优控制规律分配使系统变得很复杂且难实现。虽然 ADVISOR2002 中的高级选项已有这部分内容,但在较短时间内理解和消化是比较困难的。作为研究的突破口,这里以 ADVISOR2002 中最为常用的控制策略,即缺省的并联控制策略作为研究对象,讨论其特点,并有针对性地提出实际有效的控制方案。

在 ADVISOR2002 中,并联 HEV 控制策略的建模思想是:在多数情况下,蓄电池 SOC 维持在它的中线附近,使蓄电池电量保持充足,这样对蓄电池的寿命有利,它的实现见图 1。

| $T_e = T + T_{chg}$ | $T_e = T - T_{chg}$ |
|---|---|
| $(-)T_m = T - T_e$ | $(+)T_m = T - T_e$ |

0　　$soc_{lo}$　　$soc_0$　　$soc_{hi}$　　100%

图 1　缺省并联控制策略原理

刊登信息:《汽车工程》2004 年(第 26 卷)第 4 期

图 1 中 $T$ 为汽车运行工况的转矩要求，即汽车的总负荷要求，在给定的工况下，为一确定值。$T_e$ 和 $T_m$ 分别是发动机和电动机系统向驱动车轮提供的转矩，$T_{chg}$ 为蓄电池补充转矩。$T_m$ 前面的符号说明：如果当前蓄电池电量在中线右侧，则 $T_m$ 为正，此时电动机处于驱动状态，辅助提供动力，相应地蓄电池放电使蓄电池 SOC 向中线靠近；相反，如果蓄电池电量在中线左侧，则 $T_m$ 为负，电机处于发电状态，发动机不仅给车轮提供动力还给蓄电池充电，同样使蓄电池 SOC 向中线靠近。可见该控制策略的思想使蓄电池 SOC 向中线平衡，即在多数情况下，维持蓄电池电量在中线波动，处于动态平衡状态，所以称为蓄电池平衡型控制策略。

在 ADVISOR2002 中，上述控制策略是由蓄电池补充转矩 $T_{chg}$ 计算子模块具体实现的。

$$T_{chg} = | K(\mathrm{SOC} - \mathrm{SOC}_0) |$$

式中，常数 $K > 0$。

$$K = \frac{T_{const}}{A_{soc}} = \frac{T_{const}}{(\mathrm{SOC}_{hi} - \mathrm{SOC}_{lo})/2}$$

该值说明蓄电池 SOC 偏离中线越大，平衡到中线的转矩值也越大，其中 $\mathrm{SOC}_{hi}$、$\mathrm{SOC}_{lo}$和 $T_{const}$ 分别对应模块中的 cs_hi_soc、cs_lo_soc 和 cs_charge_trq，分别表示为蓄电池 SOC 设定高限值、低限值和发动机对蓄电池的充电转矩。通过上面的分析可见，缺省并联控制策略简单、有效[2,3]。

大负荷工况下按此控制策略运行时，如 ADVISOR2002 中的 CYC_NREL2VAIL 工况，因为有爬坡要求，所以多数情况下发动机和电动机联合工作。而模型中的 ess_on 值在 HEV 中，都是固定的常值，即为“1”。这样当蓄电池非常馈电，如低于 20% 时，由于当前汽车的负荷很大，发动机已不能够提供足够的动力，而此时，蓄电池还要进一步放电来辅助提供动力，这样使蓄电池进一步恶化。但在实际情况下，出于对安全和蓄电池寿命的考虑，对蓄电池的工作区间按红黄绿 3 区进行划分，如图 2 所示。在大多数情况下，使蓄电池工作在绿区（中间附近），同时蓄电池也可工作在黄区（中间与两侧相夹区域），但蓄电池绝不能在红区（两侧）工作。即蓄电池电量处于左侧红色区域还要求蓄电池放电或蓄电池处于右侧红色区域且还要求对蓄电池充电，这两种情况都是不允许的。

| $T_m=0$<br>红区 | 同<br>右<br>黄区 | $T_e = T + T_{chg}$<br>$(-)T_m = T - T_e$<br>绿区 | $T_e = T - T_{chg}$<br>$(+)T_m = T - T_e$<br>绿区 | 同<br>左<br>黄区 | $T_m=0$<br>红区 |
|---|---|---|---|---|---|

0　$\mathrm{soc\_dl_{lo}}$　$\mathrm{soc_{lo}}$　$\mathrm{soc_0}$　$\mathrm{soc_{hi}}$　$\mathrm{soc\_dl_{hi}}$　100%

图 2　蓄电池工作的 3 个分区示意图

当蓄电池的 SOC 满足：

$$\mathrm{SOC} < \mathrm{SOC\_dl_{lo}}\ \mathrm{and}\ \mathrm{Tm\_r} > 0$$

或

$$\mathrm{SOC} > \mathrm{SOC\_dl_{hi}}\ \mathrm{and}\ \mathrm{Tm\_r} < 0$$

时必须关闭蓄电池，其中 $\mathrm{SOC\_dl_{lo}}$ 和 $\mathrm{SOC\_dl_{hi}}$ 分别对应模块中的 cs_dl_lo_soc 及 cs_dl_hi_soc，它们分别表示蓄电池 SOC 不能工作的极限低值和极限高值。根据上述思想，对原 ADVISOR 中的缺省并联控制策略进行修改，以避免对蓄电池的损坏。

## 3　并联控制策略嵌入 ADVISOR2002

为了保证蓄电池寿命，提出蓄电池工作的 3 区域，这样要对蓄电池的开关进行控制。下面分以下几个步骤进行。

### 3.1　修改模块控制库

打开 lib_controls 控制库文件，选择 EDIT 菜单下的 UNLOCK LIBRARY，同时拷贝、粘贴原控制策略模块并命名(这里按缺省名后加1),然后断开 LINK 选项就可修改,以实现对蓄电池开关进行控制。修改后的 ess_on 判断子系统不再是常数。最后在配置子系统模板中配置新增模块,然后关闭保存该库。

### 3.2 修改顶层模块

打开原 ADVISOR 顶层模块 BD_PAR. mdl,并另存命名为 BD_PAR_ESSOFF. mdl,在该顶层模块进行修改。首先断开 power bus 子模块,把原来 ess_on 常数模块替换为 GoTo Tag 模块,这样可将控制策略判断所得蓄电池开关命令分配到蓄电池电动机系统,以便适当时机断开该系统。另外,电动机的转矩要求须存入一 GoTo Tag 模块中,以引用作为蓄电池开关判断。

### 3.3 修改 m 文件

为了使 ADVISOR2002 能够引用上面所修改的顶层模块,必须修改部分 m 文件。将原有的装载文件 PARALLEL_defaults_in. m 的头两条语句修改为:

vinf. name = 'PARALLEL_ESSOFF_defaults_in

'vinf. drivetrain. name = 'parallel ESSOFF';

用户可以根据需要自己命名所修改的顶层模块。为了使 ADVISOR2002 能识别此模块,须向全局变量 Vinf 的驱动链域中添加如下命令。

optionlist('add','drivetrain','parallel_ESSOFF'),然后在 block_diagram_name. m 文件的 switch drivetrain 语句中增加下面语句:

case'parallel_ESSOFF'

bd_name = 'BD_PAR_ESSOFF';

这样在 ADVISOR2002 的 GUI 界面中便可看到新驱动链配置项(BD_PAR_ESSOFF),同时在 AD-VISOR \ gui \ gui_image. m 文件中增加所索引的图像文件名,即可替换成用户所要显示的图像界面。另外,两个新变量 cs_dl_lo_soc 及 cs_dl_hi_soc 必须在控制策略 m 文件中进行定义:打开原 PTC_PAR,增加该两变量如定义 cs_dl_hi_soc = 0.9;cs_dl_lo_soc = 0.4;并另存名称如 PTC_PAR_ESSOFF。最后打开 adjust_config_bds. m 文件找到 case'par〈cs〉config'语句,在它下面索引语句如:

elseifstrcmp(vinf. powertrain_control. name,'PTC_PAR_ESSOFF')

set_param(x,'Block Choice',Block Choices{block_choice_elec_assistl})

这样可从控制策略 Template 模板中选择上面所修改的库模块。

通过以上几个步骤便可实现把所修改模块嵌入到 ADVISOR2002 的 GUI 当中。用户通过这个界面可方便地配置汽车参数,进行汽车的性能仿真。

## 4 仿真及结果

为了说明所修改的控制策略模块的合理性,以 ADVISOR2002 缺省并联混合动力轿车为例,分别运行原控制策略和所修改的控制策略并对仿真结果进行比较。主要仿真计算参数见表1 ~ 表5。

表1 整车参数

| 整车质量 | 1350kg | 迎风面积 | 2.0m$^2$ |
|---|---|---|---|
| 车轮半径 | 0.282m | 滚阻系数 | 0.009 |
| 空阻系数 | 0.335 | 传动系平均效率 | 0.85 |

表2 动力传动系参数

| 变速器速比 | 1 挡 | 13.45 | 2 挡 | 7.57 |
|---|---|---|---|---|
| | 3 档 | 5.01 | 4 档 | 3.77 |
| | 5 挡 | 2.84 | 主减速比 | 1 |

表3 发动机参数

| 最大功率/转速 | 41kW/5700r/min |
|---|---|
| 最大转矩/转速 | 81N · m/3500r/min |

表4 电动机参数

| 额定功率 | 75kW | 额定转速 | 2000r/min |
|---|---|---|---|
| 最高转速 | 10000r/min | 平均工作效率 | 0.92 |

表 5 铅酸蓄电池参数

| 标准放电容量 | 25Ah | 蓄电池块数 | 25 块 |
|---|---|---|---|

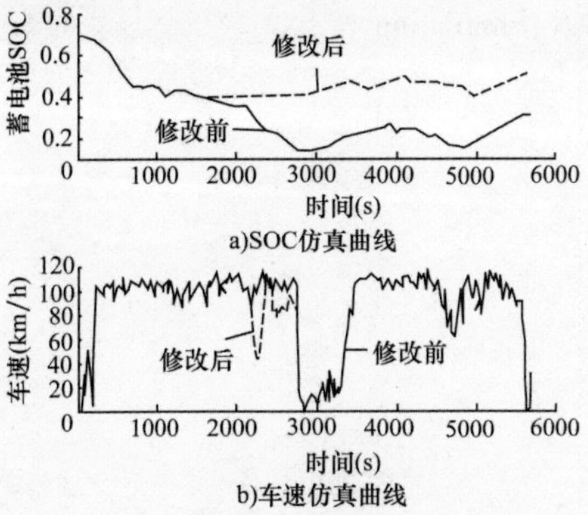

a)SOC仿真曲线


b)车速仿真曲线

图 3 修改前后的 SOC 及动力性变化比较

选定某一工况如 CYC_NREL2VAIL,图 3 为原缺省并联控制策略和所修改控制策略的仿真结果。可见,原控制策略是以满足动力为首要条件,即对蓄电池的运行状态不加限制。图 3a)中的 SOC 值已经下降到低于 20%,这对蓄电池寿命是十分不利的。通过修改控制策略,当蓄电池进入红色区域时停止电动机的工作,以防蓄电池深度放电或过度充电。虽然动力性在一定程度上有所损失,但基于安全性的考虑,在实际中是允许的。

## 5 结论

(1)通过研究发现原 ADVISOR 缺省并联控制策略存在缺陷,其对蓄电池没有合理及必要的保护。作者提出了对蓄电池进行 3 区域划分的控制策略,以增加对蓄电池的安全保护。

(2)作者提出了对 ADVISOR2002 进行修改的操作步骤以实现所提出的控制策略,并将其嵌入到 ADVISOR2002 中运行。

(3)对两种控制策略分别进行仿真比较,结果表明蓄电池确实得到了有效的保护。

(4)采用类似的方法,可建立用户自定义的各种控制策略并在 ADVISOR2002 软件中运行,以拓宽 ADVISOR 的应用范围。

## 参 考 文 献


[1] ADVISOR2002 DOCUMENT.

[2] 初亮. 混合动力总成的控制算法和参数匹配研究[D]. 长春:吉林大学汽车工程学院,2002.

[3] 曾小华. 军用混合动力轻型越野汽车动力总成匹配控制策略研究[D]. 长春:吉林大学汽车工程学院,2002.

[4] 陈清泉,孙逢春. 混合动力车辆基础[M]. 北京:北京理工大学出版社,2001.

[5] 王庆年,何洪文等. 并联混合动力汽车传动系参数匹配[J]. 吉林工业大学学报,2000.1.

[6] 王庆年,曾小华等. 混合动力技术在军用汽车上的应用[J]. 吉林大学学报(工学版),2003.1.


# The Development of HEV Control Strategy Module Based on ADVISOR2002 Software


Zeng Xiaohua[1], Wang Qingnian[2], Li Jun[3], Wang Weihua[2], Chu Liang[2]

(1. State Key Laboratory of Automobile Dynamical Simulation, Changchun 130025;
2. College of Automotive Engineering, Jilin University, Changchun 130025;
3. R&D Center of FAW, Changchun 130011)



**Abstract**: The parallel control strategy in the HEV simulation software ADVISOR was introduced in this paper. Then that strategy module in ADVISOR 2002 was redeveloped according to the specific case of




第七部分

the project and a comparative simulation was performed on a real vehicle model. The results showed that the modified control strategy could be robustly run in the interface GUI of ADVISOR 2002 and is more rational and reliable, meeting the practical requirements.

**Key Words**: ADVISOR; Hybrid Electric Vehicle; Control Strategy; Simulation

# 混合动力汽车性能仿真软件的可用性仿真验证*

于永涛[1],曾小华[1],王庆年[1],李　骏[3],王伟华[2]
(1.吉林大学汽车动态模拟国家重点实验室,长春　130025;
2.吉林大学汽车工程学院,长春　130025;
3.第一汽车研究中心,长春　130011)

**摘　要**:混合动力汽车性能仿真软件 ADVISOR 是国内应用最为广泛的一种反向仿真软件,而 CRUISE 是国内应用最为广泛的一种正向式性能仿真软件之一,它们之间的可用性及其精度如何,通过对某车型在两平台下的动力计算与燃油消耗仿真进行深入对比研究,仿真结果经模型的充分验证表明,其可信性与可用性满足工程实际要求。

**关键词**:混合动力汽车;仿真;ADVISOR;CRUISE;验证

**中图分类号**:U463.2　**文献标识码**:A　**文章编号**:1004-731X(2009)-02-0380-05

## 引言

混合动力汽车在国内已经成为一个研究热点[1,2],为了研究和分析混合动力汽车,仿真技术尤为重要,而针对于混合动力汽车的性能仿真软件开发在国内还基本处于起步阶段,大多数采用的是国外已经开发成熟的仿真软件,其中 ADVISOR 是比较优秀的用于车辆性能仿真分析与预测的反向式仿真工具,它可用于车辆传动方案的性能分析[3],而另外一商用仿真软件 CRUISE 由于与工程实际接合更加紧密,可用于正向式控制策略开发,也逐渐被国内用户越来越多地采用。

但 ADVISOR 软件也有其自身的缺点,如它只适合于单轴驱动车辆的仿真。由于 ADVISOR 软件代码开放的特点,文献[4]已对其进行二次开发,以嵌入双轴驱动模块库用来补充对四轮驱动汽车的仿真。但同时 ADVISOR 是一反向仿真软件,和实际课题的控制思想有很大的差别,因此在文献[5]中开发了一正向仿真模块,并同时开发了用来嵌入该仿真模块的 GUI 平台,用来对整车进行性能仿真。但是,该仿真平台 CHEV2002 和 ADVISOR 相比,它代码不够开放,开发的成熟度还有待于进一步完善。因此,作者所在课题组直接通过购买成熟的商用正向式仿真软件 CRUISE 来进行混合动力汽车研究开发,以进一步缩短开发周期,提高整车控制策略的控制精度。

先期的研究成果是以 ADVISOR 为仿真平台进行的,现移植到正向式仿真平台 CRUISE 下,其可信性与可用性是否满足工程要求? 这一问题也是国内广大使用这两个仿真软件的用户一个普遍关心的问题。这一问题正好可通过两不同的仿真软件来进行对比验证,作者构思利用 ADVISOR 与 CRUISE 对传统型与混合型轿车、客车的动力性计算与燃油经济性仿真对比,并分析其在计算动力需求与变速工况下的燃油消耗对比来考查两平台下的仿真精度问题。

## 1　正向、反向仿真软件特点

计算机仿真是理论分析和工程设计的有力工具。目前混合动力汽车仿真有两种基本方法,即反



刊登信息:《系统仿真学报》2009年(第21卷)第2期

*　基金项目:国家自然科学基金项目(50705037);吉林省科委项目(20080143);吉林大学"985工程"资助项目。

向仿真(Backward-facing Vehicle Simulation)和正向仿真(Forward-facing Vehicle Simulation),分别如图1和图2所示[6]。

对于汽车性能仿真软件,国内应用最为普遍的反向仿真软件之一是ADVISOR,而正向仿真软件使用较普遍的是AVL的CRUISE软件,另外美国阿贡国家实验室(Argonne National Laboratory)的PSAT也是一种正向式仿真模型,不过在国内的应用较少。

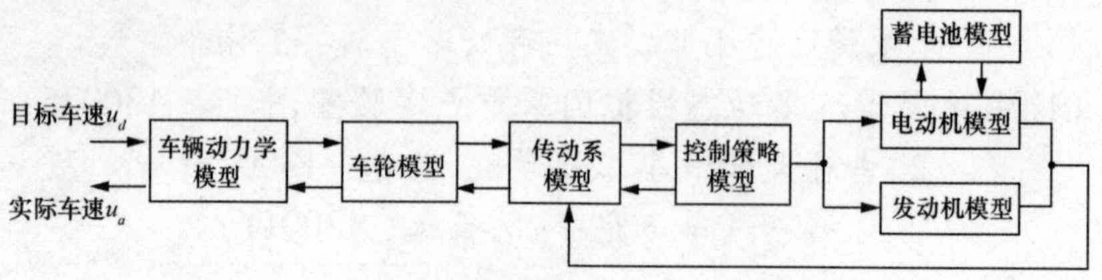


图1 反向式车辆仿真流程图

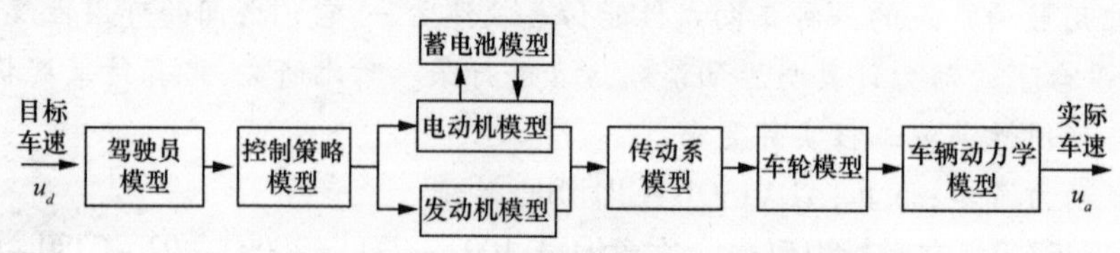


图2 正向式车辆仿真流程图

1.1 反向仿真软件ADVISOR的特点

仿真模型是从满足循环工况要求出发,计算动力系统各部件必须提供的转矩、转速、功率等,仿真信息沿整车阻力模型、车轮模型、传动系统模型最终到达动力总成模型。仿真的顶层模型如图3所示。

该反向建模与仿真不考虑驾驶员的意图以及动力系统(尤其是离合器和变速器)的动态过程,计算步长较大(一般为1s),计算速度快,可以通过反复计算以达到系统的最高性能。其主要功能适用于不同设计方案之间的比较和评价分析,可用于整车性能仿真分析与预测,但并不适合控制算法的设计、开发。

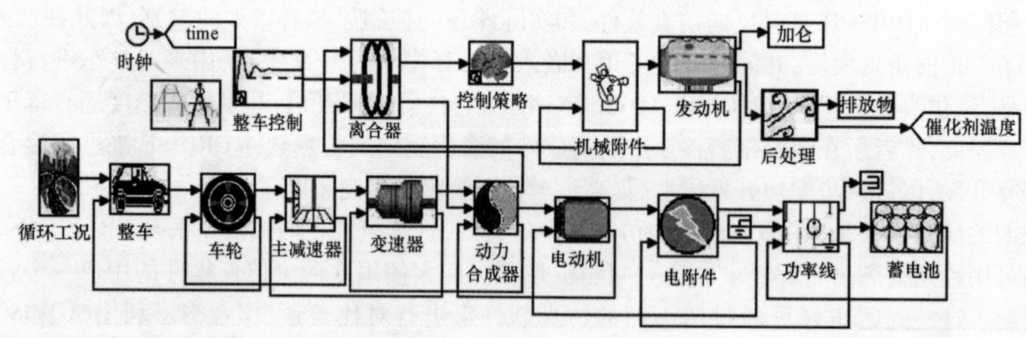


图3 ADVISOR仿真模型

1.2 正向仿真软件CRUISE的特点

AVL的CRUISE是正向仿真软件,是用于研究车辆动力性、燃油经济性、排放性能与制动性能的仿真分析软件,可以用于车辆开发过程中的传动系匹配和车辆性能预测等,能够对混合动力汽车和电动汽车进行建模仿真和性能模拟。软件界面友好,结果分析直观、易懂,提供了与Matlab、C、Fortran等通用编程软件的接口,为用户建立自定义模块及控制元件的模型提供了方便。

在该模型当中,除了包括计算整车所需的车体计算模型(如各动力总成:发动机、电动机、蓄电池和变速器等)外,还包括反映驾驶员操作的模型等,以及提供用户设计控制策略的外面应用程序接口(API)。非常方便对整车的控制操作,而且控制策略与车体模型分工很明确,比较适合实际工程项目对控制策略开发的延续性要求。图4是在该仿真平台下建立的某一混合动力客车的顶层模型[7]。

但该正向模型是一款商用的仿真软件,由于其代码不公开,不适合自主掌握与开发。

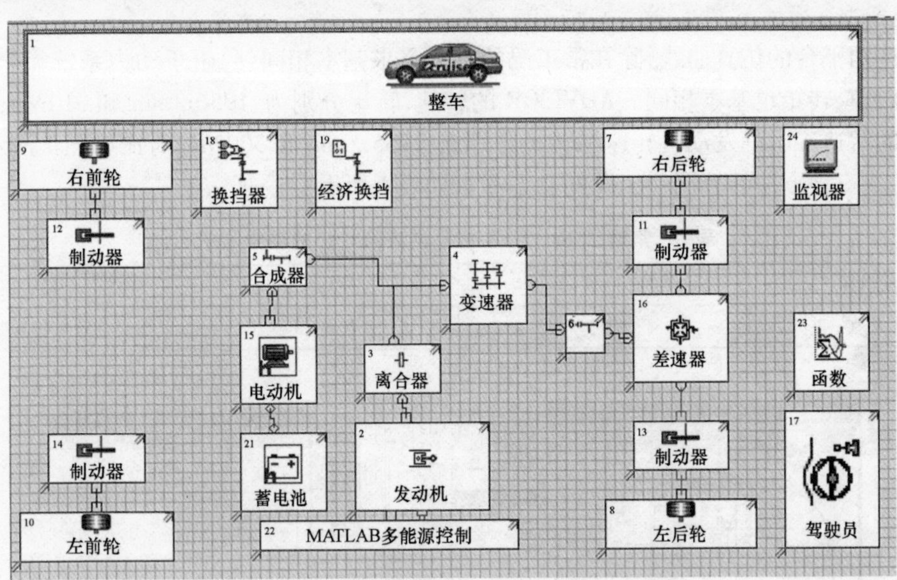


图4 某一混合动力客车 CRUISE 仿真模型

## 2 正向、反向仿真软件对比验证

模型的验证需结合实际整车参数,由于当前还没有完整的整车性能试验数据,且试验数据并非在完善的控制策略下进行,用以验证模型精度可通过不同仿真平台对相同整车参数进行仿真,当前比较常用的电动汽车性能仿真平台为 ADVISOR 与 CRUISE,但整车性能仿真结果与控制策略密切相关,为了消除控制策略的影响,可选用无多能源管理控制策略的传统车来进行动力需求计算与动态过程(北京工况)燃油消耗进行对比研究。

分别考查不同车型如轿车与客车(包括传统型与混合型)作为研究对象,以考查其在不同平台下的性能仿真结果。

### 2.1 动力需求与燃油消耗动态分析

以传统客车为例,分析两仿真软件平台如何计算其动力需求,以及根据其动力需求所求解的燃油消耗。通过对比动力源的动力需求与理论计算结果的吻合程度,及燃油消耗计算对比,来说明两个平台计算的精度问题。

#### 2.1.1 动力需求仿真对比

以某一相同的工况(70km/h 常速工况)来进行考查,不同仿真平台下的对动力源的功率需求情况的分析;首先考查理论功率要求,即根据最高车速 $v_{max}$ 确定的最大功率为:

$$P_{max1} = \frac{v_{max}}{3600 \cdot \eta_t}\left(m \cdot g \cdot f + \frac{C_D \cdot A \cdot {v_{max}}^2}{21.15}\right)$$

理论计算值为64.1kW。其中的设定参数与 ADVISOR、CRUISE 平台完全相同,传统系效率与 CRUISE 的变速器、主减速器效率乘积相同,计算过程如下所示。

针对传统客车,在 ADVISOR 与 CRUISE 平台下分别建立其模型,并进行常速工况的性能仿真。

在 ADVISOR 平台下,若按缺省控制,发动机转矩按其 MAP 最小转矩限制,相比 CRUISE 的发动机模型(其输出转矩为零),使其插值的油耗率偏高。由于发动机的怠速消耗与实际情况有偏差,须对其进行修改,修改前后的对比如图5所示。

通过改正后的发动机模型进行常工况的仿真,结果计算的功率需求为63.5kW。

同时,在CRUISE平台下进行该工况的仿真,仿真曲线如图6所示。即CRUISE仿真的功率需求为63.3kW。

对比上述两平台的仿真曲线,除在常工况的功率需求基本相同外,由于动力系统完全相同,其发动机的输出转速、转矩也基本相同。ADVISOR的转速,转矩分别为:1956r/min和310Nm,而CRUISE平台下仿真的常速工况的发动机转速和转矩分别为:1955r/min和309Nm,对比如图7所示。

综上,对比三种方法计算同一工况的功率需求如表1所示:

表1 常速(70km/h)工况不同方法计算的动力需求

| 理论方法(kW) | ADVISOR(kW) | CRUISE(kW) | 最大误差 |
|---|---|---|---|
| 64.1 | 63.5 | 63.3 | 1.26% |

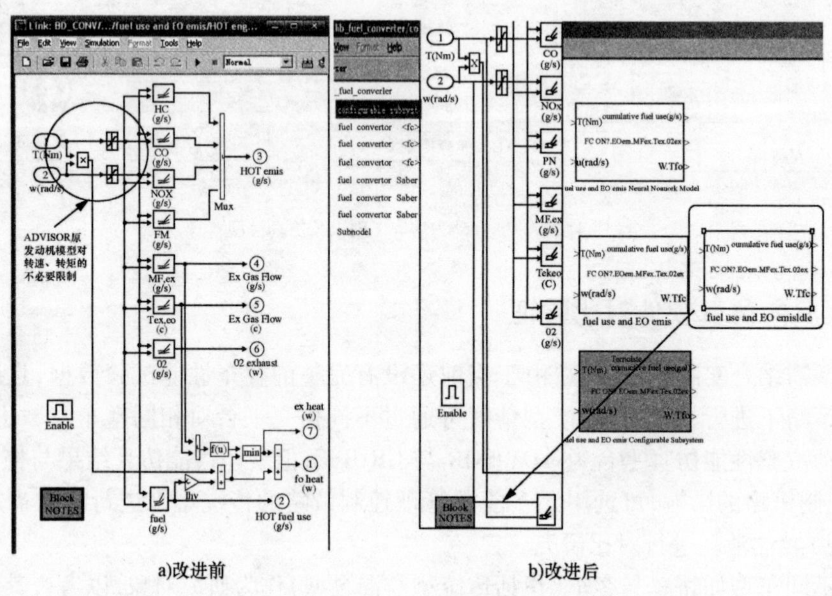


a)改进前 b)改进后

图5 ADVISOR中发动机模型改进前后对比

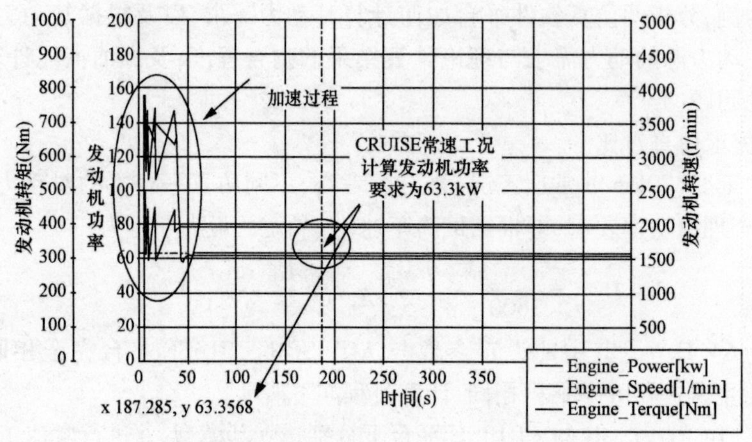


图6 CRUISE平台仿真的发动机需求功率

上述验证了两仿真平台，在进行整车性能仿真时，其对动力源计算是准确、可靠的。ADVISOR 要通过对发动机模型的完善，其计算结果才合理。

2.1.2 北京工况下动力源燃油消耗对比

为了进一步验证两仿真平台在进行整车经济性能仿真的准确性，可通过变速工况（以北京城市工况为例）的燃油消耗率进行考查。两仿真平台下的整车燃油消耗计算结果如表 2 所示：

**表 2 北京工况下仿真的燃油消耗对比**

| ADVISOR（L/100km） | | CRUISE（L/100km） | 模型改正后最大误差 |
|---|---|---|---|
| 缺省 | 改正 | | |
| 32.3 | 27.0 | 28.1 | 4.07% |

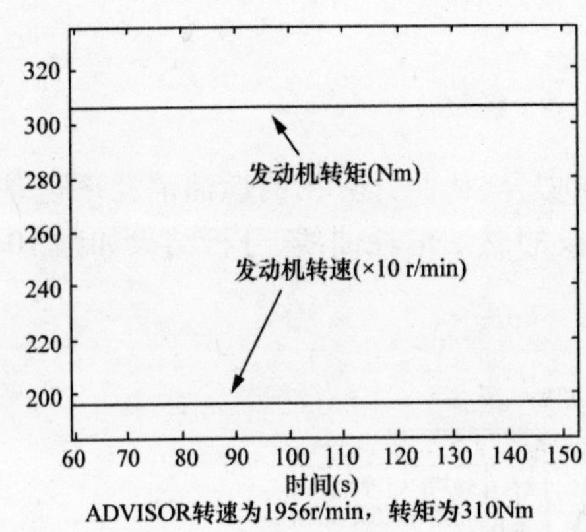


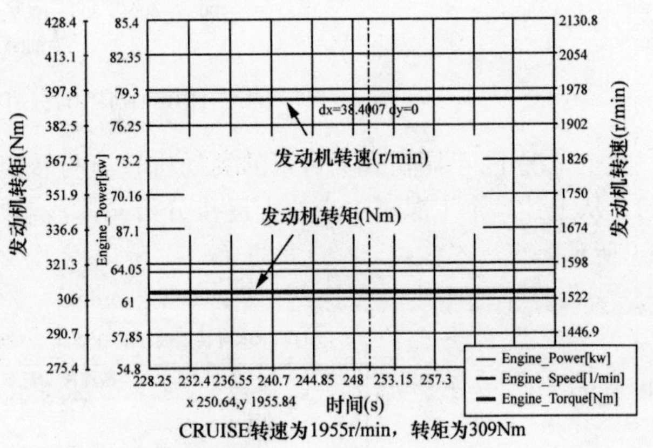


图 7 ADVISOR 与 CRUISE 的发动机转矩与转速

若按原缺省模型进行仿真，其油耗值偏大，主要原因如图 8 所示。其中虚线为 ADVISOR 的仿真曲线，实线为 CRUISE 仿真曲线（下同）。

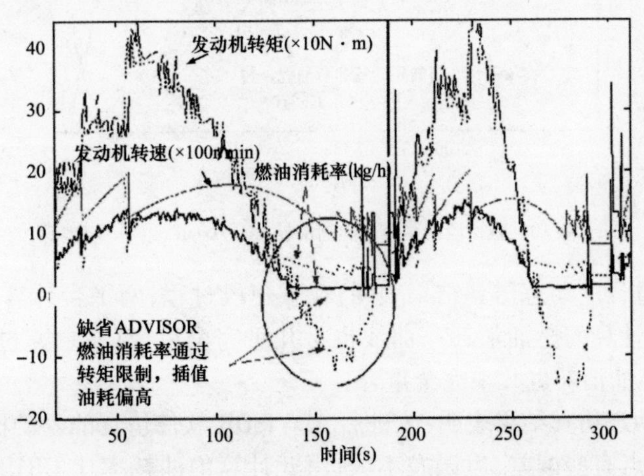


图 8 两平台的燃油消耗对比（原 ADVISOR 模型）

从图 8 曲线对比来看，发动机转速完全吻合，转矩在驱动工况也基本吻合，而在 ADVISOR 中的制动过程具有发动机制动负转矩，若按其缺省控制，即发动机对转矩按 MAP 图上的最小转矩进行限制，相比 CRUISE 的发动机模型（其输出转矩为零），使其插值的油耗率偏高。

改善后的模型，在整个工况的仿真结果对比如图 9 所示。

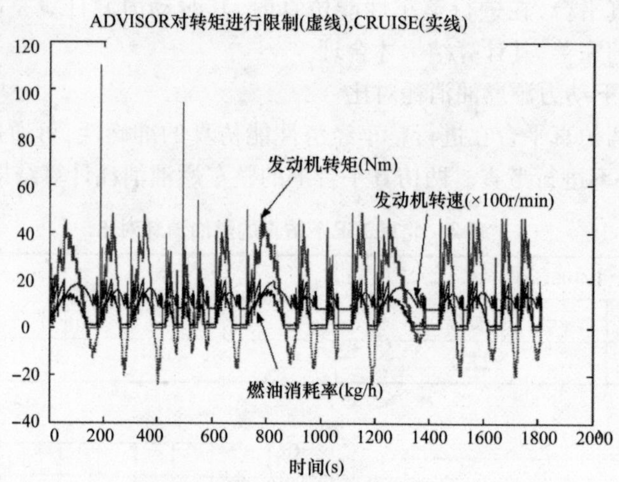


图 9 两平台的燃油消耗对比(ADVISOR 改善后模型)

整个工况下,不同仿真平台下的发动机转速与转矩基本吻合,从而计算出的燃油消耗率也基本相同。从上述整个工况进一步放大逐步分析减速段与加速段的燃油消耗曲线,分析结果如图 10 和图 11 所示。

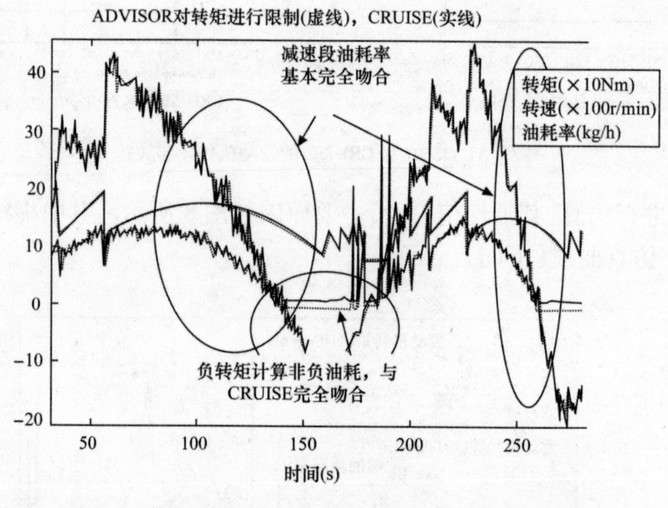


图 10 减速段两平台的燃油消耗(ADVISOR 改善后模型)

上述减速与怠速过程的动态仿真结果表明:在减速段过程,两平台计算的发动机转速与转矩几乎完全重合,因此由此计算的燃油消耗率曲线也是几乎完全重合,在怠速过程,改进后的 ADVISOR 模型与 CRUISE 计算燃油消耗也几乎完全重合!

上述加速过程的动态仿真结果表明:改进后 ADVISOR 软件仿真的发动机转速与转矩与 CRUISE 基本重合,转速在换挡点有些偏差,但误差不大,由此计算的油耗率比 CRUISE 稍小,但趋势非常接近,总油耗偏差较小,即只有 4.07%,满足实际工程要求。



### 2.2 不同车型的性能仿真对比

通过上述正向式 CRUISE 与反向式 ADVISOR 进行了动力需求与燃油消耗的仿真对比研究,下面针对传统型与混合型轿车、客车的燃油经济性仿真,以定量研究不同平台的仿真精度问题。

#### 2.2.1 轿车在不同平台的性能仿真对比

仿真所用的整车部件参数为其试验数据,首先通过传统捷达车在两平台进行仿真,所用发动机、

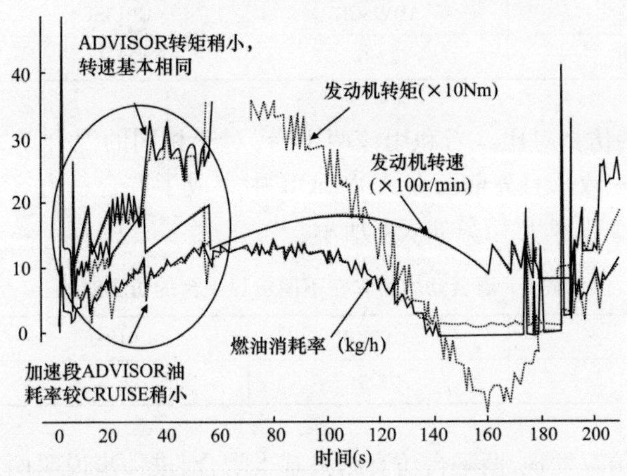


图 11　加速段两平台的燃油消耗(ADVISOR 改善后模型)

变速器、车轮等整车参数输入条件相同,所选择的工况也均为 EUDC 工况进行考查。

(1)传统轿车的仿真对比。首先进行的工作是在 ADVISOR 平台下建立了此传统轿车模型,并在 CRUISE 平台下建立同样整车模型,并且设定其换挡控制策略在两平台下也完全相同,性能仿真结果对比如表 3 所示。

**表 3　传统车在不同仿真平台的仿真对比**

| 仿真平台 | ADVISOR | CRUISE | 最大误差 |
|---|---|---|---|
| 燃油经济性(L/100km) | 6.60 | 6.83 | 3.48% |

通过对比上述两方案(同一车型、同一发动机、同一变速器及其换挡规律),在两不同平台下对同一工况的经济性能仿真结果来看,性能结果基本吻合,验证了模型及其两平台进行仿真是准确、可靠的。

(2)混合动力轿车的仿真对比。当利用该两平台,对于相同的混合动力轿车方案进行仿真(尽管此时两种控制策略的算法不尽相同,但其动力源参数,输入条件还基本一致),且先前研究工作已在 ADVISOR 中完成了该混合动力轿车方案的建模工作,并接合 CRUISE 的性能仿真结果,对比如表 4 所示。

**表 4　混合动力汽车不同平台下的仿真对比**

| 仿真平台 | ADVISOR | CRUISE | 最大误差 |
|---|---|---|---|
| 燃油经济性(L/100km) | 5.5 | 5.7 | 3.64% |

注:初始 SOC 为 0.7,无 SOC 校正,控制策略不尽相同,热机状态油耗,下同。

通过上述两工况的仿真发现,两平台下进行的经济性能仿真结果基本吻合。

2.2.2　客车在不同平台的性能仿真对比

仿真所用的整车部件参数为其试验数据,首先通过传统客车(以 DEUTZ 发动机 140kW 为其动力源)在两平台进行建模,所用发动机、变速器、车轮等整车参数输入条件相同,所选择的工况均为北京城市工况进行考查。

(1)传统客车的仿真对比。利用该两平台,对于相同的传统客车方案进行仿真,此时动力源参数,输入条件等完全相同,对比仿真结果如表 5 所示。

表5 传统客车在不同仿真平台的仿真对比

| 仿真平台 | ADVISOR | CRUISE | 最大误差 |
| --- | --- | --- | --- |
| 燃油经济性(L/100km) | 27.0 | 28.1 | 4.07% |

(2)混合动力客车的仿真对比。当利用该两平台,对于相同的混合动力客车方案进行仿真(控制策略与输入条件基本一致),且先前已在ADVISOR中完成了混合动力客车方案的建模工作,并接合CRUISE的性能仿真结果,对比结果如表6所示。

表6 混合动力客车在不同仿真平台的仿真对比

| 仿真平台 | ADVISOR | CRUISE | 最大误差 |
| --- | --- | --- | --- |
| 燃油经济性(L/100km) | 23.5 | 24.6 | 4.68% |

通过上述两工况的仿真发现,两平台仿真结果基本吻合,进一步说明两工况不管对传统客车,还是对于混合动力客车(控制策略不完全相同),经济性能仿真结果都比较接近。

2.2.3 误差产生分析

上述仿真结果还表明,两平台下对于相同车型,其燃油消耗计算结果是存在误差,且传统车的燃油消耗计算的误差小于混合动力汽车,这主要是由于传统汽车的单一动力源决定,使得不同平台所计算的误差较小,而混合动力汽车燃油误差偏大是由于多能源控制策略即便相同,但控制算法的实现细节不可能完全相同。但其最大误差小于5%,满足实际工程要求。

在CRUISE平台下进行的研究意义:控制策略可直接应用于实际控制器的开发(借助现代开发方法,直接到DSPACE进行快速原型的调试,进一步到产品代码的开发)。

## 3 结论

基于常用的整车性能仿真软件:反向式ADVISOR与正向式CRUISE进行了动力需求与燃油经济性的仿真对比研究,结果表明:

(1)以客车为例,分析两仿真平台的动力需求计算与动态过程的燃油消耗率进行对比,结果基本吻合。特别对于部分瞬态工况的分析表明,两平台仿真的吻合较好。

(2)两仿真平台对于传统型与混合型轿车、客车的燃油经济性仿真,结果基本吻合,最大误差小于5%,满足实际工程要求。

(3)为了进一步提高仿真精度,需对反向式仿真软件ADVISOR的发动机怠速限制模块进行修改,改进后与商用正向式仿真软件CRUISE计算的燃油经济性更趋于吻合。



## 参考文献

[1] 陈清泉,孙逢春.混合动力车辆基础[M].北京:北京理工大学出版社,2001.

[2] 王庆年,何洪文,初亮.并联混合动力汽车传动系参数匹配[J].长春:吉林工业大学学报,2000.

[3] National Renewable Energy Laboratory. ADVISOR2002 help Document[EB/OL]. (2002)[2003]. http://www.ctts.nrel.gov/analysis. 2002.

[4] 曾小华,王庆年,王伟华,初亮.基于ADVISOR软件的双轴驱动混合动力汽车性能仿真模块的开发[J].汽车工程,2003.

[5] 王庆年,曾小华,吴强华,王伟华,初亮.基于ADVISOR混合动力汽车正向仿真软件的开发[C]//北京:汽车工程年会,2003.

[6] 金启前.混合动力客车试验与评价问题研究[D].长春:吉林大学汽车工程学院,2006.
[7] 王伟华.并联混合动力汽车的控制[D].长春:吉林大学汽车工程学院,2006.

## Validation of Hybrid Electric Vehicle Simulation Software

Yu Yongtao[1], Zeng Xiaohua[1], Wang Qingnian[1], Li Jun[3], Wang Weihua[2]
(1. State Key Laboratory of Automobile Dynamical Simulation, Jilin University, Changchun 130025, China;
2. College of Automobile Engineering, Jilin University, Changchun 130025, China;
3. R&D Center of FAW, Changchun 130011, China)

**Abstract**: ADVISOR(ADvanced Vehicle SimulatOR) is the most popular HEV(Hybrid Electric Vehicle) simulation software which is backward-facing stream of calculations. And CRUISE is one of the most popular HEV simulation software which is foreward-facing stream of calculations. How the usability and precision were between the two softwares was discussed by compareing a certain vehicle's performance and fuel economy simulation. Simulation results show that the foreward-facing and backward-facing software accord with each other very well, and precision and usability can meet engineering request.

**Key Words**: Hybrid Electric Vehicle; Simulation; Advisor; Cruise; Validation

第七部分

# 电控喷射稀燃天然气发动机的开发

窦慧莉[1,2],刘忠长[2],李　骏[1],李建群[1],闫　涛[1]
(1.中国第一汽车集团公司技术中心,吉林 长春　130011;
2.吉林大学内燃机系,吉林 长春　130025)

**摘　要**:进行了发动机进气系统、燃烧系统、天然气供给系统、点火系统和电控系统等的设计。研究了天然气发动机稀薄燃烧规律,提出了空燃比分区控制的稀薄燃烧控制方案,实现了不采用EGR情况下$NO_x$排放物的有效控制,仅通过匹配氧化催化转化器,使发动机排放达到了欧Ⅲ(ESC)法规要求。试验结果表明,CA6SE1-21N天然气发动机不仅达到了原柴油机的标定功率水平,而且具有良好的可靠性。

**关键词**:天然气发动机;结构开发;稀薄燃烧;排放
**中图分类号**:TK464　**文献标志码**:A

## 引言

随着我国汽车工业的迅速发展,2005年全国汽车产销量分别达到570.77万辆和575.82万辆,全国汽车产销量一跃超过日本,成为仅次于美国的全球第二大汽车消费国[1]。但是,汽车保有量的增长对空气质量,尤其是大城市的大气环境造成日益严重的威胁,据国家环境分析测试中心2004年监测结果,在113个大气污染防治重点城市中,空气质量达二级、三级和劣三级的城市数量分别为40、41和32个,比例分别为35.4%、36.3%和28.3%。其中,二氧化硫超标城市36个,颗粒物超标城市73个[2]。很多城市空气污染水平超过世界卫生组织规定的标准,全世界空气污染最严重的10个城市中有9个是中国城市。同时,石油资源短缺的问题日益严重。据预测,到2020年,我国汽车保有量将达到$1.3\times10^7$辆,交通道路用油将达到$2.10\times10^7$t,超过石油总需求量的50%,其中80%依靠进口[3]。针对石油资源危机和大气污染日益严重的问题,天然气发动机以其清洁燃烧特性和良好的经济性受到了中国政府、发动机企业和科研院所的关注,对天然气发动机进行研究开发。到目前为止,我国16个示范城市内有公交车3万多辆,出租车6万多辆,其他用途车辆超过3万辆,还有10余个省市正在启动天然气汽车的发展计划[4]。

但是,国内大型公交车用天然气发动机多为进口机型,国产机型多为机械混合器式,电控机型所占比例低于5%,并且,电控机型多采用理论空燃比控制方式,发动机排温较高,功率偏小。国内市场急需国产高性能大功率低排放的天然气发动机。因此,本研究开发了CA6SE1-21N电控多点进气道喷射稀薄燃烧的天然气发动机,该发动机达到了欧Ⅲ(ESC)排放水平。



## 1　发动机的结构设计

### 1.1　发动机特点

如图1所示,CA6SE1-21N天然气发动机是在CA6DE1-21柴油机的基础上,采用电控多点顺序

刊登信息:《内燃机学报》2007年(第25卷)第2期
*　基金项目:国家863计划“节能与新能源汽车”攻关项目(2006AA11A1A6)。

喷射系统、电子节气门、线性氧传感器闭环控制方式开发而成。CNG 发动机参数如表 1 所示。

表 1　CA6SE1-21N 发动机参数

| 发动机类型 | 直列 6 缸、四冲程 |
|---|---|
| 排量(L) | 6.618 |
| 进气方式 | 增压中冷 |
| 缸径(mm) | 106 |
| 行程(mm) | 125 |
| 发动机类型 | 直列 6 缸、四冲程 |
| 压缩比 | 12:1 |
| 标定功率(kW) | 155 |
| 标定转速(r/min) | 2 300 |

图 1　CA6SE-21N 天然气发动机

发动机结构开发的基本原则是保持原机基本结构不变，尽量保持与原机零部件通用性。主要进行了以下几个方面的结构改进。

1.2　燃烧系统设计

1.2.1　压缩比

原柴油机的压缩比为 17.5:1，如此高的压缩比不能用于火花点火天然气发动机，会引起发动机爆震燃烧，造成发动机损坏。图 2、图 3 为不同的压缩比对天然气发动机功率和排放的影响。可见，较高的压缩比会提高汽缸内的最高燃烧压力和燃烧放热率，发动机动力性改善，但是 $NO_x$ 排放增加，THC 排放降低。在 $NO_x$ 排放远低于开发目标的情况下，降低 THC 排放，可以减轻催化转化器的负担非常关键。因此，综合考虑发动机性能和排放等因素，压缩比确定为 12:1。

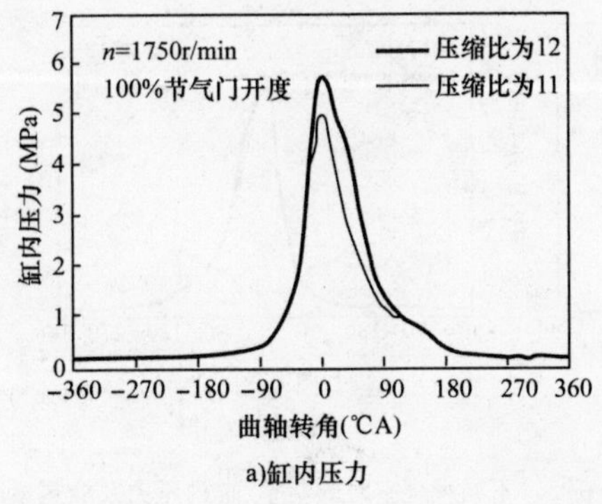


a)缸内压力

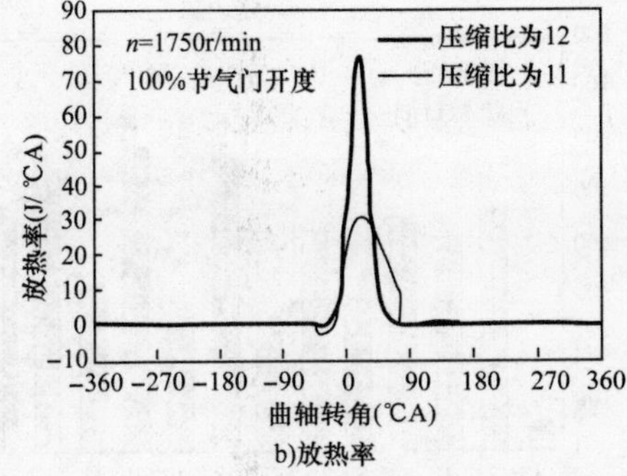


b)放热率

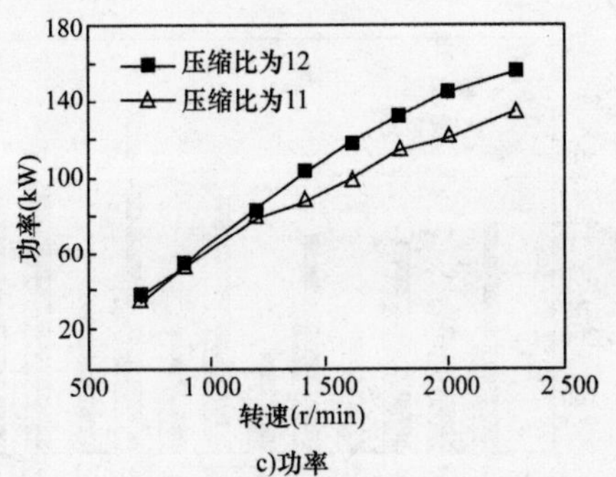


c)功率

图 2　不同压缩比时的缸内压力、放热率及外特性曲线

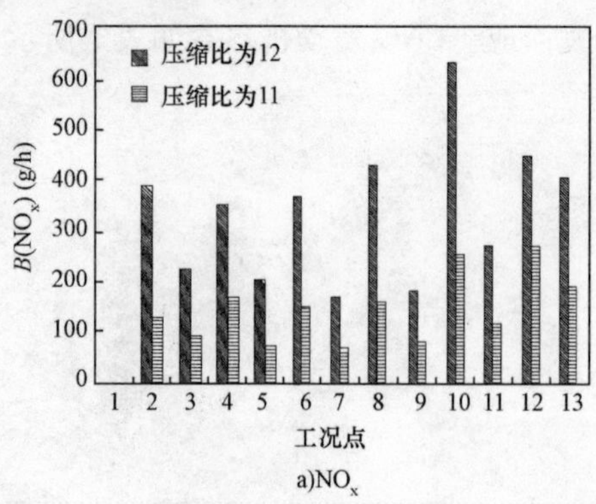

a)NO$_x$

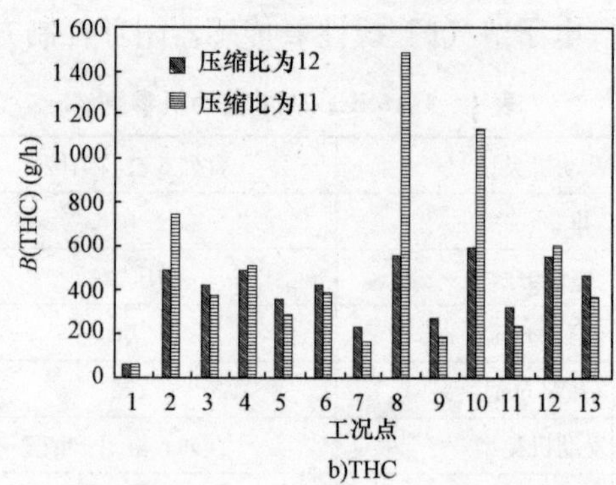

b)THC

图3　不同压缩比时的 NO$_x$ 及 THC 排放特性

1.2.2　燃烧室结构

燃烧室的设计应有利于组织燃烧过程。对于稀薄燃烧天然气发动机来说,不同形状和挤气面积的燃烧室具有不同的火焰传播距离,形成不同强度的气流运动和火焰传播速度,造成发动机进气量的不同,使发动机的动力性和排放性不同[5~9],在保持点火提前角和过量空气系数不变的条件下,对图4所示的碗形和敞口形燃烧室进行了对比试验。图5~图6为碗形燃烧室较敞口形燃烧室具有较高的缸内压力,放热率也较高,火焰传播距离短,燃烧速度较快,燃烧持续期为35°CA,较敞口形燃烧室的48°CA缩短13°CA,燃烧完全。因此,发动机功率大,NO$_x$ 排放量较高,THC 排放较低。由于敞口形燃烧室使发动机功率降低较大,因此,燃烧室确定为碗形燃烧室。

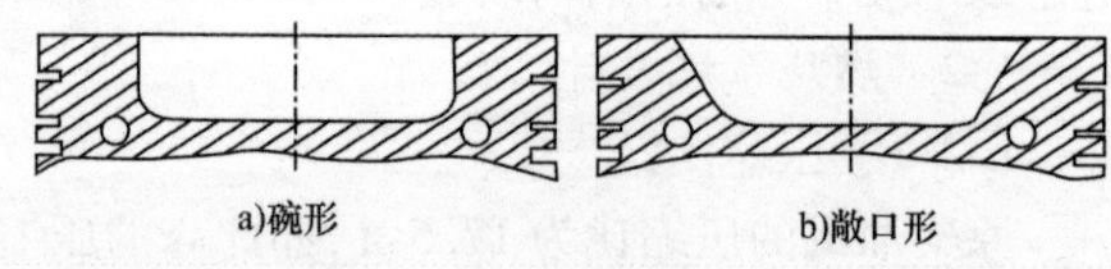
a)碗形　　b)敞口形

图4　燃烧室结构示意图

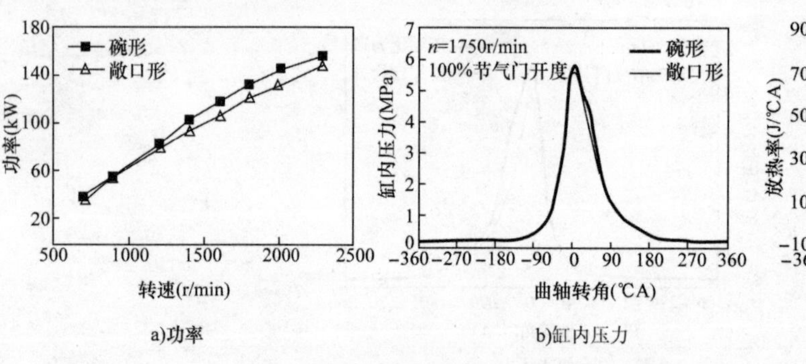

a)功率　　b)缸内压力

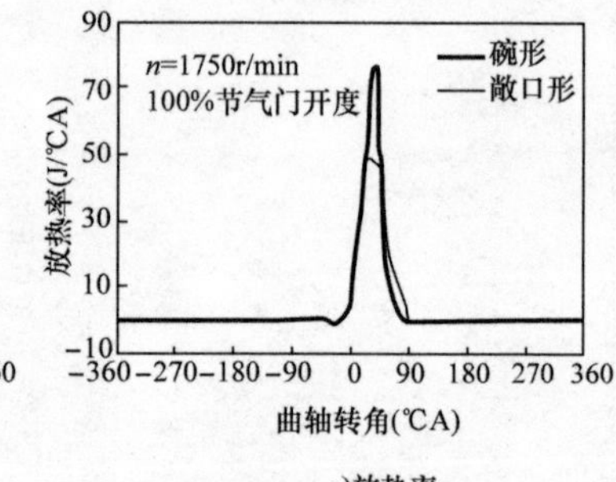

c)放热率

图5　不同燃烧室时的功率、缸内压力及放热率曲线

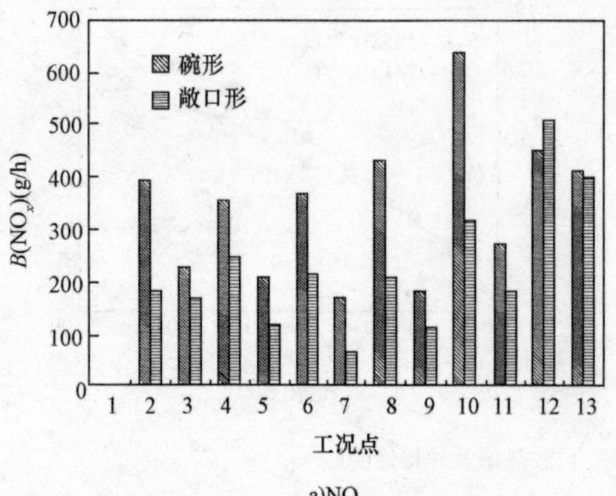

a)NO$_x$

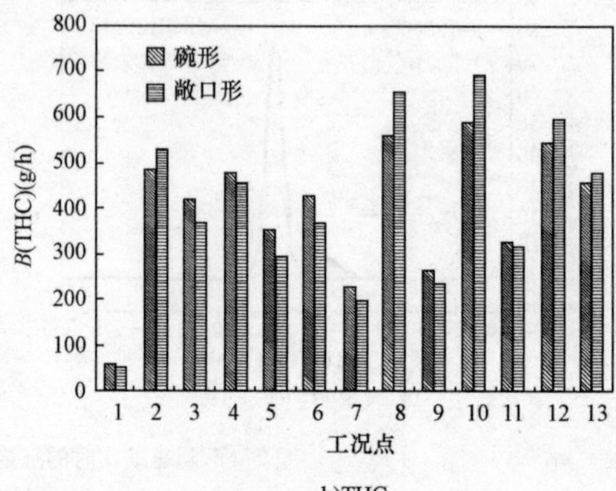

b)THC

图6　不同燃烧室时的 NO$_x$ 及 THC 排放特性

1.3　进气系统设计

天然气发动机的燃烧过程为均质燃烧,进入汽缸的混合气的浓度必须在可燃范围内,过稀或过浓都不能形成可靠燃烧。而且混合气的浓度影响发动机的动力性、经济性和排放性。因此,为了将进入汽缸的可燃混合气的浓度控制为所要求的值,进气管必须安装节气门,变发动机负荷调节方式变为量调节方式。

本发动机在进气管口安装了电子节气门,驾驶员通过控制节气门位置调节发动机的空气进气量,电控系统采集节气门位置信号以控制发动机。

另外,在进气管上设计并安装了6根天然气导入管,导入管延伸到进气门头部处,使天然气经过喷气嘴喷出后,沿导入管喷入气门口[10]。

1.4　活塞环改进设计

由于天然气采用电子节气门控制发动机的进气量,发动机在低速小负荷时,缸内为负压,造成发动机机油上窜到缸内,使机油消耗量过高,显著影响发动机的排放。因此,对活塞环进行了优化设计,通过改善活塞环表面镀层,增加活塞环径向弹力,取消活塞环扭曲,对油环一方面增加撑簧弹力;另一方面减小刮油刃宽度,以提高油环与缸套的接触面压,增加油环的刮油能力。通过对活塞环的结构改进,发动机的机油消耗量得到大幅度改善。

1.5　点火系统

天然气燃料着火温度高于柴油,因此,天然气发动机不能采用压燃方式,一般采用火花点燃方式,因此,在原柴油机上加装火花塞点火系统。虽然火花塞的位置影响火焰传播距离,但是为保持原柴油机缸盖的模具不变,在缸盖的喷油器位置上安装火花塞。在缸体上布置点火线圈。采用该电子点火系统,通过电控系统可以根据发动机的转速和负荷精确控制点火时刻,有效控制排放。

1.6　天然气供给系统

图7为天然气供给系统简图,气瓶中的高压天然气经过压力调节器减压后,供给每个喷气嘴。每个喷气嘴的喷射量由ECU控制。通过采用多点顺序喷射系统,向每个进气道供气,可以精确控制每个喷气嘴的喷气量,降低汽缸间空燃比的差异,改善发动机的经济性和排放。

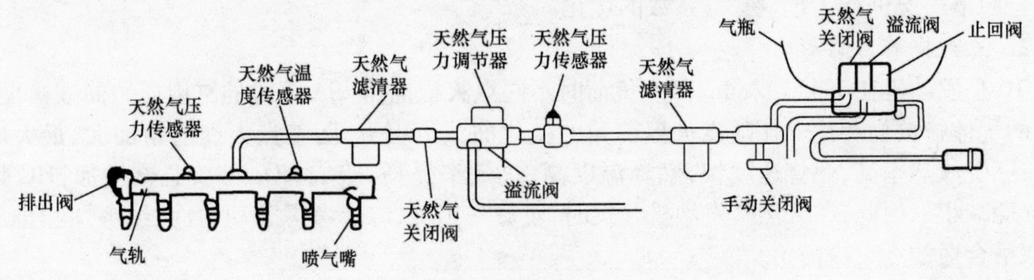


图7　天然气供给系统简图

该供给系统的设计实现了高压天然气的可靠储存与天然气压力的稳定转换,对天然气进行了过滤和温度压力监测。另外,天然气供给系统中使用两个天然气压力传感器,一个供电控系统使用,另一个供整车仪表板使用,用以显示天然气气瓶中的天然气储量。

## 2　电控系统

本发动机采用AEC公司的多点电控系统。图8是电控系统结构示意图。主要包括电控单元(ECU)、电子执行机构和各种传感器。

电控系统采集、处理传感器得到的各种发动机工况信号,并通过运算,确定发动机在不同转速、负荷、温度等工况下的天然气喷射量,向执行装置按照喷射正时输出控制脉冲信号,控制喷射的整个

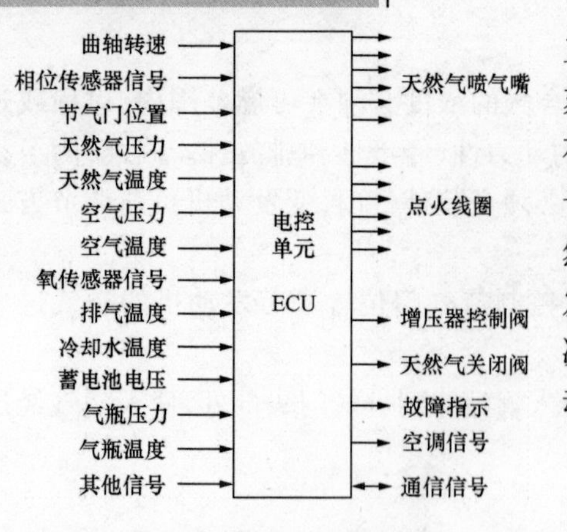


图 8　电控系统结构示意图

工作过程。同时，查询点火正时 MAP 图，确定各缸点火时刻，控制点火系统实现准确点火。为了保证发动机在 MAP 存储的最优过量空气系数下工作，ECU 根据氧传感器信号、进气温度、压力及天然气温度、压力等信号实时修正天然气的喷射量，发送给执行模块实现燃气多点顺序喷射。发动机运行时，故障诊断模块实时监测各个系统的工作情况，当发生一些意外情况时，报警系统会发出警报并将发动机转换到安全模式运行或停机。

## 3　发动机稀燃规律研究

### 3.1　过量空气系数的影响

过量空气系数对发动机的动力性、经济性、排放和可靠性都有显著的影响。图 9 是发动机在 1 450 r/min、75% 节气门开度时，气体排放物、比气耗和涡前排温随过量空气系数的变化曲线。由图 9 可见，$NO_x$ 的变化趋势与 CO、非甲烷碳氢（NMHC）及 $CH_4$ 的变化趋势相反，但是，随着过量空气系数增大，CO 与 HC 增大的幅度小于 $NO_x$ 减小的幅度。当过量空气系数达到一定值时，$NO_x$、CO 及 HC 综合排放效果达到最佳。同时，比气耗随着过量空气系数的增大而增大，涡前排温随着过量空气系数的增大而减小。综合图 9 中各种发动机参数的变化趋势可见，在发动机各个工况下，存在比较合适的过量空气系数值，此时，发动机的排放和比气耗都比较低，同时，排温很低，发动机的排放、经济性和可靠性达到最佳的匹配。因此，该发动机在开发时对发动机的全脉谱工况进行了过量空气系数的优化。

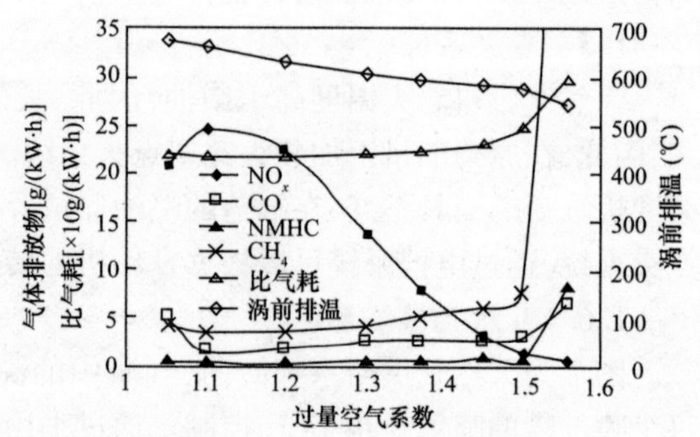


图 9　不同参数随过量空气系数的变化曲线

### 3.2　点火提前角的影响

图 10 是发动机在 1 450 r/min、75% 负荷时不同点火提前角（SAA）时的缸内压力曲线。图 11 是发动机的气体排放物和比气耗随点火提前角的变化曲线。可见，随着点火提前角加大，最大爆发压力提高，燃烧放热率高，燃烧速度快，燃烧温度高，热效率提高，造成 $NO_x$ 排放急剧增加，HC 排放降低，比气耗减小。因此，在天然气发动机开发时，对每一工况，综合考虑了动力性、经济性和排放的折衷，选取最合适的点火提前角。

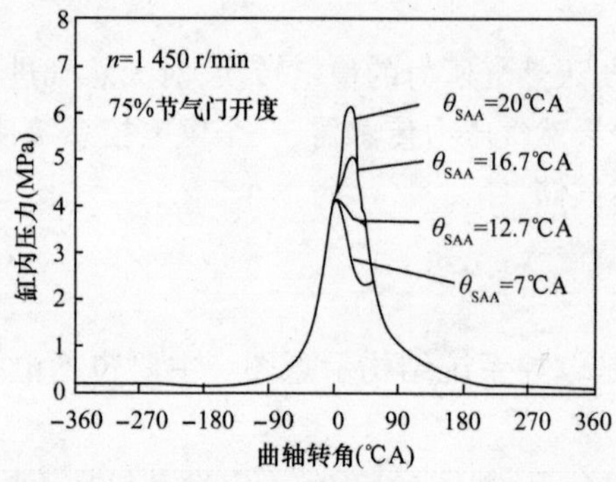


图 10　不同点火提前角时的缸内压力曲线

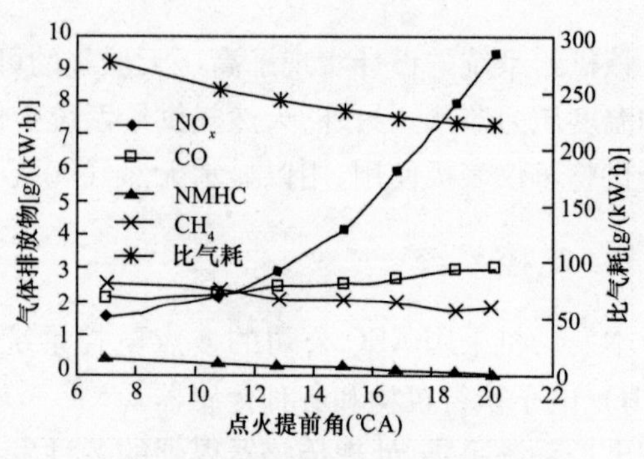


图 11　不同参数随点火提前角的变化曲线

3.3　天然气喷射时刻的影响

为了研究天然气喷射时刻对发动机燃烧和性能的影响，保持其他条件不变，仅改变天然气喷射时刻进行了1 450 r/min、100%负荷工况的试验，结果如图12、图13所示。可见，随着天然气喷射时刻推迟，缸内最大压力和压升率提高，主燃期和滞燃期缩短，燃烧速度提高，燃烧稳定性提高，燃烧完善，发动机性能得以改善。由图13可见，随着天然气喷气时刻由上止点推迟到上止点后32°CA，发动机功率升高，涡前排温降低。

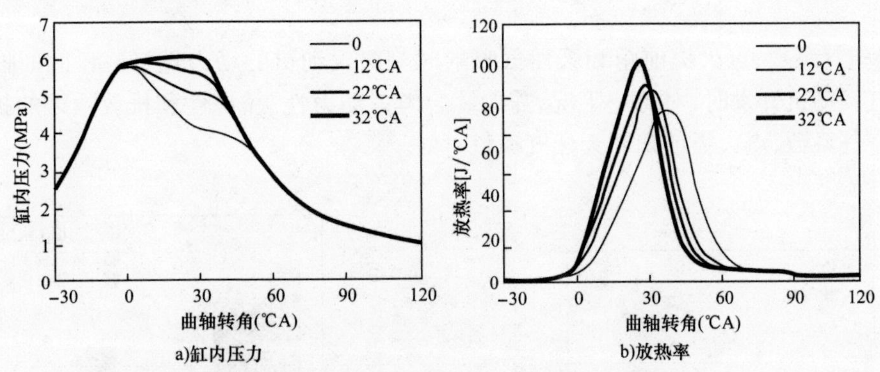


图12　天然气喷射时刻对缸内压力及放热率的影响

## 4　发动机稀燃控制策略

根据上述稀薄燃烧规律研究结果，为了使稀薄燃烧天然气发动机既满足动力性、经济性和可靠性的要求，又达到排放目标，必须对过量空气系数实行分区，不同的区域基于不同的目的进行控制，本文采用图14所示过量空气系数控制策略，通过使用上述开发的多点顺序喷射闭环控制空燃比的电控系统，实现了各区域按照理想过量空气系数的精确控制，实现了 $NO_x$ 的有效控制。通过匹配高效氧化催化转化器，大大降低了HC和CO的排放，从而使发动机达到欧Ⅲ(ESC)法规要求。

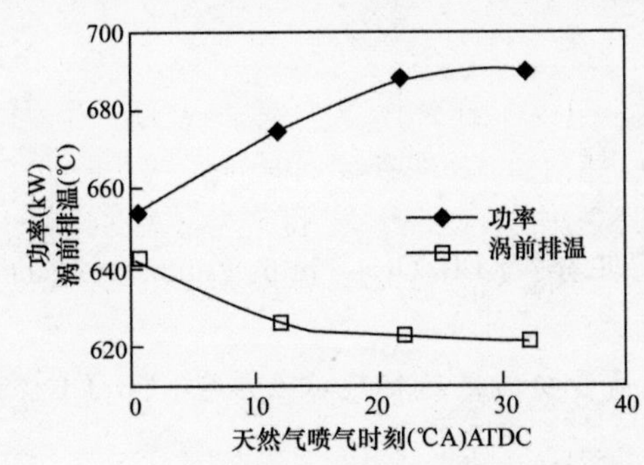


图13　天然气喷射时刻对功率和排温的影响

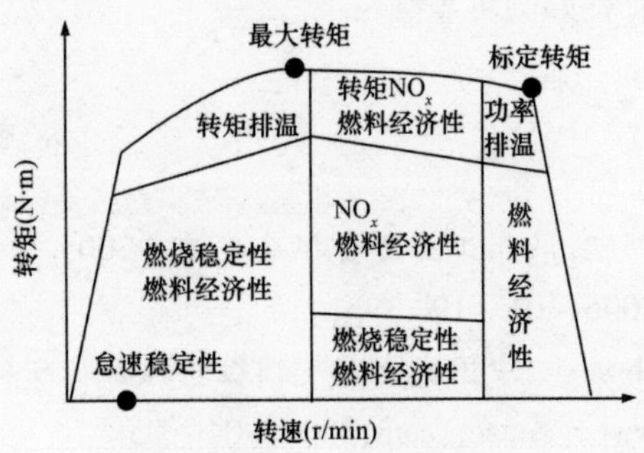


图14　稀燃天然气发动机控制策略

## 5　试验结果

5.1　发动机动力性、经济性

图15是发动机的外特性功率和天然气消耗率曲线，达到了开发目标。

5.2　发动机的排放性

图16是发动机采用氧传感器进行的欧ⅢESC循环测试结果，试验结果可见，发动机的排放满足欧Ⅲ(ESC)法规要求，其中的碳氢排放考核的是非甲烷碳氢(NMHC)。

5.3 发动机的可靠性

该发动机已经顺利完成全速全负荷可靠性试验和冷热冲击试验,试验过程中没有出现严重问题,发动机拆检结果显示,发动机在正常的磨损范围内。

## 6 结论

(1)本研究进行的发动机进气系统、燃烧系统、天然气供给系统、点火系统和电控系统等设计合理可行。

(2)过量空气系数、点火提前角和天然气喷射时刻对发动机的动力性、经济性和排放的影响显著。在天然气发动机开发时,对每一工况,需要综合考虑动力性、经济性和排放效果的折衷,选取最合适的过量空气系数、点火提前角和天然气喷射时刻。

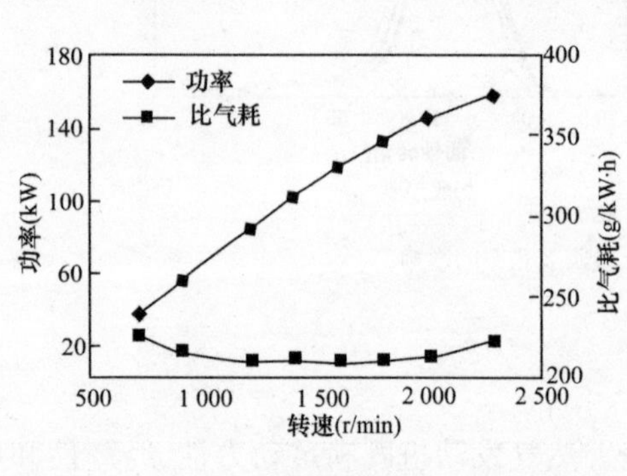


图15 发动机的外特性曲线

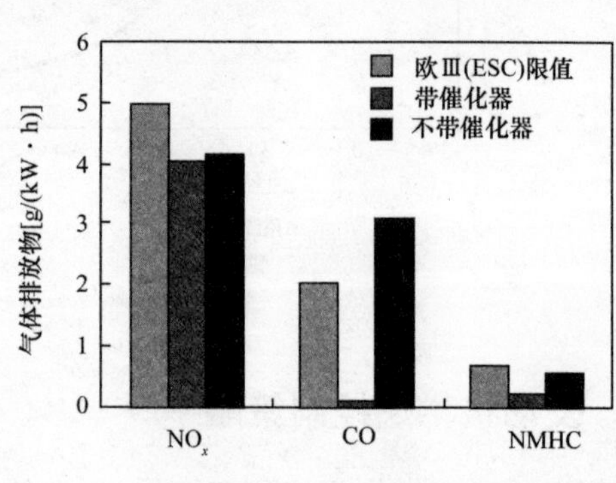


图16 发动机的排放测试结果

(3)本文提出了分区控制过量空气系数的稀薄燃烧控制方案,实现了不采用EGR情况下NO$_x$排放物的有效控制,通过匹配氧化催化转化器,发动机排放达到了欧Ⅲ(ESC)法规要求。

(4)通过结构和性能开发,CA6SE1-21N天然气发动机不仅达到了原柴油机的标定功率水平,而且具有良好的可靠性。

## 参考文献

[1] 刘鹏.汽车工业协会报告发布:2005车市终考得几分?[EB/OL]. http://auto. zjol. com. cn, 2006-01-19.

[2] 韦洪莲.中国城市大气颗粒物源解析研究及空气质量功能区达标现状及展望[EB/OL]. http://www. cneac. com,2004-04-05.

[3] Yang Fuqiang. Incentives and Policy Stimulation for Clean Fuel Development in China[R]. Clean Fuels-CNG/NGV-Hybrids-Fuel Cells China/Asia, Beijing, 2005.

[4] 李开国.我国天然气汽车扩大推广的机遇与挑战[C].青岛,清洁汽车绿色通道工程研讨会, 2005.

[5] Johansson B,Krister Olsson. Combustion Chamber for NaturalGas SI Engines Part 1: Fluid Flow and Combstion[C]//SAE Paper,950469, 1995.

[6] Olsson K, Johansson B. Combustion Chambers for Natural Gas SI Engines Part 2: Combustion and E-missions[C]//SAE Paper,950517, 1995.

[7] Patrik Einewall, Bengt Johansson. Combustion Chambers for Supercharged Natural Gas Engines[C]//

SAE Paper,970221,1997.

[8] Umierski M, Korfer T H, Stommel P. Low Emission and Fuel Consumption Natural Gas Engines with High Power Density for Stationary and Heavy-Duty Application [C]//SAE Paper, 1999 - 01 - 2896,1999.

[9] EvansR L. Internal Combustion Engine Squish Jet Combustion Chamber[P]. US, Patent 4, 572, 123, 1986.

[10] 苏万华,林志强,汪洋,等.气口顺序喷射、稀燃、全电控柴油/天然气双燃料发动机的研究[J].内燃机学报,2001,19(2):102 - 108.

# Development of Electronically-Controlled Injection Lean Burn CNG Engine

Dou Huili[1,2], Liu Zhongchang[2], Li Jun[1], Li Jianqun[1], Yan Tao[1]

(1. China FAW Research and Development Center, Changchun 130011, China;
2. Department of Internal Combustion Engine, Jilin University, Changchun 130025, China)

**Abstract**: Designing of CNG engine in intake system, combustion system, CNG supplying system, ignition system and electronic control system was preformed, and lean-burn characteristics of CNG engine were studied. A strategy of lean burn combustion by separately controlling air/fuel ratio at different zones was put forward. Exhaust $NO_x$ emission was effectively controlled without using EGR. The CNG engine can meet Euro Ⅲ (ESC) regulation requirement with oxidation catalytic converter. The test results show that CA6SE1-21N CNG engine maintains the rated power of base diesel engine and has high durability.

**Key Words**: CNG Engine; Structure Development; Lean Burn; Emission

第七部分

# 过量空气系数对天然气发动机燃烧及排放的影响*

窦慧莉[1,2],刘忠长[1],李　骏[2],闫　涛[2]
(1. 吉林大学;2. 第一汽车集团公司技术中心)

**摘　要**:研究了过量空气系数(λ)对天然气发动机燃烧及排放的影响。研究结果表明,当 λ > 1.2 时,随着其不断加大,滞燃期和主燃期变长,放热率降低,$NO_x$ 排放减少,CO 和 HC 排放增多,发动机的热效率降低,比气耗加大;稀薄燃烧天然气发动机的各个工况都存在最佳的过量空气系数值,在该值下,发动机的 $NO_x$、CO 和 HC 排放及比气耗都较低,排气温度很低,发动机经济性和可靠性最佳。

**关键词**:天然气发动机;过量空气系数;稀薄燃烧;排放
**中图分类号**:U464.174　**文献标识码**:A　**文章编号**:1000 - 3703(2006)03 - 0008 - 04

## 1　前言

随着石油资源危机和大气污染日益严重,天然气发动机以其清洁燃烧特性和良好的经济性受到了广泛关注。自"九五"期间以来,我国开展了清洁汽车行动,对天然气发动机进行研究开发,其中对柴油/天然气双燃料发动机的研究开发取得了重大成果[1,2]。但是,国内开发的大功率单燃料天然气发动机多采用理论空燃比燃烧方式或部分工况稀薄燃烧和部分工况理论空燃比并存的燃烧方式,与国外同类型天然气发动机相比,存在气耗高、可靠性差、排放水平低等问题。为此,针对过量空气系数对天然气发动机燃烧、排放和经济性的影响进行了深入研究,得出过量空气系数的确定方法,并将研究结论应用于 CA6SE1-21N 天然气发动机,开发了 FAW 电控喷射稀薄燃烧天然气发动机。

## 2　试验方案

试验在 CA6SE1-21N 天然气发动机上进行,该发动机为火花点火式发动机,采用电控多点顺序喷射方式。在第一缸汽缸盖上安装压力传感器,用以测量缸内压力。在皮带轮上安装了 DELTER2613B 角标仪用以判断发动机的上止点信号和行程信号,角标仪的精度为 0.1°。燃烧过程分析采用 DEWE-2010 型燃烧分析仪。发动机的性能参数如表 1 所列。试验中所用主要设备如表 2 所列。

**表 1　CA6SE1-21N 发动机性能参数**

| 发动机形式 | 直列、6 缸、4 冲程 |
|---|---|
| 排量(L) | 6.618 |
| 进气方式 | 增压中冷 |
| 缸径(mm)/行程(mm) | 106/125 |
| 压缩比 | 12:1 |
| 额定功率(kW) | 155 |
| 额定转速(r/min) | 2 300 |

刊登信息:《汽车技术》2006 年第 3 期
*　基金项目:科技部"清洁汽车行动工程"攻关项目(2005BA413B22)。

表 2　主要试验设备

| | |
|---|---|
| 测功器 | 日本小野 NEDD-152H 型电涡流测功机 |
| 废气测量仪 | HORIBA MEXA-7000 排气分析仪 |
| 燃烧分析仪 | DEWEFRON-2010 型燃烧分析仪 |
| 空气流量计 | 东京计装株式会社 FR-1160 超音波式吸入流量计 |
| 天然气流量计 | 美国罗斯蒙特公司 CMFC25M313NU CNG 流量计 |

试验发动机转速为 1450r/min 和 2050r/min，节气门开度分别控制在 75% 和 50% 位置。试验中，在一定的转速下，保持发动机节气门位置和点火提前角不变，通过调整天然气的喷射量，得到不同的过量空气系数。

## 3　试验结果与分析

### 3.1　对缸内压力的影响

图 1 是发动机在不同转速、不同负荷情况下，采用不同过量空气系数时测得的缸内压力曲线。由图 1 可见，随着过量空气系数增大，最大爆发压力降低，发动机工作愈柔和。

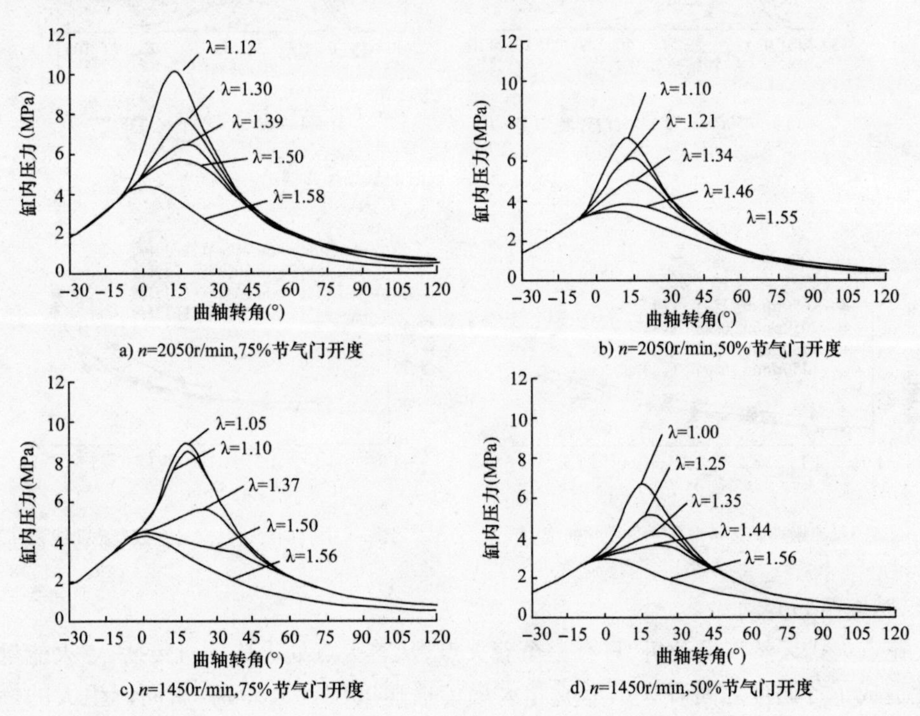


图 1　不同过量空气系数时的缸内压力曲线

### 3.2　对燃烧及燃烧循环变动的影响

#### 3.2.1　放热率

在该项研究中，以发动机从点火提前角到累计放热量达到 10% 时持续的曲轴转角为发动机的滞燃期，以发动机累计放热量从 10% 到 90% 的持续燃烧时间为发动机的主燃期[3]，用曲轴转角表示。图 2 为发动机在不同转速、不同负荷情况下，采用不同过量空气系数时的发动机放热率曲线。图 3 和图 4 是发动机在不同工况时滞燃期和主燃期随过量空气系数变化规律。可见，随着过量空气系数增大，缸内混合气浓度变稀，燃烧速度变慢，火焰传播时间加长，滞燃期和主燃期加长，放热率越来越低，放热率峰值角度距上止点越来越大。

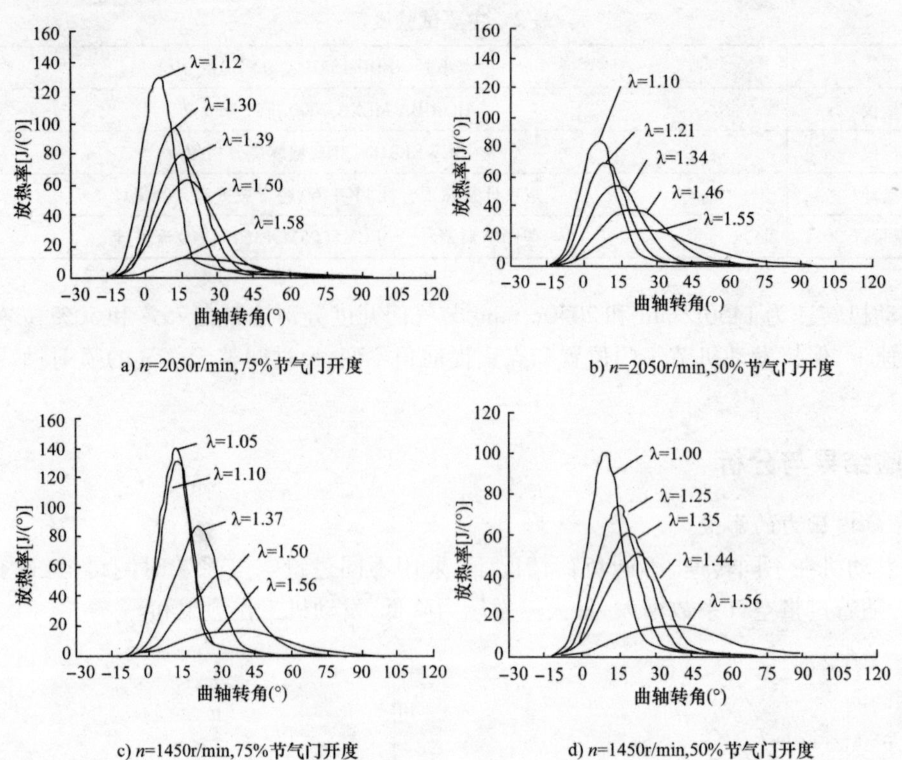


图 2　不同过量空气系数时的放热率曲线

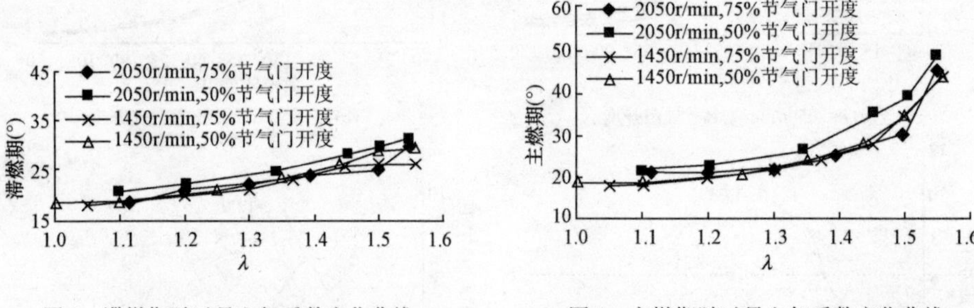


图 3　滞燃期随过量空气系数变化曲线

图 4　主燃期随过量空气系数变化曲线

3.2.2　燃烧循环变动

对于火花点火式天然气发动机，只有一个着火点，从着火点处火焰随机传播，点火能量约为 10 ~ 200mJ，由此造成了各循环之间着火点形成和火焰传播速度的巨大差别，从而产生大的燃烧循环变动。对稀燃式天然气发动机，燃烧循环变动幅度更大。该试验以缸内最大压力的变动值（$VAR_{P_{max}}$）来表达燃烧循环变动[4]。图 5 是发动机在不同工况下，燃烧循环变动随过量空气系数的变化曲线。由图 5 可见，随着 λ 的增大，燃烧循环变动量增大，尤其是当 λ > 1.4 后，燃烧循环变动幅度加大。λ 达到 1.5 以后，燃烧循环变动量急剧加大，发动机燃烧越来越不稳定，熄火现象越来越严重。

图 6 为发动机在转速为 1450r/min、节气门开度为 75% 及不同 λ 时发动机 30 个工作循环的平均指示压力及最大爆发压力出现角度的分布图。由图 6 可见，随着 λ 的加大，平均指示压力变小，发动机各循环的平均指示压力变动幅度加大；当 λ 达到 1.56 时，平均指示压力在 0 ~ 0.9MPa 间变动，发动机失火现象严重，不能稳定燃烧。因此，对稀燃天然气发动机来说，必须在保证发动机稳定燃烧的范围内，优化选择过量空气系数。

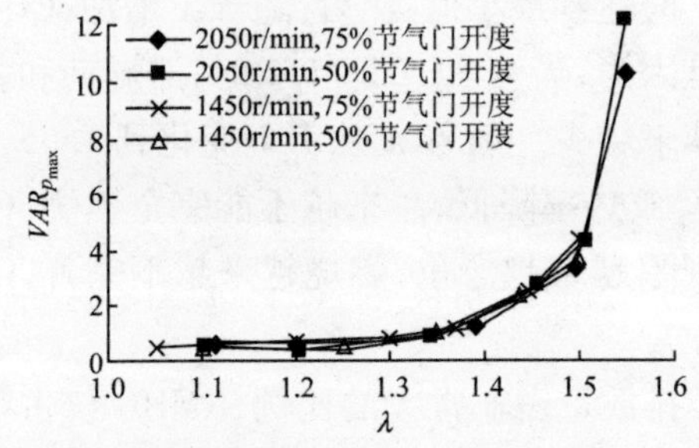


图 5　燃烧循环变动随过量空气系数的变化曲线

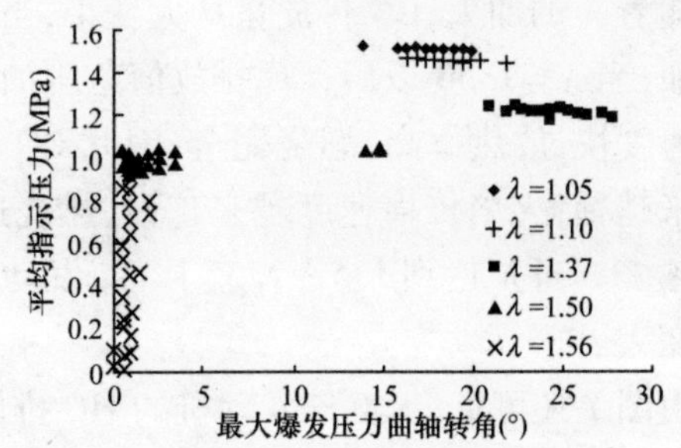


图 6　平均指示压力分布

### 3.3　对排放的影响

图 7 为发动机气体排放物随过量空气系数变化曲线。

由图 7 可见，随着 λ 的加大，$NO_x$ 排放增加，当 λ 为 1.1 时达到最大值；然后，随着 λ 继续加大，$NO_x$ 逐渐减小；当 λ 达到约 1.2 以后，$NO_x$ 曲线以接近 −45°的倾斜直线下降；当 λ 接近 1.56 时，$NO_x$ 排放值接近 0。出现这种规律的原因是，当 λ = 1.05 ~ 1.1 时，火焰传播速度快，滞燃期和主燃期短，燃烧速度快，放热率高，缸内压力和燃烧温度高，造成 $NO_x$ 的大量生成。随着 λ 从 1.1 变化到 1.56，混合气浓度越来越稀，火焰传播速度越来越慢，滞燃期和主燃期越来越长，燃烧速度变慢，放热率降低，缸内压力和燃烧温度越来越低，$NO_x$ 生成量越来越少。当 λ 接近 1.56 时，发动机达到熄火极限，燃烧温度很低，$NO_x$ 生成量很少。

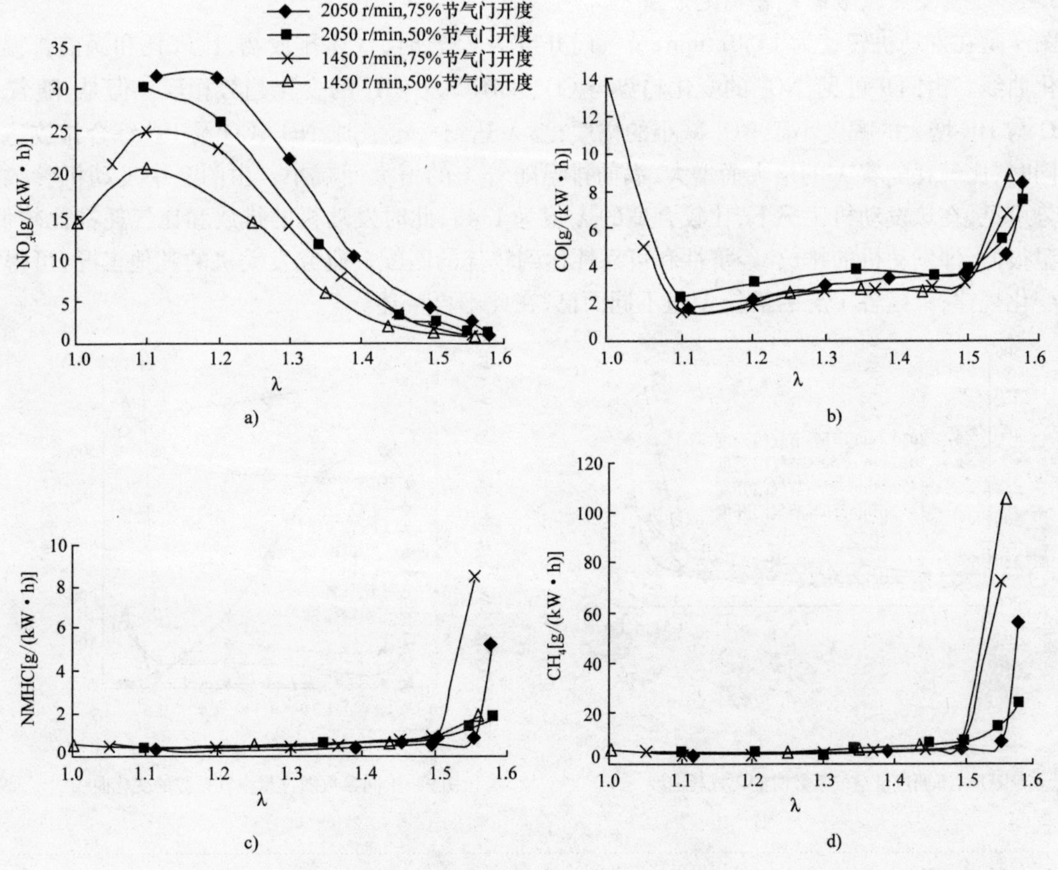


图 7　气体排放物随过量空气系数变化曲线

随着 $\lambda$ 的加大，CO 排放量从大变小，当 $\lambda$ 为 1.1 时达到最小值；然后，随着 $\lambda$ 增加，CO 排放量逐渐增加；当 $\lambda=1.50$ 以后，CO 排放值急剧加大。这是因为，当 $\lambda=1.05\sim1.1$ 时，滞燃期和主燃期短，燃烧速度快，放热率高，燃烧完全，因此 CO 排放量越来越少。随着 $\lambda$ 从 1.1 变化到 1.55，混合气浓度越来越稀，火焰传播速度越来越慢，燃烧速度变慢，放热率降低，越来越不能完全燃烧，CO 生成量越来越多。当 $\lambda$ 达到 $1.5\sim1.55$ 以后，发动机失火现象越来越严重，燃烧越来越不完善，CO 生成量迅速变大。

由图 7 还可见，天然气发动机的 HC 排放中 $CH_4$ 排放量占非常大的比例，NMHC 仅占很小部分。随着 $\lambda$ 的增大，NMHC 排放量逐渐加大，$CH_4$ 排放量先减小，当 $\lambda=1.2$ 时，达到最小值。然后，随着 $\lambda$ 的逐渐增大，$CH_4$ 排放量逐渐加大，当 $\lambda$ 达到 $1.5\sim1.55$ 后，NMHC 和 $CH_4$ 排放量大幅度增加。这种变化的原因与上述 CO 的形成原因相同，都是因为随着过量空气系数加大，发动机的燃烧过程从完全燃烧到不完全燃烧，以致到发动机严重失火造成的。

### 3.4 对发动机经济性的影响

图 8 为在不同过量空气系数时的发动机比气耗变化规律。由图 8 可见，在发动机不同转速和负荷时，当 $\lambda=1.1\sim1.2$ 时，发动机的比气耗最小，发动机达到最佳的经济性；在该范围之外时，发动机的比气耗加大。这是因为，当 $\lambda$ 为 1.2 左右时，滞燃期和主燃期短，火焰传播速度快，天然气完全燃烧。从图 8 还可以看到，$\lambda<1.45$ 时，发动机的比气耗变化幅度不大，当 $\lambda>1.45$ 以后，随着 $\lambda$ 加大，发动机的比气耗急剧增大。这是因为发动机逐渐出现越来越大的燃烧循环变动，造成不完全燃烧的结果。

### 3.5 过量空气系数的综合确定方法

图 9 是在发动机转速为 1450r/min、节气门开度为 75% 时，气体排放物、比气耗和涡前排温随 $\lambda$ 的变化曲线。由图 9 可见，$NO_x$ 的变化趋势与 CO、NMHC 及 $CH_4$ 的变化趋势相反。但是，随着 $\lambda$ 增大，CO 与 HC 增大的幅度小于 $NO_x$ 减小的幅度；当 $\lambda$ 达到一定值时，$NO_x$、CO 及 HC 综合排放达到最佳。同时，比气耗随着 $\lambda$ 的增大而增大，涡前排温随着 $\lambda$ 的增大而减小。由图 9 中发动机参数的变化趋势可见，在该发动机工况下，比较合适的 $\lambda$ 值为 1.48，此时发动机的排放和比气耗都比较低，同时排温很低，即发动机的排放、经济性和可靠性达到较佳的匹配。研究发动机的其他工况，可得到同样的变化规律，只是各工况的最佳 $\lambda$ 值不同而已，在此不再赘述。

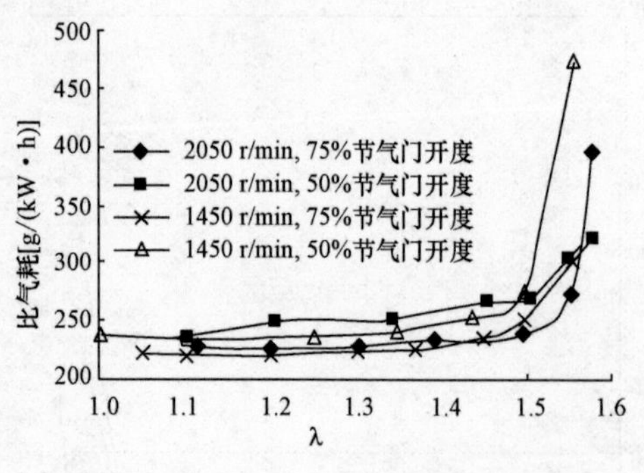


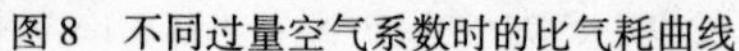
图 8　不同过量空气系数时的比气耗曲线

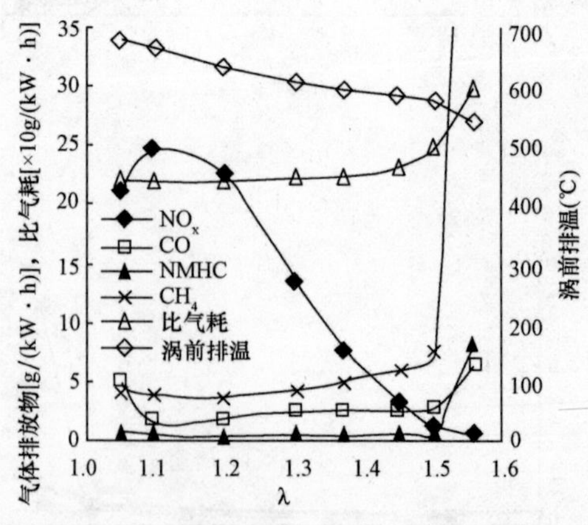


图 9　不同参数随过量空气系数的变化曲线

## 4 结束语

通过研究不同过量空气系数时发动机的性能和排放变化规律，得出以下结论：

(1)在保持发动机空气量不变的情况下,随着 $\lambda$ 的加大,发动机的缸内最大压力提高。

(2)随着 $\lambda$ 的加大,滞燃期和主燃期变长,放热率降低,燃烧循环变动增大,直到熄火极限。

(3)在 $\lambda$ 达到 1.1 以后,随其逐渐加大,$NO_x$、CO 和 HC 排放降低。

(4)在 $\lambda = 1.1 \sim 1.2$ 时,发动机的比气耗最小。

(5)对于稀薄燃烧天然气发动机,其各个工况都存在最佳的 $\lambda$ 值,此时发动机的 $NO_x$、CO 和 HC 排放都较低,比气耗较低,排气温度很低,即发动机的排放、经济性和可靠性俱佳。

## 参考文献

[1] 苏万华等. 气口顺序喷射、稀燃、全电控柴油/天然气双燃料发动机的研究[J]. 内燃机学报, 2001,19(2):102～108.

[2] 林志强等. 柴油引燃式天然气发动机最佳引燃柴油量及过量空气系数浓限、稀限的研究[J]. 内燃机学报,2002,24(6):505～510.

[3] Kubesh J T, Podnar D J, Colucci C P. Lean Limit and Performance Imrovements for a Heavy-Duty Natural Gas Engine[C]//SAE Paper 961939.

[4] Beroun S, Martins J. The development of gas(CNG, LPG and $H_2$) Engines for Buses and Trucks and Their Emission and Cycle Variability Characteristics[C]//SAE 2001-01-0144.

# Influence of Excessive Air Coefficient on Combustion And Emission of NPG Engines

Dou Huili[1,2], Liu Zhongchang[1], Li Jun[2], Yan Tao[2]

(1. Jilin University; 2. FAW R&D Center)

**Abstract**: Study on influence of excessive air coefficient ($\lambda$) on combustion and emission of NPG engines was done. It is shown that, when $\lambda > 1.2$, with its increasing, combustion lagging period and main combustion period become longer, thermal discharge decreases, emission of $NO_x$, decreases, emissions of CO and HC increases, thermal efficiency of engine decreases, specific gas consumption increases; Each mode of lean combustion NPG engine has the optimum excessive air coefficient, when reaches the value, emissions of $NO_x$, CO, HC and specific gas consumption, exhausting temperature are lower, the engine has the optimal fuel economy and reliability.

**Key Words**: NPG Engine; Excessive Air Coefficient; Lean Combustion; Emission

# 天然气发动机低速小负荷机油消耗量控制技术的研究*

窦慧莉[1],刘忠长[2],李 骏[1],李建群[1],李 鹏[1],闫 涛[1]
(1.中国第一汽车集团公司技术中心;2.吉林大学)

**摘 要**:分析表明,导致天然气发动机低速小负荷机油消耗量过高的主要原因是:随着发动机转速和负荷减小,节气门开度减小,造成进气冲程时汽缸内压力为负压,使机油被吸入到汽缸内而造成机油消耗量过高。提出了活塞环结构改进方案和怠速机油消耗量测量方法。试验结果表明,通过改进活塞环结构,发动机的怠速机油消耗量降低了33.1%,且顺利通过了500h可靠性试验。

**关键词**:天然气发动机;低速;小负荷;机油消耗;活塞环结构

**中图分类号**:U464.171 **文献标识码**:A **文章编号**:1000-3703(2007)10-0036-03

## 1 前言

随着人类环境保护意识的增强,对汽车排放标准的要求越来越严格,天然气以其丰富的资源和清洁燃烧特性受到汽车行业的重视。大型公交车和中重型载货汽车用天然气发动机大多是在柴油机的基础上开发而成,这些柴油机多采用增压中冷进气和电控喷射技术,发动机动力性好[1,2]。但是,由于天然气发动机的进气管上加装了节气门,量调节发动机的负荷,使其缸内压力与柴油机差别很大。目前,对天然气发动机缸内压力对发动机性能和排放影响的研究较多[3~5],但对天然气发动机低速小负荷时缸内压力的研究较少。在开发天然气发动机时发现,天然气发动机在低速小负荷工况的进气冲程时缸内压力为负压,从而造成发动机低速小负荷时机油消耗量过高的问题。

本文分析了CA6SE1-21N天然气发动机低速小负荷机油消耗量过高的原因,对活塞环进行了结构改进,提出一种怠速机油消耗量测量方法,并采用该方法对不同活塞环方案时发动机的怠速机油消耗量进行试验评价,解决了天然气发动机低速小负荷机油消耗量过高的问题。

## 2 试验对象

试验在CA6SE1-21N天然气发动机上进行,该发动机为火花点火式发动机,采用电控多点顺序喷射方式。在第1缸汽缸盖上安装压力传感器,用以测量缸内压力;在皮带轮上安装了DELTER2613B角标仪用以判断发动机的上止点信号和行程信号,角标仪的精度为0.1°;燃烧过程分析采用DEWE2010型燃烧分析仪。发动机的性能参数见表1。试验中所用主要设备见表2。

**表1 CA6SE1-21N发动机性能参数**

| 发动机类型 | 直列6缸、4冲程 | 发动机类型 | 直列6缸、4冲程 |
|---|---|---|---|
| 排量(L) | 6.618 | 压缩比 | 12:1 |
| 进气方式 | 增压中冷 | 额定功率(kw) | 155 |
| 缸径×行程(mm×mm) | 106×125 | 额定转速(r/min) | 2 300 |

刊登信息:《汽车技术》2007年第10期

* 基金项目:国家863计划“节能与新能源汽车”项目(2006AA11A1A6)。

表2 主要试验设备

| 名称 | 型号 | 名称 | 型号 |
|---|---|---|---|
| 测功器 | 日本小野电涡流测功机 | 空气流量计 | 超声波流量计 |
| 电子秤 | METTLER TOLEDO XK3123 | 天然气流量计 | CMFC25M313NU CNG 流量计 |
| 工业内窥镜 | Everesg. vit 公司 R8－23－0－56 | | |

## 3 怠速机油消耗量测量

### 3.1 问题提出

在进行 CA6SE1-21N 天然气发动机开发时，使发动机怠速运行 5min 后停机，使用工业内窥镜观察缸内情况，发现大量机油附于燃烧室表面，活塞顶面积炭严重。由于目前天然气加气站主要集中在城市，天然气发动机主要应用在公共汽车上，根据国内外公共汽车的循环工况（见图 1），公共汽车大约 40% 的时间里以低于 7.5km/h 车速行驶[6]，因此，发动机低速小负荷机油消耗量过高是一个不容忽视的问题。但是，按照 GB 18297—2001《汽车发动机性能试验方法》中规定的发动机机油消耗量测量方法测量，发动机的机油消耗量却比柴油机低得多。分析原因发现，按照 GB 18297—2001 规定测量机油消耗量时，发动机连续运行在全速全负荷工况，致使测量结果不能体现发动机低速小负荷的机油消耗量。因此，本文提出一种怠速机油消耗量测量方法。

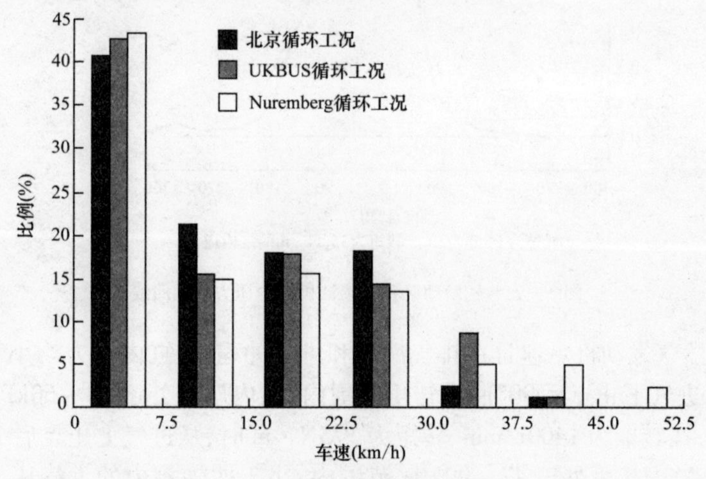


图1 三种循环工况对比

### 3.2 怠速机油消耗量测量方法

考虑到发动机在怠速工况运行时间过长，会因缸内大量机油造成火花塞过渡积炭结焦，同时又要持续足够长的时间以保证机油消耗量测量准确，因此，在怠速机油消耗量试验时，使发动机在怠速工况运行 8 h，机油称重、计算等其他试验程序遵循 GB 18297—2001 要求进行。

## 4 低速小负荷机油消耗量过高的原因分析

CA6SE1-21N 天然气发动机的天然气被喷射到各缸进气道的进气门头部附近，与空气混合后进入汽缸，燃烧过程为均质燃烧，进入汽缸的混合气浓度必须在可燃范围内，过稀或过浓都不能形成可靠燃烧。因此，为了将进入汽缸的可燃混合气浓度控制为所要求数值，在进气管上安装节气门，使发动机负荷调节方式变为量调节方式。随着发动机的转速降低和负荷减小，节气门开度减小，空气进气量减小。但是，随着节气门开度减小，进气冲程时汽缸内压力逐渐由正压变为负压。图 2 为天然气发动机和原基础柴油机采用相同的柴油机用活塞环时，在怠速工况、转速为 1400r/min 及转矩为

175 N · m、转速为1400r/min 及转矩为350N · m 时的缸内压力曲线。

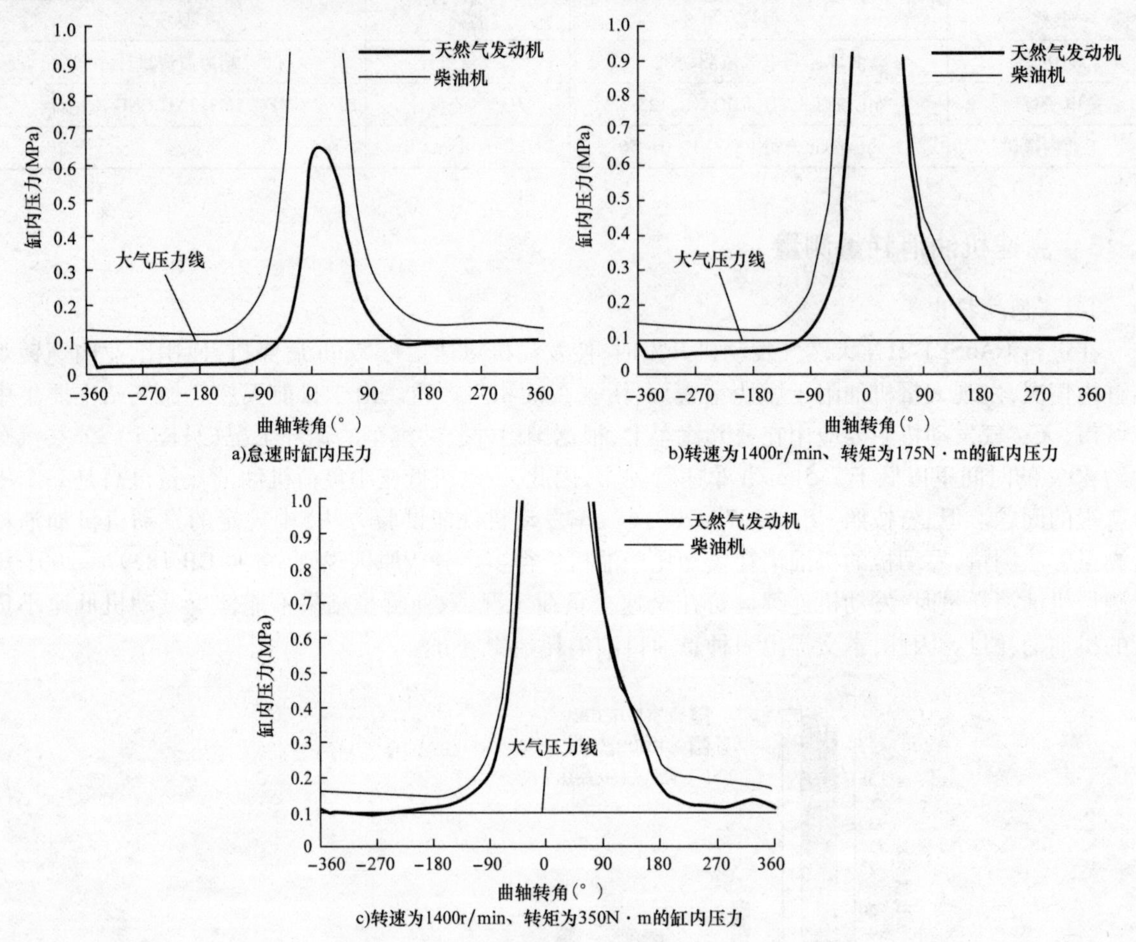


图2　天然气发动机和原柴油机缸内压力对比曲线

由图2可见，天然气发动机怠速且在排气冲程和进气冲程时，缸内压力均小于大气压力，尤其从进气上止点后15°到进气下止点后90°曲轴转角范围内，缸内压力处于18～60kPa范围内，远小于曲轴箱内的大气压力。在转速为1400r/min、转矩为175N · m时，从进气上止点后15°到进气下止点后84°曲轴转角范围内，缸内压力处于47～99kPa范围内，小于曲轴箱内的大气压力。随着负荷增大，在转速为1400r/min、转矩为350N · m时，在进气冲程时缸内压力基本接近大气压力。而原柴油机在怠速工况、转速为1400r/min及转矩为175N · m、转速为1400r/min及转矩为350N · m时，缸内压力一直大于0.12MPa，即大于曲轴箱内的大气压力。因此，天然气发动机在低速小负荷时，在进气冲程时汽缸内形成的负压造成机油被吸入到汽缸内被烧掉，在怠速且进气冲程时因缸内更大的负压而使机油被吸入到缸内的现象尤为严重。由此说明，原柴油机的活塞环直接用于天然气发动机时，活塞环的径向弹力不够，刮油能力不足，不能克服汽缸内的负压而避免机油上吸，因此必须改进活塞环结构。

## 5　活塞环改进设计

为了解决天然气发动机低速小负荷向缸内窜机油的问题，对活塞环进行了几项改进设计：

(1)对1环表面进行铬基陶瓷复合镀层处理。

(2)取消2环扭曲结构见图3a)，更改为如图3b)所示结构，同时增加活塞环径向弹力15%。

(3)对于油环，一方面增加撑簧弹力，另一方面将图3c)所示的刮油刃宽度 $L$ 减小35%，以提高油环与缸套的接触面压力，增加油环的刮油能力。

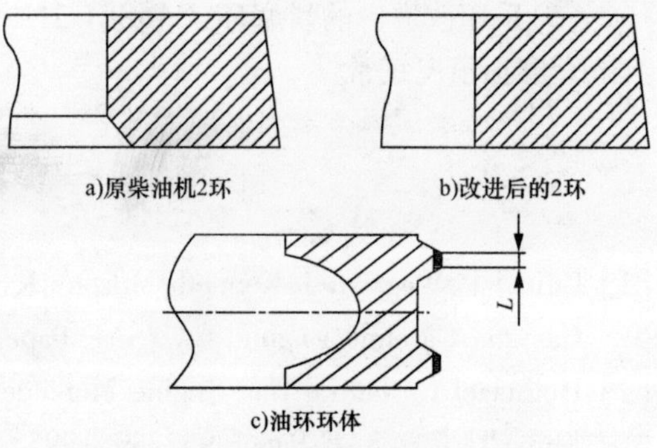

图3　活塞环结构示意

## 6　试验结果

### 6.1　怠速机油消耗量测量结果

采用原柴油机的活塞环和改进后的活塞环分别进行8 h怠速机油消耗量的测量，测量值分别为0.335 kg、0.224 kg，即活塞环结构改进后的天然气发动机的怠速机油消耗量减小了33.1%。

### 6.2　发动机拆机检查结果

在使用原柴油机活塞环和改进后的活塞环时，分别使发动机怠速5min后停机，待发动机冷却后拆下发动机的汽缸盖，观察发动机汽缸内的机油沉积情况，见图4和图5。由图4、图5可见，使用原柴油机的活塞环时，发动机怠速时缸内存有大量的机油；活塞环结构改进后，发动机怠速时缸内不再存有机油，机油上吸的问题被解决。

图4　使用原柴油机活塞环时汽缸内机油沉积情况

图5　使用改进活塞环时汽缸内机油沉积情况

### 6.3　发动机500h可靠性试验结果

采用改进后的活塞环对CA6SE1-21N天然气发动机进行了500h全速全负荷可靠性试验。发动机在试验过程中没有出现拉缸现象，试验后的活塞和活塞环如图6和图7所示。可见，活塞裙部没有刮痕，活塞环接触带均匀，没有过度磨损，从而消除了设计活塞环时担心增大活塞环弹力、减小油环刮油刃宽度出现活塞环过度磨损或活塞拉缸的顾虑。

图6　500h可靠性试验后的活塞磨损情况

图7　500h可靠性试验后的活塞环磨损情况

## 7　结语

(1)由于天然气发动机低速小负荷进气冲程时缸内形成负压，会造成低速小负荷机油消耗量过高，这是发动机设计者应重视的问题。

(2)通过改进气环结构，增加油环撑簧弹力，减小油环刮油刃宽度，发动机的8h怠速机油消耗量降低33.1%。

(3)采用改进后的活塞环,CA6SE1-21N 天然气发动机经过 500h 可靠性试验后,活塞、活塞环和汽缸套磨损情况正常。

## 参考文献

[1] Chiu J P,Wegrzyn J,Kenneth Murphy K E. Low Emissions Class 8 Heavy-Duty On-Highway Natural Gas and Gasoline Engine[C]//SAE Paper 2004 - 01 - 2982,2004.

[2] Hollnagel C. Natural Gas Engine Mercedes-Benz M 447hG with Exhaust Emissions Lower than 50% Euro Ⅱ[C]//SAE Paper,952289,1995.

[3] Andreassi L,Cordiner S,Rocco V. Analysis of Combustion Instability Phenomena in a CNG Fueled Heavy-duty Turbocharged Engine[C]//SAE Paper 2001 - 01 - 1907,2001.

[4] Catania A E,Misul D,Spessa E and Martorana G. Conversion of a Mutivalve Gasoline Engine to Run on CNG[C]//SAE Paper,2000 - 01 - 0673,2000.

[5] 後藤雄一,佐藤由雄. 改善汽缸内直喷天然气发动机燃烧和排放特性的研究[J]. 国外内燃机,2002(4):13 - 19.

[6] 窦慧莉,李骏,刘忠长. 欧Ⅲ排放法规在中国城市公共汽车上应用的合理性研究[J]. 内燃机工程,2005,26(2):50 - 53.

# Investigation on Control of Lubricant Consumption at Lower Speed and Smaller Load Condition in a CNG Engine

Dou Huili[1],Liu Zhongchang[2],Li Jun[1],Li Jianqun[1],Li Peng[1],Yan Tao[1]

(1. FAW R&D Center;2. Jilin University)

**Abstract**:This paper analyzed the problem that lubricant consumption at lower speed and smaller load condition in a CNG engine is too high. The analysis revealed that as engine speed and load reduce,the opening of throttle valve reduces,cylinder pressure at intake stroke is lower than atmospheric pressure gradually,lubricant is sucked into cylinder,which leads to exorbitant lubricant consumption. The structures of piston rings were improved and the test method of lubricant consumption at idle condition was proposed. Test results showed that the lubricant consumption at idle condition was reduced by 33. 1% after piston rings were improved. The problem of exorbitant lubricant consumption at lower speed and smaller load condition was solved. The CNG engine equipped improved piston rings passed through 500 hours durability test smoothly.

**Key Words**: CNG Engine Lower Speed;Smaller Load;Lubricant Consumption;Piston Rings Structure

# 电控多点喷射天然气发动机的开发*

窦慧莉[1,2],刘忠长[1],李　骏[2],闫　涛[2]
(1.吉林大学汽车工程学院,长春　130025;
2.中国第一汽车集团公司技术中心,长春　130011)

**摘　要**:进行了柴油机改为天然气发动机的进气系统、燃烧系统、天然气供给系统、点火系统和电控系统等的设计。通过采取高效稀薄燃烧控制方案,实现了不采用EGR情况下$NO_x$排放物的有效控制,仅匹配氧化催化转化器,发动机排放即可达到欧Ⅲ(ESC)法规要求。同时,通过改进活塞环及活塞结构,解决了由柴油机改为天然气时发动机机油消耗量过高的问题。试验结果表明,CA6SE1-21N天然气发动机不仅达到了原柴油机的标定功率水平,而且具有良好的可靠性。

**关键词**:天然气发动机;结构开发;稀薄燃烧;排放

**中国分类号**:TK43　**文献标志码**:A　**文章编号**:1006-8740(2006)03-0257-06

随着我国汽车工业的迅速发展,据预测,到2020年,我国汽车保有量将达到13000万辆,交通道路用油将达到21000万吨,超过石油总需求量的50%,其中80%依靠进口。而汽车尾气排放物成为城市空气污染的主要污染源,全世界空气污染最严重的10个城市中9个是中国城市[1]。针对石油资源危机和大气污染日益严重的问题,天然气发动机以其清洁的燃烧特性和良好的经济性受到了中国政府的关注,自"九五"以来,中国政府开展了清洁汽车行动,对天然气发动机进行研究开发。到目前为止,我国16个示范城市内有公交车3万多辆,出租车6万多辆,其他用途车辆超过3万辆,还有10余个省市正在启动天然气汽车的发展计划[2]。

但是,国内大型公交车用天然气发动机多为进口机型,国产机型多为机械混合器式,电控机型所占比例低于5%。国内市场急需国产高性能大功率低排放的天然气发动机。因此,本研究开发了CA6SE1-21N电控多点喷射稀薄燃烧的天然气发动机,该发动机达到了欧Ⅲ(ESC)排放水平。

## 1　发动机的结构设计

### 1.1　发动机特点

如图1所示,CA6SE1-21N天然气发动机在CA6DE1-21柴油机的基础上,采用电控多点顺序喷射系统、电子节气门、线性氧传感器闭环控制方式开发而成。CNG发动机参数如表1所示。

发动机结构开发的基本原则是保持原机基本结构不变,尽量保持与原机零部件的通用性。如曲轴连杆机构、冷却系统、润滑系统等保持不变,缸体、缸盖仅做局部改进。

第七部分

**表1　CA6SE1-21N发动机参数**

| 项目 | 指标 | 项目 | 指标 |
|---|---|---|---|
| 发动机类型 | 直列、6缸 | 缸径×行程(mm) | 106×125 |
| 冲程数 | 4 | 压缩比 | 12:1 |
| 排量(L) | 6.618 | 标定功率(kW) | 155 |
| 进气方式 | 增压中冷 | 标定转速(r/min) | 2300 |

刊登信息:《燃烧科学与技术》2006年(第12卷)第3期

*　基金项目:科技部"清洁汽车行动工程"攻关资助项目(2005BA413B22)。

1.2 燃烧系统设计

1.2.1 压缩比

原柴油机的压缩比为17.5:1,如此高的压缩比不能用于火花点火天然气发动机,会引起发动机爆震燃烧,造成发动机损坏。综合考虑发动机性能和排放等因素,压缩比确定为12。

1.2.2 燃烧室结构

燃烧室的设计应有利于组织燃烧过程[3]。对于稀薄燃烧天然气发动机来说,不同形状和挤气面积的燃烧室具有不同的火焰传播距离,形成不同强度的气流运动和火焰传播速度,造成发动机进气量的不同,使发动机的动力性和排放性不同[3~7]。经过优化,燃烧室采用图2所示的碗形燃烧室。

图1 CA6SE1-21N天然气发动机

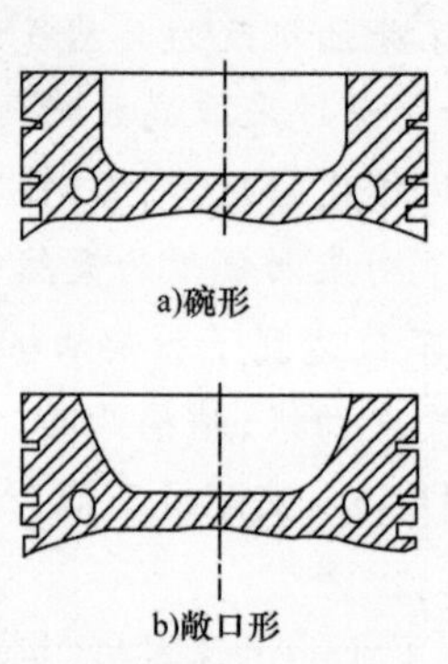


图2 燃烧室结构示意

1.3 进气系统设计

天然气发动机的燃烧过程为均质燃烧,进入汽缸的混合气的浓度必须在可燃范围内,过稀或过浓都不能形成可靠燃烧,而且混合气的浓度影响发动机的动力性、经济性和排放性。因此,为了将进入汽缸的可燃混合气的浓度控制在所要求的值,进气管必须安装节气门,使发动机负荷调节方式为变量调节方式。本发动机在进气管口安装了电子节气门,驾驶员通过控制节气门位置调节发动机的空气进气量,电控系统采集节气门位置信号以控制发动机。

另外,在进气管上设计并安装了6根天然气导入管,导入管延伸到进气门头部,使天然气经过喷气嘴喷出后,沿导入管喷入气门口[8]。

1.4 活塞、活塞环改进设计

由于天然气采用电子节气门控制发动机的进气量,发动机在低速小负荷时,缸内为负压,造成发动机机油上窜到缸内,使机油消耗量过高,显著影响发动机的排放。因此,对活塞环进行优化设计,通过改善活塞环表面镀层,增加活塞环径向弹力,取消活塞环扭曲;对油环,一方面增加撑簧弹力,另一方面减小刮油刃宽度,以提高油环与缸套的接触面压,增加油环的刮油能力。通过对活塞环的结构改进,发动机的机油消耗量得到大幅度改善。

1.5 点火系统

天然气燃料着火温度高于柴油,因而天然气发动机不能采用压燃方式,一般采用火花点火方式。为此,在原柴油机上加装火花点火系统。虽然火花塞的位置影响火焰传播距离,但是为保持原柴油机缸盖的模具不变,在缸盖的喷油器位置上安装火花塞。在缸体上布置点火线圈。采用该电子点火系统,通过电控系统可以根据发动机的转速和负荷精确控制点火时刻,有效控制排放。

1.6 天然气供给系统

图3为天然气供给系统简图,气瓶中的高压天然气经过压力调节器减压后,供给每个喷气嘴。每个喷气嘴的喷射量由ECU控制。通过采用多点顺序喷射系统,向每个进气道供气,可以精确控制

每个喷气嘴的喷气量，降低汽缸间空燃比的差异，改善发动机的经济性和排放。

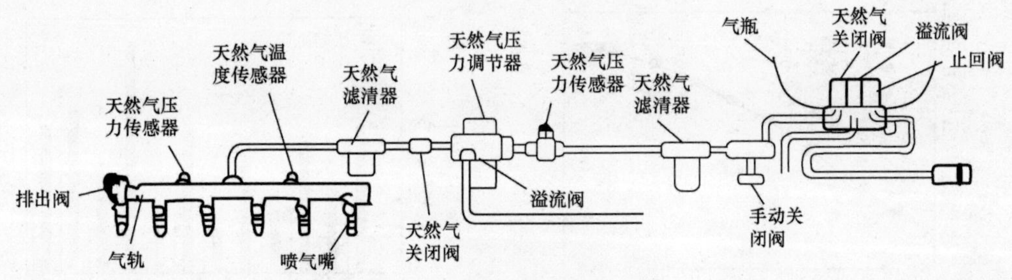


图3　天然气供给系统简图

该供给系统的设计实现了高压天然气的可靠储存与天然气压力的稳定转换，对天然气进行了过滤和温度压力监测。另外，天然气供给系统中使用两个天然气压力传感器，一个供电控系统使用，另一个供整车仪表板使用，用以显示天然气气瓶中的天然气储量。

## 2　电控系统

本发动机采用AEC公司的多点电控系统。图4是电控系统结构示意图。主要包括电控单元(ECU)、电子执行机构和各种传感器。

电控系统采集、处理传感器得到的各种发动机工况信号，并通过运算，确定发动机在不同转速、负荷和温度等工况下的天然气喷射量，向执行装置按照喷射正时输出控制脉冲信号，控制喷射的整个工作过程。同时，查询点火正时MAP图，确定各缸点火时刻，控制点火系统实现准确点火。为保证发动机在MAP存储的最优过量空气系数下工作，ECU根据氧传感器信号、进气温度及压力、天然气温度及压力等信号实时修正天然气的喷射量，发送给执行模块实现燃气多点顺序喷射。发动机运行时，故障诊断模块实时监测各个系统的工作情况，当发生意外情况时，报警系统会发出警报并将发动机转换到安全模式运行或停机。

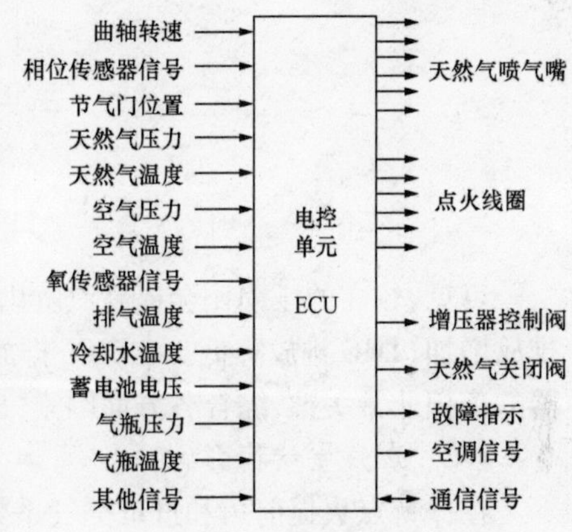


图4　电控系统结构示意图

## 3　发动机的性能开发

在3.1～3.4部分中的排放数据为不使用催化器的数据。

### 3.1　压缩比影响

图5～图9是压缩比分别为11和12时发动机试验结果。

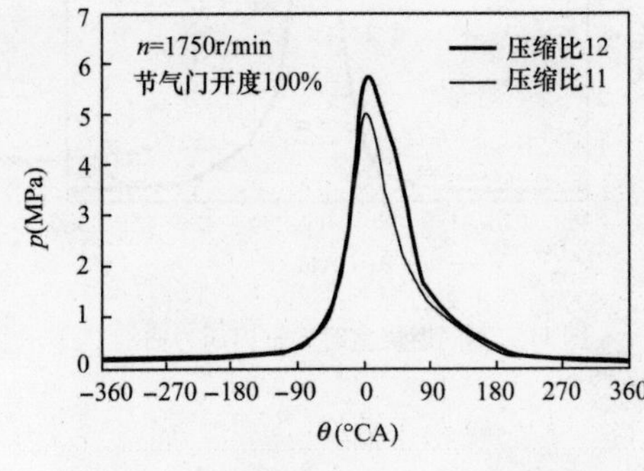


图5　不同压缩比时的缸内压力曲线

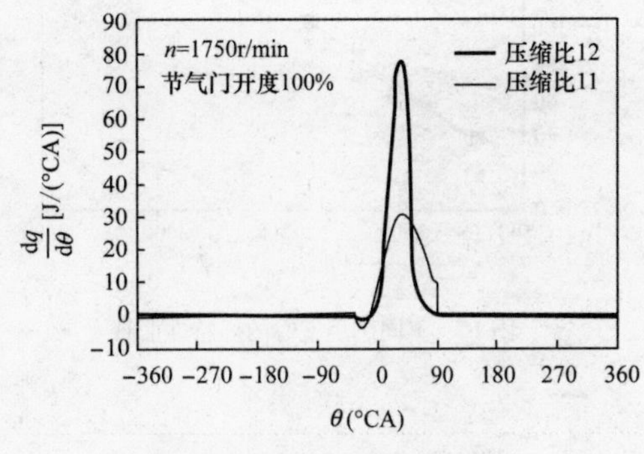


图6　不同压缩比时的放热率曲线

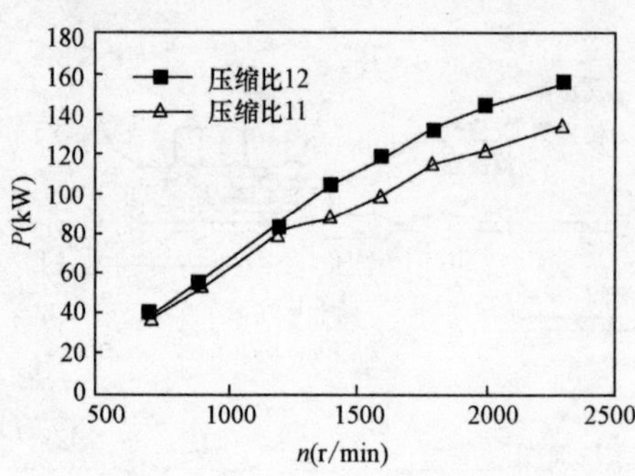


图 7　不同压缩比时的外特性曲线

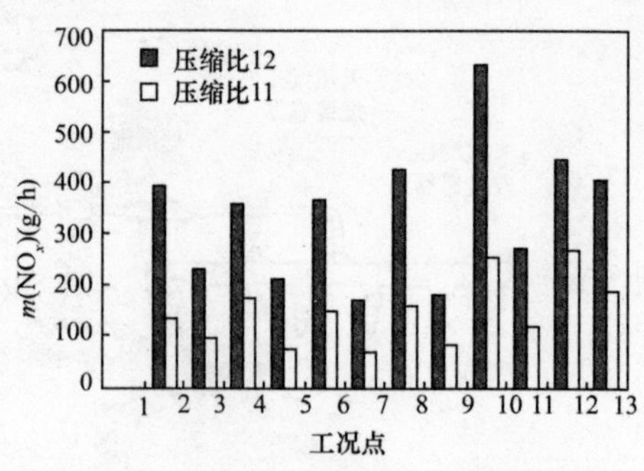


图 8　不同压缩比时的 $NO_x$ 排放特性

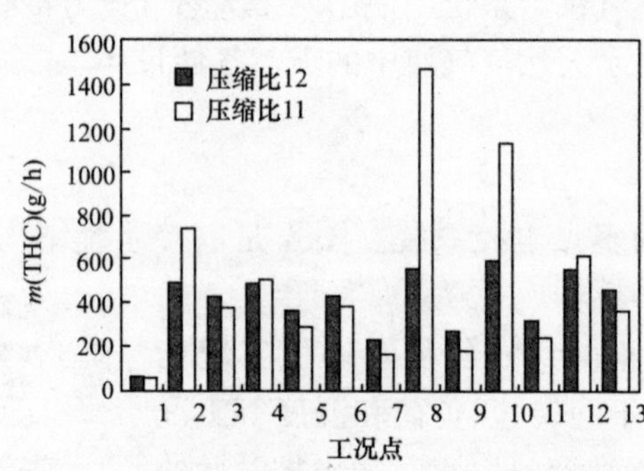


图 9　不同压缩比时的 THC 排放特性

可见,较高的压缩比会提高汽缸内的最高燃烧压力和燃烧放热率,发动机动力性改善,但是 $NO_x$ 排放增加,THC 排放降低。在 $NO_x$ 排放远低于开发目标的情况下,降低 THC 排放,对减轻催化转化器的负担非常关键,综合各方面因素,压缩比确定为 12。

3.2　燃烧室结构影响

在保持点火提前角和过量空气系数不变的条件下,对图 2 所示的碗形和敞口形燃烧室进行了对比试验。由图 10 ~ 图 14 可见,碗形燃烧室较敞口形燃烧室具有较高的缸内压力,放热率较高,火焰传播距离短,燃烧速度较快,燃烧持续期为 35°CA,较敞口形燃烧室的 48°CA 缩短 13°CA,燃烧完全。因此,发动机功率大,$NO_x$ 排放较高,THC 排放较低。由于敞口形燃烧室使发动机功率降低较大,因而采用碗形燃烧室。

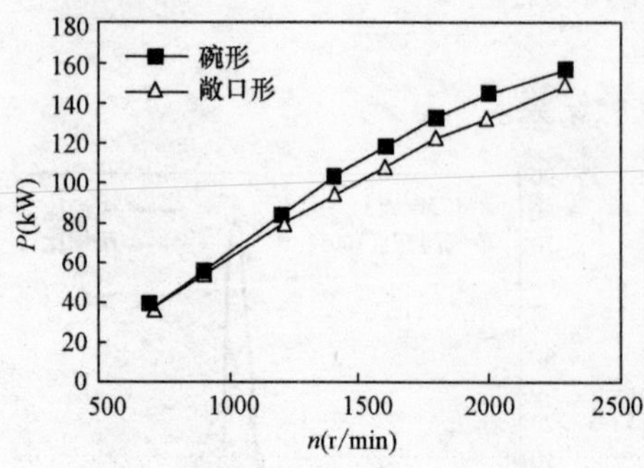


图 10　不同燃烧室时的外特性曲线

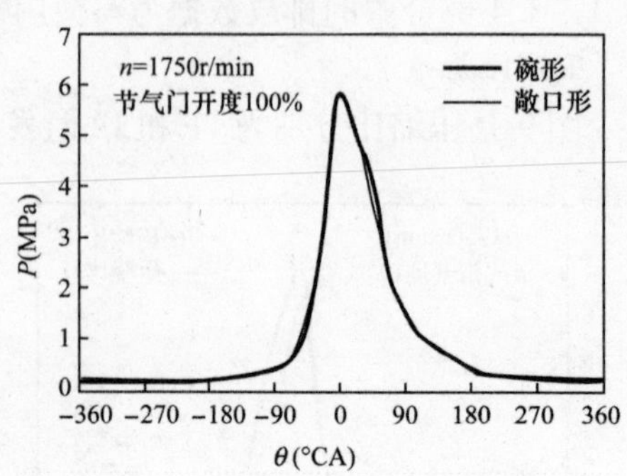


图 11　不同燃烧室时的缸内压力曲线

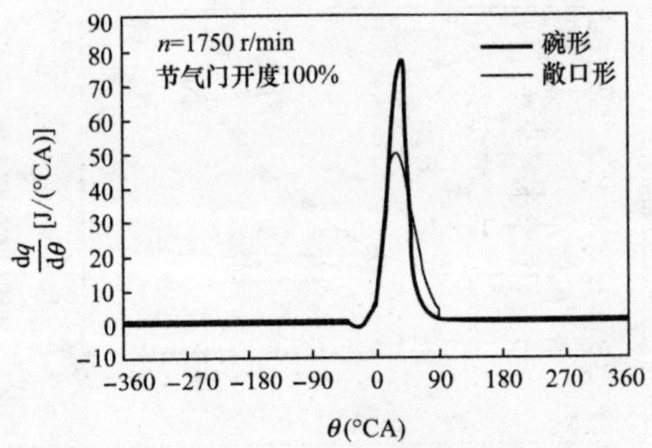


图 12　不同燃烧室时的放热率曲线

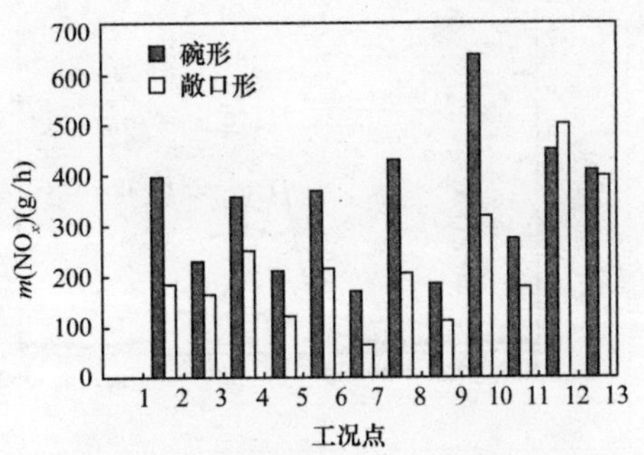


图 13　不同燃烧室时的 $NO_x$ 排放特性

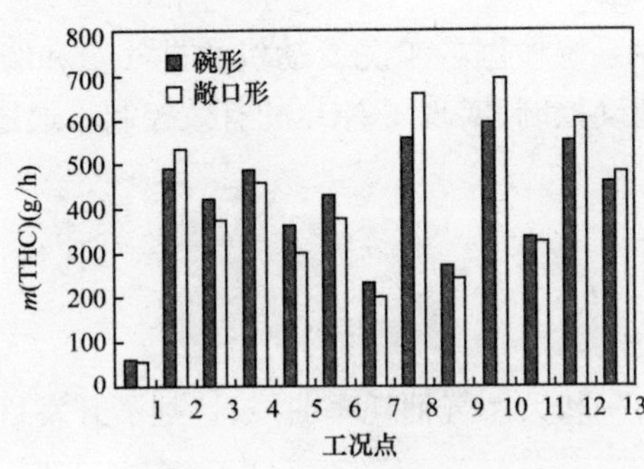


图 14　不同燃烧室时的 THC 排放特性

3.3　过量空气系数的影响

过量空气系数对发动机的动力性、经济性、排放和可靠性都有显著的影响。图 15 是发动机在 1450r/min、节气门开度为 75% 时，气体排放物、天然气消耗率和涡前排温随过量空气系数的变化曲线。由图可见，$NO_x$ 的变化趋势与 CO、NMHC(非甲烷 HC)及 $CH_4$ 的变化趋势相反，但是，随着过量空气系数增大，CO 与 HC 增大的幅度小于 $NO_x$ 减小的幅度。当过量空气系数达到一定值时，$NO_x$、CO 及 HC 综合排放达到最佳。同时，天然气消耗率随着过量空气系数的增大而增大，涡前排温随着过量空气系数的增大而减小。综合图 14 中各种发动机参数的变化趋势可见，在发动机各个工况下，存在比较合适的过量空气系数值，此时，发动机的排放和天然气消耗率都比较低，同时，排温很低，发动机的排放、经济性和可靠性达到最佳匹配。因此，该发动机在开发时对发动机的全脉谱工况进行了过量空气系数的优化。

3.4　点火提前角的影响

图 16 是发动机在 1450r/min、节气门开度为 75% 时，不同点火提前角 $\theta_i$ 时的缸内压力曲线。图 17 是发动机的气体排放物和天然气消耗率随点火提前角 $\theta_i$ 的变化曲线。可见，随着点火提前角加大，最大爆发压力提高，燃烧放热率高，燃烧速度快，燃烧温度高，热效率提高，造成 $NO_x$ 排放急剧增加，HC 排放降低，天然气消耗率减小。

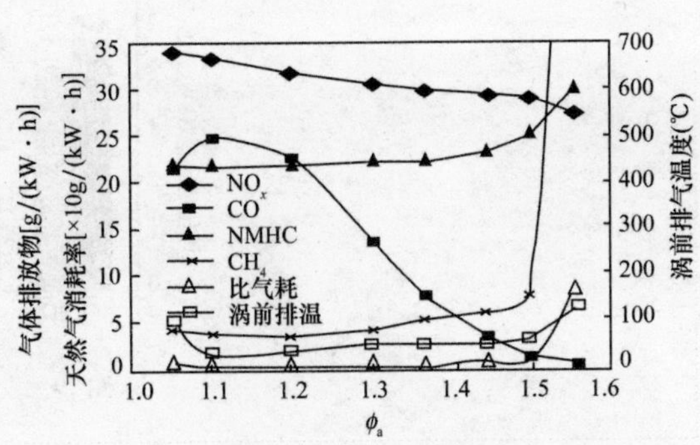


图 15　不同参数随过量空气系数的变化曲线

因此，在天然气发动机开发时，对每一工况，综合考虑了动力性、经济性和排放的折衷，选取最合适的点火提前角。

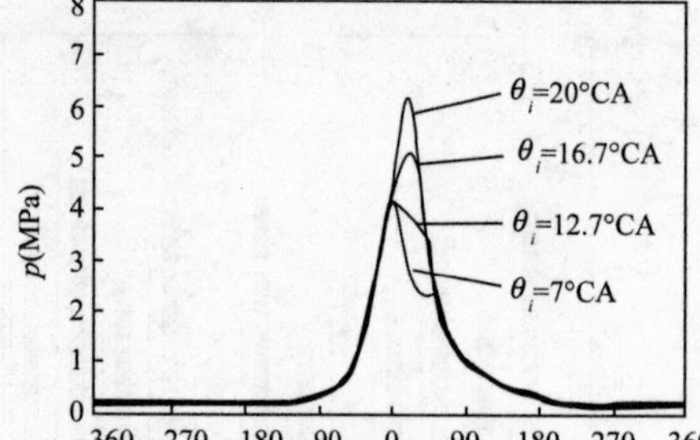


图 16　不同点火提前角时的缸内压力曲线

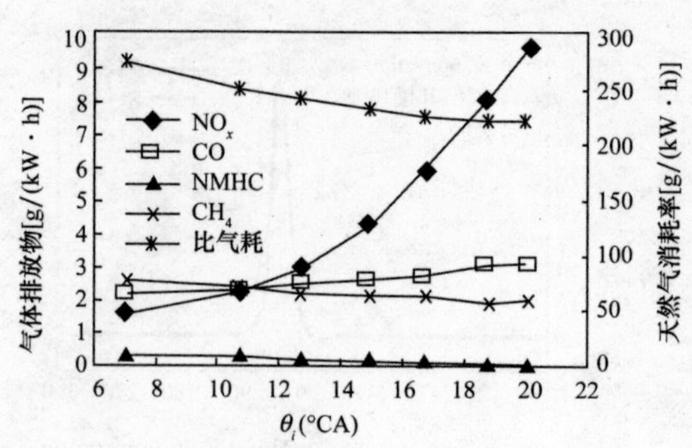


图 17　不同参数随点火提前角的变化曲线

3.5　氧化催化转化器的影响

发动机采用稀燃技术，电控系统根据各工况发动机的进气量和线性氧传感器的反馈信号，确定天然气喷射量，实现空燃比的精确控制，实现了 $NO_x$ 的有效控制。通过匹配高效氧化催化转化器，大大降低了 HC 和 CO 的排放。

## 4　试验结果

4.1　发动机动力性、经济性

图 18 是发动机的外特性功率和天然气消耗率曲线，达到了开发目标。

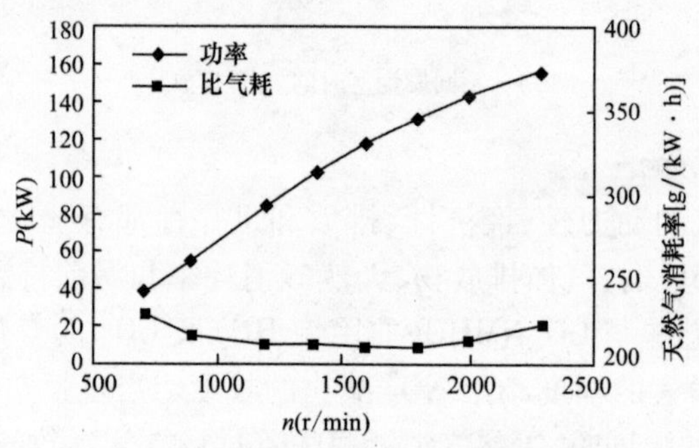


图 18　发动机的外特性曲线

4.2　发动机的排放性

图 19 是发动机采用氧传感器进行的欧Ⅲ(ESC)循环测试结果，由试验结果可见，发动机的排放满足欧Ⅲ(ESC)法规要求，其中的碳氢排放考核的是非甲烷碳氢。

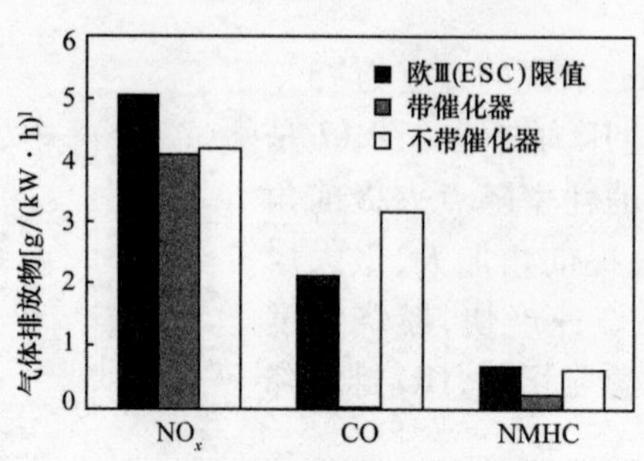


图 19　发动机的排放测试结果

第七部分

4.3 发动机的可靠性

该发动机已经顺利完成全速全负荷可靠性试验和冷热冲击试验，发动机拆检结果显示，发动机在正常的燃烧磨损范围内。

## 5 结论

(1)本研究进行了发动机进气系统、燃烧系统、天然气供给系统、点火系统和电控系统等设计，该设计合理可行。

(2)通过采取稀薄燃烧控制方案，实现了不采用 EGR 情况下 $NO_x$ 排放物的有效控制，通过匹配氧化催化转化器，发动机排放达到欧Ⅲ(ESC)法规要求。

(3)本研究通过改进活塞环及活塞结构，解决了柴油机改为天然气发动机时机油消耗量过高问题。

(4)通过结构和性能开发，CA6SE1-21N 天然气发动机不仅达到了原柴油机的额定功率水平，而且具有良好的可靠性。

## 参考文献

[1] Yang Fuqiang. Incentives and policy stimulation for clean fuel development in China[C]//Clears Fuels-CNG/NGV-Hy-brids-Fuel Cells China/Asia. Beijing,2005.

[2] 李开国. 我国天然气汽车扩大推广的机遇与挑战[C]//清洁汽车绿色通道工程研讨会. 青岛,2005.

[3] Johan sson B , Olsson K. Combustion chamber for natural gas SI engines(Ⅰ):Fluid flow and combustion [C]//SAE Paper, 1995 ,950469.

[4] Olsson K,Johansson B. Combustion chambers for natural gas SI engines (Ⅱ):Combustion and emissions [C]//SAE Paper, 1995 ,950517.

[5] Einewall Patrik , Johansson B. Combustion chambers for supercharged natural gas engines[C]//SAE Paper. 1997,970221.

[6] Umierski M , Korfer Th. Stommel P. Low Emission and fuel consumption natural gas engines with high power density for stationary and heavy-duty application[C]//SAE Paper. 1999 ,1999-01-2896.

[7] Evans R L. Internal combustion engine squish jet combustion chamber: US,4,572,123 [P] ,1986.

[8] 苏万华，林志强，汪洋，等. 气口顺序喷射、稀燃、全电控柴油/天然气双燃料发动机的研究[J]. 内燃机学报,2001(2) ;102-108.

# Development of Electronically Controlled Multipoint Injection CNG Engine

Dou Huili[1,2], Liu Zhongchang[1], Li Jun[2], Yan Tao[2]

(1. College of Automobile Engineering, Jilin University, Changchun 130025, China;
2. Research and Development Center, China FAW Group Corporation, Changchun 130011, China)

**Abstract**: This paper presents the designs for intake system, combustion system, CNG supply system,

第七部分

ignition system and electronic control system of CNG(compressed natural gas) engine. Through investigation and application of lean burn technologies, $NO_x$, exhaust emission was controlled effectively without using EGR(exhaust gas recirculation). The CNG engine met Euro Ⅲ(ESC, European steady cycle) regulation requirement with oxidation catalytic converter. In the meantime, the problem of excessive oil consumption of CNG engine was solved by improving the structures of piston and piston rings. The test results show that CA6SE1-21N CNG engine possesses the rated power of base diesel engine and higher durability.

**Key Words**: Compressed Natural Gas Engine; Structure Development; Lean Burn; Emission

# 喷油泵各缸喷油量不均匀度对发动机燃烧及排放的影响

窦慧莉[1,2],刘忠长[1],李　骏[2],戈　非[2]
(1. 吉林大学汽车工程学院,长春 130025;
2. 中国第一汽车集团公司技术中心,长春 130011)

**摘　要:**采取一种新的控制小齿条位置时各缸循环喷油量不均匀度的喷油泵标定方法,得到了标定点、怠速点和小齿条位置的各缸喷油量不均匀度大幅度改善的喷油泵,并研究了该喷油泵对发动机燃烧及排放的影响。研究结果表明,喷油泵的各缸喷油量不均匀度改善后,发动机缸内最大压力和最大压力升高率明显降低,发动机的 $NO_x$ 排放显著降低, PM 排放略微提高。适当提前发动机喷油提前角,发动机的排放可以达到欧Ⅱ水平。

**关键词:**柴油发动机;喷油泵;喷油量不均匀度;燃烧;排放

**中图分类号:** TK421.4　**文献标志码:** A　**文章编号:** 1006-8740(2005)01-0073-05

柴油机具有优良的燃油经济性、耐久可靠性,被世界各国广泛用作卡车的主要动力。但是柴油汽车排出的 $NO_x$、PM 等污染物是大气的主要污染源[1~3],所以我国正在逐步严格汽车排放法规。柴油机喷油系统对发动机的排放起着非常重要的作用,因而促使共轨式喷油系统等新的喷油系统不断出现和应用。但是,在原有发动机上大都采用直列式喷油泵,改换新的喷油系统必须对发动机进行较大的结构改动,需做大量的发动机优化试验工作[4,5]。因此,在目前我国部分地区执行欧Ⅱ排放法规的前提下,通过采用新的喷油泵标定方法,控制喷油泵各缸喷油量不均匀度,改善柴油机排放,使满足欧Ⅰ排放法规的发动机达到欧Ⅱ排放水平,不失为一种切实可行的办法。

常规的喷油泵标定方法通常对标定点和最大转矩点的喷油量及其各缸不均匀度严格控制,对怠速点的各缸喷油量不均匀度控制较宽松,而对小齿条位置的喷油量不进行特殊控制,小齿条位置的喷油量不均匀度达到 ±(10% ~15%)。虽然这种方法在喷油泵生产标定时较易实现,但对发动机的排放非常不利[6,7]。因为在欧Ⅱ排放法规的 13 个测试工况点中,怠速点和小负荷工况占有相当大的比例。因此,本文采取了一种同时控制喷油泵小齿条位置、怠速点、标定点和最大转矩点的各缸喷油量不均匀度的标定方法,对柴油机喷油泵的各缸喷油量不均匀度进行严格控制,并研究了它对发动机的燃烧及排放的影响。

## 1　喷油泵标定

### 1.1　喷油泵标定装置

为了准确进行喷油泵的标定,在 ZEXEL 公司的 15NP 型喷油泵试验台上,使用法国 EFS 公司的 EMl2 型单次流量计测量各缸喷油量,其精度为 0.6 $mm^3$。喷油泵齿条位置由步进电机精确控制。图 1 为喷油泵标定试验台,喷油泵型号为 P76G11,机械全程式调速器。

刊登信息:《燃烧科学与技术》2005 年(第 11 卷)第 1 期

基金项目:教育部重点基金资助项目(99-A04-02-02-10)。

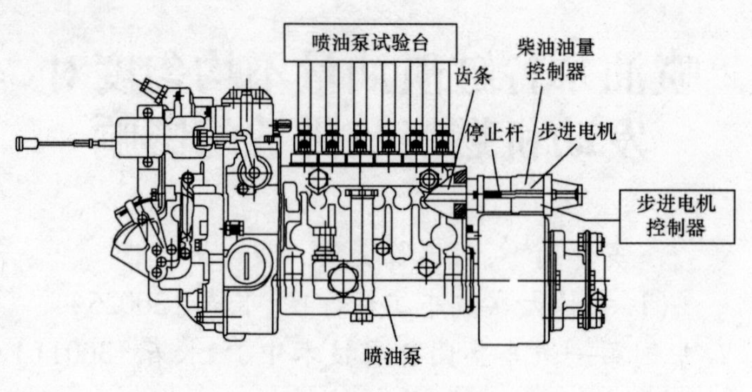


图1　喷油泵标定试验台

1.2　喷油泵标定方法

直列式喷油泵通常对标定点和最大转矩点的各缸喷油量不均匀度控制严格，对怠速时的各缸喷油量不均匀度控制较宽松。对小齿条位置不做特殊控制，小齿条位置的各缸喷油量不均匀度达到±10以上。为了克服因小齿条位置的各缸喷油量不均匀度大造成的排放恶化，本文采用的喷油泵标定方法是，确定某一小齿条位移量，由步进电机控制喷油泵齿条向右移动到所要求的位置，使用单次流量计测量各缸的喷油量，根据测量结果反复调整喷油泵，直到各缸喷油量不均匀度满足要求。采用上述相同的步骤对喷油泵的怠速点、最大转矩点和标定功率点喷油量进行调整，并使各缸喷油量不均匀度控制在所要求的值。当小齿条位置时各缸喷油量的不均匀度相差很大，仅通过调节喷油泵不能满足要求时，即通过更换油泵柱塞偶件来实现。喷油泵的标定过程见图2。在喷油泵标定过程中需要反复调整几次，方使喷油泵的小齿条位置、怠速点、标定点和最大转矩点的各缸喷油量不均匀度均控制在所要求的值以内。

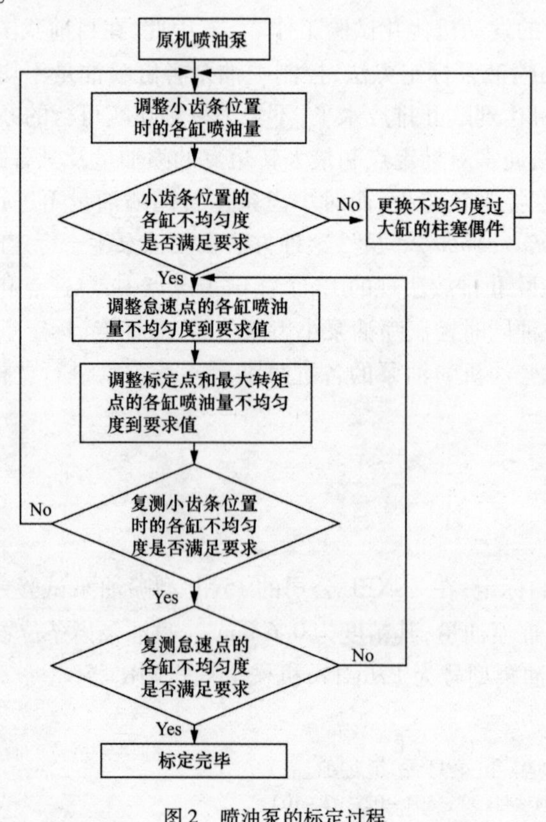


图2　喷油泵的标定过程

1.3 喷油泵标定结果

采用上述标定方法对一台 P76G11 型喷油泵进行标定，在一些控制点喷油泵的各缸喷油量不均匀度如图 3 所示。可以看到，新标定的喷油泵在怠速点、小齿条位置和额定点的各缸喷油量不均匀度都有一定程度的改善。尤其在小齿条位置点和怠速点的改善幅度分别达到 33.3% 和 25%。

采用该标定方法后，各缸的循环供油量都有不同程度的变化，其中第一缸的循环供油量变化最大。图 4 是标定前后第一缸全负荷部分转速点的循环供油量对比结果。

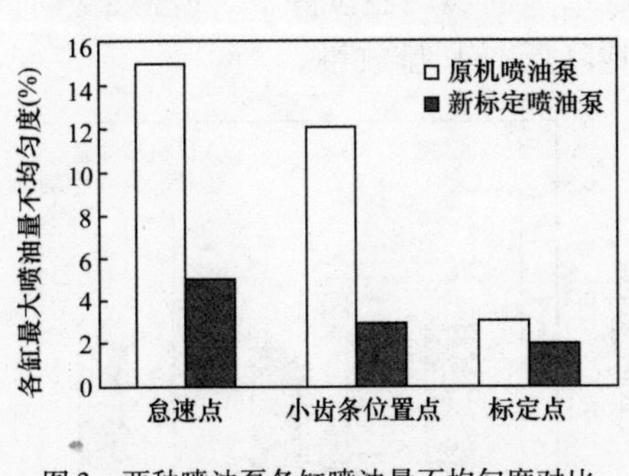

图 3 两种喷油泵各缸喷油量不均匀度对比

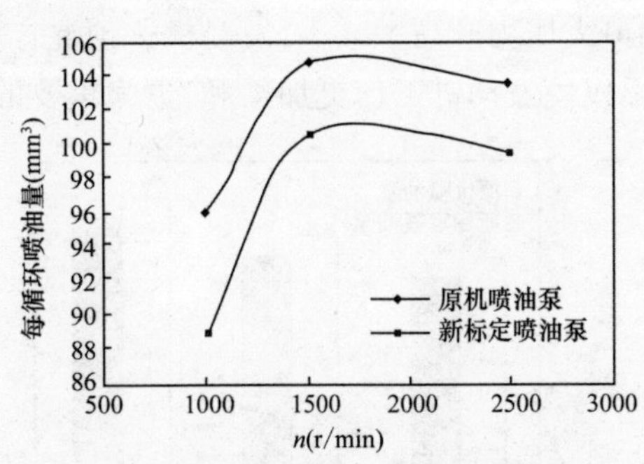

图 4 第一缸喷油量对比图

## 2 试验方案

试验在 CA6110 型发动机上分别采用原机喷油泵和新标定喷油泵对发动机外特性上各典型工况点进行实验分析，以及按照 ECER49 标准进行了发动机 13 工况排放试验。由于试验条件所限，不能同时测量 6 个缸的缸内压力，因此选择标定前后循环喷油量差别较大的第一缸，测量缸内压力。在第一缸汽缸盖上安装压力传感器，用以测量缸内压力。在飞轮上安装了霍尔传感器用以判断发动机的上止点信号和行程信号。燃烧过程分析采用燃烧分析仪。发动机的性能参数见表 1。试验中所用主要设备见表 2。

表 1 CA6110 发动机性能参数

| 项　目 | 参　数 | 项　目 | 参　数 |
|---|---|---|---|
| 发动机类型 | 直喷式 | 缸径(mm)/行程(mm) | 110 /125 |
| 冲程数 | 4 | 标定功率(kW) | 155 |
| 缸数 | 6 | 标定转速(r/min) | 2 500 |
| 排量(L) | 7.127 | 燃烧室类型 | ω |
| 进气方式 | 增压中冷 | | |

表 2 试验主要设备

| 名　称 | 型　号 |
|---|---|
| 测功器 | 日本小野的电涡流测功机 |
| 废气测量仪 | HORIBA MEXA-7000 排气分析仪 |
| 微粒采样系统 | HORIBA 的 MDLT-1302TMA 微粒采样系统 |
| 燃烧分析仪 | 日本小野 CB466 燃烧分析仪 |
| 烟度计 | AVL439 消光式烟度计 |

## 3 试验结果及分析

### 3.1 对缸内压力和压力升高率的影响

图5和图6为发动机全负荷1 000 r/min、1 500 r/min和2 500 r/min的第一缸的缸内最大压力和最大压力升高率对比图。可以看出,采用新标定的喷油泵后,喷油泵的各缸喷油量不均匀度大幅度改善,原喷油量差别较大气缸的喷油量降低到与各缸平均喷油量接近的水平,使发动机缸内最大压力和最大压力升高率减小,发动机的预混合燃烧量较少,最高燃烧温度降低,高温燃烧时间也有所缩短,不仅使发动机工作更加柔和,更为重要的是有效地降低 $NO_x$ 排放量。

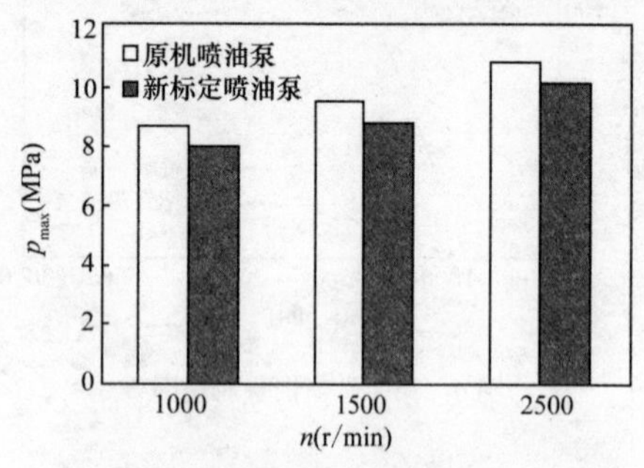


图5 不同转速下缸内最大压力对比

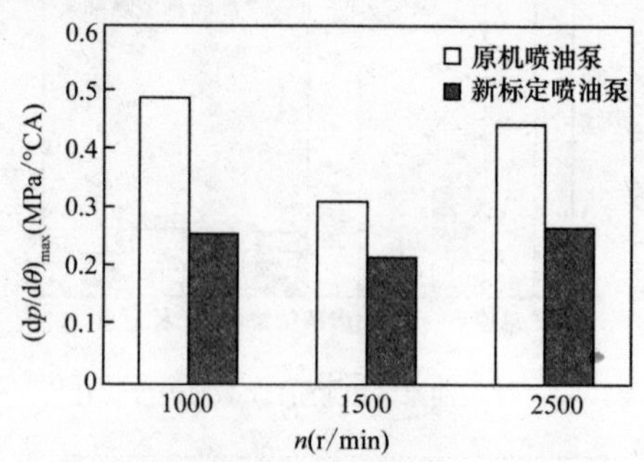


图6 不同转速下缸内最大压力升高率对比

### 3.2 对排放的影响

图7表示分别采用原机喷油泵和新标定的喷油泵后发动机的排放特性。可以看出,采用新标定的喷油泵后,无论是2 500 r/min的高转速还是1 500 r/min的低转速,无论是部分负荷还是全负荷,$NO_x$ 排放量明显减少, CO排放量增多,HC排放量有时增多,有时减少。这是因为采用新标定的喷油泵后,通过严格控制发动机的循环供油量和提高各缸均匀度,使发动机的缸内最大压力和最大压力升高率降低,发动机在较大预混合区域内燃烧速率低,柴油机燃烧室内达到的最高燃烧温度降低,已燃气体在高温下的停留时间减少,导致 $NO_x$ 的排放减少。

CO的排放有所升高是因为通过改善喷油泵各缸喷油量的不均匀度,缸内燃烧温度较低,由低温引起的稀燃熄火和火焰淬熄造成燃烧不完全,引起排气中的CO升高。

HC排放量的变化趋势有些杂乱,说明HC形成原因的复杂性。可以看出,通过严格控制喷油泵的各缸喷油量不均匀度,缸内燃烧温度降低,混合气局部过稀和壁面激冷等原因可能是造成大部分工况点HC排放提高的主要因素。

从图8的发动机13工况排放结果可以发现同样的变化规律,即 $NO_x$ 排放量显著减少的同时,PM、HC和CO的排放量增多。

虽然从趋势上看,$NO_x$ 和PM排放仍保持相反的变化趋势。但是特别值得注意的是,在采用新标定的喷油泵后,$NO_x$ 排放量从7.815 g/(kW·h)降低到5.50g/(kW·h),降低幅度达到42%。PM排放量从0.180g/(kW·h)增加到0.208 g/(kW·h),增加幅度仅为15.6%。0.208 g/(kW·h)的PM排放量并不是很高,但是, 5.502 g/(kW·h)的 $NO_x$ 排放量已经很低。完全可以通过适当增大喷油提前角,使发动机的排放达到欧Ⅱ水平。图9是采用新标定的喷油泵,采用原机喷油提前角和喷油提前角提前2°CA时发动机13工况排放结果对比图。这是因为喷油提前角增大后,柴油机燃烧室内达到的最高燃烧温度升高,已燃气体在高温下的停留时间增加,导致 $NO_x$ 的排放增加。另一方面,喷油提前角的增大会使混合气的均匀程度和燃烧都变得更加充分,从而降低HC排放值。这种方法的好处是既降低了发动机的总体排放,又因发动机喷油提前角增大,发动机燃烧完全,而使发动机的经济性改善。

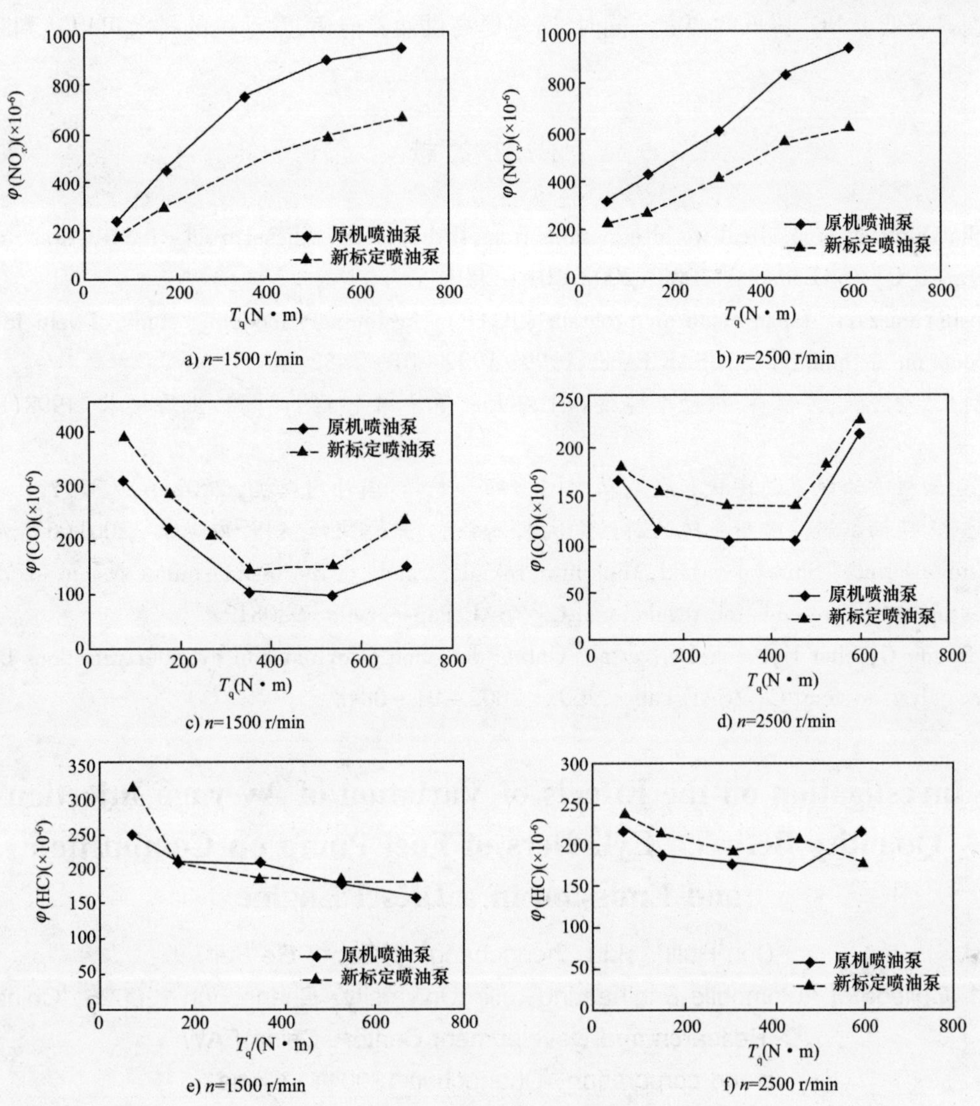


图 7　发动机的排放特性

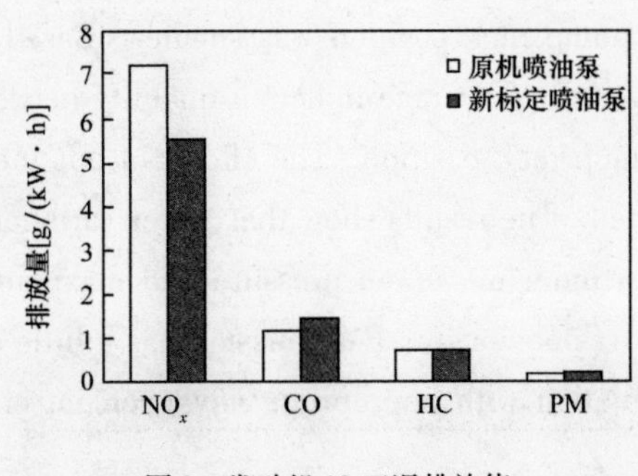


图 8　发动机 13 工况排放值

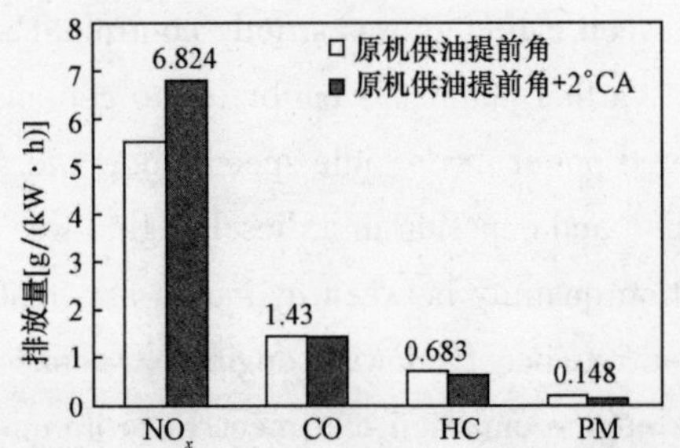


图 9　不同供油提前角时的 13 工况排放值

## 4　结论

(1)采用新标定方法的喷油泵后,发动机的缸内压力和压力升高率明显降低。

(2)采用新标定方法的喷油泵后,发动机的 $NO_x$ 排放大为改善,虽然 PM 排放量增加,但是 PM

增加幅度显著低于 $NO_x$ 降低的幅度。同时,适当提高供油提前角,发动机的排放可以达到欧Ⅱ排放水平。

## 参 考 文 献

[1] Michal Vojtisek-Lom. Real-world emissions from 40 heavy duty diesel trucks recruited at rulare, CA rest area[C]//SAE Paper, 2002, 2002-01-2901.

[2] SatoshiYamazaki. Japan clean air program (JCAP): Preliminary modeling study of vehicle emission impacts on air quality[C]//SAE Paper,1999, 1999-01-1482.

[3] 戴利生,童澄教,方翠贞.机动车排放和上海大气质量相关性研究[J].上海技术, 1998(8): 30-33.

[4] 晋.柴油机喷油装置的现状和发展动向[J].顾如龙译.国外内燃机, 2002(6): 3-7.

[5] 伊藤悟.柴油机燃油喷射系统的新动向[J].潘铁驹,朱仁文译.国外内燃机, 2001(6): 19-24.

[6] KatsunoriFuruta, Shinobu Sasaki,Michihiro Tokuda. Study of the in-line pump system for diesel engines tomeet future emission regulations[C]//SAE Paper,1998, 980812.

[7] De Botton G, Sher E,Frenkel E, et al. Online detection of cylinder to cylinder variations by avibration analysis system[C]//SAE Paper,2002, 2002-01-0848.

# Investigation on the Effects of Variation of Average Injection Quantity Between Cylinders of Fuel Pump on Combustion and Emission in a Diesel Engine

Dou Huili[1,2],Liu Zhongchang[1],Li Jun[2], Ge Fei[2]

(1. College of Automobile Engineering, Jilin University, Changchun 130025, China;
2. Research and Development Center, China FAW group corporation, Changchun 130011, China)

**Abstract**: A new fuel pump calibration method was proposed, in which variation of average in jection quantity between cylinders was strictly controlled when the pump rack position was smaller. Based on this new method, a fuel pump was calibrated to get smaller variations of average injection quantity between cylinders at rated power mode, idle speed mode and smaller pump rack position. The effects of this fuel pump on combustion and emission in a diesel engine was investigated. The results show that, after variation of average injection quantity between cylinders are controlled, cylinder maximum pressure and maximum pressure increase rate become lower; engine $NO_x$ emission improves obviously; PM emission has a little deterioration. The engine emission can meet Euro Ⅱ emission regulation with appropriate advancement of engine fuel injection timing.

**Key Words**: Diesel Engine; Fuel Pump; Variation of Average Injection Quantity; Combustion; Emission

# 喷油泵的标定对双燃料发动机燃烧循环变动及排放的影响

窦慧莉[1,2],刘忠长[1],李 骏[2],戈 非[2],徐振波[2],姜长军[2],闫 涛[2]
(1. 吉林大学,长春 130025;2. 中国第一汽车集团公司技术中心)

**摘 要**:根据柴油/天然气双燃料发动机用喷油泵的工作特点,提出了一种新的控制小齿条位移时循环喷油量及各缸不均匀度的喷油泵标定方法,应用该方法进行了喷油泵的标定,并研究了该喷油泵对双燃料发动机燃烧循环变动及排放的影响。研究结果表明,采用新方法标定喷油泵后,双燃料发动机的燃烧循环变动大幅改善,$NO_x$ 排放显著降低,工作稳定性提高。

**关键词**:内燃机;喷油泵;双燃料发动机;燃烧循环变动;排放
**中图分类号**:TK464 **文献标识码**:A

## 1 概述

近年来,天然气以其清洁燃烧特性而受到重视。对以柴油/天然气为燃料的双燃料发动机的研究越来越深入。引燃柴油量、空燃比、柴油喷油提前角等参数对发动机性能及排放影响的研究已比较详尽[1]。但是柴油喷油泵对双燃料发动机燃烧循环变动及排放影响的深入研究还未见报道。

在双燃料发动机中,少量的柴油被压缩,引燃缸内天然气与空气的混合气。柴油仍然由原柴油机用喷油泵供给,但因双燃料发动机的引燃柴油量较小,多为总燃料量的8%~30%,喷油泵经常工作在小齿条位置。而喷油泵在小齿条位置时循环供油量变化很大,各缸均匀性很差,造成双燃料发动机严重的燃烧循环变动及排放恶化。本文采取控制喷油泵小齿条位移时循环喷油量及各缸不均匀度的喷油泵标定方法,对双燃料发动机用喷油泵进行了标定,并研究了它对双燃料发动机的燃烧循环变动及排放的影响。

## 2 双燃料发动机的燃烧循环变动

发动机的燃烧循环变动是缸内热化学和热力学过程以及混合气形成过程及燃烧过程的综合结果。柴油机的较小循环变动和高稳定性是大量着火点和完全燃烧的混合气膨胀的结果。其着火点数量在 $10^3 \sim 10^4$ 范围内,点火能量约为200J。而汽油机,只有一个着火点,从着火点处火焰随机传播,点火能量约为10~200mJ,造成了各循环之间着火点形成和火焰传播速度的巨大差别,从而产生大的燃烧循环变动[2-4]。对于柴油/天然气双燃料发动机,由引燃柴油压缩形成着火点,理论上双燃料发动机的循环变动介于柴油机与汽油机之间。各循环间引燃柴油量的多少直接影响双燃料发动机的循环变动,亦影响发动机的经济性和排放性。在开发双燃料发动机时需要对燃烧循环变动和燃烧稳定性给予足够重视,尤其是在极稀混合气时更为重要。燃烧循环变动可用不同的参数表示,其中,缸内最大压力的变动值 $VAR_{p_{\max}}$ 是表达燃烧循环变动的重要参数,为了计算 $VAR_{p_{\max}}$,利用燃烧分析仪采集150个循环以上的缸内压力进行分析,计算公式为:

$$VAR_{p_{\max}} = \frac{\overline{\sigma}_{p_{\max}}}{\overline{p}_{\max}}$$

刊登信息:《内燃机工程》2006年(第27卷)第1期

第七部分

式中：$\bar{\sigma}_{p_{max}}$、$\bar{p}_{max}$——采样循环中缸内最大压力的标准差和平均值。

## 3 喷油泵标定

### 3.1 喷油泵标定装置

为了准确进行标定，在 ZEXEL 公司的 15NP 型喷油泵试验台上，使用法国 EFS 公司的 EMI2 型单次流量计测量各缸喷油量，其精度为 0.6mm$^3$。单次流量计可以测量单缸一次的喷油量，也可测量多次喷油量的平均值。本文在进行各缸喷油量的测量时，采用 100 次喷油量的平均值。喷油泵齿条位置由步进电机精确控制。图 1 为喷油泵标定试验台。

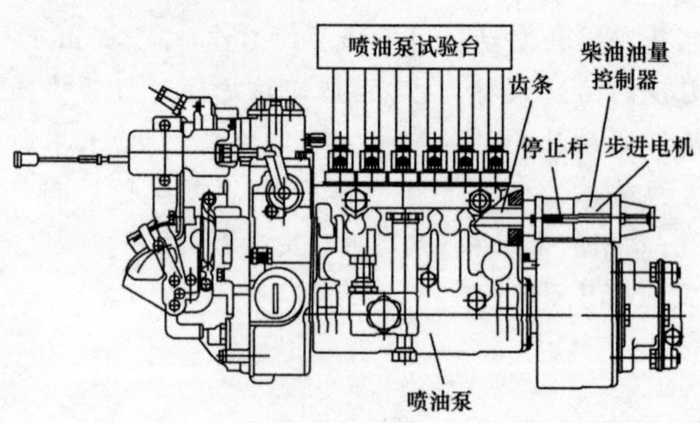


图 1 喷油泵标定试验台

### 3.2 喷油泵标定方法

一般柴油机喷油泵标定时，最大转矩点和标定功率点的各缸喷油量不均匀度严格控制在 ±3% 以内，而怠速点控制在 ±15% 以内即可，对喷油泵小齿条位置不作特殊控制，这样的喷油泵直接用在柴油/天然气双燃料发动机上无法保证在喷油泵常用的小齿条位置各缸喷油量的均匀性。

作者根据柴油/天然气双燃料发动机的工作特点，确定某一小齿条位置，发动机工作时喷油泵齿条的常用工作位置应在此小齿条位置附近。由步进电机控制喷油泵齿条向右移动到所要求的位置，并测量各缸的喷油量，根据测量结果反复调整喷油泵，直到各缸喷油量的不均匀度满足要求。采用上述相同的方法对喷油泵的怠速点、最大转矩点和标定功率点喷油量进行调整，并使各缸喷油量不均匀度控制在所要求的值。当各缸喷油量的不均匀度相差太大，调节喷油泵不能满足要求时，需通过更换油泵柱塞偶件来实现。

在最初进行喷油泵标定时，发现喷油泵第一缸在小齿条位置时的喷油量比平均喷油量大 12%，第三缸比平均喷油量小 11%，调整时无法达到要求，因此，更换了这两缸的柱塞偶件。表 1 为标定前后喷油泵各缸喷油量在主要控制点的变化范围。

**表 1 喷油泵各缸喷油量的变化范围（单位：%）**

| 项　目 | 新标定喷油泵 | 原机喷油泵 |
| --- | --- | --- |
| 750r/min 油泵转速（在固定的小齿条位置） | ±5 | ±12 |
| 怠速 | ±5 | ±15 |
| 最大转矩 | ±3 | ±3 |
| 标定功率 | ±3 | ±3 |

## 4 试验结果及分析

试验在 CA6110ZLA5N2 柴油/天然气双燃料发动机上进行。由于试验条件所限，无法同时测量

6缸的缸内压力,故选在第一缸汽缸盖上安装压力传感器,用以测量缸内压力。在皮带轮上安装了角标仪(精度为0.1°)。发动机的性能参数见表2,主要测试设备见表3。

**表2 CA6110ZLA5N2发动机性能参数**

| | |
|---|---|
| 发动机类型 | 直列、6缸、四冲程、直喷式 |
| 排量(L) | 7.127 |
| 进气方式 | 增压中冷 |
| 缸径(mm)×行程(mm) | 110×125 |
| 标定功率(kW) | 155 |
| 标定转速(r/min) | 2500 |
| 燃烧室类型 | ω |

**表3 试验主要测试设备**

| 名 称 | 型 号 |
|---|---|
| 测功器 | 日本小野的电涡流测功器 |
| 废气测量仪 | HORIBA MEXA-7000排气分析仪 |
| 微粒采样系统 | HORIBA的MDLT-1302TMA微粒采样系统 |
| 燃烧分析仪 | FEV的CAS燃烧分析仪 |
| 烟度计 | AVL439消光式烟度计 |
| 天然气流量计 | CMFC25M313NU CNG流量计 |

4.1 对燃烧循环变动的影响

在试验中,保持柴油供油提前角不变。图2为原机与新标定喷油泵发动机外特性燃烧循环变动值对比图。采用新的标定方法后,发动机的燃烧循环变动减小,随发动机转速提高更加明显。原因是当各缸不均匀度控制在很小时,循环供油量变化很大的汽缸已不能满足要求,像第一和第三缸那样必须通过更换柱塞偶件才能达到要求,这样,新标定的喷油泵单缸循环供油量的均匀性得到改善。随着发动机转速提高,天然气的替代率提高,柴油的供给量对燃烧的影响越来越显著。新的标定方法使喷油泵的循环喷油量变化减小,发动机燃烧循环变动减小,发动机工作稳定。

图3为发动机分别采用原机喷油泵和新标定喷油泵,在2500r/min全负荷不同空燃比时,发动机燃烧循环变动对比图。由图可见,随着空燃比的增大,发动机燃烧循环变动加剧。这是因为空燃比越大,越接近稀燃界限造成。但是,采用新标定的喷油泵,因为严格控制喷油泵小齿条位移时的各缸喷油量不均匀性而改善了循环喷油量的均匀性,使发动机燃烧循环变动比原机大为改善。因此,在采用稀薄燃烧的双燃料发动机上,采用新标定的喷油泵,可有更大的空燃比调整范围,使发动机的经济性改善,同时降低排气温度,提高发动机的可靠性。

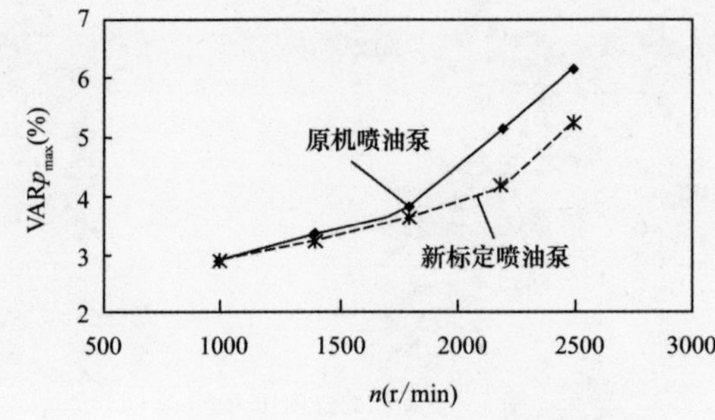


图2 发动机外特性上燃烧循环变动

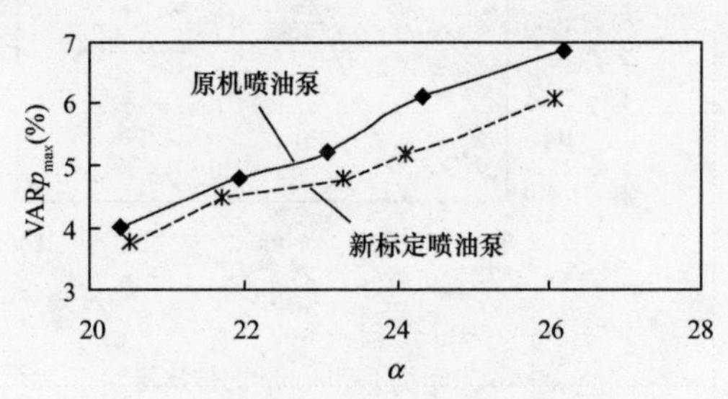


图3 空燃比对燃烧循环变动的影响

4.2 对排放的影响

图 4 为发动机在 1500r/min 时，采用不同喷油泵的排放特性。采用新标定的喷油泵后，$NO_x$ 排放量显著减少，负荷越高，其效果越明显；CO、THC 和 $CH_4$ 排放量差别不大。

表 4 为采用氧化型催化器后双燃料发动机 13 工况排放结果。采用新标定的喷油泵后，发动机的 $NO_x$ 排放量显著降低，PM 排放量增加，CO、$CH_4$ 和 NMHC 排放量略有变化。

**表 4 发动机 13 工况排放结果(单位:g(kW/h))**

| 排放物 | 新标定喷油泵 | 原机喷油泵 |
|---|---|---|
| $NO_x$ | 5.81 | 8.04 |
| CO | 0.77 | 0.63 |
| $CH_4$ | 7.63 | 8.28 |
| NMHC | 0.59 | 0.43 |
| PM | 0.081 | 0.059 |

通过图 5 的示功图分析可知，采用新标定的喷油泵后，由于着火延迟期延长，着火前，活塞已开始下行，燃烧速度减小，燃烧温度降低，因此，$NO_x$ 排放量减少。同时，缸内气体的紊流强度也有一定

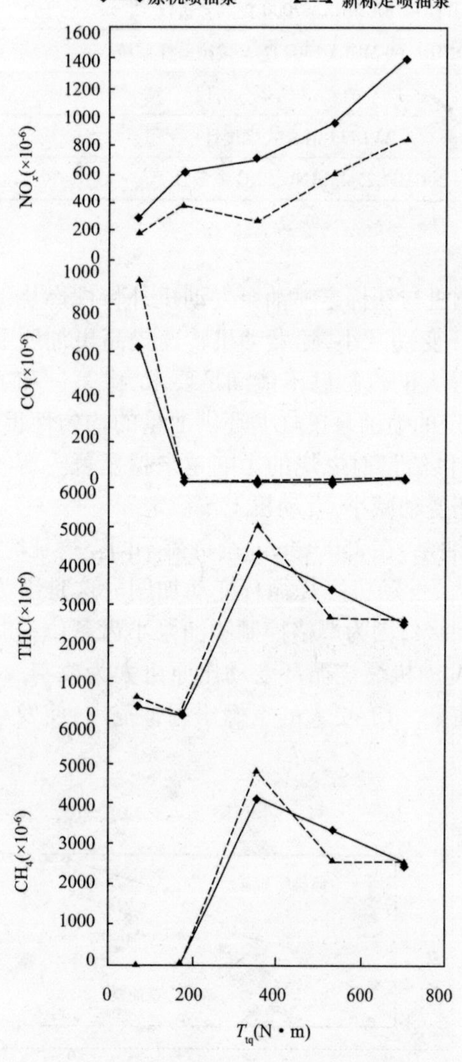


图 4 发动机 1500r/min 的排放特性

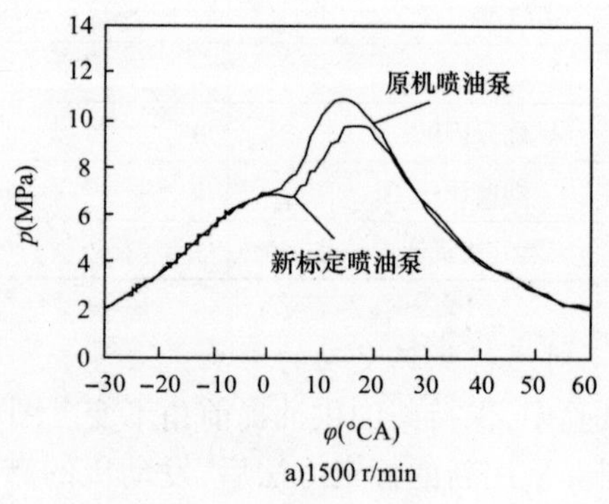


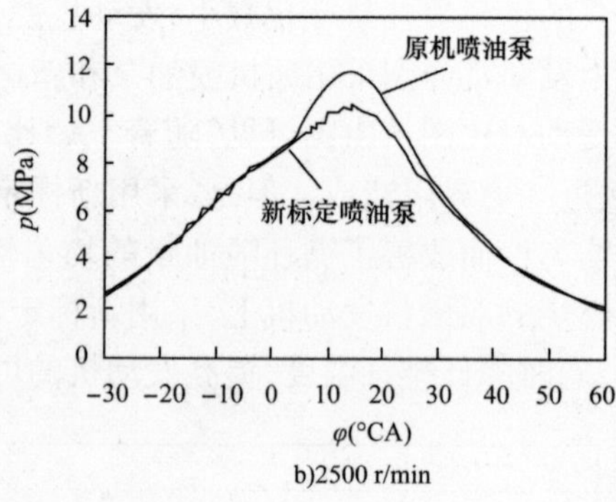


图 5 发动机的缸内压力

的衰减,造成紊流火焰速度降低,火焰停止传播的时间相对提前,导致火焰不能传遍整个燃烧室,燃烧不完全,使 PM 和 NMHC 排放量增加。但是,0·081g/(kW·h)的 PM 排放值已经能够满足法规要求。

## 5 结论

(1)采用新标定方法的喷油泵后,双燃料发动机的燃烧循环变动大为改善,使发动机有更宽的空燃比调整空间,改善发动机的经济性和可靠性。

(2)采用新标定方法的喷油泵后,双燃料发动机的 $NO_x$ 排放大为改善。

## 参考文献

[1] 窦慧莉,李骏,等. CA6110ZLA5N2 柴油/天然气双燃料发动机的开发[J]. 汽车技术,2002(12):13-17.

[2] Beroun S, Martins J. The development of gas (CNG, LPG and $H_2$) engines for buses and trucks and their emission and cycle variability characteristics[C]//SAE Paper,2001-01-0144.

[3] Andreassi L, Cordiner S, Rocco V. Analysis of combustion instability phenomena in a CNG fueled heavy-duty turbocharged engine[C]//SAE Paper,2001-01-1907.

[4] Gebert K, et al. Strategies to improve combustion and emission characteristics of dual-fuel pilot natural gas engine[C]//SAE Paper,971712.

# Investigation on the Effects of Calibration of Fuel Pump on the Combustion Cycle Variability and Emission in a Dual Fuel Engine

Dou Huili[1,2], Liu Zhongchang[1], LI Jun[2], Ge Fei[2],
Xu Zhenbo[2], Jiang Changjun[2], Yan Tao[2]
(1. Jilin University, Changchun 130025, China; 2. FAW R&D Center)

**Abstract**: A new fuel pump calibration method was proposed in terms of performance characteristic of fuel pump of diesel/CNG dual fuel engine, in which cycle fuel and uniformity per cylinder cycle fuel were controlled strictly when the pump rack displacement was smaller. A fuel pump was calibrated applying this new method. The effects of this fuel pump on the combustion cycle variability and emission in a dual fuel engine were investigated. The results show that, after using the fuel pump with new calibration method, the combustion cycle variability decreased to a great extent, the $NO_x$ exhaust emission improved obviously, and the engine performance stability increased.

**Key Words**: I. C. Engine; Fuel Pump; Dual Fuel Engine; Combustion Cycle Variability; Exhaust Emission

# GA6110ZLA5N2 柴油/天然气双燃料发动机的开发

窦慧莉,李　骏,徐振波,杜喜云
(一汽集团公司技术中心)

**摘　要**:为了达到欧Ⅱ排放法规要求和满足日益增长的对代用燃料发动机的需求,开发了一种以天然气和柴油为燃料的 CA6110ZLA5N2 双燃料发动机。该发动机采用增压中冷技术,匹配新型高效增压器,采用单点电控喷气系统,采取空燃比、天然气和柴油供给量精确控制的稀薄燃烧方式,增设用于天然气废气的特殊催化器,使该发动机不仅具有原柴油机的动力性,而且排放可满足欧Ⅱ标准的要求。

**关键词**:柴油;天然气;双燃料发动机;开发

**中图分类号**:U464.174　**文献标识码**:A　**文章编号**:1000－3703(2002)12－0013－04

## 1　前言

柴油/天然气双燃料发动机采取少量柴油引燃的方式,具有不同于柴油机或汽油机的工作特点。双燃料发动机的性能不仅取决于电控系统的优劣,而且取决于柴油、天然气和空气的合理组织。

CA6110ZLA5N2 双燃料发动机采用电控单点天然气喷射系统,通过采取匹配新型高效增压器、优化空燃比、控制燃烧过程、优化柴油供油提前角及采用高天然气替代率等措施,使该发动机不仅具有原柴油机的动力性,而且排放满足了欧Ⅱ标准的要求。

## 2　CA6110ZLA5N2 双燃料发动机的结构开发

CA6110ZLA5N2 双燃料发动机在 CA6110ZLA5 柴油机的基础上开发而成。主要开发了双燃料发动机的供气系统、废气涡轮增压器、进气歧管、发电机、曲轴扭振减振器和冷却系统等。

CA6110ZLA5N2 双燃料发动机采用电控单点喷气控制方式,其供气系统电子控制原理如图 1 所示。

天然气由气瓶通过高压不锈钢管流入燃气压力调节器,发动机的冷却液被引入燃气压力调节器,以避免因天然气压力降低吸收热量而使压力调节器冻结。然后,天然气通过电磁阀进入气体流量阀,由燃气喷射器喷入节流阀体,在节流阀体内与空气混合后流入进气歧管,最后到达各汽缸内。

### 2.1　燃气压力调节器

燃气压力调节器可以将天然气的压力从 20MPa 降到 1MPa 左右,而且在压力调节器上装有压力传感器且与驾驶室内控制面板相连,这样在驾驶室内即可通过压力值了解气瓶内天然气的储量。燃气压力调节器内部带有 100% 过滤大于 40μm 杂质的滤清器,可以滤除气体中的杂质。燃气压力调节器后连接电磁阀,当发动机出现故障或发动机熄火时,电磁阀自动切断天然气的供给。

### 2.2　气体流量阀

气体流量阀可精确控制双燃料工作状态下的燃气流量。其内有一小容积室,与燃气喷射器、天然气压力传感器和温度传感器相连,2 个传感器分别测出容积室中天然气的压力和温度。中央控制

刊登信息:《汽车技术》2002 年第 12 期

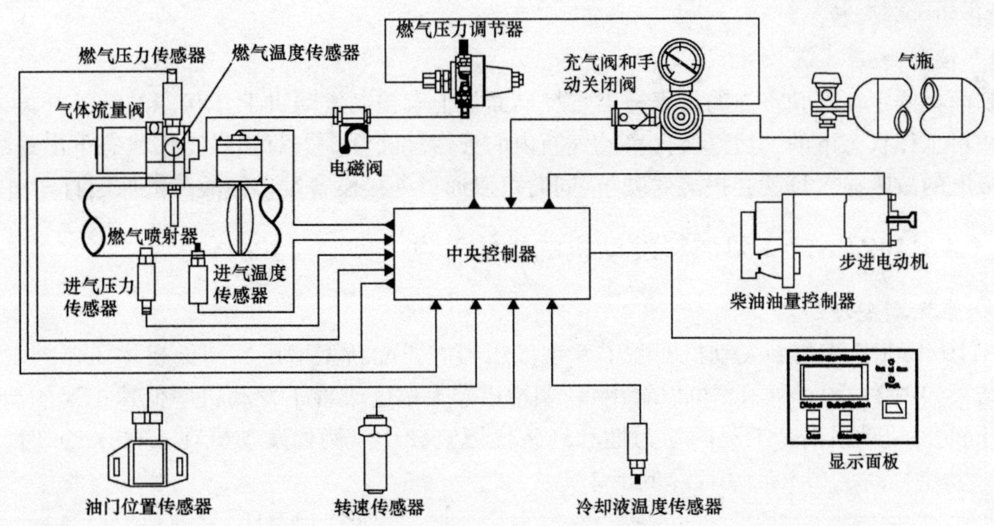


图 1　CA6110ZLA5N2 发动机供气系统电子控制示意图

器(ECU)将实测天然气压力与存储在 ECU 内的目标压力值相比较,根据二者的差值调整容积室的容积,保证精确的天然气喷射量。天然气以 10～80MPa 的喷射压力喷入节流阀体内,与空气充分混合后进入汽缸。燃气喷射器的喷孔与空气的流向相反,使天然气与空气充分混合。

2.3　节流阀体

节流阀体安装在中冷器和进气歧管之间,并通过支架固定在发动机的前端。节气门的开度由中央控制器内由发动机转速和油门位置(即负荷)确定的节气门开度 MAP 决定,并通过步进电机的步数调整节气门开度,进而控制空气的流量。

2.4　中央控制器

ECU 是 CA6110ZLA5N2 双燃料发动机的控制核心,它接受 8 个传感器的信息,通过计算分析处理后,向节流阀体、柴油油量控制器及气体流量阀等 3 个主要执行器发出指令,控制节气门开度、双燃料状态下的柴油量以及燃气的流量,进而保证发动机的性能。

ECU 具有故障自诊断功能。当控制系统出现问题时,ECU 自动记录错误信息,并将错误代码在控制面板上显示出来。它可自动记录天然气流量、柴油流量、天然气温度和压力、进气温度、进气压力等 30 余个参数随时间变化的曲线,并进行分析。

2.5　加速踏板位置传感器

加速踏板位置信号和转速信号是决定燃料 MAP 和节气门开度 MAP 的主要参数。加速踏板位置传感器固定在喷油泵的加速踏板操纵杆上,并通过加速踏板拉线与加速踏板连接,由驾驶员直接控制。ECU 根据它的信号确定天然气、空气和柴油的供给量。

2.6　柴油油量控制器

柴油油量控制器安装在喷油泵的后端。发动机在双燃料工作状态时,ECU 按照其内设定的燃料 MAP,通过控制步进电机的行程从而控制喷油泵齿条的位移量来控制在双燃料工作状态的柴油油量。在纯柴油工作状态时,柴油油量控制器不起作用,由喷油泵调速器直接控制发动机的柴油喷射量。

2.7　冷却液温度传感器

冷却液温度传感器安装在发动机的出水管上,当发动机冷却液温度在 65℃以上、转速超过 900r/min 时,发动机自动转换到双燃料的工作状态。

2.8　转速传感器

转速传感器安装在齿轮室罩盖-飞轮壳上测量发动机的转速,其信号是决定燃料 MAP 和节气门开度 MAP 的主要参数。

2.9 控制面板

控制面板固定在驾驶室内的仪表板上。控制面板上有控制发动机工作状态的转换开关,还可以显示双燃料工作状态下的天然气替代率及气瓶内的天然气储量。当双燃料工作状态下出现故障时,控制面板上的故障显示灯就会提醒驾驶员,同时可以通过外接设备端口把故障的原因打印出来。

## 3 CA6110ZLA5N2 双燃料发动机的性能开发

3.1 匹配新型增压器

CA6110ZLA5N2 双燃料发动机匹配了新型增压器。匹配新型增压器与原机增压器的发动机性能试验结果如图 2 ~ 图 4 所示。可以看出,新型增压器大幅度改善了发动机中低速工况的动力性和经济性,同时对发动机高速工况的动力性和经济性影响较小。例如发动机在 1200r/min 时,转矩提高了 5%,功率提高了 6.3%,油耗降低了 2%。

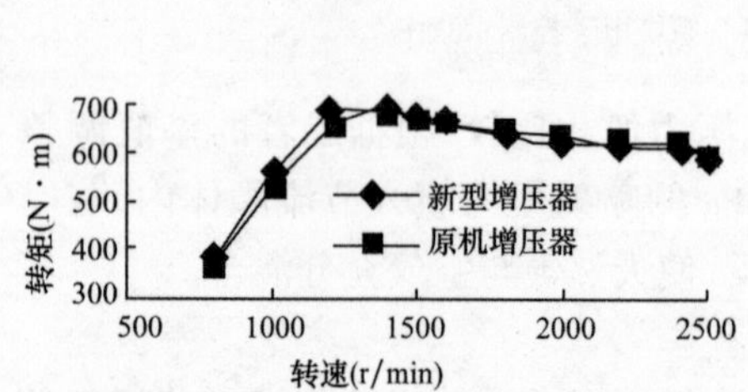


图 2 原机增压器与新型增压器对发动机转矩的影响

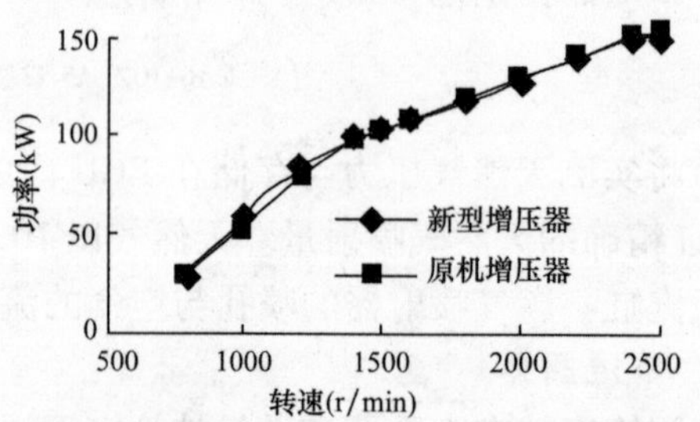


图 3 原机增压器与新型增压器对发动机功率的影响

3.2 空燃比优化

空燃比对发动机的排放影响很大。图 5 为本田公司开发的天然气发动机的试验结果[1],表明不同的排放污染物随空燃比的变化趋势不同。该发动机在 2000r/min、空燃比接近 23 时,发动机的各种排放指标均达到较佳的水平。

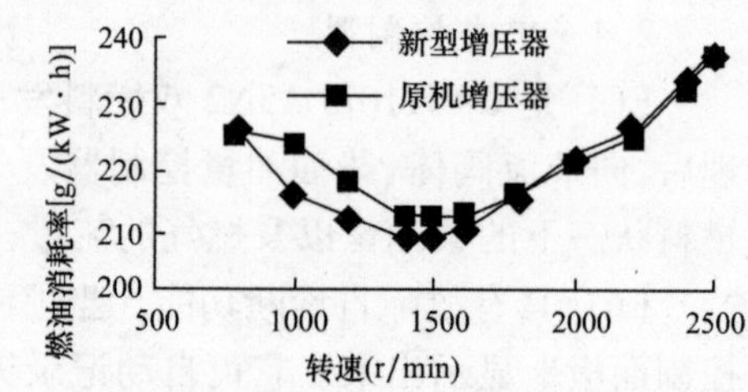


图 4 原机增压器与新型增压器对燃油消耗率的影响

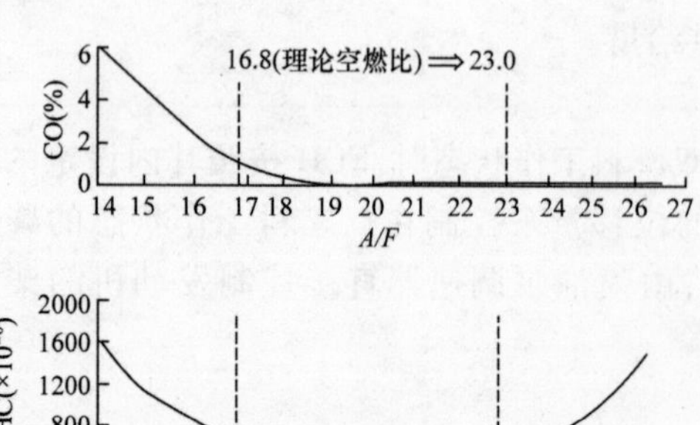


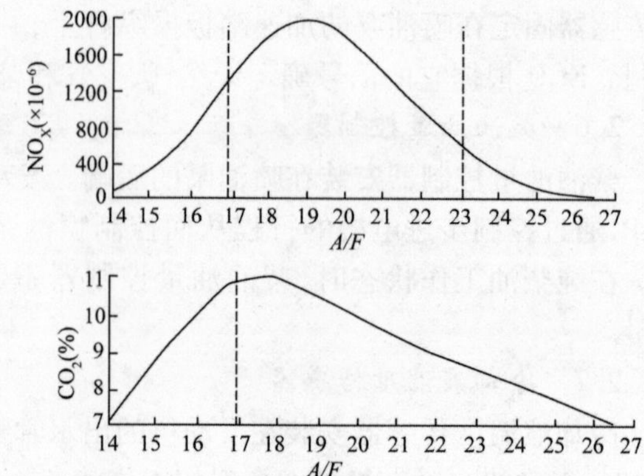


图 5 天然气发动机的空燃比对排放的影响(2000r/min)

第七部分

根据这个规律，对 CA6110ZLA5N2 发动机的空燃比进行了优化。当空燃比大于 20 以后，随着空燃比增大，$NO_x$ 排放降低，其他污染物增加。但是，空燃比过大会造成发动机缺火，发动机性能恶化。

3.3　控制燃烧过程

CA6110ZLA5N2 双燃料发动机的缸内压力与柴油机不同，图 6 为柴油、双燃料发动机额定工况和最大转矩工况的缸内压力比较图。可见不同工况时双燃料发动机的最大爆发压力有时比柴油机低，有时比柴油机高。因此，在发动机性能开发时，应随时控制双燃料发动机的缸内压力低于柴油机的水平，以保持双燃料发动机具有柴油机的机械强度。

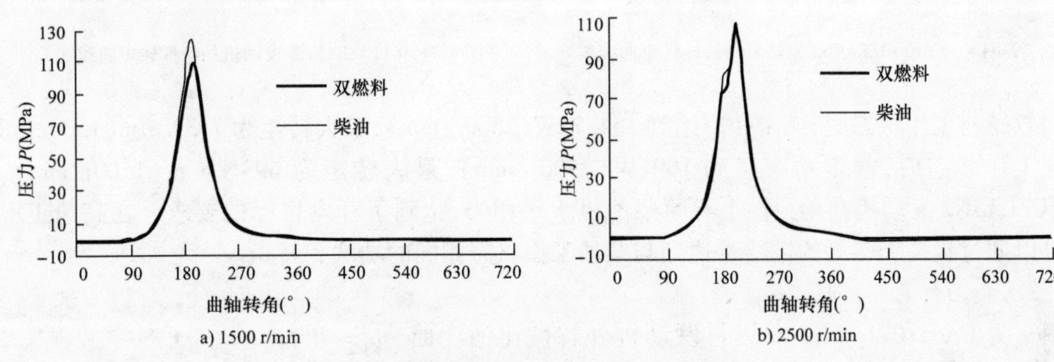


图 6　柴油与双燃料发动机外特性缸内压力曲线

3.4　优化柴油供油提前角

表 1 为在不同柴油供油提前角时的发动机排放结果。可见，随着柴油供油提前角的提前，双燃料发动机的 $NO_x$ 排放增加，THC 和 CO 排放减少。这是由于随着柴油供油提前角加大，滞燃期延长，柴油、空气、天然气混合物的数量较多，在较大预混合区域内燃烧速率高，产生较高的燃烧温度，于是降低了 THC 排放。另一方面，喷油正时提前较多时，燃烧温度较高，引起排气中的 $NO_x$ 升高。

3.5　使用氧化型催化器

由于 CA6110ZLA5N2 双燃料发动机采取稀薄燃烧方式，优化控制空燃比使 $NO_x$ 排放很低，所以只需使用氧化型转化器来降低 CO 和 NMHC 的排放。根据 CA6110ZLA5N2 双燃料发动机的排放情况，使用了特殊配方的氧化型催化器，使其排放达到了欧Ⅱ排放要求（以 NMHC 考核）。表 2 为装用和不装用催化转化器时发动机的排放值。

**表 1　不同柴油供油提角时的发动机排放值[g/(kW·h)]**

| 柴油供油提前角 | 小提前角 | 小提前角 +2° |
|---|---|---|
| THC | 12.020 | 11.830 |
| $NO_x$ | 6.387 | 9.673 |
| CO | 1.043 | 1.026 |

**表 2　装用和不装用催化器时发动机的排放值[g/(kW·h)]**

| 排放物 | 装用催化器 | 不装用催化器 |
|---|---|---|
| NMHC | 0.780 | 1.95 |
| $NO_x$ | 6.388 | 6.40 |
| CO | 1.043 | 6.17 |



## 4　CA6110ZLA5N2 双燃料发动机的性能试验结果

4.1　发动机的动力性

图 7、图 8 是 CA6110ZLA5N2 发动机纯柴油工作状态与双燃料工作状态的台架试验对比结果。从试验结果可以看出，在高速工况时，柴油工作状态的功率、转矩略大于双燃料工作状态；但在中低转速时，柴油工作状态的功率、转矩略小于双燃料工作状态。

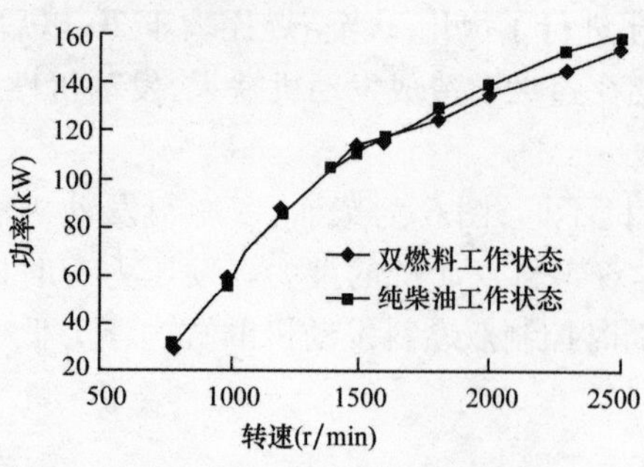


图 7　CA6110ZLA5N2 发动机外特性转率曲线

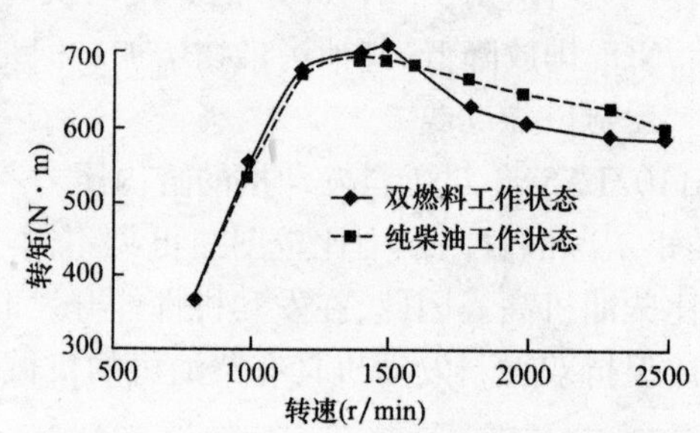


图 8　CA6110ZLA5N2 发动机外特性转矩曲线

在双燃料工作状态时，额定功率达到 154.7kW(2500r/min)，最大转矩为 713N·m(1500r/min)；纯柴油工作状态时，额定功率达到 160kW(2500r/min)，最大转矩为 693N·m(1500r/min)。即 CA6110ZLA5N2 发动机在动力性上与原柴油机水平相当，达到了开发目标的要求。在高速工况时，完全可以通过提高天然气的供给量达到与柴油工作状态相同的功率和转矩。

4.2　发动机的经济性

图 9 为 CA6110ZLA5N2 双燃料发动机外特性比油耗曲线。从图 9 可见，在双燃料工作状态下，最低当量比油耗达到了 207.3g(kW·h)；在纯柴油工作状态下，最低比油耗达到了 198.8g(kW·h)。

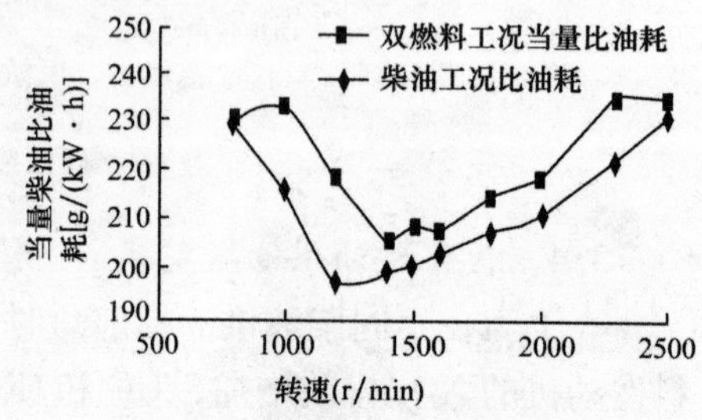


图 9　CA6110ZLA5N2 发动机外特性比油耗曲线

4.3　发动机的排放性能

该发动机的排放结果如表 3 所示。在双燃料工作状态时，NMHC 排放为 0.78g/kW·h。在我国目前的排放法规中限制 THC 排放，但是在美国等国家限制 NMHC 排放，若使双燃料发动机的 THC 排放低于 1.1g/(kW·h)，必须使用特殊的价格昂贵的催化器(该种催化器的价格远超过发动机的价格)，国内市场难以接受。因此，性能开发时将 NMHC 排放控制在低于 1.1g/kW·h 水平；在纯柴油工作状态时，满足欧Ⅰ排放法规。

**表 3　CA6110ZLA5N2 发动机排放结果[g/(kW·h)]**

| 排放物 | 欧Ⅰ排放法规 | 欧Ⅱ排放法规 | CA6110ZLASN2 发动机 | |
|---|---|---|---|---|
| | | | 双燃料工作状态 | 纯柴油工作状态 |
| THC | 1.1 | 1.1 | | 0.395 |
| NMHC | | | 0.78 | |
| CO | 4.5 | 4.0 | 1.043 | 0.598 |
| $NO_x$ | 8.0 | 7.0 | 6.387 | 7.870 |
| PT | 0.36 | 0.15 | 0.147 | 0.264 |

图 10 为 CA6110ZLA5N2 发动机外特性烟度试验结果。由图 10 可见，CA6110ZLA5N2 双燃料发动机在双燃料工作状态时的烟度比柴油工作状态时小很多。

4.4　CA6110ZLA5N2 发动机的替代率

从图 11 可以看出，在中高速大负荷时，CA6110ZLA5N2 发动机的替代率达到 85% 以上，这对于降低发动机的排放，尤其对降低微粒排放有益。

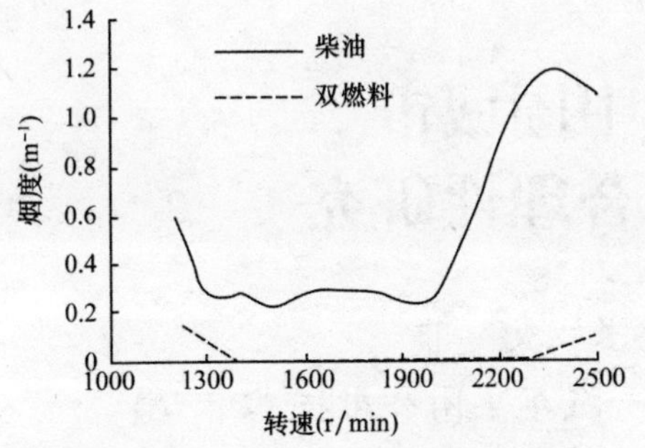


图 10 CA6110ZLA5N2 发动机外特性烟度

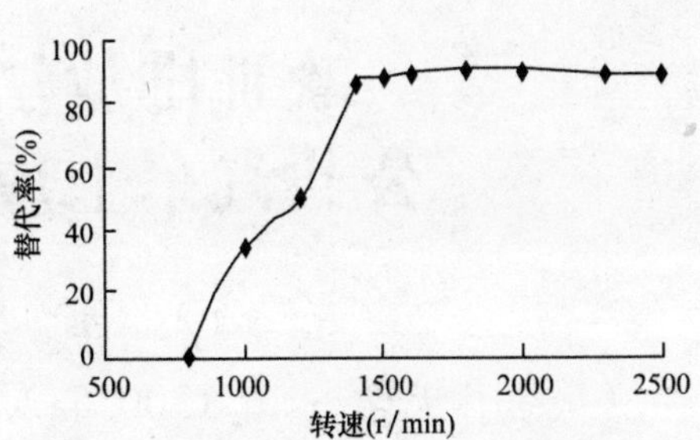


图 11 CA6110ZLA5N2 发动机全负荷替代率

## 5 结论

通过对 CA6110ZLA5N2 双燃料发动机的结构和性能开发,使其动力性达到了原柴油机的水平,排放满足欧Ⅱ法规要求,烟度远低于柴油机水平,天然气替代率在外特性达到 85% 以上,充分发挥了天然气的清洁燃烧特性。

## 参考文献

[1] Yamamoto Y et a1. Study of Combustion Characteristics of Compressed Natural Gas as Automotive Fuel [C]//SAE Paper, 940761.

# Development of CA6110ZLA5N2 Diesel/ Natural Gas Dual Fuel Engine

Dou Huili, Li Jun, Xu Zhenbo, Du Xiyun
(FAW R&D Center)

**Abstract**: In order to meet requirements of the Euro-2 emission regulation and the growing demand for alternative fuel engines, the dual-fuel engine with natural gas and diesel as fuel is developed. The engine is equipped with intercooler, high efficiency supercharger, single electronically controlled air-spraying system, and the special catalytic converter for natural gas exhaust gas. Lean combustion with air fuel ratio and supply of natural gas and diesel fuel preciously controlled is applied. The engine not only has the same power performance, but also meets requirements of the Euro-2 emission regulation.

**Key Words**: Diesel Fuel; Natural Gas; Dual-fuel Engine; Development

# 欧Ⅲ排放法规在中国城市公共汽车上应用的合理性研究

窦慧莉[1,2],李　骏[2],刘忠长[1],戈　非[2]
(1.吉林大学,长春 130025;2.中国第一汽车集团公司技术中心)

**摘　要**:通过随车调查、记录车速、时间等参数,抽象出北京公共汽车循环工况。利用 ADVISOR 软件在一典型的公共汽车上,分别使用北京循环工况、UKBUS(英国公共汽车)和 Nurem-bergR36(德国纽伦堡公共汽车)循环工况进行了整车仿真计算。研究了发动机的工作点与欧Ⅲ排放测量点和排放控制区的关系,分析了欧Ⅲ排放法规在我国城市公共汽车用发动机上应用的合理性。研究结果表明:中国城市公共汽车循环工况与欧洲的差别较大;在我国公共汽车上等效采用欧Ⅲ排放法规时,所测得的发动机排放水平不同于发动机实际使用中的排放水平。

**关键词**:内燃机;欧Ⅲ排放法规;循环工况;城市公共汽车用发动机
**中图分类号**:TK427　**文献标识码**:A

## 1　概述

随着汽车保有量逐年递增,汽车排放的大量污染物使环境付出了沉重的代价。据介绍,城市道路车流量在每小时 1000~2000 辆时, CO、HC 和 $NO_x$ 三种排放气体占总有害气体的 80% ~90% 以上。世界上几乎所有城市都遭受汽车排放污染的危害,例如,中国上海的污染[1]。为了控制汽车有害排放物对大气环境的污染,世界各国相继以法规形式对车用发动机排放物予以强制性限制。无论是欧洲还是美国排放法规的制定,都是依据当地实际使用的循环工况来保证限制发动机有害气体的排放量。我国对汽车排放的控制起步较晚,一直等效采用欧洲标准,没有基于我国循环工况的排放标准,欧洲排放限制方法是否能够有效地保证所测定的排放值真实反映发动机实际排放水平呢?本文通过调查北京的多条公共汽车行驶线路,抽象出北京公共汽车的循环工况,利用 ADVISOR 软件在一典型的公共汽车上分别使用北京循环工况、UKBUS(英国公共汽车)和 Nuremberg R36(德国纽伦堡公共汽车)循环工况进行了仿真计算,通过对发动机在公共汽车上的工作点分布区域与欧Ⅲ排放测量点和排放控制区的关系,分析了欧Ⅲ排放法规在我国城市公共汽车用发动机上应用的合理性。

## 2　城市公共汽车用发动机欧Ⅲ排放法规

我国绝大多数 5m 以上的城市公共汽车是以 4、6 缸柴油机为动力。根据国家标准要求,公共汽车的排气污染物不在车上测量,而是在发动机的台架上进行测试。我国发动机的排放法规一直等效采用欧洲排放法规。在欧Ⅲ排放法规中,需要测量 13 个工况点的排放,并在 $NO_x$ 控制区内随机测量三点 $NO_x$ 排放,如图 1 所示。如果在城市公共汽车实际使用过程中,发动机的这些工况点和 $NO_x$ 控制区分

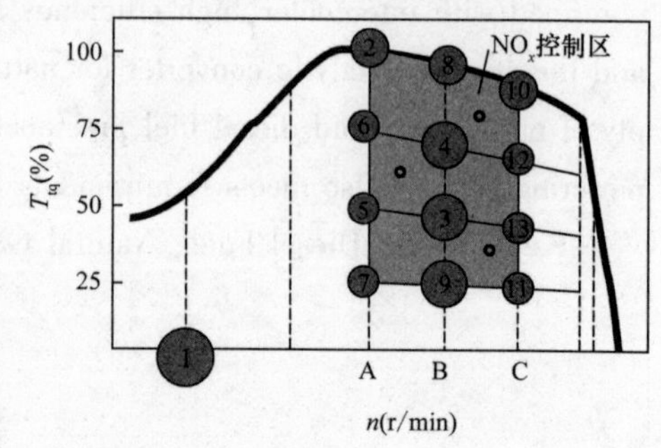


图 1　欧Ⅲ排放法规的 13 工况点及 $NO_x$ 控制区



刊登信息:《内燃机工程》2005 年(第 26 卷)第 2 期

布在发动机的常用工作范围内,则按照欧Ⅲ排放法规测出的发动机的排放值能够反映城市公共汽车的实际排放水平,否则就不能。

## 3 北京城市公共汽车循环工况

北京是中国公共汽车使用量最多、路况最典型的城市,因此,在进行循环工况研究时,地点选择为北京。为得到北京循环工况,在北京的市区内、二环、三环等地选取了10条典型的公交线路。测试时间,工作日时分为早(7:00~9:30)、中(11:00~13:30)、晚(17:00~19:30)三个时间段;非工作日为8:30~19:00。这样就可以得到车流量高峰期与非高峰期、工作日与非工作日各个时段的公共汽车行驶参数。测试过程中测试车辆紧跟着行驶的公共汽车,跟踪时尽量模拟被跟踪司机的各种驾驶习惯。使用随车记录的方式记录了整车车速、时间等参数,并对所得数据进行抽象处理,得出北京城市循环工况,如图2a)所示。

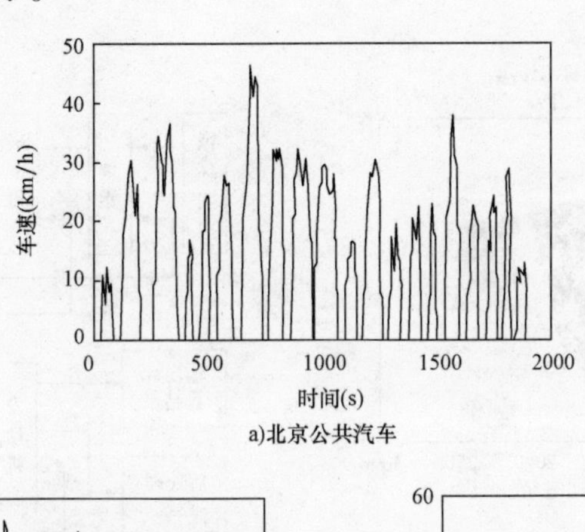

a)北京公共汽车

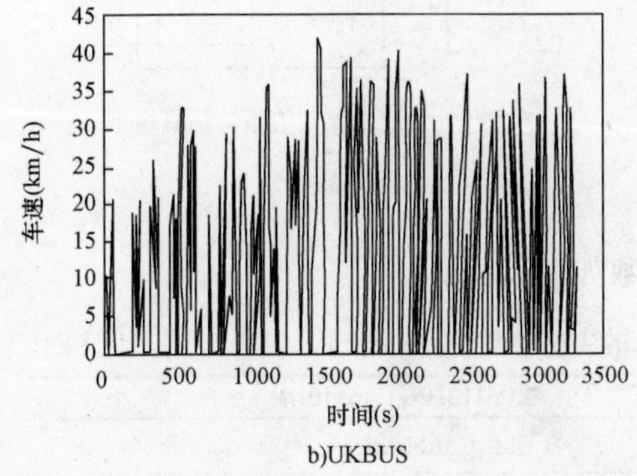

b)UKBUS

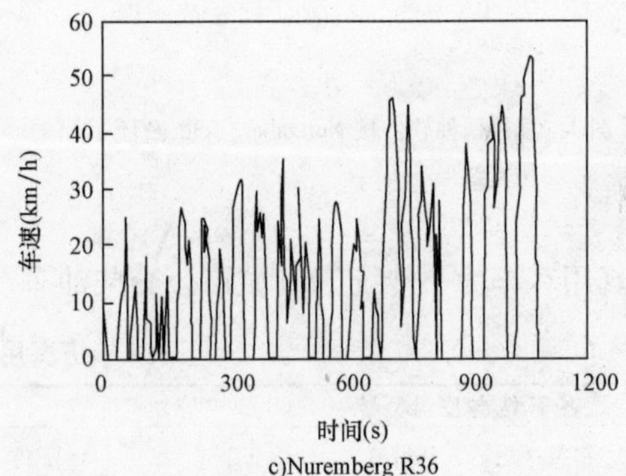

c)Nuremberg R36

图2 三种循环工况

图2b)和图2c)分别为UKBUS和Nuremberg R36循环工况。图3是三种循环工况中各车速段在整个循环工况中所占比例的对比图。从图可看到,北京循环工况中,30km/h以下车速所占比例明显高于UKBUS和Nuremberg R36循环工况,而在30km/h以上车速所占比例显著低于另外两种欧洲循环工况。客车按照这三种不同的循环工况运行时,必然导致发动机运行工作点不同。在发动机实际运行工作点很难实测的情况下,本文采用ADVISOR软件进行了仿真计算。

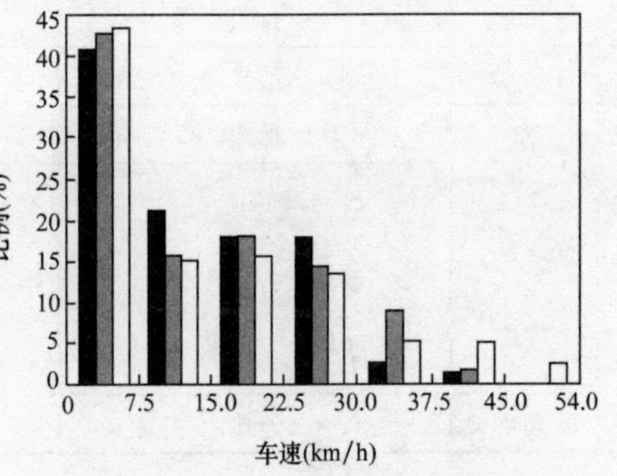

图3 三种循环工况车速比例对比图

## 4 仿真环境和仿真用客车

虽然 ADVISOR 软件是针对混合动力、电动汽车和燃料电池汽车车型开发,但是,该软件中包含传统车的动力系统仿真模型,完全可以进行传统柴油车的仿真计算。本文分别采用 ADVISOR 软件和 AVLCRUISE 软件,使用 Nuremberg R36 循环工况对 XQ6113HN 客车进行了仿真计算,计算结果如图 4 所示。从图可看到,两个软件的仿真结果非常接近,都能准确反映发动机的工作点分布规律。故此,可用 ADVISOR 软件进行传统车的仿真对比分析。

ADVISOR 的动力传动系统仿真流程没有驾驶员模型,是面向后端同时配置反馈信息的仿真方法。图 5 为传统客车的动力传动系统仿真流程,该流程为每个动力设备建立一个通用的仿真模型,这些模型线性连接在一起。仿真进行时,首先给出循环工况,然后根据负荷、转速等信息推算出各上游设备的需求运行工况。

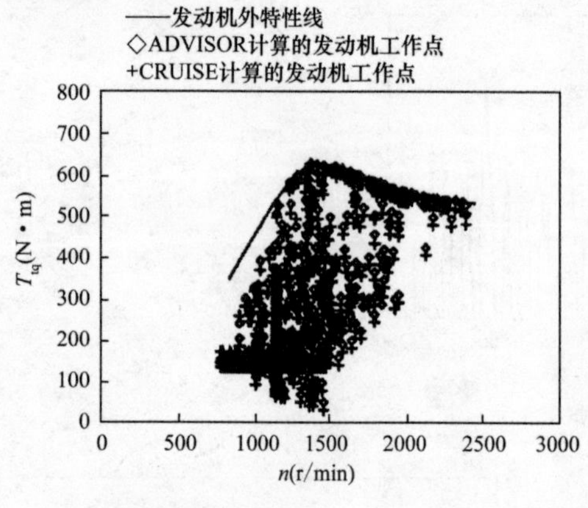


图 4 采用两种软件按 Nuremberg R36 循环工况的仿真结果

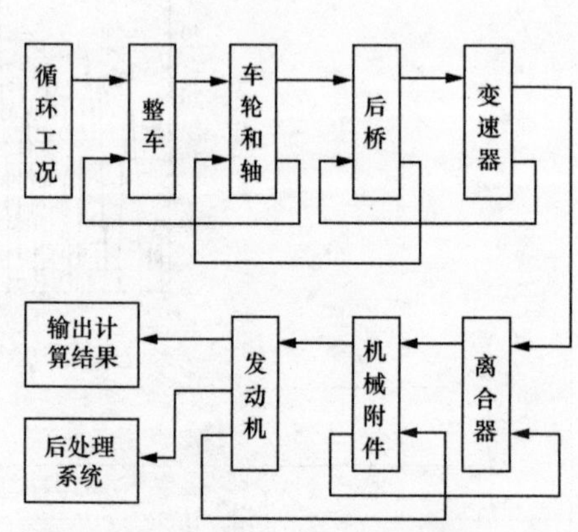


图 5 传统客车动力系统仿真模型

仿真用客车为一传统 12m 城市公交柴油车。参数如表 1 所示。

**表 1 仿真用客车的主要参数**

| 客车型号/底盘型号 | | XQ6113HN/CA6110DM |
|---|---|---|
| 发动机 | 型号 | CA6110ZLA5 |
| | 标定功率(转速) | 155kW(2500 r/min) |
| | 最大转矩(转速) | 680N·m(1400 r/min) |
| | 排量 | 7.127L |
| 离合器 | 形式 | 单片、干式、外径为 350mm,陶瓷摩擦片 |
| 变速器 | 形式 | 软轴式远距离操纵机构 |
| | 变速器各挡传动比 | 1 挡:7.258;2 挡:4.193;<br>3 挡:2.485;4 挡:1.563;<br>5 挡:1.000;6 挡:0.847;<br>倒挡:6.777 |
| 驱动桥 | 速比 | 6.333 |

## 5 仿真结果及分析

利用ADVISOR软件，分别使用北京、UKBUS和Nuremberg R36循环工况对XQ6113HN客车进行了仿真计算。图6为采用不同循环工况的整车仿真结果。从图可看到，随着循环工况的不同，即使对于同一台客车，发动机的工作点分布差别很大。采用北京循环工况，发动机主要工作在900～1750 r/min的部分负荷区域，很少工作在全负荷工况，在这个区域，发动机的燃油经济性较差。而对于UKBUS和Nuremberg R36循环工况发动机，工作点移向高转速大负荷区域，密集工作区为1000～2000 r/min区域。在2000～2500 r/min区域，发动机主要工作在大负荷和全负荷工况。发动机工作区大部分位于燃油经济性较好的区域。

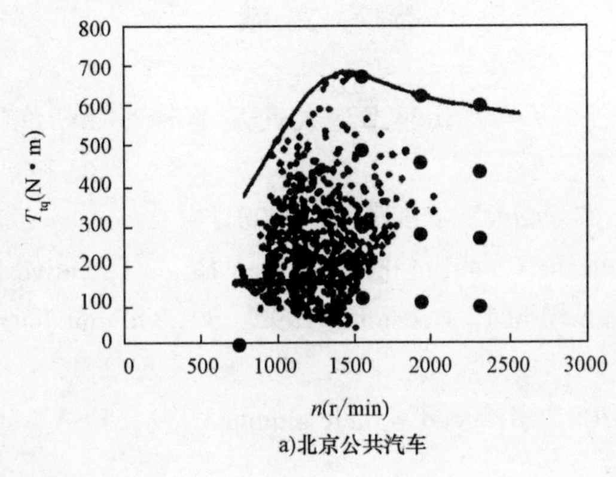

a)北京公共汽车

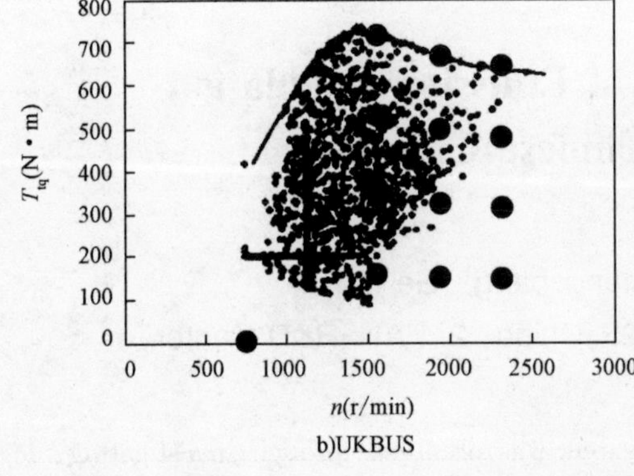

b)UKBUS

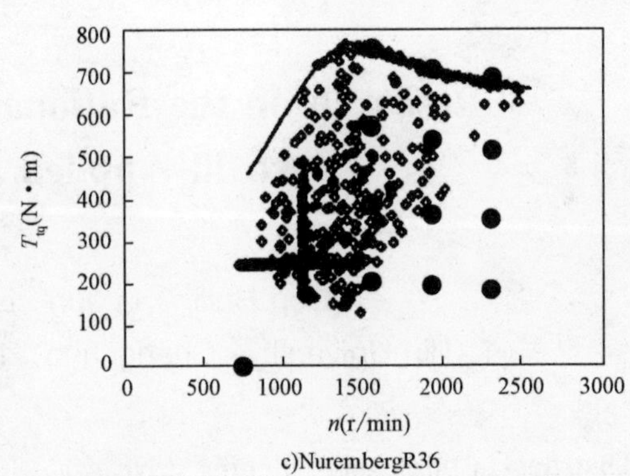

c)NurembergR36

图6　三种循环工况的仿真计算结果

——发动机外特性线；◇发动机的工作点；●欧Ⅲ13 工况点

从图6可以看出，采用欧洲UKBUS和Nurem-berg R36循环工况得出的仿真结果，发动机工作区覆盖较多的欧Ⅲ排放测试工况点。说明欧洲公共汽车发动机工作区域比较接近欧Ⅲ排放测试工况点和$NO_x$控制区，按照欧Ⅲ测试方法测得的发动机排放值接近发动机实际使用中的真实排放值。按北京循环工况运行时发动机工作区覆盖较少的欧Ⅲ排放测试工况点和$NO_x$控制区。可见，由于汽车行驶的工况不同，在北京使用同样的公共汽车，按照欧Ⅲ测试方法测得的发动机排放水平与发动机实际使用中的真实排放水平差别较大。

因此，在我国等效采用欧洲标准的前提下，为使排放法规达到更好地限制发动机排放的目的，可以采用调整发动机的功率指标，使发动机的动力性在满足整车需要的情况下，尽量降低发动机的标定功率，使发动机排放控制区向低速移动。在我国条件成熟时，也可考虑根据本国汽车行驶工况，制定排放法规。

## 6 结论

本文通过采用调研所得的北京循环工况以及欧洲 UKBUS 和 Nuremberg R36 循环工况，利用 ADVISOR 软件对同一公共汽车进行了仿真计算，得到以下结论：

(1)中国的城市公共汽车循环工况与欧洲的差别较大。

(2)在我国公共汽车上等效采用欧洲排放标准时，由于排放测试点和 $NO_x$ 控制区域与发动机在实际使用中的工作区域偏离较大，造成按欧Ⅲ排放标准测得的发动机排放水平不同于发动机实际使用中的排放水平。

## 参考文献

[1] 戴利生，童澄教，方翠贞．机动车排放和上海大气质量相关性研究[J]．上海技术，1998(8)：30－33.

[2] 余志生．汽车理论[M]．北京：机械工业出版社，2000.

[3] The European Parliament and the Concil of the European Union Directive 1999 /96 /EC of the european parliament and of the council of 13 December 1999 [S]. Official Journal of the European Communities, 2000,2.

[4] Brooker A, et al. Advisor 2002 advanced vehicle simulator[R]. USA National Renewable Energy Laboratory, 2002.

## Research on the Rationality of Emission Regulation Euro Ⅲ Applied to Chinese City Bus

Dou Huili[1,2], Li Jun[2], Liu Zhongchang[1], Ge Fei[2]
(1. Jilin University, Changchun 130025, China; 2. FAW R&D Center)

**Abstract**: In this paper, Beijing drive cycle for city bus was obtained through investigating, logging and abstracting parameters such as vehicle speed and time etc. A conventional city bus was simulated applying Beijing drive cycle, UKBUS (United Kingdom Bus) cycle and Nuremberg R36 (Germany Nuremberg Bus) cycle with ADVISOR. The relationship among engine operation points, Euro Ⅲ 13 mode points and $NO_x$ control area was investigated. The rationality that Euro Ⅲ exhaust emission regulation was used on the Chinese city bus engine was analyzed. The study results show that Chinese city bus drive cycle is different from those of Europe, the measured engine exhaust emission level is different from the engine actual exhaust emission level when Euro Ⅲ exhaust emission regulation is applied to the Chinese city bus.

**Key Words**: I. C. Engine; Emission Regulation Euro Ⅲ; Drive Cycle; City Bus Engine

第七部分

# 汽油直喷发动机部分负荷工作特性的研究

李 骏,宫艳峰,陈 立,陈海娥,李金成,李 康,窦慧莉
(一汽技术中心,吉林省 长春市 130011)

**摘 要**:本文利用2.0L GDI(gasoline direct injection)发动机,研究了部分负荷工况下喷油定时和喷油压力对发动机性能的影响。试验结果表明,在1000~3000r/min的转速范围,喷油定时在310°CA BTDC附近,发动机能获得最佳的动力性、经济性和排放特性。喷油压力提高能改善混合气的燃烧,提高发动机的热效率,但在小负荷时,喷油压力从3MPa上升到6MPa,油耗只改善约1%。增加原发动机的滚流比,能提高GDI发动机部分负荷的热效率。部分负荷工况,GDI发动机的油耗比一款同排量的PFI发动机低。

**关键词**:GDI;发动机;性能;油耗;滚流比

## 1 前言

GDI通过燃油的分层燃烧提高汽油机的经济性[1]。直喷技术应用的初期,分层燃烧也存在着一些缺陷:首先,燃油容易腐蚀喷油器的油嘴;其次,TWC不能用于这种过量空气系数远大于1的燃烧系统;再次,当时的分层燃烧多采用壁面导流的方式组织油气混合,这种方式很难在较宽的发动机运行范围内保证稳定燃烧[2]。汽油机增压技术和供油系统技术的不断进步,开创了直喷均质与增压技术结合应用的时代。增压直喷发动机可以获得良好的燃油经济性和动力性[3],而且能获得比PFI增压发动机更好的瞬态响应特性。增压直喷均质燃烧将成为汽油机节能减排的一项重要技术手段[4,5]。在这样的背景下,一汽技术中心开始了DIGT(Direct Injection Gasoline Turbo-charge)发动机的研究和开发。

## 2 GDI发动机的主要技术参数

为了实现发动机产品的平台化,一汽技术中心的DIGT发动机与PFI发动机共用燃烧系统。DIGT的首款发动机是直列4缸2.0L水冷式发动机。表1所示为发动机的主要技术参数。

表1 发动机技术参数

| 形式 | 直列四缸 | 形式 | 直列四缸 |
| --- | --- | --- | --- |
| 排量($mm^3$) | 1994 | 额定转速(r/min) | 5500 |
| 缸径(mm) | 84 | 最大转矩(N·m) | 280(1800~4500r/min) |
| 冲程(mm) | 90 | 压缩比 | 10.3:1 |
| 额定功率(kW) | 145 | 排放标准 | 欧Ⅳ |

## 3 试验方案

本文对部分负荷工况下喷油正时和喷油压力对发动机油耗和排放特性的影响进行了试验研究。

---

刊登信息:《中国内燃机学会燃烧节能净化分会2009年学术年会》

第七部分

滚流比对发动机性能的影响也通过试验进行了分析。本文还进行了直喷发动机与 PFI 发动机油耗的对比试验。

## 4 试验结果与分析

### 4.1 喷油正时对 GDI 发动机性能的影响

喷油正时决定油气在缸内的混合时间,对燃油碰壁也有一定的影响。本文分析了 1000r/min、1500r/min、2000r/min 和 3000r/min,部分负荷工况,喷油正时对发动机性能的影响。

图 1 所示是 1000r/min,0. 2MPa BMEP 工况,发动机性能随喷油正时变化的曲线。发动机的点火提前角是 23°CA BTDC,喷油压力是 4. 5MPa,喷油持续时间是 0. 93ms。喷油提前角在 280°CA BTDC

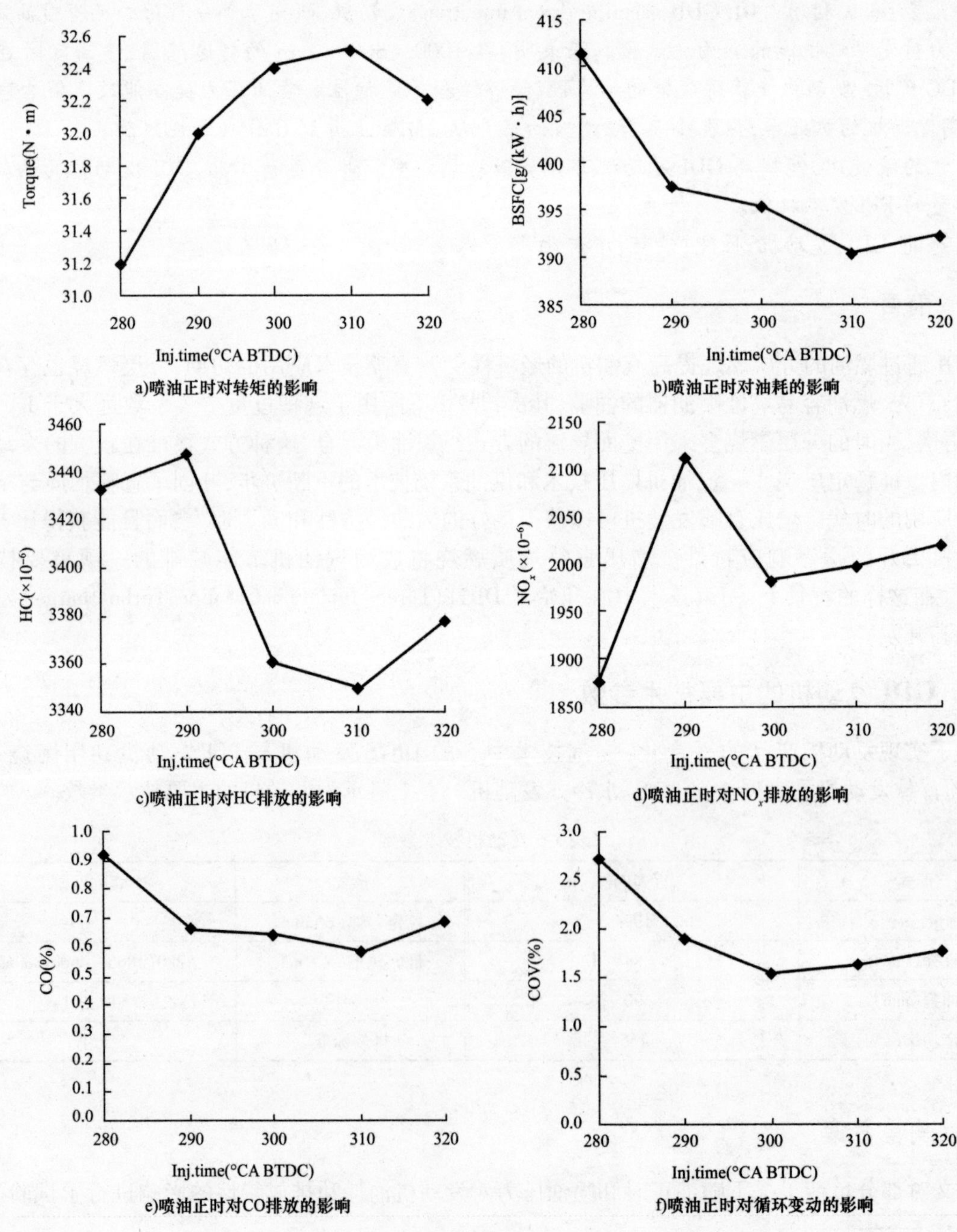


图 1 1000r/min,0. 2MPa BMEP 工况喷油正时对发动机性能的影响

到320°CA BTDC之间调整。图1a)显示，喷油角度在310°CA BTDC时，发动机获得了最大的转矩和最少的油耗。燃油缸内喷射时，喷油时间过早，会有燃油直接喷射到活塞顶部，影响油气混合，喷油时间过晚，油气混合时间缩短，混合气均匀性变差，发动机转矩降低，油耗升高。但喷油时刻对转矩和油耗的影响并不大，在试验的喷油正时范围内，转矩和油耗的最大差异大约是4%和5%，在310°CA BTDC前后的10°CA以内，转矩和油耗的变化只有1%和1.2%。

排放最低的喷油正时同最大转矩和最低油耗的喷油正时基本一致。喷油正时在310°CA BTDC时，发动机运转稳定，COV值低于2%。

在1000r/min、1500r/min、2000r/min和3000r/min转速对喷油正时进行了优化，所得到的结论与1000r/min、0.2MPa BMEP相似。不同工况的最佳喷油时刻如表2所示。从表2中的数据可以看到，不同工况下，喷油正时均在在310°CA BTDC左右，在避免油束碰壁或直接喷入排气道的情况下，喷油正时越大，油气混合的时间越长，混合气的均匀性越好。

**表2　不同工况的最佳喷油时刻**

| 发动机功况 | 点火定时(°CA BTDC) | 油轨压力(MPa) | 最佳喷油定时(°CA BTDC) |
|---|---|---|---|
| 1000r/min、0.1MPa BMEP | 28 | 4.5 | 310 |
| 1000r/min、0.2MPa BMEP | 23 | 4.5 | 310 |
| 1500r/min、0.1MPa BMEP | 35 | 4.5 | 300 |
| 1500r/min、0.2MPa BMEP | 30 | 4.5 | 300 |
| 1500r/min、0.4MPa BMEP | 25 | 4.5 | 310 |
| 1500r/min、0.5MPa BMEP | 22 | 4.5 | 310 |
| 2000r/min、0.2MPa BMEP | 36 | 4.5 | 310 |
| 3000r/min、0.3MPa BMEP | 36 | 5.0 | 305 |

### 4.2　喷油压力对GDI发动机性能的影响

相同条件下，GDI发动机的喷油压力越高，雾化效果越好。本文研究了不同喷油压力对发动机性能的影响。

图2a)和b)显示了1500r/min、0.3MPa BMEP工况，喷油压力对发动机转矩和油耗的影响。发动机的点火提前角是25°CA，不同喷油压力的循环供油量相同，每缸每循环为14.1mg。可见，提高喷油压力，可以加强燃油的雾化和蒸发，改善混合气燃烧，提高发动机的热效率，降低HC的原始排放，见图2d)。但转矩和油耗的改善幅度较小，大约是1%。在图2c)中可见，在3～6MPa的范围，喷油压力对发动机的循环变动影响很小。

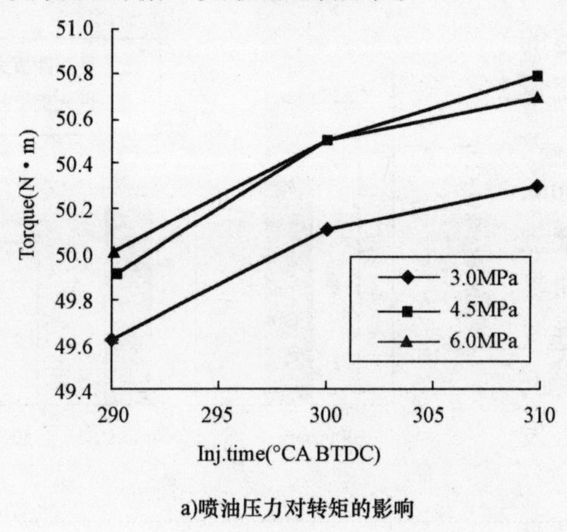


a)喷油压力对转矩的影响

b)喷油压力对油耗的影响

图2

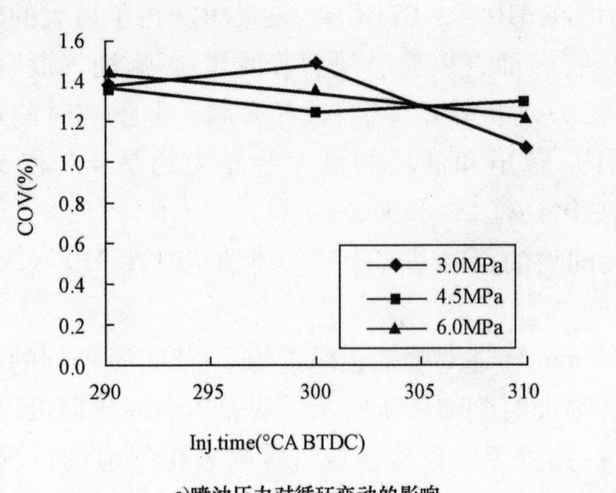


c)喷油压力对循环变动的影响

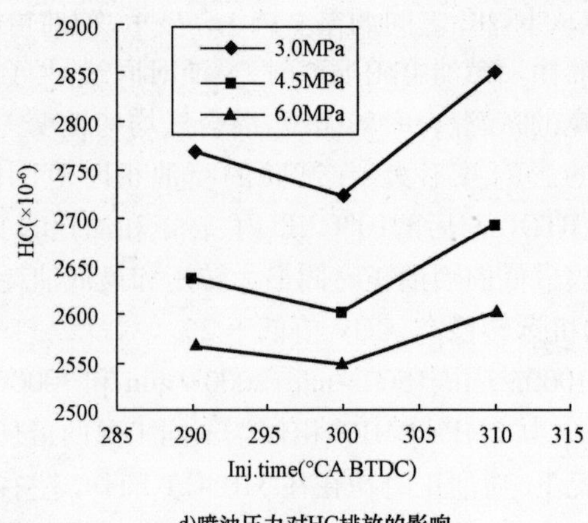


d)喷油压力对HC排放的影响

图2 1500r/min,0.2MPa BMEP 功况喷油压力对发动机性能的影响

4.3 滚流比对 GDI 发动机性能的影响

为了研究不同滚流比对发动机部分负荷性能的影响,在发动机进气管与进气道之间安装了如图3所示的翻板机构。通过翻板的开关实现滚流比的变化。进气道翻板打开或关闭时,气道的流通特性如图4所示。

图3 进气道翻板

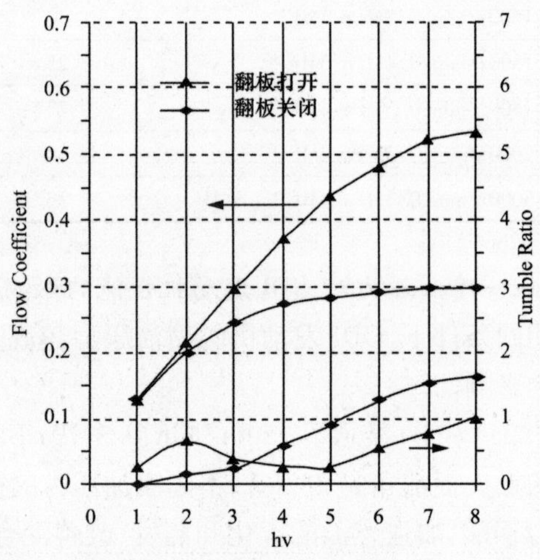


图4 进气道流动特性

当翻板关闭后,发动机的滚流比明显提高,气道的流量系数也降低很多。在部分负荷工况使用翻板,流量损失并不会影响发动机的热效率[6]。

图5所示是1000r/min、0.1MPa BMEP,2000r/min、0.2MPa BMEP 和 3000r/min、0.3MPa BMEP 工况,进气道滚流比对油耗的影响。各工况下,发动机的供油参数、点火提前角和配气相位均相同。从图中可见,进气道翻板关闭时,发动机滚流比提高,油气混合强度增加,火焰的传播速度提高,燃烧的持续时间缩短,提高了发动机的燃油经济性。

1000r/min、2000r/min 和 3000r/min 时,滚流提高

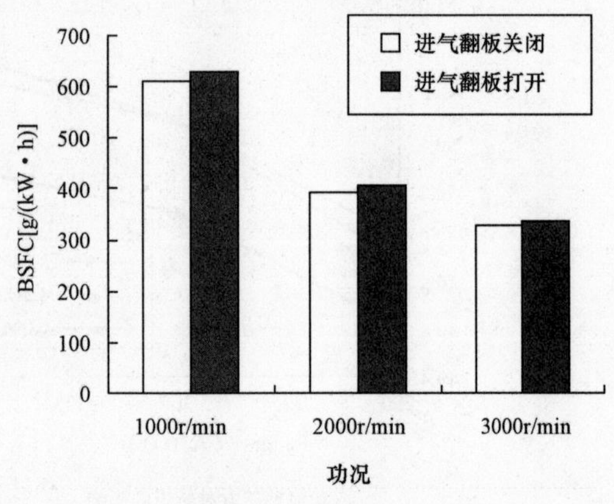


图5 滚流比对发动机油耗的影响

后，发动机的油耗分别降低3.6%、3.4%和2.7%，油耗降低的幅度随转速升高而变小。这是因为，随着发动机转速的提高，缸内气流运动的强度提高，对油气混合的促进作用增强，此时，滚流比的提高对燃烧的改善作用变小。

4.4 GDI发动机部分负荷的经济性分析

GDI发动机燃油在缸内的雾化和蒸发过程吸收热量，燃烧室内的温度降低，与PFI发动机相比，GDI发动机可以用更高的压缩比，提高发动机的燃油经济性。现有的科技文献大多比较的是GDI与PFI发动机在外特性上的燃油经济性，对部分负荷工况的燃油经济性对比较少。本文利用DOE技术，试验优化了GDI发动机在1000r/min、0.1MPa BMEP，2000r/min、0.2MPa BMEP和3000r/min、0.3MPa BMEP三个典型部分负荷工况的燃油经济性，并将其与一款同排量的PFI发动机进行了对比。

1000r/min、0.1MPa BMEP，点火正时30°CA BTDC，VVT 20°CA，喷油正时325°CA BTDC，喷油压力3.5MPa，最低油耗是550g(kW·h)。2000r/min、0.2MPa BMEP，点火正时29°CA BTDC，VVT 35°CA，喷油正时310°CA BTDC，喷油压力4.5MPa，最低油耗是380g/(kW·h)。3000r/min、0.3MPa BMEP，点火正时36°CA BTDC，VVT 50°CA，喷油正时305°CA BTDC，喷油压力6.7MPa，最低油耗是317.5g/(kW·h)。

图6所示为GDI发动机与PFI发动机油耗的对比。1000r/min、0.1MPa BMEP，两者的油耗相当，随发动机转速和负荷的增加，GDI发动机的油耗低于PFI发动机，这是因为，在小负荷时，GDI的燃油喷射量较少，燃油的蒸发吸热效果不明显，所以发动机的热效率与PFI相当，随着负荷增加，燃油喷射量增加，GDI燃油蒸发吸热的效果加强，燃油经济性优于同排量的PFI发动机。

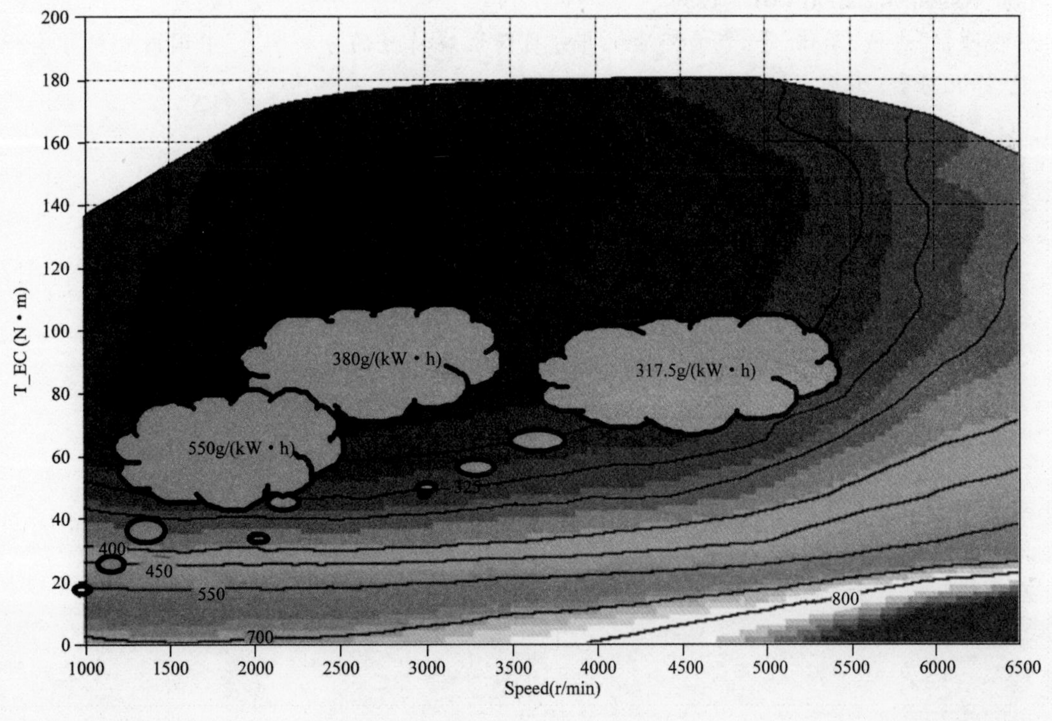


图6 GDI与PFI发动机油耗的对比

## 5 结论

根据GDI发动机部分负荷的性能试验结果，可以得出以下主要结论：

第七部分

(1)部分负荷工况,GDI 发动机喷油正时的选择,在避免油束碰壁和防止燃油直接喷入排气道的情况下,尽量提前,使燃油与空气的混合时间延长,实现良好的油气混合,获得最佳的燃油经济性。

(2)高喷射压力有利于燃油的雾化和蒸发,促进油气的均匀混合,提高发动机的热效率,在部分负荷工况,喷油压力在 3.0 ~6.0MPa 之间变化时,发动机的热效率变化不大。

(3)提高滚流比可以降低发动机部分负荷的油耗,但是,在 3000r/min、0.3MPa BMEP 时,油耗的降低已经不明显,只有 2.7%。

(4)GDI 在 1000r/min、0.1MPa BMEP 工况的油耗与同排量的 PFI 发动机相当,随着发动机负荷的增压,GDI 发动机的油耗低于 PFI 发动机。

## 参考文献

[1] T. Landenfeld, A. Kufferath, J. Gerhardt. Gasoline Direct Injection-SULEV Emission Concept[C]//SAE Paper,2004 -01 -0041.

[2] Ricardo. Overview of Direct-Injection Gasoline Technology. 2007.7.

[3] J. W. Yi, Z. Y. Han, Z. Xu, et al. Combustion Improvement of a Light Stratified-Charge Direct Injection Engine[J]. 2004 -01 -0546.

[4] W. Bandel, G. K. Fraidl, P. E. Kapus, et al. The Turbocharged GDI Engine: Boosted Synergies for High Fuel Economy Plus Ultra-low Emission[J]. 2006 -01 -1266.

[5] T. Ikoma, S. Abe, Y. Sonoda, et al. Development of V -63.5 -liter Engine Adopting New Direct Injection System[J]. 2006 -01 -1259.

[6] 宫艳峰,陈海娥,李伟,等. 直喷汽油机部分负荷燃烧特性的分析[C]. 中国内燃机学会燃烧、节能、净化分会. 2008 -8 -29,304 -308.

# Performance and Hydrocarbon (HC) Emissions from a Spark-Ignition Liquefied Petroleum Gas (LPG) Engine during Cold Start

Jun Li[1,2], Changming Gong[1], Yan Su[1], Huili Dou[2], Xunjun Liu[1]
(1. State Key Laboratory of Automobile Dynamic Simulation, Jilin University, Changchun 130025, China; 2. Research and Development Center, China First Automobile Works Group Corporation, Changchun 130011, China)

**Abstract:** The effects of ambient temperature, amount of liquefied petroleum gas (LPG) injected per cycle, injection timing of LPG, ignition timing and the electric battery voltage on firing performance, and hydrocarbon (HC) emissions from the first cycle of an electronically controlled inlet port LPG injection spark-ignition (SI) engine were investigated during cold start by means of a cycle-by-cycle control strategy. The results indicated that the amount of LPG injected per cycle is the key factor to ensure the first firing cycle of the LPG engine during cold start; a proper amount of injected LPG makes a reliable start of the LPG engine. The effect of ambient temperature on the minimum amount of injected LPG required for firing is relatively small. If the amount of injected LPG and injection timing of LPG are controlled reasonably to ensure all of the fuel-air mixture to enter the cylinder on time, it is possible to realize the ideal firing in the same cycle with LPG injection during engine cold start. Optimal control of injection timing of LPG and ignition timing improves firing performance and reduces HC emissions during cold start. Increasing the electric battery voltage raises the maximum instantaneous cranking speed and reduces HC emissions from the LPG engine during cold start.

## 1 Introduction

At the ultra-low emissions vehicle (ULEV) standard, 80% ~ 90% of the tailpipe hydrocarbon (HC) emissions are emitted during the cold start of the federal test procedure (FTP). [1] The dominant effect of the initial tens of seconds of engine operation on the tailpipe HC emissions results from two factors. First, engine-out HCs are high during cold start and warm up for several reasons. The most important of these is that the engine must be overfueled to achieve rapid cold start and acceptable idle during warm up. Second, the exhaust catalyst is inefficient at oxidizing the engine-out HCs until it reaches light-off temperature (typically 533 K). [2] Especially, the driving cycles of Euro Ⅲ, Euro Ⅳ, and the U. S. FTP – 75 all take the first 40 s of idle into the start phase. Euro Ⅲ and Euro Ⅳ emission standards have included subambient cold-start test at a temperature of 266 K. Therefore, the control of combustion and emissions during the cold start has become the hotspot in the field of vehicle engine developments in recent years. [3-5]

The research of Henein et al. [6] was based on a cycle-by-cycle analysis of combustion and HC emis-

Energy Fuels 2009, 23: 4337 – 4342. DOI: 10.1021/ef900433t

第七部分

sions during the first 120 cycles and warm-up phase in a four-stroke V6 gasoline engine. They discussed the effects of the air/fuel(A/F)ratio, ignition advance, injection timing, and misfire characteristic on HC emissions at cold start. Gordon et al. [7] investigated the effects of ambient temperature on cold start urban traffic emissions for a real world spark-ignition(SI) car. They found that carbon monoxide(CO) emission for the cold start was reduced by a factor of 8 downstream of the catalyst when the ambient temperature rose from 271 to 305 K; the corresponding HC emissions were reduced by a factor of 4. Lang et al. [8] illustrated in detail the effects of intake valve opening(IVO) timing on the first cycle fuel delivery during cranking. Their engine simulation results showed that the high velocity and shear rate at the valve curtain occurred only for a brief period(a few milliseconds) during which the lift is small(a fraction of a millimeter). Thus, the fuel transport to the cylinder would be limited by the upstream feed, and only a small amount of liquid fuel located at the valve rim and seat is benefited from the high shear rate atomization. In addition, in the first cycle, because there is no residual burned gas in the cylinder, the expansion of the charge from exhaust valve closing(EVC) to IVO significantly cools the charge, so that the first fuel entering the cylinder is exposed to cold air, which inhibits evaporation. Kidokoro et al. [2] reported improvement of mixture preparation by reducing the Sauter mean diameter(SMD) from 85 to 75μm. To have the droplets follow the airflow and avoid significant wall wetting, the drop size must be of the order of 20μm or less. Swindal et al. [9] noted that multicomponent fuel evaporation is complicated. They pro-posed that the droplet evaporation is a batch distillation process for cold operation and during the early part of the intake stroke. In the batch distillation, the lighter components evaporate first, leaving the smaller droplets that are enriched in heavier fuel components. Mcgee et al. [10] compared opening valve injection(OVI) and closed valve injection(CVI), using a conventional port injector. For the throttle ramp transients with cold coolant and valve targeting, OVI produced smaller A/F ratio excursions and a film mass in the intake system that was half that with CVI. However, CVI produced lower engine-out HC emissions, allowed more retarding of the spark, and improved mixture homogeneity for all loads and temperatures. Castaing et al. [11] using fast-response flame ionization detectors(FFIDs) measured both the in-cylinder $\lambda$ (relative air/fuel ratio) and the HC emissions for the first fired cycle during cranking in one cylinder of a four-valve, four-cylinder engine. They varied the injector pulse width during startup and found that, when the in-cylinder $\lambda$ was near stoichiometric, engine-out HC emissions were only slightly higher for OVI versus CVI. Hochul et al. [12] studied the total hydrocarbon(THC) emission characteristics in liquid-phase liquefied petroleum gas(LPG) injection(LPLi) engines during cold start operation. They found that the control strategy of retarding spark timing during cold start in the LPLi vehicle was very effective in reducing the THC emissions. Li et al. [13] investigated the real-time nitrogen oxide($NO_x$) emissions during the cold start in a LPG SI engine. They founded that real-time $NO_x$ emissions can be used to understand the combustion and misfire occurrence. Hu et al. [14] measured HC emissions from the engine fueled with methanol/gasoline blends during the cold start. The measured results showed that HC emissions were reduced about 40% at 278 K and 30% at 288 K compared to those of the gasoline engine when the engine is fueled with M30(30% methanol and 70% gasoline in volume). Gong et al. [15,16] studied the firing behavior of the SI engine fueled with methanol, LPG, and methanol/LPG during the cold start. They found that, when the ambient temperature is below 289 K, the methanol engine cannot be started reliably without auxiliary start aids even at the large amount of methanol injected per cycle. Using a glow plug to heat the engine inlet manifold and additional LPG injected into the inlet port resulted in a reliable firing of the engine. At the same injection timing of LPG and methanol, the LPG-fueled engine may realize the ideal firing of the next cycle combustion after fuel injection; the firing of the methanol engine is one cycle later than that of the LPG engine.

LPG is considered one of the most promising alternative automotive fuels worldwide because of its potential emission reduction and relatively low fuel price compared to gasoline. However, the firing behavior of the first cycle for LPG SI engine has been seldom reported. All of the above works cited from the literature paid attention to the SI gasoline engine during cold start, while little work was reported on the alternative fuels engine, such as LPG engines. The objective of this work is to study the effects of ambient temperature, amount of LPG injected per cycle, LPG injection timing, ignition timing and the electric battery voltage on firing performance, and hydrocarbon emissions from the first cycle of an electronically controlled inlet port LPG injection SI engine during the cold start by means of a cycle-by-cycle control strategy, which may contribute toward improving the LPG engine cold-start firing performance and reduce its HC emissions.

## 2 Test Engine and Experimental Setup

The experiment was conducted on a single-cylinder four-stroke electronically controlled LPG engine with inlet port fuel injection (PFI). The engine specifications are listed in Table 1.

The test fuel for this study was LPG. Table 2 shows the physical and chemical properties of the used LPG, and its components are shown in Table 3.

The experimental system is shown in Fig. 1. The in-cylinder pressure was measured using a Kistler 6125B quartz crystal pressure sensor matched with a WDF-3 charge amplifier. A multichannel data acquisition card PLC-8018HG was used to record the in-cylinder pressure, instantaneous engine speed, and HC emissions synchronously. The HC emissions were measured with a FGA4015 exhaust gas analyzer.

**Table 1 Engine Specifications**

| | | | |
|---|---|---|---|
| bore | 56.5 mm | cooling system | air cooled |
| stroke | 49.5 mm | intake valve opening (IVO) | 15°CA BTDC |
| displacement | 125 cm | intake valve closing (IVC) | 35°CA ABDC |
| compression ratio | 9.2:1 | exhaust valve opening (EVO) | 35°CA BBDC |
| maximum power/speed | 7.3 kW/8000 r/min | exhaust valve closing (EVC) | 15°CA ATDC |
| maximum torque/speed | 8.7 N·m/8000 r/min | | |

**Table 2 Property of LPG**

| property | LPG | |
|---|---|---|
| formula | $C_3H_8$ + $C_4H_{10}$ | |
| relative molecular mass | 44 | 58 |
| density ($kg/m^3$) | 508 | 584 |
| boiling point (°C) | -42 | -0.5 |
| RON | 111 | 103 |
| flammability limit (% vol) | 2.2 ~ 9.5 | 1.9 ~ 8.5 |
| latent heat of vaporization (kJ/kg) | 426 | 385 |
| lower heating value (MJ/kg) | 46.1 | 45.5 |
| auto-ignition temperature (°C) | 480 | 440 |
| stoichiometric air/fuel ratio | 15.65 | 15.43 |
| flame speed (m/s) | 0.38 | 0.37 |

**Table 3 Molar Fractions of the Main Components in LPG**

| propane (%) | isobutane (%) | butane (%) | dimethyl-propylene (%) | butadiene (%) |
|---|---|---|---|---|
| 49 | 21 | 15 | 8 | 5 |

第七部分

Gas-phase LPG was injected at a constant pressure of 0.04 MPa with a pressure regulator. The amount of the LPG injected per cycle, the LPG injection timing, and the ignition timing were controlled by an electronic control unit (ECU). During the cold-start test, through ECU control, an electric motor cranked the engine. The cycle of moment in which the engine starts rotating was defined as the first cycle. The LPG was injected in the first cycle by means of the single-cycle fuel injection system.

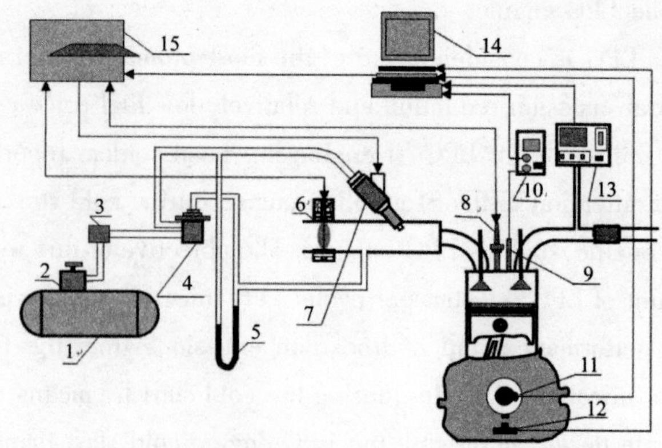


Fig. 1 Schematic layout of the experimental system
1-LPG tank; 2-gas valve; 3-solenoid valve; 4-pressure regulator; 5-mercury manometer; 6-throttle sensor; 7-LPG injection nozzle; 8-spark plug; 9-in-cylinder pressure transducer; 10-charge amplifier; 11-encoder; 12-TDC marker; 13-exhaust gas analyzer; 14-computer; 15-ECU

The engine was soaked in the room at least 8 h before each test. During the cold-start test, the throttle valve was locked at 10%, the atmospheric pressure was 100 kPa, and the 0° crank angle (CA) injection timing of LPG corresponds to the piston position at the compression stroke top dead center (TDC) of the first cycle. The engine was always started from the position of the piston before top dead center (BTDC) of the compression stroke.

## 3 Results and Discussion

3.1 Effect of the Ambient Temperature and Minimum Amount of LPG Injected Per Cycle on Engine Cold-Start Firing Performance and HC Emissions. Fig. 2 gives the relationship between the minimum amount of LPG injected per cycle ($Q_{min}$) for firing and the ambient temperature ($T$) for the LPG engine during cold start at the injection timing of LPG ($\theta_{in}$) of 360°CA ATDC, ignition timing ($\theta_{ig}$) of 10°CA BTDC, and the electric battery voltage ($V$) of 13.2 V. The minimum amount of LPG injected per cycle increases by 10% when the ambient temperature varies from 301 to 258 K. Therefore, a drop in the ambient temperature results in a slight increase in the minimum amount of LPG injected per cycle. This is due to the fact that LPG evaporates fast. The effect of ambient temperature on LPG vaporization is small. In comparison to the methanol engine, the ambient temperature had less of an effect on the minimum amount of LPG injected per cycle for firing.[16] Relative to 301 K, the minimum amount of methanol injected per cycle is increased by 110% at 289 K and the minimum amount of LPG injected per cycle is increased by 10% at 258 K.

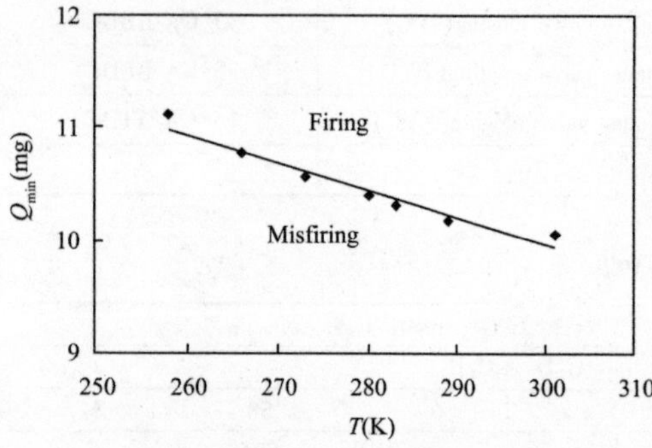


Fig. 2 Firing border of the LPG engine in the $Q_{min} \sim T$ map at $\theta_{in}$ = 360°CA ATDC, $\theta_{ig}$ = 10°CA BTDC, and $V$ = 13.2 V

Fig. 3 shows the effect of the amount of LPG injected per cycle ($Q$) on the maximum combustion pressure in the cylinder ($p_{max}$) at different ambient temperatures and $\theta_{in}$ = 360°CA ATDC, $\theta_{ig}$ = 10°CA BTDC, and $V$ = 13.2 V. It will be seen that the maximum combustion pressure in the cylinder reaches the highest $p_{max}$ at $Q$ = 15.5 mg and $T$ = 280 K. When the amount of LPG injected per cycle is smaller or greater than 15.5 mg, $p_{max}$ falls obviously. The $p_{max}$ at different ambient temperatures has a similar trend as the amount of

LPG injected per cycle with $T = 280$ K. At a given amount of LPG injected per cycle, the $p_{max}$ is significantly affected by the ambient temperature. The $p_{max}$ increases with the ambient temperature rising. When the amount of LPG injected per cycle increases, the fuel-air mixture to enter the cylinder is greater, the LPG engine firing performance im-proves, and $p_{max}$ rises rapidly. At a proper amount of LPG injected per cycle, the concentration of the fuel-air mixture may realize the ideal firing and obtain the highest $p_{max}$. When the amount of LPG injected per cycle is increased further, the mixture becomes too rich, firing performance rapidly deteriorates, and until the concentration of the mixture surpasses the rich firing limit of LPG at $Q = 23.1$ mg, the LPG engine cannot fire.

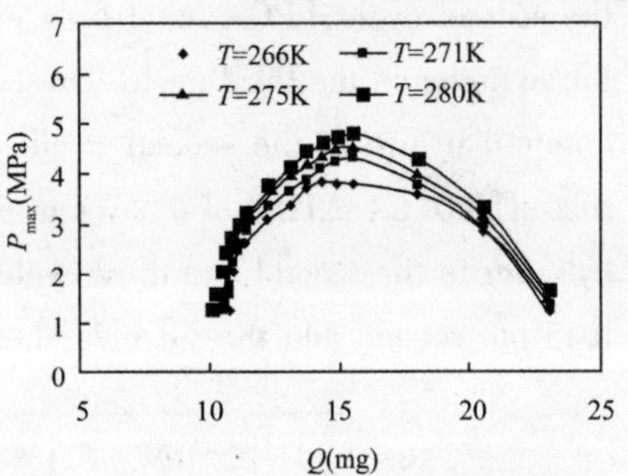


Fig. 3 Effect of $Q$ on $p_{max}$ at different $T$ and $\theta_{in} = 360°$CA ATDC, $\theta_{ig} = 10°$CA BTDC and $V = 13.2$ V

Fig. 4 and Fig. 5 give the effect of the amount of LPG injected per cycle on the maximum instantaneous cranking speed($n_{max}$) during cold start and HC emissions at different ambient temperatures and $\theta_{in} = 360°$CA ATDC, $\theta_{ig} = 10°$CA BTDC, and $V = 13.2$ V. From the figures, it can be seen that, at $Q = 10$ mg, the mixture is lean and the concentration of the mixture cannot reach the lean firing limit and, at $Q = 23.1$ mg, the mixture is rich and the concentration of the mixture surpasses the rich firing limit; hence, the LPG engine cannot fire, $n_{max}$ is low, and HC emissions are high. When $Q$ is between 12 and 22 mg, the LPG engine can reliably fire, resulting in high $n_{max}$ and low HC emissions. The $n_{max}$ is increased significantly, and the HC emission is decreased obviously with the rise of the ambient temperature.

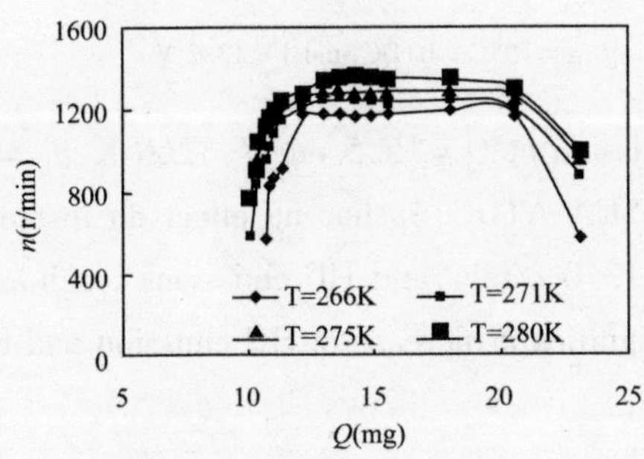


Fig. 4 Effect of $Q$ on $n$ at different $T$ and $\theta_{in} = 360°$ CA ATDC, $\theta_{ig} = 10°$ CA BTDC, and $V = 13.2$ V

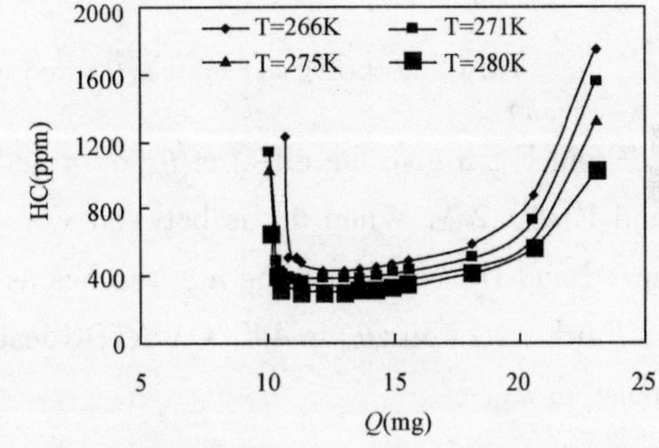


Fig. 5 Effect of $Q$ on HC emissions at different $T$ and $\theta_{in} = 360°$ CA ATDC, $\theta_{ig} = 10°$ CA BTDC, and $V = 13.2$ V

3.2 Effect of the Injection Timing of LPG on Engine Cold-Start Performance and HC Emissions. Fig. 6 shows the effect of $\theta_{in}$ on the in-cylinder pressure($p$) traces at $Q = 15.5$ mg, $T = 266$ K, $\theta_{ig} = 10°$CA BTDC, and $V = 13.2$ V. When $\theta_{in} = -35°$CA ATDC, LPG enters the intake port in the intake stroke of the first cycle and the cylinder of the second cycle; hence, it can make LPG fire in the second cycle, to realize the next cycle firing after fuel injection. Retarding $\theta_{in}$ to 360°CA ATDC, LPG enters the intake port in the intake stroke of the second cycle and the cylinder of the second cycle; hence, it can make LPG fire in the second cycle, to realize the same cycle firing after fuel injection. Owing to the fact that LPG is a gas-phase fuel, it can fully enter the cylinder in the second cycle; thus, $\theta_{in}$ has no effect on $p_{max}$ between $-35$ and 360° CA ATDC of $\theta_{in}$. When $\theta_{in}$ is retarded to 400°CA ATDC, LPG enters the intake port in the intake stroke of the second cycle, LPG cannot fully enter into the cylinder in the second cycle, and part of LPG enters into the cylinder in the third cycle. The concentration of the mixture surpasses the lean firing limit, and the LPG engine can fire in the second cycle. However, the combustion is weak; there-fore, $p_{max}$ is 35% lower than that of 360°CA ATDC of $\theta_{in}$. When $\theta_{in}$ is further retarded to 440°CA ATDC, LPG can partly enter into the cylinder in the second and third cycles and the concentration of the mixture cannot reach the lean firing limit in the second and third cycles; therefore, the LPG engine cannot fire in the second and third cycles.

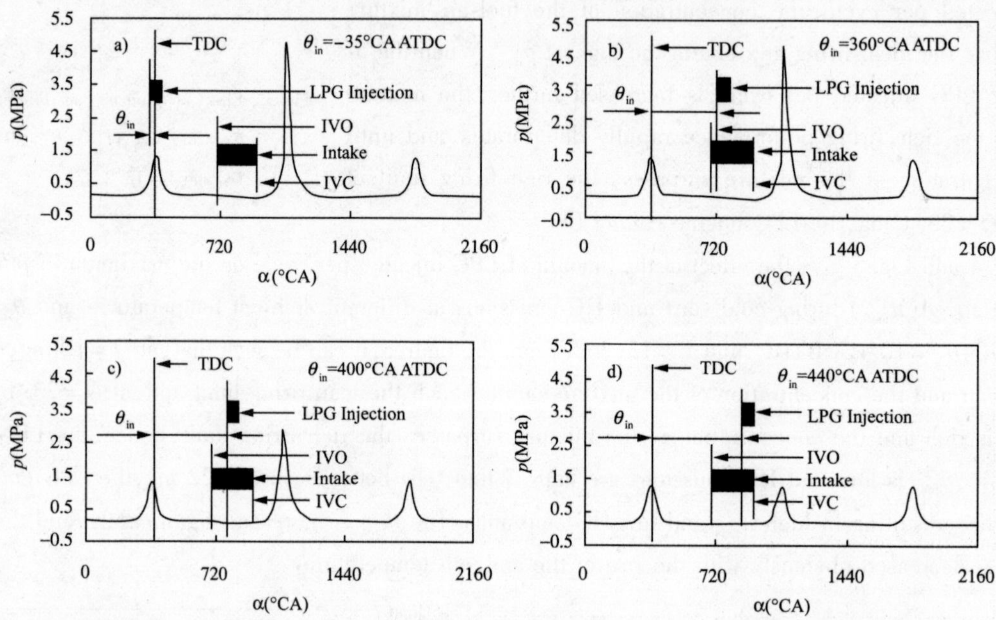


Fig. 6 Effect of $\theta_{in}$ on $p$ traces at $Q$ = 15.5 mg, $T$ = 266 K, $\theta_{ig}$ = 10°CA BTDC, and $V$ = 13.2 V

Fig. 7 and Fig. 8 give the effect of $\theta_{in}$ on $n$ and HC emission at $Q$ = 15.5 mg, $T$ = 266 K, $\theta_{ig}$ = 10°CA BTDC, and $V$ = 13.2 V. When $\theta_{in}$. is between −35 and 360°CA ATDC, $\theta_{in}$ has no effect on instantaneous engine speed and HC emissions, the $n_{max}$ reaches as high as 1370 r/min, and HC emissions reach as low as 350 ppm. Further retarding$\theta_{in}$ to 440°CA ATDC leads to a significant increase of HC emission and an obvious decrease of $n_{max}$.

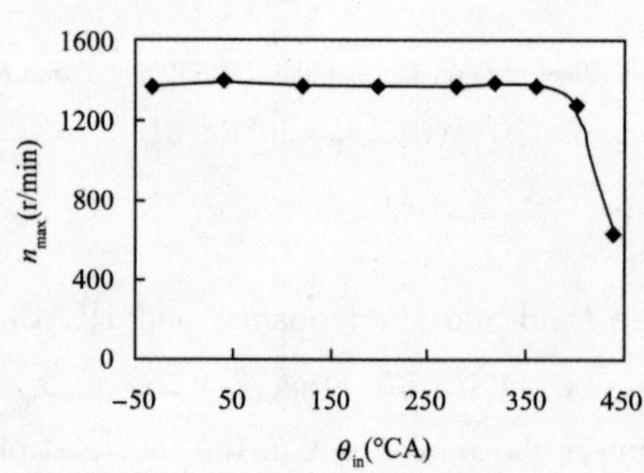


Fig. 7 Effect of $\theta_{in}$ on $n$ at $Q$ = 15.5 mg, $T$ = 266 K, $\theta_{ig}$ = 10° CA BTDC, and $V$ = 13.2 V

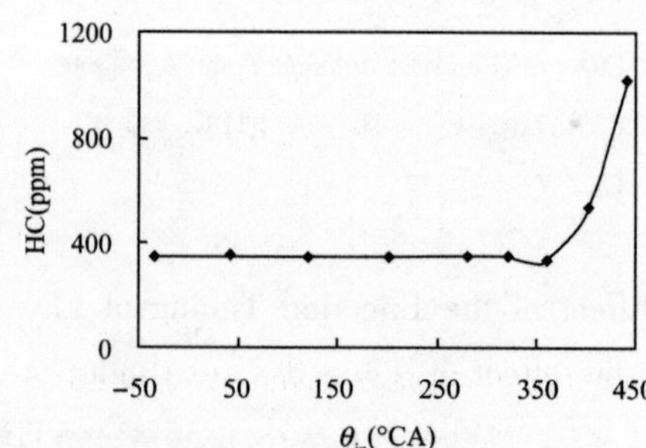


Fig. 8 Effect of $\theta_{in}$ on HC emissions at $Q$ = 15.5 mg, $T$ = 266 K, $\theta_{ig}$ = 10°CA BTDC, and $V$ = 13.2 V

3.3 Effect of the Ignition Timing on LPG Engine Cold-Start Performance and HC Emissions. Fig. 9 shows the effect of $\theta_{ig}$ on p traces at $Q$ = 13 mg, $T$ = 266 K, $\theta_{in}$ = 360°CA ATDC, and $V$ = 13.2 V. When the ignition timing is retarded from −30 to 30°CA ATDC, $p_{max}$ drops significantly, the position of $p_{max}$ changed from 190 to 266°CA ATDC, and until $\theta_{ig}$ = 30°CA ATDC, the LPG engine cannot fire. Therefore, retarding ignition timing makes LPG engine combustion later and decreases $p_{max}$.

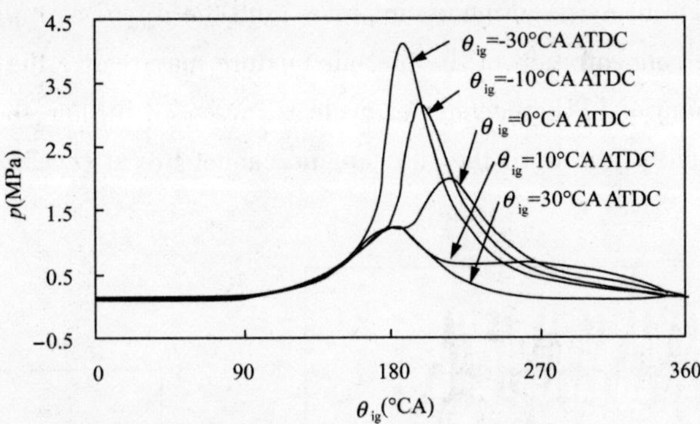


Fig. 9 Effect of $\theta_{ig}$ on $p$ traces at $Q$ = 13 mg, $T$ = 266 K, $\theta_{in}$ = 360° CA ATDC, and $V$ = 13.2 V

Fig. 10 and Fig. 11 give the effect of $\theta_{ig}$ on $n_{max}$ and HC emissions at $Q$ = 13 mg, $T$ = 266 K, $\theta_{in}$ = 360° CA ATDC, and $V$ = 13.2 V. It can be seen that $n_{max}$ increases from 1175 to 1231 r/min when $\theta_{ig}$ is retarded from 30 to 20°CA BTDC, and when $\theta_{ig}$ is further retarded to 5°CA BTDC, $n$ falls to 1195 r/min. It is due to the decrease in the compression negative work when $\theta_{ig}$ is retarded from 30 to 20°CA BTDC and late combustion and the drop in capability of doing work until retarding $\theta_{ig}$ to 5°CA BTDC. Retarding $\theta_{ig}$ to 30°CA ATDC makes the concentration of the mixture not reach the lean firing limit, and the LPG engine cannot be started. The HC emissions were almost unchanged (about 440 ppm) when $\theta_{ig}$ is retarded from 30°CA BTDC to 10°CA ATDC and then increase rapidly to 1455 ppm, because no firing occurs at $\theta_{ig}$ = 30°CA ATDC.

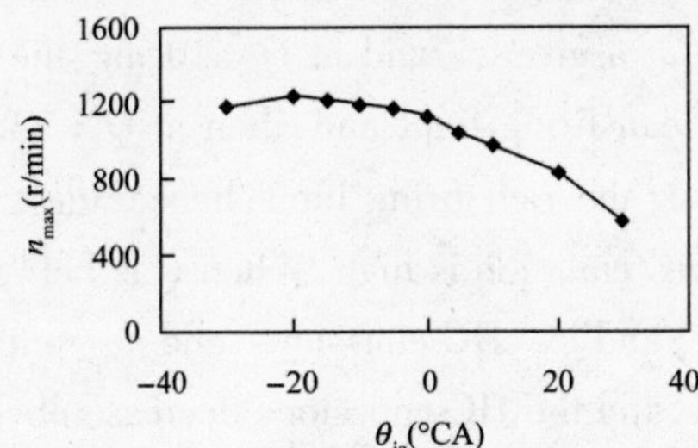


Fig. 10 Effect of $\theta_{ig}$ on $n$ at $Q$ = 13 mg, $T$ = 266 K, $\theta_{in}$ = 360°CA ATDC, and $V$ = 13.2 V

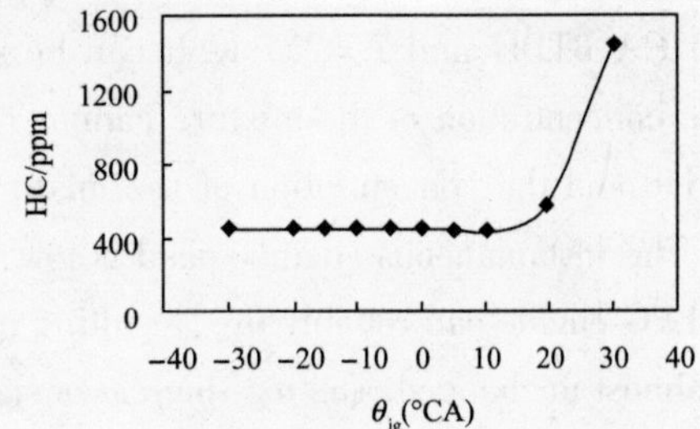


Fig. 11 Effect of $\theta_{ig}$ on HC emissions at $Q$ = 13 mg, $T$ = 266 K, $\theta_{in}$ = 360°CA ATDC, and $V$ = 13.2 V

3.4 Effect of the Electric Battery Voltage on LPG Engine Cold-Start Performance and HC Emissions. The effect of the ambient temperature on the electric battery voltage is obvious. When the ambient temperature decreases, the battery voltage drops obviously. Fig. 12 shows an instantaneous cranking speed ($n$) at different $V$ and $Q$ = 13 mg, $T$ = 271 K, and $\theta_{in}$ = 360°CA ATDC. The instantaneous engine speed decreased significantly with the drop of the electric battery voltage. When the electric battery voltages were 14.7, 13.2, and 12.3 V, the corresponding $n$ = 620, 580, and 550 r/min on average.

Fig. 13 shows the effect of $Q$ on $p_{max}$ at different $V$ and $\theta_{in}$ = 360°CA ATDC, $\theta_{ig}$ = 10°CA BTDC, and $T$ = 271 K. For rich and lean mixtures, $p_{max}$ is low; the $p_{max}$ reaches the highest $p_{max}$ at $Q$ = 15.5 mg and $V$ =

14.7 V. The $p_{max}$ at different $V$ had a similar trend as the amount of LPG injected per cycle with $V=14.7$ V. At a given amount of LPG injected per cycle, $p_{max}$ is significantly affected by $V$. The $p_{max}$ increases with $V$ rising. When the amount of LPG injected per cycle increases, the fuel-air mixture to enter the cylinder is much greater, the LPG engine firing performance improves, and the $p_{max}$ rises rapidly. At a proper amount of LPG injected per cycle, the concentration of the fuel-air mixture may realize the ideal firing and obtain the highest $p_{max}$. When the amount of LPG injected per cycle is increased further, the mixture is too rich, firing performance deteriorates rapidly, and until the LPG engine cannot fire at $Q=23.1$ mg, the $p_{max}$ falls to 1.3 MPa.

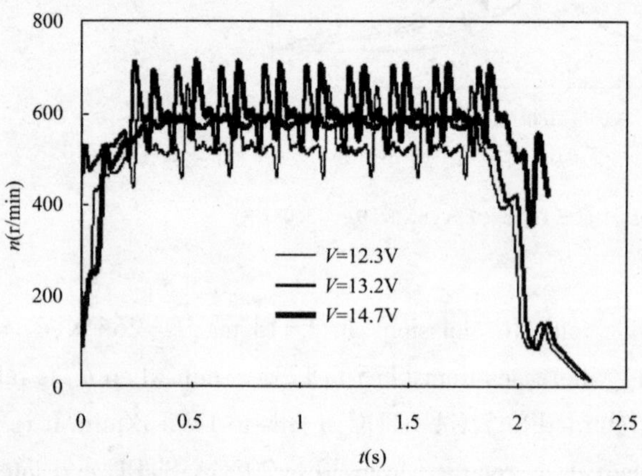


Fig. 12 Instantaneous engine speed $n$ at different $V$ and $Q=13$ mg, $T=271$ K, and $\theta_{in}=360°$CA ATDC

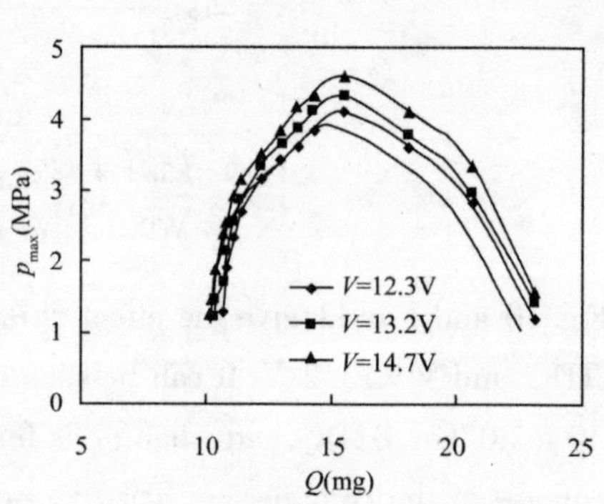


Fig. 13 Effect of $Q$ on $p_{max}$ at different $V$ and $\theta_{in}=360°$ CA ATDC, $\theta_{ig}=10°$ CA BTDC, and $T=271$ K

Fig. 14 and Fig. 15 give the effect of $Q$ on $n_{max}$ and HC emissions at different $V$ and $\theta_{in}=360°$CA ATDC, $\theta_{ig}=10°$CA BTDC, and $T=271$ K. It can be seen that, at a given $V$ and at $Q=10$ mg, the mixture is lean and the concentration of the mixture cannot reach the lean firing limit and, then at $Q=23.1$ mg, the mixture is rich and the concentration of the mixture surpasses the rich firing limit; hence, the LPG engine cannot fire. The instantaneous engine speed is low, and the HC emission is high. When $Q$ is between 12 and 22 mg, the LPG engine can reliably fire, resulting in high $n_{max}$ and low HC emissions, and $n_{max}$ and HC emissions were almost unchanged. The $n_{max}$ increases significantly, and the HC emissions decrease obviously with the rise of $V$.

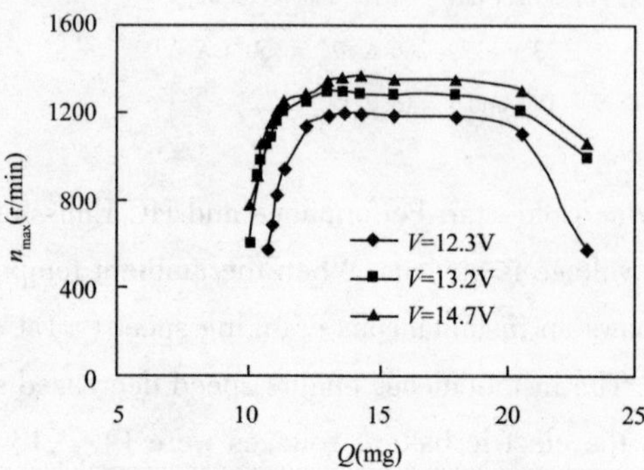


Fig. 14 Effect of $Q$ on $n$ at different $V$ and $\theta_{in}=360°$ CA ATDC, $\theta_{ig}=10°$ CA BTDC, and $T=271$ K.

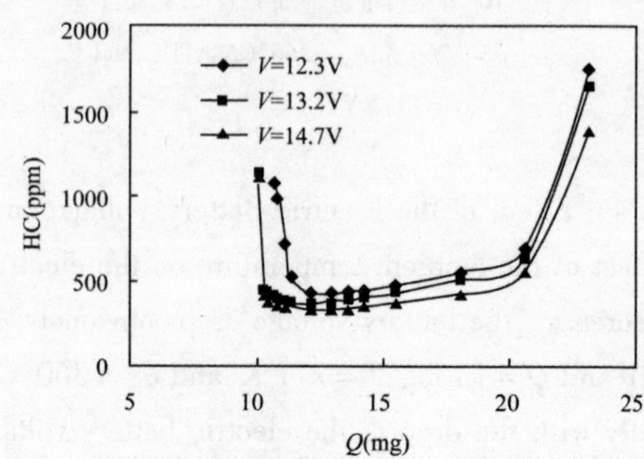


Fig. 15 Effect of $Q$ on HC emissions at different $V$ and $\theta_{in}=360°$ CA ATDC, $\theta_{ig}=10°$ CA BTDC, and $T=271$ K.

## 4 Conclusions

The effects of ambient temperature, amount of the LPG injected per cycle, LPG injection timing, ignition timing, and the electric battery voltage on firing performance and HC emissions from the first cycle of an inlet port LPG injection SI engine were investigated during cold start by means of a cycle-by-cycle control strategy. The main conclusions can be summarized as follows: (1) The amount of LPG injected per cycle is the key factor to ensure the first firing cycle of the LPG engine during cold start, and a proper amount of LPG injection can ensure a reliable start of the LPG engine. (2) The effect of ambient temperature on the minimum amount of LPG injected per cycle for firing is relatively small. If the amount of LPG injected per cycle and LPG injection timing are controlled reasonably during cold start, it is possible to ensure that all of the fuel-air mixture enters the cylinder on time and to realize the ideal firing in the same cycle combustion after LPG injection. (3) Optimal control of injection timing of LPG and ignition timing improves the firing performance and reduces the HC emissions during the cold start. (4) Increasing the electric battery voltage raises the maximum instantaneous cranking speed and reduces the HC emissions from the LPG engine during the cold start.

Acknowledgment. This work was financially supported by the National Natural Science Foundation of China (Grant50576031) and China First Automobile Works Corporation.

## Nomenclature

LPG = liquefied petroleum gas
HC = hydrocarbon
SI = spark ignition
ULEV = ultra-low emissions vehicle
FTP = federal test procedure
A/F = air/fuel
CO = carbon monoxide
IVO = intake valve opening
IVC = intake valve closing
EVO = exhaust valve opening
EVC = exhaust valve closing
SMD = Sauter mean diameter
OVI = opening valve injection
CVI = closed valve injection
FFID = fast-response flame ionization detector
$\lambda$ = relative air/fuel ratio
THC = total hydrocarbon
LPLi = liquid-phase LPG injection
$NO_x$ = nitrogen oxide
M30 = 30% methanol and 70% gasoline in volume
PFI = port fuel injection
ECU = electronic control unit

CA = crank angle

TDC = top dead center

BTDC = before top dead center

ATDC = after top dead center

BBDC = before bottom dead center

ABDC = after bottom dead center

$T$ = ambient temperature

$Q$ = amount of LPG injected per cycle

$\theta_{in}$ = LPG injection timing

$\theta_{ig}$ = ignition timing

$V$ = electric battery voltage

$Q_{min}$ = minimum amount of LPG injected per cycle

$p_{max}$ = maximum combustion pressure in the cylinder

$p$ = in-cylinder pressure

$n_{max}$ = maximum instantaneous cranking speed

$n$ = instantaneous cranking speed

$\alpha$ = crank angle

*Subscripts*

in = injection

ig = ignition

## References

[1] Takeda K., Yaegashi T., Sekiguchi, K., Saito K., Imatake N. SAE Tech. Pap. 950074, 1995.

[2] Kidokoro T., Hoshi K., Hiraku, et al. SAE Tech. Pap. 2003-01-0817, 2003.

[3] Bielaczyc P., Merkisz J. SAE Tech. Pap. 1999-01-1073, 1999.

[4] Santoso H., Cheng W. K. SAE Tech. Pap. 2002-01-2805, 2002.

[5] Lang K. R., Cheng, W. K. SAE Tech. Pap. 2006-01-3400, 2006.

[6] Henein, N. K., Tagomori, M. K., Yassine M. K., et al. SAE Tech. Pap. 952402, 1995.

[7] Gordon E. A., Grant Z., Hu L., et al. SAE Tech. Pap. 2004-01-2903, 2004.

[8] Lang K., Cheng W. K. SAE Tech. Pap. 2004-01-1852, 2004.

[9] Swindal J. C., Dragonetti D. P., Hahn R. T., et al. SAE Tech. Pap. 950106, 1995.

[10] Mcgee J., Curtis E., Russ, S., et al. SAE Tech. Pap. 2000-01-2834, 2000.

[11] Castaing B. M., Cowart J. S., Cheng W. K. SAE Tech. Pap. 2000-01-2836, 2000.

[12] Hochul K., Cha L. M., Simsoo, P. *Fuel* 2007, 86, 1475-1482.

[13] Li, G.; Li, L. G.; Liu, Z. M.; Li, Z. L.; Qiu, D. P. Energy Convers. *Manage*. 2007, 48, 2508-2516.

[14] Hu, T. G.; Wei, Y. J.; Liu, S. H.; Zhou, L. B. *Energy Fuels* 2007, 21, 171-175.

[15] Gong C. M., Deng B. Q., Wang, S., et al. *Energy Fuels* 2008, 22, 2981-2985.

[16] Gong C. M., Deng B. Q., Wang, S., et al. *Energy Fuels* 2008, 22, 3779-3784.

# Effect of Preheating on Firing Behavior of a Spark-Ignition Methanol-Fueled Engine during Cold Start

Jun Li[1,2], Changming Gong[1], Yan Su[1], Huili Dou[2], Xunjun Liu[1]
(1. State Key Laboratory of Automobile Dynamic Simulation, Jilin University, Changchun 130025, China; 2. Research and Development Center, China First Automobile Works Group Corporation, Changchun 130011, China)

**Abstract**: To overcome the difficulty in the cold start of the spark-ignition (SI) methanol-fueled engine with inlet port fuel injection (PFI) at low ambient temperatures, the effects of several auxiliary preheating measures, including the intake air preheating, the methanol fuel preheating, the resistance wire, which heats the inlet manifold, and the glow plug, which heats the methanol-air mixture, on the firing behavior of the methanol-fueled engine were studied experimentally by means of a single-cycle methanol injection strategy. The results showed that, with the ambient temperatures below 16°C, the methanol-fueled engine cannot be started reliably without an auxiliary start aid even at a large amount of methanol injected per cycle. Both the intake air preheating and the methanol fuel preheating cannot ensure the reliable firing of the methanol-fueled engine during the cold start, but the resistance wire and the glow plug will do. Under the glow-plug preheating, the amount of methanol injected per cycle for reliable cold start is by 30% less than that of the resistance wire and the maximum combustion pressure in the cylinder is 180% higher. The preheating by the glow plug is better than that by the resistance wire.

## 1 Introduction

Because of the shortage of petroleum and the stringency of exhaust emission standards, the alternative fuel engine has become more and more attractive. Methanol ($CH_3OH$), also known as methyl alcohol, is considered to be one of the favorable fuels for the engine[1]. It can be produced from synthesis gas [a mixture of carbon monoxide (CO) and hydrogen] that is formed by steam reforming of natural gas, gasification of coal, or biomass, all of which are available in abundance or renewable[2]. Methanol is a colorless liquid, completely miscible with water and organic solvents, and has a high octane number, indicating excellent antiknock performance, high latent heat of vaporization, allowing for a denser fuel-air charge, and good lean burn capability. These properties make methanol a good fuel for spark-igni-tion (SI) Otto-cycle engines[3]. Although methanol is the simplest aliphatic alcohol, its boiling point (65°C) is higher than the initial boiling point of gasoline (about 40°C). The low vapor pressure and high latent heat of vaporization of methanol may cause cold-start difficulties for a methanol engine at low ambient temperatures[4]. In view of environmental protection, a major difficulty in meeting rigorous emission standards is the initial cold-start transient, where

Energy Fuels 2009, 23, 5394 – 5400; DOI: 10.1021/ef900569a

第七部分

the hydro-carbon(HC) emitted remains at a high level because of the richer fuel-air mixture supplied, as well as the lower conversion rate of the catalytic converter[5]. Many measures have been taken, such as intake air heating, fuel heating, heated spark plug, fuel reforming, supplementary fuel, blend fuel, etc[6-10].

For a port fuel injection(PFI) gasoline engine, 60% ~ 95% of tailpipe HC emissions over the Federal Test Procedure(FTP) cycle are emitted during the cold-start and warm-up period. [11] A dominant source of these emissions is the need for over-fueling. Typically, the injector is aimed at the back of the intake valve head because this is the hottest surface in the intake system. However, this surface is at ambient temperature during the cold start. Chen et al[12]. in 1996 found that only 20% of gasoline evaporates under this condition, in reason-able agreement with equilibrium calculations that 10% ~ 20% of the fuel vaporizes during the first few cycles of a cold start[13,14]. Swindal et al[15]. note that multicomponent fuel evaporation may complicate. They proposed that droplet evaporation is a batch distillation process for cold operation and during the early part of the intake stroke. In batch distillation, the lighter components evaporate first, leaving smaller droplets that are enriched in behavior fuel components. For warm operation and late in the compression stroke, they proposed that droplet evaporation is probably a combination of batch distillations and is diffusion-limited. If the thermal diffusivity is much greater than the mass diffusivity, all components evaporate at similar rates and the fuel droplet has essentially constant composition. They also found that the low boiling-point tracers( < 100°C) produced an essentially homogeneous charge during the compression stroke, with the lowest boiling-point tracer yielding a uniform distribution earlier. How-ever, the higher boiling-point traces produced not only charge inhomogeneity but also the surviving droplets observed at the latest crank angle. The amount of overfueling that is required depends upon the ambient temperature. Quader et al[16]. in 1999 spectroscopically measured the fraction of injected gasoline vaporized to achieve first combustion at two different temperatures in a Waukesha CFR engine. They found that, at 22°C, 57% of the injected fuel has vaporized in the first cycle in which combustion takes place versus only 30% at a temperature of 0°C. Thus, the required enrichment was almost twice as great at the lower temperature. They also found that, after the first cycle with combustion, dilution with residual gas could contribute to misfires in subsequent cycles, requiring that the residual-free fuel vapor/air equivalence ratio be greater than the lean flammability limit in succeeding cycles. Sunwoo et al[17]. heated the fuel rail of a PFI injection system. They examined a two-hole, six-hole, and pintle-type injector. They found that the Sauter mean diameter(SMD) of the droplets decreased by 3% ~ 25% when the fuel is heated from 25 to 40°C. Zimmerman et al[18]. examined a prototype heated tip injector for its effect on droplet size and HC emissions. The injector was able to heat the fuel residing in the injector from 20 to 65°C in 5 s. The objective was to induce flash boiling to enhance vaporization. They found that the heated injector reduced the SMD of the droplets from about 100 to about 20μm, with almost no droplets bigger than 50μm. They also found a benefit for cold-start HC emissions.

Up to now, most work on the cold start was concentrated on the gasoline-and LPG-fueled engine[19-22]. whereas little work was concentrated on the methanol-fueled engine[23]. The objective of the work was to investigate the effects of several auxiliary preheating measures, including the intake air preheating, the methanol preheating, the resistance wire, which heats the inlet manifold, and the glow plug, which heats the methanol-air mixture on firing of the methanol-fueled engine, and the results of preheating were evaluated by means of a single-cycle methanol injection strategy. These results are helpful to understand the cold-start firing behavior of the methanol-fueled engine.

## 2 Test Engine and Experimental Setup

The experiment was conducted on a single-cylinder four-stroke electronically controlled methanol-fueled engine with inlet PFI. The engine specifications are listed in Table 1. The experimental system is shown in Fig. 1. The instantaneous angular velocity of the crankshaft was determined by an optical shaft encoder with 0. 5°resolution. In-cylinder pressure was measured using a Kistler 6125B quartz crystal pressure sensor matched with a WDF-3 charge amplifier. A multichannel data acquisition card PLC-8018HG was used to record the in-cylinder pressure, instantaneous angular velocity, and HC emissions synchronously. The HC emissions from the inlet pipe and tailpipe were measured with a FGA4015 exhaust gas analyzer.

**Table 1 Engine Specifications**

| | |
|---|---|
| bore(mm) | 52. 4 |
| stroke(mm) | 57. 8 |
| displacement($cm^3$) | 125 |
| compression ratio | 10. 55:1 |
| maximum power(kW)/speed(r/min) | 6. 5/7500 |
| maximum torque(N · m)/speed(r/min) | 9/6000 |
| cooling system | air cooled |
| intake valve opening(IVO) | 15°CA BTDC |
| intake valve closing(IVC) | 35°CA ABDC |
| exhaust valve opening(EVO) | 35°CA BBDC |
| exhaust valve closing(EVC) | 15°CA ATDC |

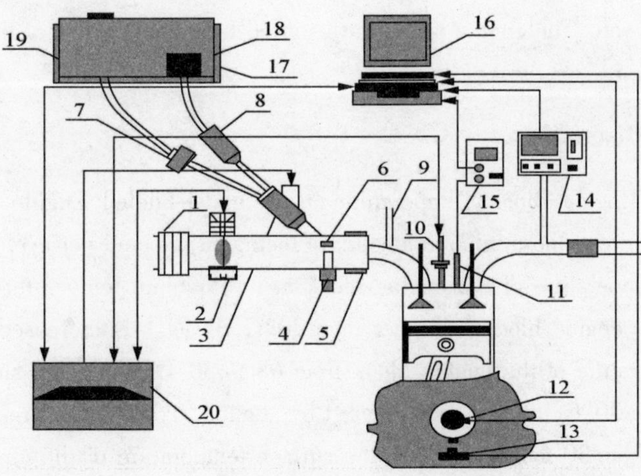


Fig. 1 Schematic of the experimental system

1-air heater;2-throttle sensor;3-methanol injection nozzle;4-glow plug;5-inlet manifold heater;6-K-type thermocouple;7-methanol pressure regulator;8-methanol filter;9-test location for HC in inlet pipe;10-spark plug;11-in-cylinder pressure transducer;12-encoder;13-TDC marker;14-exhaust gas analyzer;15-charge amplifier;16-computer;17-methanol heater;18-methanol pump;19-methanol tank;20-ECU

In this study, when the ambient temperature was below 16° C, the following four auxiliary preheating methods were used: (1) The air preheater is fixed on the front of the inlet manifold. When the ambient temperature was 11°C, after the air preheater switched on a 12 V power supply for 30 s, the temperature of the inlet air reached 26°C. (2) Methanol preheating heats the methanol tank to 50°C. (3) Resistance wire preheating heats the outer surface of the inlet manifold. After the resistance wire switched on a 220 V power supply for 15 min, the temperature of the inlet manifold surface reached 45°C. (4) Glow plug preheating heats the

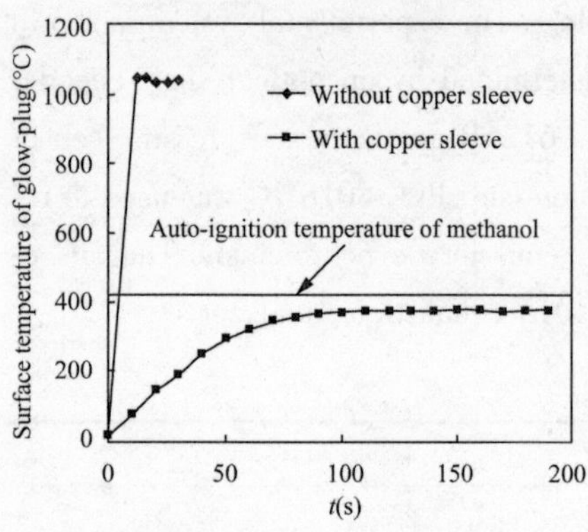


Fig. 2 Surface temperature of the glow plug

engine inlet manifold. A glow plug was fixed in the intake manifold plenum. To prevent the injected methanol from combustion on the glow plug, the surface of the glow plug is covered with a copper sleeve. After the glow plug was switched on for 3 min, the temperature of the inlet manifold surface reached 42°C. The surface temperature histories of the glow plug are shown in Fig. 2.

The resistance wire preheating were used by three methods: (1) to heat the fuel rail to the rail surface temperature of 50°C, (2) to heat the inlet manifold to the manifold surface temperature of 45°C, and (3) to heat the fuel rail and inlet manifold in the meantime to the above temperatures.

The amount of methanol injected per cycle, the methanol injection timing, and the ignition timing were controlled by an electronic control unit (ECU). During the cold start test, ECU commanded an electric motor to crank the engine. The cycle in which the engine starts rotating is defined as the first cycle. The methanol was injected in the first cycle by means of the single-cycle fuel injection system.

The engine was soaked in the room at least 8 h before each test. During the cold-start test, the throttle valve was locked at 10%, the atmospheric pressure was 100.66 kPa, the electric battery voltage was 12.05 V, the electric motor cranking speed was 770 r/min, the ignition timing and the injection timing of methanol ($\theta_{in}$) of all of the tests were fixed at 20 and 35°CA before top dead center (BTDC), respectively. A 0°crank angle (CA) injection timing of methanol corresponds to the piston position at compression stroke top dead center (TDC) of the first cycle. The engine was always started from the position of the piston before top dead center (BTDC) of the compression stroke.

## 3 Results and Discussion

3.1 Effect of the Engine Block Temperature on Methanol-Fueled Engine Cold-Start Firing. Fig. 3 shows the relation-ship between the minimum amount of methanol injected per cycle ($Q_{min}$) for ensuring reliable firing and surface temperature of the engine block at the ambient temperature ($t$) of 11°C. When the surface temperature of the engine block is higher than 30°C, the $Q_{min}$ is increased by about 50% with the drop of the surface temperature of the engine block from 68 to 30°C. When the surface temperature of the engine block is lower than 30°C, the $Q_{min}$ is increased by about 150% with the drop of the surface temperature of the engine block from 30 to 16°C. Wh[illegible] the surface temperature of the engine block is further decreased to below 16°C, the methanol-fueled engine cannot be started reliably without auxiliary start aids even at the large amount of fuel injected per cycle ($Q$). [1] The methanol vaporization at the inlet port injection deteriorates because of the poor volatility of methanol at lower temperatures of the engine block (as well as the ambient temperature). The lower the temperature of the engine block, the richer the methanol-air mixture that is required for a start-up. Therefore, the temperature of the engine block affects the methanol-fueled engine cold start reliability significantly.

3.2 Effect of Different Preheating Methods on Methanol-Fueled Engine Cold-Start Firing. Fig. 4 gives the in-cylinder pressure ($p$) histories during cold start using different preheating methods at $t = 11°C$, $Q = 75.8$ mg, and $\theta_{in} = 35°CA$ BTDC. It can be seen that the preheating methods of the air preheater and methanol preheating cannot ensure firing of the methanol-fueled engine. The air preheater and methanol prehea-

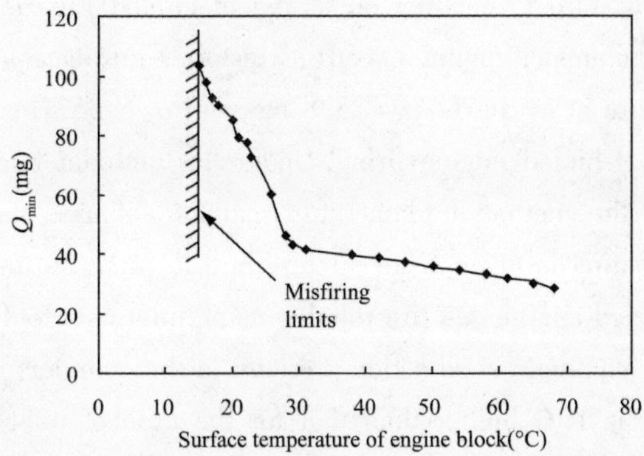


Fig. 3 Relationship between the $Q_{min}$ and surface temperature of the engine block at $t = 11°C$

ting only heat the inlet air and fuel. During the cold start by means of single-cycle fuel injection, the $Q$ and air required are very little. The effect of high latent heat of vaporization of methanol on mixture preparation is greater than that of the air preheater or methanol preheating. The resistance wire preheating (inlet manifold preheating) and glow-plug preheating ensure a reliable firing of the methanol-fueled engine because the methanol-air mixture is heated by the resistance wire or glow plug, obviously imp-roving vaporization of methanol. The maximum combustion pressure in the cylinder of the glow-plug preheating is 180% higher than that of the resistance wire. This is because the preheating intensity of the glow plug is larger obviously than that of the resistance wire. Panels c and d of Fig. 4 show that the first firing cycle appears at the third cycle if the methanol is injected at the first cycle, but the ideal firing cycle should be the second cycle. The reason is that the amount of the methanol vaporization is little at low ambient temperature; the concentration of the methanol-air mixture cannot reach the lean firing limit at the second cycle but can at the third cycle. If the injection timing of methanol is controlled reasonably, it is possible to ensure that all of the mixture enter the cylinder in the second cycle and realize an ideal firing immediately after methanol injection.

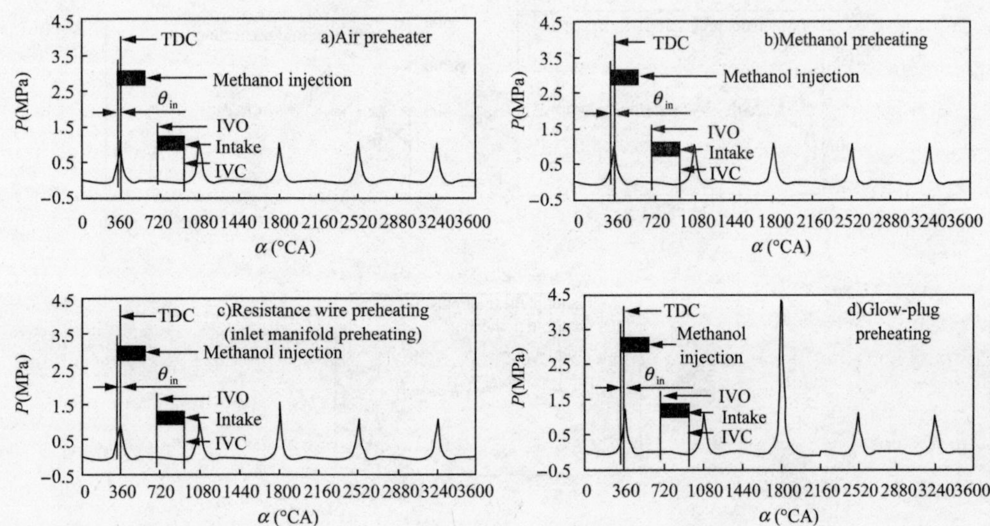


Fig. 4 $p$ histories during cold start using different preheating methods at $t = 11°C$, $Q = 75.8$ mg, and $\theta_{in} = 35°$ CA BTDC

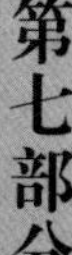

3.3 Effect of Resistance Wire Preheating on Methanol-Fueled Engine Cold-Start Firing. Fig. 5 and Fig. 6 show the $p$ and the instantaneous engine speed($n$) histories during cold start using different preheating methods with resistance wire at $t = 11°C$, $Q = 75.8$ mg, and $\theta_{in} = 35°$CA BTDC. The methanol preheating cannot ensure the methanol-fueled engine firing. Under low ambient temperature, the less $Q$, the less energy of fuel, hence, raising the methanol temperature cannot enhance the methanol vaporization. The method of inlet manifold preheating is to heat the mixture and to increase the amount of vaporized methanol; therefore, the methanol-fueled engine can fire reliably using inlet manifold preheating and inlet manifold plus methanol preheating. The maximum combustion pressure in the cylinder($p_{max}$) for the case of inlet manifold plus methanol preheating is 10% higher than that for the case of inlet manifold preheating, and the maximum instantaneous engine speed($n_{max}$) is 5% higher.

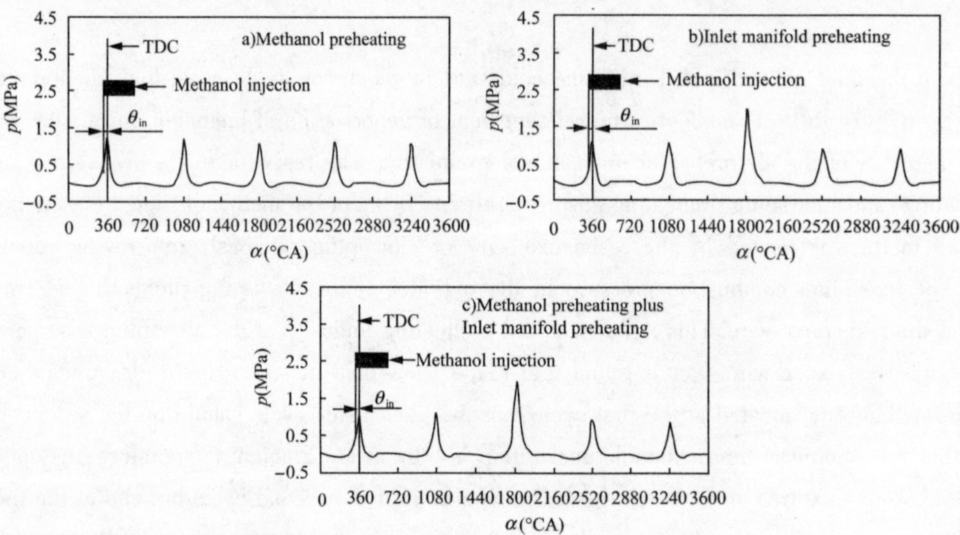


Fig. 5 $p$ histories during cold start using different preheating methods by the resistance wire at $t = 11°C$, $Q = 75.8$ mg, and $\theta_{in} = 35°$CA BTDC

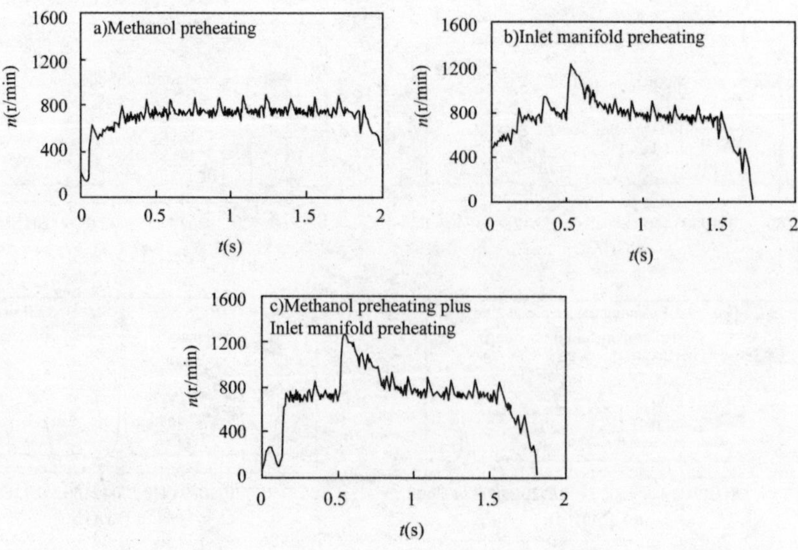


Fig. 6 $n$ histories during cold start using different preheating methods by the resistance wire at $t = 11°C$, $Q = 75.8$ mg, and $\theta_{in} = 35°$CA BTDC

Fig. 7 gives the effect of different preheating methods of resistance wire on HC emissions from the inlet pipe and tailpipe at $t=11°C$, $Q=75.8$ mg, and $\theta_{in}=35°CA$ BTDC. For methanol preheating, the HC emissions of the inlet pipe are higher than that of the tailpipe because of misfiring. This indicated that most of the methanol does not enter into the cylinder. The methanol that does not enter into the cylinder is stored within the liquid fuel films in the intake port and manifold, in the cylinder, and liquid fuel carried with blowby gas from the cylinder into the crankcase with the lubrication oil. The amount of unaccounted fuel depends upon the engine temperature and the volatility of the fuel[24]. Using inlet manifold preheating and inlet manifold plus methanol preheating, the methanol-fueled engine can ensure reliable firing; their HC emissions from the inlet pipe are 54% lower than that for the case of the methanol preheating.

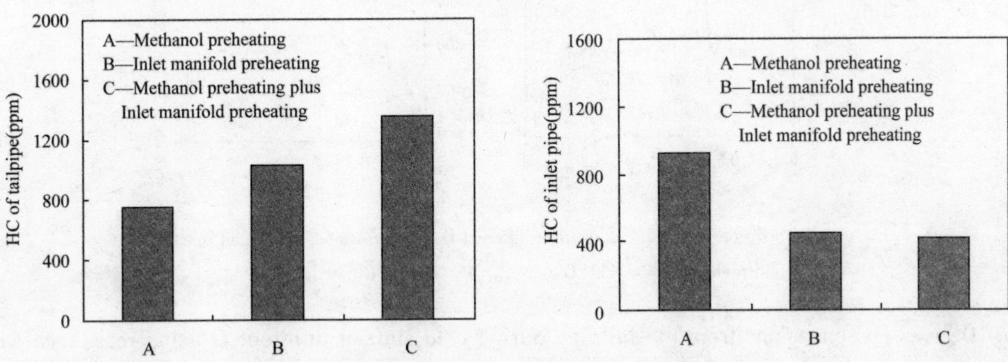


Fig. 7 Effect of different preheating methods of resistance wire on HC emissions from inlet pipe and tailpipe at $t=11°C$, $Q=75.8$ mg, and $\theta_{in}=35°CA$ BTDC

Fig. 8 and Fig. 9 show the $p$ and $n$ histories during cold start at different $Q$ using resistance wire preheating (inlet mani-fold preheating) at $t=11°C$ and $\theta_{in}=35°CA$ BTDC. When $Q$ is larger than 70.7 mg, the methanol-fueled engine can fire reliably; its $p$ and $n$ increase as $Q$ increases. When $Q$ is increased further to 83.6 mg, the second firing can be seen from Fig. 9d). Owing to the second firing being weak, it cannot be found in Fig. 8d).

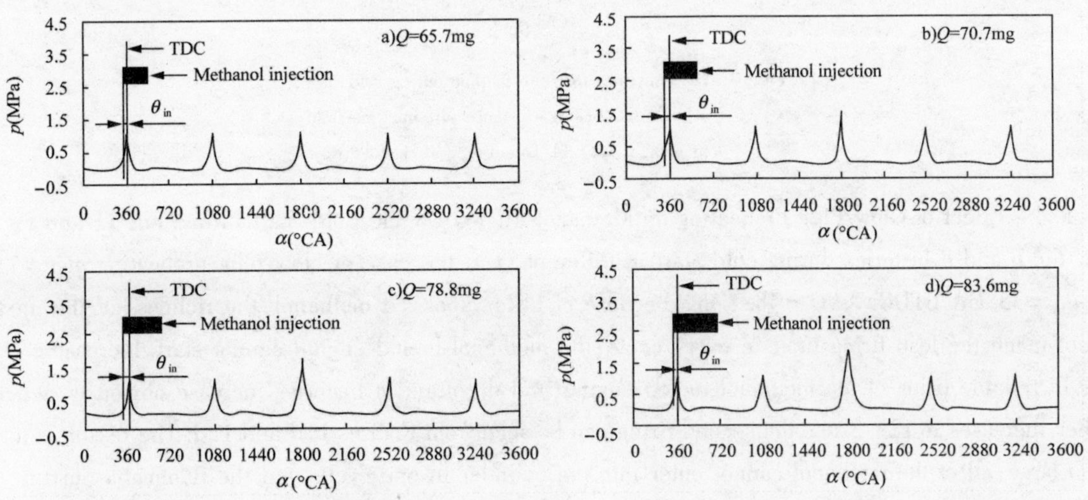


Fig. 8 $p$ histories during cold start at different $Q$ using resistance wire inlet manifold preheating at $t=11°C$ and $\theta_{in}=35°CA$ BTDC

第七部分

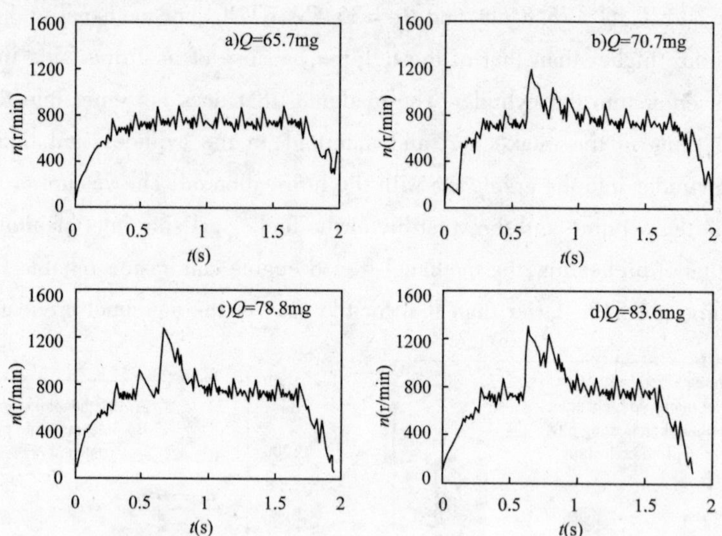


Fig. 9 $n$ histories during cold start at different $Q$ using resistance wire inlet manifold preheating at $t=11°C$ and $\theta_{in}=35°CA$ BTDC

Fig. 10 gives HC emissions from the tailpipe during cold start at different $Q$ using resistance wire preheating (inlet manifold preheating) at $t=11°C$ and $\theta_{in}=35°CA$ BTDC. Methanol cannot fire at $Q=65.7$ mg; HC emissions are as high as 2036 ppm. HC emissions decrease against increasing $Q$. When $Q$ is further increased to 83.6 mg, results in HC emissions further decrease to 1042 ppm because of the second firing.

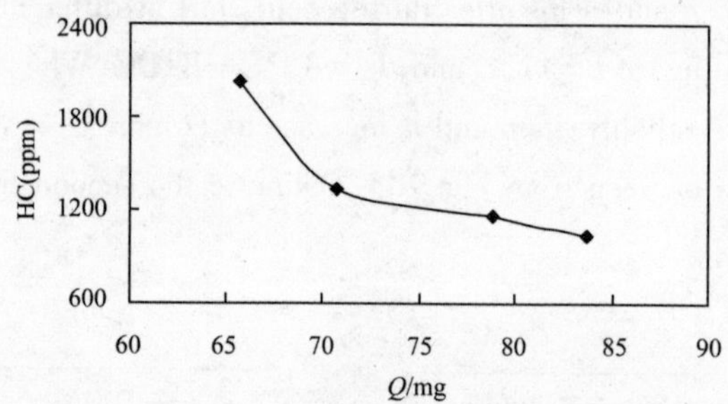


Fig. 10 HC emissions from the tailpipe during cold start at different $Q$ using resistance wire inlet manifold preheating at $t=11°C$ and $\theta_{in}=35°CA$ BTDC

3.4 Effect of Glow-Plug Preheating on Methanol-Fueled Engine Cold-Start Firing. Fig. 11 and Fig. 12 show the $p$ and $n$ histories during cold start at different $Q$ in the case of glow-plug preheating at $t=11°C$ and $\theta_{in}=35°CA$ BTDC. At $Q=48.1$ mg, because of little vaporized methanol, the richness of the mixture cannot reach the lean firing limit in every cycle; the methanol-fueled engine cannot start. Increasing $Q$ results in reliable firing of the methanol-fueled engine, and the $p$ and $n$ histories increase obviously. When $Q$ further increases to 121.3 mg, the second firing can be seen from Figures 11d and 12d. The reason is that $Q$ is too large; all of the methanol cannot enter into the cylinder in one cycle, and the flammable mixture appears in two cycles.

Fig. 13 gives HC emissions during cold start at different $Q$ using glow-plug preheating at $t=11°C$ and $\theta_{in}=35°CA$ BTDC. At $Q=48.1$ mg, the methanol-fueled engine cannot fire; HC emissions are as high as

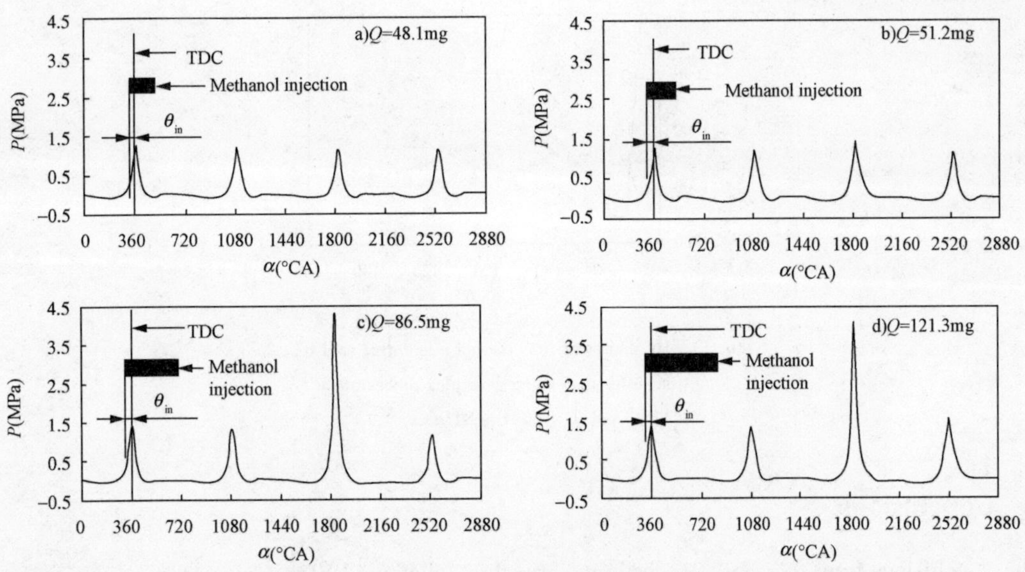


Fig. 11 $p$ histories during cold start at different $Q$ using glow-plug preheating at $t = 11°C$ and $\theta_{in} = 35°CA$ BTDC

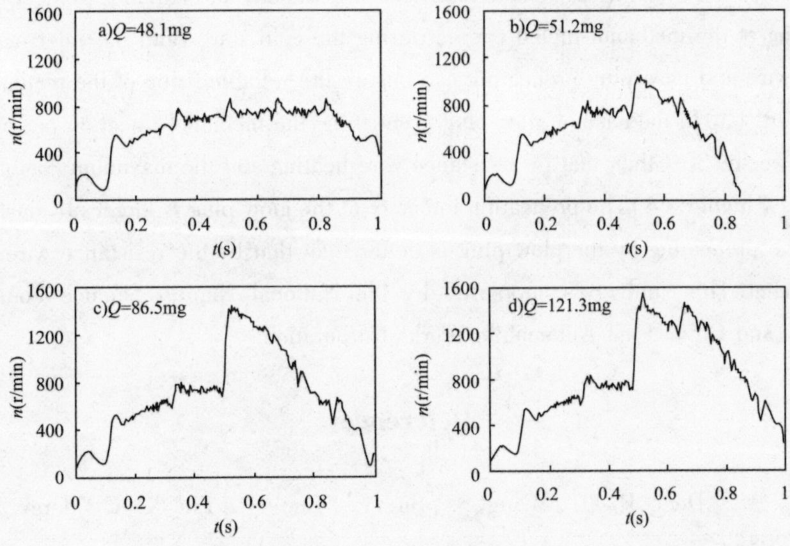


Fig. 12 $n$ histories during cold start at different $Q$ using glow-plug preheating at $t = 11°C$ and $\theta_{in} = 35°CA$ BTDC

1958 ppm. At $Q = 56.7$ mg, the fact that the firing performance of the methanol-fueled engine is the best results in the lowest HC emissions of 996 ppm. HC emissions increase obviously as $Q$ increases from 56.7 to 86.5 mg. Further increasing $Q$ results in the drop of HC emission because of the double-cycle firing.

In a comparison of the effect of resistance wire inlet manifold preheating and glow-plug preheating upon firing performance of the methanol-fueled engine, the amount of methanol injected per cycle of the glow-plug preheating is lower by 30% than that of the resistance wire and the maximum combustion pressure in the cylinder is 180% higher under reliable cold start. The preheating by the glow plug is better than that by the resistance wire.

第七部分

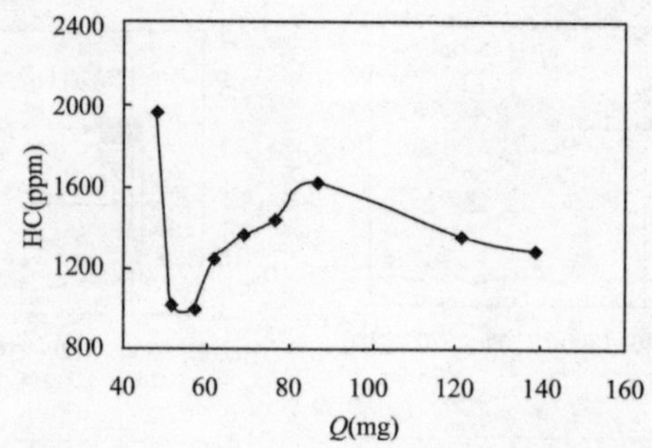


Fig. 13 HC emissions from the tail pile during cold start at different $Q$ using glow-plug preheating at $t$ = 11°C and $\theta_{in}$ = 35°CA BTDC

## 4 Conclusions

The conclusions from this work can be summarized as follows: (1) The temperature of the engine block affects the methanol-fueled engine cold start reliability significantly. With the ambient temperature below 16°C, the methanol-fueled engine cannot start reliably without an auxiliary start aid even at the large methanol injection per cycle. (2) The air preheater that heats air as well as methanol preheating that heats fuel cannot ensure firing of the methanol-fueled engine during the cold start. Both the inlet manifold preheating by the resistance wire and glow-plug preheating can ensure the reliable firing of the methanol-fueled engine during the cold start. (3) In the case of glow-plug preheating, the methanol injection per cycle for the reliable cold start is lower by 30% than that by resistance wire heating and the maximum combustion pressure in the cylinder is 180% higher. (4) The preheating intensity of the glow plug is larger obviously than that of the resistance wire. The preheating by the glow plug is better than that by the resistance wire.

Acknowledgment. This study was supported by the National Natural Science Foundation of China (Grant 50576031) and China First Automobile Works Corporation.

## References

[1] Gong C. M., Deng B. Q., Wang S., Su, Y., Gao Q., Liu X. J. Energy Fuels 2008, 22, 2981 - 2985.

[2] Hu T. G., Wei Y. J., Liu S. H., Zhou L. B. Energy Fuels 2007, 21, 171 - 175.

[3] Frank, B. SAE Tech. Pap. 912413, 1991.

[4] Bassem H. R., Fakhri J. H., Charles L. G., Karl H. H., Harold J. S. SAE Tech. Pap. 2002 - 01 - 2702, 2002.

[5] Henein N. A., Tagomori M. K. Prog. Energy Combust. Sci. 1999, 25, 563 - 593.

[6] Suga T., Kitajima Y., Hamazaki A. Proceedings of the 9th International Symposium on Alcohol Fuels, Firenze, Italy, 1991: 532 - 537.

[7] Karpuk M. E., Scott W. C. SAE Tech. Pap. 881678, 1988.

[8] Pan K. R., Zhai H., Xie R. M., Yan Y., Zhu J., Zhang R., Zhao R. L., Decker G., Steinke D. Proceedings of the 9th International Symposium on Alcohol Fuels, Firenze, Italy, 1991: 768 - 772.

[9] Liao S. Y. ,Jiang D. M. ,Cheng Q. ,Huang Z. H. ,Wei Q. Energy Fuels 2005,19,813 - 819.

[10] Bielaczyc P. ,Merkisz J. SAE Tech. Pap. 980401,1998.

[11] Kim C. ,Foster D. E. SAE Tech. Pap. 852120,1985.

[12] Chen K. C. ,Cheng,W. K. ,Van Doren J. M. SAE Tech. Pap. 961955,1996.

[13] Boyle R. J. ,Doam D. J. ,Finlay I. C. SAE Tech. Pap. 930710,1993.

[14] Santoso H. ,Cheng W. K. SAE Tech. Pap. 2002 - 01 - 2805,2002.

[15] Swindal J. C. , Dragonetti D. P. , Hahn R. T. , Furman P. A. , Acker W. P. SAE Tech. Pap. 950106,1995.

[16] Quader A. A. ,Majkowski R. F. SAE Tech. Pap. 1999 - 01 - 1107,1999.

[17] Sunwoo M. ,Yoon P. ,Park S. ,Eo Y. ,Cheon D. SAE Tech. Pap. 1999 - 01 - 0973,1999.

[18] Zimmerman F. ,Bright J. ,Ren W. ,Imoehl B. SAE Tech. Pap. 1999 - 01 - 0792,1999.

[19] Lee D. ,Heywood J. B. SAE Tech. Pap. 2006 - 01 - 3399,2006.

[20] Lang K. R. ,Cheng W. K. SAE Tech. Pap. 2004 - 01 - 3057,2004.

[21] Hochul K. ,Cha L. M. ,Simsoo P. Energy Fuel 2007,86,1475 - 1482.

[22] Li G. , Li L. G. , Liu Z. M. , Li Z. L. , Qiu D. P. Energy Convers. Manage. 2007, 48, 2508 - 2516.

[23] Gong C. M. , Deng B. Q. , Wang S. , Su Y. , Gao Q. , Liu X. J. Energy Fuels 2008, 22, 3779 - 3784.

[24] Shayler P. J. ,Belton C. ,Scarisbrick A. SAE Tech. Pap. 1999 - 01 - 0220,1999.

# Emissions of Formaldehyde and Unburned Methanol from a Spark-Ignition Methanol Engine during Cold Start

Jun Li[1,2], Changming Gong[1], Enyu Wang[2], Xiumin Yu[1], Zhong Wang[3], Xunjun Liu[1]
(1. State Key Laboratory of Automobile Dynamic Simulation, Jilin University, Changchun 130025, China; 2. Research and Development Center, China First Automobile Works Group Corporation, Changchun 130011, China; 3. United Automotive Electronic Systems Company, Limited, Shanghai 201206, China)

**Abstract**: The effects of the methanol injection quantity per cycle, the ignition timing, the methanol injection timing, the additional liquefied petroleum gas (LPG) injected into the inlet port, and the LPG injection timing delay relative to the methanol injection timing on the formaldehyde and the unburned methanol emissions from an electronically controlled inlet port methanol injection spark-ignition (SI) engine during cold start were investigated using a single-cycle fuel injection strategy. The results showed that the methanol injection quantity per cycle, the ignition timing, the methanol injection timing, the mass ratio of injected LPG/methanol, and the LPG injection timing delay relative to the methanol injection timing affect the formaldehyde and the unburned methanol emissions significantly. Optimal control of the methanol injection quantity per cycle, the ignition timing, the methanol injection timing, and the LPG injection timing delay relative to the methanol injection timing improves firing performances and reduces the unburned methanol emission. As the mass ratio of injected LPG/methanol increases, the formaldehyde emission increases and the unburned methanol emission falls. The variations in emitted formaldehyde and unburned methanol show opposite tendencies with the variations in the methanol injection quantity per cycle, the ignition timing, the methanol injection timing, the mass ratio of injected LPG/methanol, and the LPG injection timing delay relative to the methanol injection timing.

## 1 Introduction

The environmental concern of global warming and climate change has greatly increased the interests in the application study of renewable fuels to internal combustion engines. The sharply rising petroleum price on the markets worldwide has also boosted the studies and applications of renewable fuels in the area.[1] Methanol ($CH_3OH$) is considered to be one of the favorable fuels for engines. It can be produced from the widely available fossil raw materials, including coal, natural gas, and biosubstances. The methanol derived from the biological sources represents a kind of renewable energy source.[2,3] Combustion of various fossil fuels leads to emission of several pollutants, which are categorized as regulated and unregulated pollutants. The former are limited by emission standards [such as United States Environmental Protection Agency (U.

Energy Fuels 2010, 24, 863 – 870; DOI: 10.1021/ef9009982

S. EPA), EURO, etc.], and the latter are those without legislative limitations yet. The regulated pollutants include nitrogen oxides ($NO_x$), carbon monoxide (CO), hydrocarbon (HC), and particulate matter (PM), and unregulated pollutants include aldehydes (RCHO), benzene, toluene, xylene (BTX), aldehydes, sulfur dioxide ($SO_2$), etc.[4-6] These regulated as well as unregulated pollutants contribute to several harmful effects on human health, which are further classified as short-and long-term health effects. The short-term health effects are caused by CO, $NO_x$, PM (primarily regulated pollutants), etc., while long-term health effects are caused mainly by polyaromatic hydrocarbons (PAHs), BTX, formaldehyde (primarily unregulated pollutants), etc.[7,8] The organic emissions (ozone precursors) from methanol combustion will have lower reactivity, hence lower ozone-forming potential than gasoline fuels. If pure methanol is used, then the emission of benzene and PAHs is very low.[9] However, more toxicformaldehyde and unburned methanol emissions are emitted from a spark-ignition (SI) methanol-fueled engine.[10,11] The use of methanol will be extremely advantageous if two of the major problems, namely, cold start and formaldehyde emissions, can be overcome.[12] Formaldehyde has adverse effects on the environment because of its smell, and it may have carcinogenic effects. Furthermore, once emitted, the lifetime of formaldehyde in the atmosphere is considerable, of the order of magnitude of hours or even days. It is a very active compound in the tropospheric chemistry, participating in chain-propagating reactions through photolysis and by the interaction with OH radicals, thereby contributing to photo-chemical smog.[13] Formaldehyde may stimulate the eyes, throat, bronchus, etc. and cause nasopharyngeal cancer in humans.

With the stringency of the HC emissions standard, a proportionally larger fraction of the total emissions from the Federal Test Procedure (FTP) is emitted during the cold-start portion of the first cycle. At the ultra-low emissions vehicle (ULEV) standard, 80% ~ 90% of the tailpipe HC emissions are emitted during the first test cycle of the FTP.[14] The proportion of HC emissions emitted during the cold start is expected to increase further at the super ultra-low emissions vehicle (SULEV) standard. Tailpipe HC emissions during the cold start are high because the catalyst is not active enough to oxidize efficiently the HC. Thus, tailpipe HC emissions during the cold start are essentially equal to engine-out HC emissions until the catalyst reaches its light-off temperature (typically around 300°C). To shorten the time to obtain catalyst light-off, advanced engine control strategies are used, such as retarding the spark to increase the exhaust gas temperature.[15] Chen et al.[16] found that only 20% of gasoline evaporates under this condition, in reasonable agreement with equilibrium calculations that 10% ~ 20% of the fuel vaporizes during the first few cycles of a cold start.[17,18] Therefore, 8 ~ 15 times the stoichiometric amount of gasoline is injected during the first several cycles of the cold-start and warm-up transient.[19] Alkidas[20] investigated the effects of injection timing, coolant temperature, and fuel volatility for steady-state operation. In agreement with Yang et al.,[21] they found that the HC emissions are almost independent of injection timing for closed valve injection (CVI), unless the start of injection is ~80°crank angle (CA) or later before intake valve opening (IVO). With opening valve injection (OVI) and, especially, with cold coolant, a portion of the liquid fuel enters the combustion chamber and impacts the in-cylinder surfaces. It also appears that, if the CVI starts at ~80°CA or later before IVO, some liquid enters the combustion chamber. Rottenkolber et al.[22] found cold-start HC emissions 25% ~ 80% higher for OVI versus CVI, depending upon injector targeting.

Li et al[23]. studied the characteristics of transient HC emissions of the first firing cycle during cold start on an liquefied petroleum gas (LPG) SI engine. They found that the first firing cycle is very important for cold start. Misfire of the first firing cycle can lead to significant HC emissions and affect the subsequent cycles. Gong et al.[24] investigated the effect of fuel injection timing on combustion and emissions of a SI methanol and methanol/LPG engine during cold start. Their research results showed that optimal control of the fuel injection timing and the LPG injection timing delay relative to the methanol injection timing improves firing performances and reduces the HC emissions. Wei et al. [25] studied formaldehyde and methanol emission characteristics as well as the three-way catalytic converter(TWC) conversion efficiency of a SI engine when it ran on gasoline, M10, M20, and M85 (gasoline blended with 10, 20, and 85% of methanol in volume), respectively, for steady-state operation. Their experimental results showed that the HCHO emission increases with the engine speed, while the $CH_3OH$ emission from a methanol/gasoline blend-fueled engine decreases with it. HCHO emission from a gasoline-fueled engine varies in a "U" curve with the engine torque. The addition of 10% methanol in gasoline doubles the HCHO emission. The increasing methanol fraction greatly improves HCHO and $CH_3OH$ emissions; their concentrations are both approximately linear to the amount of cyclically supplied fuel methanol.

All of the above works in the literature paid attention to the firing performances of the SI engine during cold start fueled with gasoline, LPG, methanol, methanol/gasoline blends, and ethanol/gasoline blends, [26~30] the engine performances and formaldehyde emission for steady-state operation using methanol/gasoline blends, etc. [31~34] However, investigation on formaldehyde and unburned methanol emission behavior of a SI methanol-fueled engine during cold start has not been reported by means of the cycle-by-cycle control strategy. The objective of this study was to investigated the effect of the methanol injection quantity per cycle, the ignition timing, the methanol injection timing, additional LPG injected into the inlet port, and the LPG injection timing delay relative to the methanol injection timing on the cold-start formaldehyde and unburned methanol emissions using a single-cycle fuel injection strategy.

## 2 Experimental Setup and Procedures

2.1 Test Engine. The experiment was conducted on a single-cylinder four-stroke electronically controlled methanol-fueled engine with inlet port fuel injection(PFI). The engine specifications are listed in Table 1.

2.2 Test Fuels. Test fuels for this study were methanol and LPG. Table 2 shows the physical and chemical properties of methanol and LPG. The components of LPG are shown in Table 3.

2.3 Experimental Setup and Procedures. The experimental system is shown in Fig. 1. The in-cylinder pressure was measured using a Kistler 6125B quartz crystal pressure sensor matched with a WDF-3 charge amplifier. The instantaneous angular velocity of the crank shaft was determined by an optical shaft encoder with 0.5°CA resolution. A multi-channel data acquisition card PLC-8018HG was used to record the in-cylin-der pressure and instantaneous angular velocity synchronously. The formaldehyde and unburned methanol were analyzed by gas chromatography (Shimadzu GC2010) and liquid chroma-tography (Waters 600E, Milford, MA). The gas chromatography uses a flame ionization detector(FID), and the liquid chromatography uses an ultraviolet detector. The detection limits of this method were under 5 ppb in the solution. The sampling bag was used to collect exhaust gas. The layout of the gas sampling system is shown in Fig. 2.

**Table 1 Engine Specifications**

| | |
|---|---|
| bore(mm) | 52.4 |
| stroke(mm) | 57.8 |
| displacement($cm^3$) | 125 |
| compression ratio | 10.55:1 |
| maximum power(kW)/speed(r/min) | 6.5/7500 |
| maximum torque(N·m)/speed(r/min) | 9/6000 |
| cooling system | air cooled |

续上表

| | |
|---|---|
| intake valve opening(IVO) | 15°CA BTDC |
| intake valve closing(IVC) | 35°CA ABDC |
| exhaust valve opening(EVO) | 35°CA BBDC |
| exhaust valve closing(EVC) | 15°CA ATDC |

**Table 2 Property Comparison of Methanol and LPG**

| property | methanol | LPG | |
|---|---|---|---|
| formula | $CH_3OH$ | $C_3H_8+C_4H_{10}$ | |
| relative molecular mass | 32 | 44 | 58 |
| composition(%m) | | | |
| C | 37.5 | 82 | 83 |
| H | 12.5 | 18 | 17 |
| O | 50.0 | 0 | 0 |
| density($kg/m^3$) | 790 | 508 | 584 |
| boiling point(°C) | 65 | -42 | -0.5 |
| RON | 111 | 111 | 103 |
| flammability limit(%v) | 6.7~36 | 2.2~9.5 | 1.9~8.5 |
| latent heat of vaporization(kJ/kg) | 1110 | 426 | 385 |
| lower heating value(MJ/kg) | 19.6 | 46.1 | 45.5 |
| auto-ignition temperature(°C) | 470 | 480 | 440 |
| stoichiometric air/fuel ratio | 6.5 | 15.65 | 15.43 |
| flame speed(m/s) | 0.523 | 0.38 | 0.37 |

**Table 3 Mole Fractions of Main Components in LPG**

| propane(%) | isobutane(%) | butane(%) | dimethyl-propylene(%) | butadiene(%) |
|---|---|---|---|---|
| 49 | 21 | 15 | 8 | 5 |

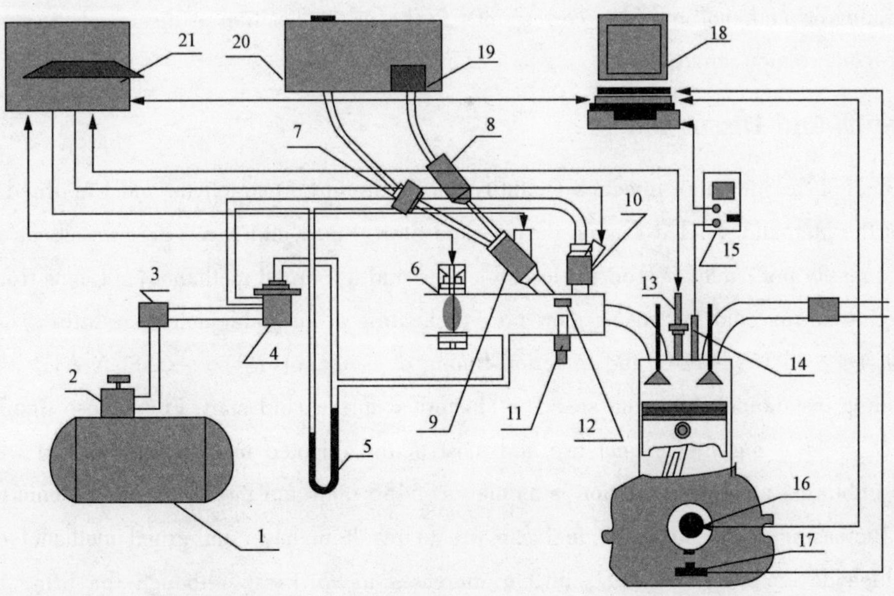


Fig. 1 Schematic layout of the experimental system

1-LPG tank; 2-gas valve; 3-solenoid valve; 4-LPG pressure regulator; 5-mercury manometer; 6-throttle sensor; 7-methanol pressure regulator; 8-methanol filter; 9-methanol injection nozzle; 10-LPG injection nozzle; 11-glow plug; 12-K-type thermocouple; 13-spark plug; 14-in-cylinder pressure transducer; 15-charge amplifier; 16-encoder; 17-TDC marker; 18-computer; 19-methanol pump; 20-methanol tank; and 21-ECU

When the ambient temperature was below 16°C, a glow plug was used as an auxiliary start aid to heat the engine inlet manifold or additional LPG was injected into the inlet port of the methanol-fueled engine. The glow plug was fixed in the intake manifold plenum. To prevent the injected methanol from combusting on the glow plug, the surface of the glow plug was covered with a copper sleeve. After the glow plug was switched on for 3 min, the temperature of inlet manifold surface reached 42°C. The methanol and LPG fuel injection systems were installed separately and worked independently. The methanol injection nozzle was mounted on the intake manifold. The injection pressure of methanol was 0. 3 MPa. The LPG injection nozzle was mounted between the methanol injection nozzle and the intake valve. The gas-phase LPG was injected at a constant pressure of 0. 14 MPa with a pressure regulator. The LPG only played the part of start aid in the methanol/LPG-fueled engine. The LPG and methanol injection quantities per cycle, the ignition timing, and the injection timing were controlled by an electronic control unit (ECU). During the cold-start test, through ECU control, an electric motor cranked the engine. The cycle in which the engine starts rotating was defined as the first cycle. The methanol and LPG were injected in the first cycle by means of a respective single-cycle fuel injection system.

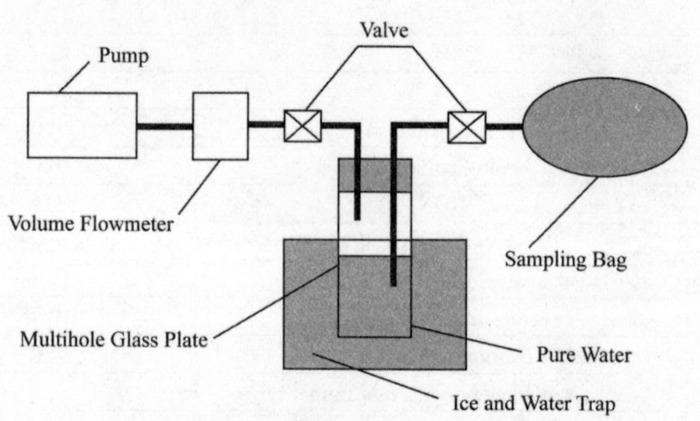


Fig. 2 Layout of the gas sampling system

The engine was soaked in the room at least 8 h before each test. During the cold-start test, the throttle valve was locked at 10%, the atmospheric pressure was 100. 66 kPa, the electric battery voltage was 12. 05 V, the electric motor cranking speed was 770 rpm, and the ambient temperature was 11°C. A 0°CA of injection timing of methanol and LPG corresponds to the piston position at the top dead center (TDC) of the first cycle compression stroke.

## 3 Results and Discussion

3. 1 Effect of the Methanol Injection Quantity per Cycle on Formaldehyde and Unburned Methanol Emissions from the Methanol-Fueled Engine during Cold Start. Fig. 3 and Fig. 4 give the effect of the methanol injection quantity per cycle ($Q_m$) on the formaldehyde and unburned methanol emissions from the methanol-fueled engine during cold start using glow-plug preheating at an ambient temperature ($t$) of 11°C, ignition timing ($\theta_{ig}$) of −20°CA ATDC, and injection timing of methanol ($\theta_m$) of −35°CA ATDC. Fig. 5 shows the corresponding instantaneous engine speed ($n$) histories during cold start. From those figures, it can be seen that, at $Q_m$ = 54. 4 mg, fuel cannot fire and most of the injected methanol is emitted without firing; therefore, the unburned methanol emission is as high as 5486 ppm and the formaldehyde emission is as low as 202 ppm. Increasing $Q_m$ to 60. 4 mg, fuel can fire to result in lower unburned methanol emission and higher formaldehyde emission. When $Q_m$ further increases to 95. 1 mg, although the firing behavior improves, owing to more methanol left in the inlet port, the unburned methanol emission increases and the formaldehyde emission decreases a little. Increasing $Q_m$ to 125. 3 mg, the second firing of the methanol partly left in the inlet port makes the unburned methanol emission decrease and the formaldehyde emission increase. Thus, the unburned methanol and the formaldehyde emissions are closely related to the firing behavior. The unburned methanol and formaldehyde emissions show opposite tendencies with the varia-tion of $Q_m$.

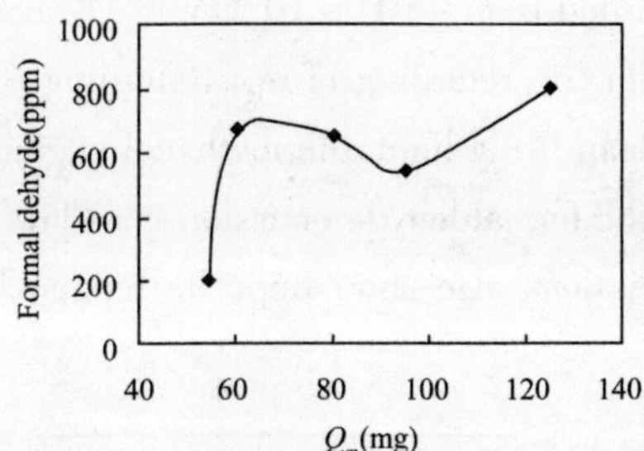


Fig. 3 Effect of $Q_m$ on the formaldehyde emission from the methanol-fueled engine during cold start using glow-plug preheating at $t = 11°C$, $\theta_{ig} = -20°$ CA ATDC, and $\theta_m = -35°$CA ATDC

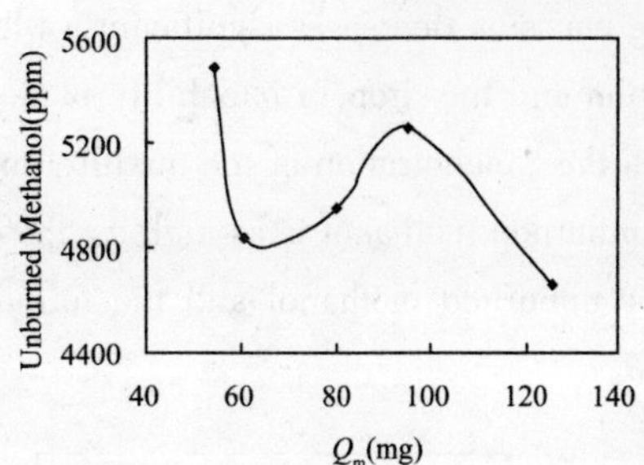


Fig. 4 Effect of $Q_m$ on the unburned methanol emission from the methanol-fueled engine during cold start using glow-plug preheating at $t = 11°C$, $\theta_{ig} = -20°$ CA ATDC, and $\theta_m = -35°$CA ATDC

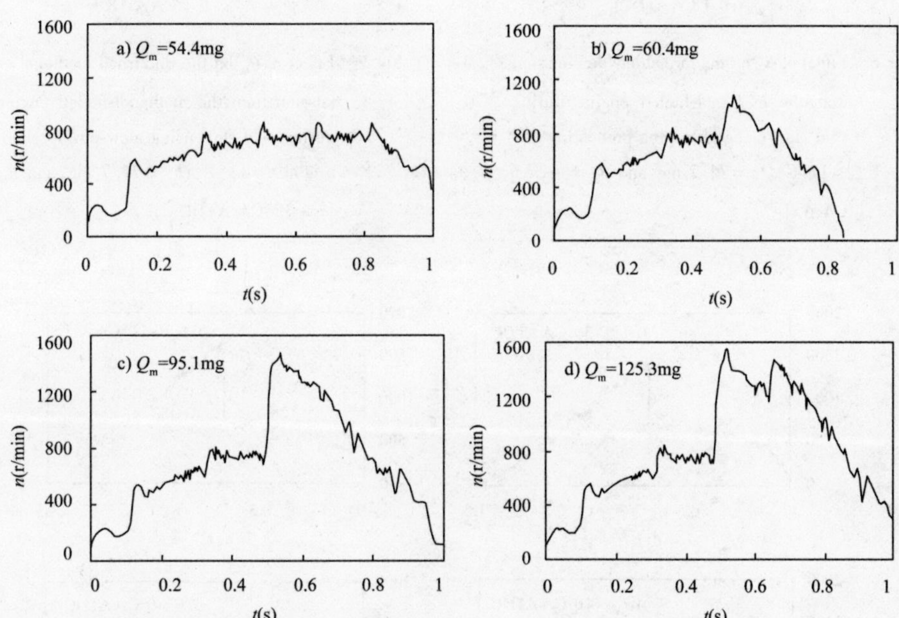


Fig. 5 $n$ histories during cold start using glow-plug preheating at different $Q_m$ and $t = 11°C$, $\theta_{ig} = -20°$ CA ATDC, and $\theta_m = -35°$CA ATDC

3.2 Effect of the Ignition Timing on Formaldehyde and Unburned Methanol Emissions from the Methanol-Fueled Engine during Cold Start. Fig. 6 and Fig. 7 show the effect of $\theta_{ig}$ on the formaldehyde and unburned methanol emissions from the methanol-fueled engine during cold start using glow-plug preheating at $t = 11°C$, $Q_m = 74.7$ mg, and $\theta_m = -35°$CA ATDC. Fig. 8 gives corresponding $n$histories. Fig. 9 illustrates the corresponding effect of $\theta_{ig}$ on the maximum combustion pressure in the cylinder($p_{max}$) during cold start. It can be seen that the unburned methanol emission decreases from 5243 to 5045 ppm and the formaldehyde emission increases from 444 to 660 ppm when $\theta_{ig}$ is retarded from $-30°$to $-20°$CA ATDC. This is because the firing behavior improves and makes the maximum engine speed($n_{max}$) increase from 1470 to 1601 r/min and $p_{max}$ increase from 4.36 to 4.47 MPa. Further retarding $\theta_{ig}$ to $-10°$CA ATDC, the unburned methanol emission further decreases, the formaldehyde emission still increases, but $n_{max}$ and $p_{max}$ decrease. The reason is that the second firing occurs at $\theta_{ig} = -10°$CA ATDC. The unburned methanol emission increases and the

formaldehyde emission decreases significantly when $\theta_{ig}$ is retarded from $-10°$ to $10°$CA ATDC because of the late combustion and the drop in capability of doing work with the retarding of $\theta_{ig}$. Retarding $\theta_{ig}$ to 10°CA ATDC makes the concentration of the mixture not reach the lean firing limit, the methanol engine can not be started, the unburned methanol is as high as 5897 ppm, and the formaldehyde emission is as low as 66 ppm. Therefore, the unburned methanol and the formaldehyde emissions also show opposite tendencies with the variation of $\theta_{ig}$.

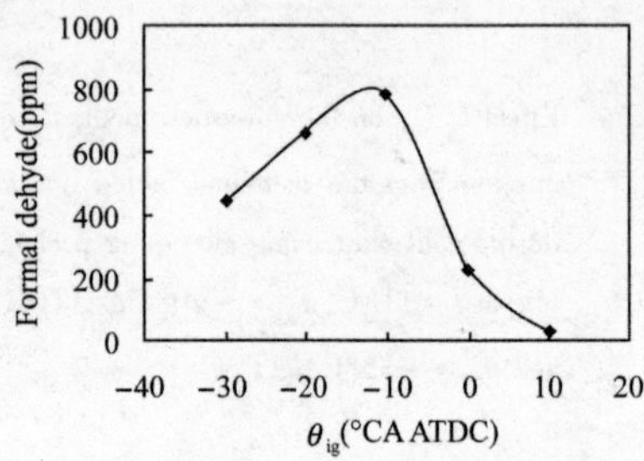


Fig. 6 Effect of $\theta_{ig}$ on the formaldehyde emission from the methanol-fueled engine during cold start using glow-plug preheating at $t = 11°C$, $Q_m = 74.7$ mg, and $\theta_m = -35°$CA ATDC

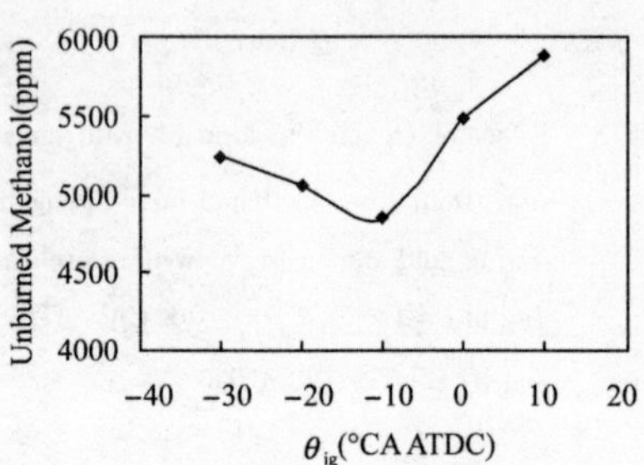


Fig. 7 Effect of $\theta_{ig}$ on the unburned methanol emission from the methanol-fueled engine during cold start using glow-plug preheating at $t = 11°C$, $Q_m = 74.7$ mg, and $\theta_m = -35°$CA ATDC

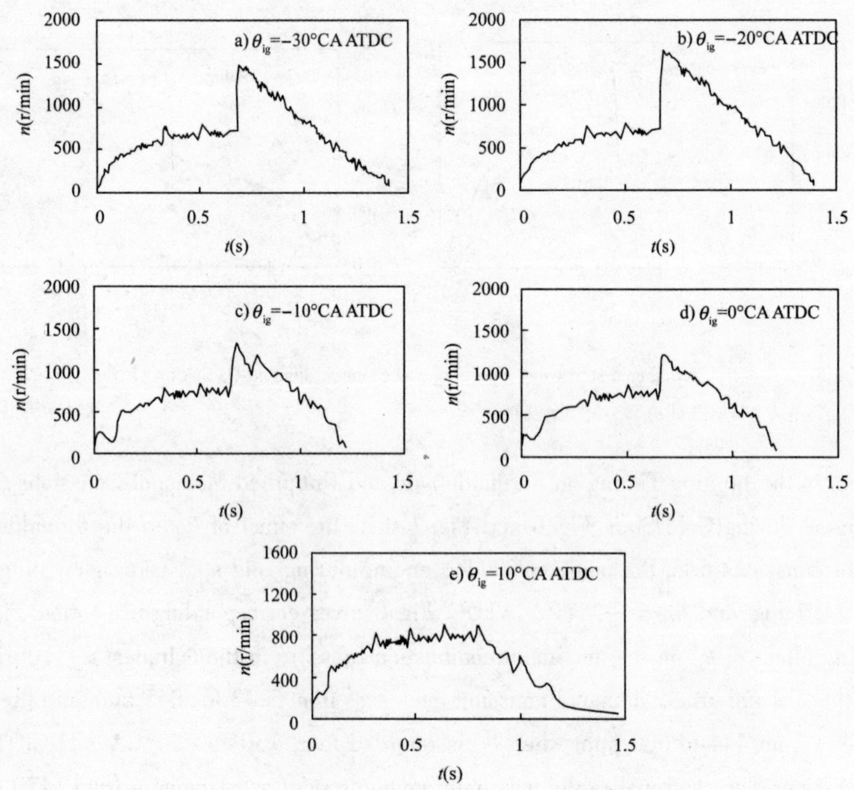


Fig. 8 $n$ histories during cold start using glow-plug preheating at different $\theta_{ig}$ and $t = 11°C$, $Q_m = 74.7$ mg, and $\theta_m = -35°$CA ATDC

3.3 Effect of the Methanol Injection Timing on Formaldehyde and Unburned Methanol Emissions from the Methanol-Fueled Engine during Cold Start. Fig. 10 and Fig. 11 give the effect of $\theta_m$ on the formaldehyde and unburned methanol emissions from the methanol-fueled engine during cold start using glow-plug preheating at $t = 11°C$, $Q_m = 74.7$ mg, and $\theta_{ig} = -20°$CA ATDC. Fig. 12 shows the corresponding in-cylinder pressure ($p$) histories during cold start. Fig. 13 gives the corresponding $n$ histories. When $\theta_m$ is $-35°$CA ATDC, the methanol engine fires weakly, the unburned methanol emission is high, and the formaldehyde emission is low. Retarding $\theta_m$ to 471°CA ATDC, the unburned methanol emission decreases obviously and formaldehyde emission increases significantly because of the improvement of the firing performance. Further retarding $\theta_m$ to 747°CA ATDC, owing to the misfire of methanol, the unburned methanol emission is higher and the formaldehyde emission is lower obviously than that at $\theta_m = 471°$CA ATDC. Therefore, the unburned methanol and formaldehyde emissions show opposite tendencies with the variation of $\theta_m$ too.

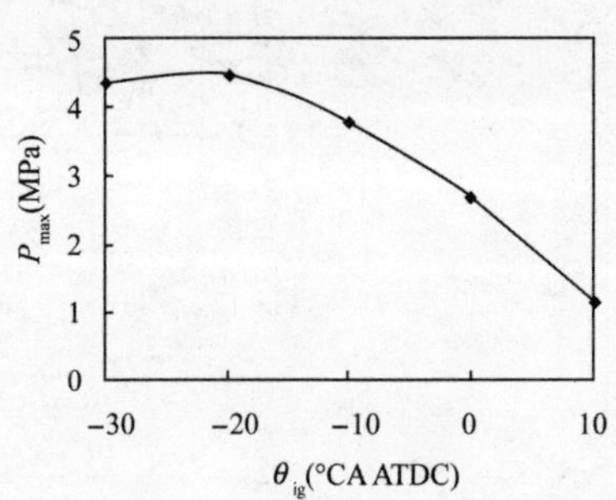


Fig. 9 Effect of $\theta_{ig}$ on $p_{max}$ during cold start using glow-plug preheating at $t = 11°C$, $Q_m = 74.7$ mg, and $\theta_m = -35°$CA ATDC

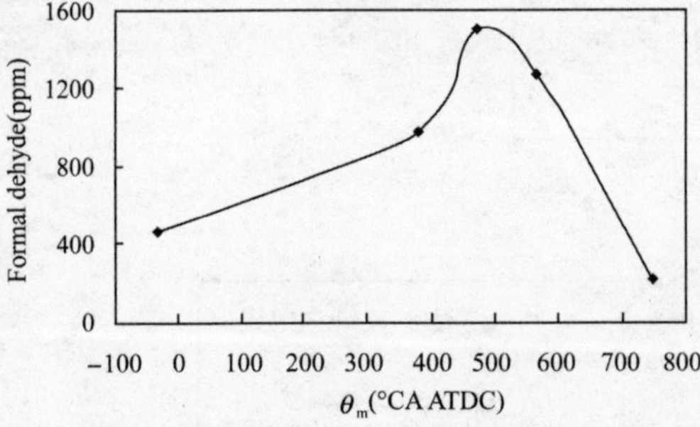


Fig. 10 Effect of $\theta_m$ on the formaldehyde emission from the methanol-fueled engine during cold start using glow-plug preheating at $t = 11°C$, $Q_m = 74.7$ mg, and $\theta_{ig} = -20°$CA ATDC

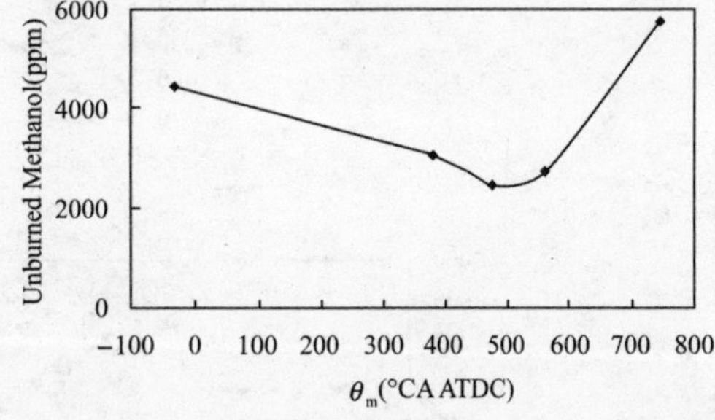


Fig. 11 Effect of $\theta_m$ on the unburned methanol emission from the methanol-fueled engine during cold start using glow-plug preheating at $t = 11°C$, $Q_m = 74.7$ mg, and $\theta_{ig} = -20°$CA ATDC

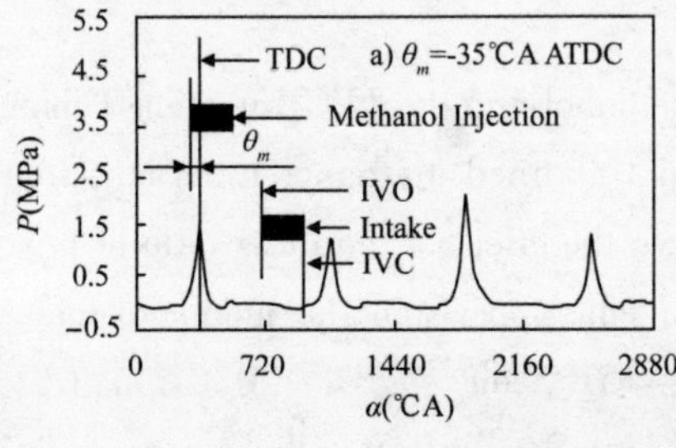


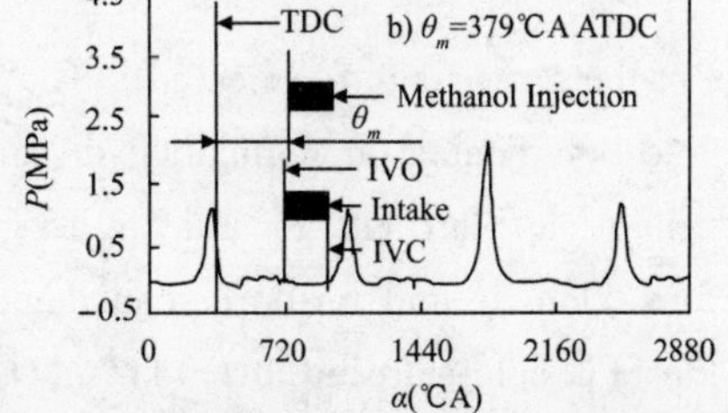


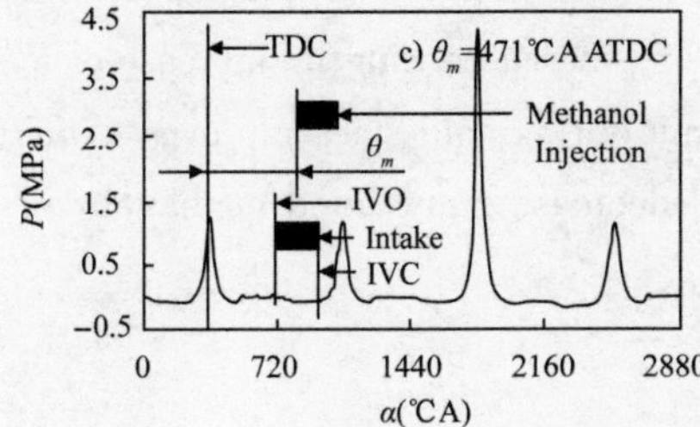


Fig. 12

第七部分

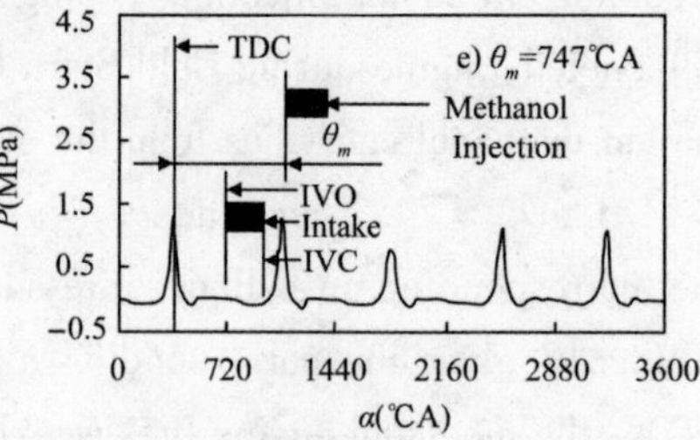


Fig. 12　$p$ histories during cold start using glow-plug preheating at different $\theta_m$ and $t = 11°C$, $Q_m = 74.7$ mg, and $\theta_{ig} = -20°CA$ ATDC

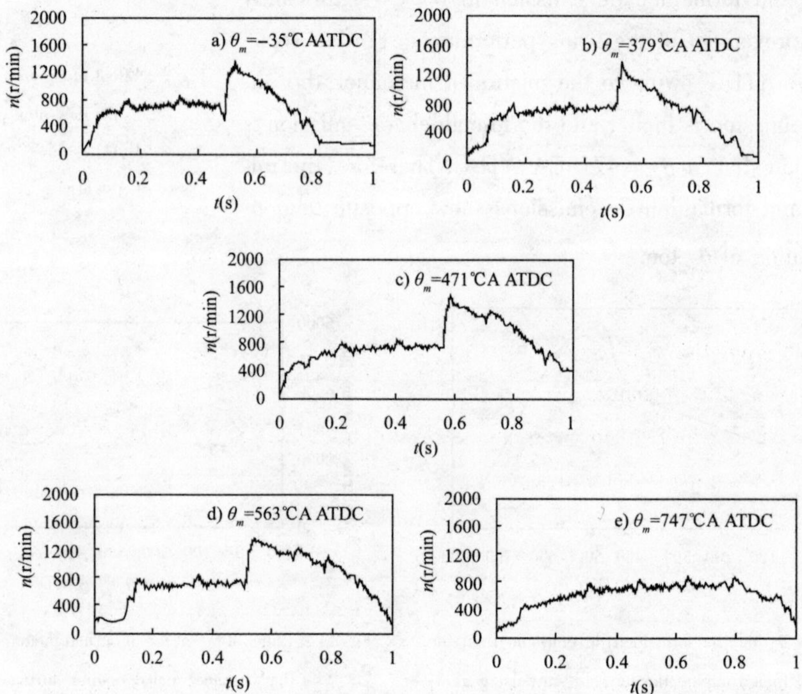


Fig. 13　$n$ histories during cold start using glow-plug preheating at different $\theta_m$ and $t = 11°C$, $Q_m = 74.7$ mg, and $\theta_{ig} = -20°CA$ ATDC

3.4　Effect of the Mass Ratio of Injected LPG/Methanol and the LPG Injection Timing Delay Relative to the Methanol Injection Timing on Formaldehyde and Unburned Methanol Emissions from the Methanol-Fueled Engine during Cold Start. Fig. 14 and Fig. 15 give the effect of the mass ratio of injected LPG/methanol($R$) on the formaldehyde and un-burned methanol emissions from the methanol-fueled engine during cold start using the LPG cold-start aid at $t = 11°C$, $Q_m = 51.5$ mg, $\theta_{ig} = -20°CA$ ATDC, $\theta_m = -35°CA$ ATDC, and LPG injection timing($\theta_L$) $= 57°CA$ ATDC. Fig. 16 illustrates the corresponding effect of $R$ on $p_{max}$. It is apparently found that the $p_{max}$ increases with the increase of $R$. The firing behavior and combustion process of the methanol-fueled engine during cold start improves as $R$ increases. Therefore, it results in increasing formaldehyde emission and decreasing unburned methanol emission with the increase of $R$.

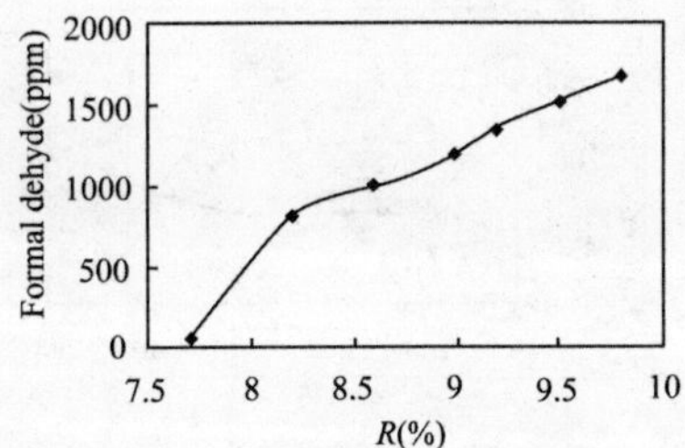


Fig. 14 Effect of $R$ on the formaldehyde emission from the methanol-fueled engine during cold start using the LPG cold-start aid at $t = 11°C$, $Q_m = 51.5$ mg, $\theta_{ig} = -20°$ CA ATDC, $\theta_m = -35°$CA ATDC, and $\theta_L = 57°$CA ATDC

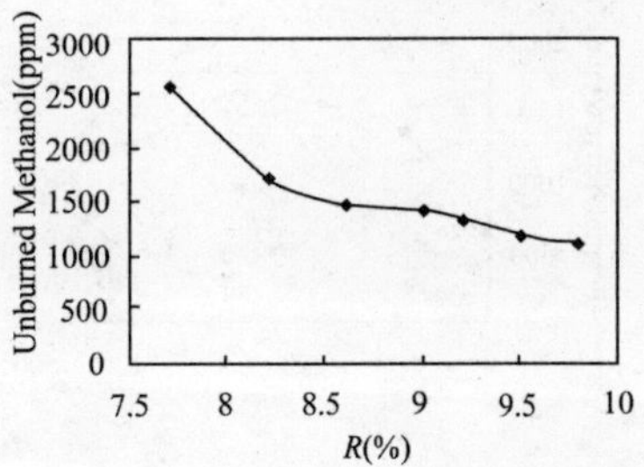


Fig. 15 Effect of $R$ on the unburned methanol emission from the methanol-fueled engine during cold start using the LPG cold-start aid at $t = 11°C$, $Q_m = 51.5$ mg, $\theta_{ig} = -20°$ CA ATDC, $\theta_m = -35°$CA ATDC, and $\theta_L = 57°$CA ATDC

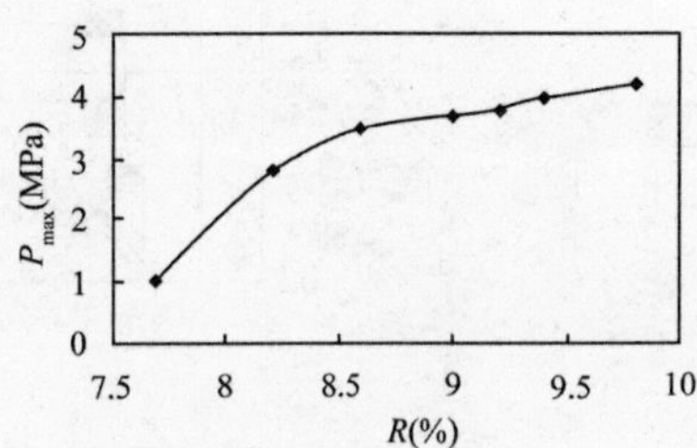


Fig. 16 Effect of $R$ on $p_{max}$ from the methanol-fueled engine during cold start using the LPG cold-start aid at $t = 11°C$, $Q_m = 51.5$ mg, $\theta_i g = -20°$ CA ATDC, $\theta_m = -35°$CA ATDC, and $\theta_L = 57°$CA ATDC

Fig. 17 and Fig. 18 show the effect of the LPG injection timing delay relative to the methanol injection timing( $\theta$) on the formaldehyde and unburned methanol emissions from the methanol-fueled engine during cold start using the LPG cold-start aid at $t = 11°C$, $Q_m = 51.5$ mg, $R = 9.2\%$, $\theta_{ig} = -20°$CA ATDC, and $\theta_m = 471°$CA ATDC. Fig. 19 and Fig. 20 give the corresponding $p$ and $n$ histories. From those figures, it can be known that, at $\theta = 0°$CA, the methanol and the LPG were injected simultaneously in the intake stroke of the second cycle, because of LPG vaporizes fast and the methanol vaporizes slower than that of LPG, LPG enters the cylinder in the second cycle, the methanol enters the cylinder in the third cycle, and LPG cannot play the part of the cold-start aid; therefore, the methanol-fueled engine cannot fire, For all of these reasons, formaldehyde emission is low and unburned emission is high. Increasing $\theta$ to 92°CA, LPG and methanol enter the cylinder in the third cycle, LPG can play the part of the cold-start aid, and the methanol-fueled engine can fire reliably; therefore, the formaldehyde emission increases and the unburned methanol emission decreases as $\theta$ increases. At $\theta = 276°$CA, the methanol-fueled engine firing behavior improves further, leading to a reduction of the unburned methanol emission and an increase of the formaldehyde emission; therefore, the unburned methanol emission reaches as low as 1173 ppm and the formaldehyde emission reaches as high as 1612 ppm. Further increasing $\theta$ to 460°CA, most of the LPG enters the cylinder in the fourth cycle and LPG cannot play the part of the cold-start aid too; therefore, the methanol-fueled engine fires weakly, and its firing cycle is one cycle later than that at $\theta = 276°$CA. This leads to a reduction of the formaldehyde emission and an increase of the unburned methanol emission. It can be seen that the variations in the formaldehyde and unburned methanol emissions also show opposite tendencies with the variations in $R$ and $\theta$ too.

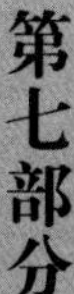

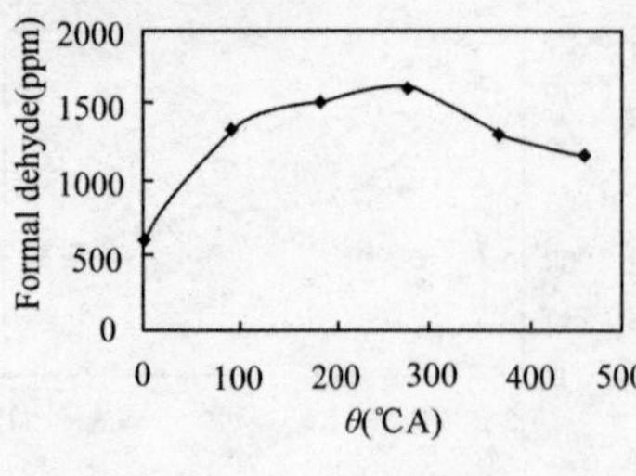


Fig. 17 Effect of $\theta$ on the formaldehyde emission from the methanol-fueled engine during cold start using the LPG cold-start aid at $t = 11°C$, $Q_m = 51.5$ mg, $R = 9.2\%$, $\theta_{ig} = -20°$ CA ATDC, and $\theta_m = 471°$ CA ATDC

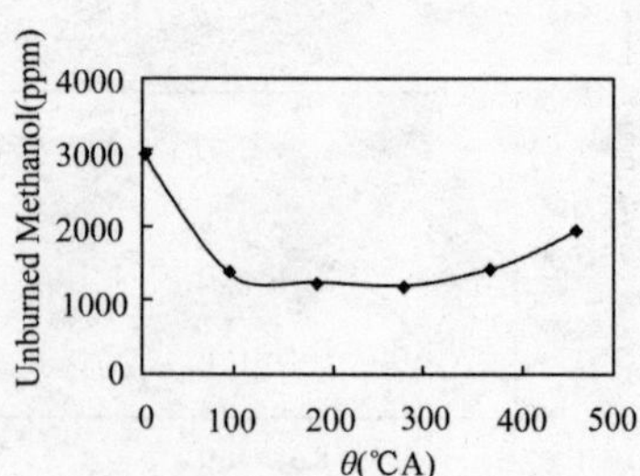


Fig. 18 Effect of $\theta$ on the unburned methanol emission from the methanol-fueled engine during cold start using the LPG cold-start aid at $t = 11°C$, $Q_m = 51.5$ mg, $R = 9.2\%$, $\theta_{ig} = -20°$CA ATDC, and $\theta_m = 471°$CA ATDC

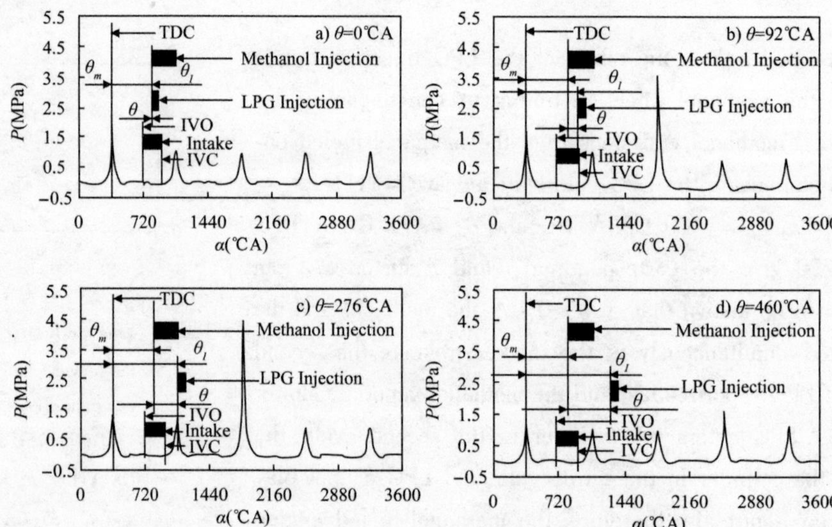


Fig. 19 $P$ histories from the methanol-fueled engine during cold start using the LPG cold-start aid at different $\theta$ and $t = 11°C$, $Q_m = 51.5$ mg, $R = 9.2\%$, $\theta_{ig} = -20°$CA ATDC, and $\theta_m = 471°$CA ATDC

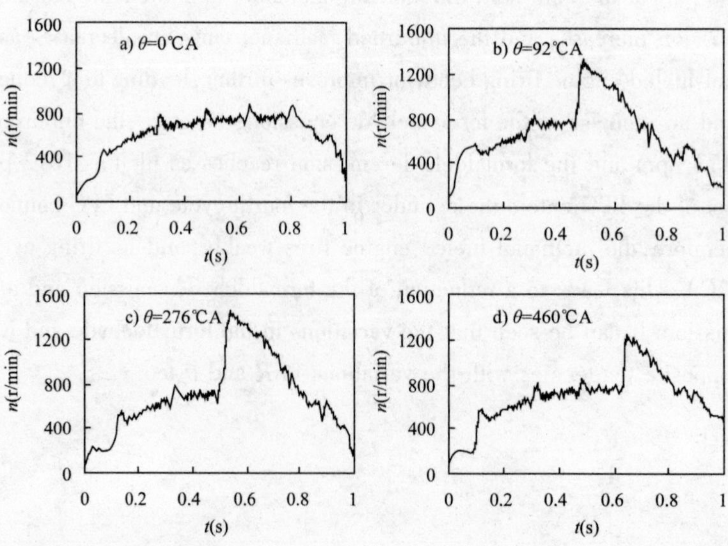


Fig. 20 $n$ histories from the methanol-fueled engine during cold start using the LPG cold-start aid at different $\theta$ and $t = 11°C$, $Q_m = 51.5$ mg, $R = 9.2\%$, $\theta_{ig} = -20°$CA ATDC, and $\theta_m = 471°$CA ATDC

## 4 Conclusions

The conclusions from this study can be summarized as follows: (1) The methanol injection quantity per cycle, the ignition timing, the methanol injection timing, the mass ratio of injected LPG/methanol, and the LPG injection timing delay relative to the methanol injection timing affect the formaldehyde and unburned methanol emissions significantly. The unburned methanol and formaldehyde emissions are closely related to the firing and combustion. (2) Optimal control of the methanol injection quantity per cycle, the ignition timing, the fuel injection timing, and the LPG injection timing delay relative to the methanol injection timing improves firing behavior and reduces the un-burned methanol emissions. (3) The $p_{max}$ increases with the increase of $R$. The firing behavior and combustion process of the methanol-fueled engine during cold start improves as $R$ increases, the formaldehyde emission increases, and unburned methanol emission falls. (4) The variations in formaldehyde and unburned methanol emissions show opposite tendencies with the variations in the methanol injection quantity per cycle, the ignition timing, the methanol injection timing, the mass ratio of injected LPG/methanol, and the LPG injection timing delay relative to the methanol injection timing.

Acknowledgment. This work was financially supported by the National Natural Science Foundation of China (Grants 50576031 and 50976045) and China First Automobile Works Group Corporation.

## References

[1] Huang J. C., Wang Y. D., Li S. D., Roskilly A. P., Yu H. D., Li H. F. Appl. Therm. Eng. 2009, 29, 2484 - 2490.

[2] Lin T. C., Chao M. R. Sci. Total Environ. 2002, 284, 61 - 74.

[3] Heinrich W., Marquardt K. J., Schaefer A. J. SAE Tech. Pap. 861581, 1986.

[4] Guo H., Wang T., Blake D. R., Simpson I. J., Kwok Y. H., Li Y. S. Atmos. Environ. 2006, 40, 2345 - 2359.

[5] Ghose M. K., Paul R., Banerjee S. K. Environ. Sci. Policy 2004, 7, 345 - 351.

[6] Ghose M. K. Dig. Energy Environ. 2002, 2, 273 - 282.

[7] Hosseinpoor A. R., Forouzanfar M. H., Yunesian M., Asghari F., Naieni K. H., Farhood D. Environ. Res. 2005, 99, 126 - 131.

[8] Colvile R. N., Hutchinson E. J., Mindell J. S., Warren R. F. Atmos. Environ. 2001, 35, 1537 - 1565.

[9] Agarwal A. K. Prog. Energy Combust. Sci. 2007, 33, 233 - 271.

[10] Zervas E., Montagne X., Lahaye J. Environ. Sci. Technol. 2002, 36, 2414 - 2421.

[11] Chao H. R., Lin T. C., Chao M. R., Chang F. H., Huang C. I., Chen C. B. J. Hazard. Mater. 2000, 73, 39 - 54.

[12] Bruetsch R. I., Hellman K. H. SAE Tech. Pap. 920196, 1992.

[13] Glarborg P., Alzueta M. U., Kjaergaard K., Dan-Johanser K. Combust. Flame 2003, 132, 629 - 638.

[14] Takeda K., Yaegashi T., Tai H. SAE Tech. Pap. 950074, 1995.

[15] Gulati S. T. SAE Tech. Pap. 1999 - 01 - 0269, 1999.

[16] Chen K. C., Cheng W. K., Van Doren J. M. SAE Tech. Pap. 961955, 1996.

[17] Boyle R. J., Doam D. J., Finlay I. C. SAE Tech. Pap. 930710, 1993.

[18] Santoso H., Cheng W. K. SAE Tech. Pap. 2002 - 01 - 2805, 2002.

[19] Heywood J. B. Air Pollution from Internal Combustion Engines//Academic Press: New York, 1988.

[20] Alkidas A. C. SAE Tech. Pap. 941959, 1994.
[21] Yang J., Kaiser E. W., Siegl W. O., Anderson R. W. SAE Tech. Pap. 930711, 1993.
[22] Rottenkolber G., Dullenkopf K., Wittig S., Kolmel A., Feng B., Spicher U. SAE Tech. Pap. 1999-01-3644, 1999.
[23] Li L. G., Li G., Qiu D. P., Liu Z. M. SAE Tech. Pap. 2006-01-3403, 2006.
[24] Gong C. M., Yan S. F., Su Y., Wang Z. W. Energy Fuels 2009, 23, 3536-3542.
[25] Wei Y. J., Liu S. H., Liu F. J., Liu J., Zhu Z., Li G. L. Energy Fuels 2009, 23, 3313-3318.
[26] Gong C. M., Deng B. Q., Wang S., Su Y., Gao Q., Liu X. J. Energy Fuels 2008, 22, 2981-2985.
[27] Hochul K., Cha L. M., Simsoo P. Fuel 2007, 86, 1475-1482.
[28] Gong C. M., Deng B. Q., Wang S., Su Y., Gao Q., Liu X. J. Energy Fuels 2008, 22, 3779-3784.
[29] Liao S. Y., Jiang D. M., Cheng Q., Huang Z. H., Zeng K. Energy Fuels 2006, 20, 84-90.
[30] Liao S. Y., Jiang D. M., Cheng Q., Huang Z. H., Wei Q. Energy Fuels 2005, 19, 813-819.
[31] Abu-Zaid M., Badran O., Yamin J. Energy Fuels 2004, 18, 312-315.
[32] Bilgin A., Sezer I. Energy Fuels 2008, 22, 2782-2788.
[33] Huang Z. H., Pang J. G., Pan K. Y., Jiang D. M., Zhou L. B., Yang Z. L. Proc. Inst. Mech. Eng., Part D 1998, 212(5), 501-505.
[34] Huang Z. H., Miao H. Y., Zhou L. B., Jiang D. M. Proc. Inst. Mech. Eng., Part D 1999, 214(3), 341-346.

# 第八部分

# 专利产品

ZHUANLI CHANPIN

## 电子控制喷油器

| 【申请号】 | CN200320112534.0 | 【申请日】 | 2003-10-15 |
|---|---|---|---|
| 【公开号】 | CN2761860 | 【公开日】 | 2006-03-01 |
| 【申请人】 | 中国第一汽车集团公司 | 【地址】 | 130011 吉林省长春市东风大街 83 号 |
| 【发明人】 | 李骏;戈非;邢喜春 | | |
| 【专利代理机构】 | 吉林长春新纪元专利代理有限责任公司 | 【代理人】 | 王薇 |
| 【国省代码】 | 22 | | |
| 【摘要】 | 本发明涉及一种电子控制喷油器,由喷油嘴、喷油器密封垫、喷油器紧帽、针阀、调压弹簧、喷油器体、防尘 O 形圈、喷油器回油口组成,在喷油器体的底部连接有针阀装在喷油紧帽内与喷油嘴相连,用喷油器密封垫密封;在回油道上套装有调解弹簧;其中在喷油器体的喷油器回油道上方安装有电磁阀,复位弹簧设于电磁阀中,并与衔铁相接触,在低压腔内镶嵌有铁芯,铁芯下部开有通道与高压油道和低压腔的油路相连通;能够向发动机燃烧室内准确的喷入发动机工况要求的燃油量并控制喷油开始及结束时间,即实现喷油正时的柔性控制 | | |
| 【主权项】 | 一种电子控制喷油器,由喷油嘴(1)、喷油器密封垫(2)、喷油器紧帽(3)、针阀(4)、调压弹簧(5)、喷油器体(6)、防尘 O 形圈(7)、喷油器回油口(12)组成。在喷油器体(6)的底部连接有针阀(4)装在喷油紧帽(3)内与喷油嘴(1)相连,用喷油器密封垫(2)密封,在回油道(8)上套装有调压弹簧(5)。其特征在于:在喷油器体(6)的喷油器回油道(8)上方安装有电磁阀(13),复位弹簧(14)设于电磁阀(13)中,并与衔铁(10)相接触,在低压腔(15)内镶嵌有铁芯(11),铁芯(11)下部开有通道与高压油道(16)和低压腔(15)的油路相连通 | | |
| 【页数】 | 5 | | |
| 【主分类号】 | F02M51/06 | | |
| 【专利分类号】 | F02M51/06 | | |

## 电子控制喷油系统

| 【申请号】 | CN200320112535.5 | 【申请日】 | 2003-10-15 |
|---|---|---|---|
| 【公开号】 | CN2729353 | 【公开日】 | 2005-09-28 |
| 【申请人】 | 中国第一汽车集团公司 | 【地址】 | 130011 吉林省长春市东风大街 83 号 |
| 【发明人】 | 李骏;戈非;邢喜春 | | |
| 【专利代理机构】 | 吉林长春新纪元专利代理有限责任公司 | 【代理人】 | 王薇 |
| 【国省代码】 | 22 | | |
| 【摘要】 | 本发明涉及一种电子控制喷油系统,其中喷油泵调速器内安装执行器,电控单元 ECU 与调速器相连,燃油箱内的燃油粗滤器和燃油细滤器与电控喷油泵的管路相连,电控喷油器上连接有高压油管。其投入很小,安装方式简单,并实现了动态控制,可使发动机部分工况达到最佳工作状态 | | |
| 【主权项】 | 电子控制喷油系统,由燃油箱(1)、低压管路、燃油粗滤器(2)、燃油细滤器(3)、电控喷油泵(4)、高压管路(5)、电控喷油器(6)、喷油器及喷油泵回油管、发动机的各种传感器(7)、电控单元(8)等组成。其特征在于:喷油泵调速器(9)内安装执行器;电控单元 ECU(8)与调速器(9)相连;燃油箱内的燃油粗滤器(2)和燃油细滤器(3)与电控喷油泵(4)的管路相连;电控喷油器(6)上连接有高压油管(5) | | |
| 【页数】 | 6 | | |
| 【主分类号】 | F02M55/02 | | |
| 【专利分类号】 | F02M55/02 | | |

## 单体泵式合成直列泵

| 【申请号】 | CN200420012336.1 | 【申请日】 | 2004-08-11 |
|---|---|---|---|
| 【公开号】 | CN2723713 | 【公开日】 | 2005-09-07 |
| 【申请人】 | 中国第一汽车集团公司 | 【地址】 | 130011 吉林省长春市东风大街83号 |
| 【发明人】 | 李骏;戈非;邢喜春;朱宏志 | | |
| 【专利代理机构】 | 吉林长春新纪元专利代理有限责任公司 | 【代理人】 | 王薇 |
| 【国省代码】 | 22 | | |
| 【摘要】 | 单体泵式合成直列泵,它是由全封闭泵体、低压输油泵、电控单体泵总成、驱动凸轮轴及轴承、凸轮轴位置传感器组成。其特征为:电控单体泵总成包括滚轮总成和电磁阀;把电控单体泵总成装入全封闭的泵体中,在泵的底部装入一根驱动凸轮轴,凸轮轴的两端安装有全支撑轴承;凸轮轴的二、三缸和四、五缸之间分别安装有两个半支撑轴承,同时在泵体上装有凸轮轴位置传感器,传感器电源输入和信号输出与ECU通过线束相连;电控单体泵的上端安装有电磁阀。低压输油泵可选择安装在油泵的非驱动端面,或装在油泵的侧面。输油泵类型可以选用转子式或活塞式 | | |
| 【主权项】 | 单体泵式合成直列泵,单体泵式合成直列泵是由全封闭泵体(1)、低压输油泵(2)、电控单体泵总成(3)、驱动凸轮轴及轴承(5)、凸轮轴位置传感器(6)组成。其特征为:电控单体泵总成(3)包括滚轮总成(4)和电磁阀(10);滚轮总成(4)安装电控单体泵总成(3)的下部,电磁阀(10)安装在电控单体泵总成(3)的上端;把电控单体泵总成(3)装入全封闭泵体(1)中,在全封闭泵体(1)的底部装入一根驱动凸轮轴(5),驱动凸轮轴(5)的两端安装有全支撑轴承(7);凸轮轴的二、三缸和四、五缸之间分别安装有两个半支撑轴承(8),同时在全封闭泵体(1)上装有凸轮轴位置传感器(6);凸轮轴位置传感器(6)电源输入和信号输出与电控单元通过线束相连,低压输油泵(2)安装在全封闭泵体(1)上 | | |
| 【页数】 | 7 | | |
| 【主分类号】 | F02M59/20 | | |
| 【专利分类号】 | F02M59/20;F02M37/14;F02M51/04;F02D41/26 | | |

## 单缸一盖双层水套

| 【申请号】 | CN200720093480.6 | 【申请日】 | 2007-04-04 |
|---|---|---|---|
| 【公开号】 | CN201059222 | 【公开日】 | 2008-05-14 |
| 【申请人】 | 中国第一汽车集团公司 | 【地址】 | 130011 吉林省长春市东风大街83号 |
| 【发明人】 | 李骏;王鹏程;王刚 | | |
| 【专利代理机构】 | 吉林长春新纪元专利代理有限责任公司 | 【代理人】 | 王薇 |
| 【国省代码】 | 22 | | |
| 【摘要】 | 本发明涉及一种单缸一盖双层水套,其特征在于:发动机的每个汽缸上安装有独立的汽缸盖,汽缸盖水套分隔成上下两层,下层水套上设有入水口,上层水套上设有出水口,水套上下层之间设有通孔,进出水口连接到汽缸体的不同水道上。单缸一盖与分层水套的结合,使汽缸盖在工作过程中的受力及冷却水流分布情况得到极大改善,使汽缸盖在低调及高调疲劳问题上具有很高的可靠性 | | |
| 【主权项】 | 单缸一盖双层水套,其特征在于:发动机的每个汽缸上安装有独立的汽缸盖(1),汽缸盖(1)水套分隔成上下两层,下层水套(2)上设有入水口(3),上层水套(4)上设有出水口(5),水套上下层之间设有通孔(6),进出水口连接到汽缸体的不同水道上 | | |
| 【页数】 | 6 | | |
| 【主分类号】 | F02F1/40 | | |
| 【专利分类号】 | F02F1/40 | | |

## 一种新型的混合动力汽车动力总成

| 【申请号】 | CN02132856.0 | 【申请日】 | 2002-09-03 |
| --- | --- | --- | --- |
| 【公开号】 | CN1408571 | 【公开日】 | 2003-04-09 |
| 【申请人】 | 中国第一汽车集团公司 | 【地址】 | 130011 吉林省长春市东风大街83号 |
| 【发明人】 | 李骏;赵子亮;刘明辉;周建国 | | |
| 【专利代理机构】 | 长春市吉利专利事务所 | 【代理人】 | 赵炳仁 |
| 【国省代码】 | 22 | | |
| 【摘要】 | 本发明涉及的一种新型的混合动力汽车动力总成是以燃油和电为能源的混合动力汽车的动力总成。以解决目前混合动力汽车存在的上述缺点,改善混合动力汽车的使用性能、提高其燃油经济性、实现超低排放。它由发动机28、主离合器25、电机5、动力合成装置9、变速器22、电池10、传动轴19、后桥13及车轮16组成,其特征在于:有次离合器8;动力合成装置9的两个输入端分别通过主离合器22、次离合器8与发动机28的输出轴、电机5的输出轴相连接;动力合成装置9的输出端与变速器22的输入轴相连接 | | |
| 【主权项】 | 一种新型的混合动力汽车动力总成由发动机(28)、主离合器(25)、电机(5)、动力合成装置(9)、变速器(22)、电池(10)、传动轴(19)、后桥(13)及车轮(16)组成,其特征在于:有次离合器(8);动力合成装置(9)的两个输入端分别通过主离合器(22)、次离合器(8)与发动机(28)的输出轴、电机(5)的输出轴相连接;动力合成装置(9)的输出端与变速器(22)的输入轴相连接 | | |
| 【页数】 | 7 | | |
| 【主分类号】 | B60K6/00 | | |
| 【专利分类号】 | B60K6/00;B60K17/00 | | |

## 轻度混合单轴并联混合动力总成

| 【申请号】 | CN200420012356.9 | 【申请日】 | 2004-08-18 |
| --- | --- | --- | --- |
| 【公开号】 | CN2761454 | 【公开日】 | 2006-03-01 |
| 【申请人】 | 中国第一汽车集团公司 | 【地址】 | 130011 吉林省长春市东风大街83号 |
| 【发明人】 | 赵子亮;李骏;刘明辉;赵长春;赵军;刘东秦 | | |
| 【专利代理机构】 | 吉林长春新纪元专利代理有限责任公司 | 【代理人】 | 王薇 |
| 【国省代码】 | 22 | | |
| 【摘要】 | 本发明涉及一种轻度混合单轴并联混合动力总成,其中电动机和变速器同轴连接成一体,电动机的转子通过键连接套在变速器输入轴上,电动机的前端盖通过螺栓与离合器飞轮壳相连接,并通过轴承与变速器输入轴相连接;电动机的后端盖通过螺栓与变速器的壳体相连接。它具有结构紧凑、安装简单、可靠性强等优点。同时,它具有混合动力汽车特有的高效、节能等优点 | | |
| 【主权项】 | 轻度混合单轴并联混合动力总成,由发动机(19)、离合器(16)、电动机(5)、变速器(15)、蓄电池(7)、传动轴(12)、后桥(9)及车轮(10)组成,其特征在于:电动机(5)和变速器(15)输入轴同轴;电动机(5)的转子(51)通过键连接套在变速器输入轴(151)上;电动机(5)的后端盖(52)通过螺栓与变速器(15)的壳体(152)相连,电动机(5)的前端盖通过螺栓(54)与离合器飞轮壳(2)相连接,并通过轴承(55)与变速器输入轴相连接 | | |
| 【页数】 | 8 | | |
| 【主分类号】 | B60K6/02 | | |
| 【专利分类号】 | B60K6/02;B60K17/28 | | |

## 前置式并联混合动力汽车电动机主动同步换挡方法

| 【申请号】 | CN200410011123.1 | 【申请日】 | 2004－09－29 |
|---|---|---|---|
| 【公开号】 | CN1609479 | 【公开日】 | 2005－04－27 |
| 【申请人】 | 中国第一汽车集团公司 | 【地址】 | 130011 吉林省长春市东风大街 83 号 |
| 【发明人】 | 赵子亮;李骏;刘明辉;赵长春 | | |
| 【专利代理机构】 | 吉林长春新纪元专利代理有限责任公司 | 【代理人】 | 王薇 |
| 【国省代码】 | 22 | | |
| 【摘要】 | 本发明涉及一种前置式并联混合动力汽车电动机主动同步换挡方法,换挡过程一般可分为:减油、分离合器、摘挡、选挡、换挡、结合离合器和恢复供油 6 个阶段;电动机的速度精度可控制在 ±20 r/min,而转速控制在 1000～5000r/min 之内,电动机转速 1000r/min 内响应时间可达到 0.2～0.3s。解决由于变速器一轴等增加了转动惯量而引起的 AMT 换挡困难的电机控制方法,来改善换挡品质,提高整车平顺性 | | |
| 【主权项】 | 一种前置式并联混合动力汽车电动机主动同步换挡方法,其特征在于:按以下步骤执行升挡操作:(1)根据换挡规律,首先控制发动机减油。(2)控制离合器分离,对电动机控制器发送转矩指令,控制电动机转矩输出为零。(3)完成摘挡动作,电动机控制器关闭,电动机处于自由状态。(4)进入选挡过程,对电动机进行速度控制,其电动机的速度精度可控制在 ±20r/min,而转速控制在1000～5000r/min 之内,电动机转速 1000r/min 内响应时间可达到 0.2～0.3s;电动机转矩跟随(此时电动机处于发电状态),控制电动机转速,使变速器输入轴转速达到目标挡位的转速。(5)进入换挡阶段,电动机控制器关闭,电动机处于自由状态,直至换挡结束。(6)最后,结合离合器,发动机恢复供油,进入正常行驶状态 | | |
| 【页数】 | 13 | | |
| 【主分类号】 | F16H59/36 | | |
| 【专利分类号】 | F16H59/36;F16H59/00;B60K41/04 | | |

## 混合动力汽车动力合成装置

| 【申请号】 | CN02275049.5 | 【申请日】 | 2002－08－30 |
|---|---|---|---|
| 【公开号】 | CN2564401 | 【公开日】 | 2003－08－06 |
| 【申请人】 | 中国第一汽车集团公司 | 【地址】 | 130011 吉林省长春市东风大街 83 号 |
| 【发明人】 | 赵子亮;刘明辉;李骏;林志宏 | | |
| 【专利代理机构】 | 吉林长春新纪元专利代理有限责任公司 | 【代理人】 | 王薇 |
| 【国省代码】 | 22 | | |
| 【摘要】 | 本发明是在原来变速器 PTO 的基础上,通过设计一套动力合成装置,来实现电动机与变速器的连接。混合动力汽车动力合成装置,其特征为:它是由惰齿轮、电动机轴端齿轮、惰轮轴承、球轴承、油封、壳体、壳体盖组成,将油封和球轴承装在动力合成总成的壳体内,然后将电动机轴端齿轮装入壳体,再装球轴承,最后将壳体盖用螺钉固定在壳体上,然后惰齿轮与电动机轴端齿轮啮合,装上惰轮轴承,用锁片卡上,惰齿轮与变速器四挡齿轮啮合,次离合器与壳体连接,电动机轴装入电动机轴端齿轮内花键中,次离合器与电动机同轴 | | |
| 【主权项】 | 混合动力汽车动力合成装置,其特征为:它是由惰齿轮(1)、电动机轴端齿轮(2)、惰轮轴承(8)、球轴承(3)、油封(10)、壳体(4)、壳体盖(11)组成;将油封(10)和球轴承(3)装在动力合成总成的壳体(4)内,然后将电动机轴端齿轮(2)装入壳体(4),再装球轴承(3),最后将壳体盖(11)安装固定在壳体(4)上,然后惰齿轮(1)与电机轴端齿轮(2)啮合,装上惰轮轴承(8),惰齿轮(1)与变速器(9)中间轴上的齿轮(7)啮合,次离合器(5)与壳体(4)连接,电动机轴装入电动机轴端齿轮(2)内花键中,次离合器(5)与电动机(6)同轴 | | |
| 【页数】 | 6 | | |
| 【主分类号】 | B60K6/00 | | |
| 【专利分类号】 | B60K6/00;B60K8/00 | | |

## 内部废气再循环的凸轮轴结构

| 【申请号】 | CN200420012477.3 | 【申请日】 | 2004－09－15 |
|---|---|---|---|
| 【公开号】 | CN2723686 | 【公开日】 | 2005－09－07 |
| 【申请人】 | 中国第一汽车集团公司 | 【地址】 | 130011 吉林省长春市东风大街83号 |
| 【发明人】 | 刘金玉;李骏;李康;赵天安;郑广勇;秦克印 | | |
| 【专利代理机构】 | 吉林长春新纪元专利代理有限责任公司 | 【代理人】 | 王薇 |
| 【国省代码】 | 22 | | |
| 【摘要】 | 本发明内部废气再循环的凸轮轴结构,其构成仍为不加工轴,不加工轴上有凸轮轴轴颈,进气凸轮和排气凸轮,排气凸轮外廓有一段凸起,其特征为:排气凸轮外廓还有一段凸起;第一段凸起使排气门开启,完成发动机排气过程,第二段凸起在发动机的进气过程中,使排气门再次开启一定的升程,完成废气再循环的升程。本发明的积极效果在于其具有结构简单、成本比较低、使用效果好等优点 | | |
| 【主权项】 | 内部废气再循环的凸轮轴结构,其构成仍为不加工轴(1),不加工轴(1)上有凸轮轴轴颈(4),排气凸轮(2)和进气凸轮(3),排气凸轮(2)外廓有一段凸起(5),其特征为:排气凸轮(2)外廓上还有一段凸起(6) | | |
| 【页数】 | 6 | | |
| 【主分类号】 | F01L1/047 | | |
| 【专利分类号】 | F01L1/047 | | |

## 活塞的开式内冷油道

| 【申请号】 | CN03251676.2 | 【申请日】 | 2003－05－21 |
|---|---|---|---|
| 【公开号】 | CN2623891 | 【公开日】 | 2004－07－07 |
| 【申请人】 | 中国第一汽车集团公司 | 【地址】 | 130011 吉林省长春市东风大街83号 |
| 【发明人】 | 李玉方;李骏 | | |
| 【专利代理机构】 | 吉林长春新纪元专利代理有限责任公司 | 【代理人】 | 王薇 |
| 【国省代码】 | 22 | | |
| 【摘要】 | 活塞的开式内冷油道是由活塞销座、内冷油道、活塞裙部组成,其特征为活塞的开式内冷油道还有分隔筋,内冷油道由左进油道、右进油道、左回油道、右回油道组成。内冷油道布置在活塞裙部方向活塞内腔底部,同时,左进油道、右进油道的进油孔和左回油道、右回油道的回油孔也是布置在活塞裙部方向活塞内腔底面,为长圆孔,中间用一条分筋隔隔成两半。由于进、出油孔紧贴着活塞内腔底面,而且孔径较大,因此铸造工艺简单,减少机加工工序;由于进出、油孔紧贴着活塞内腔底面,没有进、出油引道孔,减轻了活塞质量,同时活塞裙部刚度对称,热膨胀时基本不影响活塞裙部导向 | | |
| 【主权项】 | 活塞的开式内冷油道是由活塞销座、内冷油道、活塞裙部组成,其特征为:活塞的开式内冷油道还有分隔筋,内冷油道由左进油道、右进油道、左回油道、右回油道组成,内冷油道布置在活塞裙部(7)方向活塞内腔底部,同时,左进油道(2)、右进油道(3)的进油孔和左回油道(4)、右回油道(5)的回油孔也是布置在活塞裙部(7)方向活塞内腔底面,为长圆孔,中间用一条分筋隔(6)隔成对称的两半 | | |
| 【页数】 | 6 | | |
| 【主分类号】 | F02F3/22 | | |
| 【专利分类号】 | F02F3/22 | | |